MONDE PRIMITIF,

ANALYSÉ ET COMPARÉ

AVEC LE MONDE MODERNE,

CONSIDERÉ

DANS LES ORIGINES FRANÇOISES;

OU

DICTIONNAIRE

ÉTYMOLOGIQUE

DE LA LANGUE FRANÇOISE.

Pourquoi errerions-nous à l'aventure dans l'étude des mots?

CINQUIEME LIVRAISON.

PUY D'AMOUR
Pour couronner le meilleur Poète François

Frontispice des Origines Françoises.

Bornet inv.   A. Romanet sculp.

MONDE PRIMITIF,

ANALYSÉ ET COMPARÉ

AVEC LE MONDE MODERNE,

CONSIDÉRÉ

DANS LES ORIGINES FRANÇOISES;

OU

DICTIONNAIRE

ÉTYMOLOGIQUE

DE LA LANGUE FRANÇOISE.

AVEC DES FIGURES EN TAILLE-DOUCE.

PAR M. COURT DE GEBELIN,

De la Société Econom. de Berne, des Académies Royales de la Rochelle, Dijon & Rouen.

A PARIS,

Chez
- L'Auteur, rue Poupée, Maison de M. Boucher, Secrétaire du Roi.
- BOUDET, Imprimeur-Libraire, rue Saint Jacques.
- VALLEYRE l'aîné, Imprimeur-Libraire, rue de la vieille Bouclerie.
- Veuve DUCHESNE, Libraire, rue Saint Jacques.
- SAUGRAIN, Libraire, quai des Augustins.
- RUAULT, Libraire, rue de la Harpe.

M. DCC. LXXVIII.

AVEC APPROBATION ET PRIVILÈGE DU ROI.

DISCOURS PRÉLIMINAIRE.

ARTICLE PREMIER.

Objet de cet Ouvrage sur les Origines Françoises, & Méthode qu'on y suit.

§. I.

DES ETYMOLOGIES EN GÉNÉRAL.

LES mots sont le lien des sociétés, le véhicule des lumieres, la base des Sciences, les dépositaires des découvertes d'une Nation, de son savoir, de sa politesse, de ses idées: la connoissance des mots est donc un moyen indispensable pour acquérir celle des choses; de-là ces Ouvrages appellés Dictionnaires, Vocabulaires ou Glossaires, qui offrent l'étendue des connoissances de chaque Peuple.

Mais dans ces Dictionnaires, nulle liaison, nul rapport entre les mots: rangés par ordre alphabétique, ils sont tous isolés, & la connoissance de l'un est nulle pour l'intelligence des autres : chacun d'eux semble tombé du Ciel, & on ne voit pas mieux pourquoi on attacha telle idée à tel son, quel rapport secret, quel charme les enchaîna l'un à l'autre; souvent on ne peut distinguer s'ils sont simples ou composés : presque toujours on ignore quelles révolutions ils ont éprouvées, quel Peuple en fut l'inventeur, comment ils se transmirent jusqu'à nous; si, voués à une stérilité éternelle, ils ne produisirent point de descendans; ou si renfermant une idée féconde en développemens, ils produisirent des familles aussi nombreuses que

Dict. Etym.   *a*

ces développemens : s'il fallut un mot pour chaque idée particuliere, ou si un même mot servit, au moyen de légers accessoires, à exprimer toutes les nuances de l'idée la plus vaste & la plus susceptible de modifications de toute espéce.

On ne tarda pas à sentir qu'il n'en devoit pas avoir été ainsi dés le commencement; que les hommes ne durent pas avoir inventé un nouveau mot pour chaque idée; mais qu'à mesure que les idées s'étendoient, on ajoûtoit de nouvelles nuances au mot qui dès l'origine avoit désigné cette idée principale. On se convainquit encore que lorsqu'un mot avoit été assigné de la maniere la plus convenable à une idée, il se transmettoit à travers toutes les générations avec cette même idée, & qu'on devoit avoir hérité des mots, comme on hérite d'une Terre; qu'en tout cela, on n'est qu'usufruitier.

Les mots parurent ainsi divisés en deux ou trois grandes classes : 1°. les mots primitifs qui exprimoient les idées générales, les idées prises dans leur sens le plus vaste, le plus étendu, au-delà duquel il n'y a plus d'analyse : tels sont les mots GRAND, FORT, BEAU, MER, TERRE, AIR.

2°. Les mots dérivés qui expriment les nuances de ces idées, tels que *Grandeur*, *Forteresse*, *Beauté*, *Maritime*, *Terrestre*, *aëré*, &c.

3°. Les mots composés de plusieurs autres, tels que *Grand-Pere*, *Renfort*, *Embellir*, *Outre-Mer*, *Basse-Terre*, *Bel-Air*.

On chercha donc à reconnoître dans chaque Langue quels étoient ces mots primitifs, quels ses dérivés, quels ses composés; & en les rassemblant ainsi, on en formoit des familles nombreuses, qui offroient des Tableaux aussi intéressans que variés & faciles à parcourir.

C'est cette distribution des mots, cette connoissance de leurs rapports, que les Grecs appellerent ETYMOLOGIE, mot qui signifie CONNOISSANCE de la VÉRITÉ, & ils vouloient dire par-là, non simplement comme on l'a cru, que l'Etymologie n'étoit que la connoissance de la vraie filiation des mots entr'eux, mais qu'elle étoit la connoissance & du rapport des mots entr'eux & de leur rapport avec la nature même des choses. En effet, cette premiere espéce d'Etymologie est aussi froide que l'autre est sublime.

Telle étoit la haute idée qu'attachoient à la connoissance des mots les Grecs, ce Peuple qui, au milieu d'une multitude de Nations barbares, avoit porté les Arts & les Connoissances à un point de perfection qui fit pendant si long-tems le désespoir des hommes; ensorte qu'on se croyoit parvenu au plus haut période des talens, aux bornes les plus reculées de l'es-

PRÉLIMINAIRE.

prit humain, lorsqu'on avoit pu entrer en concurrence avec eux.

Cependant, lorsqu'on compare cette idée étonnante que les Grecs se formoient de l'Etymologie, avec l'état informe dans lequel cette science est tombée au milieu de nous, on seroit tenté de croire que les Grecs se tromperent, ou qu'ils jouissoient à cet égard d'une masse de lumieres dont nous sommes totalement privés. Nous n'avons point de livres vraiment étymologiques : ceux qui ont usurpé ce nom, ou auxquels on l'a attribué, sont un cahos effroyable de lumiere & d'obscurité; on n'y est environné que de doutes, d'incertitudes & d'erreurs; & si on y entrevoit quelque vérité, elle est toujours isolée, on n'en peut tirer aucune conséquence, elle reste étouffée par les erreurs qui l'investissent de toutes parts. Les Auteurs de ces Ouvrages croyoient avoir rempli leur tâche avec le plus grand succès, lorsqu'ils avoient pu lier les mots de nos Langues modernes avec la Langue Latine, les mots Latins avec ceux des Grecs; & ils se regardoient comme au fâite de la gloire étymologique, lorsqu'ils avoient pu parvenir à les lier en tout ou en partie avec la Langue Hébraïque; aussi étoit-on parvenu à n'avoir que du dégoût pour les Etymologies, & à regarder cet Art comme illusoire ou comme impossible à retrouver, s'il avoit jamais existé. Plus ceux qui l'avoient cultivé avec un si malheureux succès étoient regardés comme érudits, comme les Héros du savoir, & plus on étoit prévenu contre des recherches aussi infructueuses.

Telle étoit à cet égard l'idée des *Savans* de toutes les Nations, lorsque dans notre *Plan Général du Monde Primitif* nous annonçâmes une suite d'ouvrages relatifs à l'Art Etymologique; le Dictionnaire de la Langue Primitive; le Dictionnaire Comparatif des Langues; le Dictionnaire Etymologique des Noms propres de Lieux, Montagnes, Fleuves, Villes, Bourgs, &c. de l'Europe & de l'Asie; les Dictionnaires Etymologiques des Langues Grecque, Latine, Françoise; même celui de l'Hébreu, de cette Langue qu'on avoit toujours regardé comme le *non plus ultra* de l'Etymologiste, comme un composé d'élémens au-delà duquel on ne pouvoit rien trouver de plus simple.

Ce fut ainsi que nous nous exprimâmes sur la Langue Françoise dans ce Plan Général.

„ L'Art admirable avec lequel les Langues se formerent, ne se fait
„ plus sentir dans la Langue Françoise. Quoiqu'elle soit au fond la Lan-
„ gue primitive, elle a souffert tant de révolutions pour arriver jusqu'à
„ nous, elle a été si prodigieusement altérée par les diversités de pronon-

» ciation & d'orthographie, & par les mots qu'elle a empruntés de toutes
» mains, de même que par le choc de tant de Nations qui se dispu-
» terent en divers tems l'Empire des Gaules, qu'elle a perdu toute idée
» de son origine; & qu'au lieu de devenir plus abondante, elle s'est peut-
» être apauvrie, & a perdu cette merveilleuse facilité avec laquelle la
» Langue primitive savoit se prêter à tous les besoins des hommes; fa-
» cilité dont les Grecs, les Arabes & les Chinois tirerent de si grands
» avantages.

» Il nous seroit cependant fort utile de connoître les Etymologies de
» notre Langue.

» 1°. Pour débrouiller l'origine de la Nation Françoise.

» 2°. Pour mieux connoître la source de nos Coutumes, de nos mœurs,
» nos anciens monumens, &c.

» 3°. Afin de pouvoir rétablir l'énergie de notre Langue, son élasticité
» en quelque façon; de maniere qu'elle pût, d'un côté, nous servir d'en-
» trée à la connoissance des autres Langues; & d'un autre, se prêter plus
» aisément aux connoissances que nous ne cessons d'acquérir.

» Nombre de Savans ont donc cherché avec soin l'origine de cette
» Langue; nous avons même de gros Dictionnaires où l'on nous promet
» ses Etymologies, & nous n'en sommes pas plus avancés.

» Deux choses s'opposoient à ce que cet Ouvrage fût bien fait.

» 1°. L'idée où l'on étoit que le François dérivoit uniquement de la
» Langue Latine avec quelque mélange de la Grecque; & que celle-là avoit
» totalement anéanti celle qu'on parloit auparavant dans les Gaules.

» 2°. Lorsqu'on étoit arrivé à une origine Grecque & Latine, on ne
» savoit plus où aller; ceux qui ont voulu remonter plus haut, s'étant
» égarés eux-mêmes. Ils regarderent la Langue Latine comme fille unique-
» ment de l'Hébraïque & ne la comparerent jamais avec la Langue des
» Celtes, premiers habitans de l'Europe, & qui y avoient apporté la Lan-
» gue primitive; aussi n'ont-ils pu réussir.

» Mais au moyen des racines primitives & du Dictionnaire compara-
» tif des Langues, on est en état de reconnoître l'origine de tous les
» mots de notre Langue; c'est le VIe objet de cet Ouvrage.

» Là, du mot François, on remonte au primitif, à travers toutes les
» Langues & tous les Peuples, par lesquels il est passé pour venir jus-
» ques à nous.

» Cette portion du grand Ouvrage que nous offrons au Public, doit

PRÉLIMINAIRE.

» intéreſſer d'autant plus tout François qui a quelqu'attachement pour ſa
» Langue, qu'on y trouvera ſans doute des reſſources pour ſuppléer à tout
» ce que nous avons perdu à cet égard, par une ſuite des terribles ré-
» volutions que nous avons eſſuyées depuis les premiers changemens que la
» Langue primitive éprouva dans nos Contrées.

» Ajoutons, qu'on pourra par ce moyen former un alphabet plus abon-
» dant, plus conforme à nos beſoins, mieux aſſorti à nos mots.

§. II.

Motifs qui 'ont déterminé à faire paroître, avant tous les autres, le Dictionnaire Etymologique de la Langue Françoiſe.

Après avoir donné dans deux Volumes précédens les Élémens du Langage ou la Grammaire Univerſelle, l'Origine du Langage & de l'Ecriture,
les loix d'après leſquelles on reconnoît ſans peine les altérations qu'un
même mot éprouve en ſe tranſmettant d'un Peuple à un autre; il ne nous
reſtoit plus qu'à faire paroître les Dictionnaires Etymologiques des Langues
que nous avons annoncés dans ce Plan Général.

Mais dans l'impoſſibilité où nous étions de les faire paroître tous à
la fois, il a fallu néceſſairement faire un choix; a-t-il été difficile à faire ?
Les Origines les plus intéreſſantes pour le plus grand nombre de nos
Lecteurs, ont dû avoir le pas : nous publions donc aujourd'hui les ORI-
GINES FRANÇOISES ou le Dictionnaire Etymologique de la Langue Françoiſe. Nous croyons faire en cela un choix agréable à nos Lecteurs. Ce
ſont les Origines de leur propre Langue, ou d'une Langue qu'ils enten-
dent, d'une Langue qui s'eſt enrichie des dépouilles de toutes les Langues
ſavantes, maniée elle-même par des Savans diſtingués, dépoſitaire d'une
multitude de connoiſſances, riche en chef-d'œuvres de toute eſpéce; fiere
de ſes Orateurs, de ſes Poëtes, de ſes Hiſtoriens, de ſes Philoſophes, de
ſes Ecrivains en tout genre; & qui entendue de preſque tous les Peuples
de la terre, a preſqu'atteint la gloire des Langues que parlerent les Grecs
& les Romains.

Décrire ſes Origines, c'eſt donc en quelque ſorte travailler pour tous
nos Contemporains, pour tous les Peuples; c'eſt éclaircir l'Origine même
des Langues ſavantes dont le François a tant emprunté : c'eſt répandre de
nouvelles beautés ſur les ouvrages écrits dans cette Langue, & faire reſ-

sortir l'art de ses Auteurs ; c'est en faciliter la connoissance & la rendre plus recommandable.

D'ailleurs, quelles Etymologies pouvoient mieux faire sentir la sûreté de nos principes, la rapidité de notre marche, l'utilité de nos recherches ? Ce n'est point sur des mots inconnus ou étrangers & peu intéressans que nous promenons les regards de nos Lecteurs ; nous considérons avec eux des mots qu'ils connoissent, dont ils sentent toute la force, sur le sens desquels on ne peut leur faire illusion ; ce sont des origines qu'ils désirent eux-mêmes, & dont ils sentent toute l'utilité. Ce sont leurs propres lumieres que nous prenons pour Juges ; c'est la bonté de leur logique que nous invoquons ; la force de leur sentiment, leur conviction pleine & entiere que nous voulons enchaîner.

Que nous eussions commencé par la Langue primitive, ou par quelque Langue savante, on auroit pu soupçonner que nous cherchions à surprendre le suffrage de nos Lecteurs, à leur faire illusion par des rapprochemens trompeurs, effets d'une imagination vive & ardente qui croit voir ce qu'elle désire & qui ne manque jamais de prétextes spécieux pour se séduire elle-même : on auroit pu croire que, conducteurs aveugles, nous promenions d'autres aveugles dans des sentiers inconnus à tous.

Mais en nous occupant d'Origines Françoises, ces craintes s'évanouissent : chacun peut voir si nous ne nous trompons pas dans les rapports que nous appercevons entre divers mots, dans la maniere dont nous les classons, dans les altérations que nous leur attribuons. Sans savoir les Langues, chacun peut s'assurer par soi-même si nous avons rapproché des mots qui appartiennent à une même famille ; en disant, par exemple, que du mot primitif VER, qui désignoit l'Eau, nom resté dans les fleuves appellés aujourd'hui *VAR*, *VARMO*, *VARNA*, *VÉRESIS*, *VERO*, *VIR*, *VIRE*, que de ce mot, dis-je, dériva le mot VÉRITÉ, parce que l'eau étant par sa clarté & par sa limpidité le miroir des corps ou des êtres physiques, la VÉRITÉ est également le miroir des idées ou des êtres intellectuels, & leur représentation d'une maniere aussi fidelle, aussi nette, aussi claire que la représentation des corps par l'eau ; & que c'est par cette raison que le Latin *VERus* signifioit sincere, net, réel.

Chacun peut également juger par soi-même, si nous avons trouvé le vrai, en disant que la plupart des noms de nos instrumens de musique sont formés par onomatopée ou par l'imitation du son qu'ils font entendre : que les noms, par exemple, *du Tambour*, *du Tympanon*, *de la Tim-*

PRÉLIMINAIRE.

bale, imitent le son rendu par un corps sonore sur lequel on frappe : que celui de la *Trompette* imite le son d'un corps qu'on fait résonner par le souffle ; tandis que les noms du *Violon*, du *Violoncel*, de la *Basse de Viole*, tous instrumens à cordes, imitent le son aigu & asilé que rend une corde sous le corps qui la pince, son très-analogue à celui de la voyelle I, qui a lui-même un caractere si différent de celui des voyelles nasales *am*, *im*, *om*, dont est composé le nom des Tambours, des Tympanons, des Timbales.

Il est vrai qu'en commençant par la Langue Françoise, nous rendions notre travail infiniment plus épineux & plus long : il faut beaucoup plus de recherches pour retrouver l'origine de nos mots qui ont éprouvé nombre d'altérations, en passant à travers les siécles, dont le tems a fait disparoître les foibles commencemens, & dont la masse entiere est dénaturée.

Mais en nous exposant à ces difficultés, & à la critique la plus sévere, en même tems qu'elle étoit la plus aisée, nous avons cru être plus utiles à nos Lecteurs ; nous avons espéré qu'entraînés par un intérêt toujours présent, & voyant par eux-mêmes que la Langue Françoise descend réellement de la Langue primitive, & ses rapports avec les Langues Savantes, le Latin, le Grec, l'Hébreu ou l'Arabe, ils ne douteroient plus que les diverses Langues qu'on parle sur la terre, ne sont que des branches éparses d'une seule : qu'il n'est plus impossible de les comparer entr'elles, de les ramener à une source commune ; que cette entreprise même ne peut qu'être infiniment utile pour faciliter l'étude des Langues en la simplifiant, & pour éclaircir l'Histoire même des Peuples & des Sociétés qui ont fleuri sur la terre : nous avons cru en même tems que ces avantages inspireroient une nouvelle ardeur pour nous suivre dans le reste de nos recherches, & augmenteroient la confiance qu'on peut avoir en elles.

§. III.

Diverses Classes des mots dans ces Origines.

Afin qu'on apperçoive d'avance ce qu'on peut espérer de nos Origines Françoises, nous allons exposer le plan que nous avons suivi. Nous avons distribué sous quatre Classes les mots renfermés sous chaque Lettre de l'Alphabet : dans la premiere, nous avons mis les mots François descendus de la Langue Celtique ; dans la seconde, ceux que nous devons aux Latins ; dans la troisième, ceux qui sont empruntés du Grec ; dans la quatrieme, ceux qui sont venus de l'Orient.

Comme les mots qui constituent ces trois dernieres Classes, doivent revenir dans les Dictionnaires Etymologiques Latin, Grec & Hébreu, nous nous sommes contentés de les mettre ici par ordre Alphabétique, en faisant précéder le mot François & l'accompagnant du mot Latin, Grec ou Oriental dont il est dérivé.

Par rapport aux mots François descendus de la Langue Celtique, comme ils constituent le fond même de notre Langue, & qu'ils forment des familles immenses, nous avons été obligés de suivre une méthode absolument différente, mais la même que nous observerons à l'égard des Langues dont nous aurons occasion de nous occuper.

Sous un monosyllabe Celtique, mot primitif & radical, nous avons rapporté par ordre Alphabétique tous les mots François qui en sont dérivés.

Lorsque le nombre de ceux-ci a été considérable & qu'ils ont pû se diviser en diverses branches séparées par une idée particuliere subordonnée à la générale, nous avons divisé ces familles en plusieurs branches distinguées chacune par un numéro ; & à la tête de chaque division, nous avons répeté le mot radical avec la nuance particuliere dont il venoit de se charger. Un exemple donnera une idée plus exacte de cette méthode que tout ce que nous pourrions dire.

§. IV.

Exemple des grandes Familles qui en résultent.

Parvenus au mot BAL, monosyllabe Celtique & Chef d'une immense famille, nous l'avons écrit en tête & nous avons dit : « le mot BAL fut un mot » primitif qui désigna le Soleil, & par conséquent, 1°. tout ce qui est beau » & brillant comme le Soleil : 2°. tout ce qui est élevé comme lui : 3°. tout ce » qui est rond. Sous chacun de ces points de vue, ce mot est devenu la » source d'une multitude de Familles dans la Langue Françoise, en se pronon- » çant suivant les Peuples, BAL, BEL, BOL, & avec l'élision de la voyelle BLA, » BLÉ, &c. » De-là résultent dix branches dérivées de cette seule racine, & d'où résulte une cinquantaine de divisions.

1°. Les noms de quelques Plantes & Animaux.

2°. BEL, désignant la *Beauté*.

3°. BAL, devenu BLA, nom de diverses couleurs, des mots *blanc, bleu, blond, blason*, &c.

4°. BAIL, nom relatif à la puissance, à la conservation & protection.

5°. BAL, relatif à l'élévation ; d'où *Balcon, Balustrade*.

6°. BAL.

PRÉLIMINAIRE.

6°. BAL, relatif à l'action de garantir en enveloppant, d'où *Bale*, *Baline*, *Baldaquin*, &c.

7°. BAL, relatif à l'action physique de s'élever en s'élançant; d'où *Bal*, *Balet*, *Balade*, *Baladoire*, *Baliste*, &c.

8°. BAL, désignant la grosseur; d'où *Baleine*, *Bloc*.

9°. BAL, désignant la rondeur; d'où *Bale*, *Balon*, *Balote*, *Boule*, &c.

10°. Quelques mots composés de BAL, joints à d'autres.

§. V.
Utilité de cette Méthode.

Cette méthode de ramener tous les mots de la Langue Françoise au petit-nombre de mots radicaux dont ils dériverent, en abrège singulierement l'explication étymologique, puisque la même sert pour une multitude de mots, pour tous ceux qui tiennent à la même famille. Elle réunit en même tems nombre d'avantages soit pour ceux même dont elle est la Langue naturelle, soit pour ceux qui désirent l'apprendre.

D'un côté, elle soulage extrêmement la mémoire, en ne présentant qu'un certain nombre de mots généraux auxquels on rapporte la masse entiere des mots de la Langue qu'on étudie. D'un autre côté, en fixant le sens propre de chaque mot radical, on en voit naître d'une maniere aussi simple que satisfaisante, les divers sens physiques & moraux ou figurés qui en dériverent. Il n'en est pas ainsi des autres Dictionnaires. Comme on n'en considera jamais les mots dans leur ensemble, il étoit impossible d'en graduer les diverses significations, & de faire voir par quelles nuances on étoit parvenu à faire signifier à un même mot des choses qui paroissent souvent n'avoir aucun rapport; & très-souvent encore, il en résultoit le grand inconvénient de brouiller tous les sens; & de faire regarder comme propres les sens figurés; & comme figurés, les sens propres. Des renversemens aussi inconcevables & aussi nombreux, répandoient la plus grande incertitude & le plus grand dégoût sur l'étude des mots; il étoit un grand obstacle à ce qu'on les retînt. Il n'est en effet personne qui ayant eu occasion d'ouvrir des Dictionnaires en quelque Langue que ce soit, n'ait sans cesse été étonné du cahos qu'offroient les diverses significations d'un même mot. C'est ce désordre qui, paroissant inhérent aux Langues, avoit persuadé sur-tout que les mots n'étoient que l'effet du hazard, qu'on ne pouvoit les ramener à des Etymologies même vraisemblables.

Ces Familles auront encore cet avantage intéressant, de faire voir comment on altéra sans cesse les mots primitifs, non-seulement pour en former des dérivés à l'infini, mais sur-tout pour rendre ces dérivés harmonieux & sonores, plus conformes au génie de la Langue, plus diversifiés. Ces altérations deviendront autant de preuves sensibles de la vérité des principes que nous avons développés dans l'Origine du Langage & de l'Écriture : elles constateront ces *Loix* immuables sur lesquelles nous avons dit qu'étoient fondés les changemens que les mots ne cessent d'éprouver en se transmettant de peuple en peuple & de génération en génération.

En effet, il n'est aucun mot primitif qui n'ait été altéré en François, qui ne l'ait été de plusieurs façons & toujours d'une maniere parfaitement conforme à ces Loix : c'est ce dont on s'assurera à chaque page. Par-tout on verra la voyelle forte changée en foible. Ami & Aimer ; Marin & Mer ; Salé & Sel. La consonne forte adoucie ; *Ca*, par exemple, devenu sans cesse *Che* ; Cheval & Chevalier, Cadence & Chute, Chambre & Camerier, Camelot & Chameau, Campagne & Champêtre.

Ces variétés, se rencontrer dans la même famille. De CAP, tête, capacité, se forment des mots en *Chap, Chef, Cep, Cip, Cav*, comme chef, capacité, chapeau, recevoir, récipient, cavité, &c.

Du mot *FID*, assurance, ceux de Fidélité, Féal, Fier, Foi.

De *LEG*, Legiste, Lire, Loi, lu.

D'*OPER*, travail, Opérer, Ouvrage, Œuvre.

D'*Oc*, Œil, Yeux, Oculaire.

De *MATurus*, Mûr & Maturité.

De *SECUrus*, Sûr & Sécurité.

De *SAT.*, assez, Satiété, Satisfaction.

De *VID*, vision, vue, voir, évidence.

R est sans cesse inséré dans des mots où il est étranger. De *London* nous avons fait Londres ; de *funda*, fronde ; de *velous*, velours ; de *beuvage*, breuvage & abreuvoir : dans d'autres, il prend la place d'autres lettres ; ainsi nous disons BORNE au lieu de l'ancien BONNE.

Souvent encore, nous faisons disparoître la voyelle du mot radical. Ainsi nous disons *Tercer* & *Trois* ; BLE pour BEL ; GRA pour CAR.

§. VI.

Conséquences qui en résultent relativement à la Langue Françoise.

En considérant de cette maniere, les altérations qu'éprouvent les mots dans notre Langue, & en se les rendant familieres, on se forme une idée in-

PRÉLIMINAIRE.

finiment plus juste de la nature de cette Langue ; on voit les qualités qu'un mot doit posséder pour s'y naturaliser ; on se rend habile dans l'art de découvrir l'étymologie des mots. Car ces altérations se trouvent dans toutes les Langues ; il n'en existe même aucune où les mots éprouvent autant de changemens & des changemens aussi considérables : au point qu'on ne voyoit nul rapport entre des mots de la même famille, & qu'on regardoit les changemens qu'ils avoient éprouvés, comme des corruptions bisarres & dont on ne pouvoit rendre raison ; ainsi on étoit sans cesse étranger dans sa propre Langue : une routine aveugle présidoit seule à la connoissance de ses mots ; & celui qui les transmettoit, n'en savoit pas plus que celui à qui il en faisoit part.

Mais si un mot, pour être adopté par une Nation, doit éprouver une altération propre à cette Nation, il est donc vrai que le génie de chaque Langue influe sur la masse entière de ses mots, & que les causes de ces altérations sont les mêmes que celles qui déterminent le génie de la Nation, telles que le climat où l'on vit, l'air qu'on respire, le plus ou moins de liberté dont on jouit ; & que par conséquent on peut, en combinant toutes ces choses, découvrir les altérations que les mots primitifs ont éprouvées chez chaque Peuple, & en rendre des raisons morales & physiques. C'est ainsi que les François, vivant dans un climat tempéré, doivent avoir une prononciation très-tempérée, haïr les aspirations, les consonnes dures, les tons élevés ou trop marqués. Tous les mots qu'ils adoptèrent durent prendre cette teinte ; & en passant par cette filière, perdre toute leur aspérité : ils durent même acquérir plus de douceur, dès que les personnes du sexe furent admises à la Cour & dans toutes les Sociétés : les mots devinrent encore plus flatteurs sur leurs lèvres, & les Chevaliers François furent bientôt à l'unisson.

ARTICLE II.

Des LANGUES *qui ont été parlées dans les Gaules, ou dans la France.*

§. I.

De la Langue Celtique, source de la Langue Françoise.

Mais si, par une marche absolument nouvelle, tous les mots François descendus du Celte sont classés par bandes immenses sous des racines Celtiques, on demandera sans doute comment on peut être assuré que les mots que nous donnons pour Celtiques, le sont réellement : quelle idée on doit se former de la Langue Celtique, & d'après quelles données nous regardons cette Langue comme la source du François, tandis que jusques à présent on a toujours été dans l'idée que le François n'étoit en quelque sorte qu'un Latin corrompu.

Arrêtons-nous donc un moment sur ces questions, décisives pour la bonté de notre travail, & qui intéressantes par elles-mêmes acquierent un nouveau mérite, lorsque destinées à répandre du jour sur les Origines Françoises, elles sont discutées devant des François.

La Langue Celtique dans son sens le plus étendu, est la Langue que parlerent les premiers Habitans de l'Europe, depuis les rives de l'Hellespont & de la Mer Egée jusques à celle de l'Océan : depuis le Cap Sigée aux portes de Troie jusques au Cap de Finistere en Portugal, ou jusques en Irlande.

Cette Langue s'appella Celtique, parce qu'on donna à l'Europe septentrionale le nom de CELTIE, & à ses Habitans celui de CELTES, à cause du froid excessif qui y régnoit, effet de ses vastes Marais & de ses antiques Forêts, comme nous l'avons prouvé dans notre Plan général.

Cette Langue primitive de l'Europe, la même dans son origine que celle des Orientaux, se divisa bientôt en diverses Langues collatérales, à mesure qu'il se forma en Europe de grandes Peuplades ; & que ces Peuplades, se cantonnant, devinrent sédentaires, agricoles & n'eurent point ou peu de communication entr'elles.

De-là naquirent l'ancienne Langue *Grecque* ou celle des Pelasges antérieurs de beaucoup à Homere & à Hésiode ; l'ancienne Langue des *Latins*, ou celle

PRÉLIMINAIRE.

de Numa, dans laquelle furent écrits ces Vers Saliens qu'on n'entendoit plus au bout de quelques siécles, au tems de Cicéron & de Varron : la Langue *Etrusque*, parlée dans une partie très-considérable de l'Italie : la Langue *Thrace*, parlée au Midi du Danube depuis le Pont-Euxin jusques à la Mer Adriatique, & la même que la Phrygienne ou celle des Habitans de Troie: la Langue Theutone ou *Germanique*, parlée depuis la Vistule jusques au Rhin : la Langue *Gauloise*, parlée dans toutes les Alpes, dans l'Italie, en-de-ça du Pô, & depuis le Rhin jusques à l'Océan, ou dans ces contrées qu'on appelloit les Gaules & qui renfermoient la France, les Pays Bas, la Suisse & tout ce qui fait partie de l'Allemagne en-deça du Rhin ; ajoutons-y tout ce qui compose les deux Bretagnes : La langue *Cantabre*, ou celle des anciens Espagnols : enfin la Langue *Runique*, parlée dans les Pays du Nord.

Mais de toutes ces Langues, celle qu'on regarde proprement comme la Langue Celtique, c'étoit la Langue des Gaules. POLYBE, DIODORE, PLUTARQUE, PTOLÉMÉE, STRABON, &c. semblent regarder le nom de Celte & de Gaulois comme synonymes, sans doute parce qu'au moyen de la réunion de tous les Gaulois en un seul corps de Peuple sous le Gouvernement des Druides & à la faveur de leur position aux extrémités de l'ancien Continent qui les mettoit à l'abri des révolutions si ordinaires aux autres Peuples, les Habitans des Gaules avoient conservé la Langue Celte dans toute sa pureté, tandis que les autres Nations Celtiques l'avoient déja altérée par leur mélange avec divers autres Peuples.

Et c'est cette Langue que nous regardons comme la Mere de la Françoise, & qui a servi de base à nos Origines Françoises.

§. II.

Révolutions qu'éprouverent ceux qui la parloient dans les Gaules.

Il est vrai que cette Langue paroît avoir été anéantie sous le poids des révolutions qui accablèrent ceux qui la parloient. D'un côté, les Grecs qui fonderent Marseille & plusieurs Villes le long de la Méditerranée, qui s'établirent à Lyon, à Bordeaux, & jusqu'à Paris où ils venoient commercer, introduisirent avec eux un grand nombre de mots Grecs. Les Phéniciens qui commerçoient dans les Provinces Méridionales, durent également y introduire nombre de leurs mots, tous ceux relatifs à la navigation, aux denrées Orientales, aux Arts qu'ils professoient ; mais ces révolutions n'avoient été que locales, lorsque les Romains, déja maîtres de la Provence & de la Gaule Narbonnoise, donnerent à Jules-César le Gouvernement des Gaules. Ce Romain illustre par son beau génie & par ses rares qualités, mais qui dévoré d'ambition, trouvoit qu'il valoit mieux être le premier dans un Village que le dernier à Rome, César, dis-je, ne sortit plus des Gaules avant de les avoir réduites sous la domination des Romains, & sans y avoir établi de nombreuses Colonies Romaines.

 La beauté du climat, la fertilité de ces Provinces, la sociabilité de leurs Habitans, y attirerent une multitude de Familles Romaines; & dès le tems d'Auguste, les Gaules méridionales étoient Latines, & l'on vit des Gaulois accourir à Rome pour y donner des leçons de Grammaire & d'Eloquence Latines. Il en fut bientôt de même des Gaules plus septentrionales; & lorsque quelques Empereurs d'Occident eurent établi leur résidence dans les Gaules & sur-tout à Paris, on parla Latin sur les rives de la Seine, comme sur celles du Tibre. Qu'étoit donc devenue la Langue des Gaulois? Faite pour la liberté, avoit-elle disparu avec elle, & put-elle résister au long esclavage dans lequel les Romains tinrent ces Peuples pendant l'espace de cinq ou six siécles? Du moins si au bout de ce tems, les Gaulois avoient pu briser leurs fers & être du nombre de ceux qui renverserent cet Empire destructeur & inhumain; mais ils ne sortirent d'un esclavage que pour retomber dans un autre, & pour devenir la proie d'un grand nombre de Peuples barbares, des Wisigoths, des Bourguignons, des Allemans, des Alains, des Normans, des Francs qui, plus heureux, firent disparoître tous les autres, & resterent seuls maîtres des Gaules.

 Ces révolutions sont connues: on sait que les Wisigoths fonderent un Royaume dans les Gaules méridionales, qui fut détruit par les Enfans de Clovis: que les Bourguignons en fonderent un le long de la Saône & du Rhône, auquel ils donnerent leur nom & qui se fondit insensiblement dans la Monarchie Françoise: que les Francs, formés de la réunion de plusieurs Peuples de la Germanie, après avoir occupé pendant long-tems les deux rives du Rhin, depuis Francfort jusques à la mer, & tous les Pays-Bas, mais divisés en plusieurs Royaumes, arracherent enfin les Gaules aux Romains: que les Allemans s'établirent dans l'Helvétie, dans les pays abandonnés par les Francs, dans la Lorraine & l'Alsace; & qu'avant Clovis, Crocus, un de leurs Rois, avoit ravagé les Gaules jusques dans la Provence: que dans cette expédition il brûla entr'autres Villes *Aps*, Capitale des Helviens ou Habitans du Vivarais, & près des ruines de laquelle on bâtit sur un côteau une Ville qu'on appella *Ville-Neuve de Berg* ou de la Montagne. On sait encore que les Rois de France furent forcés d'abandonner

PRÉLIMINAIRE.

aux Normans, cette belle Province qui porte encore aujourd'hui leur Nom.

Quant aux Alains, on connoît beaucoup moins généralement la part qu'ils eurent aux révolutions des Gaules; mais comme ce point d'Histoire éclaircit quelques objets relatifs à nos recherches, nous ne pouvons nous dispenser d'en parler un peu plus au long. Les Alains étoient du nombre de ces essains épouvantables que la Haute-Asie vomissoit sans cesse de son sein, & qui changeoient en vastes Déserts les plus belles Contrées de l'Empire Romain. Ceux-ci joints aux Taïfaliens aussi féroces qu'eux, pénétrerent dans les Gaules, au commencement du cinquiéme siécle, sous la conduite de leur Roi Goar. Bientôt ils se partagerent en diverses bandes. Les uns, après avoir ravagé les Provinces méridionales des Gaules, pénétrerent jusques dans l'Espagne; d'autres s'arrêterent sur les bords du Rhône dans le territoire de Valence; des troisiémes, descendant le long de la Loire, formerent des établissemens sur les bords de ce fleuve depuis Tours jusques à la Mer. Là, ils fleurirent un demi-siécle; mais s'étant réunis aux Wisigoths pour faire le siége d'Orléans, ils furent taillés en piéces par Childéric & par Egidius Général des Romains. Les Alains furent alors réduits à l'état le plus déplorable, & forcés de se cantonner dans les endroits les plus déserts de la basse-Bretagne & dans cette portion de la Saintonge, que les ravages de la Mer rendoient inhabitable; ce canton en prit le nom de *Pays des Alains* ou *Alani*, qui se changea insensiblement en *Pays d'Aulnix*. L'indigence & la nécessité firent que ces Cantons incultes devinrent entre leurs mains de fertiles Contrées; ils en desséchoient les marais, ils les mettoient en valeur; & la pêche devenoit pour eux un objet tout à la fois & de subsistance & de commerce.

Nous trouvons donc ici dans ces Peuples barbares, désarmés, & tombés dans le plus profond avilissement, la vraie origine des Cahets ou Cagots de la petite Bretagne, de la Guyenne & de Bordeaux sur lesquels on a tant & si inutilement écrit, dont nous avons parlé dans le corps de nos Origines Francoises, & que nous avons dit devoir être nécessairement les restes d'un Peuple qui habitoit ces Contrées & qui s'en étoit vû arracher la possession.

Nous en trouvons les preuves dans un Ouvrage que nous ne connoissions alors que de nom, l'Histoire de la Rochelle & du Pays d'Aunix, par M. Arcere, de l'Oratoire, & de l'Académie Royale des Sciences & des Arts de la Rochelle. « Il y avoit, dit-il, (p. 30) au XIe siécle, sur la lisiere du » Poitou & de l'Aulnis, une branche de *Teïfaliens*, Nation Scythe: ces » Peuples étoient entrés dans les Gaules, sous la conduite de Goar, Roi des » Alains. Ces hommes féroces vivoient au milieu des marais & des halliers

» impénétrables de l'Isle de Maillezais. Ils n'auroient pas choisi un séjour aussi
» sauvage, si une loi supérieure ou les malheurs de la guerre ne les y avoient
» contraints, comme on l'a dit ci-dessus.

» Puisqu'il est certain qu'une branche de ces Peuples qui inondèrent les
» Gaules, subsistoit encore au XIe. siécle sur les bords de la Sévre, il faut sup-
» poser, 1°. que c'étoit-là un reste de ces Peuples proscrits & fugitifs: 2°. que
» ces Barbares ne se tinrent pas cantonnés dans un terrein aussi resserré que
» l'Isle de Maillezais; & par une conséquence naturelle, il s'ensuit qu'ils cher-
» chèrent une retraite plus spacieuse dans les bois & au milieu des marais
» d'alentour; mais ils n'avoient qu'à traverser la Sévre pour trouver cette re-
» traite dans les champs incultes & inhabités que nous appellons présente-
» ment le Pays d'Aulnis.

» On découvrit il y a quelques années, ajoute le même Auteur, en fouil-
» lant les terres près de Maillezais, dans la Paroisse de Saint-Sigismond, des
» squelettes d'une longueur extraordinaire. Les crânes étoient fort gros, &
» les os des bras & des jambes extrêmement allongés. Cette découverte prouve
» que ce Pays a été habité par des hommes beaucoup plus grands de taille
» que les Gaulois; & ces hommes étoient sans doute les Alains, à qui AMMIEN
» MARCELLIN donne une taille très-avantageuse. Ces Peuples ressembloient
» assez aux Bourguignons, lesquels, au rapport de SIDONIUS APOLLINARIS,
» avoient sept pieds de haut; & que cet Auteur pour cette raison compare à
» des Géants ».

M. Arcere observe ensuite avec beaucoup d'exactitude & de sagacité, que
dans la Carte géographique ou Table de l'Empire Romain, dressée, non au
tems de Théodose le Grand & de son fils Honorius, comme l'a cru M. ARCERE
avec tous les Savans, mais antérieurement, comme l'a fort bien prouvé M. le
Comte de BUAT dans son Histoire des anciens Peuples de l'Europe, que dans
cette Table, dis-je, publiée par PEUTINGER, le pays d'Aulnis n'est qu'un désert: que dans le Xe. siécle, une portion de ce pays est appellée *Terra-Nova*,
Terre-Neuve, & encore de nos jours *Terre-nouvelle*, canton enclavé dans
la Paroisse de Notre-Dame de la Rochelle; & qu'il n'est point étonnant qu'on
n'y trouve aucun nom de lieu qui ait quelque rapport avec les mots ou avec
les noms de lieux qui restent de la Langue Celte.

Nous trouvons encore dans cet Auteur des faits intéressans relatifs à ces
mêmes Peuples & au mot COLIBERT, dont nous parlons dans nos Origines
Françoises, *col.* 269.

La Ville de Chatelaillon, première Capitale du pays d'Aulnis, dépérissant
chaque

chaque jour par les ravages réitérés de la guerre & des flots de la mer qui finirent par engloutir cette Ville infortunée, quoique bâtie sur un roc, il s'en éleva une autre sur ces parages dont la gloire surpassa de beaucoup celle de l'ancienne. La Rochelle, qui n'étoit d'abord qu'un amas de mauvaises cabanes de Pêcheurs, sortit alors en quelque sorte du sein des eaux. Les priviléges que la célèbre Eléonore, Duchesse d'Aquitaine, accorda à cette Ville naissante, y attirerent de toutes parts une foule d'habitans. Les Coliberts, ces habitans à demi-sauvages du Bas-Poitou & de l'Isle de Maillezais, ces descendans des Alains & des Taifales, dont la pêche faisoit la principale occupation, accoururent dans cette Ville naissante au commencement du XIIe. siécle. Il fallut aggrandir la Ville : fondée par des gens de mer, elle devint en peu de temps une Ville maritime dont les vaisseaux alloient chercher au loin ce qui manquoit à une Contrée aride, & enrichissoient ses habitans par le commerce le plus florissant. Ces Coliberts, dit un ancien Auteur, PIERRE DE MAILLEZAIS, qui devoit bien les connoître, étoient main-mortables : ni entièrement serfs, ni tout-à-fait libres ; mais ils tenoient un milieu entre ces deux états, & leurs enfans n'appartenoient pas au Patron, comme ceux des serfs à leur maître. Aussi ces gens-là étoient appellés *Homines conditionales*, Hommes de condition.

§. III.

Ce que devinrent les Gaulois au milieu de ces révolutions.

Mais revenons aux Gaulois qui paroissent anéantis eux & leur Langue, au milieu de tant de secousses & de révolutions. Un très-grand nombre resterent dans le sol qui les avoit vu naître ; ils y formerent un peuple de serfs, qui perdirent insensiblement toute trace de leur origine, & qui ne commencerent à respirer que lorsque les Rois de la troisiéme race permirent aux Communes de se racheter ; ce qui donna lieu au Tiers-État qui fit de la France un Empire redoutable.

Les seuls Gaulois qui se maintinrent en liberté furent, 1°. ceux qui se réfugierent dans le fond de la petite Bretagne, à l'extrémité de cette vaste Presqu'isle, qui est elle-même la portion la plus reculée des Gaules ; & 2°. ceux qui habitoient la Bretagne ou le pays que leur enleva ensuite la Nation Angloise, & qui se réfugierent dans les montagnes des Walles, ou des Galles, & dans la Province de Cornouaille vis-à-vis la petite Bretagne. Une partie de ces derniers se réunit aux Bas-Bretons, Habitans de la Bretagne Françoise.

Ces Peuples cantonnés dans leurs montagnes escarpées, ou sur leurs côtes stériles, n'y furent jamais entiérement vaincus, & s'y conserverent sans mélange; leurs fiers vainqueurs ayant dédaigné de partager avec eux un sol aussi ingrat. Séparés ainsi du reste de l'Univers, ces débris des anciens Celtes ont conservé leurs anciens usages, & parlent une Langue qui n'a aucun rapport à celles des Peuples qui les ont subjugués, & qui s'est partagée en trois Dialectes, le Gallois, le Cornouaillien & le Bas-Breton; Dialectes qui ont entr'eux le plus grand rapport, & qui sont incontestablement les précieux restes de l'ancienne Langue des Celtes ou des Gaulois. Proposition importante, & qu'il faut mettre au-dessus de tout doute, puisqu'elle fait une des grandes bases de notre travail.

§. IV.

Preuves que la Langue Celtique subsiste encore.

L'accord des Gallois, des Cornouailliens & des Bas-Bretons à parler la même Langue, Langue qui n'a nul rapport avec le François, l'Anglois, le Danois & le Latin, avec ces Langues qu'on a parlées ou qu'on parle encore dans les pays qui appartenoient à leurs ancêtres Gaulois; cet accord prouve manifestement que cette Langue est celle des anciens Gaulois, celle qu'on parloit au moment de leur ruine. Par quel charme ces trois Peuples vaincus & séparés par la mer, & par des dominations différentes, se seroient-ils accordés à abandonner leur ancienne Langue pour en adopter une nouvelle, & la même pour eux tous? Ce n'est point une Langue qu'ils ayent adoptée, c'est celle qu'ils parloient lors de leur infortune, & qu'ils ont conservée chacun de leur côté.

Cette Langue n'a même pu changer essentiellement; en effet, ce qui change les Langues, ce sont les révolutions qu'éprouvent ceux qui les parlent, & leur mélange avec d'autres Peuples; mais depuis la retraite des Bas-Bretons & des Gallois sur leurs côtes désertes & dans leurs montagnes, ils n'ont éprouvé nulle révolution, nul mélange: aussi le Bas-Breton & le Gallois s'accordent encore, & représentent par-là même l'état de la Langue Celtique au moment de l'invasion des Romains & de celle des Francs. Il ne s'y est glissé que des additions de mots occasionnés par la Religion Chrétienne qu'ils avoient embrassée, & par quelques termes d'arts qu'ils ont empruntés de leurs voisins; mais ces additions ne changent rien au fond de leur Langue & à leurs autres mots: ce sont des restes de l'ancien Celte.

Ces Dialectes offrent une prodigieuse quantité de monosyllabes, dont, comme autant de radicaux, dérivent leurs autres mots: c'est donc une Langue primitive qu'ils parlent, puisque tel est le grand caractère distinctif des Lan-

PRÉLIMINAIRE.

gues premieres, des Langues-meres : cette Langue ne peut donc être que l'ancien Celte.

Ces Dialectes renferment encore une multitude de mots radicaux qui donnent l'origine d'un grand nombre de mots Grecs, de mots Latins, & des mots de diverses Langues d'Europe ; tandis que ces mots radicaux n'existent pas dans ces Langues : preuve incontestable qu'ils appartenoient à la Langue primitive de l'Europe, & qu'elle s'est transmise avec le plus de pureté ou de simplicité dans le Gallois & le Bas-Breton : ensorte que ces Dialectes nous représentent l'ancien Celtique, dont sans cela on ne pourroit que regretter la perte.

Ajoutons une derniere preuve aussi intéressante que conforme aux principes du Monde Primitif. D'après ces principes, tout nom de lieu a une signification déterminée : lors donc qu'il ne présente aucun sens dans la Langue vulgaire, il faut le considérer comme des restes d'une Langue plus ancienne & parlée par les Fondateurs de ces lieux : ensorte que pour déterminer le plus ou le moins d'antiquité d'un lieu, on n'a qu'à considérer ses rapports avec la Langue vulgaire du Pays. Tous ceux qui sont significatifs dans cette Langue vulgaire sont postérieurs à son établissement ; tous ceux qui ne présentent aucun sens dans cette Langue, peuvent être censés l'ouvrage des possesseurs plus anciens de la contrée ; & la chose reste sans réplique, si en rapprochant ces noms de la Langue des premiers possesseurs, on en retrouve les élémens d'une maniere parfaitement assortie à leur nature.

Si d'après ces principes nous jettons les yeux sur une carte détaillée des environs de Paris ou de l'Isle-de-France, nous y appercevrons au moins deux sortes de noms : les uns qui sont significatifs dans la Langue Françoise; les autres qui n'ont aucune signification dans cette Langue.

Voici des noms de lieux de l'Isle-de-France de la premiere classe, & qui ont été par conséquent imposés depuis la formation de la Langue Françoise.

L'Abime.	L'Etang.	La haute-Ville.	La Villeneuve.
La Barre.	Les Enclaves.	Le Hameau.	Le Verger des champs.
Le Buisson.	L'Epine.	La Malassise.	Le Tertre.
Le Buissonet.	Les Epinettes.	La Mare aux Bœufs.	Beaulieu.
Les Buissons.	L'Essart.	L'Orme.	Grand Champ.
La Bute.	La Forêt.	Le Pressoir.	Haute Bruyere.
La Chenaye.	Les Fontaines.	Le Passoir.	Hauterive.
Le Chateau.	Le Gateau.	La Roche.	Montfort.
La Chaussée.	La Garenne.	La Ronce.	
Le Coudray.	Le gros Taillis.	La Tourneuve.	

DISCOURS

Noms qui font tous pris dans la portion Sud-Ouest de la Carte de l'Isle-de-France par M. DELISLE. En voici tirés des environs de Paris.

Les Bons-Hommes.	Conflans.	La Montagne.	Les Moulineaux.
Belleville.	La Chapelle.	Montrouge.	La Vilette.
Le Bouquet.	Maisons.	Menil-montant.	La Saulsaye.

Mais si on trouve dans cette Carte quelques lieux dont le nom soit connu, on en rencontre à chaque instant dont les noms n'offrent aucune signification: auroient-ils été donnés en l'air? Mais ce que font les François en imposant un nom à quelque lieu, leurs prédécesseurs dans les mêmes Contrées ne l'auront-ils pas fait également? Auront-ils inventé avec une peine extrême des noms sans valeur, tandis que leur Langue leur offroit tout ce qu'il falloit pour imposer à chaque lieu, à chaque site, un nom qui en fût la peinture parfaite? On peut être assuré qu'en comparant les noms d'un grand nombre de lieux de l'Isle-de-France actuellement sans signification, avec les mots Celtiques qui leur correspondent, on verra revivre ces noms; & on aura une Carte de l'Isle-de-France absolument neuve, qui sera comme un Dictionnaire Celtique, & dont chaque nom peindra le lieu qui le porte. Afin qu'on se forme une idée d'un travail de ce genre & des avantages d'une Carte pareille, rapprochons de la Langue Celtique, quelques noms de l'Isle-de-France pris au hazard. Les étymologies que nous en donnerons, ne seront pas aussi amusantes que celles que les Grecs donnoient de leurs Villes ou de leurs Fleuves, dont les noms étoient toujours ceux d'un Héros ou de quelque belle Nymphe: elles ne seront pas aussi gaies que celles qu'HAMILTON donne des environs de S. Germain, de Noisy, des Moulineaux, de Pont-d'alie; mais du moins elles seront plus instructives.

§. V.

Noms de divers lieux de l'Isle-de-France, expliqués par la Langue Celtique.

Nous trouvons d'abord les AVERNES, très-belle Campagne de trois lieues d'étendue, & qu'on sème en froment; Gonesse est à son extrémité Occidentale. Il n'est donc pas étonnant que Gonesse soit renommé pour son pain, & que cette Campagne ait été appellée les Avernes. VER, VAR, BAR, signifia *blé* & *pain* dans la Langue Celtique. C'est de ce mot que les Latins firent FAR, blé, & que nous avons fait *Farine*.

AUTEUIL & AUTILLE sont deux Villages situés sur les bords de la Seine, l'un près de Paris, l'autre plus loin en descendant aussi: ces noms peuvent donc venir d'AU, Eau, & TEL, élévation, colline.

PRÉLIMINAIRE.

Au Midi des Avernes est un Canton en bois qu'on appelle AUNAY. C'est la portion Occidentale de la Forêt de Bondi. Là on voit tous ces lieux, AUNAY, LIVRY en AUNAY, CLICHY en AUNAY: au Nord, la VILLETTE aux Aulnes; au Sud, VILLENEUVE aux Aulnes. Tout ces noms viennent donc du Celte ALN, bois d'Aune.

AR, HER, HERT, ARD, sont des mots Celtiques qui désignent des Forêts : il n'est donc plus étonnant de trouver dans l'Isle-de-France,

ARTIE, Forêt & Canton dans le VEXIN près la Roche-Guyon.

La Forêt d'HERI-VAUX, au Nord de Luzarche.

La Forêt de SENARS, sur les bords de la Seine, en-deçà de Corbeil. C'est mot-à-mot la Forêt sur Seine.

MONT-L'HERY, mot-à-mot, Montagne de la Forêt.

On voit en même tems que tous ces noms sont de la même famille que celui de la célébre Forêt des ARDENNES.

BRIGA, BRIVA, signifioit un Pont, un lieu sur une riviere & près d'un Pont ; de-là, la BRICHE près S. Denis.

BOULOGNE, composé de Bon, tête, & On, eau, désigne un lieu placé au coude ou à la tête d'une riviere. La riviere y formoit anciennement un coude, peut-être avant qu'elle fût descendue plus au Midi. D'ailleurs tous les endroits appellés Boulogne sont sur des eaux : de-là encore

BONEUIL, sur un coude de la Marne ; mot formé de Euil, habitation, & de BON, tête, coude.

BRE, désigne en Celte des lieux marécageux : de-là,

BRIE, surnommé Comte-Robert.

BREVONE, ruisseau qui vient du côté de Dammartin, passe à Claye, & se jette dans la Marne après avoir traversé des Cantons marécageux.

BRETIGNY, mot-à-mot, lieu situé dans un fond marécageux, bourbeux.

BEAUVAIS, en Celte BELLOVAC, Ville située sur une montagne au bord du Terain. Il est donc composé des mots Ac, habitation, Lo, Riviere, FAI, BAL, élevé. *Habitation élevée sur l'eau.*

BLEAU, signifie eau bleue. On en fit le nom Celte d'un lieu situé près d'une source, & duquel en y ajoutant le mot François FONTAINE, on a fait FONTAINEBLEAU.

De BREUIL, BROL, qui signifie un lieu plein de buissons, sont venus ces noms :

Le BREUIL, au Sud de Mantes.

Le BREUIL, au Sud de Longjumeau.

Le Breuil & Breuillet, près Châtres.

Le haut & le bas Breuil, au Sud de Houdan.

Bur, Beur, Bor, désignoient une maison de Campagne : de-là,

Bure, au Sud de Meulan.

Bure, gros Village entre Chevreuse & Palaiseau.

Beuron, à l'Ouest de Mantes : & nombre de lieux appellés,

Borde, la Borde, les Bordes.

Cad, Cat, altéré en Chat, Chau, Chou, &c. signifia dans cette même Langue Celtique, bois, forêt : de-là,

Chatou-sur-Seine, à l'entrée d'un grand bois.

Chatou, près la Grange aux bois, sur la riviere d'Etampes.

Chatenay, Chaville, Chatillon, aux bords des forêts de Meudon & de Verrieres.

Chatenay, entre Ecouan & Luzarche, au bord d'un bois.

Chaumont, sur une Montagne près d'un bois.

Coucy, dans une forêt dont le nom Celtique Coed a été dénaturé lui-même en Cuisse.

Choisy, mot-à-mot, Bois sur la riviere, si ce n'est pas un nom François pour désigner la situation de ce lieu.

Cata-locum, nom Celte de la Ville de S. Denis : mot-à-mot, lieu situé sur des rivieres au bord d'un bois.

Cond, Condat, désignoient des lieux situés au confluent de quelques rivieres : de-là,

Condé, Ville au-dessous de Meaux, au confluent de la Marne & d'une petite riviere.

Condé, au confluent de l'Aisne & de la Vesle.

Condé, au Sud-Est d'Houdan, au confluent de deux ruisseaux.

Courbevoix, en Celte Corbavlou, est composé de Iou, Eau ; Bau, habitation ; Cor, Montagne, élévation.

Creil, Creteil, sont sur des élévations, sur des Crets.

Dour, désignoit une riviere, un lieu où on passoit une riviere, une porte : de-là un grand nombre de noms en Dour.

Dourdan ; de Dan, habitation, Forêt, & Dour, Riviere.

Deuil, au Sud de Montmorency & dans la plaine : c'est le Celte Dol, lieu bas & fertile.

Epinay, au Midi de Luzarche, & sur une colline : du Celte Pen, sommet, pointe, Montagne : d'où,

PRÉLIMINAIRE.

ÉPINAY, au Sud-Est de Longjumeau, entre deux ruisseaux.
PINCOURT, ou l'habitation élevée. Les MONTS APENNIN.
LE FAY, près Linas; du Celte *Fay*, *Fag*, hêtre.
LE GASTINOIS, Province de l'Isle-de-France, entre la Seine & la Loire, doit son nom à ses vastes Forêts. On en trouve la preuve dans le Président FAUCHET; il rapporte dans ses Antiquités Françoises (1), que sous la premiere Race de nos Rois, on appelloit GAUDINE le pays qui est entre la Seine & la Loire, parce, ajoute-t-il, qu'en Gaulois les Forêts se nommoient *Gault*. Il n'y a donc point de doute que ce nom n'ait été altéré en celui de Gaudinois & Gatinois; d'autant plus qu'on appelloit également VASTINES, les Cantons dont on avoit abattu les forêts pour les mettre en culture, & les Forêts même. Dans la convention passée entre le Duc de Brabant, & le Chapitre de Sainte Vaudru, à Mons, l'an 1209, & rapportée par *Aubert le* MIRE, dans sa Diplomatique Belgique, on dit: *Omnes* VASTINÆ *quæ terræ sylvestres dicuntur*: » toutes les » Vastines ou *Gastines* qu'on appelle *terres à Forêts ou champêtres* ».
Dans le Poitou, on a également donné le nom de GASTINE à un Canton assez considérable qui est plein de côteaux, de ruisseaux, d'étangs & de bocages.
GOURNAY sur Marne; de GOR, sur.
GERBEROY, sur une Montagne élevée qui domine sur le Terain, riviere qui passe ensuite à Beauvais: de *Gar*, rapide; & BER, mont.
HAQUEVILLE sur la Seine, à l'Ouest de Poissy, signifie lieu sur l'eau, ou près de la Forêt; de HAG, Forêt.
Les HAYES & les LAYES, à l'Ouest & à l'Est de la Forêt de S. Léger, au Sud de Montfort-l'Amaury: du même mot HAG, HAY, Forêt, d'où *Haye*, &c.
S. GERMAIN-en-LAYE.
LUZARCHE, au Nord de Paris, sur une hauteur: du Celte ARC, habitation élevée, qui forma le Latin *Arce*, habitation sur un lieu haut, Forteresse, Château; & de LUC, LUS, 1°. élévation; 2°. Eau.
MED, désignoit un Pays de pâturages: de-là,
MEDUNTA, ou MANTES sur Seine: & les noms en *Mediolanum*, tel que MILAN, & peut-être MELUN.
MOL, MEL, signifioit colline, montagne; de-là,
MONT-MELIAN, sur une colline près Dammartin, nom qu'on retrouve dans une Forteresse de la Savoye sur une colline élevée.

---

(1) Liv. V, ch. XVII.

MEUDON, en Celte, MOL-DUNUM, montagne élevée.

MOR, désignoit aussi un côteau, un morne; de-là,

MONT-MORENCY, situé sur un côteau, nom auquel par un double emploi on a réuni le nom François Mont avec le Celte MOR qu'on n'entendoit plus, comme on a fait à l'égard de Fontainebleau & de tant d'autres lieux.

MAUR désignoit au contraire des lieux marécageux, des lieux inondés; c'est ainsi que près des marais traversés ou formés par la Brevone, dont nous avons déja parlé, & par un autre ruisseau, on trouve

MORY & MAUREPAS.

MAUREPAS, au Sud de Pontchartrain, entre Versailles & Montfort, étant situé à la source d'une riviere & dans des pays de bois, doit avoir également la même origine.

CLA-MAR sous Meudon, lieu marécageux & renfermé dans un fond, dans un *clos*.

NANT, signifie en Celte un vallon, un lieu bas, un fond où coule une riviere, où est un lac, &c. De-là,

NANTERRE, *mot-à-mot*, la forêt du vallon.

NANTOUILLET, près la Brevone.

NANTEUIL, au-delà de Dammartin.

NANTEUIL, près Meaux.

NEU, NOUE, NOU, désignoient des lieux arrosés; tels,

NEUILLY-sur-Seine, NEUILLY-sur-Marne; de *Neu*, prairie; *euil*, habitation; *y*, *uy*, eau.

Les NOUES, au couchant de Corbeil, & nombre de lieux appellés NOUE, la NOUE, &c.

PAC, PEC, PIC, désigna constamment une montagne, un côteau pointu, une colline; de-là,

PACY, *mot-à-mot*, le côteau de la riviere.

Le PEC, au bas de la montagne de S. Germain.

Le PLESSIS-PIQUET près de Sceaux, sur un côteau pointu.

PIQUE-PUCE près Paris. PUCE est une altération de PUD, POD, autre nom Celtique des côteaux, qui forma la famille Latine POT-*est*, il est puissant, il peut.

Le *PLESSIS*, nom si commun en France, s'est formé du Celte PLEC, pli, qui forma le Latin *Plexus*. On désignoit par-là des lieux cultivés & qu'on renfermoit de haies, dont les branches *pliées*, entrelacées les unes dans

PRÉLIMINAIRE.

les autres, les rendoient impénétrables. On en fit le *vieux François* Plesser, plier des arbres pour les entrelasser.

Rov, nom des chênes en Celte, forma le Latin *Robur*, chêne; de-là,
Rouvres, sous Dammartin.

Rouvres, près la forêt de Senars.

Le Gros-Rouvres, à l'Ouest de Montfort-l'Amaury, *mot-à-mot*, le Gros-Chêne.

Suresne-sur-la-Seine, au bas d'un côteau appellé le *Tertre* dans la carte de deLisle, & aujourd'hui le Mont-Valérien, paroît tirer son nom des mots Celtiques *Sur*, *Sour*, Eau, & *Aisn*, côteau, *mot-à-mot*, habitation entre la riviere & le côteau.

Var, *Ver*, désignoient des rivieres, des lieux bas arrosés par des rivieres, des arbres qui aiment l'eau; de-là,

Verneuil, près Meulan; Vernouillet ou le petit Verneuil, au midi de ce même Verneuil, & nombre d'autres lieux qui portent le même nom.

La terminaison des noms de lieux en Euil, si commune dans l'Isle-de-France & dans le Perche, est elle-même un mot Celtique: c'est le mot dont nous avons fait *Ville*, dont les Latins avoient fait *Villa*, & qui subsiste dans l'Allemand *Wyl*.

La terminaison des noms de lieux en Tré, Try, comme dans Vitré, Vitry, est le mot Celte Tre, Tri, habitation, joint à *Uy*, Eau.

Omettrons-nous la Seine, & l'ancien nom de Paris, le nom de Lutece? Nous avons déja vu que Lo, Lu, désignoit les Eaux, les rivieres. *Tec* signifioit en Celte comme en Latin & en Grec, abri, cachette, couvert. Lutece étoit donc *mot-à-mot*, lieu défendu par les eaux. Pouvoit-on mieux désigner une Ville bâtie dans une Isle qu'on avoit choisie pour le sanctuaire, pour l'asyle inviolable de la Déesse des Eaux qu'honoroient les Celtes?

La Seine, dont les eaux coulent avec une si grande lenteur, & font tant de détours qu'on diroit qu'elles ont peine à quitter l'Isle-de-France, fut bien nommée Sehen, Sehan, prononcé par les Latins Sequan, mot qui signifioit *lent*, *paresseux*. Les Gallois en firent Sen, lent; & les Latins Segnis, paresseux, lent.

Tous ces noms si bien assortis aux Dialectes Gallois & Bas-Bretons, & en même tems communs au reste des Gaules & à une grande partie de l'Europe, prouvent egalement que ces Dialectes sont des restes précieux de l'ancien Celte.

Dict. Etym.

DISCOURS

§. VI.

Savans qui avoient déja essayé d'expliquer divers noms de lieux par la Langue Celtique.

Quelques Savans, frappés de l'avantage qu'on pouvoit retirer des Dialectes Celtiques pour rendre raison des noms de lieux dans les Contrées habitées anciennement par les Gaulois, avoient déja essayé de faire usage de cette méthode relativement à leur Patrie. Ainsi BAXTER expliqua dans ses Antiquités Britanniques les noms des lieux de l'Angleterre par le Gallois & le Bas-Breton.

ASTRUC, ceux du Languedoc, dans ses Mémoires sur cette Province.

BOCHAT, ceux de la Suisse en 1750, dans ses Mémoires sur la Suisse, en 3. Vol. in-4°.

BULLET, prenant un champ plus vaste, appliqua cette méthode dans le premier Volume de son Dictionnaire Celtique, à la France, à la Grande-Bretagne, à l'Espagne, à l'Italie, à la Suisse, aux Pays-Bas, à une partie de l'Allemagne.

Ces Savans ont fait voir des restes intéressans de la Langue Celte dans une multitude de noms qui s'expliquent parfaitement par cette méthode, du moins le plus grand nombre, car on ne sauroit se flatter d'appliquer toujours d'une maniere exacte les mots Celtes; mais dans des objets de cette nature, le fort emporte le foible.

Ces essais cependant n'ont été jusques ici d'aucune utilité; du moins leurs effets ne sont point sensibles; & les Savans ont continué de négliger les Dialectes Celtiques, & même de regarder la Langue des Celtes comme entiérement perdue.

Cependant ces mêmes Savans rassemblent avec soin les restes d'anciennes Langues qui n'ont pas des titres plus authentiques de leur conservation: on a recueilli avec soin les restes de l'ancien Egyptien fondu dans le Copte; les restes du Theuton épars dans tous ses Dialectes; les débris de la Langue des anciens Goths conservés dans la petite Tartarie: ne seroit-on injuste qu'à l'égard de la Langue de nos Ancêtres?

Avouons que si on n'a pas retiré des travaux de ces savans Auteurs tout le fruit qui devoit en résulter, la nature même de ces travaux en a souvent été cause. Absorbés par de menus détails, ils n'ont pu s'élever aux grands principes: plus ils se livroient à ces détails, & plus ils multi-

PRÉLIMINAIRE.

plioient les erreurs. Souvent encore, ils s'attachoient à des systêmes inutiles à leur cause, & qui leur nuisoient infiniment, parce qu'on faisoit l'essentiel de ce qui n'étoit qu'un vain accessoire. C'est ainsi que Bochat, qui dans ses explications des noms de lieux, est plein de goût & de critique, vit son travail perdu, parce qu'il s'étoit cru en état de prouver que l'Helvétie avoit été peuplée par des Gaulois venus des Provinces méridionales de la France ou des Gaules, & qui avoient suivi les bords du Rhône: question qui fit perdre de vue la principale.

Bullet de son côté, à qui on a l'obligation d'avoir réuni en un corps les divers Dialectes Celtiques, adopta une méthode qui ne pouvoit que nuire à son ouvrage, & qui lui a fait beaucoup de tort, dans l'esprit des Savans. Pour expliquer les noms de lieux, il les prend toujours un à un; ne les considérant ainsi jamais en masse, il tombe dans des longueurs qui rebutent; & entraîné lui-même par des différences qui ne méritent nulle attention, il donne souvent aux mêmes noms des interprétations absolument différentes; ensorte que son ouvrage ne paroît avoir aucune base solide, & être entiérement arbitraire.

Il n'a pas été plus heureux dans l'arrangement des mots de son Dictionnaire: il ne les arrange point par familles, & il les répete autant de fois que leur orthographe change, ensorte qu'ils paroissent multipliés à l'infini, & qu'on ne voit qu'un cahos inexplicable.

Ce n'est pas tout: abusant de ce principe certain que la Langue Celtique donna un grand nombre de mots à la Langue Latine, il ne voit que des racines Celtiques dans les mots même que les Celtes ont empruntés des Latins: dès qu'un mot est commun aux Celtes & aux Latins, c'est, selon lui, le mot Latin qui dérive du Celte; conséquence fausse & qui est devenue funeste parce qu'on a cru qu'il concluoit toujours aussi mal, ou qu'il étoit impossible de distinguer les vrais mots Celtiques de ceux qui avoient été empruntés d'autres Langues.

La différence cependant ne peut être plus grande. Les mots Celtiques, comme tous les mots Nationaux, forment de grandes familles, se rapportent à des racines très-simples, ont varié prodigieusement dans la prononciation & dans l'orthographe. Les mots empruntés ne tiennent à aucune famille, n'ont point fait souche, n'ont pu varier dans l'orthographe; ils ont toujours un air étranger qui les décele.

DISCOURS

§. VII.
Mots Celtiques cités par les Anciens & qui subsistent encore.

Pour démontrer l'extinction totale de la Langue Celtique, (car l'incrédulité sur l'existence de cette Langue a mis tout en usage pour se soutenir,) on fait extrêmement valoir certains mots cités par les Anciens comme Gaulois & qu'on ne trouve point, dit-on, dans les Langues qu'on prétend être Celtiques. Mais cette objection ne prouve rien, parce qu'elle prouveroit trop. Lorsqu'on avance que la Langue Celtique subsiste encore, on ne prétend pas qu'elle n'ait fait aucune perte : rien ne seroit plus absurde : on conçoit très-bien que des mots relatifs à des usages, à des modes, à des arts qui cessent d'exister, s'éteignent d'eux-mêmes dès ce moment.

Mais c'est très-gratuitement qu'on suppose que ces mots cités comme Gaulois ne subsistent plus dans les Langues que nous considérons comme Celtiques ; en voici de très-remarquables qui contredisent hautement cette supposition.

ALAUDA étoit chez les Gaulois le nom d'un oiseau, comme le rapporte MARCELLUS EMPIRICUS dans un ouvrage sur la Médecine cité par Bullet : peut-on y méconnoître le nom de l'ALOUETTE ?

SPATHA, étoit le nom de l'épée Gauloise, disent les Anciens : n'est-ce pas le Languedocien *Espaze* & notre mot EPÉE : & n'est-ce pas de là qu'est venu notre mot SPADASSIN ?

BENNA, selon FESTUS, étoit une espéce de Voiture Gauloise. BENNE est un nom de voiture en Suisse, en Allemagne, dans les Pays-Bas, Contrées où on parloit Celte : nos anciens Chroniqueurs, MONSTRELET lui-même, s'en servent. En Franche-Comté on dit *Benne de Charbon*, pour désigner une voiture de Charbon.

CARR, étoit un mot Gaulois qui désignoit les chars, & que les Romains adopterent, sur-tout depuis Jules-César ; mais ce mot subsiste encore dans tous les Dialectes Gaulois & dans notre propre Langue où il a produit une famille nombreuse depuis le *char* du modeste habitant des campagnes, jusqu'au *carrosse* doré des riches Citadins.

ARAPENNIS étoit, selon COLUMELLE, un mot Gaulois qui désignoit une mesure de terre correspondante au demi-jugere Romain. Qui n'y reconnoît notre mot ARPENT ?

GALBA, nom d'un des XII Césars, étoit, dit SUETONE, un mot Gau-

PRÉLIMINAIRE.

lois, qui signifioit gras. GALB, CALB, en Bas-Breton, signifie un homme gros & gras.

Un autre Empereur Romain dut un de ses noms à un habillement Gaulois: on voit que c'est de CARACALLA, fils de Sévère, que nous voulons parler. On lui donna ce surnom, parce qu'il avoit adopté un habillement en capuchon dont se servoient les Gaulois & auquel ils avoient donné ce nom. Si ce mot n'existe plus dans les Dialectes Celtes, on y en trouve du moins les racines. CAR signifie Tête; & CAL, couvrir; & ces racines ont donné des mots aux Grecs & aux Latins.

BODINCUS, tel étoit, selon PLINE, le nom Gaulois du *Pô*, le plus grand des Fleuves de l'Italie: il ajoute que ce mot signifioit profond ou sans fond. C'est donc le mot BOD, encore existant dans divers Dialectes, & de la même famille que POT, élévation, dont nous avons déja parlé.

Le premier Magistrat des Eduens, puissante Nation Gauloise dont la Capitale étoit Autun, s'appelloit, selon les Romains, VERGOBRET. Le premier Magistrat de cette Ville s'appelle encore aujourd'hui VIERG. Ce n'est peut-être pas le seul reste qu'on y conserve des anciens Gaulois. Quant au mot de VERG, c'étoit, comme nous l'apprend SERVIUS sur le VIII.e livre de l'Enéide, le nom Gaulois de la Pourpre, habillement des Princes, & digne par-là même du Chef des Eduens.

GESUM étoit le javelot Gaulois; ce javelot redoutable qui les fit appeller Gesates: mais GEST en Basque, & GATH en Irlandois, signifient encore aujourd'hui un dard, un javelot.

MATARA étoit une espéce de lance Gauloise. JULES-CÉSAR en fait mention; ce mot subsistoit encore dans le siécle dernier, où MATRAS signifioit un Trait d'arbalête; & MATRASSER, percer d'outre en outre.

Un tiers des Gaules fut appellé GALLIÆ BRACCATA à cause de leurs grandes culottes; elles subsistent encore chez quelques restes des anciens Celtes, & on en a formé notre vieux François BRAYE; en Bas-Breton, *Braghes*.

BRASSEUR, BRASSER. Par le premier de ces mots, nous désignons celui qui fait de la bière; & par le second, l'action de faire cette boisson. Ce sont des restes très-bien conservés de l'ancien Celte. PLINE, dans son Hist. Nat. nous apprend que les Gaulois appelloient BRACÆ leur plus beau froment, & qu'ils en faisoient une boisson qui est notre bière. Le mot de BRAIS signifie dans la Flandre tout grain destiné a faire de la bière: il est encore mieux conservé chez les Gallois qui le prononcent *Brac*. Ce sont des dérivés du mot BAR, froment, dont nous avons déja parlé. Quant au mot

BIERE, il s'est formé du Celte BER, chaleur, cuisson, fermentation; Bervi, cuire, fermenter.

GAUNACUM étoit un habit long, de laine, espéce de tunique; mais ce mot n'est pas perdu, quoique Bullet l'ait omis dans son Dictionnaire comme il avoit omis le mot HERY, forêt. On retrouve celui dont il s'agit dans la *Ganache*, tunique longue & de laine en usage dans le Languedoc, Province Celtique.

Finissons cette liste par un mot d'autant plus remarquable qu'il existe dans notre Langue sans tenir à aucune famille qui en fasse connoître la raison: c'est le mot MARÉCHAL: ce mot désigne la plus grande Dignité Militaire qui existe dans le Royaume, & en même tems la profession de celui qui ferre les chevaux: mais par quelle bizarrerie a-t-on revêtu ce mot de deux significations aussi éloignées? où a-t-on même puisé ce mot? Rien de si simple en remontant à la Langue Celtique. MAR, MARCH, y désignoit cet animal fier & rapide que nous appellons Cheval. Ce mot remonte à une haute Antiquité. PAUSANIAS parlant de l'expédition des Gaulois dans la Grèce sous la conduite de Brennus, dit que TRIMARKIS signifioit chez eux une bande de trois Cavaliers: Marck, cheval, se réunissant ensuite au mot Theuton SCALC qui signifia *Fils & Serviteur*, deux idées qui sont réunies dans toutes les Langues, forma le mot *Marescal*, & puis *Maréchal*; dont on voit le rapport avec celui qui ferre les chevaux, & qui en avoit aussi un très-étroit avec la Dignité Militaire qu'il désigne, puisqu'anciennement les armées n'étoient composées que de Cavalerie. Un Maréchal de France étoit, *mot-à-mot*, un Général de Cavalerie; de même que CONÉTABLE signifioit Comte de la Cavalerie, de l'Ecurie. Ajoutons que dans le moyen âge les Officiers de la Couronne s'appelloient SCALCS, Domestiques: à l'instar de la Cour des Empereurs Romains, dont le Grand Général lui-même s'appelloit le Grand Domestique, on eût dit *le Grand Scale*.

ARTICLE III.

DE LA LANGUE FRANÇOISE.

§. I.

Rapport de la Langue Françoise avec la Celtique, & opinions des Savans sur son origine.

Puisque la Langue Celtique n'est pas perdue, puisqu'elle existe dans le Bas-Breton, le Cornouaillien, le Gallois; puisque nous avons dans ces Dialectes, dans les noms propres Celtiques conservés en France, dans les mots de cette Langue transmis par les Anciens, autant de points de comparaison, nous pouvons donc nous assurer des rapports qui existent entre la Langue Françoise & la Celtique.

Ce n'est même qu'après avoir fait cette comparaison qu'on peut prononcer sur l'origine de la Langue Françoise; & elle devient absolument nécessaire, lorsqu'on veut remonter à l'Origine des Langues: comment prononcer sur l'Origine du Latin & des autres Langues de l'Europe, si on ne les compare pas avec ces restes de la Langue Celtique? Si, tels qu'ils sont, ils offrent une foule intéressante de racines très-bien conservées qui conduisent à l'Origine de ces diverses Langues, n'en résultera-t'il pas que la Langue dont ils sont les débris fut la Mere des Langues anciennes & modernes de l'Europe?

Malheureusement, ce n'est pas ainsi que se sont conduits ceux qui ont cherché l'Origine de la Langue Françoise. Ils n'ont vu que du Latin dans le François. Sourds à la voix de ceux qui vouloient les ramener à la Langue Celtique, ils ont préféré les étymologies les plus étranges, les plus absurdes, aux étymologies simples & lumineuses que leur auroit fourni la Langue Celtique, & ils ont fait un cahos des Origines de la Langue Françoise.

Ce qui leur faisoit illusion, ce qui les égaroit si étrangement, c'est qu'entre l'époque où les Gaulois cesserent d'être les maîtres des Contrées qu'ils avoient habitées de tems immémorial, & le siécle où les Francs en firent la conquête, il s'écoula environ six siécles pendant lesquels les Romains y maintinrent leur autorité & leur propre Langue: c'est que tout concourut alors à donner à l'usage du Latin dans les Gaules, la plus grande étendue;

les Colonies brillantes & nombreuses que les Romains y établirent ; la nécessité pour les vaincus de converser avec leurs Maîtres ; l'établissement de la Religion Chrétienne, dont les Ministres ne s'énonçoient que dans la Langue des Maîtres de la Terre, & ignoroient ou dédaignoient d'écrire dans celle des vaincus. Quel rang pouvoit tenir en effet la Langue des Gaulois, quand ils eurent perdu tout ce qui constitue une Nation, qu'ils n'eurent plus à eux ni Tribunaux, ni Loix, ni Religion ; qu'ils eurent vû leurs écoles détruites par la tyrannie Romaine ; & que leurs Druides, tout à la fois Chefs de la Religion, de la Noblesse, de la Magistrature, si fort intéressés à secouer le joug des Romains, eurent été mis à mort par ces farouches vainqueurs ?

Aussi tous nos Savans n'ont vu dans le François qu'un Latin corrompu. Quelques uns, à la vérité, ont avancé qu'il dérivoit du Grec & de l'Hébreu ; mais on n'y a point cru. Deux ou trois personnes ont voulu ramener le François à la Langue Celtique ; mais on ne fit pas même l'honneur à deux d'entr'elles de les réfuter ; & la dispute s'anima tellement contre la troisiéme, qu'on est demeuré convaincu que le Celte & le François n'avoient nul rapport. Mais tout ceci exige quelque détail.

Charles BOVELLE, Chanoine de Noyon & de Saint-Quentin, paroît s'être occupé le premier des Origines Françoises, dans un Ouvrage Latin in-4°. que Robert Etienne imprima en 1533. Il en rapportoit plusieurs à la Langue Grecque : il fut bientôt imité par une foule d'Erudits.

Joachim PERION, Religieux Bénédictin, très-versé dans les Langues Grecque & Latine, fit imprimer en 1554 la Conformité de la Langue Françoise avec la Grecque.

Jean PICARD, & Henri ETIENNE en 1556 ; TRIPPAULT, sieur de Bardis, en 1580, Jules-Cézar de BERNIERES en 1644, &c. tiroient également le François de la Langue Grecque. Il en fut de même dans ce siécle de M. D'HERBINOT, Conseiller au Châtelet ; mais celui-ci eut le malheur d'en perdre la tête, & de se laisser mourir de faim, ne voulant vivre que de racines Grecques & Hébraïques.

MM. de PORT-ROYAL donnerent avec leurs Racines Grecques un Recueil considérable de mots François venus du Grec.

SCALIGER, au contraire, se moquoit de tous ces Hellenistes, & ne voyoit dans le François que du Latin corrompu.

D'autres le dérivoient de l'Allemand. OTTIUS, Savant de Zurich, dans sa *France Gauloise*, rapporte le François à l'Allemand à cause des mots communs

PRÉLIMINAIRE.

communs à ces deux Langues ; tandis qu'en 1760, M. de BARBASAN voulut prouver que ces deux Langues n'étoient qu'une altération du Latin.

Etienne GUICHARD en 1610, & le P. THOMASSIN ensuite, dérivoient au contraire le François de l'Hébreu, comme toutes les Langues du monde.

En 1733, les savans Auteurs de l'Histoire Littéraire de la France n'y virent qu'une altération de la Langue Latine.

Ces opinions ne produisoient que peu ou point de sensation, lorsque plusieurs Membres de l'Académie des Inscriptions s'occuperent de l'Origine de la Langue Françoise ; alors s'éleva une guerre littéraire où l'on soutint le pour & le contre, mais avec autant de modération que de sagacité.

M. DUCLOS ouvrit, à ce qu'il paroît, le champ de bataille. Il lut en 1740 un Mémoire à l'Académie des Inscriptions & Belles-Lettres (1) sur *l'Origine & les Révolutions des Langues Celtique & Françoise*. Il y établit que la Langue Celtique ne dut pas subsister long-tems dans les Gaules depuis qu'elles furent soumises aux Romains ; qu'il se forma, tant à la Ville que dans les Campagnes, un jargon mêlé de Celtique & de Latin ; que vraisemblablement ceux qui vivoient dans les Villes & qui y tenoient quelque rang, chercherent à se défaire de ce qu'ils avoient de Celtique pour s'instruire parfaitement du Latin ; mais qu'il leur resta toujours beaucoup de mots & de tours de leur Langue naturelle, qui cependant alloit toujours en s'affoiblissant par le commerce des Romains. Tandis que les Romains durent voir leur Langue s'altérer de jour en jour & perdre sa pureté à mesure qu'ils étendoient leurs conquêtes ; & que les Habitans des campagnes, plus grossiers que ceux des villes, altéroient ces deux Langues d'une autre façon, ensorte qu'il dut se former dans les Gaules une infinité de jargons ; & que tel étoit l'état du langage lorsque les Francs parurent : il existoit donc alors dans les Gaules, selon cet Académicien, trois Langues, la Celtique, la Latine, & la Romane, mélange informe des deux premieres.

Quant à la Langue des Francs, ajoute-t-il, qu'on appelloit aussi Thioise & Théotisque, la même que celle des Germains & des Allemands, elle fit disparoître celle des Gaulois, qui ne se maintint que dans les extrémités des Gaules ; & celle des Latins, qui ne fut plus entendue que des Ecclésiastiques : il n'exista donc plus que deux Langues, la Romane & la Tudesque, seules en usage jusqu'au règne de Charlemagne.

(1) Tome XV.
Dict. Etym.

Il parut ensuite deux Discours de M. FALCONNET (1), l'un sur les *Principes de l'Etymologie par rapport à la Langue Françoise*, & l'autre sur le mot Celtique *DUNUM*.

Dans le premier, ce Savant regarde comme impossible de remonter à l'Origine de la Langue Celtique, quoiqu'il lui paroisse vraisemblable qu'elle soit la même que celle des Scythes; que l'ancien Grec & l'ancien Latin en furent des dialectes, & que la Langue Celtique subsiste dans le Bas-Breton & dans le Gallois: mais il ignoroit ces deux Langues, puisqu'il ajoute qu'un savant Breton lui expliqua par l'ancien Breton la plupart des mots Gaulois qui se trouvent dans Jules-Cesar & ailleurs. Il n'avoit de même aucune idée de la nature des mots radicaux Celtiques, puisqu'il regardoit comme une propriété de l'Orient, de n'avoir qu'un petit nombre de mots radicaux, qui signifierent par conséquent nombre de choses différentes, & il n'avoit par-là même que des idées vagues sur la Langue Celtique. Cependant sa Dissertation sur le mot *Dunum* renferme des recherches très-étendues, & est un modèle de la maniere d'analyser la valeur des mots & de les suivre dans leurs diverses acceptions: il faisoit voir en particulier, relativement au mot *DUNUM* ou *DUN*, qu'il signifioit 1°. un lieu élevé; 2°. un lieu fortifié; 3°. un lieu profond.

Cette derniere Dissertation qui n'avoit en apparence pour objet qu'un mot de la Langue Celtique, occasionna cependant de vifs débats. M. l'Abbé FENEL fut un des tenans pour M. Falconnet: le Savant FRERET lutta contre eux. M. Falconnet retoucha sa Dissertation, & fit voir par le témoignage des anciens Auteurs Latins, par la version que fit ULPHILAS du Nouveau-Testament dans la Langue des Goths, & par l'Anglo-Saxon, que ce mot signifia constamment élévation, montagne. Mais lorsqu'il voulut le prouver par la Langue Grecque, il eut recours à des argumens peu convaincans, ou difficiles à saisir, & il laissa de côté la belle famille Grecque dont le chef *DUNÉ* signifie force, puissance, supériorité. Cette omission surprenante ne prouve que trop que, malgré ses grandes recherches en fait d'étymologies, ce Savant n'avoit que des idées très-imparfaites de l'analogie des mots, & de la vaste étendue des mots radicaux.

L'Abbé FENEL, qui rassembla de son côté une multitude de preuves pour constater que *DUNUM* étoit un mot Celtique qui désignoit la hauteur,

---

(1) Mém. des Inscr. & Bell. Let. Tom. XX.

l'élévation, négligea également la même famille Grecque. Cependant, il apperçut que notre mot DONJON étoit un des dérivés du mot en litige.

M. DE LA RAVALIERE.

Tel étoit l'état de cette question lorsque M. LEVESQUE DE LA RAVALIERE, de l'Acad. des Inscr. & B. L. descendant dans l'arène, fit prendre à la dispute une tournure fort différente & beaucoup plus animée. On donna dans les Mém. de cette Acad. Tom. XXIII. page 244 & suiv. de l'Hist. un Précis de son système, en l'annonçant de cette maniere.

„ M. LEVESQUE de la RAVALIERE ne veut point que notre Langue ait au„cune obligation à la Langue Latine. Jaloux de son indépendance, comme „ nos Rois le sont de celle de leur couronne, il craint cette Origine comme „ un titre de vasselage & de redevance. Il prétend que le langage Celtique des „ anciens Gaulois s'est conservé jusqu'à nous, que nous parlons aujourd'hui „ Celtique & que la Langue Latine n'a rien à redemander à la nôtre. Voici „ ses preuves ». Personne ne contestera, dit-il, que la Langue vulgaire du regne de Philippe Auguste ne fût la même que celle d'aujourd'hui. Il suffit donc de prouver que la Langue Celtique qui subsistoit dans la Gaule quand César en fit la conquête, fut en usage jusqu'à Philippe Auguste.

„ Ce fut depuis César & sous les premiers Empereurs, que la partie de la „ Gaule qui est comprise entre la Loire & le Rhin commença à connoître deux „ Langues. Les Professeurs Latins vinrent occuper dans les Colléges de Char„tres & d'Autun les Chaires que les Druides y avoient remplies jusqu'alors. La „ Langue Latine devint la Langue savante de la Gaule, mais la vulgaire se „ soutint toujours.... Les Romains même emprunterent alors plusieurs « mots de la Langue Gauloise, tels que ceux de *urus*, *rheda*, *petorritum*.

„ TACITE dit (1) que les Gothiniens, Peuple de Germanie, parloient la „ Langue Gauloise; il donne à la même Langue les mots *bardi*, *bracca*, *cru„pellarius*. *Casnar*, selon QUINTILIEN, étoit un mot Gaulois. PLINE en vingt „ endroits de son Histoire, distingue des termes de la Langue Gauloise, & SUE„TONE cite le mot *bec* (2) dans le même sens que nous le prenons encore „ comme étant alors en usage à Toulouse.....

„ S. IRENÉE, Evêque de Lyon, écrivoit à un de ses amis, en lui envoyant

---

(1) De Morib. Germ.
(2) Vitell. c. 18.

» ſes Livres contre les héréſies: *depuis que je vis parmi les Gaulois, j'ai été obligé d'apprendre leur Langue.*

» Une Devinereſſe Gauloiſe parle en ſa Langue à l'Empereur Alexandre Se-
» vere. SULPICE SEVERE, Auteur du Ve Siécle, dans ſes Dialogues ſur la
» vie de S. Martin, introduit un Gaulois qui ſe défend pendant quelque tems
» de parler Latin. Poſthumien, qui eſt l'autre interlocuteur, le preſſe & lui dit:
» *Si vous craignez de parler Latin, parlez Gaulois.* C'eſt que la Langue Latine
» étoit la Langue polie, celle des Ecrivains; auſſi mépriſoient-ils la Celtique,
» qu'ils appelloient ruſtique, barbare, laïque, parce que c'étoit la Langue
» vulgaire....

» Ces noms, Langues *Celtique, Gauloiſe, Romane, Françoiſe*, étoient de-
» venus ſynonymes; & ſous la troiſieme race, on voit encore une Langue
» vulgaire autre que la Latine. Aimoin, Evêque de Verdun, harangue en
» Gaulois le Concile aſſemblé à Mouzon en l'année 995.

Il conclut ainſi (pag. 249): » C'eſt donc dans la Langue Celtique que
» les Grammairiens & les Etymologiſtes auroient dû chercher l'Origine de la
» Langue Françoiſe, tant par rapport à la Syntaxe, que par rapport au Voca-
» bulaire dont elle eſt compoſée.

DON RIVET.

DON RIVET, Bénédictin, qui fit paroître bientôt après le VIIe. Volume de
l'Hiſtoire Littéraire des Gaules, attaqua vivement le ſyſtême de M. de la Ravaliere, & entreprit de prouver que la Langue Romance dut ſon Origine
à la Langue Latine, qui étoit la Langue dominante dans les Gaules. Il eſt
vrai que Don Rivet avoit déja pris parti dans ſon premier Volume (1): c'eſt-
là que décrivant l'état des Lettres dans les Gaules avant J. C. il fait voir que
la Langue Grecque fut parlée pendant pluſieurs ſiécles dans les Gaules, où elle
avoit été portée par les fondateurs de Marſeille; que la Langue Latine devint
enſuite celle des Gaules. " Pour ce qui eſt, dit-il, de la Langue Gauloiſe ou
» Celtique, nous en dirons peu de choſe, parce qu'il y en a peu de ſatisfai-
» ſantes & de certaines ". Il ne peut concevoir non plus que ce ſoit le Bas-Breton, comme le prétendit PEZRON; car " 1°. Tacite ne dit point que la Lan-
» gue des Gaulois & celle des Bretons fuſſent entiérement les mêmes, mais ſeu-
» lement peu différentes, & 2°. les anciens mots Celtes conſervés par les
» anciens Auteurs ne ſont point entendus par les Bas-Bretons (pag. 64. 65.) »

_____

(1) Impr. en 1733.

PRÉLIMINAIRE.

Affertion, comme on voit, directement oppofée à celle de M. Falconnet. Il conclut cependant que de cette Langue Gauloife jointe à la Grecque, à la Latine & au Franc, fe forma le François.

M. de la Ravaliere ayant enfuite publié fes vues fur l'Origine du François, Don Rivet mit à la tête de fon VIIe. Vol. un Avertiffement d'environ 80 pages, « en réponfe à deux reproches d'un Savant qui prétendit, 1°. que le Latin » ne fut jamais la Langue vulgaire des Gaules, mais Langue favante, & 2°. » qu'il y en avoit une autre qui étoit maternelle & populaire : que cette Lan- » gue fut la Celtique ou Gaulois pur, fur lequel les Romains & les Francs en- » terent infenfiblement la leur ». Il s'attacha enfuite à prouver que le François n'a commencé à être ufité dans les écrits qu'au milieu du XIIe. fiécle.

Dans la vue de prouver au contraire que la Langue populaire des Gaules du tems des Romains n'étoit point la Celtique, cet Auteur s'attache à montrer 1°. que les Romains remplirent de leurs Colonies les Gaules méridionales & que « le Patois de celui-ci eft pur Latin, à l'exception de quelques mots Grecs, » Celtiques & Francs qui s'y font gliffés.

» 2°. Que le Latin ne fe corrompit dans les Gaules que parce qu'il en étoit » la Langue vulgaire : 3°. que la Langue Romance étoit déja formée au » VIIIe. fiécle ; & que dès le XIIe, on diftingue en France les Dialectes » Vallon, Picard, Gafcon, Provençal, Bourguignon, Normand, Parifien & » peut-être d'autres.

M. de la Ravaliere ne fe tint pas pour battu ; donnant dans ce tems-là (en 1742) une Edition des *Poéfies du Roi de Navarre* avec des notes & un Gloffaire François, il la fit précéder d'une Differtation fur *les différentes révolutions de la Langue Françoife*, depuis le commencement du régne de Charlemagne. Là, il voulut prouver contre les Auteurs de l'Hift. Littér. de la France, 1°. que jamais le Latin ne fut ni la Langue naturelle ni la Langue vulgaire des François : que le gros de la Nation refta toujours attaché à la Langue de fes peres, dans l'ufage ordinaire de la vie. 2°. Que cette Langue appellée *Romance ou Ruftique*, fubfifta jufqu'à la fin de la feconde race ; & qu'elle différoit prefqu'entièrement de celle qu'on commença à écrire, mais rarement fous le regne de Louis VII, puifqu'on ne peut trouver aucun rapport entre cette ancienne Langue & celle qu'on parla alors, Mere du François actuel : tandis que l'ancienne exifte, felon l'Abbé de LONGUERUE, dans le Catalan ; & felon HUET & l'Hiftorien du Languedoc, dans le Provençal. Il ajoute que la Normandie fut en particulier l'afyle & le réfuge de notre Langue au tems qu'elle fut le plus négligée & le plus délaiffée.

M. de la Ravaliere inféra quelque tems après une lettre dans le Journal des Savans pour soutenir qu'il exista dans tous les tems une Langue vulgaire indépendante de la Latine : il y annonçoit une Histoire de la Langue Françoise depuis l'entrée des Francs dans les Gaules jusqu'à l'établissement de l'Académie Françoise.

Il paroît par l'Avertissement du VIII Vol. de l'Histoire Littér. de la France, que cette discussion dégénéra entre ces deux Auteurs en plaintes réciproques d'avoir perdu de vue le véritable état de la question & de ne s'être pas entendus, comme il n'arrive que trop souvent.

M. Bonamy.

M. de la Ravaliere ne fut pas seul Antagoniste des Bénédictins ; leur sentiment trouva d'autres contradicteurs & la dispute devint plus animée. M. Bonamy entreprit de concilier ces diverses opinions. « Peut-être qu'en dévelop-
» pant, dit-il, la pensée du savant Bénédictin, les sentimens pourront se rap-
» procher ». C'est ainsi qu'il s'exprimoit dans son Mémoire sur l'introduction de la Langue Latine dans les Gaules, lû en Déc. 1751, & qui fait partie du Tom. XXIV des Mém. des Inscr. & Belles-Lettres.

Ce Savant Académicien s'attachant à prouver que « la Langue Latine, a
» donné l'Origine au plus grand nombre de nos mots François pour ne pas dire
» à tous », observa qu'il n'entendoit pas par là un Latin tel qu'on parloit à Rome, mais la Langue Latine tombée dans le plus grand état de barbarie, dénuée de cas, chargée de vieux mots que n'adopta jamais la belle Latinité, remplie d'articles & de tours vraiment François, en un mot un vrai jargon. Ainsi pour faire voir que le François est venu du Latin, il démontre en quelque façon ici & dans le Mémoire suivant intitulé *Réflexions sur la Langue Latine vulgaire*, que ce Latin est du François.

Mais pour conserver son rôle de conciliateur, il apporte à son système des restrictions dignes de remarque. « Il ne faut cependant pas croire, dit-il, (1) que l'usage de la Langue Celtique s'abolit tout d'un coup dans les Gaules. Si
» ceux qui avoient l'ambition de parvenir aux grades de la République s'em-
» presserent de donner à leurs enfans une éducation Romaine, il y en eut un
» plus grand nombre & sur-tout dans les campagnes, qui continuerent de
» parler leur ancienne Langue. Il fallut plusieurs siécles pour rendre commune

---

(1) Pag. 582.

PRÉLIMINAIRE.

» dans les Gaules la Langue Latine ; aussi un endroit du Digeste (déja cité par
» M. de la Ravaliere) suppose-t-il qu'on ne la parloit pas encore par-tout sous
» le regne d'Alexandre Severe vers l'an 230 de J. C. Il y est dit que les *fidei-*
» *commis* seroient admis en quelque Langue qu'ils fussent écrits, non-seule-
» ment en Latin & en Grec, mais encore dans les Langues Gauloise & Puni-
» que... En effet, ajoute-t-il, il ne seroit pas plus extraordinaire que l'on eût
» encore alors parlé le Celtique dans quelques lieux de la Gaule, que de voir
» la Langue Punique en usage dans l'Afrique deux cens ans après Alexandre Sé-
» vere... Dans les Gaules, l'usage de la Langue Latine ne s'est établi que peu-
» à-peu & plus tard dans les Provinces du Nord, qui n'avoient pas autant de
» communication avec les Romains que les peuples situés au Midi de la Loire.
» Ces derniers ont toujours passé pour avoir un Langage plus poli que les Gau-
» lois de la Celtique... Je ne crois pas même qu'à l'exception des parties
» méridionales de la Belgique, la Langue Latine ait été en usage chez les Bel-
» ges comme elle le fut dans la Gaule Celtique & dans la Gaule Aquitanique.
» Leur éloignement de la Province Romaine, & le peu de commerce qu'ils
» avoient eu avec les Romains, les faisoit regarder du tems de Jules-César
» comme des Barbares en comparaison des Celtes & des Aquitains...

» Ceux de Tréves, qui, au rapport de Tacite, affectoient une Origine Ger-
» manique, n'avoient pas encore oublié leur ancienne Langue, lorsque S. Jé-
» rôme y alla demeurer vers l'an 360. Car dix ans après, en traversant la Ga-
» latie, il reconnut parmi les Galates la même Langue qu'il avoit entendu par-
» ler à Tréves. Cette Ville cependant étoit la demeure des Préfets du Prétoire
» & souvent même des Empereurs ».

Il observe encore par rapport aux Gaules méridionales où de très-bonne-
heure on adopta la Langue Latine, que les Gaulois en altérerent nécessairement
le génie, & y mélerent quantité de mots de leur ancienne Langue.

Etat du Langage dans les Gaules au tems des Francs.

Tel étoit, selon ces Savans, l'état de la Langue des Gaules, lorsque les Francs
en firent la conquête ; alors on y parla une Langue de plus, la Thioise ou Tudesque, qu'on appella la Langue des François & qui se parloit encore à la
Cour au milieu du X. siécle, tandis que les Monarques François régnoient sur
une partie de l'Allemagne : mais du moment que sous la troisiéme race des Rois
les Peuples de la Germanie eurent choisi pour les commander des Princes de
leur Nation, on ne parla plus la Langue Tudesque en France ; & la Langue vulgaire ou Romance devenant exclusivement à toute autre la Langue de la Cour,

elle brisa les entraves dans lesquelles elle avoit été resserrée jusques alors, & elle se perfectionna de jour en jour.

Voilà donc où aboutirent dans les Gaules les exploits merveilleux des Romains; ils en dégraderent la Langue; & la leur, loin de gagner à ce bouleversement, s'anéantit elle-même : vainqueurs & vaincus, tous retomberent dans la barbarie. On n'entendit plus les Ouvrages des Poëtes & Orateurs de Rome : Virgile, Horace, Tibulle, Ovide, Ciceron, César, & tous ces autres Ouvrages si vantés allerent à la beurriere, ou furent effacés de dessus les parchemins où ils avoient été autrefois transcrits, pour y substituer des ouvrages écrits en un jargon barbare & que la France elle-même ne peut supporter depuis long-tems. Douze siécles ont à peine suffi pour retirer l'esprit humain de ce cahos effroyable ; douze siécles ! perdus pour les Sciences, pour l'humanité, pour le bonheur des Etats. On commence à respirer : déja nos Ecrivains les plus illustres ont presqu'atteint la gloire de ceux d'Athènes & de Rome ; déja nos connoissances surpassent à un grand nombre d'égards celles des siécles les plus éclairés de l'antiquité ; déja l'esprit humain se porte avec avidité sur les objets les plus intéressans. Puissent nos Princes en encourager de plus en plus les efforts, & aucune révolution n'éteindre cette masse de lumieres ! Puissent de nouvelles générations, à l'ombre d'une paix profonde, la voir s'augmenter sans cesse & en être plus heureuses !

§. II.

Comment se forma la Langue Françoise ; & à cette occasion, de la Langue Romance.

En comparant les diverses opinions de ces Savans, il en résulte plus de lumiere qu'on n'eût osé espérer : on voit la Langue Françoise se former non par l'oubli total de la Langue Gauloise, mais par son mélange avec la Latine. Ainsi deux couleurs en se mêlant ne se détruisent pas, mais s'altérant chacune mutuellement, il en résulte une troisiéme qui sans être aucune des deux, tient de chacune.

Tous ces Auteurs, même les plus prévenus contre la Langue Celtique, sont forcés de convenir que la Langue Gauloise ne fut pas abolie tout d'un coup ; qu'elle étoit encore entendue dans les III & IVe siécles de l'Ere Chrétienne, peu de tems avant que les Romains fussent troublés dans la possession des Gaules, & très-long-tems après qu'ils en eurent fait la conquête.

PRÉLIMINAIRE.

ils conviennent même que ces deux Langues, la Gauloise & la Romaine, étoient parlées séparément; celle-ci dans les Villes, celle-là dans les Campagnes, sur-tout dans les Gaules septentrionales, dont les habitans avoient moins de commerce avec les Romains. Ils conviennent encore tous de la promptitude avec laquelle la Langue Latine s'altéra dans les Gaules Méridionales : ils fixent sur-tout cette altération dans les VI, VII & VIIIe siécles, précisément dans le tems où les Romains n'étoient plus maîtres de ces Contrées, mais en avoient été dépossédés depuis plusieurs siécles par les Visigoths, les Bourguignons & les Francs ; & dès le commencement du IXe siécle on est obligé d'ordonner des versions dans une Langue élevée sur les débris de toutes celles-là. Le Concile III de Tours, tenu en 813, un an avant la mort de Charlemagne, ordonna par son 17e Canon que les Evêques choisiroient à l'avenir de certaines Homélies des Peres pour les réciter dans l'Eglise, & qu'ils les feroient traduire en Langue Romane Rustique, & en Langue Théotisque, afin que le Peuple pût les entendre.

Il en résulte donc que cette Langue nouvelle formée du mélange du Latin & du Celtique, datoit de plus haut ; qu'elle étoit déja née avant que la Langue Latine cessât d'être dominante dans les Gaules ; que les Colonies Romaines altérerent peu-à-peu leur Langue, en empruntant beaucoup de mots des Gaulois ; que ceux ci altérerent beaucoup la leur en empruntant nombre de mots Latins ; qu'ils l'altérerent beaucoup plus encore en adoptant la prononciation Latine ou en latinisant les mots qui étoient communs aux deux Langues, à cause de l'origine commune de ces Langues ; ce qui persuada que le François avoit emprunté du Latin un beaucoup plus grand nombre de mots qu'il ne lui en doit effectivement.

L'arrivée des Francs dut apporter des changemens considérables à cet égard : les Romains n'étant plus maîtres des Gaules, on n'eut plus le même motif d'apprendre leur Langue dans sa pureté; on en conserva les mots, mais ils s'altérerent de toutes les manieres : la Langue qui résulta de ces altérations fut dédaignée par les vainqueurs qui conserverent leur Langue, sur-tout sous la seconde race, jusqu'à ce que l'Empire d'Allemagne n'apparînt plus aux Monarques François.

Jusques alors la Langue des Gaules ne fut point la Langue des Francs ou la Langue Françoise ; mais seulement la Langue du Peuple, la Langue *Vulgaire* ou ROMANE.

Dès que les Princes François ne régnerent plus que sur les Gaules, & que ceux de leurs Vassaux qui avoient intérêt à parler Franc

Dict. Etym.

ou Thiois à cause des grandes Possessions qu'ils avoient en Allemagne, eurent abandonné la France, nos Rois parlerent alors uniquement la Langue Romane, devenue enfin la Langue de tous; & cette Langue déja mêlée de mots Francs, fut appellée la Langue FRANÇOISE. Ce fut dans le IXe siécle.

Pour remonter à l'origine de cette Langue du IXe siécle, il falloit donc examiner quels mots elle avoit pris de celle des Francs, quels elle avoit empruntés du Latin, quels lui etoient restés de la Langue Celte.

Mais c'est ce dont on ne s'est jamais mis en peine. Nos Savans, éblouis de la gloire des Romains, nourris dans leur Langue, sachant qu'elle avoit régné impérieusement cinq ou six siécles dans les Gaules, n'ont vu que cette Langue, & ont cru faire beaucoup de grace au Celte, en admettant qu'il avoit fourni quelques mots au François, un dixiéme, un trentiéme au plus, selon quelques-uns. C'étoit-là l'effet de l'admiration aveugle qu'on a toujours eu pour les Romains; d'ailleurs, on étoit entraîné par le point de vue d'après lequel on faisoit cette comparaison. Jamais on ne jetroit les yeux que sur les mots qui viennent réellement du Latin, & jamais sur les autres, parce qu'au moyen de la Langue Latine qu'on savoit parfaitement, tous ceux qui en viennent avoient droit de frapper & qu'aucun ne pouvoit échapper aux yeux de l'homme Savant: tandis que les mots descendus du Celte n'ayant jamais été rapprochés de la Langue Celtique qu'on ignoroit, n'ont jamais fait de sensation & par conséquent n'ont pu être mis en concurrence avec les autres.

On ne peut disconvenir que tout ce qu'on a dit jusqu'à présent sur cet objet n'ait été avancé sans connoissance de cause, très-gratuitement, & d'après des données incomplettes.

Au lieu de ne considérer que les mots François qui viennent manifestement du Latin, il falloit prendre note de ceux qui n'en viennent pas: il falloit ensuite les rapprocher de la Langue Celtique, voir s'ils en descendoient ou non, comparer enfin les résultats; mais une méthode comme celle-là exige du tems, de la peine; on aime mieux briller à moins de frais. Qu'on ne soit donc pas surpris si ce qu'on bâtit ainsi, s'évanouit en peu de tems, comme les Palais enchantés, sans qu'il en reste aucune trace.

En suivant la méthode que nous proposons, qui est dans l'ordre & que nous avons tâché de suivre, on auroit vu sans peine que notre Langue contenoit un nombre très-considérable de mots dérivés de la Langue des Celtes, & qu'il ne pouvoit pas en être autrement.

On auroit vu bien plus, que le François, le Latin, & la Langue Celtique contenoient une multitude de mots communs; d'où il résulte, 1°. que de la masse des mots François descendus en apparence du Latin, on doit ôter tous ceux qui sont communs au Latin & au Celte, puisqu'il étoit bien plus à présumer que les François les ont pris du Celte que du Latin; 2°. que puisque le Latin & le Celte ont un si grand nombre de mots communs, ces Langues doivent être les dialectes d'un même langage.

On se seroit enfin assuré que c'est le Latin qui descendoit lui-même en partie du Celte, puisqu'on retrouve dans celui-ci nombre de mots radicaux relativement au Latin, & qui n'existent point dans cette Langue.

ARTICLE IV.

Révolutions des Langues Romane & Françoise, & causes de ces révolutions.

§. I.

Progrès de la Langue Romane & ses Causes.

La Langue Romance ou Romane-vulgaire, intermédiaire entre le Celte, le Latin & le François, fut bientôt perfectionnée dans les Provinces méridionales. La Poësie, d'accord avec la galanterie chevaleresque des Peuples du midi, produisit cet effet.

La Provence & le Languedoc, contrées remplies de Romains, & où l'urbanité de ce Peuple s'étoit réunie à la vivacité des habitans, furent en effet une source féconde de Poëtes, qui sous le nom de Trouveres ou Troubadours, composoient en Langue vulgaire des vers destinés à être chantés & qu'on accompagnoit du luth, de la guitarre, ou de quelqu'autre instrument. Ces vers rouloient ordinairement sur l'amour heureux ou malheureux; quelquefois ils consistoient en récits historiques, où l'on déploroit les funestes aventures de quelqu'amant malheureux, origine de nos *Romances*, qui durent leur nom à la Langue dans laquelle elles furent écrites.

Ces Poëtes avoient à la vérité l'avantage d'écrire pour un Peuple dont le langage étoit rempli d'harmonie, aussi accentué que la Langue Grecque, & qui étoit lui-même épris de la Poésie; ils étoient encouragés par l'accueil le plus flatteur de la part des Comtes de Provence, des Comtes de Toulouſe, & de tous les Vaſſaux de ces Princes; & ſouvent entre ces Poëtes on compta des perſonnes de la plus grande diſtinction.

La Langue qui produiſoit ces ouvrages, chers aux Contemporains de leurs Auteurs, acquit donc en peu de tems un ſi grand luſtre que tous les Peuples voiſins ſe modelerent ſur elle: de-là les rapports du Catalan, même de l'Eſpagnol & de l'Italien avec le Provençal ou le Languedocien, ſi grands, ſur-tout dans ce tems-là, qu'il ſeroit peut-être impoſſible de décider quelle des trois Langues a été la ſource des autres, ſi on ne conſidéroit que les Provinces méridionales de la France furent les premieres à jouir des douceurs d'une longue paix, tandis que leurs voiſins étoient expoſés à toutes ſortes de révolutions & d'invaſions: enſorte qu'elles durent avoir les premieres une Langue plus formée, plus douce, plus polie.

Si on n'ajoutoit à cela, d'un côté, que la Catalogne fut pendant long-tems & tandis que le Provençal ſe formoit, ſous la même domination que les Provinces méridionales: d'abord ſous celle des Viſigoths qui y détruiſirent la puiſſance Romaine, enſuite ſous celle des Beringuiers qui réunirent la Provence à la Catalogne, & qui s'empreſſerent à faire fleurir les Lettres.

D'un autre côté, perſonne n'ignore que les premiers Poëtes Italiens, DANTE, PETRARQUE, &c. ſe formerent à l'école des Troubadours, & qu'ils porterent quelquefois l'imitation au point d'être ſuſpects de plagiat. C'eſt ainſi qu'on aſſure que ce dernier ſe fit riche des Sonnets, des Sextiles, des Terceroles, des Huitains du célébre JORDI qui écrivoit en 1250 dans la Langue Limoſine de Valence & à la Cour de Jacques I ſurnommé le Conquérant, qui étoit Roi d'Arragon & de Valence, Comte de Catalogne, Seigneur de Montpellier (1).

D'ailleurs il y avoit plus d'un ſiécle que les Troubadours étoient paſſés en Sicile & à Naples à la ſuite des Rois Normands qui en avoient fait la conquête.

Auſſi LE BEMBE, quoiqu'Italien, (2), convint que les Poëtes de ſa Nation ne ſe contenterent pas d'emprunter des Troubadours, ſoit de Provence, ſoit de Sicile, nombre de mots & de figures, une foule de maximes & de ſujets de Poéſie, mais qu'ils *pillerent* des vers entiers, *multi verſi medeſimi le furano*; & que plus ils pillerent, plus ils eurent de réputation: *e piu ne*

---

(1) GASPARO SCUOLARO, Iſtor. Valenz. Liv. I, c. XIV, n°. 24.
(2) Proſ. I.

furaron quelli che maggiori ſtati ſono e miglior Poeti reputati: ils ſe montroient bons Poëtes en effet en cela; la Poéſie n'eſt qu'imitation; qu'importe qu'on imite la Nature ou qu'on faſſe paſſer dans ſa langue les beautés d'une autre: l'Art conſiſte à ne pas le faire en froid copiſte, mais avec le feu du génie; ainſi Homere imita ſes Prédéceſſeurs: Virgile ſe fit riche d'Homere, & nos Modernes les plus diſtingués ſont ceux qui ont ſu le mieux imiter les Anciens.

§. II.

Langues nées de la Romane ou Provençale.

M. DE SAINTE-PALAYE, qui, ami de la paix, ne prit aucun parti dans la diſpute ſur l'origine de la Langue Françoiſe, quoiqu'il en pût parler mieux qu'un autre, & qui ſe contentoit, dit-il, de raſſembler les faits, compoſa en 1751 un Mémoire très-intéreſſant (1) où il fait voir que les Langues Françoiſe, Italienne & Eſpagnole, & même la Provençale & la Gaſcogne, " avoient " entr'elles dans le XIIᵉ & le XIIIᵉ ſiécle, & ont encore des traits de reſſemblance " & de conformité ſi ſenſibles & ſi marqués, qu'on ne peut guères étudier l'hiſ-" toire de l'une qu'on ne s'inſtruiſe en même-tems de l'hiſtoire de ſes com-" pagnes; je dirois même, ajoute-t-il, preſque de ſes Sœurs, ſi je voulois pren-" dre un parti ".

C'eſt-là que ce Savant a raſſemblé nombre de faits curieux & inſtructifs. Il cite des vers par leſquels on voit qu'on diviſoit ces Langues en deux générales; la Catalane & la Françoiſe: que ſous la premiere on comprenoit les idiômes Gaſcon, Provençal, Limouſin, Auvergnac, & Viennois ou Dauphinois, & même, dit-il, l'Arragonois: que la ſeconde étoit le partage des Peuples ſoumis à la domination des deux Rois, le Roi de France & celui d'Angleterre, comme l'a fort bien vu ce célébre Académicien; mais s'il y eſt queſtion de ce dernier, ce n'eſt pas ſeulement, comme il paroît le croire, parce qu'il poſſédoit le Poitou & la Guyenne, mais parce que dans ce tems-là le François ſe parloit en Angleterre, & y étoit la Langue dominante, puiſque ce ne fut qu'en 1361 qu'elle fut excluë des Tribunaux Anglois par Arrêt du Parlement, peu de tems après le Traité de Bretigny, par lequel Edouard III, Roi d'Angleterre, devoit renoncer à ſes prétentions à la Couronne de France, à la Normandie, &c. Tels ſont les vers en queſtion tirés

---

(1) Mém. des Inſcr. & Bell. Lett. Tom. XXIV.

DISCOURS

d'une piéce de Poësie dont l'Auteur nommé ALBERT dispute avec un Moine.

> Monge, causetz segon vostra siensa,
> Qual valon mais Catalan o Francès.
> E met sai Guascuenha e Proensa,
> E Lemozi, Alvernh e Vianes,
> E de lai met la terra dels dos Reis.
> E quan sabetz dels torz lur captenensa,
> Vueil que m digatz en cal plus fis pretz es.

« Moine, dites-moi lesquels valent mieux à votre avis, des Catalans
» ou des François : je mets en-deçà la Gascogne, la Provence, le Li-
» mousin, l'Auvergne & le Viennois (1); & par-delà, je mets la terre
» des deux Rois. Comme vous connoissez parfaitement leurs mœurs, je
» veux que vous me disiez dans lesquelles il y a plus de vrai mérite (*de*
» *fin prix*) »?

§. III.

Langue Françoise élevée sur la Romane.

Dès le commencement de la troisiéme race de nos Rois, les Troubadours firent les délices de la Cour ; alors chacun voulut être Poëte. Les
François firent des vers à l'imitation des Provençaux : bientôt ils chercherent à les surpasser ; & de perfection en perfection, la Langue Françoise, rivale de la Provençale, la surpassa, d'autant plus que les Poëtes
Provençaux ne furent plus soutenus par aucun encouragement ; que les
familles & la puissance des Grands-Vassaux du midi s'éteignirent, & que
toute l'attention des Lettrés & des Chefs de l'Etat se tourna vers la Langue Françoise.

Cela se fit à la vérité lentement, puisqu'on convient que les *Chants
royaux*, les *Balades, Rondeaux & Pastorales*, ne commencerent d'avoir
cours que sous le régne de Charles V. qui favorisa les sciences, un siécle
après celui où fleurissoit le Poëte Espagnol dont nous avons parlé il y a
un instant, & que ces divers genres de Poësie rendirent si célébre. Tant
il est vrai que nous avons été devancés presque en tout par les Peuples
du midi : mais aussi, à combien d'égards ne les a-t'on pas surpassés ?

C'est ce qui arriva par rapport à la Langue. Lorsqu'une fois les Monarques
François favoriserent la Langue Françoise, chacun s'efforça d'exceller par

---

(1) Ne seroit-ce pas plutôt Vianes en Arragon ?

PRÉLIMINAIRE.

de nouvelles beautés, qui ont fait de cette Langue la Langue en quelque façon de l'Europe, malgré des défauts inhérans que l'art ne sauroit corriger. S'ils avoient pu l'être, les Savans les plus illustres, les Grammairiens, les Académies, les Seigneurs même de la Cour qui excellent dans leur langue, les auroient insensiblement fait disparoître, de même qu'on a vu s'évanouir sa rudesse, ses longueurs, son obscurité, la rouille dont elle s'étoit chargée en passant à travers des siécles de fer.

Et comment corriger des défauts qui sont la suite nécessaire des avantages qu'on posséde ? On ne sauroit tout réunir. Excelle-t'on dans un genre, il faut nécessairement être foible dans un autre. La Langue Françoise surpasse toutes les autres en clarté par ses articles, par sa marche, par sa précision ; elle brille entre toutes les autres par sa douceur, par son égalité de ton ; fière de ses avantages, qu'elle céde donc à d'autres le genre d'harmonie qui résulte de ces inversions, de ces accens qu'elle a dédaigné ; & qu'elle ne compare pas à des *Chants*, des Poëmes qui ne peuvent être chantés.

Il s'éleva donc sur les ruines des Langues des Celtes & des Latins deux Langues qu'on appella *Languedoc* & *Langue d'oil*, d'abord semblables, ensuite très-différentes, & qu'on appella également Langue Picarde & Langue Catalane. On les désigna par les Provinces les plus éloignées de la Loire, qui faisoit le partage de ces deux Langues. Chacune eut ses beautés, & chacune éprouva des révolutions qui ne paroissent pas avoir atteint leur dernier terme.

La premiere de ces Langues, une fois séparée de la Françoise, n'entre plus dans le plan de ce Discours : nous nous contenterons d'ajouter que l'E foible que nous appellons *muet*, s'écrivoit *o* dans le Provençal, *a* dans le Catalan, & ne s'en prononçoit pas plus fortement, comme l'observe fort bien M. de Sainte-Palaye, & que des diversités de la même espéce se rencontrent dans toutes les Langues : du Grec au Grec ; du Grec au Latin ; de l'Hébreu au Syriaque ; de l'Hébreu ancien à celui des Massorethes.

Remarquons encore que dans le tems même où le François s'abolissoit en Espagne, des Catalans portoient le Provençal dans l'Attique & dans la Béotie, dont ils venoient de s'emparer après avoir secouru les Thessaliens contre les Peuples barbares qui les désoloient.

DISCOURS

§. IV.

Premiers vestiges de la Langue Françoise.

VIIIe. & IXe. siécles.

Il seroit intéressant, sans doute, de pouvoir suivre à travers tous les âges les révolutions de la Langue Françoise ; de la prendre au berceau, & de remarquer comment, en secouant ses langes, elle est parvenue au haut rang qu'elle occupe avec tant de gloire.

Malheureusement on est privé de Monumens pour les premiers siécles dans lesquels on la parla. Il n'en reste que quelques formules insuffisantes pour en donner une juste idée. Tel est le refrein *Tu lo juva* contenu dans les Litanies écrites vers l'an 780, au Diocèse de Soissons, & qui termine les divers vœux qu'on y offroit pour le Pape Adrien I. pour Charlemagne, pour son épouse & pour ses enfans.

Telles furent à-peu-près les Formules qui avoient été recueillies environ un siécle plutôt, vers la fin du VIIe. par le Moine MARCULFE, & qui paroissent être du Latin le plus barbare.

MURATORI a fait imprimer dans ses Antiquités Italiques (1) quelques Actes du VIIIe. siécle, qui prouvent également à quel point se corrompoit la Langue Latine dans l'Italie même. Dans un de ces Actes, par lequel, en 759, Gregoire, fils de Maurice, fonde pour le repos de son ame, *pro remedium animæ meæ*, dans le territoire de Lucques, une Eglise à l'honneur de S. Donat, & s'en réserve le droit de Patronat & l'usufruit des biens ; dans cet Acte, dis-je, on trouve *Curte* pour enclos : d'où notre vieux mot *Courti*, ou jardin. *Petiole de terra*, petite piéce de terre. *Petia*, piéce ; *res mobile*, meuble ; *septimanio*, semaine ; *licentia*, au lieu *licentiam* ; *pascere*, paître, pour dire nourrir quelqu'un. *Domo* pour *Domus*, maison, à l'Italienne, l'ablatif au lieu du nominatif. *Sub potestate de Presbytero*, sous la puissance du Prêtre, &c. Formules vraiment Françoises.

Mais pour les monumens de la Langue Françoise, il faut descendre au milieu du IXe. siécle : alors on trouve le SERMENT de Louis le Germanique, dont nous parlerons bientôt séparément, en expliquant la vignette de ce Volume qui est relative à cet événement.

Il reste encore quelques Traductions de ce tems-là ; c'est-à-dire, de la

---

(1) Tom. II.

fin

PRÉLIMINAIRE.

fin du IXe. siécle; & du Xe. que semblent n'avoir pas connu M. Duclos & M. l'Abbé Le Beuf, dont ils ne font du moins pas mention dans leurs Dissertations; l'un, *sur l'Origine & les Révolutions de la Langue Françoise;* l'autre, *sur les plus anciennes Traductions en Langue Françoise* (1).

Nous devons une partie de ce que nous en dirons à la complaisance de M. de Sainte-Palaye, de l'Académie Françoise & de celle des Inscriptions, dont le nom est si connu; Auteur de ce Dictionnaire si désiré sur la Langue Françoise auquel il a consacré sa vie entiere & sa fortune, dont nous avons déjà eu occasion de parler, & dans lequel on trouvera tous les mots de cette Langue depuis le IXe. siécle, avec leurs diverses révolutions; Ouvrage enfin qui nous auroit été beaucoup plus utile encore, si le Public en avoit été déjà le possesseur.

Nous devons aussi plusieurs des morceaux que nous allons citer à M. Mouchet, sur qui M. de Sainte-Palaye se repose actuellement de la rédaction & de l'impression de ce Dictionnaire, & qui ne s'est jamais refusé à nos questions. Le Public, heureux de la réunion de ces deux Savans, est assuré d'avoir un Ouvrage unique en son genre, qui sauvera de l'oubli les révolutions de la Langue Françoise, qui en fera connoître les Auteurs, qui surpassera de beaucoup tous les Dictionnaires connus en fait de Langues, & les Recueils les plus précieux de mots anciens & de mots du moyen âge.

IXe SIÉCLE.

On conçoit qu'il doit rester bien peu de Monumens François d'un tems aussi reculé & où la Langue Françoise étoit si peu cultivée. Mais moins il en reste, plus ils devroient être recueillis précieusement. De ce nombre, outre le serment de Louis le Germanique, est une piéce en vers, qui se trouve à la fin d'un manuscrit de S. Benoist sur Loire, pag. 269 à 275. Le style raboteux & informe dans lequel elle est écrite, prouve sa haute antiquité: elle a pour objet Boece & commence ainsi:

> Nos Iove omne quan dius que nos estam
> Da gran follia per folledat parlam.
> Quar no nos membra per cui vivri esperam.
> Qui nos soste tan quam per terra annam.
> Et qui nos pais que no murem de fam.
> Per cui salvesmes per pur tan quell clamam.
> Nos Iove omne menam ta mal Iovent
> Que us no no preza sistrada son parent

---

(1) Tom. XVII. des Mém. de l'Acad. des Inscr. & Bell. Lett.

Dict. Etym.

DISCOURS

Senor ni par fill mena malament
Ni l'us nel l'aitre fis fai falfa facrament.
Quant o fail mua no sen repent
Enuiers Deu non fai emendament.

C'est-à-dire, & mot-à-mot,

,, Nous, tandis que jeunes hommes nous étions ;
,, De grandes folies par extravagance nous parlions ;
,, Car nous ne nous souvenions de celui par qui vivre nous espérons;
,, Qui nous soutient tandis que sur terre nous allons :
,, Et qui nous nourrit pour que nous ne mourrions de faim :
,, Par qui nous sommes sauvés quand nous le réclamons.
,, Nous, jeunes hommes, menions si mal notre jeunesse ;
,, Qu'aucun de nous n'estimeroit être son parent,
,, Seigneur ni Pere, s'il agissoit si mal ;
,, Ni l'un ni l'autre, s'il fait un faux serment,
,, Quand il fait mal & ne s'en repent pas,
,, Envers Dieu ne fait amendement ,,.

X^e. SIÈCLE.

C'est vers la fin du IXe. siécle, ou au plus tard au commencement du Xe. qu'on traduisit les *Dialogues* de GRÉGOIRE LE GRAND : l'Eglise de Paris en possède un Exemplaire (1) ; le style est tel qu'il pouvoit être alors; mais il est déja meilleur que celui dont on vient de voir un échantillon.

,, Pour un tems alfiment nostre Exilaris cui tu conus convertit, il fu en-
,, voié de fon Sanior, que il portast el monstier à l'home Deu dous vesselez
,, de fust pleins de vin ki del pople funt apeleit *flaisches* (2) ,,.

La Traduction des *Livres des Rois* est à-peu-près du même tems : le style est du même goût.

,, Pur co que tu as mei en despit e pris as la femme Urie, à ton ves & à
,, tort, je susciterai mal sur tei, de ta maison meince, e toldrai tei tes fem-
,, mes devant tes oilz. Sis durrai à altres & dormirunt od tes femmes, si que
,, l'um bien le saverad (3) ,,.

,, Anna.... al tabernacle ne volt returner, jesque liu fust de l'enfant à Deu
,, presenter, que à remanancei poust ester ; mais puisque il out set anz passied,
,, la mere aturnad un bel présent de flur, de sa pecunie e de sien vin, &
,, menad l'enfant jesque en Sylo. Del present out primes Deus sa part, puis al

---

(1) Manusc. A. n°. 3, in-4.
(2) Liv. II. ch. 18.
(3) Manusc. des Cordeliers, fol. 54 v°. col. 2.

PRÉLIMINAIRE.

« Evefche fift bel reguard, & fi li dift: Sire, Sire entent à mei. Jo fui la tue
» ancele ki ja devant tei preieres fis, e pur ceſt enfant dunt Deu requis,
» il le me dunad à fun plaifir, e jo li rend pur lui fervir. Se il te plaift,
» receif l'enfant que ferved Deus dès ore en avant. E puis urad Anna, fe dift,
» mis quers eſt efléézciez, &c.

> Li arcs des forz eſt furmuntez
> E li fieble funt efforciez.
> Ki primes furent fafiez,
> Ore fe funt pur pain luez ;
> Et li fameillus funt afaziez.
> Puifque la baraigne plufurs enfantad ;
> E cele ki mulz out enfanz a febliad (1).

On trouve dans Borel (2) ce Fragment d'une Bulle d'Adalberon, Evê‑
que de Metz, de l'an 940.

» Bonuis Sergens & feaules en ioie ti. Car pour cen que tu as efteis feau‑
» les fus petites cofes, je taufuferai fus grands cofes : entre en la ioye de ton
» Signour ;».

Bon ferviteur & féal, réjouis-toi ; car parce que tu as été fidelle (*féal*)
fur petites chofes, je t'eleverai fur grandes chofes : entre en la joie de ton
Seigneur.

On voit par ces premiers monumens de la Langue Françoife, que fon
génie étoit déja formé ; qu'il différoit effentiellement de celui du Latin,
marquant les cas par des articles & par des prépofitions, & non par des
terminaifons comme les Grecs, les Latins, & même les Allemands. *Être*
& *Avoir* y fervent déja à conjuguer les verbes ; enforte que fi par fes mots,
cette Langue paroît Latine, elle en différe abfolument par fa forme. Lors
même qu'avec M. Bonamy on diroit que cette forme lui eft commune avec
un Latin vulgaire qui ne fut point le Latin de Rome ; il en réfulte également
une origine différente, & que le Latin s'enta fur la Langue Celtique.

Obfervons que dans les morceaux que nous venons de rapporter, on voit
très-fouvent *u* mis pour *o*. *Del* & *el* que nous avons changé en *du* & en *au* :
douz pour deux. Un diminutif en *elez* ; *Veſſelez* pour défigner des petits vafes.
De fouvent fupprimé : *la femme Urie*, au lieu de *la femme d'Urie*. *Tei* au

―――――――――――――――――――――――

(1) Ib. Fol. 3. verf. col. 1. 2.
(2) Préface de fon Dict. ou Tréfor d'Antiq. Gaul. & Franç. à la fuite du Tom. II. de Me‑
nage, pag. XXXIX.

lieu de *à toi*. *Out* au lieu de *eut*: orthographe qui se maintint plusieurs siécles.

Le mot *Sergens*, employé par Adalberon dans le sens de serviteur, confirme en plein l'étymologie que nous avons donnée du mot *Sergent*.

XIe. SIÉCLE.

Le Langage paroît dans les écrits de ce siécle, moins dur, plus poli. Un des Monumens les plus précieux qui nous en restent, consiste dans les *Loix Normandes* données aux Anglois par GUILLAUME *le Bâtard* mort en 1087. En voici le titre & les deux premiers articles.

„ Ce sont les Leis & les custumes que li Reis William grantut à tut le „ Peuple de Englererre, après le conquest de la terre. Ice les meismes que le „ Reis Edward sun cosin tint devant lui „.

„ Co est à saveir, pais à Saint Yglise. De quel forfait que home out fait „ en cel tems, & il pout venir à Saint Yglise, out pais de vie & de membre. „ E se alquons meist main en celui qui la mere requirit, se ceo fust u Ab- „ baie, u Yglise de Religion, rendist ce que il i avereit pris, & cent sols de „ forfait, &c. „.

„ Icee plaiz afferent a la Coronne le Rei. E se alquens, uquens, uxvost, „ (*lisez* u prevost,) messeist as homes de sa baillie, & de ço suist atint de la „ Justice li Roi, forfait suist à double de ce comme altre fust forfait „.

C'est dans ce siécle aussi que parut le Traité de MARBODE sur *les pierres précieuses* : en voici le prologue.

>   Evax fut un multe riches Reis,
>   Lu regne tint des Arabeis.
>   Mult fut de plusiurs choses sages
>   Mult aprist de plusiurs langages.
>   Nerans en ot oi parler
>   Pur ce ke tant l'oi loer.
>   L'ama forment en sun curagge
>   Si li tramist un sen message.

M. DUCLOS, qui cite aussi cet Ouvrage, n'en connoissoit point de plus ancien en vers, quoiqu'il reculât celui-ci jusques à l'an 1123. Il étoit même dans l'idée que la versification n'est pas un témoin sûr de l'état d'une Langue, puisque ce Poëme est moins intelligible que le texte des Loix de Guillaume. „ On croiroit, dit-il encore, que la plupart des anciens Poëtes n'ont pas „ écrit dans la Langue dont se servoient les Écrivains en prose; les licences

PRÉLIMINAIRE.

» étoient alors les principales régles de la Poësie. Les Poëtes de nos jours
» n'ont pas les mêmes priviléges ».

Est-ce un bien, est-ce un mal ? En voyant le plus illustre des Poëtes Grecs se permettre des licences infiniment plus grandes, & jouir cependant d'une gloire immortelle chez le Peuple le plus délicat, & dont l'oreille étoit si fine, on seroit tenté de conclure que la régularité sévere des mots n'est point de l'essence de la Poësie ; qu'en restraignant à cet égard les priviléges du Poëte, on restreint d'autant son génie, on met des entraves à son imagination, on lui fait perdre du côté de l'invention, de l'harmonie, de la sublimité, ce qu'on lui fait gagner du côté du fini. Il en est ici comme de la peinture. Souvent une esquisse est supérieure à un tableau fini & maniéré : souvent elle réunit plus de feu, plus de goût, plus de richesses du côté de l'imagination.

Il est vrai qu'on en abuseroit ; que des Auteurs subalternes pourroient être tentés de croire que la Poësie consiste dans les licences : mais pour prévenir une méprise de cette nature, faut-il priver le génie de ce qui peut devenir une ressource pour lui, & anéantir dans leur source des Ouvrages immortels ?

Ajoutons que le chant masquoit les licences d'Homère ; qu'on peut les comparer à cet art avec lequel nos Musiciens allongent ou raccourcissent le tems de chaque syllabe, pour les faire quadrer avec la musique. Or, les vers des Anciens & ceux de nos Poëtes des siécles dont nous parlons, furent toujours faits pour être chantés. On chantoit les Poësies d'Homère, on chanta celles du Tasse, & tous les Ouvrages de nos anciens Troubadours.

En dépouillant nos vers de cette qualité, en faisant des Poëmes qui ne se chantent point, & qu'il semble que nous n'appellons *Chants* que par dérision, ne les avons-nous pas dépouillés d'une qualité essentielle & distinctive ? N'est-ce pas en partie à ce changement que nous devons la monotonie sombre & froide de nos Poëmes ; & l'espéce d'impossibilité que les François puissent posséder en leur Langue un Poëme Epique dans toute l'étendue du mot ? Aussi rien de plus différent que nos vers & les vers anciens, quoique, trompés par le nom, nous ne nous en appercevions pas. Exceptons-en peut-être nos Vaudevilles, petits Poëmes chantans : aussi se rapprochent-ils de l'antiquité : aussi renferment-ils plus de naïveté, plus d'imagination, plus de licences : aussi sont-ils très-poëtiques : aussi donneroit-on souvent vingt pages d'un grand Poëme pour un Vaudeville ; & c'est dans ces Vaudevilles que se peint véritablement le génie national.

DISCOURS

XIIe. SIÉCLE.

Dans ce siécle de fer, le langage, loin de se perfectionner, ne put que retomber dans la barbarie dont les siécles précédens avoient cherché à le retirer. On reconnoit à cette triste empreinte les Ouvrages qui nous en restent : n'en exceptons ni les Sermons de S. Bernard, ni les Poëmes du tems.

S. BERNARD, qui mourut en 1153, devoit avoir le style le plus poli de son siécle, puisqu'il vivoit à la Cour, & qu'il devoit être aussi éclairé qu'on pouvoit l'être : cependant son langage françois est des plus barbares. Voici le commencement de ses Sermons, transcrit d'après le Manuscrit des Feuillans, qui ne doit être postérieur que d'environ 25 ans à leur Auteur.

» Ci commencent li Sermon Saint Bernars kil fait de lavent & des altres festes parmei l'an.

» Nos faisons vi, chier Freire, l'encommencement de l'Avent cuy nous est asseiz renomeiz & connis al munde, si come sunt li nom des altres solempniteiz. Mais li raison del nom nen est mies par aventure si conue. Car li chaitif fil d'Adam n'en ont cure de vériteit, ne de celes choses ka lor salueteit appartienent, anz quierent icil les choses défaillans & tres-pessaules. A quel gent ferons nos semblans les homes de ceste génération, ou à quel gent ewerons nos ceos cui nos veons estre si ahers & si enra-cineiz ens terriens solas & ens corporiens, kil departir ne s'en puyent. Certes semblant sunt à ceos qui plungiet sunt en aucune grant awe, & ki en péril sunt de noier ».

Dans l'Abbaye de Honnecourt existe une charte de l'an 1133. Cette piéce, qui est au moins aussi ancienne que les Sermons de S. Bernard, paroit être le plus ancien Monument François de ce genre.

» Jou Renaut, Seigneur de Haukourt, Kievaliers, & Jou Eve del Eries Kuidant ke on jor ki sera no armes (mot qui est le même que celui d'*Ames*, ce que n'a pas vû M. DUCLOS, qui a cru que c'étoit une faute) kieteront no kors, por si traïr à Dius no Seigneurs & ke no poicons rac-kater no fourfet en enmonant as Iglises de Dius & a povre, por chous de-foreindroit avons de no kemun assent fach no titaument e deraint vou-letet, en kil foermanch ».

Cette charte est rapportée dans l'Histoire de Cambrai par *Jean* LE CARPENTIER, *Tom. II, pag.* 18. des Preuves. A cette Charte pend un sceau représentant un lion & des billettes. Les mots en sont si durs, si barbares, qu'on croit entendre des Sauvages. Quel étrange Dialecte!

PRÉLIMINAIRE.

Dans ce siécle parut le Roman de *Brutus*, en vers ; en voici quelques-uns, tirés d'un manuscrit, numéroté *fol. 3, v°. col. 2.*

> Brutus fut forment curious
> Comment li suen fussent rescous,
> Pourpensa soy que il feroit
> Par quel enging les secourroit,
> Enging querre li estevoit....
> Brutus pensa assez briement,
> Puis est courus molt fierement,
> Si a pris au coup un prison,
> Anacletus avoit cil nom,
> Pris est o le frere le Roy.

D'autres vers nous apprennent que Maistre WISTACE composa ce Roman en 1155. M. GALLAND l'appelle toujours *Eustace* (1). Son Ouvrage forme un petit volume *in-folio*; on le met ordinairement à la tête des Poëtes François.

N'omettons pas le *Roman* de Rou qui est du même siécle, comme on le voit par ces vers (2):

> Mil chent & soisante out de temps & d'espace
> Puisque Dix en la Virge descendi (3) par sa grace,
> Quant un Clerc de Caen qui out non Mestre Vace
> S'entremist de l'istoire de Rou & de s'estracc.

Quel langage pour un Clerc! Mais aussi quels modèles avoit-il ?

XIII°. SIÉCLE.

Ce siécle surpasse en monumens tous ceux qui précédent; mais le siécle n'en est guères meilleur & ne pouvoit l'être. Qu'on en juge par la *Bible Guiot*.

La *Bible Guiot* est l'ouvrage d'un nommé *Guiot*, de Provins en Champagne. On le conserve dans la Bibliothéque de Notre-Dame ; il y en a aussi un Exemplaire dans celle du Roi de Sardaigne. Celui de Notre-Dame est d'une écriture qui remonte au commencement du XIV°. siécle, ou même à la fin du XIII°. Son Auteur avoit été Moine blanc pendant quatre

---

(1) Mém. de l'Acad. des Inf. & Bel. Let. Tom. II, p. 673.
(2) Roman de Rou, manusc. p. 94.
(3) Pour dire, depuis que Dieu descendit dans le sein de la Vierge, &c.

mois, & l'on voit qu'il essuya quelques difficultés lorsqu'il voulut sortir de cet Ordre. Il avoit beaucoup voyagé, ayant été en Allemagne & même à Jérusalem. Les noms de quatre-vingt-quatre personnes de distinction qu'il cite dans son Ouvrage comme les ayant connues, donnent en même tems une idée de la façon avantageuse dont il étoit considéré dans le monde, & l'époque de son écrit, qui est une critique quelquefois trop amère des mœurs de son siécle ; il n'épargne ni la Cour de Rome, ni le Clergé Séculier & Régulier, ni les Rois & les autres Souverains de l'Europe (1). Voici ce qu'il dit en particulier sur le Pape, qu'il compare à l'Etoile polaire & à la boussole, passage dont nous avons déjà cité quelques vers dans ce Volume à l'article BOUSSOLE, mais dont nous devons à M. MOUCHET une copie plus complette & plus exacte : ils sont d'ailleurs de l'an 1204.

De nostre pere l'apostoile (2)
Volsisse qu'il semblast l'estoile
Qui ne se muet. Moult bien la voient
Li Marinier qui s'i avoient
Par cele estoile vont & viennent
Et lor sen & lor voie tiennent.
Il l'apelent la tresmontaingne......
Un art font qui mentir ne puet
Par la vertu de la maniere,
Une piere laide & bruniere
Où li fers volentiers se joint,
Ont, si esgardent, le droit point,
Puis c'une aguile i ont touchié
Et en un festu l'ont couchié
En l'eue le mettent sanz plus
Et li festuz la tient dessus......
Contre l'estoile va la pointe.
Par ce sont li marinier cointe
De la droite voie tenir.....
Moult est l'estoile & belle & clere;
Teix devroit estre nostre pere.
Clers devroit-il estre & estables
Que ja pooir n'eust Deables
En lui n'en ses commandemenz.

Quoique les progrès de la Langue ne fussent pas rapides, on les sent déjà

---

(1) Ce détail est tiré d'une Notice que M. le Comte de Caylus en a donné dans les Mém. des Insc. & Bel. Let. T. XXI. Hist. p. 191.
(2) Bible Guyot manuf. de N. D. 8°. E. 6, fol. 93, V°. col. 1. & 2.

PRÉLIMINAIRE.

dans Ville-Hardouin, dit encore M. Duclos; c'est le premier Historien François que nous ayons: il termina à l'an 1207 son Histoire de la conquête de Constantinople par les François & les Vénitiens. Le commencement du premier Livre, en donnant l'idée du style de l'Ouvrage, marque aussi l'époque de l'expédition, & quels Princes régnoient alors.

» Sachés que 1198 ans après l'Incarnation notre Seignor J. C. al tens
» Innocent III, Apostoille de Rome, & Filippe (*Auguste*) Roi de France,
» & Richart, Roi d'Engleterre, ot un sainct home en France qui ot nom
» Folque de Nuilli. Cil Nuillis siest entre Lagny sor Marne & Paris; & il
» ere Prestre & tenoit la parroiche de la Ville: & cil Folques dont je vous di,
» comença à parler de Dieu par France & par les autres terres entor; & notre
» Sires fist maint miracles por luy. Sachiés que la renomée de cil saint home
» alla tant, qu'elle vint à l'Apostoille de Rome Innocent; & l'Apostoille en-
» voya en France & manda al prodome que il empreschast des croix par s'au-
» torité: & après i envoya un suen Chardonal maistre Perron de Chappes
» Croisié; & manda par lui le pardon tel come vos dirai. Tuit cil qui se crois-
» seroient & feroient le service Deu un an en l'ost, seroient quittes de toz
» les péchiez que ils avoient faiz, dont ils seroient confés. Por ce que cil par-
» dons fu issi gran, si s'en esmeurent mult li cuers des genz, & mult s'en croi-
» sierent, por ce que li pardons ere si gran ».

La Chronique de la Terre d'Outremer, conservée en manuscrit à Berne, n°. 113, fol. 165, R°. col. 3. parut dans le même siécle: elle finit en 1229, & il paroît que les Continuateurs de Guillaume de Tyr n'ont fait que la copier. En voici un passage pour qu'on puisse juger du style.

» Or vos dirai de le pais qui por parlée estoit (en 1229) entre l'Empe-
» reur & le Soutan, quels ele fu. Li Soutans li rendi tote la terre de Jherusalem,
» si come Crestien le tenoient al jor que Sarrasins le conquisent sor Crestiens,
» à l'Empereur à faire se volonté, fors seulement le crac de Montroial & trois
» Chastiaus en la terre de Sur & de Saiete.... mais de ces trois Chastiaus ne pot
» rinc granment chaloir qu'il ne sont mie si fort c'on fesist longement devant
» à siege. Mais del crac fu chi damage qu'il ne fu rendus, car tote Crestienté
» paroit seir devant, &c. ».

C'est dans ce siécle que parurent les Etablissemens & les Ordonnances de S. Louis; le style en est certainement meilleur que celui de Ville Hardouin; ce qui n'est pas étonnant; on doit mieux écrire dans la Capitale que dans les Provinces: mais est-on certain d'avoir l'original des établissemens & Or-

Dict. Etym.

donnances de S. Louis, & que le style n'en ait pas été retouché par quelqu'Écrivain postérieur?

On a déja remarqué depuis long-tems que les Copistes ont altéré la plupart de nos anciens Auteurs. ETIENNE PASQUIER (1) assure que » s'il y eut » un bon livre composé par nos Ancêtres, lorsqu'il fut question de le transcrire, les Copistes le copioient non selon la naïfve langue de l'Auteur, » ains selon la leur. » Pasquier prouve ce qu'il avance par l'exemple du Roman de la Rose, par la chronique de Ville-Hardouin & par une Ordonnance même de S. Louis pour la réformation des mœurs de la Justice, contenue dans une vie manuscrite de S. Louis qui est à la Bibliothéque du Roi n°. 9648: 3. 3. & dont le langage est rajeuni dans l'édition que Menard a donnée de Joinville. » Ordonnance, dit Pasquier, que je vois diversifiée en autant de » langages comme il y a eu de diversité de tems ».

Quoi qu'il en soit, voici l'Ordonnance de ce Prince rendue contre les Blasphêmateurs, & qui, quoique tirée du Registre *noster* de la Chambre des Comptes de Paris fol. 31, ne nous paroît pas avoir été plus respectée par ceux qui ne peuvent copier les écrits en vieux langage sans les habiller à la maniere de leur tems : l'ignorance même dans laquelle on est si cette Ordonnance parut en 1268 ou 1269, prouve combien on est peu sûr de l'avoir en original.

» Si aucune personne, dit l'Ordonnance, de l'aage de quatorze ans ou plus, » fait chose ou dit parole en jurant, ou autrement qui torne à despit de Dieu, » ou de nostre-Dame, ou des Sainz, & qui fust si horrible qu'elle fust vi- » laine à recorder, il poira 40 livres ou moins, mes que ce ne soit moins de » 20 liv. selon l'estat & la condition de la personne, & la maniere de la vi- » laine parole, ou du vilain fait : & à ce sera contraint, se mestier est. Et si » il estoit si poure que il ne peust poyer la poine de susdite, ne n'eust autre » qui pour li la voussist payer, il sera mis en l'eschielle l'erreure d'une luye » (*une heure de jour*) en lieu de notre justice, où les gens ont accoutumé » de assembler plus communement, & puis sera mis en la prison pour six » jours, ou pour huit jours ou pain & à l'eau.

» Et se celle personne qui aura ainsi messait, ou mesdit, soit de l'aige de » dix ans, ou de plus jusqu'à quatorze ans, il sera batu par la justice du lieu, » tout à nud de verges en apert, ou plus ou moins selon la griéveté du mes- » fait, ou de la vilaine parole : c'est assavoir li homme par hommes & la » fame par fames sans présence d'homme, se ils ne rachetoient la bature.

---

(1) Recher. L. III. c. III.

PRÉLIMINAIRE.

Cette Ordonnance fut faite en conséquence d'une Bulle de Clément IV du 12 Juillet 1268, par laquelle ce Pontife exhorte S. Louis à punir les blasphêmateurs un peu moins sévérement; il leur faisoit percer les lévres, ou les faisoit marquer d'un fer rouge sur le front ou sur la langue.

Le style des Coutumes du Beauvaisis, rédigées en 1283 les fait paroître d'un siécle plus barbare : ce qui confirme tout ce que nous avons dit de ce siécle.

» Ci commenche li livres des Coustumes & des usages de Biauvoisins » selon ce qu'il couroit ou tans que cist livres fu fez, c'est assavoir en 1283.

C'est li prologues.

» La grant espérance que nous avons de l'aide à cheli par qui touttes » choses sont fêtes, & sans qui nulle bonne œuvre ne porroit estre fête, » che est li Pere, & li Fies, & li Sains Esperiz ».

Chap. I.

» Tous soit il ainssint que il nait pas en nous toutes les graces qui doi- » vent estre en homme qui s'entremet de Baillie, pour che lerons nous pas à » traiter premierement en che Chapitre de l'Estat & de l'Office as bail- » leus.

Vers l'an 1270 fut composé un Roman intitulé Alcomades, (manuscrit de Gaignat) dont le style est encore plus barbare; en voici un échantillon (1).

> . . . . Marcedigat heroit
> . Les vilains & gentis amoit;
> Car bien savoit que li gentis
> Feroit vilonnie aenvis,
> Si haus hom moult folement œvre;
> Qui grant conseil vilain descuevre;
> Car qui par vilain veut ouvrer
> De s'onnour bien doit me serrer,
> Car ja vilain ne loeront
> Nule honnour puisqu'il vuerront
> Que sur aus en puist escheoir
> Periex, ne de cors ne d'avoir;
> Car pieça c'on dist ce proverbe
> De pute racine, pute herbe,
> Et si redist on à la fois
> Ades reva li leus au bois,
> Bon fait en tour lui avoir gent
> Qui aiment miex honnour k'argent.

---

(1) Fol. 5. v°. col. 3.

DISCOURS

Les Poëtes François de ce siécle & des précédens furent en si grand nombre que le Président FAUCHET en a donné une liste de 127 en commençant par EUSTACHE & finissant par Pierre GENTIEN, celui-ci Parisien. Là sont des noms connus; Lambert li Cors ou le Court, Alexandre de Paris, Thiebault de Mailli, Chrétien de Troyes, Thibaud Roi de Navarre, son favori Gaces Brulez, Messire Thierry, de la Maison de Soissons, le Vidame de Blois, Pierre Mauclerc Comte de Bretagne, une Trouvere de Troyes la belle DOETE; MARIE surnommée de France, &c.

M. Galland a augmenté considérablement cette liste dans son *Discours sur quelques anciens Poëtes & sur quelques Romans Gaulois peu connus* (1).

XIVe. SIECLE.

Dans le 14e Siécle parurent l'Histoire de Joinville, les Assises de Jérusalem que nous avons citées une fois, la Chronique de Froissart, l'Histoire du Connétable Du Guesclin, &c. & nombre de Poëtes.

Tel est le commencement de l'Histoire de Joinville.

» Je Jehan Sire de Joyngville Seneschal de Champaigne, fais escrire la
» vie nostre Saint Louys; ce que je vi & oy par l'espace de six anz que
» je fu en sa compaignie ou pelerinaige d'outremer. & puis que nous reveni-
» mes...... L'amour qu'il avoit à son Peuple parut, à ce qu'il dit à son ainsné
» filz en une moult grant maladie que il ot à Fontenne Bliaut. Biau filz, dist-
» il, je te prie que tu te faces amer au Peuple de ton Royaume; car vraie-
» ment je ameraie miex que un Escot venist d'Escosse & gouvernast le Peu-
» ple de mon Royaume bien & loialement, que tu le gouvernasse mal aper-
» tement. (2). »

Le P. Hardouin (3) avoit rejetté cet ouvrage de Joinville comme un Roman inventé après coup; il fondoit une opinion aussi singuliere sur ce motif, entr'autres, que le style en est incomparablement plus poli & plus récent que celui des Ouvrages François du même tems, même que celui du style de la lettre que Joinville écrivit à Louis Hutin & qui a été publiée par Du Cange. Ce paradoxe a donné lieu à une savante Dissertation de M. le

---

(1) Mém. des Inscr. & Bel. Let. T. II.
(2) Histoire de S. Louis, pag. 4, 5, édit. de 1761.
(3) Opera var. p. 634. &c.

PRÉLIMINAIRE.

Baron DE LA BASTIE, sur la Vie de Saint Louis écrite par le Sire de Joinville (1) & dans laquelle il fait voir de la maniere la plus convaincante que non-seulement cette Histoire a été rajeunie par rapport au style, mais qu'elle a même été interpolée en nombre d'endroits. Il nous apprend en même tems que le manuscrit le plus exact de cet ouvrage se trouvoit alors à Luques dans la Bibliothéque du Sénateur *Fiorentini*, où M. de Sainte-Palaye l'a vu. C'est un petit *in-folio* en velin d'une assez belle écriture; mais qui ne paroît être que du commencement du XVIᵉ siécle & orné de miniatures. On en peut voir l'Histoire citée en marge (2). Mais nous croyons obliger nos Lecteurs en transcrivant le commencement de la Dissertation de M. de la Bastie.

» La Vie de S. Louis, écrite par le Sire de Joinville a toujours été regardée
» comme un des plus précieux monumens de notre Histoire, & comme un
» ouvrage qui réunit plusieurs des qualités qu'on a coutume de désirer dans
» les Histoires particulieres. L'Auteur étoit un Seigneur considérable par
» sa naissance, par ses alliances, par ses emplois & plus encore par son mérite
» personnel; non-seulement il avoit vécu sous le régne du Prince dont il écri-
» voit la vie, mais de plus ayant été attaché à sa personne pendant plus de
» vingt-deux ans, il l'avoit suivi dans ses expéditions, & il avoit eu part aux
» évenemens les plus importans de son régne. L'air de candeur & de bonne
» foi répandu dans tous ses écrits, prévient avantageusement le Lecteur : l'at-
» tention scrupuleuse qu'il a eue de ne s'étendre que sur les faits dont il avoit
» été le témoin, & de ne toucher à ceux qu'il rapporte sur la foi d'autrui
» qu'autant que sa narration l'exigeoit, cette attention, dis-je, doit nous con-
» vaincre que le Sire de Joinville n'a pas eu intention de rien transmettre à la
» postérité dont il ne fût pleinement instruit.

Observons que M. de la Bastie prouve fort bien que cet Ouvrage avoit été écrit au commencement du XIVᵉ siécle (3), puisqu'il est énoncé dans l'inventaire des livres du Roi Charles V en ces termes »: Une grand partie » de la vie & des faiz de Monsieur Saint Loys que *fit faire* le Sire de Joinville » très-bien escript & historié, couvert de cuir rouge à empraines, à fermoires » d'argent.

Dans le XXᵉ Vol. des Mémoires de l'Acad. des Inscr. & B. L. on trouve une Vie très-intéressante du Sire de Joinville par M. de la Ravaliere.

---

(1) Mém. de l'Ac. des Insc. & Bel. Let. T. XV.
(2) Ib. p. 738.
(3) Ib. p. 701.

DISCOURS

Assises de Jérusalem.

Les Assises de Jérusalem furent rédigées en 1369, près d'un siécle après S. Louis, dans une Ville remplie de François, par *PHILIPPE de Navarre*, fameux Jurisconsulte, qui passa dans la Terre Sainte, comme nous l'apprend M. de la Ravaliere (1) qui observe que ce fait avoit échappé à ceux mêmes qui ont publié ces Assises, & à Ducange.

CHAP. I.

« Quant la Sainte Cité de Jérusalem fu conquise sur les ennemis de la crois
« en l'an MXCIX par un Vendredy, & remise el pooir des Feaus Jesu-C par
« les Pelerins qui s'ehmurent à venir conquerre la, par le preschement de la
« crois, qui fu preschée par Pierre l'Ermite, & que les Princes & les Barons
« qui l'orent conquise, orent ehleu à Roi & à Seignor dou Royaume de Jeru-
« salem le Duc Godefroy de Buillon, le Duc Godefroy de Buillon ne volt estre
« sacré ne coroné à Roi el dit Royaume, porce que il ne volt porter corone d'or
« là où le Roi des Roys Jesu-Crist le Fiz de Dieu porta corone d'espines le jour de
« sa passion. Il fut ententis à mettre le Royaume en bon point & en bon estat.

Poëtes de ce siécle.

C'est au commencement de ce siécle que G. GUIART composa en vers son Histoire de France, intitulée *la Brance aux Reaulx lignages*; elle commence en 1165, & finit en 1306; voici son début :

> Je qui commencié ai ceste euvre,
> Où mon poure engin se desqueuvre,
> Vueil dire, ainz qu'avant de ci lise
> Par quel raison je l'ai enprise.
> En l'an M & CCC & quatre
> Sanz année ajouster n'abatre
> El mois d'Aoust me sejourniré
> A Arraz, car navrez estire
> Adonques por moi deporter
> Et por mes maus reconforter
> Me suis de rimer entremis
> Et à cest livre faire mis.

Entre les Poëtes du XIVe siécle se distingue Guillaume de MACHAUT,

---

(1) Mém. des Insc. & Bel. Let. T. XX. p. 329. en note.

dont l'Abbé LEBEUF découvrit les ouvrages dans la Bibliothéque des Carmes-Déchaux de Paris, & dont il donna en 1746, une Notice très-intéressante (1) suivie de deux Mémoires non moins curieux de M. le Comte de CAYLUS sur ce même personnage, *Poëte & Musicien*, vrai Troubadour. C'étoit un Gentilhomme de la Ville de Loris, en Champagne, dont on soupçonne qu'il étoit Seigneur. Il fut trente ans Secrétaire de Jean de Luxembourg Roi de Bohème, & il mourut dans un âge très-avancé. On trouve dans ses Poésies un précis de la vie de ce Héros de la Bohème, & nombre de faits relatifs à celle de Pierre de Lusignan, Roi de Chypre & de Jérusalem. La multitude de vers que ces deux Académiciens ont rapportés de cet Auteur nous dispense d'entrer dans un grand détail à ce sujet : nous nous contenterons de ceux-ci pour donner une idée du rapport du François de ce temslà avec celui d'aujourd'hui. En parlant du Roi de Bohème, il dit:

> Il donnoit fies, joyaux & terre;
> Or, argent, rien ne retenoit
> Fors l'onneur, ad ce se tenoit
> Et il en avoit plus que nus.

Et dans cette même piéce de Poésie remplie de conseils au Roi de France Charles V, il lui dit :

> Et si tu fais forgier monnoie,
> Pour Dieu fais la telle qu'on oie
> Dire quelle est de bon aloy.

XVe. SIÉCLE.

Entre cette multitude d'Ecrivains en vers & en Prose qu'enfanta le XVe siécle, distinguons CHARLES Duc d'Orléans, petit-fils de Charles V, pere de Louis XII & oncle de François I. La Bibliothéque du Roi posséde un recueil manuscrit de ses Poésies dont a rendu compte M. l'Abbé SALLIER (1).

Ce savant Académicien observe avec raison que si Boileau avoit connu les œuvres de ce Prince, il n'auroit pas regardé VILLON comme le premier qui donna une forme réguliere aux vers François; qu'après avoir dit :

> Durant les premiers ans du Parnasse François,
> Le caprice tout seul faisoit toutes les loix;
> La rime au bout des mots assemblez sans mesure,
> Tenoit lieu d'ornement, de nombre & de mesure;

---

(1) Mém. de l'Acad. des Insc. & Bel. Let. T. XX.
(2) Ibid. T. XIII.

Il n'auroit pas ajouté,

> Villon fçut le premier dans ces siécles grossiers,
> Débrouiller l'art confus de nos vieux Romanciers.

Celui-ci plus jeune que le Duc, profita de ses Poésies, comme MAROT sut profiter de celles de Villon pour les surpasser.

A la plus grande simplicité, Charles réunissoit la noblesse des idées, la force du sentiment, l'élégance de l'expression. On peut juger de son style par cette chanson.

Tiegne soy d'amer qui pourra,	Plus ne m'en pourroye tenir.
Plus ne m'en pourroye tenir.	Mon cueur devant hier accointa
Amoureux me faut devenir.	Beauté qui tant le scet cherir
Je ne scay qu'il m'en avendra,	Que d'elle ne veut departir.
Combien que j'ai oy de pieça	C'est fait, il est sien & sera.
Qu'en amours faut mains maux souffrir.	Tiegne soy d'amer qui pourra
Tiegne soy d'amer qui pourra,	Plus ne m'en pourroye tenir.

FABLIAUX.

N'omettons pas un genre d'Ouvrages qui paroit propre à la Nation Françoise, l'art des FABLIAUX. C'étoit une espéce de Poëmes aussi amusans que naïfs, & qui semblables à nos contes, renfermoient toujours quelque récit historique, vrai ou faux. Là brilloit éminemment l'esprit national ; légéreté, naïveté, finesse, tout s'y trouve.

Et de même qu'Homère imita les Poëtes qui l'avoient précédé, & que les Poëtes Latins imiterent les Grecs, ainsi nos Poëtes & nos Conteurs, tels que Rabelais, Bocace, la Fontaine, Moliere, même Michel de Cervantes, &c. n'ont pas dédaigné de prendre ces anciens Fabliaux pour modéles.

Le recueil le plus considérable qui existe en ce genre, est celui qu'on conserve dans la Bibliothéque de S. Germain-des-Prés, n°. 1830: il paroît avoir été transcrit dans le XIIIe siécle ; mais le style en est beaucoup plus ancien ; aussi M. le Comte de Caylus a-t-il jugé que les moins récens des Fabliaux qui y sont contenus, appartiennent au régne de Philippe Auguste ou à celui de S. Louis.

Le premier de tous est intitulé, *le chastoiement du pere au fils* ; il a été publié en 1760 par M. de BARBAZAN. C'est-là où est le conte des Brebis qu'on transporte deux à deux au-delà d'une riviere, & qui est imité dans Don-Quichotte.

PRÉLIMINAIRE.

» Un Fableor craignoit d'ennuyer par ſes contes, un Roi qui lui ordonnoit
» toujours de lui en dire de nouveaux; il lui obéit en ces termes.

» Un homme acheta deux cens Brebis qu'il chaſſa devant lui : les eaux étant
» groſſes, & n'ayant trouvé pour paſſer la riviere qu'un bateau ſi petit, qu'il
» ne pouvoit porter à la fois que deux Brebis & lui qui les paſſoit, il en fit
» entrer deux & ſe mit au gouvernail.... En cet endroit le Fableor s'arrêta,
» & le Roi lui dit, continuez donc : le Conteur lui répondit :

> La nacelette
> Eſt moult foible & petitete,
> Laive eſt moult grand à paſſer,
> Brebis i a moult à porter.
> Or laiſſons les Brebis paſſer
> Et puis pourons aſſez conter.

On y voit cette peinture de la belle qui charmoit GUILLAUME au Faucon.

> La florette qui naiſt el pré
> Roſe de Mai ne flor de lis
> N'eſt tant bele, ce m'eſt avis,
> Com' la beauté la Dame eſtoit.
> Qui tot le monde chercheroit
> Ne porroit en trouer plus bele....
> Nature qui faite l'avoit
> Qui tote s'entente i metoit
> I ot miſe & tot ſon ſens
> Tant qu'il enfu poure lonc tems.

XVIe. SIECLE.

Les Ecrivains en Proſe & en vers du XVe & du XVIe ſiécle ſont trop con‑
nus pour qu'il ſoit néceſſaire de les citer. Diſons qu'en général la Langue Fran‑
çoiſe fit peu de progrès juſqu'au régne de François I. Les cauſes n'en ſont
malheureuſement pas difficiles à indiquer. Telles furent les guerres perpétuel‑
les que ce Royaume eut à ſouffrir, l'ignorance dans laquelle on étoit plongé,
le manque preſque total de livres & de ſecours pour s'inſtruire; l'uſage où l'on
étoit d'écrire tout en latin, même les actes publics. C'étoit beaucoup plus qu'il
n'en falloit pour étouffer le génie de la Langue Françoiſe, & pour faire tom‑
ber dans un oubli preſque total tout ce qu'on avoit écrit dans cette Langue, ſur‑
tout cette foule de Poëmes gothiques qui prouvoient tout au plus l'excel‑
lence du ſol; & avec quelle facilité la Nation ſe tourneroit vers la vérita‑
ble maniere d'écrire dès qu'elle lui feroit connue.

Dict. Etym.

FRANÇOIS I. le sentit: aiguillonné & par son goût pour les Lettres & par celui de sa sœur, il fonda le Collège Royal pour l'avancement des connoissances & pour l'intelligence des Langues savantes: mais restraignant celles-ci à leur véritable usage, il mit en quelque sorte la Langue Françoise en possession du Royaume où elle étoit comme étrangere; il la plaça sur les Tribunaux; elle présida aux contrats & aux actes: & pour plaire au Roi, on parla François.

Cependant sous le régne de son successeur, la Langue Françoise faillit à retomber dans la plus grande barbarie. François I. avoit bien pu donner l'envie de parler & d'écrire correctement; mais il n'avoit pu donner le génie. On ne connoissoit que les Grecs & les Latins: ils étoient pleins de goût: on crut donc que pour en avoir, il n'y avoit qu'à parler Grec ou Latin en François. De-là les folies desordonnées qu'on fit dans ce tems-là par amour pour le Grec; ces sacrifices à Bacchus où l'on chantoit des Dithyrambes & des Péans: ces mots Grecs ou Latins qu'on cousoit comme on pouvoit à des mots encore barbares, ou qu'on composoit à la grecque: ces tirades de citations antiques qui donnoient un vernis d'érudition en éblouissant ceux qui ne savoient pas combien il étoit aisé à acquérir, & combien cette méthode couvroit d'ignorance & étoit éloignée de la vraie éloquence.

Peut-être ce mauvais goût auroit-il duré long-tems, peut-être encore admirerions-nous RONSARD, qu'on appella le Prince des Poëtes; & ces Pleiades de Rimeurs dont on sait à peine aujourd'hui les noms, si des événemens extraordinaires n'avoient amené sous les petits-fils de François I. un nouvel ordre de choses qui donna aux esprits une explosion, & qui fit prendre à la Langue une tournure inconnue jusques alors.

Les divisions qui déchirerent alors la France, les guerres civiles qui s'éleverent entre les Catholiques & les Protestans, entre les Guises, étrangers en quelque sorte, & les Bourbons, héritiers légitimes du Trône; toutes les horreurs de la Ligue; tous les intérêts mêlés & confondus, firent fermenter les esprits: il fallut discuter ses droits, publier des Manifestes, enchaîner la Nation par l'éloquence. On laissa donc de côté Ronsard & Baïf, les Grecs & les Romains; on écrivoit pour des François, & on écrivoit sur les objets les plus grands & les plus intéressans; c'étoit pour défendre la Religion de ses Peres, ou celle qu'on venoit d'embrasser; c'étoit pour la gloire du Trône, ou pour ceux qui pouvoient y aspirer; c'étoit pour garantir sa vie, sa liberté, son honneur ou ses biens. On parla donc le langage du sentiment; on fut éloquent: on l'est toujours quand le cœur parle. Aussi voit-on dans les écrits

PRÉLIMINAIRE.

fans nombre qui parurent alors, mais d'une maniere très-fupérieure dans ceux qui défendoient la caufe des Bourbons, une élégance & un goût inconnus juf-qu'alors, & qui furent l'aurore des progrès étonnans & rapides que fit la Langue Françoife, dès que les Bourbons furent fur le Trône : la même éloquence qui avoit combattu en leur faveur, fe foutint pour chanter leurs hauts faits & ceux de leurs Miniftres, qui éleverent leur puiffance au plus haut point de gloire.

ILLUSTRE FAMILLE, la vaillance, l'éloquence & la fageffe vous éleverent fur le Trône : ayez toujours pour vous vaillance, éloquence & fageffe, & rien ne manquera à votre gloire.

LOUIS XIII. le favoit bien : c'eft fous fon régne que le Cardinal de Richelieu érigea l'ACADÉMIE FRANÇOISE ; établiffement que nous auroient envié les Grecs & les Latins. Déja, il étoit défiré par la Nation, déja s'étoit formé une Société-Littéraire fous les aufpices de CONRART, pour fixer les régles de la Langue Françoife, & la véritable éloquence.

Cette Académie, l'Élite de la Cour & des Gens de Lettres, ramena tous les Ecrivains à un centre commun, maintint l'unité dans le langage, conferva le bon goût, & produifit tous ces effets d'autant plus fûrement qu'elle fembloit n'avoir nul droit, nulle autorité, nulle activité : feule maniere de régner fur les efprits, & d'entraîner les Gens de Lettres. Une fois elle voulut effayer fes forces & critiquer en régle l'Ouvrage d'un Auteur, dans ce moment l'idole de la Nation : quoique cet Ouvrage fût digne de la critique qu'on en fit, c'étoit trop tôt ; le crédit de l'Académie faillit à en être ébranlé : de tems en tems il éprouva des fecouffes : tantôt les fautes de quelques-uns de fes Membres, tantôt les Satyres de ceux qui ne peuvent parvenir à une palme qu'ils croient leur être due. Mais ce font les efforts des Aurans contre les chênes. Puiffe ce Corps illuftre fe maintenir avec la même gloire & avec le même fuccès : ce fera une digue contre les vices qui feroient décheoir infenfiblement la Langue Françoife ! puiffe-t'il, fur-tout par de faines critiques de nos plus excellens Auteurs, conferver le bon goût, maintenir la Langue, prévenir les innovations qui rameneroient la barbarie avec le mauvais goût & la fauffe éloquence !

Des Dialectes de l'ancien François, & des Ouvrages écrits dans ces Dialectes.

Le tableau fuccint que nous avons préfenté des Révolutions de la Langue Françoife, jufques à l'établiffement de l'Académie Françoife, eft une preuve fans réplique de fon utilité & de fes fuccès. Jufques alors chacun écrivoit dans le François de sa Province, & erroit à l'aventure. On n'aura pas eu de peine à s'appercevoir que les divers morceaux que nous avons cités ne sont pas écrits précisément dans la même Langue; que leurs Auteurs, nés dans différentes Provinces, parlent le langage de ces Provinces; que les uns sont Gascons, les autres Bourguignons, Picards, ou Champenois, &c. Ceux de Beauvais dans leurs Coutumes disent *che* au lieu de *ce*; *commenche* au lieu de *commence*. Joinville écrit *champaigne, compaigne, amer*, au lieu de *champagne, campagne, aimer*. Guiart dit *séjournire*, pour *je séjournai*, & *estire*, pour *je fus* ou *j'étois*, à la Theutone où ces deux tems ne sont exprimés que par un même mot.

Ces variétés n'étonnoient pas dans le tems dont nous parlons, parce qu'elles étoient soutenues par l'usage des Cours qui dominoient dans chaque Province: c'étoit comme du tems des Grecs, où chaque Auteur écrivoit purement dans quelque Dialecte qu'il écrivît, parce que tous ces Dialectes étant parlés dans des Républiques égales en rang, aucune ne l'emportoit sur les autres.

Il faudroit donc, en comparant les Ouvrages François des divers siécles, faire attention à la patrie de chaque Auteur, & les classer par Dialectes: seule maniere d'en bien juger. Si on avoit fait plutôt ces observations, il ne seroit pas arrivé à un Académicien (M. Duclos) de comparer les Coutumes données à Riom par Alphonse, Comte de Poitou, frere de S. Louis, avec les Ordonnances de ce Roi & avec les Assises de Jérusalem, comme si elles étoient écrites dans la même Langue.

Lorsqu'Alphonse dit: » So es assaber que per nos. & per nostres successors » non sya faita en ladita Villa talha, o questa, o alberjada, ny empruntarèm » a qui meymes, si non de grat à nos prestar volont l'Habitant em questa mey- » ma Villa ». Ce n'est pas en François qu'il s'exprime.

Le frere de S. Louis ne s'exprimoit sûrement pas ainsi à la Cour du Roi son frere; on l'auroit pris pour un Étranger; & s'il eût parlé François aux Peuples de l'Auvergne, ils ne l'auroient sûrement pas entendu. C'est de l'Auvergnac, Dialecte du Provençal, que ce Prince emploie dans les Loix qu'il donne à ses Sujets, parce qu'ils parloient la Langue d'Oc.

Les Dialectes ou Idiomes élevés sur les débris de l'ancienne Langue Romance, sont aussi nombreux en quelque sorte que les Provinces du Royaume; il seroit important d'en recueillir les mots, sur-tout ceux qui paroîtroient avoir le moins d'analogie au Latin & au François: il faudroit s'attacher principalement aux mots des lieux les plus éloignés des grandes Villes, & à ceux qu'on parle dans les Montagnes les plus sauvages; ces mots devant

PRÉLIMINAIRE.

repréſenter naturellement avec moins de mélange les anciennes Langues du Pays. Jettons un coup d'œil ſur ces Dialectes, Idiomes ou Patois.

I. Le WALLON, langage des Pays-Bas François, ancienne Patrie des Francs avant qu'ils conquiſſent le reſte des Gaules. Ce nom n'eſt qu'une altération du nom des Gaulois, le G & le W ſe ſubſtituant l'un à l'autre. Nous en citons quelques mots dans nos Origines-Françoiſes; nous euſſions bien déſiré en avoir un recueil.

II. Le PICARD. Ce Dialecte diffère totalement du François par la prononciation; nos *CH* y ſont autant de *K*; & on y change *T* en *Q*, à la manière des Latins relativement aux Grecs.

III. Le LORRAIN; & IV le BOURGUIGNON. M. l'Abbé BERGIER nous a formé un Vocabulaire des mots les plus remarquables de ces deux Idiomes. Les fameux Noëls Bourguignons de M. de la MONNOYE ſont auſſi accompagnés d'un Vocabulaire que ce Savant a ſçu rendre très-piquant par les remarques remplies de ſel & de bonne plaiſanterie dont il l'a enrichi.

V. Le FRANC-COMTOIS. M. l'Abbé BERGIER nous en a auſſi donné quelques mots. Nous avons des Noëls Comtois imprimés à Beſançon & à Veſoul; de même qu'un *Eſſai de Dictionnaire* dans cet Idiome, de 39 pag. qui a paru à Beſançon en 1755.

VI. Le VALDOIS, langage du pays de Vaud en Suiſſe, appellé auſſi Pays Romand, parce qu'on y parle François. M. BERTRAND, ancien Secrétaire de la Société Economique de Berne, ſi connu par ſes Ouvrages, nous fit préſent, dans le tems, d'une ſavante Diſſertation qu'il fit paroître en 1758, *ſur les Langues anciennes & modernes de la Suiſſe, & principalement du Pays de Vaud.* Il diviſe le Valdois ou le Romand en cinq Dialectes. 1°. Celui des environs du Lac Leman; 2°. celui des Montagnes d'Aigle & du Valais; 3°. celui du Canton de Fribourg; 4°. celui de Neuchatel; & 5°. celui de l'Evêché de Baſle.

Nous devons à feu M. SEIGNEUX DE CORREVON, de l'Académie de Marſeilles, & l'un des principaux Magiſtrats de Lauſanne, un Vocabulaire du Dialecte parlé aux environs du Lac Leman; M. *Charles de LOYS* y en a joint pluſieurs; mais M. MUREZ, Doyen des Paſteurs du Pays de Vaud, l'a plus que doublé & nous en promet une ſuite que nous attendons avec autant d'impatience que de reconnoiſſance.

N'omettons pas que les Allemands appellent le Pays de Vaud *Welſh-land*, pays des Valles, ou Gaulois, par la même raiſon & de la même manière qu'on appelle la Flandres *Pays Vallon*; & que les Anglois appellent le Pays des Galles *Velchland*; chez tous, Pays des Gaulois.

Aux Langues dont M. Bertrand a reconnu des vestiges dans cette Contrée, on peut ajouter la Langue Hébraïque ou Orientale, dont on trouve dans ces Montagnes des mots très-bien conservés, quelle qu'en soit la cause.

VII. Le BRESSAN. Nous devons à M. de FENIL la communication d'une Comédie manuscrite dans ce langage, qui en donne une idée suffisante pour y appercevoir de très-grands rapports avec l'Italien; ce qui n'a rien d'étonnant, cette Contrée ayant si long-tems dépendu de l'Italie.

VIII. Le PROVENÇAL, qui, déchu de son ancien éclat, n'est plus qu'un patois. Il en existe un Dictionnaire *in-*4° composé par un Minime, le P. Sauveur-André PELLAS, & imprimé à Avignon en 1723; & des Cantiques composés par M. D'ISNARD, Chanoine de Salon, imprimés à Aix, *in-*8°. en 1698.

IX. Le LANGUEDOCIEN, dont M. SAUVAGE fit paroître en 1756 un Dictionnaire *in-*12. Les Auteurs de l'Histoire du Languedoc en cinq vol. *in-folio*, y ont inséré une Histoire de la guerre des Albigeois, écrite dans cet Idiome. On en trouve aussi divers morceaux & quelques Vocabulaires dans l'Histoire de la Ville de Nîmes, par M. MENARD. On voit par ces Monumens que, dans les XIe. XIIe. siècles, &c. cet Idiome avoit de très-grands rapports avec l'Italien; & qu'il a éprouvé de grandes révolutions, comme il en éprouvera d'autres, jusqu'à ce qu'il soit absorbé par la Langue Françoise, dont il se rapproche continuellement. Il se divise en plusieurs Dialectes; car il est différent dans les Diocèses de Nîmes, de Montpellier, de Narbonne, &c. dans les Hautes & Basses Cévennes, dans le Gevaudan, le Vivarais, &c. Souvent il varie, comme tous les patois, de village à village. Celui de Nîmes & des environs est d'une grande douceur. Il doit exister divers morceaux de Poésie dans celui-ci, tels que les *Embarras de la foire de Beaucaire*, & autres; mais que je n'ai pas sous la main.

L'Historien de la Ville de Montpellier, M. D'AIGREFEUILLE, a inséré dans son Ouvrage un Acte du IXe. siècle en Languedocien, relatif au troisième Seigneur de cette Ville, qui donnera une idée de ce qu'étoit alors ce langage, d'autant plus qu'il est fort court: il a pour titre: *Sacramentum quod fecit Berengarius filius Guidenildis Guillelmo Domino Montispessulani filio Beliardis.* » Serment que prêta à Guillaume fils de Beliarde, Seigneur de » Montpellier, Berenger, fils de Guidinel «.

PRÉLIMINAIRE.

„ Da aquesta hora adenant, no tol- | De cette heure à l'avenir, Bérenger fils
„ tra Berengarius lo fil de Guidinel; | de Guidinel, n'ôtera point à Guillaume fils
„ lo Castel del Poget que fo d'en Golen | de Beliarde le Château du Pojet, qui fut
„ a Guillen lo fil de Beliarde. Ni li deve- | du Golen. Il ne le divisera ni ne le dimi-
„ dra, né len decebra d'aquella forza que | nuera de la force où il est; & à l'avenir
„ es, ni adenant fara garni-el, ni hom | il ne le garnira en homme ni femme,
„ ni femna ab lou son art, ni ab son | par artifice, par finesse, ni par conseil;
„ ganni, ni ab son consel; & si homs es | & si c'est un homme ou une femme qui en-
„ que o fara ni femna — Berengas, lo fil | treprenne sur ce Château, Berenger fils de
„ Guidinel ab aquels Societat no aura for | Guidinel n'aura aucune société avec eux,
„ quant pel Castel a recoltrar la pot en | si ce n'est lorsqu'il s'agira de recouvrer ce
„ la sua potestat de Guillen lo tornara, | Château, & même lorsque Guillaume fils
„ sans deception & sans ley redever. Facta | de Beliarde l'en aura sollicité; & pour lors
„ est hæc carta regnante Henrico & ejus filio | s'il peut le recouvrer, il le remettra au
„ Philippo „. | pouvoir de Guillaume sans diminution &
    | sans lui rien devoir.

A ce serment, le Notaire qui le transcrivit ajouta la date en Latin. « Cette Charte, dit-il, a été faite sous le règne de Henri I. & de son fils Philippe ». C'étoit donc en 1059 ou en 1060 au plus tard, parce que c'est dans la premiere de ces années qu'Henri I, troisiéme Roi de la Maison des Capets, associa à la Royauté son fils Philippe, & c'est dans la seconde qu'il mourut.

On voit que le Languedocien d'alors avoit moins de douceur qu'aujourd'hui & qu'il approchoit plus du Catalan. On y trouve d'ailleurs le mot *ganni*, ruse, racine des mots Italiens *inganno* & *ingannare*, & du vieux François *enganer*.

X. LE VELAYEN. Nous n'avons de ce Dialecte que quelques mots : ils different en beaucoup de choses du Languedocien; & cela doit être, ceux qui le parlent étant en quelque sorte séquestrés du reste de l'Univers. On dit que leur prononciation paroît affreuse à ceux qui n'y sont pas accoutumés; qu'on croit entendre des Coqs-d'inde : ce seroit donc l'ancienne prononciation Celtique remplie d'aspirations & de lettres fortement prononcées.

XI. L'AUVERGNAC; sans le patois du Velay, celui-ci seroit peut-être le plus grossier.

XII. LE ROUERGAS, parlé par un Peuple que ses voisins appellent GAVOTS, c'est-à-dire, *Montagnars*. M. de SERVIERES nous a procuré deux Ouvrages dans ce Dialecte; l'un très-ancien, imprimé à Rodez en 1556, par ordre du Cardinal d'Armagnac, qui en étoit Evêque. C'est une Traduction de l'Instruction du célebre Jean Gerson pour les Recteurs (*Curés*), Vicaires, &c. L'autre très-moderne ; c'est un Recueil de Poésies imprimées en 1774. Dans ce Recueil les *a* sont des *o*.

XIII. Le TOULOUSAIN. On en trouve un Vocabulaire considérable à la fin des Poésies de GOUDOULI, l'Auteur si agréable du *Ramelet Moundi* ou Rameau Toulousain, que le P. VANIER n'a pas dédaigné de traduire en vers Latins. Il existe aussi un Opéra moderne dans ce Dialecte, l'*Alcimadure* de MONDONVILLE, mais que je n'ai pas encore vû.

XIV. Le LIMOUSIN. Nous en avons un Vocabulaire assez considérable, que nous a donné M. GRIVEL, Auteur d'un Ouvrage très-estimé, sur l'éducation, en 3. vol. Plusieurs de ces mots ont un rapport étroit avec le Franc-Comtois & le Valdois.

XV. Le GASCON. Nous n'avons que très-peu de choses sur ce Dialecte parlé dans une grande étendue de Pays, dans toute la Guyenne & Gascogne : mais on nous fait espérer d'en voir paroître un jour un Dictionnaire complet ; nous ne pouvons trop exhorter l'habile homme qui s'en occupe à presser son entreprise avec toute l'activité dont il est capable. Nous avons vu de très-anciennes Coutumes, rédigées sous le nom ou avec la protection d'un SAINT-SIMON, Seigneur de Bomont dans le Condomois, sous l'autorité de son oncle & tuteur *Jean* de SAINT-SIMON.

Comme cet Ouvrage est manuscrit, nous en inférons ici deux articles.

« Item es costuma que si algus vezis del Castet de Bomont, forsava
» femna puncela, que la prengua per molher si à lui se fe ceral vol
» (per) marit. O quel don dot e marit à luey convenable a esguart del Senhor
» e del cossellh. E si forfaire era tabos hom e aytal que a luey nos fes per ma-
» rit, deu lo dar dot e marit a luey convenable. E si forfaire era aitals que
» aquo far no pogues, deu perdre lo cap.

» Item que qui forsara femna maridada que no ana marit, fassa esmenda
» e sufrisca pena de dies o dessilh, segunt que la forsa e las personas se-
» ren a esguart del Senhor e del cossellh. E si la esmenda no pot far, que
» prengua pena de son cors a esgart del Senhor e del cossellh ».

Par la premiere de ces Coutumes, tout homme qui n'étoit pas d'un rang à réparer l'honneur d'une personne du sexe, non mariée, ni à la placer avantageusement, étoit condamné à mort : & celui qui étoit tombé dans l'adultère devoit être condamné à une amende & au bannissement ; & s'il ne pouvoit payer l'amende, à une peine arbitraire. C'étoient des Loix vraiment Espagnoles.

PRÉLIMINAIRE. lxxiij

XVI. LE BÉARNOIS. On a fait imprimer dans ce Dialecte les Coutumes de Navarre sous ce titre : *Los Fors et Costumas deu Royaume de Navarre deça-ports avec l'estil et aranzel deudit Royaume*. A Pau 1681. Le mot *Deca-ports* doit signifier en-deça des Montagnes : *Port* désignant dans ces Contrées *une gorge de Montagnes* ; ce qu'on appelle ailleurs col, pas, défilé. L'inscription de la Statue de Louis XIV. à Pau est en Béarnois.

> A ci quéi larre-hilh de nousté gran Henric
> Lou Ceu qui l'abé dat per lou bé de la terre,
> La héit lou païs deus bous, deus mechants l'ennemic,
> U Salomon en pax, u braï Cesar en guerre.
> Plasie à Diù qu'à jameis lou marbre & lou metau
> Hasian bibé sa gloire au ta pla comme à Pau.

« Ici gît le petit-fils de notre grand HENRI. Le Ciel qui l'avoit donné pour le bien de la terre, en fit le pere des bons, l'ennemi des méchans, un Salomon en paix, un vrai César en guerre. Plaise à Dieu qu'à jamais le marbre & le métal fassent vivre sa gloire comme elle vit à Pau »!

Si tout le Béarnois étoit comme ces vers, il ne différeroit du François que par l'orthographe ou par la prononciation : ici F est remplacé par *h* ; V par *b* ; A par *i*, &c.

Les Poësies de M. D'ESPOURREINS sont très-célèbres dans le Béarn ; mais nous ignorons si elles sont imprimées.

XVII. LE CATALAN. Pouvons-nous passer sous silence le Catalan avec lequel le Béarnois a tant de rapport, & qu'on a été tenté de regarder comme la source du Provençal ? Mais nous ne connoissons encore aucun Ouvrage dans cette Langue.

Cependant il doit exister beaucoup de choses sur cet Idiome. On voit dans la *Crusca Provençale* que BASTERO se proposant de faire une Grammaire & un Dictionnaire Catalan, voulut remonter à l'origine de cette Langue, & par conséquent à celle du Provençal ; que pour cet effet il rassembla les anciens Poëtes, & qu'il fut en état de donner un Catalogue de 178 Poëtes Provençaux depuis le commencement du XIe siècle jusqu'au XVe.

XVIIIe., XIXe., XXe. Il existe trois autres Dialectes, le POITEVIN, l'ANGEVIN & MANCEAU, & le NORMAND, dans lesquels on trouveroit des mots très-remarquables, sur-tout dans le bas-Maine. Ménage a rapporté plusieurs mots de l'Anjou & du Maine qui sont très-remarquables.

Un recueil complet de tous ces Dialectes seroit un excellent préliminaire

Dict. Etym.

à l'étude des Langues en général, & offriroit le tableau le plus exact de toutes les révolutions du langage dans les Gaules depuis que la Langue Latine s'y introduisit. Nous aurons la plus vive reconnoissance pour ceux qui voudront bien completter nos Vocabulaires en ce genre, & nous faire connoître les livres qui pourront y contribuer. Nous en tirerions un supplément à notre ouvrage actuel, qui deviendroit très-précieux, sur-tout lorsqu'on pourroit le comparer avec le grand travail de M. de Sainte-Palaye.

ARTICLE V.

Des Familles de Mots & de leurs Causes.

LEs Familles immenses que forment les mots dérivés d'une même souche, d'un seul mot tige de tant d'autres, ne furent point formées par le hasard : elles eurent toujours pour base la Nature & la raison, dans notre Langue comme dans les autres: mais puisque nous ouvrons ici une route nouvelle, du moins pour les Langues Occidentales, mettons sous les yeux de nos Lecteurs les causes qui conduisirent les hommes à réduire les mots fondamentaux du Langage à un petit nombre, & à élever sur ce petit nombre la masse entière des mots : ce détail offrira des objets intéressans & nouveaux : on y verra en particulier que chaque mot dérivé renferme constamment & les élémens vocaux du mot radical, & un rapport plus ou moins étroit avec sa signification. Ainsi, comme tout est lié dans la Nature, & qu'avec le moins d'élémens qui se puisse, elle produit tous les Êtres ; de même les Hommes, ses fidèles imitateurs, lièrent tous leurs mots entr'eux & les dériverent avec autant de facilité que de justesse, d'un très-petit nombre de mots simples & primitifs.

§. I.

Les Langues ne se forment qu'insensiblement.

Les Hommes parvinrent à cette imitation avec d'autant plus de facilité que les Langues ne se forment & ne s'aggrandissent qu'insensiblement, suivant que le besoin ou la réflexion exigent de nouveaux signes pour exprimer de nouvelles idées. D'abord, on donna des noms aux Êtres physiques dont on étoit environné : on en donna ensuite aux effets de l'industrie ou aux ob-

PRÉLIMINAIRE.

jets relatifs aux Arts, à mesure que ceux-ci se développerent ; on en donna également aux objets spirituels, intelligens ou moraux, lorsque l'homme, après s'être promené au dehors sur toute la Nature, rentrant au-dedans de lui-même, découvrit en lui des rapports étonnans avec ce Monde qu'il venoit de parcourir, & chercha à rendre sensibles par ces rapports des objets qui ne tombent pas sous les sens.

De-là, résultent trois suites de mots très-distinctes ; trois Dictionnaires dans le Langage, qu'il ne faut jamais confondre, mais qui doivent servir de guide pour classer les mots de chaque Peuple & pour juger de l'étendue de leurs connoissances & des progrès de leur raison.

Ces trois Dictionnaires sont, le Dictionnaire Physique, le Dictionnaire des Arts ; le Dictionnaire Intellectuel ; Dictionnaires de l'Homme sauvage ou coureur, de l'Homme agricole ou sédentaire, & de l'Homme moral ou éclairé ; leur réunion forme les Langues véritablement dignes de ce nom, de même que la réunion de ces trois Êtres en un seul forme l'Homme civilisé, l'Homme par excellence.

I.

DICTIONNAIRE PHYSIQUE;

Ou de l'Homme sauvage, non sédentaire.

Ce Dictionnaire se réduit à ces cinq Chefs. 1°. l'Homme considéré en lui-même, individuellement ; 2°. l'Homme en société ; 3°. les besoins extérieurs ; 4°. les objets extérieurs ; 5°. les rapports des Êtres.

I. *Homme considéré en lui-même ou dans son individu, d'où,*

1. L'existence & les sens dont elle est accompagnée, vue, ouie, toucher, &c.
2. Les besoins naturels, faim, soif, sommeil, &c.
3. Les moyens de les satisfaire, manger, boire, dormir, &c.
4. Les diverses parties du corps & leurs fonctions respectives.

II. *Homme en Société.*

1. Les premiers degrés d'affinité, Nourricier & Nourrisson, Pere, Mere, fils ou fille, &c.
2. La Société d'une Famille ; d'où, Mariage, Epoux, Domesticité, &c.
3. La Société de plusieurs Familles sous un Chef quelconque ; d'où, Supérieur & inférieur, Maître & sujet, servant & servi, &c.
4. Les secours mutuels, protection, défense, justice, &c.

5. Distinction des personnes en trois, *je*, *toi*, *lui ou elle*.

III. *Besoins extérieurs.*

1. Soin du corps.
2. Nourriture; Arts pour se la procurer: cueillette de fruits, pêche ou chasse.
3. Logement.
4. Couverture, habillement.
5. Plaisirs de la Société, repas, danses, chants, exercices du corps, &c.

IV. *Objets extérieurs.*

1. Les Elémens, Eau, Feu, Air, Terre.
2. Les parties de l'Univers. I. Ciel & ses feux, Soleil, Lune, Astres; leurs révolutions, jour & nuit, tems & saisons: Météores. II. La Terre & ses Etres; 1°. inanimés, Montagnes, Fleuves, Lacs, Pierres, Métaux, Plantes, Forêts, Coquillages.
2°. Animaux de l'Air, de la Terre & des Eaux.
3. Les divers côtés du Monde, afin de pouvoir revenir d'où l'on étoit parti.

V. *Rapports des Etres.*

1. Etat des Etres; mouvement ou repos: diversité de situation; d'où, lieu, place.
2. Mesure des Etres, leur étendue, grandeur, longueur, largeur, hauteur, profondeur, grosseur, &c.
3. Leurs distances, proximité, éloignement, voisinage, séparation.
4. Leurs Etats successifs; naissance, croissance, décadence, mort.
5. Les diverses Opérations physiques des Hommes.

II.

DICTIONNAIRE DE L'HOMME SÉDENTAIRE;

Ou des Sociétés Agricoles.

Le Dictionnaire physique que nous venons de parcourir est commun à tous les Peuples dans quelqu'état où ils se trouvent, & quelque bornées que soient leurs connoissances; mais deviennent-ils agricoles ou sédentaires: alors naît un second Dictionnaire infiniment plus considérable qui embrasse, 1°. l'Agriculture & ses diverses parties, les Arts de premier besoin, les Arts d'agrément, toutes les Sciences; 2°. les possessions & les richesses, leurs échan-

PRÉLIMINAIRE.

ges; d'où commerce, négoce, héritages, &c. 3°. les Loix, base de ces Sociétés; 4e. la Souveraineté & la Puissance.

I. Agriculture.

Sous le nom d'Agriculture, nous renfermons tout ce qui constitue la vie champêtre, tout ce qui a pour objet les champs, les prés, les jardins, les forêts, les vignes, les bestiaux, la pêche. Cet objet renferme, 1°. l'Agriculture; d'où les maisons des champs & leurs dépendances, Fermes, Bergeries, Granges, &c.

2°. Les instrumens aratoires; ceux de défrichement, de récolte, &c.

3°. Les labours & semailles.

4°. Les récoltes de toute espéce, cueillette de fruits, fénaisons, moissons, vendanges, toisons, abeillage, &c.

2. Les Arts de premier besoin pour l'Agriculture.

Calendrier, ses divisions & ses Fêtes; d'où, Astronomie.

Géométrie, mesure des terres, nivellement, digues, canaux, écluses.

Arithmétique pour calculer les échanges, les achats & ventes, &c.

Ecriture pour transmettre ses ordres, ses calculs, &c. & pour conserver le souvenir des résultats & des faits.

3. Les Arts liés avec ceux-là & qui viennent à leur appui.

L'Art du Charpentier, du Charron, du Menuisier, &c.

La Métallurgie, & tous les ouvrages en cuivre, fer, &c. Art du Forgeron, du Coutelier, du Serrurier, de l'Epinglier, &c.

L'Art du Potier de Terre, du Vernisseur.

Art des Briques, Taille des pierres, &c. Maçonnerie, Architecture.

Fabrique des Etoffes, Toiles, Soie, Coton, &c. d'où, Broderie, Tapisserie, &c.

Arts du Tailleur, du Cordonnier du Bonnetier, du Chapellier, &c.

La Verrerie.

Art du Chandelier, du Cirier, &c.

4. Arts relatifs à la nourriture & à la santé.

Préparation des viandes; Moulins, Boulangeries, &c. Charcuiterie, &c. Drogues, &c.

Art des Botanistes, Chirurgiens, Médecins, Sages-Femmes, Apothicaires, Chymistes, &c.

Anatomie, Art Vétérinaire, &c.

5. Les beaux Arts.

Architecture, Peinture, Sculpture.

Poësie Champêtre & Héroïque, Chansons, Comédies, Tragédies, &c.

Musique, Instrumens & Danses.

Eloquence & Art Oratoire; Recitatif, Gesticulation, Grammaire, Rhétorique.

6. Commerce & ses suites.

Echanges, près ou loin ; d'où, marchés, chémins, charrois, voyages, navigations ou marine & toutes ses dépendances ; description de lieux, ou Géographie.

7. Langues.

Etude des Langues: Dictionnaires, Vocabulaires, Traductions, &c.

8. Histoire.

Histoire Naturelle, Histoire des Hommes, Histoire des Peuples.

9. Découvertes intéressantes.

Horlogerie, Télescope, Microscope, Boussole, Poudre à canon & ses suites : Papier, Imprimerie, Gravure.

II. Possessions.

Sous ce titre sont compris, 1°. les champs, les prés, les bois, les bestiaux, &c. tout ce qu'on peut regarder comme sources des richesses.

2°. Le renouvellement des richesses par les travaux des hommes; cultures, semailles, irrigations, &c.

3°. Les clôtures, digues, greniers, &c pour garantir ces possessions, & pour conserver ces richesses.

4°. Les dépenses foncieres & annuelles pour mettre ces possessions en valeur, pour les entretenir, les bonifier, &c.

5°. Les successions.

III. Loix.

De-là, résultent les droits & les devoirs de l'homme. Droits sur la terre qu'il a cultivée, sur les richesses qu'il a fait naître; devoirs envers cette terre qui lui donne ces richesses, envers ceux qui lui aident à les faire naître, envers ceux qui lui aident à les conserver. Droits contre ceux qui voudroient les lui enlever en tout ou en partie. Devoirs envers ceux qu'il peut aider ; de-là, d'un côté, propriété, liberté, sûreté; de l'autre, reprises, salaires, justice: par-tout humanité & bienfaisance.

D'où, Loix qui maintiennent ces droits, ces devoirs, ces propriétés &

PRÉLIMINAIRE.

leurs suites; qui soutiennent ce qui est droit ou bien; qui fulminent contre l'injuste ou mal; mais qui ne créent ni l'un ni l'autre, & n'y peuvent rien changer.

IV. Souveraineté.

De-là résulte enfin, 1°. la Souveraineté chargée de veiller à l'observation des loix, au maintien des droits de chacun, à ce que l'ordre ne soit pas interverti.

2°. La Puissance dont est revêtue la Souveraineté pour maintenir l'ordre & pour protéger les propriétés & les droits de chacun.

3°. Les droits de la Souveraineté sur une partie des richesses de l'Etat & ses moyens pour protéger; au-dedans, Officiers de Justice & d'Epée, Magistrats, Tribunaux, Prisons, &c. au-dehors, Troupes, Armes, Places fortes; d'où, Art Militaire, &c.

V. Droits des Nations.

Enfin les droits des Nations les unes à l'égard des autres, & leurs devoirs respectifs pour le bien général de tous.

III.

Dictionnaire Intellectuel.

Ou de l'Homme moral.

Dans ce troisieme Dictionnaire entrent les objets suivans;
1. L'Esprit humain, ou l'Ame.
2. L'Esprit Universel, ou Dieu.
3. Les Esprits intermédiaires ou les Anges distingués en bons & mauvais.
4. Les qualités de l'ame, invisible, indivisible, sensible, intelligente.
5. Ses facultés, idées, entendement, mémoire, volonté, &c. d'où Logique, Philosophie, Ontologie, Métaphysique, &c.
6. Ses affections ou sentimens du cœur, passions, désirs, amour, amitié, plaisir, douleur, &c.
7. Les découvertes de l'Esprit humain, ou le génie qui l'enflamme; sa curiosité insatiable, son élévation, ses hautes espérances.
8. Les devoirs de l'Homme envers lui-même & ses semblables; d'où, Morale.
9. Ses devoirs envers la Divinité ou la Religion & son culte; Autels, Feu sacré, Temples, Sacerdoce, Offrandes, Fêtes, Statues, vœux, Hymnes,

Danses sacrées, Liturgies, &c. d'où Théologie, Paganisme, Judaïsme, Hérésie, &c

10. Les idées de l'homme sur la vie à venir.

Tels sont ces Dictionnaires que chacun d'eux n'est pas composé de mots qui lui soient propres; que le second & le troisiéme empruntent du premier les mots qu'ils employent, tandis que celui-ci puise les siens dans la Nature. Mais comment ces mots peuvent-ils être communs à ces divers Dictionnaires sans confusion & d'une maniere non moins naturelle? Comment sur-tout parvint-on à former les mots du premier? Ces recherches ne seront point déplacées à la tête d'un Dictionnaire Etymologique; & elles seront d'autant plus utiles, qu'elles répandront quelque lumiere sur des objets peu connus & qu'on n'envisagea jamais sous ce point de vue.

§. II.

Formation des Mots.

Les Langues ne furent jamais formées d'après des combinaisons factices de sons ou de lettres. Quelqu'un a calculé le nombre de celles qu'on pouvoit faire avec nos vingt-trois lettres: on a trouvé un résultat énorme, plus qu'il n'en falloit pour que chaque idée individuelle eût un nom propre. Une Langue imaginée de cette façon n'en seroit pas une : qui pourroit retenir une pareille masse de mots? & quand on le pourroit, ne seroit-ce pas un travail en pure perte, un renversement de toute méthode? La Nature conduit mieux les hommes.

Elle nous enseigna à désigner tout Etre qui produisoit un son, ou qui faisoit entendre quelque bruit par l'imitation de ce bruit ou de ce son. Ainsi tandis que les animaux étoient nommés par l'imitation de leurs cris, les Etres inanimés étoient désignés par l'imitation du bruit, qui leur étoit propre, comme nous l'avons déja prouvé au commencement de ce Discours. L'homme désigna également par un moyen semblable ses cris, ses mouvemens, ses sensations & leurs effets, source immense de mots.

A ces mots se joignirent tous ceux qu'on forma, en peignant les qualités qu'on remarquoit dans un objet, par des sons vocaux analogues à ces qualités : telle étant la nature de ces sons, qu'au moyen de leurs propriétés différentes, on peut les appliquer chacun en particulier à des objets différens : ainsi les sons doux furent choisis pour désigner les objets agréables & doux,

PRÉLIMINAIRE.

doux, tandis que les sons rudes étoient réservés pour les objets désagréables & rudes.

Ces diverses espèces de mots, dont les premiers furent appellés *Onomatopées*, & dont les derniers peuvent être appellés *Pittoresques*, forment l'ensemble des mots naturels & primitifs : mots que chacun entendit sans peine & qu'on ne pût jamais oublier ; mais ces mots furent bientôt épuisés, & cependant il restoit encore une foule d'idées à peindre, & d'objets à nommer. Mais ici la Nature ne se manqua pas; elle ouvrit à l'homme une source abondante de moyens.

I. Dérivation.

Lorsqu'on eut désigné par les moyens précédens les idées principales & essentielles, les idées générales qui en renferment une multitude d'accessoires ou de subordonnées, on s'occupa à donner des noms à celles-ci : furent-ils difficiles à trouver ? Ils modifioient l'idée principale : on leur donna donc le nom de l'idée générale en les modifiant d'une maniere conforme à la nature de l'idée subordonnée : ainsi naquirent tout ce qu'on appelle *Adjectifs*, *Verbes*, *Adverbes*, *Propositions*. Ces mots furent autant de Dérivés des mots radicaux : ils forment cependant une partie très-considérable des Langues. La Dérivation fut donc une avance prodigieuse pour l'invention des mots : aussi n'existe-t-il aucun Verbe, aucun Adjectif, &c. qu'on ne puisse ramener à un nom, à une racine primitive & qui ne doive y être ramené si on veut en connoître l'étymologie.

Les Verbes relatifs aux opérations du corps, par exemple, prennent leurs noms des parties du corps même qui servent à ces opérations. *Sentir*, vient du mot sens ; *manier*, de main ; *labourer*, de labeur ; *marcher*, de *march*, vestige, marque, empreinte des pieds.

Il en est de même des Verbes semblables que nous tenons de Langues plus anciennes. *Ouir* vint d'*Ous*, oreille. *Aider*, de *Aid*, main. *Prier*, même famille qu'*im-préca-tion*, & que le Latin *precari*, vint de *Brek*, genou, parce qu'un suppliant se met à genoux & embrasse ceux de la personne qu'il supplie. *Lire* formé du Latin *legere*, vint de *leg*, langue. *Prendre*, en Latin *Pre-hend-ere*, de *hand*, la main.

D'autres Verbes se formerent des noms des objets dont ils sont l'effet. *Crayonner* de crayon : *mesurer*, de mesure : *arpenter*, d'arpent : *moissonner*, de moisson : *lapider*, du Latin *lapide*, pierre : *naviger*, du Latin *navis*, navire : *crier*, de cri.

D'autres au contraire se formerent du nom de leurs effets. Ainsi, *dire*, en Latin *dicere*, vint de *di*, lumiere, parce que *dire* c'est mettre au jour sa pensée. Piquer, percer, traverser, planter, semer, &c. se sont formés de la même maniere, c'est frapper avec une *pique*; aller *par* ou à *travers*; faire tenir comme une plante, &c.

2. Il en fut de même des Adjectifs; ils se formerent également des noms avec des modifications ou des terminaisons qui leur furent propres.

De *jus*, sauce, potage, les Latins firent *justus*, juste, mot-à-mot, celui qui donne à chacun la portion de potage qui lui revient. De *lumen*, lumiere, on fit lumineux. D'état, en latin, *Status*, Stable; de miel, Latin *mellis*, meilleur. De *vérité*, véritable; du Latin *re*, chose, réel.

3. Des noms même furent l'effet de la dérivation.

C'est ainsi que les ornemens ou les ajustement tirerent leurs noms des parties du corps auxquelles ils étoient destinés: *collier* vint de col; *brasselet* de bras; *chapeau* de cap, tête; *manche* & *manchon*, de *man*, main; *corps de jupe*, *tour de gorge*, du corps & de la gorge: *bas*, de ce qu'ils couvrent le bas, la base du corps; *gands*, de *Wand*, main.

Les noms de relations entre les Hommes furent empruntés de la Nature même de ces relations.

Les noms d'Epoux & Epouse, en Latin *Sponsus*, *Sponsa*, vinrent de ce que *Sponsio* signifioit liaison, engagement, promesse.

Nubile & *Noces*, Lat. *Nuptiæ*; de l'Or. *Nub*, qui a acquis toute sa force, tout son accroissement.

Magistrat & Maître, de *Mag*, Grand, élevé.

Roi, de l'Or. *Re*, œil, soleil.

Serviteur, en Latin *Servus*, de *Ser*, lien.

Le Latin *Uxor*, femme est l'Or. עזר, *Uzer*, aide.

Fils & Serviteur, Fille & Servante, furent des mots synonymes dans toutes les Langues.

Les noms des Plantes furent souvent empruntés de leur usage.

Les *Salades* durent leur nom à ce qu'on les mange avec du sel.

Les Jardins *potagers*, à ce que leurs plantes sont destinées au pot.

Les noms des animaux vinrent presque tous de leurs qualités: ainsi *animal* désigne un Etre animé: *bête*, en Latin *bestia*, de la même Famille que *vesci*, un Etre qui se nourrit, qui pâture: & par-là même bien différent de l'homme qui cueille & qui fait cuire.

Le *Rhinoceros* tire son nom de la corne qu'il a sur le nez.

PRÉLIMINAIRE.

L'*Eléphant*, en Oriental *Fil*, de sa grandeur énorme.
Le *Chameau*, de sa bosse ou voute.
L'*Ours*, de son poil hérissé.
L'*Ane*, de ses longues oreilles.
Le *Cheval*, de sa grandeur.
Le *Taureau*, de sa force.
Le *Sanglier*, de ses défenses ou dents crochues: ici *D* changé en *S*.
La *Loutre*, altéré du Grec *en-udris*, fut ainsi appellée par ce qu'elle vit dans l'eau.
Le *Faucon*, doit son nom aux rapports de son bec avec une faulx.
Le *Coq*, au rouge de sa crête.
La *Hupe*, à sa crête élevée.
Le *Serin*, à son chant, du mot *sir*, en Oriental, d'où les *Sirenes*, mot-à-mot les *Musiciennes*, telles qu'on les représente.

2°. COMPOSITION.

On ne se contenta pas de cette méthode; on en trouva une autre aussi heureuse, aussi abondante, & ce fut la Nature encore qui l'indiqua.

Elle consiste à réunir deux ou trois mots en un, c'est-à-dire à former des mots COMPOSÉS, 1°. au moyen de deux noms, ou d'un nom & d'un verbe, ou d'un nom & d'un adjectif, ainsi nous disons *Porte-voix*, *Tourne-sol*, *Lieutenant*, *Passe-par-tout*, &c. 2°. Au moyen d'un mot précédé d'une préposition qui en diversifie le sens : ainsi du verbe *mettre* nous faisons *admettre*, *commettre*, *démettre*, &c. de *vox*, voix, *in-voquer*; de *clameur*, *reclamer*; ainsi nous fimes les mots *a-ban-donner*, *par-don*, *in-ac-coutumé*.

3°. COMPARAISON.

L'Homme, *nous l'avons déja dit souvent*, n'a pas seulement la faculté d'envisager les objets en eux-mêmes, il a sur-tout celle de les comparer entr'eux & d'en considérer les rapports. Si c'est à cet avantage qu'il doit le développement de son intelligence, il ne lui doit pas moins les idées générales & abstraites dont il jouit : il lui est également redevable d'un grand nombre de mots, sans avoir eu l'embarras d'augmenter le nombre des primitifs. On n'eut qu'à transporter à un objet le nom qui en désignoit déja un de la même nature. Ainsi comme le mot MAR exprimoit l'idée de lumière, on n'eut qu'à le prendre pour la racine des noms des objets qui avoient quelque trait à la lumière : de là vinrent le mot Grec *He-mer-a*, jour ; l'Oriental *a-mar*, parole, dire, d'où *empire* & *impérieux* : le mot *emeraude*, le mot *o-mbre*, *mot-à-mot non-lumiere*, & tous ces mots que nous avons cités à l'occasion de cette famille dans notre Plan général. Il en fut de même de la Famille SAB, indiquée dans nos Allégories Orientales, de celle de GYR développée dans notre Gram. Univ. &c.

Malheureusement, l'Origine de ces mots fut toujours méconnue ; aussi presque tous ceux de cette espèce ont été regardés comme primitifs : ce qui a répandu la plus grande obscurité sur les mots radicaux en les multipliant sans fin mal-à-propos & en empêchant par conséquent qu'on pût découvrir leurs caractères essentiels. Rien d'ailleurs n'étoit plus propre à persuader que les Langues s'étoient formées par hazard : & pouvoit on porter un autre jugement, lorsque sans aucune idée préparatoire, on voyoit un même mot chargé d'une multitude de significations : qu'on voyoit, par exemple, le mot MAN employé pour désigner les habitations, l'homme, les Montagnes, la bonté, le profit, la manne, le froment, la façon d'une chose. BAR, signifier colline, sommet, abondance, colere, fils, sur, barre, branche, enclos : & une foule de pareils.

Mais ces diverses significations ne se rassemblent ainsi autour d'un même mot, que parce qu'elles sont une suite de l'idée premiere sous laquelle on considéra ces mots ; telle une pierre d'aimant se fait un atmosphère de tous les corps qu'elle attire. MAN que nous venons de citer désigna d'abord l'élévation, mais sur-tout l'élévation en force, en vertu, en bonté. BAR désigna également l'élévation, mais l'élévation aigue, qui se forme en pointe.

MAN désigna donc les Montagnes qui dominent sur la Terre, l'homme qui s'éleve entre les êtres, ses habitations sur des lieux élevés, élevées elles-mêmes ; la bonté qui est le haut degré de la vertu ; la manne & le froment qui forment une nourriture excellente ; la MAIN même de l'homme, instrument par lequel il s'éleve au-dessus de tous les êtres ; par conséquent la façon, la maniere, &c. que la main donne aux êtres, ou dont elle les employe.

On voit également que puisque BAR désignoit l'élévation affilée ou resserrée en hauteur, il dut devenir le nom des collines, des sommets, des branches d'arbres ; qu'il put signifier *sur*, puisqu'on ne peut être élevé sans être sur un autre objet : qu'il put également désigner les fils ou enfans d'une Famille ; parce qu'ils en sont les branches ; & les enclos, parce qu'on y employe les branches d'arbre ; & l'abondance, parce qu'elle est désignée par des biens élevés en tas.

C'est de la même maniere que le nom d'un objet devenoit celui de tous ceux qui avoient quelque rapport avec lui : ainsi le Soleil ayant été appellé BAL à cause de son élévation, il devint la racine des mots en BEL qui désignerent la beauté ; des mots en BOL qui désignerent la rondeur ; des mots en VOL, qui désignerent les révolutions ; des mots en BAIL, puissance, protection ; puisqu'on voyoit tout à la fois dans le Soleil, le plus beau des êtres physiques, un être de forme ronde, un être roulant sans cesse sur nos têtes, un être enfin qui renouvelle continuellement ses douze travaux, & qui devient par-là le Roi du monde, le restaurateur physique de la Terre & de ses productions.

Les idées des rapports furent toujours des idées primitives : dès que l'homme intelligent exista, il apperçut les rapports des êtres ; ouvrit-il les yeux ? il acquit l'idée de lumiere, & celles de grandeur & de petitesse ; d'égalité & d'inégalité, de hauteur & de profondeur : de longueur & de largeur. Prêta-t-il l'oreille ? il acquit l'idée de corps sonores & de corps qui ne le sont point. Etendit-il la main ? il trouva résistance ou vuide ; solidité ou fluidité, dureté ou mollesse ; se mut-il ? mouvement & repos, lieu & étendue, proximité & éloignement.

Un objet fut-il seul ou avec plusieurs autres de la même espèce ? l'homme en acquit les idées de seul, de multitude, d'unité & de nombre, d'abondance & de disette.

Ces objets se présenterent-ils à lui dans un ordre successif ? il eut les idées de tems & de durée, de succession & de contemporanéité ; d'antérieur & de postérieur ; de premier & de second ; de chef & de suite.

Le goût lui donna les idées du bon & du mauvais, du doux & de l'amer, du fade & du piquant : & il dut à l'odorat, celles des odeurs agréables & désagréables, douces & fortes.

Ainsi les seules sensations physiques lui procurerent une multitude d'idées simples ; & devenant une source abondante de rapports, elles occasionnerent une multitude de mots généraux dont chacun devint le nom de plusieurs objets unis par ce rapport commun.

Par ce moyen, les mots s'étendoient à tous les besoins de l'homme sans se multiplier ; & ce qui étoit plus intéressant encore, ils se classoient tous d'une maniere conforme aux idées qu'ils étoient destinés à désigner, à rappeller, à transmettre.

4. EPITHÉTES, & mots abstraits.

C'est de cette branche de mots que naquirent les EPITHÉTES, espèce de mots très-abondans, mais presque tous formés par ellipse & qui peignent moins ce que les objets sont en eux-mêmes que les rapports qu'on y découvre.

Ces mots, savans, riches, grands, petits, sont formés par ellipse, comme si on disoit les personnes qui sont douées de savoir, de richesse, d'élévation, ou de puissance, &c.

Tous les noms formés de ceux-là, tels que savoir, richesse, grandeur, petitesse, blancheur, couleur, rondeur, &c. entrent donc nécessairement dans la classe des épithétes ; ils ne désignent que des modifications & non des êtres : ce furent des mots abstraits.

5. MOTS FIGURÉS.

Jusques ici tous ces mots primitifs, dérivés, composés, abstraits, n'ont peint que des objets physiques ou des modifications physiques de ces objets : mais les objets qui constituent le Dictionnaire intellectuel n'ont point de corps, ne tombent point sous le sens : comment les imiter ?

L'esprit de l'homme sut applanir ces difficultés, il sut franchir sans peine l'espace immense qui paroît être entre l'esprit & le corps. On étoit déja accoutumé à former les mots par comparaison : on n'eut donc qu'à comparer l'idée qu'on avoit d'un être intellectuel avec celle des objets physiques qui lui sembloient les plus analogues : & l'être intellectuel fut nommé, il occupa une place dans le Dictionnaire, & on put en parler.

Ainsi se formerent tous les mots qui composent le Dictionnaire intellectuel ; les mots *Dieu*, *Esprit*, *Ame*, *Pensée*, *Vertu*, *Vice*, &c.

DI signifioit la lumiere : mais quel être plus lumineux que celui qui est le pere de la lumiere ? il fut donc appellé *Dieu*, ou la lumiere par excellence.

Rien de plus subtil que l'esprit : c'est une vapeur qu'on ne peut saisir, qui ne tombe pas sous les sens : on le compara donc à ce souffle qui forme la *respiration* : de-là son nom.

Ce qui dans nous fut envisagé comme la cause qui nous anime, en fut appellé *Anima*, mot que nous avons altéré dans le mot *Ame*.

Cette ame considere ses idées, elle les pese pour les comparer, pour en tirer des résultats : ce que les Latins appelloient *Pensare* ; de-là le mot *Pensata*, Pensée, chose pesée, réfléchie, considérée, & qui est une ellipse.

Les *idées* furent les choses qu'on voyoit, qu'on avoit sous la main, qu'on connoissoit parce qu'on pouvoit les manier, les retourner dans tous les sens : de l'ancien verbe *idein*, voir, qui fit *video*, & qui venoit de *id*, la main.

Ce qui nous porte au bien avec force fut appellé VERTU, *virtus* en Lar. du mot *vires*, forces.

PRÉLIMINAIRE.

Le penchant au mal, ce penchant contre lequel il falloit s'armer, qu'on devoit éviter, s'appella Vice, *vitium*, mot-à-mot, ce qu'il faut *éviter*.

Chacun voit également les rapports des idées intellectuelles exprimées par les mots *bonté*, *malice*, *humeur*, *caractere*, *fougue*, *imagination*, *douceur*, *modestie*, avec les objets physiques dont ces mots sont empruntés.

Ainsi se formerent les mots figurés : ils furent aussi abondans que les mots physiques, car tout mot physique peut être pris dans un sens abstrait, & tous le furent. C'est ainsi, par exemple, que les noms de toutes les parties du corps se prirent dans des sens figurés.

La main fut la *puissance* : & des deux mains, l'une devint le nom de l'adresse, de l'habileté, ce fut la *droite* : l'autre qui, parce qu'elle étoit du côté du cœur & cachée dans les sinuosités du manteau, en fut appellée *sinistra*, devint le nom de la mal-adresse, de tout ce qui est fâcheux & de mauvais augure. Toutes deux servirent à distinguer le Nord & le Sud, en prenant l'Orient pour le côté qu'on avoit en face.

Les ailes du vent, *promptitude* à secourir.

Le bras étendu, les *opérations* de la puissance, secours efficace.

L'œil, *vigilance*, soin, garde.

Le nez, *sagacité*, pénétration.

Le cœur, *courage*, affection.

Les entrailles, *amour*, compassion.

Barbe, *sagesse*, expérience effet de la maturité.

Gros-dos, *vanité*, orgueil, richesses qui le causent.

Extrémité du corps, *sexe*.

Talon, *fuite*. Achille étoit invulnérable hormis au talon, parce qu'un homme de cœur ne trouve sa perte que dans la fuite.

La tête étant la principale partie du corps, devint la source d'une multitude de figures. On a dit, avoir de la tête : une tête creuse : une tête éventée ; martel en tête, &c.

Les noms de ces mêmes parties servirent également à désigner les diverses parties de la Terre.

Les Promontoires ou Terres avancées dans les eaux, furent des *nez*, ou des *Têtes*, des Caps.

Les défilés furent des *cous*, & les Montagnes eurent des *têtes*, des *pieds*, une *face*, ou un *front*.

Les Pays eurent un *cœur* & des extrémités.

La Terre eut des *veines*, des *entrailles*, un *sein* : elle fut *nue* ou *habillée* : sa *robe* fut magnifique, sa *dépouille* riche. Elle fut *Vierge* ou *mere*, *stérile* ou *féconde*.

Le *blanc* désigna la joie, sur-tout l'innocence & la candeur. Le *noir* au contraire la tristesse & tout ce qui la produit, sur-tout la méchanceté portée au plus haut degré, la scélératesse.

Les Machines de guerre prirent souvent leurs noms de leurs rapports avec les Animaux féroces ou qui vivent de proie. On les appella, le *chat*, la *mouche*, *couleyrine*, *fauconneau*, &c.

Le *Bélier* dut son nom à ce qu'on s'en servoit pour frapper comme le bélier frappe de la tête.

Les *Mines* eurent en Latin le même nom que la gent lapine, *cuniculi*, parce qu'elles sont une imitation de l'usage qu'ont ces animaux de creuser la terre pour en faire leur habitation.

Souvent on chercha à adoucir par des mots agréables & heureux, des idées ou des objets funestes. Les Furies furent les *bonnes Déesses*. L'oiseau de proie, *le bon oiseau*; la mort, le REPOS : on dit, il fut, pour *il mourut*; d'où notre expression *feu un tel*. Il sembloit que ces noms étoient des paroles magiques qui devoient dissiper l'amertume de ces objets.

De-là résulterent diverses espéces de mots figurés : on peut les rapporter à ces trois classes.

1. Le sens de SYNECDOQUE. C'est une figure qui consiste à désigner un objet par une de ses parties : à dire, par exemple, *trente hyvers* pour trente années : ou *trente voiles* pour trente navires.

2. Le sens de MÉTONYMIE. Par cette figure, on transporte le nom d'un objet à un autre qui a quelque liaison avec lui, qui en est la cause ou l'effet : ainsi quand on appelle une lance, *frêne*, *sapin*, &c. & un vaisseau *pin*, on prend les noms de ces arbres dans un sens figuré.

3. Le sens de MÉTAPHORE. Cette figure consiste à transporter le nom d'une chose à une autre qui pût lui être comparée par ses qualités, par ses effets, &c. C'est dans ce sens qu'on dit la *plaine liquide*, la *chevelure* des arbres, les *ailes* d'une maison, d'une armée, &c.

Un même mot peut réunir ces divers sens : le mot CORPS, par exemple. Au sens *propre*, c'est un être physique considéré comme un composé de parties différentes.

Dans le sens de *synecdoque*, c'est la portion du corps qui soutient la tête: c'est ainsi qu'on dit que la tête est séparée du corps.

Dans le sens de *Métaphore*, le corps désigne des objets considérés comme liés entr'eux

PRÉLIMINAIRE.

entr'eux, de la même maniere que les nombres le font au corps; ainfi l'on dit, un *corps* d'ouvrage, un *corps* d'Artiftes, aller en *corps*. On dit auffi, en parlant d'une étoffe, qu'elle a du *corps*.

Tel étant l'empire des fens figurés, on connoît aifément qu'il eft impoffible de parvenir fans leur fecours à la vraie étymologie des mots; c'eft fur ces fondemens que s'élévera notre Dictionnaire Symbolique, ouvrage utile pour l'intelligence des Poëtes & des Allégories, pour déchiffrer les monumens hiéroglyphiques des Egyptiens, & pour fe former de juftes idées du langage.

6. SIGNIFICATIONS RESTREINTES.

Les mots n'ont pu être à l'abri des révolutions auxquelles font fujettes toutes les chofes d'ici-bas : ils en ont donc éprouvé de naturelles, mais inconcevables quand on ne peut fe rendre compte de leurs caufes.

Entre ces révolutions, une des principales eft le mélange des prononciations dans une même famille de mots, enforte que ceux dont elle eft compofée femblent appartenir à des familles abfolument différentes, ce qui eft un vrai cahos : nous avons difcuté cet objet dans le plus grand détail dans nos Origines du Langage & de l'Ecriture, ce qui nous difpenfe d'en parler ici plus au long.

Mais nous ne faurions omettre les révolutions qu'éprouve un mot lorfqu'ayant été employé dans un fens très-étendu, ou qu'ayant été pris en bonne part, il ne fe prend plus que dans un fens reftreint ou en mauvaife part.

Dans la premiere claffe, ou entre les mots qui, après avoir eu un fens très-étendu, ont été refferrés à un fens particulier, on peut mettre la plus grande partie des mots confacrés par la Religion.

Eglife, fignifioit auparavant affemblée, convocation. *Prêtre*, vieillard. *Evêque*, Surveillant. *Pape*, Pere, Papa. *Concile*, Affemblée de vieillards. *Légat*, Envoyé. *Bref*, petite lettre.

Dans l'Origine, tout lieu d'Inftruction s'appelloit *Académie*. Tout Savant étoit *Cadmus* ou un foleil. Un *Empereur* étoit tout Général victorieux. Une *Bulle*, tout Diplome.

Entre les mots qui, après avoir été pris en bonne part, fe font pris en une mauvaife, on peut mettre *Aftuce* qui, formé du Grec *Aftu*, Ville, défignoit dans l'origine la politeffe des habitans des Villes, leur fineffe, leurs grandes perfections.

Dict. Etym.

Vilain qui, formé de *Villa*, maison des Champs, désignoit les habitans de la Campagne.

Payens qui, formé de *Pagus*, Contrée, Canton, étoit le nom des habitans du Canton.

Contagion ne signifioit que contact. *Démon*, un Génie, un Etre divin, distingué par un savoir & par une puissance surnaturelle.

Il n'est point de Langue qui ne fournisse de nombreux exemples de changemens des mots relativement à l'un ou à l'autre de ces objets.

7. SENS NÉGATIF.

A toutes ces causes qui multiplient les dérivés d'un même mot, ajoutons-en une qui n'a pas peu contribué à dérouter les Etymologistes, & dont nous avons déja parlé ailleurs. C'est que tout mot radical n'exprime pas seulement les idées positives relatives à un objet, à un point de vue déterminé, mais qu'il désigne en même tems les idées négatives qui se rapportent au même objet; ce qui n'est point étonnant, puisqu'on n'a pu peindre les idées négatives que par leurs rapports avec les idées positives qui sont réellement les seules existantes, les seules qu'on puisse peindre d'après elles-mêmes.

Il n'est donc pas étonnant qu'on ne puisse indiquer aucun mot négatif dans une langue quelconque, qui ne tienne à un mot positif : tels sont nos mots négatifs, *rien, point, goute, néant, nul, pas*, &c. Ces mots tiennent tous à des mots positifs Latins ou François ; aux Latins *rem, ens, ull,* qui désignent une chose, un être, l'unité; & aux mots François un *point*, une *goute*, un *pas*. Le Latin *nemo*, personne, est la réunion des deux mots *non homo*, nul homme : & nous avons déja eu occasion de dire que le mot *personne* désignoit dans l'origine un de ces masques à travers lesquels la voix devenoit plus sonore.

ARTICLE VI.

Des Tables qui terminent ce Volume & de quelques autres objets.

§. I.

EXPLICATION DES TABLES.

L'ORDRE d'après lequel les mots François sont classés dans les Dictionnaires ordinaires, étant sans cesse renversé par la méthode que nous avons suivie dans nos Origines Françoises, nous avons cru devoir accompagner cet Ouvrage de deux Tables. Dans l'une, on retrouve par *ordre alphabétique* les mots dont nous avons donné l'Etymologie, avec l'indication de la colonne où l'on explique leur origine. La seconde est un *Tableau* des mots radicaux de la Langue Celtique, qui ont donné des dérivés à la Langue Françoise. Ces mots eux-mêmes sont arrangés dans un ordre nouveau qui en fait sentir les rapports.

On voit d'abord les mots radicaux formés par les voyelles, ensuite ceux qui appartiennent à chaque touche, en faisant marcher de suite leurs diverses intonations. Par cette division prise dans la Nature & commune à toutes les Langues, on se forme de celles-ci une idée infiniment plus juste. On voit, par exemple, que la seule Touche labiale qui comprend les lettres B & P, & qui s'étend aux lettres F, V, M, a été la tige d'une prodigieuse quantité de mots, peut-être du tiers de la langue; & on n'en sera pas surpris, lorsqu'on se rappellera ce que nous avons déja observé, que la touche labiale est la plus mobile, la plus douce, n'exigeant que le simple mouvement des lèvres, & nous prêtant son secours dès l'enfance, dès que nous sommes en état de balbutier, de former le son le plus léger; il n'est donc pas étonnant qu'on en ait profité pour désigner cette multitude d'objets utiles & agréables qui nous occupent dès l'enfance, & que ces noms soient ensuite devenus la source d'une multitude d'autres à mesure que les idées se developperent.

On verra en même tems par ce Tableau que les voyelles furent toujours l'origine des mots relatifs aux sens; & que de la valeur de chaque ton naquirent une multitude de mots pittoresques, pleins d'énergie & très-bien assortis aux objets qu'ils furent destinés à nommer. Qu'ainsi, lorsque pour parvenir à l'origine des mots, on se contentoit de remonter à une langue

m ij

plus ancienne, on restoit à moitié chemin, puisqu'on étoit toujours en droit de demander d'où venoient les mots de cette Langue ancienne; c'est à-peu-près comme si une personne voulant remonter à la source de la Seine, s'imaginoit l'avoir trouvée parce qu'elle auroit remonté ce fleuve jusqu'au Port-à-l'Anglois ou jusqu'à Montereau. On connoissoit à la vérité le rapport des Langues qu'on avoit comparées & leur descendance l'une de l'autre: mais rien de cela ne constitue l'essence de l'Art Etymologique, & c'est cependant cette méthode tronquée, sans énergie, où les mots étoient sans cesse isolés, qu'on honoroit de ce beau nom.

Ces Tableaux offrent aussi un phénomène relatif à la formation des mots, qui porte sur leur masse entiere, & dont cependant on n'avoit aucune idée: il répand un si grand jour sur la science étymologique, que nous ne pouvons nous dispenser d'entrer dans quelque détail à ce sujet.

Nous avons toujours posé en fait, & on vient de le voir, que chaque consonne avoit une valeur propre & inhérente dont on n'a jamais pu s'écarter & qui a été l'origine d'un grand nombre de mots; mais lorsqu'on eût épuisé les mots qu'on pouvoit dériver d'une consonne en la faisant suivre ou précéder de toutes les voyelles, il fallut emprunter le secours des consonnes pour étendre ces dérivés.

Ainsi, après avoir formé de la lettre L désignant le lieu, avec idée d'élévation, les mots *La, Le, Li, Lu,* &c. AL, élevé: EL, lumiere élevée; OL, qui s'éleve, qui croît; on forma des premiers de ces dérivés une foule d'autres en joignant à leur suite les autres consonnes, en formant, par exemple, des mots en *Lac, Lad, Lag, Lam, Lap,* &c. toujours relatifs aux mêmes idées générales.

Quant aux dérivés qui commençoient par une voyelle, tels que AL, EL, OL, on en forma d'autres dérivés en les faisant précéder au contraire de toutes les autres consonnes: en disant *bal,* élevé, *sal,* tour, ciel; *mal,* assemblée; *wal,* rempart, &c.

On alla encore plus loin; car on varia tous ces mots par de nouvelles additions de voyelles ou de consonnes qui formerent de nouveaux dérivés toujours subordonnés aux premiers.

On voit ainsi que pour classer les mots suivant leur étymologie, il ne faut très-souvent faire attention ni à la premiere ni à la seconde ou à la troisiéme lettre, mais à la quatriéme lettre ou à la seconde consonne : & qu'il ne faut pas être étonné si plusieurs mots commençant par différentes consonnes, pré-

PRÉLIMINAIRE.

sentoient des sens analogues, puisqu'ils appartenoient à une seule & même famille désignée par la seconde consonne existante dans tous ces mots.

§. 2.

Pourquoi nous nous sommes arrêtés à la Langue Celtique.

On sera peut-être surpris que parlant sans cesse de la Langue primitive, nous nous soyons bornés à dériver les mots François de la Langue Celtique & que nous ne les ayons pas conduits jusques à leur source, jusques à la Langue primitive. Diverses considérations justifieront la méthode que nous avons suivie à cet égard. D'un côté, la Langue Celtique peut être considérée comme la Langue primitive de l'Europe, puisqu'elle fut la tige de ses Langues anciennes: d'un autre côté, en nous arrêtant à la Langue Celtique, notre but étoit rempli, puisque les Origines Françoises étoient rétablies. Ce que nous aurions dit de plus, auroit donc eu pour objet la Langue Celtique elle-même ; mais dès-lors nous serions sortis de notre plan actuel, & embrassant trop de matieres, il en seroit résulté la plus grande confusion, défaut essentiel à éviter en tout ouvrage, & sur-tout dans ceux qui sont du genre dont nous nous occupons ici.

Ce qui regarde les Origines de la Langue Celtique trouvera sa place plus naturellement dans les Dictionnaires comparatifs où nous ferons voir les rapports de cette Langue avec celles de l'Orient, afin que ces rapports nous conduisent enfin à la Langue primitive, & que chacun puisse s'assurer de son existence & de sa nature.

Nos Lecteurs verront même d'avance par ce Volume ce qu'on peut espérer à cet égard, puisque nous avons fréquemment comparé nos familles Françoises & Celtiques aux Familles Orientales ; & que très-souvent encore nous avons fait voir l'Origine de ces Familles & comment elles prirent leur source dans la nature même de l'instrument vocal & dans ses rapports avec les Etres qu'on vouloit désigner par des noms.

§. 3.

Dictionnaire Etymologique des Sciences & des Arts.

Nous avons vu que le Dictionnaire des Peuples policés renfermoit toujours une masse très-considérable de termes relatifs aux Sciences & aux Arts; cette masse est immense dans la Langue Françoise: on n'en doit pas être surpris, vû l'ardeur avec laquelle la Nation Françoise cultive les Arts & les Sciences ; & les progrès rapides qu'elle ne cesse de faire à cet égard. Mais plus cette masse de mots est considérable, moins nous avons cru devoir nous en occuper en traitant des Origines Françoises ; ces mots n'appartiennent d'ailleurs pas plus en quelque sorte à la Langue des François qu'à celle de tout autre Peuple: & nous aurions craint que cette augmentation d'objets ne jettât de la confusion sur les Origines Françoises & n'en diminuât l'intérêt.

Mais si le Public daigne accueillir favorablement ces Origines, nous nous ferons un devoir de remplir nos engagemens, en faisant paroître ce Dictionnaire Etymologique des Sciences & des Arts de la manière la plus complette qu'il nous sera possible, & en même tems la plus propre à en faciliter la connoissance aux Jeunes Gens.

§. 4.

Mots surannés.

Il n'existe aucune Langue qui ne renferme des mots qui ont cessé d'être hors d'usage, ou qui sont devenus si surannés qu'on n'ose plus s'en servir : la Langue Françoise en contient peut-être plus qu'aucune autre : les Etrangers auront, sans doute, peine à croire que CORNEILLE, MOLIERE & nombre d'Ecrivains du siécle de Louis XIV, sont remplis de mots absolument hors d'usage & dont on ne peut plus se servir. Ces mots arrêtent toujours les Auteurs des Dictionnaires : nous avons cru devoir prendre un juste milieu à cet égard ; & sans remonter à l'Origine de nos vieux mots recueillis par NICOT, par CASENEUVE, par BOREL, par MENAGE, par DU CANGE & par son Continuateur, & pour ne pas empiéter sur le beau travail de M. de SAINTE-PALAYE, nous nous sommes contentés de rendre compte d'une partie des mots de cette espéce qui se trouvent dans nos Dictionnaires François modernes, afin de faire connoître avec quelle facilité on trouveroit également l'Origine de tous les autres.

§. 5.

Des Etymologistes François.

On comprend sans peine, d'après l'exposé que nous avons fait de notre méthode & de la nature de nos recherches, que nous n'avons pu tirer presqu'aucun secours des Etymologistes François qui nous ont précédé : la route qu'ils suivoient, la privation totale de principes surs, leurs vues resserrées, l'ex-

PRÉLIMINAIRE.

elusion qu'ils donnoient à la Langue Celtique, tout les écartoit du bon chemin, & faisoit de leurs recherches un cahos. Quelquefois cependant, nous y avons trouvé des Etymologies heureuses & nous leur en avons fait honneur avec empressement. Quelquefois nous avons trouvé des Etymologies capables de faire illusion ; nous avons cru devoir les relever, du moins en partie, pour ne pas donner à cet Ouvrage le ton froid, monotone & fastidieux d'une minucieuse critique.

§. 6.
Explication des mots.

Nous nous sommes fait un devoir d'accompagner d'une explication les mots dont nous donnons l'origine : cette portion de notre travail n'étoit cependant pas la plus aisée : il est très-difficile de définir, sur-tout quand on n'a qu'un champ très-resserré, & qu'on est entraîné par un objet différent & plus étroitement lié à un plan général : nous osons néanmoins nous flatter que nos Lecteurs trouveront que nous avons souvent réussi d'une maniere intéressante; & que nos efforts à cet égard leur paroîtront d'autant plus utiles, que nous nous sommes sans cesse astreints à découvrir le sens propre de chaque mot.

Nous insistons d'autant plus là-dessus, que cette connoissance est la clé du langage, puisque c'est de ce sens que dépend la force ou l'énergie des mots: au point qu'il est impossible sans cela de sentir la beauté ou même de se former une idée juste & exacte de cette prodigieuse quantité de mots métaphoriques & figurés que renferment les Langues. Nous espérons même que cet avantage paroîtra assez intéressant au Public, pour qu'il nous fasse grace dans les occasions, où nous n'aurions pas défini les mots d'une maniere aussi nette, aussi lumineuse que nous l'eussions nous-mêmes désiré.

§. 7.
Sur l'Ortographe.

Il ne nous reste plus qu'à rendre compte de quelques objets relatifs à l'Ortographe. Presque dans tous les cas nous avons suivi l'Ortographe ordinaire, pensant qu'en général il n'y faut point faire de changement, parce qu'elle fait une partie si essentielle des mots, qu'en la changeant, on ne les reconnoît plus. Nous croyons même qu'en général il est inutile de changer l'Ortographe relativement à la prononciation des voyelles, puisqu'il est souvent impossible de peindre exactement cette prononciation, & que d'ailleurs rien n'est aussi changeant, aussi variable ou inconstant que la prononciation Françoise.

Mais ce que nous disons ici, borné en quelque sorte aux Voyelles, ne devroit peut-être pas s'étendre jusques aux lettres qui sont absolument oisives, & que nous ne prononçons jamais ; telle que la lettre H à la tête des mots non aspirés, & cette même lettre à la suite du T.

Nous ne voyons aucune raison pour la conserver dans ces deux cas ; & nous en voyons beaucoup pour la supprimer. N'est-il pas absurde d'avoir des mots écrits également par la lettre *h*, dont les uns s'aspirent, tandis que les autres ne s'aspirent pas ? Pourquoi mettre à la torture en pure perte, les jeunes gens & les étrangers pour se rappeller les cas où *h* est aspiré, & ceux où il n'est pas aspiré ? pourquoi conserver une Ortographe qui n'est bonne qu'à embarrasser ?

Pourquoi les François se piqueroient-ils de constance sur un point aussi ridicule ? ne se soumettront-ils à la routine que lorsqu'il faudroit la secouer ? Que ne profitent-ils de l'exemple d'une Langue voisine, & qui fit si longtems leurs délices : la Langue Italienne ! elle a fait main-basse sur ces H inutiles. Il est vrai que cette lettre existe dans les mots Latins correspondans à ceux là : mais que nous importe l'Ortographe Latine ? Si nous voulons la conserver dans ce point, pourquoi l'avons-nous rejettée en tant d'autres ? & si nous avons eu le bon esprit de nous en écarter en une multitude d'occasions, pourquoi la garderions-nous dans des mots où elle n'est pas plus utile ?

D'après ces motifs qui nous paroissent dignes d'être pris en considération, nous avons souvent supprimé la lettre H à la suite du T : & nous avons transporté à la lettre A, les mots en HA, dont le H n'est pas aspiré, avec la précaution d'accompagner cette nouvelle Ortographe de l'ancienne ; par ce moyen, l'esprit s'accoutume insensiblement à l'Ortographe nouvelle, & il n'est plus étonné ensuite de la trouver seule.

Mais dans l'idée que ces exemples suffisoient pour sonder le goût du Public, nous avons respecté l'usage à l'égard des autres mots en H.

Ce que nous avons dit sur cette lettre peut s'appliquer de même au caractere Œ, prononcé comme un E simple. On ne peut indiquer en sa faveur aucune autre raison que l'usage ; mais déja on l'a supprimé dans le mot *économie*.

Pourquoi ne le supprimeroit-on pas dans d'autres mots tels que *sœur*, *bœuf*, *vœu*, &c. avec la même précaution de réunir dans les commencemens les deux Ortographes ?

§. 8.

PRÉLIMINAIRE.

§. 8.

Observations mêlées.

1. Quoique l'ensemble de nos Origines Françoises ait été dirigé d'après les mêmes vues & la même méthode, nous avons cependant diversifié la marche que nous avons tenue à leur égard. On s'appercevra aisément que dans les commencemens nous avons considéré les mots d'une maniere plus isolée, & que nous avons fait un plus grand usage de nos anciens Auteurs & de nos Glossaires : que nous avons cité plus fréquemment les Loix Saliques, les Formules anciennes, De Laurieres, Du Cange, nos vieux Poëtes, &c. Que nous insistions moins sur les rapports des Familles des mots Celtiques avec les mots Orientaux ; & qu'à l'égard des mots venus du Latin ou du Grec, nous nous réduisions à montrer leurs rapports avec ces deux Langues: mais qu'à mesure que nous avons avancé dans la carriere, nous avons remonté avec plus de soin aux rapports généraux des Langues ; nous avons eu moins d'occasion par conséquent de citer nos anciens Auteurs : nos listes de mots venus du Latin & du Grec ont été beaucoup moins chargées : qu'ainsi nous avons empiéré davantage sur nos Dictionnaires comparatifs ; mais on en acquiert des idées plus exactes & plus intéressantes sur l'Origine des Langues & sur leurs rapports.

2. Les Familles Françoises de ce Volume prouveront de la maniere la plus solide & la plus convaincante un principe que nous avons déja eu occasion d'établir, qu'on ne doit faire aucune attention aux voyelles pour retrouver les rapports des mots, puisqu'il n'est aucune de ces Familles qui n'ait formé des dérivés en s'associant à toutes les voyelles: vérité dont on s'assurera à chaque page, & dont offrent des exemples nombreux toutes nos Familles de mots, telles que BAL, BAN, CAB, CAR, FAL &c.

3. Ces Familles prouveront également la vérité de ce que nous avons avancé sur le petit nombre des mots radicaux de chaque Langue. En jettant les yeux sur le tableau des racines de la Langue Françoise, indépendamment des Onomatopées, on trouvera qu'il s'en faut de beaucoup qu'elles montent à 400, peut-être même ne vont-elles pas à la moitié, puisque les lettres B & C qui sont si abondantes, en fournissent au plus, l'une dix, l'autre quinze ; que la lettre R n'en a qu'une demi-douzaine & que plusieurs n'en ont guères plus.

4. Elles prouveront également combien les François eux-mêmes ont

substitué les consonnes les unes aux autres, changeant B en P, C en CH, I en G, V en Gu, ILL en Y, L en U, &c. comment ils ont sans cesse ôté les T, C, G, &c. du milieu des mots ; & avec quelle prédilection ils y ont inséré la lettre R.

5. Nous avons sans cesse cité les mots Latins à l'ablatif, parce que c'est leur cas primordial, comme nous l'avons démontré ailleurs : mais nous avons eu soin de l'accompagner du nominatif, afin d'être entendu : il faudra cependant que l'ablatif marche souvent le premier dans nos étymologies Latines, mais on y sera déja accoutumé, & d'ailleurs on verra cette Langue se rapprocher beaucoup plus par-là du François, de l'Italien & du Latin primitif.

6. Les principes que nous avons eu l'avantage de suivre, ne nous ont pas seulement fourni des moyens simples & sûrs de nous ouvrir une marche nouvelle à l'égard des étymologies Françoises, mais aussi à l'égard d'un grand nombre de mots de plusieurs autres Langues, même pour celles de l'Orient.

7. Nous osons nous flatter qu'un grand nombre de nos étymologies paroîtront intéressantes par elles-mêmes, indépendamment de leurs rapports avec les Familles générales dont elles font partie. Les unes rendent raison du nom de diverses Villes ou de divers lieux, & souvent d'une maniere directement opposée à celle dont on les envisageoit. C'est ainsi qu'on y voit que les Villes de *Brignoles* & de *Cerasonte* durent leurs noms à leurs fruits, & non ceux-ci à ces Villes ; que *Milet* dut le sien à ses laines : que le Perche Gouet tira son surnom de ses couteaux appellés *Goy*.

On y voit que les noms relatifs au Blason sont la plûpart venus de l'Orient, & que tous nos noms de nombre ont eu une Origine constamment fondée sur leur nature.

Ces Origines prouveront aussi que si l'étymologie de tant de mots François s'étoit refusée à toutes les recherches, c'est qu'on n'avoit jamais été à même d'appercevoir les causes qui en avoient altéré la forme : on en peut voir des exemples frappans dans les mots Alisé, Amadou, Ardoise, Brocanteur, Borgne, Boulevard, Cayeux, Calquer, Charivari, Chamade, Conte, Couter, Coucher, Croire, Davier, Esclave, Esquisse, Etoffe, Escamoter, Forge, Gauche, Gerbe, Gruyer, Gaze, Halebarde, Harlequin, Hochet, Histoire, Hazard, Losange, Laque, Marguillier, Mascarade, Mouton, &c.

Quelques-unes de ces Origines sont relatives à quelque trait d'Histoire ou à des usages Nationaux, telles, Bandit, Brandon, Bourique, Bon-chrétien espèce de poire, Cagots, Chevelu, Chateau-d'eau, Croquans, Huguenot, Labarum, &c.

PRÉLIMINAIRE.

On y verra aussi que nos prépositions à la suite desquelles nous mettons actuellement, *de* ne s'en faisoient pas accompagner autrefois.

Dans le bouleversement que cet Ouvrage a fait essuyer aux mots François, il ne seroit pas étonnant que nous en eussions omis quelques-uns, & que nous en ayons répété quelques autres sous des familles différentes : c'est ainsi que sans nous en appercevoir nous avons répété deux fois les mots *luis* & *obscur* en leur donnant chaque fois une étymologie différente, mais dont la derniere est préférable à la premiere.

Nous espérons que nos Lecteurs voudront bien nous pardonner ces légeres taches & nos autres erreurs, en considération de notre vif désir de leur plaire, & des soins qu'exige un pareil sujet pour y mettre quelqu'ordre & pour y faire trouver quelqu'intérêt. Nous recevrons d'ailleurs avec une vive reconnoissance toutes les remarques, avis & corrections dont on voudra bien nous faire part & que nous nous empresserons de communiquer au Public.

EXPLICATION DU FRONTISPICE.

Un Dictionnaire de mots ne paroît pas susceptible de planches : nous avons cependant cru faire plaisir à nos Souscripteurs, en accompagnant nos Origines Françoises de deux gravures qui ont une étroite liaison avec ces Origines, & qui ne peuvent qu'intéresser par leur objet & par leur exécution. De ces gravures, l'une représente un Puy d'Amour, c'est le Frontispice ; l'autre ou la Vignette, le moment où Louis le Germanique à la tête de son armée & les Généraux de son frere Charles-le-Chauve, scellent d'un serment solemnel, leur nouvelle alliance ; serment dont on nous a conservé les paroles & qui est le plus ancien Monument connu de la Langue Françoise.

C'est aux Puys d'amour que cette Langue doit une partie de sa perfection & nos Académies d'Eloquence & de Poësie, telles que les Jeux Floraux de Toulouse, leur Origine. Les Puys d'amour étoient une Assemblée composée de personnes des deux sexes les plus distinguées par leur esprit, & destinée à juger les Poëtes & les Troubadours.

» Aux Puys d'amour s'assembloient, » dit Nostradamus dans son Histoire des Poëtes Provençaux, « tous les Poëtes, Gentilshommes & Gentilsfemmes » du Pays, pour ouïr les définitions des questions & *tensons* d'amour qui y » étoient proposées & envoyées par les Seigneurs & Dames de toutes les » marches & contrées de l'environ. »

EXPLICATION

Dans cette affemblée, les Poëtes lifoient leurs vers, & le Chef du Tribunal remettoit lui-même au vainqueur la Couronne qu'il tenoit en fes mains.

C'étoit l'amour qu'on chantoit dans ces fiécles galants & dévots, & la Dame pour laquelle on étoit enflammé : ainfi le prix remporté honoroit autant la dame vertueufe qu'on avoit chantée, que le Poëte même qu'elle avoit infpiré.

De-là naiffoient diverfes conteftations dont le Prince du Puy étoit obligé de connoître, & fur lefquelles on trouve des détails intéreffans dans les recueils de ces anciennes Poëfies fous le nom de *Tenfons & deux Partis*.

Ce n'eft donc pas d'aujourd'hui qu'on connoît dans ce Royaume ce que peut pour la perfection des connoiffances, le concours des perfonnes des deux fexes : mais s'il produifit alors de fi grands effets, que n'en doit-on pas efpérer dans ce moment où fous la protection d'un Monarque bienfaifant, un pareil exemple fe renouvelle, non en faveur d'un amour platonique ou d'une métaphyfique inintelligible, mais pour la perfection de l'Agriculture & des Arts les plus utiles, & où comme alors les *Gentilshommes* & *les Gentilsfemmes* croyent ne pouvoir faire un meilleur emploi d'une partie de leurs richeffes.

Dans le *Champion des Dames*, Manufcrit in-folio en vers & qui eft à la Bibliothèque du Roi N° 7220, on trouve une repréfentation en mignature d'un Puy d'amour; mais le champ en eft fi petit & la maniere fi féche, que nous n'avons pû en tirer aucun parti. La vafte & fuperbe collection des Monumens Nationaux que renferme cette même Bibliothéque, ne nous a rien offert dans ce genre ; ce qui n'eft pas étonnant, la peinture étant alors au berceau. Quant au coftume de notre Frontifpice, c'eft celui qui fut en ufage fous les regnes de Charles V. & de quelques-uns de fes defcendans, tems où ces Puys étoient dans toute leur vigueur.

On trouve dans nos anciens Poëtes des paffages relatifs aux Puys d'amour : M. Mouchet a bien voulu nous en communiquer quelques-uns.

    Beau m'eft del Pui que je vois reftoré.
    Pour foftenir amour, joie & jovent:
    Fu eftablis; & de jolieté
    En ce le voil effauchier boinement.
    ...... M'en fait commandement.
    Amors qui m'a en tel lieu afené.

DU FRONTISPICE.

Où je plus voi ma mort que ma fanté,
Si je par li n'en ai alégement. (1)

Bretel, ma cançon envoié
Vos ai, por cou que foit oie
Au Puy devant la gent jolie. (2)

Dame d'Artois, Comtesse d'honorance,
Oez mon chant que j'ai au Puy chantay :
Et si vos proi qu'adès en léautey
Servez amors; c'est ce qui plus avance. (3)

Quelquefois, on se plaignoit du jugement du Puy d'amour; c'étoit donc alors comme aujourd'hui ; & qui ne se plaint pas de ses Juges quand il en est condamné ? Voici un Poëte qui dit naturellement, que si ce n'étoit pour l'amour de sa Dame, jamais il ne réciteroit de chanson au Puy d'amour.

Se che n'estoit pour ma Dame honerer,
Jamais au Puy ne diroie chançon.
Car j'en voi ciaus sovent l'oneur porter
Ki de chanter ne sevent un boton.
Li Juge font leur grant hontage
Ki pour parent, ne pour grant Signerage
Donent à ciaus li courone & l'onor
Ki ne sevent trover ne ke pas tour. (4)

De même que les Académies modernes d'Eloquence proposent des sujets sacrés pour leurs Prix, ainsi ces Anciens Puys d'amour proposoient aussi des Prix pour la meilleure piéce de vers en faveur de la Dame des Cieux, sur-tout dans le tems où l'on disputoit si vivement sur l'Immaculée-Conception. De-là le Puys *de la* Conception à Dieppe, à Rouen & ailleurs.

On y lisoit des Chants Royaux, des Balades, des Rondeaux, même des Epigrammes à l'honneur de l'immaculée-Conception, & on y distribuoit différens prix. En 1533. au Puy de la Conception, qui se tint au Couvent des Carmes de Rouen, on donna une *palme* pour prix du Chant Royal, & un *lis* pour le débatu : une *rose* pour la Balade; un *chapeau de laurier* pour l'épigramme héroïque & pour le Rondeau.

---

(1) Vilains d'Aras, avant 1300.
(2) M.huis de Gant, avant 1300.
(3) Lambert de Ferris, avant 1300.
(4) Jehant de Renti, même tems. Poëte certainement Picard.

EXPLICATION

C'est un Puy d'amour qui, sous le nom de JEUX FLORAUX, fut établi à Toulouse au commencement du 14ᵉ Siécle, en y invitant tous les Troubadours de Provence, du Languedoc, & de la Catalogne. CLEMENCE ISAURE, Dame de condition, légua vers le milieu du XVIᵉ Siécle la plus grande partie de son bien pour les frais des prix qui consistoient en fleurs d'or ou d'argent, une violette pour le premier prix, une églantine & une fleur de souci pour les deux autres. Celui qui les remportoit tous trois étoit Docteur *en Gaie-science*, & qui n'en remportoit qu'un n'étoit que Bachelier. Et c'est en vers qu'on demandoit & qu'on accordoit ces grades. Le premier Poëte couronné à ces Jeux, fut Arnaud Vidal de Castelnaudary, en 1324. Il eut la violette d'or.

Ces Prix littéraires avoient déja été en usage chez les Anciens, & sous le même nom. On célebroit à Rome des Jeux Floraux dans lesquels on représentoit des Comédies & où l'on accordoit par-là même la palme au meilleur Poëte.

Quant au nom de PUY, il tient à la même Famille que le mot *apuy*, en Italien *poggio*, en Latin-barbare PODIO, formés du Celte POD, élévation, Tribune, Tribunal. Ce sont des branches de la Famille *podó* en Grec, *Pedo* en Latin, *Pied* en François, qui présentent tous la même idée.

EXPLICATION DE LA VIGNETTE.

LOUIS le Germanique, & CHARLES-le-Chauve Roi de France, petits-Fils de Charlemagne, se réunissant contre leur frere aîné l'Empereur LOTHAIRE, firent en 842, à Strasbourg un Traité de paix dans lequel ils convinrent de se secourir mutuellement & de défendre leurs Etats respectifs avec le secours des Seigneurs & des Vassaux qui avoient embrassé leur parti. Du côté de Charles étoient les Seigneurs Habitans des Gaules devenus François; & du côté de Louis, les Seigneurs Francs Orientaux ou restés Germains. Les premiers ne parloient plus que la Langue Romance; les autres avoient conservé la Langue Tudesque. Louis fut donc obligé d'emprunter la Langue des premiers pour être entendu de l'armée de Louis. Quant aux Généraux, ils s'énoncerent dans la Langue qui leur étoit propre. Nous sommes redevables à NITHARD, Seigneur François du parti de Charles-le-Chauve, de la conservation de ces sermens dans leur Langue originale; monument d'autant plus précieux, qu'on ne connoît rien de plus ancien en Langue Romance.

DE LA VIGNETTE.

Tel fut le Serment de Louis le Germanique.

Pro Deu amur & pro Christian poblo & nostro commun salvament, dist di en avant, in quant Deus savir & podir me dunat, si salvarai jo cist meon fradre Karlo, & in adiudha & in cadhuna cosa si cum om per dreit son fradre salvar dist in o quid il mi altresi fazet, & ab Ludher nul plaid nunquam prindrai qui, meon vol, cist meon fradre Karle in damno sit.

» Pour l'amour de Dieu & pour le Peuple Chrétien & notre commun sa-
» lut, de ce jour en avant, autant que Dieu m'en donne le savoir & le pou-
» voir, ainsi sauverai-je ce mien frere Charles & lui serai-je en aide dans
» chaque chose, ainsi qu'un homme doit sauver son frere selon la justice, en
» tout ce qu'il feroit de même pour moi ; & avec Lothaire nul accord jamais
» ne ferai qui par ma volonté soit nuisible à ce mien frere Charles.

Serment des Généraux de Charles-le-Chauve.

Si Lodhuigs sagrament que son fradre Karlo jurat, conservat, & Karlus meos sendra, de suo part nou los tanit, si jo riturnar non lint pois, ne jo, ne neuls cui jo returnar int pois, in nulla aiudha contra Lodhuwig nun li iuer.

« Si Louis observe le serment que son frere Charles jure, & que Charles mon
» Seigneur de sa part ne le tienne, si je ne puis l'en détourner, ni moi ni aucuns
» de ceux que je puis détourner, ne serons à lui en aucune aide contre Louis.

M. Bonamy a commenté les mots de ces deux sermens (1), pour faire voir qu'ils sont dérivés du Celte : M. Bullet, pour faire voir qu'ils viennent du Celte (2) : M. Duclos (3), pour prouver que la Langue Romance avoit déja autant de rapport avec le François qu'elle forma qu'avec le Latin dont elle descendoit. Tout cela doit être, si nos principes sont vrais, puisqu'ils tendent à prouver que le Latin & le François descendent du Celte.

Ajoutons que ces sermens s'éloignerent beaucoup de la Langue Romance & se rapprocherent de la Langue Latine, parce que leurs Auteurs voulant saisir une occasion aussi brillante de faire connoître leur goût & leurs connoissances, crurent ne pouvoir mieux y parvenir que par le style Latin-Barbare qui regne dans ces sermens.

---

(1) Mém. des Insc. T. XXVI.
(2) Dict. Celt. Disc. Prélim. T. I.
(3) Mém. des Inscr. T. XVII.

EXPLICATION des Noms abrégés des LANGUES dont on a fait usage dans les ORIGINES FRANÇOISES.

All. Allem.	} Allemand.
Angl.	Anglois.
Anglo-Sax.	Anglo-Saxon.
Ar.	Arabe.
Arm.	Arménien.
Bas-B.	Bas-Breton.
Basq.	Basque.
Celt.	Celte.
Chald.	Chaldéen.
Chin.	Chinois.
Corn.	Cornouaillien.
Dan.	Danois.
Eth.	Ethiopien.
Esp. Espag.	} Espagnol.
Franç.	François.
Vx Fr.	Vieux François.
Gall.	Gallois.
Gr.	Grec.
Gr. barb.	Grec barbare.
Groenl.	Groenlandois.
Hebr.	Hébreu.
Irl.	Irlandois.
Isl.	Islandois.
It.	Italien.
Lang. Langued.	} Languedocien.
Lat.	Latin.
Anc.-Lat.	Ancien Latin.
Lat. b.	Latin-barbare.
Or.	Oriental.
Pers.	Persan.
Sued.	Suedois.
Syr.	Syriaque.
Theut.	Theuton.
Vald.	Valdois.

IDIOMES FRANÇOIS.

Angevin.
Bressan.
Bourguignon.
Fr. Ct.   Franc-Comtois.
Haynaut.
Lorrain.
Maine.
Messin.
Norm.   Normand.
Nivernois.
Perigourdin.
Picard.
Quercy.

AUTRES LANGUES citées dans ce Volume.

Amérique Méridionale.
Algonquin.
Caraïbe.
Virginien.
Albanois.
Cimbre.
Copte.
Ecossois.
Egyptien.
Esclavon *& ses dialectes*:
  Carniolien.
  Lusacien.
  Polonois.
  Russe.
Etrusque.
Finlandois.
Franc.
Géorgien.
Gothique.
Grec-Dorien.
Grec-Eolien.

Japonois.
Indien *& ses dialectes*.
  Malabare.
  Malayen.
Navarrois.
Osque.
Phrygien.
Runique.
Tartare.
Thibet.
Turc.

DICTIONNAIRE
ÉTYMOLOGIQUE
DE LA LANGUE FRANÇOISE.

MOTS FRANÇOIS-CELTES,
OU DÉRIVÉS DU CELTIQUE.

A

A, premier Son vocal, premiere Lettre de l'Alphabet, & qui vaut UN dans les Alphabets numériques: il désigna, par conséquent, celui qui est le premier, le Maître, le Propriétaire; & par-là même 2°. la propriété, la possession, la qualité d'A-*voir*. Il s'emploie dans ce sens, 1°. comme *Verbe*:

Il A, *Aye*, j'*Ai*.

2°. Comme *Préposition*, qui marque le rapport de possession, de propriété:

Cela est A lui.

C'est un mot primitif & commun

Dict. Etym.

aux Celtes de même qu'à toutes les Langues qui en sont descendues.

Voyez MONDE PRIMITIF : *Plan. génér. & raif.* 2°. *Orig. du Langage & de l'Ecriture.*

A B

ABEILLE, Mouche à miel. C'est le Latin *Ape*, dont nous avons fait Abeille ; comme de Sole, *Soleil* ; & d'Aure, *Oreille.*

Ce mot s'est prononcé & écrit de diverses manieres ; *Eps*, *Ape*, *Appette*, *Avette*, *Aveille*, *Aboille*, &c. Il est commun aux Langues descendues de l'ancien Theuton. En Anglo-Saxon, *Beo* ; en Anglois, *Bee*, prononcé *Bi* ; en Flamand, *Bie* ; en Suédois, *By* ; en Islandois, *Bec*, *Beach*, &c. : en Allemand, qui le nazala, *Biene*. Il vient donc du Celte *Beo*, *byw*, nourriture, aliment ; 2°. *vivre*, préparer des alimens.

ABOILLAGE, droit du Seigneur sur le miel.

ABOYER, mot qui désigne l'action du chien qui jappe avec force.

C'est une onomatopée, l'imitation du cri même du chien.

Nos Étymologistes, qui ne veulent voir que du Latin dans notre Langue, dérivent ce mot de *adbaubare*, formé de *baubare*. Mais *baubare* lui-même est une onomatopée.

Il est inutile, d'ailleurs, de chercher les onomatopées dans d'autres Langues que dans celles où elles se trouvent.

ABOIS, les derniers soupirs.

Etre aux abois, être au dernier moment de sa vie.

ABOYEUR, qui aboie : ce mot s'emploie aussi au figuré à l'égard de ceux qui sont toujours prêts à blâmer.

ABOIMENT, cri du chien irrité, ou qui se défend.

AC, AG, AIG.

AC, famille primitive qui désigne tout ce qui est aigu, pointu, tout ce qui pique : elle a formé une multitude de mots Celtes, Latins, Grecs, François.

1°. ACARIATRE, fantasque, bourru, de mauvaise humeur.

ACERBE, Lat. *acerbus*, âpre.

ACERER, mettre des outils en état de couper.

2°. ACIDE, saveur, goût qui pointe, qui tire sur l'aigre.

2°. Le premier des sels simples.

ACIDITÉ, qualité des êtres acides.

3°. ACIER, fer afiné, mis en état de couper mieux.

4°. ACRE, qui pique la langue, qui fait cuire les yeux.

ACRETÉ, qualité mordicante & piquante.

ACRIMONIE, qualité d'une humeur piquante, stimulante.

5°. AGACER, 1°. affecter les dents par des acides.

2°. provoquer, exciter par ses discours, faire sentir le piquant de l'esprit.

AGACERIES, tentatives pour exciter, pour animer.

6°. AIGRE, Lat. *acer*, qui a une qualité piquante, acide.

AIGRELET, AIGRET, qui a un peu de saveur acide.

AIGRETTE, nom de l'oseille à cause de sa qualité stimulante, piquante.

AIGREUR, qualité aigre.

AIGRIR, devenir aigre.

2°. Rendre l'esprit irrité, le blesser, l'animer de colere.

7°. AIGU, pointu, piquant : 2°. perçant, en parlant des sons, des cris.

AIGUISER, rendre pointu; autrefois AGUISER, au simple & au figuré.

AIGUILLE, pointe d'acier qui sert à coudre; autrefois *AGUILLE*, Lat. *acus*.

AIGUILLÉE, fil passé à l'aiguille pour coudre.

AIGUILLETTE, tresse ferrée par les deux bouts pour être pointue.

AIGUILLON, pointe pour piquer les bœufs & pour les faire aller vîte.

— 2°. Tout motif à agir.

3°. Dard que portent avec eux quelques animaux, & avec lequel ils piquent ceux qui les attaquent.

On disoit autrefois *AGUILLON*, Lat. *aculeus*.

8°. AIGLANTIER, arbrisseau épineux, qui porte un fruit rouge; Gr. *akantha*, épine; Lat. *acanthus*.

On aura dit *aigantié*, & puis *aiglantier*.

9°. AIGLE, Lat. *Aquila*, le Roi des oiseaux : son bec est fort pointu & tranchant.

AIGLON, le petit d'un Aigle.

10°. AQUILON, vent du Nord, parce qu'il est perçant.

AQUILIN, nez en forme du bec de l'Aigle.

11°. AGONIE, Lat. *agonia*, Gr. *agôn*, les détresses, les angoisses du corps au moment de la mort.

12°. AZEROLES, fruit acide produit par l'AZEROLIER : en Lat. *AZERUS*, en Ital. *AZEROLE*. Il vient d'*acer* qui se changea ici en *azer*.

ACONIT, plante venimeuse, qui croît sur les rochers; Lat. & Gr. *Akonitó*; du Celte CAUN, rocher; en Oriental, *Cau*, montagne.

Ovide n'ignoroit pas que cette plante devoit son nom à ce qu'elle croît sur des rochers. *Métam. Liv. VII. Fab. XX.*

Dans les Actes du Martyre de Saint Maurice, on lit qu'AGAUNE signifioit un *rocher* en Gaulois.

AGA, interjection d'étonnement & d'admiration; comme si on disoit. *voyez*, *admirez*. On a cru que ce mot venoit du Grec *Agaô*, admirer; mais c'est ce verbe qui vient d'*Aga*: cette interjection est prise

A ij

dans la Nature même; c'est un mot primitif.

A H

AHAN, grande peine, grands efforts, travail pénible & ésouflant.

AHANER, avoir de la peine : 2°. cultiver la terre.

AHAM, terre en labour.

AHAMABLE, terre labourable.

Ces deux derniers mots n'existent plus qu'en Champagne & en Picardie.

AHANNAGE, Ahennage, culture de la terre : 2°. terre labourable.

AHENNIER, Laboureur.

AHENNER, cultiver un champ.

Enhennable, terre labourable.

Ahennians (Chevaux) propres au labour.

Dans des Lettres de rémission de l'an 1375, on trouve : » Après » ce que ledit Jehan fu deschaucié » entra on dit gué, & tant se y ef- » força pour mettre hors laditte » charrette, que il entra en fièvre » en y cellui gué, pour le grant » AHAN que il avoit eu.

MÉNAGE tiroit ce mot de l'Italien *Affanno* qui a le même sens; mais ce mot vient d'*Ahan*, bien loin d'en être la racine.

C'est l'onomatopée de HAN, soufle d'une personne fatiguée & qui ne peut presque plus respirer. C'est l'expression des Bucherons, des Manœuvres, &c. pour reprendre leur soufle, & se donner de la force pour bien porter leur coup.

A I

AISE, contentement, satisfaction, joie, repos : 2°. content, satisfait.

Etre à son aise, avoir du bien.

A L'AISE, sans peine.

AISÉ, facile : 2°. qui est riche.

AISÉMENT, facilement.

AISANCE, facilité.

Telles sont les acceptions dans lesquelles se prend ce mot en François, selon nos Dictionnaires; mais on n'apperçoit rien en cela qui puisse donner une idée de la vraie valeur de ce mot, de son sens propre, & de ses sens figurés. On ne voit pas si *aise* tient à *aisé*; on voit encore moins le rapport des deux significations de ce dernier, *facile* & *riche*.

Il n'est donc pas étonnant qu'aucun de nos Étymologistes n'ait pu découvrir l'origine d'un mot dont la valeur primitive est si peu connue; qu'ils l'ayent tirée à tout hazard du Latin barbare *Asia*, Aise; du Grec *Aisios*, heureux; de l'Italien *Agio*, aisé. Mais d'où vient *Agio*, demande le savant MURATORI ?

La signification propre & primitive du mot AISE, celle dont découlent tous les autres sens, est LIEU, PLACE. Il est synonyme de LARGE. On est à son aise à table, dans un habit, en compagnie, quand on y est au large, sans gêne :

un chemin est *aisé*, quand on y est sans gêne, au large, que les voitures y roulent bien. *On est à son aise* quand on a des terres, des possessions, des revenus qui mettent au large. On a des *aisances* lorsqu'on possède de grands moyens.

Ce mot tient donc au vieux François AICE, contrée, territoire : à l'Auvergnat AICE, habitation : au Gallois *Ayc*, pays, habitation.

De-là le Bas-Breton *Ais*, aisé, facile ; & le Basque *Aisit*, facile, doux, agréable.

AICE, AIC ne sont eux-mêmes que le foible d'ACH qui signifie également *Habitation* dans plusieurs Langues ; & un *Champ*, en Irlandois.

On pourroit même le regarder comme la racine du mot ACRE, AGER, champ.

Si on ne veut pas remonter si haut & s'en tenir au Latin, *aisé* & *aisé*, ainsi que l'Italien *agio*, viendront du Latin AGO, faire : ce qui est aisé, c'est ce qui peut se *faire* ; tout comme *facile* vient de *facere*, faire.

A L

ALERTE, vif, éveillé, toujours en l'air.

2°. Attentif à ses intérêts.

3°. Cri d'allarme, alerte ! alerte ! donner l'alerte.

Ce mot vient de l'Italien ERTA qui désigne une élévation, une colline ; 2°. le chemin qui y conduit ; joint à l'article à *l*.

A l'Erte est donc une phrase elliptique qui désigne l'état de celui qui est en sentinelle, attentif à tout ce qui se passe dans la plaine qu'il domine de dessus la hauteur où il est placé.

Ce mot est devenu ensuite l'épithète des personnes qui sont attentives à tout ce qui peut leur nuire.

Et se prenant ensuite dans un sens plus étendu, il a désigné les personnes qui sont actives, lestes, promptes à se mouvoir.

ALEVIN, menu poisson dont on peuple les étangs, les marais, les rivieres.

ALEVINER un étang, c'est y jetter de l'alevin pour le peupler.

Ce mot tient donc au Latin barbare *alevamo*, pépiniere, plant ; & à *alevare*, élever.

On aura écrit *alevain*, & puis *alevin*.

Du primitif AL, élever, qui fit le Latin *alo*, nourrir.

ALIBORON ou *Aliborum* ; un Maître Aliboron, c'est-à-dire, une personne industrieuse, qu'on peut mettre à tout, qui entend un peu de tout.

On le trouve dans RABELAIS, qui fut un des premiers à en faire usage. MÉNAGE rapporte les conjectures qu'on a formées sur l'origine de ce nom.

La plus ingénieuse est celle de HUET qui y voyant un mot né au Bareau où les Avocats s'appellent *Maître*, & où l'on fait usage des *ALIBI* pour prouver qu'on n'a pu faire une chose, puisqu'au moment où elle se faisoit, on étoit ailleurs *alibi*, a cru que *Aliborum* étoit le génitif pluriel du mot *alibi*; & que *Maître Aliborum* signifioit une personne subtile & adroite à trouver des *alibi*.

ALISÉ, les vents alisés, ceux qui sont favorables pour aller dans une contrée, & qui souflent dans le même tems. Ce mot vient de l'Italien *alito*, soufle, vent doux, favorable. On a dit sur la Méditerranée, *attendre les Alisés*, pour dire *attendre* le vent favorable; & nous en avons fait les *vents alisés*, comme si ce mot marquoit une sorte particuliere de vents.

ALLER, action de se transporter d'un lieu à un autre.

ALLÉE, lieu où l'on se promene, sentiers d'un jardin propres à la promenade.

ALLÉES & VENUES, effets de l'action de se transporter & de revenir plusieurs fois pour le même objet.

ALLÉE d'une maison; passage pour y entrer.

ALEUR, *vieux Fr.* Voyageur.

ALURE, maniere d'aller, de marcher, au simple & au figuré.

Ces *Alures* ne me plaisent pas.

Ce mot tient au *wall* des Anglo-Saxons & des Allemands, qui signifie *flot*; à *wallen*, voyager; & au *al*, *eal*, *yal* des Bretons, qui sont les tems de leur verbe *Aller*.

Il doit venir de *al*, autre; car *aller*, c'est passer à un autre lieu.

ALOUETTE, Lat. *ALAUDA*. Les Romains, SUÉTONE, Vie de César, PLINE, Hist. Nat. &c. nous apprennent que c'étoit un mot Gaulois.

ALOYAU, piéce de bœuf (ou beuf) qui fait partie de la hanche, & qui en est le meilleur morceau. Son origine a été inconnue jusqu'ici. Ce mot dut se prononcer *alloyal*: mais *alloyal* vient de *allodial* qui signifioit *noble*.

On se servit donc de cette expression pour désigner une piéce de bœuf excellente, digne des personnes les plus relevées.

ALTE, anciennement HALTE, ordre donné à une Troupe en marche de s'arrêter.

2°. Le repos même, qui est la suite de la suspension de sa marche.

Ce mot tient à l'Allemand *Halten*, tenir, 2°. retenir, arrêter.

A M

AMADOU, l'Agaric dont on se sert pour avoir du feu, & qui est extrêmement doux au toucher. Ce mot, d'une origine inconnue, est de la même famille que le verbe AMADOUER, caresser, flatter de la main.

Ces mots sont composés de l'adjectif *doux*, de la préposition *à* & du vieux substantif *man*, prononcé *ma*, qui signifie main, mot à mot DOUX *à la* MAIN.

A N

ANCHE de Hautbois, de Cornemuse, &c. Partie d'un Instrument à vent, faite de deux pièces de canne, jointes de si près qu'elles ne laissent qu'un espace très-resserré pour le soufle. Il vient donc de ANC, serré, resserré, affilé.

ANCHOIS, Espagn. *Anchoua*, Ital. *Anchioa*. L'étymologie qu'en donne MÉNAGE est nulle.

Ce Poisson a le museau pointu, & les mâchoires rudes comme une scie. Son nom peut donc venir du même mot ANC, affilé, aigu.

ANDAIN, la ligne que le Faucheur a parcouru & le foin qui est renfermé dans cette ligne.

Ce mot vient d'*Andare*, aller. Il s'écrit aussi ANDEIN ; Lat. barb. *Andena*.

ANDOUILLES, espece de Saucisses faites d'un gros boyau qu'on farcit de viande, &c. Ce nom peut être d'origine Celtique : il peut aussi venir du Latin *Edulio*, nom des mets excellens à manger, qu'on auroit prononcé *Andoulio*, comme nos Anciens firent d'Eglise, *Anglise* ; & d'Ægrotari, *Angroter*.

ANGAR, lieu couvert. Lat. barb. *Angarium*. Un Angar est destiné à servir de dépôt aux voitures, charrettes, &c. qu'on veut garantir du mauvais tems.

C'est donc un composé des mots *En-gard*, qui désignent très-bien un lieu où l'on met en garde, où l'on resserre.

Toutes les autres étymologies de ce mot, où l'on faisoit un grand étalage d'érudition, sont fausses. Mais cela n'est point étonnant ; on n'avoit aucune idée de la maniere dont nos Peres formoient des mots composés, & d'ailleurs ils étoient toujours dénaturés par une ortographe qui n'avoit nul rapport à l'origine de ces mots. Le mot suivant en est une grande preuve.

ANICROCHE, obstacle imprévu, qui arrête au moment de l'éxécution. On a cherché l'origine de ce mot bien loin ; c'est certainement un composé, sans doute du mot EUNI, un, & de CROCHE, une chose qui ac-*croche*, dans le moment où vous allez agir, & vous empêche d'avancer.

A R

ARDOISE, Pierre tendre & brune, qui se léve par feuilles, & qui est propre pour la couverture des édifices.

ARDOISIERE, Carriere d'Ardoise.

C'est un nom propre, qui ne tient à aucune famille Françoise, & dont il est par-là même difficile de découvrir l'origine. Il n'est donc pas étonnant qu'on s'y soit trompé: que LE DUCHAT ait dit que cette Pierre devoit son nom au Pays d'Artois, & que VERGY ait cru que c'étoit parce qu'on la trouva d'abord au pays d'Ardes en Irlande, d'où l'on en transporta dans toute l'Europe.

Ce n'est rien de cela. Ardoise vient du vieux mot *Ardoir*, brûler; *Ards*, de couleur noire ou brûlée, en Latin barb. *Ardicus*.

ARÈTE, autrefois ARESTE, en Latin *ARISTA*.

AUSONE & GRÉGOIRE DE TOURS se sont servis de ce dernier mot dans le sens d'Arête de Poisson, le premier dans sa *Moselle*, le second au chap. I. Liv. III. des Miracles de S. Martin.

On a apellé Arêtes les os des Poissons, à cause de leur raport avec la pointe des épis, apellés en Latin *Arista*.

Et ce dernier mot vient du Celte AR *pointu*.

ARMET, Casque, de l'Italien *Elmetto*, petit Casque, diminutif de *Elmo*. C'est de ce mot que vint également *Heaume*, qui étoit un Casque plus grand que l'Armet.
Angl. *Helm*, & *Helmet*.
Anglo-Sax. *Helm*, *Healme*.

Ce mot est commun aux Dialectes Gothiques & Teutoniques.

Il désigne en première signification, une *branche*, la *tête* des Arbres sous laquelle on est à couvert; & il conserva cette valeur dans l'Anglo-Saxon.

ARPENT, mesure de terre qui comprend cent Perches.

ARPENTEUR, celui qui mesure les terres.

ARPENTAGE, l'Art de mesurer les terres.

ARPENTER, mesurer un terrain.

2°. Au figuré, se promener dans toutes les parties d'un terrain.

Ce mot est vraiment Celtique.

COLUMELLE nous apprend que les Gaulois apelloient ARAPENNIS une mesure de terre égale à la moitié du *Jugerum* des Romains. On a écrit ce mot *Arepennis*, *Aripennus*, *Arpennis*, *Arpentum*, &c. On le trouve dans les Loix des Wisigoths & des Bajuvariens, dans les anciennes Formules, dans Grégoire de Tours, &c. ISIDORE le cite comme un mot usité en Espagne.

BULLET, dans son Dict. Celt. le dérive d'*Ara* labouré, *peu* un & *neiz* jour; le labouré d'un jour, un journal.

D'autres le dérivent du Theuton

ton *Art*, la Terre, & *pand*, circonscrire.

Il est sûr qu'*Ara* signifie, en Celte, *terre labourée*; & que *penn* signifie Tête, l'unité d'un tout.

ARQUEBUSE, Arme à feu, & qu'on fichoit dans un trou de poutre pour l'empêcher de reculer par l'effort du coup.

Ce mot, selon quelques-uns, vient de l'Allemand *hacke*, crochet, & *bucke*, Arc, Arquebuse : mais il vaut mieux le dériver de l'Italien *Arco*, Arc, & *busio* ou *bugio*, percé. L'Arioste, dans Roland le Furieux, Chant IX. appelle l'Arquebuse *Ferro bugio*. C'est en parlant du Roi de Frise, qui attaqua le Comte de Hollande :

Porta alcun'arme che l'antica gente
Non vide mai, ne fuor ch'a lui la nova
Un ferro bugio, longo da due braccia,
Dentro a cui polve ed una palla caccia.
Col foco dietro ove la canna è chiusa,
Tocca un spiraglio, che si vede a pena,
A guisa che toccare il medico usa
Dove è bisogno d'allacciar la vena.
Onde vien con tal suon la palla esclusa
Che si può dir che tuona e che balena,
Ne men che soglia il fulmine, ove passa,
Ciò che tocca arde, abbatte, apre e fracassa.

» Il porte des armes que l'Antiquité ne connut jamais, & que notre siécle n'a jamais vu en d'autres mains. Un Fer percé, long de deux brasses, dans lequel il fait entrer de la poudre & des bales. Mettant ensuite du feu à l'endroit où la canne est bouchée, il touche un soupirail qu'on voit à peine, avec la même légereté qu'un Médecin qui fait une saignée. Cependant la bale part aussi-tôt, elle éclaire, elle tonne, & semblable à la foudre, par-tout où elle passe, elle brûle, elle abat, elle déchire, elle fracasse «.

Stroph. XXVIII. XXIX.

ARQUEBUSIER, qui tire de l'Arquebuse ; 2°. celui qui les fabrique.

ARQUEBUSADE, coup d'Arquebuse.

ARQUEBUSER, tuer d'un coup d'Arquebuse.

A U

AUMUSSE, Peau de Martre ou de petit-gris, que les Chanoines portent sur le bras depuis l'an 1243, lorsqu'ils vont à l'Office ; mais qu'ils portoient sur la tête dans l'origine, & qui descendoit sur les épaules.

Lat. barb. *Almutia*, du Theuton MUTZE, mître, bonnet : Flamand *Muts*.

AUTOUR, Oiseau de proie.

Ital. *Astore*. Lat. barb. *Astur*, *Asturcus*.

Il ne vient pas du nom des Asturies, comme l'a cru Caseneuve : mais du Celte & Theuton, STUR, STOR, grand, gros.

De-là le Latin *STURIO*, nom d'un gros Poisson dont nous avons fait ETURGEON.

Dict. Etymol.

B

AUTRUCHE, le plus gros des Oiseaux, en Grec *Strouthios*, vient de la même origine, de *stour*, prononcé *strou*.

Cette Famille *stor* vient de TOR, dont la descendance est immense.

AUTRUCIER, celui qui dresse des Autours.

AUVENT, couvert de Planches, pour garantir les boutiques de la pluie & du vent.

Lat. barb. *Auvanna, Auvannus*. C'est un composé des mots François *Au* & *Vent*; ce qu'on opose *au-vent*, ou *ôte-vent*.

A V

AVAGE, HAVAGE, Droit de prendre dans les Marchés autant de grains ou de denrées que la main peut en contenir.

2°. Cette poignée même. On a dit aussi *AVÉE, Havagiau, Havongnie, Avedier*, &c.

On pouvoit se racheter de ce Droit en payant une obole, par une Ordonnance de 1337, du moins à Chauny.

Ces mots viennent du Latin *Habere*, Avoir, qu'on prononçoit *Havere*, & dont nous avons fait *Avoir* & l'*Avoir*.

AVARIE, Ital. *Avaria*.

1°. Droit que paye chaque Vaisseau qui entre dans un Port, pour les réparations de ce Port.

2°. Dépenses imprévues faites pendant un Voyage maritime.

3°. Compensation du dommage de ce qui se jette en mer pendant une tempête.

AVARIÉ, gâté.

On a tiré ce mot de *Baris*, Barque; d'*Abaros*, Ἄβαρος, qui en Grec signifie *décharge* de Vaisseau dans la tempête: de l'Espagnol *Haber*, bien, richesses; de l'Allemand *Hafen*, un Havre, un Port.

Toutes ces étymologies, prises au hazard, sont fausses.

Ce mot vient du Celte BAR, FAR, AFAR, AVAR, qui signifie *perte, dommage*.

Les Bas-Bretons disent. FARI pour *faillir, manquer, périr, se perdre*: 2°. perte.

AFAR, douleur, tristesse, deuil, effets de la perte.

AVARI, avarie.

AVEC, Préposition qui a trois significations différentes.

1°. Elle indique le moyen par lequel on a éxécuté une chose.

Il s'est blessé AVEC son couteau.

Il écrit AVEC esprit.

2°. La Compagnie qui a contribué à cette éxécution.

Il a fait cela AVEC ses gens.

3°. D'une maniere beaucoup plus générale, les Personnes, la Compagnie dans laquelle on se trouve.

Il est AVEC le Prince, AVEC ses amis.

Suivant que l'une ou l'autre de

ces significations sera considérée comme la première, on pourra donner de ce mot une étymologie différente.

Dans le sens physique où AVEC indique l'Instrument, il paroît venir du Latin *Ab*, qui désigne la même chose, & qu'on employoit autrefois dans ce sens. AUSIAS MARCH, Poëte Catalan du xve siécle, dit :

> Mare de Deu, tu es aquella escala
> AB quel' peccant' lo Paradis escala.

» Mere de Dieu, tu es cette échelle
» AVEC laquelle (PAR laquelle) le
» pécheur escalade le Paradis «.

Ainsi de *Ab quo*, par lequel, on auroit fait *avque*, *avecque*, qui désigne la même chose.

Dans le sens métaphysique & vague où *avec* désigne l'ensemble d'une Compagnie, il vint d'*ambo*, deux, qui a fait le Languedocien *embé*, mot qui signifie *avec* dans ce même sens. Peut-être même *avec* & *ab* viennent-ils tous deux d'*ambo*. Il faudroit, pour cela, examiner dans quel tems & en quels lieux l'un & l'autre commencerent d'être en usage, & si on ne les trouveroit pas tous les deux employés dans le même ouvrage, dans la même contrée.

MOTS COMMUNS AUX FRANÇOIS ET AUX LATINS

ou *NÉS DU LATIN.*

A B I

ABILE, HABILE, celui ou celle qui excelle dans un talent, qui le *possede* dans un haut degré, qui y est *Maître*. Ital. ABILE, Lat. HABILIS.

ABILETÉ, HABILETÉ, qualité de celui qui est habile. 2°. Effet qui en résulte.

Ital. ABILITA. Lat. HABILITAS.

ABILEMENT, avec abileté. Ital. ABILMENTE. Lat. HABILITER.

RÉABILITER, RÉHABILITER, remettre une personne dans tous ses droits, lui rendre son ancienne habileté.

ABITER, HABITER, demeurer en une maison, en un lieu, en un pays. Ital. ABITARE. Lat. HABITARE.

ABITATION, HABITATION, possession, lieu qu'on abite, où l'on demeure. Ital. ABITAZIONE, *Abita-*

B ij

gione, *Abitacolo*. Lat. *HABITATIO*.

ABITABLE, HABITABLE, qui est en état d'être habité, d'avoir des Habitans. Ital. *ABITABILE*, Lat. *HABITABILIS*.

ABITANT, HABITANT, celui qui demeure en un lieu. Ce mot a un sens plus restreint lorsqu'on le met en oposition avec celui de Citoyen: alors il est borné à ceux qui n'ont pas droit de Cité & qui sont venus d'ailleurs. Ital. *ABITANTE*, *ABITATORE*, Lat. *HABITATOR*.

De la même racine qu'*Abiter*, viennent,

I°. ABIT, HABIT, vêtement : car on est couvert, à l'abri des injures du tems par un Abit, comme on l'est par une Maison. Ital. *ABITO*, Lat. *HABITUS*.

ABILLÉ, HABILLÉ, qui est couvert par des Abits.

ABILLER, mettre à une personne ses abits.

S'ABILLER, mettre ses abits, se vêtir.

ABILLEMENT, tout ce qui fait partie du vêtement.

Se DESABILLER.

Se RABILLER.

II°. ABITUÉ, HABITUÉ, qui est accoutumé à demeurer en un lieu; un *Abitué* de Paroisse. 2°. Qui est accoutumé à aller en un lieu. 3°. Accoutumé à faire une chose.

ABITUDE, HABITUDE, coutume qu'on a contractée. Ital. *ABITO*, Lat. *HABITUS*.

ABITUEL, HABITUEL, ce qui est devenu une coutume, ce qui se répete sans cesse.

S'ABITUER, prendre la coutume de faire une chose.

Se DESABITUER.

A B L

ABLAIS, dépouille de la Terre, blés coupés; du Lat. *Ablatus*, emporté.

ABLATIF, un des six cas Latins ; il indique les causes par lesquelles on est *transporté* dans l'état actuel; & vient ainsi du mot *Ablatus*, emporté, transporté. *Voy.* MOND. PRIM. *Gramm. Univ.* p. 388.

ABOLIR, rendre nul ; Lat. *Abolere*.

ABOLITION, Lat. *Abolitio*, anéantissement.

ABRI, lieu où l'on se met à couvert, d'où ABRIER, mettre à couvert, & le Latin barbare ABRICA, une Couverture, d'où

L'Espagnol ABRIGO, qui a la même signification.

Nos Etymologistes ont cru qu'il venoit d'*Operire*, couvrir, & que sa signification étoit opposée à celle du Latin APRIC-O, *exposé au soleil*.

Mais tout lieu exposé au soleil, tel qu'un mur, une maison, est un excellent rempart contre le froid. *Se mettre à l'abri*, c'étoit donc, dans l'origine, s'exposer *au soleil dans un lieu où l'on étoit à couvert du froid, du mauvais tems.*

De-là l'idée plus générale de ce mot, comme désignant tout lieu où l'on étoit à couvert du mauvais tems, sans aucun rapport au soleil.

ABRICOT, sorte de fruit très-printanier.

ABRICOTIER, arbre qui fleurit de très-bonne-heure & avant la plûpart des autres arbres. Il doit venir du Latin *A-Ver-coccus* ; *coque*, fruit à coquille, qui naît au printems. Les Grecs en firent *Berikokkon*, fruit du printems ; les Arabes *Al-bercoq*, & les Espagnols *Al-vercoque*.

ABSTRUS, caché, enfoncé, difficile à découvrir. Lat. *Abstrusus*.

ABSURDE, sot, ridicule, qui n'a pas le sens commun. Lat. *Absurdus*.

ABSURDITÉ, extravagance, où il n'y a pas le sens commun. Lat. *Absurditas*.

AC & AG

ACCOUTRER, orner, agencer, mettre en état : on avoit tiré ce mot du Latin *Cultellare*, plisser ; mais CASENEUVE a très-bien vu, en faisant venir *accoutrer*, ou *accoultrer*, de *Cultivare*, cultiver un champ, le labourer, le mettre en bon état. On disoit *accoutrer* un Champ, pour dire le *préparer*, l'arranger ; on dit ensuite s'*accoutrer*.

AGO, agir, ACTIO, action, ont formé une famille très-étendue en Latin, d'où sont venus tous ces mots François :

AGIR, Faire.

AGENT, celui qui agit.

ACTE, tout ce qui se fait.

ACTION, ou ACCION, effet de la faculté d'agir.

ACTIF, qui est agissant, qui aime à agir ; 2°. qui produit de prompts effets, *remède actif* ; 3°. en Grammaire, cette partie du discours qui désigne les personnes comme agissantes, *verbe actif*.

ACTIVITÉ, la qualité d'un Être qui se plaît à agir, qui est vif à concevoir & prompt à exécuter.

ACTUEL, ce qui se fait dans le moment ; 2°. ce qui existe au tems où l'on parle.

ACTUELLEMENT, au tems présent ; signification détournée & dont ce mot ne s'est chargé que par dégradation, en passant d'une analogie à l'autre.

De-là, ces divers dérivés :

1°. ACTEUR, celui qui est chargé d'un rôle dans une action, celui qui concourt à une action ; 2°. celui qui joue dans une piéce de Téâtre.

ACTRICE, celle qui joue dans une piéce de Téâtre.

2°. ACTIONNER, intenter une action, un procès contre quelqu'un.

ACTIONNAIRE, celui qui a une portion d'intérêt dans une affaire.

ACTION, titre qui assure une portion

d'intérêt dans une affaire.

3°. AGIO, intérêt actuel de l'argent, & qui varie chaque jour suivant le plus ou moins de besoin, suivant le plus ou moins d'espérance d'un gain assuré & considérable.

Ce mot vient d'*Agir* ; l'*Agio* est l'ame, le résultat de toutes les affaires qui se font chaque jour dans le Commerce.

AGIOTER, donner un grand mouvement, une grande circulation à son argent pour le faire valoir, le mettre en rapport.

AGIOTEUR, qui est versé dans l'Agio, qui fait sans cesse des affaires pour faire valoir son argent.

4°. AGENDA, mot Latin qui signifie *choses qui doivent être faites* ; & qui est devenu le nom des Tablettes sur lesquelles on écrit ce qu'on doit faire chaque jour.

5°. AGILE, Lat. *Agilis*, qui est dispos, & qui peut agir sans lenteur, sans pesanteur ; qui est toujours prêt à agir avec activité.

AGILITÉ, souplesse du corps, propriété d'agir sans peine, sans gêne.

AGILEMENT, d'une manière souple & sans gêne.

6°. AGITER, mettre en action, en mouvement, mouvoir. *Agiter l'air*, AGITARE ; 2°. mettre une question sur le tapis, la discuter. *Agiter un point de morale* ; 3°. troubler, inquiéter, mettre dans l'angoisse. *Il ne cesse de l'agiter par ses discours effrayants*.

AGITATION, qualité ou situation d'un objet qu'on meut, qu'on met en action, en mouvement, *Agitatio*.

7°. S'AGIT, on dit, il S'AGIT de telle chose, pour dire telle chose se traite. De quoi S'AGIT-il ? pour dire, quelle est la chose dont on parle, dont on traite ? *Il s'agissoit, il s'agira*. C'est une tournure particuliere à la Langue Françoise, & qui répond au passif des Latins.

8°. RÉAGIR & RÉACTION.

ACUSER, révéler la faute, le crime de quelqu'un ; 2°. le charger d'une faute commise. Lat. *Accusare*.

ACUSATEUR, celui qui déclare l'auteur d'une faute, qui la met sur son compte. Lat. *Accusator*.

ACUSATRICE, *Accusatrix*.

ACUSATION, *Accusatio*.

ACUSATIF, Lat. *Accusativus* : un des six cas Latins ; c'est le cas Passif ; il désigne l'objet sur lequel se porte l'action dont il est parlé, il *accuse*, il révele l'objet de cette action.

A D

ADAGE, vieux mot ; Lat. *Adagium*, Sentence concise, vive, & qui renferme des vérités utiles.

ADES, ADEZ, vieux mot, qui signifioit, à l'instant, incontinent. Ital. *Adesso*. Du Latin *Ad essum* (*tempus*) Dans ce (*moment*) ; aussi-tôt. C'est une de ces expreſſions elliptiques ſi communes dans toutes les langues.

ADOLESCENT, jeune homme arrivé à l'âge de puberté, Lat. *Adoleſcens*.

ADOLESCENCE, Lat. *Adoleſcentia*.

ADULTE, Lat. *Adultus*, mûr, qui eſt parvenu à l'âge d'adoleſcence.

ADORER, Lat. *Adorare*. Mot-à-mot mettre la main ſur la bouche par reſpect, par honneur; 2°. honorer la Divinité, lui rendre hommage; 3°. en général, honorer, regarder comme au-deſſus de l'homme.

ADORATION, Lat. *Adoratio*.

ADORATEUR, Lat. *Adorator*.

ADORABLE, Lat. barbare, *Adorabilis*.

ADULATION, vile & baſſe flatterie, Lat. *Adulatio*.

ADULATEUR, vil flatteur, *Adulator*.

ADULER, flatter baſſement, *Adulari*.

ADULTÈRE, amour criminel pour une perſonne déja unie avec une autre par le mariage, *Adulterium*; 2°. celui qui tombe dans ce crime, *Adulter*.

ADULTERIN, né d'un adultère.

ADUSTÉ, brûlé, terme de Médecine, Lat. *Aduſtus*.

AG, AIG.

ÂGE, portion de tems pendant lequel on a déja vécu.

ÂGÉ, qui a déja vécu un tel tems.

On écrivoit autrefois *Aage*, *Eage*, *Aige*, *Eaige*, en Lat. barb. *Eagium*, âge.

Aagiatus, ou *aagié*, âgé.

Aegiatio, majorité.

Déſagié, *Déſeagé*, moins âgé.

Déſeaige, jeuneſſe.

Enaager, donner diſpenſe d'âge, mettre en âge.

Nos Etymologiſtes tirent ce mot du Latin *Aetas*, âge, qui a fait l'Italien *eta*. On auroit donc commencé par prononcer *Aeza*, *Aeze*, *Aaze* pour *Aage*.

Peut-être vaut-il mieux le tirer du Latin *Aevo*, qui ſignifie *Tems*, âge, & qu'on auroit prononcé, *Aaiye*, *Aaige*, *Age*.

AGNEAU, le petit d'une brebis, Lat. *Agno* à l'ablat.

On a dit autrefois AGNEL.

AGNELER, faire des agneaux, mettre bas, en parlant de la brebis.

AIGRETTE, ornement de tête en forme de crête, Lat. *Criſta*.

AIGUE, *vieux Fr.* EAU, du Lat. AQUA, prononcé *Aique*: de-là,

AIGUADE, lieu où les Vaiſſeaux vont faire leurs proviſions d'eau douce.

AIGUIERE, vaſe à mettre de l'eau.

AQUATIQUE, qui eſt plein d'eau; 2°. qui vit dans l'eau, Lat. *Aquaticus*.

AQUEUX, Lat. *Aquoſus*, plein d'eau.

AQUEDUC, Lat. *Aquæductus*, canal pour conduire de l'eau dans un lieu habité.

AIL ou AL

AILE, Lat. ALA, partie qui sert aux Oiseaux pour voler.

Comme les *Ailes* sont placées sur les côtés, à droite & à gauche, on a donné par métaphore le même nom à tous les objets qui ont avec les ailes un rapport de situation.

Les AILES d'une Armée ; les *Ailes* d'un Bâtiment ou d'une Maison ; les *Ailes* d'un Moulin.

Et d'une maniere plus figurée encore, les *Ailes* des Vents, les *Ailes* de l'Amour.

AILÉ, qui a des ailes.

AILERON, le bout de l'aile ; 2°. les nageoires d'un poisson.

A L, Autre.

ALIUS, Lat. De-là, ces mots :

1°. AILLEURS, Lat. *Aliorsum*, dans un autre endroit.

2°. ALIENER, faire passer dans la possession d'autrui, une portion de ce qu'on possede, Latin *Alienare*.

ALIÉNATION, action par laquelle on renonce à une portion de ce qu'on possede, *Alienatio*.

ALIÉNABLE, qu'on peut aliéner, *Alienabilis*.

ALIÉNÉ, qu'on a détaché de ce qu'on possédoit ; 2°. au sens figuré, esprit égaré.

3°. AUTRE, Lat. *ALTER* ; un second, une personne différente de celle dont on vient de parler ; qui occupe une place qui n'est pas la même.

AUTRUI, les autres ; ce qui n'est pas nous.

AUTREMENT, d'une maniere différente.

Cette famille tient à celle d'AILLEURS.

4°. ALTERNER, remplir une fonction tour-à-tour avec un autre, *Alternare*.

ATERNATIVE, décision entre deux objets.

ALTERNATIF, qui se fait tour-à-tour.

ALTERNATIVEMENT, tour-à-tour, *Alternatim*.

ALTERCATION, Lat. *Altercatio*, dispute, contestation entre deux personnes.

ALTÉRER, Lat. *Alterare*, rendre une chose autre, différente de ce qu'elle doit être, la falsifier.

ALTÉRATION, changement qu'éprouve un objet en mal ; 2°. soif ardente, parce qu'elle altere la santé.

ALTÉRÉ, vicié ; 2°. qui a besoin d'eau pour appaiser sa soif.

5°. ALIBI, ailleurs, Lat. *Alibi*, c'est un terme de Jurisprudence, dont on se sert pour prouver qu'une personne étoit éloignée du lieu où on l'accuse d'avoir commis une telle action au moment où elle s'exécutoit.

AINE, angle formé par la réunion de la cuisse & de la hanche.

On écrivoit ce mot en 1377 *Aingne*; c'est donc une altération du mot INGUINE, prononcé *aingne*, qui signifie la même chose.

AÎNÉ, premier né.

AÎNÉE, premiere née.

AINESSE, droit du premier né; on dérive ces mots d'AINS-NÉ, né avant, en Lat. *Ante-natus. Ein* ou *En*, en Grec *un*. A la naissance de l'aîné on compte *un*. Viendroit-il de-là?

AINS, conjonction qui désignoit une opposition, une contrariété & qui s'est remplacé par *mais*.

AINS au contraire.
MAIS au contraire.

C'est l'Italien *Anzi*, qui signifie *au contraire, mais*, & qui s'est formé du Grec & Latin ANTI, qui signifie *contre*.

AINSI, autre conjonction qui signifie, *en cette maniere*, de *cette sorte*.

Elle est formée des mots Latins *in & sic*. On a écrit *ensic*; HUON de Villeneuve, par exemple. VILLE-HARDOUIN écrivoit *ensi*.

AIR

AIRAIN, cuivre où il y a de l'alliage, Lat. *Aere* (abl.) *Vieux-Fr.* Arain. *Vieux-Fr.* ARAINE, trompette.

On dit au figuré, 1°. un *Ciel d'airain*, pour désigner un Tems sans eau; une sécheresse terrible.

2°. Un *front d'airain*, pour désigner une personne impudente qui ne sait ce que c'est que rougir.

Dict. Etymol.

AIRE, place où on bat le grain; 2°. où on le fait fouler, Lat. *Area*.

AIS, planche, Lat. *Assis*.

AISSELLE, le dessous de l'épaule & du bras, où ils s'unissent au corps. Lat. *Axilla*.

A J

AJOUTER, autrefois *Adjouster, Adjouxter*, du Latin *Ad-juxtare*, mettre à la suite.

A L, A U

ALTESSE, Ital. *Altezza*, du Lat. *Altus*, Haut: de-là,

ALTIER, Ital. *Altiero*,

HAUT, Lat. *Altus*.

HAUTEUR, Lat. *Altitudo*, au sens propre & au sens figuré, d'où viennent:

HAUTESSE, titre de l'Empereur des Turcs.

HAUTEMENT, d'une manière hautaine, hardie, élevée.

HAUSSER.

HAUSSE, ce qui sert à hausser.

HAUSSEMENT.

AUTEL, Lat. *Altare*, à cause de sa hauteur.

AUTAN, vent du Sud, Lat. *Altanus*, parce qu'il vient de la haute Mer, *Altum*.

ALAIGRE, joyeux, Lat. *Alacer*.

ALEGRESSE, Lat. *Alacritas*.

ALIMENT, ce qui sert à nourrir, Lat. *Alimentum*: de-là,

ALIMENTAIRE, ALIMENTER,
ALIMENTEUX.

C

ALISIER, Arbre à fruit rouge, Lat. *Alisaria.*

ALUN, sorte de mineral. Lat. *Alumen.*

ALUMINEUX, qui tient de la qualité de l'alun.

ALUNER, tremper dans l'alun.

ALVÉOLE, cavité dans laquelle sont emboëtées les dents. Lat. *Alveola.*

ALLIANCE, union volontaire entre deux contractans.

ALLIÉ, uni par mariage ou autrement.

ALLIER, unir, mêler.

ALLIAGE, mélange de Métaux, du Lat. *Adligare*, unir, lier ensemble.

AM, AIM.

AMANT, qui aime une Dame.

AMANTE, Dame aimée.

2°. Dame qui aime.

AMÉ, aimé, en terme de Chancellerie.

AMI, qui est attaché par les sentimens d'affection. Lat. *Amicus.*

AMIE.

AMITIÉ, Lat. *Amicitia.*

AMOUR, Lat. *Amor.*

AIMER, Lat. *Amare.*

AIMABLE, Lat. *Amabilis.*

AMABILITÉ, caractere digne d'être aimé.

AMIABLE, ce qui se fait en ami.

AMOUREUX, AMOURETTE.

AMOUREUSEMENT, s'AMOURACHER.

AMATEUR, qui a du goût pour un Art.

Tous ces mots viennent du Primitif, AM union, d'où.

I. AMASSER, réunir plusieurs objets de la même nature.

AMAS réunion.

AMARRER, lier une barque au rivage.

II. AMBIGU, douteux, dont le sens est équivoque, Lat. *Ambiguus.*

2°. Au figuré, repas où l'on offre tous les services à la fois.

III. AMEÇON, HAMEÇON, crochet au bout d'un long fil attaché à une corde pour prendre le poisson, Ital. *Amo*, Lat. *Hamus.*

AMBLE, allure d'un cheval qui meut les jambes d'un côté, avant de mouvoir celles de l'autre côté.

AMBULANT, qui est toujours en marche.

AMBULATOIRE, qui n'est pas fixe, pas stable.

Ces trois mots du Lat. *Ambulare*, marcher.

AMBRE, production que la Mer jette sur les côtes, Lat. *Ambarum.*

AME, Lat. *Anima.* Ce mot a plusieurs significations; 1°. *souffle*, cette personne n'a que l'ame; 2°. le *principe de la vie*, ame végétative; 3°. l'*esprit*; 4°. les *sentimens* de l'esprit & du cœur: avoir de l'ame, une ame élevée; 5°. le *mobile* d'une chose; il est l'*ame* de tout; 6°. la *partie* essentielle de divers instrumens; l'*Ame* d'un soufflet, d'un canon, &c.

Il vient de AHM & AN primitif, souffle, respiration, Ame; & qui est une onomatopée.

De la même racine, dérivent :

ANIMAL, tout être qui respire, Lat. *Animal.*

ANIMER, *Animare.*

ANIMATION, *Animatio.*

ANIMOSITÉ, haine dont on est animé, *Animositas.*

MAGNANIME, *Magnanimus*, mot-à-mot, qui a une grande ame.

MAGNANIMITÉ, *Magnanimitas.*

RANIMER, rendre la vie, le courage.

AMÉNITÉ, agrémens, douceur dans le caractère, Lat. *Amænitas.*

AMENDE, peine pécuniaire ; du Lat. *Menda*, correction, peine.

AMENDABLE, ce qui peut se corriger.

AMENDER, corriger, bonifier, sur-tout en parlant de la terre : 2°. recouvrer la santé, Lat. *emendari.*

S'AMENDER, se corriger.

AMENDEMENT, changement, correction ; 2°. ce qui bonifie. Lat. *emendatio.*

AMIT, linge qui couvre la tête & les épaules du Prêtre & dont il se revêt lorsqu'il doit dire la Messe, Lat. *Amictus.*

AMPLE, vaste, étendu. Lat. *Amplus.*

AMPLEUR, Lat. *Amplitudo.*

AMPLIATION, *Ampliatio.*

AMPLIFIER, *Amplificare.*

AMPLIFICATION, *Amplificatio.*

AMPOULE, élevure sur la peau, bouffissure. Lat. *Ampulla.*

AMPOULÉ, *au figuré*, enflé, en parlant du style.

AMULETTE, ce qu'on porte sur soi, pour être préservé des maladies, &c. Lat. *Amuletum.*

AN

Du mot Lat. ANNO signifiant, CERCLE, sont venus les mots suivans.

1°. AN, ANNÉE, révolutions du Soleil.

ANNALES, histoires des Peuples.

ANNATES, droit de Rome sur les bénéfices.

ANNIVERSAIRE, qui se fait chaque année au même jour.

ANNUEL, qui revient tous les ans ; 2°. qui dure un an.

ANNUITÉS, Profit annuel sur de grandes Compagnies.

2°. ANNEAU, bague. Lat. *Annulus.* 2°. tout ce qui est rond en forme de bague.

ANNULAIRE, le quatriéme doigt, à cause qu'on y met des anneaux : 2°. ce qui est en forme d'anneau.

3°. ANUS.

4°. ANTAN, l'année passée, mot-à-mot l'AN ANTÉrieur.

5°. AMBITION, passion de ceux qui cherchent à s'élever, à acquérir des dignités, de la fortune. Lat. *Ambitio.*

AMBITIEUX, Lat. *Ambitiosus.*

C ij

AMBITIONNER, aspirer à quelque chose.

Ces mots appartiennent à la famille AN, qui signifie 1°. anneau, tour : 2°. autour ; & au verbe IRE aller.

Les Latins, pour lier ces deux mots, inséroient la lettre *b* entre deux, *an-b-ire*, d'où vinrent *Ambire* & *Ambitio*.

ANSE, partie faite en demi-cercle & au moyen de laquelle on porte les objets destinés à être transportés, comme les paniers, les cruches, &c. Lat. *ANSA*.

Du mot Latin *ANTE*, qui désigne la qualité ou l'action de précéder, naquirent ceux-ci.

1°. ANCIEN, ce qui existoit il y a long-tems.

ANCIENNETÉ.

ANCIENNEMENT.

ANTIQUE, Lat. *Antiquus*, vieux, ancien. Antique se prend en moins bonne part qu'ancien : *ancien*, marque le tems antérieur ; & *antique*, ce qui a cessé d'être en usage.

ANTIQUITÉ, les tems anciens.

ANTIQUAIRE, celui qui étudie les usages anciens.

ANTICAILLES, ouvrages antiques.

2°. ANCÊTRES, ceux dont on descend & qui étoient ANTE, *avant*.

3°. ANTÉRIEUR, de deux choses, celle qui est avant, Lat. *Anterior*.

ANTÉRIORITÉ, Lat. *Anterioritas*.

ANTEPENULTIEME, Lat. *Antepenultimus*. Celui qui est avant l'avant-dernier.

4°. AVANT de *AB* & *ANTE* ; mot-à-mot ce qui est *par* ANTE-*riorité*.

AVANCE, saillie, ce qui est en avant :

2°. Chose faite pour parvenir à un but. *Faire toutes les avances* :

3°. Somme donnée par préliminaire.

AVANCER, être en avant ; 2°. aller en avant ; 3°. faire des avances ; 4°. proposer ; 5°. réussir ; 6°. parvenir plus haut.

AVANCÉ.

AVANCEMENT.

5°. AVANTAGE, effet de la qualité d'être en AVANT, d'être plus avancé ; 1°. profit, honneur ; 2°. victoire : 3°. qualité heureuse ; 4°. prérogative ; 5°. condition plus favorable.

AVANTAGEUX, *adjectif*, utile, profitable. *Nom*, celui qui aime à se prévaloir de ce en quoi il pense l'emporter sur les autres.

AVANTAGER, accorder des conditions favorables.

A O

AOÛT, le huitième mois de l'année. L'AOÛT, la moisson.

AOUSTER, faire meurir les blés.

Du Lat. *Augustus*, nom de l'Empereur Auguste, qu'on donna à ce mois.

A P.

Du Lat. APPELLO, appeller, demander, on a formé ces mots.

APEL, action d'apeller.
APELER, Lat. *apello.*
APELLANT.
APELLATIF, Lat. *Apellativus.*
APELLATION, Lat. *Apellatio.*
Rapeller.

APEAU, Instrument avec lequel on imite le cri des Oiseaux, pour les attirer au piége.

APÉRITIF, propre à débarrasser, à ouvrir les voies des humeurs, Lat. *Aperitivus.*

ÂPRE, autrefois ASPRE, rude au toucher, Lat. *Asper.*
ASPÉRITÉ, Lat. *Asperitas.*
ÂPRETÉ, qualité rude au goût.
ÂPREMENT.

APTE, propre à une chose, Lat. *Aptus.*
APTITUDE, Lat. *Aptitudo.*
ADAPTER, rendre propre, rendre apte, Lat. *Ad-aptare.*
INEPTE, non-apte, Lat. *Ineptus.*
ATTITUDE, action & situation qu'on donne aux figures qu'on représente, ou qu'on se donne à soi-même. Une *belle attitude*, une *attitude décente*. Ce mot vient de *Aptitude*; c'est la situation qu'on doit prendre, qu'on doit adapter pour remplir ce qu'on doit faire.
ATTIFETS, ornemens, parure.
s'ATTIFER, se coëffer, se parer.

Du Latin *se APTUM facere*, se rendre apte, propre : se faire beau, s'orner, se parer.

A R

ARBITRE, Juge choisi pour terminer un différend, Lat. *Arbiter.*
ARBITRAGE, décision par Arbitres.
ARBITRAL, qui est l'effet des Arbitres.
ARBITRAIRE, qui est livré à la volonté de chacun.
ARBITRAIREMENT, d'une façon arbitraire, & sans égard à aucune Loi.

Du Latin ARCUS, ARC, sont venus ces mots.

1°. ARC, instrument offensif.
ARCHER, Tireur d'Arc. 2°. Cavalier du Guet, &c.
ARC-BOUTANT, Arcs qui soutiennent des murs.
ARCADE, voute en Arc.
ARCEAU, porte & fenêtre courbée en arc.
ARCHET, bâton en arc avec des crins en forme de corde pour faire raisonner des Instrumens à cordes.
2°. ARÇON, en Espagn. *Arzon*, Ital. *Arcione*, étriers en forme d'arc, Lat. *Arctio.*
3°. ARCHE, 1°. grande voute pour un Pont.
2°. Vaisseau de Noé.
3°. Coffre dont le couvercle est en ceintre.
4°. ARCHIVES, lieu où l'on garde les Papiers & Actes Publics.

ARCHIVISTE, qui a la garde des Archives.

On les tenoit dans des coffres. Du Latin ARDOR, chaleur brûlante, viennent ces mots.

1°. ARDEUR, Lat. Ardor.

ARDENT, Lat. Ardens, au propre & au figuré.

ARDEMMENT.

ARDRE, brûler Lat. Ardere.

2°. Piquer, aiguillonner, d'où

ARDILLON, partie de boucle qui sert à attacher en piquant.

ARS & ARSON, Incendie; vieux Franç.; ARSIN, Incendiaire.

2°. ARDOR venoit lui-même d'Areo sécher : d'où ARENE, le sable, Lat. ARENA, parce que la chaleur séche, & que le sable est toujours sec.

ARIDE, sec, Lat. ARIDUS.

ARIDITÉ, sécheresse, Ariditas.

ARGILE, terre propre à faire des pots, Lat. Argilla.

ARGILEUX, d'Argile.

ARGENT, métal blanc, Lat. ARGENTum, 2°. richesses.

ARGENTÉ, couvert de feuilles d'argent.

ARGENTERIE, vaisselle d'argent.

ARGENTER, couvrir de feuilles d'argent.

ARGENTIER (vieux Fr.), Orfévre.

ARGENTIN, couleur d'argent; 2°. qui a le son clair comme l'argent.

ARGENTINE, plante dont les feuilles sont argentées.

ARGUER, censurer, reprendre; du Lat. ARGU-tus, qui signifia dans le sens littéral pointu; au figuré, délicat, ingénieux, spirituel.

ARGUMENT, Lat. Argumentum, raisonnement ingénieux & démonstratif, poignant; 2°. démonstration; 3°. indice d'un Ouvrage.

ARGUMENTER, faire des raisonnemens démonstratifs.

ARGUMENTATION, action d'argumenter.

REDARGUER, répliquer, riposter.

ARMES, instrumens qui servent à attaquer & à se défendre; Lat. ARMA : de-là ces mots

1°. ARMÉE.

ARMEMENT.

ARMER.

ARMATEUR, qui met des vaisseaux pour courir sur l'ennemi, ou pour s'enrichir.

ARMURE, habillement de guerre.

ARMURIER, celui qui fabrique & qui vend des armes.

2°. ARMOIRE, meuble à étages avec des portes où l'on renferme ses effets. Il doit son nom à ce qu'on y renfermoit ses armes.

3°. ARMES de Famille, ou Symboles propres à chaque famille, parce qu'on les peignoit sur les Armes.

ARMOIRIES, Armes de Famille peintes & enluminées.

ARMORISTE, savant dans les Armoiries, qui en tient note.

ARMORIAL, livre qui contient un recueil d'Armoiries.

4°. ALARME, Ital. *All'arma*, mot-à-mot *Aux armes*; cri pour avertir de l'approche de l'ennemi; 2°. effroi, terreur.

ALARMER, effrayer.

ALARMANT, effrayant.

5°. ARMISTICE, suspension d'armes, de *Sto*, arrêter; & d'*Armes*.

Du Latin ARTE, Art, sont nés tous ces mots:

1°. ART, Science de pratique; 2°. habileté.

ARTISTE, qui est voué à un Art.

ARTISAN, qui subsiste du travail de ses doigts par le moyen d'un métier.

ARTISANE.

ARTISTEMENT, avec art.

2°. ARTIFICE, Lat. *Artificium*.
    1°. Adresse.
    2°. Finesse, ruse.
    3°. Feu de joie fait avec art.

ARTIFICIEUX, rusé.

ARTIFICIER, qui fait des feux d'artifice.

ARTIFICIEL, qui ne subsiste que par un effet de l'art; 2°. qui est l'effet de l'art.

ARTIFICIELLEMENT, par art.

3°. ARTILLERIE, machines de guerre, effet de l'industrie & de l'art humain.

  Ce mot est plus ancien que l'invention du canon & des armes à feu; 2°. l'ensemble de tous ceux qui servent aux machines de guerre.

ARTILLIER, ouvrier qui travaille à l'artillerie.

4°. ARTICLE, Lat. *Articulus*, ce qui sert à unir avec art deux parties du corps d'un ouvrage; 2°. union de deux choses qui est l'effet de l'art; 3°. portions d'un tout; 4°. mots destinés à annoncer les noms & à s'unir avec eux.

ARTICULATION, liaison des os, au moyen de laquelle ils se meuvent sans peine; 2°. prononciation qui fait sentir les parties de chaque mot, de chaque syllabe.

ARTICULER, prononcer distinctement; 2°. énoncer tous les objets d'une demande.

s'ARTICULER, se joindre, s'insérer en parlant des os.

5°. ARTEIL, ORTEIL, doigt du pied à cause de leurs articulations.

ARTICHAUD, plante qui a du rapport au chardon.

  On a avancé bien des rêveries sur l'origine de ce mot. C'est l'Italien *Carciofo*, Artichaud: mot altéré de *Cardo*, Chardon, & *uovo*, œuf. L'artichaud est un Chardon qui produit une pomme grosse comme un œuf.

  On aura dit *Cartifo*, *Artifo*, *Arti chaud*.

AT

D'*ATRO*, noir, 2°. terrible, sont venus ces mots:

1°. ATROCE, cruel, inhumain, Lat. *Atrox*.

ATROCITÉ, cruauté, inhumanité criante, Lat. *Atrocitas*.

2°. ÂTRE, foyer.

AU

Du Latin *ALBUS*, prononcé *AUBE* & qui signifie *blanc*, viennent:

1°. AUBE, point du jour, moment où le Ciel blanchit, d'où

AUBADE, concert au point du jour.

AUBE de Prêtre, ornement blanc.

AUBIN, Lat. *Albumen*, blanc d'œuf.

2°. AUBEAU, nom du peuplier, parce qu'il est blanc.

AUBIER, AUBOUR, partie du bois la plus proche de l'écorce & qui est blanche.

3°. AUBÉPINE, arbrisseau épineux à fleurs blanches, Lat. *Alba-spina*.

AUCUN, pas un, Ital. *Alcuno*.

AUCUNE, pas une, Ital. *Alcuna*.

AUCUNEMENT, nullement. Espagn. *Alguno*.

Aucun signifioit QUELQUE, comme en Italien & en Espagnol, venant de *aliqui-unus*, prononcé *alqu-un*.

Insensiblement, on n'a plus attaché à ce mot qu'une idée négative, qui indique l'absence de *quel que* ce soit.

Il n'existe, en effet, aucun terme négatif qui ne soit né d'un terme qui exprimoit une idée positive.

AUDACE, hardiesse excessive, Lat. *Audacia*.

AUDACIEUX, Lat. *AUDAX*.

AUDACIEUSEMENT, Lat. *Audacter*.

OSER pour *AUDER*, d'*Audere*, avoir de l'audace.

Du verbe *AUDIO*, entendre, écouter, sont nés ces mots:

AUDIENCE; 1°. action d'écouter; 2°. lieu où l'on plaide; 3°. assemblée des Juges.

AUDIENCIER, Huissier qui appelle les causes pour l'Audience.

AUDITEUR, qui écoute, Lat. *Auditor*; 2°. titre de dignité.

AUDITRICE, celle qui écoute.

AUDITION, ou *Audicion*, tems employé à ouïr.

AUDITOIRE, assemblée qui écoute; 2°. lieu où l'on écoute, Lat. *Auditorium*

OUIR, écouter, entendre, au lieu d'*Audir*, du Latin *Audire*.

AUGE, tronc d'arbre creusé en long & destiné à servir de vase, à contenir, Lat. *Alveus*, dont on fit *Alvio*, *Aljo*, *Auge*.

AUGMENT, en Grammaire, addition d'une lettre à la tête d'un verbe.

En Droit, ce qu'un Mari ajoute à la dot de sa Femme.

AUGMENTER, accroître, Lat. *Augmentare*.

AUGMENTATION, Lat. *Augmentatio*.

AUGMENTATIF, qui ajoute, propre à augmenter.

AUGURE, Lat. *Augur*, celui qui jugeoit

jugeoit de l'avenir par le vol des oiseaux; présage, *Augurium*.

Augurer, conjecturer.

Augural, qui sert aux Augures.

AUGUSTE, magnifique, respectable, Lat. *Augustus*.

AULIQUE, du Latin *AULA*, Sale, Palais, Cour. Ce qui appartient au Conseil Suprême de l'Empire en Allemagne; *Conseiller Aulique*.

AUNE, arbre qui croît au bord des eaux, Lat. *Alnus*.

Aune, mesure pour les étoffes; du Latin *ULNA*, bras: 2°. Au ne. brasse, parce que les bras servent de mesure, & ont produit l'Aune, qu'on prononçoit *Aulne*, tandis qu'*Ulna* se prononçoit *Olna*.

Auner, mesurer à l'aune.

Aunage, action d'auner, ce qu'on a auné, mesurage.

AUSPICE, celui qui prévoyoit l'avenir par l'examen des oiseaux, de leur chant, de leur empressement à manger, &c: 2°. le présage même qui en étoit l'effet: 3°. tems heureux ou malheureux: 4°. protection, autorité tutelaire. *Venir sous les Auspices d'une personne*.

AUSSI, conjonction, qui signifie autant, comme, en cette maniere: on l'a dérivé; 1°. de *ad sic*, pour de cette maniere; 2°. de *aliud sic*, autre en cette maniere.

Mais on aura dit *aut sic*, ou de cette maniere: ou *al sic*, à cette maniere, & puis *aussi*.

Dict. Etymol.

Être *aussi beau*, signifie en effet être beau à cette maniere, à la même maniere que l'objet auquel on compare celui dont il s'agit.

Je trouve dans le Suppl. à Ducange, ARTICLE I. *Besana*, qu'on a dit *Ausinc* pour *aussi*: c'est dans une charte de l'an 1245.

AUSTÈRE, qui vit d'une maniere rigoureuse, privée de toute douceur; 2°. qui est rigoureux dans ses discours. Lat. *Austerus*.

Austérités, rigueurs dans lesquelles on vit.

Austérement, avec austérité.

AUSTRAL, méridional, du midi, Lat. *Australis*.

AUTEUR, inventeur; 2°. celui qui a composé un livre; 3°. celui dont on tient quelque nouvelle, Lat. *Auctor*.

Mot-à-mot celui qui est puissant, habile, les Savans-Inventeurs, les Génies-Créateurs. Il n'est donc pas étonnant que ce mot tienne à la famille suivante:

Autorité, pouvoir, puissance; 2°. gouvernement, commandement; 3°. passage dont on s'autorise.

Autoriser, 1°. accorder le pouvoir de faire; 2°. appuyer de son crédit, de sa puissance.

Autorisation, action d'autoriser.

AUTENTIQUE, qui a les formes prescrites par la Loi; 2°. qu'on ne peut rejetter comme faux, qui a toutes les marques de la vérité, Lat. *Authenticus*.

D

AUTENTICITÉ, publicité d'une chose ; preuves qui en établissent la vérité, & qui sont généralement reconnues.

AUTENTIQUEMENT.

AUTOMNE, ou *Autonne*, une des quatre saisons de l'année, Lat. *Autumnus.*

AUXILIAIRE, qui aide, qui secourt, Lat. *Auxiliaris.*

Troupes auxiliaires, qui viennent au secours. *Verbe auxiliaire*, qui sert à en former d'autres.

A V

D'AV, désir, viennent ces mots :

1°. AVARE, qui veut tout pour soi, qui a peur de dépenser, Lat. *Avarus.*

AVARICE, passion de celui qui entasse sans dépenser, Lat. *Avaritia.*

AVARICIEUX, adonné à l'avarice.

2°. AVIDE, qui désire avec passion, Lat. *Avidus.*

AVIDITÉ, passion d'avoir, de réussir, Lat. AVIDITAS.

3°. AVÉ, mot-à-mot, *soyez bien, vivez. Je desire que vous soyez bien, je vous salue.*

AVEINE, & AVOINE, sorte de grain, Lat. AVENA.

AVELINE, espece de grosse noisette, Lat. *Avellina.*

De la même famille que la pomme d'*API*.

AVOIR, posséder, Lat. HABERE, Voy. A.

AVRIL, quatrième mois de l'année, Lat. APRILIS, même famille que le mot APÉRITIF.

MOTS COMMUNS AUX FRANÇOIS ET AUX GRECS
OU NÉS DE LA LANGUE GRECQUE.

A B

ABACO, table où l'on gravoit des nombres pour apprendre l'Arithmétique.

Lat. *Abacó*, à l'ablat. Gr. Αϐακω, *Abako.*

A C

ACRE, un champ, une mesure de terre, dans la plûpart des Langues d'Europe.

Lat. *Agro*, à l'abl.
Gr. *Agró.*
Anglo-Sax. *Acere, Æcer.*
Allem. *Acker.*
Goth. *Akrs.*
Arm. *Akarag.*

Island. *Akur.*

Ce mot est également Oriental; en Hébreu אכר *Akar*, Laboureur.

De-là ces mots, tous Latins également:

AGRICULTURE, ou culture de la terre, des champs.

AGRICULTEUR, qui cultive la terre.

AGRICOLE, qui appartient à l'Agriculture.

AGRAIRE, Loi concernant le partage des terres.

AGRESTE, qui a des mœurs sauvages, grossieres. *Agrestis.*

A G

AGAPES, repas d'amitié & de concorde des anciens Chrétiens, en Gr. Αγαπη, *Agapé*, amour, affection.

AGARIC, excroissance qui se forme sur les sapins, & sur la plûpart des arbres à gland, en Gr. Αγαρικω, *Agaricó.*

AGATE, espece de pierre précieuse; du Grec Αγαθω, *Agathó*, précieux, bon.

A I

AIL, espece d'oignon petit & d'une odeur très-forte, Lat. *Allio*, Gr. Αγλιδες, *Aglides*: c'est un pluriel sans singulier.

AIMAN & AIMANT, pierre qui attire le fer: elle a dû ce nom à sa dureté ainsi que le DIAMANT, appellés tous les deux en vieux François *Aiman*: tous les deux tirent leur nom du Grec ADAMAS.

AIR, l'élément dans lequel l'homme respire & à travers lequel passe la lumiere. Lat. *Aer*, Gr. Αηρ, *Aér*: de-là:

AÉRÉ, qui est exposé à l'air, qui jouit d'un grand air.

AÉRER, donner de l'air.

AÉRIEN, qui est de la nature de l'air, qui habite dans l'air.

AÉROMANCIE, divination par l'air.

Il ne faut pas confondre avec ces mots, le mot AIR pris dans deux sens fort différens.

AIR *noté*, ou *chanson*, qui vient du Latin *AERA, jetton, note.*

AIR, *façon, démarche*, anciennement, *Ayr, Air*, l'aller, la démarche, & qui vint du Latin *Adire*, aller.

A L

ALLÉGORIE, discours par lequel on semble dire une chose, tandis qu'on en dit une autre très-différente dont celle-là est l'ombre.

Lat. *Allegoria.*

Gr. Αλληγορεια, *Allégoria*: de-là ces mots:

ALLÉGORIQUE, ce qui est relatif à l'allégorie.

ALLÉGORISER, parler en allégories.

ALLÉGORISTE, celui qui parle en allégories; 2°. celui qui explique des allégories; 3°. celui qui en apperçoit là où d'autres n'en voyent pas,

ALPHABETH, nom de l'assemblage des lettres. Il est formé du nom des deux premieres lettres en Grec, *Alpha*, *Béta*, A & B : de-là le mot,

ALPHABÉTIQUE, mots rangés suivant les lettres de l'alphabet.

AM

AMALGAMER, unir les métaux par le feu ; du Grec *Ama*, ensemble, & *Gameó*, marier.

AMANDE, fruit que porte l'AMANDIER.

En Italien *Amandola*.

En Languedocien *Amenle* : ce sont des altérations du Gr. *Amygdalé*, & du Latin *Amygdala*.

AMBROSIE, nourriture des Dieux, Gr. *Ambrosia*.

AMIDON, substance tirée du grain de froment, & qui sert à faire l'empois ou la cole.

Lat. *Amylo*, Gr. Αμυλω, *Amyló*.

AMIDONNIER, celui qui fait & qui vend l'amidon.

AMNISTIE, déclaration par laquelle un Souverain met en oubli le passé à l'égard de ceux dont il a lieu de se plaindre.

Lat. & Gr. *Amnistia*.

AMPHIBIE, animal qui vit sur la terre & dans l'eau. Ce mot vient du Grec *Ampho*, deux, double, & *bia*, vie.

AMPHIBOLOGIE, discours équivoque, qui peut se prendre en deux sens : du même mot Grec *Ampho*, deux, double, & de *logos*, parole.

AMPHITÉÂTRE, mot Grec, qui signifie *double Téâtre*, parce que le spectacle étoit dans le centre, & qu'on étoit assis tout-autour.

AN

ANACORETE, qui s'est retiré du monde dans un désert pour ne penser qu'au Ciel : du Grec *Ana*, à l'écart, & *Coretés*, celui qui se retire.

ANALYSE, développement des parties que renferme un tout ; Grec Αναλυσις, *Analysis*, résolution ; action de délier, de séparer.

ANALYTIQUE, ce qui découvre les principes des choses.

ANALOGIE, rapport qui se trouve entre les objets de la même nature : du Grec *Ana-logia*, conformité.

ANALOGIQUE, ce qui est fait d'après les rapports avec un objet.

ANALOGUE, ce qui a du rapport avec un objet.

ANARCHIE, privation de Chef : du Grec *Ana*, sans, & *Arkhé*, commandement.

ANARCHIQUE, qui est privé de Chef, qui est plongé dans le désordre.

ANATHÈME, ou ANATÊME : ce mot est Grec, & signifie *séparation*, *dévouement*.

Il ne se prend plus qu'en mauvaise part : c'est le retranchement de l'Eglise, c'est être dévoué aux peines les plus terribles.

ANATHÉMATISER, ou ANATÉMATISER, retrancher du corps des Fidéles.

ANATOMIE, art de disséquer le corps humain pour en connoître toutes les parties ; du Gr. Αναΐομια, *Anatomia*, dissection, séparation avec des instrumens tranchans.

ANATOMISTE, celui qui disseque le corps humain.

ANATOMISER, disséquer.

ANATOMIQUEMENT, à la maniere des Anatomistes.

D'ANC & ANG, étroit, aigu, sont venus ces mots :

1°. ANCRE, instrument de fer à deux pointes recourbées dont on se sert sur l'eau, qui tient au vaisseau par un cable, & qu'on jette au fond de l'eau pour arrêter le vaisseau.

Lat. *Anchora*, Grec Αγκυρα, *Ankyra*.

Ces mots viennent de la racine primitive ANC, ANG, qui désigne l'action de serrer, d'étreindre, d'étrangler, de même que les suivans :

2°. ANGER, vieux mot François, qui signifie *embarrasser*, *incommoder*, mettre en angoisse : en Grec, Αγγαρευω, *Angareyó*.

ANGOISSE, douleur amere.

ANXIÉTÉ, Lat. *Anxietas*, détresse, tourmens, inquiétude extrême.

3°. ANGUILLE, Lat. *Anguilla*, Poisson long & mince, comme s'il étoit étranglé.

4°. ANGLE, Lat. *Angulus*, Grec Αγγυλος, *Ankulus*, espace renfermé entre deux lignes qui se croisent.

ANGULAIRE, ce qui concerne l'angle.

ANECDOTES, évenemens, & livres qui n'étoient pas connus & qu'on met en lumiere : du Grec Ανεκδοΐα, *Anekdota*, qui n'a pas été donné, publié.

ANGE, esprit celéste, Lat. *Angelus*, Grec *Angelos*, Αγγελ☉.

ANGÉLIQUE, qui a le caractère d'Ange.

2°. Plante admirable par ses effets & sa douceur.

ANGÉLIQUEMENT, comme un Ange, à la maniere des Anges.

ANGELUS, Priere qui se récite trois fois le jour.

2°. Cloche qui l'annonce.

ANGELOT, espéce de fromage.

2°. Ancienne monnoie, avec la figure d'un Ange.

ARCHANGE, Chef des Anges.

ANIS, Plante dont la graine a un goût aromatique fort agréable ; en Grec, *Anison* & *Anéthon*, Ανισον, Ανηθον.

ANONYME, livres, lettre, ouvrage sans nom d'Auteur : du Grec A, sans, & *Onoma*, nom.

ANOMALIE, terme de Grammaire, irrégularité, chose opposée aux régles ; de A sans, & νομ☉ *Nomos*, Loi, régle.

ANOMAL, qui est irrégulier, *un Verbe Anomal.*

ANTAGONISTE, mot Grec qui désigne une personne comme étant opposée à une autre ; comme étant en guerre, en combat avec une autre personne.

De la préposition *ANTI*, contre, & du mot, *agón* combat.

ANTIDOTE, contre-poison ; mot-à-mot, chose *donnée contre* un poison : du Grec *Anti*, contre, & *dotos*, donné.

ANTIENNE, Hymne chantée par deux Chœurs qui se répondent : du Grec *Antiaô*, Αντιαω, se rencontrer.

Les mots qui commencent également par *Anti*, viennent aussi tous de la Langue Grecque : du moins ils en sont composés quant à ce mot, qui emporte toujours une idée de contrariété, d'opposition.

ANTRE, caverne profonde, Lat. *Antro*, Grec *Antró*.

ANTROPOPHAGE, celui qui mange les hommes, qui se nourrit de chair humaine. Du Grec Ανθρωπ☉, *Anthrópos*, homme, & *phagó* φαγω, manger.

A P

APOCALYPSE, terme de Théologie, Révélation, Manifestation de l'avenir voilé. Des mots Grecs Καλυπτ☉ *Kalyptos*, caché, voilé, & *Apo*, préposition qui marque l'éloignement, l'action d'ôter.

La Langue Françoise a emprunté du Grec nombre de mots composés de cette préposition Apo. Mais elle y sert souvent à *renforcer* la signification du mot qu'elle accompagne, comme notre préposition inséparable RE à la tête des mots. Et 2°. à désigner la *cause*, le *motif.*

APOCRYPHE, caché, dont la source est inconnue, & qui par-là même, mérite moins de foi : du Grec Κρυπτη, *Krypté*, caverne, cachette.

APOLOGIE, discours pour la défense ou la justification de quelqu'un : du mot Λογ☉, *Logos*, discours, parole.

APOLOGÉTIQUE, en forme d'Apologie.

APOLOGISTE, celui qui entreprend la justification, qui défend.

APOLOGUE : ce mot, formé des mêmes mots qu'Apologie, est devenu le nom des Fables inventées pour l'instruction des hommes, telles que les Fables morales d'Ésope & celles de la Fontaine. C'est comme si on disoit *discours en faveur* de l'instruction, *récit exposé* aux hommes pour leur avantage.

APOPHTEGME, du mot φθεγμα, *Phtegma*, parole, mot ; 2°. mot par excellence, bon mot, Sentence mémorable.

APOPLÉXIE, indisposition subite & mortelle : du mot πληξις, *Pléxis*, secousse, coup.

APOPLECTIQUE, qui tient de l'apopléxie.

APOSTAT, terme de mépris; un Apoſtat eſt celui qui abandonne ſa Religion, pour en embraſſer une autre qu'on regarde comme fauſſe: du mot *Apo*, loin, & *ſtó*, ſe tenir.

APOSTASIE, renoncement à la vraie Religion.

APOSTASIER, renoncer à ſa Religion.

APOSTOLAT, qualité à laquelle furent élevés les douze Diſciples de J. C. Ce mot ſignifie proprement *Miſſion*, *Envoi*, de *ſtelló*, Στελλω, envoyer.

APÔTRE, autrefois, APOSTRE, mot altéré du Grec Αποϛολ☉, *Apoſtolos*, qualité des douze Diſciples de Jeſus-Chriſt & qui ſignifie *envoyé*.

APOSTOLIQUE, dans le goût des Apôtres.

APOSTOLIQUEMENT, à la maniere ſimple & ſublime des Apôtres.

APOSTROPHE, action d'un Orateur qui ſe tourne tout-à-coup vers un objet ou vers une perſonne pour lui adreſſer directement la parole.

APOSTROPHER, c'eſt adreſſer la parole à quelqu'un: 2°. Injurier quelqu'un, ou le blâmer ſans qu'il ait lieu de s'y attendre.

Ce mot vient de ϛρεφω, *Strephó*, ſe tourner vers.

2°. APOSTROPHE, du Grec *Apoſtrophos*, marque qui déſigne qu'on a ſupprimé, rejetté la derniere ſyllabe d'un mot, comme dans le mot *d'un*, pour *de un*.

APOSTUME, du Grec Αποϛημα, *Apoſtéma*, abcès, tumeur avec ſuppuration.

APOTÉOSE ou APOTHÉOSE, élévation au rang des Dieux: du Grec Θεϴ, *Theos*, Dieu.

APQTICAIRE, du Grec *Apothéké*, Αποθηκη, Magaſin, celui qui raſſemble les drogues néceſſaires à la Médecine & qui les prépare.

APOTICAIRERIE, Boutique d'Apoticaire, Magaſin de drogues.

A R

ARCHITECTE, celui qui dreſſe les plans des Edifices, & qui en dirige la conſtruction: du Grec *Archi*, ſuprême, & *Tektón*, Conſtructeur.

ARCHITECTURE, l'Art de bâtir.

ARISTOCRATIE, Gouvernement compoſé des Familles les plus puiſſantes: des mots Grecs *Ariſtos*, grand, & *Kratia*, Κραϑια, puiſſance.

ARISTOCRATE, qui eſt à la tête d'un Gouvernement Ariſtocratique.

ARISTOCRATIQUE, qui tient à l'Ariſtocratie, qui en dépend.

ARITHMÉTIQUE, l'Art des nombres, ou du calcul par chiffres: du Grec Αριθμος, *Arithmos*, nombre, chiffre.

ARITHMÉTICIEN, verſé dans la ſcience des nombres.

AROMATE, parfum, plantes ou productions de plantes dont on fait des parfums, & qui ont une odeur agréable & restaurante.

AROMATIQUE, qui est odoriférant.

AROMATISER, employer des Aromates.

Du Grec *Aróma*, parfum, odeur agréable.

ARSENIC, minéral composé de soufre & de sels caustiques, & qui est un poison ; Grec *Arsenikon*. Voy. A, *François-Oriental*.

ARTÈRE, Vaisseau qui transporte le sang du cœur jusques aux extrémités du corps. En Grec *Artéria*.

A S

ASPERGE, sorte de plante dont on mange les tiges tendres. Lat. & Grec *Asparagô*.

ASPIC, sorte de serpent ; en Grec Ασπις, *Aspis*.

ASTHME, indisposition ou viciosité des poumons qui rend la respiration pénible ; Grec *Asthema*, qui signifie la même chose qu'Asthme.

ASTHMATIQUE, qui est attaqué de cette incommodité.

ASTRE, Étoile, corps lumineux qui brille au Ciel. Lat. & Grec *Astró*. De-là

1°. ASTROLABE, Instrument avec lequel on prend la hauteur des Étoiles : du verbe *labô*, λαβω, prendre.

2°. ASTROLOGIE, Art de connoître les influences des Astres : du mot *Logos*, discours, raisonnement.

ASTROLOGUE, celui qui est versé dans la connoissance de l'influence des Astres.

3°. ASTRONOMIE, connoissance du mouvement des Astres, de leurs Loix & de leurs effets. Du mot Grec *Nomos*, régle, loi.

ASTRONOME, celui qui connoît les Loix d'après lesquelles se meuvent les Astres.

ASTRONOMIQUE, qui concerne l'Astronomie.

ASTUCE, Lat. *Astutia*, ruse, finesse. Dans l'origine, ce mot se prenoit en bonne part, & désignoit la finesse, la politesse des habitans des Villes. Il se forma du Grec ασυ, *Astu* ou *Asty*, Ville.

A T

ATHLETE, celui qui combattoit dans les Jeux de la Gréce : du Grec *Athlon*, combat, Αθλον.

ATMOSPHERE la masse d'air qui environne la Terre ; du Grec Ατμος, *Atmos*, vapeur, soufle, & σφαιρα, *Sphæra*, globe.

ATOME, corps indivisible, corpuscules dont on supposoit les êtres composés : du Grec *A*, non ; & *Tomos*, section, morceau, fragment.

A U

AUMÔNE, autrefois AULMOSNE, ce qu'on donne par charité & par compassion à un pauvre : du Grec ελεημοσυνη, *Eléemósyné*, commisération, pitié.

AUMÔNER,

AUMÔNER donner l'aumône.

AUMÔNIER, celui qui fait de fréquentes Aumônes.

2°. Celui qui est chargé de dire la Messe pour un Seigneur ou pour un Corps, & qui en distribue en même tems les aumônes.

AUTOGRAPHE, écrit de sa propre main; du Grec Αυτου, *Autou*, soi-même, & *graphon*, γραφον, écrit.

AUTOMATE, Machine ou figure humaine qui se remue sans qu'on la touche & comme d'elle-même: du Grec *Maô*, desirer, chercher.

A X - A Z.

AXE, essieu; on s'en sert en parlant des Globes & sur-tout de la Terre & des Planettes. L'axe du Monde.

Lat. & Grec, *Axis*, Αξις.

2°. AISSIEU, essieu, l'axe d'une roue, le cilindre sur lequel elle roule.

AXIOME, mot-à-mot *dignité*: vérité si claire, si évidente, qu'elle est digne d'être reçue par elle-même, sans l'autorité de personne.

AZYME, pain sans levain, dont on se servoit chez les Juifs à la fête de Pâques: du Grec *A*, non, sans, & *Zyma*, ζυμα, levain.

MOTS COMMUNS
AUX FRANÇOIS ET AUX ORIENTAUX
OU VENUS DE CEUX-CI.

A B

ABBÉ: ce mot désigne, 1°. le Chef d'une Abbaye d'hommes.

2°. On donne ce nom à quiconque porte l'habit Ecclésiastique.

ABBESSE, Chef d'une Abbaye de femmes.

ABBAYE, Maison Religieuse dirigée par un Abbé ou par une Abbesse.

ABBATIAL, ce qui regarde l'Abbé; la Maison Abbatiale.

Ces mots viennent de l'Oriental *AB*, en Syriaque *Abba*, qui signifie *Pere*.

2°. De la même racine, prononcée *AV*, vient le Lat. *AVUS*, ayeul, & notre propre mot,

AYEUL, au pluriel *Ayeux*, grand-Pere & Ancêtres. On disoit autre-

Dict. Etymol. E

fois Aviaux ; *Italien* Ayolo, *Espagnol* Abuolo.

ACADÉMIE, lieu où s'assemblent des Gens de Lettres. 2°. Lieu où l'on s'instruit dans les sciences. 3°. Lieu où l'on apprend à monter à cheval.

En Latin & en Grec, *Academia*. Ce mot vient de l'Oriental, *caDM* ou *Qadm* dont on a fait Cadmus & qui signifie l'Orient. 2°. *Vertu, excellence*. Les connoissances vinrent de l'Orient & par les connoissances on s'éleve.

A I

AIDE, secours, assistance. 2°. Celui qui aide. *Ital.* Aita.

AIDER, servir, être utile, secourir. S'AIDER, se tirer d'affaire par soi-même. *Ital.* Aitar.

Ce mot vient de l'Oriental *ID* prononcé *BID* qui signifie, 1°. main: 2°. aide, secours. La main est le grand aide de l'homme.

A L

ALBÂTRE, autrefois ALBASTRE, espece de marbre moins dur que le marbre ordinaire, & communément blanc. Ce mot est Grec & Lat. Mais dans toutes ces Langues, il vient de l'Oriental *Al*, le, & *BATS, BUTS*, qui signifie *blanc*.

ALBERGE, espéce de pêche. MÉNAGE dérive ce mot du Latin *Albus*; mais *al* est ici un article Oriental.

SAUMAISE a peut-être raison de le dériver, dans son Ouvrage sur les Plantes chap. 68, de l'Arabe *Albegi*, ﺞﺑ *beg*, qui est le nom d'un fruit.

ALCALI, espéce de sel simple. C'est un mot Arabe, formé de l'article *al* & du mot KALI la *soude*, ou *soute* dont les cendres donnent ce sel.

Selon SAUMAISE, dans le même Ouvrage ch. 120, *Cali* est le nom des cendres, & USNA le nom de la plante dont on les tire. AVICENNE a distingué aussi ces deux choses.

ALCHYMIE, la Chymie la plus sublime, qu'on croit enseigner à transmuer les métaux, & à trouver la Médecine universelle, de même que les remédes contre la mort. On le dérivoit du mot *Ham*, ou *CHAM*, qui fut le nom de l'Egypte. Mais BOCHART dans son Phaleg le dérive du mot Arabe K-M-I qui signifie cacher, d'où vint *Al-chymie* (Alchemia) l'Art occulte. De-là;

ALCHYMISTE, celui qui s'adonne à *l'Alchymie*.

ALCORAN, Livre sacré des Mahométans. Ce mot signifie le LIVRE par excellence. Il s'écrit en Arabe ﻗﺮآن, *Qoran*.

ALCOVE, portion de la chambre qui renferme un lit à coucher. Ce mot nous vient de l'Espagnol AL-COVA. C'est l'Arabe *AL-COBBA*, *chambre voutée ou plafonnée & qui renferme un lit*.

ALEMBIC, vaisseau à distiller, en Arabe ﺍﻧﺒﻴﻖ *Anbik*. Golius avoue que ce mot est étranger aux Arabes, qu'il vient peut-être du Grec *Ambik*, un vase; ou de l'Indien. Il est composé de l'article *Al* & du verbe NBaKa, tirer, distiller.

S'ALEMBIQUER, c'est perdre son tems en réfléxions pénibles: c'est se distiller l'esprit pour découvrir quelque chose qui intéresse.

ALEZAN, cheval bai, tirant sur le roux. C'est l'Espagnol *Alazan*: Ces mots viennent de l'Arabe *Alhesan*, cheval courageux & de bonne race; on dit en proverbe Espagnol *Alezan brûlé, plutôt mort que lassé*. Beau, parfait, s'apelle en Arabe ﺣﺴﻦ HaSaN.

ALFANE, une jument, une cavale, en Italien *Alfana*, en Espagnol *Alfena*, cavale sauvage ou étrangere. Ce mot doit être Arabe, à cause de l'article, & parce que ces mots sont absolument isolés dans ces deux langues, & par conséquent étrangers. Il doit donc venir de l'Arabe ﻓﻴﻨﺎﻥ FINAN, qui signifie *orné d'une belle chevelure*, & qui sert de nom aux chevaux, à cause de leur belle criniere.

C'est ce mot si célèbre par le ridicule qui en résulta pour les étymologies, lorsque Ménage eut essayé de prouver qu'il venoit du mot Latin *Equus*, cheval, & qui occasionna ce fameux couplet.

Alfana vient d'Equus, sans doute;
Mais il faut avouer aussi
Qu'en venant de-là jusqu'ici,
Il a bien changé dans la route.

ALFIER, un Enseigne. C'est l'Italien *Alfiere*, & l'Espagnol *Alferez*, qui porte le drapeau. Ce mot doit être également Arabe. Le mot ﻓﺮﻁ PhaRT, ou *Phartz*, signifie comme verbe, *précéder, marcher devant*; & comme nom, un *signe destiné à marquer le chemin*.

ALGARADE, insulte, querelle faite sans raison: en Espagnol *Algarada*. Ce mot est certainement Arabe; mais on ne trouve dans le Dictionnaire de Golius que le verbe primitif GaRa ﺟﺮ, qui signifie *molester, agir avec perfidie, accuser faussement*, & qui est également Hébreu גרה, GaRHa.

Ce verbe est sans nom dans Golius; mais les Espagnols ne l'ont sûrement pas inventé. Le mot Arabe dont ils l'ont pris manque donc dans Golius, & ce n'est pas le seul. On peut doubler ce Dictionnaire, & encore on n'épuiseroit pas cette Langue.

ALGÉBRE, science où l'Arithmétique est ramenée à ses principes généraux sans être appliquée à des quantités déterminées par des nombres: du mot Arabe ﺟﺒﺮ GaBaR, qui signifie *réduction des parties, ou des fractions à un tout*. Comme verbe, il signifie réparer, raccommoder, restaurer, & sur-tout relativement aux os cassés ou démis.

Il doit tenir au verbe BARA, ou BRA, faire, créer.

ALGUAZIL, nom d'un Sergent ou d'un Huissier, en Espagne. Ils exécutent les ordres de la Justice, & constituent les gens prisonniers. On a bien vu que ce mot étoit Arabe; mais on n'a su d'où le dériver. Covarruvias a proposé deux étymologies, croyant qu'on pouvoit le dériver ou de وزير WESIR, Ministre, homme en charge; ou de l'Hébreu גזל GAZAL, prendre, parce qu'ils arrêtent les criminels. Alguazil ne vient ni de l'un, ni de l'autre de ces mots. C'est le mot Arabe جوزل GUAZEL, qui signifie *jeune homme*, & 2°. *Valet*, quoique les Dictionnaires n'en disent rien; parce que dans toutes les Langues *jeune homme*, *garçon*, *valet*, sont & furent toujours synonymes.

ALMANACH, nom vulgaire du Calendrier. Ce mot est venu de l'Oriental MAN, nom primitif du Soleil & de la Lune, mais sur-tout de la Lune. On peut consulter tout ce que nous avons dit sur ces mots dans notre *Histoire du Calendrier*.

ÂNE, autrefois ASNE, en Latin ASINUS, animal à longues oreilles, & qui vint, ainsi que son nom, de l'Orient. C'est le mot

Oriental אזן, AZN, & Auzen, oreille. On ne pouvoit trouver une épithète plus convenable à cet animal.

Au figuré, un ignorant.

ÂNON, Lat. *Asellus*.

ÂNESSE, *Asina*.

ÂNIER, conducteur d'ânes, Lat. *Asinarius*.

ÂNERIE, trait d'un âne, d'un ignorant.

API, espèce de pomme, petite & d'un très-beau coloris. L'origine de ce mot, inconnue, tient sans doute au primitif אב, AV, AB, fruit.

ARAIGNÉE, en Lat. *Arachnea*, en Grec *Arakhné*. Ce mot signifie la tisserande, & vient de l'Oriental ארג, ARAG, *tistre*. C'est sur la valeur de ce mot qu'on inventa la charmante fable d'Arachné, & son défi avec Minerve, Déesse des Arts.

ARMONIE, HARMONIE, accord; *au physique*, relativement aux sons & aux couleurs.

Au figuré, relativement aux sentimens; Ital. ARMONIA, Lat. HARMONIA.

ARMONIEUX, Ital. ARMONIOSO.

ARMONISER, Ital. ARMONIZZARE.

ARMONIQUE, Ital ARMONICO, Lat. HARMONICUS. En Grec 1°. Ἁρμονια, HARMONIA, accord, arrangement, structure.

2°. HARMOSÔ, arranger, accorder.

3°. HARMÊ, insertion, suture; Oriental עָרַם, HORMA, HARMA, arranger, accorder, faire harmoniser; 2°. habile, inventif, qui sait mettre d'accord.

II. D'ici, une famille Latine & Françoise, dont la source étoit inconnue.

CARMINATIF, qui adoucit, qui appaise, qui rétablit l'harmonie.
CHARME, tout ce qui transporte par sa beauté, par son harmonie.
CHARMER, ravir, enchanter, transporter par l'harmonie.

Charme signifie donc, 1°. la beauté, parce qu'elle attire, qu'elle enchante.

2°. Les Arts magiques par lesquels on cherchoit à attirer à soi tous les Êtres, comme Orphée attiroit par son chant tout ce qui existe.

3°. La *Poésie*, en Latin CARMEN, faite pour charmer, pour ravir par son ARMONIE.

CARMEN, est donc un dérivé de HARM, harmonie; les vers sont l'effet de l'harmonie.

ARRHES, ARRES & ERRES, argent qu'on avance pour la sûreté d'un engagement, d'un contrat.

    Lat. *Arrhabo*.
    Gr. *Arrhabón*.
    Hebr. עָרְבוֹן, *Horaboun*.
    Arab. عُربان, *Horban*, & اربون *Arbun*, du verbe Arabe عرب *ARaBa*, nouer, serrer, affermir.

ARSENAL, lieu où l'on conserve les armes destinées au service de l'État. Ce mot est Italien & Espagnol. C'est une altération du mot *Darsena*, usité sur la Méditerranée, & qui désigne le lieu où on renferme les Galères & où on les construit. C'est un mot Oriental composé de دار *DAR*, habitation, magasin, & de سنع *SaNa*, former; 2°. fabriquer des armes, faire des épées, les aiguiser, les polir.

ARSENIC. Ce mot qu'on dérivoit si ridiculement du Grec *Arsen*, mâle, comme si ce poison avoit été appellé *mâle*, pour désigner la violence avec laquelle il agit, est le mot Oriental الزرنيخ, *Alzernig*, d'une origine inconnue à tous nos Lexicographes, & aux Orientaux eux-mêmes. Les Persans le regardent comme un mot originaire de l'Arabie; & les Arabes, comme un mot venu de Perse. C'est un mot Oriental très-énergique composé des deux mots, زر *ZeR*, mordre, brûler, & نج *NeG*, se hâter: mot-à-mot, *ce qui brûle & mord promptement*.

AVANIE, du Grec vulgaire *Abania* prononcé *Avania*, & qui signifie *affront*.

En Turc AVAN.

C'est le mot Oriental
    Arab. HaVaN حون, opprobre.
    Hebr. אָוֶן *AVeN*, injustice, iniquité.

AZILE ou AZYLE, lieu sacré où

l'on étoit à l'abri de toute poursuite : en Gr. Αζυλον *Azylon* ; en Lat. *Asylum* ; de l'Oriental *Atsel*, ou *Asel* אשל, forêt, bois. Les bois sacrés furent les premiers asyles ; & point d'asyles sans bois sacré, même à Rome.

AZIMUTH, Terme d'Astronomie, qui désigne le cercle qui passe directement sur la tête, & qui coupe l'horison à angles droits. C'est l'Arabe *Al* le, & ﺳﻤﺖ *SeMT*, chemin, chemin droit. ZENITH en vient.

ZENITH, est exactement le même mot Arabe prononcé *Zemt*, & qui désigne le sommet de ce cercle, son pole, le point du Ciel par conséquent qui est sur notre tête.

Ce mot tient au SEM-*ita* des Latins, un *Sentier*.

AZUR, couleur bleue, couleur du Ciel, Ital. *Azurro*, Esp. *Azul*. On a dit dans l'origine *Lazur* ; c'est le Persan ﻻزورد *Lazurd*, qui signifie bleu ; 2°. pierre bleue. Il doit tenir à زر *ZaR*, brillant, étincellant ; 2°. l'éclat de l'œil, d'une épée, &c. Ici nous avons supprimé le L initial, tandis qu'ailleurs nous l'avons ajouté.

MOTS FRANÇOIS-CELTES,
OU DÉRIVÉS DU CELTIQUE.

B

LA Lettre B est une Lettre labiale ou qui se prononce des lévres. Elle fut toujours la seconde Lettre de l'Alphabet Primitif ; & valut conséquemment deux dans l'Arithmétique à Lettres.

Cette Lettre se prononce des lévres, portion la plus mobile de l'Instrument vocal ; elle est donc devenue la source d'un grand nombre de mots en toute Langue, & en particulier dans la Langue Françoise ; de-là, une grande partie des mots qui composent le Dictionnaire de la premiere enfance, & qui forment les Familles suivantes.

B A

I. BA, désignant diverses idées relatives aux Enfans.

1. BABIL, action de causer, de jaser long-tems & facilement : d'où,

BABILLER.

BABILLARD & BABILLARDE.

Ces mots sont donc une onomatopée, l'imitation de l'action même de parler, qui fait mouvoir les lévres. C'est ainsi que les Grecs ont dit, Baó, Babazó, Babaló, Bambainó, qui tous signifient *parler*.

II. BABINE, nom des lévres, appliqué aux Enfans dans le style burlesque ; & qui est réservé dans le discours sérieux pour désigner les lévres de quelques animaux ; tels que les singes, les chiens, les vaches & bœufs.

III. On en a fait le nom de tout ce qui est petit.

BABOUIN, épithète des enfans, & nom d'une grosse espéce de singe : en Lat. BABUS, BABUINUS, enfant. En Celte *BAB*, un Enfant.

BAMBIN, un enfant.

BAMBOCHE, petit enfant nain, marionnette.

Famille très-nombreuse en Italien. 2°. Ce mot désigne encore une canne ou jonc composé de nœuds d'espace en espace, qui la divisent en petites portions & dont le nom est de la même famille que le mot suivant.

BAMBOU, jonc ou canne des Indes

d'une grosseur très-considérable & qui est à nœuds.

De BAMBO, BAMBIN, les Italiens firent *Bimbo*, enfant, d'où vint :

1°. BIMBORIONS, jouets d'enfans, que nous prononçons *Brimborions*.

2°. BIMBELOTS, jouets d'enfans.

BIMBELOTÉ, emmailloté comme une poupée.

BIMBELOTIER, BIMBLOQUIER, qui fait & vend des jouets.

IV. BABIOLES, jouets d'enfans : 2°. choses puériles, peu dignes d'un homme fait.

V. BACHELIER, jeune homme.

BACHELE, jeune fille.

BACHELETTE, fillette, fille jeunette.

Le premier de ces mots désigne encore un jeune homme dans quelques Provinces de France.

C'est le titre de ceux qui sont à leur premier grade dans les Facultés de Droit & de Médecine.

C'étoit autrefois le titre des jeunes Gentilshommes qui n'étoient pas encore reçus Chevaliers.

On a dit aussi en vieux-François *Bachelard*, pour jeune homme, & *bacelle*, *baisselle*, une jeune fille.

On appelle celle-ci en Alsace *Baissote*, en Franche-Comté *Bessote*, en Picardie *Baisselette*, dans les Alpes Valdoises *Bessaula*.

BACELLE, signifiant *petit*, devint le nom du moindre degré de Noblesse, ou du premier grade en fait de Fief & de service Militaire.

Une *Bacelle* étoit une terre composée de dix mas ou meix. On appelloit BACHELIER celui qui possédoit une pareille terre. Il paroissoit donc à l'armée avec dix hommes d'armes, nobles, accompagnés chacun d'Ecuyers & d'Arbalêtriers.

Il falloit être Seigneur de quatre BACELLES pour pouvoir devenir Banneret ou Chevalier à banniere; c'est-à-dire (car cette définition est obscure) il falloit pouvoir paroître à l'armée avec quatre Seigneurs Bacheliers relevant de soi, outre sa propre Bacelle, pour pouvoir être Chevalier à Banniere. Car le Banneret devoit avoir cinquante hommes d'armes.

BAISSELLE désigna aussi tous les gens d'une maison, tous les domestiques, la famille.

En Celte *Bach* signifie jeune, 2°. petit, qui n'est pas grand.

VI. BAGATELLE, chose de peu de valeur.

On alloit chercher en Arabie l'origine de ce mot; c'est un dérivé de *Bach*, petit. On en fit d'abord le vieux François *Bague* qui désignoit une chose de peu de valeur : d'où l'Italien,

BAGATTINO, nom d'une monnoie qui ne vaut qu'un denier.

On en fit ensuite l'Italien *Baggatella*, d'où notre mot François.

VII. BAVE, salive qui coule sur les *lèvres*.

BAVER,

BAVER, laisser couler la salive sur les lévres, défaut ordinaire des enfans.

BAVARD, enfant qui bave : 2°. toute personne qui ne dit rien qui vaille, qui parle toujours, pour dire peu de chose ou rien d'intéressant.

BAVARDE, babillarde.

BAVARDER, babiller à tort & à travers.

BAVARDAGE.

BAVARDERIE.

BAVETTE, linge qu'on met sous la bouche d'un enfant.

VIII. BAFFRE, gourmandise, gloutonnerie.

BAFFRER, BAUFFRER, manger goulument : 2°. aimer la bonne chere : 3°. *au figuré*, manger tout, consumer tout son bien en bonne chere.

IX. BEFFLER, *vieux Fr.* se moquer.

BAFFOUER, traiter avec mépris, faire de quelqu'un sa risée.

Ital. *Baffardare*, se moquer, baffouer.

Angl. BAFFLE, moquerie, tromperie, 2°. moquer.

Espag. *Befar*, se moquer.

BEFFA en Ital. BEFA en Espagn. moquerie.

C'est FAI-re bé, ba.

Faire la moue : faire des contorsions de lévres pour se moquer.

X. BÉGUE, qui parle avec peine, qui est obligé de se reprendre pour prononcer une lettre.

BÉGAYER, parler avec peine, balbutier : 2°. commencer à parler : *Dict. Étymol.*

3°. n'être pas fort avancé dans une langue, la bégayer.

II. Famille, BEC, *boc, buc.*

Du même mot BA, lévre, joint à AC pointu, se forma le mot Celtique BEC, duquel sont venus les mots suivans.

I. BEC, partie qui sert de bouche aux oiseaux.

2°. Objets en forme de bec.

BECQUETER, prendre avec le bec.

2°. Caresser avec le bec.

BECHÉE, nourriture que les oiseaux donnent à leurs petits avec le bec.

II. De-là le nom de plusieurs Animaux.

BECFIGUE, nom d'un oiseau qui béquette les figues, qui s'en nourrit.

BECASSE, nom d'un oiseau à cause de son grand bec.

BECASSINE, nom d'un oiseau plus petit que la becasse, mais dont le bec est fort grand.

BECARD, femelle du saumon, parce que son bec est plus crochu que celui du mâle.

III. BACON, lard, nom qu'il porte dans les Provinces méridionales.

En Provence, *cochon salé*.

Les Irlandois apellent le lard *Bagun*; les Gallois *Baccwn*.

Ce mot dont on ignoroit l'origine est tiré du celte BAG, *cochon*; d'où le Flamand BAG-gelen cochonner, faire des cochons, & BIGGE un cochon. Le cochon fut ainsi apellé du mot BEC, BAC, parce qu'il a le museau *pointu*.

F

De-là, BAGASSE.

B E

IV. BEC, désigna aussi le confluent de deux rivieres.

Le BEC d'Ambez.
Le BEC d'Allier.

V. BEC désignant *pointe*, devint le nom de la tête, qui se termine en pointe & surtout des *coëffures*, particuliérement de celles qui étoient en forme de pointe.

De-là, l'Espagn. BECA, cornette, chaperon.

BÉGUIN, diminutif de *Beca* coëffure d'enfant.

BÉGUINES, espéce de Religieuses, qui avoient un béguin pour coëffure : 2°. sobriquet des Religieuses en général.

EMBÉGUINÉ, qui porte un béguin : 2°. qui s'est coëffé d'une personne.

VI. BICHET, vase à bec : 2°. mesure de grains.

2°. BOC, BOUC, BOUCHE.

I. Celte BOC, BOCH, Lat. BUCCA, Ital. BOCCA, Fr. BOUCHE.

La bouche est, relativement aux hommes, ce que le *Bec* est pour les animaux. Elle s'ouvre & se ferme au moyen des lévres : on l'a donc désignée avec raison par le ton labial, de même que le *bec*. Ces mots sont de la même famille; ils ne différent que par la voyelle.

BOUCHÉE, ce qu'on met à la fois dans la bouche, pour le mâcher & le manger.

II. BOUCHER, celui qui tue les animaux dont on se nourrit, & qui en vend la viande.

BOUCHERIE, lieu où l'on tue les animaux, & celui où on vend la viande.

Ces mots sont dérivés du mot BOUCHE, parce que leur objet est pour la bouche.

III. BOUQUER, baiser par force, par contrainte; du mot, *Bouche*, qu'on prononçoit autrefois *Bouque*.

De-là *Bouquer*, pour dire *échouer*.

IV. BOUCHE désigna toute ouverture, comme la *Bouche* d'un four, en Ital. BUCCA; un trou, une trouée, BUCCARE, fermer; de-là ces mots :

BOUCHER, fermer une ouverture au moyen d'un corps étranger qu'on y insere.

BOUCHON, ce avec quoi on bouche : 2°. ce mot est sur-tout consacré pour les bouteilles & pour les tonneaux : 3°. un lieu où l'on vend du vin.

DÉBOUCHER, ôter le bouchon, ce qui bouche.

EMBOUCHURE, réunion de deux fleuves ou d'un fleuve avec la Mer : 2°. embouchure d'un instrument à vent.

ABOUCHER, s'ABOUCHER avec une personne, se réunir pour conférer ensemble.

3°. BOUF., désignant BOUFFÉE;

De Bouche, on a fait BOUFER, enfler la bouche; de-là ces mots:

I. BOUFER, enfler par le vent.
BOUFANT, qui est renflé comme par le vent.
BOUFETTE.

II. BOUFI, qui a les joues enflées.
BOUFIR, devenir enflé; 2°. souffler pour faire enfler.
BOUFISSURE, enflure.
BOUFOIR, instrument pour boufir.
BOUFÉE, souffle; 2°. vent qui souffle par intervalle.

III. BOUFON, Ital. *BUFFO*, celui qui gonfle ses joues pour faire rire; 2°. plaisant.
BOUFONE, celle qui fait rire.
BOUFONNERIE, discours pour amuser, pour faire rire.
BOUFONNER, faire le boufon.

IV. BIFFER, effacer, rayer; de *Buffare*, souffler.

Biffer, effacer, est donc emprunté de l'action physique, *Buffar*, souffler sur un objet pour le faire disparoître à toujours.

IIIe. Famille, BAC, VASE.

La bouche servant à contenir, à renfermer, devint le nom de tout ce qui *contient*, qui *renferme*; de-là une nouvelle famille:

I. BAC, bateau plat qu'on tire avec un cable, & qui sert à traverser les rivieres,
Du Celte BAC, qui signifia toute espèce de *Vase* en général.

BACHOT, un petit bateau à passer l'eau.
On l'appelle sur la Saône, *Bechot*, *Beche*.
BAQUET, vase à eau plat & large.

II. BASSIN, vase de métal, profond & rond.
BASSINOIRE, instrument de métal où on met de la braise pour chauffer un lit.
BASSINER; 1°. un lit; 2°. une plaie, en l'étuvant avec quelque liqueur.
BASSINET d'une arme à feu; c'est un morceau de métal en forme de vase, où on place la poudre qui doit mettre le feu à l'arme.

III. BOCAL, vase de verre qui a le goulot étroit.
It. *Boccale*, Lat. *Baucalis*.
Gr. *BAUKALIS*, *BAUKALION*.

IV. BAGAGE, équipage, meubles, habits, &c. qu'on porte avec soi en route. Il tient à l'Allemand WAG, qui signifie la même chose.
Il vient donc de BAG, signifiant valise, sac, paquet. En Anglo-Sax. *Bagge*: en Allem. *Pack*: Lat. Barb. *BAGA*, coffre.
Vieux Fr. BAGUER, empaqueter, embaler.
BAGUES, bagage.
On disoit *Chariot chargé de bonnes BAGUES*. Dans MONSTRELET on lit: « Ils détroussèrent dix-huit charges de vin & autres BAGUES ». Aujourd'hui même nous disons, *vie & Bagues sauves*

F

en parlant d'une Garnison qui se retire avec ses équipages.

V. BAHU, coffre dont la couverture est courbée en forme d'arc, ou de ceintre.

Esp. *Bahul.*

Anjou & Normand. *Bahut.*

On en donne dans Ménage, 2e. édition, diverses étymologies qui ne satisfont pas.

Ce mot sera une altération de *Baku*, coffre, male, valise.

IVe. Famille, BAC, BOC, ROND.

La bouche ou les lévres prenant pour parler une forme ronde, la labiale B est devenue le nom des objets ronds. De-là les mots suivans :

I. BAGUE, anneau.

Ce mot vient du Celte BAC, BACA, anneau, agraffe ; qui a fait,

Le Bas-Bret. *BACHA*, renfermer.

Le Gallois *BACHDRO*, courbure ; & *BACHOG*, courbe.

Le Basque *BAGA*, lien.

La Famille BOUG, BOW, qui dans toutes les langues du Nord désigne ; 1°. un anneau ; 2°. un cercle ; 3°. une courbure ; 4°. un arc.

Cimbre, *BAGUA*, Anglo-Sax. BEAG, Goth. *BAUG*, signifient tous *Bracelet* ; 2°. bijou, pierreries.

II. BAGUENAUDE, fruit rond du laurier, du lierre, du houx, &c.

Il vient du Celte BAC, Bague, cercle, rondeur, & dont les Latins firent *BACCA*, baie ; 2°. de-là au sens figuré:

BAGUENAUDE, chose de peu de valeur, parce que ces fruits en ont très-peu.

D'où BAGUENAUDER, employer son tems à des choses de néant, le perdre, s'amuser.

III. Du Latin *BACCA*, vint le mot BAYES, petits fruits ronds du laurier & de quelques autres arbustes.

IV. D'où, au sens figuré, le mot, BAÏE, BAYE, tromperie. *Un donneur de Baïes.*

En Ital. *BAJA*, badinage, raillerie ; 2°. tromperie, moquerie ; 3°. bagatelle.

BAJONE, grand railleur.

BAJUCOLA,
BAJUZZA, } bagatelle.

Tous ces mots viennent de *Baïes*, fruit de peu de valeur.

Un trompeur, un donneur de baïes est celui qui promet de grandes choses, & qui ne donne que des riens, du vent, des bayes.

V. BAÏONNETTE, arme pointue qu'on met au bout du fusil, & qui a pris son nom, dit-on, de la ville de Bayonne, où elle fut inventée. C'est une étymologie très-hasardée tout au moins.

DELAURIERE nous apprend que

dans la vieille Chronique de Flandres, Chap. XIV, les Arquebusiers sont appellés BAYONNIERS. Ceci nous conduit donc à la vraie origine de ce mot, & Bayonne n'y entre pour rien. Ce nom de *Bayonnier* désignant un Arbalestrier, & usité en Flandres, vient certainement du Theuton *Bog*, *Boie*, arc. On en fit *Baie*; & *Baionnier*, celui qui étoit armé du *Boie*, ou *Baie*.

La *Bayonnete* dut ensuite désigner la flèche même, & par analogie l'*Arme pointue* qui porte actuellement ce nom.

VI. BOUCLE : ce mot désigne en général tout ce qui est fait en forme de cercle, & se prononçoit dans l'origine BOCLE. Il vient de *BOG*, arc, courbure, anneau; & on en a fait le nom de divers objets.

1°. *Boucle* de cheveux, ou cheveux frisés en rond.

2°. *Boucle* ou anneau servant à suspendre des rideaux.

3°. *Boucles* d'oreilles, ou anneaux attachés aux oreilles.

4°. *Boucles* de rubans.

5°. *Boucles* de jarretiere, de ceinture, de souliers, faites d'un anneau de métal garni de pointes ou d'ardillons, & qui servent à unir diverses parties de l'habillement.

6°. *Boucle* de portes, ou anneaux pour frapper.

7°. Cercle ou anse du bouclier, destinée à y passer le bras qui doit porter le bouclier. De-là les mots suivans :

BOUCLIER, comme une partie de l'armure qui tient au corps par une *Boucle*.

Le *Bouclier* s'appelloit auparavant BLASON, parce qu'on y peignoit les armoiries de celui qui le portoit.

BOUCLER, faire une boucle, attacher avec des boucles.

V^e. Famille, BAC, Chaînes, Liens.

De BAC, anneau, vint, I. BAC, BAG, agraffe, crampon, dans les langues Celtiques. Les agraffes, les crampons, ont en général une forme ronde, ou courbée, en arc. De-là,

Le Lat. Barb. *BAGULA*, un frein.

Le Basque *BAGATA*, serré fortement.

II. De-là, le Celt. BACL, cheville de bois servant de verrou ; 2°. une barre ; 3°. un bâton. Lat. *BACULUS* ; d'où vinrent :

III. BACLER, fermer avec des chaînes, des barres, des liens.

BACLAGE, arrangement de bateaux dans un port où ils sont retenus en place par des chaînes, des cables, &c.

Affaire BACLÉE, *au sens figuré*, chose arrêtée, conclue.

IV. DÉBACLE, action de débarrasser,

2°. rupture des glaces d'une riviere qui en devient navigable.

Débacler, faire partir les glaces qui *baclent* une riviere.

V. Baguette, diminutif de BAculus.

VIe. Famille, BA, BAD, tenir la bouche ouverte.

De BA, désignant les lévres, & l'action de les ouvrir, vint une nouvelle famille très-considérable, dont le chef fut,

Bâiller, ouvrir & étendre la bouche forcément, d'ennui & de peine, en jettant comme un profond soupir; 2°. s'entr'ouvrir.

Bâillemens, ouverture & extension forcée de la bouche par l'effet du mal-aise.

Bâilleur, un homme accoutumé à *bâiller*.

On dérivoit ces mots du Latin BADARE, bâiller; 2°. ouvrir la bouche; mais celui-ci vient de la même origine.

II. Bâillon, machine pour forcer à tenir la bouche ouverte.

Bâillonner, mettre un bâillon dans la bouche d'une personne.

III. Béer, Lat. BADARE, ouvrir la bouche, ou rester la bouche ouverte, d'étonnement.

Béant, qui tient la bouche ouverte d'étonnement : *venir la bouche béante*.

Bée, futaille *à gueule bée*, c'est-à-dire, *qui est défoncée par un bout*; 2°. fenêtre; 3°. ouverture.

Baye, petit golfe, petit enfoncement de la mer dans les terres.

Bégueule, de *Bé*, qui ouvre, & *gueule*; femme qui a toujours la bouche ouverte.

IV. Badaud, (*qui badat*) celui qui bade, qui bée, qui reste la bouche ouverte pour regarder avec admiration tout ce qui se présente à lui.

Badaude.

Badaudage.

Badauder.

V. Badin, Badine, celui ou celle qui aime à jouer, à folâtrer, à plaisanter.

Badinage & Badinerie.

Badiner.

Anjou & vieux Fr. Bade, jeu, amusement, baliverne.

Wachter, au mot Allemand SPASS, jeu, badinage, tire ce mot, ainsi que celui de *Badin*, du Grec *Paizô* qu'on aura prononcé *Pazô*, *Padô*, & qui signifie *jouer*; mais le Grec vint de la même source, ainsi que *Badare*, & l'Espagnol BADAJEAR, badiner; 2°. dire des balivernes.

BAL

Bel, Bol, Bla, &c.

Le mot BAL fut un mot primitif qui désigna le Soleil, & par conséquent; 1°. tout ce qui est beau & brillant comme le Soleil;

2°. tout ce qui eſt élevé, comme lui; 3°. tout ce qui eſt rond.

Sous chacun de ces points de vue, ce mot eſt devenu la ſource d'une multitude de familles de mots dans la Langue Françoiſe, en ſe prononçant, ſuivant les Peuples, BAL, BEL, BOL; & avec l'éliſion de la voyelle, BLA, BLE, &c.

BAL, nom de quelques plantes & animaux.

I. BALSAMINE, nom d'une très-belle plante; il vient de l'Orient, étant compoſé de *Bal*, nom du Soleil, & de *Samin*, Ciel: mot-à-mot le *Roi* ou *l'ornement du Ciel*.

II. BAUME, autrefois BAULME, Lat. BALSAMUM. C'eſt donc le même mot, *Roi du Ciel*. C'eſt le nom d'une plante odoriférante; 2°. celui d'un ſuc précieux, de l'arbre de Judée qui porte le nom de *Baume*. 3°. Au figuré, 1°. un *remède* admirable & adouciſſant; 2°. ce qui *conſole* & adoucit les maux.

Il eſt employé en ce dernier ſens dans un paſſage qui a fort embarraſſé Ménage, tiré du Livre intitulé *Droit & Coutumes de Champaigne* que le *Roi Thiebaut* établit. On y dit: « Auſſi n'y a-t-il ouverture » de fief; & poſé ores qu'il y ait » ſomme d'argent débourſée par » forme de *Baulme* en faiſant le » bail.

Baume ſignifie ici ce qu'on donne en forme de conſolation, lorſqu'on paſſe un bail: préciſément ce qu'on appelle à préſent le *pot-de-vin*.

Il exiſte un Livre intitulé le *Baume de Galaad*; il fut fait pour conſoler des malheureux.

III. BELETTE, animal de couleur rouſſe, & par-là même de la couleur du Soleil.

Ital. BELLORO.

Lat. MELIS, nom qui préſente les mêmes rapports.

II.

BAL, prononcé BEL, *beau*.

I. BEL & BEAU, objet brillant, agréable, intéreſſant, éclatant, Lat. BELLUS.

BELLE.

BEAUTÉ, Ital. BELLEZZA.

EMBÉLIR, rendre bel, beau.

EMBÉLISSEMENT, action d'embélir; 2°. ce qui embélit.

Cette étymologie eſt déja dévelopée dans la Grammaire Univerſelle & Comparative.

II. BEAU, BELLE, ſont devenus des épithetes d'amitié, & des noms de parenté, en les joignant à d'autres mots qui déſignent quelque dégré de parenté ou d'alliance. Ainſi on diſoit autrefois BEAU Couſin, BEAU Sire.

Aujourd'hui on dit encore:

BEAU-Pere.	BELLE-Mere.
BEAU-Fils.	BELLE-Fille.
BEAU-Frere.	BELLE-Sœur.

III. Il est devenu le nom d'un adverbe de quantité:

BEAUCOUP, en quantité. La seconde portion de ce mot peut venir du Latin COPIA, abondance; Bella-Copia, une abondance merveilleuse, étonnante.

Ou du François Coup, un Coup de filet, un beau coup, coup de filet qui a amené une abondance de poissons.

Coup de fusil, qui a abattu une multitude d'oiseaux.

On peut choisir, d'autant mieux que Coup & Copia doivent venir de la même racine.

III.

BAL, prononcé BEL, & puis BL, nom de couleurs.

BLANC, nom de la couleur du jour, & de la lumiere. L'étymologie de ce mot étoit absolument inconnue. Il venoit des Francs, disoit-on; mais d'où l'avoient tiré les Francs? De Blenken, briller, répondoit WACHTER; mais d'où vient Blenken lui-même? Les anciens Theutons disoient Bleichen pour Blanchir; on le trouve dans Ottfrid. L'adjectif étoit donc Bleich; & certainement dans des tems antérieurs, Blac. En nazalant ces mots, ils devinrent Blanc, & Blenken.

Mais Blac, Blanc, Bleick n'étoient autre chose que le substantif Bel, lumiere, joint à ak, eik, qui signifie possesseur, participant, qui a.

BLANCHE.
BLANCHEUR, la qualité d'être blanc.
BLANCHÂTRE, blanc sale, mêlé.
BLANCHISSANT, qui devient blanc, qui prend une couleur blanche.
BLANCHIR, rendre blanc; 2°. le linge en particulier.
BLANCHISSAGE, action de blanchir.
BLANCHISSEUR & BLANCHISSEUSE.
BLANCHISSERIE, Blancherie, lieu où l'on blanchit les toiles.
REBLANCHIR, blanchir de nouveau.

II. BLANC, monnoie d'argent qui valoit en France cinq deniers.

On se sert encore à Paris de l'expression six-blancs pour désigner la valeur de deux sous & demi, qui font en effet six blancs ou 30 deniers.

BLANQUILLE, nom que cette monnoie porte actuellement en Barbarie.

BLANCHE, nom qu'on donnoit autrefois aux Veuves, même aux Reines Douairieres (la Reine Blanche) parce qu'elles étoient habillées de blanc.

BLANCHET, espece d'habillement blanc, servant aux femmes.

BLANQUETTE, vin blanc de Languedoc; 2°. sorte de poire blanchâtre; 3°. ragoût à sauce blanche.

De BLA, blanc, joint au mot fard, se forma BLAFARD, nom

des objets dont la couleur tire sur le blanc; 2°. nom des étoffes qui se décolorent & blanchissent.

III. BALZAN, cheval qui a des marques blanches, soit au front, soit aux pieds.

Nos Etymologistes François ont bien vu que ce mot tenoit au Grec *Balios*, *phalios*, qui signifient tous deux *blanc*, *luisant*, & qui ont désigné les marques blanches dont il s'agit ici: mais ces mots Grecs viennent eux-mêmes du mot BAL dont nous donnons ici les diverses familles.

BAL, dit PROCOPE, désigne chez les Barbares un animal qui a des marques blanches au front.

BAILH, signifie la même chose en Bas-Breton.

BAHLET, *en vieux François*, un homme à tache blanche.

IV. BLEU, autrefois BLAU, couleur du Ciel, Allem. *BLAW*, Angl. *BLEW*.

BLAVEOLE, } fleurs de cou-
BLAVET, BLEUET, } leur bleue.

V. En Celte *BLAH*, }
   Anglo-Sax. *BLEOH*, } couleur en général.
   Allem. *BLECH*, }

VI. BLASON, art ou science des Armoiries, des Armes symboliques.

On a donné diverses étymologies de ce mot: celle qui prévaut le tire de l'Allemand *BLASEN*, sonner du cor, parce que c'étoit l'usage dans les Tournois d'annoncer chaque Tenant par le son du cor.

LE DUCHAT a très-bien vu qu'il venoit au contraire du vieux Allemand *BLAS*, un signe, une marque. On dit encore en Allemand *Bleſſ*, un signe, en langage populaire.

Ajoutons une chose très-remarquable; c'est que ce mot est commun aux Arabes. *Blath*, ou *Blaz*, بلز, signifie chez eux *Insignia*, précisément ce que nous entendons par *Armoiries*, signes des Familles.

VII. BLOND, couleur d'Apollon, ou du Soleil; 2°. celui qui a cette couleur.

BLONDIN, qui est de couleur blonde.

Ce mot vient de *Bla*, *Bleo*, de même que *FLAV-us* des Latins qui a la même signification.

VIII. ÉBLOUIR, blesser, étonner les yeux par son grand éclat, par sa beauté.

ÉBLOUISSANT, qui éblouit.

IX. BLUETTE, étincelle, à cause de sa couleur.

X. Dans l'Évêché de Verdun, *BULE* signifie flambeau, brandon: le reste de la Lorraine prononce *Bure* & *Buire*; la Flandres, *Boure*.

XI. BLESME, BLÊME, couleur pâle, flétrie.

En Allem. *Blaſſ*.

De-là au figuré:

BLASMER, & ensuite BLÂMER, in-

Dict. Etym.

G

culper une personne, la flétrir par des censures : Ital. *Biasimare.*

BLÂME, censure, inculpation.

Il falloit être réduit à une grande extrémité, pour chercher l'origine de ce mot dans le Latin *Blasphemare.*

I V.

BAL, prononcé BAL, BAIL, VAIL, signifiant *puissance, force, garde.*

I. BAIL. *Antoine* LOISEL, ou *l'Oiseau*, s'exprime ainsi dans ses *Institutes Coutumieres* :

» BAIL, Garde, légitime Adminis-
» trateur & Regentant, sont quasi
» tout un ; combien que jadis &
» encore en aucuns lieux, *Garde*
» se dit en ligne directe, & BAIL
» en ligne collatérale.

2°. Contrat par lequel la possession d'une chose passe en la puissance ou en la garde d'un autre pour un tems & à des conditions dont on convient.

Avoir en BAIL, c'est avoir sous sa garde, sous sa tutelle.

Lat. barb. BAILA, BALLIUM, tutelle.

BAILLER, donner par bail ; 2°. donner en général.

BAILLEUR, qui fournit, qui donne ; un BAILLEUR *de fonds.*

En Ital. BALIA, puissance, pouvoir, autorité.

BALIOSO, puissant, fort.

BALIRE, gouverner, régir.

2°. élever, nourrir.

BALIO, Pere nourricier.

BALIE, Nourrice.

Langued. BAILLE, Nourrice.

Aussi les Italiens se croient redevables au Provençal de cette famille de mots.

II. BAILLIF, BAILLI, Chef de la Justice dans une Province, Gouverneur d'un territoire, &c. Les Seigneurs ont des Baillifs dans leurs Terres. Les Républiques Suisses ont des Baillifs dans leur Territoire. La Religion de Malte en a dans ses Commanderies.

BAILLIAGE, Jurisdiction du BAILLI.

BAILE, nom des Ambassadeurs de la République de Venise, borné ensuite à celui qu'elle entretient à Constantinople.

III. BALE, en pays Messin, *Sage-Femme.*

IV. BAILLEUL, celui qui remet les os disloqués & les côtes enfoncées.

Ce mot appartient donc à la même famille que *Bale*, Sage-Femme.

On a désigné ces deux fonctions par l'idée d'habileté, de puissance.

MÉNAGE crut trouver l'origine de ce nom dans la famille BAILLEUL, originaire du pays de Calais, qui a donné des Présidens au Parlement de Paris & qui possédoit l'art du *Bailleul* dans un haut degré, comme on peut le voir par l'éloge que *Scevole de* SAINTE-MARTHE a fait de Nicolas Bailleul qui vivoit en 1568.

En supposant ce talent possédé par cette Famille de pere en fils dans un haut degré, ce qui seroit un beau titre de noblesse, il est plus naturel de dériver ce nom de Famille du talent même qu'elle possédoit.

C'est également à tort qu'on dérivoit *Bail*, *Bailler*, *Baile*, du Latin *Bajulus*, ou du Grec *Bajoulos*, qui signifient *Porteur*, celui *qui porte & qui éléve*, un Nourricier, un Précepteur, un Gouverneur. Ces mots viennent eux-mêmes de la Famille *Bal*. Il faut de la force pour porter, pour élever, &c.

Ces mots tiennent ainsi à ceux de *VAL-eur*, *Vaillant*, *Vaillance*, au Lat. *VAL-co*, *VALor*; à *VAL-ide*, en Lat. *VAL-idus*.

De-là viennent tous ces mots dont on ignoroit la source:

V. BALIVEAU, jeune Arbre qu'on laisse debout lorsqu'on coupe un bois-taillis; les *éléves* qu'on laisse sur pied, & qui font la *force*, la fleur, l'espérance de la forêt.

L'Ital. *BALDO*, hardi, courageux, vaillant.

BAU pour BAL, solive mise par le travers d'un Vaisseau pour *affermir* le bordage.

BAUDEMENT, de toutes ses forces, Danser Baudement.
Ital. *Baldamente*.

BAUDES, petites pierres attachées aux filets des Madragues: de *Bal*, force; ces pierres étant destinées à faire effort sur les filets, à les maintenir.

BAUD, Chien-courant: de *Bal*, force, parce qu'il est fort, & qu'il résiste à la fatigue.

BAUDIR, exciter un Chien à la course.

VI. BAUDET, maître Baudet.

Ce nom de l'Âne est tiré du Celte, tandis que ce dernier nom vient de l'Oriental.

2°. BAUDET, Tréteau sur lequel les Coupeurs de bois posent les branches qu'ils doivent couper.

3°. BAUDET, celui que ses Collégues chargent le plus qu'ils peuvent.

De *Bal*, porter, puisque l'Âne est une bête de somme.

VII. BOIDIE, vieux mot François qui signifioit trahison, finesse, & qui forma le verbe

BOISER, tromper, trahir, d'où viennent nos mots:

EM-BOISER, séduire, tromper par ses caresses.

EM-BOISEUR, séducteur.

BODER, dans le pays Messin, tromper, séduire.

Lat. barb. BAUDIA, } Félonie,
BAUCIA, } trahison, crime capital.

On aura dit dans l'origine,

BALDIA, qui aura signifié effronterie, impudence, mensonge hardi, du mot BAL, hardi.

V.

BAL, élevé.

De BAL, pris dans le sens d'élévation, sont venus les mots suivans:

I. BALISE, Mât élevé, ou tel autre indice de quelque écueil caché. Ital. *BALZO*, Rocher : en Normandie, *FALAISE*.

II. BALUSTRE, BALUSTRADE, } Apuis qui soutiennent, qui retiennent.

III. BALCON, Ital. *BALCONE*, Saillie qui est sur le devant d'une maison & qu'entoure une balustrade.

L'Anglois & l'Allemand *Balke*, poutre, chevron, tiennent à la même famille, ainsi que le Celte & Bas-Breton, *Balecg*, saillie, avance d'un bâtiment. Ital. *Balco*, *Palco*, Plancher.

VI.

BAL, *Protéger, Couvrir, Garantir*.

BAL, signifiant *fort*, *puissant*, *gardien*, *protecteur*, désigna donc naturellement les idées de *protéger*, de *garantir*, de *couvrir*, *mettre à couvert*. On en fit donc le nom des objets qui avoient cette propriété. De-là tous ces mots :

I. BALE, la paille, l'écorce pailleuse qui enveloppe l'épi de blé, ou de toutes les plantes farineuses, amylacées; & qui se sépare quand on bat le blé.

2°. *Au figuré*, une chose de peu de valeur.

II. BALE, Coffre à marchandises, &. qu'on transporte d'un lieu à un autre : d'où,

BALOT, petite Bale.

PORTE-BALE.

EM-BALEUR, qui fait des Balots.
　Em-baler,
　De-baler,
　Emballage.
　Rem-baler des Marchandises; un compliment.

III. BALEN, en bas Bret. Couverture de laine.

BALANDRAN, Ital. *PALANDRANO*, gros Manteau pour le mauvais tems.

C'est un augmentatif du Latin *PALLA*, une Robe; les Latins ont dit aussi *PALLIUM*, un Manteau : d'où l'Ital. *Pallio*, Manteau, & notre *PALLIUM*, Manteau de cérémonie des Evêques.

BALINE, grosse étoffe de laine qui sert à faire des emballages.

IV. PEAU, anciennement PEL, enveloppe du corps & de quelques fruits. Lat. *PELLIS*, Langued. *PEL*, Ital. *Pelle*. Allem. *FELL*.

PEAUCIER, Marchand de Peaux.

PELER, enlever la peau.

Pelé, qui a la peau enlevée.

2°. VELLUS; Lat. Toison; de *PELL*, prononcé *Fell*, *Vell*.

VELIN, espèce de Parchemin, parce qu'il est fait de *Peau*, *Pel*, *Vel*.

3°. BAZANE, Peau de veau, de mouton dont on se sert pour les couvertures de livres. Ce doit être une altération de BALZANE, formé de BALZAN, dont nous avons parlé ci-dessus; & qui signifie *tacheté de blanc*.

BALZANE, Peau blanchie, préparée.

4°. VALISE, espéce de *Bale*.

V. BALET, *en vieux François*, Rebord du toît, avance ou saillie du toît, & qui met à couvert ceux qui sont aux fenêtres & les passans. On trouve ce mot dans les Mémoires de l'Etat de la France sous Charles IX, seconde édit. vol. II fol. 56. Nos Etymologistes étoient bien intrigués sur l'origine de ce mot. Il subsiste encore dans les suivans:

BALET, en Poitevin, BALETUM Lat. barb. Portique couvert pour les Foires.

BALETUM, en Bas-Breton, Claye, Couverture; mot employé dans le procès de la Canonisation de Saint Yves.

BALAY ou BALE, *en Langued.* une Saillie, une Avance; 2°. un Auvent.

BALDAQUIN, Ital. BALDACCHINO, Dais, Poêle, couvert porté sur des colonnes. C'est un derivé de *Balet*, *Baleta*, *Balda*, Couverture, Toît.

BAUDRIER, Lat. BALTHEUS, ceinture. La Ceinture ancienne servoit de poche, de bourse; ce mot vient donc également de *Bal*, *Balta*.

BAUDROYER, préparer les Cuirs pour les ceintures.

VII.

BAL, *s'élancer; se jetter en haut, jetter, lancer.*

BAL, signifiant élévation, élevé, désigna également les idées de s'élancer; 2°. jetter, lancer: de-là tous ces mots:

I. BAL, Assemblée de personnes qui dansent, qui sautent, qui perdent sans cesse terre.

BALET, Danse figurée, & presque entierement composée de sauts.

BALER, *vieux François*, danser, sauter; Ital. BALARE, Lat. barb. BALLARE, Grec BALTIZO.

BALADIN, } Danseurs & Sauteurs
BALADINE, } des deux sexes.

BALADE, Chanson de quelques couplets, avec un refrain.

Ce nom étoit vraiment François; cependant nos Etymologistes ont renoncé à en chercher l'origine. Ils ne pouvoient voir que les Balades étoient des *airs à danser*, à *baler*, & qu'ils en prirent leur nom. Le refrain essentiel à ces Chansons, en est une preuve sensible. De-là:

BALADOIRE, nom des Fêtes de Village, parce qu'on y *bale*, qu'on y danse & qu'on y cabriole.

II. De BAL, les Grecs firent *Balló*, lancer, jetter; d'où vinrent:

BALISTE, Lat. BALISTA, Grec,

BALISTÉS, Machines à lancer des pierres.

ARBALÊTE, mot altéré de

ARC à BALESTE, Arc à lancer des pierres.

ARBALÊTRIER, armé d'une Arbalêtre. On avoit autrefois des Compagnies d'Arbalêtriers.

III. BALAY, petites branches attachées au bout d'un bâton pour *jetter loin*, pour enlever la poussière d'un appartement, &c.

BALAYER, nettoyer avec un balai.

BALAYEURES, ce qu'on a rassemblé ou enlevé avec le balai.

BALAYEUR, Homme, } qui balaye.
BALAYEUSE, Femme. }

BALAA en Lat. barb. BALAEN, en Bas-Breton *Balay*.

BALAZNEN, en Bas-Breton, *Genêt*, parce qu'on en fait des balais.

IV. BELLIQUEUX, qui aime la guerre, brave à la guerre : du Latin, BELLUM, Guerre ; mot qui tient au Grec BELOS, un dard, un trait, une arme offensive.

De BELÔ, BALÔ, lancer, darder.

VIII.

BAL, grand, gros.

Les idées de grandeur, de grosseur, de puissance, ont toujours été exprimées par les mêmes mots : on dit en François un *homme puissant*, en parlant d'un homme grand & gros ; ainsi BAL qui désigna *la force, la puissance*, a désigné aussi la grandeur, la grosseur.

I. Lat. BELLUA, animal à quatre pieds ; 2°. grosse bête.

BALEINE, Lat. *BALAINA*, parce que c'est le plus gros des poissons, qu'il est d'une grandeur énorme ; 2°. Côtes des corps à jupes, parce qu'elles sont faites avec les côtes de la Baleine.

II. De *Bal, Bel*, gros, on fit *Beloc*, & puis *Bloc*, grosse masse, tronc, souche. Ce mot qui est François, Allemand, Anglois, Flamand, Runique, Islandois, &c. est véritablement Celtique, composé de BAL, *Bel*, grand, & Oc, gros.

En BLOC, prendre une chose en masse, en entier.

BLOQUER une Ville, un Château, les renfermer en entier avec des arbres, des troncs, &c.

BLOCUS, Barricade, Siège d'une Ville, d'un Château.

ABLOCQUIER & ABLOCHIER, dont on a fait l'adjectif *Abloquié* & le substantif *Ablot*. Ce verbe désigne l'action de soutenir les solives qui forment un bâtiment de bois, par un mur de deux pieds, ou d'insérer l'extrémité de ces solives dans des blocs de marbre ou de pierre.

Ce mot est donc composé de la préposition *A* & du mot *bloc* : c y est changé en *q* & en *t*.

IX.

BAL, œil, &c.

BAL, désignant le soleil qui est rond,

& l'œil du Monde, est devenu le nom des objets qui sont ronds & roulans; mais dans ces occasions, sa voyelle a varié & a passé par tous les sons; on a dit BAL, BEL, BIL, BOL, BUL, BOUL, pour distinguer les divers objets qu'on avoit à nommer.

I. BALE, qui signifie une boule, une paume à jouer; 2°. cette boule de plomb qu'on met dans le fusil, & qui est chassée au loin par la poudre & le salpêtre enflammés.

Il tient au Grec PALLA, une Paume, au Basque PELLA, un globe, au Latin PILA, globe.

BALON, espece de paume grosse comme la tête d'un enfant & remplie d'air; 2°. instrument de Chymie qui a la même forme.

BALOTE, petite boule dont on se sert pour donner son suffrage, ou pour tirer au sort.

BALOTER, donner son suffrage avec une balote; 2°. *baloter quelqu'un*, le renvoyer de l'un à l'autre.

II. PELOTE, petite boule, soit d'étoffe à mettre des épingles, soit de quelqu'autre matiere, comme de la neige, &c.

PELOTON, choses placées en rond.

III. PILULE, Lat. *PILULA*, un petit globe, une petite boule, diminutif de *PILA*.

IV. BELIERE, anneau qui sert à soutenir une lampe, un talisman, &c. comme qui diroit *Bel lier*, *Bel*, ou Anneau qui lie.

V. BILLE, petite boule dont on se sert pour jouer; 2°. le bâton rond dont se servent les Emballeurs pour serrer les balots.

BILLER, serrer avec la bille.

BILLARD, jeu où l'on emploie des billes.

BILLOT, morceau de bois gros, court & rond.

BILLEVEZÉES, sornettes, contes en l'air, choses qu'emporte le vent: de *Bille*, boule, globule, & *vezé*, plein d'air, souflé comme une vessie.

BILBOQUET, bois rond & mince, creusé en rond par un bout, auquel est suspendue par un fil une boule percée d'un côté qu'on jette en l'air, & qu'on reçoit sur le bout creux, ou sur l'autre bout qui est pointu.

VI. BOULE, globe de bois dont on se sert pour jouer; 2°. Globe.

BOULET, globe de fer, dont on se sert à la guerre.

BOULEVERSER, mettre un globe, une boule c'en dessus dessous; 2°. au figuré, renverser, détruire, changer tout.

BOULEVERSEMENT, action de changer tout.

BOL, médicament auquel on donne la forme ronde de pillule pour le prendre.

VII. BULBE, tête d'oignon ronde, Lat. *BULBUS*.

VIII. VOLUTE, portion d'un chapiteau qui représente une écorce d'arbre roulée en spirale.

VOLUME, ce mot signifioit dans l'origine un *rouleau*, parce que c'étoit anciennement la forme des livres.

VOLTER, se tourner.

VOLTE-FACE, action de se retourner pour s'opposer à l'ennemi.

Tous ces mots viennent du Lat. *VOL-vo*, rouler, tourner.

IX. BULLES, élévations rondes que forme l'eau en bouillonnant, Lat. *Bulla*.

2°. Ornemens ronds que les Romains suspendoient au cou de leurs enfans.

3°. Diplômes ou Ordonnances des Papes, à cause du sceau en forme de Bulle qui y est attaché.

BOUILLIR, effet d'une liqueur que le feu fait élever en bulles, en bouillon.

BOUILLON, effervescence de l'eau qui se répand en bulles.

2°. Eau qui a bouilli avec des viandes, & qui s'est chargée de leurs sucs.

BOUILLONNER, former des bouillons, des bulles.

BOUILLANT, brûlant, liqueur qui forme encore des bulles par sa grande chaleur.

X. BOUILLIE, farine détrempée, & qu'on a fait bouillir.

Mots composés.

I. BOBINE, instrument rond & long d'un demi-pied, autour duquel en le faisant tourner, on arrange le fil, la soie ou telle autre matiere semblable.

BOBINER, devider du fil sur la bobine.

Ce mot d'une origine inconnue est composé de deux mots qui se sont altérés, en s'unissant, comme cela arrive toujours. Ces deux mots sont BOL, boule, rond, & Bana, écheveaux; en Celte & en Languedocien BANO, corne; 2°. devidoir à cause de ses cornes. La bobine est même quelquefois entre deux cornes à dents de fer.

On aura dit, *Bolbana*, *Volbena*, *Bolbine*, *Bobine*.

II. BALIVERNES, contes à dormir debout ; motifs qu'on allégue pour donner le change à quelqu'un.

M. le DUCHAT a fort bien apperçu que ce mot étoit composé, & que MÉNAGE n'avoit rien compris à son origine en le tirant de *Bajulus*, crocheteur. Cependant le DUCHAT s'est trompé dans la décomposition de ce mot, entraîné par ce passage de Rabelais, Liv. 1. ch. 24. » : car ils sont » de nature grands jaseurs & beaux » bailleurs de BALIVERNES en ma- » tiere de singes verds : » entraîné, dis-je, par ce passage, il

a cru

a cru que ce mot étoit composé de *Bailler*, donner, & de *verd* ; comme qui diroit, *donner des contes verds*, de même que nous disons des contes bleus.

Ne vaudroit-il pas mieux dire que *Ballivernes* est pour *Ballibernes*, & que ce mot vient de *Berne*, moquerie, risée, & de *Bailler* ?

BAN.

BAIN, BON, BUN.

BAN est un mot Celtique qui subsiste encore dans la Langue Françoise.

Il désigna dès son origine l'ensemble d'un objet, *tout ce qui tient par quelque lien* : de-là une multitude de familles.

I.

BAN, désignant le *Public*, tous ceux qui forment un *même Corps*, soumis à la *même Loi*.

I. BAN, étendue du lieu où le Seigneur a le pouvoir d'ordonner & d'assujettir : de-là :

BAN-LIEUE, tout le terrein à une lieue à la ronde où s'étend l'autorité d'un réglement, d'une Jurisdiction.

BAN, convocation qui obligeoit tous les Gentilshommes possesseurs de fiefs à servir l'Etat à leurs dépens ; de-là BAN & ARRIERE-BAN, pour désigner les Vassaux du Roi & les Vassaux de ces Vassaux.

II. BAN, ordre public, cri public, proclamation : de-là :

BAN de *Mariage*, ou proclamation des personnes qui se proposent de s'unir par le mariage.

BAN des choses perdues.

BAN, pour les vendanges, ou publication du jour où elles doivent commencer.

BAN, Ordonnance de Police dans une armée.

Faire un BAN par tous les Quartiers de l'Armée.

BANAL, ce qui est destiné au service public, moyennant une redevance au Seigneur qui faisoit les frais de cet objet & qui l'entretenoit.

Moulin BANAL, Four BANAL, Pressoir BANAL.

Au *figuré* BANAL s'applique à un témoin, toujours prêt.

Amitié BANALE, Cœur BANAL.

BANALITÉ, droit qu'a le Seigneur de contraindre ses Vassaux à se servir des choses qu'il a destinées à être *banales*.

BANIER, taureau banal, pressoir banal.

ESBANOYER, *vieux-Fr.* prendre l'essor, secouer la contrainte.

Quelquefois pour *esbanoyer*,
Si vient en ce lieu umbroyer.
Roman de la Rose.

C'est donc de ce mot qu'on aura fait ÉPANOUIR. La fleur qui s'é-

H

panouit fort des liens qui la renfermoient.

III. BAN, BANON, territoire public; champs livrés au pâturage, pour tous les bestiaux de la commune.

On peut voir sur ce mot les pag. 31 - 33 de la *Lettre à un Anonyme* qui termine notre volume sur l'Origine du Lang. & de l'Ecrit.

ABANDON, *don* fait *à ban*, au Public. Les terres *abandonnées* sont livrées au Public, au premier occupant.

ABANDONNER, ne regarder plus comme à soi, ne prendre plus un soin particulier, livrer au premier occupant, au premier attaquant.

IV. AUBAINE, en Latin barbare *Albanagium*, & *Aubenagium*, droit par lequel un Seigneur succéde aux Etrangers qui meurent dans sa terre. 2°. Profit apporté par hazard.

AUBAINS, en Latin barbare ALBANI & *Aubani*. On a dérivé ce mot *d'advena*, un Etranger; *d'alibi-natus*, né ailleurs; de *hober* ou *auber*, bouger, remuer; d'*Albanus* un Ecossois.

Il vient de *Al*, autre, & de BAN, Jurisdiction; celui qui est d'une autre Jurisdiction, un Etranger.

V. BANNI, BANI, exclus du ban, de la société, par un ban ou ordonnance publique.

BANIR, chasser quelqu'un de la société, d'une Jurisdiction, d'un lieu.

BANISSEMENT, exil par ordonnance publique.

BANDI, Ital. *BANDITO*, voleur de grands chemins; 2°. scélérat: ce mot s'est formé de BANNI; la seconde N se changeant ordinairement en *d*.

Lorsqu'une faction devenue plus puissante, chassoit de la Ville ou du Pays, ceux de la faction opposée, ceux-ci se réunissoient & venoient en force pour rentrer; ou pour piller, vexer, brûler ceux qui leur étoient contraires: de *banis*, il devenoient scélérats, & le nom de *bandits* devenu flétrissant, est resté à ces derniers.

II.

BAN, nom des choses élevées & qui servent de réunion.

I. BANN, haut, élevé, en Celte.

BANIERE, BANNIERE, autrefois morceau d'étoffe; bandes de couleurs attachées au haut d'un bâton, d'une perche, & qu'on porte à la tête des Troupes & des Processions pour servir de lien, de point de ralliment.

Sur ces bannieres, sont les armoiries des Chefs, ou les Images des Saints, Patrons de l'Eglise à laquelle appartient la banniere.

Le voile de Minerve à Athènes, porté à la tête des Processions, étoit une baniere.

2°. Jurisdiction d'un Seigneur à banniere.

BANNERET, BANDERET, Seigneur qui a droit de banniere, Chef de quartier. Telle étoit la différence entre l'Enseigne du Chevalier Bachelier & du Chevalier Banneret, que le premier avoit une enseigne à queues en forme d'écusson; & que lorsqu'on le faisoit Banneret, on coupoit ces queues, & son enseigne devenoit quarrée, & c'étoit une Banniere.

Afin qu'un Chevalier pût acquérir le droit de Banniere, il devoit avoir sous lui au moins cinquante Gentilshommes; car il falloit qu'il joignît l'armée avec cinquante hommes d'armes accompagnés des Archers & des Arbalêtriers que devoit avoir à sa suite tout Gentilhomme qui servoit en qualité d'homme d'armes.

II. BANC, siége élevé & long, de pierre ou de bois, sur lequel plusieurs personnes peuvent s'asseoir.

Ce mot est vraiment Celte, commun aux Basques, aux Espagnols, aux Italiens, aux Allemands, aux Flamands, aux Danois, aux Suédois, aux Bas-Bretons, &c.

BANCELLE, Banc long & étroit pour les tables.

III. BANQUET, *festin*, parce qu'on y étoit assis sur des bancs.

BANQUETER, être d'un banquet.

IV. BANQUETTE, petit banc, petit siége : trottoir qui forme comme un banc.

BANQUE, table longue qui sert aux Marchands, aux Banquiers : 2°. le commerce d'argent, la banque.

BANQUIER, Négociant qui fait la banque.

BANQUE-ROUTE; ce mot composé du mot BANQUE & du mot *route*, qui vient de l'Italien *rotta*, rompue, brisée, altération du Latin *rupta*, dont nous avons fait *rupture*; ce mot, dis-je, signifie BANC, BANQUE mise en piéces; celle d'un Négociant dont le commerce est rompu par ses pertes.

BANQUEROUTIER, Négociant qui a fait Banqueroute.

III.

BAN servant à désigner un lien & prononcé BAND.

BANDE, morceau d'étoffe ou de toile, long, étroit & délié, dont on se sert pour envelopper; d'où ;

BANDER, serrer, envelopper avec une bande. En Irland. BANA, bandé.

2°. BANDE, tout ce qui a la forme d'une bande, & qui sert à lier, à soutenir.

3°. BANDE, plusieurs personnes de compagnie : 2°. Troupe.

BANDEAU, bande de toile, de crêpe, &c. qui sert à couvrir le front : 2°. Bande qui sert à couvrir les yeux ; & au *figuré*, aveuglement de l'esprit.

BANDELETTE, petite bande, ruban.

BANDEROLLE, petite enseigne qu'on arbore au haut des Navires.

BANDOULIERS, nom des voleurs dans les Pyrénées, peut-être parce qu'ils marchent par bandes.

BANDOULIERE, bande de cuir qui croise sur le baudrier & qui descend de l'épaule par devant & par derriere & s'attache au côté droit de la ceinture.

BANDAGE, bandes appliquées sur quelque partie du corps pour les maintenir.

BANDER un Arc, le *tendre* comme une bande : & par analogie, *bander un fusil*, en tendre les ressorts.

II. RU-BAN, mot-à-mot, *bande rouge*, ensuite toute *bande de couleur* & en soie, dont on se sert pour la tête ou pour l'ajustement.

III. BONNET, coëffure qu'on lie, qu'on serre avec un ruban.

De-là le nom d'une étoffe appellée *bonnet*, parce qu'elle servoit à faire des bonnets.

BONNETIER, celui qui fabrique des bonnets : 2°. celui qui en fait commerce.

BONNETERIE, fabrique de bonnets.

IV. BONDE, ce qui empêche l'eau d'un étang de s'écouler par l'ouverture destinée à le mettre à sec.

BONDON, morceau de bois qui empêche le vin de s'écouler par le trou, ménagé dans les tonneaux pour les remplir ou les vuider.

Du Celte BOND, lien : en Anglois *bonde*, lien ; en Allem. *spunt*, un bondon.

BONDONNER, boucher un tonneau, y mettre un bondon.

I V.

BAN, prononcé BON, désignant les bornes, les limites qui *renferment* les possessions, qui en font des BANDES de Jurisdictions, de districts séparés.

BONNE, mot Celte, qui signifie Limite, Terme, Pierre qui sert à borner, à fixer les Jurisdictions, les districts.

En Anglois BOUND, une Borne.

En Périgord, BOSNE.

En Valdois, BOUENE.

Latin-barb. BONNA, BUNDA, & BONARIA, Borne.

2°. BONAGIUM, ABONAGIUM. *Esbonagium*, Bornage.

3°. BONARE, ESBONARE & BUNDARE, borner.

BONNARIUM, un Bonnier de terre.

Je rapporte ces mots Latins, parce qu'ils constatent l'existence antique des mots qui composent cette Famille; aussi on lit BONNEER pour BORNER, dans les Assises de Jerusalem, Chap. 257.

II. Dans le Nivernois on dit BOSME, au lieu de BONNE, Borne ; & en vieux François on a dit :

BOME, Borne.

BOMER, mettre des Bornes, en poser ; mot également Bourguignon.

ABOMAGE, Bornage ; dans un Acte de 1352, contenant des priviléges accordés aux Habitans de TANNAY.

ABOMAGIUM, en Lat. barb. *Bornage*.

ABOSMER, vieux François, BORNER.

III. BORNE, au lieu de BONNE. Cette altération de *Bonne* en *Borne*, par le changement du premier N. en R. n'est point rare en François. C'est ainsi que de l'Italien *Concentus*, réunion ou harmonie de plusieurs Musiciens qui jouent ou qui chantent à la fois, nous avons fait *Concert*. D'ailleurs ce mot n'est pas ancien ; on voit qu'il a remplacé l'autre. On en chercheroit en vain quelque autre origine.

IV. ABONNER, limiter : 2°. Mettre des Bornes, borner à un certain prix la valeur de quelque chose.

La Coûtume de MANTE, art. XXIII, dit : » Si ce n'est que le » Fief fut Ameté & *Abonné*. « Sur quoi on remarque ceci : » Ameter » & *Abonner*, signifient ici mesme » chose, qui est quand le Seigneur » Féodal & le Vassal se *bornent* par » accord de ce qu'on doit payer » pour les profits du Fief.

On disoit aussi dans ce sens *Terres* ABONNÉES ; de-là,

S'ABONNER, convenir d'un prix pour un objet.

ABONNEMENT, convention d'un prix à donner.

La Coûtume d'Anjou, art. XIII, dit ABOURNÉ pour *Abonné* ; on doit donc y appeller les bornes *Bournes*.

V.

BAN, Jurisdiction, Domination, prononcé BON, & signifiant *Elévation*.

De *Bon*, Domination, sont venus :

I. Le Celte BON, BUN, Eminence, Elévation.

Le Grec, BOUN-os, Elévation d'une colline ; levée de terre.

Le Vald. *Bougne*, Bosse causée par un coup.

En François BIGNE, Bosse au front provenue d'un coup.

BIGNET, BEUGNET, pâtisserie de farine, d'œufs & de lait, qu'on fait frire, & qui gonfle au feu comme une *Bigne* ou *Boune*.

Le Grec *Bounos*, colline, dont on a cru que tous ces mots étoient dérivés, vient de la même origine.

II. BOND, action de s'élever par un saut, ou parce qu'on est repoussé par un corps étranger.

BONDIR, en parlant des animaux qui sautent de joie.

2°. Au figuré, en parlant du cœur qui a de l'aversion pour quelque chose.

BONDISSEMENT des animaux dans la prairie. 2°. Du cœur qui se souléve.
REBONDIR.

BAR.

BER, BOR, BRE, &c.

BAR, fut un mot primitif qui désigna la *lumiere*, considérée sur-tout relativement à sa pureté, à sa clarté, à son brillant : 2°. tout ce qui est *lumineux*, *clair*, *pur*, *net* : 3°. tout ce qui est transparent : 4°. tout ce qu'on met au jour, la *parole* : 5°. la *vérité* pure & brillante.

Ce mot dut donc revêtir dès le commencement diverses formes, pour différencier ces divers développemens d'une même idée. De-là naquirent diverses familles sorties d'un même tronc; mais qu'on ne reconnoissoit plus, à cause des différences qui régnent entr'elles. Telles furent, relativement à la parole, toutes celles-ci :

BARJA, chez les Languedociens, *Babiller.*
PARLER, chez les François.
HARANGUER, chez les mêmes.
VERBE, venu des Latins.
MARMOTTER,
Plusieurs mots François en BAR.
BARD, Chant chez les Celtes.

Telles sont celles-ci relativement à la pureté, à la netteté :
VÉRITÉ, des Lat. & des Franç.
BER, BERTH, clair & brillant, des Theutons. & des Gaulois; d'où,

BRIL-ler, des Franç. & des Ital. au lieu de BER-iller.
MAR, jour ; 2°. parole, chez les Orientaux & les Grecs.
BAR, clair, lumineux, chez les Orientaux.

Quoique ces divers mots commencent par des lettres différentes, B, V, M, P, ils n'en appartiennent pas moins à la même Famille, parce que toutes ces lettres sont des nuances de la même touche, la touche labiale, & par conséquent très-propres à nuancer les mots d'une même famille.

Nous nous bornerons ici aux Familles en BAR, BER, BRE.

I.

BER, BRE clair, lumineux;
2°. feu.

De *BAR*, lumiere, jour, employé dans le sens de clarté, sont venus les mots suivans :

I. Gallois BERTH, luisant, brillant; 2°. net, propre, poli; mot également Teutonique,

Et le Gallois BERNAIS, brillant, éclat ; 2°. vernis.

VERNIS, liqueur gommeuse qui, appliquée sur un objet, en conserve l'éclat & la fraîcheur.

VERNISSER, appliquer un vernis.

La plûpart des mots de cette Famille, ont perdu à la longue leur voyelle primitive, ou plutôt, on l'a placée la derniere, après la consonne

R; de-là des mots dont par cette raison il étoit difficile d'appercevoir l'origine : tels ceux-ci :

BRILLANT, qui a de l'éclat, au lieu de BeRillant.

BRILLER, jetter de l'éclat, de la lumiere; Ital. BRILLARE, briller; 2°. éplucher, écosser, rendre net. Allem. BRINNEN, brûler : Irland. BREO, feu.

BRILL, qui signifie des Lunettes en Hollandois, paroît venir de cette même Famille. On dit, il est vrai, qu'elles portent ce nom parce qu'elles furent inventées à la Brille, Ville de Hollande ; mais ne seroit-ce pas une étymologie à la grecque ?

II. BER, devenu BRE, donna lieu à une Famille très-considérable, relative sur-tout à la chaleur & au feu ; de-là tous ces mots :

BRULER, consumer par le feu, au simple & au figuré.

BRULEUR.

BRULOT.

Ital. BRUCIARE, } brûler, rôtir, qui
ABRUCIARE, } ne sont certainement pas dérivés du Latin, mais de la Famille dont nous parlons ici.

III. BRAISE, charbons allumés.

Grec, PRÉSIS, incendie.

BRAZÓ, brûler.

Ital. BRACIA, Basq. BRASA, braise.

BRASIER, grand amas de charbons allumés.

EMBRASER, incendier, mettre en feu.

EMBRASEMENT, grand incendie.

BRANDON, torche allumée, feu.

Le Dimanche des BRANDONS, ou premier Dimanche du Carême, & qui doit son nom aux torches qu'on allumoit ce jour-là en signe de purification ; ce jour d'ailleurs se rencontre toujours en Février, mois des Purifications ou de la Chandeleur.

On donne à Lyon le nom de Brandons à des rameaux verds que le Peuple va chercher tous les ans au Fauxbourg de la Guillotiere, le premier Dimanche du Carême, auxquels il attache des fruits, des gâteaux, des oublies, &c. & avec lesquels il rentre dans la Ville.

Cet usage est de la même nature que celui dont nous avons fait mention dans l'Histoire du Calendrier, pag. 452.

BRANDEVIN, vin brûlé.

BRANDEVINIER, qui fabrique & vend du vin brûlé.

IV. Ital. BRONZINO, visage brûlé, enflammé, hâlé.

BRONZO, bronze.

BRONZE, métal resplendissant & embrasé, composé de cuivre & de zinc.

Allem. BRUNST, ardeur ; 2°. embrasement, incendie.

V. BRUNIR, éclaircir, polir avec le brunissoir.

BRUNISSOIR, outil, au bout duquel

on met de la sanguine pour brunir l'argent.

BRUNISSEUR, BRUNISSEUSE, BRUNISSAGE.

Ital. BRUNIRE, BRUNITORE, &c.

VI. BRIQUE, quarrés longs de terre cuite au feu, & dont on se sert pour les bâtimens, sur-tout dans les pays où l'on n'a pas de pierres de taille ; * de BREO, feu.

BRIQUETER.
BRIQUETAGE.
BRIQUETERIE.
BRIQUETIER.

Allem. BRICK.

VII. BRANDIR, lancer, darder ; 2°. faire briller.

BRAND, BRANC, vieux mot, signifiant bâton, épée qu'on fait briller : ce mot peut tenir cependant à la famille BRAN.

Ital. BRANDO, épée.

BRANDILLER, balancer, agiter ; ce mot peut appartenir à *brandir*.

VIII. Le sombre est l'opposé du brillant : on a donc fait contraster leurs noms ; & parce que BRE signifioit *Brillant*, on a choisi BRU pour désigner *sombre, noir, triste, lugubre*.

BRUME, tems sombre & couvert.
BRUN, couleur sombre presque noire ; homme de cette couleur.
BRUNE, BRUNETTE, Femme ou Fille qui a la même couleur ; 2°. sorte de chanson.

Ce mot est Italien, Espagnol,

Anglois, Suédois, Anglo-Saxon, Breton, Theuton, Allemand moderne, où il se prononce BRAUN.

I I.

BAR, 1°. *Parole*.

Ce mot primitif a pris chez les Celtes & dans la Langue Françoise cinq ou six formes différentes pour distinguer les diverses idées relatives à la parole.

Les idées relatives à la parole elle-même, ont été exprimées par le son fort PAR, d'où PAR-*ler*, PAR-*ole*, &c.

Les idées relatives à la partie la plus excellente de l'art de parler, ont été exprimées par le radouci VER, d'où VERBE & sa famille, AVAR, parole en Breton, &c.

Les idées relatives à la parole en public ont été exprimées par le son aspiré HAR, d'où HAR-*angue*, HAR-*anguer*, &c.

Les idées relatives à la parole poëtique ont été exprimées par le mot BARD.

On n'a continué d'exprimer par BAR que des mots qui ne formoient point de familles, & dont on ignoroit l'origine. Tels sont ceux-ci :

I. BARBARE, mot Grec & Latin, qui désigne une personne comme étant d'un pays non policé ; dont les mœurs sont féroces, & dont on n'entend pas la Langue ; 2°.

un homme cruel, féroce, sans pitié.

On avoit cherché en vain l'origine de ce mot, parce qu'on supposoit mal-à-propos qu'il ne désignoit que l'idée d'étranger.

Bar-bar marquoit celui qui dit des mots inconnus, qui fait BAR sans qu'on l'entende.

BARBARIE, état, situation, mœurs du Barbare.

BARBARISME, faute contre la Langue, comme si on parloit une Langue étrangere.

BARBAREMENT, avec cruauté, comme un Barbare.

II. BARAGOUIN, le langage d'un Barbare; mots auxquels on n'entend rien.

BARAGOUINER, faire *bar*, *bar*, prononcer des mots inconnus, étranges.

Ce mot s'accorde donc parfaitement avec l'origine ou la valeur primitive, & de *Bar* & de *Barbare*.

III. BARGUIGNER, ne pouvoir tomber d'accord, ne pouvoir se résoudre à parler (BAR) le meme langage que celui avec lequel on veut convenir de quelque chose.

Angl. BARGAIN, marché, marchander.

Gallois BARGEN, marché, contrat, convention.

IV. BARRET, Lat. BARRITUS, cri de l'Eléphant & du Rhinoceros.
Dict. Etymol.

Lat. barb. *Bardire*, rugir, crier.
BARDICATIO, clameur, cri.

2°. BAR; prononcé BARD, Poésie, chant.

BARDE, nom des Poëtes-Musiciens, des chanteurs, chez les Gaulois & les anciens Celtes.

Cette famille subsiste encore chez diverses Nations qui descendent des anciens Celtes & Gaulois.

Irland.	BARDAN,	Chantre.
	BARDAS,	Chanson.
Gallois.	BARDDONI,	Poëtes.
	BARDDAS,	Poésie, Histoire.
Bas-Bret.	BARDD,	Comédien.
	BARDIC,	Joueur de flûte.
	BARDS,	Joueur de vielle.

3°. BAR, donner le change par ses discours, tromper.

Vieux Fr. BARAT, BARATTERIE, tromperie, fraude.

Quercy, BARATAR, tromper.

Ce mot est également Bas-Breton, Italien & Espagnol : d'où l'Isle de *Barataria* de Sancho Pança, *Isle Trompeuse*.

En Basque *Barataze*, échanger, *Barataria*, troqueur, brocanteur.

I I I.

BAR, *Force*, 2°. *Homme*.

BAR, signifia *Force*, & 2°. l'Homme distingué de la Femme, appellé B*ar*

I

ou le *Fort*, parce qu'il a la *Force* en partage.

En Franc. *BAR*, Anglo-Sax. *WAR*, Goth. *WAIR*, Lat. *VIR*, l'homme; 2°. le *Mari*, le *Fort*.

BARO, en *Lat.* un Homme fort & vaillant. HIRTIUS PANSA se sert de ce mot dans l'Histoire de la guerre d'Alexandrie, liv. I. ch. 53, & Ciceron dans ses Lettres à Atticus, liv. V. lett. 11. Ce même mot est Espagnol.

En Gallois *BAR-on*, un Guerrier.

2°. *BARO*, en Latin, un Mercenaire, parce qu'il soutient le poids des travaux. C'est par la même raison qu'on dit à Paris les *Forts* de la Halle, pour désigner les Crocheteurs de la Halle, à cause de leur force.

De-là en vieux François : BER, homme distingué par sa naissance, noble. VILLE-HARDOUIN parlant d'un Comte du Perche, dit : « Ensi fina li cuens & morut, » dont grant domages fu. Et bien » fu droiz, car mult ere halt BER » & honorez & bons Chevaliers.

C'est-à-dire, c'est ainsi que le Comte termina sa vie & qu'il mourut, ce qui fut une grande perte : on voyoit en lui un homme souverainement droit ; aussi étoit-il un Haut *Ber*, un Haut Seigneur, un Chevalier honoré & digne de l'être par sa bonté.

SPELMAN n'a pas ignoré cette valeur du mot *BAR* : on peut s'en assurer par son Glossaire Latin Barbare.

BARON, ce mot désigne, 1°. un grade, une qualité au-dessus du simple Gentilhomme, & au-dessous du Comte.

2°. Tous les Seigneurs qui relevent d'un Prince, les Grands d'un Etat : on disoit les Barons d'un Royaume ; ce Prince vint avec ses Barons.

3°. Il désigna un homme fort, un mercenaire, un salarié.

4°. Dans quelques Provinces, le Mari. *Mon Baron*, dit une femme en parlant de son Mari.

De *Bar* prononcé *WAR*, vint LOUP-GAROU, en Allemand *BÆR-WOLF*, Homme-Loup.

Cette famille tient à *MAR*, *MART*, qui signifient également *Homme*.

Dans les Loix Saliques, Ripuaires, Alamanniques, Lombardes, BAR, ou BARO, signifie un Homme par opposition à Femme ; *Baro* & *Fœmina*.

Les Saxons ont prononcé *WÆR*, ou *WAIR*, de même que les Goths.

Les Femmes Wallonnes, appellent leurs Maris *mon Baron* : il en est peut-être encore de même en Champagne.

Dans le Roman de *Rou*, on voit ce vers remarquable :

Li Ber Quans de Poitiers,
Qui Sire eſt des Gaſcons.

« Le Baron Comte de Poitiers » qui eſt Sire des Gaſcons.

Ce nom étoit analogue à notre mot Grand, Grandeſſe. Il n'eſt pas étonnant que les Montmorencis l'euſſent toujours conſervé.

De ce mot on fit Barnage & Bernage, pour déſigner l'aſſemblée des Grands, des Barnés, des Barons.

Les Barons d'un Comte, d'un Duc, d'un Roi, s'appelloient ſa *Baronie*.

Philippe de Mousk dit :

Huc le Grand & les Barnés de France,
Le Roi & ſa Baronnie,
Si fit guerre, par Arrame,
A Pepin le Seigneur d'Auſtrie.

I V.

BAR, Bor, Bour, déſignant l'idée de Porter dans toute ſon extenſion, ou avec toutes les idées ſubordonnées à celles-là.

BAR, déſignant la force, devint par conſéquent la racine des mots dont on ſe ſervit pour déſigner l'idée de Porter qui eſt l'effet de la force, & toutes les idées qui en dépendent : de-là une foule de mots en B, ſans compter ceux en F, en V, en Ph, &c. qui forment eux-mêmes des familles immenſes.

Le Celt. Bar, Ber, branche, rameau ; d'où vinrent *Veru des Latins*, broche.

Verrou, branche de bois, de fer, &c. dont on ſe ſert pour fermer.

Virga des Latins, Verge, branche déliée & dépouillée de ſes feuilles.

BARRE, en Eſpagnol, & en Latin *Vara*, pieu, piéce de bois ou de fer, longue & forte comme une branche d'arbre, & dont on ſe ſert pour ſe fortifier, pour ſe mettre à couvert.

BARREAU, 1°. branche de bois ou de fer dont on garnit les lieux qu'on veut garantir.

De-là, 2°. le lieu où plaident les Avocats, parce qu'il eſt ſéparé des ſpectateurs par des barrieres.

3°. Le Corps même des Avocats, ceux qui ont droit d'être au Bareau.

BARRIERE, piéces de bois, barres placées de maniere à fermer le paſſage.

Barricades, retranchemens, fortifications avec des branches & autres choſes.

Se barricader, défendre l'entrée du lieu où l'on eſt par des retranchemens.

BARRIGEL, Capitaine des Sergens, ou Huiſſiers en Italie. Dans les Capitulaires de Charles le Chauve, chap. XXXII. tit. 3 6. les Huiſſiers ſont appellés Barigildi, à cauſe de la *Verge* (BAR) qu'ils portent.

2°.

BAR, BOR, BOUR, signifiant *Sur*, & ce sur quoi on porte : de-là :

1°. BAR, civière renforcée ou machine composée de deux branches en long traversées par d'autres & dont on se sert pour transporter des corps pesans.

2°. BAHRE, *en vieux All.* } Cercueil.
BIERE, *en François.* }

D'où l'Allemand *Beerdigen*, ensevelir ; *Todten-Bahre*, cercueil.

3°. BRENTA, *Lat. Barb.* pour BERENTA, vase à mettre du vin.

BRANTE, *en Valdois*, vaisseau de bois avec lequel on transporte la vendange sur le dos.

BRINGEN, porter, en Allemand, d'où le François.

BRINDE, action de porter une santé.

4°. BARDOT, petit mulet qui porte les hardes des muletiers ; 2°. au figuré, celui sur lequel les autres rejettent la peine, la fatigue.

Lat. BURDO, mulet.

5°. BOURDON, bâton des Pélerins.

Ces mots tiennent au Celte *Bor*, porter.

Theut. *Boeren*, porter

Allem. *Burden*, porter ; *Burd*, charge.

BOURDE, mensonge ; *Bourder*, mentir. Ces mots viennent de la même racine. On a dit *donner des Bourdes*, comme nous disons, *il en donne à garder*. Celui qui donne des *Bourdes*, fait comme s'il vous donnoit d'excellens appuis. C'est donc ici une expression figurée elliptique. Son origine étoit donc difficile à découvrir : il n'est pas étonnant qu'elle ait été absolument inconnue.

Cam-bortæ, mot de la Loi Salique, est un dérivé du même mot *Borde*, bâton, & de *Cam*, courbe, en Celte. Il désigne des pieux courbes dont on se servoit pour faire des palissades.

3°.

BAR, signifiant porter, au sens de *produire*.

BAR, signifia en Celte *froment*, *blé*, la production par excellence.

Ce mot prononcé BRA, a fait le Celte BRACE, BRAGE, boisson faite avec le blé, & qu'on a prononcé *Bracium*, *Brasia*, *Brasgia*, *Braseum*, *Bratium*, *Braisis*, *Brasum*, *Brais*, *Brès*, signifiant la bière. De-là :

BRASSER, faire de la bière.

BRASSEUR, BRASSEUSE, qui font la

BRASSERIE, fabrique de bière.

BRASSIN, cuve pleine de bière.

De *Bar*, froment, prononcé *Ber* & ensuite BIER, se forma le nom même de la boisson faite avec le blé, la BIERE.

BREUIL, bois taillis fermé d'un mur ; 2°. dans le Pays Messin, pré Seigneurial entouré de rivière.

C'est donc en général une terre en rapport & close par cette raison.

En Italien BROGLIO.

Ce mot s'est prononcé d'une multitude de manieres. On a dit *Brugilus, Broilus, Brolius, Bruillus, Briulus, Broulus,* &c. Et en François, *Breil, Brueil, Broul, Broil, Breuillet, Bruillot, Broillot*, &c. Il est devenu en même tems le nom d'un grand nombre de lieux, & même de familles ; de la maison de BROGLIO en particulier.

En Celte BROG, signifie un champ, une possession, une clôture.

4°. BAR, prononcé BRA, signifiant BRAS, source de la force, &c.

I. BRAS, l'organe avec lequel l'homme exécute toutes ses actions, avec lequel il *opere*: Lat. BRACHIUM, & en Celte, BREC.

Le Gall. BREC.
Le Bas-Br. BRECH.
Le Gall. *Breichiog*, qui a des bras.

EMBRASSER, tenir dans les bras.
EMBRASSADE.
BRASSER, agiter les liquides avec les bras.

2°. au figuré, tramer, machiner.
BRASSE, mesure de la longueur des deux bras étendus.
BRACELET, ornement qui fait le tour du bras.

BRASSAR, fer qui couvroit le bras dans les Batailles.
BRASSOIR, ce avec quoi on brasse les liquides.

II. BRAVE, hardi, courageux.
2°. Bien vêtu, leste.
3°. Galant, honnête.

C'est mot-à-mot celui qui ose entreprendre, qui ose se servir de son *bras*, & qui s'en sert honorablement.

BRAVER, affronter.
BRAVADE, menace, défi.
BRAVOURE, valeur, courage, qualités du brave.
BRAVACHE, faux brave, fanfaron.
BRAVO, bravement, d'une maniére honnête & louable.
BRAVERIE, beaux habits, ajustemens élégans : en Bas-Breton, BRAW, BRAO, vaillant, leste, beau.

IV.

BRE, BRIC, Tête.

Le mot BRAS s'est étendu aux branches des arbres, qui sont comme leurs bras; & parce que les branches forment la tête & la chevelure des arbres, le même mot a désigné *tête* & *chevelure*.

Et comme on prenoit une touffe de cheveux, pour indiquer *multitude, troupes, nombre*, le même mot a été employé avec quelques nuances pour désigner l'idée de multitude, troupe, bandes, &c. De-là tous ces mots :

I. BRIC, mot qui entroit autrefois

dans plusieurs Proverbes : nous avons vû déja *de bric & de broc*. Le Dictionnaire François & Anglois de Cl. HOLLYBAND, in 4°. Londres 1593, cité dans MÉNAGE, dit au mot BRIC ; prendre son adversaire au *Bric*, c'est-à-dire prendre avantage de ce qu'il dit.

Ce mot signifioit *tête* en Celte.
Gall. BRIG, sommet, cîme, rameau.
BRIGER, Chevelure.
BRIGIO, couper la tête des arbres.
Brigog, touffu.
Norm. Bringe, rameau.

II. BRIGADE, Troupe ; 2°. Escadron.
BRIGADIER, Chef de Brigade.
Espagn. BRIGA, assemblée.
Ital. BRIGATA, troupe, bande.
2°. Société, compagnie.
3°. Escadron.

III. BRIGUE, Parti, Faction ; Troupe qu'on a pour soi.
2°. Mouvement pour se former un parti ; cabales.
BRIGUER, rechercher avec soin une place, un avantage : se former un parti.
BRIGUEUR, qui brigue.
Gallois. BREICHIO, être d'un parti.
Lat. barb. BRIGA, brigue, parti, querelle.
Espagn. BREGA, débat, querelle.
Bas-Br. BRIG, procès, querelle.
BRIGUS, hargneux.

Ital. BRIGA, Procès, querelle, combat.
2°. soins, peines.
Brigante laborieux, querelleur, séditieux, qui forme des partis, des séditions.
BRIGARE, s'efforcer, chercher, briguer.

IV. BRIGANDS, voleurs de grand chemin : 2°. qui pille, qui commet des exactions : 3°. qui attaque à force ouverte.

On voit par l'Italien *Brigante*, que ce mot désigna dans l'origine ceux qui forment des partis, des séditions, de vrais scélérats, des gens à pendre ; & ce nom devint celui des assassins, des *troupes* qui volent & pillent.

BRIGANDAGE, vol, extorsion, rapine.

V. BRIGANDINE, cotte de maille, plus légere que la cuirasse, propre par-là même pour les courses.

VI. ABRICONER, vieux mot qui signifioit *tromper par des caresses insidieuses*
BRICON, signifioit *trompeur*.

Ce mot existe dans l'Italien, BRICONE, qui signifie un *fripon*, un *trompeur*, un coquin : & qui a fait le mot

SBRIGANI, nom d'un Acteur rusé, fin, trompeur.

VII. BRICOLE, terme des jeux de Paume & de Billard ; action de lancer, de darder la boule ou la bale contre les bords du Billard pour la faire revenir sur la bale qu'on veut chaffer.

Ce mot vient de l'Italien, Briccolare, lancer, darder, dont ils firent Briccola, catapulte, machine à lancer des pierres, &c.

Ils formerent ces mots de Bric, Brec, *bras*, parce qu'on lance avec les bras.

Au fig. Bricole signifie en François, une excuse frivole & trompeuse, parce que la bricole est un coup oblique, trompeur.

Aller de bricole, user de voies indirectes, artificieuses.

V. BAR.

Tout ce qui est composé de branches, toute enceinte.

I. Baraque, logement étroit qui n'est composé que de branches d'arbre, de ramée ou de planches; une vieille baraque, une mauvaise baraque.

Nos Etymologistes dérivoient ce mot de *barbaracus* ou *barbare*.

II. Em-bar-as, mot-à-mot, branches qui se trouvent sur le chemin, qui empêchent de passer, & qui forment comme une barriere.

Em-barassé, retenu, arrêté par des obstacles.

De-bar-asser, ôter les *barres*, les branches, tout ce qui fait *embaras*.

III. Bercail, logement d'hyver pour les brebis, fait avec des branches.

Parc, tient à la même famille, & se rapporte également aux brebis.

On les fait Parquer.

On disoit autrefois Berc, Berg, pour bercail : de-là :

Bergerie, lieu où on renferme les moutons.

Berger, celui qui a soin de la Bergerie.

Bergere, celle qui a soin de la bergerie.

IV. Ber, Bers, Berceau, qui signifie; 1°. un couvert de branches d'arbres; cabinet de verdure.

2°. La couche d'un enfant faite avec quelques barreaux; en Valdois, Bre.

On a dit autrefois en François Ber, dans ce sens, comme le prouve ce proverbe ancien :

Ce qu'on apprend au *Bér*
Dure jusques au *vêr*.

Proverbe rapporté par M. de la Thaumassiere, dans son Glossaire au mot *Biers*.

Bercer un enfant, agiter son berceau pour l'endormir.

2°. Au figuré, *bercer* une personne, l'endormir par ses discours.

V. Au-berge, Maison destinée à loger les passans. Ce mot s'est écrit *Heberge*, *Herberge*.

Aubergiste, celui qui loge les passans.

Auberger, *Heberger*, *Herberger*, loger les passans.

Ce mot s'est formé de Berc, branche; 2°. logement fait avec des branches; cloison; & du mot *her*, non celui qui signifie *armée*, *multitude*, mais celui qui signifie *Maître*, *Seigneur*; le *herr* des Allemans, le *herus* des Latins, notre vieux *hère*.

2°.

Les Vaisseaux construits de bois.

I. BARIL, BARILLET, BARIQUE.

Lat. Barb. BARRIDUS, barrique; employé dans les Capitulaires de Charlemagne sur ses Maisons de Campagne, Art. 68.

Tous ces mots indiquent des vaisseaux de bois faits de douves liées avec des cercles, & plus ou moins grands, destinés à contenir du vin, ou autres liqueurs.

II. BARATTE, Vaisseau profond & étroit dans lequel on bat la crême pour en faire du beure.

III. BARQUE, Vaisseau de bois pour traverser les eaux.

L'Egypt. BARIS, Vaisseau.

BARQUEROLE, petit Vaisseau sans mât.

BARQUETTE, petite barque.

BARGE, BERGE, espece de Barque.

IV. De BARG, prononcé, *Farg*, *Ferg*, *Freg*, se forma FRÉGATE, Vaisseau considérable, armé en guerre.

V. BRIGANTIN, Vaisseau de bas-bord, & fort inférieur à la Frégate qui est de haut-bord.

VI.

Etoffes ou autres choses qui servent à couvrir.

I. BARRETTE, Berrette, Birette, couverture de tête; espèce de bonnet d'enfant; en Languedoc, Bonnet de Docteur; en Italie, Bonnet des Cardinaux.

BARETHA, en Carniolois, signifie actuellement un *Chapeau*. Les Chapeaux ont ainsi remplacé chez eux la *Barrete* de nom comme d'effet.

II. BARDE, en Ital. BARDA, armure ou paremens dont on couvroit un cheval pour une bataille ou pour un jour de fête.

Cheval bardé, celui qui a une pareille couverture.

MÉNAGE a très-bien vû que ce mot tenoit à BARD, vieux mot signifiant *Couverture*. FERRARI eut grand tort de le lui disputer: M. FORMEY a eu raison de voir ce mot dans l'Espagnol & dans l'Arabe. Ce sont des rapports intéressans à suivre.

En Languedocien, *Barde* désigne plus qu'une simple couverture de monture; c'est le nom de la selle même qu'on met par-dessus cette couverture; en Espagnol AL-BARD.

Dans ces deux sens, c'est l'Arabe بردغة *Bardga*, un bât, d'où *Bardgai*, celui qui fait des bâts & qui en vend.

Bardga, dit GOLIUS, est un mot Persan, qui se prononce *Bardzga*, ou *Barzega*.

Comment ce Savant Auteur d'un Dictionnaire Arabe, n'a-t-il pas

pas vu que ce mot, qu'il a cru Persan, étoit lui-même un mot Arabe بَرْد BARD, qui signifie habit, étoffe, sur-tout des étoffes rayées ou à diverses couleurs.

Ces couvertures servirent aux chevaux, & on dit qu'ils étoient *bardés*. On y ajouta une selle, & on l'appella *Barde*.

On couvre la volaille de tranches de lard pour la faire rotir, & on appella cela la *barder*.

BARDELLE, selle piquée qui n'est que de toile, usitée en Italie.

III. De-là BARRACAN ou BOURRACAN, étoffe de poil de chévre, destinée à couvrir le corps.

BARRICANUS, dans S. BERNARD, *vie & mœurs des Réligieux*, désigne une couverture de lit.

BARDO-Cuculus, espéce de capuchon des anciens Romains.

IV. BARDEAU, Ais dont on se sert au lieu de tuiles, pour couvrir les maisons; mot également Arabe.

VII.
Elévation & profondeur.

I. BERGE, bord escarpé d'une riviere.
2°. Eminence de terre, en langage du Berry.
3°. Amas de blé, dans d'autres Provinces.

Famille de BERG, Montagne, non-seulement en Theuton, mais encore en ancien Gaulois.

Les Saxons prononcent BARG, *Dict. Etymol.*

Montagne, au lieu de Berg. ECCARD sur la Loi Salique, pag. 137.

II. BERNE, terme de marine, qui signifie *élévation*. Mettre le pavillon *en berne*, c'est l'élever au haut d'un bâton.

BERNE, couverture, saye, gros habit de *dessus*, cappe, mantille.

III. BERNER quelqu'un, le faire *sauter* en l'air avec une couverture.

Au sens figuré, se moquer de quelqu'un, en faire son jouet.

IV. BERNACHE, *Bernacle, Barnaque*, en Irlandois BERNAC, nom de la Macreuse à Dieppe & en Irlande, appellée ainsi parce qu'elle plonge dans les eaux & qu'elle en enléve le poisson.

VIII.
BARBE.

I. BARBE, Lat. BARBA, poil qui couvre le menton & les joues; de BAR, produire, production: 2°. on dit également la *barbe* des épis, la *barbe* d'une plume.

II. BARBU, qui a de la barbe.

BARBON, qui a beaucoup de barbe; 2°. un vieux routier, qui a de l'expérience, & la barbe blanche.

BARBIER, qui fait la barbe.

III. BARBEAU, poisson ainsi appellé à cause de ses barbes ou BARBILLONS.

IV. BARBET, Chien appellé ainsi à cause de son poil long & frisé.

V. BARBETS, nom des Vaudois; parce que leurs Pasteurs s'appellent BARBES, du mot Vénitien BAR-

K

-BA, un ancien, un chef à barbe;
2°. un Oncle.

VI BARBOUILLER, des deux mots *barbe* & *huile* : *barbam olere*, avoir la barbe ointe ou souillée d'huile.

Les Farceurs, les *Jean-Farine*, s'appelloient à Rome *BARBULEII*, les *Barbouillés*.

SALLUSTE & VALERE MAXIME parlent de quelques Romains, Consuls & Censeurs qui portoient le nom de *Barbuleii*.

BARBOUILLAGE, peindre mal, faire du mauvais ouvrage, de la mauvaise besogne.

BARBOUILLEUR, qui fait de la mauvaise besogne, qui gâte ce qu'il fait.

Ces mots viennent du Celte BARR, poil, cheveu, chevelure, encore existant en Irlandois, & d'où vint le Bas-Breton *Bar-huech*, velu.

IX.

Barré, à raies, VARIÉ.

I. BARIOLÉ, habit, étoffe de diverses couleurs.

II. VARIÉ, qui offre des raies différentes, diversité de couleurs. *Voyez* cette famille.

III. BARLONG, figure dont la longueur d'un côté est différente de la longueur d'un autre.

IV. BAROQUE, dents de grandeur inégale; perles qui ne sont pas exactement rondes, qui ont différentes formes.

Esprit baroque, qui ne pense pas, qui ne voit pas comme les autres.

V. BERLUE, éblouissement de la vue causé par une lumiere qui vacille, qui VARIE, *vario luce*.

2°. *Au sens figuré*, méprise, éblouissement d'esprit.

BAR, BOR, BROU, Eau.

BARBOTER, marcher dans la boue.

1. BORBE, boue.
BOUR, BOR, en Celte, boue; 2°. eau.
BOURBE, boue, fange.
BOURBIER, lieu rempli de fange.
BOURBEUX, plein de fange.
BOURBEUSE, pleine de fange.
EMBOURBER, enfoncer dans la boue.

2. BROU, BRU, en Celte, source, fontaine, eau
BROUÉE, pluie d'été, de peu de durée.
BROUILLARD, vapeurs condensées & qui ne peuvent s'élever.

3. BROUET, bouillon, sauce claire.

Auvergne,	BRE,	soupe, potage.
Franche-Com.	BREU,	soupe.
Mouthier, en Fr. Comt.	BRU,	sauce,
Italien,	BRODO,	bouillon, sauce, potage.
Allemand,	BRÜDE,	
Latin,	IMBRE,	Pluie.
Grec,	BRUÔ,	sourdre.
	BREKHÔ,	arroser, pleuvoir, boire.

Hebreu,	*Bher*,	puits.
Haynaut,	BURE,	Puits de mine à charbon.

BAS.

I. BAS, tout ce qui est opposé à *haut*, à *élévation*, au physique & au moral. Ce qui est inférieur, rampant, petit, laid, honteux, qu'on foule aux pieds.

2°. Le bas d'une chose, d'une montagne, d'une robe.

3°. Le bas de chausses, dont on a fait le nom des BAS dont on se sert pour chausser les jambes.

C'est un mot Celtique; il a formé les suivans, au simple & au figuré :

BASSESSE, action honteuse, avilissante. 2°. État d'infériorité, d'avilissement.

BASSEMENT, vilement, avec bassesse.

BAISSER, tendre en bas, diminuer en hauteur.

SE BAISSER, se courber vers le bas.

ABAISSER, réprimer ce qui s'élève, repousser vers le bas.

A-ba-jour,
s'abaisser,
abaissement,
ra-bais,
ra-baissement.

RABAISSER, ôter de la hauteur, la diminuer.

BASSET, qui n'est pas d'une haute stature.

II. BASE, le bas d'un tout, ce qui soutient; ce sur quoi on élève un objet & qui sert à le porter.

I I.

BAS, signifiant *Petit*.

I. BASSE-COUR, la Cour inférieure d'une maison, l'opposé de la cour du Maître, la premiere cour.

II. BA-VOLET, sorte de coëffure dont un bout pend entre les épaules.

Ce mot est composé du mot VOLET, voile, & de *bas*, petit; un petit-voile.

III. BAZOCHE, BASOCHE, le Corps des Clercs des Procureurs de Paris.

Ce mot, d'une origine inconnue jusques ici, est composé de deux mots François; de *Oche*, *Oque*, une Oie, & de BAS, *petit*. Basoche, la petite-oie; peut-être pour dire la PETITE-COUR, par opposition à la Cour dont ils relévent, la HAUTE COUR du Parlement.

BAST.

Le mot BAST, désignant l'idée de *porter*, s'est employé dans le sens de CHARGE, & dans le sens de SOUTIEN. De-là deux Familles très-remarquables.

I. Charge.

I. BAST, Bât, espèce de selle qu'on met sur le dos d'une bête de somme avant de la charger.

Ce mot est dans toutes les Langues descendues du Celte.

Il ne vient pas du Grec *Baſtazô*, porter, comme l'ont cru mal-à-propos les Etymologiſtes, conformément à leur mauvaiſe méthode; c'eſt le verbe grec qui vient de ce nom.

Celui-ci peut venir lui-même de *St*, & de *Ba* ou *Va*; ce qui eſt ſur celui qui *va*. Pouvoit-on mieux déſigner une *charge*?

II. BÂTER, mettre le bât ſur une bête de ſomme.

EMBÂTER, charger quelqu'un, ou embarraſſer quelqu'un d'une *charge*, d'une choſe qui l'incommode, qui lui eſt onéreuſe.

Un BÂTIER ou faiſeur de bâts.

III. BASTE, il ſuffit.

BASTANT, qui eſt ſuffiſant.

Autrefois BASTER, ſuffire.

Cette famille s'eſt conſervée en Italien.

BASTARE, ſuffire.

BASTANZA, ſuffiſance.

Correre a baſta lena, courir autant que ſuffit l'haleine, c'eſt-à-dire, de toutes ſes forces.

Ce mot vient donc de *Baſt*, charge. *Baſte*, il ſuffit, on en a à ſuffiſance : c'eſt avoir ſa charge complette, tout ce qu'on peut porter.

IV. BASTARD, BÂTARD, mot de toutes nos Langues modernes; il vient de *Baſt*, charge, ce dont on eſt embaſté.

Au figuré, qui dégénere, c'eſt-à-dire qui paroît d'un autre ſang, d'une autre nature.

s'ABATARDIR, dégénérer.

Ecriture BATARDE, ou qui a dégénéré, parce que c'eſt une altération de l'écriture romaine.

V. BASTERNE, eſpece de litiere dont on ſe ſervoit du tems de Clovis. Nos Etymologiſtes voyant qu'on l'appelloit en Latin *Baſterna*, ne s'en ſont pas occupés.

Ce mot vient de *Baſt*, charge, parce que les litières ſont *portées*.

I I.

Ce qui ſoutient ; un Bâton.

I. BASTON ou BÂTON, ce qui ſoutient en marchant. De-là :

BASTONNADE, coups de bâton.

BASTONNER, frapper avec le bâton.

BÂTONNIER, chef d'une Confrerie, ou d'un Corps, & qui en a le BÂTON de cérémonie ou de dignité.

II. BATTRE, frapper.

BATTERIE, gens qui ſe frappent, qui ſe battent.

BATAILLE, combat.

BATAILLER, diſputer le terrein.

BATAILLEUR, qui ſe bat toujours.

BATTUE, chaſſe au Loup, dans laquelle on bat tout le canton.

BATANT, ce qui ſert à frapper.

BATAILLON, Corps de Fantaſſins.

BATEMENT, action de fraper ; 2°. pulſation du pouls ; 3°. palpitation.

BATEUR, celui qui bat : Bateur d'or, de blé, de pavé, &c.

BATURE, paiement de ceux qui battent le blé.

III. BATIFOLER, se battre ou jouer par forme de jeu.

ABATTRE, renverser ou faire tomber à coups de bâton ou autrement.

ABATTIS, action d'abattre un grand nombre d'arbres.

ABBATIDERIT, il abattra, *Loi Saliq.* tit. XLIV. Loi IX.

    A-batage.
    a-batement.
    a-batteur.
    a-battis.
    a-battre.
    a-battant.
    a-battu.
    a-bavent.
    com-bat.
    com-battre.
    com-battant.
    de-bat.
    de-battre, disputer ; 2°. causer de la palpitation, de la douleur.
    e-bat.
    e battre.
    s'é-battre.
    ra-bat.
    ra-battre.
    ra-bat-joie.

IV. BÂTELEUR, autrefois BASTELEUR, celui qui fait des tours de passe-passe avec son *Bâton* ; Bâton de Jacob, & baguette magique. De-là,

Tour de Bâton, gain ou profit qu'on doit à son adresse.

BATELAGE, tours de passe-passe, badinage, singeries.

V. BATE, instrument qui sert à battre.

BATOIR, instrument dont on se sert pour battre le linge ; 2°. pour repousser la bale au jeu de paume.

VI. BATARDEAU, digue, cloison pour repousser l'eau, & qu'on fait avec des bâtons ou des pieux.

I I I.
BAST, BÂT.

BASTIR, & puis BÂTIR, construire un logement ; les premiers furent construits avec des bâtons, des pieux.

BÂTIMENT, maison, hôtel, palais.

BASTIDE, maison de campagne.

BASTILLE, tour de bois dont on se servoit pour les siéges ; 2°. château, citadelle, bâtiment fortifié.

BASTION, terrasse & mur en fortification.

BAT,
BET, BOT, BOD.

Mot qui désigne toute idée de *profondeur* & de *contenance*.

I: VASE.

I. BATUS, en Latin, &c. un vase, une mesure de liquides.

II. BATEAU, BATEL, barque, en Grec KI-BOT-os.

BATELIER, conducteur de barque.

BATELÉE, charge d'une barque.

BATELET, petit bateau.
III. BEDAINE, gros ventre, Heb. *Beten.*
BEDON, nom d'un tambour.
BOT, BOD; 1°. profond; 2°. fond; 3°. vase, en Celte; d'où,
IV. Lat. BOTULUS, boyau, *employé par* MARTIAL; Fr. BOYAU.
BOUDIN, il se fait avec des *Boyaux* farcis de sang, de graisse & de viande hachée.

On trouve dans S. BERNARD, *de interiori domo, cap.* 58, le mot *Budellus*, signifiant boyau.
BOUDINIER, Marchand de boudins.
V. BOUTEILLE, vase de verre avec un gros ventre & un long cou.
BOUTARGUES, œufs du Muge confits avec de l'huile & du vinaigre. En Italien *BUTTAGRA,* œufs de poissons salés & encaqués.
BOUTIQUE, habitation du marchand.
BOISSEAU, mesure de grains, Lat. BUTELLUS.
BOISSELÉE, contenance d'un Boisseau.
BOISSELIER, faiseur de Boisseaux.
BUSARD, vaisseau composé de douves & de cerceaux qui tient presqu'un muid de Paris.

En Anjou *BUSSE,* demi-pipe de vin.

En Valdois *BOSSE,* demi-tonneau: *BOSSATON,* petit tonneau.

Provinces Mérid. *BOTE,* vaisseau à tenir du vin, qui tient presqu'un muid de Paris.
BOT, petit vaisseau dont on se sert aux Indes Occidentales; 2°. gros bateau Flamand.
VI. BUTIN, prise, capture faite en guerre.
BUTINER, faire des prises.

Ce mot est de tous les Dialectes Teutoniques. En ancien Teut. *Weiden,* en Allem. *BEUTE,* butin, proie.
BEUTEN, butiner, piller; 2°. *anciennement* troquer, changer. Anglo-Sax. BOT, profit, gain; Angl. TO BOOT, être utile. Toutes ces idées tiennent à *contenance, capacité.*
VII. BUSTE, représentation d'un homme ou d'une femme jusqu'à la ceinture.

L'origine de ce mot a fort intrigué les Etymologistes. Ils se sont enfin décidés à le dériver de *Brust,* poitrine en Allemand; mais il vient de *Bus,* boëte, caisse. Ce qui forme le Buste, est la caisse du corps humain. Il ne pouvoit être mieux nommé.
VIII. BOSSE, élévation de l'épine du dos; 2°. tumeur, grosseur; 3°. ouvrage relevé en bosse. Toutes ces idées tiennent à BOD, élévation.
BOSSU, qui a une bosse.
BOSSUER, faire des bosses à des vases de métal.
BOSSETTE, ornement en bosse.

Bossetier, celui qui fait des ornemens & des ouvrages en bosse.

IX. Butte, élévation ; 2°. extrémité, bout ; 3°. point où l'on tend, BUT. Vieux Fr. A-BUT-er, viser.

Buter, viser, tendre à un but.

se Buter, ne rien relâcher du but auquel on tend.

X. Bout, fond, extrémité.

Aboutir, se terminer à.

Aboutissant, qui va se terminer à.

XI. Bouton, élévation, objet rond.

Bouton de rose, de fleur, du visage, d'habit. Lat. BOTONES, éminences, buttes.

XII. Bot, en Celte, pied, l'extrémité du corps, d'où :

Bote, chaussure de cuir qui couvre les jambes & les pieds.

2°. Choses liées ensemble, qui font un gros paquet : botte d'osiers, de raves, de foin, de soie.

3°. Un coup en général, & dans l'origine un *coup de pied*.

4°. La neige, la boue, qui se rassemblent aux souliers.

Botine, chaussure plus douce & plus petite que la BOTE.

Boter, mettre des botes ; *vieux Fr.*

Bote, Boti, soulier.

2. Boteler, mettre quelque chose en bottes.

Botelage, action de boteler.

Boteleur, celui qui arrange la paille & le foin par bottes.

3. La Mission Bottée, les Dragons dont Louis XIV. se servit pour convertir les Protestans.

Bouter, planter ; 2°. placer, mettre, se bouter, se poser, se planter dans un lieu.

Bouture, branche qu'on plante & qui prend racine.

Boute-en-train.
Boute-feu.
Boute-selle.
Boute hors.

B E.

Befroi, Charpenterie qui soutient les cloches d'une tour ; 2°. clocher ; 3°. allarme donnée par le son des cloches ; 4°. cloche destinée à sonner l'allarme.

Telles sont les significations modernes de ce mot ; & d'après lesquelles on a cherché à deviner son étymologie, d'autant plus difficile que ce mot s'est prononcé & écrit d'une multitude de manières. On a dit : *Berfredus, Verfredus, Berefridus, Berfreit, Bilfredus, Balfredus, Belfragium*, &c.

Dans l'origine ce mot désignoit ces tours énormes de bois, qui avoient jusqu'à cent pieds de haut, & dont on se servoit pour assiéger les Villes, pour forcer leurs retranchemens.

On peut donc dire que ce mot est composé de *Vall*, *Ball*, retranchement, fortification, & de *FRAGere*, *frangere*, rompre, briser.

Peu-à-peu, ce nom corrompu servit à désigner les tours des clochers, d'autant plus aisément que *Bell* signifie *Cloche* en Anglois.

Il se peut aussi que le mot de *Bell-fry* ou *Befroy* se sera confondu à cause du rapport des sons avec le mot *Balfred*, tour de bois. Ce ne seroit pas le premier exemple pareil.

BÊLER, crier, en parlant de la brebis.

BÊLEMENT, cri de la brebis.

C'est une Onomatopée, l'imitation de ce cri.

BÉLIER, nom du mâle dans la nation moutonne : il doit tirer son nom de son cri même. Le *Bélier* est celui qui *bêle*, & le chef de la troupe bêlante.

De-là seront venus peut-être *Bal*, *Bel*, fort, puissant ; & certainement l'Hébreu,

10-*Bel*, sonner du cor ; 2°. annoncer la Fête : d'où JUBILÉ, la Fête la plus solemnelle.

BELL, BALL, mot Celte, qui signifioit indigence, défaut, privation.

C'est l'opposé de *BAL*. De-là divers mots François :

I. BELUES, *vieux Fr.* pauvreté, disette.

BELOQUE, *vieux Fr.* petite monnoie ; 2°. chose de peu de valeur ; d'où,

BRELOQUE, petits ornemens qu'on pend aux chaînes de montres, &c.

II. BELITRE, un homme de peu de valeur, de néant.

On a donné une multitude d'étymologies de ce mot, dont on ne peut adopter aucune. Celle-ci est d'autant plus vraie que le mot BELITRE, ne signifia dans l'origine qu'un *Mendiant*. On disoit autrefois les *quatre Ordres de Belistres*, pour désigner les Religieux Mendians : & à Pontoise, les Confreres Pélerins de la Confrerie de S. Jacques ont porté long-tems le nom de Belitres.

Le *BALATRO* des Romains qui a la même signification, doit se rapporter à la même origine.

BERGAMES, tapisseries faites à Bergame, Ville d'Italie.

BESOGNE, travail, ouvrage qu'on fait, ou qu'on a à faire.

Ce mot est de la même famille que le suivant :

BESOIN, nécessité ; 2°. disette, pauvreté.

Besogne & Besoin, désignent également la nécessité.

Besogne, est ce qu'on est *nécessité* de faire.

Besoin, ce dont on a *nécessité*.

En Italien *Bisogna*, il faut. *Bisogno*, besoin, nécessité.

Ce mot n'appartient à aucune Langue du Midi, il doit donc venir du Nord, & seroit composé de la préposition *be*, qui est si commune, & qui signifie *dans*, *en*, &c.

en, &c. & peut-être du mot *Sveing*, qui existe dans le Suédois de *Verelius*, & qui signifie *faim*, *besoin* de manger. C'est le premier des *besoins*, le plus terrible, & celui auquel se rapportent tous nos travaux, toutes nos *besognes*: ou plutôt du mot *Sonni*, qui se trouve dans les anciennes Loix Saliques, &c. & qui signifie, *soins*, *embarras*, *empêchemens*, *nécessité*; & dont vint certainement notre vieux mot Essoine, que les Anglois ont conservé dans leur Jurisprudence.

BED, BET, signifioit *rouge* en Celte; de-là, ces mots:

I. Bette-rave, Racine de couleur rouge.

II. Betoine, Plante à feuilles rougeâtres.

III. Betel, Plante des Indes à feuilles rouges.

IV. Bouleau, du Latin BETULA, parce que cet arbre est de couleur rouge, du moins une espéce.

B I.

BICHE, Femelle du Cerf.

Bique, Femelle du Bouc. En Grec BHKH, *Béké*.

En Anglo-Saxon Bicce, chienne.

Bicqueter, mettre bas, parlant des Chévres.

Bichon, Babiche; en Allemand Boetse, femelle du chien.

Ce n'est certainement pas par *Dict. Etym.*

hazard qu'un même mot désigne les femelles du Bouc, du chien & du Cerf: & ce mot doit être fort ancien, puisqu'on le trouve dans le Theuton & dans le Grec. C'est un dérivé qui se sera formé du nom même de *Bouc*, Bekkos en Grec.

Bouc, en Italien Becco. C'est une Onomatopée, l'imitation du cri de cet animal, d'où Bique. *Voy.* Bique.

Le verbe Allemand BOCHEN, pousser, frapper avec les cornes, est un dérivé de *boc*, loin d'en être la racine, comme on l'avoit cru mal à propos.

BIDET, Cheval de peu de valeur.

On dit, *Bidet de quatre-vingt sous.*

Ce nom vient certainement de cette espéce d'Ecus qui eurent cours en France & qu'on appelloit *Bidets*, sans doute parce que le Prince y étoit peint à pied, comme l'a conjecturé Le Duchat, qui a quelquefois bien vû.

BIEZ, Canal qui conduit l'eau sur la roue du Moulin: en Bourguignon Bie.

By, Fossé qui sert à détourner les Eaux d'un étang. Ce mot doit venir de *by*, courir, couler, & doit tenir à *via*, chemin, voie, mot Latin & Italien. *Andare via* aller vie, *pour dire* s'en aller au loin.

L

BI

BIGOT, dévot superstitieux.

BIGOTERIE, dévotion superstitieuse.

On donne deux étymologies de ce mot.

Une que j'avois soupçonné : *By-God*, mots Anglois qui signifient *par Dieu*.

Une prise de l'Histoire du nom de BIGOTHS, altéré de celui de *Wisigoths*, & qui se prit en mauvaise part, parce qu'ils étoient Ariens.

Dans nos anciens Poëmes, on voit les *Bigots* au nombre des Habitans de la France Méridionale ;

» Bigot e Provenzal e Rouergues
» E Bascle e Gasco e Bordales.

On voit par-là que les *Bigots* sont les Habitans du Languedoc, pays qu'avoient habité les Wisigoths, & qui dans les tems de ces Poëtes étoit en mauvaise odeur à cause des Albigeois, dont il étoit rempli. C'est un pays qu'on n'a jamais pu purger d'opinions différentes de la communion Nationale ; le feu, le fer, les proscriptions les plus terribles n'ont pu en venir à bout.

BIHOUAC, BIVOUAC, garde de nuit : 2°. lieu où est postée la garde de nuit. C'est l'Allemand *Bey-Wacht*, en Sentinelle.

BIJOU, mot de la même famille que *Joyau*. On dit JOUER, JOUJOU. De *Jou* & de *Bi*, signifiant beau, on a fait *Bijou*, des beaux jours. Mot qui fut consacré à des choses d'un petit volume & d'une grande valeur. Ces mots viennent au Latin *Jocus*.

BIJOUTIER, Marchand de Bijoux.

BIJOUTERIE, commerce en Bijoux.

BILL, papier contenant les propositions qu'on veut faire passer par les Chambres du Parlement d'Angleterre.

Ce mot doit venir de *WILL*, volonté, projet.

Il doit tenir à ceux-ci :

BILLE, *en Allemand*, un billet.

BILLOS, *en Grec-barb.* un Livre.

BILLET, *en François*, un petit écrit, une Lettre fort courte.

BILLETTES, *en Armoiries*, petits quarrés longs en forme d'un billet ou d'un quarré de papier.

BIS, noir, noirâtre, mot Celte, duquel sont dérivés ceux-ci :

BISET, Oiseau dont le plumage est couleur de plomb & presque noire.

BISE, vent noir du Nord. Il est appellé par les Turcs *Cara Cel*, vent noir ; & chez les Anciens, AQUILON, qui signifie la même chose.

Il est impossible de le dériver de *Bisa*, qui signifie tourbillon. Ce dernier mot en viendroit plutôt.

BISTRE, couleur faite avec de la suie & dont on se sert pour laver les desseins en noir. De la même Famille viennent :

BASANÉ, qui a le teint noirci, bruni par le soleil.

En Basque *BAZA*, & en Espagne *BAÇA*, brun.

Latin-barb. *BASAN*, *bazanna*, *bazanium*, basanné.

On aura dit *BAS*, *BES*, *BIS*.

Bisse, terme de Blason ou d'Armoiries. Il désigne des Serpens, des Couleuvres, sur-tout la Couleuvre de Milan. C'est donc l'Italien *BISCIA*, Serpent, Couleuvre.

Ce mot tient par conséquent à *Fischio*, sifflement du Serpent, & qui est certainement une onomatopée, de même que l'*O-PHIS*, des Égyptiens & des Grecs, qui signifie également *Serpent*.

B L.

BLÉ, production la plus précieuse pour l'humanité, sur-tout pour les Européens, & base de leurs États florissans : en Languedocien *BLAD*, en Arabe *BLAT*.

Ce mot doit tenir au Grec *Blastanó*, germer, βλαϛη, *Blasté*, germe.

En Flam. *Bladt*, signifie une feuille.

J'aimerois fort le dériver de *Bal* ou *Bla*, signifiant *blond*, *doré*; le blé est blond; aussi dit-on la *blonde Cérès*, & l'*Epi-doré*. De-là, ces mots :

I. Blatier, qui fait commerce de blé.

Bla, un Champ, *en Irlandois*.

Blaer, *Blaver*, *Emblaer*, *Emblaver*, semer un Champ, *vieux Fr. Desblaver*, *desbléer*, moissonner.

Déblayer, débarrasser, nettoyer.

Bladerie, marché au blé.

Celte, Blawd, farine ; d'où viennent ces mots,

II. Bluteau, instrument pour passer la farine.

Bluter, passer la farine.

Gall. *Blawd*; farine, en Bas-Bret. *Bleut*; en Cornouaill. *Bloz*, &c.

BE, BEN, BON.

BE est un des premiers mots du Dictionnaire de l'enfance. Comme il se prononce de la lévre, la touche la plus mobile & la plus douce de l'instrument vocal, ce son est devenu le nom de tous les objets agréables ; la peinture de toute idée de *bien* & de *bonté*. De-là tous ces mots :

I. En Latin Be-*o*, mot-à-mot, *je procure* BE *à quelqu'un*, je le rends *heureux* par les douceurs, les agrémens que je lui procure.

Be-atus, celui qui est heureux, celui qui a BE, en François BEAT, mot qui est borné à la religion.

Béate.

Béatitude, *Beatitudo*, état de bonheur, de félicité.

Béatifier, mettre au nombre des Heureux, des Saints, *Beatifico*.

Béatification, *Beatificatio*.

Béatilles, bonbons, douceurs.

II. En Latin Ben-e, en François

Bien, mot à mot, *ce qui est* bien. De-là une multitude de mots.

1°. Bénédiction, *Benedictio*.
Bénir, *Benedicere*.
Béni,
Benoit, } *Benedictus*.
Bénitier.

2°. Benin, humble, doux, favorable, Lat. *Benignus*.
Bénignité, *Benignitas*.
Bénignement, *Benignè*.

3°. Bénéfice, gain, profit, *bien qu'on se fait*, *beneficium* ; 2°. places occupées par les Ecclésiastiques.
Bénéficence, acte de bienfaisance.
Bénéficier, qui a un bénéfice ; *Verbe*, trouver du bénéfice.
Bénéficial.
Bénéficiaire, qui a obtenu des Lettres de *bénéfice d'inventaire* pour une succession.

4°. Bénêt, sot, sans esprit ; autrefois *Ben-est* ; celui qui *est si bien*, si bon, qu'il n'est bon à rien.

III. Les composés de Bien :
BIENFAIT, *substantif*, faveur accordée ; *adjectif*, personne qui est d'une taille agréable & proportionnée.
Bienfaiteur.
Bienfaisant.
Bienfaisance.
Bien-heureux.
Bienséance, convenance.
Bienséant.
Bienvenue, bonne arrivée.
Bienveuillance, disposition à vouloir le bien des autres.
Bienveuillant, qui veut du bien.

IV. BON, qui se plaît à faire le bien ; 2°. qui est agréable, excellent.
Bonne ; une Bonne.
Bonté physique & morale ; 2°. qualité d'être bon ; 3°. effets de cette qualité.
Bonifier, rendre meilleur.
Bonification.
Bon-bons, douceurs à manger.
Bonasse, tems calme.
Bonheur, mot à mot, *vent favorable*, *bon vent* ; avantages qui arrivent.
Bonnement, avec bonté ; 2°. sans défiance.
Bonnaventure, *bonheur qui doit avenir*, & qu'on prédit ; 2°. événement heureux.

V. Bombance, régal splendide, bonne chere.

On a cru que ce mot venoit du Latin *pompa*, pompe ; c'est plutôt de *bon* ; & de *bance*, venant de *banc* & signifiant *banquet*.

BER, BRE, bref.

Bref, court, qui dure peu, qui passe vîte ; il se dit & du tems & des sons : prononciation breve, tems bref.
Breve, syllabe, ou note qui n'est pas longue, qui passe vîte.
Brevement, Brievement, parler en peu de mots, non-longuement.
Brieveté, courte durée.

Lat. BREVIS, BREVITAS, &c. Ces mots sont d'origine Celtique.

BERR, en Gallois & en Bas-Breton, signifie court, concis, de peu de durée, de peu de longueur, racourci.

D'où se fit BERIF, BEREIF, qui formerent le Latin BREV-is, bref, qui dure peu.

Et le Celte BRIF, rapide, qui passe vîte, qui s'écoule comme l'éclair : De-là,

BERTAUDER & BRETAUDER, couper les cheveux trop courts, & les gâter par-là.

II. BREF est devenu par ellipse, 1°. le nom des lettres écrites par le Pape, mot à mot, *Livre Bref*.

Et 2°. le nom des Lettres de grace ou des dons du Roi, dans le mot

BREVET,

D'où BREVETER, expédier un Brevet en faveur d'une personne.

BREVETÉ, qui a un brevet.

III. BRÉVIAIRE, livre à l'usage des Ecclésiastiques, qui contient un abrégé de la Bible & des Offices.

ABRÉGÉ,   Abréviateur.
Abréger.   Abréviation.

IV. De BERR ou BRE, les Celtes firent BRED, qui signifie *vîte*, *agile*, &c. d'où,

BREDOUILLER, parler si vîte qu'on ne peut prononcer distinctement, & qu'on n'est pas entendu.

BREDOUILLEUR,

BREDOUILLEUSE.

L'Italien FRETTA, hâte, paroît tenir à la même Famille.

BU, BO.

BU, BOU, BO, mot Celte, qui a désigné l'Eau, & d'où sont venus divers mots Latins & ceux-ci,

I. BUIE & BUÉE, lessive.

Ital. *Bugada*.

BUANDERIE, sale à lessive.

BUANDIER, Blanchisseur.

II. BOUE ; fange, terre détrempée par l'eau.

2°. Caveau, fosse, en pays Messin BOE.

BOUER, salir avec de la boue.

BOUEUR & BOUEUSE.

Gall. *Baw*, boue.

Irl. *Boghe*, lieux humides.

Arab. *Bokah*, lieux bas. (où l'eau séjourne.)

III. BURETTE, vase à liquides.

IV. BU, liquide avalé.

BUVETTE, lieu où on boit.

BUVETTIER, Concierge de la Buvette.

BUVOTER, ne faire que boire.

BUVEUR, qui boit beaucoup, qui aime à boire.

BOISSON, liquides qu'on boit.

BOIRE, action d'avaler du liquide, de l'eau.

BI-BERON, qui aime à boire ; 2°. vase à boire.

V. BREUVAGE, *anciennement* BUVRAGE. Ital. *BEVERAGGIO*.

ABREUVER, faire boire les animaux.
ABREUVOIR, lieu où l'on mène boire les animaux.

On a dit, *boivage*, *beuvage*, *beuvrage*, & puis *breuvage*.

BOEU, BOU.

BO, BOU, cri du Bœuf: ce cri est devenu le nom du BŒUF, & de tout ce qui est gros.

Lat. BOV-*e*, Franç. Bœuf ou *Beuf*.
BOUVEAU, jeune beuf.
BOUVILLON, petit Taureau.
BOUVIER, Pâtre de beux.
BOUVIERE, fille qui garde les beux.
BEUGLEMENT, cri du beuf.
BEUGLER, action du beuf qui crie.

II. BUTOR, Oiseau de la grandeur d'un Héron, & qui mettant son bec dans l'eau, fait plus de bruit qu'un beuf qui meugle : il vient de BOU-TAURUS, qui beugle comme un Taureau.

III. BUFLE, Lat. BUFALUS, espéce de beuf commun en Italie & aux Indes.

IV. BEURE, résidu de la crême battue.
BEURER, étendre du beure sur du pain.
BEURIER, BEURIERE, celui ou celle qui vend du beure.
Lat. & Grec, BU-*tyro*, mot-à-mot *fromage de beuf*.

V. BABEURE, le lait qui reste quand on a fait le beure : des mots *bat*, *batrre*, & *beure*.

VI. BOUSE, ordure de Vache ou de Beuf.
BOUSILLER, } maçonner avec de
BOUSILLEUR, } la terre & de la boue ; 2°. faire du mauvais ouvrage.

BO, BOSC, BOI.

BO, mot primitif qui signifia BOIS ; de-là ces mots :

1°. BOIS, Forêt peu considérable ; 2°. piéces d'arbres ; 3°. arbres coupés.
BOISÉ, pays couvert de bois ; 2°. salle revêtue de bois.
BOISERIE.
BOISAGE.
BOISER.

II. BOCAGE ; 1°. bois sacré ; 2°. bouquet d'arbres.
Nymphe BOCCAGERE.

III. BOSQUET, petit bocage.

IV. BOUQUET ; Italien BOSCHETTO, *mot-à-mot*, un petit bois ; 2°. un composé de petites branches ; 3°. un bouquet d'arbres ; 4°. un bouquet de fleurs, & simplement un *bouquet* ; 5°. Vers pour une fête.
BOUQUETIER.
BOUQUETIERE.

V. BUCHE, gros morceau de bois, long & mince, destiné au feu.
BUCHER, lieu où l'on met le bois destiné au feu ; 2°. amas de bois pour y mettre le feu.
BUCHERON, qui coupe les arbres dans la Forêt.

BUFET, Armoire en bois ; de *bo*, bois, & *fait* ; fait de bois.

VI. BUISSON, touffe d'arbrisseaux, BUISSONNIER.

VII. BUSQ, BUSQUE, planchette ou piece de bois qu'on mettoit au corps de jupe pour soutenir la taille.

BUSQUIERE, piece d'étoffe qui se met sur le devant du corps de jupe, &c.

VIII. BUIS, autrefois BOUIS, arbrisseau toujours verd.

Lat. BUXUS.

IX. BOITE, Lat. *BUXETTA*, diminutif de *BUXA*, boîte, parce qu'elles étoient faites de *buxus* ou *buis*.

EMBOITER, attacher deux choses ensemble, en sorte que l'une se meut en roulant sur l'autre.

BOITEUX, qui a une hanche déboitée, ensorte qu'il marche avec peine, se jettant sur un côté qui est plus court que l'autre.

BOITEUSE, femme qui boite.

BOITER.

X. BOUSSOLE, petite boëte avec une aiguille aimantée pour se diriger sur mer. Lat. *Pyxis*, du mot *BUXUS*, boëte.

XI. De *Bo*, bois, les Latins firent Bos, qu'ils joignirent avec *AL*, élevé, d'où vint,

ARBOS & ARBORE, *bois élevé*, dont nous avons fait les mots,

ARBRE, bois élevé.

ARBORER, mettre au haut d'un arbre ; d'un mât, d'une perche.

Vieux François, *se Aarbrer*, pour dire *se* cabrer, s'élever droit comme un arbre : on voit ce mot dans le Roman de PERCEVAL.

XII. BOUQUIN, vieux livre ; du mot Anglois & Flamand *BOUK*, écrit en Anglois Book, & qui signifie *Livre* ; mot venu de *BUCH*, un hêtre, parce que les livres se faisoient avec des écorces d'hêtre.

BOUQUINISTE, celui qui vend & celui qui achete de vieux livres.

BOUQUINER, acheter des bouquins.

BOM.

BOMBE, boule de fer creuse & qu'on remplit de feux d'artifice & de cloux pour abîmer les Places assiégées.

C'est une Onomatopée ; on a imité dans ce nom le son effrayant de cet instrument meurtrier.

Ces rapports ont donné lieu au vers suivant :

Schiopettus *tuf taf* ; *bom bom* Colubrina sboronat.

» Le fusil perce l'air avec ses
» *tuf, taf* ; la coulevrine, avec ses
» *bom, bom*.

BOMBARDE, canon à bombes.

BOMBARDER, attaquer avec des bombes.

BOMBARDEMENT, attaque avec des bombes.

BOMBARDIER, qui jette les bombes

en mettant le feu aux bombardes.

BOR.

BORD, extrémité d'une chose ; 2°. ce qui la borde. Bord d'un puits, d'un chapeau, d'un champ, d'une robe, d'un précipice, &c.

Ce mot prononcé par les Celtes *Word*, vint de *HOR*, mot primitif qui signifie, 1°. montagne ; 2°. borne ; tout ce qui borne : d'où vinrent ; 1°. HORISON, le cercle qui borne la vue.

2°. ORA des Latins, & notre vieux mot ORÉE, en parlant du bord des bois, &c.

3°. HOROS des Grecs, borne & montagne.

Quant au D que les Celtes ont ajouté à ce mot, suivant leur usage ordinaire à l'égard des mots qui finissent par R, c'est sans doute l'article D ou *Th* des Orientaux, des Anglois, &c.

De-là dérivent ces mots :

BORDAGE, planches qui couvrent les bords & les dehors d'un vaisseau.

BORDÉ, qui est garni d'un bord différent du fond.

BORDER, mettre un bord.

BORDÉE, cours d'un vaisseau sur la même ligne.

2°. Décharge d'armes offensives : *au figuré*, premier feu du discours, relativement à une personne qui fait des reproches.

BORDURE, ce qui borde.

BORDOYER, émaux qui se terminent mal, dont on voit les bords.

ABORDER, venir au bord ; 2°. approcher de quelqu'un.

ABORDAGE, action d'un vaisseau qui en aborde un autre.

DÉBORDER, action d'un Fleuve qui passe par dessus ses bords ; 2°. *au figuré*, action d'une personne dont les mauvaises mœurs passent toute borne, toute mesure.

BORGNE, qui ne voit que d'un œil.

Ce mot est absolument propre à notre Langue ; car les Italiens ont emprunté de nous leur *Bornio*, qui signifie la même chose.

Il n'y avoit nulle raison d'en chercher l'origine dans *Orbus* des Latins. Il paroît être un dérivé de notre mot MORNE, qui signifia *Mutilé* ; 2°. ce qui a perdu sa pointe & qui est comme un fer émoussé ; 3°. ce qui a perdu son éclat & son brillant ; 4°. dans le sens le plus étendu, tout ce qui est sombre, terne, & *sans lumiere*. On aura dit *Morgne*, puis BORGNE.

Collége BORGNE, Conte BORGNE.

ÉBORGNER, rendre borgne.

BORNEIER, fermer un œil pour regarder de l'autre plus exactement.

BORGNON, qui ne voit que de très-près.

BOR, BROC, BRAC, &c.

BOR, BRO, BROC, BRAC, BRUC, ont signifié pointe, instrument

trument pointu, & qui point, qui pique.

Tandis que BRIC signifie tête : de-là le proverbe *de* BRIC *&* de BROC, (de tête & de pointe, c'eſt-à-dire) par tous les moyens poſſibles.

1. BROCHE, pointe ; 2°. inſtrument pointu.

BROCHER, faire des étoffes à la broche ; 2° coudre un livre en piquant les feuilles, en les embrochant.

BROCHURE, livre couſu en le piquant.

2. BROCARD, & anciennement BROCAT, étoffe brochée ; 2°. raillerie qui broche, qui pique.

C'étoit une Etymologie à la Grecque ou à la Ménage que celle qui dérivoit ce mot de BURCHARD, Evêque de Worms, Auteur d'une Collection de Canons qu'il appella de ſon nom *Brocardicorum Opus*.

BROCATELLE, eſpéce d'étoffe brochée.

3. BROCA en Eſpagnol,
BROQUETE en Auvergn. } clou.

BROCHETTE, morceau de bois taillé en pointe.

Oiſeaux élevés à la brochette. De-là le nom Languedocien des allumettes, une *Broquette*.

Ce mot eſt vraiment Celte, tandis qu'*Allumette* eſt Latin.

4. BURIN, Ital. BULINO, inſtrument pointu dont on ſe ſert pour graver. Il tient à BOR, creuſer, percer, *Dict. Etymol.*

dont les Allemands ont fait *Boren*, percer.

5. BURLESQUE, choſe plaiſante, Poéſie burleſque.

C'étoit une idée bien ſinguliere & digne de nos Etymologiſtes que de dériver ce mot du Poëte IL BERNIA, qui le premier, dit-on, écrivit dans ce genre : en ſorte que ce genre s'appella *Berniesco*, qui dégénéra en Burleſque.

Et cependant il exiſtoit en Italien le mot BURLA, ſignifiant *plaiſanterie*, bouffonnerie.

BURLARE, plaiſanter.

L'adjectif en eſt néceſſairement BURLESCO.

Cette Famille eſt également Eſpagnole.

Il eſt fort apparent que de BURLA on fit dans le Latin Barbare *BURDA*, plaiſanterie, moquerie.

BURDARE, jouer, ſe moquer.

Par le changement ſi commun de L en D & de D en L ; d'où vint peut-être notre mot BOURDE, tromperie, menſonge. Lat. *BURRÆ*.

6. BROCHET, poiſſon qui doit ce nom à ſon bec pointu.

7. BRUSC, arbriſſeau dont les feuilles ſont pointues ou piquantes, aigues & dures. De-là au figuré :

BRUSQUE, d'une humeur dure, aiguë ; qui coupe en viſiere, un ſauvage.

BRUSQUER.

BRUSQUERIE.
BRUSQUEMENT.
BRUIERE, arbres & plantes *sauvages* qui croissent dans des pays incultes.
BROSSE, vergettes pour nettoyer les habits, de BRO, pointu.
BROSSER.
BROSSURE.
BROSSIER.
BROUSSAILLES, haliers, buissons.
Lat. BRUSCUS.
Lat. Barb. BRUSSIA, BRAUSIA, BROCA, BRUSTIO, &c. lieu plein de broussailles.
Celt. BROUS, Broussailles, arbrisseaux.
Bas-Br. BRUSCOA, bocage.
BROUS, lieu plein de buissons.
Vieux-Fr. BROSSES, BROCE, broussailles.
Fr. Ct. BROUSSER, aller dans les broussailles.

8. Du même BOR, vint le Theuton BORCH, cochon, appellé dans les Loix Saliques BARCH, en Latin *PORCUS*, en François PORC ; & le Latin PORCA, truie ; 2°. la terre entre deux sillons. ECCARD a fort bien vu que tous ces mots appartenoient au vieux verbe Theuton BARGEN, couper, d'où vinrent également le Theuton BARTE, hache, & BRET, ais.

9. BROCCOLIS, rejettons de choux, choux dont les rejettons sont bons à manger, & qui viennent d'Italie avec leur nom.

Ce mot tient à la Famille BROC, poindre, parce qu'un rejetton, un tendron sont des choses qui commencent à poindre, à percer.

10. BROCANTEUR, celui qui achete & revend des tableaux, &c.
BROCANTER, faire commerce de tableaux.

Un homme d'esprit voulant prouver l'inutilité des recherches étymologiques, disoit : » qui pour-» ra indiquer, par exemple, d'où » vient le mot de Brocanteur ?

Le mot de *Brocanteur* tient à une famille comme tous les autres, & comme eux il eut une origine.

SPELMAN, dans son Glossaire Archéologique, ou de mots anciens, s'exprime ainsi, au sujet d'un mot de la même famille que Brocanteur :

« ABROCAMENTUM ; vox forensis. Emp-» tio mercium integrarum, prius-» quam vel ad nundinas vel ad » forum rerum vænalium deferan-» tur ; earumque deinceps per por-» tiones distractio.

L'*Abrocamentum*, ou le métier des Brocanteurs, consiste donc à acheter des marchandises avant qu'elles soient vendues en détail, pour les vendre ensuite soi-même en détail.

Voilà donc déja deux mots pour

un, & celui de Brocanteur en compagnie. Ce n'est pas tout.

Le Savant Ducange qui n'a pas su tirer parti de ce mot *Abrocamentum*, va nous donner, sans s'en être douté, l'origine de cette famille : c'est sous le mot BROCA.

» BROCA, dit-il, Doliaris fis-
» tula, Gall. *Broche. Vinum vendi-*
» *tum ad Brocam* (minutatim) »
& il cite des autorités de l'an 1134. Le Chapitre Général de Citeaux qui se tint cette année, &c. Plus bas citant les libertés de la Ville de St. Dizier pour l'an 1228, il dit, *Vin vendu à Broche.*

On appelloit donc, il y a six cens ans, *Marchands à la Broche* ceux qui vendoient en détail, le *vin* premierement & puis d'autres marchandises, & cela parce que ces vendeurs de vin se servoient d'une broche toutes les fois qu'il leur arrivoit un chaland. Mettre le vin en broche, est une expression qui étoit encore usitée du tems de Lauriere ; car il s'en sert pour expliquer le droit de boutage.

De *Broca* on fit ensuite *Brocamentum,* & *Brocanteur,* qui désigne exactement la même chose, & qui n'est point tombé des nues.

V.

BRAC, chien de chasse vif & éveillé dont on se sert pour découvrir le gibier. On dérive ce mot de l'All.

Brack, qui désigne le même animal ; mais ce nom est commun à plusieurs langues ; on le voit dans les Loix des Frisons où il est écrit *Barm-Braccum* : il est Italien & Espagnol. *Brache* signifie un *chien* en Flamand, une *chienne* en Anglois. Les Peuples de l'Artois donnent le nom de BRIQUETS aux petits chiens dont ils se servent pour la chasse des Blaireaux & des Renards.

Ce mot est donc Celtique, & tient à la famille *Brac*, qui signifie pointe ; 2°. vivacité, feu, ardeur.

Les anciens Sax. appelloient un chien *Racha* : en Ecossois *Rache* est une chienne. Ces deux mots seroient-ils de la même famille ?

La famille des BRACHETS avoit pour armes un petit *Brac*.

La rue du BRAC à Paris tire son nom d'une famille appellée *de* BRAC, dont un des Chefs étoit premier Maître d'Hôtel de Charles V, & qui fit bâtir dans cette rue une Chapelle où sont à présent les PP. de la Merci.

BRACONNIER, chasseur *illicite* ; 2°. qui fait un grand dégât parmi le gibier.

VI. BRACQUER, ou BRAQUER le canon, le disposer de maniere qu'il produise son effet, contre l'endroit qu'on veut attaquer.

Nos Etymologistes n'ont pu découvrir l'origine de ce nom. Il tient à la famille *Brac*, pointe, pointer. On braque le canon en le pointant ou le dirigeant vers un but.

BOR, BUR, BRO.

BOR, BUR, BRO, signifioit en Celte tout ce qui enveloppe.

I. Habitation.

De-là ces vieux mots :

BURON, habitation.

On disoit autrefois : « Il n'a ni maison, ni buron » pour dire qu'on n'avoit aucune possession en propre.

BORDE, maison de campagne, métairie, maisonnette.

BUREAU, lieu d'assemblée d'un Corps; Bureau d'adresse, Bureau des beaux esprits, tenir Bureau : Bureau de recette, *Statio Fiscalis*, dit de Laurieres, *poste, station du Fisc*.

On trouve dans du Cange :

1°. BURBAN, banlieue, c'est mot-à-mot *BAN du BUR*, ce qui appartient au *Bur*, au lieu.

2°. BURUM, *conclave*, appartement.

In Buro meo, dans mon appartement. Ecrivez *Bureau* au lieu de l'ablatif *Buro*, & vous avez notre mot François.

Du Cange a cru que ce mot venoit de l'Anglo-Saxon *Bur* & *Bure* ; mais l'Anglo-Saxon vient de la même source que le François.

II. BOURG, écrit BURG anciennement, peut venir de la même source.

C'est de ce mot qu'on a fait,

BOURGADE.
BOURGEOIS.
BOURGEOISE.
BOURGEOISIE.
BOURGEOISEMENT.
BOURGMESTRE.

Cette famille paroît tenir au Latin,

MORA, demeure.
MOROR, je demeure.

Dans HÉSYCHIUS, βυριον, BURION, signifie une maison.

En Hébreu בירה, *Birh*, un Palais.

BURG, dans la Loi Salique, tit. LVIII, loi IV, signifie tombeau, couverture d'un mort; de *Bergen*, cacher, renfermer.

II.
Etoffe.

BURE,
BURATTE, } étoffe grosse & velue.
BUREAU,

Les anciens Latins l'appelloient *Birrum, Birrus, Burra*.

On trouve tous ces mots dans les anciens monumens.

FESTUS dit que les anciens Romains appelloient *Burrum*, ce qu'on appela de son tems *Rufum*, Roux.

C'est le Grec *Burrhos*.

Comme cette étoffe étoit velue, *vilosus, amphiballus*, dit Du Cange d'après PAPIAS, son nom devint l'origine du mot.

1. BOURRU, grossier, de mauvaise humeur.

Vin Bourru, *qui est épais, grossier.*

2. BOURRE, 1°. ce qu'on rejette des laines quand on les file ; ce qu'il y a de plus grossier dans les laines, ou dans les toisons.

Lat. *Burra*, balayeures, choses viles & méprisables.

En Anjou *Bourriers*, balayeures ; delà :

BOURRELET, espece de coussin en rond, rempli de bourre.

Bourre, 2°. le commencement d'un bourgeon de vigne : c'est la couverture qui est sur l'œil de la vigne ; d'où vient qu'on dit geler en *Bourre*, c'est-à-dire, avant que la feuille de la vigne ait paru. Ce nom vient de ce que le germe de la vigne a une enveloppe de filamens qui ressemblent à de la bourre, même pour la couleur. (*Formey*)

BOURGEON.

Lat. *Burrio*.

De *Burra*, Bourre.

3. BOURASQUE, gros tems, tems noir & bourru.

III.

Enveloppe.

BROU, écorce qui enveloppe les noix & le coco, & qu'on enléve.

2°. Forteresse ; elle garantit comme l'enveloppe.

3°. Celt. BROH, BROS, jupe.

A Metz, une Paysanne est EMBROUÉE lorsqu'elle a la tête couverte de plusieurs linges.

Vieux Fr. EMBROCHIÉ, affublé, couvert.

EMBRUNCHÉ, couvert ; d'où notre mot EMBRONCHÉ.

BOU.

BOUDER, faire la mine, la moue par mécontentement ; parler entre les dents.

BOUDERIE, fâcherie, mauvaise humeur.

BOUDEUR,

BOUDEUSE.

Dérivés du mot Celte BOUD, bourdonnement, chuchotement ; BOUDA, bourdonner, chuchoter. Ces mots sont une onomatopée.

BOUGE, petite Chambre sans cheminée.

Les étymologies qu'on a données de ce nom me paroissent trop dénuées de fondement pour qu'on doive s'y arrêter.

En Latin-barb. BOGIS & BUGIA, signifient *habitation, petite habitation.*

En vieux Franç. BAUGÉ, BAUCHE, *demeure.* D'où,

EMBAUCHEUR.

EMBAUCHER un Ouvrier, un Soldat.

DÉ-BAUCHER un sujet, l'attirer chez soi, à soi.

En Celte BAUG, Caverne, Grotre, qui furent les premieres habitations.

Primitif Bo, Bu, habitation, demeure.

II. BOUGER, se remuer, se mouvoir, changer de place.

BOUGILLON, qui change toujours de place, qui ne peut se tenir en repos.

On croit qu'il vient de *Voguer*, mouvoir. Il peut venir de BOUGE, habitation, *lieu* où l'on demeure ; & aura signifié aller dans un lieu, se transporter dans un *bouge*: 2°. changer de place ; 3°. changer de situation, remuer.

III. BOUGETTE, petite Bourse : du Latin BULGA. On disoit aussi BOUGE ; il a bien rempli ses bouges, *pour dire*, il a fait un gros gain. (Henri ETIENNE, *de Latinitate falsò suspecta*, ch. 8.)

BOULEVARDS, Remparts, Terrasse autour des murs d'une Ville pour servir à sa défense.

On a épuisé les Langues pour parvenir à l'origine de ce mot : on l'a dérivé du Latin, du Grec, de l'Italien, de l'Allemand ; on a dit c'est *moles virides*, des terrasses vertes : *Boule-Wert* ; protection contre les boulets : *Bolwerk*, ouvrages en poutres ; ouvrages d'où on lance des traits.

C'est tout ce qu'on pouvoit dire de mieux lorsqu'on alloit à tâtons, sans prendre le mot même pour guide & sa signification propre.

Ce mot est venu de la Langue Italienne, ainsi que la plûpart de nos termes de guerre & de fortifications ; on le prononce BAL-WARDO dans cette Langue, & il y est devenu le nom des Bastions. Il doit donc son nom à son usage, venant de *bal* pour *wal*, muraille, rempart, en Latin *vallum* ; & de *ward*, *uard*, dont nous avons fait *garde*, & qui signifie *garde*, *appui*. Les Boulevards sont donc mot-à-mot des Terrasses destinées à la garde, à la conservation *des Remparts*.

Vard, signifioit *garde*, même en François ; car on voit dans de LAURIERE le mot BANVARDS, pour désigner ceux qui gardoient les blés & les fruits sur pied.

BOULINGRIN, mot venu des Anglois, & qui signifie *Tapis de verdure*, sur lequel on joue à la BOULE, *boul-in-green*.

BOURDON, mouche qui ressemble à l'Abeille. Son nom est une imitation de son cri, ou plutôt du bruit qu'elle fait, & qui est commun aux diverses espéces de mouches.

BOURDONNER.
BOURDONNEMENT.

Ce dernier mot désigne non-seulement le bruit des mouches, mais aussi tout bruit sourd qu'on entend, comme le bourdonnement de l'air & des oreilles.

C'est par le même rapport que

le mot BOURDON désigne auſſi les inſtrumens dont le ſon toujours le même, imite le bourdonnement des mouches.

BRA.

BRA, mot qui s'eſt auſſi prononcé BRÉ, BRI, & qui ſe joignant au C, a fait le mot BRAC, BREC, qui tous déſignent les idées de *Bréche* & de *briſer*, en imitant le ſon même d'une choſe qui ſe briſe ; enſorte que ces mots ſont une vraie onomatopée, & par-là même communs à la plûpart des Langues. De-là pluſieurs Familles de mots.

I.

I. BRAIES, BRAGUETTE, BRAGUE, } mots déſignant des hauts-de-chauſſes, & qui ont tous vieilli. C'eſt le Latin BRACCÆ, venu lui-même du Celte BRACCA, brayes : d'où la GAULE BRACCATA, parce qu'on y portoit des brayes.

On donna ce nom à cette portion de l'habillement des hommes, parce qu'il eſt fourchu comme le corps.

II. BRECHET, os fourchu de la poitrine, *dans l'Anjou & le Maine.* BRICHET, à Paris.

La poitrine s'appelle par la même raiſon BRUST en Allemand.

III. BRÉCHÉ, ouverture faite à un mur ; 2°. *au figuré*, à l'honneur, à ſa fortune, &c.

EBRÊCHER, faire une brêche.

IV. BREQUIN & VIREBREQUIN, outil dont on ſe ſert pour percer le bois & qu'on enfonce en tournant, en *virant*.

II.

BRW, mettre en pouſſiere, briſer.

I. BROYER, réduire en poudre.
BROYEMENT, action de broyer.
BROYEUR, qui broie.
BROYEUSE, celle qui broye.
BROIE, Lat. barb. BROIA, inſtrument à briſer le chanvre.
Irl. BREU, piler, broyer, &c.
Bas-Bret. BRUZUNA, briſer menu ;
Brav, *Brew*, Meule de moulin, pierre qui écraſe, &c.

II. BRIBE, morceau de pain ; 2°. débris de repas ; 3°. *au fig.* morceaux d'Auteurs découſus, citations.
BRIFEUR, gros mangeur.
BRIFER, mettre en piéces ; 2°. conſumer ; 3°. manger goulument.
BAFFRER & EMPIFFRER, paroiſſent tenir à la même Famille.
Eſpagn. BRIVACO, morceau de pain.
BRIVAR, mendier.
Lat. bar. BRICIA, morceau de pain.
Fr. Comt. BRIQUE, morceau.
Bas-Br. BRIFA, manger goulument.
Gall. BRIW, morceau, fragment ; 2°. bleſſure, mal ; 3°. dommage.
BRIWO, mettre en piéces.
BRIWION, rogneures, miettes.

III. BRIS, action par laquelle un Vaiſſeau ſe briſe.
DÉ-BRIS, reſtes d'une choſe fracaſſée, briſée.

BRISANS, Rochers contre lesquels la Mer se brise.

BRISEMENT, action des flots qui se brisent; 2°. douleur d'un cœur navré.

BRISER, mettre en piéces, fracasser.

BRISEUR, qui brise.

BRISURE, effets du brisement.

BRISÉES, branches coupées & semées pour reconnoître le chemin dans une forêt.

2°. *Au fig.* Projet, dessein, route qu'on tient.

BRISE-COU.

BRISIS, Toit coupé & brisé en mansarde.

BRISOIR, instrument à briser le chanvre.

En Celte BRIX, brêche, rupture; 2°. briser, rompre, fracasser.

Ce mot est commun à la plûpart des Langues d'Europe: il est Irlandois, Anglo-Saxon, Theuton, Anglois, Suédois, &c.

En Langued. BRISE, miette.

Ital. BRICIA, BRICIOLO, miette.

IV. BRIN, petite tige; 2°. petite portion de quelque chose; 3°. morceau.

V. BRETE, épée; instrument à mettre en piéces, à déchiqueter.

BRETEUR, qui aime à se battre à l'épée.

BRETAILLER, être toujours prêt à se battre à l'épée.

Gall. BRATT, piece, lambeau.

BRATHU, piquer, trouer, mettre en piéces.

BRATH, piqure.

VI. On a dit également BROD, BROUT, BROT, piquures, *pointes*, aiguillon.

Irl. Brod, Bas-Br. Broud, pointe, aiguillon.

Au figuré, Remords.

BRODER, tracer des figures à l'aiguille, est donc un dérivé de cette famille, ainsi que les mots,

BRODERIE.

BRODEUR & BRODEUSE.

Il est remarquable qu'en Hebreu ברד BROD, signifie grêler, picotter, marquer avec des points, comme fait la grêle.

BRETELLES, Bandes ou Courroies pour soutenir une charge, & qui tiennent à la ceinture.

B R É.

BRÉ & BRAY, BRAI, Poix, Goudron.

BRAÏER, poisser, enduire de Poix.

D'où le Grec BRETTIA, Poix.

Et le Latin BRUTIA.

En Italien, BRUTTARE signifie se *salir*, se poisser.

C'est de ce mot qu'on fit le nom du pays d'Italie appellé anciennement BRUTIA, & aujourd'hui l'Abruze, parce qu'elle étoit abondante en poix, à cause des forêts dont elle étoit couverte.

Ce mot est Celte, & signifie aussi *Fange*, *Limon*.

BRAN.

BRAN, son de farine.
  Angl. BRA.
  Flam. VRANK.
  Prov. Mérid. BREN,
       & REBRIN.
II. BRENEUX.
  EMBRENÉ.
  BRAN de vous, dans quelques Provinces, pour Fi de vous.
  C'est un mot Celtique.

BRAILLER, crier à tue-tête.
  BRAILLARD, } qui crie à tue-tête.
  BRAILLEUR, }
  Ce mot est dérivé de BRA, qui est une onomatopée, désignant l'action de crier : de braire.
  BRAIRE, cri de l'âne.
  BRAMER, crier ; on le dit des animaux, & on l'a appliqué aux hommes au figuré, dans le sens de désirer ardemment.
  » Comme le Cerf altéré brame
  » après le courant des eaux, ainsi, &c.
  Au fond d'un désert est un Moulin, qu'on appelle Moulin de Bramafam ou Crie-famine.

BRANCHE d'Arbre, ou de tout ce qui se ramifie, qui se subdivise en plusieurs pointes, en plusieurs canaux, &c.
  On a cru que ce mot venoit de BRACHIUM, bras : les branches sont les bras d'un arbre, d'un fleuve, &c.
  Il peut venir du Celte RAN ou du Latin RAM-us, qui signifient Dict. Etymol.

tous deux branches.
  Les mots qui commençoient par R, se sont souvent fait précéder de la lettre B.
BRANCHAGE.
BRANCHU.
BRANCHER, pendre à une branche.
EBRANCHER, couper des branches.
2°. BRANCARD, branches entrelacées de maniere à pouvoir transporter ce qu'on met dessus.
3°. BRANLE, mouvement d'aller & de venir ; 2°. nom d'une Danse.
  BRANLER, remuer, s'agiter, mouvoir.
4°. BRONCHER, faire un faux-pas, trébucher.
BRONCHADE, faux-pas.
  Ital. Bronco, TRONC.
  Broncone, branche.
  On trébuche en heurtant contre une branche, une racine qu'on rencontre sur son chemin.
BRIMBALER, sonner les cloches à tout rompre.
  Je ne doute pas que ce ne soit un mot altéré : mais quelle en fut l'origine ? Vaimba désigne les cloches en branle. Vimballer, Bimbaler, aura signifié sonner les cloches, & on en aura fait insensiblement Brimbaler.
  Quelle qu'ait été l'origine de ce mot, il est certain que le R de la premiere syllabe, est une lettre ajoutée par les François, suivant leur coutume.

BRIOCHE, Pain fait avec des œufs & du beure.
Celte BRACH, graisse, beure.
Gall. BRECHDAN, pain & beure.
Lat. barb. BRACELLUS, gâteau.
Bas-Br. BRAS, graisse, beure ; 2°. gras, fertile.
Héb. Bria, gras

BROIGNE & BRUNIE, ancien mot qui signifie *Cuirasse*.
Il vient du Celte BRON, qui signifie, 1°. poitrine, gorge ; 2°. sein, mamelle ; 3°. colline, montagne.
En Allem. BRUST, poitrine. C'est que la cuirasse couvre la poitrine.
Ces mots appartiennent à la même Famille que FRONS, le FRONT.

BRO BRU.

BROUTER, action des animaux qui mangent l'herbe & les branches d'arbre.
BROUST, bourgeons, branches tendres que mangent les bêtes fauves.
BROUTILLES, ce qui reste après qu'on a brouté.
BRUTE, Lat. BRUTUM, Animal, bête, *mot-à-mot*, être qui broute.
C'est une famille primitive qui tient au Grec *Brósko*, manger, & à l'Allemand *Brodt*, pain, &c.
De-là, 1°. BRUT, qui n'est pas poli, qui n'a pas encore perdu sa forme agreste & rude.
2°. BRUTAL, BRUTALITÉ.
Brutalement, brutaliser.

BRU.

BRU, Femme du Fils.
Ce mot est de la même Famille que le Franç. BRUT, l'Anglois BRIDE, l'Allemand BRAUT, qui tous signifient *épouse*.
BRUTH, signifie également épouse, & 2°. belle-fille ou épouse du Fils, dans la Langue des anciens Goths. *Voyez* SCHILTER.
Ces mots viennent de BRA, faire, produire ; & d'où vint également avec la négation *ein, egne*, le mot BRE-HAIGNE, femme stérile, mot-à-mot, non féconde.
BRUGNOLES, prunes qui viennent de la Ville de Brignoles en Provence, & dont on croit qu'elles ont pris leur nom. Je croirois plutôt, au contraire, que la Ville a pris son nom de ses prunes ; & ce n'est pas la premiere.

MOTS COMMUNS AUX FRANÇOIS ET AUX LATINS
ou NÉS DU LATIN.

BA

BAISER, Nom, Lat. *BASIUM*.
    Verbe, *BASIARE*.

BALAFRE, coupure, eſtafilade au viſage.

Balafré, qui a une balafre au viſage.

Balafrer, faire des balafres au viſage.

    Ces mots juſqu'ici d'une origine inconnue, ſont une altération des deux mots Latins *mala-fracta*, joue entailladée, coupée, eſtafilée. On aura dit *malafre*, & *malafré*.

    C'eſt du même mot *fracta* que les Italiens ont fait *FREGIO*, coupure au viſage, eſtafilade.

BEQUILLE, du Lat. *BACULUS*, bâton.

Composés de BI.

    Le mot Latin BI, qui ſignifie *deux*, entre en compoſé dans un grand nombre de mots François, où il ſe prononce *ba*, *be* & *bi*. Tels ſont ceux-ci :

I. BALANCE, Lat. BI-LANCE à l'ablatif, *nomin.* BILANX, meſure à deux plats.

    On a dit d'abord *Belances*, & puis *Balances*. De-là,

BALANCER.

BALANCEMENT.

BE

BALANCIER.

BALANÇOIRE.

BALANT.

II. BESACE, Toile qui forme comme deux ſacs ; ſac à deux poches.

    Du Latin *biſ-ſaccus*. PETRONE a employé le mot *biſaccium*, qui ſignifie la même choſe.

    Dans quelques Provinces, on dit un BISSAC.

BESACIER, qui porte la beſace.

III. BESSONS, Gemeaux; du Latin *Biſ-ſunt*, ils ſont deux.

IV. BESAIGUE, outil de fer tranchant des deux côtés : c'eſt le Lat. *Biſ-acutus*.

V. BESICLES, Lunettes ; c'eſt le Lat. *Biſ-oculi*, deux yeux.

    Selon quelques-uns, c'eſt le Lat. barb. *berillus* qui a fait l'Eſpagnol *beril*, & l'Allemand *brill*, & qui tous ſignifient Lunettes. On aura dit *Bericles*, comme encore en plaiſantant, & puis *Beſicles*.

    Ceux qui le tiroient de *bis-circuli*, comme VOITURE, n'y entendoient rien.

    Ceux qui l'ont tiré de la Ville de la *Brille* en Hollande, comme étant le lieu où on les avoit inventées, étoient mauvais Historiens.

VI. BIGAME, qui a deux femmes.
BIGAMIE, doubles Noces.
De *Bis* & du Grec *Gamé*, noces.

VII. BI-GARRÉ, qui est rayé de diverses couleurs.
BIGARRER, associer diverses couleurs.
BIGARRURE, association de couleurs sur une étoffe, &c.
De BI-VARIO, *à deux raies*.
Dans le Maine on appelle GARRE, une Vache pie.
GARREAU, un Taureau pie.
BIGARREAU, Cerise bigarrée de noir, rouge & blanc.
BIGARROTIER, arbre à bigarreaux.
BIGARRADE, Orange bigarrée ; elle est aigre & grosse.

VIII. BIGLE, louche ; en Languedocien *bis-cle* ; c'est donc une contraction de *bis-oculus*, œil double.

IX. BIGORNE, Enclume à deux bouts ou à deux cornes ; de BIS-CORNU.
De-là notre mot *Biscornu*.

X. BI-GOTERE, bande qui maintenoit la moustache pendant la nuit.
Mot Espagnol, de *Bi-gote*, à deux joues ; les deux goutes, comme on dit dans quelques Provinces.

XI. BILAN, état de ce qu'on doit & de ce qu'on a.
Du même mot que *Balance*.

XII. BINER, donner aux terres un second labour : de BINI, second, deux.

XIII. BINET, machine qu'on met au-dessus d'un chandelier, pour économiser le bout des chandelles : de *Bini*, second. C'est comme un second chandelier.

XIV. BIS-AYEUL, le second ayeul, ou l'arriere-grand-pere.
BIS-AYEULE, la seconde ayeule, ou la mere de la grand'-mere.

XV. BIS-CUIT, pain cuit deux fois, & quelquefois quatre fois, qu'on mange sur mer.
BIS-CUIT, pâte faite de fleur de froment, de sucre & d'œuf, & qu'on fait cuire dans des moules.
BIS-COTIN, pâte plus ferme & cuite en petits morceaux ronds.

XVI. BISARRE, fantasque, capricieux, qui *varie* sans cesse d'humeur.
Ital. *Bizarro*.
De *bis*, deux, & *war*, raie, couleur.
Il appartient ainsi à la même famille que *Bigarré*.
BISARRERIE, caprice.
BISARREMENT.

XVII. BISSEXTILE, quatriéme année de notre cycle de quatre ans, qui a un jour de plus que les trois dont elle est précédée.
C'est le nom que les Latins donnoient déja à cette année, parce que ce jour ajouté à la quatriéme

année s'appelloit Bissexte, ou le *second sixième* des Calendes de Mars.

BISSETRE, malheur, accident, mot corrompu de *Bissexte*; on attachoit des idées superstitieuses d'infortune au jour & à l'année Bissextile.

XVIII. BISQUE, terme de jeu de paume. C'est un avantage qu'on fait à celui contre lequel on joue.

Ce mot a désolé tous nos Etymologistes. MÉNAGE qui avoit toujours des étymologies à ses ordres, avoue que l'origine de ce mot est aussi inconnue que celle du Nil : sans doute, lorsqu'on ne veut pas remonter à la source.

BISCAZZA, BISCA, & autrefois BISCHENZA, signifie en Italien *Académie de jeu*.

BISCAZZIERE, joueur de profession.

Tous ces mots viennent donc du jeu de dez, & sont composés des mots Latins *Bis-casus*, double chance.

XIX. BROUETTE, ou BEROUETTE, Lat. Barb. *BIROTA*.

Petite voiture à deux roues, pour conduire une personne à bras; 2°. tombereau à bras.

Du Lat. *Bis*, deux, & *Rotæ*, roue.

B E T

BÊTE, autrefois BESTE, au simple & au figuré, en Lat. *BESTIA*.

BESTIOLE, petite bête, Lat. *Bestiola*.

BÉTAIL, troupeau d'animaux domestiques; gros & menu bétail.

BÊTISE, incapacité, &c.

B I

BIAIS, travers, côté; 2°. maniere, façon, expédient.

BIAISER, n'aller pas droit.

BIAISEMENT, action d'aller de biais, action de ne pas dire franchement le vrai.

C'est l'Italien BIECO, de travers; 2°. louche.

Les Italiens changent L en I; ce mot doit donc venir du Lat. *O-BLICO*, dont nous avons fait *Oblique*, qui va de biais.

BICOQUE, petite ville, place mal fortifiée; du Latin *VICO*, bourg.

BIGUER, terme de jeu ; changer sa carte contre celle d'un autre; du Latin *VICE*, tour, échange; *In-VIC-em* mutare, biguer.

Anglo-Sax. BYCGENE; 1°. *primitivement* échange, premiere maniere de commercer; 2°. achat & vente.

BILE, Lat. *BILIS*; 1°. humeur chaude & sèche qui est dans le corps; 2°. colere, *au figuré*.

BILIEUX, qui a de la bile; 2°. sujet à se mettre en colere.

ATRA-BILAIRE, d'une humeur chagrine; toujours prêt à s'émouvoir, à entrer en colere.

Du Latin *Atra*, noire, & *Bilis*, bile.

BILLON, coin pour la monnoie; 2°. monnoie qu'on met au billon, qu'on fond parce qu'elle est de mauvais aloi.

Du Latin *BULLA*, sceau, parce que ce coin est rond, & que la monnoie a une empreinte comme le sceau.

Du même mot, *Bulla*, sceau,

BULLE, ou Ordonnance, expédition du Pape avec un sceau de plomb.

BULLAIRE, recueil de Bulles.

BULETIN, petit billet; 2°. suffrage par écrit.

BITUME, Lat. *BITUMEN*, matière onctueuse & inflammable qui a l'odeur du soufre.

BITUMINEUX, abondant en bitume.

BON CHRÉTIEN, poire excellente, dont on transporta des plants en France sous le regne de Charles VIII. C'est tout le fruit qu'on retira des guerres pour la conquête du Royaume de Naples.

On appelloit ces poires *Crustumina*, & *bona Crustumina*, du nom de la ville qui les cultivoit avec le plus de succès. Pline en parle dans son XVe. livre, & dit qu'elles surpassoient toutes les autres poires en bonté.

Les François, pour qui rien n'étoit plus barbare que le mot *bonum Crustuminum*, en firent insensiblement le mot *Bon Chrétien*.

BOULANGER, BOULANGERE, BOULANGERIE. Ces mots sont une altération du Latin *POLENTA*, & *Polentarius*.

BOURGEON, Lat. *BURRIO*.

MOTS COMMUNS AUX FRANÇOIS ET AUX GRECS

ou NÉS DE LA LANGUE GRECQUE.

BA

BAIN, Lat. *BALNEUM*.
Gr. *BALANEON*.

BAIGNER, BAIGNOIRE.

BAIGNEUR, BAIGNEUSE.

BAGNE, lieu où les Mahométans renferment leurs Esclaves, parce qu'à Constantinople ils sont renfermés dans un lieu de bains.

BATÊME, autrefois BAPTESME.
Gr. *BAPTISMA*.

BATISER, *Baptizein*.

BAPTISTERE, *Baptistêrion*.

BATTOLOGIE, BATTOLOGIA.
BIBLE, Grec BIBLOS, *livre.*
  BIBLIOTHÈQUE, *Bibliotheka.*
  BIBLIOTHÉCAIRE.
  BIBLIOMANIE, *Bibliomania.*
  BIBLIOGRAPHIE, *Bibliographia.*
BOTANIQUE, *Botaniké.*
  BOTANISER, *Botanizein.*
  BOTANISTE.
BOULINS, paniers où nichent les pigeons. Gr. BÓLINAI. Ce mot se trouve dans Hesychius & signifie *Nids ;* mais ceux-ci étoient faits de brique, c'étoient des trous dans les murs.

  2°. Les piéces de bois que les maçons mettent dans des trous de murailles pour échafauder : les Lat. les appelloient par la même raison *Columbaria.*

BOURRÉE, danse fort vive des Pays Méridionaux. C'est une danse Celte dont les Grecs firent certainement leur danse appellée PURRIKKÈ ou Pyrrhique, dont ils ignorerent l'origine, & qui signifioit *danse du feu, danse animée.*

BOURRIQUE, ou ânesse.
  Espagn. BORRICA & BORRA, du Grec PURROS, de couleur rousse ; telle que la couleur de l'âne : aussi s'appelle-t-il en Espagnol BURRO & BURRICO. Nous n'en avons pris que le nom de l'ânesse.
  En Latin, BURRA signifie *vache rousse.*

L'âne étoit l'emblême de Typhon, parce qu'on peignoit celui-ci *Roux*, de même qu'*Esaü.*

BOURSE, 1°. petit sac à monnoie, à ouvrage, &c. Gr. BURSA.

  2°. Lieu où s'assemblent les Marchands. Jusqu'à présent on dérivoit ce nom d'un conte semblable à celui par lequel on expliquoit l'origine du mot *Académie.* La premiere *Bourse* marchande fut formée, dit-on, à Bruges, & prit son nom d'un Hôtel superbe qui appartenoit à une famille appellée *de la Bourse*, & dont les armes sculptées sur la façade consistoient en trois *bourses.*

  3°. Pensions établies dans les Colléges pour des Etudians pauvres.

BOURSIER, qui tient la bourse.
BOURSILLER, se cotiser.
BOURSOUFLÉ, enflé comme une bourse.
BRODEQUIN, grande chaussure de cuir. On disoit autrefois *Brosequin*, voy. *le grand nef des fous du monde*, imprimé en 1499. C'est l'Italien BORZACCHINO. Ces mots viennent de *Borsa*, bourse, cuir.
BRIDE, BRIDON.
 Brider, Débrider.
  Ce mot commun à presque tous les peuples de l'Europe, est Anglo-Saxon, Theuton, Anglois, Flamand, Esclavon, Basque, &c. L'Italien le prononce BRIGLIA,

changeant *d* en *l*, & *l* en *gl*.

Le Grec-Eolien *BRUTER*, ou *Bryter*.

En Cornouaillien *Bridawg*, guide, conducteur.

Ici *B* est ajouté devant *R*.

MOTS COMMUNS AUX FRANÇOIS ET AUX ORIENTAUX OU VENUS DE CEUX-CI.

BA

BABOUCHES, souliers dont se servent les Orientaux. Ce mot est Oriental. En Turc באבוג *Baboudg*. En Persan بابوش, prononcé & écrit *PAPOUSCH*. Ce mot signifie en Persan, 1°. toute espèce de chaussure ; 2°. le soulier de dessus, qu'on ôte en entrant dans un appartement ; 3°. A *Ispahan* & à *Casbin*, les sandales des paysans.

BALAI, sorte de rubis. Ils tirent leur nom du pays de BALASCIA qui est entre le Bengale & Pegu.

Voy. MARC-PAUL, voyages en Tartarie, &c ; le BARBOSA, dans le premier volume du Ranusio ; HAITON l'Arménien ; Hist. Orient. chap. VI, &c. cités dans Ménage.

BE

BERGAMOTTE, sorte de poires qui sont venues de Turquie par l'Italie.

On les appelle en Turc *Begarmoudi*, Reine des Poires ; de *Beg*, prononcé *Bey*, Seigneur, & *Armoud*, poire. De *Begarmoud* les Italiens ont fait *Bergamout*, comme si elles étoient venues de Bergame.

On trouve cette étymologie dans le *Perroniana*.

MOTS FRANÇOIS-CELTES,
OU DÉRIVÉS DU CELTIQUE.

C

C, troisième lettre de l'Alphabet, est le G primitif des Latins & des Grecs, qui se prononçoit *Ghe*. Elle se confondit ensuite avec le K des Peuples du Nord & des Orientaux, qui s'écrivoit Ↄ ou C, & dont elle tient la place en François. Elle a remplacé également la lettre Q dans un grand nombre de mots, ensorte que pour trouver l'étymologie d'une multitude de mots François, on est forcé de recourir à des mots plus anciens; écrits, C, G, K, Q. Ces lettres d'ailleurs ont été sans cesse remplacées les unes par les autres, à cause du rapport de leurs sons.

C'est qu'elles sont toutes également les nuances d'un même ton, d'une même touche, de la gutturale, comme nous l'avons fait voir dans l'Origine du Langage & de l'Ecriture. Nous avons vu aussi dans le même volume, que la gutturale & l'aspiration H, se remplaçoient sans cesse l'une par l'autre. C'est ce qu'on ne doit jamais perdre de vue pour pouvoir suivre les rapports des Langues.

Dict. Etymol.

C, se met encore pour S, & en prend la prononciation; de-là notre Ç, prononcé S, & accompagné de ce qu'on appelle CÉDILLE, mot Espagnol qui signifie *petit* c.

Nous avons vu aussi dans le même volume, que la Lettre C désignoit tous les objets en forme de canaux, tous les objets creux, tous ceux de long cours.

Elle désigne par-là même, en général, tout ce qui a une capacité, tout ce qui contient; & par-là même le lieu, la place, comme situation du contenu. De-là une multitude immense de Familles & de mots en toutes Langues, & sur-tout dans la Celtique, qui se sont conservés dans la Langue Françoise.

C Démonstratif, désignant le lieu, la place.

I. ÇA, mot primitif qui désigne, 1°. le lieu, la place, & qui sert, 2°. à montrer, à indiquer; il s'emploie elliptiquement.

Venez ça, en ça, ça & là.

Ce mot a dérouté tous nos Etymologistes, tous nos faiseurs de

O

Dictionnaires; ils en ont fait un adverbe, une particule; ils ont cru qu'il étoit destiné à marquer le commandement; confondant ainsi sans cesse les causes avec les effets, les effets avec les causes, brouillant tout, ne donnant aucune idée nette. On croit n'avoir à donner que des Etymologies, & il faut sans cesse définir.

En Irland. CA, CAI, signifient maison, habitation.

En Bret. KEI, KEA, avancer, aller, *mot-à-mot*, changer de lieu, venir en ce lieu.

II. CI, autre mot qui désigne le lieu, mais d'une maniere plus positive, plus déterminée.

De-là, I-CI, en Grec E-KEI, & dans quelques patois CEI : en-CEI.

De-là nos Pronoms démonstratifs, CE, CET, CETTE, CE-CI, CE-là, CE-lui-CI, c'-elle-CI.

CÉ-ANS, pour dire *ce-en*, en ce lieu.

CE-PENDANT, mot elliptique, pour dire tandis que ceci pend encore, qu'il en est encore question. Métaphore tirée du fruit qui pend encore à l'arbre.

CI-contre, CI-dessus, CI-dessous.

C'EN DESSUS - DESSOUS, phrase elliptique, qui signifie CE *qui étoit* EN DESSUS, *est venu* EN DESSOUS. Lorsqu'on écrit *sans* au lieu de *c'en*, on dénature absolument cette phrase.

Et cependant nous avons une foule de mots qui ne sont pas écrits avec plus d'exactitude.

C I.

De C I, lieu, viennent les mots suivans.

CITÉ, Lat. CIVITAS, c'étoit le nom des Peuplades & non celui des Villes. Ce mot signifioit donc à la lettre *ceux qui* VIV-*ent* ICI, en *ce lieu*; les Habitans de la contrée : d'où

CIVIS des Latins, Citoyen; celui qui fait portion de la Cité.

On donna dans la suite ce nom au chef-lieu de la Peuplade; d'où vinrent

CITADIN, celui qui habite dans une Cité, dans une Ville.

CITADELLE, endroit fortifié pour la sureté de la Cité, ou pour y maintenir l'ordre & la tranquillité.

2. CIVIL, qui a les qualités des Habitans des Villes, des Cités; poli, honnête.

CIVILITÉ, qualité des Habitans des Villes; politesse, urbanité.

CIVILISER, polir une Nation, &c. 2°. accommoder une affaire, une querelle, un procès; empêcher qu'on ne le prenne au criminel.

CIVILEMENT, d'une maniere civile.

IN-CIVIL.

IN-CIVILITÉ.

3. CIVIQUE, Couronne donnée à un

particulier pour avoir sauvé un Citoyen. On vient de renouveller en Languedoc, cet usage des anciens Romains.

4. CITER, mander en un lieu : 2°. faire intervenir les paroles d'un Auteur, les rapporter.

CITATIONS, passages de divers Auteurs rapportés dans un ouvrage. Il en faut peu, mais frappantes.

5. RÉ-CIT, rapport, narré d'un fait, d'un événement : 2°. ce qui est chanté par une voix seule.

RÉCITER, prononcer *mot-à-mot* ce qu'on a appris.

RÉCITATIF, ce qui se récite, & la maniere dont on le récite.

6. Le Lat. *Cito*, citer, signifie aussi *presser*, *hâter*, *faire avancer*, qui sont l'effet de la citation ; de-là

EX-CITER, animer, porter à une chose.

IN-CITER, engager à faire une chose ; in-citation.

C A B.
CAP, CHEV, CIP, &c.

CAB, mot primitif, Celte, Oriental, Latin, Grec, &c. qui désigne tout ce qui contient, tout ce qui renferme, qui enveloppe, &c. & qui s'est prononcé CAP, CAF, CAV, CeB, CeP, CeF, CeV, CHeF, CHeP, CiB, CiP, CoP, CauP, CuP, CuV, &c. formant une multitude de Familles, semblables par l'idée générale de capacité, différentes par l'idée particuliere ou par l'espéce de capacité.

1°. CAB, Logement.

CABANE, petit logement champêtre.

CABANER, se loger dans une cabane. Lat. *CAPANNA*. ISIDORE de Séville cite ce mot.

CABARET, lieu où l'on vend du vin ; 2°. petite table à rebords pour faire collation, &c.

Grec, *KAPÉ*, lieu où l'on mange.

CABINET, petite piéce, Chambre destinée à la retraite, à l'étude, au dépôt de ce qu'on a de plus précieux, &c.

I I.

CaB, Enveloppe, Habillement.

1. CABAN, Manteau à manches ; Ital. *GABBANO*.

CABACET, espéce de casque.

CAPPE, Manteau sans manches avec un capuchon ; 2°. Mantelet de femme avec un capuchon.

CAPPELINE, Bonnet couvert de plumes & surmonté d'une aigrette.

2. CAPUCE, CAPUCHON, portion du Manteau qui couvre la tête & qui est faite en pointe.

CAPUCINS, Religieux qui doivent leur nom à leur capuce.

CAPUCINE, Plante dont la fleur a la forme d'une capuce de Capucin.

3. CHAPPEAU, couverture de tête pour homme, à trois pointes.

CHAPPELIER, Fabriquant & Marchand de Chappeaux.

CHAPELET, ou Rosaire, parce qu'il ressemble à un chappeau (autrefois chappel) de roses.

4. CHAPPE, Lat. CAPPA, Grec. SKePé, vêtement fort ample qu'on porte dessus l'habit.

Le Roman de la Rose fait dire par un jaloux, à sa femme:

Vous faites de moi CHAPE & pluye
Quand de présens près vous m'appuye.

Aucun Commentateur n'a pu entendre ce passage; le DUCHAT, lui-même y a renoncé. On n'a pas vû que *chape* étoit mis ici en opposition à *pluie*. Et que la réunion de ces deux mots, équivaut par conséquent à *tout*: c'est comme si l'on disoit: quand *près vous* je m'appuie de présens, vous ne savez quelle réception me faire, je suis tout pour vous, *la chape & la pluie*; dans le même sens qu'on dit d'une personne en faveur, qu'elle *fait la pluie & le beau tems*. Observons en passant que nous avons ici un exemple des prépositions employées sans *de*, qui actuellement se font suivre de ce dernier mot.

CHAPPIER, Ecclésiastique qui porte chappe.

5. CHAPPERON, espéce de coëffure qui tenoit aux habits & qu'on laissa insensiblement pendre sur une épaule.

2°. *au figuré*, qui répond de la conduite d'une jeune personne.

CHAPPERONNÉ, Oiseau de proie armé d'un chapperon.

CAPPARAÇON, Couverture de Cheval.

6. COEFFE, COIFFE, couverture de tête.

COEFFER.

COEFFEUR, COEFFEUSE, COEFFURE.

III.
CHAPELLE.

Les Chapes ou les Manteaux des Saints conservés dans les Eglises des Palais, firent donner à ces Eglises le nom de CHAPELLES : & le nom de CHAPELAINS, CAPELLANI en Latin, CAPELLANS en Languedocien, à ceux qui les desservoient.

Les anciens Rois François faisoient porter à la tête des armées, la Chape de saint Martin; c'étoit l'étendard général. On le déposoit ensuite dans la sainte CHAPELLE.

Observons même qu'on n'appella pas d'abord ces Eglises *Chapelles*; mais purement & simplement CHAPPES. Ainsi la CHAPE de S. Martin étoit renfermée après la guerre dans la sainte-CHAPE.

IV.

CAGE, Lat. GABIA, Languedocien GABIE, Maisonnette en fil d'archal.

où l'on tient les Oiseaux domestiques ; 2°. caisse d'un escalier, &c.

CAGEOLER, flatter pour attirer à soi, pour faire tomber dans ses filets, comme pour renfermer dans sa cage.

CAGEOLEUR.

CAGEOLERIE.

V.
CAB, Cop, Vases.

CABAS, panier à figues & à raisins. Ital. CABAÇO, Gr. *Kabakos*.

CHOPPINE, mesure de liquides.

CIBOIRE, *anciennement* armoire, coffre : 2°. vase sacré.

CIVIERE, machine de bois propre à porter des fardeaux.

COUPPE, vase à liquides.

CUVE, grand tonneau de bois.

CUVIER.

CUVER.

CUVETTE, vase plat & large.

COUPPOLE, le dessus d'une Eglise, en forme de vase renversé.

ECHOPE, petite boutique appuyée contre un mur.

V I.
CAP, tête.

CAP, tête, extrémité.

2°. Pointe de terre qui avance dans la mer ou dans les lacs.

3°. Tout ce qui est à la tête.

CABOCHE, tête ; 2°. sens, jugement.

CABOTAGE, navigation de Cap en Cap, ou le long des terres.

CHEF, Ital. CABO, Lat. CAPUT, tête, couvre-CHEF, mouchoir qui couvre la tête.

COPEAU, COUPEAU, sommet.

CAPRICE, selon quelques-uns, de l'Ital. CAPRICCIO, frisson, caprice, mot composé de CAP, tête, & RICCIO, hérissé. Plutôt de CAPRIZANS, sautillant, venu de CAPRA. Voyez CAB VIII. On disoit autrefois *capitosité*.

CAPITATION, Impôt qui se paye par tête.

2. CAPITAINE, celui qui est à la tête d'une Compagnie Militaire.

CAPITAINERIE, ressort d'un Capitaine des chasses du Roi.

Du Lat. barb. *SCABINUS*, vient le François,

ECHEVIN, nom des Officiers dans la plûpart des Villes de France, d'Angleterre, &c.

CAPDAL, en ancien Gascon, le Chef.

CAPITOUL, Magistrat municipal, dans quelques Villes de Languedoc.

CAPISCOL, Doyen des Eglises Cathédrales, en Provence, mot-à-mot *CAPut SCHOLæ*, le Chef de l'Ecole.

CAPORAL, Chef d'une division de Compagnie Militaire.

3. CAPITAL, essentiel, qui est à la tête.

CAPITALE, Ville qui est à la tête d'un Pays.

CAPITANE, Galère du Commandant.

4. CABUTS, espéce de choux, parce

qu'ils ont une tête bien formée.

CEP de vigne ; on peut les comparer à autant de têtes ; Latin *CIPPUS*.

CIBOULE, espéce d'oignon.

Ce mot tient au Latin CÆPÉ, *oignon*, au lieu de CAPÉ.

CEPA, tronc, racine, *en Basq.*

CHOPPER, heurter contre un tronc, contre une souche.

ACHOPEMENT, ce qui fait choper.

CEPER, abattre, *vieux-François*, & RESEPER.

VI.

CAP, divisions ou *chefs* d'un Livre.

1. CHAPITRE, divisions d'un livre, & où l'on recommence une nouvelle matiére ; ils en sont autant de *têtes*, de Chefs.

CAPITULAIRES, Réglemens des anciens Rois ; ils sont comme autant de Chapitres, de *chefs* auxquels se rapportent une multitude d'articles.

2. CHAPITRE de Chanoines. Le corps des Chanoines dut ce nom au lieu où ils s'assemblent appellé *Chapitre*, parce qu'ils y alloient chaque jour entendre lire un CHAPITRE de la Régle sous laquelle ils vivoient.

CHAPITRER, blâmer quelqu'un en Chapitre.

3. CAPITULATION, Réglement d'une Garnison obligée de se rendre.

CAPITULER, se rendre par capitulation.

4. RÉ-CAPITULER, reprendre les chefs d'une matiere.

VII.

Divers dérivés.

1. CHAPITEAU, le haut d'une colonne, ce qui en fait la tête.

2. CHEVET, la tête d'un lit ; 2°. ce qui soutient la tête d'une personne couchée ; partie extérieure d'une Eglise, qui est derriere le chœur & qui en est comme la tête : la sacristie.

CHEVECIER, celui qui a soin du chevet de l'Eglise ; 2°. le Sacristain.

CHEVIR, *vieux-Fr.* venir à chef, à bout.

A-CHEVER, conduire à chef, au bout.

CHEVANCE, *vieux-Fr.* l'avoir d'un particulier, tout ce qui compose son bien, sa fortune ; tout ce qu'il a de son *chef*. La Mothe le VAYER disoit en plaisantant que ce mot venoit de *chevir*, parce qu'avec l'argent on vient à bout de tout.

3. CAVEÇON, Ital. *Cavezzone*, bride, licou.

CHEVETRE, Lat. *CAPistrum*, bride, licou.

2°. Piéces de bois qui entourent une cheminée comme une bride.

ENCHEVETRER, 1°. prendre son pied dans la bride.

2°. S'embarrasser dans quelque affaire ; Lat. *CABRO*.

CHEVRONS, piéces de bois ou solives arrangées en angle & qui soutiennent le faîte d'un édifice ; qui en forment la tête. 2°. On appelle du même nom, en terme de blason, deux bandes plattes qui forment un angle dont la tête est en haut.

4. CADASTRE, autrefois CAPDASTRE, imposition par tête ; 2°. Regiſtre des biens fonds de chacun.

 Ital. *Accataſtare*, impoſer par tête.

CHAP, dans le Diocèſe de Mende, eſpéce de capitation relative au cadaſtre.

CABAL en Languedocien, CATEUX en Picardie, CHATEUX, CHEDAL en Valdois, &c. Les biens, *en terme de ferme* : état des biens qu'on met entre les mains d'un Fermier ; c'eſt le même mot que *Captel*.

VIII.

CAB, CAP, s'élever, être grand.

1. CABRER, ſe cabrer, ſe dreſſer.
CABRIOLE, ſaut.
CHÉVRE, Lat. CAPRA, animal grimpant.
CABRI & CHEvreau, petit d'une chévre.
CHEVRIER, gardeur de chévres.
CHEVROTIN, fromage de chévre.
CHEVROTER, crier comme la chévre, avoir une voix tremblante.
CHEVREUIL, eſpéce de chévre ſauvage.
CAPRICORNE, nom d'un Signe & d'un Tropique, parce que le Soleil revient de-là au haut de ſon cours.

2. CHEVAL, Lat. CABALLUS, Gr. KABALLÉS, dans HESYCHIUS. Cet animal doit ſon nom à ſa grandeur, à ſon élévation.

CAVALE, femelle du cheval.
CAVALERIE, Troupe de gens à cheval.
CAVALIER, celui qui ſert à cheval ; 2°. un Noble.
CHEVALIER, Noble qui ſervoit à cheval. A Rome & en France, Noble & Chevalier furent ſynonymes, la Nobleſſe ſeule ſervant à cheval : de-là le mépris qu'on avoit pour l'Infanterie ; de-là le nom de Chevalier donné aux Cadets de Famille.

 2°. Membre d'un Ordre de Chevalerie.

CHIVALERIE, dignité de Chevalier.
CHEVAUCHER, *vieux-Fr.* aller à cheval.
CHEVAUCHÉE, viſite à cheval par des Prépoſés.

3. CABALE, faction, parti ; tout ce qui eſt attaché à un Chef dangereux, non avoué par les Loix.
CABALER, former des factions.
CABALEUR, qui forme des factions.

IX.

CAB, CAP, contenir, prendre.

1. CAPABLE, qui a de la capacité, qui peut contenir, ſaiſir, &c.
CAPACITÉ, contenance, grandeur ;

2°. *au figuré* intelligence.

2. CAVE, creux, qui peut contenir: 2°. souterrains pour loger le vin, &c.

CAVEAU, souterrains.

CAVER, creuser; 2°. sonder une affaire.

CAVERNE, souterrains formés par la Nature dans les Montagnes.

CAVITÉ, creux.

EXCAVER, EXCAVATION.

CONCAVE, creux.

CONCAVITÉ, espace creux renfermé, ou souterrain.

3. CAPTIF, homme *pris* en guerre, prisonnier.

CAPTIVITÉ, état d'un captif.

CAPTIVER, prendre comme par force, s'attirer l'attention, la bienveuillance, l'amitié des autres.

CAPOT, coup au Piquet, qui consiste à faire toutes les levées, toutes les mains, à prendre tout.

Faire CAPOT, être CAPOT.

CAPTURE, prise, action de prendre.

4. CAPTER, gagner la bienveuillance l'attention.

CAPTIEUX, qui surprend, qui s'empare du consentement, par surprise: ce mot est borné au raisonnement.

CHETIF, CHETIVE, Ital. *CATTIVO*, 1°. malheureux captif; 2°. pauvre misérable. Il ne se prend plus que dans ce dernier sens.

CHETIVOISON, *vieux-Fr.* misere, pauvreté.

CHÉTIVEMENT.

CEPS, pièces de bois avec lesquelles on prenoit les pieds des criminels, & on les serroit fortement.

5. CADET, le second fils; 2°. tous les enfans qui suivent l'aîné.

CHEMIER, *vieux-Fr.* l'aîné d'une Famille.

Ces deux mots sont altérés.

Le second, s'est dit au lieu de CHEFMIÉ, qui avoit remplacé l'ancien CAPMA, nom des aînés, ou CAP-MAS, mot-à-mot, la *tête du mas*, de la maison. On a dit *CAP-ut Mansi*, Chef de famille.

Le premier s'est dit au lieu de *Capdel*, diminutif de *Cap*, Tête: ensuite CAPDET, enfin *Cadet*. Dans la Chronique de Louis XI, on voit le *Capdet Remonnent* défendre vaillamment une place.

CAPDEUILH, la maison principale d'un Seigneur, en ancien Gascon. Il étoit inutile d'aller chercher l'origine de ce mot dans le Latin *CApitolium*, qui signifia mot-à-mot *tête élevée*. Ce dernier mot étoit lui-même Celtique.

X.

De CAB, prendre, viennent entr'autres ces mots:

GIBIER, animaux pris à la chasse: 2°. animaux qu'on chasse.

GIBECIERE, sac où l'on met tout ce qui est nécessaire pour cette chasse.

GIBBOYER,

Gibboyer, passer son tems à poursuivre le gibier.

Dérivés.

1. Chabot, Poisson à grosse tête.
2. Capiteux, vin qui porte à la tête.
Caf, Ital. Caffo, indivisible ; une tête seule ; 2°. Impair, parce qu'un est impair & indivisible.
3. Chevèu, Lat. *Capillus*, parce qu'ils croissent sur la tête.
Chevelu, qui a une longue chevelure : titre d'honneur d'anciens Rois, à commencer par Numa.
Chevelure : elle étoit autrefois & elle est encore aujourd'hui la marque d'un homme libre, & celle des Rois & des personnes élevées en dignité. On rase la tête de ceux auxquels on ôte la liberté civile.
Echevelé, qui a les cheveux épars.
Echeveaux & Tuyaux Capillaires, ainsi nommés à cause de leur finesse ; ils ressemblent à des cheveux.

Composés.

Cap servit à former nombre de mots composés, en prenant lui-même les formes de cep, cip, cup, çu, cev, &c.

Ac-cap-arer, mot vulgaire, prendre tout à soi.

Ac-cep-ter, recevoir ce qu'on offre.

Ac-cep-teur, qui accepte.

Ac-cep-ration, action de celui qui accepte.

Ac-cep-tion, égard pour une personne plutôt que pour une autre.

In-ac-cep-table, qu'on ne peut accepter.

Ac-cip-é, prenez ; mot venu du Latin.

Anti-cip-er, prendre d'avance ; 2°. faire quelque chose avant le tems.

Anti-cip-ation, action de prendre d'avance.

Con-cev-oir, comprendre, pénétrer.

Con-cep-tion, intelligence, compréhension.

Con-çu, qu'on a saisi, compris.

De-cev-oir, tromper ; Lat. *De-cipere*.

De-çu, trompé.

Duper, tromper, autrefois Deiper, altéré de *Decipere*, tromper, décevoir.

Dupe, qui se laisse tromper.

Ex-cep-ter, prendre tout, horsmis tel objet.

Ex-cep-tion.

Ex-cep-té.

Forces, ciseaux à tondre les brebis. Lat. *For-ceps*.

In-cap-able, qui n'est pas capable.

In-cap-acité.

Inter-cep-ter, prendre pour soi ce qui devroit passer à d'autres.

Inter-cep-tion, action d'intercepter.

Man-ciper, *terme de Droit*, avoir sous sa main, en garde, en tutéle.

E-man-cip-er, mettre hors de tutéle.

E-man-cip-ation.

Muni-cip-al, du Latin *Munus*,

Dict. Etymol. P

charge, & *capere*, prendre, posséder. Ce qui regarde les possesseurs des charges.

Oc-cup-er, s'emparer, posséder.

Oc-cup-ation, action de s'occuper.

S'oc-cup-er, travailler à quelque chose, à ce qu'on possede.

Pré-oc-cupé, qui est rempli d'une idée au point de ne pouvoir en saisir une autre.

Pré-oc-cup-ation.

Per-cev-oir, recevoir ou recueillir ses fruits & ses revenus *par* le moyen de quelqu'un.

Per-cep-tion, récolte; 2°. action de connoître & d'appercevoir.

A-per-cev-oir, recevoir les impressions des objets par le moyen des yeux.

Aper-çu.

Im-per-cep-tible, qu'on ne peut appercevoir.

Pré-cepte, instruction prise d'avance.

Pré-cep-teur, qui instruit.

Pré-ciput, ce qu'on prélève de préférence sur un capital.

Pré-cipice, rocher dont la tête penche en avant.

Pré-cip-iter, jetter du haut d'un rocher.

Pré-cip-itation, extrême vitesse.

Pré-cip-itamment.

Pré-cip-ité.

Prin-cipe, qui est la premiere tête.

Prin-cip-al.

Prin-ce, Lat. *PRIN-CEPS*, la premiere tête.

Prin-cesse.

Prin-cip-auté.

Ré-cep-tion, accueil qu'on fait à une personne; 2°. admission à un emploi.

Re-cev-oir, admettre; 2°. accueillir.

Re-çu, admis, accueilli; 2°. écrit par lequel on reconnoît avoir reçu.

Re-cette, autrefois *Re-cepte*, chose reçue; 2°. secret ou remede pour quelque maladie.

Re-cev-able, qui peut être admis.

Re-cev-eur, qui est commis pour la recette de quelque droit, &c.

Re-cep-issé, billet par lequel on reconnoît avoir reçu un dépôt, &c.

Ré-cep-tacle, lieu où se rendent les objets de la même espece.

Re-cip-ient, vaisseau qui reçoit la liqueur qui sort de l'alembic.

Re-dip-iendaire, celui qui doit être reçu en quelque charge.

Se Re-cup-erer, recouvrer ce qu'on a perdu; 2°. se dédommager d'une perte.

Sus-cep-tible, capable de recevoir; 2°. qui reçoit facilement de l'ombrage.

Echaper, se débarrasser des mains de ceux par qui on a été saisi; 2°. se sauver, se délivrer.

Echapée, 1°. action étourdie d'un jeune homme; 2°. coin de perspective.

Escapade, Echapatoire.

C'est l'Italien SCAPPARE.

FAMILLES DÉRIVÉES de CA, désignant le lieu, la contenance.

Du mot CA, désignant le lieu, la contenance, naquirent un grand nombre de familles, qui désignent les actions de *cacher*, d'*encaisser*, d'*encadrer*, de *caser*, &c.

I.
CACH

CACHE, lieu où l'on serre les choses qu'on ne veut pas qui soient vues ou trouvées.

CACHETTE, petite cache.

EN CACHETTE, mot-à-mot, *dans une cache*, en secret, clandestinement.

CACHOTS, souterrains d'une prison, & où l'on renferme les scélérats.

CACHET, sceau pour sceller les lettres, pour les fermer de façon qu'on ne puisse les lire qu'en rompant le sceau.

CACHETER une lettre, y mettre un sceau.

DE-CACHETER, en enlever le sceau.

CACHER, renfermer, ôter de la vue, ne pas laisser paroître.

II.

CAD, 1°. contenir. 2°. Vase.

1. Lat. & Orient. CAD-*us*, grand vase, tonneau.

CAQUE, tonneau contenant le quart d'un muid, & qui sert à conserver le poisson, &c.

Ici D. changé en Q à la Picarde CAQUER le hareng, le préparer pour qu'il puisse se conserver dans la caque.

ENCAQUER, mettre en caque.

2. CHAIRE, siège élevé où se placent ceux qui parlent en public, & qui a la forme d'un vase; Lat. CA-THEDRA.

C'est donc le mot CAT, vase, & le Grec EDRA, assis; *vase pour s'asseoir*.

3. CHAISE, vient de la même origine, ainsi que

CATHEDRALE, Eglise principale, où est la Chaire du Chef de l'Eglise, de l'Archevêque, ou de l'Evêque.

4. COUENNE, COINE, peau qui couvre le lard, Lang. COUDENO, Ital. COTENNA, peau: du Latin CUTIS, peau.

III.

CAD, CAT, GAD, lier.

CAT, GAD, est un mot Oriental & Celte, qui signifie liaison, l'ensemble; 2°. lier, & qui s'est aussi prononcé CAND, COND. De-là nos mots:

1. CADENAS, espéce de serrure.

CADENASSER, fermer, lier avec un cadenas.

CHAINE, autrefois CHAISNE; du Lat. CATENA, devenu Chaizna, lien de métal pour enchaîner.

CHAINON, anneau ou boucle d'une chaîne.

CHAÎNETTE, petite chaîne.
ENCHAÎNER, mettre dans les chaînes.
DÉCHAISNER, ôter les chaînes.
Se DÉCHAISNER, s'emporter contre quelqu'un sans aucune retenue.
CADENETTE, cheveux noués dans leur longueur avec un ruban.

IV.

CAD, QUAT, quarré: quatre.

De CAD, contenir, renfermer, est venu une famille très-considérable & dont l'origine étoit absolument inconnue. C'est celle de

QUATRE, Lat. *QUATUOR*.

Les diverses prononciations que ce mot a reçues chez chaque Nation sont une preuve frappante des révolutions qu'éprouvent les mots lorsqu'ils sont d'un usage extrêmement commun. Les consonnes Q & T dont est composé celui-ci, ont subi les changemens ordinaires à ces consonnes & dont nous avons donné divers exemples dans *l'Orig. du Lang. & de l'Ecrit.* pag. 210, 216. Q s'est changé en T, en P, en F: T en D, en S, en R. De-là des mots qui semblent n'avoir plus de rapport.

 Les Gr. appellent Quatre *TESSARES*.
 Les Bas-Bret. *PADEIR, PETOAR*.
 Les Gall. *PEDWAR*.
 Les Osques *PETORA*.
 Les Tartares *FYDOR*.
 Les Theut. Sax. &c. *FEOWER*.

De Quatre, sont venus les mots suivans:

QUATRIEME. QUARANTE.
QUARANTIEME.
QUADRANGULAIRE, à quatre angles, à quatre faces.
Quartier, quatrième portion d'un tout.

On a étendu ce nom à toutes les divisions d'une ville.

De-là ces dérivés:

1. CADRE, bordure quarrée qui renferme quelque ouvrage de sculpture, de peinture, ou autre chose.
CADRER, faire un quarré; 2°. convenir, s'ajuster avec quelque chose.
ENCADRER, mettre en cadre.
EQUERRE, Instrument qui sert à faire des quarrés, à tracer des angles droits.
EQUARIR, EQUARISSAGE.
Quadrature, description d'un quarré.
Quadrille, Cavaliers qui combattent dans un tournois ou dans un carrousel, en quatre bandes.

2. *Quadragésime*, le premier Dimanche de Carême, parce qu'il arrive quarante jours avant Pâques.
CARÊME, jeûne de 40 jours: c'est une altération de Quadragésime.

3. CADRAN, horloge solaire, parce qu'il est encadré sur la pierre, ou sur le bois; ou parce qu'on y encadre les heures.

4. CARLET, poisson ainsi appellé à cause de sa figure quarrée.
CARNES & non *CARMES*, au jeu

de Trictrac, coup où les deux dez amenent chacun quatre points; Lat. *Quaterni*.

CARREAU & CARRON, pierre quarrée à paver; 2°. couffin quarré; 3°. flêche, foudre à quatre pointes.

CARRELER, paver avec des carreaux de brique.

5. CARREFOUR, place à quatre rues femblables à quatre fourches; Lat. *Quadrifurcum*; en Touraine CARROY; en Valdois CARRE.

CARRILLON, mufique à quatre cloches; 2°. *au fig.* bruit, tapage.

CARRILLONNER.

CARRILLONNEUR.

CARRÉ, à quatre faces.

CARRURE, taille quarrée.

CARTE ou QUARTE, mefure qui eft le quart d'une plus grande.

CARTERON, mefure qui eft le quart d'une autre.

CARTERON d'œufs, ou vingt-cinq, le quart d'un cent.

V.

CAS, maifon, caiffe, &c.

De CA, fignifiant *lieu, contenant*, vint la famille GAS, défignant *maifon, vafe*, tout objet contenant.

1. CASE, Ital. *CASA*, maifon; 2°. divifions du trictrac; 3°. cellules.

CASEUX, parties les plus groffieres du lait, & qui fervent à faire le fromage. Ce nom vient du Latin *CASEUS*, fromage, parce qu'il eft fait dans des formes qu'on appelloit *CASA*.

CHASSIE, humeur qui colle les yeux & s'attache aux paupieres.

CHASSIEUX.

CHEZ, maifon, en la maifon.

CHAI, lieu où l'on place le vin.

CASEMATTE, petit logement.

CASAL, CHESAL, CHESEAU, maifon; en la maifon, en terme de Provinces & en vieux François.

CASERNES, logemens pour les Soldats.

CASANIER, qui aime à garder la maifon.

CASIER, garde-manger.

2. CAISSE, coffre à marchandifes; 2°. argent qu'un Négociant met dans fon commerce; 3°. inftrument de guerre; 4°. quarrés de bois qu'on remplit de terre & où l'on plante des fleurs & des arbres.

CAISSIER, qui a la direction d'une caiffe de commerce.

ENCAISSER,

DÉCAISSER.

CAISSON, coffre fermant où l'on met des vivres pour l'armée.

CASSETTE, petit coffre.

3. CASSEROLE, plat de cuivre très-creux.

CASSOLETTE, vafe de métal où l'on met des fenteurs pour parfumer.

CASSOTE, terrine.

CASSE, vafe, dans la langue de divers Arts.

4. CASQUE, Lat. *CASSIS*, habillement de tête.

CASAQUE, habillement de dessus pour homme.

CASAQUIN, habillement de dessus.

CHASUBLE, vêtement court & sans manches dont le Prêtre se couvre quand il va dire la Messe.

CHASUBLIER, qui fait des chasubles.

5. CHASSIS, tout ce qui enferme ou enchâsse quelque chose.

CHÂSSE, caisse en général ; 2°. coffre à reliques ; 2°. partie de la boucle où est le bouton, &c.

ENCHÂSSER, faire contenir exactement & de force un objet dans un autre.

6. CHASSE, action d'attaquer les animaux.

CHASSER aux animaux.

CHASSEUR.

C'est que dans l'origine, on rassembloit les animaux, ou on les faisoit fuir dans une enceinte d'où ils ne pouvoient s'échaper & où on les tuoit sans peine.

2°. CHASSER, mettre hors ; par extension, car en débusquant les animaux, en les *chassant*, on les met hors de leur place, de leur gîte.

VI.

Château, &c.

1. CHÂTEAU, autrefois CHASTEAU.
Lat. *CASTELLO*.
Lang. *CASTEL*.

CHÂTELET, Jurisdiction Royale de Paris.

CHÂTELAIN, Seigneur de Château ; 2°. Officier qui rend la justice dans la terre d'un Seigneur Châtelain.

CHÂTELENIE, étendue de pays soumise à une Jurisdiction.

2. CHÂTEAU d'eau, bâtiment qui sert à contenir une grande quantité d'eau qu'on y élève, afin de fournir par-là à divers besoins & à des jets d'eau.

Les Romains donnoient déja à ces immenses réservoirs le nom de Château. Pline (*Hist. Nat.* liv. XXXVI, ch. 15) nous apprend qu'*Agrippa* fit construire, pendant qu'il fut Edile, 130 Châteaux de cette espéce, outre 700 lacs & 105 fontaines ou jets d'eau.

3. CHÂTAIGNE, Lat. *CASTanea*, fruit de châtaigner : elle est enveloppée de trois couvertures ; de-là son nom & celui de l'arbre qui la produit.

CHÂTAIGNER, arbre qui produit les châtaignes.

CHÂTAIGNERAIE, bois de châtaigner.

CHÂTEIN, couleur de châtaigne.

CASTAGNETTES, instrument dont se servent les Mores, les Espagnols & les Bohémiens dans leurs danses. En Espagnol, *CASTanetas*. Il tire son nom de son rapport avec les châtaignes.

4. CASTRAMETATION, art de camper, art de se retrancher.

CHÂTRER, Lat. *Castrare*, retrancher

CHATON; partie de la bague qui contient la pierre.

En Espagn. *En-GASTar*, enchâsser une pierre précieuse.

6. CASTOR, animal amphibie dont le nom primitif est *Bievre, Fiber, Vivaro*. Il est appellé *Castor*, à cause des petits sacs qu'il a reçu de la nature, remplis du *Castoreum*, liqueur qui entre dans la Thériaque & d'autres remedes.

7. CESTE, Gantelet de cuir garni de plomb, dont se servoient les Athletes pour leurs combats.

EN-KYSTÉ, qui a un Kiste, humeur renfermée dans un sac.

CITERNE; Lat. *CISTerna*.

8. CASSONADE, Sucre en caisse & non en pain : du Portugais *CASSON*, Caisson.

VII.

CAS, CLAS, amasser

CAS, signifie rassembler, amasser; de-là le Celte-Gallois,

CASELER, amassé, recueilli. *GASGL*, récolte, cueillette. *CASGLU* & *CEASGLU*, amasser.

En Oriental *GAZA*, amasser; 2°. Trésor.

De *Casgl*, les Lat. firent *CLAS*, d'où CLASSE, objets rassemblés sous la même dénomination : 2°. Ecoles savantes.

CLASSER, distribuer par classes.

CLASSIQUE, Auteur qu'on lit dans les Classes.

2. CASTE, nom des Tribus Indiennes de l'Espagne; & Basq. *CASTA*, race, famille.

CAD,
CED, CES, CIS,

De Q, signifiant couper, abattre, tailler, sont venues diverses Familles qui désignent les idées relatives aux actions de tomber, mettre à bas, couper, tailler

Lat. CADO, tomber : Celte, CATT, couper, rompre; 2°. tomber.

1. CADENCE, chute harmonieuse d'une phrase; 2°. mesure de vers; 3°. mouvement du corps dans la danse, conforme à la mesure du vers ou de la musique.

DÉ-CADENCE, action de tomber en ruine; ruine, perte.

CADUQUE, infirme & cassé; 2°. périssable.

CADUCITÉ, extrême vieillesse où on ne peut plus se soutenir.

CADAVRE, corps mort, qui n'a plus de soutien, qui est TOMBÉ.

2. CAS, accident, malheur, ce qui survient, qui TOMBE sur.

CASUEL, qui survient par hasard, par *CAS* fortuit.

CASUISTE, Théologien qui décide des CAS de conscience.

3. CHOIR ; Lat. *cadere*, Vald. *chezi*, anciennement CAER, CAOIR, CHEOIR, tomber ; 2°. survenir.

CADEAU, présent ; il échoit à quelqu'un sans qu'il y pense.

CASCADE, eau qui tombe de bassins en bassins ; succession de chûtes d'eau.

CHUT, tombé.

CHUTE, action de tomber ; 2°. faute, crime en terme de Théologie.

ECHOIR, survenir par l'effet du sort,

ECHUTE, faire l'échûte d'une chose, concéder à une personne l'acquisition de l'objet sur lequel elle enchérit dans une vente.

CHANCE, ce qui échoit par le sort, par un coup de dés ; bonheur fortuit.

CHANCELER, ne pouvoir se soutenir.

CHAS, chas deux, chas trois, ce qui tombe deux à deux, trois à trois, chance de deux, de trois.

Composés.

I. AC-CIDENT, événement inattendu, inopiné : malheureux.

ACCIDENTEL.

IN-CIDENT, événement inattendu & qui vient à la traverse d'une affaire.

INCIDENTER, faire naître des incidens.

OC-CIDENT, côté où le Soleil se couche, *mot-à-mot*, qui tombe de devant les yeux.

CO-IN-CIDER, arriver en même tems, tomber avec, survenir ensemble.

II. OC-CASION : ce mot est composé des deux mots, *ob* devant, sous les yeux, & *casus*, ce qui échoit ; l'occasion fut donc bien nommée : c'est ce qui se présente, & dont on peut profiter.

Aussi, dit-on, saisir l'occasion, profiter de l'occasion, ne la pas laisser échapper. Les Anciens la peignoient fort ingénieusement avec des cheveux par devant & chauve par derriere.

OCCASIONNEL.

OCCASIONNER.

III. CAHOT, saut que fait une voiture dans des chemins raboteux.

CAHOTER.

CAHOTAGE.

CAHIN CAHA, *aller cahin caha*, aller inégalement, haut & bas, de mauvaise grace.

Ces mots ont l'air d'être des onomatopées.

Si l'on veut cependant qu'ils viennent de quelqu'autre mot, & sur-tout du Latin, on pourra dire qu'ils viennent de *cad*, tomber. On aura dit cahot, pour *cad-haut*, qui tombe de haut.

Et *cahin caha*, pour *cad-hine, cad-hac*, qui tombe d'ici & de çà, qui vacille.

I I.

CADO, tomber; 2°. couper, en Celte, Basque, Oriental, &c. a formé le Latin *CÆDO*, prononcé *KAIDO*, & dans les composés *CIDO*, couper, tailler; 2°. diviser, partager; 3°. tailler, sculpter; 4°. tuer, massacrer.

Cæsus, coupé, & dans les composés *cisus*. De-là nos mots,

1. CISEAU, instrument à tailler la pierre.

CISEAU, instrument à couper.

CISELER, graver sur le métal.

2°. Découper le velours avec le ciseau.

CISELEUR, qui cisele le métal.

CISELURE, Ouvrage fait au ciseau.

2. DÉCIDER, trancher une question, la résoudre.

DÉCISION, solution d'une question, d'un objet difficile.

DÉCISIF, qui décide, qui détermine.

INDÉCISION, état de celui qui ne sait se décider.

INCISION, coupure.

INCISE, proposition renfermée dans une autre.

3. CESURE, endroit où un vers est coupé, suspendu.

CIMENT, Latin *CÆMENTUM*.

1°. C'est un composé de tuile ou brique cassée, de chaux & d'eau. C'est donc un dérivé de *CÆDO*, briser, tailler.

Dict. Etymol.

2°. Toute composition qui sert à rajuster des ouvrages de terre.

3°. *Au fig*. Tout ce qui sert à unir les hommes.

CIMENTER, unir, *au physique & au figuré*.

4. HOMI-CIDE, qui a tué un Homme.

FRATRI-CIDE, qui a tué son Frere.

PARI-CIDE, qui a tué son Pere.

RÉGI-CIDE, qui a tué un Roi.

SUI-CIDE, qui s'est tué lui-même.

COCHE, Ital. *COCCA*, entaille qu'on fait dans du bois pour y marquer quelque chose; en particulier les Boulangers, pour marquer la quantité de livres de pain qu'on vend chez eux. 2°. Entaille faite au bout d'une flèche, afin de pouvoir l'ajuster sur la corde de l'arc.

EN-COCHE, bâton quarré sur lequel les Boulangers marquent le pain qu'ils fournissent.

DÉCOCHER une flèche, la faire partir de dessus la corde. 2°. *Au figuré*, Décocher un compliment, &c.

Ce mot tient; 1°. au Latin *CUSUS*, frappé; *CUDO*; frapper, *IN-CUS*, *INCUDe*, d'où

ENCLUME. *Percutio*, frapper, d'où RÉPERCUSSION.

Il tient, 2°. au Celte *CUD*, coup, & *CWCH*, creux, ouverture; mot également Oriental.

Une COCHE est un *creux* fait sur quelque matiere dure, au moyen d'un *coup* avec un instrument quelconque.

Q

CÉDER.

De CADERE, tomber, survenir; les Latins firent CEDERE, qui signifia aller, faire place, survenir, céder : de là,

CEDER, livrer, abandonner à un autre ; 2°. ne pas résister.

CESSION, abandon d'une chose en faveur d'une personne déterminée.

CONCESSION, privilége accordé à un inférieur.

COMPOSÉS.

AC-CÈS, qui survient; abord, entrée; 2°. retour de fièvre.

ACCESSIBLE, qu'on peut aborder.

IN-ACCESSIBLE, qu'on ne peut aborder.

ACCESSOIRE, ce qui arrive par surcroît.

ACCESSIT, prix de celui qui a le plus approché du but.

DÉ-CÈS, départ, en parlant de la mort.

DÉCÉDER, mourir, s'en aller.

EX-CÈS, qui survient avec trop d'abondance, qui déborde.

EXCEDER, déborder, faire perdre patience.

EXCÉDENT, ce qui surpasse.

EXCESSIF, qui est trop grand, qui va au-delà, qui excède.

INTERCÉDER, *mot-à-mot*, se mettre entre ; 2°. demander grace pour un tiers.

INTERCESSEUR, qui intercède.

INTERCESSION.

ACCÉDER, aller vers, se joindre à; donner son consentement à une chose.

SUCCÈS, maniere dont une chose réussit, dont elle tourne.

SUCCÉDER, venir à la suite.

SUCCESSIF.

SUCCESSION.

PROCÈS, mot à mot, action d'aller au-devant d'un autre, pour prévenir qu'il ne prenne possession d'une chose.

PROCÉDURE, instruction d'un Procès.

PROCÉDÉ, conduite qu'on tient à l'égard des autres.

PROCÉDER, aller en avant, naître, dériver, venir de.

PROCESSION, cérémonie où l'on se transporte d'un lieu sacré à un autre.

PROCESSIF, qui aime les Procès.

CONCÉDER, aller avec, aller d'accord, accorder.

CONCESSION, chose cédée, action d'accorder.

CAGOTS.

Nom qu'on donne en-deçà & au-delà des Pyrénées, à nombre de familles répandues dans la Gascogne, dans le Béarn, dans les deux Navarres, &c. qui sont regardées comme des lépreux, comme des gens infects, auxquels il étoit défendu de commercer familierement avec les autres hommes; qui n'entroient que par une porte séparée dans les Eglises, où ils avoient un bénitier & des places séparées ; qu'on logeoit loin des Villes & des Villages ; qui ne pouvoient porter aucune arme, & qui étoient réduits au métier de Charpentiers : contre lesquels les Etats du Béarn demandèrent eux-mêmes en 1460, qu'il leur fût défendu de marcher pieds nuds par les rues, de peur de l'infection, & qu'il leur fût enjoint de porter sur leurs habits l'ancienne marque de pied d'Oie, ou de Canard, qu'ils avoient secouée depuis long-tems.

Dans l'ancien For de Navarre, compilé environ l'an 1074, on les appelle *Gaffos* ; & *Cahets* à Bordeaux.

M. de MARCA avoit fait une longue Dissertation à leur sujet, qui a été insérée dans Ménage, & dont on ne peut tirer aucun parti : il luttoit contre l'obscurité & les ténèbres dans lesquelles est enveloppée l'origine de ces familles singulières ; & après avoir rejetté, avec raison, l'opinion de ceux qui voyoient en eux des restes de Sarasins, d'Albigeois ou de Juifs, il s'arrête sans avoir répandu la moindre lumière sur cette question.

L'Abbé VENUTI a composé également une Dissertation sur les Cahets, où il les prend pour des Lépreux.

Aucun n'a fait attention que dans la Basse-Bretagne, on retrouve les mêmes phénomènes, les mêmes Familles, le même nom à peu près, la même aversion, la même infamie.

CACOUS, dit BULLET, » nom que » les Bas-Bretons donnent par in- » jure aux Cordiers & aux Tonne- » liers, contre lesquels le menu Peu- » ple est si prévenu qu'ils ont be- » soin de l'autorité du Parlement » de Bretagne pour avoir la sépul- » ture & la liberté de faire les fonc- » tions du Christianisme avec les au- » tres, parce qu'ils sont crus sans rai- » son descendre des Juifs dispersés » après la ruine de Jérusalem ; & qu'ils » passent pour lépreux de race & de » père en fils... Les Cacous sont » nommés *Cacqueux* dans un Arrêt » du Parlement de Bretagne.

On voit des Ordonnances des Ducs de Bretagne des années 1474 & 1475, qui prescrivent aux *Cacosi*, aux *Caquets* ou *Cacos*, de ne pas paroître sans un morceau de drap rouge cousu sur leur habit ; de ne faire d'autre commerce que celui du fil, & de ne cultiver que leurs Jardins.

Du CANGE nous apprend que le célèbre HEVIN obtint du Parlement de Rennes la suppression de ces Loix absurdes & ridicules.

Voilà donc un Peuple en France

du Nord au Midi, vivant de pere en fils dans un état d'ignominie des plus odieux, sans qu'on en ait jamais pu découvrir la raison.

Mais quand on se rappelle que chez tous les Peuples il y a eu de pareils phénomènes; que les Indiens ont dans leur sein une Caste nombreuse qu'ils regardent avec la même horreur; que les Hébreux traiterent de la même maniere les Gabaonites; que David condamna les Ammonites à être *Scieurs*; que les Francs firent des Gaulois autant de serfs; on ne peut s'empêcher de croire que ces *Cagots*, *Cacous*, *Cahets*, &c. livrés dans la Gascogne & dans la Basse-Bretagne à une ignominie aussi atroce, étoient les restes d'un ancien Peuple qui habitoit les mêmes contrées avant que les Bretons & les Cantabres fussent venus habiter la Bretagne & le Béarn, & qui ayant été vaincus par ces nouveaux Peuples, furent asservis à cette affreuse dépendance, pour leur ôter tout moyen de révolte, & pour servir aux besoins des Conquérans.

Ajoutons que le nom donné à ces malheureux vaincus, est le mot Celtique *Cach*, *Cakod*, *Caffu*, qui signifie *puant*, *sale*, *ladre*.

CAGOT, hypocrite, superstitieux.

Ce mot n'a aucun rapport dans ce sens-là avec les *Cahets*, dont nous venons de parler: mais d'où vient-il? Il faudroit pour cela être en état de déterminer l'idée primitive qu'on attacha à ce mot. Si c'est celle de faux, d'hypocrite, il paroît tenir au mot de CACO-DEUS, qu'on trouve dans Du Cange, pour désigner un faux-Dieu. CACO signifiant *faux*, seroit devenu CAGOT.

Si ce mot désigna d'abord au contraire un superstitieux, il aura une toute autre origine. Ce mot fut certainement une injure; le superstitieux a toujours le nom de Dieu à la bouche, il l'emploie à tout: on l'aura donc nommé, sans doute, chez les Nations qui appellent Dieu God, CaKleGoD, caquette-Dieu, & insensiblement CAKGOD & CAGOT, ou autre chose d'approchant.

CAL
CEL, COL, CLE.

Tout ce qui renferme, tout ce qui est dur & propre à enclore.

I

CAL, CEL, mot primitif qui signifie renfermer, cacher, céler. De-là,

1. CELER, cacher, Lat. CELARE.

CELLIER, lieu où l'on renferme le vin, Lat. CELLARIUM.

RE-CELER, cacher ce qu'un autre a pris.

RE-CELEUR, RECELEUSE.

DÉ-CELER, découvrir celui qui a pris.

CELERIER, CELERIERE, celui ou celle

qui, dans une Maison Religieuse, a les clefs ou le soin de la nourriture & des habits.

2. CELLULE, chambre d'une maison Religieuse, où l'on est comme célé.

CHALET, en Valdois, maisons ou granges sur les montagnes pour les Bouviers.

En Celte, CAL, chaumiere, étable.

CALE, port, rade, pour les petits Bâtimens.

Esp. *Cala*, port ; de même en Corse.

Ce mot est Oriental. En Italien, SCALA : nous en avons fait,

ECHELLE, nom des ports de la Méditerranée en Asie,

Une des Villes de la Babilonie, sur l'Euphrate, portoit ce nom de CAL.

3. ECAILLE, 1°. enveloppe dure qui couvre les Poissons à coquilles ; 2°. corps ronds, durs & colorés, dont est recouverte la peau des Poissons, comme de mailles.

En *vieux François*, CHALLE, écaille, & CHALLER, écailler.

ECAILLEUR, qui ouvre les Huitres, qui les tire hors de leur coquille.

4. CALE de noix, leur coquille ; Allem. *Schale*, *écaler*, ouvrir des noix.

CALOTIER, noyer, arbre à noix, dans les campagnes.

II.

CLO, CLAU, serrer ; formé de CEL, cacher.

CLAU, CLO, signifient en Celte, serrer, unir, nouer &c. de-là une multitude de mots.

1. CLOS, *Nom.* endroit fermé, *Adj.* fermé, renfermé.

CLOISON, paroi, clôture de planches.

ENCLOS, lieu renfermé.

CLÔTURE, ce qui sert à renfermer.

CLORRE, ENCLORE, renfermer.

CLOISTRE, clôture Religieuse.

RECLUS, qui passe sa vie dans la clôture.

EX-CLU, mis hors de l'enclos.

EX-CLURE, mettre hors de l'enclos.

EX-CLUSIF, qui exclut.

EX-CLUSIVEMENT.

IN-CLUS, renfermé dedans.

IN-CLUSIVEMENT.

2. CLAUSE, condition d'un contrat.

3. CLOU, qui sert à réunir deux choses, Lat. CLAVus.

CLOUER, serrer avec des cloux.

CLOUTIER, Marchand de cloux.

CLOUTERIE, commerce de cloux.

ENCLOUER le canon, un cheval.

DÉCLOUER, enlever les cloux qui tenoient en place.

CLAVELÉE, maladie de brebis qui ressemble à des cloux.

CLOU ou CLAVUS, en Ital. CHIAVO, CHIAVELLO, dont nous avons fait

Cheville, clou de bois.

4. Clauporte, pour Claus-porques, Lat. *Clusiles Porcæ* ; petits animaux qui font toujours cachés fous des pierres, &c.

5. Cleps-ydre, Gr. *Klepf-ydron*, machine où l'on renferme de l'eau pour montrer l'heure par fon écoulement.

6. Clé, machine avec laquelle on ouvre & on ferme : *au simple & au figuré*.

Clavier, chaîne de métal où pendent les clés de la maifon.

2°. Touches d'un Inftrument, parce qu'elles contiennent les clés de la Mufique.

Clavecin, inftrument à touches compofé de deux claviers.

7. Claie, machine d'ozier qui fert à enclore.

Cledard, porte à jour qui fert à fermer les champs.

8. Clandestin, qui eft fait en cachette.

Clandestinité, qualité d'une chofe faite en cachette.

Clandestinement, en cachette, Lat. Clam, de *Clo*.

Le Celte Clap, enfouir, cacher en terre, d'où

Clapier, garenne, lieu où les lapins creufent la terre & s'y renferment.

Claquemurer, enfermer entre quatre murs.

Enclavé, Enclavement.

CAILLETTE.

Ce mot eft très-commun dans nos anciens Ecrivains, & dans les Provinces : il fignifie *une jeune fille*, une fille d'une condition peu élevée, une bourgeoife. Les Dictionnaires de Richelet & de Trévoux n'ont pas connu ce mot. Ménage & le Duchat s'en font occupés : mais ils n'ont connu ni fon origine ni fa vraie fignification.

» C'eft une forte d'injure, difent-
» ils : elle eft venue, ajoutent-ils,
» du nom du fou de François I. qui
» s'appelloit Caillette ; ou il fut
» donné aux Parifiens, pour dire
» qu'ils étoient badauts, ou niais
» comme des cailles.

Et ce font là des Etymologiftes !

Lorfque Marot dit dans fa Balade *de foi-même*,

Bref fi jamais j'en tremble de friffon,
Je fuis content qu'on m'appelle *Caillette*,

il veut dire qu'il confent qu'on le compare pour la timidité, à une jeune fille.

Il n'eft donc pas étonnant qu'on appellât à Paris, du tems de Ménage, *Caillette maman*, un petit garçon qui, au lieu d'aller jouer avec fes camarades, fe tenoit comme une petite fille auprès de fa mere.

Ce mot eft un diminutif du Celte Cail, villageois, villageoife, conservé dans l'Islandois CAILE, villageois.

CAILIN & CAILINOG, jeune fille.

CAILHAREN, une petit fille, un cul croté.

Mots qui tiennent au Celte CAL, chaumiere, étable ; en Bas-Bret. CAIL.

III.

CAL, désignant des vases.

1. CHALAND, Bâteau plat dont on se sert sur la Seine & sur la Loire, pour transporter des marchandises.

2°. Celui qui achete toujours chez le même Marchand, les pratiques d'un Marchand : *vieux Latin*, CALO, qui fait négoce.

3°. Celui qui vend comme celui qui achete.

CHALANDISE, ACHALANDER.

CHALOUPE, petit bâtiment destiné au service des gros Vaisseaux.

CALEBASSE, fruit en forme de globe.

2. CALICE, coupe ; mot consacré aux Eglises.

2°. Portion des fleurs qui a la forme d'une coupe.

CAILLER, *vieux Franç.* vaisseau à boire.

CALIBRE, ouverture d'une piéce d'artillerie, mesure de sa capacité.

3. CALÈCHE, sorte de voiture. Où en étoit la Science étymologique lorsque Ménage dérivoit ce mot de *Currus* ?

4 CALOBRE, espéce de vêtement long qu'on met par-dessus les autres.

IV.

CAL, 1°. Tête.

Ainsi appellée à cause de sa capacité:

2°. ce qui la couvre.

CALE, bonnet, porté en Brie par les servantes ; & autrefois à Paris par les Clercs, &c.

CALOTE, espéce de bonnet des Ecclésiastiques.

2°. espéce de bonnet qu'on met sous la perruque.

CELADA, en Espagnol un casque ; nous en avons fait SALADE, espéce de casque ; en Albanois, *chalata*.

CAYEUX, têtes d'oignons de fleurs. C'est pour CAILLEUX, petites têtes, prononcé à la Parisienne ; comme on dit *Versayes*, pour *Versailles*.

Il n'est pas étonnant que jusques ici personne n'eût apperçu l'origine de ce mot : elle tenoit à des élémens qu'on ne soupçonnoit même pas.

DÉRIVÉS.

1. CALVAIRE, nom de la Montagne sur laquelle J. C. fut crucifié ; elle dut ce nom à sa forme arrondie.

2. CHAUVE, Lat. CALVUS, celui dont on voit la *tête* à nud.

CHAUVETÉ, état d'un homme chauve ; Lat. CALVities.

CHAUVE-SOURIS, Oiseau sans

plumes, & qui a la figure d'une souris.

CALVILLE espéce de pomme qui doit son nom à ce qu'elle est très-lisse.

CALVARDINE, *vieux-Fr.* nom qu'on donnoit aux perruques, parce qu'elles servoient aux (*Calvis*) chauves.

3. CALVANIER, celui qui enleve les gerbes du Champ pour les transporter dans la grange; de *Calvus*; il enléve la Chevelure du champ, il le laisse à nud.

V.

CAL, CEL, élevé, qui est à la tête.

1. CÉLEBRE, celui dont la réputation est répandue par-tout, qui est exalté.

Latin, *Celebris*: du mot primitif, *Cal*, *Cel*, élevé; & *vir*, *ver*, homme: *Cele-veris*, & puis *Celebris*, homme célèbre.

CÉLÉBRITÉ, réputation d'un homme célèbre.

CÉLÉBRER, Lat. CELEBRare, publier les louanges; célébrer: 2°. célébrer une Divinité, observer sa fête.

CÉLÉBRATION, observation d'une fête.

CÉLÉBRANT. Celui qui exécute les Cérémonies d'une fête.

2. ECHELLE, Instrument de bois portatif & garni d'échelons, pour s'élever. Latin SCALA.

ESCALIER, marches pour monter dans une maison, dans un lieu élevé.

ESCALADE, entrée dans un lieu au moyen d'échelles plantées contre le mur.

ESCALADER, s'introduire dans un lieu par des échelles ou en grimpant.

ECHELON, degré ou traversant d'une échelle.

3. EXCELER, surpasser les autres.

EXCELENT, très-élevé en bonté.

EXCELENCE, supériorité en bonté; 2°. Titre de dignité.

VI.

CAL, dur & rond comme la tête.

1. CAL, durillon qui se forme aux pieds & aux mains.

CALUS, dureté, durillon.

CALEUX, dur, corps dur.

CALLOSITÉ, dureté.

2. CAILLOU, Celt. *CAL*, Gr. *Khalix*, pierre très-dure.

CAILLOUTAGE.

CALCUL, Lat. CALCULUS, Calcul, petite pierre; 2°. compte, art de compter, parce qu'on le faisoit dans l'origine avec de petites pierres.

CALCULER.

CALCULATEUR.

CALAMITE, pierre d'aimant, Héb. *Chalamish* חלמיש, caillou.

3. CAILLER, durcir le lait; en Bret. *Caletatt*, CAILLE-lait, Lat. GALlium.

*CAILLOT

CAILLOT de sang.

Le Lat. *Coa-gul-are*, cailler, vient de la même racine : *gul* au lieu de *gal*.

VII.
CALC, Talon, Pied.

De CAL, rond & dur, vint le mot Latin,

CALX, talon, qui a formé les mots suivans :

1. CHAUSSE, Lat. *CALIGA*, habillement du corps, de la ceinture en bas ; d'où,

HAUTS de chausses.

BAS (des) par ellipse, pour *Bas de chausses*.

CALÇON ; en Parisien, Caneçon.

CHAUSSON, CHAUSSETTE.

CHAUSSER, DÉCHAUSSER.

CHAUSSURE.

CHAUSSE-TRAPE, machines de guerre pour prendre les pieds des hommes & des chevaux.

2. CALQUER, *mot-à-mot*, imprimer les traces du talon ; 2°. imprimer les traces d'un dessin sur un papier ou sur quelqu'autre corps.

VIII.
Autres Corps durs.

1. CELERI, Plante dont la racine est dure ; de CAL dur ; c'est une espèce de persil. Aussi le persil s'appelle en Grec *Selinon*, du mot *sel*, pierre, & en Latin *Petro-Selinon*, comme on diroit *Pierre-Caillou*.

2. CAL, en Latin *CALX*, est devenu le mot CHAUX à bâtir. De-là :

CALCINER, réduire en chaux.

CALCINATION, action de réduire en chaux.

3. CHAUSSÉE, Latin *CALCIATA*, en sous-entendant *strata*, mot-à-mot, Voie-chaussée : du mot générique CALLIS, 1°. chemin en général ; 2°. le chemin le plus étroit possible, sentier qui n'a qu'un demi-pied de large.

4. CHAUFOUR, four à chaux.

CHAUFOURNIER, ouvrier à chaux.

CALFRETER, enduire de chaux. Lat. *CAlce FRICTare*.

5. CAUCHEMAR, oppression qui suffoque pendant la nuit. Ce mot est composé 1°. de *cauche*, pour cauque, venu de *CALque*, *calcatus*, foulé, oppressé : 2°. de *Mar*, mot Celtique, qui signifie entr'autres choses, *grand*, *extrême*. CAUCHEMAR, *oppression extrême*. MÉNAGE voyoit dans *mar* une altération de *mal*.

IX.
CAL, Bois.

CAL, signifie en Celte *Bois*, parce que c'est un corps dur. Cette famille, immense en Celte, a formé divers mots Latins : entr'autres,

CALA, bois ; vieux Lat. *CALO*, sabot. De-là,

CHALIT, bois de lit.

CALIFOURCHON, de *Cal*, bois, mot-à-mot, *bois* coupé en fourche.

Etre à cheval à *califourchon*, c'est y être comme un bâton qui fait la fourche. Faut-il dire que Ménage dérivoit ce mot d'*equuulus*, petit cheval, & de *furcio*; & qu'aucun Étymologiste n'a rien apperçu de mieux ?

X.
CAL, CHAL, COL, long & creux, propre à contenir.

1. CHALUMEAU, Lat. CALAMO (*ablat.*) tuyau de paille; 2°. instrument de Musique.

CHAUME, ce qui reste sur terre des tuyaux des épis de blé après la moisson; du Lat. CULMUS, tuyau, tige du blé, la paille. Mot venu du Celte COL, Gall. COL. paille: Br. *Colven*; Basq. CHOIL, paille; Corn. COLHO, épi.

CHAUMIERE, cabane ou maison couverte de chaume.

2. COL, Cou, longueur étroite & creuse qui unit la tête au corps, comme le tuyau unit la tête ou l'épi à la racine.

 2°. Vallée longue & étroite, défilé.

COLLET, portion de vêtement qui couvre le cou; 2°. *au figuré*, le cou.

COLLETER, prendre au cou.

COLLERETTE, portion de vêtement pour femme & qui couvre la gorge.

COLLIER, ornement du cou, en rubans, en perles, en or, &c.

ACOLADE, embrassement; 2°. coup qu'on donnoit avec l'épée sur le col de celui qu'on recevoit Chevalier.

COLIFICHETS, ornements du cou; de *col*, cou, & *fiché*, planté, placé.

COLPORTEUR, qui *porte* sa marchandise pendue au *cou*.

Col, élevé.

1. COLLINE, Lat. *collis*; dans Columelle, *collinum*; Gr. *Koloné*.

COLOSSE, Statue plus haute que la nature humaine; Gr. *Kolossos*.

2. COLONE, pièce de bois ou de pierre fort longue, ronde & étroite.

COLONEL, Chef d'une colonne de troupes.

3. CHOU, au lieu de *col*, en Languedocien *caulet*, Lat. *caulis*. Il est haut sur jambe; c'est une tête sur un cou.

XI.
COL, couler.

COULER, de COL, tuyau: l'eau, les liqueurs coulent dans des tuyaux.

COULIS, ce qui est coulé, filtré.

COULOIR, vaisseau à couler.

COULOIRE, vaisseau percé de trous pour y faire passer quelque liqueur.

COULURE, action de faire couler; 2°. accident par lequel la fleur de la vigne se détache & coule à terre.

COULISSE, canal de bois dans lequel on fait aller & venir un châssis, une fenêtre, &c. 2°. décorations de Théâtre qui avancent & reculent.

CUL, de COL, canal.
 Gr. *Koleos*, canal, sac, gaîne.
 Lat. *CULeus*, mesure de liquides, sac.

COLIQUE, maladie des intestins; Lat. *COLICE*, du mot *COLUM*, nom d'un des intestins, par lequel passent les débris de la digestion.

XII.

CAL, CEL, cours, vîtesse.

CÉLÉRITÉ, vîtesse, promptitude à agir.

ACCÉLÉRER, augmenter la vîtesse.

ACCÉLÉRATION, action d'augmenter la vîtesse avec laquelle on agit.
 Lat. *CELERITAS*, célérité.
  CELER, prompt, vîte.

Ces mots tiennent à une nombreuse famille Orientale & Celtique en *Kal*, *Cal*, *Cel*, désignant la *vîtesse*, la *course*.

C'est donc une branche essentielle de *Cal*, *Col*, canal, cours. Toute *Course* est célere.
 Heb. *Qell*, léger.
 Gr. *Kelló*, accélérer, hâter.
 Lat. *CELER*, vîte, prompt.
  CELES, cheval de selle, chaise de poste, Cavalier, &c.

GALOP, course de cheval.

GALOPER, aller à course de cheval, à bride abattue.

GALOPIN, petit garçon qu'on fait trotter pour les commissions.

Galpazo, en Grec, courir.

XIII.

Cul, *Kyl*, cercle, roue.

CYLINDRE, Gr. *Kylindros*, rouleau de bois en forme de colonne.

CILLER, mouvoir les paupieres.

CIL, poil des paupieres; d'où

SOURCIL, poil qui est au-dessus des cils.

SOURCILLER, mouvoir les sourcils de colere ou d'effroi.

DESSILLER les yeux, expression figurée pour peindre l'action par laquelle on fait voir clair dans une affaire, par laquelle on fait appercevoir la vérité en détruisant les préjugés qui l'offusquoient.

OS-CILLATIONS, mouvemens du pendule. Lat. *Oscillatio*, du mot *Cilleo*.

CALANDRE, rouleau pour presser les étoffes.

CALANDRER, presser les étoffes à la calandre.

Tous ces mots viennent du primitif *Kul*, cercle, roue.
 Ecoss. *KUIL*: Isle de Mona, *Quilin*; elle est ronde.
 Esclav. *Kulu*, Russe *Kola*, ROUE.
 Lat. *Cilleo*, mouvoir, rouler.
 Br. *Kelc'h*, *Cylch*, cercle.
 Gall. *Cylchio*, tourner.

Cylchyn, tour, circuit, cercle.

Les Grecs répétant la syllabe *KUL*, en firent le mot *KULKELOS*, qui s'abrégea en *KUKLOS* ou *Cyclos*, & qui signifia cercle, révolution : de-là notre mot

CYCLE, révolution d'un certain nombre d'années : voy. *Hist. du Calendr.*

XIV.

CAL, bas.

Du primitif HAL, élevé, les Grecs en le gutturalisant firent KHAL, qui signifie *bas*, l'opposé de HAL. Ce qui confirme nos Principes sur la maniere de peindre les idées négatives & les opposées.

Χαλαω *Khalaô*, baisser, abaisser, &c. De-là :

CALER, Lat. *Chalare*, baisser. *Caler les voiles.*

2°. Baisser de ton, céder.

3°. Laisser tomber quelque chose, en terme de Marin.

4°. Mettre un appui sous quelque portion d'un meuble, afin qu'il porte également par-tout, qu'il ne baisse d'aucun côté.

CALE, le lieu le plus bas d'un vaisseau.

A fond de cale.

2°. Supplice de Marins, qui consiste à plonger le coupable dans la mer.

CALATE, descente ; Ital. *Calata*. Lat. dans Végece, CHALARE, descendre.

CAYE, terme de Marine Américaine : bancs de sable fort bas & couverts d'herbage ; 2°. Isles fort basses & qu'on prendroit pour des bancs de sable herbagés.

CALMÉ, appaisé ; flots écumans & soulevés, rabaissés, remis au niveau ; 2°. *au figuré*, esprit radouci, colere appaisée, sédition terminée, pacifiée.

CALMER, appaiser, tranquilliser.

CALME, moment où les *flots* ne sont point soulevés ; 2°. où les *esprits* sont tranquilles.

CALMANT, objet propre à calmer, à tranquilliser les esprits ; 2°. les douleurs d'un malade.

CAL

1°. Feu, Chaleur.

1. CHALEUR, Lat. *CALOR*, effet du feu ; 2°. activité, vigueur.

CHAUD, brûlant ; 2°. animé, bouillant.

CHAUFFER, approcher un objet du feu jusqu'à ce qu'il soit chaud.

ECHAUFFER, donner de la chaleur.

ECHAUFFÉ, incommodé par la chaleur.

RÉCHAUFFER, redonner de la chaleur.

CHALEUREUX, plein de feu, de vigueur.

CHAUFFOIR, lieu où l'on se chauffe ; 2°. linges chauds.

CHAUFFERETE, CHAUFFE-PIED, vase ou machine pour chauffer les pieds.

CHAUFFAGE, bois nécessaire pour se chauffer.

CHAUDEMENT, dans un état où l'on sent de la chaleur.

2. CHAUDEAU, bouillon chaud.

ECHAUDÉ, espece de petit gâteau.

CHAUDIERE, vase pour faire cuire les liquides, &c.

CHAUDERON, vase servant à la cuisine.

CHAUDERONIER, marchand de chauderons.

3. CHALIBAUDE, feu de la St. Jean dans l'Anjou; de CAL, feu, & BALD, grand.

4. CHALOIR, *vieux Fr.* Ital. CALere, Lat. CALEO, 1°. être brûlant, être plein d'ardeur, désirer; 2°. se soucier.

NON-CHALANT, qui ne se soucie de rien; 2°. sans ardeur, négligeant.

Non-chalamment.

2°. Gelée.

En adoucissant CAL, on en fit le mot GEL, qui signifia froid, & d'où sont venus:

1. GELÉE, froidure; 2°. sucs qui ont la consistance que donne la gelée.

GELÉ, glacé.

GELER, glacer.

DE-GEL, fonte des neiges & des glaces.

2. GLACE, eau qui a acquis de la consistance par le froid.

GLACER, au physique & au figuré.

GLACIAL.

CAL, COL,

Au lieu de QaL, QoL, couper.

Nous avons vu que C a souvent pris la place de Q, ensorte que nombre de mots dérivés de Q se trouvent sous la lettre C: de ce nombre est la famille CAL, COL, &c. désignant l'action de couper & des instrumens propres à couper, ce qui est la signification propre du Q, comme nous l'avons prouvé dans *l'Origine du Langage & de l'Ecriture*. Cette famille devroit donc être renvoyée à la lettre Q; mais comme il en résulteroit un trop grand bouleversement, nous nous contenterons, en la développant ici, de faire voir ses rapports primitifs avec la lettre Q.

I.

CAL, CHaL, couper.

CHAL, Bas-Br. partage, morceau, piéce.

AI-CHAILLE, Franc-Comt. écharde.

CHALaurra, Basq. épée courte & large.

CHALa, Bas-Bret. chagriner.

CHALP, serpe.

CHALPET, hacher, blesser.

CHALQENN, tranche, morceau, piéce.

SCALPEL, instrument de chirurgie pour couper, tailler, &c.

ECHALAS, pieux coupés & préparés pour soutenir la vigne.

Gr. KOLOBOS, coupé.

ECLISSE; 1°. osier fendu & plané pour bander le moule du papier.

2°. Rond de sapin où l'on fait le fromage.

3°. Ais fort délié pour maintenir un membre fracturé.

ECLICHIE, démembrement de fief.
ECLICHER, partage de fief.

En Lat. Barb. SCALIA.

Ces mots appartiennent à une même famille formée de CAL, couper, partager.

II.

COL, instrument tranchant, pointu, propre à cultiver; 2°. cultiver.

COL, *en Celte*, aiguillon, conservé dans l'Ecossois *Col*, tête, sommet, pointe.

COLG, *en Irland.* pointe, aiguillon.

SKIOLL, *Thibét.* charrue: elle coupe la terre.

COLIOG, *Gall.*, pointu, hérissé.
COLoen, *Bret.* pointe, aiguillon.
COLPA, couper.
COLPEA, coup.

2°. CULTELLUS, CULTER, Lat. En Franç.

COUTEAU, au lieu de *Coulteau*.
COUTELAS.

COUTRE, au lieu de *Coultre*, soc de charrue.

En Gall. *Cwlldr*, soc de charrue.

Cwlltr, couteau.
Irl. *Culter*, couteau.
Lat. B. *Cultellare*, couper, taillader.

COUTELIER.
COUTELLERIE.

2°. Cultiver.

De *Col*, pointe, instrument à couper, les Latins firent COLO, labourer;
2°. cultiver, mettre en bon état;
3°. honorer.

CULTUS, labour; 2°. soins; 3°. culte. De-là nos mots:

CULTIVER, labourer la terre, la soigner; 2°. soigner, honorer; 3°. entretenir l'amitié de quelqu'un.

CULTURE, labourage; 2°. soin d'une terre; 3°. soins pour orner son esprit de connoissances.

CULTE, honneurs qu'on rend à la Divinité.

AGRI-CULTURE, culture des champs.
AGRI-CULTEUR.

COLON, celui qui cultive sa terre & qui y demeure.

COLONIE, peuplade qui s'est transportée sur une terre pour la cultiver.

Cette famille étoit très-étendue dans le moyen âge.

COLONIA désignoit une Ferme, une Métairie.

COLONUS, un homme de glèbe, attaché à un terrain, & qui étoit entre l'esclave & le libre.

Il y avoit les *Colons* des Eglises

& les *Colons* du Fisc, ou des Domaines Royaux.

COLONA, une femme de glèbe.

COLONARIUS ORDO, les gens de glèbe.

3°. COUILLAUTS.

Nom qu'on donne à la Cathédrale d'Angers, aux Valets des Chanoines qui servent à l'Eglise. En Latin COLLI-BERTUS, COLLIARTUS, d'où COUILLARD & puis COUILLAUT.

On voit par DU CANGE, art. COLIBERTUS, que ce nom fut très-répandu & qu'on le donnoit aux domestiques non serfs.

Ce mot ne vient pas, comme dit *Ménage*, de *Col*, avec, & de *libertus*, affranchi, domestique ; mais de COL, servir, & BER, homme ; *homme qui sert, domestique*.

MÉNAGE avoit mis à la suite de Colibertus, *Colbertus*, comme une altération du premier mot. De mauvais plaisans en firent part au célèbre COLBERT, alors Intendant de la Maison du Cardinal Mazarin, & qui étoit déja regardé comme un personnage. Ce Grand-Homme ne put pardonner à l'Etymologiste ; il lui fit rayer la pension dont il jouissoit : en vain Ménage lui dédia des livres, en vain il fit des vers à sa louange ; Colbert fut inexorable & eut toujours pour l'Etymologiste une aversion insurmontable. Ainsi fut vengée accidentellement la Science étymologique dont Ménage abusa tant ; mais d'une maniere trop cruelle & peu honorable à la mémoire du grand homme.

De ce même mot est venu le vieux François CUVERT, qui signifioit *Serf*, & qui est employé dans l'ancienne Coutume manuscrite d'Anjou & du Maine.

« Si Gentishoms a homs cuvert » en sa terre, & il se muert, le » Gentishoms aura la moitié de » ses meubles ». C'est-à-dire,

Si un Gentilhomme a un homme serf dans sa terre & qu'il meure, le Gentilhomme aura la moitié de ses meubles.

C'est en supposant que cet homme serf laissoit une famille : car s'il n'en avoit point, le Seigneur héritoit de tout.

C'est le Code des Négres.

4°. Calamité, Perte.

CALAMITÉ, Lat. CALAMITAS, malheur, accident, perte.

CALL, Hebr. détruire, consumer.

Gall. Bret. COLL, perte, ruine, destruction.

Irl. CALLuint, perdre, gâter.

Cette famille est très-étendue dans les Dialectes Celtiques. Elle vient de CAL, couper, tailler.

6°. CLOP pour COLP.

CLOP, *vieux Fr.* boiteux. Le Roman de Guillaume au court nez.

A clops chevaux & destriers déferrés. Les aveugles & les clops. Dans le Traité des Vertus & Vices.

Clopinel, surnom de Jean de Meun, Auteur du Roman de la Rose, parce qu'il étoit boiteux.

Cloppin-Cloppan, en boitant.

Clopper, vieux Fr. boiter.

Écloppé, qui ne peut marcher qu'en boitant, brisé, moulu.

De *Klop* pour *Colp*, action de frapper.

Clocher, boiter, être esclopé ; Ch pour P ; plutôt, de *Claudicare*.

CAM

Cham, Chem, Com, &c.

COURBE.

CAM, mot Celtique & primitif, qui désigne tout ce qui est courbe, vouté, tortu, camus, sinueux, &c. au simple & au figuré : de-là,

1. Cambrer, courber, donner une forme courbe.

Cambrure, maniere dont une chose est courbée. *Cambrure d'un soulier.*

CAMURUS, Lat. courbe.

2. Camus, qui a le nez petit, creux & enfoncé du côté du front.

Camard, qui a le nez camus.

3. Campane, ornement en forme de cloche; 2°. cloche en Langued. &c. Lat. *CAMPANA*, cloche ; parce qu'elle a une forme cambrée ou en voute.

4. Chamfrainer, couper de *biais* une piéce de bois.

Chamfrain, piéce de bois demi-creuse ou en angle.

2°. Partie du devant de la tête du cheval, depuis le dessous des oreilles jusqu'à la bouche.

Enchiffrené, qui est enrhumé sur le devant de la tête, dans le nez. C'est une altération du mot Chamfrain, qui désigne le devant de la tête.

En-chiffrené, c'est mot-à-mot, qui EN a dans le Chamfrain.

Combreselle, *ancien mot*, attitude qu'on prend en repliant le corps en deux, soit pour soutenir quelqu'un sur le dos, soit pour faire la culbute, &c. Ce mot est dans Amadis au premier sens.

2°. Bosse.

1. CHAMEAU, Lat. *CAMelo*, nom venu de l'Orient qu'habite cet animal. Il fut appellé de ce nom à cause de sa bosse, CAM.

Chamelier, conducteur de chameaux.

2. Camion, nom des plus petites bosses ou têtes de ces chardons dont on se sert dans les Manufactures de lainerie.

3. Camelot, étoffe faite dans l'origine avec du poil de chameau.

Camail, habillement de tête dont les Ecclésiastiques se servent pendant l'hyver, & qui doit son nom à la même cause.

3. Voute,

3. Voute, Appartement.

1. CHAMBRE, Appartement, du Lat. *CAMERA*; en Persan *KaMeR*, voute, creux.

CHAMBRE, *vuide* qui se glisse dans un ouvrage, en langage de Tisserans, de Vitriers, de Selliers, &c.

CHAMBRÉE, personnes qui vivent dans la même chambre.

CHAMBRETTE, petite chambre.

CHAMBRER une selle, y ménager de petits creux, afin qu'elle ne blesse pas.

2. CHAMBELAN, premier Officier de la Chambre du Roi.

CHAMBRIER, Officier qui a soin des revenus ruraux d'une Abbaye.

CHAMBRIERE, fille ou femme qui sert.

CHAMBRILLON, petite chambre; 2°. petite domestique.

3. CHAMBRELAN, CHAMBERLAN, qui travaille en chambre.

4. CAMERIER, Officier de la Chambre du Pape.

CAMERLINGUE, Cardinal, qui est le Chef de la Chambre Apostolique.

5. CAMARADE, compagnon, qui demeure dans la même Chambre.

6. CAMOUFLET, cornet de papier qu'on brûle par le bout, & dont on soufle la fumée au nez de celui qui dort. De *cam*, creux, & *flo*, soufle.

2°. Au fig. affront, mortification. *Dict. Etymol.*

7. CHEMINÉE, Lat. *CAMINUS*, canal pour faire sortir la fumée: il vient donc de *Cam*, creux, creusé; 2°. canal.

8. CYMBALE, instrument de musique; c'est un mot Grec, qui désignoit aussi un gobelet, un bassin, un casque, un sabot, &c. Toutes choses creuses.

4. Jambe.

Les Jambes forment un arc, une voute, elles sont elles-mêmes arquées: de-là leur nom Celtique *GAMBE*, jambe.

1. JAMBE, au XIVe. siécle *Gambe*.

IN-GAMBE, qui a de bonnes jambes, qui est leste.

GAMACHES, espéce de guêtres.

GAMBADE, saut.

GAMBADER, faire des gambades.

2. CHEMINER, *CAMINare*, marcher, parce que les *Jambes* servent à marcher.

CHEMIN, *CAMINUS*.

5°.

COMB, creux.

1. COMBE, *vieux Fr.* Vallée.

COMBA, dans plusieurs Provinces de France & d'Espagne, Vallée, endroit creux en forme de chauderon.

Kumbos, Grec, enfoncement, lieu creux.

SUC-COMBER, mot-à-mot, tomber dans un creux, rouler dans un précipice.

CATA-COMBES, souterrains de Rome, & d'ailleurs, qui servoient de cimetieres.

2. COMBLER, Lat. CUMULare, remplir un endroit creux.
COMBLE, Lat. CUMULus, creux ou vuide absolument rempli.

3. AC-CUMULER, entasser.
AC-CUMULATION, entassement.

CAM, CHEM, adoucissement de HAM, couvert.

CHEMISE, habillement de toile ou de lin très-fin, & qu'on met sur la peau.
 Lat. CAMISIA.
CHEMISETTE, petite chemise.
CAMISOLE, espéce de chemise.
CAMISADE, attaque de nuit & qui oblige à se sauver en chemise.
CAMISARD, qui est en chemise.
 2°. Nom des Cevenols qui se souleverent au commencement de ce siécle.
 On les appella ainsi pour dire que c'étoient des gens qui n'avoient que leur chemise pour tout bien, & dont on viendroit aisément à bout.
 Du Celte HAM, HEIM, couverture, tout ce qui couvre, soit en habits, soit en logement.

 Gr. HIMation, manteau.
 Anglo-Sax. HAMod, couvert.
 Allem. HEIM, habitation.
   HEMD, habillement.
 Allem. HEIMEN; Suéd. Hamma, couvrir.
 Celte. HAM, habitation.

2. HAMEAU, demeure, en est un dérivé.
 Nous avons prouvé dans l'*Orig. du Lang.* & de l'*Ecrit.* que le C & le H se substituoient sans cesse l'un à l'autre.
 D'ailleurs les noms des habits & des logemens ont toujours été tirés d'une racine commune à cause du rapport de leurs propriétés ou de leurs usages.

3. CHAMARER, garnir un habit de passemens ou de galons. Ce nom dont l'origine a fort intrigué les Etymologistes, tient à l'Espagnol ÇAMARRA, habit de berger fait de peau de mouton ou de chévre & couvert de bandes sur les coutures en forme de galons ou de passemens. L'Esp. dit aussi ÇAMARRON, robe fourrée de peaux velues.
 En Basq. CAMARRA, drap couvert de poil.

CAMP, CHAMP.

CAMP, terre sur laquelle une armée a dressé ses tentes.
CAMPER, dresser ses tentes en un lieu.
CAMPEMENT, action de camper.
DÉCAMPER, plier ses tentes, s'en aller.
Décampement, action de décamper.

CAMPAGNE, terres cultivées & habitées.

CAMPAGNARD, qui habite aux champs.

CHAMP, terre cultivée & mise en rapport ; 2°. fond d'un tableau ; 3°. sujet, matière, fond d'un discours.

CHAMPÊTRE, qui est des champs, qui a l'air sauvage, moins poli que la ville.

CHAMP de Mai, assemblée de la Nation au mois de Mai.

CHAMPOYER, mener les troupeaux aux champs.

CHAMPART, Part du Seigneur dans les gerbes que produisent les CHAMPS de ses Vassaux.

Champarter, lever le droit de Champart.

CHAMPIGNON, mot-à-mot, *fruit des champs*, parce qu'ils viennent sans être semés, qu'ils naissent des champs.

CHAMPION, vaillant à combattre en plein champ ; défenseur d'une personne.

Ces mots viennent du Celte CAMP, Lat. *CAMPUS*, qui signifient un champ, terrein cultivé par les *mains* de l'homme. Ils tiennent donc à l'Oriental *CAP*, *Caph* כף, main ; monosyllabe que les Occidentaux ont nasalé à leur manière & dont ils ont fait *CAMP* ; comme *LAND*, pays, de *Lad* ; & *HAND*, main, de *Had*.

2.

De la même famille viennent :

1. *CAMPA*, Bret. combattre.

CAMPAU, Gall. Jeux publics comme ceux des Grecs.

CAMPEN, Bret. uni, applani.

Campennein, unir, égaliser, polir, &c.

2. CAMAIEU, pierres où, par un jeu de la nature, se trouvent des paysages, comme dans un champ.

2°. Ouvrage de peinture où l'on n'employe qu'une couleur.

CAN

CANE, CANARD, Lat. *Anas* ; c'est une onomatopée : l'imitation du cri de cet oiseau.

CANARDER, tuer des canards.

CANARDIERE, fusil à tuer des canards.

CAN, creux.

De CAN, mot primitif désignant tout ce qui est long & creux, dérivent les mots suivans :

1. CAN, Roseau.

1. CANNE, roseau, jonc.

2°. Mesure à liquides connue dans les Provinces Méridionales, & mesure à étoffes.

3°. Vaisseau à liqueurs.

4°. Vaisseau de mer.

CANELLE, aromate qu'on recueille en rouleaux.

CANTINE, vase à liqueurs.

2. CARABINE, arme à feu.

CARABIN, qui est armé d'une carabine.

CARABINIER.

On a donné diverses étymologies de ce mot, dont aucune n'est satisfaisante. C'est l'Italien CARABINA, mot qui doit être altéré de CANABINA, canne double ; cet instrument étant une canne de fer appuyée sur une canne de bois.

2. CANAL.

1. CANAL, bois creusé pour y faire couler de l'eau ; 2°. lit creusé pour une riviere ; 3°. tuyau.

Au fig. Personne par qui nous vient une chose.

CANELE, robinet de bois.

CANULE, tuyau de bois.

2. CHENAL, courant d'eau borné des deux côtés de terre, & où un vaisseau peut entrer.

CHENEAU, canal de plomb qui sert à recevoir l'eau de pluie.

3. CANELURE, demi-canaux creusés le long des colonnes.

CANELER, faire des canelures.

3°. CANON.

1. CANON, instrument de guerre ; il est creux comme un canal.

CANONER, battre à coups de canon.

Canonade.

CANONIER, qui sert le canon.

2°. CANON, régle d'Eglise, par allusion aux *Canes*, qui dans l'origine servoient de *régles* & de *mesure*.

CANONIAL, ce qui est réglé par l'Eglise.

CANONIQUE, conforme aux Canons de l'Eglise.

CANONISTE, savant dans le Droit-Canon.

CHANOINE, qui possède un Canonicat, une place où il doit suivre les Canons, les Régles de l'Eglise.

CHANOINESSE.

CANONICAT, Bénéfice d'un Chanoine.

CANONISER, mettre au nombre des Bienheureux.

CANONISATION.

4. Plantes, &c.

1. CHENEVIS, Lat. CANNABIS, fruit d'une plante creuse & dont on tire le chanvre.

CHANVRE, plante creuse dont on tire la matiere du fil.

CHENEVOTE, plante de chanvre dépouillée de ses fils & qui ne vaut plus que pour brûler.

2. CANEVAS, 1°. grosse toile faite avec le chanvre.

2°. Ouvrage qui n'est qu'esquissé, fait en gros.

3. CANCEL, 1°. partie du chœur d'une Eglise, qui est entre le Maître-Autel & la balustrade qui la renferme.

2°. Lieu où l'on tient le sceau, & aussi renfermé d'une balustrade.

Ces mots viennent du Latin *Cancellus*, barre, barreau ; qui appartient à la famille CAN. De-là ;

5°. Dignité.

CHANCELLERIE, lieu où l'on expédie les affaires qui regardent le sceau.

CHANCELIER, Chef de la Chancellerie.

Dans l'Empire Romain, le Chancellier étoit au pied du Trône de l'Empereur, renfermé par une balustrade, par des *Cancelli*, on diroit une *Chancelliere*.

CANCELER, barrer avec la plume; 2°. casser, annuller.

CAN, Chant.

CAN, chant, est une famille Celtique, qui tient à CAN, roseau: les roseaux furent les premiers instrumens de Musique à vent.

CAN, Gall. Bret. Chant.

1. CHANT, 1°. voix harmonieuse. 2°. Nom des divisions des Poëmes: on les chantoit; & on leur a conservé ce nom en François, quoique nos Poëmes ne soient pas chantans.

CHANSON, paroles chantées.

CHANSONNETTE, petite chanson.

CHANSONNIER, qui fait des chansons.

CHANTER, mettre en jeu l'harmonie de l'instrument vocal.

CHANTEUR, celui qui chante.

CHANTEUSE, celle qui chante.

CHANTRE, celui qui dirige le chant à l'Eglise; 2°. celle qui dirige le chant chez les Religieuses.

2. CHANTERELLE, la plus petite corde d'un instrument de musique; 2°. nom qu'on donne aux femelles des oiseaux dont on se sert pour attirer ceux-ci dans des piéges.

3. CANTIQUE, chant sacré.

CANTADE, petit Poëme mis en musique.

4. CONCERT, musique exécutée par plusieurs instrumens.

Ce mot est une altération de l'Italien & du Latin CONCENTUS, qui désigne, mot-à-mot, ceux qui chantent ensemble.

2°. Accord de plusieurs personnes pour une action.

Agir de concert.

CONCERTÉ, arrangé d'un commun accord.

SE CONCERTER, s'arranger d'un commun accord, & qui pas

DÉCONCERTER, déranger un projet.

SE DÉCONCERTER, perdre de vue ce qu'on vouloit dire ou faire.

5. ACCENT, son de la voix, de CAN, chant.

ACCENT, signe qui marque l'élévation de la voix.

ACCENTUER, marquer les accens.

6. ENCHANTER, charmer par son chant.

ENCHANTEMENT, charmes produits par le chant; 2°. par des paroles magiques; 3°. tout ce qui plaît & étonne.

ENCHANTEUR, qui enchante.

DÉCHANTER, être forcé à dire ou à faire le contraire de ce qu'on espéroit.

ENCAN, vente des biens au plus offrant & dernier enchérisseur.

Dans les Provinces, on les fait

au son de la trompe : c'est donc *in cantu*, vente faite en *cant*, pour dire, *en chant*, *au chant.*

CAN, chien.

CHIEN, Latin *CANIS*, Grec *Kyón*, *Kuon* & *Kyni* ; Langued. *Tchin*. Gall. & Br. *CI*, au plur. *CWN*, Cornouaill. *KI*, *CEI*.

CHIENNE, femelle du chien ; 2°. injure.

CHENIL, logement des chiens, & sur-tout de ceux de chasse.

2. CANICULE, constellation, appellée aussi le *Grand-chien*.

CANICULAIRES, jours excessivement chauds, & qui prennent leur nom de ce que la canicule se levoit autrefois en ce tems-là.

3. CAGNEUX, qui cloche : la plûpart des chiens, & sur-tout les bassets, sont fort cagneux.

CAGNARD, fainéant ; 2°. qui s'étend au soleil ; 3°. lieu exposé au soleil, & où s'étendent les pauvres.

CANAILLE, Ital. *Canaglia*, terme de mépris, comme qui diroit *engeance de chiens*.

CHENETS, petits landiers, au lieu de *chiennets*. Ce sont les gardes du feu, les chiens lares.

4. CYNISME, Philosophie relâchée ; digne d'un chien.

CYNIQUE, Philosophe relâché.

CAN, Blanc.

CAN est un mot Celte, qui signifie blanc, beau ; brillant ; 2°. éclat.

Il existe encore en Cornouaillien & en Bas-Breton ; il s'écrit CANN dans cette derniere langue.

CANNU, blanchir, en Gallois.

CANNEREH, blanchissage, en Bas-Breton.

De-là ce mot du Maine, CHANNES, les fleurs qui se trouvent sur le vin. Et tous ces mots :

1. CANDEUR, la blancheur de l'ame, l'innocence.

CANDIDE, qui a de la candeur.

2. CANDIDAT, celui qui aspire à une place, parce qu'à Rome ils s'habilloient de blanc.

CANDI, Bas-Breton, blanchisserie.

3. CANDELABRE, grand chandelier à plusieurs branches.

CHANDELLE, colonne de suif avec une mêche de coton au milieu, qui sert à éclairer.

CHANDELIER, pied sur lequel on place une chandelle. 2°. Celui qui fait des chandelles.

CHANDELEUR, Fête des lampes, ou de la Purification.

4. CHANCI, blanchi de moisissure, moisi.

CHANCISSURE, moisissure qui se forme sur des choses que l'humidité corrompt.

Se CHANCIR, se moisir.

5. CHENU, blanchi de vieillesse, vieux. 2°. Monts couverts de neige.

CHOINE est le nom du *Pain blanc* dans l'Anjou & dans le Maine.

II.
CAN, Cendres.

6. CENDRES, ce qui reste du bois lorsqu'il est brûlé ; Latin, *CINIS*. Elles sont blanches.

CENDRÉ, couleur de cendres.

CHERRÉE, cendres de lessive, dans quelques Provinces ; de *CINERATÆ*, CENERÉE, & puis CHERRÉE.

CENDRIER, magasin de cendres.

INCENDIÉ, réduit en cendres.

INCENDIER.

INCENDIE.

ENCENS, Lat. *INCENSUM*, parfum qu'on brûle, qu'on réduit en cendres à l'honneur de la DIVINITÉ.

ENCENSOIR.

ENCENSÉ.

ENCENSER, brûler de l'encens ; 2°. donner de l'encens, louer.

Allem. *ZUNDen*, allumer, enflammer.

Persan *ZEND*, qui allume.

CAN.

CAN, au lieu de QAN, désigné ce qui est coupé & partagé : de-là :

1. CANTON, portion de terre, district.

Se CANTONNER.

Les XIII CANTONS.

CHANTEAU, morceau de quelque chose.

CHANTEAU de pain, &c.

CHANTIER, magasin de bois coupé.

ECHANTILLON, morceau coupé à une étoffe pour en montrer la qualité.

2. CANIF, instrument qui sert à couper.

CHANTOURNER, couper en dehors une pièce de bois, de fer ou de plomb, suivant un profil.

Cette famille vient de Q : 1°. hache ; 2°. couper.

Il en est de même de la famille suivante :

ESCHANCRÉ, ÉCHANCRÉ, morceau d'étoffe coupé en arc.

ÉCHANCRER, couper un morceau d'étoffe en arc.

ÉCHANCRURE.

Ce mot tient au vieux mot ESCHANTELÉ, coupé, partagé ; formé de *CANT*, morceau, pièce ; on en a fait ÉCHANTLE, ÉCHANCLÉ, & enfin ÉCHANCRÉ ; ce sont des changemens qui ont eu sans cesse lieu dans notre Langue. Nous en avons déja vu des exemples : le mot ESCLANDRE est l'effet de changemens semblables.

CAP.

CHA, COP, COUP, au lieu de QAP, couper.

CHAPLER, couper par morceaux.

CHAPUISER, couper.

Vieux François, CHAPUIS, charpentier ; 2°. billot.

CHAPLURE, choses coupées.

CHAPON, Latin *CAPOne*, Coq coupé.

CHATONNER.

CAPILOTADE, viande coupée & mise en ragoût.

COUP, action d'une personne qui frappe, qui blesse; 2°. choc, heurt.

COPTER une cloche, faire battre son battant seulement des deux côtés.

COUPER, Gr. Κόπειν.

COUPURE, action de couper.

DÉCOUPER, tailler, mettre en pièces, déchiqueter.

DÉCOUPURE, déchiqueture.

COUPON, reste d'étoffe; 2°. répartition d'une action de banque.

COUPE, abattis de bois; 2°. maniere de tailler, de couper, &c.

COPEAU, rognures de bois.

CAQ

CAQUET, babil.

CAQUETER, babiller.

CAQUETEUSE.

Ce mot est une onomatopée; l'imitation du cri de la *Poule*, grande caqueteuse elle-même.

CAR, au lieu de QAR, Pointe.

CAR est un mot primitif qu'on doit écrire QAR, & qui signifie pointe; 2°. pointu; 3°. tout ce qui est propre à poindre, à couper, à fendre; 4°. couper, déchirer, fendre. De-là, la famille AGER, champ, parce que le soc l'a divisé, déchiré. *Voyez lettre A, mots François Orientaux*.

CARRIÈRE, lieu où l'on taille la pierre.

CARRIER, celui qui exploite une carriere.

ES-CARE, croûte qui se forme sur une plaie, & qui tombe ensuite.

ÉCHARDE, épine, éclat de bois qui entre dans la chair.

ÉCHARPE, morceau de taffetas coupé en long.

ÉCHARPER, donner un coup d'épée en travers.

DÉCHARPIR, séparer des personnes qui se battent.

CHARPIE, linge éfilé qu'on met aux plaies.

CARIE, pourriture qui ronge les os & le bois.

Se CARIER, se pourrir, en parlant des os & du bois.

SCARIFIER, faire des incisions à la chair.

SCARIFICATION, incisions.

I. I.

CAR, pointu.

CARDON, plante dont le fruit est garni de piquans.

CARDE, instrument à piquans pour accommoder la laine, la préparer.

CARDER.

CARDEUR, CARDEUSE, qui carde.

CHARDONNERET, Lang. CARDONILLE, Oiseau d'un chant & d'un plumage fort agréable, qui se nourrit de la graine de chardons.

III.

CAR, Tête, Pointe.

Les mêmes mots qui désignent une pointe, un Cap, désignent également la tête dans toutes les Langues ; il n'est donc pas étonnant que CAR, signifie aussi *Tête*.

CAR, en Celte, tête : d'où CARA en Bas-Bret. CARA en Espagnol, CAR en Langued. CARE en vieux Franç. CERA & CIERA en Ital. CHEAR en Anglois, &c. signifient tous, tête, visage ; 2°. mine, air.

Vieux François, CARE, CHERE, CHIERE, visage, mine ; *faire bonne chere*, pour *faire bon visage*, bon accueil.

Belle chere vaut bien un mets.

A-CARER, confronter.

CONTRE-CARRER, opposer, mettre visage contre visage.

Gr. KAR, KARÉ, KARénon, tête.

CERVEAU, Lat. CERE-BRO, Grec KÈR, substance molle & blanche, enfermée dans le crâne.

CERVELLE, cerveau ; 2°. sens, jugement.

ECERVELÉ, sans jugement.

CERVELET, partie postérieure du cerveau.

IV.

1. CARACTERE, *Grec & Lat.* KHARACTÊR, 1°. lettre ; 2°. écriture, parce qu'on les traçoit avec des outils pointus ; 3°. marque extérieure, ou qualité intérieure qui distingue une personne de toute autre.

CARACTÉRISER, donner le caractere d'une personne.

CARACTÉRISTIQUE, ce qui indique le caractere.

2. ECRIRE, de CRA, pour CAR, tracer les caracteres avec un poinçon ; Grec, GRAPHO, Lat. SCRIBO, SCRIPTUS.

ECRITURE, ce qu'on a tracé en écrivant.

ECRIVAIN, celui qui compose des ouvrages ; 2°. celui qui écrit ; 3°. celui qui enseigne à écrire. *Voyez* ECRIRE, *sous la lettre* E.

3. GRAMMAIRE, Art d'écrire. Si on en veut une définition plus détaillée, *voyez* le commencement de la *Grammaire Univ. & Compar.*

V.

CAR, ce sur quoi on trace des caracteres avec une pointe, &c.

1. Irl. CART, écorce.

Basq. CARTA, Lettre.

CARTON, papier fort épais & ferme.

CARTE, feuille de papier fort épaisse, & sur laquelle on trace des figures pour le jeu.

2°. Feuille sur laquelle on trace la figure d'un pays.

CARTIER, celui qui fait les cartes de jeu.

2. CARTEL, billet qui contient un défi pour se battre ; 2°. réglement en-

tre deux Etats ennemis sur leurs prisonniers de guerre.

3. CARTOUCHE, 1°. ornement de sculpture ou de peinture qui sert de cadre ; 2°. rouleau de papier qui renferme la charge d'une arme à feu.

4. CARTULAIRES, papiers des Eglises & des Monastères, relatifs à leurs biens.

CHARTRE, 1°. titres & papiers qui regardent l'Histoire.

2°. Lettres de priviléges.

CHARTRIER, Trésor où l'on garde les Chartes d'une Seigneurie, d'une Maison Religieuse, &c.

Ici la Lettre R de la derniere syllabe a été ajoutée ; à la Françoise.

Cette Famille est Grecque & Latine ; elle tient à celles de CARACTÈRE, GRAVURE, ECRIRE, voy. *la Gramm. Univ. & Comparat.*

5. ESCARPÉ, pointu, qui a une pente rapide.

ESCARPER, rendre un endroit roide à monter.

ESCARPE, pente rapide d'un fossé qui est au pied des remparts.

CONTRESCARPE, pente du fossé en face de l'escarpe.

ESCARPOLETTE, écharpe attachée à deux arbres sur laquelle on se place, & qu'on fait mouvoir en avant & en arrière. Ital. SCARPOLETTA, petite écharpe.

ESCARPIN, soulier découpé.

ECHARPER, mettre en piéces.

ECHARPE, toile coupée en long.

VI.

CAR pour GAR, parler.

CAR, conjonction. C'est un mot elliptique signifiant, *& par cette raison.* Gr. GAR. voy. *Gramm. Univ. & Comparat.*

CHARLATAN, qui vante sa marchandise & la débite avec des discours ampoulés propres à séduire. Ital. CIARLATANO.

Ital. CIARLARE, faire le Charlatan, se vanter.

CAR

I. Cher, beau, précieux.

1. CHER, Lat. CARUS, aimé : précieux; 2°. rare.

CHÉRIR, aimer.

CHÉRI, aimé.

CARESSE, manifestation du plaisir qu'on a en recevant une personne cherie.

CARESSER, combler de caresses.

CARESSANT.

2. CHARITÉ, marque d'affection envers un pauvre ; 2°. jugement favorable à l'égard de la conduite de son prochain.

CHARITABLE.

3. CHER, qui se vend à un haut prix.

CHERTÉ, prix excessif.

ENCHÉRIR, augmenter de prix.

ENCHÉRISSEUR.

ENCHERE, vente au plus offrant.

Renchérir, faire augmenter le prix.
Renchérie.

II.
CUR, soin.
Branche de CAR, cher.

CUR, mot Gallois, Bas-Breton, Irlandois, &c. qui signifie *soin* & qui est également le Latin *CURA* & le substantif de *CAR* cher. On ne prend soin que de ce qui est cher.

Il n'est pas étonnant non plus que le nom CUR, & l'adjectif CAR exprimant une même idée, n'ayent varié que par la voyelle; il en fut ainsi chez tous les anciens Peuples; les Langues Hébraïque, Grecque, Theutonne, &c. en offrent des exemples continuels. Nos Lecteurs ont donc ici une nouvelle maniere de considérer les mots & de diminuer le nombre des racines, aussi belle que féconde. On ne soupçonnoit guères les mots *cure* & *cher* d'appartenir à une même famille.

Cure, soin qu'on prend d'un malade; 2°. guérison.

Curateur, celui qui a soin du bien d'un orphelin, &c. 2°. Celui qui est Directeur d'une Ecole ou Académie illustre.

Curer, nettoyer, tenir propre.

Cure-dent, Cure-oreille.

Curé, celui qui a un Bénéfice qui l'oblige de *soigner* l'ame, de guérir les plaies spirituelles.

Lat. *CURA*, soin, application, charge; *CURARE*, avoir soin.

CUR, Gall. Bret. Irl. soin.

Lat. barb. *CURA*, action de nettoyer, de curer.

III.
CAR, Rouge.

De CAR, *beau*, vint CAR, rouge. Cette couleur est la plus éclatante & celle qui flattoit le plus les anciens Peuples, sur-tout les Celtes. De-là vinrent divers mots.

1°. CHAIR.

1. CHAIR, Lat. *CARO*. ablat. *CARNE*, la chair est rouge: De-là son nom.

A-charné, qui saisit jusqu'à la chair & ne peut quitter prise.

Acharnement, 1°. attachement à la chair, 2°. constance à poursuivre.

Décharné, où il n'y a plus de chairs.

Décharner, ôter les chairs.

Chaircutier, qui vend des viandes cuites.

2. Carnation, couleurs vives de la chair.

Incarnat, couleur de chair.

3. Incarné.

4. Charnu, qui a beaucoup de chair.

Charneux, parties qui ont de la chair.

Charnier, où on garde les viandes; 2°. Cimetiére.

5. Charnel, qui regarde la chair; &

au figuré, qui est trop attaché à ses plaisirs, qui ne vit que pour ce monde.

6. CARNACIER, qui se nourrit de chair, qui en mange beaucoup.

CARNIVORE, qui se nourrit de chair.

CHARNAGE, tems où l'on mange de la viande.

CARNAVAL, mot-à-mot *Avale-chair*, tems de fête & de réjouissance où l'on mange en gras.

7. CERVELAS, espéce de saucissons faits de chair.

8. CARNAGE, multitude de gens tués : des mots Latins CARNE, chair, & *ago*, faire : mot-à-mot, *faire-chair*.

CHAROGNE, cadavre.

9. CARCASSE, mot-à-mot, CAISSE de la CHAIR, corps où il n'y a plus que les os ; 2°. corps sec & décharné ; 3°. corps d'un Vaisseau.

10. CARTILAGE, chair fibreuse & solide, qui approche de l'os.

CARTILAGINEUX, qui approche de la qualité des os.

2°. Couleurs.

CARMIN, belle couleur rouge.

CRAMOISI, couleur rouge.

KERMÈS, insecte qui donne une belle couleur rouge.

ECARLATE, la plus belle couleur rouge.

3°. Plantes & fruits.

CERISE, Lat. CERASUS, fruit qui doit sans doute son nom à sa couleur rouge. On a cru qu'il le devoit à la ville de *Cerasonte*, d'où les Latins tirerent le cerisier. Il est plus apparent que la ville dut son nom aux cerisiers qu'elle cultivoit, comme la Ville de *Brignoles* en Provence dut son nom à ses Pruniers, &c.

CAROTTE, racine ainsi nommée à cause de sa couleur rouge.

CORAIL, Lat. CORALIUM, Plante marine qui doit son nom à sa couleur rouge.

4°. Nom du Sang chez quelques Peuples.

CEAR, Irland. sang : rouge. GALL. CRAU, sang, de *Ker*, rouge, & *au*, eau, liqueur. Esclav. KRY; Dalmatien KARW, Polon. & Boh. KREW; sang.

Lat. CRUOR, sang, pour CERuor; d'où,

CRUEL, Lat. CRUDELIS.

CRUAUTÉ, Lat. CRUDELITAS.

CRUD., CRUE, ce qu'on mange sans être cuit ; *Viande-crue* ; manger la viande crue, c'est la manger avec tout son sang, & c'est l'état de l'antropophage, & des peuples qui ne vivent que de pillage.

Ce mot doit donc venir de *Keru*, sang.

CRUMENT, sans ménagement, barbarement.

CRUDITÉS, choses indigestes, digestion mal faite.

5°.
CHARBON, bois allumé qu'on éteint avant qu'il soit réduit en cendres.

2°. Tumeur brûlante & maligne.

CHARBONER, noircir avec du charbon.

CHARBONIER, celui qui fait le charbon dans les bois.

CHARBONNIÈRE, place marquée dans les bois pour faire le charbon.

2°. Celle qui vend le charbon en détail.

CARBONADE, viande grillée.

C E R,

Pour GER, GUR, Cercle.

Cette famille est une branche de GYR, tour, révolution, dont nous avons donné une esquisse dans la Grammaire Universelle & Comparative. De-là sont venus ces mots :

1°. *Objets circulaires.*

1. CERCLE, rond parfait ; 2°. lien de tonneau ; 3°. assemblée en cercle ; 4°. division des pays d'Allemagne.

CERCLER, lier un tonneau avec des cercles.

CERFOUIR, creuser tout autour.

CERNER un arbre, creuser tout autour du pied.

CERNE, trait en forme de cercle au-dessous de l'œil.

CERNEAU, noix verte qu'on a ouverte en la cernant.

CERCEAU, cercle de bois pour lier des tonneaux.

2. CIRQUE, espace circulaire renfermé de murs & où l'on célébroit des jeux.

CIRCUIT, 1°. l'enceinte d'un lieu.

2°. Long détour en paroles.

CIRCONFÉRENCE, le contour d'un cercle.

CIRCULER, se mouvoir en cercle.

CIRCULAIRE, en cercle.

CIRCONSPECTION, action de regarder autour de soi, prudence, retenue dans ses discours & dans ses actions.

CIRCULATION, action de se mouvoir en cercle.

CIRCONSCRIRE, inscrire autour.

3. CARQUOIS, étui cylindrique où l'on renferme ses flèches & qu'on porte pendu au col & sur le dos.

4. CARACOL, tour en rond que le Cavalier fait faire à son cheval ; 2°. escalier en vis.

CARACOLER.

CAROLE, danse en rond.
Bas-Breton, COROL.

CARCAN, collier.

5. CHERCHER.
Lang. Esp. CERCAR.
Vieux Lat. CIRCARE, CIRCITARE, tourner à l'entour, passer & repasser pour trouver.
Lat. QUÆRO, QUIRITO, INQUIRO.

D'où EN-QUÉRIR.
EN-QUESTE.

REQUÉRIR.
INQUISITION.

6. Lat. *CARDO*, gond ; d'où viennent,

CHARNIERE, deux piéces de métal qui s'enclavent l'une dans l'autre & se joignent avec un clou, & qui servent à unir une boëte avec son couvercle.

CARDINAL, 1°. principal, ce sur quoi roule un globe, un Etat, une chose entiere.

    2°. Les Chefs de l'Eglise.
    3°. Les Vertus principales.
    4°. Les quatre côtés du Monde.

2°. ROUE, CHAR.

1. CHAR, Voiture à deux & à quatre roues.

CHARETTE, voiture pour fardeaux.

CHARIOT, voiture à quatre roues pour marchandises.

CARROSSE, voiture pour les personnes.

CARROSSÉE.

CARIOLE, petite voiture.

2°. CHARRETIER, qui conduit un char.

CHARPENTIER, qui construit des ouvrages en bois ; ce mot est venu de *CARPENTUM*, char.

CHARRON, qui fait des chars & des voitures.

CHARRONAGE.

CHARROI.

3°. *Transport.*

1. CHARGER, mettre sur une voiture.

CHARGE, fardeau qu'on porte, dans tous les sens, *au physique & au figuré.*

CARGAISON, charge d'un Navire.

DÉCHARGER, ôter la charge.

RECHARGER, remettre la charge.

CARRIERE, chemin qu'on doit parcourir ; 2°. chemin des chars.

CHARIER, transporter.

CHARIAGE.

3. CARROUSEL, tournois, course de chars, &c.

CARAVELLE, vaisseau rond.

I I.

CERNER.

Le verbe CERNER, qui signifie couper une chose en rond, par conséquent *l'isoler*, la *séparer* de toute autre chose, par conséquent encore la *mettre en vue*, tient évidemment au verbe Latin CERNO, voir, juger, cribler, d'où

CRETUS, vû, jugé, criblé ; & au verbe Grec KRINÓ, qui a les mêmes significations.

Il paroît tenir également à l'hébreu קרן *K-ReN*, rayon, éclat ; 2°. briller, & d'où vint notre mot CORNE ; car toute corne est un objet isolé ; & sans rayon de lumiere, rien ne paroît, rien ne peut être distingué.

Ce mot CERNO occasionna une dispute fort échauffée au commencement de ce siécle entre deux Erudits, KUSTER & PERIZONIUS. Le promier avança que la signification primitive de ce mot étoit celle de *séparer* : que de-là on le prit dans le sens de *voir distinctement*, 2°. d'une maniere séparée ; 3°. qu'on y attacha ensuite le sens de *voir* en général ; 4°. se résoudre, se déterminer ; 5°. juger, décider.

Perizonius soutenoit au contraire, que ce Verbe emportoit avec soi l'idée de considérer avec soin, d'examiner attentivement, de distinguer.

Ils s'accordoient tous les deux à dériver CERNO du Grec KRINÔ. En quoi ils se trompoient par une suite de l'ignorance dans laquelle on étoit de l'état primitif des Langues, où chaque consonne formoit sa syllabe. Ensorte que lorsqu'un mot avoit deux consonnes en tête, elles étoient ordinairement séparées par une voyelle, qu'on suprima dans la suite, pour unir les deux consonnes en une syllabe, lorsque ces consonnes étoient de nature à s'unir ; ce qui avoit lieu toutes les fois que la derniere étoit un *L* ou un *R*. C'est ainsi que de *KALeo*, les Grecs firent *KLeo* ; & de *KERINO*, *KRINÔ*.

Dérivés de CERN.

DIS-CERNER, distinguer une chose d'une autre, juger, appercevoir.

DIS-CERNEMENT, jugement, faculté de distinguer.

CONCERNER, porter la vue au même endroit ; 2°. s'accorder dans son regard, concourir au même objet.

Dérivés de CRET.

DIS-CRET, qui éloigne ses regards d'une chose ; 2°. sage, retenu, prudent.

SECRET, qui ne tombe pas sous les yeux ; 2°. qui ne laisse pas appercevoir ; 3°. ombre, obscurité.

SECRETAIRE, qui écrit les secrets.

SECRÉTION, Lat. *SECRETIO*, action de séparer.

DECRET, chose décidée, résolue.

DÉCERNER.

Dérivés de CRIS.

De *KRINO* juger, les Grecs firent *KRISIS*, jugement ; d'où,

CRISE, jugement ; 2°. changement soudain d'une maladie, au moyen duquel on en juge favorablement.

CRITIQUE, jugement d'un Censeur ; 2°. celui qui reléve les fautes d'un ouvrage.

CRIBLE, Lat. *CRIBRUM*, instrument qui sert à séparer le bon grain du mauvais.

CRIBLER, séparer le grain ; 2°. percer de coups, mot-à-mot, faire d'un corps un crible.

III.

CERCUEIL, coffre pour les morts. Espagn. CERCA. Ces mots viennent de CER, clos, enclos, qui tient à la famille CER-*cle*, & au Latin *CARCER*, barriere ; 2°. prison ; d'où,

IN-CARCERER, mettre en prison.
IN-CARCERÉ.

2. CHARTRE, prison ; c'est le CARCER des Latins, altéré par le changement ordinaire de C en T.

2°. *Au fig.* Langueur, tristesse.
3°. Maladie de langueur.

Cet enfant est tombé en chartre.

IV.
CAR, Ville.

KAR, KER, 1°. Enceinte ; 2°. Ville, dans toutes les Langues anciennes.

I. ESCADRE, nombre de vaisseaux qui ont un même Chef.

ESCADRON, nombre de Cavaliers qui ont un même Chef.

ESCARMOUCHE, combat entre des détachemens armés à la légere.

ESCRIME, combat : art de se battre.

S'ESCRIMER, combattre, s'exercer à se battre.

La plûpart de nos Etymologistes ont dérivé ce mot de *Quadratum agmen*, troupe quarrée, expression qu'on trouve dans Tibulle.

Mais il existe une famille très-étendue qui offre les mêmes sens, & qui a certainement produit les mots que nous avons réunis ici. C'est le mot SCAR, SCARA.

On le trouve dans HINCMAR. Dans son Epitre aux Evêques du Diocèse de Rheims, il dit : *Bellatorum acies quas vulgari sermone* SCARRAS *vocamus* : » Les troupes des combat- » tans, que nous appellons en lan- » gage vulgaire *Scarres.*» De Scarres, on a fait sans peine *Escadres*; & ESQUIERES, dans nos vieux Poëtes.

En Suédois, en Anglo-Saxon *SKARA* ; en Flamand, en Allemand *Schaar* ; en Ital. *Schiera*, en Turc *ESQUER*, signifient tous *bande, troupe*.

II. ESCAR-mouche, vient du même mot *SCARA*, bande, troupe, joint à l'Allemand *mutse* ou *Scharmutzel*, combat de gens armés à la légere.

Ce mot *Mutzel*, en Italien *Muccio*, signifie esquiver, éviter ; 2°. faire semblant, jouer.

C'est qu'une escarmouche n'étoit qu'un prélude de combat ; ce n'étoit point une mêlée ou un combat sérieux.

ESCRIME, en Italien SCHERMA, défense, escrime, action de faire des armes.

III. ÉCART, distance, séparation ; autrefois ESCART.

ECARTER, éloigner, séparer.

NICOT a cru que ces mots venoient de *ex*, hors, & de *CARTE*, cartes qu'on met hors du jeu, &c.

MÉNAGE, qu'ils venoient de *ex parte*, hors de la part.

Ils viennent plûtôt de *ex*, hors, & de *Scar*, troupe.

On est à l'écart quand on est

hors de la bande, de la compagnie dont on devroit être.

IV. SCARA, bande, troupe, tient certainement à KAR, KER, Ville, peuplade. Chaque peuplade formoit fa troupe à part dans les anciennes armées ; chacune marchant fous fa propre banniere.

V. ECHAUGUETTES, tours, ou guérites, où l'on est en fentinelle & d'où l'on veille fur toute la contrée. Elles font communes fur les côtes de la Méditerranée.

On difoit autrefois *ESQUERQUETTE*. PERCEFOREST emploie cette derniere orthographe : » Quand » ils furent à ung trait d'arc du chaf- » teau, une Damoifelle de merveil- » leufe beauté qui étoit aux fenef- » tres ou *Efquerquettes* de la porte » montée, fe preint à dire, &c.

Ce mot vient donc, comme l'a fort bien vû Du Cange, de *Scara*, bande, & *Wachte*, guet, fentinelle ; Lat. Barb. *Efchargaita*, *Scharaguayta*.

CARD, CERT, Affuré.

CARD, Celte, affuré, courageux, vaillant, intrépide.

CARDA, Latin-Barb. courageux, viril.

Lat. *CERTUS*, certain, fûr, affuré.

CERTAIN, affuré.

CERTAINEMENT, d'une maniere fure.

CERTES, affurément.

CERTITUDE, vérité; 2°. affurance, fermeté.

Dict. Etymol.

CERTIFIER, affurer, donner pour inconteftable, pour vrai.

V.
CERF, Latin, *CERVUS*.

Gall. & Bas-Breton, *CARW*.

Bret. *CARWES*, biche ; 2°. fauterelle.

Il paroît tenir au Celte *CARM*, rapide ; 2°. fauteur, qui fait de grands fauts ; d'où *CARECG*, Bret. fauterelle ; Gall. *CARWNAID*, faut de cerf, pour dire *grand faut*.

Ce font des dérivés de CAR, rapide.

Mots ifolés.

1. CAROLUS.

Monnoie qui prit fon nom de Charles VIII, qui la fit frapper. Elle valoit dix deniers tournois, & remplaça les grands blancs.

2. CARROUSSE,

Débauche de table.

De l'All. *Garauff*, vuidé. Repas où l'on vuide les bouteilles.

CAST, COST.

1. CHASTE, qui fe garde du vice, qui fe maintient pur ; Lat. *CASTUS*.

CHASTETÉ, qualité de celui qui fe maintient pur ; Lat. *caftitas*.

CHASTEMENT, d'une maniére chafte & pudique.

2. CHÂTIER, autrefois CHASTIER, Lat. *CASTIGO*, rendre fage par la punition, corriger.

CHÂTIMENT, correction.

C'eft l'Hébreu, חסד, *CHESD*, pureté, intégrité.

Celte, COST, garder, préserver ; 2°. défendre, maintenir ; d'où le Gall. COSTWYO, corriger, châtier.
COSTOG, chien de garde.

CASTILLE.

Dispute, dissention, débat.

Ancien mot usité encore dans quelques Provinces. PERCEFORÊT a employé ce mot vol. 5 ch. 3. *Et tant en dura la* Castille. Le DUCHAT a cru que ce mot venoit du Lat. *questus*, plainte : qu'on auroit dit *questa*, *questilla*, *castilla*, *castille*. Il étoit bien excusable ; ce mot vient de l'ancien Saxon, CAST, CEAST, combat, dispute, querelle. Et dans la langue des Francs, ou Thioise, *Scast* signifia *Armes*. Voy. SPELMAN, au mot *Heristit*; & au mot *Scastlegi*. Ici, il a très-bien vu que le Franc *Scast* étoit le même que le Saxon *cæst*, qui signifie, dit-il, dispute, querelle, procès.

CAT, CHAT.

CHAT, animal domestique à quatre pieds & qui chasse aux oiseaux & aux souris.

Ce nom est 1°. de tous les dialectes *Celtes*; Irlandois, Gallois, Basque, & s'y prononce en *Cat*. 2°. De tous les dialectes *Theutons*, Angl. Flam. Allem. 3°. Il est Latin, Grec, Finlandois, Turc, Armenien, Ital. Esp. &c., même Héb. חתול.
Il tient au Latin CATUS, rusé, prudent. Il est devenu le nom d'une machine de guerre appellée CATUS, GATUS, CATTA.

Il tient également à la famille CAS, chasser, par ce qu'il vit de chasse.

CHATEMITE, hypocrite, qui fait le doux, qui semble n'y pas toucher ; du Latin CATUS MITIS, chat douceureux.

CHA-HUANT, nom d'un Oiseau de nuit qui a la tête d'un chat & qui hue ou crie à tue tête.

CHAN.

CHANGE, 1°. changement.

Gagner au change, perdre au change.

2°. Tromperie.

Faire prendre le change.

3°. Mutation de monnoie.

CHANGEANT, qui change ; 2°. inconstant.

CHANGEMEMT, action de changer.

CHANGER, donner une chose pour une autre.

2°. quitter un lieu pour un autre.

3°. Innover, faire des changemens.

4°. N'être plus le même, &c.

CHANGEUR, qui est destiné à changer les monnoies, &c.

ECHANGE, troc, change.

Echanger, faire un échange.

RECHANGE, action de changer d'habit, &c.

Rechanger, changer de nouveau.

Lat. Barb. CAMBIARE, changer.

Dans APULÉE & PRISCIEN on

trouve CAMBire, avec la même signification.

Du Celte KAM, KEM, KEF, CYF, égal, semblable, même.

CHARIVARI.

Bruit qu'on fait avec des poëles, des chauderons, &c. & à grands cris, aux portes de ceux qui se marient, & sur-tout de ceux qui célébrent des secondes Noces. Trois pages suffiroient à peine pour rapporter les différentes étymologies qu'on a données de ce mot, plus absurdes les unes que les autres. Le Duchat a presque deviné la bonne, en disant que le charivari avoit été inventé pour se *moquer* d'une veuve qui vient à se *remarier*. Ce mot est un composé de deux autres légerement altérés. 1°. Du Celte CHOARI, jeu, plaisanterie, moquerie, encore en usage en Bas-Breton, & qui a produit une famille nombreuse en Gallois, ces mots entr'autres :

CHWARAE, jeu, divertissement, badinage, comédie, fabliau, combats.

CHWAREUDY, Théatre.

CHWAREYDD, joueur, farceur, comédien.

Et 2°. du Celte MARI & Latin MARItus, changé dans les composés en VARI. En sorte que *Chari-vari* signifie mot-à-mot, *jeu où l'on joue les mariés, où l'on se moque d'eux.*

On ne sera pas étonné de voir ici *Mari* changé en *Wari*, après ce que nous avons dit sur le changement de M en W dans nos Origines du Langage & de l'Ecriture.

On voudroit peut-être avoir quelque monument qui vînt à l'appui de ce que nous disons. En voici un.

Le Concile d'Angers, tenu en Juillet 1448. *Tit. de Matrimonio*, condamnant les charivaris, les appelle CARIMARIum & CHERMALI.

CHARADE.

Jeu ou combat d'esprit. Ce mot vient très-certainement du Celte CHWAR., jeu, divertissement, passe-tems, combat.

CHÊNE, autrefois CHESNE; en Picard QUESNE, le plus grand & le plus fort des arbres.

C'est un nom Oriental. *Gasni*, en Arménien *Chéne*. Hébr. חסן, C'HASN, fort; 2°. fortifier.

C'est par la même raison que le Chêne s'appella en Latin *Robur*, c'est-à-dire, *Force*; mot dont nous avons fait le *Rouvre*.

en Navarrois, CASSA.

Tous ces mots tiennent au Celte CAS, couvert, abri, protection.

CHIC,

Petit, taillé, &c.

1. CHIC, est un mot Celtique, qui signifie petit, de peu de valeur, avare, &c. & qui a formé nombre

de mots François.

CHIQUET, petite partie d'un tout, un morcelet.

CHICOT, petite partie de la racine d'un arbre ; 2°. reste de dent qui est dans la gencive ; 3°. éclat de bois.

CHICOTER, CHIPOTER, contester sur des choses de peu d'importance.

CHICHE, avare, mesquin.

2. CHICANER, disputer, intenter querelle pour des bagatelles.

CHICANE, art de faire durer les Procès ; 2°. dispute sur un rien.

CHICANERIE.

CHICANEUR.

3. CHICORÉE, Plante qui doit son nom à ses feuilles découpées.

4. DE-CHIQUETER, taillader, découper.

DE-CHIQUETURE, découpure.

5. CHIQUENAUDE, coup du bout du doigt.

6. CICATRICE, trace que laisse une coupure.

CICATRISER, se former en cicatrice : état d'une plaie qui se ferme.

CHE.

CHENILLE. Ce mot a fort embarrassé tous nos Etymologistes : ils l'ont dérivé du Grec, *Kyon*, chien, qui, selon M. HUET, signifie également *Chenille*, dans une Epigramme du Poëte Antiphanès.

MÉNAGE le dérive d'*Eruca*, à sa manière accoutumée.

Ce mot tient certainement au Celte *Chil*, *Chin*, petit, bas, rampant, d'où *Chinches* en Normand, chiffons, guenilles ; *Chinca*, en Basq. & en Espagnol Punaise.

CHEVÊCHE, espéce d'Oiseau de nuit. Gr. *KIK-KABÉ*, Hibou ; Persan *CHIFET*, Hibou ; Ital. *CIVETTA*. A Milan on l'appelle *CIGUETTE*.

Ce nom est une onomatopée. Le cri de cet oiseau est *ciù, ciù*.

CHO

CHOIX, action par laquelle on se décide, entre plusieurs objets, pour celui qui paroît le plus agréable, qui plaît le plus.

Angl. *Choose*, All. *Kiesen*, Bas-Bret. *CHOASA*, choisir ; *CHOAS*, choix.

Ce mot tient au Celte *CHOE*, cher ; 2°. beau.

CHOMER, observer une Fête, en suspendant les travaux de la campagne ; 2°. célébrer une Fête ; 3°. manquer de travail.

CHOMABLE, jour qu'on doit célébrer.

Du Celte *CHOM*, *SOM*, se reposer. Bas-Br. *CHOM*, *CHOMmein*, s'arrêter, attendre. Franc-Comt. *SOMAR*, terre qui se repose, qui n'est pas ensemencée.

CHUT. »Ne dites mot «.

CHUCHETER, parler bas, comme si on ne disoit mot.

C'est une onomatopée.

CIM

CIME, sommet.

Lat. Barb. *CIMA*, sommet; Basq. *CIMEA-TZALLEA*, Général d'Armée. De la même racine que *SUMMUS*, élevé.

CIMIER, ornement qui surmontoit les casques; 2°. piéce de bœuf qui fait le haut de la croupe.

CIRON, petit ver rond & blanc, qui s'attache quelquefois aux pieds & aux mains. 2°. Ver qui se nourrit de fromage. 3°. Le plus petit Insecte.

En Irland. *CEAR*, *CIR*, signifient *petit*.

CIRON a l'air d'appartenir à cette famille, plutôt qu'au Grec *Kheir*, main, comme on l'a prétendu.

CLAM, crier.

Formé de *CALA*, crier.

CLAMER, vieux Fr. appeller.

CLAMEUR, grands cris.

DÉCLAMER, réciter à haute voix.

DÉCLAMATION.

ACCLAMATION, réception accompagnée de cris de joie.

RÉCLAMER, appeller d'une Sentence.

RÉCLAMATION, appel d'une Sentence.

PRO-CLAMER, installer, publier à haute voix.

PRO-CLAMATION, publication à haute voix.

EXCLAMATION, cri d'étonnement.

CHAMADE, de l'Ital. *CHIAMATA*, au lieu de *CLAMATA*, son de tambour, pour avertir qu'on veut parlementer.

C'est un appel, une clameur.

CHAMAILLER, de *Chiamare*, faire retentir les épées : se battre à coups d'épée, ou autres armes.

CHAMAILLIS, mêlée, combat.

CLAQ

CLAQ, signifie en Celte *bruit*, action de faire du bruit.

C'est un dérivé de la même famille que la précédente.

1. CLAQUER, frapper l'air avec violence.

Claquer des mains, des dents.

Faire claquer son fouet.

CLAQUE, coup avec les mains.

CLIQUET, piéce de moulin qui fait un bruit continuel.

CLIQUETIS, bruit des armes.

CLIQUETTE, instrument destiné à faire du bruit.

2. CLINCAILLERIE, marchandises de fer, de cuivre & autres métaux propres à faire beaucoup de bruit.

CLINQUANT, choses brillantes, mais de peu de valeur, *au physiq. & au fig.*

3. CLOCHE, autrefois CLOQUE, instrument très-sonore & qui sert à convoquer le peuple ; 2°. tout ce qui a la forme d'une cloche.

CLOCHER, tour où l'on suspend les cloches.

CLOCHETTE, petite cloche.

CLAR, CLAER, lumineux.

1. CLAIR, Lat. CLARUS, Celt. CLAR, Gall CLAER, &c. lumineux, clair.

Basq. CLARUSU, j'éclaircis.

1. CLARTÉ, 1°. jour lumineux, sans ombre, sans mélange ; 2°. le lumineux de l'esprit & du discours.

CLARIFIER, rendre une liqueur claire.

CLARIFICATION.

2. CLAIR-VOYANCE, qualité de celui qui voit clair dans ses affaires.

CLAIRVOYANT.

CLAIRE-VOIE.

3. CLAIRET, vin clair, doux, qui n'a pas beaucoup de corps.

4. CLAIRIERE, ouverture dans un bois.

5. CLAIRON, CLARINETTE, instrumens de musique qui doivent ce nom à leur son clair & sonore.

6. ÉCLAIRER, donner de la lumiere; 2°. jetter des éclairs.

ÉCLAIR, lumiere subite, & qui disparoît aussi-tôt.

ÉCLAIRCISSEMENT, lumière répandue sur un objet.

ÉCLAIRCIR, répandre de la lumiere sur un objet, en dissiper les ténébres.

7. DÉ-CLARER, mot-à-mot, mettre au jour, au clair, ce que l'on sait ; faire connoître, dénoncer.

Déclaration, action de mettre au jour ce qu'on sait sur une chose.

2°. Ordonnance explicative du Roi.

CLIN, pente, courbure.

CLIN, en Celte, pente.

Irl. CLIN, pente de Montagne.

Fr. CLIN d'œil, coup d'œil, mouvement de l'œil qui s'incline.

CLIGNER l'œil, abaisser les paupieres pour voir plus distinctement.

CLIGNE-MUSETTE, jeu où l'on a les yeux bandés ; de *Cligner* & de *muse*, caché.

INCLINER, avoir une pente d'un côté; *Au simple & au figuré*.

INCLINAISON, pente.

INCLINATION, penchant.

DÉCLINER, baisser, 2°. réciter une déclinaison.

DÉCLINAISON d'un mot, ses divers cas.

DÉCLINAISON de la boussole, ses écarts.

COC, COQ, enveloppe.

1. COQUE, 1°. enveloppe de noix.

2°. Coquille d'œuf.

3°. Soie qui enveloppe le ver à soie.

COQUILLE, poisson à écaille dure : coquille d'œuf, de noix, &c.

COQUILLAGE, coquilles marines.

Lat. COCHLEA.

En Celt. COQ signifie cacher, envelopper.

2. COQUESIGRUE, du Latin COCHLEA

ACUTA, oursin de mer; coquillage garni de piquans.

3. COCHE, voiture; Allem. *Kutsche*; voiture, *Kutt-en*, couvrir.

COCHER, conducteur d'une voiture.

COCHON, animal très-immonde.

COCHONNE.

COCHONNER.

Celt. COCH, Bret. COCHA, truie; en François COCHE, truie; 2°. Femme trop grosse & trop grasse.

Ce mot tient au Celte.

CAWCH, COCH, 1°. fiente, fumier; 2°. crasse des métaux.

COCH, prononcé CACC, tient à Caca; & au Grec *KAKKOS*, méchant, mauvais : mot-à-mot, qui *put*, qui sent mauvais.

COCQ, 1°. Oiseau; 2°. rouge.

1. COQ, oiseau domestique; il tire son nom de son chant.

COCHET, petit Coq.

COQUETER, faire le galant.

COQUETTE, qui aime à être courtisée.

COQUETTERIE.

2. COQ, signifiant *ROUGE*, à cause de la crête rouge qui distingue le Coq des autres oiseaux, mais qu'il partage avec le suivant.

Coq d'Inde, nom d'un oiseau, appellé Coq à cause de sa crête rouge, & d'*Inde* parce qu'il vient de l'Inde. JACQUES CŒUR, ce célebre Négociant de Paris sous Charles VI & Charles VII, dont les Facteurs étoient répandus dans tout le monde connu, en fit venir le premier en France, & sans doute le premier en Europe.

COCQ, *en Bret.* 1°. rouge, 2°. plante appellée coq.

COQUELICOT, plante à fleur rouge.

COCHEVIS, allouette à crête.

COQUARDE, aigrette comme celle du coq; 2°. rubans en place d'aigrette.

Cette famille est absolument Celte.

Les Gallois disent COCHNI, rougeur.

COCHI, devenir rouge, rougir.

COCHION, rouge, pourpre.

COCH-LIW, d'un rouge éclatant, &c. De-là le Lat. & Gr. *Kocc8*, vermillon, écarlate.

COCHENILLE, beau rouge qui vient de l'Amérique.

COD,

CAUD, COED, &c. Bois.

1. COD, en Celte signifie Bois.

Grégoire de Tours, liv. IV, ch. 2, appelle COTIA la forêt qu'on appelle aujourd'hui *Villers-Cat-terets*.

De ce mot viennent ceux-ci :

COTERET, fagot de bois.

Le Lat. CAUDEX, tronc d'arbre; 2°. tablettes ou réunion de plusieurs feuilles; d'où CODEX, qui a formé le François CAHIÉ, CAHIER,

réunion de plusieurs feuilles.
2. CODE, recueil de Loix écrites.
CODICILE, supplément à un testament.
3. ÉCOT, ce que chacun paye dans un repas pour sa portion. C'est que dans l'origine la dépense s'écrivoit sur des morceaux de bois, appellés ainsi du Celte SCOD, bâton, morceau de bois, mot également Hébreu.
SE COTTISER, se réunir pour une dépense commune.
COTTISATION.
COTTERIE, personnes qui se réunissent dans un même lieu pour se voir. Du Celte COTA, case, maison de bois.
4. COTTE, habillement, couverture.
COTTILLON, petite cotte.
5. COTTIR, frapper, meurtrir.
Κοτjειγ, Kottein, Lat. CUTIO.
D'où Reper-cussion.
Reper-cuter.
CON-CUSSION, exaction, mot-à-mot secousse, ébranlement.
DISCUTION, examen d'une affaire.
DISCUTER, examiner, considérer un objet, une question, avec la plus grande attention.

Cette signification est figurée ; elle résulte de la signification physique qu'offre en Latin le mot DISCUTERE, qui signifie, 1°. *frapper jusqu'à ce que tout soit renversé*, détruire, démolir.

2°. Dissiper, dissoudre ; 3°. résoudre, débrouiller ; 4°. examiner au point de tout débrouiller.
ECHAFFAUD, ouvrage de charpente, qui est plus élevé que les environs.
ECHAFFAUDAGE, échaffauds nécessaires pour travailler à un édifice.
ECHAFFAUDER.

Le mot échaffaud s'est prononcé & écrit en Latin-Barbare CADAFALCUS, CADAFALUS. Il est de la même famille que le suivant.
CATAFALQUE, édifice en charpente pour servir de Mausolée passager.

Tous ces mots dont aucun Etymologiste n'a donné d'Etymologie supportable, viennent de CAD, bois, forêt, & de FAL, Tour.
COI, vieux mot François qui signifie tranquille, en repos. Il tient au Latin QUIETUS.

IN-QUIET, qui n'est pas tranquille.
IN-QUIÉTUDE.
IN-QUIÉTER.
TRAN-QUILLE.
Tran-quillité.
Tran-quilliser.

Il tient à la famille QUÉ, force, puissance, stabilité.
ACHOISON, vieux mot, qui signifie *l'action d'appaiser*, ou ces *discours par lesquels on tâche d'appaiser*: propos flatteurs & propres à séduire, à endormir.

L'Auteur du Blason des folles Amours, a dit:

Sous

Sous ombre de bonne ACHOISON,
On trompe des gens à foison.

De-là le verbe

ACCOISER, calmer, appaiser, rendre *Coy*. Car ce mot *Coy*, en Latin QUI-*etus*, est l'origine de ces mots François.

On a dit en Latin Barbare *acquitare*, pour dire *rendre coy*, laisser en paix, *quitter*.

ACHOISONER, en Lat. B. *achoisonare*, signifie au contraire *tourmenter*, *vexer*, *mettre à l'amende* : c'est l'opposé de *coi*.

Dans les établissemens de S. Louis, *liv.* 1, *ch.* 59, on lit : *Dame ne doit ne ost*, *ne chevauchie desormais*... *& li Roi ne la peut* ACHOISONNER.

De-là, ACHESO, tribut, impôt, vexation.

CARPENTIER a cru que ce mot venoit d'*Occasio*.

COL, Coloris.

COLORÉ, qui a de la couleur, lumineux.

COLORIS, 1°. couleur vive & brillante ; 2°. partie de la peinture qui consiste à donner aux objets les couleurs convenables.

COLORISTE, Peintre habile dans le coloris.

COLORANT, qui colore, qui donne de la couleur.

COLORER, donner de la couleur ; 2°. donner des raisons spécieuses.

Dict. Etymol.

COULEUR, qualité des objets colorés. Lat. COLOR.

Cette Famille tient à la lettre G ; *Gol*, *Gul*, furent des mots Celtes & primitifs destinés à désigner la lumiere ; ses effets & ses couleurs.

3°.

COLOMBE, pigeon ;
Lat. COLUMBA.

On n'a rien dit de satisfaisant sur l'origine de ce nom : ce qui ne doit pas étonner ; il est très-difficile de découvrir la cause des noms propres.

C'est une onomatopée ; l'imitation du bruit ou son que fait entendre cet oiseau, & sur lequel nous avons formé les mots,

ROCOULER, ROCOULEMENT.

COLOMBIER, logement des pigeons.

C O M.

1. COMTE, Nom de dignité, Lat. COMES, Ablat. COMITE, *mot-à-mot*, compagnon. Les Comtes étoient les compagnons du Souverain.

COMTÉ, terre qui releve du Comte.

COMTESSE, épouse du Comte.

2. CONNÉTABLE, autrefois CONNESTABLE, dignité militaire dont il nous reste la CONNÉTABLIE.

C'est une altération du mot COMES STABULI, Comte de l'Etable ou de la Cavalerie.

On ne doit pas être étonné que

le Général en chef de toutes les troupes du Royaume, ne fût appellé que Comte de la Cavalerie. Les Armées Françoises, avant les Valois, n'étoient composées en quelque façon que de Cavalerie, ou des gens d'armes, des lances; l'Infanterie n'étoit d'aucune estime.

Il en fut de même des Lieutenans-Généraux du Connétable, appellés MARÉCHAUX; ils tirent également leur nom de la Cavalerie, MAR signifiant *Cheval* en Celte, & SCALX, *qui sert*; mot-à-mot, *Officiers-Généraux* de *Cavalerie*.

3. COMITE, Officier des Galères qui a soin de faire voguer la chiourme; Ital. *Comito*.

On voit dans SUETONE, Vie d'Auguste, que les Officiers des Galères s'appelloient déja *Comites* dès le tems de cet Empereur.

4. COMITÉ, Bureau ou Compagnie qui a la direction de quelqu'objet.

CONTE, Histoire amusante, récit qui pique la curiosité, qui l'excite. L'origine de ce mot devroit être bien connue. Nos connoissances commencent par des Contes; & dans le cours de la vie, un Conte bien fait a droit de nous intéresser. C'est par un Conte qu'un Orateur réveilla le Peuple Athénien; c'est par des Contes qu'on nous amuse: les Grecs étoient grands Conteurs, & les François excellent dans ce genre. Cependant, on ignoroit absolument l'origine de ce mot; car on ne peut regarder comme une étymologie ce qu'a avancé MÉNAGE, que ce mot venoit de *Commentari*, feindre, imaginer: MURATORI, en rejettant cette opinion, renonça à faire mieux. Ce mot vient du Grec, soit de *Kontos*, qui désigne une *pique*, soit de *Kontos*, qui signifie *petit*, *court*, & qui a fait le mot *Kontakion*, petite hymne; nom de certaines hymnes parce qu'elles sont fort courtes. Un Conte renferme en effet ces deux qualités: il doit être court & piquant.

Ce mot Grec a été lui-même mis très-mal-adroitement au nombre des mots radicaux de la Langue Grecque; c'est un dérivé de *Kenteo*, qui signifie piquer, aiguillonner; & qui tint au Celte KEN, CIN, piquer.

CONTEUR, qui conte,

RACONTER, faire un conte, un récit; 2°. rapporter un événement.

COR

Ce qui enveloppe; & 2°. ce qui est enveloppé.

I.

1. CUIR, Lat. *Corio*, peau préparée, & qui enveloppoit le corps d'un animal: d'où

COUROYE, bande de cuir.

COURROYEUR, qui prépare es cuirs.

CORIACE, dur comme du cuir.

CORDONNIER, qui fait des chaussures de cuir.

2. CUIRASSE; on les faisoit de cuir dans l'origine; armure qui enveloppe le corps.

CUIRASSIER, Cavalier armé d'une cuirasse.

ENCUIRASSÉ.

3. ECORCHER, enlever la peau.

ECORCE, enveloppe des plantes, leur portion extérieure.

ECORCER, enlever l'enveloppe des plantes.

II.

1. CORDE, lien qui sert à envelopper, à serrer, à réunir.

CORDAGES, amas de cordes, grosses CORDES.

CORDELETTE, petite corde.

CORDEAU, corde menue.

CORDON, lacet, ruban.

CORDONET, petit lacet de fil.

CORDIER, qui fabrique les cordes.

CORDERIE, lieu où on fabrique les cordes.

CORDER, 1°. fabriquer des cordes; 2°. mesurer le bois à la corde; 3°. lier avec des cordes.

2. CORDELIERS, Religieux qui tirent ce nom de leur ceinture de crin à trois nœuds.

III.

COR & CAR, en Celte, Enclos, vase, habitation, habillement.

1. CORBEILLE, panier d'osier.

CORBILLON, petit panier.

CORNAU, dans la Coutume d'Acqs, tit. II. art. 14.

Quand ceux qui ne sont d'un même CORNAU;

C'est-à-dire, d'un même Village.

2. CORPS, cette portion de l'animal qui forme une caisse, d'où partent les membres; en Celte, CORF; Latin, CORPUS.

2°. Tout ce qui est étendu.

3°. Réunion de plusieurs objets.

4°. Centre d'une armée, d'une maison.

5°. Corps de jupe.

CORPOREL, qui a du corps.

INCORPOREL, qui est sans étendue.

INCORPORER, réunir à un corps.

INCORPORATION, réunion en un corps.

CORPUSCULE, corps presqu'invisible.

3. CORVÉE, service qu'on est obligé de rendre par soi-même : reste de l'esclavage ancien auquel les Francs avoient assujetti les Gaulois.

IV.

1. CORSET, habillement pour le corps.

CORSAGE, taille, port d'une personne.

CORSÉ, qui a du corps.

CORPULENCE, grosseur du corps.

CORSELET, cuirasse d'étoffe; 2°. petit corset; 3°. corps des insectes.

2. CARRAQUE, Vaisseau de transport.

X ij

CARV, en Irland. vaiſſeau, navire. Les vaiſſeaux & les habitations eurent toujours le même nom: de-là:

CARENE, Lat. *CARINA*, le corps d'un vaiſſeau, c'eſt-à-dire, la quille, le fond & les flancs, tout ce qui eſt dans l'eau.

CARENER un vaiſſeau.

V.

COUR, CORT, Enclos.

1. COUR, partie de la maiſon qui eſt vuide, qu'on trouve après la porte cochere, & qui eſt ordinairement pavée. 2°. Palais du Prince. 3°. Le Prince & ſes Courtiſans. 4°. Juriſdiction Souveraine. 5°. Devoirs qu'on rend au Prince, à ceux qu'on honore.

2. COURTISAN, qui fréquente la Cour.

COURTISER, faire ſa cour.

COURTISANE, *mot-à-mot*, celle qui fait ſa cour. Ce mot a bien dégénéré.

COURTOIS, *vieux François*, careſſant.

COURTOISIE, civilité, honnêteté.

3°. COURTILLERE, inſecte des jardins; du *vieux François*, COURTIL, jardin.

Ce mot COURTI, jardin, eſt Celte; il s'eſt écrit *CORTIS, CURTIS, cors, curta, cortile, cortillus, curtillus*, &c.

COURTINE, qui enclot; 2°. rideau; 3°. parvis, &c.

4. ECURIE, lieu où l'on met les animaux à l'abri du mauvais tems.

Ce mot tient à l'Allemand *Scheuer*, une grange ou grenier; au Lat b. *SCURA, SCURIA*, qui avoit ces deux ſignifications; au Lat. b. *SCHERIA*, Port, lieu où les Vaiſſeaux ſont à l'abri; à l'Anglo-Saxon *SCUR*, nuage, tems *couvert*.

De-là vinrent également,

5. OBSCUR, ſombre, couvert: Lat. *OBSCURUS*.

OBSCURITÉ, ténèbres, mot-à-mot, voile tendu devant les yeux. Lat. *OBSCURITAS*.

VI.

CŒUR, milieu, intérieur.

1. CŒUR, Lat. *COR*; cette portion intérieure du corps, qui donne le mouvement à tout le corps.

2°. L'intérieur d'un fruit, d'un arbre, d'un pays.

CORDIAL, qui a bon cœur; 2°. qui ſoutient le cœur, qui le ranime.

CORDIALITÉ, franchiſe, bonté de cœur.

CORDIALEMENT, de bon cœur.

2. AC-CORD, union de cœur.

S'ACCORDER, être de bon accord.

CONCORDE, union & paix entre les hommes.

DISCORDE, diviſion, état de cœurs déſunis.

DISCORDANT, qui n'harmoniſe pas.

3. COURAGE, qualité ou vertu de

celui qui a du cœur, valeur, bravoure.

2°. Mot dont on se sert pour animer.

Enfans, COURAGE!

COURAGEUX.
COURAGEUSEMENT.
ENCOURAGER, donner du courage.
ENCOURAGEMENT.
DÉCOURAGER, ôter le courage.
DÉCOURAGEMENT.

4. CORAILLE, COURÉE, CORÉE, en termes du peuple; le poumon & le foie, la fressure; parties *intérieures* d'un animal.

CURÉE, intestins des animaux qu'on abandonne aux chiens de chasse.

I.
COR, petit.

Opposé de GOR, HOR, 1°. montagne, 2°. sur.

1. COURT, petit, qui n'est pas grand; Irl. *Corthy*, Flam. *Cort*, Allem. *Kurtz*, Lat. *Curtus*. Gall. Bret. CORR, Nain.

COURTAUD, cheval à oreilles accourcies.

COURTAUD de boutique, qui porte l'habit *court*, par opposition à Robin.

COURTEPOINTE, couverture courte qu'on met par-dessus une autre.

CAPENDU, espèce de poire, pour *Court-pendu*: poire dont la queue est fort courte.

ACCOURCIR, rendre plus court.

RACOURCIR, abréger, diminuer de nouveau.
Racourcissement.

2. COURBE, qui est lié par le milieu; 2°. ligne arrondie.

Lat. CURVUS; en Celte & en Theuton, CRWMM, courbe; en Bas-Bret. CRWB, recourbé, bossu.

Se COURBER, se plier par le milieu, se rapetisser.

COURBURE, maniere dont une chose est courbée.

COURBETTE, action par laquelle on baisse le corps en avant par égards.
Gall. CRWBAN, bossu; écrevisse de mer, Franç. CRABE.

3. COURGE de COR, rond.

I I.
CORNE, HORN,

Dérivé de GOR, HOR, Montagne.

1. CORNE, os rond, dur & pointu qui croît à la tête de quelques animaux.

2°. Rayon du Soleil en Langue Orientale.

3°. Tout ce qui a la forme d'une corne.

Ce mot est de toutes les Langues Orientales, Celtiques; Teutones; il est Latin, Grec, &c. Il s'écrit & se prononce HORN, HAURN, dans les Dialectes Runiques & Theutons.

Il tient donc au primitif HOR, GOR, qui signifie *élévation, pointe, montagne*.

Cornu, qui a des cornes.

Corner, frapper de la corne.

2. Cor, instrument à vent, qui ne consista d'abord que dans une corne ; d'où

Cornet à bouquin, instrument fait avec une corne de bouc.

Cornemuse, instrument à vent.

Corner, sonner du cor.

3. Cornage, droit sur les bêtes à corne.

Cornet, écritoire de corne.

Cornetier, Artisan qui refend les cornes de bœuf, les redresse avec des fers chauds, & les revend aux Peigniers & aux Patenôtriers qui en font des peignes & des chapelets : ce qui a occasionné de grands procès entr'eux, les Peigniers voulant que les Cornetiers se fissent recevoir de leur Corps. Les cornes demeurerent aux Peigniers, disoit Richelet.

4. Cornette, espéce de coëffure pour femme ; 2°. Chaperon de Docteur ; 3°. Etendard de Cavalerie.

5°. Corniche, portion la plus élevée d'une colonne, d'un piédestal, d'une armoire, &c.

6. Couronne, autrefois Corone, Lat. *CORONA*, ornement de tête, sur-tout pour les Rois.

Couronné, qui porte une Couronne.

Couronner, mettre une Couronne sur la tête d'une personne ; 2°. l'élire Roi ; 3°. le sacrer.

Couronnement, cérémonie du Sacre.

7°. Cornouiller, arbre dont le tronc est fort dur & les branches pleines de nœuds.

Conouille, fruit du Cornouiller.

Cormier, au lieu de Cornier ; c'est une espéce de cornouiller.

8. Cor au pied, pour Corne, durillon qui vient aux doigts des pieds.

Corne, faire les cornes, c'est montrer quelqu'un à deux doigts étendus en forme de cornes pour lui faire honte. De-là le sens de mépris attaché au mot *cornes*, relativement aux hommes mariés, & sur lequel on a débité bien des rêveries.

COR.

Cour, Cur, Courir.

1. COURIR, Lat. *CURRO*, se porter rapidement en un lieu.

Cours, mouvement naturel vers un lieu.

Course, mouvement momentané & rapide vers un lieu.

Couramment, avec vitesse ; 2°. sans hésiter.

Coureur, qui fait courir.

Coureuse.

Courier, qui porte les lettres d'un lieu à un autre.

Coursier, cheval excellent pour la course : 2°. passage de la proue à la poupe d'une Galère entre les rangs des Forçats.

2. Courtier, qui fait les courses né-

cessaires entre un vendeur & un acheteur.

COURTAGE, fonctions du Courtier.

3°. CORSAIRE, qui arme un vaisseau en course; 2°. qui fait des courses sur mer pour piller.

CORVETTE, vaisseau propre à la course.

4. COURANT, *Nom*, en parlant d'eau, d'affaires, &c. *Adj.* qui court.

COURANTE, nom d'une danse; 2°. d'une indisposition.

5°. CORTÉGE, tout ce qui accompagne un voyageur.

ESCORTE, ceux qui accompagnent un voyageur, sur-tout pour sa sureté.

ESCORTER.

6°. CORRIDOR, longue galerie de Couvent, où l'on peut courir à son aise.

CURSIVE, écriture rapide, 2°. lettres courantes.

DÉRIVÉS.

OC-CURRENCES, circonstances qui arrivent dans le même tems.

AC-COURIR, courir vers un lieu.

AVANT-COUREUR, qui devance.

CON-COURIR, courir ensemble, se réunir pour un projet.

CONCOURS, course de plusieurs qui se portent au même lieu.

DE-COURS, tems où la Lune décroît.

EXCURSION, courses hors d'un pays.

INCURSION, courses contre un pays.

DIS-COURIR, traiter d'une matiere.

DISCOURS.

PAR-COURIR, visiter tout.

PRÉ-CURSEUR, qui précède.

PAR-COURS.

RECOURIR, course d'une personne vers une autre pour lui demander appui.

SECOURIR, course d'une personne vers une autre pour lui donner appui.

SECOURS, appui accordé.

SUCCURSALE, Eglise qui en aide une autre.

COS, Elevé; 2°. Vieux.

I. CÔTE, autrefois COSTE, portion du corps; les côtes font relever la poitrine.

2°. CÔTÉ, portion du corps où sont les côtes.

3°. CÔTE, rivage; il est élevé, relativement aux eaux.

4°. CÔTE, pente, colline.

CÔTELETTE, petite côte, Côte d'animal.

CÔTOYER, suivre les côtes.

II. CUISSE, Lat. *COXA*, du Celte Cos, Coes, qui signifie toute la portion inférieure du corps humain, & sur laquelle il est élevé; désignant ce que nous entendons par le pied, la jambe & la cuisse.

CUISSARD, armure des cuisses.

III. COUSSIN, 1°. oreiller; 2°. machine sur laquelle on fait divers ouvrages. L'oreiller releve la tête; il fut donc bien nommé.

Ce mot est Irlandois, Gallois, Italien. En Allem. *Kuſſen*; Esp. *Coxin*; Basq. *Cosna*, Angl. *Cushion*.

Il est d'origine vraiment Celtique.

IV. COUT, anciennement COUST, frais, dépense.

COUTER, occasionner des frais.

On dérivoit ces mots du Latin CONSTARE. C'étoit certainement faute de mieux.

COST, signifiant frais, dépense, est Gallois. COST, Irland. COSTUS, Basq. COSTua, Angl. Allem. Flam. Ital. Espagn. &c. Il est donc Celtique; & dans le sens d'élevé. Comme nous disons en François, *à quoi monte cela?* quelle masse d'argent faut-il pour cet objet?

COUCHER.

Poser, étendre, mettre au lit; 2°. étendre par terre, renverser.

1. COUCHANT, côté où le Soleil se couche.

2. COUCHE, 1°. lit; 2°. nôces; 3°. enfantement; 4°. langes du nouveau né; 5°. couleur étendue; 6°. Planche de jardin couverte de fumier....

COUCHÉE, lieu où couchent les Voyageurs.

COUCHER, *nom*, heure où l'on se couche.

COUCHEUR, COUCHEUSE, qui couche avec une autre personne.

COUCHETTE, lit petit & mauvais.

DÉRIVS.

3. ACCOUCHER, mettre au monde un enfant.

ACCOUCHEUSE, Sage-Femme.

ACCOUCHÉE, femme qui a accouché.

ACCOUCHEMENT.

DÉCOUCHER, ne pas coucher chez soi.

Des Savans distingués ont cru ingénieusement que cette famille venoit du Latin *collocare*, placer, poser. Elle paroît plutôt tenir au Celte COL, cacher, renfermer, couvrir. Lorsqu'on se couche, on se cache, on se renferme, on se couvre.

Aussi, en Polonois *Koldra*, & en Allem. *Kulter*, signifient une couverture de lit. COLCHA, en Espagnol, une courtepointe; en Basq. COLHolmea, petit oreiller.

Gall. COLWYNO, accoucher.

4. COITE, lit de plumes, Latin CULCITRA.

CRA, Pierre.

CRAIE, pierre tendre propre à marquer, à tracer des figures.

CRAYON, pierre à dessiner, mine de plomb dont on se sert pour le dessin.

CRAYONNER, tracer un dessin au crayon.

Cette Famille appartient à la même que GRA, dont on a fait GREVE, GRAVIER, GRAIS.

CRA

C R A.

CRACHER, CRACHAT : ces mots sont une onomatopée : c'est l'imitation du bruit qu'on fait en crachant.

CRACHEUR, qui ne fait que cracher.

Les Bas-Bretons ont nasalé ce mot; ils disent :

CRANCH, crachat
CRANCHA, cracher.
CRAINCHER, cracheur.
CRAING, salive.

C R A.

CRE, CRI, CRO, grand bruit.

1. CRAC, onomatopée, mot qui imite la force, le déchirement, le bruit que fait une chose ; d'où,

2. CRAQUER, faire du bruit, en parlant d'une chose qui se fend, qui se déchire.

CRAQUEMENT, bruit d'un corps qui se déchire ; 2°. mouvement convulsif des dents qui frottent les unes contre les autres.

CROQUIGNOLE, autrefois CRAQUIGNOLE, coup du bout du doigt sur le nez.

CRESSELLE, instrument de bois qui fait grand bruit, & dont on se sert en particulier au lieu de cloche la Semaine Sainte.

3. CRIC, CROC, imitation du bruit que font les verres lorsqu'on les choque en buvant à la santé les uns des autres.

4. CRIQUET, GRILLON, noms du même animal, à cause de son cri perçant.

5. CROTE, excrément d'animal en petites boules dures ; 2°. boue.

CROTÉ, couvert de boue.

DÉCROTER, ôter la crote, la boue.

DÉCROTEUR.

Ces mots viennent de CRO, bruit, à cause du son que rendent sous les pieds la boue & ces excrémens.

6. CROULER, tomber avec fracas.

CROULEMENT, action de tomber avec fracas.

S'ÉCROULER, tomber en ruines avec fracas.

CROULIERES, terres tremblantes, sables mouvans.

7. CREVER, action d'une peau, d'une enveloppe, d'un fusil qui saute avec grand bruit.

2°. Percer avec bruit ; *au fig.* crever de colere, de dépit, de honte.

3°. Trop faire manger, être incommodé, être prêt à crever de trop manger ; se CREVER.

CREVASSE, ouverture, fente, séparation des parties d'un corps solide.

CREVE-CŒUR, déplaisir extrême.

II.

CRA, CRE, gros, qui s'éleve, vigoureux, terre en rapport.

CRAH, CREH, est un mot primitif, qui désigne tout ce qui est haut, élevé, tout ce qui croît, &c.

Dict. Etymol.

Y

Nous avons déja eu occasion d'en parler dans les Allég. Orient. Il subsiste encore dans les Dialectes Celtiques.

Bret. *CRAH*, Eminence; 2°. montée.

CREH, haut, le haut; 2°. colline: de-là:

1. CRET, hauteur, monticule, sommet d'une Montagne.

CRÊTE, hupe rouge des coqs; 2°. dessus du casque; 3°. amas de blé en pyramide; *terme de Marchand de blé de dessus les ports de Paris*; 4°. le haut d'un fossé.

AIGRETTE, Lat. *CRISTA*, ornement de tête qui s'éleve en forme de crête.

2. CRÊME, parties caseuses & butyreuses qui s'élevent sur le lait.

CRÊMER le lait, en ôter la crême.

CREMAILLERE, CREMILLIERE, chaîne de fer, où l'on suspend les marmites sur le feu.

3. CRÉCHE, mangeoire des bœufs, des chevaux, &c. Elle est en forme de claie, de ratelier; & *élevée*: Ital. Greppia.

C'est le Celte *CRAO*, étable; plur. *CRAVIER*, crec'hier. Bas-Br. *CRAOU*, en Gall. *CRAW*, Irl. *CRO*.

4. CROÎT, accroissement.

CROÎTRE, prendre de l'accroissement, devenir plus grand.

CROISSANCE, état de ce qui croît.

CRÛ, grandi; 2°. terrain qui produit, qui fait croître.

CRÛE, croissance, *grandissement*.

ACCROÎTRE, augmenter.

ACCROISSEMENT.

DÉCROÎTRE, diminuer.

5. CROISSANT, état de la Lune qui augmente, qui croît.

EXCROISSANCE, chose qui croît sur une autre, *ex croissance de chair*,&c.

CRETINE, alluvion, terrein qui se forme par les dépôts d'une riviere.

III.

CRAN, entaillure faite dans un corps dur pour y faire entrer un autre corps & l'y arrêter: elle sert à *hausser* & à *baisser*.

CRENEAU, ouverture aux murs des Villes & Châteaux, pour la défense, ou l'ornement.

CRENELER, faire des creneaux, des entaillures, des dents à une roue.

CRENELAGE, cordon qui fait le tour d'une piéce de monnoie sur son épaisseur, pour en prévenir l'altération.

CRENELURE, dentelure à créneaux.

IV.

CRE, Elevé.

1. CROIX, piéce de bois mise en travers au haut d'une autre. Lat. *CRUX*; 2°. traits en travers.

CROISETTE, petite croix, en terme de blason.

CROISÉ, en forme de croix.

CROISER, mettre en forme de croix.

Se CROISER, se traverser, *au physique & au fig.*

2. CROISADE, expédition pendant laquelle on portoit la croix sur l'habit.

CROISÉS, ceux qui formoient une croisade.

CROISÉES, fenêtres ou jours d'une maison, parce qu'ils étoient divisés en croix, par la pierre ou par le bois, où l'on enchâssoit les vîtres.

CROISIERES, parage ou côte où des vaisseaux font des courses.

CROISEUR, vaisseau, ou Corsaire qui rôde sur une côte pour la garder, ou pour piller.

CROISURE, tissure de la Serge en croix.

3. CREUTZER, petite monnoie de cuivre de Suisse & d'Allemagne, parce qu'elle a d'un coté une Croix.

CROISAT, monnoie d'argent marquée d'un côté d'une croix.

De-là, CROIX & PILE.

4. CRUCIFIX, représentation de J. C. sur le bois.

CRUCIFIER, attacher en croix.

CRUCIFIXION, supplice de la croix.

V.

De-là les Familles GROS, GRAND, GRAS, Lat. *CRASSUS*, gros, épais, d'où :

1. CRASSE, ordure épaisse.

CRASSEUX, sale, mal-propre.

2°. Avare.

2. CRIN, poil de quelques animaux.

CRINIERE, crins qui couvrent le cou du Cheval & du Lion : *au fig.* chevelure.

CRINIER, celui qui prépare le crin pour en faire des ouvrages.

CRINONS, vers en forme de crins ou de poils, qui se forment sous la peau du dos des enfans & les tuent.

VI.

1. CROIRE, Lat. *CREDO*.

L'origine de ce mot étoit échappée à tous nos Etymologistes. Il est certainement composé de deux mots, du verbe *do*, donner, & du mot *cré* : mais que signifioit celui-ci ? C'est certainement le mot CRE, chef de la famille que nous rassemblons ici, & qui signifie *force, puissance, force qui fait croître : le fond qui produit.*

CRE-DO, *donner croyance* à quelqu'un, c'est d'abord *dans le sens physique*, lui prêter un terrain où il puisse faire germer, faire croître : 2°. au sens figuré, abandonner son esprit aux vérités qu'il y fait croître.

Il signifie donc dans un sens *prêter, confier*, en parlant d'objets physiques; & dans un autre sens, *ajouter foi, croire*, en parlant d'objets intellectuels, de vérités à adopter.

CROYANCE, ensemble des vérités qu'on croit.

CRÉDIBILITÉ, degré de croyance.

CRÉDULE, qui croit facilement.

Crédulité.

Incrédule, qui ne croit pas.

Incrédulité.

Accroire, en faire accroire, tromper quelqu'un en lui persuadant comme vraies des choses fausses.

2°. Créance, titres ou preuves qui doivent faire croire.

Créancier, celui qui a confié, prêté de l'argent à quelqu'un moyennant intérêt.

Creance, écrit qui prouve, qui constate le prêt du créancier.

Mé-créant, qui ne croit pas, infidelle.

3. Crédit, qualité de celui à qui on peut beaucoup prêter.

Créditer, prêter à crédit.

Accréditer, donner du crédit à quelqu'un, à une nouvelle, &c.

Discredit, perte totale du crédit.

Discréditer, faire perdre le crédit.

VII.

1. CRÉER, faire produire, donner l'existence.

Création.

Créateur, celui qui crée.

Incréé, qui n'a pas été créé.

2. Créature, Être créé ; 2°. personne attachée à une autre.

3. Créat, celui qui enseigne à monter à cheval dans une Académie.

VIII.

1. CRI, voix haute & élevée ; 2°. clameur ; 3°. publication à haute voix, à son de trompe ; 4°. mot pour se reconnoître en guerre.

Criailler, crier sans cesse.

Criaillerie, cris d'une personne qui querelle.

Criailleur, Criailleuse.

Criard, qui ne cesse de crier.

Criarde, femme qui ne cesse de crier.

Dettes criardes, petites sommes qu'on doit en grand nombre, & qui font beaucoup crier pour peu de chose.

Criée, publication en Justice.

Crier, élever la voix, se faire entendre au loin ; 2°. publier ; 3°. faire du bruit, du vacarme.

Crieur, celui qui crie ; 2°. celui qui publie, qui proclame.

2. Décrier, détruire la réputation de quelqu'un.

Décri, réputation détruite.

Se récrier, s'élever contre quelque proposition.

IX.

CRO, bosse, bossu, crochu.

1. En Celte, Croc signifie croc, crochet, bosse, courbure, saisie.

Croc, fer ou bois recourbé, propre à saisir.

Croche, note de Musique, qui a un petit crochet au bout.

Crochet, fer ou bois recourbé où l'on accroche, où l'on pend quelque chose ; 2°. en *terme de portefaix*, bâtons recourbés qu'il pend au dos, & sur lesquels il place sa charge.

2. CROCHETEUR, celui qui gagne sa vie à porter sur ses crochets.

CROCHETER, ouvrir avec un crochet de fer.

CROCHU, recourbé.

CROSSE, bâton recourbé par le haut & qui est la marque extérieure d'un Evêque ou d'un Abbé.

2°. Bâton courbé, dont on se sert pour jouer au billard.

CROSSÉ, qui porte la crosse.

COMPOSÉS.

ACROCHER, saisir, avec un croc, pendre au croc.

DÉCROCHER, ôter du croc, détacher.

ACROC, déchirure faite par quelque chose qui a saisi l'habillement.

ESCROC, qui enleve habilement l'argent d'autrui ou ses effets.

ESCROQUER, ESCROQUERIE.

RACROCHER.

X.

CROQUER, saisir avidement, goulument avec les dents comparées à des crocs.

» Le Renard croque les poules. »

2°. Faire vite, en parlant d'un ouvrage, le croquer.

3°. Croquer un dessin, un portrait, n'en tracer que l'ensemble.

4°. Faire du bruit sous la dent.

CROQUEUR, qui prend, qui attrape.

CROQUIS, dessin fait à la hâte & qui n'est pas rempli.

CROQUET, pain-d'épice qui croque sous la dent.

CROQUANT, qui croque.

Les CROQUANS, nom qu'on donna à la révolte des Paysans en 1598. On a avancé nombre d'étymologies toutes fausses de ce nom. Il fut donné à ces Paysans parce qu'ils croquoient, qu'ils pilloient tout.

XI.

1. CROUPE, la portion la plus relevée du dos; 2°. & d'une montagne.

CROUPION, l'extrémité de l'épine du dos.

CROUPETON, situation de celui qui est sur son derriere.

ACCROUPI, qui est à croupeton.

CROUPIERES, longe de cuir attachée derriere la selle, & qui embrassant la queue du Cheval, passe par dessus sa croupe.

CROUPIR, demeurer sur son cul, dans l'inaction : 2°. Eau qui se corrompt faute de mouvement.

CROUPISSANT, qui croupit.

2. CROUPIER, Associé sans paroître pour une ferme qu'un autre fait valoir ; 2°. celui qui tient le jeu d'un autre qui ne sait pas jouer ; celui qui joue pour un autre.

XII.

1. CROUTE, 1°. partie solide qui est

au-*dessus* du pain, qui en couvre la mie; 2°. couverture d'une plaie; 3°. tout ce qui s'endurcit sur la surface de quelque chose. Lat. CRUSTA.

Ce mot a été très-bien choisi, de CRE, dessus, & STA, être.

CROUTON, CROUTELETTE, CROUSTILLE, petite croute, morceau de pain qui craque sous la dent.

2. CROUSTILLER, manger quelque chose.

CROUSTILLEUX, qui fait rire, qui fait plaisir, comme une croute quand on a bien faim.

3. CROUTE, en *peinture*, tableau dur à l'œil comme une croute, mauvaise peinture.

Gall. Bret. CRAWen, croute.

CraWenniad, incrustation.

CraWennu, enduire.

4. CRÉPIR, enduire de plâtre, de mortier.

CRÉPI, enduit de mortier.

CRÉPISSURE, action de crépir.

RECRÉPIR, enduire de nouveau un mur de mortier.

XIII.

1. CREUX, opposé de CRÉ; profondeur, vuide, fond.

CREUSER, rendre profond, faire creux.

Au *fig.* approfondir une science. Il s'éleva une dispute le siécle dernier, relativement au verbe *creuser*, pris dans ce dernier sens, pour savoir si l'on devoit dire *creuser une science* ou *creuser dans une science*. Le P. Bouhours soutint qu'on ne pouvoit se servir de cette derniere expression. Richelet crut qu'on pouvoit les employer toutes deux également, & qu'elles étoient synonymes. Il se trompoit visiblement. *Creuser un champ* ou *creuser dans un champ*, ne sont certainement pas la même chose. *Creuser dans une science*, ne peut se dire, soit parce que *dans* se prend physiquement: soit parce qu'on ne creuse pas dans une science; mais qu'on creuse la science elle-même.

2. CREUSET, vase de terre creux qui sert à fondre les métaux.

3. CROUPIR, état d'une eau qui n'a point d'écoulement & qui se corrompt: 2°. *au fig.* demeurer nonchalamment en un lieu.

CROUPISSANT, qui croupit.

Ce mot doit venir de CRO, creux. L'eau ne croupit que dans des creux.

XIV.

CRAIN, CRIN, &c.

Peur, crainte.

CRAIN, CREN, CRIN, qui signifie *Peur*, tremblement, frayeur, frisson, *crainte*, &c. est un mot d'origine Celtique. Comme cette famille est absolument inconnue, donnons-en les principaux mots.

Bret. CRAIGNI, craindre.
       CREIN, ébranlement, tremblement.
       CRENA, trembler, frissonner.
Irl.   CRIHANE, trembler, craindre.
Gall. CRYNU, trembler.
       CRYNWR, timide, trembleur.
       CRYN, crainte, frayeur.
       CRYNDOD, crainte, peur.

En vieux-Fr. CREMEUR, crainte.
CRAINTE, frayeur.
CRAINTIF, qui craint.
CRAINDRE.
CRAIGNANT.
De CRE, rocher, précipice.

CRAM.

CRAF, CRAV, serrer, lier.

1. CRAMPE, douleur qui semble nouer les nerfs & les muscles des jambes.

CRAMPON, Crochet.
CRAMPONER, saisir avec des crampons.
Se CRAMPONER, s'accrocher avec force à un objet.

Irl. CRAMPA, nœud, crampe. Ce mot est Angl. Allem. Flam. Suéd.

Il appartient à la famille GRAP, GRAF, qui marque tout ce qui sert d'agraffe, à gripper, &c.

Voy. GRAPPE, GRIFFE, &c.

2. CRAPAUD, animal ainsi nommé à cause de ses doigts vilains & écartés; du Celte, CRAB, CRAF, griffe, serre. Il saute en écartant les pieds, les doigts.

3. CRABE, espéce d'écrevisse, doit son nom au même mot.

ECREVISSE, mot formé de CRABE, prononcé CRAVE, CRÉVE.

4. CRAVATE, mouchoir ou bande de toile, de mousseline, qui serre le cou, qui en fait le tour, & qui s'attache avec une agraffe, des épingles, &c.

MOTS COMMUNS AUX FRANÇOIS ET AUX LATINS
ou *NÉS DU LATIN*.

C A

CALOMNIE, fausse accusation. *CA-LUMNIA*.

CALOMNIER, accuser faussement. *CALUMNIARI*.

CALOMNIATEUR, Lat. *CALUMNIATOR*.

Vieux-Fr. CHALONGER & CALENGER.

CANCRE, espéce d'écrevisse ; 2°. *au fig.* un pauvre homme ; Lat. CANCRO, au nomin. *CANCER*.

CAUSE, sujet, raison ; 2°. affaire qu'on doit plaider ; 3°. tout ce qui produit un effet, qui en est la raison ; 4°. parti.

CAUSER, jaser, babiller ; 2°. produire quelqu'effet.

CAUSEUR, babillard.

Ces mots viennent du Latin *CAUSA*, qui signifie, *affaires, commission, sujet, état, cabale, origine, principe*, &c. mot-à-mot, ce à quoi il faut faire attention, à quoi il faut prendre garde.

CAUSARI, signifioit aussi *plaider une cause* : d'où, *Causarius*, en Lat. Barb. un Avocat, & *Causidicus* en bon Latin.

Ces mots paroissent tenir à l'Al-

C A

lemand *Kosen* & au Grec Κωσαι, parler, jaser, *causer*.

CHOSE, en Picard COSE, vient de la même racine que *CAUSA*, cause. CICERON, dit dans ses Fragmens :

Est CAUSA difficilis laudare puerum. » C'est une chose difficile » de louer un jeune homme ». Divers Savans ont déja apperçu cette étymologie & ces rapports.

CAUTELE, *vieux-Fr.* finesse, ruse. Lat. *Cautela*.

CAUTELEUX, fin, rusé.

CAUTION, assurance, garant ; Lat. *Cautio*.

CAUTIONNEMENT.

CAUTIONNER, s'obliger à payer pour un autre.

PRÉCAUTION, mesures prises d'avance.

SE PRÉ-CAUTIONNER, prendre ses mesures d'avance.

Tous ces mots viennent du Lat. *CAUTUS*, prudent, avisé, circonspect.

C E.

CÉDULE, promesse, billet ; Lat. *SCEDULA*, billet, petit écrit.

CEINDRE,

CEINDRE, Lat. *CINGO*, entourer.

CEINTURE, Lat. *CINCTURA, CINGULUM*, tout ce qui ceint & entoure le corps : 2°. ce qui entoure quelqu'objet que ce soit.

CEINTURON, ceinture pour l'épée.

CEINTURIER, qui fait des ceintures.

CINTRE, ouvrage d'architecture en demi-cercle.

CHINTRE, en Anjou, sentier autour des champs.

CENGLE, SANGLE, ceinture de corde ; 2°. de cuir.

SANGLER, attacher une sangle.

2°. *Au fig.* frapper, battre.

CÉLIBATAIRE, Lat. *CŒLEBS*.

CELIBAT.

CENS, charge sous laquelle un Seigneur donne un héritage.

CENSE, ferme d'un cens.

CENSIER, Seigneur qui a droit de lever des cens : 2°. celui qui tient une cense à ferme.

CENSITAIRE, qui doit cens.

CENSIVE, Domaine d'un Seigneur sur lequel il préleve le cens.

Tous ces mots viennent du Lat. *CENSUS*, cens, revenus, dénombrement des personnes & des biens.

CENSEUR, Magistrat Romain qui faisoit le dénombrement des Citoyens & de leurs revenus, & qui punissoit ceux qui les détérioroient ; 2°. *au fig.* un Critique ; 3°. celui qui censure des livres : du Lat. *CENSOR*.

CENSURE, dignité du Censeur ; 2°. critique : 3°. condamnation d'un Ouvrage : Lat. *CENSURA*.

CENSURABLE. CENSURÉ. CENSURER.

CESSER, Lat. *CESSARE*, discontinuer, abandonner ce qu'on faisoit, ne pas poursuivre.

CESSE, interruption, abandon, repos.

CESSION, transport, action de céder une chose à un autre.

CESSATION, discontinuation de mouvement, de travail.

CESSANT, qui cesse.

CERUSE, Lat. *CERUSSA* blanc de plomb ; 2°. fard.

C H.

CHACUN, autrefois CHAQUE UN, quiconque, un quel qu'il soit ; Ital. *CIASCUNO*. Latin, *QUISQUIS UNUS*.

CHIOURME, les Forçats d'une Galere, Ital. *CIURMA*, du Lat. *TURMA*, troupe, corps, prononcé *Tiourme* & puis *Chiourme*.

CHOYER, ménager, garder avec grand soin, du Lat. *CAVere*, prendre soin.

C I.

CIBOULE, espéce de petit oignon, du Latin *CÆPA*.

CIVÉ, ragoût où il entre des oignons.

CICOGNE, Lat. *CICONIA*, oiseau à long cou.

CIGALE, Lat. *CICADA*, nom d'un insecte, qui fait sans cesse, CIC, CIC, CIC. C'est une onomatopée.

CIRE, Lat. *CERA*, ouvrage des abeilles & qui sert à renfermer leur miel.

2°. Composition dont on forme de petits bâtons & qui sert à cacheter.

CIRER, frotter avec de la cire.

CIERGE, flambeau de cire.

CIRIER, qui fait & vend des flambeaux de cire.

CITRON, Lat. *CITREUM*, fruit qui a la forme d'une pomme, de couleur d'or & de bonne odeur.

CITRONIER, arbre à citrons.

CITRIN, couleur jaune semblable à celle du citron.

CITRONAT, confiture avec l'écorce de citron.

CL.

CLÉMENCE, Lat. *CLEMENTIA*, vertu qui porte à la douceur, & à pardonner.

CLÉMENT, Lat. *CLEMENS*, qui est porté à la douceur, à pardonner.

CLIENT, celui qu'on défend en Justice, dont on est le patron, le protecteur, Lat. *CLIENS*.

CLOAQUE, Lat. *CLOACA*, égout.

CO.

COCTION, Lat. *COCTIO*, préparation par le feu.

COQUEMAR, Lat. *CUCUMA*, vase pour faire chauffer de l'eau.

CUIRE, préparer par le feu, Lat. *COQUERE*.

CUISSON, action de faire cuire.

CUIT, Lat. *COCTUS*.

CUISINE, Lat. *CULINA*, lieu où l'on prépare les viandes.

CUISINIER. CUISINIERE. CUISINER.

CUISTRE, mauvais cuisinier.

2°. Terme d'injure.

COIN de fer, qui sert à fendre. Lat. *CUNEUS*.

COIGNÉE. COGNER.

COUNIL, Lat. *CUNICULUS*, Lapin, parce qu'il creuse la terre, qu'il la fend comme le coin.

COIN, espéce de fruit, Lat. *COTONEUM*.

COTIGNAC, confiture de coin.

COMME, du Lat. *QUOMODO*, de quelle maniere.

COMMENT.

COMBIEN, en Picard QUANTBIEN; c'est donc le Lat. *QUANTUM BENE*.

COPIE, le double d'un écrit.

COPIER, prendre le double d'une chose, multiplier un écrit en le récrivant.

COPISTE, qui transcrit; 2°. qui imite.

COPIEUX, abondant.

COPIEUSEMENT, en abondance, du Lat. *COPIA*, abondance.

COTER, alléguer, citer, indiquer le quantiéme, du Lat. *QUOT*, le quantiéme; 2°. numéroter des papiers, indiquer au dos leur contenu.

COUCI-COUCI, comme cela, tellement quellement, ni bien ni mal. Ital. *Cosi, cosi*, du Lat. *QUO MODO SIS*.

COUDE, ancienn. COUBDE, Lat. *CUBITUS*, portion où le bras se plie en deux.

2°. Angle d'un mur, d'une riviere, d'un chemin.

Coudée, mesure égale à la longueur du bras, depuis le coude jusqu'au bout du doigt du milieu.

Coudoyer, pousser avec les coudes.

S'Accouder, s'appuyer sur le coude.

COUDRE, attacher deux portions d'une étoffe, d'une toile, avec du fil. Prés. je cous, particip. cousu. Cousu offre donc la vraie racine du mot : c'est le Latin CON-SUTUS, mot-à-mot, SUTUS, attaché, con, ensemble ; Ital. CUCIRE.

Couture, réunion par l'aiguille.

Couturiere, femme qui cout.

COULEUVRE, Lat. COLUBER, espéce de serpent.

Coulevrine, instrument offensif, comparé à la couleuvre.

Coulpe, faute, en terme de Religion ; Lat. CULPA, faute, crime.

Inculper, accuser, charger d'une faute.

Disculper, décharger quelqu'un d'une faute, le justifier.

Coupable, qui a commis une faute.

COUROUX, colere ardente.

Courroucer, exciter le couroux.

Se Courroucer, entrer en colere.

Du Lat. CORUSCARE, étinceller.

COUSIN, Parent, fils de l'oncle ou de la tante ; Ital. CUGINO, du Lat. CON-GENIUS, né de la même famille. Cousine.

Coutume, autrefois Coustume. Ital. COSTUME, du Lat. CON-SUETUDine.

Costume, maniere de s'habiller.

Coutumier, qui est habitué à faire une chose.

Accoutumé. s'Accoutumer.

Se Désaccoutumer.

COUVER, Lat. CUBARE, action de la poule qui est sur ses œufs pour les faire éclore ; 2°. se chauffer sur un couvet ou pot-à-feu ; 3°. être caché ; 4°. tramer en secret.

Couvée, poulets éclos à la fois.

C R E.

CREIL, *vieux-Fr.* & CRÉTIN, claie, panier. Du Lat. CRATES, grille, claie ; &c.

CREP, ride, ridé.

Bret. CRÉPON, décrépit.

Crépe, étoffe noire & légere, qui se frise d'elle-même.

Créper, friser.

Crepus, cheveux frisés.

Décrépit, ridé, cassé de vieillesse.

Décrépitude.

Crispé, nerf qui se retire.

Du Lat. CRISPARE, friser.

CRISPUS, ondé, frisé.

CRÉPUSCULE, lumière qui suit le coucher du Soleil ; Lat. CREPUSCULUM.

C U.

CUPIDE, Lat. CUPIDUS, avide, désireux.

Cupidité, Lat. CUPIDITAS, avidité, désir extrême.

CUIDER, *vieux Franç.* penser; du Lat. COGITARE.

Outre-cuidance.

CUILLER, instrument à soupe, pour puiser les liquides; Latin COCHLEARE.

CURIEUX; Lat. CURIOSUS, chargé d'observer; qui observe avec soin, avec inquiétude.

CURIOSITÉ, observation, désir de tout voir, ou de tout connoître.

MOTS COMMUNS AUX FRANÇOIS ET AUX GRECS

OU NÉS DE LA LANGUE GRECQUE.

C A

CADUCÉE, Bâton des Hérauts; du Grec KÉRUX, KARUX, Héraut, que les Latins prononcerent KADUX.

CAHOS, CHAOS, état de la matiere à la création, Gr. Χαος, Khaos.

CANGRENE, Grec *Gangraina*, Γαγχραινα, de *Gangra*, Chévre; animal qui dévore.

CAPRE, fruit du CAPRIER, rond & aigrelet; Gr. *Kapparis*.

CAPRON, grosse fraise, parce qu'elle est aigrelette comme la Capre.

CATÉCHISME, instruction religieuse, Grec *Katèkhismos*.

CATÉCHISTE, qui instruit dans la Religion, Gr. *Katèkhistès*.

CATÉCHISER, instruire dans la Religion, Gr. *Katèkhisô*.

CATHÉCUMENE, celui qu'on instruit

C A

dans la Religion, Gr. *Catèkhoumenos*.

CATHOLIQUE, Gr. *Katholikos*, universel.

CATHOLICITÉ, universalité.

CAUSTIQUE, Gr. *Kaustikos*, qui a la vertu de brûler.

CAUTERE, Gr. *Kautèrion*, Topique qui brûle.

CAUTÉRISÉ, *au fig.* endurci, qu'on ne peut guérir sans le feu, sans les remedes les plus terribles.

COUSSON, en Anjou, vapeur brûlante, qui gâte les vignes, Grec *Kausos*.

C E.

CÉLESTE, adj. Lat. CŒLESTIS.

CIEL, Lat. CŒLUM, du Grec KOÏLOS, creux, en voute.

CENE, repas sacré, du Lat. CŒNA, le souper, le repas par excellence, où tout le monde étoit réuni ; Gr. KOINÉ, repas commun.

CENOTAPHE, tombeau vuide ; du Grec *Kenos*, vuide, & *Taphe*, tombeau.

CENTRE, Lat. CENTRUM, Gr. KENTPON ; 2°. aiguillon, *mot-à-mot*, *point du milieu*.

CERFEUIL, Gr. *KÉRIPHULLON*.

C H.

CHILE, Gr. *Khylos*, suc, chile ; changement des alimens en sucs nutritifs.

CHIMERE, Gr. *Khimaira*, nom d'un animal allégorique qui peignoit l'année.

CHIMÉRIQUE.

CHIRURGIEN, Gr. *Keirurgikos*, qui opère de la main.

CHŒUR, Troupe de Danseurs & Chanteurs, Gr. *Khoros*.

CHRYSALIDE, chenille ensevelie dans son tombeau de soie, couleur d'or ; du Gr. *KHRYSOS*, or.

C I.

CIGNE, Gr. *KYKNOS*.

CILICE, Gr. *Kilikion*. habit fait avec le poil des chèvres de Cilicie.

CIMETIERE, Gr. *KOIMÉTÉPION*, lieu où l'on dort.

CINNABRE, Gr. *KINNABARI*.

C L.

CLERGÉ, du Gr. *Kléros*, sort ; qui est le partage de Dieu, qui a l'héritage divin.

CLERC, Ecclésiastique tonsuré ; 2°. un homme de Lettres, un Savant ; 3°. qui est Secrétaire chez un Notaire, ou chez un Procureur.

CLERICATURE, état de celui qui est tonsuré.

CLIMAT, espace de terre entre deux parallèles, comme les bâtons d'une échelle, du Gr. *Klimax* échelle.

CLIMATERIQUE, année où l'on change de tempéramment, comme en passant d'un échelon à un autre.

C O.

COLLE, Gr. *KOLLÉ*, qui unit, qui lie.

COLLER, Gr. *KOLLAEIN*.

COLLYRE, Gr. *KOLLYRION*, parce qu'il glue.

COMÉDIE, Gr. *Kômódia*.

COMÈTE, Gr. *Komêtós*, qui a une queue.

CONQUE, coquillage, coquille ; Gr. KOΓXH, *Conkhé*, *COGKHÉ* : ainsi ce mot appartient à la même famille que COQUILLE.

CUIVRE, Lat. *CUPRUM*, Gr. *KUPROS* ou *CYPROS* ; nom également de Vénus & de l'Isle de Chypre, abondante en cuivre, métal consacré à Vénus, de même que cette Isle.

COUPEROSE, ou *Rosée de CUIVRE*, parce qu'elle se fait avec le cuivre.

C R.

CRAPULE, Lat. *CRAPULA*, Grec *KRAIPALÉ*.

CRISE, Gr. *KRISIS*, mot-à-mot, jugement, discernement, chose prête à être décidée.

CRITIQUE; 1°. Art de la critique, Art de discerner ce qui est bien écrit, Gr. *KRITIKÉ*.

2°. Celui qui sait juger les ouvrages, Gr. *KRITIKOS*.

CRITIQUER, censurer, redresser.

CRISTAL, Gr. *KRYSTALLOS*, pierre transparente; 2°. eau fort claire. *Cristaliser*, réduire en cristaux.

CRONIQUE, ou CHRONIQUE, Histoire des tems, du Grec *Khronos*, tems.

CRONOLOGIE, Science des Tems: du Grec *chronos*, tems, & *logos*, parole, discours.

CRONOLOGISTE, qui est versé dans la Cronologie, qui fait des ouvrages de Cronologie.

CRUCHE, vase à eau, Allem. *Krus*, Gr. *Króssos*.

CUBE, Gr. *KUBOS*, corps solide à six faces.

CUBIQUE, qui a la figure d'un cube.

MOTS COMMUNS

AUX FRANÇOIS ET AUX ORIENTAUX

OU VENUS DE CEUX-CI.

CA   CA

CAFFÉ, grain venu de l'Orient, & dont on fait une boisson agréable; en Arabe *Kahoué*, du verbe *Kaha*, être prompt & vif, parce que le Caffé réveille.

CAMPHRE, gomme résineuse qui sort d'un arbre de l'Orient.

Héb. כפר, *Koppar*, *Kopher*, bitume, résine.

CAILLE, oiseau, Ital. *Qualia*, Héb. שלו, *Saly*, *Xaly*.

C'est une onomatopée; l'imitation même du cri de cet oiseau.

CARAT, nom du poids qui exprime le titre de la perfection de l'or.

Il peut tenir au Grec *Keration*, filique, grain dont on se servoit pour peser. Il tient à l'Arabe قرط, *KeRaT*, division d'une chose en ses parties.

CARAFE, grand vase de verre.

CARAFON, seau de verre dans lequel on met rafraîchir des flacons; de l'Arabe جرف, *GaRaF*, & al-

garafa, vase à eau, urne, &c. Ital. *CARAFFA*.

CASSER, rompre, briser; 2°. annuller; 3°. retrancher d'un corps; de l'Oriental קריץ, *Quatz*, rompre, briser. PLAUTE, *quassa olla*, un pot cassé: *in-cassum*, en vain.

CASSANT, qui peut se casser.

CASSATION, acte de Justice qui annulle.

CASSÉ.

CASSEUR.

CASSE-COU, CASSE-CUL, CASSE-NOISETTE, CASSE-TÊTE.

CASSURE.

ECACHER, briser en appuyant sur, écraser.

C E.

CENT, nombre formé de dix fois dix. Lat. *CENTUM* ; ce mot s'est nasalé comme tant d'autres ; Grec *He-CAT-on* ; Persan *SAD*.

CENTAINE, un cent de quelque chose.

CENTIEME, celui qui termine un cent.

Centuple, cent fois autant.

CENTURIE, division par cent Chefs de famille. Lat *CENTURIA*.

CENTENAIRE, qui a cent ans.

CENTENIER, qui commande cent hommes.

CENTURION, qui préside sur cent personnes, Lat. *CENTURIO*.

CÈDRE, arbre odoriférant & résineux de l'Orient, Gr. *KEDROS*, Orient. ארז, *Herez*.

CÉRÉMONIE, Lat. *Cæremonia* ; dans l'origine, usage, pratique religieuse.

C'est un mot très-certainement composé. On ne peut y méconnoître le mot si célebre dans l'Antiquité MON, nom du Soleil & de la Lune, les premiers objets adorés : le premier de ces mots sera donc le mot KAIR, chéri ; 2°. salutation ; 3°. saluer.

Les Cérémonies consistoient dans la maniere dont on adoroit les Astres.

Ce nom désigna ensuite la maniere dont les hommes se sont témoigné réciproquement du respect.

C H.

CHAGRAIN, CHAGRIN, cuir de la croupe de l'âne où du mulet; en Turc *SAGRI*, Ital. *Zigrino*.

CHAGRIN, fâché, triste, angoissé ; *nom*, fâcherie, tristesse, anxiété, angoisse.

CHAGRINER, donner du chagrin, affliger, jetter dans la désolation.

Ce mot dont nos Etymologistes n'ont jamais pu découvrir l'origine, & à laquelle Ménage lui-même avoit renoncé, est l'Arabe شكراين, *Shakrain*, qui signifie angoisse, qui a le cœur *fermé* par la douleur, *enyvré* de douleur.

CHAMEAU, Lat. *CAMELO*, Gr. *KAMÉLO*, Orient. *GAMEL*.

CHIFFON, morceau de linge ou de drap usé.

CHIFFONNER, froisser, friper.

CHIFFONNIER, CHIFFONNIERE, qui ramasse des chiffons; Ital. CHIFFONE, chiffon; Bret. Chiffouna, chiffonner; mettre en tas, sans ordre.

C'est l'Arabe ساف, *saf*, & شاف, *Schaff*, qui désigne une étoffe, 1°. mince, transparente; 2°. usée, fripée. M. FORMEY a bien vu ces rapports.

CHIFFRES, caractères des nombres; 2°. écriture secrette.

CHIFFRER, nombrer, de l'Oriental כפר *SaPHaR*, nombre, 2°. nombrer.

CHIFFREUR.

DÉCHIFFRER, expliquer une écriture en chiffres; 2°. débrouiller.

Le mot *Siphar* ou *Sipar*, dont nous avons fait chiffre, signifie en général *écriture*, *livre*. C'est le nom de l'Alcoran; c'est celui de cette Ville où l'on enfouit, selon les Orientaux, l'oracle relatif au Déluge, &c. Rien de plus célèbre dans l'Orient que les X Sophs ou Livres Sacerdotaux d'Egypte, & les X Sophs ou Livres d'Abraham descendus du Ciel. Ajoutons les X Sephiroth de la Cabale, & que l'Alcoran est divisé en 3 fois X ou en 30 Livres, qu'on fait porter dans quelques lieux en procession par autant d'Ecoliers.

C I.

CIMMARE, Robe longue, Esp. ÇAMARRA, habit de peau, robe longue; Turc, SAMOUR, peau de marte.

CIMETERRE, sorte d'épée dont se servoient les anciens Persans, (voy. Reland) Turc & Pers. CHIMCHIR.

CINQ, Lat. QUINQUE, Hébreu & Arabe חמש, Hems, Kems, Gr. PENTE. Les Grecs ont souvent changé Q en P & en T.

Tous ces mots viennent du primitif HAM, prononcé aussi QAM, & qui signifie *union*. CINQ désigna d'abord tous les doigts d'une main; ils sont unis ensemble: aussi les Arabes disent خمس, Hams, de même que l'Hébreu חמש, HEMS, pour dire *unir*, *assembler*. Ce qui est très-remarquable.

Cette famille est donc un détachement de la famille AM, qui a fait, *Amas*, *aimer*, &c.

QUINT, la cinquième portion.
CINQUIEME, le cinquième.
CINQUANTE, cinq fois dix.

CIPRÈS, arbre consacré aux morts, Grec KYPARISSOS.

L'Arche de Noé fut faite de bois de *Kypher*, כפיר : ce nom doit avoir produit le premier. Quel bois pouvoit-on mieux employer dans les funérailles du genre humain?

CIVETTE, animal d'Orient dont on tire du musc; en Arabe زبد, ZeBeD, musc, parce, disent-ils, qu'il ressemble à du beure.

C L.

C L.

CLABAUD, chien courant dont les oreilles sont très-longues. Ce nom paroît tenir à l'Oriental כלב, KLaB, chien.

CLABAUDER, crier, criailler.

CLABAUDERIE, cris ennuyeux.

CLABAUDAGE, cri de chiens qui clabaudent.

CLABAUDEUR.

C O.

COFFRE, caisse pour renfermer des effets, Lat. COPHINUS, de l'Hébreu חפא, חפה, KaPHA, KaPHE, couvrir, renfermer.

COFFRET.

COFFRER, ENCOFFRER.

COTON, duvet que produit le Cotonier, Ital. COTONE, Arabe قطب KoTON.

CORBEAU, Lat. CORVUS; Orient. ערב C'HORB, C'HORV, corbeau; 2°. noir; 3°. nuit.

COR-MORANT, oiseau de riviere; de COR, corbeau, & MOR, mer, en Celte.

C R.

CRIME, faute capitale, faute envers le prochain, &c. Lat. CRIMEN. Il paroît venir de חרם, C'hReM, dévouement, anathême.

CRIMINEL.

CRIMINALISER.

Dict. Etymol. A a

MOTS FRANÇOIS-CELTES,
OU DÉRIVÉS DU CELTIQUE.

D

La Lettre D se prononce sur la touche dentale ; elle en est la foible, & correspond ainsi au T. Il n'est donc pas étonnant que plusieurs familles de mots se trouvent également composées de mots en D & de mots en T. Il n'est pas surprenant non plus qu'il y ait un plus grand nombre de mots sous la Lettre T que sous la Lettre D, puisque la Lettre T étant la plus forte, doit avoir fourni nombre de mots avant qu'on pensât à la dédoubler par la Lettre D.

Cette Lettre, de même que la Lettre T, a toutes les valeurs de la touche dentale, touche très-forte & très-sonore : ensorte qu'elle fut très-propre à exprimer,

1°. Les objets sonores & bruyans.
2°. Les objets élevés, au physique & au moral.
3°. L'excellence & la dignité.
4°. La lumiere élevée & excellente, &c.

Parce que les dents servent à couper, à tailler, à rogner, cette touche se chargea d'une autre valeur ; 1°. celle de désigner les objets coupans, taillans.
2°. La taille, la coupe.
3°. Le nombre *deux*, formé par la division de *un*, &c.
4°. Les jours d'une maison, ses portes qui en divisent les murs.
5°. Les dents elles-mêmes.

Ensorte que cette touche donne par elle-même l'étymologie d'un très-grand nombre de ses mots.

Ajoutons que la Lettre D se change souvent en Ds ; en S ; même en R & en G. Dans les anciens alphabets, il n'y a presque point de différence entre D & R.

D A.

DA, mot populaire qui sert à affirmer, *oui-dà* : c'est un homme, *dà*!

Ce mot signifioit *certainement*, dans la Langue Grecque ; & s'écrivoit *dè* dans le dialecte Attique.

Il doit son origine à la nature

même de la dentale *D* qui la rend propre à appuyer, à affirmer.

DADA, cheval : les Poëtes du siécle dernier ne se faisoient pas scrupule d'employer ce mot. On en trouve des exemples dans MÉNAGE, qui cependant n'a pu découvrir son étymologie. C'est une imitation du bruit que fait le cheval, en marchant.

D A G.

DAGUE, espéce d'épée dont on se servoit anciennement.

DAGUER, *vieux Fr.* donner un coup de dague.

Ce mot est Celte, Gallois, Irlandois, Bas-Breton, Theuton, Valdois, Basque, Oriental, &c.

En Japonois, *Tach* est le nom de l'épée que portent les Guerriers du premier ordre.

Ce mot a désigné en général *Pointe*; 2°. action de *poindre*, de *piquer*.

De-là une foule de mots ;

DAG, *Dagh*, Montagne, en Turc, en Persan, &c.

DAGUES, le premier bois que porte un Cerf, celui qui *point* le premier.

DAGUETS, Cerfs qui poussent leur premier bois.

En Suéd. *TAGG*, pointe.

Grec. *DAKRY*, larmes ; Lat.

LAKRIMA : d'où :

LARMES, par le changement ordinaire aux Latins de D en L.

LARMOYER.

LARMOYANT.

Cette famille *DAC*, pointe, pointer, piquer, tient à celle de *TAC*, frapper : 2°. clouer.

Elle a formé en Grec la famille *STIGMA*, marque imprimée : d'où :

STIGMATE & STIGMATISER.

DAIS, Lat.-barb. *DAGUM*.

Espéce de toît, de couvert ou de ciel quarré, en étoffe & garni de franges qu'on met sur le trône des Rois ; ou qu'on soutient sur des bâtons, dans des Cérémonies publiques. MONSTRELET, l'appelle *Ciel* : » Si mirent, dit-il, iceux » Prevôt & Echevins, un *Ciel* » bleu couvert de fleurs de Lys » d'or, & le porterent toujours » après par-dessus le chef du Roi.

On a très-bien vu que ce mot tenoit à l'Allemand *DECKE*, couvert, & *DECKEN*, couvrir. Mais l'Allemand lui-même, ainsi que le mot DAIS, viennent de TAG, TEG, couvrir, qui a donné nombre de mots aux Grecs & aux Latins.

D A L.

DALLE, morceau ou tranche de poisson.

DALLE de Saumon, d'Alose.

On dit en Toulousain DARNO, par le changement de L en R.

En Bourgogne, DARNE de mouton, de bœuf &c. pour dire *Tranche*. En Normandie, DELLE signifie une portion de terre.

DALOTS, morceaux de bois percés & disposés en pente, le long du tillac, & qui servent à faire écouler l'eau des pompes, &c.

DALE en Normandie, égout, trou, canal, par où les eaux s'écoulent.

2. DAIL, DAILLE en quelques Provinces & dans Rabelais, la *faulx*. En Lang. DAILLER, faucher.

On a cru que ces mots venoient de l'Anglois *DEALE*, portion : mais l'Anglois & le François tiennent au primitif DAL, TAL, couper, tailler, trancher, dont nous avons fait TAILLE, TAILLER, &c.

DAM, DOM.

DAMAS, étoffes de soie, qui ont pris leur nom de la ville de Damas où elles furent inventées.

2°. Sabres qui doivent leur nom au même lieu.

1. DAM, mal qu'on éprouve ; 2° surtout celui qu'on s'est attiré par sa faute.

Bas-Br. *TAMAL*, *DAMal*, coupable.

DIDAMal, qui n'est pas coupable.

DAMANT, compassion, 2°. plaindre.

Celte, *TAMAN*, blâmer, reprendre, condamner.

DAMNER, déclarer quelqu'un digne des peines éternelles, l'exclure de la compagnie des Saints ; Latin *DAMNO*.

DAMNATION.

2. CONDAMNER, infliger une peine à quelqu'un : 2°. désapprouver sa conduite, Lat. *CONDEMNO*.

CONDAMNATION.

CONDAMNABLE.

CONDAMNÉ.

3. DOMAGE, perte, mal qu'on éprouve, 2°. qu'on cause, &c.

DOMAGEABLE, nuisible.

ENDOMAGER, nuire à une chose, lui causer de la perte, du déchet.

4. DANGER, Lat. barb. *DANGERIUM*.

1°. Tout ce qui étoit sujet à confiscation, tels que les fiefs, dont on ne pouvoit prendre possession sans avoir rendu l'hommage dû au Seigneur ; 2°. tout ce à quoi on ne peut toucher qu'à son *dam*.

En termes d'Eaux & Forêts, on appelloit DANGER, le droit du Roi sur les Forêts, auxquelles on ne peut toucher sans l'aveu du Roi ou de ses préposés, à moins que d'encourir *tiers & danger*.

Ces mots, auxquels Ménage renvoie sous le mot *Danger* & qu'il a omis, apartiennent à la Coutume de Normandie, par laquelle le Roi avoit sur la vente de toute forêt 1°. un tiers, & ensuite deux sols pour livre, soit le dixième ; c'est-à-dire 26 sous sur 60. C'est ce dixième qui étoit appellé *danger*, parce qu'on perdoit sa vente entiere quand on n'avoit pas obtenu la permission de la faire au moyen de ce dixiéme.

Le mot DANGER est le Latin barbare,

DAMNIETAS, qui se trouve dans les Loix Lombardes, dans les formules de Marculfe, &c.

Les Peuples Barbares qui renverserent l'Empire Romain, appelloient DAMNUM, toute terre dans laquelle on ne pouvoit entrer sans être exposé à une amende.

DANGEREUX, où il y a du danger ; 2°. homme à craindre.

DANGEREUSEMENT, en danger.

DAN.

DANDINER, se dandiner ; avoir une démarche mal assurée, en sorte que le corps se porte tantôt en avant, tantôt en arriére. C'est une expression figurée empruntée du son de la cloche, dont le battant fait entendre, *din*, *dan*, *dan*, *din*, en se mouvant en tout sens.

DANSE, suite de mouvemens, de pas rapides & en cadence.

DANSEUR, DANSEUSE. DANSER.

CONTREDANSE, danses légeres & qu'on varie à volonté.

Angl. *Country-Danses*, Danses ou Branles de Campagne.

Ce mot est commun à la plûpart des Langues d'Europe : il peut être venu de la Langue Grecque, mais non du mot *Thiasai*, danser : c'est prendre les collatéraux pour les ancêtres ; faute si ordinaire à la vérité aux Etymologistes, que celle-ci n'a rien d'étonnant. Les Grecs disoient THAAZO, pour danser ; de *Thaaz*, en le nasalant, vint *Thanse*, danse en Allemand, & notre mot *danse* qui se trouve dans les Dialectes existans de la Langue Celtique.

DAR.

DARD, arme pointue.

DARDER, lancer un dard.

DARDEUR, qui lance un dard, qui harpone.

Ces mots viennent du primitif *DAR*, pointe.

DARTRE, mal qui se forme à la peau, & qui cause des démangeaisons.

Du Celte *DAR*, feu ; 2°. pointe, aiguillon.

Bas-Bret. DARVOEDEN, dartre.

DARIVEIN, cuire.

Vieux Fr. DARIOLE, gâteau.

Les DARIOLES d'Amiens étoient célèbres.

MÉNAGE n'a pu découvrir l'origine de ce mot.

On en fit DARIOLETTE, nom des Soubrettes ou Confidentes dans les Romans & dans les piéces Dramatiques.

D A U.

DAUBE, viande qu'on fait cuire avec des épices & en étuvée après l'avoir battue pour l'attendrir.

DAUBER une personne, la battre de la langue, la railler, lui tomber sus par ses discours.

Ces mots appartiennent au primitif *top*, *taub*, frapper, battre.

DAVIER, instrument à pince qui sert à arracher les dents. Ce mot appartient au Dictionnaire des Arts; mais comme nos Etymologistes se sont occupés inutilement de son origine, & qu'il est très-énergique, on ne sera sans doute pas fâché de voir ici son étymologie; car on ne regardera pas pour bonne celle de *Le Duchat*, qui le dérivoit de l'Allemand *taube*, pigeon.

Il vient du Celte *DAF*, main; en Gallois *Adaf*.

D E N.

DENT, os attenant à la mâchoire & qui sert à broyer les alimens.

Ce mot est emprunté du ton même que les dents servent à former : il ne pouvoit être mieux choisi : de-là ces mots,

DENTÉ, qui a des dents.

DENTELÉ, ouvrage dont le bord est fait en forme de dents.

DENTELURE.

EDENTÉ, sans dents.

D E U.

DEUX, seconde unité : ce mot est le Celte DAU, Dou, le Lat. *DUO*, prononcé Dovo; le Gr. *DUO*, &c.

De ce mot sont nés une multitude d'autres.

1. DUO, Concert de deux voix, de deux instrumens.

DUEL; 1°. le nombre de deux : 2°. Combat de deux personnes.

DUUMVIRAT, Magistrature composée de deux personnes qui présidoient aux Colonies Romaines; comme les deux Consuls à Rome.

2. DUPLICITÉ, caractere double, caractere de celui qui promet une chose, qui en trame une autre. Il est comme un composé de deux personnes différentes de discours & de conduite.

DOUBLE, Lat. *DUPLEX*, ce qui a deux plis; 2°. ce qui vaut une fois autant; 3°. qui a un caractere trompeur, faux; 4°. ce qui est répété, &c.

DOUBLER, mettre une fois autant; 2°. augmenter; 3°. mettre une étoffe sur une autre.

DOUBLURE, étoffe qui en double une autre.

DOUBLEMENT, au double; 2°. action de doubler.

DOUBLON, espéce de monnoie qui vaut le double d'une autre.

3. DOUTE, Lat. *DU-BIUM*, mot-à-mot, qui se partage en deux; où il y a deux voies, deux chemins; 2°. incertitude, irrésolution.

DOUTEUX, incertain, irrésolu.
DOUTER, être en suspens, être incertain.
4. DOUZE, altération de *DUO-DECEM*, deux & dix.
DOUZAINE.
DOUZAIN.

Composés.

DEUX, prononcé en Grec & en Lat. *DI*, a formé les mots suivans :
DIVISER, de *DIS*, deux, & *IDUO*, partager.
DIVISION, partage.
DIVISIBLE, qu'on peut partager.
DIVISEUR, qui partage.
DI-PHTONGUE, qui est composé de deux sons; ou d'un son double, mixte.
DIPTYQUES, tablette ou registre public sur lequel on inscrivoit les noms des Consuls, des Magistrats, des Évêques, &c; des mots *dis*, deux, & *ptyssô*, plier.
Ils étoient formés de deux feuillets.
DIPLOME, charte, écrit du Prince avec son sceau; du Grec *Diploos*, double; parce qu'on les plioit en deux.
DIPLOMATIQUE, Art de connoître & de déchiffrer les anciennes Chartes.
DISTIQUES, Sentence composée de deux vers. Ce mot vient des deux mots Grecs, *di*, deux, & *stoikhos*, rang, ligne.

D I.

DI, lumiere, jour, mot primitif; Lat. *DI-E*, Bas-Br. *DI*, Irl. & Basq. *DIA*.
DIANE, battre la *Diane*, signifioit battre la caisse au point du jour, à la lumiere de Diane.
Ce nom de la Lune étoit bien choisi.

Iº. DIEU.

DIEU, Lat. *DEUS*, Gr. *THEOS*. Gall. *DHEW*; l'Auteur de tout ce qui existe, parce qu'il est LUMIERE, & source de toute lumiere.
DÉESSE.
DÉITÉ, Divinité.
DÉIFIER, mettre au rang des Dieux.
DÉISTE, qui n'admet que la Religion Naturelle.
DIVIN, qui a les qualités de Dieu, qui est parfait comme le jour.
DIVINITÉ.
ADIEU, phrase elliptique, qui signifie, *je vous recommande à Dieu*.

II. Jour

DIURNE, révolution d'un jour.
DEVIN, qui voit clair dans l'avenir.
DEVINER, prévoir l'avenir.
DIVINATION, art de prévoir l'avenir.

III. Dire, mettre au jour.

1º. DIRE, mettre au jour sa pensée par la parole.
DIS, mets au jour.
DISANT, qui dit. DISTUR.

DIT, qu'on a mis au jour par la parole.

2°. DÉDIRE, rétracter ce qu'on a dit.

DÉDIT, rétractation.

CONTREDIRE, dire le contraire de ce qu'un autre avance.

REDIRE, dire de nouveau.

3°. DICTION, élocution, maniere dont on s'exprime.

DICTIONNAIRE, recueil des mots d'une langue avec leur explication.

DICTON, proverbe, sentence qui a cours parmi le peuple.

4°. DICTER, écrire par la main d'un autre, en prononçant ce qu'il doit coucher par écrit ; 2°. suggérer à quelqu'un ce qu'il doit dire, ce qu'il doit faire.

DICTÉE, action de dicter ; 2°. ce qui a été dicté.

DICTAMEN, suggestion de la conscience, ce qu'elle doit faire.

DICTATEUR, souverain Magistrat de Rome, qui dictoit, qui ordonnoit dans les dangers ce qui étoit nécessaire pour en sortir. 2°. Celui qui s'arroge quelque empire sur les Lettres.

5. ÉDIT, Ordonnance solemnelle du Roi, relativement à l'Etat.

6°. ÉDITION, impression d'un ouvrage, sa publication par l'Imprimerie.

ÉDITEUR, celui qui dirige une édition.

7°. ABDIQUER, renoncer à une dignité, à la Couronne.

ABDICATION.

REVENDIQUER, reclamer la possession d'une chose ; 2°. faire valoir ses droits sur un bien.

IV. Dix.

1. DIX, Nombre égal à celui des doigts ; c'est le premier qui s'écrit avec deux caracteres, l'*unité* & le *zero* ; & c'est le dernier des nombres ; car lorsqu'on est arrivé à dix, on recommence. Ainsi l'Arithmétique elle-même est prise dans la nature.

Ce mot DIX n'est qu'une altération du mot primitif DEK, ou DEC, qui signifia DIX, & dont les Grecs firent *DEKA*, tandis que les Latins en firent *DECEM*.

Aucun mot n'a peut-être éprouvé plus d'altérations dans notre Langue ; il y paroît sous nombre de formes, sous celles de *di*, *dim*, *deci*, *deca*, *dex*, *doi*, &c. En voici les preuves.

DIXAINE, dix unités.

DIZAIN, morceau de poésie composé de dix vers ; 2°. un dizain de Chapelet, dix grains séparés par un plus gros.

2. DÉCIMES, la dixieme partie d'un objet ; 2°. espéce de dîme que le Roi perçoit du Clergé.

DÉCIMAL, Arithmétique qui procéde par dix.

DÉCIMATEUR, qui a droit de lever les dîmes comme le Seigneur.

DÉCIMER,

DÉCIMER, tirer au sort le dixiéme Soldat pour le faire mourir.

3. DÎME, anciennement DIXME, le dixiéme des biens de la terre, perçu par les Seigneurs ou par les Ecclésiastiques.

DÎMERIE, terroir assujetti à la dîme.
DÎMER, lever la dîme.
DÎMEUR, qui léve la dîme.

4. DÉCURIE, corps de dix hommes. 2°. Division des Tribus Romaines de dix en dix Familles.

DÉCURION, Chef d'une de ces divisions en dix Familles.

5. DÉCALOGUE, *mot-à-mot*, les X Paroles, les X Commandemens.

6. DÉCEMBRE, *mot-à-mot*, *dixiéme mois*. Il étoit dans l'origine le dixiéme mois de l'année, étant suivi de Janvier & de Février : mais lorsque ceux-ci furent placés à la tête de l'année, Décembre se trouva le douziéme, & conserva son nom, quoiqu'il ne lui convînt plus.

DÉCEMVIRS, Corps de dix Magistrats Souverains à Rome.

DECENNALES, Fête qui se célébroit tous les dix ans.

V. DENIER.

De DEK, Dix, les Lat. avoient formé le pluriel DECENI, qui s'altéra en DENI, dix, ce qui regarde le nombre dix. De-là :

1. DENIER, en Lat. DENARIUS, parce que dans l'origine, le sol se divisoit en X portions.

Dict. Etymol.

2°. Ce mot qui désigne actuellement la douziéme partie d'un sol, signifie en général l'argent, la monnoie, avoir de beaux deniers comptant.

2. DENRÉE, en Ital. *Derrata*, est une corruption du Lat. Barb. *Denariata, Denerata, Denariada*, tout ce qui se vendoit en détail & par deniers. On lit dans les Statuts de Guillaume, Roi d'Ecosse, c. 37, §. 2 : *Præcipite tiam Dominus Rex quod nullus extraneus mercator... vendat in* Denariatis, *sed in grosso.*

Dans le Testament de JEANNE DE BOURGOGNE, femme de PHILIPPE-LE-LONG, du 17 Août 1319, on lit : » Et donra l'en à » chascun povre qui y sera, deux » deniers (ou deux denrées) de pain.

On en fit le verbe *Adencrer*, convertir une marchandise en deniers.

On transporta ce nom à une piéce de terre qui rapportoit un *denier* de rente.

Il désigna ensuite une marchandise quelconque, dit DU CANGE : ce qui n'est pas juste ; car il est toujours distingué du mot même *marchandise*.

Dans une Charte de PHILIPPE-LE-BEL, de l'an 1309, on lit : » *In* » *loco etiam prædicto & extra, mer-* » *caturas &* Denariatas *suas ven-* » *dere poterunt, consueta solvendo* » *deveria.*

Bb

L'on voit par le Glossaire de Spelman que les Angl. en avoient fait le mot *Denariatus*, à la 4ᵉ. Déclin. On y voit cette expression singuliere : *Omnis qui habuerit 30 Denariatus vivæ pecuniæ* : pour dire, quiconque aura 30 animaux pour denrée.

V. Doigt.

1. DOIGT, Lat. *DIGITUS*, Gr. *DACTYLOS*. Ce mot a la même origine que celui de *DIX*. Les noms de *DIX* & des *DOIGTS* ont été faits l'un sur l'autre. Ce dernier doit être antérieur à celui de *DIX*, qui signifioit mot-à-mot les *DOIGTS*.

2. DEXTÉRITÉ, adresse dans les doigts.

DEXTRE, vieux Fr. Lat. *DEXTERA*, la main droite.

DROITE, mot qui a pris la place de DEXTRE, & qui n'en est qu'une altération : par le déplacement de la Lettre *R* qu'on a fait passer dans la premiere syllabe, & par le changement de prononciation de E en OI. De-là :

ADROIT, qui est habile à employer ses doigts.

ADRESSE, habileté à se servir de ses doigts.

VI. Indice.

De DEK, doigt, les Grecs firent *DEIKÓ*, montrer & les Latins *Indico*, dont nous avons fait,

INDICE, objet qui montre.

INDIQUER, montrer, donner des renseignemens pour trouver.

INDICATION.

VII. Enseigner.

De-là vint le Latin *DOCEO*, enseigner, montrer ; d'où sont dérivés les mots suivans :

1. DOC-TE, qui est savant, qui peut montrer le chemin aux autres.

DOCTEUR, qui a le droit de montrer le chemin, d'enseigner.

DOCTORAL ; *ton doctoral*, &c.

DOCTRINE, science, corps de choses à savoir.

2. DOC-ILE, qui se prête à ce qu'on lui enseigne.

DOCILITÉ,

INDOCILE.

DOCUMENT, monument instructif.

3. DOGME, précepte, instruction religieuse.

DOGMATISER, répandre ses opinions ; Grec, DOGMA : de la même origine que DEIKÓ, montrer ; d'où DOKEÓ, croire, penser.

De DEIC, montrer, les Grecs firent *DEIKSÓ*, & les Latins *DEISCÓ, DISCO*, montrer, enseigner, apprendre : d'où :

4. DISCIPLE, celui qui est enseigné.

DISCIPLINE, instruction ; 2°. correction : 3°. ce avec quoi on corrige.

DISCIPLINER, former une troupe & établir le plus grand ordre parmi elle.

VIII. Décence.

De DEK, dix, ou de *DEIKÔ*, montrer, les Latins firent *DEC-ET*, mot-à-mot, ce qui est montrable, état dans lequel on peut se montrer : de-là :

1. Décent, ce qui est convenable, ce avec quoi on peut paroître, se montrer.

Décence, 1°. état convenable dans lequel on peut paroître : 2°. égards dus au Public : 3°. ce qu'on se doit à soi-même.

Décemment, d'une maniere convenable, sous laquelle on peut se montrer.

In-décent.

In-décence.

Les Latins en firent *DECUS*, *DECORE*, ornement, honneur, éclat, ce qui reléve une personne : de-là :

2. Décoré, qui est revêtu de marques extérieures, qui relévent.

Décoration, magnificence, faste. 2°. Peintures qui relévent un Théâtre.

Décorateur, qui peint des décorations.

Décorer, revêtir quelqu'un d'un titre, de marques d'honneur, qui le distinguent.

IX.

Doyen, le chef d'une troupe, le plus âgé d'un Corps ; 2°. Chef d'un Chapitre.

Ce mot est une altération du Latin *DECANUS*, Chef de Dixaines.

Les Egyptiens avoient 36 Divinités, appellées *DECANS*, qui présidoient chacune à dix jours de l'année.

Doyenné, qualité de Doyen : 2°. Terre ou jurisdiction qui reléve du Doyen d'un Chapitre.

X.

Dé, à coudre, *vieux Fr.* Deil, Déel, &c. En Langued. *DIDAU*, *DIDAL*, &c. Du Latin *DIGITALE* ; de *DIGITUS*, Doigt.

Dans quelques Provinces, Deau.

D I.

Digue, terres & chaussées qu'on éléve pour résister aux eaux & les contenir dans leur lit.

On a dérivé ce mot du Flamand *DIIC*, une digue ; du Grec *TEIKHOS*, mur ; de l'Allemand *TEICH*, chaussée, digue.

Mais tous ces mots sont des dérivés d'une même source. De celle qui a formé le Celte *DICH*, fort, puissant ; & l'Allemand *DICK*, gros, épais ; *DICHT*, 1°. solide, serré, joint : 2°. tissu ferme.

D O M.

Don, Dum, Dyn, &c. Elevé, qui domine.

DOM, Dun, &c. désigne en Celte.

en Grec, &c. 1°. Elévation; 2°. Puissance, &c.

I. Seigneur.

1. DOM, Seigneur, en Latin *DOMINUS*.

On a prononcé également en Celte DAM, Seigneur : d'où,

DAME, DAM, Seigneur, *en vieux François*, titre qu'on donnoit également à Dieu & aux Rois. On disoit DAME DIEX, DAM EL DIEX, *Seigneur Dieu*.

Mot qui est resté dans l'expression provinciale DAMEOUI.

DAMOISEAU & DAMOISEL, autrefois titre de dignité; nom qu'on donnoit en particulier aux enfans des grandes Maisons, aux fils des Chevaliers.

FROISSARD dit que le *Roi d'Angleterre fit reconnoitre le* Damoisel Richard, *estre Roy après son deceds*.

Ce nom signifia ensuite un jeune homme civil & galant.

Et enfin des jeunes gens qui ne songeoient qu'à faire leur cour aux femmes, & à se friser & se farder comme elles.

VIDAME, titre de dignité ; celui qui représentoit l'Evêque & tenoit sa place, en tant que Seigneur temporel : il gouvernoit ses biens temporels & rendoit la justice. Dans la suite, ces Vidamies devinrent en plusieurs endroits héréditaires & des biens patrimoniaux. Et les Vidames furent de grands Seigneurs: tels le Vidame d'Amiens, celui de Chartres, &c.

Vidame signifie mot-à-mot, *Vice-Dame*, Vice-Seigneur.

DAMERET, synonyme de damoiseau, qui fait le beau & le doucereux. Boileau a employé ce mot dans son Art Poétique : mais il n'est plus d'usage.

2. DAME, femme du Seigneur, du Maître.

2°. Nom des Abbesses & des Religieuses Professes, des Chanoinesses,&c. comme DOM est le nom des Bénédictins, &c.

3°. Nom des Filles de Roi.

4°. Nom des pièces avec lesquelles on joue au trictrac & au jeu de Dames.

5°. Et de la Reine, au jeu d'échets, & dans les jeux de cartes.

DEMOISELLE & autrefois DAMOISELLE, titre des filles de qualité ; 2°. & en général de toute personne du sexe, d'un état tant-soit-peu distingué & qui n'est pas mariée.

Ce mot a quelques autres significations, qui prouvent que les Langues Orientales ne sont pas les seules où un seul mot réunisse plusieurs sens très différens ; & qu'on pourroit également accuser la Langue Françoise d'être équivoque, si ces sortes d'accusations étoient vraies. On a déja vu d'ailleurs que la Langue Françoise est accoûtumée à charger un même mot d'un grand nombre de sens différens ; & que l'habitude nous empêche de nous en appercevoir.

II.
Dominer.

1. DOMINER, territoire sur lequel on domine.

DOMINER, 1°. être élevé sur d'autres objets ; *les Montagnes dominent sur les Plaines.* 2°. Être élevé en puissance, avoir un empire, &c.

DOMINATION, empire, souveraineté.

DOMINANT, *Religion dominante*, celle qui prévaut.

DOMINO, habillement qui se met par-dessus tous les autres.

PRÉ-DOMINER, l'emporter sur les autres.

PRÉ-DOMINANT.

2. DOMPTER, Lat. *DOMO*, Grec *DAMAÔ*, réduire sous son empire.

INDOMPTABLE, INDOMPTÉ.

3. Les Latins en firent le mot *DOMUS*, maison du Maître, lieu où il régne : de-là :

DOMESTIQUES, les gens du Maître.

DOMESTICITÉ, qualité de domestique.

DOMESTIQUE, qui se passe dans l'intérieur ; *chagrin domestique.*

DOMICILE, logis où l'on fait sa demeure ordinaire. Une personne peut avoir quatre sortes de domiciles ; domicile de naissance, domicile légal, domicile de choix & domicile actuel.

DOMICILIÉ, qui habite journellement en un lieu.

III.
Objets élevés, gros, &c.

DONDON, *comme on diroit* gros-gros. *Une grosse* DONDON.

DÔME, portion élevée & en rond d'un grand édifice, d'une Eglise, d'un Palais.

DONJON, autrefois DONGEON, Tour au milieu d'une forteresse & qui domine sur toutes ses parties ; 2°. lieu élevé au haut d'une maison.

Ce nom est célèbre dans nos anciens Romans : il est passé hors d'usage avec les vieux Châteaux.

DAMES, digues d'un canal, & revêtues de gazon.

DAMELOPRE, bâtiment avec lequel on navigue sur les canaux en Hollande. Le *R* est ici ajouté, à la Françoise.

Ces deux mots sont Flamands, mais venus de la même origine que *DOM*.

DUNES, coteaux de sable qui dominent sur les bords de la mer.

DUNETTE, étage le plus élevé de l'arriére du Vaisseau, où se tient le Pilote. En Irl. *DINN*, montagne.

IV.

DIMANCHE, le jour du Seigneur. Ce mot est un exemple frappant de la maniere dont nous avons altéré la plûpart de nos mots. Dimanche a remplacé *Dimainche, Dimainge, Dominge, Domincke*, nom formé du Latin DOMINICA *Dies*, jour du Seigneur.

DOMINICALE (Oraifon) la priere du Seigneur.

DOMINICALE (Lettre,) celle qui dans l'Almanach marque le Dimanche pour toute l'année.

Prêcher les *Dominicales*, c'eft prêcher les textes qui font marqués pour chaque Dimanche.

V.

De DOM, les Efpagnols font DON, DONNA, & DUEGNA.

Les Grecs en firent DUN, qu'ils prononcerent également DYN; de-là nos mots,

DYNASTIE, famille de Rois, de *Dynaſtes*.

DYNAMIQUE, fcience des DYN, des *Forces*. Leur mot DUNÉ, force, puiffance, fe rapproche fort de notre mot DUNES.

VI. Dignité.

De DIN, élevé, haut, les Latins firent DIGNUS, d'où font venus,

1. DIGNITÉ, place élevée, éminente.

DIGNE, *au phyſique*, celui qui eſt élevé par fa naiſſance & par les qualités: 2°. celui qui mérite une place diſtinguée, une diſtinction; 3°. qui mérite quelque choſe, blâme ou louange.

DIGNEMENT, avec nobleſſe, d'une maniere qui mérite louange.

DIGNITAIRE.

INDIGNE. INDIGNEMENT. INDIGNITÉ.

2. DAIGNER, 1°. élever une perſonne juſqu'à ſoi: 2°. avoir des égards pour un inférieur; 3°. le recevoir favorablement.

DÉDAIN, mépris.

DÉDAIGNER, mépriſer, regarder au-deſſous de ſoi.

IN-DIGNATION, ſentiment qu'on éprouve à la vue d'une choſe indigne.

S'INDIGNER, être révolté d'une choſe indigne; 2°. ſentir ſa dignité révoltée.

DON.

DAN, THAN, DA, Don.

I.

1. DON, préſent, action de faire un préſent, de donner.

Ce mot eſt Celte & Latin, où il ſe prononce DON. Grec, en DAN; Hébreu, en THAN; Latin, en DA, &c.

DA, eſt le ſimple: en ſe naſalant, il fit DAN & DON: l'A & l'O ſe ſubſtituant ſans ceſſe l'un à l'autre.

Gr. DANOS, préſent.

Lat. DO, je donne; DA, donne: DONUM, don.

Gall. DONIO, donner; DAWN, préſent.

DONNER, faire préſent.

DONATION, donner par contrat ou par teſtament.

DONATEUR, qui a fait une donation.

2. S'ADONNER à une chose, s'y appliquer de toutes ses forces, s'y livrer entiérement.

II.

1. DOT, ce qu'on donne à une fille en mariage.

DOTER, donner une dot.

DOUAIRE, dot d'une veuve.

2. DOUÉ, qui a reçu en don de la nature, &c. qui possede telle & telle qualité.

DOUER, donner en don des qualités à quelqu'un.

3. DOSE, mesure dans laquelle on doit donner un reméde; 2°. mesure d'esprit, d'intelligence, dont on est doué.

3. ANTI-DOTE, ce qu'on donne contre un poison.

III.

Du Latin *DA*, donne, *DATus*, donné, nous avons fait,

DATE, nombre qui marque le jour auquel une Lettre, un écrit, un contrat a été donné, *datus*; où on l'a fait paroître.

DATER, marquer l'époque.

DATERIE, Bureau à Rome où l'on date les expéditions de la Cour de Rome.

DATAIRE, Chancelier de Rome.

DATIF, cas Latin qui marque le terme, l'objet auquel se rapporte le don qu'on fait.

IV.

Du Latin *DEDI*, j'ai donné, sont venus,

1°. DÉDICACE, consécration d'une Eglise; 2°. d'un ouvrage, d'un Livre, &c. en les faisant paroître sous le nom d'une personne à laquelle on les adresse.

Épitre DÉDICATOIRE.

DÉDIER, consacrer; 2°. adresser; 3°. destiner.

2°. ADDITION, 1°. *mot-à-mot*, don ajouté à un autre; 2°. chose ajoutée; 3°. régle d'Arithmétique qui apprend à ajouter plusieurs nombres les uns aux autres.

DEU.

DEU, DU, DW, signifia *noir* dans toutes les anciennes Langues; 2°. malheureux, infortuné; 3°. sombre, obscur.

Ce mot, source d'une multitude d'autres, a produit dans la nôtre,

ENDEVER, être d'une humeur noire; 2°. enrager.

DO.

DODO, mot du Dictionnaire de l'enfance. C'est un ton simple & traînant, qui répeté sans cesse, endort naturellement : aussi désigne-t-il le sommeil, l'action de s'endormir. Il paroît être l'origine de *du*, *dou*, qui signifia *noir*, *nuit*, *sommeil*. De-là sont encore venus,

DODINER, bercer un enfant; *mot Normand*.

DODELINER, remuer la tête ; *mot Angevin.*

DODINE, allée & venue du balancier ; *mot d'Horlogerie.*

Le mot DODO peut être formé du Celte *Do*, venir. En Gall. *Doddo-ed*, il eſt venu. C'eſt le ſommeil qu'on appelle ; on a dit *Do, do,* comme on dit en Languedocien, *vengue, vengue ſon,* accours, accours, ſommeil.

DOGUE, eſpèce de chiens venus d'Angleterre, où l'on appelle un chien DOG.

Le chien que nous appellons DOGUE, eſt très-fort, ſaiſit avec feu & ne lâche pas priſe. C'eſt en d'autres Langues, un chien de chaſſe, ces grands chiens qu'on appelloit Moloſſes : en Celte, un *chien* en général.

Ce mot tient donc à la famille TAC, planter, arrêter : *Take* en Anglois, & *Tacken* en Allemand, prendre, ſaiſir.

DOGUIN, un jeune dogue.

DOL, DOUL.

Les mots en DOL, DOUL, ſont une branche de la racine primitive TOL, TAL, TLA, TUL, qui a déſigné tout ce qui eſt relatif à *l'élévation* ; aux idées *d'élever* & *d'abaiſſer*; d'enlever & de ſupporter. De-là une multitude de familles qui devroient être réunies ſous la Lettre T ; mais afin d'éviter un dérangement auſſi conſidérable & auſſi extraordinaire pour des yeux François, nous rapporterons ici les mots de cette famille, que nous écrivons par un D, à l'imitation des Celtes Occidentaux & des Latins.

I. DOL, affliction.

DOULEUR, ſouffrance, tout mal qu'on ſupporte, auquel on eſt expoſé ; affliction, &c.

DOULOUREUX, qui cauſe de la douleur.

DOULOUREUSEMENT.

En vieux Fr. *ſe doloir, ſe doloſer.*

DOLENT, qui a l'air ſouffrant.

DOLÉANCE, manifeſtation de ſa douleur.

CONDOLÉANCE, manifeſtation de la part qu'on prend à la douleur d'un autre ; témoignages d'une douleur commune.

Vieux Fr. CONDOULOIR.

ENDOLORI, rempli de douleurs, briſé.

2. DEUIL, douleur qu'on reſſent de la perte de quelqu'un.

II. Friponnerie.

DOL, friponnerie, action d'enlever à quelqu'un des choſes qui l'intéreſſoient.

Irland. DOILGHE, qui ſouffre, malade.

DOILGHIOS, douleur, &c.

III. Inſenſibilité.

INDOLENT, inſenſible ; 2°. pareſſeux.

INDOLENCE, pareſſe.

DORLOTER,

DORLOTER, caresser, flatter; *se dorloter*, avoir soin de soi, chercher ses aises.

En *vieux Fr.* DORELOT, enfant gâté.

RABELAIS a employé ce mot dans ce sens : il est encore en usage dans le Poitou.

Du Celte DORLOT, paitrir, couvrir chaudement la pâte, la choyer : d'où, *au figuré*, avoir soin à l'excès d'une personne, la mignarder, &c.

DOS, portion du corps qui s'élève comme une éminence.

Du Celte, DOS, éminence, élevé.

Runique, DOS, colline.

Gall. DOS, préposition augmentative.

Bas-Br. DOSSEN, butte de terre.

Anc. Lat. DOSSUM, puis DORSUM.

Ce mot a l'air d'être une branche de la famille BOS, BOSSE.

On sait que B & D se sont sans cesse mis l'un pour l'autre, & ont formé des familles collatérales.

DOSSIER d'un lit, d'une chaise, où l'on peut reposer le dos, l'appuyer.

ADOSSER, mettre dos contre dos; appuyer contre.

ENDOSSER, mettre sur son dos, sur le corps.

De Do. élevé, gros, nous avons fait,

DODU, qui a de l'embonpoint, gros & gras : on l'applique en badinant à une bourse d'argent : *une bourse dodue*.

DOUVES, longues pièces courbes, & qui disposées en rond, forment le corps des tonneaux, des futailles, &c.

En Lat. *Asser doliaris*; de DOLIUM, Tonneau.

Ces mots viennent du Celte DOL, courbure, pli ; *adj.* sinueux, courbe, &c.

2°. DOUVE, fossé d'un Château ; du même DOL, courbe, creux, lieu bas.

D R I.

1. DRILLE, épithéte qui ne regarde que des gens de bas états; *un bon Drille, un mauvais Drille*.

WACHTER, a cru qu'il venoit de l'Allemand TRILL, esclave ; 2°. serviteur.

MÉNAGE le dérivoit à sa maniere du mot *Soldat*, en disant *Soldarius, Soldarillus, Soudrille, Drille*.

Ce mot paroît tenir aux suivans, dont les Etymologistes n'ont rien dit.

2. DRILLES, chiffons de toile de chanvre ou de lin, qu'on employe dans les Papeteries.

DRILLIER, qui ramasse les vieux chiffons.

C'est le Celte DRAILH, coupeaux, morceaux.

Bas-Br. DRAILHACH, guenille.

DREL, rustique, crasseux, fripon.
Gall. DRILL, morceau.
DRYLLIO, déchirer, mettre en lambeaux.
DRYLLIOG, couvert de lambeaux.
Bas-Br. DRUILLA, découper, mettre en petits morceaux.
De-là,

3. DROLÉES, dans quelques Provinces, les petites choses ; les morceaux qu'on se réserve, en faisant un bail.

Fr. Comt. DROLERIES, de petites choses, de jolies choses.

DRÔLE, amusant, divertissant ; 2°. un éveillé, un fripon.

DRÔLERIE, plaisanterie, tour d'adresse, chose amusante.

DROGUE, tout ce qui sert à purger, toute espéce de médicament ; 2°. choses de peu de valeur, de peu de prix, mauvaises étoffes.

DROGUISTE, qui vend des drogues.

DROGUER, donner des drogues.

Se DROGUER, prendre sans cesse des drogues.

Ce sont des dérivés du Celte.

DRWG, DROG, mauvais ; 2°. méchant.

DRU, épais, abondant ; 2°. fort, véhément, impétueux ; 3°. constant, ferme, fidéle, cher.

L'herbe étoit haute & drue.
Ils tombent dru & menu comme mouches.

On a cru, mal-à-propos, que ce mot étoit venu de l'Italien ou de l'Allemand, parce qu'il est commun à ces deux Langues ; se disant *drudo* dans la premiere, & *draw* dans la seconde ; mais ils viennent tous du Celte DER, DERU, DRU, signifiant ; 1°. fort, violent ; 2°. abondant, 3°. beaucoup : & qui a produit une foule de dérivés, entre lesquels,

DERV, DERW, chêne, à cause de sa force ; 2°. forêt, à cause de la multitude de ses arbres. D'où,
DRUIDES.

I I.

De DER, prononcé DEUR, DUR, vint,

1. DUR, Lat. DURUS, fort, violent ; 2°. sévere ; austere ; 3°. opiniâtre, qui résiste. Notre mot *dur* a presque toutes ces significations ; un *homme* dur est austere, sévere, résistant ; un *corps* dur est fort & résistant.
DURETÉ.
DURILLON.
DUREMENT.
ENDURER, souffrir patiemment des duretés.
ENDURANT.
2. DURCIR, rendre dur.
ENDURCIR.
ENDURCISSEMENT
3. DURER, persévérer, continuer d'être, résister aux efforts du tems.
DURÉE, continuation d'existence.
DURANT, tandis que l'objet existe encore.

DUC.

DUC, mot primitif, qui a désigné l'idée de conduire, de montrer le chemin, d'être à la tête, & qui tient à *DEK*, Doigt, Indice, &c.

Celte, *Duc*, *Tog*, Commandant ; Lat. *Dux* ; Theuton *Tog* ; d'où,

Duc, nom de dignité ; 1°. celui qui commandoit une Armée ; 2°. celui qui en qualité de Général d'Armée, avoit un grand Gouvernement appellé *Duché* ; 3°. ce Gouverneur devenu maître de son Duché, & le faisant passer à ses enfans comme une propriété, comme un patrimoine. 4°. &c.

Duchesse, femme d'un Duc.
Duché, terres d'un Duc.
Ducal, qui appartient à un Duc.
Archiduc, qui est au-dessus des Ducs ; Duc par excellence.
Archiduchesse, femme d'un Archiduc.
Archiduché.
Grand-Duc.

Verbe & Nom.

Island. *Eg Toka*, je conduis, je tire.
Gall. *Togen*, conduire.
Franc. *Toghen*, conduire.
Angl. *To Tugge*, *To Towe*, entraîner avec force, tirer.
Teut. *Her-tog*, } Général, mot-à-mot, Chef de Guerre.
Allem. *Her-zog*, }

Baxter a très-bien vu ces rapports dans ses Antiquités Britanniques.

All. *Zug*, trait.
Angl. *Token*, enseigne.
Dug, fossoyé.
Celt. *Doga*, fossé ; ils servent à conduire les eaux.
Vieux Fr. *Doit*, conduit, réservoir ; en Anjou *Douet*.

Dousil, Lat. Barb. *Duciolum*, fausset par lequel on tire du vin.

Doge, Chef de la République de Venise & de celle de Gênes.

Ducat, Monnoie qui tire son nom de ce qu'elle étoit frappée par ordre des Ducs de Hollande, des Doges de Venise, &c.

Composés.

Aqueduc, conduite d'eau.
Conduire, mener, être le conducteur.
Conduit.
Conducteur, Conductrice.
Econduire, renvoyer sans rien accorder.
Déduire, discuter ; 2°. ôter de ligne, de rang.
Déduction.
Education, action d'élever.
Éduquer.
Enduire, Enduit.
Induire, entraîner dans.
Induction.
Introduire, faire entrer dans.
Introducteur.
Introduction.

SÉDUIRE, entraîner à part & hors du bon chemin.

SÉDUCTION, SÉDUCTEUR, SÉDUCTRICE.

RÉDUIRE, ramener au devoir.

RÉDUCTION.

DUVET, les plumes douces & molles qui couvrent les oiseaux, & qui sont très-serrées.

En Poitevin & en Norm. DU-MET.

L'Empereur FREDERIC II, dans son ouvrage sur la Venerie, l'appelle DUMA.

Ce mot, prononcé DUM, DUV, tient donc à DUF, TUF, TOUF, qui désigne tout ce qui est serré & épais, tout ce qui est *touffu*.

MOTS COMMUNS AUX FRANÇOIS ET AUX LATINS

ou *NÉS DU LATIN*.

DA

DAIM, Lat. *DAMA*, espéce de cerf.

DAINE, femelle du DAIM.

Ce mot doit être Celte; car en Ecossois DAV, signifie cerf.

DAUPHIN, Lat. *DELPHINUS*, poisson de mer; 2°. constellation; 3°. titre des Fils aînés des Rois de France, & anciennement de quelques autres Seigneurs. Le Dauphin étoit leurs Armoiries.

DE

DE, Préposition qui marque l'origine, & qui s'est ensuite chargée de quelques significations subordonnées à celle-là : c'est le Lat. *DE*, qui offre les mêmes sens. Elle entre dans un grand nombre de composés.

DE

COMPOSÉS.

DANS, pour *D'EN*. Il est *dans*, pour dire *il est allé d'ici en ce lieu*.

DE-DANS; c'est un composé de *DE* & *DANS* : il s'emploie sans être suivi d'un nom; au lieu que *dans* en a toujours un à sa suite.

DEVOIR, autrefois DEBVOIR, est le Lat. *DEBERE*, composé de *DE* & *ABERE*, *avoir ou tenir de quelqu'un*. De-là :

DETTE ou DEBTE, ce qu'on doit.

DÉBITEUR, qui doit.

S'ENDETTER, contracter des dettes.

DÉBITER, *mot-à-mot*, *de-avoir*; n'avoir plus, avoir tout vendu.

DÉBIT.

DÉ-BAUCHE, Lat. *DEBACCHARI*,

s'enyvrer ; formé de BACCHUS, désignant le vin.

DÉ-CHIRER, mettre en piéces ; d'un mot Celte, qui s'est prononcé suivant les peuples, SKID, SKIZ, SKEID, KIR. De-là :
- L'Allem. SCHEIDEN, partager, couper.
- L'Angl. SHIRE, Comté, *mot-à-mot*, CANTON.
- Grec. SKIZÓ, déchirer.
- Lat. SCISSUS, déchiré.
- Et en le nazalant, SCINDERE.

DÉ-COMBRES, ruines, débris ; de la même famille qu'ENCOMBRE, obstacle, empêchement, arrêt : Ital. *Sgombrare*, enlever des décombres.
- Celt. COMBER, embarras.

DÉ-JA, du Lat. JAM, qui signifie *déja*.

DÉLIRE, rêverie, aliénation d'esprit causée par la fiévre ; Lat. DELIRIUM, de LIRA, Sillon : *voyez Plan général & raisonné*.

DÉLUGE, Lat. DILUVIUM ; de LUO, laver, mouiller, inonder.

DEMAIN, de DE & du Lat. MANE, le matin, le bon-jour.

DERECHEF, de nouveau ; ce mot est composé de DE, de RE, marquant réitération, & de CHEF, tête.

DERRIERE, qui est en arriere, en dernier.

DERNIER, celui qui termine la marche.

Le dernier de ces deux mots est une altération du premier : & celui-ci est composé de DE, & du Lat. RETRO, qui est en arriere.

DES-ASTRE, infortune ; *mot-à-mot* ASTRE contraire.

DÉSERT, nud, sans habitans, abandonné ; du Lat. DE-SERO, abandonner, *mot-à-mot*, qu'on ne cultive plus.

DÉSERTER, abandonner.

DÉSERTION.

DÉSERTEUR.

DESIR, Lat. DESIDERIUM.

DÉSIRER, Lat. DESIDERARE.

CONSIDÉRER, Latin CONSIDERARE.

CONSIDÉRATION, Lat. CONSIDERATIO.

CONSIDÉRABLE, Lat. CONSIDERABILIS.

Tous ces mots viennent de SIDUS, abl. SIDERE, Astre.

CONSIDÉRER, c'est observer les Astres pour en tirer quelque augure.

DÉSIRER, c'est souhaiter le retour d'un Astre favorable.

DONC, Ital. DONQUE ; du Latin TUNC.

DONT, Lat. DE-UNDE, Italien DONDE ; d'où.

DORÉ, couvert d'or ; de DE & OR ; Lat. AURUM.

DORURE, DOREUR, &c.

DORÉNAVANT ; ce mot est composé de ceux-ci, DE-OR-EN-AVANT, de cette heure en avant.

DU est pour DE LE.

D I.

DINER, autrefois DISNER, du Lat. DESINERE, discontinuer son travail.

DISQUE, Lat. DISCUS, plat, bassin, rond.

D O.

DORMIR, Latin DORMIRE, être plongé dans le sommeil.

DORMEUR, DORMEUSE.

DORMANT, eau dormante.

DORTOIR, lieu sur lequel donnent les Cellules où dorment les Religieux.

ENDORMIR, plonger dans le sommeil.

Se RENDORMIR.

DOUX, Lat. DULCIS; Ital. DOLCE; 1°. qui a de la douceur, qui n'est point rude ; mais agréable au toucher, au goût, à l'oreille ; 2°. qui est d'un caractere agréable, aisé & paisible.

DOUCEUR, saveur douce ; 2°. caractere doux.

DOUCEREUX.

DOUCEMENT.

ADOUCIR, rendre plus doux.

ADOUCISSEMENT.

RADOUCIR, faire rentrer dans sa premiere douceur.

Se RADOUCIR, calmer sa colere, &c.

MOTS COMMUNS AUX FRANÇOIS ET AUX GRECS
OU NÉS DE LA LANGUE GRECQUE.

DE

DENSE ; Lat. DENSUS ; Gr. Dasus, épais, épaissi.

DENSITÉ, épaisseur.

CONDENSÉ, air épaissi, vapeurs devenues denses.

DÉMOCRATIE, du Grec Démos, peuple, & KRATIA, puissance.

DÉMOCRATIQUE, Gouvernement populaire.

D I A.

Nous avons plusieurs mots qui commencent par DIA, & qui viennent de la Langue Grecque, dans laquelle DIA est une préposition qui signifie par, à travers.

DI

DIACRE, Gr. DIA-KONOS, Ministre par lequel se fait le service.

DIACONAT, qualité de Diacre.

DIADÈME, mot-à-mot, lien à travers ; bandeau, marque royale.

DIALECTE, Idiome.

DIAMÈTRE, *mot-à-mot*, mesure à travers un cercle.

DIAPHANE, *mot-à-mot*, où l'on voit à travers, transparent.

DIAMANT, corruption du mot ADAMANTE. *Voyez* A.

DIOCÈSE, du Gr. *OIKOS*, maison, *mot-à-mot*, administration, gouvernement.

D R.

DRAGÉES, sucreries en petites boules ; Gr. *TRAGÉMA*.

DRAGEOIR, boëte à dragées.

DRAME, Piéce de Théâtre ; Gr. *DRAMA*.

DRAMATIQUE, ce qui regarde les Piéces de Théâtre.

DRAP, étoffe ; 2°. toile de lit.

Ce mot doit venir du Grec *RAP-Tó*, coudre, former un tissu.

De DRAP, viennent,

DRAPER, DRAPERIE.

DRAPEAU, morceau de linge ; 2°. enseigne d'Infanterie.

MOTS COMMUNS

AUX FRANÇOIS ET AUX ORIENTAUX

OU VENUS DE CEUX-CI.

DE

DEZ à jouer ; Arabe, *DAD*, jeu, sort.

DRAGME, Gr. *DRAKHMÉ*, Hebr. דרכמון, *DaRCMoN*, Dragme, *mot-à-mot*, qui sert pour la route.

DRAGON, Lat. & Gr. *DRAKÓ*; 1°. espéce de SERPENT.

D R

2°. Cavaliers qui se battent à pied & à cheval, & qui avoient pour enseigne un dragon.

C'est un mot Hébreu, du verbe דרך, *DRaK*, fouler aux pieds, se traîner à terre.

ESTRAGON, plante en forme de Dragon.

MOTS FRANÇOIS-CELTES,
OU DÉRIVÉS DU CELTIQUE.

E

LA Lettre E, cinquiéme Lettre de l'Alphabet, se prononce sur le milieu de l'échelle des voyelles; c'est-à-dire, en ouvrant la bouche à moitié. C'est la prononciation la plus douce, relativement aux voyelles; le son même de la respiration. Aussi est-il devenu le nom de l'existence, dont la respiration est elle-même le signe. C'est par la même raison que cette Lettre s'ajoute sans cesse à la tête des mots, seule ou suivie de la lettre S.

De-là, une multitude de mots qui se trouvent dans le Dictionnaire François, sous la lettre E, & qui appartiennent à des Familles qui n'en descendent point. On ne sera donc pas étonné de voir si peu de mots sous cette lettre dans nos Origines Françoises, quoique nos Dictionnaires en offrent un très-grand nombre. Une autre cause diminue considérablement le nombre des mots que nos Dictionnaires renferment sous cette Lettre. E, dans la composition des mots, eut deux valeurs opposées, suivant la place qu'il occupa. A la fin des mots, il désignoit l'existence, la manière d'être. Placé, par exemple, à la fin du mot AIM, ou AM, qui désigne l'amour, E marquoit qu'on étoit l'objet de l'amour des autres. AM-é, AIM-é.

Placé à la tête des mots, E désignoit au contraire presque toujours la privation de l'état désigné par le mot dont il étoit suivi.

Ainsi, E se mettant à la tête du mot TER, qui désignoit l'idée d'*intériorité*, forma le mot EXTÉRieur, qui indique tout objet qui *n'*est pas *entre*, qui est *hors*.

A la tête du mot *CEP*, prendre, il forma le mot EXCEPTer, qui indique l'action de laisser un objet en prenant tous les autres.

De-là, une multitude de mots, qui sont raportés dans nos Dictionnaires à la Lettre E, parce qu'ils commencent par elle; mais qui appartiennent réellement à des Familles classées sous d'autres lettres.

tres. Ainsi, *extérieur* appartient à T, & *excepter* à C.

E, Existence.

E signifia l'existence, dès l'origine du langage : de-là ces mots :

Tu Es, il est ; ÊTRE, anciennement Estre ; Lat. ESSE.

ESSENCE, ce qui constitue un Être.

Ce mot est composé des mots ESSE, être, & ENS, l'être : *mot-à-mot*, ce qui est l'ÊTRE.

ESSENTIEL, ce qui constitue l'essence ; ce qui EST le plus important.

ESSENCES, Huiles de senteur.

COMPOSÉS.

Des mots Latins ENS, l'Être, & ENTIA, la qualité d'être, se sont formés tous ces dérivés :

ABSENCE, l'état d'être éloigné.

ABSENT, qui est éloigné.

S'ABSENTER, s'éloigner d'un lieu.

PRÉSENCE, l'état d'être dans le lieu.

PRÉSENT, qui est dans le lieu.

PRÉSENTER, mettre sous les yeux, mettre devant ; 2°. offrir aux regards avec recommandation, avec amitié, &c.

EAU, un des IV. Élémens ; le liquide.

Il n'appartient à la lettre E que par une orthographe vicieuse, qui emploie trois caracteres pour peindre un O long ; l'O de l'ablatif Latin & du datif Grec & Latin, ou le son Au.

Aussi le mot EAU est-il écrit AU dans l'Orient. Ecrit AB, c'est le premier mot de la Langue des Perses. On en a fait aussi le mot AIVE.

EBE, EBBE, le reflux de la mer, en François, en Anglo-Saxon, en Anglois, Flamand, Danois, &c. EBBEN, retourner.

Ce mot doit venir de E, qui est, & *be*, aller ; *mot-à-mot*, qui s'en retourne.

L'usage qu'on fait de ce mot dans la BRESSE, confirme l'étymologie que nous en donnons. On y appelle EBIES, les petits canaux qu'on y pratique pour faire écouler l'eau des étangs dont ce pays est rempli.

ÉBAUCHER, dégrossir un ouvrage, en tracer les premiers traits.

ÉBAUCHE, ouvrage qu'on n'a pas poli, auquel on n'a pas mis la derniere main. On écrivoit autrefois *éboscher*.

Ce mot vient certainement de BOSC, bois. *Éboscher*, c'étoit ôter le plus gros du bois, dans tout ouvrage de menuiserie.

E C.

Aucun des mots qui commencent par Ec, n'appartiennent à la Lettre E ; nous en rapporterons cependant quelques-uns ici, parce qu'ils sont tous empruntés des Langues étrangeres ; ensorte que les racines n'en existent pas dans notre Langue, & que nous ne saurions, par consé-

Dict. Etym. Dd

quent, les placer commodément ailleurs.

ÉCHANSON, Officier qui verse à boire.

Ce mot est le Latin-Barbare SCANCIO, ESCANCIUS, formé de l'Allemand SCHENKE, qui tous signifient Echanson. SCHENKEN, verser du vin. En Anglo-Sax. SCENC signifie, 1°. action de boire; 2°. boisson. SCENCAN, verser à boire.

C'est un de ces mots que les Européens ont nasalé en si grand nombre; comme HAND, main; LAND, pays, &c.

Il s'est formé du Grec SKEÓ, σχεω, boire, verser. C'est l'Hébreu שקה, qu'on peut lire SHIKHA, boire, arroser; mot également de l'Amérique Méridionale, où l'on appelle CHICA, ou XICA, une espéce de biere qu'on y boit communément.

ÉCHASSES, bâtons avec des traversans, sur lesquels on s'appuie des bras & des pieds, ensorte qu'on est élevé sur terre, & qu'on marche sans la toucher.

Au figuré, Enflure du discours. Un Orateur monté sur des ECHASSES.

Ce mot tient au Latin-Barbare SCATABULATUS, appuyé sur des échasses; & il doit venir du Celte CAT, élevé.

ÉCHERNIR, se moquer, railler; Ital. SCHERNIRE, railler: se moquer, SCHERNO & SCHERZO, raillerie, plaisanterie. C'est l'Allemand SCHERZ, raillerie, jeu. Ces mots paroissent tenir au Latin SCURRA, bouffon, dont l'origine a été inconnue aux Etymologistes Latins. Tous ces mots tiennent à CAR, pointu, piquant. On aura dit SCAR, SCAIR, SCUR, SCHERN, SCHERZ.

ÉCLABOUSSER, faire rejaillir sur quelqu'un de l'eau ou de la boue. *Au fig.* effacer les autres par son faste.

ECLABOUSSÉ. ECLABOUSSURE.

On disoit autrefois ESCHABOTER, pour *éclabousser*.

ESCABOUE, un troupeau.

ESCABOUSSEUR, trompeur, fripon. Ainsi nous avons inséré un L dans ce mot, à notre ordinaire. Ces mots viennent de CHA, écheoir, & de *boue*.

ÉCRASER, détruire en applatissant, en froissant. C'est une onomatopée commune à plusieurs Langues.

ÉCRENE, maisonnette, cabane. En Bourguignon, maisonnettes où l'on s'assemble aux villages pour veiller & filer; elles sont enfoncées en terre & couvertes de fumier, afin qu'on y ait plus chaud. TACITE, dans ses *Mœurs des Germains*, parle de ces souterrains; & dit, qu'ils servoient au même usage, ainsi qu'à renfermer les fruits pour les conserver.

Il en est parlé dans les Loix Saliques, tit. XIV. 1. » Si qui tres » homines ingenuam puellam de » casa aut de SCREONA rapuerint. » *Si trois hommes enlèvent d'une maison ou d'une Ecrene, une jeune fille libre, &c.*

ECCARD, dans son Commentaire sur ces Loix, dérive ce mot de l'Allemand SCHRAGE, en Sax. SCRAT, placé en travers ; le toît des Ecrennes étant composé de piéces placées de cette maniere, pour soutenir ce qui est au-dessus.

Ne vaut-il pas mieux voir dans ce mot un dérivé de la même racine que le mot suivant ?

ECRIN, une boëte, un lieu renfermé ; c'est le Latin *Scrinium*, mot Theuton, Irlandois, &c. d'où l'Allemand *Schranck*, écrin : & qui tient au Celte CREN, rond ; 2°. étable.

La racine de ces mots est donc KAR, KER, KRE, enceinte.

ÉCRIRE.

Autrefois ESCRIRE & ESCRIPRE, tracer des caracteres ou des mots sur le papier avec une plume.

Dans l'origine, on n'écrivoit pas avec cette facilité ; on ne pouvoit le faire que sur des corps durs, & on étoit obligé d'y former de profondes incisions. C'est ce qu'on appelloit GRAVER. Quand on eut trouvé des méthodes plus aisées, les Latins chercherent à distinguer cette espéce de gravure, de toutes les autres ; de-là, leur mot SCRIBERE, qui n'est que le mot graver, fort adouci : & qui a formé ceux-ci :

ÉCRIVAIN, 1°. Maître à écrire ; 2°. celui qui écrit ; 3°. Auteur, celui sur-tout qui écrit dans la Langue vulgaire & sur des objets propres à tous.

ÉCRITURE, ce qui est écrit ; caracteres formés avec la plume.

ÉCRITOIRE, cornet où l'on tient l'encre & les plumes pour écrire. *Les Gens d'Ecritoire.*

ÉCRITEAU, caracteres tracés sur une bande, qu'on applique sur un objet & qui servent d'enseigne ou d'indice relativement à cet objet.

SCRIBE, copiste, Ecrivain : chez les Juifs, ceux qui transcrivoient la Loi & qui l'expliquoient.

COMPOSÉS.

DE-SCRIPTION, représentation d'une chose par les mots.

DÉCRIRE, autrefois DESCRIRE.

CIRCON-SCRIRE, tracer autour, renfermer dans une enceinte.

CIRCONSCRIT.

IN-SCRIRE, mettre au nombre de ceux dont on a déja écrit les noms.

INSCRIPTION, caracteres tracés sur le marbre, ou sur quelque corps solide, pour être exposé en public.

MANU-SCRIT, ouvrage écrit à la main. Ceci s'applique sur-tout aux Livres écrits avant l'invention de l'Imprimerie.

Post-scriptum, *mot-à-mot*, ce qui a été écrit après. Addition à une Lettre qu'on avoit terminée.

Récrire, écrire de nouveau.

Rescrit, réponse faite par un Souverain, &c.

Rescription, Ordonnance pour payer une somme qui a été assignée.

Prescrire, ordonner ce qu'il faut écrire, ce qu'on doit faire, &c.

Prescription, *mot-à-mot*, écrit fait d'avance. C'est le droit qu'on acquiert par une possession non interrompue pendant un certain tems égal à celui qu'on auroit acquis par un contrat fait avant que ce tems se fût écoulé.

Pro-scrire, *mot-à-mot*, écrire touchant, à l'égard; 2°. afficher, mettre un écriteau. Se prenant ensuite en mauvaise part, il ne signifia plus que bannir de la société, mettre la vie à prix.

Proscription, retranchement, suppression à mort.

Souscrire, mettre sa signature au-dessous d'un écrit. *Au fig.* adhérer à une Doctrine. 3°. Consentir à une chose. 4°. Se déclarer acquéreur d'un ouvrage quand il paroîtra & en payer une partie d'avance.

1°. Souscription, signature au bas d'un écrit, d'un contrat. 2°. Concours de personnes pour une entreprise; en particulier pour des productions littéraires.

Souscripteur, 1°. celui qui contribue aux frais d'une entreprise en vertu de sa souscription : 2°. qui se porte pour acquéreur d'un ouvrage annoncé par souscription.

Ces mots pouvoient-ils être omis dans le Monde Primitif, qui n'eût pu paroître sans la belle & flatteuse souscription à laquelle il doit le jour ; & par laquelle on voit à quel point on porte dans ce siécle le goût pour les Lettres ?

Suscription, adresse écrite au-dessus d'une Lettre, sur un paquet, &c.

Transcrire, copier un écrit, le mettre au net.

Transcrit, qui a été mis au net.

Transcription.

E D.

De E, Existence, vint l'Oriental Esh, Aesch, feu ; nom d'un des quatre Elémens, source de la chaleur, sans lequel rien ne peut exister.

Il est apparent que de ce mot, ou plutôt de E, joint à la dentale D, on fit le mot ED, ES, nourriture, en Celte, en Grec, en Latin, &c. d'où sont venus :

Com-estible, les choses qui servent à la nourriture.

Dis-ette, le manque de nourriture.

Di-ette, régime, méthode suivant laquelle on doit se nourrir. Mot venu du Grec *DI AITA*, & composé de *AIT*, manger, se nourrir,

& de *DI* ou *DIA*, par, suivant, &c. C'est donc à tort qu'on en a fait un mot radical Grec. Les Doriens disoient *Eda*, pour nourriture ; & les Laconiens, *Edar*.

EPAGNEUIL, chien de médiocre taille & qui chasse à la caille, à la perdrix, &c.

En Lat. Canis HISPANICUS ; anciennement ESPAGNOL ; il vint d'Espagne ; de-là son nom qui s'est insensiblement altéré.

ESCLANDRE, accident qui fait de l'éclat & que la honte accompagne : mot-à-mot, fait qui cause du scandale. Ce mot s'est écrit autrefois ESCANDLE & puis ESCLANDE. On en peut voir divers exemples dans Du Cange. Et comme nous aimions fort les R, nous finimes par dire ESCLANDRE, qui n'a plus de rapport à SCANDALE & à ESCANDELE, origines de ce mot.

ESCLAVAGE, servitude.

ESCLAVE, serf, Ital. SCHIAVO.

Ce mot s'est écrit aussi SLAVUS : ensorte qu'on a cru que ce nom étoit venu de celui des SLAVES ou ESCLAVONS, réduits en servitude par les Allemans & par d'autres Peuples ; & que leur nom étoit devenu le nom général de tous les serfs.

Je serois fort porté à croire que cette étymologie n'a été mise en avant que faute de mieux. Ce nom peut être venu du Nord ; alors il aura désigné des gens S-LEV, non-libres. On en aura fait *Slevus*, *Slavus*, *Sclavus*, *Esclave*.

Ou il peut être venu du Midi, du Latin, puisqu'il s'est écrit *esclos*. » Il chevaucha & issi fors de la » ville & trouva les *Esclos* du Che- » valier, qui devant lui s'en alloit. « Roman de MERLIN, par Robert de BOURRON. Ce mot auroit donc la même origine que celui de *Clos*, *Clôture*.

ESCOPETTE, ESCOUPETTE, ESCLOPETTE, Arquebuse dont se servoit la Cavalerie sous les regnes d'Henri IV. & de Louis XIII.

ESCOPETERIE, décharge d'Escopettes.

C'est une onomatopée, une imitation du bruit que faisoit entendre cette arme, & par allusion au Latin *SCLOPUS*, qui désigna le bruit qu'on faisoit en frappant sur la bouche, après avoir enflé les joues. Cette étymologie a été déja donnée par Du Cange, & c'est à tort que Ménage lui en attribue une autre.

ESCOUADE, ce mot désigne le tiers d'une Compagnie d'Infanterie. Il vient de l'Espagnol ESCUADRE, qui signifie la même chose. Ce mot tient donc à la même famille que nos mots *Escadre* & *Escadron*.

ESQUIVER, éviter, fuir ; Ital. SCHIVARE ; All. SCHEUEN. De SCHEU, timide, craintif ; 2°. dégoût, aversion. C'est un composé de E, &

de Que, force, valeur: ES-CHEU, ESQUEV, qui n'a pas du courage, qui est timide, qui fuit.

ESQUISSE, légere ébauche d'un ouvrage ; ouvrage au simple trait.

ESQUISSER, tracer les premiers traits d'un Ouvrage.

Les Italiens ont cru que ce mot venoit de *Schizzo*, qui signifie *source, jet*, comme si on vouloit désigner un ouvrage qui sort de la tête d'un seul jet. Wachter le dérivoit du Grec *Scua*, ombre, d'où le Theuton *Scat*: ils ne faisoient nulle attention à l'essence de ce mot, qui est de peindre un ouvrage fait au simple *trait*. Il vient nécessairement d'un mot qui signifie 1°. *un trait* ; 2°. *tirer*. Ce qui lie le mot *esquisse* à une famille très-belle & très-remarquable: au mot SKIT, SKISS, un trait, une flèche, un rayon ; famille Celtique, Theutone, Scythique ; & dont on a même cru qu'étoit dérivé le nom des Scythes eux-mêmes, comme excellens tireurs d'Arc: De-là sont venus en Allemand *Schutz*, un coup ; *Schuss*, une décharge de canon; *Schutze*, prononcé *Squitze* un tireur d'Arc, un Archer. *Schiessen*, tirer ; lancer une flèche, un trait ; 2°. croître, sortir de terre. Ce mot existe également chez les Islandois. SKEYTE signifie chez eux un trait, un dard. *Skyt*, lancer un dard. *Skytta*, un Archer, un lanceur de flèches. Ce sont des dérivés de KAI,

qui signifie bâton ; 2°. frapper ; & qui subsiste dans ce sens en Polonois & en Lusacien.

Les Irlandois en ont fait CAITHIM, lancer, darder. CAITIDH, lancé, dardé ; & les Bas-Bret. SKEI, frapper ; SKED, rayon.

Ces mots sont également Orientaux : & on en trouve des dérivés jusques dans la Langue Latine, comme nous le verrons dans la suite.

ESSAI, examen, épreuve d'une chose pour s'assurer de sa bonté.

ESSAYER, éprouver, examiner.

S'ESSAYER, éprouver ses forces.

Ital. SAGGIO, essai : ASSAGGIARE, éprouver, goûter, faire l'essai : du Lat. Barb. EX-AGIUM, examen.

EXACTOR, Examinateur, Inspecteur. EXIGO, examiner, 2°. exiger. Les mots suivans tiennent donc à la même famille.

EXACTEUR, celui qui exige les impôts.

EXACTION, action d'exiger les impôts avec trop de rigueur.

EXIGER, demander quelque chose de quelqu'un, faire payer.

EXIGIBLE, qu'on peut faire payer.

EXACT, 1°. qui est fait avec soin ; 2°. qui met tous ses soins.

EXACTITUDE, soin avec lequel on fait une chose.

ÉTOFFE, ouvrage en laine, &c. dont on s'habille.

ÉTOFFER un ouvrage, y faire entrer

beaucoup de matiere & y mettre tous ses soins. Lat. B. STUFA.

Ces mots tiennent à la même famille que l'Allemand TUCH, drap, le Grec TEUKHÔ, & le Lat. TEXO, qui signifient *fabriquer, faire un tissu.*

TUCH des Allemands, STUF du Lat. Barbare, & ETOFFE, désignent tous des choses fabriquées.

ÉTOURDIR, rompre la tête à force de cris ou de bruit.

ÉTOURDISSANT, ÉTOURDISSEMENT : du Celte TWRRD, bruit de quelqu'espéce que ce soit, bruit des oiseaux, des cloches, du tonnerre. *Au fig.* qui agit précipitamment, sans réfléxion, comme une personne qui a perdu la tête, dont la tête est rompue.

ÉTRIER, autrefois ESTRIER, & ESTRIEF.

Estrief ne siele ne sofçaingle.

dit *Philippe* MOUSKES dans son Histoire manuscrite des Francs.

Ces mots viennent du Lat. Barb. STREPA, étrier, dont on a cru voir les premieres traces dans S. Jérôme, qui appelle les étriers *bi-stapia* : en quoi on se trompoit, ce dernier mot appartenant à la même famille que celui de *Estafete.*

Quant au mot de *Strepa*, qui signifie proprement une courroie, il vient du Grec *strep-tos*, fléxible, qui se tortille, &c. De ce même mot vient,

ÉTRIVIERE, courroie avec laquelle on frappe sur le corps nud ; 2°. coups de fouet, ou de courroie, &c.

ÉTUI, tout ce qui est fait pour contenir, pour renfermer de petits objets. Italien, STUCCIO, du Theuton STOW, fermer, clore.

MOTS COMMUNS AUX FRANÇOIS ET AUX LATINS

ou *NÉS DU LATIN.*

E C

ÉCORNIFLER, escroquer un repas par flatterie, &c.

ÉCORNIFLEUR, parasite, qui court les repas. Du Lat. CORNIX, *Corneille.*

E C

ÉCOUVETTE, ÉCOUVILLON, Languedocien ESCOUBE, espéce de balai; du Lat. SCOPÆ.

ÉCROUELLES, maladie qu'on regarde comme incurable ; du Lat.

SCROFA, Truie, parce que cet animal est sujet à avoir les glandes engorgées, comme dans les écrouelles.

ÉCU, autrefois Escu, 1°. bouclier ; du Latin SCUTUM, bouclier : de-là,

Écuyer, autrefois Escuyer ; c'étoit celui qui portoit l'Ecu du Chevalier. Ce fut ensuite un Ordre particulier de la Noblesse. Ce qui les distinguoit, c'est que le Chevalier avoit le droit de porter des éperons dorés, tandis que l'Ecuyer n'avoit que des éperons d'argent.

2°. Écu, monnoie d'argent ; parce qu'on y peignoit l'*Ecu* du Prince qui le faisoit frapper. Il y avoit aussi des Ecus d'or : ce sont ceux qu'on appelle actuellement *Louis*.

ÉCUEIL, rocher contre lequel les vaisseaux se brisent, quand ils sont portés dessus ; du Latin SCOPULUM : De-là ;

Échouer, se briser contre un écueil, *au fig.* ne pas réussir dans ses projets.

Écuelle, espéce de plat ; du Lat. SCUTELLA, en Langued. *Escudele*.

Écume, autrefois Escume ; Latin, SPUMA.

Écureuil, animal à quatre pieds de diverses couleurs, & très-habile à grimper sur les arbres ; du Latin SCIURUS.

ED - EL.

ÉDIFICE, Lat. ÆDIFICIUM.
Édifier,   *Ædificare.*

ÉGAL,	ÆQUALIS.
Égalité,	*Æqualitas.*
Équité,	*Æquitas.*
Équitable,	*Æquitabilis.*
Équivoque,	*Æquivocatio.*
ÉLÉMENT,	ELEMENTUM.

E N.

EN, Préposition qui marque le lieu où l'on est. Lat. IN.

ENFER,	INFERNI.
Infernal,	*Infernalis.*
2. Inférieur,	*Inferior.*
Infériorité,	*Inferioritas.*
ENFLER,	*Inflare.*
Enflure,	*Inflatio.*

E R - E T.

ERRER,	ERRARE.
Erreur,	*Error.*
Errant,	*Errans.*
EQUESTRE,	EQUESTRIS.

ESQUIF, de SCAPHUS, Vaisseau. Equiper, fournir un Esquif, un Vaisseau, de tout ce qui lui est nécessaire.

Equipée, Equipage.

ÉTERNUER,	STERNUTARE.
ÉTOUPE,	STUPA.
ÉTRENNES,	STRENA.

Exercer, EXERCEO, de ARS.
Exercice.
Exemption, *Exemptio.*
Essaim, *Examen.*

    Ces deux derniers mots apartiennent à la famille AM, réunion.

Essieu, AXIS.

MOTS

MOTS FRANÇOIS VENUS DU GREC.

E

ÉCHALOTTE, espéce d'oignon. On croyoit que ce mot venoit de la ville d'Ascalon, au pays des Philistins, ou Palestine, abondante en oignons.

Il paroît plus vrai-semblable qu'il tient au Latin *Scilla*, en Grec *SKILLA*, mots qui désignent la *Squille*, oignon marin dont la bulbe est fort grosse.

ÉCLIPSE, *EKLEIPSIS*.
ÉCLIPSER, ÉCLIPTIQUE.
ÉCO, *HÈKHO*, son.
ÉCOLE, *SKHOLÉ*, Ecolier, Scholastique.

E L - E N.

ÉLASTIQUE, *Elastikos*.
ELLÉBORE, *ÉΛΛΕBOROS*, *Helleboros*.
ELLIPSE, *Elleipsis*, mot omis.
EMBLÊME, *EMBLÉMA*.

ÉNERGIE, *Energeia*.
ÉNIGME, *AINIGMA*.
ENTOUSIASME, *ENTOUSIASMOS*.
ENTOUSIASTE, ENTOUSIASMER.

E P.

ÉPIDERME, *Epiderma*, sur-peau.
ÉPISCOPAL, mot formé du Grec *EPISCOPOS*, dont nous avons fait ÉVÊQUE.
ÉPISCOPAT.
ARCHEVÊQUE, *Archiépiscopal*.
ÉPITRE, *Epistolé*.
ÉPONGE, *SPOGGOS*, prononcé *SPONGOS*, Lat. *SPONGIA*.
SPONGIEUX.
ÉPOQUE, *Epokhé*.

E V.

ÉVANGILE, *Ev-angelion*.
Evangéliste, Evangéliser.

Dict. Etymol.

MOTS FRANÇOIS VENUS DE L'ORIENT.

E

EBENE, bois précieux des Indes. Lat. *Ebenus*, Gr. *Ebenos*, Héb. הבן *HeBeN*.

ECHECS, nom d'un jeu venu de l'Orient. Il tire son nom de l'Oriental SHAH, SHAK, Roi; *mot-à-mot*, le Jeu des Rois, *ou* Jeu Royal.

ÉCHIQUIER, table de jeu, divisée par petits compartimens ou quarreaux de deux couleurs; Latin Barb. *SCACCARIUM*.

Dans ce sens, ce mot vient très-certainement du précédent, du nom du jeu qu'on joue sur cette table. Mais en est-il de même de ce mot considéré comme le nom d'un Tribunal Souverain, destiné à rendre la Justice? On l'a cru; on a dit que ce Tribunal devoit ce nom au pavé ou au tapis du lieu où il s'assembloit & qui avoit la forme d'un échiquier. Cela se peut; nous avons des pavés en échiquier, noir & blanc. Cependant est-il sûr que le pavé ou le tapis de ce Tribunal fussent tels?

Ce mot ne pourroit-il pas être venu de SHAH ou SHAK, Roi, pour signifier le Tribunal du Roi, la Cour Royale?

ÉLÉPHANT, Grec. *Elephas*, de l'Oriental AL, le, & PHIL, dérivé de FAL, BAL, grand, énorme.

ÉLIXIR, en Arabe الاكشير, AL-KSHIR, Elixir, Essence, Extrait artificiel d'une substance.

ESCAMOTER, prendre subtilement entre ses doigts une bale de liége, pour faire des tours de passe-passe. 2°. Voler adroitement.

ESCAMOTEUR, qui escamote.

ESCAMOTE, bale de liége, dont se servent les Escamoteurs.

Ce mot est d'origine Espagnole; *acamodar* signifie chez eux faire des tours de passe-passe, escamoter.

Il paroît par MÉNAGE, qu'ils disoient autrefois *Camodador*, pour Escamoteur; mais ce mot n'est pas dans le Dictionnaire de Sobrino.

C'est l'Hébreu קמץ, *CaMaTS*, prendre, empoigner; *COMeTS*, main fermée, pour prendre.

ESSARTER, ESSERTER, défricher un terrein, en arracher les buissons, les racines, &c. pour en faire une terre meuble. C'est le Latin *SARCIO*, réparer, raccommoder. Il doit venir de l'Oriental שרש, SaRSH, racine: 2°. déraciner, extirper.

On a dit en Latin-Barb. SARTARE, ASSARTARE, Essartare, Exartare, Eyssartare.

ESSERTS, ESSARTS, lieux défrichés.

ESSOR, vol, plein vol, en parlant des Oiseaux de proie.

S'ESSORER, voler au loin; *au fig.* prendre l'essor, donner essor *à son génie*, &c.

MÉNAGE a avancé que ce mot venoit du Latin *ex aura*, qu'il signifioit s'élever avec le vent, & que cette étymologie étoit indubitable.

Les Italiens appellent SORO, un Oiseau de proie qui n'a pas encore mué; *au fig.* un niais, un innocent. Ils disent aussi SORARE, voler.

Ces mots paroissent tenir à l'Oriental סור, XOR, SOR, s'écarter, s'envoler; n'est-ce pas s'éloigner?

ÉTUVE, lieu échauffé par des fourneaux, & qui sert au bain.

ÉTUVISTE, qui tient des étuves, Baigneur.

ÉTUVER, laver une plaie avec quelque liqueur tiède.

ÉTUVÉE, assaisonnement fait dans un vase bien fermé sur un fourneau.

Ces mots tiennent au Grec Τυφω, *Tuphó*, enflammer, brûler; 2°. faire de la fumée. Aussi les Volcans étoient-ils des Typhons. Ces mots tiennent aussi à l'Arabe دفي, DaPHI, avoir chaud, échauffer, tout ce qui réchauffe; دث, DIPH, chaleur.

ÉTYMOLOGIE, Grec. ETUMOLOGIA, de l'Oriental תום, TUM, TYM, vérité, perfection, lumiere. Par l'étymologie, on acquiert la connoissance claire & parfaite des mots: & par elle, on assigne à chaque objet un nom qui le désigne parfaitement.

MOTS FRANÇOIS VENUS DU CELTE.

F.

LA Lettre F est la sixiéme de l'Alphabet, en François comme dans l'Orient. Les Hébreux la prononcent VAU, à l'Allemande. C'est le BAU des anciens Grecs. Dans l'origine, elle avoit le son d'ou, le W des Peuples du Nord : mais après avoir commencé par être une voyelle, elle prit souvent le son d'une consonne, & elle devint V, F, PH.

Les mots qui sont composés de cette Lettre, ont souvent été adoucis par le changement de V ou F, en GW, en B, en M.

Elle a sans cesse remplacé H.

Il n'est donc pas aisé de suivre cette Lettre, à travers tous les changemens qu'ont éprouvé les mots qui commencent par elle, dans nos Langues modernes ; cependant, c'est le seul moyen d'en reconnoître l'origine.

Ajoutons à cela que cette lettre eut diverses valeurs, suivant la maniere dont on la prononçoit. Prononcée OU, elle désignoit l'oreille. Prononcée F, ou *Phe*, elle désignoit la bouche, & par conséquent, la parole & le manger ; suivie de la coulante L, FL, elles désignoient les objets qui coulent avec douceur ; & suivie de R, FR, elles désignerent les objets qui coulent avec impétuosité, avec fracas.

F A
Désignant la Parole.

I.

1. FABLE, anciennement Discours par excellence. 2°. Discours inventé pour l'instruction. *Aujourd'hui*, un Conte ; Lat. *FABULA*.

FABLIAU, récit en vers, romance. Premieres Poésies Provençales & Françoises.

FABULISTE, qui compose des Fables.

FABULEUX, qui n'existe que dans la Fable, inventé.

2. AFFABLE, Lat. *AFFABILIS*, à qui l'on peut parler ; 2°. de qui on peut approcher.

AFFABILITÉ, caractere d'une personne affable ; accueil doux & prévenant.

3. INEFFABLE, qui ne peut se raconter ; qui est au-dessus de l'expression.

4. FARIBOLES, Contes, Discours en l'air.

II. Réputation.

FAMEUX, qui jouit d'une grande réputation, qui est dans toutes les *bouches*.

FAME, *en vieux Fr.* réputation; Lat. & Eolien *FAMA*, Gr. *Phémé*.

FAMÉ, qui a une réputation.

DIFFAMÉ, perdu de réputation.

INFAME, qui n'a que des vices.

INFAMIE, action deshonorante, flétrissante.

III. Aveu.

De FA, parler, les Latins firent *FATEOR*, avouer, & *CONFITEOR*, Confesser; *CONFESSUS*, Confessé; d'où,

CONFESSER, CONFESSION.

CONFESSEUR, le CONFITEOR.

Mots consacrés par l'Eglise pour l'aveu de ses fautes.

IV. Decret.

FATAL, arrêté, statué par le destin, & par-là même inévitable; 2°. funeste.

FATALITÉ, destinée; 2°. infortune qu'on ne peut éviter.

Du Lat. *FATUM*, destin; decret inévitable, arrêt.

V. Magie, Charmes.

1. FÉE, Magicienne, génie femelle qu'on supposoit maître de la Nature.

FÉER, exercer sur une personne un pouvoir magique, la charmer.

FÉERIE, art des Fées.

En Lang. *FADE*; en Ital. *FATA*, Fée. C'est le Celte *FADH*, Magicien, Devin; le Latin *FATUA* d'Arnobe; d'où le *VATES* des Latins, un Devin; & *VATICINIUM*, Prophétie, mot-à-mot, *le chant du FADE*, de celui qui enchante par ses paroles magiques.

2. FASCINER, éblouir, tromper par sa magie, par ses prestiges; Latin *FASCINO*, Gr. *BASKAINÓ*.

FASCINATION, prestige.

VI. Instrument de Musique.

FIFRE; 1°. Instrument à vent; 2°. celui qui joue du fifre.

II.

FA, Manger.

1. FAU, Arbre.

1. FAU, Arbre de haute-futaye, un hêtre; *vieux Franç.* FAVARD, Bas-Br. *FAU*; Auvergn. Vald. Bourguign. Lang. *FO, FAU, FAI*, Irl. *FAGHE*; Ital. *FAGGIO*; Lat. *FAGUS*; Gr. *Phégos*; Lat. Barb. *FAIA*; Picard, *FAINE*; All. *HAG*.

FAINE, le fruit du hêtre.

Ce nom désignoit dans l'origine tout arbre portant un fruit bon à manger; insensiblement, il s'est borné au hêtre.

2. FAGOT, faisceau de branches & de menu bois.

FAGOTEUR, qui fait des fagots.

FAGOTER, habiller quelqu'un ridiculement, comme un vendeur de fagots.

2. Plantes.

FÉVE, plante légumineuse; Latin *FABA*.

FASEOLE; Lat. *PHASEOLUS*, Lang. *FAVIOLE*, autre espéce de légume.

3. Miel.

Lat. *FAVUS*, Rayon de Miel : d'où, *FAVERE alicui*, être pour quelqu'un comme un rayon de miel : d'où,

FAVEUR, grace, bienveuillance.

FAVORISER, FAVORI.

FAUTEUR, qui protége.

4. Celui qu'on nourrit.

1. ENFANT, Lat. *INFANS*. On a cru que ce mot venoit de *INFARI*, ne parler pas. Il vient plutôt de *FA*, nourrir, élever.

Les Enfans sont les nourrissons des familles.

ENFANCE, ENFANTIN, ENFANTILLAGE, ENFANTER, FANFAN.

INFANTICIDE.

2. INFANT, titre des Fils des Rois d'Espagne.

INFANTE, titre des Princesses d'Espagne.

3. Ital. *FANTE*, garçon, valet; 2°. qui sert à pied : d'où, FANTASSIN, INFANTERIE.

4. FANTOCCINI, Marionnettes, *mot-à-mot*, petit enfant.

5. Relativement aux animaux.

FAN, FAON, le petit d'une Biche.

FAONER, FANER, Biche qui met bas.

AL-FANA, Jument, Cavale qui nourrit.

6. FAMILLE.

FAMILLE, tout ce qui dépend du Chef de la maison, tout ce qu'il nourrit; 1°. sa femme & ses enfans; 2°. ses domestiques.

FAMILIER, avec qui l'on vit comme en famille, privément & sans gêne.

7. Insipide.

1. FADE, insipide, qui n'a point de goût; 2°. qui ne pique point.

FADEUR, insipidité, *au simple & au fig*.

FADAISE, bagatelles sottes & ridicules.

2. FAT, sot, impertinent, éventé; Lat. *FATUUS*.

FATUITÉ, suffisance, impertinence.

3. FATRAS, choses superflues, inutiles, qui n'ont aucun goût, qui ne sont d'aucun avantage.

8. Mélange, Hachis.

FARCE, 1°. mélange de viandes hachées. 2°. Piéce bouffone, comique, bonne comme une farce.

Bas-Br. *FAR*, Vald. *FARÇON*, viandes, hachées & cuites dans une toile, &c.

FARCIR, Lat. *FARCIRE*.

FARCEUR, qui fait des farces.

III.

F o, nourrir.

De FA, bouche & manger, est venu une Famille considérable

en *Fo*, signifiant *nourrir*, & tout ce qui est relatif à la nourriture.

FOURAGE, plantes qui servent à la nourriture des animaux.

En *vieux Fr.* FEURRE, FOARRE, signifioit aussi *Etape*, l'entretien des Troupes en route.

Basq. *FODR*, nourriture ; Anglo-Sax. *FODRE*.

Goth. *FOD*, paître ; Celt. FOD, Sol. Lat. B. *FODRUM*, &c. fourages.

FOURAGER, FOURAGEUR.

FOURIER, qui regle les étapes, qui fait préparer les logemens, &c.

FOURGON, chariot pour les provisions.

2. FIEF.

De FOD, prononcé FEUD, vint le Latin *FEUDUM*, & le François FIEF, terrein cédé à une personne pour son entretien, à condition de remplir ce à quoi elle étoit tenue par le service militaire.

FIEFFÉ, qui a un fief; Grand, *au simple & au fig.*

INFÉODER, donner à titre de fief.
INFÉODATION.

3. Terrain cultivé.

FOD, se nazalant, devint,

1. FONDS. Ce mot signifie, 1°. un terrain mis en rapport, un champ; 2°. profondeur; 3°. la partie la plus basse de tout contenant.

2. FONCÉ, qui a des fonds en terre ; 2°. en argent, &c. qui est riche.

FONCIER, qui est riche en fonds, 2°. ce qui regarde le fond d'une affaire.

3. FONDER, 1°. faire fonds; 2°. établir, mettre des fondemens.

FONDATION, établissement formé en assignant des fonds.

FONDATEUR, qui fait une fondation.

4. FONDEMENS, ce sur quoi repose & est appuyé un objet.

FONDAMENTAL, ce qui sert de base.

5. FONDRIERES, terrain où l'on enfonce.

ENFONDRE.

6. ENFONCEMENT, lieu reculé, qui forme un fond.

ENFONCER, aller au fond, pousser au fond.

DÉFONCER, 1°. un terrain, le cultiver ; 2°. un tonneau, en ôter les fonds.

4. Creuser, aller au fond.

1. FOUIR, creuser la terre, la cultiver. Lat. *FODere.*

FOSSOYÉ, terrain bêché; Lat. *Fossus.*

FOSSOIR, instrument propre à FOSSOYER la terre. FOSSOYEUR.

ENFOUIR, cacher dans le sein de la terre.

2°. FOSSE, creux sous terre.

FOSSÉ, tranchées autour d'un terrain, pour l'isoler & le garantir de l'inondation, &c.

3. FOSSILE, minéraux qu'on trouve en creusant dans la terre.

4. FOUILLER, creuser, chercher dans le sein de la terre, &c.

FOUILLE, visite, recherche de choses cachées.

IV.

FAM, besoin de manger.

FAIM, Lat. *FAMES*, besoin de manger.
FAMÉLIQUE, affamé.
AFFAMÉ, qui meurt de faim.
AFFAMER, réduire à mourir de faim.
FAMINE, manque de subsistance.

V.

FO, FEU, ce qui cuit les alimens.

1. **FEU**, un des quatre Élémens; celui qui produit la lumiere, la chaleur, & avec lequel l'homme prépare ses alimens. Du Celte, *FO*, feu, chaleur; 2°. ardeur.
FOYER, Lat. *FOCUS*, lieu où l'on fait le feu.
FOMENTER, échauffer, animer.
2. **FUSIL**, Ital. *Fucile*, ce qui fait du feu; 2°. arme à feu.
FUSELIER, qui sert avec des armes à feu.
FUSILIER, tuer à coups de fusil.
3. **FOUGUE**, ardeur, impétuosité.
FOUGUEUX, ardent, impétueux.
4. **FOUGASSE**, gâteau.
5. **FAE**, *Bas-B.* indignation, mépris.
FACHA, animer, irriter : d'où,
FACHER, donner du chagrin.
FACHERIE, douleur, chagrin, déplaisir.
FACHEUX, qui donne du déplaisir.
Ces mots tiennent au Latin *FAX*, flambeau.
6. **FOIE**, Ital. *Fegato*, Langued. *Fetge*.

Ce mot vient ou du Latin *Focus*, foyer; ou de l'Allemand *FEGen*, purifier; mots de la même famille.

FAL

1°. Couper; 2°. Plier.

FAL, branche de la famille VAL, retranchement, signifie, 1°. couper, retrancher; 2°. plier. Elle a formé les mots suivans, altérés en FAU.

I.

1. **FAULX**, Lat. *FALX*, instrument avec lequel on coupe les foins.
FAUCHER, couper avec la faulx.
FAUCHEUR, qui fauche.
FAUCHAISON, coupe des foins.
FAUCILLE, instrument avec lequel on coupe les blés.
2. **DÉ-FALQUER**, retrancher, déduire quelque chose d'un compte.
3. **FAUCON**, Lat. *FALCO*, oiseau de proie dont le bec recourbé coupe comme une faulx.
FAUCONNEAU, espéce de Canon qui *fauche* les hommes.
FAUSSARD, sabre recourbé comme une faulx.

II.

FAUTEUIL, Lat. B. *FALTisdorium*, 1°. chaise à bras; 2°. *autrefois & dans l'origine*, un pliant : de FAL, plier, & de STA, ce où l'on est.
En *Theut.* FALD, pli.
Picard, **FAUDER**, plier une étoffe en double dans sa longueur.
Lang. **FAUDE**, les genoux, le pli du corps quand on est assis.

VALD,

VALD. FAUDA, le tablier, ce qui couvre le pli du corps.

FAL.
Branche de BAL, élevé.

1. FALAISE, côté élevée, rochers.
AFFALÉ, Vaisseau forcé de se tenir près des côtes.
2. FALOURDE, gros fagot.
3. FEUTRE, étoffe de laine foulée & colée sans tissure, dont on se sert sur-tout pour les chapeaux.
Vieux Fr. FAUTRE, dans d'autres Langues, FELT. Ce mot appartient à la famille FAL, même que BAL, couvrir, envelopper.

FAT, cheoir.
Opposé à BAL, élevé.

1. FAILLIR, Lat. FALLERE; 1°. tomber; 2°. tomber en faute; 3°. faire tomber dans le piége, tromper.
FAILLITE, chute d'un Négociant qui ne peut faire honneur à ses affaires.
FAUTE, manquement à son devoir.
FAUTIF, qui est en faute.
2°. FAUX, Lat. FALSUS, qui fait tomber dans le piége, qui trompe.
FAUSSETÉ, tromperie.
FALSIFIER, rendre faux, altérer.
FALSIFICATION, action par laquelle on altere une chose.
3. FALOIR, être nécessaire, manquer faire *faute*.
IL FAUT, *mot-à-mot*, il manque.
DÉFAUT, chose en quoi on manque.
DÉFAILLIR, tomber de besoin.

Dict. Etymol.

4. FÊLÉ, vase qui trompe en laissant écouler l'eau par des fentes légeres.
FÊLURE.
5. FELON, traître, trompeur, parjure.
FÉLONIE.
6. FILOU, voleur, fripon.
FILOUTER, FILOUTERIE.

Ces mots tiennent donc à PILLER, en même tems qu'à FAL, tromper; Gr. *Sphallo*, tromper; *Phelesia*, vol; *Phelos*, imposteur.

FAN.
Clair, lumineux.

FAN, signifia clair, lumineux; il devint le nom de *l'eau* où l'on se mire, & de la *lumiere* brillante; c'est une branche de VAN, VEN.

1. Lat. B. FANum, Lat; 2°. marais.
FANGE, boue.
Irl. FAIGNE, un pré; Bas-Br. FOENNECQ.
FOIN, Lat. FŒNUM, herbe qui croît dans les prairies, dans les terres inondées.
FENER, FANER, couper les foins.
FANER, se sécher, se flétrir.
FENOUIL, FENOUILLETTE.
2. FANAL, lumiere ou feu placé au haut d'une tour pour éclairer.
FANON, FANION, GONFANON, étendard.
GONFALONIER, premier Magistrat dans la République d'Italie.
PHÉNOMÈNE, météores, apparitions d'objets naturels & passagers.

FENÊTRE, jour des maisons.
3. FANTAISIE, phénomène de la volonté, volonté passagere.
FANTASQUE, qui n'a que des caprices.
FANTASTIQUE, qui n'a que l'apparence.
4. FANFARE, air de trompette. C'est une onomatopée ; 2°. grand bruit, jactance.
FAIRE FANFARE de quelque chose, s'en vanter, en tirer vanité.
FANFARON, qui se vante, qui fait le brave.
FANFARONADE, jactance, trait de vanité.

FAR.

1. FAROUCHE, sauvage, cruel.
EFFAROUCHER, rendre farouche.
EFFARÉ, qui a l'air hagard, sauvage.
2. FÉROCE, cruel, barbare ; Latin *FEROX*.
FÉROCITÉ, cruauté, barbarie, caractère indomptable.
Lat. *FERA*, bête féroce.
Cetl. *FERW*, rude ; 2°. cruel, farouche.

FAS, jet.

FAS, signifie en Celte, jet, action de croître, de s'élever : de-là,
1. FÉTU, FESTU, Lat. *FESTUCA*, jet de plante, tige, branche, baguette.
2. FASTE, magnificence, pompe, Lat. *FASTUS*.

FASTUEUX.
3. FAÎTE, FAISTE, Lat. *FASTIGIUM*, haut d'un bâtiment : de FAS, haut & TEG, couvrir.
4. FASTIDIEUX, Lat. *FASTIDIOSUS*, qui est à charge, qu'on ne peut plus supporter, dont on est dégoûté : *mot-à-mot*, qui est parvenu à son comble.
5. FAISCEAU, paquet ou fagot de plusieurs choses liées pour être portées ensemble. Lat. *FASCIS*, *FASCICULUS*, &c.
FASCINE, fagot de menus branchages.
FAIX, charge ; 2°. pesanteur : PORTE-FAIX.
AFFAISSER, succomber sous le poids.
AFFAISSEMENT.

Dérivés de BAL, FAL, couleur.

1. FAUVE, Lat. *FLAVUS*, sorte de couleur ; du mot FLA, BLA, BAL, couleur, coloré.
2. FAUVETTE, oiseau dont le ramage est très-agréable, & qui doit son nom à sa couleur fauve.
3. FIEL, Lat. *FIEL*, 1°. bile ; 2°. portion du corps où se forme la bile ; 3°. colere, ressentiment ; de *FEL*, jaune.

FE pour HE.

Tous nos mots en FE, sont des mots où la Lettre F a été substituée à H qui en étoit la prononciation primitive.

I.

FÉLICITÉ, bonheur, Lat. *FELICITAS*.

FÉLICITER, témoigner à quelqu'un l'intérêt qu'on prend à son bonheur.

FÉLICITATION.

Ces mots viennent du primitif HEL, bonheur, salut. *Voy. Orig. du Lang. & de l'Ecrit.* p. 181, 182.

II.

FEMME, compagne de l'Homme, Lat. *FŒMINA*.

FEMININ, FEMELLE.

EFFÉMINÉ.

Prononcé chez les anciens Latins *HŒMINA*, on y reconnoit le feminin de *HOMINE*. *Voy. Plan général & raif. du Monde Prim.*

III.

FER, Lat. *FERRO* (abl.), Esp. *HIERRO*, Gr. *HARés*, du prim. HAR, guerre, arme.

FERRER, garnir en fer.

FERRANT, qui ferre les Chevaux.

FERRAILLE, vieux fer.

FERRAILLER, se battre à coups d'épée ; 2°. disputer, contester.

FERRAILLEUR, qui est toujours prêt à se battre.

FERRÉ, garni de fer.

FERRONIER, qui vend des ferrailles.

FERRONERIE, lieu où on fabrique & où on vend les gros ouvrages en fer & en cuivre.

FERRURE, tout ce qui est nécessaire pour ferrer quelque chose.

Cette famille a la même origine que celles de *GUERRE* & de *MARTIAL*, comme nous le verrons dans la suite.

IV.

FER, FOR, FRU.

Cette famille, très-nombreuse dans notre Langue, & qui signifie *porter & produire*, dans toute l'extension de ces mots, vient de mots prononcés dès l'origine HER, HOR, HUR, & qui avoient exactement les mêmes significations. Tous venoient du Primitif, HAR, AR, élevé.

1. FARINE, ce qu'on tire du grain moulu, Lat. *FARINA*, mot formé de FAR, blé, ou la production par excellence.

FROMENT, Lat. *FRUMENTUM* ; de FRU, fruit.

FOIRE, concours de Marché toute espèce.

Ce mot tient au Latin *FORUM*, marché, place publique ; & au Grec *FHORIA* affluence. Il vient de FER, porter.

2. FERTILE, Lat. *FERtilis*, qui produit en abondance.

FERTILITÉ, Lat. *FERtilitas*.

FERTILISER.

3. FRUIT, Lat. *FRUCTUS*, au lieu de *FERuit*, ce qui est produit.

FRUCTIFIER, rapporter abondamment.

FRUCTIFICATION.

FRUITIER, arbre à fruits.

USU-FRUIT, biens dont on n'a que l'usage ; dont on ne peut disposer.

4. FARDEAU, charge, ce qu'on porte.
FIER, qui a les sentimens élevés, &c.
FIERTÉ, FIEREMENT.

COMPOSÉS.

Du Lat. FERO, porter, sont venus :
CON-FÉRER, *mot-à-mot*, mettre ensemble, porter au même lieu.
CONFÉRENCE, entretien de personnes qui se sont transportées dans cette vue en un même lieu.
DÉ-FÉRER, porter d'un lieu à un autre; baisser ce qui est élevé.
DÉFÉRENCE, égards par lesquels on s'abaisse en quelque façon vis-à-vis un autre.
DIFFERER, porter loin, reculer; 2°. n'avoir pas les mêmes traits.
DIFFÉRENCE, DIFFÉRENT.
INFÉRER, porter dans; 2°. induire.
INFÉRENCE, induction, conséquence.
OFFRIR, Lat. OFFERRE, porter vers, mettre sous les yeux, présenter un don.
OFFRANDE, don sacré.
RÉFÉRER, rapporter.

DÉRIVÉS.

I. FRERE, Lat. FRA-TER; les Freres sont les enfans d'un même Pere, d'une même Mere; TER n'est qu'une terminaison qui marque l'estime.

FRA, BRA, est la racine de ce mot qui est ainsi un dérivé de FER, FRO, produire; en Basq. BRAI, en Esclav. BRAD, en Persan BRO-DER, &c. signifient tous Frere.
FRATERNEL, qui regarde les freres.
FRATERNITÉ, qualité de frere.
CONFRERE, CONFRAIRIE.

II. FRAUDE, tromperie.
FRAUDER, FRAUDULEUX.
FRUSTRER, priver quelqu'un de ce qui lui appartient.

Ces mots viennent de FRU fruit, produire, & de S ou X, exclusif, négatif.

III. FURTIF, qui se fait à la dérobée.
FURTIVEMENT, en cachette; du Lat. FUR, voleur, en Grec. PHOR, venant de FERO, emporter.

V.

FERME, *adj.* 1°. solide, constant; 2°. dur, qui résiste; 3°. arrêté, qui ne vacille pas; Lat. FIRMUS : d'où,
FERMÉ, qu'on a mis en état de faire résistance; clos fortifié.
1. FERME, *nom*, maison de campagne close, en état de défense contre les animaux, &c.
AFFERMÉ, donné en ferme à bail.
FERMIER, FERMIERE, qui a affermé.
2. FERME, *adv.* vigoureusement, avec force, sans fuir.
FERMETÉ, assurance, constance.
FERTÉ, forteresse.
FIRMAMENT, voute céleste.
AFFERMIR, rendre ferme.
AFFERMISSEMENT.
CONFIRMER, assurer de nouveau.
CONFIRMATION.
INFIRMER, affoiblir, dire le contraire.

INFIRME, qui n'est pas ferme, qui est affoibli, languissant.

INFIRMITÉ, maladie de langueur.

INFIRMERIE, lieu pour les infirmes.

3. FERMER, 1°. enclore, fortifier ; 2°. boucher le passage.

FERMOIR, plaque, qui servoit à fermer un Livre.

ENFERMER, mettre en lieu d'où on ne peut sortir.

RENFERMER.

On enferme une personne, on renferme une chose, un être inanimé.

Ces mots viennent de *FERH*, *BERH*, fortifié, qui tiennent à HER, elevé.

V.

FERVENT, ardent, Lat. *FERVENS*.

FERVEUR, ardeur, Lat. *FERVOR*.

EFFERVESCENCE, bouillonnement produit par la chaleur.

FERMENTATION, ébullition.

FERMENTER, cuire, bouillir par la chaleur naturelle ou intérieure.

2. FERMENT, levain qui excite l'ébullition.

3. VERVE, feu, enthousiasme poétique; Celte, *BERV*, cuire, bouillir; 2°. chaleur.

Ces mots tiennent à HAR, HER, chaleur, ardent.

VI.

1. FÊTE, FESTE, Lat. *FESTUM*, jour solemnel. Ce mot, de la même famille que EST, Orient, feu, vint de *HEST*, feu, foyer ; 2°. Feu sacré. Les Fêtes se célébroient autour du feu sacré : de-là,

FESTOYER, célébrer une fête ; 2°. se régaler.

FESTIN, repas solemnel, grand repas.

2. FESTON, guirlandes, dont on orne les lieux de Fête : Ital. *FESTONE*. 2°. Ornemens faits en forme de guirlandes.

3. VESTALE, Prêtresse qui avoit soin du *HESTA* ou feu sacré.

4. VÊTIR, VESTIR, s'habiller : *mot-à-mot*, se tenir au chaud par le moyen des habits.

VÊTEMENT, habillement.

INVESTIR, environner une place avec des troupes, comme on s'investit d'un habit.

INVESTITURE, action de mettre en possession d'un bénéfice.

REVÊTIR, mettre sur soi un habit.

VII.

1. FEUILLE, Lat. *FOLIUM*, Grec *PHULLON*, chevelure des arbres & des plantes : verdure qui en garnit les branches. *Au fig.* un an; *vin d'une feuille*.

FEUILLAGE, branches d'arbres avec leurs feuilles.

FEUILLÉE, feuillage ; 2°. couvert fait avec des branches d'arbres.

2. FEUILLE de papier : quarré de papier dont les 25. font la *MAIN*; & 20. mains, la *RAME*, ou la branche.

FEUILLET, deux pages d'un livre, écrites sur le même quarré, l'une d'un côté & l'autre de l'autre.

FEUILLETER, un Livre, le parcourir.

Ces mots tiennent au primitif HUL., FOL, VOL, MOL, POL, &c. *Multitude, choses entassées* : d'où ;

3. FOULE, multitude de gens ; 2°. presse.

FOULER, entasser, presser.

FOULÉ, pressé.

FOULON, où l'on presse.

4. VULGAIRE, en Allem. FOLC, l'ensemble des hommes, la foule. *Voy.* MULT, POLIC, &c.

5. EFFIOLÉ, EFFEUILLÉ, dont on a ôté la feuille, &c.

F I.

FI, expression du dégoût, du dédain.

FIENTE, doit en venir, de même que le Latin *FIMUS*; d'où :

FUMIER.

FUMER une terre, y mettre du fumier.

FIACRE, nom des Carrosses de louage, parce que le premier qui en tint à Paris, à ce qu'assure Ménage, comme témoin oculaire, avoit pour enseigne l'Image de Saint Fiacre ; c'étoit dans la rue Saint Antoine. Il faisoit donc allusion au mot *VIA*, voyage, chemin.

F I C.

1. FICHER ; Lat. *FIGERE*, planter, enfoncer, clouer, &c.

FICHANT, qui entre, qui pénétre.

FICHES, marques pour le Jeu, parce que dans l'origine elles se plantoient, elles se fichoient, comme encore aujourd'hui les marques du Trictrac.

FICHU, espéce de mouchoir de cou.

2. FIGÉ, qui a pris de la consistance.

FIGER.

3. FIXE, immobile, stable.

FIXER, 1°. rendre stable ; 2°. déterminer.

Ces mots tiennent à PIC, BEC, pointe.

F I L.

1. FIL, Lat. *FILUM*; brin de chanvre, de lin, &c. De la même racine que *PILUS*, poil, cheveu. Les cheveux & les fils sont également longs & déliés.

FILER, réduire le chanvre, le lin, &c. en fil.

FILEUSE, femme qui file.

FILET, réseau fait avec du fil.

FILANDREUX, chairs, légumes, qui sont comme comme des fils.

FILÉ, dont on a fait du fil.

FILASSE, matiéres propres à être filées.

2. FIL d'archal, fil en fer.

FILAMENS, corps déliés en forme de fil.

3. FILIERE, plaque d'acier percée de trous par lesquels on fait passer l'or & l'argent pour les réduire en fils.

FILTRATION, liqueur qui pénétre à travers un corps opaque.

FILTRER, faire passer une liqueur à

travers un corps épais, pour la clarifier.

4. FIL des instrumens tranchans ; c'est leur portion la plus déliée & par laquelle ils coupent.

AFFILER, rendre tranchant.

5. FILE, rangs de Soldats ; ils sont comme des fils allignés.

ENFILADE.

ENFILER.

FIN.

FIN, *nom*, extrémité, bout ; 2°. pointe ; 3°. point où l'on tend, but, dessein. *Adj.* 1°. pointu, délié ; 2°. rusé, adroit, subtil ; 3°. délicat, pénétrant, affilé.

C'est une branche du primitif PHEN, PIN, point, cîme, &c.

FINAL, qui termine.

FINALE.

FINALEMENT, d'une maniere qui termine.

FINIR, conduire à sa fin, terminer.

2. FINESSE, subtilité, adresse, pénétration.

FINEMENT, avec adresse.

FINET, FINETTE.

FINASSER, chercher finesse.

FIGNOLER.

3. AFFINER, rendre fin.

RAFINER, affiner le sucre, le blanchir ; 2°. chercher à surpasser les autres, relativement à quelqu'invention.

RAFINEMENT.

RAFINEUR, RAFINERIE.

4. AFFINITÉ, parenté ; *mot-à-mot*, choses qui se touchent, dont les bouts sont l'un contre l'autre.

FIN, argent fin, épuré.

FINANCE ; 1°. argent monnoyé ; 2°. impôts ; 3°. revenus royaux.

5. FINANCIER, qui dirige les Finances.

COMPOSÉS.

AFIN, dans la vue que.

ENFIN, finalement.

DÉFINIR, déterminer ce qu'on entend par une expression.

DÉFINITION.

INFINI, sans fin.

INFINITÉ, INFINIMENT.

INDÉFINI, qui n'est pas défini, à quoi on n'a assigné rien de déterminé.

FL.

Son liquide & coulant, qui est devenu par-là même le nom de tous les objets qui rendent des sons coulans & doux ; & de divers objets agréables & doux à la vue ; tels :

1. FLAQUE, amas d'eau, qui peut être agitée par les vents.

FLACON, vase, petite bouteille à eaux de senteurs, &c.

2. FLATTER, rendre des sons agréables ; 2°. dire à une personne des choses agréables.

FLATTEUR, qui flatte.

FLATTERIE, action de flatter, choses qui flattent.

3. FLÛTE, instrument à soufle ; du Lat. *FLO*, soufler.

FLAGEOLET, espéce de flûte.

4. FLAGEOLER, FLAGORNER, caresser.

5. SOU-FLER, respirer doucement.

SOUFLE, respiration douce.

6. FLAIRER, respirer une odeur.

7. FLANCS, partie du corps qui se souléve & s'abaisse par la respiration ; les côtés.

FLANQUER, appuyer les flancs (d'une ville, d'un bastion) par des défenses ; 2°. & *populairement*, poser, appliquer.

ÉFLANQUÉ, maigre.

7. FLEUR, portion des plantes, qui répand une odeur agréable & d'où résulte, d'où découle le fruit ; Lat. *FLORe*, (*ablat.*)

FLEURI, qui est en fleurs, &c.

FLEURIR, produire des fleurs ; 2°. être dans toute sa vigueur.

FLEURISTE, qui cultive les fleurs.

FLEURETTE, petite fleur ; 2°. paroles flatteuses, &c.

DÉFLEURIR, perdre sa fleur.

FLORISSANT, qui prospere, qui est dans toute sa vigueur, dans tout son éclat.

8. FLOCON, FLOC, FLOQUET, corps légers que le vent transporte çà & là : *Flocons* de neige, &c.

FLOQUER, vaciller, être emporté par le vent.

9. FLEUVE, eaux réunies qui se rendent à la mer.

FLOT, vague, coup d'une vague sur le rivage.

FLOTER, FLOTANT.

FLOTTE, armée navale.

FLOTILLE, petite flotte.

FLUX, 1°. qui coule ; 2°. cours périodique de la mer sur les terres.

FLUER, couler.

FLUXION, maladie d'humeurs.

AFFLUER, arriver en abondance.

AFFLUENCE, grand concours de monde.

REFLUX, retour des eaux de la mer.

REFLUER, regorger.

10. FLIC-FLAC, onomatopée pour exprimer des coups donnés.

FLEAU, instrument à battre le Blé ; Lat. *FLAGELLUM*.

FLAGELLER, battre de verges, fouetter.

FLAGELLATION.

FLAGELLANS, gens qui se fouettoient en procession.

FLÉCHIR, ployer sous les coups : 2°. appaiser, adoucir.

FLÉXIBLE, qui plie à tout vent, souple.

INFLÉXIBLE, qu'on ne peut fléchir.

INFLEXION, maniere de fléchir la voix, de la ployer.

RÉFLEXION, retour de l'esprit sur lui-même.

RÉFLÉCHIR, se reployer en soi pour penser avec plus de succès.

11. FLÈCHE, arme offensive qu'on lance.

12. FLI-BOT, mot venu du Nord &

qui signifie *mot-à-mot* BARQUE qui vole.

FLIBUSTIER n'appartient pas à cette famille ; c'est une altération de l'Anglois, FREE-BOOTTER, pirate ; marodeur. On a dit *Fribustier*.

3. FLASQUE, mou, sans force, qui vacille & ne peut se soutenir.

FLÉTRIR, ôter la force, la fleur.

FLÉTRISSURE, chose qui deshonore.

4. FLÂME, vapeur enflâmée ; 2°. ardeur, passion.

FLAMBEAU, mêche trempée dans des matieres grasses & qui sert à s'éclairer ; 2°. pied & tige de métal dans lequel on insere cette mêche trempée.

FLAMBER, flâmer.

FLAMBOYANT, étincellant.

ENFLÂMER, mettre en feu, enflâmer.

5. FLEGME, humidité, pituite : eau qu'on se procure par la distillation.

FLEGMATIQUE, tempérament humide ; 2°. difficile à émouvoir.

6. AFFLIGER, être accablé sous les coups de l'adversité.

AFFLICTION.

INFLIGER, imposer une punition.

F O.

FOIBLE, Ital. *FIEVOLE*, *DEBOLE*, qui n'a point de force.

FOIBLESSE, Ital. *FIEVOLEZZA*, *DEBOLEZZA*.

Dict. Etymol.

AFFOIBLI, qui a perdu ses forces.

AFFOIBLIR, ôter les forces.

AFFOIBLISSEMENT.

Ce mot est certainement composé de BAL, fort, puissant, adouci en BEL, BIL, BLE, & de la négation VE, FE ; non-puissant, non-fort.

DÉBILE, est également un composé de BAL, joint à la préposition négative DE.

FOIS, Lang. *FEZ* ; pour *VEZ*, du Latin, *VICE*, prononcé *VEICE*, & qui signifie la même chose que *Fois*. MURATORI aimoit mieux le dériver de *VIA* ; c'est que les Italiens ont fait de celui-ci *FIATA*, qui signifie aussi une *Fois*, en Vald. un *viage*.

FOL, Fou, privé de raison.

FOLIE, manque de raison.

Du Celte *FALL*, privation ; ou du Latin *FOLLIS*, balon ; qui n'a que du vent.

F O N.

1. FONTAINE, 1°. source ; 2°. eau saillante d'un aqueduc ; Latin *FONTE* ; Lang. FON. C'est le Celte FON, VON, &c. qui a les mêmes significations & qui s'est prononcé FO, FU.

FONTAINIER, qui a soin des fontaines, qui en dirige le cours & l'entretien.

2. FONDRE, 1°. rendre des objets coulans & liquides : en faire une

fontaine ; 2°. détruire, ruiner ; 3°. être abîmé de chaleur.

FONTE, action de mettre en fusion.

FONDEUR, ouvrier qui fond le métal.

FONDERIE, lieu où on fond le métal.

FUSION, état de fonte.

FUSIBLE, qu'on peut mettre en fusion.

3. FOISON, abondance de choses qui s'épanchent de par-tout.

FOISONNER, multiplier abondamment.

COMPOSÉS.

CONFONDRE, mêler ensemble.

CONFUSION, mélange.

DIFFUS, qui s'épanche au loin.

DIFFUSION, qualité d'un Auteur diffus, qui s'arrête à des inutilités.

EFFUSION, épanchement.

EFONDRE, s'enfoncer, s'abîmer.

FUSEAU, instrument qu'on laisse tomber, fondre, afin de tendre la matiere qu'on file ; Lat. *fusus*.

FUSÉE, ce qui s'épanche.

FOR, pour HOR.

Les mots en FOR sont comme ceux en FE, des mots où la lettre F a remplacé l'aspiration H.

I.

1. FORCE, *nom*. 1°. vigueur, puissance corporelle ; 2°. puissance en général ; 3°. vertu, efficace ; 4°. contrainte, nécessité : *adv.* beaucoup, multitude.

FORT, *adj.* qui a de la force ; *nom*, lieu fortifié, un fort.

Ces mots tiennent à HORTS, qu a la même signification, & qui tient à FER, HER, élevé.

FORCER. 1°. obliger, contraindre ; 2°. emporter des retranchemens.

FORCÉMENT, par force.

FORTEMENT, avec force.

2. FORTERESSE, Place forte.

FORTIFIER, assurer par des retranchemens.

3. EFFORT, réunion de forces.

S'EFFORCER, faire ses efforts.

RENFORCER, envoyer de nouvelles forces.

RECONFORTER, donner de la force par ses discours.

4. FORÇAT, celui qui sert par force sur les Galères.

II.

FORÊT, FOREST, bois, grands arbres qui couvrent une grande étendue de pays. Ce mot est Celte *FFOREST*; Basq. *FORA*; All. *FORST*; Hébr. יער, I-HOR.

C'est une branche de HER, FER, porter, produire.

FORESTIER, qui concerne les Forêts.

FAROUCHE & sa famille, ont l'air d'être des dérivés du même mot.

III.

FOR pour HOR, ancien mot qui signifie TÊTE, avance ; 2°. avant ; 3°. jours d'une maison, ou porte, entrée ; 4°. percer, donner du jour.

1. FORS, *vieux Franç.* aujourd'hui HORS ; ce qui est hors, en avant, & *vice versâ*.

FORAIN, Etranger, qui vient de HORS.

COMPOSÉS.

FORBANNIR, mettre *hors* du ban, hors de la société.

FORBANS, Corsaires.

FAUBOURG pour FORBOURG, quartier avant le Bourg, avant la Ville.

FOURBU, cheval malade pour avoir *bu hors* de tems, ayant chaud.

FORCENÉ, pour FOR-SENÉ, hors de sens.

FORLIGNER, sortir de la ligne, dégénérer.

FORPAISER, action d'une bête poursuivie qui va *hors* de son *pâturage* ordinaire.

FOURVOYÉ, qui est *hors* de la *voie*, hors du bon chemin.

FORFAIRE, *faire hors* du devoir.

FORFAIT, crime.

FORISSIR, *vieux Franç.* mettre hors.

2. FORER, percer ; ensorte qu'on peut sortir, aller *hors*.

FORET, tariere, machine pour percer.

PER-FORER, percer de part en part.

3. FOUREAU, Lat *FORELLUS*, gaîne.

FOURRER, mettre dedans.

4. FOURNIR, procurer, *mot-à-mot*, mettre devant.

FOURNITURE, ce qu'on fournir.

FOURNI, procuré, &c.

Voyez FRO pour FOR.

I V.

FORGE, ce mot n'indique que l'instrument ou le lieu dans lequel on travaille le fer : dans l'origine, il désigna *travail*, *opération* pénible & adroite, par laquelle on crée quelque chose d'utile. C'est le sens qu'offre encore aujourd'hui son verbe.

FORGER, façonner, former. On forge du fer, un conte, &c.

Ces mots tiennent donc à celui du Nord *WORK*, travail, ouvrage, peine ; mot prononcé ailleurs HERG, HARG, &c.

V.

1. FORME, Lat. *FORMA*; Gr. *MORPHÉ*, (ici M au lieu de H,) ce qui paroît ; du mot *HORAÓ*, paroître, voir ; 2°. beauté : d'où *FORMOSUS*, beau, en Lat.

FORMER, donner une forme, rendre visible.

FORMATION, action de former.

DIFFORME, qui a des formes désagréables.

DIFFORMITÉ.

INFORME, qui n'a point de forme.

FORMIDABLE, qui a une forme terrible ; qui fait trembler.

RÉFORMER, changer les formes.

RÉFORME, RÉFORMATION, RÉFORMATEUR.

S'INFORMER, mettre des formes dans son esprit, se figurer, s'instruire.

2. FORMALITÉS, formes à suivre.

SE FORMALISER, mot-à-mot, s'arrêter aux formes ; 2°. se fâcher de ce qu'on a manqué en quelque chose.

FORMEL, 1°. ce qui donne la forme à une chose, ce qui fait qu'elle est. 2°. Ce qui est en termes exprès ; ce qui est écrit dans la même forme.

FORMELLEMENT.

3°. FORMAT, forme d'un livre.

4°. FORMULE, régles prescrites pour les procédures.

FORMULAIRES, articles prescrits relativement à la Religion.

5°. FRIME, altération du mot FROME, FREME, au lieu de FORME.

6. FROMAGE, au lieu de FORMAGE, parce qu'on le fait dans des formes.

FOUR.

1. FOUR, Lat. *FURNUS* ; Arab. *PhURN*, lieu où l'on fait cuire le pain.

FOURNAISE, feu énorme.

FOURNEAU, vaisseau propre à faire du feu.

FOURNIER, qui fait cuire le pain.

FOURNÉE, tout le pain qui a été cuit à la fois dans le même four.

ENFOURNER, FOURNOYER, mettre le pain au four.

Les Lat. ont dit aussi *FORMUS*, chaud.

Ces mots viennent de FOR, brûler, cuire, piquer : de-là :

2. FOURMI, Lat. *FORMICA*, Grec *MURMEX* : elle doit son nom à la cuisson que cause sa piquure.

FOURBE, Ital. *FURBO*, trompeur.

FOURBERIE, tromperie.

Ces mots tiennent au Celte FUR, avisé, fin, rusé : dans le Maine, on dit,

AFURER, tromper.

De-là viennent sans doute ;

FURET, animal qui cherche avec finesse, avec ruse, ceux qui se cachent dans des tanieres.

FURETER, chercher avec soin.

FOURURE, habillement de peau.

Ce mot paroît tenir au Nord *FOER*, *FOR*, brebis ; qui a fait le Bas-Bret. *FEUR*, toison, peau d'agneau, fourure.

F R.

Le son FR qui coule avec force, & qui correspond au son FL, a peint naturellement tout ce qui occasionne un son bruyant, & tout ce qui met les fibres en mouvement. De-là ces mots :

I.

FRACAS, bruit, tumulte, désordre ; 2°. ruine, destruction accompagnée de grand bruit.

FRACASSER, rompre, briser.

FRACTION, portion d'un tout.

FRACTURE, rupture.

EFFRACTION.

REFRACTION, brisure & renvoi d'un rayon de lumiere.

REFRANGIBLE, qualité d'un rayon,

susceptible de réfraction.

FRAGILE, aisé à casser.

FRAGILITÉ, facilité à casser; 2°. foiblesse, pente à faillir.

FRÊLE, fragile.

FRAGMENT, parcelle, morceau; 2°. partie d'un ouvrage.

FRANGE, bouts de soie, d'or, &c. qui terminent des vestes, des étoffes, des écharpes, &c.

FRÉLUCHE, franges, en forme de houpe; 2°. fils d'araignée qui volent en l'air.

FRÉLUQUET, qui n'a que du brillant sans solidité.

FANFRELUCHES, babioles, choses de peu de valeur.

2. FRAPPER, donner un coup, battre, &c.

FRAPPÉ, &c.

FRASQUE, noise, querelle; tour joué à quelqu'un.

3. FRIABLE, qui peut s'écraser, se mettre en poudre.

FRIVOLE, en Lat. *FRIVOLUS*, fragile, frêle, *aujourd'hui* de peu de conséquence, vain, inutile.

FRIVOLITÉ, action de s'amuser à des riens, à des choses frêles.

4. FROISSER, rompre, mettre en piéces, briser, meurtrir; 2°. chiffonner une étoffe, y faire de faux plis.

FROLER, froisser l'air en parlant.

FRINGOTER, chanter d'une maniere entrecoupée.

I I.

1. FRAYEUR, frisson causé par la crainte, frémissement, épouvante.

EFFROI, terreur.

EFFRAYER, répandre la terreur.

EFFRAYANT, EFFROYABLE.

AFFREUX, effrayant, horrible à voir.

2. FRÉMIR, trembler de peur.

FRÉMISSEMENT, agitation, tremblement.

3. FRETILLER, être toujours en mouvement.

FRETILLEMENT, agitation, mouvement prompt & subit.

FRINGANT, alerte, dispos, sautillant.

FRINGUER un verre, le rinser.

FRETIN, menu poisson; il est toujours en mouvement, il fretille.

On a avancé que ce mot venoit de l'Anglois *FARTing*, nom d'une monnoie qui vaut à peu-près un liard; & que FRELUCHE venoit d'une petite monnoie qu'un Duc de Bourgogne fit frapper en 1459, & qu'on appella *Furrlique*. Voy. DU CANGE, art. *FERLINA*; & MÉNAGE, art. *FRETIN*.

I I I.

1°. FRIPER, consumer, gâter, user; Ita. *FRAPPARE*; 2°. manger goulument; Bas Br. *FRIPAL*.

FRIPIER, qui vend de vieux habits.

FRIPERIE, où on vend de vieux habits.

2. FRIPON, qui frippe ses classes, li-

bertin; 2°. qui escamote, qui grippe.

FRIPONER, prendre adroitement, Bas-Br. FRIPEIN, gripper, ravir subtilement.

IV.

1. FRIRE, faire cuire à la poêle, avec grand bruit.

FRITURE, FRIT.

FRIQUET, instrument pour tourner le poisson dans la friture.

2. FRIAND, qui aime à manger de bonnes choses : c'est une onomatopée; l'imitation du son FRI.

FRIANDISE.

AFFRIANDER.

3. FRICASSÉE, viande cuite à la poêle.

FRICANDEAU.

FRICASSER, mettre en fricassée, au fig. consumer entierement.

4. AFRIOLER, amorcer, attirer.

V.

1. FROID, température glacée, qui fait frissonner, au simple & au fig. Adj. qui cause du froid; 2°. qui éprouve cette sensation.

FROIDURE, froid.

FROIDEUR, qualité qui cause le froid.

FROIDEMENT, dans un état de froidure; 2°. d'une maniere froide.

REFROIDIR, diminuer la chaleur.

REFROIDISSEMENT, diminution d'ardeur.

RÉFRIGÉRATIF, qui réfroidit.

2. FRAIS, 1°. qui fait éprouver un froid agréable; 2°. qui n'a pas eu le tems de s'échauffer.

Eau fraîche, œuf frais.

3°. Qui est récent, nouveau.

4°. Qui se porte bien & qui a de la vigueur malgré son âge, &c.

Adv. D'une maniere qui est fraîche.

FRAÎCHEMENT, avec fraîcheur.

FRAÎCHEUR, froid tempéré.

RAFRAÎCHIR, mettre au frais.

RAFRAÎCHISSEMENS, mets & boissons qui dissipent la chaleur, la fatigue &c.

RAFRAÎCHISSANT, qui rafraîchit.

3. FRICHE, pour FRAÎCHE, terre neuve, fraîche : voy. du CANGE, art. FRISCUM.

4. FRILLEUX, FRILLEUSE, sensible au froid.

FRIMAS, brouillards glacés.

5. FRESQUE, peinture à l'eau, sur un mur dont le mortier est frais, ou n'est pas encore sec.

6. FRÉSANGEAU, FRESINGUE, nom d'un petit cochon, dans l'Orléanois, le Toulousin, &c.

FRÉSANGE, droit de porc, qui appartient aux Maîtres des Eaux & Forêts.

VI.

FRISER, donner aux cheveux une forme arrondie, les mettre en boucles.

On a cru que ce mot venoit de FER, (FERISER & puis FRISER) parce qu'on employe le fer pour la frisure : c'est plutôt une onomatopée, l'imitation du bruit que font entendre les cheveux quand on les passe au fer.

FRISÉ, en boucles.

FRISURE, maniere dont les cheveux sont frisés.

VII.

FRISSON, accès de froid.

FRISSONNER, trembler; 1°. de froid; 2°. d'effroi, d'épouvante.

FRISSONNEMENT, émotion.

F R A I.

1°. FRAIS, dépense, ce qu'il en coute pour un achat, pour un procès, Lat. B. *FREDUM*, mot qui ne signifia pas d'abord *amende*, comme l'a cru MÉNAGE, mais qui signifia *amende*, parce qu'il avoit déja la signification de *prix* : l'amende est le prix de ce qui la cause.

DÉFRAYER, faire les frais pour une personne, en pur don.

2°. FRET, louage d'un Vaisseau; 2°. prix de sa charge; Nord *FRACHT*.

FRETER un Vaisseau.

Cette famille appartient à la même que le Lat. *PRETium*, Prix.

3. FRÉDAINE, appartient aussi à la même famille.

DU CANGE nous apprend, art. *FREDARE*, que le mot *fredaine* signifioit dans l'origine la même chose que *fanfaronade*, jactance, sottise de *s'estimer plus* qu'on ne vaut; de s'*aPRÉCIER* au-delà de son *prix* réel : il ne signifie plus que sottise, mauvaise conduite, escapade de jeunesse.

F R A N.

FRANC, 1°. libre; 2°. ouvert, sincere; 3°. qui est sans gêne.

FRANCHISE, liberté avec laquelle on s'exprime : 2°. Priviléges, exemptions de quelque droit.

AFFRANCHIR, mettre en liberté, exempter.

AFFRANCHISSEMENT.

Ces mots sont venus du Nord. FRAG y offre les mêmes idées, en Anglo-Saxon, &c. En le nasalant, les Theutons & les Peuples du midi en firent le mot FRANC.

FRAG étoit lui-même un dérivé de FREA, Puissance. L'Homme libre est *puissant* pour faire ce qu'il croit le mieux.

FRO pour FOR,
avant, sur.

I. FROC, ce mot signifioit autrefois les *DEHORS* d'une Ville. Du CANGE se trompoit en le dérivant de *fraustum*, inculte.

Il signifia ensuite la *robe de dessus*, relativement aux Religieux.

En Angl. *FROC*, habit de dessus, un FOUREAU.

DÉFROQUÉ, qui a jetté le froc. Mais dans le sens d'Habit, ce mot paroît venir d'une autre famille; de ROCC, Anglo-Saxon & ROCK, Allem. qui signifient *Habit de dessus* ; & dont nous avons fait le mot ROCHET. On aura prononcé VROCK, & puis FROC. ROK désigna dès l'origine ; 1°. lin ; 2°. habit de lin ; 3°. quenouille à filer le lin : d'où le Lapon & l'Italien ROCCA, quenouille.

II. FRONT, haut du visage ; Lat. FRONTE, (ablat.) 2°. face, devant.

FRONTEAU, bande qu'on met sur le front.

FRONTIERE, bornes d'un Pays.

FRONTISPICE, façade ; 2°. Estampe qui est à la tête d'un livre.

FRONTON, le haut d'un édifice.

FRONCER, rider le front, élever le sourcil d'indignation.

COMPOSÉS.

AFRONT, offense faite en face.

AFRONTER, aller au devant du péril, &c.

CONFRONTER, comparer en présence.

CONFRONTATION.

EFFRONTÉ, qui va la tête haute, qui ne rougit de rien.

EFFRONTERIE, hardiesse impudente.

Voy. FOR, pour HOR, dont ces familles font une dépendance.

F U.

Le son Fu se produit en chassant le soufle au loin : il devint donc naturellement le signe ou le nom de tout ce qui passe, qui fuit, qui n'est plus : de-là :

1. FUT, il fut, Lat. FUIT ; il n'est plus, il est passé, il s'est évanoui. On en a fait le tems passé du verbe ÊTRE.

2. FUIR, se sauver, se retirer promptement.

S'ENFUIR.

FUITE, action de se sauver, de disparoître promptement.

FUYARD, FUGITIF : le premier de ces mots signifie une fuite passagere ; la seconde, une fuite soutenue.

FAUX-FUYANT, échapatoire, prétexte.

3. FUTILE, qui n'a rien de réel, qu'un soufle abat.

FUTILITÉ.

4. FUMÉE, vapeur des matieres combustibles.

FUMER, faire de la fumée.

ENFUMER, remplir de fumée.

5. FUMEUR, qui fait de la fumée en brûlant du tabac, pour en respirer l'odeur.

6. FUNÉRAILLES, derniers devoirs envers celui qui n'est plus.

FUNÈBRE, FUNÉRAIRE.

FUNESTE, qui cause la mort.

FUST.

1. FUST, tout ce qui est planté, ou propre à planter ; bâton, &c. Lat. FUSTIS.

FUTAYE, arbre de haute-futaye, bien planté. Du Nord FESTE, planter ; 2°. affermir ; Anglo-Sax. FAST, ferme, inébranlable.

AFUT,

AFUT, train du Canon, la charpente qui le soutient.

FUTAILLE, vases en bois pour le vin.

2. FUSTIGER, battre de verges.

3. FUSTERIE, place au bois, dans diverses Villes.

4. FUTÉ, 1°. & *ancienn*. pointu; 2°. fin, rusé, qui a l'esprit pointu.

AFUTER, rendre pointu.

RÉFUTER, *mot-à-mot*, repousser un trait, l'émousser; *au fig*. répondre à une objection; la mettre en poussière.

MOTS FRANÇOIS VENUS DU LATIN.

F A

FACE, Lat. *FACIES*, 1°. forme, figure; 2°. Façon, maniere dont on est fait, dont on paroît.

SUPER-FICIE, la face de dessus.

EFFIGIE, image, portrait.

FIGURE, forme; 2°. représentation.

FIGURER, représenter, imiter, donner une forme.

DÉFIGURER, altérer les formes, la figure.

CONFIGURATION, maniere dont on est figuré.

TRANSFIGURATION, changement étonnant dans les formes.

FICTION, représentation chimérique.

FICTIF, feint, controuvé.

FEINDRE, imaginer, supposer ce qui n'est pas.

EFFACER, enlever, détruire des formes, des traits.

FAIS, Lat. *FAC*, impératif du verbe FAIRE, former, donner une forme, créer; 2°. exécuter.

C'est donc un composé de Ac, agir, & qui a fait une famille très-nombreuse en MAC.

FAIT, *adjectif*, qui a été exécuté; *nom*, événement.

FAISABLE, qui peut se faire.

FAÇON, maniere de faire.

FAÇONNER, donner une forme agréable.

CONTREFAÇON, imitation; 2°. impression d'un livre dont on n'a pas le privilége.

FACILE, aisé à faire.

FACILITÉ, FACILITER.

DIFFICILE, DIFFICULTÉ.

FACULTÉ; 1°. pouvoir d'exécuter; 2°. les biens qu'on a; 3°. Corps qui a droit d'enseigner & de pratiquer.

FACTEUR, celui dont on se sert pour le commerce, &c.

FACTOTERIE, comptoir où l'on tient des Facteurs.

FACTICE, qui n'a qu'une existence empruntée, effet de l'Art.

FACTOTON, celui que l'on emploie à tout.

FACTURIER, qui fabrique des étoffes.

FACTURE, 1°. note des étoffes à faire; 2°. note d'une expédition, d'un envoi.

FACTION, 1°. celui qui *fait* sentinelle: 2°. parti séditieux, qui *fait* opposition, qui trame des complots.

FACTIEUX, qui a l'esprit porté aux factions; séditieux.

FACTUM, Mémoire d'Avocat, *mot-à-mot*, ce qui a été *fait*: ces Mémoires tendant à éclaircir les faits.

FAINÉANT, celui qui *fait néant*, qui ne fait rien, un paresseux.

FAINÉANTISE.

FABRIQUE, lieu où l'on fait des étoffes, &c.

FABRIQUER, faire des étoffes, &c.

FABRICANT, FABRICATION.

ORFÉVRE, qui *fait* des ouvrages en *or* ou en argent.

ORFÉVRERIE, art de l'Orfévre.

Du Lat. *FABER*, fabricant, Ouvrier; composé de *FA*, faire, & *BER* ou *VIR*, homme.

COMPOSÉS.

AFFAIRE: les choses qu'on a à faire.

AFFAIRÉ, occupé, qui a beaucoup de choses à faire.

CONTREFAIRE, imiter, faire par opposition.

CONTREFAIT, fait de travers.

DÉFAIRE, anéantir ce qu'on a fait.

DÉFAIT, détruit; 2°. pâli, maigri, qui n'a plus d'embonpoint.

EFFET, ce qu'on a opéré: le produit d'une cause.

EFFECTIF, qui existe réellement.

EFFECTIVEMENT.

EFFICIENT, qui produit son effet.

EFFICACE, qui produit nécessairement son effet.

EFFICACITÉ.

EFFICACEMENT, INEFFICACE.

FORFAIT, du mot FAIT, action, & du mot FOR, même que HORS, action faite hors des régles, contre le devoir.

FORFAITURE, FORFAIRE.

OFFICE, charge à faire, devoir à remplir.

OFFICIER, *nom*, qui a une charge à l'armée, dans une Cour: *verbe*; remplir une charge religieuse, en parlant d'un Ecclésiastique.

OFFICIANT, qui officie.

OFFICIEUX, qui aime à rendre service.

AFFECTER, faire semblant, tâcher de produire tel effet.

AFFECTION, sentiment qu'on éprouve, qui *agit* sur nous; 2°. amitié, bienveillance, &c.

CONFIRE, Lat. *CONFICERE*, cuire au sucre, au miel, &c.

FACÉTIES, plaisanteries, bons mots, Lat. *FACETIÆ*.

FACÉTIEUX, plaisant, diseur de bons mots.

FANATIQUE, enthousiaste, Lat. *FANATICUS*, de *FANUM*, Temple, mot-à-mot, dévot, attaché au culte divin.

FANATISME, superstition accompagnée d'un zèle ardent, d'enthousiasme.

FATIGUE, lassitude, excès de travail, Lat. *FATIGATIO*.

FATIGUANT, FATIGUER.

Se FATIGUER, s'excéder de peine, de travail.

F E.

FENDRE, Lat. *FINDERE*, diviser, séparer.

FESSE, du Lat. *FISSUS*, séparé.

F I.

FIBRE, Lat. *FIBRA*, filament; 2°. filets qui tiennent aux racines des plantes, &c.

FID & FOI.

FISCELLE, Lat. *FIDICULA*, petite corde.

FOI, Lat. *FIDES*, assurance, persuasion; 2°. croyance ferme.

FIDÉLITÉ, constance dans ce qu'on a promis.

FIDÉLE, qui tient ses promesses; Lat. *FIDELIS*.

FÉAL, qui garde sa foi, sa parole.

FIER, ajouter foi à la parole de quelqu'un, s'en rapporter à ce qu'il promet.

FIANCER, donner sa foi à une personne pour l'épouser.

FIANÇAILLES.

FIANCÉ, FIANCÉE.

COMPOSÉS.

AFIDÉ, sûr, en qui on peut se confier.

CONFIER, donner en garde.

CONFIANCE.

CONFIÉ, remis en garde.

DÉFIANCE, manque de confiance.

Se DÉFIER, avoir de la défiance, manquer d'assurance sur quelque chose.

DÉFI, appel au combat; DÉFIER, provoquer; Latin, *DIFFIDare*. Cette signification détournée du mot FIER, est provenue de ce que le cartel ou le défi, étoit un engagement solemnel, une foi donnée de se rencontrer en tel lieu, à tel jour, &c.

CONFIDENCE, secret confié.

CONFIDENT, CONFIDENTE, à qui on confie ses secrets, ses projets.

F I E, &c.

FIÉVRE, Lat. *FEBRIS*, feu intérieur causé par la maladie.

FIGUE, Latin *FICUS*, espéce de fruit.

FIGUIER.

FISC, trésor public, Lat. *FISCUS*.

FISCAL, qui regarde le trésor public.

FISCALITÉ.

CONFISQUER, saisir en faveur du fisc.
CONFISCATION.

FISTULE, ulcère creux & profond, Lat. *FISTULA*, canal, conduit. De ce mot *FISTULA*, signifiant roseau, 2°. chalumeau, pipeau, vinrent ces mots:

AFISTOLÉ & AFISTOLURE.

RICHELET & BOREL ont cru que ces mots désignoient un *orgueilleux* & *l'orgueil*. Le DUCHAT a fort bien vu qu'ils désignoient une personne qui se laisse prendre dans les filets qu'on lui tend. On ne peut donner d'autre sens au passage du *Blazon des fausses Amours* où il se trouve :

Homme pourveu (*prudent*)
Qui tant a veu
D'affistolés (*de gens séduits*) ;
Bien est cornu
S'il s'est venu
Prendre au filetz.

» Celui qui a vu un si grand
» nombre de personnes prises au
» filet, mérite peu qu'on le plai-
» gne s'il y tombe de lui-même.

AFISTOLÉ, signifie donc, pris à la pipée.

AFISTOLURE, pipée.

F O.

FONCTION, action de remplir sa charge ; Lat. *FUNCTIO*.

DÉFUNT, *mot-à-mot*, qui n'a plus de fonction à remplir, qui a fini sa carriere, Lat. *DEFUNCTUS*.

DÉFUNTE, DÉFUNTER.

FORTUIT, qui arrive par hazard.

FORTUNE, prospérité, Lat. *FORTUNA*.

FORTUNÉ, Lat. *FORTUNATUS*, favorisé de la fortune,

INFORTUNE, malheur.

INFORTUNÉ.

FOUDRE, Lat. *FULGUR*, météore enflammé, qui éclate avec fracas, & qui tue.

FOUDROYER, Lat. *FULGURIRE*, faire périr par la foudre.

FULMINANT, qui éclate avec fracas.

FULMINER, lancer la foudre & les éclairs.

F R.

FREIN, Lat. *FRENUM*, mors, bride qui retient ; *au figuré*, qui retient.

ÉFRENÉ, qui n'est retenu par aucun frein.

FRÉQUENTER, aller souvent en un même lieu, chez une même personne.

FROTER, Lat. *FRIcare*; Arab. فرك, FaRaK.

FROTEUR, FROTAGE.

FRICTION.

FRONDE, Lat. *FUNDA*, Gr. *Sphendoné*, machine à lancer les pierres.

FRONDER, attaquer avec la fronde ; *au fig.* s'opposer à un projet.

F U.

AFFUBLER, vêtir, couvrir.

AFFUBLEMENT, habillement.
AFFUBLÉ, habillé, revêtu.
 Lat. Barb. *AFFIBULARE*, attacher son manteau avec une agraffe; du Lat. *FIBula*, agraffe; STACE, *diffibulare*, dégraffer, détacher son manteau. *Liv. IV de la Thébaïde.* Picard, *Affuler*.
FUREUR, transport, emportement.
FURIEUX, qui est en fureur.
FURIBOND.
FURIE, transport de colere; 2°. les furies de l'enfer.
FUTUR, Lat. *FUTURUS*, ce qui est à venir, *mot-à-mot*, ce qui va passer. FU, marquant ce qui passe: R, ce qui va être, ce qui s'approche.

MOTS FRANÇOIS VENUS DU GREC.

F

FILS, celui qu'on a mis au monde.
FILLE, celle qu'on a mis au monde; Lat. *FILIUS*, *FILIA*, du Grec *PHILIOS*, chéri, aparenté.
FILIAL, qui regarde un fils.
FILLEUL, FILLEULE, celui, celle qu'on a présenté au Baptême.
FILIATION, descendance de pere en fils.
AFFILIER, rendre participant du mérite d'un Ordre Religieux.
FIOLE, Gr. ΦΙΑΛΗ, *Phialé*, bouteille.
FRÉNÉSIE, Grec *Phrenitis*, délire.
FRÉNÉTIQUE, Gr. *Phrenétikos*, qui a le transport de la fiévre; esprit en délire.

MOTS FRANÇOIS VENUS DE L'ORIENT.

F

FARD, couleur artificielle; de l'Oriental פאר, paré, embelli.

FARDÉ, FARDER.

FOURBIR, polir, donner du lustre.

FOURBISSEUR, qui polit les armes; du Franc FURBen, polir, nettoyer; venu de FARb, couleur, fard, famille de פאר, PhaR, parer.

FOURCHE, bâton à deux cornes, ou à deux pointes, Lat. FURCA, de l'Orient פרק, PhaRQ, partager, fendre.

FOURCHETTE, instrument à deux ou trois pointes, même quatre.

FOURCHER, se partager, en parlant d'un chemin, &c.

FOURGON, instrument à pointe, pour remuer la braise.

FOURGONNER, remuer avec un fourgon.

FUTAINE, Toile de coton, & qui prend son nom de la ville de FUSTAT, en Egypte, abondante en coton. MÉNAGE.

MOTS FRANÇOIS VENUS DU CELTE.

G

G, septiéme Lettre de l'Alphabet François, étoit la troisiéme dans l'Alphabet primitif : elle céda sa place au C, dédoublement du K, & déposséda Z, dont le son avoit de l'analogie au sien, & qui fut rejetté à la fin de l'alphabet, toutes les autres places étant occupées.

Au moyen de ces changemens, la Lettre G est chargée, dans notre Langue, de mots qui ne lui appartiennent pas ; mais qui tiennent à des familles en K, en C, en Z.

Elle est encore chargée d'une multitude de mots qui commençoient chez les peuples du Nord par V ou W, espéce d'OU, connu des Orientaux; & que nous avons changé en Gu, en G, &c. imitant en quelque sorte les Hébreux, qui ne commencent également aucun mot par cette lettre & qui la font précéder de quelqu'autre, disant, par exemple, *AOUR*, en une seule syllabe, au lieu d'*OUR* feu, d'où vint le *UR-o*, des Latins.

Quant à la valeur propre de G, comme il se prononce de la gorge, il désigna naturellement la gorge, le gosier, les sons de la gorge, & tout ce qui y est relatif; 2°. le goulot, la gueule, &c.

Cette lettre étant par sa nature un adoucissement de l'aspiration, elle a usurpé aussi une multitude de mots qui commençoient autrefois par le son H.

Au moyen de ces observations, on parvient à découvrir une foule d'étymologies qui seroient perdues sans cela.

G pour W.

GAGE, salaire, récompense ; Angl. *Wage*.

GAGER, GAGEURE.

GAIN, profit, en Theuton *WINN*, gagner; Angl. *To Win* ; Esp. *GANO*, je gagne.

GAÎNE, foureau, Lat. *VAGINA*.

GAIVES, choses perdues & qu'on ne reclame pas, qu'on abandonne ; Angl. *To WAIVE*, quitter, abandonner; *WAIF*, chose perdue, égarée, volée.

GALERIE, passage long, étroit & bien éclairé, qui conduit d'un appartement à un autre;

lieu où l'on se promene ; Theut. WALLEN, aller ; Angl. WALK, promenade.

GANT, meuble qui sert à garantir les mains du froid, & fait ordinairement de peau ; du Theuton WANT, formé de HAND, main. On a dit WANTO, QUANTUS, GANTUS. Ces mots ont également signifié l'action de prêter serment de fidélité, & l'investiture qui en étoit la suite.

GANTELET, GANTER.

GANSE, nœud de ruban ; de ANSA, anse.

GARAGNON, cheval, *vieux Franç.* du Lat. Barb. WARANIO, formé, sans doute, du mot MAR, cheval.

GARANT, qui se charge de la garde, du maintien d'un traité, &c. du Theuton WAREN, garder, maintenir, conserver, prendre garde.

GARANTIE, GARANTIR.

GARE, *mot-à-mot*, prenez garde. Se GARER.

GARDER, du Theuton WARD.

GARDE, GARDIEN, ÉGARD.

GARDE-ROBE, GARDEFOU, &c.

VERTUGADIN pour VERTUGARDIN.

GARENNE, lieu réservé pour la chasse, pour la pêche, &c. du même mot WARE.

GUÉRIR, du même mot WAREN, préserver, remédier.

GUÉRITE, lieu d'où l'on fait la garde, d'où l'on veille ; du même mot WARE.

GAREAU, d'où bigarré, bigarrure, & qui désigne tout objet de diverses couleurs ; du Lat. VARIUS, varié.

GARNIR, du Theuton WARNEN, munir, fortifier.

GARNISON, GARNITURE.

GARROT, trait d'arbalète ; du Lat. VERUTUM, un trait ; dérivé de VERU, broche.

GARROTER, serrer, lier avec une bille.

GASTER, GÂTER, de VASTARE, ravager ; d'où, DÉGÂT.

DÉVASTER, DÉVASTATION.

GASTEAU, GÂTEAU, en Picard OUASTEAU, de VASTUS, vaste ; selon d'autres, de PASCERE, manger.

GAUFRE, pâte cuite entre deux plaques de fer ; Flam. WAFEL ; Angl. WAFER.

GAUFRIER, GAUFRER.

GAULE, baguette, houssine : ce mot peut venir de VAL, FAL, un pieu, un pal.

GAZON, du Theuton WASEN.

GOUPIL, GOULPIL, renard ; du Lat. VULPES, VOLPES.

GUÉ, lieu où l'on passe une riviere à pied ; du Lat. VADUM.

GUÉER, GUÉABLE.

GUEDE, GAUDE, plante avec laquelle les anciens Gaulois peignoient leur corps, qui est encore employée dans la teinture & qui entre dans le pastel ; de l'Anglo-Saxon WAD, Theut. WEID ; Angl. WOAD.

GUÊPE, GUESPE ; du Lat. VESPA.

GUERDON,

GUERDON, récompense, mot Celte: en Theuton WERT, valeur, prix; Angl. WORTH.

GUERPIR, DÉGUERPIR, abandonner, se sauver; de l'Anglo-Saxon WERPEN, & Allem. WERFEN, aller au loin, se dessaisir; on en fit le Latin-Barb. WERPIRE & GUERPIRE.

GUERRE, du Theuton WAR, qui a la même signification.

GUERRIER, GUERROYER.

GUET, qui veille, qui fait sentinelle.

GUETTER, être en sentinelle pour saisir sa proie, Lat. B. GUATTARE. Ces mots tiennent au Theuton WACHT, sentinelle, guet: & au Celte WAG, WEG, WEIG, d'où vint le Latin VIGILO, VIGILIÆ, dont nous avons fait,

VIGILANCE, VIGILE,

VEILLE, VEILLÉE.

GUEUX, peut venir du Celte GWAZ, qui sert; de même que,

GOUJAT. Ce dernier mot a signifié aussi jeune homme, garçon: de même qu'on a dit:

GOUJE, GOUGE, pour jeune fille.

On sait que les mêmes mots qui signifient GARÇON, FILLE, se prennent dans toute langue, au sens de domestiques.

GUIVRE, GIVRE, ancien mot pour dire VIPÈRE, & couleur de Vipère, du Latin VIPERA. Le V s'est prononcé Gu, & P est devenu V.

GUI, Plante qui croît sur le chêne: du Latin VISCUM.

GUIDE, conducteur; Theuton, WIESer.

GUIDER, WEISen.

GUIDON, enseigne de Cavalerie.

GUIMPE, espèce de coëffure des Religieuses: autrefois GUIMPLE, & c'étoit un lien de tête, un voile. Angl. WIMPLE, Fl. WIMPEL.

On croit que c'est une altération du Latin umbella, parasol, voile.

GUINDER, élever en haut, au moyen d'une corde qui se devide: Theut. Wind, devider, tourner; devidoir, &c.

GUISE, mode, façon de penser; du Theuton WEISE, mode, maniere, façon, &c.

DÉGUISER, DÉGUISEMENT.

G pour C.

GAB pour CAB.

GABAN, manteau.

GABARRE, bateau.

GABIE, hune de Navire, en forme de cage.

GABIONS, grands paniers de branches entrelassées.

GABELLE, Impôt sur le sel, &c.

GOBELET, vase à boire.

GOBER, avaler.

GOBET, gorge.

Tous ces mots viennent de la famille CAB, qui signifie *contenir, recevoir*.

Dict. Etymol.

Gal pour Cal.

GALE, noix *de gale*, excroiſſance ronde qui ſe forme ſur les chênes, & dont on fait l'encre. Lat. GAL-LA. Du Celte CAL, tête, rondeur; 2°. fruit rond, noiſette.

GALET, caillou.

GALE, maladie de la peau, formeé par des boutons durs.

GALEUX, GALEUSE.

De Cal, pierre.

GAUT en *Vieux-Fr.* bois, & GAUDINE, bocage; formé de CAUD, bois, dont nous avons rapporté la famille ſous la Lettre C.

GALOCHE, eſpéce de chauſſure; de CAL, chauſſure.

GELÉE, froidure.

GLACE, eau priſe par la gelée.

GLACÉ, GLACIERE.

GLACER, GLACIAL.

DÉGELER, DÉGEL,

ENGELURE.

De CAL, froid.

GOLFE, Grec, KOLPOS, portion de lac, de mer, enfoncée dans les terres; Celte GWLF, entaille, cran.

De COL, couper, entailler.

GAM pour CAM, &c.

GAMACHES, Guêtres; de CAM, CAMBE, jambe.

GAMELLE, Jatte à ſoupe; Latin CAMELLA.

GARANCE, Plante dont la racine ſert pour teindre en rouge: ſon écorce eſt rouge, & ſa moëlle couleur d'orange. Ce mot appartient donc à la famille KAR, KER, rouge.

GAVION, Goſier; de CAVUS, creux.

GOURDIN: ce mot peut venir de l'Ital. CORDINO, la corde qui ſert à battre les Forçats ſur les Galères.

FAMILLE de GYR, Cercle.

Dans le Volume de la Grammaire Univerſelle, nous avons donné la famille de *GYR*, Cercle: nous en avons rapporté pluſieurs mots ſous la Lettre C: en voici d'autres qui appartiennent à la Lettre G.

GERFAULT, eſpéce de faucon.

GIRON, ſein.

GIROVAGUE.

GIROUETTE; elle tourne toujours.

GOURET, boule, en *Lorraine*.

GUIRLANDE, fleurs arrangées en rond, &c.

ENVIRON, ce qui eſt autour.

ENVIRONNÉ, inveſti tout autour.

De cette famille deſcendit *Kar*, *Ker*, enceinte, Ville: d'où eſt venu ſans doute le mot *S'EGARER*, s'éloigner de l'enceinte & ne plus ſavoir où l'on eſt.

GR pour R.

GRENOUILLE, animal aquatique; du Latin *RANA*, en Langued. RAINETTE.

GRIBLETTE, morceaux longs & déliés, qu'on léve ſur la flêche de lard; du Theuton *RIB*, prendre, ôter.

GRIBOUILLETTE, action de jetter quelque chose pour le plus alerte; du même mot *RIB*, *à qui prendra*.

GRIME, GRIMAUD, Ecolier.

GRIMOIRE, livre rempli de caracteres inconnus, &c.

On a cru, mal à propos, que ces trois mots venoient d'une même source.

Les deux premiers appartiennent à la même famille que les suivans.

GRIMELIN, qui joue un petit jeu.

GRIMELINAGE, petit jeu.

GRIMELINER, faire un petit profit.

Ces mots tiennent donc à une racine qui signifie *petit*, dans tous les sens, jeune, peu considérable, &c.

De-là l'Anglois GROOM, qu'on peut prononcer *grum*, *grim*, qui signifie *valet-de-chambre*, *garçon*, & qui signifia certainement jeune, petit.

En Irlandois, GRUMADH, Valet.

GRIMOIRE, au contraire, vient de *RIMA*, rimes, chant: livre rempli d'un chant & de rimes barbares, inconnues, magiques.

GAB.

GEB, GIB, élevé.

GAB, mot primitif qui signifie haut, élevé, élevé en dos, dos, &c. De-là ces mots:

GIBBAR, nom de la Baleine en Saintongeois, dit RONDELET, parce qu'elle a le dos vouté & bossu.

GIBET.

GIBBEUX, bossu, élevé.

GOBBIN, petit bossu.

GAVACHE, GAVAUX, habitant des montagnes, montagnard.

GAB,

GAM, GAV, jeu.

GABER, GABASSER, en *Vieux-Fr.* moquer, plaisanter.

Se GABER, se moquer.

GABATINE, moquerie, raillerie.

GABES, railleries, moqueries.

Ce mot est Theuton, Anglo-Saxon, Italien, Runique, &c.

Island. GAMAN, jeu, plaisanterie.

Angl. GAME, jeu; 2° chasse; 3°. réjouissance.

Anglo-Saxon, GÆMIAN, jouer.

Ces mots sont d'une même famille.

Gall. GEUBETH, fausseté. GAU, CAV, CAB, tromperie, fausseté, & Bret. GAUGHE, tromperie.

Cette famille doit tenir à la suivante.

GAN, tromper.

Bas-Br. GANAS, traître, perfide.

Vieux-Fr. GANELON, traître.

GANCHES, ruse, tromperie; il est employé dans le Roman de la Rose.

ENGANER, tromper.

Ital. IN-GANNO, tromperie.

I i ij

IN-GANNARE, tromper.
Esp. ENGANO, ENGANAR.

GAI.

GAI, gaie, qui est joyeux, de bonne humeur, qui rit.

GAIETÉ, joie, la vivacité de la bonne humeur.

S'EGAYER, se réjouir.

EGAYER, donner de la bonne humeur.

GAIMENT, avec joie, de bonne humeur.

GAUSSER, dire des plaisanteries ; du Grec GAÔ, rire.

Lat. *GAUDIUM*, joie.

Osque, GAU, joie, gaieté.

GAVOTE, Danse gaie & légere.

Tous ces mots sont des onomatopées : de-là :

1. GAILLARD, dispos, plein de gaieté.
2. GALLE, *vieux Fr.* réjouissance.

GALLER, se réjouir.

GALOISE, & en Vald. *Galeise*, une personne du sexe gentille, agréable.

Et puis s'en vont, pour faire les Galoises,
Lorsque devroient vaquer en Oraison.
Livre des Pardons S. Trotet.

GALA, fête : habit de *gala*.

3. RÉGAL, repas splendide.

RÉGALER, donner une fête.

4. GALAND, éveillé, enjoué, charmant, qui plaît aux Dames

GALANTERIE.

Ménage a eu tort de dire que ces derniers mots n'appartenoient pas à la même famille que GAI. Il ne faisoit pas atttention à ce qu'ils avoient de commun.

GASPILLER, dissiper son bien en dépenses frivoles ; de l'Anglo-Saxon *SPILL*, consumer, détruire, &c. formé de *ES*, négatif, *hors*, & de *PILL*, monceau, pile, masse.

GASOUILLER, en parlant des oiseaux, chanter avec douceur, ramager : c'est une onomatopée.

G

Désignant le Gosier, la Bouche, &c.

G étant un son guttural, a désigné la gorge, & tout ce qui est relatif à la gorge, tout ce qui en a la forme, la capacité, &c. De-là une multitude de mots.

GUEULE, Lat. *GULA*, autrefois la bouche ; *aujourd'hui*, ce qui dans les animaux répond à la bouche & en tient lieu ; 2°. gloutonnerie, intempérance.

GUEULER, crier.

GOULU, glouton, qui mange beaucoup.

GOULUMENT.

GOULÉE, grande bouchée.

GOULIAFRE, qui mange avec avidité.

GOULIARD.

GOINFRE, gourmand, qui ne vit que pour manger.

GOINFRER, ne penser qu'à manger.

Nos Étymologistes avouent n'avoir pu découvrir l'origine de ce mot.

C'eſt qu'on en a laiſſé perdre le L mouillé : on diſoit *Gouillinfre*, & inſenſiblement ce mot prononcé à la pariſienne ne s'eſt plus écrit que *Gouinfre*, *Goinfre*. On ne pouvoit ſoupçonner ce changement, dont nous avons déja vu d'autres exemples, tels que *Cayeu*.

GOLILLE, de l'Eſpagnol GOLA, Gorge.

GOULOT, cou de bouteille.

GOULOTTE, GOULETTE, petit canal.

GALON, Lat. GILLO, Hébr. GUL, meſure de liquides.

EN-GLOUTIR, avaler.

II.
GAR, GOR,

1. GARGATE, gorge.

GARGARISER, laver le dedans de la gorge.

GARGARISME.

GARGOTTE, Lat. GURGUTIA, lieu où l'on donne à manger.

GARGOTIER.

GARGOUILLE, canal pour faire écouler les eaux.

2. GORGE, 1°. fond de la bouche ; 2°. ſein ; 3°. défilé.

GORGERETTE, eſpéce de mouchoir de cou.

GORGERIN, armure pour couvrir la gorge.

DÉGORGER, rendre le cours à des liquides engorgés.

DÉGORGEMENT.

ENGORGER, arrêter des liquides dans leur cours.

ENGORGEMENT : ſe RENGORGER, ſe redreſſer.

ÉGORGER, couper la gorge.

GOSIER, 1°. canal par lequel on boit ; 2°. conduit de la reſpiration & de la voix.

Gall. GOSLE, gorge, goſier.

Ital. GOZZO, goſier, jabot.

S'EGOSILLER, perdre la voix à force de crier.

DÉGOISER, babiller, jaſer, découvrir tout ce qu'on a ſur le cœur.

Être ENGOUÉ, être raſſaſié d'une choſe, en avoir juſqu'au goſier : Bas-B. & Gall. GWAL, raſſaſiement, ſatiété.

3. GOURMAND, qui mange beaucoup.

GOURMANDISE ; ces mots tiennent au Perſan GOUR, manger.

GOURMANDER, quereller, maltraiter de paroles.

GOURMET, qui ſe connoit en vin.

GOURMETTE, chaîne qui tient à la bride & qui paſſe ſous la barbe du cheval.

G pour V.

GAUCHE.

Tous nos Etymologiſtes ont échoué ſur l'origine de ce mot. » Après avoir long-tems médité, » dit MÉNAGE, ſur cette origine » qui eſt une des plus difficiles de » toute la Langue, voici ce qui m'eſt » venu dans l'eſprit ». C'eſt que ce mot eſt une altération du Grec

Skaios, & du Latin *Scævus*, qui signifient *gauche*: il ajoute cependant avec une franchise dont il faut lui tenir compte : » Mais tout » n'est que conjecture ».

Aucun ne soupçonnoit que ce mot s'étoit dénaturé, & que pour en découvrir l'origine, il falloit le suivre à travers toutes les révolutions qu'il avoit essuyées, & en déterminer la signification propre. On verra avec quelque étonnement sans doute que c'est un de ces mots qui commençoient par V & qui ne se sont chargés d'un G initial qu'en altérant leur prononciation.

Pour passer de la droite à la gauche, il faut se tourner : or, telle est la signification propre du mot que nous analysons : GAUCHIR, qui en est le verbe, signifie se détourner, comme on pourroit le prouver, s'il le falloit, par nombre de passages. Mais il se prononça aussi *gaudir*, comme on peut le voir dans le supplément à DUCANGE, art. GAUDIOSE ; & plus anciennement encore, on a dit VAUDIR, & VEUDIR.

Qui ne voit maintenant que ce dernier mot dut s'écrire VAULDIR? Et que c'est le même verbe dont les Italiens ont fait VOLTO, tourné, & qui est demeuré dans notre mot VOLTE-FACE.

Telles sont donc les altérations successives de ce mot ; VAULTIR, VAUTIR, GAUDIR, GAUCHIR, dont on a fait GAUCHE, & GAUCHER, qui signifia en dernier ressort un mal-adroit.

G E.

GEAI, Lat. Barb. *GAIUS*; c'est une onomatopée ; aussi ce nom est-il commun à quelques autres oiseaux criards, comme à la pie appellée AGASSE, en Ital. *Gazza* ; à la Corneille, appellée en Gallois *Gawci*.

GÉANT, Homme d'une grandeur extraordinaire ; Grec & Latin GIGANTE.

GIGANTESQUE, d'une grandeur démesurée.

Ces mots viennent du Celte CAN, GAN, grandeur, excès, dans tous les genres, d'où le Lat. QUAM, combien ; QUANTITAS, en François QUANTITÉ.

GELINOTE, jeune poule ; *vieux François* GELINE, poule ; du Lat. GALINA, poule ; GALLUS, coq ; du Celte GALA, chanter, crier.

G E N.

GENT, signifia primitivement, & signifie encore dans plusieurs Provinces, *une personne*, une Gent.

Il signifia aussi *Nation, Peuple*; mais il n'est plus d'usage dans ce sens.

Nous l'employons au pluriel en deux sens.

1°. Comme désignant plusieurs personnes ; les *jeunes gens*, les *gens* du métier, &c.

2°. Comme désignant les personnes attachées à un Maître ; ses *gens*.

Du mot GEN, signifiant personne, homme, vinrent :

1. GÉNÉREUX, homme d'une naissance distinguée, & qui a de l'élévation dans ses sentimens.

GÉNÉROSITÉ.

2. GENTE, *vieux Franç.* personne distinguée par ses agrémens, ses graces, sa vivacité, &c.

GENTIL, rempli de graces & de vivacité.

GENTILLESSES.

3. GENTIL-HOMME, homme de naissance.

4. Les GENTILS, les Payens, *mot-à-mot*, les *Gens*, par ellipse.

GENTILITÉ, Paganisme.

II.
Naissance.

Le mot GEN, qui signifie homme, désigne aussi naissance, extraction, & tout ce qui est relatif à l'état d'un homme libre, de celui qui est véritablement l'homme de la terre qu'il cultive. De-là ces mots :

1. GÉNÉALOGIE, dénombrement d'Ayeux.

GÉNÉALOGISTE, qui dresse des tables de généalogies.

2. GÉNÉRATION.

ENGENDRÉ.

PROGÉNITURE.

3. GENDRE.

4. ENGENCE.

III.
Espéce.

1. GENRE, ce qui distingue les êtres.

GENRE-HUMAIN, l'ensemble des hommes.

Les êtres animés se subdivisent en genre MASCULIN & en genre FÉMININ.

GÉNÉRIQUE, ce qui regarde le genre.

IV.
Dominant.

GÉNÉRAL, *nom*, celui qui commande ; *adj.* universel ; ce qui renferme tout le genre.

GÉNÉRALISSIME, Général en Chef.

GÉNÉRALITÉ, universalité ; 2°. certaine étendue de pays qui reléve d'un Receveur général.

GÉNÉRALEMENT, en général, universellement.

V.
Ce qui préside à la formation.

GÉNIE, *anciennement*, Être au-dessus de l'homme, qui présidoit à sa naissance, qui le dotoit de vertus, qui veilloit sur lui pendant tout le cours de sa vie.

Aujourd'hui, esprit d'invention qui rend l'homme créateur, & qui est la source de tout ce que l'homme découvre & perfectionne.

INGÉNIEUX, rempli de génie, & d'invention.

ENGIN, du Lat. *INGENIUM*, talent, génie. Toute invention physique effet du génie, machine, outil, instrument, trape, &c.

AGENCER, arranger, accommoder, parer.

AGENCEMENT, arrangement, belle disposition d'un tout.

GEN, GAN.
Courbure, convexe.

Tout ce qui forme une courbure, un coude, une convexité, s'appelloit en Celte *GAN*, *GEN* : de-là ;

1. GENOU, Lat. *GENU* ; Gr. *GONU*. GENOUILLERE, GÉNUFLEXION.

2. *GEN*, menton, en Celte ; d'où, GANACHE, mâchoire inférieure du cheval.

GENA, en Latin joue.

3. GUENON, GUENUCHE, femelle du singe, peut se rapporter à cette famille, à cause de ses grosses joues ; quoiqu'il puisse se dériver de la famille *GUN*, femelle.

GÊNER, serrer, resserrer, mettre à l'étroit, &c. Gall. *GENNI*, être contenu, être renfermé ; 2°. être serré, être à l'étroit, être gêné.

GÊNE, ce qui serre, met à l'étroit.

Ces mots paroissent venir de la famille *CAN*, vase, ce qui contient, qui renferme ; mais comme on a dit autrefois *Gefne*, *Gefner*, & que ces mots ont dû se prononcer dans l'origine par un G fort, comme si nous écrivions *Guefne*, *Guefner*, ils doivent appartenir au Celte *Guafna*, *Gwafanaeth*, servitude, formé de *guaz*, qui sert : d'où vinrent en Gallois, *GWASK*, presse, compression, gêne ; *GWASKU*, presser, resserrer, gêner ; de-là :

GINGUET, habit serré, étroit, trop petit ; 2°. petit vin. Il appartient à la famille *GENNI*, être serré.

GUINGUETTE, lieu où l'on vend du petit vin.

GERBE, gros faisceau d'épis de blé, avec leurs tiges. Lat B. *GARBA*.

On n'a vu dans ce mot qu'un dérivé de l'Allemand *GARBE*, qui signifie la même chose. Mais d'où venoit *GARBE* lui-même ? C'est ce dont on ne se mettoit pas en peine. Ils appartiennent tous deux à la famille *GAR*, *KER*, *GIR*, qui signifie cercle, enceinte ; 2°. ceinture, courroie ; 3°. lier, &c.

Tous ces mots tiennent également à,

GAROTER, lier, attacher avec force.

GÉSINE, *vieux Fr.* état d'une femme en couches ; jour & fête des relevailles : de la même famille que les suivans :

GÉSIR, *vieux Fr.* être couché.

GISTE, Lat. B. *GESTUM*, gîte, lieu où l'on couche, où l'on s'arrête.

GIST, est couché.

GISANT, couché, étendu.

On a toujours été dans l'idée

que ces mots venoient du Lat. *Jacere*, être couché, être étendu, lancer, &c. Il est plus naturel de le dériver du Celte, GEZ, GIZ, demeure, habitation, lieu où l'on *gist*.

GI.

GIGUE, jambe, 2°. alerte, leste, ingambe, en parlant d'une personne du sexe; 3°. danse & musique gaie & vite.

GIGOT, éclanche de mouton; 2°. jambe de derriere du cheval.

Ces mots tiennent au Celte COES, cuisse, jambe; d'où le Lat. COXA. Ils viennent tous de CO, GO, élevé; 2°. aller, sauter.

GISARME, GUISARME, *vieux Fr.* espéce de lance à fer tranchant: du Gaulois GESUM, lance, javelot; mot transmis par les Auteurs de l'ancienne Rome. Il tient à l'Irlandois GAS, rameau, branche.

GIVRE, gelée blanche qui enveloppe les plantes & les branches d'arbres.

Irl. GEIMHRE, hiver; qui a pu se prononcer GEIVRE.

Bas-B. GOUAF, GOUAM prononcé GOHAN, hiver.

GL.

GLAIVE, Lat. GLADIUS, Celt. CLEDD, GLEDD : Bas-Bret. CLEZEFF, ÉPÉE.

GLADIATEUR, Homme qu'on faisoit combattre à l'épée dans les jeux publics.

Dict. Etym.

GLAYEUL, Lat. GLADIOLUS, fleur qui doit son nom à sa forme.

Tous ces mots, formés de GLAD, couper, viennent de LAD, couper, précédé de la lettre G.

GLAIRE, 1°. blanc d'œuf; 2°. chairs & fruits qui n'ont encore point de consistance. De CLAER, clair.

GLAIREUX, plein de glaires.

GLANER, ramasser les épis après les moissonneurs.

GLANE, poignée d'épis.

GLANEUR, GLANEUSE.

CASENEUVE dérivoit ces mots du Latin-B. GELIMA, gerbe; étymologie que Ménage trouvoit savante, ingénieuse & véritable.

Ils viennent plutôt du Celte GLAN, 1°. entierement; 2°. nettoyer entierement, enlever tout.

GLAPIR, rendre un cri perçant & aigu.

GLAPISSANT, qui glapit; c'est un dérivé de CLA, crier, lui-même une onomatopée. De-là,

GLAS, GLAIS, carillon ou action de sonner les cloches pour un Ecclésiastique qui vient de mourir. Lat. CLASSICUM.

GLISSER, se laisser aller sur une chose très-lisse & sur laquelle on ne peut se soutenir; 2°. se laisser aller sur la glace, en se tenant debout.

GLISSANT, terrein sur lequel on ne peut se soutenir.

GLISSADE, faux mouvement sur un lieu lis; Allem. GLITSCHEN.

Kk

Ces mots tiennent à GLAS, glace, & au Celte GLISC, blanc, brillant; All. GLEISSEN, briller; GLATT, gliſſant; GLAS, verre.

GLOCER, GLOUSSER, cri de la poule lorſqu'elle appelle ſes pouſſins. C'eſt une onomatopée.

GLOIRE, honneur, ce qui donne de l'éclat à un homme, ſplendeur, &c. Lat. GLORIA.

GLORIEUX, 1°. fier; orgueilleux.

GLORIFIER, rendre gloire.

Se GLORIFIER, faire gloire d'une choſe.

GLORIOLE, vanité, gloire frivole; Celt. GLOW, beau, brillant, éclarant. Cette famille vient de GEL, brillant, reſplendiſſant, prononcé GL.

GLOU-GLOU, ſon que rend une liqueur en ſortant d'une bouteille. C'eſt une onomatopée.

GLOUTON, Latin GLUTO, Gall. GLWTH, vieux Fr. GLOUS. C'eſt encore une onomatopée: elle peint le bruit qu'on fait en mangeant avec viteſſe.

GLU, compoſition viſqueuſe, avec laquelle on prend les petits oiſeaux.

GLUANT, viſqueux.

GLUER, être gluant, enduire de glu.

GLUTINEUX, viſqueux, gluant. Lat. GLUTEN, GLUX, glu, cole, &c. Gr. GLOIOS, All. KLETTE, s'attacher.

Celt. GLUD, glu; 2°. tenace, inébranlable, conſtant. Irl. GLU, colle.

Celt. GLEN, adhérence, liaiſon intime. De-là,

GLAISE, Terre graſſe & adhérente.

GO.

GO-GO, avoir tout à gogo, en abondance, à ſouhait.

GOGUELU, qui eſt à ſon aiſe. Du Celt. Go, beaucoup; 2°. abondance; 3°. gros, élevé: d'où,

GAUGUES, nom qu'on donne en Normandie aux groſſes noix.

GOGUELUREAU, vieux Fr. orgueilleux; d'où

GODELUREAU, bien mis, & qui fait l'Homme d'importance auprès des Belles.

Go, aller tout de Go, entrer de Go, pour dire tout de ſuite, promptement, ſans préparation. Du Celte GAW, CAW, vite, prompt. D'où peut venir GAVOTTE, danſe gaie & légere.

GODET, vaſe d'une grandeur médiocre, petite écuelle, petit vaſe de verre pour les couleurs. De CWD, contenir.

GODOT, a ſignifié un pli, ſur-tout un pli de robe, parce qu'ils imitent les Godets. De-là,

GOUDO, en Bourguignon, jupe pliſſée.

GODER, en parlant d'une robe, faire des godets, des plis. En Bas-Br. GOD, pli, froncis, ſein.

GOGUE, Goguette, plaiſanterie.

Se GOGUER, ſe divertir, ſe réjouir.

GOGAILLE, réjouissance, bonne chere.

GOGUENARD, plaisant, railleur.

GOGUENARDE, GOGUENARDER: tous ces mots vieillissent. Celt. GOG, GOGAN, plaisanterie, raillerie. Cette Famille tient à celle de Gai (page 503), & au Lat. *JOCUS*, Jeu.

GOFFE, lourdaut, mal-bâti. De COP, COF, tête, ventre, tout ce qui est gros & pesant.

GOI, GOY, couteau, serpe, faucille, instrument à couper, *vieux Fr.* GOIE, serpe, GOIART, serpette, Lat. B. *GOIA*. Franc. Comt. *GOIOT*, serpe pour le raisin. Anjou, *GOUET*; Perche, *GOUISOT*, couteau, & *GOUET*, d'où le Perche-Gouet, parce qu'on y fabriquoit des couteaux renommés. Touraine *GOUET*.

GOUGE, Bas-Br. GOUICH, Gouge, outil de Menuisier.

ÉGOHINE, espéce de couteau.

Ces mots viennent du primitif Qo, couper.

GON,

Contenance, Capacité.

1. GONDOLE, espéce de Barque, dont on se sert sur-tout à Venise.

GONDOLIER, Patron d'une Gondole. Ce mot appartient à la famille CAN, COND, qui désigne la capacité, la contenance, d'où vint le Celte *CONDI*, tasse, gobelet, &c. le Grec, *KONDY*, vase Asiatique & Persan; ce qui donne un nouveau rapport entre les Langues Orientales, Persane & Phrygienne surtout, avec la Celte.

2. GONELLE, *vieux Fr.* Robe; d'où GRISE-GONELLE, surnom de Geoffroy, Comte d'Anjou.

C'est le Celte GONN, GWN, vêtement de peau; 2°. robe; 3°. jupe. Angl. *GOWN*. Franc-Comt. *GOUNE*, tout habit de dessus, Ital. *GONNA*, robe de femme.

GUENILLE, mauvaise robe, robe en lambeaux.

DÉGUENILLÉ.

3. GANACHE, en Langued. tunique que les femmes portent sous leur robe & par-dessus la chemise: elle est de laine & ordinairement rouge.

C'est le *Gaunake* des anciens Perses & des Babyloniens.

Tous ces mots appartiennent à la même famille.

GOR.

GORET, nom du cochon dans diverses Provinces; Gr. *Khoiros*, Georgien *GORRI*: d'où Le Basq. *GURENAC*, Écrouelles. C'est une onomatopée, d'où *GAWRI*, en Celte *crier*. Le cochon est grand criard.

GORRE, *vieux-Fr.* Pompe, magnificence.

GORRIER, brave, magnifique, leste.

Jean Marot, dans son Epitre des Dames de Paris aux Courtisans de France en Italie, dit:

Kk ij

Et y veoit-on souvent la vieille ouvriere,
Estre Gorriere & faire la poupine.

Coquillard :

Gorriers, mignons, hantans banquets ;
Gentils, fringans & dorelos.

Ménage y a vu un dérivé du Grec *Gauros*, superbe, fier, orgueilleux.

Mais ce ne sont que des dérivés du Celte GOR, haut, élevé, sur ; GORREN, élever, &c.

GOU.

GOUFRE, endroit profond où l'eau tournoye & engloutit ; de COU, CAU, creux ; Theuton GAFFEN, engloutir ; d'où GOBER, avaler, engloutir.

ENGOUFRER, S'ENGOUFRER.

GOURD, *vieux Fr.* amas d'eau, creux où l'eau se rassemble & où elle dort, Celt., GORDD, abîme, eau profonde ; en Franch. Comté, GOURE de GOR, KER, enceinte. *Au fig.*

GOURD, lourd, épais, qui est endormi ; d'où,

ENGOURDIR.

DÉGOURDIR.

SE GOURMER, se charger à coups de poings, se meurtrir ; du Celte GORM, oppression, violence, ravage, GOURREN, lutte, Basq. GORMA, vomissement.

GOURMADE.

GOUTTE, la plus petite portion possible d'un liquide, un globule d'eau ; Lat. GUTTA.

EGOUTER, faire écouler jusqu'à la moindre goutte d'eau.

EGOUT, endroit par où les eaux s'écoulent.

On en a fait un adverbe, qui signifie *point du tout* ; ne voir goutte, c'est-à-dire *ne pas voir*, *même une* goutte *d'eau*.

Ces mots paroissent tenir au Celt. CWTT, petit, moindre.

GRA, pour CRA.

I.

CRA, signifiant INCISION, entaillure, & prononcé GRA, a formé une famille considérable, à laquelle appartiennent les mots suivans :

GRAFFIGNER, ÉGRATIGNER, déchirer la peau avec les ongles.

GREFFER, fendre l'écorce d'un arbre pour l'enter.

GREFFE, ente par incision.

GRAFFION, espéce de cerise entée.

GRIFFE, patte de quelques animaux à grands ongles.

GRIPPER, accrocher avec la main ; enlever.

AGRAFFE, meuble qui produit l'effet de la griffe, & qui sert à lier deux portions de vêtement ensemble, en les accrochant.

GRAPPIN, machine qui sert à accrocher.

GRAPPE de raisin, formée d'un grand nombre de grains qui tiennent tous ensemble à une même tige, comme s'ils étoient agraffés.

GRATER, frotter fortement avec les ongles, ou avec quelqu'outil.

GRIMPER, s'élever en s'accrochant avec les griffes.

GRIMPEREAU, oiseau grimpant.

GRAVIR, grimper avec peine.

II.

GRIFFONNER, écrire mal.

GRIFFONNEUR, qui écrit mal.

GREFFIER, Officier qui écrit, garde & expédie les actes de Justice.

GREFFE, Bureau du Greffier.

III.

GRAMMAIRE, mot-à-mot, Art d'écrire.

GRAMMAIRIEN, celui qui enseigne l'Art d'écrire.

ÉPI-GRAMME, mot formé par les Grecs, & qui signifie littéralement *Inscription*. C'est une Satyre, un bon mot, dans le moindre nombre de vers possible.

ÉPI-GRAPHE, mot venu des Grecs, & qui signifie *Inscription* placée à la tête d'un Ouvrage.

IV.

GRAVURE, Art de tracer des figures & des caractères sur les métaux avec un burin.

GRAVEUR, GRAVEUSE.

GRAVER.

GRA.
I.

GRABUGE, Ital. GARBUGLIO, dissension, brouillerie : du Celte GAR, GAIR, parole, cri.

GRABEAU, calcul, examen d'un calcul.

GRABELER, calculer, examiner.

GRABE, calcul, caillou.

GRAVE, GREVE, sable, rivage. Vin de GRAVE.

GRAVIER, cailloutage.

GRAVELE, gravier qui se forme dans le corps humain.

GRAVAS, GRAVOIS, décombres.

S'ENGRAVER, s'enfoncer dans le sable.

II.

GRAVE, pesant, sérieux.

GRAVITÉ, pésanteur.

GRIEF, chose qui pèse, qui blesse ; sujet de plainte, offense.

Être GREVÉ, être blessé en quelque chose.

Ces mots viennent du Celte GRA, GRE, pierre ; branche de CRA, CRO, d'où vint le nom de la CRAU, &c.

GRAC.

De CAR, cher, se forma GAR & puis GRA, qui désigna tout objet où l'on met son affection ; agréable : de-là

GRÉ, Ital. GRADO, affection, bonne volonté.

BON-GRÉ, MAL-GRÉ.

A-GRÉER, avoir pour agréable.

AGRÉABLE, qui plaît.

GRACE, extérieur agréable qui plaît & qui relève la beauté.

GRACES, agrémens ; 2°. faveurs

reçues ; 3°. reconnoissance.
GRACIEUX, plein de graces, revenant.
GRATIFIER, accorder des graces.
GRATIS, ce qu'on accorde de gré & sans récompense.
GRATUIT, qui se fait sans récompense.
GRATUITEMENT, sans aucun profit.
GRATITUDE, reconnoissance des graces qu'on a reçues.
INGRAT, INGRATITUDE.

GRAD, élevé.

I.

De CRA, CRE, élevé, se formerent :
GRADE, élévation.
GRADUÉ, qui a des grades ; 2°. divisé par échelle.
GRADUATION, division par échelle.
GRADATION, élévation par dégré.
GRADINS, marches en amphitéâtre.
GRADUEL, qui arrive par gradations.
DÉ-GRIN-GOLER, rouler du haut en bas.

II.

Ce mot se nasalant, a formé les suivans.
GRAND, d'une taille élevée.
GRANDEUR, GRANDESSE.
GRANDIR, AGRANDIR.

III.

GRAS, qui a de l'embonpoint.
GRAISSE, portion du corps qui ne sert qu'à le grossir.
DÉ-GRAISSER, enlever la graisse.
ENGRAISSER, rendre gras à force de nourriture.
ENGRAIS, ce avec quoi on fertilise la Terre.

IV.

GROS, grand, considérable, épais, qui a une grande élévation.
GROSSEUR.
GROSSIR.
DÉGROSSIR.
2. GROSSE, femme enceinte.
GROSSESSE.
3. GROSSIER, épais, lourd, pesant.
4. GROSSE, douze douzaines de choses qui se vendent à la douzaine.
5. GROSEILLE, espéce de raisin printannier ; ainsi nommé par opposition à une espéce plus petite.
GROSELIER, arbuste à groseilles.
9. GROUPE, amas de personnages.
GROUPER, dessiner des groupes.

V.

CON-GRÉGATION, personnes réunies en un Corps.
AG-GRÉGÉ, réuni à un Corps.
Ces mots sont formés du Latin *GREX*, troupeau, qui est dérivé de GRA, GRÉ, élevé.
GRUMEAU, liquides qui se durcissent & se réunissent par grains.
Se GRUMELER.
GRASSEYER, prononcer gras, d'une maniere qui n'est pas déliée.

VI.

GRAIN, Lat. *GRANUM*, *mot-à-mot*,

production de la terre : *& par excellence*, celle dont se nourrit l'homme ; le blé, & tout ce qui a quelque rapport avec lui.

GRAINES, les espéces de grains dont se nourrissent les animaux.

GRANGE, lieu où l'on bat le grain.

GRENIER, lieu où on renferme le grain.

GRENETIER, qui vend des graines.

GRANGER, qui tient une ferme à bail.

GRENADE, fruit qui ne renferme que des grains.

GRENADIER, arbre qui produit la grenade.

Les Grenades à feu ont été ainsi nommées à cause de leur rapport avec ce fruit : & on appelle GRENADIERS, les Soldats qui sont armés de ces grenades.

EGRAINER, tirer le grain hors de son enveloppe.

GREGUES, chausses ; du Celte *CW-REGIS*, ceinture ; Cornouaill. *GRIGIS*.

Ce mot appartient à la famille KER, GYR, cercle.

GRÊLE, mince, efflanqué, fluet ; Lat. *GRACILIS* ; du Celt. *CRACQ*, petit ; d'où :

CRIQUET, un petit cheval.

GRICOU, mesquin.

GRÊLE, pluie glacée & qui tombe en gros grains avec beaucoup de fracas.

GRESIL, petite grêle.

Ces mots sont une onomatopée & appartienent à la famille Celte *GRILL*, bruit.

GRILLON, GRILLET, insecte qui crie nuit & jour : c'est une onomatopée de la même espéce.

G R I.

GRIGNOTER, ronger un morceau de pain ; onomatopée ; d'où,

GRIGNON, morceau de pain.

GRIL, instrument de fer & à jour, dont on se sert pour cuire sur le charbon.

GRILLE, cloison formée de barres de fer à jour. GRILLAGE.

GRILLER, murer avec une grille ; 2°. faire cuire sur le gril.

GRILLADE, cuit sur le gril ; Irl. *GRADELL*, gril ; *GRATA*, grille ; Lat. *CRATES*, *CRATICULA*.

Du Celte *CRAS*, rôtir, griller, dessécher.

GRIMACE, ride, pli de la peau, volontaire ou naturel : souliers qui grimacent.

GRIMACER, GRIMACIER. De la même famille que le Celte *CRIS*, *CRIP*, *GRIMM*, se rider, contracter des rides ; & que les mots CREPER, CREPU, &c.

GRINCER, frotter les dents les unes contre les autres.

GRINCEMENT de dents ; onomatopée.

GRIS, couleur qui tire sur le blanc.

GRISON, qui a les cheveux blancs.

GRISONER, du Celte GRA, blanc; Theut. GRAW; Dan. GRAA, &c. All. GREISZ.

GRIVOIS, éveillé, fort, vigoureux; qui aime à se réjouir.

Celt. GRYM, vigoureux, robuste; Grymio, être vigoureux, &c.

G R O.

GROIN, museau du cochon : c'est une onomatopée, tirée du cri de cet animal.

GROGNER, cri du cochon.

GROGNEUR, GROGNON, qui grogne.

GRONDER, être de mauvaise humeur contre quelqu'un, lui faire des reproches.

GRONDEUR, qui gronde.

GROMELER, gronder entre les dents.

GROUILLER, remuer, se remuer, murmurer.

GROTTE, caverne, creux sous terre; Gr. KRYPTA; du Celte CRAU, trou, ouverture.

GROTESQUE, espéce de peinture faite à l'imitation de peintures anciennes trouvées dans des grottes d'Italie. Le MORTO, Peintre célébre de Feltro, est le premier qui se soit livré à ce genre.

G R U.

GRUE, oiseau à long cou : son nom est une onomatopée, l'imitation de son cri : il seroit surprenant que nos Étymologistes ne s'en soient pas apperçus, si on ne savoit qu'ils ne se doutoient presque pas de ce principe.

GRUYER, Officier qui a soin des bois.

GRUYERE, GRURIE, Jurisdiction de celui qui a soin des bois.

Ces mots viennent de l'ancien Celte GRO, GRU, qui signifia, 1°. arbre; 2°. forêt; 3°. les fruits d'une forêt, la glandée, les pommes & poires sauvages.

GROU, en diverses Provinces, les fruits d'une forêt.

GRUME, arbre avec son écorce.

Gall. GRUG, bruyere.

Anglo-Sax. & Angl. GROVE, bocage, petit bois.

Cette famille tient sans doute à CRE, GRE, croître.

GRUGER, concasser, réduire en petits morceaux, en poudre ; au *fig.* manger.

ÉGRUGEOIR, machine à gruger, à égruger.

GRUAU, grain moulu.

Ces mots sont une onomatopée, l'imitation du bruit qu'on fait en concassant. Il en est de même du mot qui suit.

GRULLER, 1°. trembler de froid; 2°. secouer un arbre pour en faire tomber le fruit.

G U

GUÈRES, adverbe qui signifie *beaucoup*. Il tient à GAR, GER, amas, monceau; 2°. rassembler.

N'A-GUÈRES, *mot-à-mot*, il n'y a pas *beaucoup* de tems.

GUEUSE,

GUEUSE de fer fondu, la masse de fer qu'on fait fondre à la fois : de l'Allemand GIESSEN, fondre ; Gr. Khyein, fondre.

GUILLER, tromper, *vieux Fr.* GUILLE, tromperie.

> Qui veut *guiller* GUILLOT,
> GUILLOT le *guille*.

Ce nom devint le sobriquet du célèbre François CORBEUIL ; on l'appella VILLON à cause, dit-on, de ses friponneries. Angl. GUILE, tromperie, fourberie.

Ce mot paroît appartenir à la même racine que FIL, WIL, filou.

GUILEDOU, mauvaise compagnie ; de l'ancien GILDONIA, société, cotterie. Ce dernier mot est l'Anglois GUILD, société. Ils viennent de GUIL, GEL, argent, qui forma sans doute le mot suivant.

GUILLOT, petite monnoie, dont les six ne valoient qu'un tournois, & dont il est fait mention dans le Registre du Parlement de Paris, du 12 Juillet 1378.

GUILLEMETS, autrefois GUIMETS, virgules doubles dont on se sert pour désigner les citations transcrites dans un Ouvrage mot-à-mot. MÉNAGE, à qui l'origine de ce mot étoit absolument inconnue, a supposé que c'étoit le nom de celui qui avoit inventé ce signe. Il est étonnant qu'avec la connoissance profonde qu'il avoit de l'Italien, il n'ait pas soupçonné que c'étoit une expression empruntée de cette langue : CHI MESSO, prononcé *qui mess*, signifie en Italien, *chose qu'on a placée*, transportée *ici*, en ce lieu. On en a fait sans peine GUIMETS, & puis GUILLEMETS.

MOTS FRANÇOIS VENUS DU LATIN.

G

GEINDRE, *vieux Fr.* se plaindre sans cesse, tient au Lat. GEMERE, gémir. On a dit *Geimre*, & puis *Geindre*.

GÉMIR, GÉMISSEMENS, ont la même origine.

GEMEAUX, mot-à-mot, *doubles*, deux à la fois. Lat. GEMINI ; Gall. GEFELL.

GENCIVE, Lat. GINGIVA.

GENEVRE, GENEVRIER, Lat. JUNIPERUS.

GERER, administrer ; du Lat. GERO, régir, *primitiv.* porter ; 2°. faire.

DIGERER, du Lat. DIGERO, porter loin, diftribuer; 2°. cuire, digerer.

DIGESTION, cuiffon des alimens & diftribution dans le corps.

INDIGESTE, INDIGESTION.

SUGGERER, de SUGGERO, porter fous, fubftituer; 2°. apporter, fournir.

SUGGESTION, chofe fuggerée.

GESTE, mouvemens de la main qui accompagnent la parole.

GESTS, actions, chofes faites.

GESTICULER, faire des geftes.

GERMAINS, enfans de deux freres; Lat. GERMANI.

GERME, rejetton, ce qui produit; Lat. GERMEN.

GERMER, Lat. GERMINARE.

DE-GINGANDÉ, qui n'a point de contenance affurée, dont le corps vacille, autrefois dehingandé; du Latin, de-hinc-hanc, de-ça & de-là.

GYPS, plâtre; Lat. GYPSUM.

GLAND, fruit du chêne; Lat. GLANS.

GLEBE, Terre à laquelle on étoit attaché par fervitude; du Latin GLEBA, terre, motte de terre.

GLOBE, boule, la Terre; Latin, GLOBUS.

GLOBULE, Lat. GLOBULUS.

GONFLÉ, Ital. GONFIATO; du Lat.

GONFLARE, foufler.

GOUETRE, enflure qui fe forme au cou, par la crudité des eaux: du Lat GUTTUR, gorge, gofier.

GOUETREUX.

GOUSTER, GOUTER; 1°. juger par le goût de la bonté d'une chofe; 2°. la favourer; 3°. en manger légerement.

GOUTER, repas léger qu'on fait l'après-dinée.

GOÛT, Lat. GUSTUS, un des cinq fens: 2°. faculté de juger fainement des chofes & de les préfenter de la maniere la plus flatteufe, & la plus approchante de la perfection.

GOUTE, globule d'eau ou de quelque liquide; Lat. GUTTA:

2°. Maladie caufée par une humeur qui court dans le corps comme une boule, quoiqu'on penfe qu'on a voulu lui donner en cela un nom ironique, comme fi on difoit la Bonne.

GOUVERNER, régir, adminiftrer; Lat. GUBERNO; d'où,

GOUVERNEMENT, GOUVERNAIL.

GOUVERNEUR, GOUVERNANTE.

GRAIGNEUR, GRAINDRE, *en vieux Franç.* plus grand, Lat. GRANDIOR.

GUTTURAL, fon de la gorge, &c. du Lat. GUTTUR, gorge.

MOTS FRANÇOIS VENUS DU GREC.

G

GAME, en Musique, du mot *GAMMA*, nom Grec de la lettre G dont on se sert pour la note que *Gui* ARETIN ajouta, en 1024, au systême ancien.

GEAIS, pierre précieuse de couleur noire : autrefois *gayet* ; du Grec, *GAGATÉS*, ou plutôt du GAGAS, nom d'un fleuve de Lycie abondant en GEAIS.

GIROFLE, fruit aromatique.
GIROFLÉE, fleur odoriférante.
Du Gr. KARYO-PHULLON.

GLOSE, Lat. *GLOSSA*, Gr. GLÔSSA, explication de mots obscurs.

GLOSER, commenter les actions du prochain.

GLOSSAIRE, recueil de mots.

GLOUTE, la Langue, dans quelques Provinces.

GOND, fer sur lequel tourne une porte ; du Grec *GOMPHUS*, clou, coin.

GOUJON, espéce de poisson ; du Grec *KOBIO*.

MOTS FRANÇOIS VENUS DE L'ORIENT.

G

GALERE, Vaisseau long, à plusieurs rangs de rames.
GALIOTE, grosse Barque à rames.
GALION, gros Vaisseau de guerre, rond & à voiles.

Mots qui viennent de l'Orient, ainsi que la plupart des termes de Marine. Ceux-ci sont formés de l'Oriental בֹּל *Gal*, בֹּלל *Gall*, qui signifient *flot, flotter, aller au loin*, & qui désignent aussi les objets *ronds & roulans*.

GARBIN, nom du vent Sud-Ouest, sur la Méditerranée & en Languedoc. En Italien *Garbina*. C'est l'Arabe *GARB*, qui signifie l'Occident, Occidental.

GARS, GARÇON, jeune homme,

en *vieux Fr.* & en *Bas-Bret.* GARSE, jeune fille. L'origine de ces mots étoit totalement inconnue. Ménage dit: « elle est tellement cachée, » qu'on n'en a encore pu trouver » aucune qui me plaise ». Il n'étoit cependant pas fort difficile sur cet objet. Il paroît que ces mots sont un diminutif de *War*, qui signifie *Homme* en Celte. Mais ce qui est incontestable, c'est que ces mots sont également Arabes. جر, GAR, GARI, signifie jeune homme, vaillant, audacieux, plein de courage; GARIH, jeune fille; GARAIH, jeunesse.

Le Persan dit également جران, GARAN pour fille, femme. Quant au masculin, il se prononce CHIR, جر, (avec trois points sous la première lettre) & n'a que la signification adjective; vaillant, courageux, plein de cœur.

Ces mots y signifient aussi, comme dans toutes les autres Langues, valet & servante.

Un de ces deux a dégénéré en François, comme tant d'autres mots.

Ces mots doivent tenir à la famille CŒUR, dont nous avons donné des rapprochemens dans l'Orig. du Lang. & de l'Ecr. p. 136. De-là vint sans doute le mot JAR, nom de l'Oie mâle.

GAUDRON, GOUDRON, sorte de poix dont on se sert, sur-tout pour garantir les Vaisseaux, de l'eau.

GAUDRONNER un Vaisseau. Mot venu de l'Oriental قطران, *Qitran*, poix liquide, d'où est venu l'Espagnol *Alquitran*.

GAZE, espèce de toile très-fine & très-claire, dont on fait des voiles à travers lesquels on voit sans être vu. Ce nom vient certainement de l'Orient, où les femmes étant toujours voilées, ont un besoin indispensable de pareille toile. Mais il ne vient pas de la ville de *Gaza*, comme on l'a cru faute de mieux. Il vient de l'Oriental חזה, *Khazè*, qui signifie *voir*, en Hébreu, en Chaldéen, en Syriaque, &c. & qui se prononce en Arabe *Khada*. C'est l'Anglois GAZE, regarder fixement; 2°. étonnement, admiration.

GAZELLE, espèce de daim, connu dans l'Orient; aussi le mot est-il Arabe, غزال, GAZAL signifie dans cette Langue un Chevreuil; 2°. un Cerf.

GEHENNE, l'Enfer, lieu des supplices; mot Hébreu; littéralement la VALLÉE de HINNOM, qui étoit près de Jérusalem & où on sacrifioit à Moloch.

GINGEMBRE, en Oriental ZINZIBIL. C'est un mot Arabe, Persan, Turc, &c. En Grec ZINGIBERI. De l'Oriental ז, ZUN, aromate, plante odoriférante; en Chaldéen *Zan*, *Zen*, *Zena* : De-là :

GENIEVRE, GENEVRE, en Latin *JUNIPER*. C'est aussi une plante odoriférante.

GIRAFE, animal dont le cou est très-long. Ce mot vient de l'Arabe *ZARAFA*, excéder les bornes.

GOMEINES, grosses cordes de navire. C'est un mot venu de l'Orient, mais altéré, en Arabe *GOMEL*, mot de la même famille que *Cable* & que *Chameau*; ce qui a causé une équivoque dans la traduction du passage où J. C. dit qu'un Chameau passeroit plus aisément par le trou d'une aiguille, &c. ce qui doit s'entendre incontestablement de ces grosses cordes.

GOMME, humeur visqueuse qui distille de certains arbres. Fr. & Lat. *GUMMI*. C'est l'Oriental נומי, *Gumi*, dont vint גמא, *GAMA*, découler, distiller, creuser.

GOUSSE, enveloppe des légumes; d'où GOUSSET, petite bourse; en Celte *Cuz*, *Guz*, de la famille Orientale כסה, *Case*, couvrir, renfermer.

GUEULE, couleur rouge, en termes d'Armoiries. Ce mot est Oriental & tient à la même famille que le Persan *GUL*, rose, parce que cette fleur est rouge, جاوله, *Gueulè*.

GUITARRE, instrument de musique venu de l'Orient, Grec *KINYRA*, Arabe كنارة, *KINARE*. On appelle aussi زيتار, *Kitar*, une espéce d'orgue.

MOTS FRANÇOIS VENUS DU CELTE.

H

LA Lettre H, la huitiéme de notre Alphabet, est également la huitiéme de l'Alphabet Oriental, dont elle a conservé jusqu'à la figure.

Elle n'est chez nous que le signe de la maniére aspirée dont il faut prononcer les voyelles qui la suivent.

On pourroit donc, au moyen d'un accent, faire disparoître cette Lettre comme chez les Grecs, & rapporter tous nos mots qui commencent par H, aux voyelles dont elle est suivie. Ainsi *Hamac* appartiendroit à la Lettre *A*, & *Homme* à la Lettre *O*.

On le devroit sur-tout, pour les mots qui ne sont point aspirés & où la Lettre H est absolument oisive relativement à la prononciation.

Lorsque les Grecs eurent marqué l'aspiration par un simple accent appellé *Esprit* ou voyelle, la Lettre H devint l'E long.

Cette aspiration s'adoucit en F, en W, en G, en M : on ne sera donc pas étonné de voir sans cesse nos mots en H, répondre dans d'autres langues à des mots en F, W, G, M, &c. comme on peut s'en convaincre par nos Origines du Lang. & de l'Ecrit. p. 180-189.

Nous avons aussi démontré dans ce Volume, que les voyelles sont le langage des sensations, & sur-tout les voyelles fortement aspirées ; on ne sera pas surpris de voir qu'une multitude de mots aspirés au commencement par H, sont l'effet de l'onomatopée ou de l'imitation des bruits, des sons, des cris, &c.

C'est-là, sans contredit, qu'on doit s'attendre à les trouver par grandes masses : de-là des sources abondantes pour rendre raison des mots de notre Langue qui commencent par H, & dont jusques à présent l'origine étoit inconnue.

Mots en H, qui sont autant d'Onomatopées.

I.

HA ! interjection qui marque l'angoisse & l'étonnement.

HÉ ! HOLA ! interjections qui servent à appeller.

Ho ! interjection qui marque la surprise & qui sert à appeler.

Hom ! Hon ! Interjection qui sert sur-tout à marquer le doute.

Hou, hou, cri par lequel on montre le sanglier aux chiens.

Houz, houz, cri pour chasser un chien.

Houspiller, se jetter l'un sur l'autre, en parlant des chiens : *au fig.* secouer quelqu'un en le maltraitant.

II.

HACHE, instrument dont on se sert pour couper, sur-tout les arbres, &c. Cognée.

Hachette, petite hache.

Hacher, couper par morceaux.

Hachis, ragoût de viande hachée.

Hachure, dessin à petits traits.

Ce mot tient à la famille *AHAN.* C'est l'instrument qui fait faire *HA*, *HAN*, & d'où,

Hinguer, s'efforcer, faire ses efforts.

HALEINE, souffle; c'est la peinture de la respiration pressée.

Haleter, respirer avec précipitation.

HAPER, saisir avec avidité ; imitation du bruit que fait entendre la bouche en se fermant avec précipitation pour saisir sa proie.

Hapechair, Record, Sergent, &c. *au fig.*

Hapelourde, où s'attrapent les balourds.

Hapelopin, *mot-à-mot*, qui mange des lopins, âpre à la curée, avide.

Havage, havet, droit sur des denrées.

Havir, *vieux Fr.* prendre.

HARGNEUX, querelleur, toujours prêt à chercher noise. Imitation du bruit du chien qui gronde ses camarades, qui cherche à les mordre.

III.

HIBOU, oiseau de nuit : son nom est l'imitation de son cri lugubre : *au fig.* celui qui fuit la société, & qui n'a pas les qualités qu'elle exige.

HIDEUX, laid, affreux.

Hideusement, affreusement.

Ce mot paroît être l'expression d'une sensation désagréable.

HISSER, tirer une voile en haut : hisser une vergue ; c'est l'imitation du froissement.

HOGNER, Hongner, murmurer tout-bas ; imitation des *hons* qu'on fait entendre.

HOQUET, mouvement convulsif de l'estomac : ce nom en est l'imitation.

HEURLER, faire des cris effroyables.

Heurleur, qui pousse des cris affreux.

Hurlemens, cris affreux ; c'est une onomatopée.

HOURET, dans l'origine, un chien, ensuite un mauvais chien de chasse, un chien galeux.

Houraillis, une meute de mauvais chiens.

IV.

1. Hue, interjection, pour faire avancer.

Huer, poursuivre à grands cris.

Huerie, action de crier *le Roi boit*. C'est un terme usité dans quelques Provinces.

Huée, cri tumultueux pour se moquer de quelqu'un.

Hurhaut, cri des charretiers.

Hutin, 1°. noise, rixe, querelle ; 2°. mutin, querelleur.

Huau, nom du Milan, sur lequel on fait hue ; *mot de l'Anjou, du Maine*, &c.

2. Hucher, faire hue sur quelqu'un, l'appeller à haute voix. On a dit aussi hoyer.

Hogue, élevé. Ce mot qui tient au primitif Og, élevé, paroît venir de *hu*, *huc*, appeller à grands cris ; élever la voix.

Hune, cage au haut d'un mât, où l'on place une personne pour découvrir la terre.

Hunier, mât qui porte la hune.

Ces derniers mots doivent venir aussi de *hu*.

Hulotte, Huette, oiseau de nuit ; c'est l'imitation de son cri.

Hune, en Celte, Sommeil; *Huno*, dormir : c'est l'expression de la respiration d'une personne qui dort. Les Grecs en firent le mot *Hupnó*; les Latins *Somno* ; les Italiens, *Sonno* ; de-là nos mots,

Sommeil, & Sommeiller, qui n'ont plus de rapport apparent avec le primitif.

V.

Hup, Houp, imite la respiration de celui qui tire en haut. Il signifie ainsi *élévation*, & tout ce qui y a rapport : de-là,

1. Hupe, oiseau qui a une aigrette de plumes sur la tête.

Un oiseau s'appelle en Hébreu עוף, *Hwuph*, l'être qui s'élève ; il s'est adouci dans le Latin *Avis*.

2. Hober, se lever.

Hobereau, petit Seigneur, Gentilhomme de campagne. Quelques-uns croient que ce mot est un diminutif de *Haut-ber*, Haut-Baron.

Hobreau, oiseau de proie qui s'éleve fort haut.

Hobin, cheval haut sur jambe & dont l'amble est fort doux : en Ital. *Ubino*.

Hubir, se hérisser.

3. Houpe, touffe, aigrette.

Houpier, arbre ébranché, où il ne reste que quelques tiges en forme de houpe.

4. Houblon, plante qui s'éleve fort haut, qui grimpe même sur les arbres.

5. Houpelande, casaque, habit de dessus.

De-là le Grec. *Hup*, sous, & *Huper*, sur,

sur, d'où le Latin SUB & SUPER, dont nous avons fait,

6. SUR, préposition qui marque le rapport de place, d'un objet élevé au-dessus d'un autre.

SUPÉRIEUR, qui domine.

SUPRÊME, le plus élevé, qui n'a rien au-dessus de soi.

SOUS, préposition qui marque l'opposé de SUR. Elle désigne l'objet dominé.

V.

HUV, HUM, peint l'action d'attirer l'eau avec le soufle ; de-là *HU*, nom des liquides, &c.

1. HUMER, pomper l'eau, avaler une liqueur. *Au fig.* respirer l'air d'un pays, en prendre les manieres.

HUMEUR, 1°. les substances fluides ; 2°. le tempérament ; 3°. la disposition du moment ; 4°. fluxion.

HUMECTER, mouiller, rafraîchir.

HUMIDE, plein d'eau, mouillé.

HUMIDITÉ, état d'une chose pleine d'eau.

HUMORISTE, qui a de l'humeur, des caprices.

2. HYVER, *primitivement* HUVER, le tems des eaux, des pluies.

3. HYDRE, *primitivement* HUDRÔ, serpent des eaux.

De-là le Latin *HUMI*, la terre ; d'où,

4. IN-HUMATION, action de mettre en terre.

Dict. Etym.

IN-HUMÉ, mis en terre.

IN-HUMER, mettre en terre.

EX-HUMER, retirer de terre.

De *HUMI* vint sans doute encore le Latin *HOMO*, d'où notre mot,

1. HOMME, soit qu'on l'ait regardé comme étant un composé de terre ; soit plutôt comme étant le maître de la terre, & le plus parfait des êtres qui l'habitent.

HUMANITÉ, 1°. le genre humain ; 2°. douceur de caractere qui porte à faire du bien.

HUMAIN, compatissant, bon.

S'HUMANISER, s'adoucir, devenir plus sociable.

HOMMASSE, personne du sexe dont les traits, la voix, &c. se rapprochent des traits, de la voix, &c. d'un homme.

2. HOMBRE, jeu Espagnol, que nous prononçons *l'Ombre* : c'est un mot Espagnol qui signifie *l'Homme* : le jeu de l'Hombre est donc le jeu de la vie humaine.

HOMMÉE, travail d'un Cultivateur dans un jour.

3. HOMMAGE, soumission qu'un Vassal fait à son Seigneur, pour marquer qu'il est un *Homme* à lui, son *Homme* : 2°. Honneur, respect qu'on rend à une personne.

4. HOMICIDE, 1°. meurtre d'un homme ; 2°. un meurtrier.

De-là doit venir,

5. HUMILITÉ, vertu par laquelle on

s'abaisse relativement aux autres ; qui empêche de s'enorgueillir.

HUMBLE, modeste, sans orgueil.

HUMBLEMENT, avec humilité.

HUMILIER, rabaisser, mortifier.

HUMILIATION, état d'abaissement, action par laquelle on est mortifié, abaissé.

HUMILIANT, qui abaisse, qui flétrit.

VI.

Le son Hon est l'effet de l'élévation de la voix, ou d'une respiration fortement poussée. Il est donc devenu le nom de l'élévation, sous divers rapports : de-là ces mots :

1. HONNEUR, Lat. HONOS, HONOR, 1°. dignités, distinctions ; 2°. estime de ses semblables acquise par ses vertus.

HONORÉ, estimé, considéré.

HONORER, témoigner à une personne, par des marques extérieures, le cas qu'on en fait.

HONORABLE, qui fait honneur, qui en est digne.

HONORIFIQUE, droits des distinctions.

HONORAIRE, 1°. récompense, gratification ; 2°. pensions.

2. DESHONNEUR, infamie ; ce qui ôte l'honneur, qui rend infâme.

DESHONORER, ôter l'honneur.

DESHONORANT, qui couvre d'infamie.

3. HON-ESTE, qui est digne d'honneur, de louange ; plein d'honneur.

HONÊTETÉ, 1°. amour de l'honneur ; 2°. conduite polie & qui montre de l'estime.

DESHONESTE, sans honêteté, digne de blâme, de mépris.

HONESTEMENT, 1°. d'une maniere honnête ; 2°. extrêmement, fort bien.

4. HONTE, sentiment qu'on éprouve pour une action qui fait deshonneur ; 2°. crainte de paroître, de se montrer ; timidité excessive.

HONTEUX, 1°. qui est craintif, qui n'ose se montrer ; 2°. qui couvre de honte.

HONNIR, couvrir de confusion ; déshonorer.

VII.

HAL, élevé.

De HALETER, tirer son souffle avec force, est venu le nom de tout ce qu'on tire en haut, de tout ce qui est haut ; de-là,

1. HALER, tirer en haut, tirer à soi, faire remonter : il tient à l'Hébreu עלה, WALE.

HALEUR, celui qui remonte une barque avec un cable.

HALAGE, travail qui se fait pour tirer une barque.

2. HALLE, grande Place couverte, couvert, élevé : d'ici nos mots SALE, SALON.

3. HALIER, 1°. buisson épais ; 2°. Garde d'une halle.

HÂLE, effet du Soleil sur le visage.

HÂLÉ, brûlé par le Soleil: de HAL, Soleil.

EX-HAL-AISONS, vapeurs que le Soleil attire, qu'il fait élever.

EX-HALER, évaporer, faire élever en vapeurs.

5. HAUT, en Latin *ALTUS*, & sa famille, viennent de cette même racine, de même que

HAUSSER, EX-HAUSSER.

HAUSSAIRE, *vieux Fr.* Titre de Noblesse, comme on diroit HAUT Seigneur, Altesse.

HAUSSE, ce dont on se sert pour hausser.

VIII.

HAR, élevé, rude.

Ce mot composé de la plus haute des Voyelles, & de la plus forte des Consonnes, désigna naturellement tout ce qu'il y avoit d'escarpé, de dur, de difficile, d'élevé. De-là:

1. HERE, Lat. *HERUS*, All. *HERR*, Seigneur Maître : il ne se prend plus en François qu'en un sens de mépris. *Un pauvre here.*

HOIR, Lat. *HÆRES*, Héritier, 1°. le Seigneur successif; 2°. celui qui hérite, qui devient maître par succession.

HÉRITAGE, bien qu'on a de ses Peres.

HÉRÉDITAIRE, qui passe aux héritiers, aux fils.

HÉRÉDITÉ, *anciennement*, HI-RETÉ, universalité des biens qu'une personne a laissés à ses héritiers.

HÉRITER, succéder aux biens d'un parent.

DESHÉRITER, priver d'une succession.

EX-HEREDER, déshériter, en terme de Palais.

2. HÉROS, celui que ses Exploits élevent au-dessus des autres.

HÉROÏNE, Femme qui se distingue par son courage, par l'élévation de ses sentimens.

HÉROÏSME, grandeur d'ame, valeur extraordinaire.

HÉROÏQUE, 1°. sublime, élevé; 2°. plein de valeur.

3. HAR, HER, Troupe, Armée.

HARAS, troupe de chevaux élevés ensemble.

HARDE, compagnie d'oiseaux, bande de cerfs.

HORDE, troupes, Tribu de Peuples errans.

HERBAN, Ban d'Armée.

HARASSER, lasser, fatiguer.

HARCELER, fatiguer, tourmenter par des attaques continuelles.

4. HARD, branche d'arbre, 1°. dont on fait un lien; 2°. un lien, une corde: d'où HARDEAU, jeune homme qui est encore sous la dépendance de son pere.

5. HARDI, qui s'avance sans crainte.

HARDIESSE, assurance, action de

s'expofer, ou de s'avancer fans crainte.

s'ENHARDIR, acquérir de l'affurance.

HARDIMENT, fans crainte.

6. CRI.

HARRI, HARRI, cri par lequel on anime un cheval, un âne.

HARO, cri, clameur pour implorer du fecours.

Ce mot s'eft confervé dans la Jurifprudence de Normandie. All. *HARen*, appeller, crier.

HARIDELLE, cheval maigre & fans force, à qui il faut crier fans ceffe, *hari*.

HERAUT, en All. AER-ALT, *mot-à-mot*, Noble CRIEUR : du mot HAR, crier, appeller, même que GAR, KAR, KAIR, dont les Grecs firent KÉRYX 5 un Héraut. Les Hérauts faifoient toutes les proclamations qu'exigeoit le fervice public à l'Armée, ou auprès du Souverain.

HERON, oifeau de riviere, haut fur jambes.

Du Celte *HIR*, long ; en All. *HER*.

7. Poil Piquant.

HAIRE, camifole ou chemifette de crin.

Theut. *HAR*, crin, poil.

HERISSON, *vieux Lat.* ERES (dans Plaute,) animal hériffé de piquans.

HERISSER, HERPER, dreffer fes poils, préfenter une multitude de pointes.

HÉRISSÉ, garni de pointes ; dont les poils font dreffés, comme autant de pointes.

HERSE, porte-couliffe qui fe termine en longs morceaux de fer pointus.

HERSE, pour le labourage, inftrument garni de dents de fer pour unir la terre labourée, & recouvrir la femence.

HERSER, faire paffer la herfe fur un champ.

8. Tête.

HURE, *anciennement* tête, en général ; *aujourd'hui*, tête de Sanglier, d'Efturgeon, &c.

HUZE à HUZE, face à face, tête à tête ; Z pour R.

HORION, coup fur la tête, fur les oreilles.

9. Griffe.

HARPE, griffe d'un chien ; d'où fe HARPER, fe déchirer.

HARPE, inftrument de mufique ; on en pince les cordes avec les doigts : peut-être eft-ce l'origine de fon nom.

HARPON, javelot avec lequel on accroche le poiffon.

HARPIN, croc dont on fe fert pour attacher les bateaux quand ils remontent les rivieres.

HARPONER, lancer le Harpon.

HARPONEUR.

HARPIE, oifeau fabuleux qui enlevoit tout ce qu'il pouvoit attraper : *au fig.* femme avare, & qui prend tout ce qu'elle peut.

IX.

HORREUR, Lat. HORROR; ce mot est une onomatopée; l'imitation de l'impression que produit sur nous la vue d'un objet qui effraye, qui souleve tous les sens.

HORRIBLE, qui fait horreur.

AB-HORRER, avoir en horreur.

H & F
Substitués l'un à l'autre.

HABLER, conter, faire des contes.

HABLEUR, conteur, menteur; mots qui appartiennent à la famille FA, parler.

HARANGUER, adresser un discours à une assemblée; de VAR, BAR, parole.

HARDES, tout l'équipage d'une personne, tout ce qui est destiné à être porté sur soi.

Ce mot est pour FARDES, même famille que FARDEAU; de FER, porter.

HESTRE, Hêtre, Haitre, mot dérivé de HAG, hêtre, le même que FAC, Fagus, dont nous avons parlé, lettre F.

HILLOT, *vieux Fr.* Valet : diminutif de HIL, le même que FILS.

HURON, furet, 2°. un mineur ; de FURON, un furet.

H & G
substitués l'un à l'autre.

GUESTRE, formé de Hous,
HOUESTRE, Botte, chaussure.

GUICHET, diminutif de HUIS, porte.

HAC, HAI

De AC, HAC, aigu, piquant, famille que nous avons déjà mise sous les yeux de nos lecteurs, (pag. 4) vint HAC en Allemand, HAGA en Latin-Barbare, HAIE en François : mots qui signifient une clôture de ronces & d'épines.

Ce mot signifia aussi une FORÊT, un lieu rempli de buissons, renfermé de haies. De-là vint,

HAGARD, nom des oiseaux de proie, des Faucons, &c. qui ont été pris dans les HAGES, ou FORÊTS, & qu'il est presqu'impossible d'apprivoiser. *Au fig.* farouche, effaré ; *l'œil hagard.*

HAGUINETES, HOGUIGNETES, terme de Normandie & de quelques autres Provinces. C'est le nom qu'on donne aux étrennes du dernier jour de l'an. On les demandoit en chantant. M. de Grantesmenil écrivoit à M. de Brieux :

» J'ai ouï chanter (à Rouen) aux
» portes des voisins par les filles
» du quartier :

Si vous veniez à la dépense,
A la dépense de chez nous,
Vous mangeriez de bons choux ;
On vous serviroit du rost
  HOQUINANO.

Ménage rapporte un autre couplet, qu'on chantoit de son tems dans la même Ville :

Donnez-moi mes HAGUIGNETES,
Dans un panier que voici.
Je l'achetai samedi,
D'un bon homme de dehors;
Mais il est encore à payer.
HAGUIMELO.

Ces mots sont des restes de l'ancien cri des Druides A GUI L'AN NEUF, & par lequel ils annonçoient en chantant l'année nouvelle.

HAIT, vœu : HAITER, souhaiter.

On a cru que ce mot venoit du Latin *optare*, désirer. C'est le mot du Nord HETE, d'où l'Anglois WISH, qui signifient 1°. chaleur, 2°. souhait & dont l'aspiration s'adoucissant en S, a fait SOUHAIT, SOUHAITER.

HALEBARDE, pique pour la guerre, terminée par une espèce de hache. Ce mot peut venir de l'Allemand BARD, hache, & de HEL, luisant, comme l'ont cru divers Etymologistes. Mais comme on a dit aussi HELLEMPART, ne pourroit-on pas soupçonner que ce mot signifioit PIQUE - GRECQUE, pique dont les Grecs avoient fourni le modèle, pour la distinguer des piques du pays? La hache de la halebarde est d'ailleurs un diminutif de celle que les Grecs appelloient hache des Amazones.

HAM, HAN,

De HAND, main, mot des langues du Nord, sont venus ceux-ci:

HAMPE, anciennement HANTE, le manche de la Halebarde.

HANSER, manier, *vieux Fr.* en parlant des armes.

HANTELEURE, (Mémoire de la Ligue T. 3.) le manche du fléau à battre le blé.

HANSE, société, incorporation; d'où les *Villes Anséatiques*.

HANSER, s'associer.

HANTER, vivre avec quelqu'un comme avec un compagnon, un associé.

Ce mot pourroit venir de la même famille; mais il vaut peut-être mieux le rapporter à la famille du Bas-Br. HENT, chemin, passage, en Gall. HANT, HINCHA, conduire.

HANAP, un gobelet; en Allem. NAP, écuelle; Anglo-Sax. HNÆP, coupe; Celt. HANAF.

HANEBANE, jusquiame, plante qui est un poison pour les poules : c'est l'Anglois HEN-BENE, mot - à - mot VENIN pour les poules.

HANCHE, mot Flamand, Ital. Espagnol, Lat-Barb. qui paroît tenir à la famille ANG, dont nous avons déjà donné le développement (pag. 57) & qui a fait le mot Grec Αγκη, ANKÉ, qui signifie le *bras*, cette partie qui est adhérente au corps comme à la hanche, & qui forme également un angle.

HANOUARTS : « on appelloit ainsi » anciennement à Paris, dit MÉ-

NAGE, les Porteurs de sel. Il ne sçavoit pas, ajoute-t-il, l'étymologie de ce mot. C'est une altération du Celte HALENOUR, Marchand de sel : de HALLEN, sel.

HAR.

HARICOT, espéce de petite fève. L'origine de ce nom est inconnue : il doit venir du Celte HAR, grain, semence, & COZ, gousse. Grains qui viennent dans des GOUSSES : ou de FAR manger ; gousses, bonnes à manger : elles se mangent en effet, lorsqu'elles sont tendres.

HARLEQUIN. Nous avons déja donné l'étymologie de ce nom (Orig. du Lang. & de l'Ecr. p. 226) comme étant l'altération d'un mot Italien. Une preuve qu'il ne vient pas, comme on l'a cru, de la Maison de Harlay, c'est qu'on le trouve déja en usage avant l'an 1521, long-tems avant l'époque où l'on prétend que ce nom fut emprunté de cette famille. On peut voir ce passage dans Ménage ; & l'on y trouve dans une note, que ce mot s'écrivoit HELLEQUIN : ce qui démontre que ce nom vient en effet d'AL-LECCHINO, qui signifie le glouton, le gourmand.

HARNOIS, 1°. armure en général ; 2°. tout ce qu'on met sur le dos d'un cheval, pour qu'il puisse servir.

Ital. ARNESE, All. HARNISCH.

Quelques-uns le dérivent de HAR, Fer, dont nous avons déja donné la famille : il doit tenir à AR, préparer, orner.

EN-HARNACHER, mettre à un cheval ses harnois.

HASE, femelle du liévre ; de l'Allem. HASE, liévre. Les mots changent ainsi de valeur, s'étendent ou se resserrent en passant d'une langue à une autre.

HÂTE, autrefois HASTE, vitesse, diligence.

HÂTER, presser, faire aller en diligence.

Se HÂTER, se presser, se dépêcher.

Ce mot appartient à la même famille que le Latin FESTinare, se hâter ; en All. HASTEN, en Grec Εσθω, ESTHO.

HÂTIF, précoce, qui meurit de bonne heure.

HASTILLES, portions de cochon qui doivent se manger fraîches & non salées, en hâte.

HAUBERT, 1°. un gorgerin, espéce de hausse-cou : 2°. cotte de maille ; de l'All. HAL, cou, & BER-GEN, garantir, couvrir.

HAUBERGEON en est le diminutif : Fief de HAUBERT ; c'étoit celui dont le Possesseur avoit droit de servir avec cette armure.

HAVERON, espéce d'avoine ; de l'Allem. HABER, Flam. HAVER, avoine.

HAVRESAC, sac de toile dans lequel

les piétons portent leurs provisions.

HAVRE, port, où on est à l'abri: il tient au Celte ABER, AVR, port, confluent: c'est le HAFFEN des Peuples du Nord & Theutons. Le חוף Hoph, des Hébreux, dont vient CAFFA.

H E

HERMINE, petite bête à peau blanche qu'on trouve dans le Nord, & qui prend son nom de l'Arménie, d'où on en tiroit autrefois, comme on l'apprend de *Ville-Hardouin*, commenté par du Cange.

HEURT, choc, action de frapper.
HEURTER, frapper, pousser.
S'AHEURTER, s'obstiner à une chose. Ital. URTARE, All. HURTEN, du Celt. HWRDD, 1°. nom du bélier qui frappe de la corne; 2°. choc.

HEYDUQUE, du Hongrois HAYDU, Fantassin.

HOUSARD, un Cavalier dans la même langue, HUSZAR, Eques, Cavalier.

H O.

HOCHE, entaillure, cran.
HOCHEPOT, viande découpée & cuite dans un pot.
Ces deux mots viennent du Celte HOCHE, HOSQ, même mot que COCHE, entaillure.
HOCHET, morceau d'argent garni de grelots pour amuser les enfans, &c.

Nos Etymologistes ont renoncé à l'étymologie de ce mot. C'est une altération de JOCHET, en Langued. JHOUGHÉ. Il vient du Latin *Joco*, Ital. GIUOCO. C'est ainsi qu'on a dit HUCHOIR & JUCHOIR, se HUCHER & se JUCHER.

HOCHER, jouer, faire le hochet, aller & venir, branler la tête.
HOCHEMENT, mouvement de mépris qu'on fait avec la tête.
HOCHEQUEUE, ou Bergeronnette, oiseau dont la queue est toujours en mouvement.
HOCHEBOS, Milice Flamande armée de piques (*hoches*) de bois (*bos*).

HONGRE, chevaux Hongres: ils viennent de HONGRIE.
HONGRELINE, vêtement venu de HONGRIE; de même que le mot HOUSARD, voyez HEYDUQUE.

HOQUELEUX, chicaneur.
HOQUELERIE, chicane, du Celte HOC, crochet, accroc.

H U.

HUGUENOT, nous ne finirions point, si nous voulions rapporter toutes les étymologies qu'on a imaginées pour rendre raison de ce nom; ce mot est certainement une altération de l'Allemand EIDGNOSSEN, confederé, allié. Il n'est pas étonnant qu'on ait fait usage de ce nom en France, & qu'on en ait cependant, laissé perdre l'origine. Les Confédérations Protestantes commencerent

rent en Allemagne ; & l'on n'en parla en France que comme d'une rébellion : on regardoit fur le même pied les Proteftans du Royaume ; ils furent donc autant d'Huguenots. Dans la fuite des tems, on crut que ce fobriquet s'étoit formé en France ; de-là, cette foule de conjectures frivoles qu'on a hazardées fur ce mot : car il n'y a nulle fin aux conjectures.

HUI, ce ; ce jour. On a cru que c'étoit une altération du Lat. *HODIE*, lui-même altéré de *HOC DIE*, en ce jour : mais *HUI* & *HOC* viennent également du primitif *HOU*, *HU*, ce, refté dans le génitif Lat. *HUI-us*.

HW, HOU.

Ce mot a fignifié *cacher, couvrir*. De-là tous ces dérivés.

I.

HWS, en Celte, en Theuton, en Runique, &c. Maifon.

1. HUTE, maifonnette; All. *Heutte*. Franc, HUSE.
   HUIS, Porte,
   HUISSIER, Portier.
   HUISSERIE, garniture de porte.

2. HÔTEL, maifon d'une perfonne de qualité.
   HÔTELLERIE, maifon où on loge les paffans.
   HÔTE, en Celte GWEST, 1°. celui qui reçoit un étranger chez lui : *Dict. Etymol.*

2°. l'étranger reçu dans une maifon.

3. HOSTILITÉ, du Latin *HOSTIS*, HÔTE, 1°. qui loge ; 2°. ennemi.
   HOST, *vieux Fr.* Armée.
   HOSTAGE, ÔTAGE, Villes & Perfonnes qu'on donne pour garantir un Traité, & qui font comme autant d'hôtes.

4. HOSPICE, lieu où l'on retire les Etrangers.
   HÔPITAL, maifon où l'on reçoit les malades.
   HOSPITALITÉ, action de recevoir les Etrangers & de leur accorder un afyle chez foi.
   HOSPITALIER, 1°. qui exerce l'hofpitalité ; 2°. qui dirige un Hôpital.

II.

5. HOUSSE, couverture de tapifferie, d'étoffe, de cuir, &c. pour meubles, pour chevaux, &c.

6. HOUSEAUX, HOUSETTES, guêtres, couverture de jambes. Bas-Br. *HOUZ*, botte.
   HOUSSER, chauffer ; 2°. nettoyer.
   HOUSSOIR, balai de plumes dont on houffe les meubles.
   HUZ, en Bas-Bret. cache.
   HUZI, cacher.

7. HUG, *vieux Fr.* robe de Femme ; Angl. *HUKE*.

8. HUCHE, grand coffre ; Bafq. *HUCHA*, caverne.

HOTTE, vafe de bois à liquides, qu'on porte derriere le dos.

Hotée, contenance d'une hotte.
HULOTTE, trou de lapin ; Celte, HOLE, HUL, cache, trou.

9. HUISTRE, Lat. & Gr. OSTREUM, animal caché dans sa coquille comme dans une maison.

MOTS FRANÇOIS VENUS DU LATIN.

H A

HAÏR, Lat. ODIRE ; on a dit, OÏR, AÏR.
HAINE, HAINEUX, formés d'ODIUM, prononcé OÏN, AÏN.
HAQUET, petit cheval.
HAQUENÉE, jument qui va l'amble.
    Ces mots tiennent à la même famille que le Latin EQUUS, cheval ; EQUA, jument. Voyez Orig. du Lang. & de l'Ecrit. pag. 175. Article H G, grandeur.
HEBÉTÉ, Lat. HEBES.
HERBE, Lat. HERBA.
  HERBAGE, HERBU.
  HERBIER, HERBORISTE, HERBORISER.
HESITER, Lat. HÆREO, HÆSI.

HESE, Barriere.
HIER, Lat. HERI.
  EX-HIBER, Lat. EXHIBERE.
  EX-HORTER, Lat. EXHORTARI.
HOMARD, grosse Ecrevisse de mer ; Tient au Lat. CAMARUS, Crabe.
HOULE, marmite qui va au feu, Lat. OLLA.
HOURDAGE, premier maçonnage ; le plus grossier.
  HOURDER, faire le premier maçonnage : du Lat. ORDIRI, commencer, ourdir.
HOURQUE, Vaisseau léger ; du Lat. ORCA.
HUSTAUD, HUSTARDEAU, chapon dont l'ergot a été brûlé ; du Lat. ustus, brûlé.

MOTS FRANÇOIS VENUS DU GREC.

H A

HAVI, brûlé, Gr. *Auein*, brûler.
Du mot Primitif MI, demi, joint à l'article HÉ, les Grecs ont formé les mots suivans :
1. HEMINE, la moitié d'un setier.
2. HEMISPHERE, la moitié d'une Sphere.
3. HEMISTICHE, la moitié d'un vers.

HEMORRHAGIE, Grec ΆΙΜΟΡΡΆΓΙΑ, *Haimorrhagia*.

HÉRÉSIE, Grec ΆΙΡΗΣΙΣ, *Hairésis*.
Du Grec Hêrêmos, désert, sont venus :
1. HERME, Terre en friche.
2. HERMITE, Solitaire.

HERNIE, du Grec ΈΡΝΟΣ, *Hernos*, rameau.

HODÉ, lassé, fatigué ; du Grec ὁΔΟΣ, Hodos, chemin.

HOMOLOGUER, Gr. *Homologein*, Homologation, ratification.

HUILE, Grec ELAIA.

HYMEN, du Grec ΥΜΗΝ, *Hymen*.
Hyménée.

HYPOCRAS, du Grec ΥΠΟ-ΚΕΡΑΣ, *Hypokeras*, mélange de liqueurs.

HYPOTHEQUE, Gr. HYPOTHÉKÉ, gage.

HYPOTHESE, Gr. HYPOTHÉSIS, supposition.

Hypothetique.

MOTS FRANÇOIS VENUS DE L'ORIENT.

H A

HAZARD, effet du sort. *Jeu de hazard*.
HAZARDER, s'exposer au sort, courir le risque des évenemens.
Nos Etymologistes ont hazardé sur ce mot nombre d'Etymologies; & trouvant en Syrie, du tems des Croisades, un Château appellé *Hazart*, ils n'ont pas manqué d'en dériver ce mot, soit à cause des *diverses fortunes* auxquelles son siége avoit exposé, soit parce qu'on

y jouoit au jeu de dez. C'est un mot Oriental, en effet, mais qui ne doit pas son origine à une cause pareille.

Les Italiens appellent ZARA, 1°. un jeu à trois dez; 2°. *au fig.* risque, danger, péril.

Zaroso, signifie chez eux *périlleux*, tout ce où il y a du danger.

Les Espagnols en ont fait AZAR, qui signifie, 1°. le hazard du dez; 2°. l'As au jeu de dez; 3°. infortune, perte; & HAZAR, au sens de risque, péril.

C'est donc le mot Oriental ZAR, TZAR, en Hébr. צר, en Arabe غر, qui signifie,

1°. ETREINTE, tout ce qui serre & qui peine.

2°. NÉCESSITÉ, tout ce dont on ne peut se débarrasser.

3°. EMPREINTE. 1°. Celle qui reste sur un objet qu'on a fortement serré; 2°. des caracteres tracés; 3°. des lettres de créance; 4°. un envoyé, celui qui est chargé de lettres de créance. 5°; dez, & Flêches du sort, à cause des caracteres qui y sont empreints.

De-là chez les Orientaux le Jeu des trois Flêches, appellé ZARE.

Les anciens Arabes avoient en effet une maniere de divination qu'ils appelloient le *Sort des Flêches*. Ces Flêches, sans fer & sans plume, étoient au nombre de trois qu'on enfermoit dans un sac gardé par le *Devin du Dieu Hobal*. Sur l'une de ces Flêches étoit écrit, *commandez-moi, Seigneur*. Sur la seconde, *defendez-moi, Seigneur*. La troisiéme étoit dénuée de caracteres.

Il est fait mention de ces Flêches dans Ezéchiel. On y voit que Nabuchodonosor s'étant mis en chemin à la tête de son armée pour marcher contre le Roi de Jérusalem & contre celui des Ammonites, il mêla des Flêches dans un Carquois lorsqu'il fut arrivé à l'endroit où le chemin se partageoit pour aller en Judée ou dans le pays d'Ammon; & qu'il tira au sort celui des deux qu'il prendroit.

Les Arabes, pour désigner un malheur extrême, disent, *Tsarib dehor Tsarabanah*.

La fortune a épuisé ses Flêches.

De ce mot *Tsara*, prononcé *Tsera*, les Latins firent naturellement TESSERA qui en a toutes les significations. 1°. Une empreinte, une marque. 2°. Tout ce qui sert à faire reconnoître. 3°. Un mereau, une lettre de créance. 4°. Le mot du guet tracé sur du métal, sur du bois &c. 5°. Un dez à jouer, à cause des caracteres qu'on y trace.

D'où vint TESSERARIUS, celui qui donne le mot du guet.

On voit dans du Cange, que le

mot *Azardus* signifioit dans les 13e. 14e. siecles, &c. les dez & le jeu de dez. Dans l'Histoire du Procès entre Boniface VIII. & Philippe le Bel, on lit: « Le même déposa que » dans la même année & dans le » même lieu, il avoit vu ledit Bo- » niface jouer (*ad Azardos*) aux » dez avec ladite Dame, & il vit » que lesdits dez (*Azardi*) étoient » pointés d'or ».

HAZART, signifioit dans le même tems un Joueur de dez.

HISTOIRE; en Latin *HISTORIA*, en Gr. ΊSTORIA : & tout le monde a cru que ce mot étoit Grec; ceux même qui font venir le Grec de l'Hébreu. Ils ne savoient pas qu'en Hébreu, en Arabe, &c. le mot *STER*, Héb. שטר, Arabe سطر, signifie 1°. Scribe, Greffier, &c. en Chald. Contrat, Testament, &c. 2°. Ecrire, tracer; 3°. Tracé, écrit.

HOMELIE, discours sacré; Gr. 'OMI- AIA, *HOMILIA*, entretien; *HOMILOS* Assemblée. Mais ce mot est Oriental & Celte. Il vient du primitif MALL, en Héb. מלל, parler; *MILLH*, parole; d'où vint notre ancien mot MAIL. Voy. M.

HEURE, vingt-quatrieme partie d'un jour; du primitif OR, jour, lumiere; d'où :

1°. HORLOGE, HORAIRE, HORISON.

2°. HEUR, situation belle comme le jour, événement, fortuné, d'où :

HEUREUX, Bon-heur; mal-heur.

HUIT, autrefois, HUICT, Lat. *OCTO*, Gr. OKTÔ. Ce mot vient de l'Arab. وكت, WKT, fixé, déterminé. Le huitieme jour étoit un jour fixé, prescrit pour les assemblées & marchés : de-là les *Nundines* chez les Romains, qui revenoient au bout de huit jours.

HYSSOPE, mot Latin, Grec, Hébreu, &c. En Arabe *ZOUPHA*.

MOTS FRANÇOIS VENUS DU CELTE.

I

La lettre I, neuvieme lettre de notre Alphabet, a deux valeurs différentes. Quand elle précéde une Consonne, elle se prononce en voyelle, c'est un I, I-MAGE. Quand elle est suivie d'une Voyelle, elle devient une Consonne, c'est un J, J-EUNE.

Ce changement de la Voyelle en Consonne s'est fait pour éviter le choc de deux Voyelles, afin de prévenir l'hiatus qui en étoit l'effet, & qui étoit trop désagréable à l'oreille.

Chez quelques Peuples cette lettre n'est jamais Consonne. Chez d'autres, on s'imagine qu'elle le fut toujours, & jamais Voyelle; mais certainement, il n'en étoit pas ainsi chez ces derniers dans les tems primitifs.

Lorsqu'une fois on a eu un I Consonne, on l'a substitué très-souvent à G & à Z, à cause du rapport de leur prononciation; ainsi nous avons un grand nombre de mots François en J qui appartiennent à des Familles qui forment la lettre G. Il en est d'autres auxquels la lettre I a été ajoutée, suivant l'usage des Hébreux, des Celtes, &c.

Lorsqu'on a mis à l'écart ces mots, & ceux qui sont venus du Latin, ou de l'Orient, il ne reste presque plus de mots appartenans à la lettre I.

Nous avons dit, (*Orig. du Lang. & de l'Ecrit.* pag. 312. 406, &c.) que la Voyelle I peignoit la main, & désignoit tout ce qui avoit rapport aux opérations de cet organe, le toucher, &c. De-là, résulte l'Etymologie de plusieurs mots dont l'origine seroit inconnue sans cette observation.

Le reste des mots François en I, sont venus de la Langue Celtique: ils sont également en petit nombre.

Les mots en I sont d'ailleurs peu nombreux; & cela doit être ainsi, puisque les Voyelles sont le langage des sensations, & que ce langage est nécessairement très-borné.

J pour G & C.

JABOT, le premier estomac des Oiseaux & en forme de poche : 2°. par *métaphore*, dentelle ou broderie attachée sur la fente de la chemise devant la poitrine.

JABOTER, jaser, babiller, *mot-à-mot*, faire mouvoir le jabot.

JAVELOT, dard qui se lance.

JAVELLE, poignée d'épis.

Tous ces mots viennent de CAB, CAV, prendre, contenir.

JALONS, piquets qui servent à alligner ; du Celt. GAL, but, stade, borne.

JAMBE, *autrefois* GAMBE ; de *CAM*. GAMBADE, GAMBADER.

INGAMBE, ENJAMBER.

JAMBON, GAMBAISON.

JANTES, en Norm. GANTES, partie des roues sur laquelle le bandage est attaché avec de gros clous ; circonférence. Lat. *CANTHI* ; du Celte CANT, cercle, courbure.

JAR, mâle de l'Oie ; de GAR, mâle.

JARDIN, en Theuton GARTEN ; du Celt. GART, enclore, renfermer.

JARDINIER, JARDINIERE.

JARDINAGE, JARDINER.

JARGON, langage du peuple : langue qui n'est pas polie ; du Celt. GAR, parler, langage.

JARRET, le derriere du genou, les muscles qui servent à tendre la jambe ; du Celt. GAR, jambe.

JARRETIERE, lien qui tient les bas attachés au jarret.

JASER, 1°. causer, caqueter ; 2°. révéler un secret : de la même famille que GASOUILLER, & dont vinrent GEAI, AGASSE, oiseaux babillards.

JASEUR, JASEUSE.

JATTE, grande écuelle ; du Celt. GAD, CAT, coupe, vase.

JAU, dans quelques Provinces pour GAU ; GAL, Coq, d'où *GALLUS* des Latins.

JAUGE, art de mesurer la capacité d'un tonneau, d'une mesure de liquides. On a dit autrefois JAULGE, JALGE : c'est un dérivé de JALLE, mesure de liquides ; en Lat.-Barb. *JALLEIA*, au lieu de GALLE, mot de la même famille que GALON ; voyez ci-dessus, col. 505 ; de-là :

JALLAI, mesure de vin en Touraine.

JALOIS, mesure de blé en Picardie.

JAUGEUR, qui jauge, qui mesure la contenance des futailles, &c.

JAUNE, couleur semblable à celle de l'or, du Soleil ; Ital. *GHIALLO* ; All. *GHEL*, de l'Orient. *HEL*, Soleil.

JAUNIR, JAUNISSE.

JONQUILLE, fleur jaune.

JOUE, partie du visage, & qui reléve en bosse, qui bombe. Lang. GAUTE, Ital. *GOTA*. Bas-Br. *JOT* ; du Celt. COD, élevé.

JOUFLU, qui a de grosses joues.

JOIE, Lat. *GAUDIUM*, Celte & Osque GAU. C'est une onomatopée : de-là ;
1. JOYEUX, JOVIAL.
ENJOUÉ, ENJOUMENT.
2. JOUIR, avoir la possession d'une chose : en avoir le plaisir.
JOUISSANCE.
SE RÉJOUIR, RÉJOUISSANCES.
3. JEU, amusement, divertissement, Lat. *JOCUS*, Basq. *YOCOA*.
JOUER, JOU JOU.
JOUET, JOUEUR, JOUEUSE.
4. JOGLEUR, & puis JONGLEUR, Lat. Barb. *JOCULATOR*, qui fait des tours d'adresse, qui représente des farces : bande de Musiciens.
Leur société s'appelloit JUGLERIE, & dans les 13. 14. siécles, leur Chef avoit droit de percevoir une espéce de tribut sur le Seigneur & sur les Bourgeois du lieu où résidoit sa troupe.
5. JOLI, qui signifie agréable, qui plaît, &c. signifia dans l'origine *Gai, enjoué, satisfait.* Dans la LIIIᵉ des Cent NOUVELLES nouvelles, Edit. de 1505. on lit : » Vous estes bienheureu- » se ; j'ay là Dieu mercy de biens » & de richesses assez, dont vous » serez Dame & Maistresse, & » vous feray bien JOLYE.
JOLIETTE, JOLIMENT.
ENJOLIVER, JOLIVETÉ.
En All. *JOLLEN*, être gai, joyeux.
Angl. *JOLLY*, gai, agréable, enjoué.

J. pour S & Z.

JAILLIR, du Celt. *SAL*, Lat. *SALIRE* jaillir, s'élancer.
JAILLISSANT.
JALOUX, celui dont l'amour désordonné craint le moindre partage ; Ital. *GELOSO*.
JALOUSE, JALOUSIE, du Grec *ZÉLOS*, en Eolien *Zalos*, attachement, zéle ; 2°. envie, jalousie.
JOCRISSE, Homme sottement complaisant & qui se laisse mener par sa femme. Nos Etymologistes n'ont pu découvrir l'origine de ce mot : il est vrai qu'elle n'étoit pas aisée à trouver. C'est un dérivé, un diminutif de l'Italien *ZUGO*, prononcé Jog, qui a exactement la même signification.

J pour H.

JUPE, habillement de Femme, qui se met sur la chemise & par-dessous la robe.
JUPON, petite Jupe.
On donnoit aussi ce nom autrefois à un habillement d'Homme.
Ital. *GIUBONE*, Jupon.
Vieux Fr. GIBE, GIBON, habillement de dessus pour homme.
ENGIPONNÉ.
En Bourg. GIBE, casaquin de toile.
All. JUPP.
Ces mots viennent de HUP, dessus.
De la même famille viennent :
JUCHER, percher, monter.
JUCHOIR.
JUBÉ,

JUBÉ, Tribune d'Eglise, ou lieu élevé pour les Chantres. Faute de mieux, on dérivoit ce nom de ce qu'on chantoit dans les Eglises JUBE.

J pour V.

JACHERE, terre qui se repose; du Latin *VACARIA*, terre qui vaque: d'où les noms de VACHERE, VAQUERIE, &c.

J pour D.

JOUR, Ital. *GIORNO*. On est persuadé que ce mot vient du Latin *DIURNO*, dont nous avons fait *diurne*. De-là;
JOURNÉE, JOURNALIER.
JOURNAL, JOURNALISTE.
JOURNELLEMENT, TOUJOURS.
AJOURNER, AJOURNEMENT.

I.

La voyelle I désigna, 1°. la main, & 2°. Puissance.

De I, désignant, 1°. la main, 2°. la puissance, dériverent ces mots:

1. JET, action de lancer avec la main:
JETTÉE, JETTER; Lat. *JACIO*.
REJETTER, DEJETTER.
ABJECT.
INJECTER, INJECTION.
INTERJECTER, INTERJECTION.
PROJETTER, PROJET.
SUJET, SUJETTION.
ASSUJETTI.

ADJACENT, qui avoisine, qui est contigu.

2. JETTON, plaque de métal qui sert, 1°. à jetter en avant, pour le jeu du Disque; 2°. à compter au jeu.

3. JACULATOIRE, *mot-à-mot* qui s'élance.
ÉJACULATION, élévation de l'ame à Dieu.

4. JACTANCE, louange de soi-même, action de se vanter, de s'élever.

3°. La Connoissance.

Nous avons vu dans la Grammaire Universelle (page 8.) qu'on ne connoissoit exactement que ce qu'on avoit sous les yeux, & qu'on pouvoit examiner, mesurer de la main; ensorte que les mêmes mots qui désignoient la *main*, désignerent également la connoissance: ce qui fit que le mot ID qui signifioit la main, la puissance, désigna la *science*, la *connoissance*. De-là:

1. IDÉE, représentation des objets dans l'esprit.
IDÉAL, qui n'est qu'en idée.

2. IDIOT, sot, benêt: *autrefois* celui qui ne dépendoit que de lui-même, qui étoit son maître.

3. IDOLE, image, représentation d'une Divinité Payenne.
IDOLÂTRE, IDOLÂTRIE.

IDOLÂTRER, aimer au-delà de toute expression.

4. Le Latin ID, cela même, ce qu'on touche : de-là ;

IDEM, de même.

IDENTITÉ, nature de deux choses semblables.

IDENTIQUE, qui est semblable.

J A

JAPPER, aboyer, cri du chien. C'est une onomatopée.

JASERAN, ancien habillement Militaire ; du Celte IAZ, habillement ; IAS, chaleur.

Basque, JAZA, habillement.

JACAYA, habit.

JACCA, tunique, robe, sur-tout.

JAQUE, robe.

JAQUETTE, petite robe.

JAQUE de Mailles, habillement Militaire en mailles de fer.

JAQUEMAR, figure d'un homme armé, qu'on met à côté des horloges avec un MARTEAU à la main pour frapper sur le timbre ; Angl. JACK, Jaques de maille.

JACKET, jaquette, espéce de justaucorps.

Bas-Bret. JAKEDEN, habillement de femmes & d'enfans.

J E.

JE, signe de la personne qui parle, ou PRONOM de la premiere Personne. C'est un dérivé de E, signe de l'existence. Aussi ce mot est commun à une multitude de Langues, sauf la différence des prononciations. Lat. & Gr. EGO ; Theut. ICH ; Ital. IO, &c.

JEUNE, peu avancé en âge, à la fleur de l'âge, Lat. JUVENIS, prononcé JOUVENIS.

JEUNESSE, Lat. JUVENTUS.

JOUVENCE, Jeunesse.

JOUVENCEAU, JOUVENCELLE.

GENISSE, Lat. JUVENCA.

Ces mots viennent du Celte IOU, IAOU, IEUAN, Jeune. Theut. IUNG.

J O.

JONC, plante à tuyau rond & fort droit ; du Celte IAWN, droit : ce mot est de la même famille que IEUAN, jeune : car c'est l'appanage de la jeunesse d'être droit comme un Jonc.

JONCHER, semer un chemin de joncs, de fleurs.

JONCHÉE.

JONCHETS, joncs pour jouer.

Basq. JOUGNA, jonc, &c.

JOTE, nom de la bete ou porée, dans quelques Provinces. Nos Etymologistes ont cru que cette plante avoit été appelée de ce nom, parce qu'elle ressemble à la lettre I qu'on appelle Iota en Grec. C'est ainsi qu'on s'égare en fait d'Etymologies, sur-tout lorsqu'on veut deviner. Ce mot tient au Celte IAUT qui signifie *herbe*, *verdure.* En Arménien, HOUD, herbe.

JOUG, Instrument de bois qu'on met sur le cou de deux Bœufs pour les attacher à la charrue, ou au char.

Ce mot est Celte IAU, Theut. IOCK, Latin JUGUM, Grec ZEUGOS. Il est Persan, &c. Il tient à HUG, sur, élevé. De-là ;

I. SUB-JUGUER, Latin, *Subjugare* mettre sous le joug, dompter.

CONJUGUER, Lat. CONJUGARE; *mot-à-mot*, mettre sous le même joug, unir.

CONJUGAISON, *mot-à-mot*, union des pronoms personnels avec un verbe.

CONJUGAL, devoir conjugal ou de deux époux.

II. De JUGum, les Latins avoient fait JUGO, attacher sous le même joug, joindre, unir. De JUGO, en le nasalant, ils en firent encore le verbe JUNGO qui signifia JOINDRE, unir, & que nous avons transporté dans notre langue : de-là :

JOINDRE, mettre une chose avec une autre.

JOIGNANT, qui est auprès.

JOINT, uni, réuni, mis auprès.

JOINTURE, ce qui unit, point d'union.

JONCTION, réunion.

COMPOSÉS.

ADJOINDRE, Lat. *Adjungere.*

ADJOINT, *Adjunctus.*

CONJONCTIF, *Conjunctivus.*

CONJONCTION, *Conjunctio*, mot qui sert à unir les phrases.

CONJONCTURE, circonstance dans laquelle on se rencontre.

CONJOINT, *Conjunctus.*

DÉJOINDRE, séparer, Latin DISJUNGO.

REJOINDRE, s'unir de nouveau, revenir.

III. JOUXTE, *vieux Fr.* auprès, joignant, Lat. JUXTA. C'est *mot-à-mot*, JUG-STA, qui est uni, joint.

IV. JOUTE, combat, rencontre, réunion.

JOUTER, JOUTEUR.

Ces mots peuvent donc appartenir à la même famille, ou à celle de JO, JEU.

JUMENT, femelle du cheval. Ce mot tient au Latin JUMENTUM, qui signifie une bête de somme, de monture, cheval, mulet, ou âne. C'est le Celte JAU qui signifie également MONTURE.

JUMART, animal né d'un Taureau & d'une Jument.

JUS, *vieux-Fr.* en bas, dessous. Ital. GIU, Irl. IOS, Latin-Bar. JUSUM, JOSUM. Basq. IOSI, être couché.

JUSSANT, reflux, abaissement des eaux de la mer.

Ménage regardoit ces mots comme une altération de *Deorsum.* Ils dérivent de IOCH, dessus; & en sont la foible.

JUS, sauce, bouillon, potage. En Lat. JUS, Celt. IUZ : de IW, IU, eau. De Jus, les Latins firent JUSTUS, mot-à-mot, celui qui fait la part de chacun, qui leur donne ce qui leur revient : de-là :

I.

JUSTE. Ce mot se prend en un grand nombre de sens différens, liés par une idée générale.

Dans un sens actif, 1°. celui qui donne à chacun ce qui lui revient.

2°. Celui qui aime la justice.

3°. Homme vertueux.

Dans un sens passif ou adjectif,

4°. Ce qui est conforme aux loix, à l'ordre.

5°. Ce qui est exact, conforme au vrai.

6°. Ce qui a les proportions précises qu'il doit avoir.

Ainsi on dit dans ces divers sens :

Un homme juste.

Un raisonnement juste.

Un habit juste.

JUSTICE, vertu par laquelle on rend à chacun ce qui lui appartient.

2°. Jurisdiction, droit de juger.

3°. Droit, bon droit.

JUSTESSE, 1°. précision, exactitude ; la précision d'un coup ; l'exacte proportion d'un habit :

2°. accord du goût & de la raison avec les objets.

JUSTAUCORPS, habit juste au corps. C'est un mot composé par ellipse. On disoit en Lat. *justa vestis*.

JUSTICIABLE, sujet à la Justice d'un Seigneur.

JUSTICIER, *nom*, qui rend la justice ; *verb*. punir de mort.

JUSTIFIER, démontrer l'innocence d'une personne, qu'elle n'est pas coupable ; la faire déclarer juste, innocente.

JUSTIFICATION, action de faire reconnoître l'innocence d'une personne.

JUSTIFICATIF, qui sert à justifier.

INJUSTE, INJUSTICE, INJUSTEMENT.

AJUSTER. AJUSTEMENT. AJUSTÉ.

II.

JUGER, Lat. *JUDICO*.

Ce Verbe se prend dans le sens le plus étendu. Il ne signifie pas seulement, 1°. faire les fonctions de Juge, d'une personne qui rend la Justice ; mais de plus :

2°. Porter un jugement quelconque sur quelqu'un ; on *juge autrui* en bien ou en mal.

3°. Porter un jugement sur un objet, déclarer qu'il possède ou qu'il ne possède pas telle ou telle qualité. Dire que le Soleil est rond, & un Autel quarré.

4°. Conjecturer, prévoir. *Juger sur la mine*, moyen de se tromper souvent.

En un mot, JUGER, c'est décider de la nature des choses, les déclarer bonnes ou mauvaises, d'après l'examen qu'on en a fait.

JUGEMENT, Lat. *JUDICIUM*. Mot qui se prend en divers sens suivant l'objet auquel on l'applique.

1°. Faculté de l'ame par laquelle nous distinguons le bien du mal, comme par le goût nous distinguons les saveurs.

2°. Acte de cette faculté, par lequel nous portons un jugement sur quelque objet.

3°. Opinion, pensée, sentiment qu'on a d'une chose.

4°. Sentence, Arrêt prononcé.

JUGE, Lat. *JUDEX*; 1°. celui qui déclare le *jus*, le droit de chacun. 2°. Celui qui rend la justice dans un Tribunal.

JUDICATURE, Office de Juge.

III.

Les Latins disoient *JURIS* au génitif; de-là:

JURISDICTION, pouvoir de juger accordé à une personne, à un Tribunal: 2°. étendue de son ressort.

JURIDIQUE, dans les formes de la justice; conforme au droit.

JURISCONSULTE, habile en Droit; qui explique les Loix.

JURISPRUDENCE, science du Droit.

JURISTE, Docteur en Loi.

IV.

ADJUDICATAIRE, à qui on a adjugé, qu'on a mis en possession par autorité de Justice.

ADJUGER, accorder par formalité de Justice.

ADJUDICATION, bien adjugé par formalité de Justice.

JUDICIAIRE, *nom*, Jugement, faculté de juger; *adj*. 1°. qui est dans les formes de la Justice: 2°. qui apprend à juger de l'avenir. Astrologie JUDICIAIRE.

JUDICIEUX, qui a beaucoup de jugement, qui apperçoit bien les effets qui doivent résulter d'une cause.

V.

JURER, prêter serment: affirmer la vérité de ce qu'on dit, sous peine de punition.

JURON, JUREMENT, serment.

JUREUR.

JURÉ, *adj.* assuré avec serment; *Nom*, Chef d'une Association, d'un Corps, qui a prêté serment de fidélité ou d'en observer & faire observer les Statuts.

JURAT, Chef d'une Ville, Echevin dans quelques Provinces.

JURANDE, incorporation de ceux qui professent un même métier.

ABJURER, ABJURATION.

CONJURER, CONJURATION.

PARJURE, se PARJURER,

V I.

INJURE, action, discours, &c. contre le droit de quelqu'un, offense.
INJURIEUX.
INJURIER, attaquer l'innocence, l'honneur de quelqu'un, offenser.

I Voyelle.

IF, arbre toujours verd.
En Celte IW, Anglo-Sax. IW, Basq. NIF, &c. ; du Celt. IV, verd.
INDIGO, couleur violette produite par un arbre des Indes.
INDIGOTIER, plante dont on fait l'Indigo. Ces mots viennent du nom même du Pays qui produit cette couleur.
IRE, Lat. IRA, colere, fureur.
IRRITÉ, en colere, en fureur.
IRRITER, faire mettre en colere.
S'IRRITER, se mettre en colere.
IRASCIBLE, aisé à irriter.
IRRITANT, qui irrite.
IRRITATION.
En Basq. IRA, colere, offense, venin. ERRE, *nom*, ardeur, chaleur; *Verb.* je brûle, j'enflamme.
ISNEL, *vieux-Fr.* agile, dispos; Ital. SNELLO, Theut. SCHNELL, Runiq. SNEL, SNÆL.

MOTS FRANÇOIS VENUS DU LATIN.

J

JA, *vieux-Fr.* déja; Lat. JAM, à l'instant, déja.
JADIS, de DI, jour; & JA, le jour, le tems déja passé.
JAMAIS, de MAI, plus, davantage, & JA, le tems qui n'est plus, pas davantage.
DÉJA, le tems qui existe maintenant, dès ce moment.
Lat. b. JA, ainsi, Basq. JA, déja.
JEUDI, Lat. JOVIS DIES, le jour d'Iou, de Jupiter.
JEÛNER, Lat. JEJUNARE.
JEÛNE, Lat. JEJUNIUM.
A JEUN.
DÉJEÛNER, Lat. b. DIS-JEJUNARE, rompre le jeûne, manger un morceau.
JUILLET, Lat. JULIUS.
JUIN, Lat. JUNIUS.
JUSQUES, Lat. USQUE.

I Voyelle.

IEBLE, HIEBLE, plante à tige longue, grosse & droite, qui porte des grains comme ceux du sureau; Lat. EBULUS.

IL, Lat. *ILLE*.

IMAGE, Lat. IMAGO, représentation.

IMAGINATION, faculté de l'ame qui peint les objets.

IMAGINER, se peindre quelque chose dans l'esprit sans modéle sous les yeux.

IMAGINAIRE, qui n'a rien de réel.

IMITER, Lat. *imitari*.

IMITATION, *imitatio*.

IMITATEUR, *imitator*.

IMITATIF.

INIMITABLE. Lat. INIMITABILE.

ISSUE, Lat. EXITUS, sortie; 2°. succès.

ISSIR & JEHIR, *vieux Fr.* sortir. Ital. USCIRE, Lat. EXIRE.

I N.

Les mots François qui commencent par la syllabe IN, sont empruntés du Latin & composés de la préposition IN, qui désigne, 1°. la privation, l'absence, la négation; 2°. quelquefois l'existence aggrandie, étendue.

IN-A.

INAUGURATION, Lat. INAUGURATIO, du Lat. AUGURIUM, augure.

INERTE, Lat. INERS, de ARS, art, habileté.

INERTIE, de IN, non, & de ARS, art.

INIQUE, sans équité; Lat. INIQUUS, de IN & ÆQUUS, équitable.

INIQUITÉ, Lat. INIQUITAS.

IND.

INDEMNITÉ, dédommagement, de IN & *DAMNUM*, dommage.

IN-F.

INFECTION, Lat. INFECTIO.

INFESTER, Lat. INFESTARE, incommoder, tourmenter, ravager.

INFRACTION, action par laquelle on rompt un traité; de FRACTIO, rupture.

INFRACTEUR, qui a rompu un traité.

IN-G.

INGÉNU, Lat. INGENUUS, 1°. né de Parens libres, honnêtes, 2°. sincere, naïf.

INGÉNUITÉ. INGÉNUMENT.

S'INGERER, se mêler d'une chose, y prendre part.

INGRÉDIENT, qui entre dans la composition d'un reméde, d'un médicament.

IN-I.

INITIER, *mot-à-mot*, introduire, admettre aux mystères.

INITIÉ.

INTIME, Lat. INTIMUS, mot-à-mot, fort profond, à fond: ami du fond du cœur: expression figurée & elliptique.

INTIMÉMENT, entiérement, tout-à-fait.

IN devant les Consonnes B, P, M, s'écrit IM. De-là, IMPATIENT, IMMENSE, &c.

MOTS FRANÇOIS VENUS DU GREC.

I

HBRIDE, Hybride, animal né de deux animaux de différente espèce, Gr. γβρις, *Hybris*.

INANITION, Lat. *INANITAS*, état d'une personne qui meurt de faim, qui a l'estomac vuide, Gr. *Inao*. *Ineo*, vuider, 2°. purger.

IRIS, Arc-en-Ciel; 2°. La Messagere des Dieux du Gr. *Eiró*, annoncer. L'Arc-en-Ciel annonçoit le tems qu'il feroit. 3°. Fleur qui doit son nom à ses belles couleurs.

IRONIE, raillerie, plaisanterie; Gr. *Eirôneia*; Lat. *Ironia*. IRONIQUE, IRONIQUEMENT.

IVRE, Lat. *EBRIUS*.
IVROGNE, IVRESSE, Lat. *EBRIETAS*, du Celt. Brou, liquide, Gr. *Bryô*. soudre, jaillir, couler.

EBRIUS, mot-à-mot, qui s'est engorgé à force de boire.

SOBRE, Lat. *SOBRIUS*, opposé à IVROGNE.

SOBRIETÉ, Lat. *SOBRIETAS*.

Ces mots viennent de la même racine; de BRIUS & de SO pour SE, qui, à la tête des mots latins, signifie NON.

SOBRE, *mot-à-mot*, celui qui ne s'enivre pas.

MOTS FRANÇOIS VENUS DE L'ORIENT.

J

JARRE, grand Vaisseau de terre cuite, grande Cruche de terre; Ital. *GIARRA*, Esp. *GARRA*, Arab. جرة *Gjarrah*.

JASMIN, Fleur odoriférente. Orient. שמן, *ShaMiN*; huile, odeur.

JASPE, Pierre précieuse, Hebr. ישפה, JasPÉ.

JAUMIERE, ouverture à la poupe d'un Vaisseau; Or. יום, IOM, IAUM, jour.

ILE, terre au milieu des Eaux. Celt. *EL, Ei*; Or. אי, *AI*.

IMPERIAL, d'Empereur.

EMPIRE, Etat d'un Souverain.

EMPEREUR, Lat. *IMPERATOR*.

IMPÉRATRICE,

IMPÉRATRICE, *IMPERATRIX*.

IMPÉRIEUX, qui veut être obéi. Les Latins ont ajouté un P à ce mot; il vient de l'Or. EMIR, Prince, dont אמר, *AMAR*, commander, prescrire, dire : mot formé de *MAR*, mettre au jour.

IVOIRE, Latin. *EBUR*, dents d'Eléphant ; de l'Or. בהר, BER, brillant, d'un blanc éclatant, ou de אבר, ABER, os ; 2°. dur, fort.

JUBILÉ, Fête solemnelle, Or. יובל, *IUBEL*, Voy. *Gramm. Univ.* & *Comp.* p. 72.

JUJUBE, fruit d'Afrique. Plin. XV 14. dit qu'il s'appelloit en Africain *Zyzypha*.

JULEP, Potion composée avec des eaux distillées, des Sirops, &c. Ar. جلاب, *GIULÁB*.

MOTS FRANÇOIS VENUS DU CELTE.

L

LA Lettre L, la onzieme de notre alphabet, & la foible des Consonnes linguales, peignit les bras, l'aile, comme nous l'avons fait voir dans l'Origine du Lang. & de l'Ecrit. parce qu'elle a un son très-coulant ; aussi fut-elle placée par les Anciens à la tête des lettres liquides.

Par la même raison, elle devint le nom de tout ce qui étoit liquide, & elle fut ainsi la racine d'une multitude de mots dont, sans cette observation, il seroit impossible de découvrir l'étymologie.

Cette Consonne appartenant essentiellement à la Touche linguale, elle devint naturellement le nom de la langue & de toutes les opérations de la langue ; ce qui donne encore l'étymologie d'une multitude de mots.

Sa liquidité l'a rendue propre à être ajoutée sans cesse à la tête des mots qui commençoient par une voyelle, & à servir d'article, mot qui se confond sans cesse avec le nom qui le suit ; ensorte que, si on n'y fait pas attention, on rapporte à la lettre L, nombre de mots qui ne sont point de son district.

Cette lettre s'est d'ailleurs substituée sans cesse à N & à R, & souvent à D ; & elle s'est souvent fait précéder des lettres C & G, comme nous l'avons déja prouvé dans l'Origine du Lang. & de l'Ecrit. Observations indispensables pour reconnoître les familles auxquelles ap-

Dict. Etymol. Pp

partiennent réellement divers mots qui paroîtroient sans cela dépendre de familles fort différentes.

Mots auxquels on a uni la lettre L.

La lettre L, en qualité d'article, s'est unie à divers mots dont elle est devenue inséparable, & qui appartiennent réellement à d'autres lettres. Tels sont ceux-ci :

LA - LI.

LAIE, signifiant Forêt : il faudroit écrire L'HAIE. HAIE, Lat. HAGA signifia Forêt.

LAMPON, crochet d'or, d'argent, &c. dont on se servoit pour retrousser le chapeau : il faudroit écrire L'HAMPON; de *hamulus*, crochet.

LANDIT, Foire célébre qui se tenoit à St. Denis & qui s'ouvroit par une bénédiction solemnelle du Recteur de l'Université, avec des Indulgences pour tous ceux qui la recevoient. Le Recteur en retiroit un honoraire qu'on apelloit aussi *le Landi*. Le nom de cette foire est composé de ces deux mots, *L'Indictum*, le jour prescrit, dit.

LANDIER, sorte de chenet, & qui sert de jambe pour les broches des Rôtisseurs : du mot

ANDES, jambages : on devroit écrire L'ANDIER.

LESTRADE, battre l'Estrade. Du mot Latin STRATA, rue, chemin.

LIERRE, au lieu de L'HIERRE; du Latin HEDERA.

LO

LOISIR, pour L'OISI; du Latin OTIUM, repos, tems où on n'a rien à faire, qui est tout à soi.

LOISIBLE.

LOMBRE, jeu Espagnol, pour L'HOMBRE, jeu de L'Homme.

LOR, LUR, jaune, dans la Langue Celtique, d'où

LORIOT, oiseau de couleur jaune tirant sur le verd.

LAURIER, arbuste dont la fleur est jaune.

LURIDUS, Lat. jaunâtre.

LORALEA, Basq. Bouton de rose.

LOIR, lat. *GLIRIS*.

Mais LOR, jaune, vient de l'Oriental OR, soleil; 2°. jaune, couleur du soleil, joint à l'article L; L'OR.

LORÉE, vieux Fr. le bord, pour L'ORÉE, du Lat. ORA, bord.

LORS, pour L'OR, L'HOR, L'HEURE, du Latin HORA.

LOUPE, Tumeur, excroissance de chair; Basq. *LUPILLA*, tas, monceau; pour L'OUPE, qui s'éleve; à moins qu'on ne le rapporte à Low, grand, gros.

LOURCHE, espéce de jeu de trictrac; pour L'OURCHE, du Lat. ORCA, boëte, cornet.

LOURE, Vaisseau de cuir; pour L'OURE, du Latin UTER, un Outre.

LUETTE, morceau de chair qui termine le voile du palais ; au lieu de L'UETTE, du Latin UVA. Nous avons dit L'Uvette & puis Luette.

Mots composés auxquels s'est uni le même article L.

LANDORE, lambin, paresseux, endormi, pour, L'EN DORT.

LENDEMAIN, pour, le en demain.

LENVERS, pour, le en vers.

LEUR, pour L'EUR, en Italien L'OR, du Latin HORUM, d'eux. Leur signifie la même chose que d'eux. Leur livre, le livre d'eux.

LUI, pour LE HUI, le qui est hui, là.

LUSTUCRU, terme de dédain, de plaisanterie ; & composé de L'eusses tu cru, phrase elliptique.

L suprimée.

ANSPESSADE, au lieu de LANSPEÇADE ; de l'Italien LANZA-SPESSATA, Lance mise en pièces. On désignoit par-là, dit Ménage, le grade qu'on donnoit à un brave soldat dont la lance avoit été rompue dans un combat.

L substituée à N.

LICORNE, animal qu'on suppose n'avoir qu'une corne; du Latin UNICORNIS. On a donc changé N en L, ce qui fit Ulicorne, & puis LICORNE.

LUTIN, esprit nocturne ; autrefois LUITON, au lieu de Nuiton, nocturne.

LUTINE, LUTINER.

F ajouté à L.

De LANA, laine, on a fait FLANELLE.

L

Désignant le bras, la main.

LAB, en Celte, qui se prononça aussi LAF, LAM, LAW, LAO, signifia la main; de-là le Grec LABO, prendre; le Latin LAVERNA, Déesse des voleurs ; LABOR, travail, &c. & ces familles :

I

1. LABEUR, travail, soins, occupations.

LABOUR, travail par excellence, celui par lequel on tire de la terre sa subsistance.

LABOUREUR.

LABOURAGE, Art de cultiver la terre.

2. LABORIEUX, qui aime le travail, grand travailleur.

LABORATOIRE, lieu où on opere.

II

1. LEVER, prendre avec la main un objet pour le mettre dans une situation plus haute : mot-à-mot, mettre le bras plus haut, en faire usage.

ELEVER, au propre, mettre un objet dans une situation plus haute.

2°. Faire parvenir quelqu'un à une place, à un grade plus considérable.

3°. Avoir soin d'une personne dans son

enfance, & lui donner les foins nécessaires pour qu'elle croisse en perfections physiques & morales.
4°. Louer, exalter, &c.

ÉLÉVATION, au physique & au moral.

LEVÉE de terre, d'argent, de troupes, &c.

2. ENLEVER, 1°. ôter d'un lieu; enlever des décombres, des matériaux.
2°. Prendre fans la permission de ceux dont un objet dépend.
ENLEVER une Personne.

ENLEVEMENT.

3. LEVAIN, ce qui fait fermenter la pâte. 2°. Ferment, *au sens moral*.

LEVIER, machine dont on se sert pour lever & mouvoir les fardeaux.

LEVIS, Pont-Levis, Pont qui se léve, qu'on hausse & qu'on abaisse.

LEVURE; ce mot se prend en divers sens, selon les différens Arts qui l'employent.

4. ELEVURE, espéce de bouton, de pustule.

SOULEVER, 1°. élever un instant; 2°. exciter, élever contre.

SOULEVEMENT, rébellion; 2°. nausées.

III.

LIVRER, donner avec la main.
LIVRAISON, fourniture.
D. LIVRER, faire une livraison.
LIEVE, papier terrier qui spécifie la recette, ce qui doit être *levé*. Ici un I s'est glissé après la consonne initiale: altération très-commune. (Voy. Orig. du Lang. & de l'Ecrit. p. 194.)

LIVRÉE, anciennement ce qu'on donnoit aux gens de la maison pour leur entretien & leur habillement: aujourd'hui, habits à ses couleurs qu'un Maître donne à ses gens. 2°. Domestiques; *la Livrée*.

IV.

LIVRE, POIDS de seize onces, *mot à mot ce qu'on peut soulever avec la main appellée* LIB, LAB.

LIVRE NUMÉRAIRE, vingt sous. Du tems de Charlemagne, le sou répondoit à 3 de nos livres. Une livre valoit alors soixante des nôtres.

Dans l'origine, la livre d'argent & la livre de poids étoient égales, & l'une & l'autre étoient fort différentes de ce qu'elles sont actuellement.

LIVRE DE TERRE, Terrein qui rapporte une livre de rente.

V.

LÉGER, Lat. LEVe, qui tend en haut, qui n'est pas pesant: de LEVO, lever, formé de LAB, main.

LÉGERETÉ, qualité qui fait qu'une chose tend en haut & ne pese pas. 2°. Vitesse, agilité. 3°. imprudence. 4° Inconstance.

LÉGEREMENT, sans peser.
A la légere.

Autrefois on disoit *de legere*, croire de légere, pour dire croire facilement: c'est l'Italien *di leggiero*.

ALLÉGER, rendre plus léger, diminuer la charge.

ALLÉGEMENT, soulagement.

ALLÉGES, Barques dont on se sert pour décharger les Vaisseaux.

LIÉGE, bois dont l'écorce est très-légere.

LIEGER, mettre du liége à un filet.

VI.

LOBE, LOBERIE, Tromperie. Ménage convient que l'origine de ce mot lui étoit absolument inconnue: aucun autre Etymologiste n'a été plus avancé. Ce mot est commun aux Irlandois & aux Bas-Bretons. Chez les premiers, LOUB signifie ruse, finesse, tromperie: & ceux-ci disent LORBER, trompeur; LORBEIN, enjoller, séduire.

Ces mots tiennent au Celte LOF, LOP, creux. Ils viennent donc du mot LAB, main.

C'est ainsi que CAP est également la racine de mots qui signifient main, creux & tromper.

CAPH en Hébr. CAVE, DECEVoir. Basq. *LABAINA*, captieux.

VII.

LAB, étoffes déchirées qui sont à franges, & ressemblent par là en quelque façon à la main. Bas-Br. *LABASKEN*, déguenillé, dont les habits sont en lambeaux.

LABARUM, étendart qu'arbora CONSTANTIN, élevé dans les Gaules: ce nom fut donc Gaulois ou Celte; il vint de LAB, élever: en Basq. *LABARVA* signifie étendart, drapeau.

LAMBEAU, morceau d'étoffe déchiré; guenilles, d'où LAMBEL & LAMBREQUIN, en termes de Blason.

L

Désignant le côté, le voisinage, le lieu.

I

L désignant la main, le bras, désigne également ce qui est vers la main, ce qui est à côté, le voisinage, le LIEU. Il devint ainsi un mot démonstratif, indicatif, précisément ce qu'on apelle *ARTICLE*: voyez *Gramm. Univ & Comp.*

LE, article indicatif masculin.

LA, article indicatif féminin.

LES, article pluriel pour les deux genres.

II

LÀ, adverbe qui montre la place où l'on est. *Il est LA. C'est là* que la Bataille fut livrée. On dit LAI dans quelques Provinces.

LÉANS (pour là en) là-dedans. Picard, Liens.

LATERAL, de côté, du Lat. *Latus*, côté.

LATITUDE, largeur, ce qui s'étend sur le côté.

III

LAD, LAT, lieu, pays, ce qui s'étend en tous sens; d'où *le LATium*, pays des LATINS, LATINISME, LATINI-

SER, Langue LATINE, LATINITÉ. Ce mot se nasalant, fit :

LAND, mot qui signifie *Terres*, *Pays*, dans les Langues du Nord : d'où,

LANDE, les LANDES, Pays stérile, peu cultivé.

LANDGRAVE, *mot-à-mot* Chef du pays.

LANSQUENET, fantassin Allemand, *mot-à-mot* garçon du pays.

2. LE, LEU, LOC, lieu, situation, d'où le Lat. *Locus* lieu ; & notre mot LIEU, situation, place, Celt. LAC, LECH.

LOCAL, qui regarde le lieu. COLLOQUER, placer ; 2°. mettre en ordre.

3. LOGE, LOGIS, LOGETTE, lieu où on loge, considéré sous divers points d'étendue.

LOGEMENT, Habitation où on loge.

LOGER, être établi dans une maison, y demeurer.

LOGEABLE, où on peut loger.

4. LOCATION, cession d'un logement pour un tems, & moyennant un prix annuel.

LOCATAIRE, celui qui prend un logement à bail.

LOYER, prix d'une location.

LOUER, passer une location.

LOCANDE, chambre qu'on loue.

ALLOUER, fixer un prix, accorder une gratification, &c.

5. LUSEAU, une Châsse de Saint ; du Lat. *loculus*.

6. LOCHER un arbre, l'ébranler, l'arracher.

LIEUTENANT, qui tient le lieu, la place d'un autre.

LIEUTENANCE.

SOUS-LIEUTENANT.

IV

LACQAT, *Celt.* poser, mettre, mot Isl. Theut. Run. Angl. Orien. &c.

Ce même verbe a signifié *envoyer*.

Un même mot a toujours présenté ces deux idées, à cause de leur rapport étroit. De-là :

LÉGAT, Envoyé ; LÉGATION, Ambassade.

LEGS, chose donnée, remise, envoyée.

LEGUER, faire un legs.

LEGATAIRE, à qui on a fait un legs.

LAQUAIS, mot-à-mot, un domestique de pied, dont on se sert pour les commissions, pour les courses ; de *LACQ*, envoyer ; mot Oriental, Ethiopien, Basque, &c.

V.

LÉ, LAI, largeur d'une étoffe ; du Celt. *LED*, largeur ; Lat. *LATitudo*.

VI.

LEZ, bord.

1. LEZ, près, bord, limite, au voisinage. *Villeneuve-LEZ-Avignon*.

On a dit aussi LET, LYD, près, au bord.

2. LISIERE, extrémité d'une étoffe ; 2°. bande ; limite d'un pays, d'une forêt.

LISERÉ, bordure d'une étoffe.

Lizer une étoffe, la tirer sur les lisieres pour l'étendre.

3. LISTE, bande, rôle, catalogue; Basq. LISTA, bord, bande.

LISTEL, LISTEAU, LITEAU, bande de bois, qui termine des lambris.

LISTON, bande en terme d'Armoiries.

LITRE, grande bande noire qu'on peint autour d'une Eglise & où sont les Armoiries d'un défunt.

VII.
LAC.

De LAC, lieu, place, vint LAC, Lat. *LAQUEUS*, filet, qui arrête, qui tient en place : de-là :

1.

LAQS, LAS, nœud, filet, lien, piéges.

LACET, cordon de fil ou de soie qui sert à attacher le corps de jupe ; 2°. piéges.

LACER, attacher un corps de jupe avec un lacet.

LAÇURE, ruban en lacet.

LACIS, ouvrage composé de fils ou de petits cordons entrelacés.

ENLACER, prendre dans ses laqs.

ENTRELACER, passer des fils les uns entre les autres, en forme de filets.

LESSE, cordon de chapeau ; 2°. corde qui sert à mener les chiens; Ital. *LACCIO*.

2.

LÂCHER, desserrer un nœud, un cordon; 2°. laisser aller ce qu'on avoit enlacé, qu'on avoit pris, arrêté.

LÂCHE ; 1°. qui n'est pas serré ; 2°. qui n'a point de cœur ; sans honneur & sans courage.

LÂCHEMENT, LÂCHETÉ.

LAXATIF, qui lâche le corps.

RELÂCHER, délivrer, lâcher.

RELÂCHE, cessation, repos, interruption.

RELÂCHEMENT, moindre activité, altération de mœurs.

3.

LAISSER, mettre en liberté, abandonner.

LAISSES, terres que la mer jette au rivage, & qu'elle y abandonne.

LARRIS, terre laissée en friche ; de LAS, laissé, & RIÉ, en arrière.

DÉLAISSER, abandonner.

4.

ALLECHER, attirer dans ses laqs, dans ses piéges ; Lat. *Allicere*. On sait que tous les *A* des mots simples, se changeoient en *I* dans les composés.

ALLÉCHEMENT.

ALLÉCHÉ, attiré.

DÉLICES, ce qui attire, plaisirs.

DÉLECTER, charmer, causer du plaisir.

DÉLICAT, recherché dans ses plaisirs ; 2°. foible, qui a peu de vigueur, peu de santé ; 3°. fin.

DÉLICATESSE, finesse de goût, d'esprit, de sentiment.

5.

LIER, Lat. *LIGO*, attacher, mettre dans des laqs, dans des liens.

LIGAMENT, qui sert à lier.

LIGATURE, action de lier.

LIEN, ce qui lie.

LIAISON, choses liées, union, société; ce qui réunit.

LIETTE, rubans, dans BRANTOME.

LIASSE, choses de la même espéce attachées ensemble, paquet.

LIANES, cordes de plantes.

LICOU, mot-à-mot, qui *lie* le *cou*.

6.

LIGUE, conspiration, association de plusieurs personnes.

LIGUEUR, qui forme des ligues.

LIGUER, unir, conspirer.

CLIQUE, gens unis, coterie.

7.

LOI, Lat. *LEGe*, *LECS*, ce qui lie, ce par quoi on est obligé de se laisser conduire.

Ce mot appartient certainement à cette Famille; on a cru qu'il venoit de *LEGO*, dans le sens de *cueillir*; mais ce qu'on cueille, se lie; sur-tout le *blé*, récolte principale: *colligere*, cueillir, signifie mot-à-mot lier ensemble.

ALOI, conforme à la loi.

LOYAL, qui a les qualités qu'exige la loi.

DÉLOYAL.

LÉGAL, ce qui est fait suivant la loi.

LÉGALEMENT.

LÉGALISER, rendre un acte authentique comme la loi, le revêtir de toute l'authenticité possible.

ILLÉGAL, qui n'est pas conforme aux régles.

LÉGITIME, *Adj.* juste, équitable, conforme aux loix.

Nom, ce que la loi réserve aux enfans sur les biens paternels & maternels.

LÉGITIMER, élever des enfans au rang des légitimes.

LÉGITIMATION, action de légitimer.

LÉGITIMITÉ, qualité d'être légitime.

LÉGITIMEMENT, justement, avec raison.

ILLÉGITIME, **ILLEGITIMITÉ**.

LÉGISTE, qui enseigne la loi; Instruit dans les loix.

LÉGISLATEUR, qui fait des loix.

LÉGISLATIF, ce qui regarde le pouvoir de faire des loix.

8.

LÉGUMES, plantes potageres, Lat. *LEGUmen*, de *LEGo*, cueillir, parce qu'on cueille les plantes: de-là tous ces mots:

CUEILLIR, Lat. *COL-LIGO*.

CUEILLEUR, **CUEILLETTE**.

COLLECTE, **COLLECTEUR**.

COLLECTIF, **COLLECTION**.

COLLÉGE, lieu où l'on réunit les jeunes gens pour y recevoir une instruction publique.

ELIRE,

Elire, Lat. *ELIGO*, choisir.
Elu, Elite.
Electeur, qui a droit de faire un choix pour un Empereur.
Electorat, Etat d'un Electeur.
Eligible, qu'on peut élire.
Diligent, qui est expéditif dans son choix, dans sa récolte.
Négligent, qui n'a pas soin de faire son choix, sa récolte.
Intel-ligent, habile dans son choix.
Intelligence, Diligence.
Négligence.

9.

Lit, Lat. *LECTus*; ce sur quoi on couche. On les faisoit de paille, de feuilles, de toisons rassemblées.

Alité, malade, obligé de garder le lit.

Lit, synonyme de *couche*.

Lit de Justice : cette expression ne vient ni d'*Elite Justice*, comme l'a cru Ménage, qui prit l'allusion d'un Orateur pour une étymologie ; ni du Celte *Llys*, Barreau, Palais ; mais purement & simplement du mot Lit, employé dans le sens de *siége*; de même qu'on a appellé *ASSISES*, des assemblées destinées à rendre la Justice ; & qu'on dit *SIÉGER*, dans le sens de présider au Palais, à un Tribunal.

Litiere, paille, feuillage qu'on met sous les animaux pour qu'ils puissent se coucher dessus.

2°. Voiture où l'on est comme dans un lit.

Lie, dépôt du vin dans un tonneau ; en Ital. *LETTO del vino*, lit du vin : on aura dit *liet* & puis *lie*.

VIII.
LAD, LAT.

De Lad, Lat, côté, se forma Lad, Lat, désignant l'action de porter, de transférer d'un côté, d'un lieu à un autre ; de-là :

I.

Angl. *LADE*, charger ; *LOAD*, charge. Le Celt. *LATI*, porter ; l'Irl. *LAI-DIS*, robuste, fort, qui porte ; 2°. qui se porte bien : Lat. *LATus*, porté ; *LADRO* voleur, qui emporte ; d'où :

Larcin, vol, ce qu'on a emporté.
Larron, voleur.
Larroneau, Larronesse.

Composés.

Di-later, étendre, faire occuper plus d'espace.
Di-latation.
Fre-later, altérer par des mélanges.
Trans-later, faire passer d'une langue dans une autre ; 2°. copier.
Collation, 1°. comparaison de manuscrit ; 2°. conférences des Moines ; 3°. léger repas qui les suivoit ; 4°. gouter ; 5°. don de Bénéfice.
Relation, récit, description de ce qu'on a vu, de ce qui s'est passé.
Délai, action de remettre à un autre temps.

Dict. Etymol.

2.

LAST, charge, poids.
LESTÉ, vaisseau auquel on a donné du poids, par un *lest* de sable, &c.
LESTE, Ital. LESTO, brave, prêt à partir, équipé.

3.

LAT, emporte toute idée de cacher, d'enfermer, de couvrir ; de-là, le Lat. LATeo, couvrir : le Gr. *Léthô*, oublier ; être caché : Héb. *Lat*, cacher : Irl. LATH, cellule, habitation : LOFTU, en Celte, fermer, boucher.
LATENT, caché, terme de maquignon ; Lat. *Latens*.
LATE, ais long & étroit dont on se sert pour soutenir les tuiles & couvrir un édifice.
LATER, couvrir de lates.
LATIS, couverture de lates.
LATITER, cacher, en terme de Bareau.
LATRINES, lieu caché.
LAIETTE, 1°. coffre de bois ; 2°. tiroir d'un buffet.
LAIETTIER, qui fait des layettes, des caisses.

4.

LITRON, mesure de grains ; Gr. LITRA, Gall. LLWYTH.
Les mêmes mots qui signifient *caisse*, *maison*, désignent également les mesures. C'est toujours l'idée de contenance, de renfermer.

BLOTIR, se tapir, se mettre en deux pour se cacher.
Bas-Br. BLADA, se tapir. Irl. BLADAIRE, trompeur ; BLADArach, faux, inventé.
BLOUSE, trou où l'on pousse la bille de son adversaire au billard, & où elle est blotie, cachée.
Se BLOUSER ; 1°. jetter sa propre bille par mal adresse dans le trou fatal ; 2°. se tromper, se perdre soi-même.

5.

LEZARD, Lat. LAcertus, Hebr לטש, Late, de LAD, se cacher.
LEZARDES, crevasses qui se font dans les murs de maçonnerie.

6.

LUTER, enduire un fourneau de terre grasse pour le fermer exactement, Or. לוט.
LUT, ciment pour fermer des fourneaux.

E.

LANGUE & toutes ses opérations.

I.

1. LANGUE, 1°. Organe de la mastication & de la parole ; 2°. langage particulier ; 3°. Nation.
LANGAGE.
LANGARD, babillard.
LANGUETTE, ouvrage en forme de langue.
LANGUEIER, examiner la langue

d'un cochon, pour voir s'il est ladre.

LANGUEIEUR, examinateur de cochons. *Conseiller du Roi Langueieur.*

II.

Le mot LANGUE, s'est prononcé dans l'Origine LAG, LEG : de-là, ces familles :

LOCUTION, expression, façon de s'énoncer.

ÉLOCUTION, maniere dont on s'explique, le coloris de la parole.

ÉLOQUENCE, l'art d'éclairer en touchant.

ÉLOQUENT, qui a l'art de la parole.

III.

LEÇON, instruction de vive voix ou par écrit.

LIRE, Lat. LEGere.

LECTEUR, qui lit, dans quelque sens que ce soit, pour lui, ou pour les autres.

LECTURE, action de lire.

LISEUR, LISEUSE.

LISIBLE, LISIBLEMENT.

LUTRIN, *autrefois* LIETRIN, LECTRIN, chaire où on lit.

LÉGENDE, mot-à-mot, ce qu'on doit lire, vie des Saints. *Legende dorée.* 2°. Inscription d'une médaille ; 3°. écrits longs & ennuyeux.

IV.

LÉCHER, frotter avec la langue.

LÊCHE, tranche de pain.

LÉCHEFRITE, vase de fer long & plat pour recevoir le jus des rôtis.

LOOCH, espéce de sirop ; de l'Arab. *Lacka*, lêcher.

V.

LINGOT, barre d'or ou d'argent ; elle doit ce nom à sa forme.

VI.

Les Grecs firent de LEG, le mot *logos*, discours, parole ; d'où sont venus :

ÉLOGE, discours à la louange de quelqu'un.

DIALOGUE, conversation entre deux ou trois interlocuteurs.

EPI-LOGUE, conclusion.

CATA-LOGUE, liste.

PRO-LOGUE, Avant-propos, Préface, &c.

L.

Lévres.

La Lettre L qui désignoit déja la langue & la parole, désigna également les *lévres* qui servent à la parole : aussi chez les Hébreux, *lévre* étoit synonyme de *langue* ; en Celte, LAB, LAPP, &c. signifie lévre ; en Irl. *LABAIRY*, parler, dire ; Bas-B. *LABENNA*, babillard. De-là ces mots :

LÉVRES, extrémité de la bouche qui sert à la fermer & à l'ouvrir.

LEVREUX, qui a une grosse lévre.

LIPPE, grosse lévre.

LIPPU, qui a de grosses lévres.

LIPPÉE, bouchée, repas : *franche lipée.*

LOFRE, grosse lévre ; celles de la Maison de Bourgogne, & puis de la Maison d'Autriche, héritiere de celle-là.

LABIALE, 1°. lettre qui se prononce des lévres ; 2°. touche des lévres, relativement à l'instrument vocal.

LABIALISER, employer fréquemment la touche des lévres dans le langage.

LAMPAS, palais de la bouche.

LAPER, boire avec la langue.

LAMPÉE, LAMPER.

LAMPONS, buvons : mot usité dans les chansons bachiques.

LAM, goulu ; d'où LAMIE, poisson vorace & goulu ; Basq. LAMITIA, goulu, friand.

L

Liquide.

Cette Lettre étant liquide, est devenue naturellement l'origine d'une multitude de mots qui désignent les liquides de toute espéce : de-là ces mots :

I.

LAC, grand amas d'eau, lac, étang ; en Celte, & en un grand nombre de langues.

LACCA, puits, en Cornouaillien.

LAG, mare ; en Irl. *lagen*, maritime.

LAGUNES, canaux, étangs.

Ital. LAGUME, marais ; LECH, Bas-B.

LAITH, LETH, en Celte ; eau, mer, humide.

LAN, LEN, flot, riviere.

LEACH, eau.

II.

LI, LIX, LIY, LIM, eau, mer, marais, &c. d'où :

LIBATION, liqueur répandue à l'honneur de la Divinité.

Celte, LLIBO ; répandre ; LLIFO, couler.

LIMON, eau bourbeuse ; Lat. LIMUS.

LIMONEUX.

LIMPHE, humeur aqueuse.

LIMPHATIQUE, vaisseau où passe la limphe.

LIMPIDE, clair ; Lat. *Limpidus.*

LIMPIDITÉ, clarté de l'eau.

III.

LIQUIDE, fluide, coulant ; 2°. net, débarrassé.

LIQUEUR, tout ce qui est liquide : 2°. boisson excellente, pleine de feu.

LIQUOREUX, liqueur pleine de feu.

LIQUIDEMENT, d'une maniére nette & claire.

LIQUEFACTION, action par laquelle un corps devient liquide.

LIQUEFIER, rendre liquide, fondre.

LIQUIDER, régler, taxer.

LIQUIDATION, taxe par réglement.

IV.

LESSIVE, Bas-B. LIXIVA, Lat. LIXivia, linge qu'on met à une

eau bouillante avec des cendres pour le laver.

LESSIVER, mettre à la lessive.

V.

LAVER, nettoyer avec de l'eau ; Lat. LAVO ; du Celte LAV, eau.

LAVAGE, 1°. eau ramassée qui lave ; 2°. action de laver ; 3°. liqueur foible qui ne sent que l'eau.

LAVASSE, pluie impétueuse.

LAVÉ, qui a été nettoyé avec de l'eau.

LAVEMAIN, LAVEMENT.

LAVETTE, linge à laver.

LAVANDIER, LAVANDIERE, qui blanchit le linge.

LAVEUSE, qui lave & écure la vaisselle.

LAVEUR, qui lave.

LAVEURE, eau qui a servi à laver, &c.

LAVOIR, pierre sur laquelle on lave.

LAVIS, dessin avec des couleurs à l'eau.

LAVANDE, plante dont on fait une eau pour se laver.

LOTION, reméde qui lave ; 2°. action de plonger un médicament dans l'eau.

ABLUTION, purification par l'eau.

LOUTRE, Gr. ENUDRA, animal à quatre pieds qui vit dans l'eau, ou amphibie, comme le Castor.

LIVIDE, Lat. LIVIDUS, pâle, de couleur d'eau ; Celt. LIW couleur.

VI.

LAIT, liqueur blanche, fournie par les mammelles, &c. Lat. LAC ; Celte, LAC, LAIS.

LACTÉ, qui renferme du lait, qui en a la couleur.

LAITAGE, lait, tout ce qui est au lait.

LAITERIE, lieu où l'on tient le lait.

LAITIERE, celle qui vend du lait.

LAITEUX, ce qui contient un suc blanc comme du lait.

LAITE, substance comme du lait qui est dans le corps des poissons mâles.

ALAITER, donner le sein à un enfant.

LAITRON, LAITERON, } Plantes
LAITUE, Lat. LACTUCA. } qui doivent leur nom au lait qu'elles contiennent.

VII.

LAIE, femelle du sanglier.

LICE, chienne qui nourrit ; Irl. LUS.

LAITÉE, portée d'une lice, & d'une laie.

L.

Puissance, Liberté.

La Lettre L désignant la main, le bras, a signifié naturellement la *puissance*, dont le bras est l'emblême ; & la *liberté*, qui marche avec la puissance ; de-là ces mots :

I.

LIBERTÉ, pouvoir, faculté de faire

ce qui plait, exemption de gêne, *au physique & au moral.*

LIBRE, qui n'est pas en esclavage, qui est son maître : 2°. exempt, débarrassé ; 3°. sincère, franc ; 4°. discours peu honnête, indiscret.

LIBREMENT.

LIBÉRER, décharger d'une obligation, l'acquitter.

LIBÉRATEUR, LIBÉRATRICE.

DÉLIVRER, DÉLIVRANCE.

II.

LIVRER, donner, remettre ; mettre en la main d'un autre.

LIVRAISON.

LIBÉRAL, qui aime à donner.

LIBÉRALITÉ, dons abondans.

III.

LIBERTIN, trop libre, qui prend trop de libertés ; débauché.

LIBERTINAGE, LIBERTINER.

IV.

LICENCE, permission ; 2°. trop grande liberté, abus de la liberté.

LICENCIEUX, déreglé.

LICENCIEUSEMENT.

LICENCIÉ, congédié, en parlant des Soldats.

LICENCIMENT.

LICENCIÉ, en parlant d'études, celui qui a obtenu la *licence*, le droit de lire & d'expliquer publiquement la science dans laquelle il a fait sa *licence*.

V.

LICITE, ce qui est permis ; Lat. *LICITus*.

LICITEMENT.

ILLICITE, qui n'est pas permis.

VI.

LEUDES, mot très-commun dans le temps de l'ancienne féodalité, & surtout dans les Coutumes anciennes. Ils y sont appellés LEODES, LEUDES, LEUDI. Ce nom désignoit les Vassaux d'un Seigneur. Quelques-uns, WACHTER entr'autres, l'ont dérivé du Nord *Lyda*, obéir. Je ne crois pas qu'ils aient rencontré juste. Les Leudes, les Vassaux, étoient des personnes libres, les Nobles de l'Etat. Ils n'auroient pas consenti à être appellés d'un nom qui eût été le moins du monde relatif à l'idée de servitude. » J'ai » parlé, dit l'Auteur de l'Esprit des » Loix (Liv. XXX., Ch. XVI) de » ces Volontaires, qui chez les » Germains, suivoient les Princes » dans leurs entreprises. Le même » usage se conserva après la con- » quête. Tacite les désigne par le » nom de Compagnons (*Comites*) ; » la Loi Salique, par celui d'hom- » mes qui sont sous la foi du Roi » (*in truste Regis*) : les formules » de Marculfe, par celui d'Antrus- » tions du Roi ; * nos premiers

---

* Mais ce mot est formé de *in truste*, prononcé *an treuste*, venant de *trew*.

» Historiens, par celui de Leu-
» des, de Fidéles; & les suivans
» par celui de Vassaux, & Sei-
» gneurs. (*Vassali, Seniores.*)«

Il ajoute que les biens réservés pour les Leudes furent appellés des biens fiscaux, des bénéfices, des honneurs, des fiefs.

Ce détail prouve manifestement combien on se trompoit en dérivant leur nom du mot *lyda*, obéir.

Les Leudes étoient des Volontaires; ils ne relèvoient que du Roi, dont ils étoient les compagnons; ils en obtenoient des honneurs, des bénéfices; ils s'appelloient Trustes, Antrustions, du mot *Trew*, qui signifie *vrai* en Anglois, *fidéle* en Allemand.

Les Leudes étoient donc des gens libres, très-libres; leur nom fut donc synonyme de celui d'*ingenuus*, qui chez les Romains signifioit *vrai, sincere, fidèle*, comme celui de *Leud*; mai qui désignoit essentiellement & primitivement comme celui de Leud, la naissance libre & élevée, l'état de Noblesse.

La vraie étymologie de ce mot est donc celui de *Leu, ley, li, ly*, qui signifie libre, & qui a formé le Grec *Eué* ou *Lyo*, délivrer, e-*LEUTHeros*, libre; l'Anglo-Saxon a-*LYman*, délivrer, libérer; le Latin *Lubet, Libet*, il est libre, il est permis: le vieux Fr. *LEU*, conservé dans les Coutumes d'Auvergne, & qui signifie permis, licite; le Gall. *AL-LU*, puissance, liberté de faire.

Ce mot fit l'Anglo-Saxon *Leod*, l'Allemand *ledig*, libre, & forma notre mot,

LIGE, qui désigna l'hommage que le Leude faisoit au Roi du fief, de la terre, du bénéfice qu'il tenoit de sa main: d'où naquirent ces expressions, *Fief lige, Homme lige, Hommage lige*.

LIGEMENT, sous des conditions liges.

LIGENCE, fief qu'on tient immédiatement d'un Seigneur & par lequel on devient son homme lige.

L A.

LA, LAP, Pierre, en Celte: de-là:

I.

LAPIS, Pierre précieuse marquetée de petits points d'or.

LAPIDAIRE, Marchand en pierres précieuses.

LAPIDER, tuer à coups de pierre.

LAPIDATION.

LAPIDIFIER, réduire les métaux en pierre.

LAPIDIFIQUE, fontaines dont l'eau se convertit en pierre, ou forme des pétrifications.

II.

LIBAGE, morceau de pierre de taille, gros moëlon.

LIAIS, espéce de pierre qui résiste au

feu, & dont on fait par cette raison à Paris, des âtres, des jambages de cheminées, des fourneaux, &c. En Celt. LIA.

LAWES, amas de pierres, dans le Northumberland, Province d'Angleterre.

LAC, LAZ, LAD,

Couper, bleſſer, tuer, &c.

I.

LAC, LAH, LAZ, en Celte, couper; Baſq. LACERIA, malheur; de-là:

LACERER, déchirer.

LACERÉ, LACERATION.

LACINIÉ, découpé en parties longues & étroites; *terme de Botanique.*

LOQUETÉ, découpé par morceaux: Franc-Comt. LOQUE, morceau.

LOQUE, qui eſt en loque, en morceaux.

LOQUETS, laine coupée ſur les cuiſſes des bêtes à laine, & la moins eſtimée.

LACUNE, foſſe, déchirure, interruption, précipice.

ELAGUER, couper les branches ſuperflues d'un arbre: 2°. *au fig.* ſupprimer ce qu'un diſcours renferme d'inutile.

II.

LAD, LASA, en Celt. tuer, bleſſer, égorger, nuire; de-là:

1. LAI, Poëme ſur un ſujet triſte,complainte; Lat. LESSUS; LAIS, Bas-B. cri lugubre. Voyez plus bas LIE.

ELÉGIE, complainte en vers.

2. LÉSION, offenſe, choſe qui nuit.

LESÉ, offenſé, auquel on a nui.

LÈZE-MAJESTÉ, ce qui offenſe la majeſté.

III.

LETTRE, peinture d'un ſon vocal. On les formoit en taillant, en découpant le bois, le marbre, &c. ſur lequel on les gravoit. 2°. Epitre.

LETTRÉ, ſavant.

LITTÉRATURE, ſcience dans les Lettres.

LITTÉRAIRE, qui concerne les Lettres.

LITTÉRAL, qui concerne le ſens propre.

LITTÉRALEMENT, à la lettre.

IV.

LAID, *vieux Fr.* injure, offenſe.

LAIDEUR, difformité qui offenſe les yeux, au phyſique & au moral.

LAID, LAIDRON.

LAIDANGER, injurier: Gr. Loidoreó.

V.

ELIDER, retrancher une lettre.

ELISION, retranchement d'une lettre.

LAIE, route coupée dans une forêt; 2°. bois taillis; Celt. LAYA.

LAYEUR, qui marque des laies.

VI.

LODS & VENTES, droits qu'on doit au Seigneur, quand on vend ou qu'on achete des immeubles.

Celt. LOD, partage, distribution.

2°. Rupture, brisure.

3°. Biens, facultés, sort, condition.

LOT, part & portion d'un cohéritier; 2°. ce qu'on gagne dans une Loterie.

LOTERIE, distribution par le sort, d'objets dont on a fait payer la valeur par billets.

LOTIR, partager, recevoir par le sort.

LOTI, qui a en partage.

LOTISSAGE, partage d'un bien en divers lots pour autant d'héritiers.

LOTISSEUR, qui fait le partage d'un bien en lots.

VII

ALÊNE, *autrefois* ALESNE; instrument dont on se sert pour percer le cuir. On a débité nombre de rêveries sur l'origine de ce mot : il se prononce en Ital. *LESINA*, en Langued. *LEZENE*. Il vient donc de *LÆD, LEZ*, couper, blesser, percer.

LADRE, altération de LAZARE.

LADRERIE.

LADRINE, botine fort large, à l'usage des ladres.

LAZARET, Hôpital pour les ladres.

LEZINE, *pour* ladrerie.

On a dit anciennement saint Ladre *pour* saint Lazare.

LAG.

Ce mot conservé dans l'Irlandois, signifie foible, languissant, frêle, &c. Nous en avons fait :

LANGUEUR, foiblesse, manque de santé, &c.

LANGUIR, vivre en langueur, dénué de santé.

LANGUITUDE, ennui.

LANGUISSANT, qui est sans forces.

LANDREUX, infirme, valétudinaire.

LANGOUREUX, qui a le ton plaintif, languissant.

LANGOUREUSEMENT.

LAM.

LAN, LEN, LIN, bois.

LAM; ce mot Celte, qui s'est aussi prononcé LAN, LEN, LIN, a signifié bois, forêt, bâton, & nous a donné plusieurs dérivés.

I.

LAMBOURDE, 1°. piéce de bois qu'on met aux côtés des poutres avec des entailles pour poser des solives. 2°. Piéce de bois de sciage qui a trois pouces en quarré.

LAMBRIS, plafond de bois, boiserie.

LAMBRISSER.

II.

LAMAC, en Irl. dard, trait, lance.

LAMHNAN, lame.

LAME, fer de couteau, d'épée, aiguisé, affilé comme un dard, comme une lance; Lat. LAMINA, Gall. LAMN.

LAMIERS, ouvriers qui font des lames pour les manufactures en draps d'or, d'argent, &c.

LAMINOIR, machine qui réduit en lames, l'or, l'argent, &c.

III.

LIGNEUX, partie la plus ferme des plantes & qui forme le bois; *plante ligneuse.*

LIGNIER, *dans quelques Provinces*, lieu où on met le bois.

Gall. LLWYN, forêt; Lat. LIGNum, bois, Lang. Leigne, bois. Ce mot est également Chinois.

IV.

LIN, plante ligneuse, & qui doit son nom à cette qualité; Gr. & Lat. LINO: de son écorce filamenteuse, on en fait du fil; & de ce fil, des toiles plus fines que celles du fil de chanvre : de-là ces mots :

LINETTE, graine de lin.

LINIERE, terre semée en graine de lin; 2°. femme qui vend du lin.

LINON, toile fine.

LINGE, toile fine pour l'habillement, ou l'usage domestique, & dont on fait des chemises, des draps, des serviettes.

LINGER, Marchand de toiles.

LINGERE, Marchande de toiles.

LINGERIE, salle où l'on tient le linge & où on le raccommode.

LINCEUL, drap de toile.

LINOTTE, oiseau qui se nourrit de graine de lin.

LINOT, on se sert quelquefois de ce mot pour désigner le mâle en parlant des linottes.

LIGNEUL, cordon composé de plusieurs fils poissés, à l'usage des Cordonniers.

LANGES, morceaux de toiles, drapeaux, pour les enfans.

V.

LIGNE, Lat. LINEA, Bas-Br. LIN; Angl. LINE. Ce mot désigne un trait long & étroit; mais dans l'origine, un *fil* de lin tendu, un cordeau; signification qu'il a encore en Anglois; & même en François, où on appelle LIGNE un fil attaché au bout d'une perche & où pend un appât pour prendre le poisson.

Le mot *Ligne* désigne en François tout ce qu'il peut désigner; cordeau, fil, trait, descendance, retranchement, &c.

LIGNETTE, petite ficelle dont on se sert pour les filets.

LIGNÉE, descendance, enfans, race.

LIGNAGE, *vieux Fr.* extraction.

LIGNAGER, ce qui regarde le lignage, *Droit Lignager.*

ALLIGNER, tirer au cordeau.

ALLIGNEMENT.

INTERLIGNER, écrire entre les lignes d'un Ouvrage.

INTERLIGNE.

INTERLINEAIRE, en parlant d'une Version, d'une Traduction, celle qui est écrite entre les lignes du Texte.

LINÉAMENS, traits du visage.

VI.

LAN, LEN *en Celte*, clôture, enclos : 2°. couverture, habillement ; de-là ;

LAN, LAND, *en Celt. Irl. Bas-Br.* Eglise.

LANDEN, *Basq.* borne, limite.

LEN, *en Bas-Br.* couverture de lit ; en *Corn.* saie, robe ; en *Gall.* LLENN, voile, linge, tapis.

LLENLLAIN, grosse couverture, couverture piquée.

LAINE, Lat. & Grec Eolien, *LANA*, la robe, la couverture des brebis.

LAINEUX, qui a beaucoup de laine.

LAINAGE.

FLANELLE, étoffe de laine.

LAINIER, LAINIERE, qui vend des laines teintes.

LAINEUR, Ouvrier qui laine les Etoffes.

LANICE, bourre de laine.

LANFAIS, filace de laine.

LANIERE, courroie de laine, lesses.

VII.

LINIMENT, adoucissant, en fait de remédes, du Lat. *LINIS* doux, All. *LIND*, Celt. *LIN*, *LEAN*, doux, délicat, fin, délié.

LINGE, *vieux Fr.* mince, délié ; *Franc-Comt.* LINCRE.

LÉNITIF, adoucissant.

LÉNIFIER, adoucir.

VIII.

LINEN, *Bas-Br.* cordeau, niveau. Ce mot s'est prononcé *LIVE*, niveau, & *LINEA*, niveler, d'où :

LIVET, *vieux Fr. Lat. LIBELLA*, niveau. Angl. *LEVEL*.

LIVET, au jeu de Billard, égalité de deux Joueurs, dont les Billes sont au niveau, au livel.

Nous avons fait de *LIVEL*, NIVEL, & puis

NIVEAU, d'où NIVELER.

LAN, LON.

Ce mot signifie dans la langue Celt. étendu, *grand*, mais sur-tout l'étendue en longueur ; de-là ces mots :

I

LONG, Lat. *LONGUS*, Celt. *LAAG*.

LONGUEUR, étendue en avant, en ligne droite.

LONGUEMENT.

LONGUE, note blanche qui vaut deux noires.

LONGIS, qui est long dans tout ce qu'il fait ; autrefois LONIER.

LONGER un chemin, le suivre long-tems, en terme de chasse.

LONGITUDE, mesure de la Terre

d'Orient en Occident, parce que les Pays connus, lorſqu'on inventa ce mot, formoient une bande plus longue que large.

Longanimité, patience d'une longue durée, & qui eſt l'effet d'un caractere bon & élevé.

II.

Loin, qui eſt à une grande diſtance.
Lointain, à une grande diſtance ; perſpective éloignée.
Éloigné ; Éloigner, mettre loin.
Éloignement, grande diſtance ; 2°. averſion.
Allonge, Allongé. Allonger.
Prolonger. Prolongation.

III.

Lanc, Lancz, Lans, &c. en Celte, lance, pique fort longue : de-là :
Lance, arme offenſive qui a dix ou douze pieds de long.
Lancette, inſtrument propre à ſaigner.
Lancier, Lance, Cavalier armé d'une lance.
Lancer, darder, jetter en avant.

IV.

1. Élan, ſaut en avant : *au fig.* mouvement du cœur.
S'élancer, ſe jetter en avant.
Élancé, dont le corps eſt long & mince.
Relancer, lancer de nouveau ; lancer fortement.

2. Lanciére, ouverture par où s'écoulent les eaux d'un moulin.
3. Linteau, deſſus de porte & de fenêtre. Celt. Lein, ſommet.

V.

Lan, en Celte, beau, belle, excellent. Ital. & Eſp. *Lindo*, élégant, bien mis, beau. Baſq. Lena, excellent ; de-là :
Lanter, terme de Chaudronnier. C'eſt faire avec le marteau des agrémens ſur le cuivre qu'on a mis en œuvre, y mettre de l'élégance.
Lanture, agrémens qu'on fait avec le marteau ſur le cuivre, lorſqu'il eſt travaillé.

Lanture belle & bien rangée.

Muratori n'avoit pas apperçu les rapports de l'Italien *Lindo*, avec cette famille, & il le raportoit mal-à-propos à l'Allemand *Lind*, doux, qui tient à *Lenis* & non à *Lan*.

LAR, Gros.

Lar : ce mot a ſignifié en Celte tout ce qui eſt grand, gros ; de-là :
Lar, nom des Rois & des Princes en Etruſque ; *Lord*, nom des Grands en Anglois. *Larea*, ſelon Cicéron, dit *Bullet*, étoit un mot Phénicien qui ſignifioit la même choſe que le *Lar* des Etruſques.

I.

Large, qui a de la largeur ; 2°. libéral ; Lat. *Largus*.

LARGEUR, étendue en surface opposée à la longueur & qui regne sur les côtés.

LARGEMENT, abondamment.

LARGESSE, libéralités, dons abondans.

ÉLARGIR, rendre plus large : 2°. donner le large, mettre en liberté.

ÉLARGISSEMENT.

II.

LARD, graisse de cochon : en Celt. LARD, graisse, embonpoint ; 2°. charnu ; Lat. *LARIDUM*.

LARDER, piquer de la viande avec une lardoire, & y laisser un morceau de lard.

LARDOIRE, aiguille à lard.

LARDON, morceau de lard dont on se sert pour larder la viande : 2°. mot piquant.

III.

LOURD, gros, grossier, pésant, qui marche pésamment, qui a l'esprit pésant.

LOURDAUT, qui fait tout pésamment, lourdement, sans adresse.

LOURDEMENT.

LOURDERIE, *vieux Fr.* mal-adresse, faute grossière.

BALOURD, Ital. *Balordo*, un gros lourdaut, homme épais, sans génie.

Nos Étymologistes ne se sont pas doutés de l'origine de ce mot : c'est mot-à-mot *un VA LOURD*, un homme qui *va* lourdement.

IV.

LORGNE, *vieux Fr.* coups qu'on se donne en marchant dans l'obscurité.

TORCHE-LORGNE, frapper à tort & à travers. Bas-Br. *LORGNA*, frapper rudement. Du Celt. LOR, bâton, ce qui sert à frapper, les Latins auront fait *LORum*, courroie, sangle.

V.

LARRIX, Lat. *LARIX*, *vieux Fr.* L'AREGE, du Celte LARIX, résine. C'est une espéce de pin. Ce mot vient de LAR, gras. Les résines sont grasses.

LAW, LO.

LAW, LA, LOFF, LO, selon les différentes prononciations, signifie en Celte, en Chinois, &c., éminence, élévation, montagne : 2°. abondance, multitude, plénitude. Anglo-S. *LOWe*, colline ; Theut. *Loh*. Angl. *LOUD* & *LOFT*, haut ; & par opposition *LOW*, bas ; de-là :

1. LOS, *vieux Fr.* louange ; Lat. *LAUS*.

LOUANGE, discours qui éléve, où on célèbre des qualités grandes & élevées.

LOUER, célébrer.

LOUANGER, donner des Éloges.

LOUABLE, digne d'éloges.

LOUABLEMENT, d'une maniere qui mérite des éloges.

LOUEUR, qui est toujours prêt à louer.

LAUDES ou Matines, moment du

jour où on *loue* Dieu, où on se léve pour chanter ses louanges.

2°. LUXE, Lat. *LUXUS*, excès en choses relatives à la vie, dépenses recherchées, & qui ne sont pas indispensables.

3. LODIER, LOUDIER, Lat. *LODIX*, couverture : ce qu'on met *SUR* soi.

4. LOUVE, espéce de levier, morceau de fer avec un anneau de fer qu'on passe dans le trou d'une pierre pour l'élever avec une grue.

LOUVEUR, celui qui engage la louve dans la pierre.

LOUCHET, Bêche, *Bas-Br. LOCHA*, élever; *LOCHETA*, remuer les pierres qui sont sur le rivage pour prendre le poisson qui est caché dessous.

L I.

LIARD, le quart d'un sou ; de l'Italien LEARDO, blanc. La petite monnoie d'argent, telle que les anciens liards, s'appelloit autrefois *blanc*; & il y en avoit de plusieurs espéces.

LIARDER, boursiller, mot qui a vieilli.

LIE, joyeux. LIESSE, joie, *vieux Fr.* Du Lat. *LÆTUS*, joyeux. *Bas-Br.* LID, fête, joie, liesse, chant. *Isl.* LIOD, chanson. *All.* LIED, *Angl.* LAY. Nos anciens mots LAIS, VIRELAIS qui désignoient des Poésies lyriques, appartiennent surement à la même famille.

LIEUE, mesure de chemin qui varie suivant les Pays : elle est ordinairement d'une heure de marche. Selon les anciens Romains, ce mot étoit Celte, & se prononçoit LEUCA, LEUGA. Il doit appartenir à LECH qui signifie *lieu*; ou à *Leach* qui signifie Pierre. Bochart y a vu mal-à-propos le mot Hébreu אלף, *Alph*, qui signifie *mille*.

L I M.

LIMAÇON, LIMACE, Lat. *LIMAX*, animal rampant, de couleur jaunâtre. Du Celt. *LIM*, jaune.

LIME, instrument d'acier dont on se sert pour polir le fer, Corn. LIIF: Ital. Esp. Lat-b.

LIMER, travailler avec la lime : *au fig.* polir, perfectionner un ouvrage.

LIMAILLE, poudre qui tombe du fer en le limant; du Celte LEM, LLYM, aigu, pointu, tranchant.

LIMANDE, poisson qui doit son nom à la rudesse de sa peau qui est comme une lime ou comme du chagrin.

LIMITE, Lat. *Limes*, ce qui sépare deux Pays, deux Terres : du Celt. *LIM*, qui coupe, qui tranche, qui sépare.

LIMITER, mettre des limites, borner, séparer.

LIMITATION, action de limiter, modification.

LIMITROPHE, voisin, dont les limites touchent celles d'un autre pays.

LIMINAIRE, discours qui se met à la tête d'un Ouvrage. Boileau s'est servi de ce mot, qui n'est plus en usage.

De-là vint cet amas d'Ouvrages mercenaires;

Rondeaux, Odes, Sonnets, Epîtres liminaires.

PRELIMINAIRES. Ce mot a remplacé le précédent; mais dans un sens moins étendu; car il ne sauroit s'appliquer à une Epître.

Au fig. Tout ce qui doit précéder la conclusion d'une affaire.

LIMIER, nom d'une espéce de chien, de celui qui fait partir le gibier & qui commence la chasse.

LIMBES, lieu où vont ceux qui meurent non-baptisés : on le regarde comme le bord du Paradis ou des Enfers.

LION, Lat. & Gr. *LEO*, nom du Roi des animaux. C'est une onomatopée, l'imitation de son rugissement : aussi,

Low, LEVA signifie en Celte, Rugir.

L O.

LOBE, morceau, bout; Celt. LOP; d'où :

LOBE, graines composées de deux parties renfermées sous une enveloppe commune.

LOBES du poumon.

LOBE, bout de l'oreille; Angl. *LAP*, bout de l'oreille; *to* LOP, tailler un arbre, l'ébrancher.

LOPIN, morceau, piéce, 2°. portion; Lat. *LOPUS*.

LOUP, masque : c'est un morceau de velours qui cache le visage.

LOCQUET, LOQUET, morceau de fer qui sert à ouvrir & à fermer une porte. Angl. *LOCK*, serrure; *to LOCK*, fermer. Anglo-Sax. *LOC*, serrure, &c. Grec *LUKOS*, dans *Hesych.* verrouil.

LORGNER, regarder avec un verre qui rapproche les objets.

LORGNETTE, verre ou lunette qui rapproche les objets. Bas-Br. LORGNEIN, lorgner, *Irl. LORG*, épier, considérer. Angl. *LEER*, coup d'œil; 2°. lorgner.

LOSANGE, figure à quatre côtés, qui ne se coupent pas à angles droits : espéce de quarré en biais.

On a dit anciennement *LORANGE*. Jean de LAHAYE, parlant des Losanges qui composoient les Armoiries du Duché de Guyenne, les appelle *Loranges*, dans ses *Recherches de la France & de la Gaule Aquitanique*, en 1581.

Ce mot vient du Basq. *LAUR*, quarré; *LOZA*, pierre quarrée. En Esp. *LOSA*, carreau.

LOSANGÉ, qui a des Losanges dans ses Armoiries.

L U.

LU, LY, LUG, mot Celtique, Grec, Latin, Arabe, &c. qui désigne la lumiere & tout ce qui y est rélatif; de-là :

1. LUISANT, qui luit.
LUIRE, briller, donner de la lumiere.
LUEUR, éclat, clarté.
LUCIDE, qui brille, qui est clair.
LUMIERE, clarté, au physique & au moral.
LUMINAIRE, flambeau.
LUMINEUX, qui donne de la clarté, de la lumiere.

2. LOUCHE, vieux Fr. Flambeau. Chez les Ducs de Bourgogne, le *Queux* devoit tenir une *louche*, lorsqu'il faisoit l'essai des viandes.
LOISER, terme de Marine, employé par Montagne, & qui signifie *éclairer*.

3. LUNE, flambeau de la nuit.
LUNAIRE, qui concerne la Lune.
LUNATIQUE, fou dont les accès étoient attribués à la Lune.
LUNDI, jour de la Lune.

4. LUCARNE, ouverture qui donne du jour au haut d'une maison.
LUCCIOLE, mouche luisante.
LUCIFER, Étoile de Vénus : mot-à-mot *Porte-lumiere*. 2°. Nom d'un Ange de ténèbres, auparavant chef de lumiere.

5. LUMINIER, nom qu'on donne aux Marguilliers dans la Coutume d'Auvergne, parce qu'ils ont soin d'éclairer les Églises.

6. LUNETTE, Instrument qui réunit les rayons de la lumiere, & qui fait mieux voir les objets.

LUNETIER, qui fait des Lunettes.
LUNULE, petite Lune.
LUSTRE, 1°. gloire, éclat. 2°. Flambeau de crystal, à plusieurs tiges.

COMPOSÉS.

1. ALLUMER, mettre le feu à un objet combustible.
ALLUMETTE, morceau de bois sec & soufré dont on se sert pour allumer.

2. ENLUMINER, passer des Estampes en couleurs.
ENLUMINURE, figures enluminées. On a donné aussi ce nom à divers ouvrages satyriques.
ENLUMINEUR, qui enlumine.

3. ILLUMINER, éclairer.
ILLUMINATION, lumieres placées dans les rues d'une ville & à chaque fenêtre dans des jours de réjouissance, & dont la plûpart forment des desseins agréables.

4. ILLUSTRE, qui a acquis de l'éclat, de la gloire.
S'ILLUSTRER, ILLUSTRATION.

LUG.

De LU, éclat, vint le Celte LUG, joie, sérénité : & son oposé LUC, tristesse, qui fit le Gr. LUGÈ, tristesse, le Lat. LUCTUS, deuil; LUGEO, être triste, être en deuil, dans l'affliction, d'où :

LUGUBRE, triste, qui marque la tristesse; qui l'inspire.
LUGUBREMENT.

LUF,

LUF, LOF.

LOF, vent, en terme de marine.
LOUVOYER, chicaner le vent.
Angl. LOOF, vent.
All. LUFT, Air; luften, soulever.
   LUFTCHEN, vent doux & agréable.
Isl. LOFT, air, ciel.
Flam. LUGT, l'air; 2°. vent; 3°. odeur.
   LUUW, moins venteux.

Ce mot vient donc de LUC, lumiere ; & il s'est dénaturé en LUP, LUF, LOF. On sait que G & P se sont mis constamment l'un pour l'autre. Ainsi les Grecs ont appelé LUKO l'animal que les Latins appellerent LUPO, Loup.

LU, LUK, LEH.
Herbe.

LUS en Celte, signifie Herbe. En Irl. LUS, en Gall. LLYS, en Bas-Br. LUZavan. Pol. LAKa, pré. Bas-Br. LOUSOU, herbes, plantes. Héb. לך LECH, verd, verdure.
LUSERNE, espéce de foin très-bon pour les chevaux.
   Provençal, LAUSERDO.

MOTS FRANÇOIS VENUS DU LATIN.

LA

LAMBRUCHE, Vigne sauvage, Lat. Labrusca.
LAMENTER, déplorer, Lat. Lamentari.
   LAMENTABLE, Lamentabilis.
   LAMENTATION, Lamentatio.
LANGOUSTE, sauterelle, Locusta. C'est aussi un poisson appellé également Locusta en Latin.
LASCIF, Lat. Lascivus.
LEBESCHE, nom du vent sud-ouest sur la Méditerranée ; Lat. LIBS.
LÉGION, Lat. LEGIO.
LENT, Lat. LENTUS.
   LENTEUR, Lat. lentor.

Dict. Etym.

LE

LENTEMENT, Lat. lentè.
LENTILLE, Lat. Lenticula, lens.
   LENTICULAIRE, lenticularis.
   LENTILLEUX, qui a des lentilles, des taches rousses au visage, Lentiginosus.
LEURRE, Faucon factice, aux aîles étendues, accompagné d'une couroie dont le Fauconnier se sert pour rappeller le Faucon ; du Lat. Lorum, couroie. Au fg. piége, appât.
LEURRER, accoutumer le Faucon à venir au piége : 2°. amuser, attraper par finesse.

Sſ

L I

LIVRE, Lat. *LIBER.*
LIBRAIRE, LIBRAIRESSE, qui vend des Livres.
LIBRAIRIE, magasin de livres ; 2°. ce qui concerne les Libraires ; autrefois Bibliothéque.
LIVRET, petit Livre.
LIBELLE, petit Livre ; 2°. satyre.
LIBELLER, dresser un exploit.
LIENTERIE, *Lienteria*, espéce de dévoiment.
L'ITIGE, procès, contestation ; du Lat. *LITE*, procès.
LITIGIEUX, sujet à contestation, à procès.
LITIGANT, qui plaide.

L O

LOMBES, Lat. *LUMBI*, partie de l'épine du dos.
LOUP, Lat. *LUPUS*, animal féroce.
LOUP-CERVIER, autre animal féroce.
LOUP-GAROU, Homme-Loup ; du Celte WAR, GAR, Homme.
LOUVE, femelle du Loup.
LOUVAT, LOUVETEAU, petit Loup.
LOUVETIER, Officier qui a la Sur-Intendance de la chasse du Loup.
LOUVETERIE, ce qui regarde la chasse du Loup.

L U

LUBRIQUE, Lat. *LUBRICUS.*
LUBRICITÉ, *LUBRICITAS.*
LUCRE, *LUCRUM.*
LUCRATIF, *LUCROSUS.*
LUPINS, *LUPINI.*
LUTE, *LUCTA.*
LUTER, *LUCTARI.*

MOTS FRANÇOIS VENUS DU GREC.

L A

LACONISME, langage concis ; du Grec LACON, Lacédémonien, parce que ce Peuple ne parloit que par sentences, très-laconiquement.
LACONIQUE, serré, concis en fait de style, de langage ; laconiquement.
LAI, LAÏQUE, qui n'est pas membre du Clergé, qui n'est pas Ecclésiastique : du Grec, *Laos* Peuple.
LAMPROIE, poisson ; du Grec *Lampuris* couleur éclatante.
LARME, Lat. *LACHRYMA*, Gr. *LAKRYMA.*
LACRYMATOIRE, vase où on recueilloit les larmes versées pour les morts.
LARMOYER, jetter des larmes.
LARMOYANT, qui fait pleurer ; 2°. en pleurs.

LARMIER, Corniche destinée à faire écouler l'eau.

LATRIE, Culte divin; Gr. LATREIA.

LÉTHARGIE, Gr. Léthargia; de LAT, oubli.

LÉTHARGIQUE.

LEXICON, Gr. LEXICON, recueil de mots.

LEXICOGRAPHE.

L I.

LICE, Lisse, espéce de Tapisserie; du Gr. LIXOS, oblique, en travers, parce que les fils de cette tapisserie sont à travers la trame.

LISSE, poli, uni; Gr. LISSOS.

LISSER, unir.

LISSURE, polissure.

LISSOIR, instrument qui sert à lisser.

LIRE, Gr. & Lat. LYRA, instrument de musique.

LIRIQUE, poésie qui se chante sur la Lire.

LITANIES, prieres; Gr. Litaneia.

LITURGIE, recueil de prieres, ou formulaire du Service divin; Gr. Leitourgia.

LITHARGE, Gr. Litharguris, pierre ou écume d'argent.

L O.

LOCHIES; du Gr. Lokhizo.

LOGIQUE, Gr. Logikè, art de raisonner.

LOGICIEN, bon raisonneur.

LOGOGRIPHE, Gr. LOGOGRIPHOS, discours énigmatique.

Ces mots appartiennent à la famille LEG.

LUSTRE, Lat. LUSTRUM, du Grec LUO, laver; 2°. purifier. C'étoit une Cérémonie destinée à purifier la ville de Rome & ses Habitans : on la célébroit tous les cinq ans : aussi ce mot désigna 2°. un espace de cinq ans.

LUSTRATION, purification du lustre.

LUSTRALE, eau dont on se servoit pour purifier.

MOTS FRANÇOIS VENUS DE L'ORIENT.

LA

LABYRINTHE; en Gr. Labyrinthos, Palais à douze grandes salles, construit par un Roi d'Égypte. Nous avons fait voir dans les Allégories que ce nom convenoit parfaitement à cet Édifice consacré au Soleil, ou à Hercule & à ses douze travaux; & que ce mot étoit composé des mots Orientaux L, le, בירה biré, Palais; עין EIN, Soleil.

LAITON, LETON, Gall. LATON, espéce de cuivre jaune comme l'or, resplendissant ; de l'Or. להט, Lét, enflammer, briller.

LAMPE, vase où l'on met de l'huile avec une méche de coton pour éclairer. Gr. & Lat. LAMPADE, Or. לפד, LAPID ; פיד, LAPAD, lampe, torche ; la premiere syllabe s'est nasalée.

LAMPERON, LAMPION, petite lampe.

LAMPONNIER, faiseur de lampes ; 2°. un fainéant.

LANTERNE, instrument, machine où l'on renferme de la lumiere, afin qu'elle ne s'éteigne pas. Lat. LATERNA, dont nous avons nasalé la premiere syllabe, comme dans le mot précédent. De l'Orient. להט, Lét, Lát, briller, éclairer, enflammer.

LANTERNIER, celui qui allume les lanternes dans les rues. Il est du moins appellé ainsi dans un Vaudeville Parisien cité par Richelet ; 2°. un fainéant ; 3°. un vétilleur, un homme avec qui on ne finit rien.

LANTERNER, LANTERNERIE.

LAQUE, couleur employée par les Peintres, & qui tire sur le rouge : 2°. gomme tirant sur le rouge, & qui sert à faire la cire d'Espagne, du vernis, &c. Gr. & Lat. C'est l'arabe لك Lakk, Laque, larme, suc d'une plante dont on se sert pour teindre le cuir en rouge ; & qui est employée en médecine. En Chald. לכא, Laka, couleur des peaux teintes en rouge.

LAUDANUM, espéce d'Opium ; en Hébr. לוט LOT, en Copt. Latom, en Arab. لدان Lodan. On rend ce mot en Latin par celui de Stacte qui signifie myrrhe ; mais Louis de Dieu (sur Gen. XXXVII. 25) a fait voir qu'il désignoit le Laudanum.

L E.

LÉPRE, LEPRA, maladie qui rend la peau blanchâtre. Elle est venue de l'Orient, de même que son nom, quoiqu'on n'ait pas apperçu sa vraie origine. C'est son nom même Oriental, בהרה, bere, bera, blanc, la blanche, joint à l'article L ; d'où, lebera, lebra, lepra.

LEPREUX, LEPREUSE.

L I.

LIEVRE, Lat. LEPUS, Gr. Lagóos. Or. ארנב, Arnab.

LAPIN, LAPREAU, de la même famille.

LEVRIER, Lat. Canis leporarius.

LAGOPUS, plante apellée pied de liévre.

LIMON, fruit qui ressemble au citron ; mais qui contient plus de suc ; Arab. ليمون, LEMOUN.

LIMONNIER, arbre aux limons.

LIMONADE, LIMONADIER.

L U.

ALLUSION, discours qui se raporte

à un objet différent de celui dont on parle. Lat. *ALLUSIO*.

ILLUSION, vue d'un objet qui paroît autre qu'il n'est. Lat. *ILLUSIO*.

ILLUSOIRE, qui n'a nul fondement.

Ces mots viennent du Lat. *LUDO*, en Orient. לוץ, *Luts*, jouer, se jouer, & en Arab. 2°. parler énigmatiquement.

ÉLUDER, rendre vain, inutile; éviter; se jouer des efforts de quelqu'un.

LUTH, instrument à cordes; Esp. LAUD, de l'Arabe *AL AUD*, composé de l'art. AL & du mot حود, *HOWD*, Luth, Tortue; 2°. Joueur de Luth; 3°. chanter.

LUTHÉE, espéce de Luth, ou de Mandore.

LUTHIER, qui fait & vend des Luths.

LUXATION, déboitement des jointures du corps humain; de l'Oriental לוז, *Luz*, écarter.

MOTS FRANÇOIS VENUS DU CELTE.

M

LA lettre M est placée dans presque tous les Alphabets immédiatement à la suite de la lettre L, même dans l'Alphabet Arabe, où l'ordre des lettres a été dérangé par des raisons de convenance particulieres à cet Alphabet.

L'intonation que peint M, est une labiale de la même nature que B, & fort approchante de P, V, F. Elle est la plus douce de toutes les Consonnes; la plus aisée à exécuter, lorsqu'on commence à s'essayer sur l'instrument vocal. Il n'est donc pas étonnant que cette lettre soit devenue la source d'un plus grand nombre de mots que plusieurs autres lettres, & qu'elle soit le nom du premier objet que nous connoissons & que nous chérissons, de la Mere qui nous donne le sein, de ce sein même dont nous tirons notre premiere subsistance.

Mais dès-lors cette même lettre dut devenir 1°. le nom de tout Être productif, de tout ce qui nous nourrit, des moissons, des métairies, des richesses, de l'abondance.

2°. De tout ce qui est grand & respectable.

3°. Des liquides, sources de l'abondance & de la santé.

Cette lettre a été aussi employée très-naturellement pour peindre la touche même labiale, & ses opérati ns.

Qu'on ajoute à cela quelques Onomatopées, & l'on aura la raison de tous les mots en M, qui appartiennent à notre langue & qu'elle tient de la Langue Celte.

M pour H.

MARS, Dieu de la Guerre; la Guerre même ; du primitif HAR, dont on a fait WAR & GUERRE.

MARDI, *mot-à-mot*, JOUR du Dieu MARS.

MODERNE, récent, du jour; du Latin *HODIERNUS*, qui présente les mêmes idées.

MORION, pour HORION, armure de tête ; du mot HOR, HUR, la tête. D'où MORION, HORION, MORNIFLE, coups donnés sur la joue.

MUTIN, le même que HUTIN, obstiné, séditieux, revêche. *MUTINE, MUTINERIE.*

M pour B.

MOUFLES, mitaines, gants; en All. MUFFEL, manchon. Ce mot doit venir de BUFFLE ; les Gants se font de peau ; & les plus forts, tels que les moufles, de peau de Bufle.

2°. Poulies à élever des fardeaux, parce qu'elles remplacent les mains.

M & N substitués l'un à l'autre.

MAPPEMONDE, le monde représenté sur une table, sur un plan horisontal : du Lat. *MAPPA*; le même que notre mot NAPPE qui signifie *Etendue*.

MESLE, MEFLE, *en vieux Fr.* aujourd'hui NÊFLE, fruit du NEFLIER; en Latin *MESPILUS*.

MITOUCHE, une sainte-mitouche: on a cru que ce mot venoit de *mitis*, doux : d'autres y ont vu une altération de N en M, & qu'on disoit dans l'origine *une sainte n'y touche*; & ce sentiment paroît le plus naturel, & le vrai.

ONOMATOPÉES.

MEUGLER, même que *Beugler*, cri naturel du Taureau, de la Vache, du Bœuf.

MEUGLEMENT. On dit aussi,

MUGIR & MUGISSEMENT. Ces derniers mots s'appliquent également aux flots de la Mer.

MIAULER, MIAULEMENT, cri du Chat.

MINON, MINET, le chat lui-même.

MA, ME, MAM.

MA, mot Celte qui signifie Mere. De-là MAIA en Grec, Sage-Femme : 2°. Nourrice ; en Vald. MAIGE. Les Grecs & les Latins y joignirent la terminaison TER, qui désignoit la perfection, l'excellence, la vénération ; de-là,

MATER, dont nous avons fait anciennement MADRE, MARE, puis MERE.

MERE, celle à laquelle un enfant

doit la vie ; 2°. titre d'honneur d'une *Supérieure* dans une *Maison Religieuse*.

BELLE-MERE, celle dont on a épousé la fille ou le fils ; 2°. l'épouse d'une personne qui a des enfans d'une premiere femme.

GRAND-MERE, Ayeule.

MERE-NOURRICE.

MARÂTRE, mauvaise mere : de *Mare*, Mere, & *ater* des Latins, noir, fâcheux.

MATERNEL, de Mere.

MATERNITÉ, qualité de Mere.

MATERNELLEMENT.

II.

MATRIMONIAL, qui regarde le mariage; du Lat. *MATRIMONIUM*, mariage : *mot-à-mot*, lien d'une seule mere de famille : union avec une seule femme.

III.

MATRONE, femme grave & âgée ; dans l'origine, mere de famille respectable; 2°. *en vieux-Fr.* Sage-Femme.

MERALLERESSE, *vieux Fr.* Sage-Femme.

MARAINE, celle qui a tenu un enfant sur les fonts baptismaux : comme on diroit *seconde mere*.

COMMERE, la même personne appellée Maraine, mais qui porte le nom de Commere relativement au Parain avec qui elle a tenu le même enfant en baptême ; 2°. *au figuré*, une babillarde, une femme dégourdie, &c.

IV.

MAMAN, nom enfantin d'une mere : chez les Athéniens MAMME, MAMMIA. *Athenée, Liv. IV.*

MAMMELLE, le sein.

MAMMELON.

V.

MÉTROPOLE, Ville mere, Capitale.

METROPOLITAIN, celui dont reléve un Evêque, & qui réside dans une Métropole.

MATRICULE, liste où l'on est inscrit comme membre d'un corps, d'une famille.

IMMATRICULÉ, inscrit dans une Matricule.

MARGUILLIER, autrefois MAREGLIER, mot altéré de MATRICULIER, celui qui, en qualité d'Administrateur, est à la tête de la matricule dans laquelle sont inscrits les pauvres d'une Eglise.

M.

Désignant les idées relatives aux effets de la touche labiale, & aux portions du visage qui l'avoisinent.

MÂCHOIRE, portion de la bouche où sont les racines des dents.

MACELLE, *vieux Fr.* Mâchoire : Lat. *MAXILLA*.

MAXILLAIRE, qui appartient à la mâchoire.

MÂCHER, broyer avec les dents; ronger. Lat. *MASTICARE*.

MÂCHELIERE, dent qui sert à mâcher.

MÂCHICATOIRE, ce qu'on mâche sans l'avaler.

II.

1. MÂCHACOIRE, MAQUE, Instrument à rompre & à broyer le chanvre, comme la mâchoire broye les alimens.

MACERER, concasser, écraser les plantes pour en exprimer le suc.

MACÉRATION, action d'écraser, d'atténuer, d'amollir.

2. MAIS à pétrir, Lat. & Grec *MAKTRA*. Grec *MAXIS*, gâteau.

3. De *Mac*, mâchoire, & tout ce qui sert à concasser, à briser, à meurtrir, vint la Famille suivante:

MAC, tache, meurtrissure, noirceur.

MACHURER, barbouiller de noir, noircir,

MÂCHÉ, *vieux Fr.* taché.

MAQUEREAU, poisson tacheté.

MACULE, tache, Lat. *MACULA*.

MACULER, barbouiller, en parlant de feuilles d'Imprimerie.

MACULATURE, feuille barbouillée.

4. MADRÉ, bois qui a de petites taches brunes, & dures; 2°. tacheté, en parlant d'animaux; 3°. *au fig.* rusé, qui prend toutes sortes de formes.

MADRURE, tache, marque: de MAZ, MAC, taché.

En Lang. MACA, meurtrir, en parlant du fruit sur-tout.

MACADO, meurtrie.

MAGAGNA, incommodé, meurtri, brisé; Ital. MAGAGNA, vice, défaut; MAGAGNATO, vicié, gâté: de-là;

5. MEHAGNE, *vieux-Fr.* perclus.

MÉHAIGNIE, MAHAING, estropié.

6. De *Macula*, prononcé en Italien *Maglia*, & qui signifie tache, sont venus:

MAILLÉ, perdreau, sur les plumes duquel paroissent déja des taches, ou des mailles. MAILLURES, taches, mouchetures d'un Oiseau.

III.

MENTON, le bas du visage, pointe au-dessous de la lévre inférieure.

MENTONNIERE, linge qui sert à envelopper le visage; morceau de taffetas qu'on met au bas d'un masque.

IV.

MUSEAU, la portion antérieure de la tête d'un animal, & qui couvre sa gueule; 2°. *au fig.* visage, nez.

MUSELIERE, cuir avec lequel on tient en bride le museau d'un animal.

EMMUSELER, mettre une museliere à un animal, afin qu'il ne puisse mordre.

MUSER, avoir le visage, le museau fiché vers un endroit; *pour dire*, se distraire de son travail, & regarder où l'on n'a que faire.

MUSARD, qui s'occupe de rien, que

le moindre objet arrête.

AMUSER, distraire, divertir; 2°. tromper adroitement.

AMUSEMENT, distraction, divertissement, tout ce qui fait muser & passer le temps.

AMUSETTES, bagatelles.

V.

MUFLE, partie de la tête qui couvre les dents des bœufs, des Vaches, des Lions, &c.

2°. Ornemens d'Architecture qui imitent un mufle.

MOUFLARD, visage gras & rebondi.

MAFLÉ, MAFLÉE, qui a le visage plein, & la taille épaisse.

MOUE, grimace qu'on fait avec les lèvres.

VI.

MORGUE, vieux-Fr. visage; 2°. lieu où on amene des corps morts pour être vus & reconnus: aujourd'hui, 3°. regard fier & méprisant, bravade.

MORGUER, braver, regarder avec dédain.

MOURRE, museau, dans quelques Provinces; au fig. le visage.

MORAILLE, instrument pour serrer le nez du cheval.

VII.

1. MORS, embouchure de cheval.
2. MORSURE, coup de dent.

MORDRE, déchirer avec les dents.

au simple & au figuré.

MORDANT, 1°. qui mord; 2°. satyrique.

MORDICANT, qui pénétre, âcre, piquant.

MORDACITÉ, qualité corrosive qui mord & ronge.

3. MORCEAU, ce qu'on a coupé avec les dents; 2°. une piéce de quelque objet que ce soit; 3°. fragment d'un ouvrage.

MORCELER, diviser en plusieurs morceaux.

4. AMORCE, apât pour prendre les animaux, & qui s'est dit *au fig.* pour les piéges qu'on tend aux hommes, pour les objets qui séduisent.

AMORCER, tendre un piége.

VIII.

De *Mu*, désignant la touche labiale, vint encore la famille suivante.

1. MOT, son articulé & qui a une signification; 2°. *vieux-Fr.* Piéce de Poésie, destinée à être mise en musique.

MOTET, composition de musique sur des mots donnés.

MOTUS, ne dites mot.

Basq. *MOTASA*, le son de la voix.

Gr. MUT*hos*, mot, parole, discours; d'où,

MYTHOLOGIE, MYTHOLOGISTE: *Voy. Allégor. Orien.*

2. MUET, MUETTE, qui ne dit mot; 2°. qui ne peut parler; Latin,

MUTire, parler tout bas.
MUTUS, muet ; Gr. MUDOS.
Or. מות, MUTH, être mort, mot-à-mot, ne dire mot, être muet.
3. MARMOTER, parler tout bas.
MURMURE, bruit sourd & léger, mot formé de MU-MU, bruit léger fait avec la bouche.

MA, demeure.

De M, Grand, vint le mot MA, MAN, MAS, signifiant une habitation, une maison, & ses dépendances ; de-là :

I.

MANOIR, vieux-Fr. domicile, demeure ; Lat. MANere, demeurer.
MANANT, vieux-Fr. qui réside en un lieu ; 2°. un villageois ; 3°. un homme grossier, un rustre.
MANSE, MENSE, revenu d'un Evêque, d'un Abbé, ou d'un Chanoine : du Lat.-B. MANSUS, MANSIO, demeure, habitation.
PER-MANENT, qui demeure fixe, stable, à toujours ; Lat. Permanens.
PERMANENCE. Per désigne en Lat. la force, la constance, &c.

II.

De MANSUS, MANSIO, vinrent :
MAS, maison ; 2°. métairie, maison de campagne.
MASURE, maison ruinée, abandonnée.
MAISON, demeure, habitation : 2°. une famille.
MAISONNETTE, petite maison.
MAISONNÉE, tout ce qui compose une famille, la maison.
MAISONNAGE, (Coutume d'Anj.) bois de futaye, propre à bâtir.
MACHAU, grange, vieux-Fr. du Lat.-B. MACHOLUS, mot employé dans la Loi Salique.

III.

MASSON, MAÇON, ouvrier qui construit des maisons & des bâtimens en pierre. Au fig. un ouvrier qui travaille grossiérement.
MAÇONNAGE, ouvrage de masson.
MAÇONNERIE, mur de pierres liées avec du mortier.
MAÇONNER, construire des murs.

IV.

1. MÉNAGE, autref. MESNAGE ; 1°. demeure d'une famille ; 2°. la Famille même ; 3°. les meubles & ustencilles qui appartiennent à une famille ; 4°. le gouvernement d'une famille ; 5°. économie, épargne.
MÉNAGER, épargner : économiser, conduire une affaire avec intelligence.
MÉNAGEMENS, retenue, égards.
MÉNAGER, qui a de l'économie.
MÉNAGERE, qui est à la tête d'un ménage & qui le conduit bien.
2. MÉNAGERIE, lieu où sont les animaux domestiques & autres ; 2°. lieu où un Prince rassemble & entretient des animaux étrangers.
3. EMMÉNAGER, se mettre en ménage.

DÉMÉNAGER, changer de maison, transporter sa demeure, son ménage ailleurs.

4. MASTIN, *Adj.* MÂTIN, du Lat. MASTINUS, chien de Métairie, d'une ferme, d'un mas.

V.

De MAN, demeurer, être stable, en Grec MENÓ, vint une famille nombreuse qui désigna, la qualité *d'être stable* dans un sens intellectuel, c'est celle de MEN & MEM, désignant le souvenir, la mémoire par laquelle sont fixées les idées. Cette famille est Grecque, Latine, Françoise, &c.

En Grec MENOS, esprit ; MENEIA, MNÉMÉ, mémoire, mention ; MNÊMA, monument ; MNAÓ rappeller ; MNÉMOSYNE, la Déesse de la mémoire.

En Lat. MENS, esprit, intelligence. Pour en faire un verbe, les Lat. redoublerent le M initial à la maniere des Grecs, & ils eurent ME-MINI, je me suis ressouvenu ; de-là ;

MÉMOIRE, Lat. MEMORIA, faculté de se souvenir, de fixer les idées qu'on a eues.

MÉMORABLE, digne qu'on s'en souvienne.

MÉMORIAL, qui rappelle.

IMMÉMORIAL, dont on ne peut se rappeller le commencement.

COMMÉMORER, célébrer ensemble le souvenir d'un événement.

RÉMÉMORER, rappeller à l'esprit.

MENTAL, qui se fait en esprit ; *Oraison mentale.*

MENTALEMENT.

MENTION, rappel d'une chose, action d'en parler.

MENTIONNER, parler d'une chose, la rappeller.

MENTIONNÉ.

COMMENTAIRE, dans l'origine, Histoire, Journal ; 2°. Histoire en forme de note ; 3°. notes sur un Ouvrage.

COMMENTER, COMMENTATEUR.

Ma D, Mc D, Mo D.

MAD, Racine primitive qui a désigné, 1°. les lieux d'où l'on tire sa nourriture, l'abondance ; 2°. les fruits, les productions ; 4°. les biens, la puissance ; 5°. la bonté ; 6°. la mesure, au simple & *au figuré* : 7°. l'étendue : de-là, diverses Familles.

I.

MAD, bon.

De MAD bon, se forma MADU, MATU, bon à manger, mûr : des fruits n'étant en effet bons à manger que lorsqu'ils sont mûrs ; de-là :

1. MATURITÉ, Lat. MATuritas, état d'un fruit parvenu à sa perfection, qui a acquis toute sa bonté.

Lat. MATURUS ; Langued. MADUR, d'où MÛR, autrefois Maur, Meur, qui a atteint son degré de perfection ; en état d'être cueilli : 2°. au fig. sage, prudent.

MÛRIR, devenir mûr : conduire à maturité.

MUREMENT, Lat. MATurè ; Gall. MADWS.

En Lat. MITIS, doux : & de-là ;

MITONNER ; 1°. faire bouillir doucement ; 2°. conduire doucement une affaire.

MITON-MITAINE, chose si douce qu'elle n'est bonne à rien.

MITIGÉ, adouci, MITIGATION.

MITIGER, adoucir.

3. MAD qui signifioit bon, signifia également simple ; & ce mot se prenant en mauvaise part, on eut le mot Italien

MATTO, fou: MAT, nom du fou au jeu des TAROTS.

MATURINADE, folie.

4. Mais ce même mot s'employa dans le sens de finesse, de ruse ; d'où,

MATE, vieux Fr. finesse, ruse.

Les Enfans de la Mate, pour désigner des gens rusés, des filoux.

On a appelé MATE, les lieux où se logent les filoux, ceux qui tendent des piéges aux passans, des lieux de débauche.

MATOIS, fin, rusé.

MATOISERIE, finesse. On dit aussi un fin MATOIS, comme on diroit un fin rusé, un fin-fin.

I I.

MAD, prononcé MAT, Mot, Elévation.

1. MOTE, colline, éminence; 2° morceaux de terre sur des champs labourés ; 3°. Fort, Place forte & Seigneuriale.

Celte, MOT, éminence.

Franc-Ct. MUTIGNY, taupiniere.

Irl. MOTA, colline ; 2°. forteresse.

Lat. META, borne en pyramide, meule de foin.

2. MATELAS, MATERAS, en vieux-Fr. boure, ou laine cousue dans une toile & qui forme une élévation sur laquelle on couche ; 2°. coussin, oreiller.

MATELASSER, garnir des matelas ; 2°. garnir un carrosse de petits matelas.

3. MATIERE, toute étendue, tout ce qui est corporel ; 2°. tout ce qui est principe, base de quelqu'ouvrage.

MATIERE, tout ce qui sert à composer quelqu'ouvrage.

MATERIEL, composé de matiére ; 2°. lourd, épais.

MATÉRIELLEMENT.

MATÉRIALISME, système de ceux qui attribuent tout à la Matiére.

Ces mots viennent du Latin MATERIA, formé de MAD, MAT, étendue, tout ce qui a des parties

& qu'on peut mesurer.

De la même racine, les Celtes firent MAD, MAID, bois; Lat. MATERIES; d'où;

MADRIER, planche épaisse de chêne.

4. MASSE, amas: 2° tout ce qui est gros, lourd; 3°. arme composée d'un gros bâton terminé par une tête de fer.

MASSIF, gros & solide.

MASSIER, Officier de ville qui porte une masse.

MASSUE, gros bâton terminé par une grosse tête.

MASSACRER, assommer avec une massue: 2°. tuer cruellement; 3°. faire mal un ouvrage.

MASSACRE, tuerie.

5. MÂT, *autrefois* MAST, arbre qui tient les voiles d'un vaisseau.

MÂTER un vaisseau, y mettre un mât.

DÉMÂTÉ, vaisseau qui a perdu son mât.

MÂTEUR, constructeur de mâts.

MATELOT, marinier qui sert auprès du mât: 2°. tout homme de service sur un vaisseau.

MATELOTAGE, salaire de matelot.

MATELOTE, poisson accommodé à la maniere des matelots.

III.

MAD, mesure, connoissance.

MAD, en Or. מד, *Mad*, mesure, mesurer; d'où,

1. MATHÉMATIQUES, formé, chez les Grecs, par la répétition de la racine MATH-MAT, connoissance des grandeurs, art de mesurer les corps; *mot-à-mot*, science par excellence.

MATHÉMATICIEN, qui sçait les Mathématiques.

2. METRE, Gr. *METRON*, mesure; *au fig.* Vers, parce que les Vers sont mesurés. Les Grecs ont fait entrer ce mot dans divers composés.

GEO-METRE, qui mesure la terre.

THERMO-MÊTRE, mesure de la chaleur.

BARO-MÊTRE, mesure de la pesanteur de *l'air*.

3. MESURE, (ici D changé en Z, en S, du Lat. METIor, mesurer,) action de mesurer, de connoître le MED, la grandeur, l'étendue d'un objet. 2°. L'objet même avec lequel on mesure.

3°. Dimensions; justesse dans ses opérations & dans ses vues.

MESURÉ, dont on a pris les dimensions; 2° renfermé dans ses justes proportions.

MESURER, connoître la grandeur d'une chose avec le secours d'une mesure.

2°. Comparer.

MESURAGE, MESUREUR.

MESURABLE, qui peut se mesurer.

INCOM-MENSURABLE, qu'on ne peut mesurer.

Les Latins qui disoient METIri pour *mesurer*, nasalerent ce primitif dans MENSUS, mesuré, & MENSURA, mesure: de-là;

DIMENSION, mesure; 2°. étendue.

IMMENSE, sans fin, dont on ne peut prendre la mesure, ni calculer la grandeur: de IN, non, & MENSUS, mesuré.

IMMENSITÉ, grandeur sans fin.

4. METIER, art, profession, connoissance méchanique; 2o. machine sur laquelle on travaille à l'aiguille.

5. MUI, mesure de vin, qui tient 280 pintes mesure de Paris.

MUID, mesure de grains, de choses séches; il vaut douze setiers, mesure de Paris. Lat. MODius, mesure, boisseau.

6. ADMODIER, AMODIER, Lat.-B. ADMODIARE, donner une Terre à ferme, moyennant un certain nombre de mesures: " *modiorum sub certa præstatione tot MODIORUM frugum, de quibus convenit*", dit Du CANGE, art. 2. ADMODIARE.

ADMODIATION, ADMODIATEUR: ce dernier mot est peu en usage: on dit *Amodieur*, dans quelques Provinces.

Vieux Fr. MOISON, 1°. amodiation d'un bien; 2°. mesure.

IV.

MAD, Cure.

De MAD, MED, science, connoissance, les Grecs firent MÉDOS, soin, conseil, guérison, cure, &c.

MÉDomai, avoir soin, guérir; 2°. délibérer; 3°. tramer; 4°. penser, méditer.

Et les Latins, MEDICUS, Médecin: MEDITOR, Méditer, de-là;

MÉDITER, réfléchir, approfondir; 2°. tramer.

MÉDITATIF, qui médite.

MÉDITATION, action de l'esprit qui rentre en lui-même, qui réfléchit.

MÉDECIN, qui guérit, qui fait des cures.

MÉDECINE, MÉDICAMENS, remèdes.

V.

MAD, regle, maniere.

De MAD, mesure, les Lat. firent MODUS, qui signifie, 1°. mesure, regle; 2°. borne, fin, terme, *mot-à-mot* extrémité de la mesure; 3°. maniere d'exister, mode, façon: d'où dériverent une multitude de mots, qui ont été la source de ceux-ci.

1. MODE, maniere d'être, *en terme* de Philosophie; 2°. maniere, façon; 3°. façon de parler, de s'habiller, de s'ajuster, &c. commune à un Peuple, &c.

2. MODERÉ, qui garde de justes bornes.

MODÉRATION, vertu qui consiste à garder en tout de justes bornes, à éviter tout excès.

MODÉRER, tempérer, regler.

MODÉRÉMENT, avec retenue.

MODÉRATEUR, qui dirige.

IMMODÉRÉ, excessif, sans bornes.

3. MODESTIE, vertu qui consiste à se conduire avec retenue, avec sagesse.

MODESTE, qui ne s'éleve pas au-delà des bornes; qui est retenu, discret.

MODESTEMENT, avec retenue.

IMMODESTE, qui choque la décence.

4. MODIFIER, restreindre, regler, resserrer les bornes.

MODIFICATION, restriction, limitation.

5. MODIQUE, médiocre, peu considérable.

MODICITÉ, quantité médiocre, bornes étroites.

6. MODULE, mesure pour regler les proportions d'une colonne, &c.

7. MODELE, ce sur quoi on doit se regler; modele de peinture, d'écriture, de conduite.

MODELER, imiter une figure en terre, en cire ou en plâtre, &c. pour l'exécuter ensuite en marbre, en pierre; imiter une figure sur des matières tendres, pour l'exécuter ensuite sur des matières dures.

8. MŒUF, altération du Lat. MODUS en terme de Grammaire. Les différentes suites des tems d'un Verbe, résultant des différens rapports sous lesquels on l'envisage.

MOD, MOUL

MOULE, 1°. ce dans quoi on jette une chose pour lui donner une forme.

2°. Modele, patron de ce qu'on doit imiter.

MOULER, jetter en moule.

MOULÉE, caractères imprimés, parce qu'ils sont jettés en moule.

MOULEUR, qui mesure le bois au moule prescrit.

MOULAGE, carreaux moulés. Du Latin *modulus*, forme, modele.

MAG.

MAI, MEG, &c. Grand.

I. Chef, Supérieur.

1. MAGISTRAT, celui qui est à la tête d'une Ville: Officier de Justice, ou de Police.

MAGISTRATURE, dignité de Magistrat, Charge de Magistrat.

MAGISTRAL, MAGISTRALEMENT.

DE MAG, les Latins firent *MAGIS*, davantage. *MAGISTER*, Maître: de-là:

2. MAIS, conjonction qui signifie davantage, de plus: voy. *Grammaire Univ. & Comp. Autrefois* adverbe signifiant davantage, plus; & encore aujourd'hui dans quelques Provinces.

3. MAÎTRE, *autref.* MAISTRE, Chef de la Famille; celui à qui on obéit; 2°. celui qui enseigne; qui instruit; 3°. celui qui a droit de professer un art, un métier, & d'avoir des ouvriers. &c. &c.

MAÎTRESSE, 1°. Mere de famille ; 2°. celle qui enseigne ; 3°. celle dont on est le serviteur ; 4°. ou l'amant.

MAÎTRISE, pouvoir d'être Maître en quelque profession.

MAÎTRISER, être Maître, dominer, tenir dans ses fers.

MAGISTER, Maître d'École.

MISTRAU, MISTRAL, nom qu'on donne dans les Provinces méridionales au vent du Nord. C'est un mot altéré de MAGISTRALIS, le maître ; à cause de sa véhémence. 2°. MISTRAL, autrefois Magistrat de Police dans le Dauphiné : en Vald. le METRAL, lou *Métrau*.

4. MAGE, chez les Perses, celui qui étoit à la tête de la Religion, de la Science, &c. un Sage, un Philosophe.

MAGIE, pouvoir d'opérer des choses extraordinaires.

MAGICIEN, MAGICIENNE, qui opère par la magie des choses extraordinaires.

MAGIQUE, qui tient de la magie : *Lanterne Magique*.

MAGISME, doctrine des Mages.

5. MAHEUTRE. On fit du tems de la Ligue un Ouvrage intitulé, *Dialogue entre le Maheutre & le Manant* : & dans le frontispice, le Maheutre est représenté sous la figure d'un Cavalier armé de pied en cap. M. FORMEY a fort bien vû que ce mot n'étoit donc qu'une altération du nom Allemand MEISTER qui désignoit un Cavalier, un Maître. Les Guerres civiles n'avoient rendu que trop communs & trop redoutables à la France les *Meisters* ou Maheutres d'Allemagne.

I I.

MAG, Grand.

1. MAGNATS, les Grands d'un Pays.

MAGNANIME, qui a de la grandeur d'ame.

MAGNANIMITÉ, grandeur d'ame.

MAGNIFIER, célébrer, louer.

MAGNIFICAT, Cantique de louange.

MAGNIFIQUE, qui fait une grande dépense ; paré, orné.

MAGNIFICENCE, éclat, parure, faste, grande dépense ;

2. MAGOT, gros singe ; 2°. figure vilaine, contrefaite ; 3°. amas d'argent, le magot d'une personne.

3. MAJESTÉ, grandeur : air grand & vénérable : titre des Souverains.

MAJESTUEUX, qui a un air grand & vénérable.

4. MAJEUR, mot-à-mot, plus grand ; 2°. celui qui est en âge de jouir de ses droits.

MAJEURE, celle qui n'est plus sous tutelle, & qui jouit de ses droits ; 2°. premiere proposition d'un syllogisme, & la plus étendue.

MAJUSCULE, Lettre capitale, mot-à-mot plus grande que les autres.

5. MAJOR, Officier qui commande une

une Troupe : *mot-à-mot*, plus grand ; du Lat. *major*.

MAJORITÉ, 1°. âge où l'on est majeur ; 2°. Charge de Major.

MAIEUR, *mot-à-mot*, l'Ancien ; c'est dans plusieurs Villes ce qu'on appelle ailleurs Echevins.

MAGE, dans quelques Provinces, Juge-Mage, Chef d'un Présidial, d'une Jurisdiction subalterne.

6. MAXIME, du Lat. *MAXIMA*, très-grande ; *mot-à-mot*, Sentence par excellence, & qu'on ne doit pas oublier.

7. MARJOLAINE, plante odoriférante, en Lat. *MAJORANA*, de la même famille que MAJOR.

III.

MAG, Habile.

1.

MEGE, Médecin, Rabilleur, qui remet les membres disloqués.

> Lou MEGE que my pot guarir,
> My vol en dieta tenir
> Comme los autres MEGES fan.
> *Pierre Remond lou Proux, Toulousain.*

Ce mot subsiste encore dans le Valdois.

MEGISSIER, qui prépare les peaux.
MEGIR, préparer les peaux.

2.

MAGNIN, MAIGNIER, vieux Fr. Langued. Valdois. &c. un Chauderonnier, un homme qui raccommode les chauderons, & qui a l'art de châtrer les animaux. En Italien, MAGNANO, un Serrurier, un homme qui travaille en fer.

MAGONA, un Magasin en fer : une forge, lieu où l'on travaille le fer, & où on l'emmagasine.

Dans le Berry, on dit MIGNAN pour *Magnin*. En Bas-Br. MAGNOUNER. Ménage dérivoit ce mot d'*Æramen*, airain, & aucun de nos Etymologistes n'a rien su de mieux.

Nul doute que ces mots ne soient venus avec les forges de l'Orient. En Syrien, l'Airain s'appelle *Magsta* ; c'est un dérivé de *Mag*, habileté, magie.

3. MANGONEAU, du Gr. *MAGGANON*, Machine à lancer des pierres.

IV.

MACHINE.

1. MACHINE, assemblage de plusieurs piéces, au moyen desquelles on augmente les forces mouvantes ; & on exécute de plus GRANDES choses.

MACHINAL, qui agit naturellement, sans volonté, comme une machine.

MACHINISTE, qui fait des machines, habile à inventer des machines.

MACHINER, tramer, former des complots, des projets funestes.

MÉCANICIEN, habile dans la science des machines.

MÉCANIQUE, science des machines ; 2°. arts qui ne sont pas libéraux.

MÉCANISME, art par lequel une chose

s'opere, une action a lieu.

Ce mot vient de MAG, habile, qui a fait le verbe des Langues du Nord, MAK, Machen, être puissant, opérer, produire, faire, construire, assembler, lier.

V.

MACLE, MAILLE.

De ce même mot MAK signifiant *lien, lier, assembler*, vint le Celte MACL, MAIL, en Celte, filets, réseaux, liens, lacets ; 2°. maille, nœuds d'un filet.

Gall. *MAGLU*, prendre dans des filets, empêtrer, Basq. *MAGUILLA*, liens : de-là ;

1. MAILLE, nœuds d'un filet ; espace que laissent entr'eux les filets d'un réseau, d'un ouvrage à tissu.

2. COTE DE MAILLE, habillement formé d'un tissu en fils de fer, dont se servoient autrefois les Cavaliers armés en guerre.

MAILLIER, qui fait des cotes de maille.

3. MAILLOT, bandes croisées en forme de mailles dont on enveloppe un enfant. EMMAILLOTER.

4. MACLE, anneau ; ils servent à lier.

MAILLON, petit anneau d'émail.

VI.

MIG, MIC, petit.

1. MICHE, petit pain, Lat. *MICA*, Grec-Eolien *MIKOS*, petit, dont les Grecs firent *MIKROS*. MIG, MIC, est l'opposé de MAG, MAC, grand,

MICHON, petite miche.

MIE, Lat. *MICA*, le dedans du pain.

MIETTE, un morceau de miel.

MIE, adverbe, rien du tout, pas même une miette.

EMIER, ôter la mie.

2. MAIGRE, Lat. *MACER*, qui n'a pas de l'embonpoint, qui n'est pas gros & gras.

MAIGREMENT.

MAIGREUR, manque d'embonpoint.

MAIGRIR, devenir maigre.

MAIGRET, MAIGRELET.

MAIGUE, MEGUE, petit-lait.

Ce mot est également Oriental, מכך : *MAKK*, signifie maigre, être maigre.

MAL.

MEL, MIL, MOL.

La Racine primitive MAL, désigne l'élévation, la tête ; 2°. le pouvoir qu'on a de tenir un objet élevé, de porter & supporter : 3°. la force qu'on a pour concasser, pour réduire en poudre ; les masses qui réduisent en poudre : 4°. la multitude, l'abondance, tout ce qui est source de richesses. C'est une racine semblable à *BAL*, *CAL*, *FAL*, *GAL*, dont nous avons déjà eu occasion de parler comme désignant l'élévation, la tête, la hauteur, la rondeur, la multitude ; semblable à la racine VAL, dont nous parlerons dans la suite.

I.

MAL, même que BAL, soleil ; 2°. jaune, De *MAL*, désignant le Soleil, 2°. ce qui est jaune comme le Soleil, vinrent :

1. MIEL, Lat. *MEL*, production des abeilles, très-douce, & ordinairement jaune ; d'où

MIELLEUX, qui a le goût de miel ; doux. EMMIELLÉ.

2. MEILLEUR, excellent ; bon comme du miel. MIEUX.

AMELIORER, bonifier, rendre meilleur.

3. MÉLISSE, plante aromatique.

4. MELON, fruit rond & jaune comme une pomme ; du mot *MALUM* en Latin, *MELON* en Grec, pomme.

5. MILAN, Lat. *MILVUS*, oiseau de proie qui doit son nom à sa couleur jaunâtre. En Grec *IKTINOS*, le jaune.

6. MIL, MILLET, grain de couleur jaune.

7. MÉLODIE, mot Grec qui signifie Musique excellente, parfaite.

II.

MAL, MAIL ; Tête : dur comme la tête.

MAILLET, marteau de bois à deux têtes.

MAILLEAU, instrument de bois en forme de maillet qui sert au tondeur de drap.

MAIL, maillet ferré avec un manche de quatre ou cinq pieds de long, dont on se sert pour un jeu de boules : 2°. lieu où l'on joue au mail. *Se promener au* MAIL.

III.

MOL, MEUL, meule : pierre.

1. MOELLON, quartiers de pierre pour bâtir.

2. MEULE, pierre dont on se sert pour écraser le grain : 2°. pierre qui sert à aiguiser le fer.

3. MOULIN, lieu où on écrase le grain sous une meule.

MEUNIER, MEUNIERE, qui gouverne la meule & le moulin.

MOULINET, qui tourne comme la roue d'un moulin.

MOULU, grain réduit en farine ; 2°. froissé, brisé.

MOUTURE, farine moulue ; 2°. ce que prend le Meunier pour le grain moulu.

MOUDRE, faire écraser du grain par la meule.

4. ÉMOUDRE, passer sur la meule.

ÉMOULU, aiguisé.

RÉMOULEUR, qui aiguise sur la meule.

REMOUDRE, moudre de nouveau.

5. MULETTE, gésier des oiseaux de proie ; le grain s'y broie comme sous une meule.

IV.
MAL, MOL.

MAL, Mol, a désigné la douceur, la mollesse, par opposition à MAL, pierre, dur ; 2°. de-là :

MALAKOS, en grec, doux, tendre ; *Mollis* en Lat. Mou ; MILD en Allem. doux, & ces mots :

I.

1. MOL, Mou, 1°. doux ; qui n'est pas dur : 2°. tendre, qui s'attendrit trop, qui se gâte : 3°. délicat, lâche, qui n'a pas de la vivacité ; 4°. indolent.

MOLASSE, qui n'est pas ferme.

MOLESSE, qualité de prêter sous le doigt ; 1°. *au fig.* vie lâche, efféminée.

2. MOLET, tendre ; 2°. gras de jambe.

MOLIR, devenir mou ; 2°. n'être pas ferme dans sa résolution.

AMOLIR ; rendre plus doux, mou.

ÉMOLIENT, qui sert à amolir.

3. AMULETTE, médicamens, ou figures qu'on pend au cou, qu'on attache au bras, &c. pour se préserver de maladie, ou d'accident. En Latin *Amuletum*. M. FORMEY a bien vu que ce mot venoit d'*amoliri*, écarter, éloigner, chasser.

4. MOUILLÉ, trempé dans l'eau, attendri par l'eau.

MOUILLER, tremper dans l'eau : 2°. jetter l'ancre.

MOUILLAGE, endroit propre à jetter l'ancre.

MOUILLETTE, tranche de pain préparée pour la tremper dans un œuf à la coque. MOUILLURE.

V.
MUL, VUL, FUL.

De MAL, MUL, signifiant multitude, de la même famille que VULgaire, FOULE, PLein, vinrent :

MULTITUDE, grande quantité.

MOULT, *vieux Fr.* beaucoup, extrêmement.

MULTIPLIER, augmenter le nombre.

MULTIPLICATION, augmentation : 2°. Régle d'Arithmétique, nombre ajouté à lui-même autant de fois que contient d'unités le nombre par lequel on le multiplie.

MULTIPLICATEUR, nombre par lequel on en multiplie un autre.

MULTIPLICANDE, nombre à multiplier.

MULTIPLICITÉ, multitude.

Du même MAL, désignant la multitude, put venir le mot,

MAIL, qui désignoit autrefois les Assemblées générales de la Nation, & qui tient à la famille Orient. מָלַל, *Mall*, parler, s'entretenir.

VI.

De MAL, MEL, grandeur, multitude, se forma la Famille MIL composée de ces mots :

1. MILLE, nombre composé de dix fois cent. 2°. nombre indéterminé ; après *mille peines & mille fatigues* ; 3°. mesure de mille pas.

MILLIEME, ce qui accomplit le nombre de mille ; *la millieme personne*.

MILLIER, mille objets de la même espéce; un millier d'épingles.

2. MILENAIRE, l'espace de mille ans.

MILIAIRE, pierre qui marque un mille.

3. MILION, dix fois cent mille.

MILIAR, dix fois cent milions.

4. Ce mot est entré dans quelques composés.

MILLEFEUILLE, Plante.

MILLEPERTUIS, plante dont les feuilles sont percées d'une multitude de trous.

MIGRAINE, Grenade: fruit appellé ainsi ou *mille-graine*, à cause de la multitude de ses graines: ou par l'altération du mot latin *MALO-granatum*, pomme grenade.

VII.
MOL, MEUL.

MOL qui signifie masse, grandeur, Lat. *MOLES*, a formé les mots suivans:

1. MEULE, en parlant de foin; foin arrangé en pyramide sur un champ, en attendant qu'on puisse le renfermer.

MULON, grand tas de sel qu'on amasse sur le bord de la mer.

DÉMOLIR, renverser une masse.

DÉMOLITION.

2. MULE, MULET, Lat. *MULA*, *MULUS*, bête de somme. Les Lat. disoient *MOLES Ferarum*, pour désigner la grosseur des bêtes sauvages.

MULETIER, qui a soin des mulets, & qui les conduit.

MULÂTRE, né d'un blanc & d'une noire, de même que les mulets naissent de deux espèces d'animaux.

MULÂTRESSE.

VIII.
MAL
MAHL, MÉTAL.

MAILLE, ancienne monnoie au-dessous d'un denier.

2°. MAILLE de Lorraine; c'étoit un petit écu d'or de Lorraine, dans le XVIe siécle, & qui valoit trente-trois sols six deniers.

Ce mot, dont on ignoroit l'origine, tient au Celt. MAL, monnoie, MALEN, fer; MAEL, gain, profit.

Bas-Br. MEAL, fer, minéral.

Gall. MELar, fer, ferrugineux.

Orient. מחל, MahL, fer, argent; métal en général.

Les Latins changeant l'aspiration en T, firent de *mahl*, prononcé *mehl*, *mehal*, le mot *METALLUM*: d'où

METAL, qu'on prononce aussi *métail*, tout corps minéral susceptible de fusion, & qui peut s'étendre sous le marteau.

MÉDAILLE, piéce de métal fabriquée en forme de monnoie; du Lat. *METALLUM*.

MÉDAILLER, Cabinet de médailles.

MÉDAILLISTE, MÉDAILLON.

IX.
MOL, MOLT, MOU.

MOUTON, en Ital. MONTONE, Bélier. Quoique ce mot soit très-commun, on en a cherché cependant en vain l'origine. On le dérivoit de *mothón*, nom d'une danse grecque ; de *mutilus*, mutilé, ou tondu : de *mons*, montagne, parce qu'il aime les lieux élevés ; de *mutus*, muet; de l'All. *mutzen*, couper. Mais si nous nous rappellons que plus un mot est commun, plus il est altéré, on soupçonnera qu'on n'a pu trouver la vraie racine de celui-ci, parce qu'on en avoit perdu de vue l'orthographe primitive. Il ne sera pas difficile de la rétablir. Presque toujours nos syllabes *au*, *ou*, ont pris la place d'*al*, *ol* : nous disons *autre* pour *alter* ; *autel* pour *altare* ; *outre* pour *oltra* ; *sou* pour *sol* ; *cou* pour *col*. Il en a été de même ici : nous avons substitué *Mouton* à *Molton*, tandis que l'Ital. le changeoit en *Monsone*.

C'est de *Molton* que nous avons pu faire

MOULETON, étoffe de laine extrêmement douce.

Le Latin-Barbare du moyen âge a très-bien conservé cette orthographe primitive : on y apelloit les Moutons MULTONES : Ménage & du Cange en raportent des preuves très-remarquables ; & cependant personne n'y a fait attention : on a cru sans doute que c'étoit une orthographe vicieuse.

Multo, Molton, tient au Gallois & Ecossois, MOLLT ; à l'Irlandois MOLT, au Cornouaillien MOLZ, qui tous signifient MOLTON *ou* MOUTON.

Nous pouvons donc regarder MOLT comme la racine Celtique du mot François dont il s'agit ici.

Mais ce mot tient au Latin MÉLOTA, toison; au Grec MELOTÉ, qui signifie la même chose ; d'où MÉLOTES, berger.

Le nom de *Meloté*, toison, étoit venu lui-même de l'Orient : en Chaldéen, il désigne une laine très-pure, très-fine, très-douce. C'est en Ethiopien également le nom de la laine.

On a cru que ce mot *Meloté* venoit de la ville de Milet, célèbre par ses laines, les plus estimées de toutes, & qui furent une des causes de la richesse de cette capitale de l'Ionie : mais il est plus apparent qu'elle dut elle-même son nom à ses laines. Les mots MEL, MAL, désignoient effectivement en Grec la Toison & l'animal auquel on la doit : en Bas-Br. MALLE, Toison.

Ces mots tiennent à MAL, qui en toute langue désigne les biens, les richesses, les diverses sources des biens, telles que les fruits de la terre : d'où MALum, en Grec & en Latin, *Pomme* ; AMALLA, les gerbes de blé ; MALON, brebis, troupeau, en Grec, &c. De MAL brebis, vinrent,

1. MALLE, coffre de cuir, valife de peau.
2. MALETTE, petite malle, petit fac.
3. MALETIER, Ouvrier qui fait des coffres, des malles.
4. MARLOTE, vêtement de laine, pour femme.

En Grec *Mallos*, en Lat. *VELLUS*, Toifon, d'où VALISE, &c.

X.

MAL.

Ce mot défignant la puiffance de foutenir, la force, s'applique à tout ce qui fait fouffrir, au phyfique, & au moral. C'eft l'idée qu'il offre en Arabe & en Perfan. Dans cette derniere langue, מלל, MaLL fignifie paffion de l'ame, angoiffe, ennui, fouffrance.

מלול, MaLuL; être accablé d'incommodités, de chagrins, d'ennui.

מול, Moul, patience; *Moulidan* fécher d'ennui, manquer, déplorer fon fort, fouffrir.

En Arabe, מחל, MêL fignifie fupporter, fupport, patience.

מל, MaL; מלולה, MALULÉ, inquiétude, angoiffe, chagrin, ennui, infomnie, &c.

En Celte MALL, mauvais, corrompu, gâté: de-là;

1. MAL, douleur, infirmité, fouffrance; 2°. *au moral*, tout ce qui eft oppofé au bien, à la vertu. *Adv.* en mauvais état.

MALADE, qui fe porte mal.

MALADIE, mal continu; indifpofition, dérangement du corps.

MALADIF, qui a peu de fanté, fujet à être incommodé, indifpofé.

MALINGRE, qui a peu de fanté.

MALADERIE, Hôpital pour ceux qui étoient attaqués de la lépre.

2. MALANDRES, crevaffes au pli du genou d'un cheval; 2°. nœuds gâtés dans des piéces de bois.

3. MALICE, méchanceté, friponnerie, artifice; 2°. tour plaifant.

MALICIEUX.

MALIN, qui eft méchant, qui a l'efprit tourné à mal.

MALIGNITÉ, malice; 2°. vicicofité de l'air, d'une maladie.

4. MAL s'eft auffi prononcé, MAU; de-là;

MAUVAIS, gâté, corrompu.

MAUX, pluriel de *mal*.

COMPOSÉS.

MAL-adroit, MAL-habile, Mal-honnête, &c.

MAL-AISE, indifpofition.

MALHEUR, mauvaife fortune.

MALHEUREUX, infortuné; 2°. fcélérat.

MALÉDICTION, imprécation.

MAUDIRE, fouhaiter du mal à quelqu'un.

MALÉFICE, crime, mauvaife action.

MALÉFICIÉ, abîmé de mal, en mauvais état.

MALFAISANT, qui fait mal.

MALFAIT, dont le corps eft défiguré, mal conformé.

MALFAITEUR, qui a commis quelque crime.

5. MALGRÉ, en dépit, contre le gré.

MALOTRU, du Lat.-B. *Male-aſtroſus*, né fous une mauvaiſe étoile; infortuné, mal équipé, en mauvais état.

MALTRAITER, traiter mal, outrager.

MALVERSATION, mauvaiſe conduite d'une perſonne qui a un emploi public.

MALVERSER, ſe conduire mal dans une charge.

6. MAUSSADE, qui n'a point de grace; déſagréable : de mal & *SA-DE*, v^x. *Fr*. ſage, gracieux, agréable, bien aſſaiſonné; du Lat. *Sapidus*.

7. MOLESTER, Lat. *Moleſtare*, cauſer du chagrin, donner de la peine.

XI.

1. MULE, Pantoufle, Lat. *MULLEUS*. FESTUS nous apprend que ce mot vint de l'ancien Latin *MULLARE*, coudre; de la même famille que Μυλλειν, *Mullein* des Siciliens & des Tarentins, qui ſignifioit percer. Ces mots tiennent donc à l'Orient. מול, *Mul*, couper, piquer; d'où le Chald. *Miltha*, piquure d'une veine.

2. MULES, engelures aux talons; mot ſur l'étymologie duquel on a été fort partagé : c'est un ſobriquet donné par ironie.

MAN.

MAIN, MIN.

§ I. *MAIN*.

1. MAIN, Lat. *MANUS*; dans diverſes Prov. *MAN*; Ital. *MANO*. Organe qui termine le bras, & qui diſtingue eſſentiellement l'homme, de tous les autres animaux. Il n'eſt donc pas étonnant qu'on faſſe un grand uſage de ce mot dans notre langue, & qu'il ait donné lieu à une foule de dérivés. Il déſigne au figuré, combat, mariage, puiſſance, ſerment, &c.

2. MANÉE, v^x. Fr. It. *MANATA*, poignée.

MANŒUVRE, MANOUVRIER, qui vit du travail de ſes mains.

MANŒUVRER, en terme de marine & de guerre, opérer.

MANIER, tenir avec les mains, tâter; 2°. conduire, régir, &c.

MANIABLE, qui eſt traitable, doux.

MANIMENT, action de manier; 2°. conduite d'une affaire, d'un bien; régie.

MANUEL, fait avec la main; qu'on a toujours entre les mains.

MANUELLEMENT.

3. MANIERE, façon de faire; ſorte, façon.

4. MENER, conduire par la main; conduire, diriger; 3°. agir d'une certaine maniere.

MENÉE, pratique ſecrette, complot.

MENEUR, qui mene.

AMENER, conduire en un lieu.

EMMENER, conduire d'un lieu en un autre.

II. DÉRIVÉS.

1. MANCHE d'habit, par où on paſſe la main.

Manche d'inſtrument. Emmancher.
Manchettes, toile brodée qui termine les manches de chemiſe.
Manchon, peau d'animal couſue en rond pour garantir les mains du froid.
Menotte, petite main ; 2°. fers qu'on met aux mains des criminels.
2. Manége, conduite fine & adroite; 2°. art d'exercer un cheval ; 3°. lieu où on exerce les chevaux de ſelle.
3. Mendiant, Lat. *Mendicans*, qui tend la main pour recevoir, pour demander.
Mendier, demander l'aumône.
Mendicité, miſére, état qui force à mendier.
4. Ministere, fonction, charge, devoir.
Ministre, qui ſert un Être élevé.
Administrer, régir.
Administration.
5. Minestre, *vieux Fr*. Potage : Ital. *Menestra*.
6. Menétrier, autrefois Menestrier, Joueur de violon : de *main* déſignant l'art avec lequel on fait une choſe.

III.

MAN, Panier.

1. Manne, panier d'oſier à anſe.
Manequin, panier d'oſier pour le fruit.
   2°. Figure d'oſier pour les Peintres.

Dict. Etymol.

2. Mencault, demi-ſetier de blé, en langage d'Artois.
Manne s'eſt prononcé Banne : de-là,
3. Banne, grande manne pour voiturer le blé.
Baneau, vaiſſeau de bois pour tranſporter les liquides.
Banette, Vanette, panier fait de brins de bois fendus & entrelaſſés pour tranſporter des marchandiſes. Langued. Banaste.
Baneton, réſervoir ou coffre de bois pour conſerver le poiſſon.
En Flam. Benn, corbeille.
En Franc-Ct. Benne, voiture de charbon.
En Celte, Benna, voiture des Gaulois. Menn, char, chariot.
Allem. Benne, tombereau.
Lyonois, Benot, vaſe de bois dans lequel on tranſporte la Vendange.

IV.

1. Manger, du Lat. *Manduco*, porter la main à la bouche.
Mangeur, qui mange.
Mangeable, qui peut être mangé.
Mangeaille, Mangeoire. Démangeaison.
De *Manduco*, manger, les Latins firent *Mandibula*, mâchoire : d'où nous eſt venu
2. Demantibuler, demettre la mâchoire, la rompre.
   2°. Dans un ſens plus général & figuré, rompre les reſſorts d'un ob-

jet quelconque, le mettre hors de service.

3. MANDER, *mot-à-mot*, montrer, ordonner de la main, envoyer, faire venir, donner ordre.

MANDAT, Ordonnance.

MANDEMENT, écrit d'un Evêque à son Diocèse.

4. COMMANDER, ordonner.

COMMANDANT, COMMANDEUR.

COMMANDEMENT.

5. DEMANDER, *mot-à-mot*, indiquer de la main ce qu'on desire.

DEMANDE, DEMANDEUR.

COMPOSÉS.

1. MAIMBOURG, MAMBOURG, *v. Fr.* Tuteur.

MAMBOURNIE, puissance, autorité. De *Main* & *Ber*, protéger, défendre.

2. MAINTENANT, *adv.* dans le moment, tandis qu'on y tient la main.

MAINTENIR, soutenir, conserver.

MAINTIEN, 1°. affermissement d'une chose, action de la conserver ; 2°. maniere de se tenir, air, mine.

3. MANIFESTÉ, mis en évidence, mis sous la *main*.

MANIFESTER, mettre au jour.

MANIFESTE, écrit où l'on expose au Public les raisons de sa conduite.

MANIFESTATION, MANIFESTEMENT.

4. MANIGANCE, *vieux Fr.* intrigue.

MANIPULE, poignée ; 2°. Compagnie d'Infanterie chez les Romains.

MANIVELLE, manche de bois avec lequel on fait tourner des instrumens à roue.

5. MANUFACTURE, lieu où l'on fabrique des Étoffes.

MANUFACTURIER, MANUFACTURER.

6. MANUSCRIT, Livre qui n'est écrit qu'à la main, non imprimé.

V.

MAN, couvrir.

De MAN, main, dont on se sert pour se couvrir, vint le mot MAN, qui signifie couvrir au *physique* & au *figuré*, & qui a formé les mots suivans :

1. Le Lat. MANTus, manteau, habit ; vieux mot latin recueilli par *Gronovius* dans ses Leçons sur Plaute, *Amst.* 1740, *in-*8°. d'où MANTELLUS : de-là,

MANTE, grand voile ou grand manteau de femme.

MANTEAU, vêtement ample & large qu'on porte par-dessus l'habit, & qui varie suivant les conditions : *Manteau* d'Abbé, de Chevalier, de Moine, &c.

MANTEAU de Femme, robe longue & plissée.

MANTEAU de cheminée.

Le MANTEAU *de la vertu*, sous lequel se cache l'hypocrite.

2. MANTEL, *vieux Fr.* manteau, d'où

MANTELET, manteau fort court qui ne couvre que les épaules.

MANTELINE, MANTILLE, *vieux Fr.*

petit manteau que les femmes mettent sur les épaules.

MANTIL, vieux Fr. linge de table, sur-tout celui qui la couvre.

MANDILLE, casaque de laquais.

Ancien Persan, MANDYÉ, manteau. Lat. MANTELLUM.

3. DÉMANTELER, abattre les murs d'une ville ; lui enlever son manteau.

4. Au figuré, MENTIR, Lat. MENTIRI, déguiser la vérité : mot-à-mot, cacher, voiler.

MENTEUR, MENTEUSE, qui ne dit pas vrai.

MENTERIE, mensonge.

MENSONGE, déguisement de la vérité. Lat. MENDACIUM, mot-à-mot, action de donner un voile à la vérité. Ethiop. መዋሕ, MIN, fraude, tromperie. T-MINT, art de tromper.

Arab. MAN, mentir ; mein, min, mensonge.

VI.

MAN, Signe.

La main sert à montrer, à indiquer : elle devint ainsi, 1°. le nom des deux Astres qui servent de signes au jour & à la nuit. MAN, MON, MEN servirent en effet, comme nous l'avons vû dans l'Histoire du Calendrier, à désigner le Soleil & la Lune. 2°. Ce mot servit également à désigner toutes les idées relatives aux signes.

En Gr. MÉNUÔ, faire signe, montrer. Franc, MEINO, signe ; MEINAN, montrer : de-là,

MENACES, MENACER, ce sont des gestes de la main.

MINE.

1. MONITION, avertissement.

MONITOIRE, Avertissement du Supérieur Ecclésiastique.

ADMONITION, semonce.

ADMONESTER, avertir avec injonction de faire mieux.

2. MONNOIE, matières d'or, d'argent, de cuivre, qui portent les signes de leur valeur & de celle des échanges qu'on peut faire par leur moyen.

Lat. MONETA.

On la fabriquoit dans le Temple de JUNON MONETA, ou de Junon-Lune, l'AVERTISSEUSE.

MONNOYEUR, qui fabrique de la monnoie.

MONNOYÉ.

MONETAIRE, Intendant de la monnoie.

3. MONUMENT, marques ou ouvrages destinés à conserver le souvenir de quelqu'évenement.

4. MONTRE, indice ; 2°. parade, ostentation ; 3°. revue, &c.

MONTRER, faire voir, indiquer, enseigner.

DÉMONTRER, DÉMONSTRATION.

REMONTRER, REMONTRANCE.

5. MONSTRE, prodige 2°. animal difforme.

MONSTRUEUX, prodigieux ; 2°. difforme.

6. MOIS, Lat. *MENSIS*; de *Men*, Lune. En Malabare, MENA, mois. Ce sont les révolutions de la Lune.

7. MINE, apparence, air, aspect. All. MEIN, de MON; considération, aspect.
MINOIS, visage.
MINAUDERIES, petites mines, agrémens affectés.
MINAUDIER, MINAUDIERE, qui fait de petites mines affectées.

En Langued. MENE, espece, ce qui a une apparence différente. En Orient. מִין, MIN, espece.

VII.

MAN, Mine.

De MAN, cacher, vint sans doute le mot MINE, & toute sa famille, relative aux Métaux renfermés dans le sein de la terre.

MINE, lieu dans le sein de la terre, d'où l'on tire quelque métal, ou quelque minéral.
MINIERE, lieu d'où on retire les minéraux.
MINERAL, tout ce qui vient dans les mines.
MINER, creuser ; 2°. détruire, consumer.
CONTREMINER.
MINE, souterrain qu'on creuse pour ruiner les remparts d'une ville assiegée ; 2°. intrigue.
MINEUR, qui travaille dans les mines.

MINÉRALOGIE, connoissance des minéraux.

VIII.

Dérivés de MAN, Lune.

1. De MAN, Lune, les Grecs firent le mot *MANIA*, *MANIÉ*, fureur, maladie occasionnée par la Lune, à ce que croyoient les Anciens. Nous en avons fait,
MANIE, maladie avec transport & fiévre ; 2°. aliénation d'esprit ; 3°. passion, fantaisie.
MANIAQUE, furieux, emporté.

2. MENUET, danse à deux & dont la mesure est à trois tems. C'est la danse la plus noble, & celle du Roi & de la Reine d'un Bal. On a cru qu'elle devoit son nom au mot *menu*, comme si les pas en étoient menus, petits : c'est tout ce qu'on pouvoit dire de mieux. Nous prouverons dans la suite que le Menuet étoit une danse sacrée, qui peignoit la danse du Roi & de la Reine des Cieux, & qui leur dut son nom, puisqu'ils s'appelloient MEN, & MÉNÉ.

IX.

MAN, Contenance.

Le mot MAN, main, a désigné naturellement la contenance : de-là,

1. MINE, MINOT, sortes de mesure.
2. MAINT, plusieurs, *vieux Fr.*
MAINTEFOIS, plusieurs fois. Celt. &

Theut. MAN, grande contenance, multitude.

X.

MON, Elévation.

MON, mot Celte qui signifie élevation, grandeur, Lat. MONTe ; c'est ici une Famille qui tient à toutes les précédentes en *MAN*.

1. MONT, élévation considérable.

MONTICULE, petite élévation ronde.

MONTAGNE, élévation haute & escarpée.

MONTUEUX, pays de montagnes.

MONTAGNARD, habitant des montagnes.

2. MONTER, 1°. aller vers le haut ; 2°. parvenir ; 3°. s'élever.

MONTÉE, 1°. action de monter ; 2°. lieu qui va en montant ; 3°. dégré, escalier, &c.

MONTANT, qui monte.

MONTOIR, ce qui sert à monter.

MONTURE, animal sur lequel on monte pour se transporter quelque part.

MONTAGE, action de faire remonter une riviére en barque.

3. AMONT, vers le haut.

SURMONTER, passer par-dessus tous les obstacles.

INSURMONTABLE.

4. MONCEAU, tas, choses entassées.

AMONCELER, mettre en tas.

5. ÉMINENT, qui est élevé, qui domine.

ÉMINENCE, élévation qui domine :

2°. titre d'honneur des Cardinaux.

XI.

MUN, fortifier.

1. MUNIR, Or. מנן, *Mun*, Lat. *MUNIO*, fortifier, *mot-à-mot*, élever au-dessus des objets nuisibles.

MUNITION, ce qui sert à se défendre.

MUNITIONNAIRE, qui pourvoit de vivres & de munitions.

2. MUNICIPAL, ce qui regarde un lieu MUNI, & qui se gouverne par ses propres Loix ; 2°. Officiers MUNICIPAUX, les Magistrats d'une Ville.

De MUN, fortifier, les Latins firent *MUNUS*, qui signifia 1°. la fonction que chacun avoit à remplir pour la sureté publique ; & en général, Charge, devoir, fonction, Magistrature ; 2°. la recompense, la rémunération, qu'on tiroit de ses fonctions : 3°. dans un sens plus général, présent, don, de quelqu'espéce qu'il fût. De-là :

1. IMMUNIS, celui qui fut exempt du travail commun, à cause de son rang ou de ses fonctions sacrées : d'où,

IMMUNITÉS Ecclésiastiques, les Priviléges & les exemptions du Clergé. De-là, dans le sens opposé,

2. COMMUN, Lat. *COMMUNIS*, tout ce qui se distribuoit également entre tous : tout ce à quoi participe chaque membre d'une société.

COMMUNE, la chose publique.

COMMUNAUTÉ, société où l'on vit en commun.

3. COMMUNIER, célébrer la Cène en commun.

COMMUNIANT, qui est admis au repas commun des fideles.

4. COMMUNIQUER, rendre participant une personne d'une chose.

COMMUNICATIF.

COMMUNICATION.

5. RÉMUNERATEUR, qui rend à chacun, la récompense, le *Munus* qui lui est dû.

XII.
MAN, délié, mince.

Mot-Celte conservé dans l'Irlandois MIN qui signifie petit : 2°. fin, délié, mince. 3°. content, doux, &c. C'est l'opposé de MAN dans le sens de grand, de large. En Grec MANOS, rare, lâche.

1. MINEUR, Lat. MINor, plus petit, en bas âge.

MINORITÉ, bas âge, tutelle.

MINIME, Lat. MINIMUS, très-petit.

MINUSCULE, le plus petit caractere, petites lettres.

MINUTE, écrit en petites lettres.

MINUTER, dresser une minute.

MINUTIES, bagatelles.

2. MINCE, fin, délié, qui n'est pas épais ; 2° léger, petit.

3. MENU, délié, peu gros.

MENU Peuple, le petit peuple, la populace.

4. MOINS, quantité plus petite, en plus petite quantité. Lat. MINUS.

MOINDRE, plus petit.

AMOINDRIR.

5. MAINNÉS, pour MOINS-NÉ, cadet, moins âgé ; ou de *mais né*, plus-né ; car il s'est écrit également de cette maniere.

6. DIMINUER, réduire à une plus petite quantité, à un moindre poids.

DIMINUTION.

7. MENUISIER, qui travaille à de petits Ouvrages en bois, à des Ouvrages délicats; ou plutôt, de MAIN, désignant l'art.

MENUISIERE.

8. MENUAILLE, petite Monnoie, *vieux Fr.*

9. MENIN, jeune ; on donne ce nom aux jeunes gens qui sont élevés avec un jeune Prince, qui sont destinés à lui tenir compagnie. Espagn. MENINO.

MIGNARD, délicat, agréable.

MIGNARDER, traiter avec délicatesse, gâter.

MIGNARDISE.

MIGNON, petit, délicat, joli.

MIGNOTER.

MIGNATURE, peinture en petit.

10. MANQUER, avoir besoin, être privé d'une chose; 2°. laisser échapper, ne pas rencontrer, &c.

MANQUE, faute, défaut : All. MANGEL.

IMMANCABLE.

11. MANCHOT, privé d'une main, même des deux.

MAR.
MER, MIR.

MAR, formé de MA, grand, désigne en Celte & en Oriental, 1°. grandeur, élévation ; 2°. les grandes étendues d'eau ; 3°. de grands animaux : 4°. de grandes distinctions, marques, partage, frontières : 5°. une grande lumiere, le jour : 6°. & son opposé, la nuit & la mort.

I.
MAR, élevé.

1. ÉMIR, Prince, Chef.
AMIRAL, Commandant d'une Flotte.
ADMIRANTE de Castille, Capitaine-Général, ou Commandant en chef de cette Province, Vice-Roi de Castille.
2. EMPIRE, Lat. IMPERIUM, de E-MR, EMRIUM, commander, &c.
EMPEREUR, IMPÉRATRICE.
IMPÉRIAL, IMPÉRIEUX.
3°. MAIRE, Chef d'une Ville.
MAIRIE, dignité de Maire.
4. MARRON, espéce de chateigne plus grosse & meilleure que la chateigne ordinaire.
5. MARMITE, grand vase à cuire ; de MAR, grand, & MET, vase, mesure.
MARMITON, aide de cuisine.
6. MERE, vieux Fr. plus grand.
7. Au fig. MERITE, excellence, bonté.
MÉRITER, être digne : Lat. MEREO.

II.
MAR, Mari.

MARI, Lat. MARITUS, le Chef de la Famille.
MARIÉ, qui est dans l'état de mariage, qui a pris femme.
MARIÉE, qui a un mari.
MARIAGE, union à vie de deux personnes de différent sexe.
MARIABLE, en état d'être marié.
MARIER, unir par mariage.
MARIEUR, MARIEUSE, qui fait des mariages.
SE REMARIER, former de secondes noces.

III.
MAR, force.

1. MARTEAU, masse de fer au milieu de laquelle est un trou qu'on appelle œil, & qui sert à mettre un manche. Cet instrument sert à frapper, à casser.
MARTEL, vieux Fr. Marteau.
MARTELER, frapper à coups de marteau.
MARTELET, MARTELINE, petits marteaux.
2. MARTINET, gros marteau que l'eau fait mouvoir.
3. MARTIN, bâton, en plaisantant.
MARTIN-BÂTON.
De MART, coup ; Allem. BART, frapper.
4. MARC, Lat. AMURCA, Or. מרכ, MARC, substance écrasée & dont on a extrait tous les sucs.

IV.
MAR, Etendue d'eau.

1. MER, Lat. MARE.
Marée, élévation de la mer sur les terres.

2. MARAIS, grands Etangs.
Marre, eau bourbeuse.
Marécages, terres en marais.
Marécageux.

3. MARGOUILLIS, eau sale & bourbeuse ; 2°. fange, *au simple & au figuré.*

4. MARINGOINS, Moucherons, dont sont couverts les Etangs, les lieux marécageux.
Marsouin, de *Sus,* Cochon : *mot-à-mot,* Cochon de mer.

5. De MAR, les Latins firent MERGO, plonger : de-là sont venus,
Immersion, action de plonger.
Submerger, action de faire périr sous l'eau.
Marcote, Lat. MERGUS, branche qu'on a fait entrer dans la terre, pour qu'elle devienne une nouvelle plante.

6. MORVE, pituite, Morveux.

7. Amer, Lat. AMARUS ; qualité des eaux de la mer.

8. Myrrhe, Or. MOR, מור; plante dont le goût est amer.

V.
MAR, Cheval : 2°. marche.

1. MAR, Mark en Celte, Cheval ; à cause de sa grandeur, & de la célérité de sa marche. En Flam. MERRIE, Jument ; Angl. MARE.
Maréchal ferrant, Artisan qui ferre les chevaux.
2°. Maréchal de France, *mot-à-mot*, Commandant de la Cavalerie, dans un tems où les armées n'étoient composées que de Cavalerie.
Maréchaussée, Compagnie d'Archers ; de gens qui servent à Cheval pour la garde du Pays.

3. MARCHE, action de se transporter d'un lieu dans un autre.
Marcher.
Marcheur, Marcheuse.
Marchepied.
Démarche, maniere dont on marche ; 2°. mouvement qu'on se donne pour une affaire.

VI.
MAR, signe.

MAR, Marc, signifie en Celte, & dans les diverses langues d'Europe, Signe, caractere, marque : de-là ;

1. MARQUE, signe qui fait reconnoître une chose : 2°. considération, autorité, crédit ; 3°. preuve, témoignage ; 4°. taches noires que les coups produisent sur la peau, &c.
Marquer, faire une marque, mettre un caractere, un signe sur un objet pour le reconnoître ; témoigner.
Marqueur, qui marque.
Remarque, observation.
Remarquer,

REMARQUER.

DÉMARQUER, ôter une marque.

2. MARQUETÉ, femé de petites taches.

MARQUETERIE, ouvrage en bois composé de piéces de rapport.

3. MEREAU, marque qu'on distribue à diverses personnes pour qu'on les reconnoisse, ou qu'on les admette en un lieu.

MERCURE, l'homme aux signes : *voy.* Allégor. Or.

4. MERCREDI, jour de MERCURE.

MERCURIALE, Discours du premier Président, &c. le premier Mercredi après la S. Martin.

VII.

MAR, Marchandise.

1. MARC, poids d'or & d'argent, ainsi appellé de la MARQUE qu'on y faisoit.

2. MARCHANDISE, tout ce qui est marqué pour le Commerce ; Lat. MERX.

MARCHAND, celui qui achette ou qui vend ; Lat. MERCATOR.

MARCHANDER.

MARCHÉ, lieu où se portent les objets qui doivent être vendus ; 2°. le prix d'une chose ; 3°. prix convenu.

3. MERCERIE, Marchandises de diverses espéces.

MERCIER, Marchand qui vend de toute espéce de marchandises, hors-mis en drap.

MERCEROT, petit Mercier.

MERCANTILLE, qui regarde les marchands.

4. MERCENAIRE, qui sert pour de l'argent.

5. MERCI, récompense, faveur, grace.

REMERCIER, rendre graces.

REMERCIMENS.

6. COMMERCE ; 1°. échange ; 2°. échange au loin ; 3°. fréquentation ; 4°. correspondance.

COMMERCER.

COMMERÇANT, qui fait des échanges au loin, sans changer de lieu, & par ses Correspondances.

VIII.

MAR, borne, partage.

De MAR, signe, vint MAR, assigner à chacun sa portion, partager ; 2°. borner, &c.

1. Les Grecs firent de cette racine, MeiRo, partager, diviser : MeRos, division, portion : 2°. ils en tirerent les noms des membres du corps ; MARé, la main ; MÉRos, la cuisse ; MORion, membre en général. De-là,

MOURRE, Ital. MORa, Jeu à deux personnes qui consiste à lever alternativement un certain nombre de doigts.

MER, en Irl. & dans l'Isle de Mona, doigt : Merarda, divisé.

2. Les Latins changerent MeRos, portion, membre, en MERum ; & redoublant le M initial, ils eurent MeMeRum ; bientôt élidant l'e du milieu, ils prononcerent MeM-

RUM, qui se changea naturellement en *MEM-BRUM* : dont nous avons fait.

MEMBRE, les diverses parties du corps : 2°. portion en général : *au fig.* celui qui fait partie d'une société, d'un corps civil.

DÉMEMBRER.

3. MARRE, instrument de laboureur : 2°. serpe, couteau, Lat. *MARRA.* Gr. *MARRHON.*

MARRER, travailler avec la marre. Celt. *MER* rasoir, Hébr. *MORAh.* Bas-Bret. *MARRER*, marreur, ouvrier qui travaille avec la Marre.

4. MARCHE, Lat.-b. *MARCA*, mot-à-mot lieu de partage : 2°. Province frontiere.

MARQUIS, Lat.-b. *MARCHIO*, dans l'origine, Gouverneur d'une marche, d'une Province frontiere, aujourd'hui titre de dignité entre celles de Duc & de Comte.

MARQUISE, MARQUISAT.

5. MARGE, bordure ; bord d'un écrit.

MARGINAL, qui est à la marge d'un Livre.

MARGEOLE, bord d'un puits ; Lat. *MARGO.*

IX.
MAR, bois, forêt.

MAR, signifie bois en Celte ; cette racine qui vient de *MAR*, couper, a produit divers mots dont l'origine étoit absolument inconnue.

1. MARONNER, *vieux Fr.* couper du bois.

MARONAGE, bois de charpente.

MARMENTEAU, bois de haute futaie ; de *MAR*, bois ; & *MAN*, grand.

MAIRIN, bois de chêne coupé en planches, en douves.

MARH, *en Bas-Br.* Chantier.

2. MARONS, Esclaves Négres qui se sauvent dans les bois.

3. MARRANO, *en Espagnol*, cochon, animal qui vit dans les bois : d'où,

MARANE, sobriquet donné par les Espagnols aux Mahométans, aux Juifs, *mot-à-mot* cochons, de même qu'on les appelle *GORETS* ou cochons en Languedoc.

Nos Etymologistes se sont donnés des peines très-inutiles pour trouver l'origine de ce nom.

MARCASSIN, le petit d'un Sanglier, d'un M*ARR*ane.

4. MARAUDER, *mot-à-mot* aller chercher sa subsistance dans les bois, dans les vergers, dans les campagnes.

MARAUD, *mot-à-mot* qui vit dans les bois ; un sauvage, un rustre. Nos Etymologistes n'avoient pas mieux réussi sur l'origine de ce mot.

X.
MAR, petit.

MAR, MARM, MERM, VERM, a signifié *petit* dans les Langues Celtiques par opposition à *HAR*, *MAR*, &c. Grand. Espag. *MERMAR*, diminuer, Lang. *VERMA*, diminuer, Franc-Ct. *VORME*, petite quantité.

1. MERME, *vieux Fr.* moindre.
AMERMÉ, empiré, diminué, *Assises de Jérusalem.*
2. MARMOT, petit garçon, Ecolier; 2°. gros singe.
MARMOTE, petitefille; 2°. gros rat des Alpes.
MARMAILLE, troupe d'Enfans.
3. MARMITEUX, piteux, chétif.
MARMOUSERIE, *vieux Fr.* petitesse, petit état, petite condition.
MARMOUSET, petit, figure petite, mal faite, grotesque, un nain. MARMOUS, Bas-Br. petit.
4. MARMELADE, confiture de fruits coupés par morceaux, &c.
5. MARGAJAT, nain, homme petit & mal fait, galopin.
6. MARIAULES, *en langage de Haynaut*, jeune homme qui ne peut encore servir de témoin : de-là notre mot,
MARJOLET, qui désignoit un Damoiseau, un petit jeune homme, &c. & qui a cessé d'être en usage.
7. MARIONNETTE, petite figure en forme de poupée, qu'on fait jouer sur un petit théâtre.
8. MAROUFLE, misérable, sot, impertinent.
9. En Bas-Br. MARBLEAU, poil follet; de *mar*, petit, & *Pell*, poil.

XI.

MAR, clarté, blancheur.

MAR, en Langue Celte & primitive signifia jour, lumiere, brillant, éclat; & par opposition, obscurité, tristesse : de-là,

1. MARBRE, Lat. MARMOR, pierre qui a de l'éclat.
MARBRER, faire en façon de marbre.
MARBRÉ, en couleur de marbre.
MARBREUR, qui imite les couleurs du marbre.
MARBRURE.
MARBRIER, qui travaille en marbre.
2. MARCASSITE, espéce de pierre précieuse.
MARGUERITE, du Lat. MARGARITA, pierre précieuse.

XII.

MAR, noir, nuit, &c.

MAR, par opposition à clarté, éclat, a signifié noir, obscur, nuit; & au figuré, *mort.*

1.

De MAR, jour, prononcé *mer*, les Grecs firent *ho-méros*, aveugle; les Latins UMRA & puis *umbra*, dont nous avons fait

OMBRE, interception de la lumiere.
SOMBRE, lieu où il n'y a qu'une foible lumiere, lieu à l'ombre.

C'est le troisieme dérivé de MAR, qui s'est changé en MER; EMPIRE, MEMBRE, OMBRE, & ce ne sont pas les seuls.

2. Noir.

1. MORE, MAURE, Africain au visage basané, & noir.

MORESQUE, femme d'un Maure ; 2°. danse maure, &c.

2. MORICAUT, un peu noir.

3. MOREAU, cheval dont le poil est d'un noir fort vif.

MERLE, oiseau de couleur noire.

4. MORILLES, champignon de couleur noire.

MORELLE, plante à fruit noir.

Les Couronnes de *Morelle* sont en quelques pays un symbole de mort.

MORILLON, raisin noir & doux.

MERISE, cerise noire.

MEURE, fruit de couleur rouge foncé tirant sur le noir.

MEURIER.

5. MAROQUIN, Cuir qu'on tire de MAROC, autrefois MOROC, le pays des Mores.

MARTE, animal dont la peau sert de fourure ; en Lat. *Marte*. On a cru que cet animal devoit ce nom à la guerre qu'il fait aux poules, aux rats, &c. comme si on vouloit dire l'animal guerrier, le *Mars* des animaux. Au vrai, il doit ce nom à sa couleur noire.

3. Triste.

MAR, en Or. מר *Mar*, signifie triste, noir : Lat. *MœReor*, tristesse, chagrin. *Mœreo*, être affligé.

MARRI, affligé, triste, chagrin.

MORNE, pâle, obscur ; 2°. triste, mélancolique.

MARANCER, *vieux Fr.* mulcter.

MARANCE, amende.

4.

MAR, mort.

MAR, MOR, mot Celte & Latin qui par opposition à *mar*, jour & parler, signifie la mort, le sommeil ; état où l'on ne voit & où on ne parle.

Gall. *MARW*, mourir, Bas-Br. *MARW*, *MARO*, mort, défunt ; *MÔR*, sommeil, assoupissement ; *MORI*, sommeiller ; Lat. *MORS*, *MORIOR*, &c. de-là,

1. MORT, perte de la vie, état où on ne voit & où on ne parle plus.

MORT, qui a perdu la vie.

MORTALITÉ, nature mortelle ; 2°. tems où il meurt beaucoup de monde.

MORTEL, sujet à la mort : 2°. qui tue.

MORTELLEMENT.

MORTIFERE, qui cause la mort.

MORIBOND, mourant.

MOURANT, qui meurt.

MOURIR, expirer, perdre la vie.

MORTUAIRE, qui regarde les morts.

IMMORTEL, qui n'est pas sujet à la mort.

IMMORTALITÉ.

IMMORTALISER, rendre immortel.

AMORTIR, éteindre un droit, une dette.

AMORTISSEMENT.

2. MORTIFICATION, action par laquelle une chose s'altere, se cor-

rompt, se mortifie; 2°. honte, déplaisir.

Mortifier, 1°. altérer un corps; 2°. dompter, réprimer; 3°. faire honte, rendre chagrin, causer du déplaisir.

Mortifiant, qui cause de la confusion, du déplaisir.

3. Morte-Paye, soldat que le Roi paye en tout tems.

Morte-Saison, tems où on ne fait rien.

Mortaillable, Serf dont le Seigneur hérite.

4. Meurtre, homicide, tuerie, mort violente.

Meurtrier, qui a commis un meurtre.

Meurtrir, tuer; 2°. froisser, faire des meurtrissures.

Meurtrissure, marque noire livide, causée par quelque coup.

Meurtri, brisé, froissé, noir de coups.

Meurtrieres, ouvertures par où on peut tirer sur l'ennemi.

MAS

De MA, grand, se forma MAS, fort, vigoureux : 2°. le sexe fort, & mâle; d'où,

1. Mâle, qui est du sexe masculin.

Masculin, le genre, le sexe qui a la force en partage.

2. Malard, Maillard, le mâle de la Canne.

Matou, le chat mâle, un gros chat,

3. Mazette, diminutif de mas, qui n'a point de force.

MAT.

MAT, de la même famille que Bat, a signifié battre, 2°. tuer. On s'en est servi pour désigner les armes de toute espéce.

1. Matras, trait d'arbalête. Jules-César dit que chez les anciens Gaulois, Matara désignoit un javelot.

Mat, en Celte, un trait.

Madrellæ, petits bâtons, d'où,

2. Merelle, jeux où l'on employa d'abord des bâtons, ensuite de simples traits, d'après lesquels on se dirige.

3. Mater, accabler, mortifier, affoiblir.

Mâtiner, gourmander, peut venir de la même famille.

Mat, en Oriental, tuer, mourir; d'où *Echec mat*, mot-à-mot, le Roi est mort.

4. Matamore, un fier-à-bras, un Capitan : de l'Espagnol *Mata*, tuer ; qui tue les Mores.

Matador, en Espagnol, *Assommeur*.

Mate de lait : *Maton*, lait battu, dans quelques Provinces ; dans d'autres, lait caillé.

5. Matrasser, *vieux Fr.* tuer.

6. Celt. Met, coupé.

Lat. *Mutilus*, coupé, d'où

Mutilé, estropié.

Mutiler, tronquer.

Mutilation, action de mutiler.

1. MOISSON, Lat. *MESSIS*, coupe des grains, récolte.
MOISSONNER.
MOISSONNEUR.
MOISSONNEUSE.
MESSIER, qui garde la moisson non encore coupée.

M E

M désigna la premiere personne, la personne par excellence, celle qui parle : de-là ;

ME, pronom passif de la premiere personne.

MOI, pronom actif & terminatif de la premiere personne.

MON, MA, adjectif elliptique, pour dire, *le mien, la mienne*.

MIEN, MIENNE, adjectif elliptique, pour dire, *de moi*.

MÊME, autrefois MESME, Italien *MEDESIMO*; mot altéré du Latin *METIPSIMUS*, même, en propre personne. *Ego-met*, moi en personne.

ME, MI, MIS.

ME, mot Celte & Oriental qui désigne l'éloignement, la privation, le défaut, le mépris; & qui a servi à former une multitude de Composés, tels que ceux-ci :

I.

1. MÉCHANT, du Latin *MIS CADENS*, qui échoit malheureusement, malencontreux.

2. MÉCHEF, disgrace, infortune ; de *Chef*, tête.

MÉCOMPTE, erreur de calcul.
MÉCONNOÎTRE, MÉCONTENT.
MÉDISANCE, discours en mal sur quelqu'un.
MÉFAIT, mauvaise action.
MÉFIANCE, manque de confiance.
MÉGARDE, inattention.
MÉPRIS, manque d'estime, dépriser.
MÉPRISE, erreur, prendre une chose pour une autre.
MÉSAISE, incommodité.
MÉSALLIANCE, alliance peu sortable.
MÉSOFFRIR, n'offrir pas assez.
MESUSER, en user mal.
MESSÉANT, qui n'est pas séant.

II.

1. MISERE, Lat. *MISERIA*, état où l'on manque de tout.
MISÉRABLE, Lat. *MISER*, infortuné; malheureux.

2. MISERICORDE, acte d'un cœur touché de compassion & qui fait grace.
MISÉRICORDIEUX.

3. *MISERERE*, ayez pitié : nom d'un Cantique sacré ; 2°. d'une cruelle maladie.

M E D.

MITH, MI, MERI, MOIT, &c.

METH, en Gallois, milieu; en Irl. *MEAIH*, en Lat. *MEDIUM*; en Gr. *MESON*, & même *MED* & *MEZ*, en Arménien *MID*, en Bas-Br. *MI*.

1. MÉDIAT, qui eſt entre deux, qui appartient à deux.

MÉDIATEUR, qui s'entremet entre deux pour les raccommoder.

MÉDIATRICE, MÉDIATION.

MÉDIATEMENT, d'une maniere médiate.

IMMÉDIAT, qui agit de ſuite, ſans aucun moyen intermédiaire.

INTERMÉDIAIRE, qui eſt entre deux.

2. *MEDIUM*, *mot Latin*, milieu, moyen.

MÉDIANOCHE, *mot Italien*, repas de minuit.

MÉDITERRANÉE, *mot-à-mot*, Mer qui eſt dans le milieu des Terres, entre les Terres.

3. MÉDIOCRE, moyen, entre le trop & le peu.

MÉDIOCRITÉ, MÉDIOCREMENT.

En Lat. *MEDULA*, moëlle, parce qu'elle eſt dans le milieu des os, des arbres : de-là ;

MOELLE ; MOELLEUX, doux au toucher, &c.

4. MÉTIF, qui eſt né de Parens de deux couleurs différentes.

5. MÉTAIER, dans quelques Prov. en Lat. *MEDIETARIUS*, Fermier, qui partage par moitié avec le Propriétaire.

MÉTAIRIE, Ferme.

6. MÉRIDIENNE, ſommeil du midi ; du Latin MERIDIES, midi, au lieu de *MEDIDIES* ; les Romains changerent ici *MEDI* en *MERI* pour éviter le choc des deux *D* ; ce qui étoit d'autant plus aiſé que *D* & *R* ſe ſont ſans ceſſe ſubſtitués l'un à l'autre, comme nous l'avons fait voir dans l'Origine du Lang. & de l'Écrit.

MÉRIDIEN, qui regarde le midi.

MÉRIDIONAL.

MÉRENDE, MARANDE, Lat. *MERENDA*, collation du midi, entre le diner & le ſouper.

2. MI.

MI, mot dont nous ne nous ſervons que dans les compoſés, & qui déſigne une moitié : c'eſt une abréviation de *mid*, *med*, milieu : de-là ;

1. MIDI, milieu du jour.

MINUIT, milieu de la nuit.

MILIEU, ce qui occupe l'entre-deux.

MIPARTI, partagé en deux également.

MIPARTIR.

2. DEMI, moitié.

MI-CARÊME, MI-AOÛT, &c.

3. MITOYEN, qui eſt entre deux. Dans quelques Prov. & en vieux Fr. MITAN, milieu.

4. MISAINE, en Lat. MEDIANUS, nom d'un mât, qui doit ſon nom à ce qu'il eſt entre le beaupré & le grand mât.

5. MOYEN, *nom* ; expédient, voie à laquelle on a recours pour réuſſir ; mot altéré de *MEDIUM*, milieu, parce que le moyen eſt toujours entre la perſonne qui veut

& la chose qu'elle désire.

MOYEN, *adj.* qui est entre le haut & le bas; la moyenne région de l'air.

MOYENNER, trouver moyen de concilier.

MOYENNANT, au moyen de.

6. MOIEU, centre d'une roue; Lat. *MODIOLUS*.

MES, MIS.
Mets.

De MA, MAD, nourriture, se forma une Famille nombreuse en *MAS, MES, METH, MIS,* qui désigna les choses dont on se nourrit, les METS, &c. De-là, nombre de mots.

1. En Celte; MES, gland; Gall. *MESbren,* chêne. MEZEAU, vieux Franç. ladre. Bas-Br. *MESEN,* glandes du cou.

2. METS, viandes qu'on porte & qu'on met sur la table; Lat. *MISSUS,* mets, plat.

3. METTRE, placer, poser; du Lat. *MITTO,* qui signifie mettre devant, servir, envoyer.

METABLE, qui peut se mettre.

4. MESSAGER, *vieux Fr. MES,* qui est envoyé, qui fait un message.

MESSAGE, envoi d'une personne pour remplir une commission, porter une nouvelle, une invitation, &c.

MESSAGERIE, Voitures publiques qui se chargent des paquets, des envois qu'on fait.

5. MIS, placé, posé.

MISE, ce qu'on a mis, avancé.

MISSIVE, envoi, lettre.

6. MISSION, pouvoir donné à des Ecclésiastiques envoyés pour instruire, &c.

MISSIONNAIRES, ceux qui sont envoyés pour instruire.

7. MESSE, Office divin où l'on offre en sacrifice le Corps & le Sang de J. C. &c. Lat. *MISSA.* On dérive ce mot ordinairement de *mitto,* renvoyer, parce que lorsqu'on vouloit communier, on disoit, *Ite MISSA est,* allez, l'assemblée est congédiée; pour faire retirer ceux qui ne devoient pas communier. Il vient plutôt de *MITT,* placer devant, servir : repas. C'étoit le repas par excellence.

COMPOSÉS.

ADMETTRE, recevoir auprès de soi; donner entrée.

ADMISSION, admissible.

COMMETTRE, établir, préposer; 2°. exécuter, faire.

COMMETTANT, qui prépose, qui commet.

COMMIS, celui auquel on a confié une place.

COMMISSAIRE, Inspecteur.

COMMISSION.

DÉMETTRE, ôter de place.

DÉMISSION, action de démettre.

EMISSAIRE, Envoyé.

ENTRE-METS, mets servis entre deux autres services.

ENTREMISE,

ENTRE-MISE, action de négocier entre deux personnes.

INTER-MEDE, entr'acte.

INTER-MITTENTE, fièvre qui vient par intervalle.

PROMESSE, action de donner d'avance sur parole.

PROMETTRE, donner d'avance sur parole.

REMETTRE, rendre, poser dans son ancienne place.

REMISE.

SOUMETTRE, mettre sous sa puissance.

SOUMISSION.

TRANSMETTRE, faire passer au-delà, de main en main.

MOQ.

MOQUEUR, qui se moque.

Se MOQUER, tourner en ridicule : 2°. ne pas se soucier.

MOQUERIE, raillerie.

Moqué, dont on raille. Or. מוק, se moquer : Gall. Moccio, se moquer.

MO

Mou, Mu

MO, mot Celte qui désigne le mouvement, la mobilité, le changement, l'agitation, ou la fluctuation des eaux, des insectes, des odeurs : de-là diverses familles.

I.

1. MOUVEMENT, action de se mouvoir, de changer de place.

MOUVOIR, remuer faire changer de face, agiter, Lat. MOVeo.

MOUVANT, qui se meut ; 2°. qui n'est pas solide.

Mu, Lat. MOTUS, en mouvement.

2. MOTION, Lat. MOTio, mouvement, action de se mouvoir.

ÉMOTION, ébranlement.

ÉMOUVOIR, ÉMU.

COMMOTION, secousse, agitation forte.

PROMOTION, mouvement en avant ; avancement.

3. MOBILE, facile à mettre en mouvement.

MOBILITÉ, disposition à se mouvoir.

IMMOBILE, IMMOBILITÉ.

4. MUETTE, *vieux-Fr.* départ.

AMOVIBLE, qu'on peut écarter, ôter.

INAMOVIBLE.

II.

MUD en Gallois, transport, sortie, changement d'habitation.

MUDO, changer d'habitation, sortir, &c. Lat. MUTO, changer ; de-là :

1. MUTATION, changement.

MUTUEL, réciproque.

MUTUELLEMENT.

2. MUTABILITÉ, inconstance, état sujet à changement.

MUER, changer de plumes.

MUE, état des oiseaux, lorsqu'ils changent de plumes, &c.

MUABLE, sujet au changement.

IMMUABLE, qui n'est sujet à aucun changement.

IMMUTABILITÉ.

Dict. Etym.

PERMUTER, faire un échange.
REMUAGE, action de remuer.
REMUANT, qui remue, vif, actif.
REMUEMEMT, mouvement.
REMUER, mouvoir : REMUEUR.
REMUÉ de germain, *issu* d'un germain.
TRANSMUER, changer un métal en un autre.

4. MUSCLE, Lat. MUSCULUS, de *muo*, mouvoir ; d'où
MYOLOGIE, Traité des muscles.
MUSCULAIRE, MUSCULEUX.

Il falloit être réduit à une terrible disette de mots radicaux pour chercher l'origine de la Myologie & des muscles dans le mot *mus* un rat.

5. MOMENT, instant, Lat. MOMENTUM, & MOMEN, de *moveo*, mouvoir.
MOMENTANÉ, qui n'a qu'un instant.

6. MOTIF, ce qui fait mouvoir, raison qui détermine à agir.
MOTIVER, accompagner ses démarches de l'exposition des raisons qui les déterminent.
MOTIVÉ.

7. MOTEUR, qui met en mouvement.
FORCES MOTRICES, qui mettent en mouvement.

8. ÉMEUTE, soulevement.
AMEUTER, soulever.

9. MEUTE, bande de chiens qui poursuivent les animaux des forêts.

10. MEUBLE, Lat. MOBILE, effets qui peuvent se transporter.

MEUBLÉ, où il y a des meubles.
MEUBLER.
AMEUBLEMENS, les meubles qui ornent un appartement.
MOBILIER, l'ensemble des meubles.
IMMEUBLES, biens qui ne peuvent se transporter.

III.
Mou, Mu, les Eaux.

1. MOITEUR, légere humidité.
MOITE, humide,

Ce mot tient au Latin *MADeo*, mouiller, humecter ; à l'Oriental מית, *Mith*, fluide, liquide, lait ; au Grec *MUDaó*, gâter par trop d'humidité ; au Celt. *MWYD*, humecter, tremper, mouiller.

2. MOISI, gâté par l'humidité.
MOISIR, MOISISSURE, Lat. *MUCOR*.
Lat. *Muceo*, être moisi ; *MUCESCO*, moisir.

Ces mots tiennent aux mêmes racines que MOITEUR.

3. MOUETTE, oiseau aquatique.
Angl. Theut. &c. MEW.

IV.
M o u, MUCOSITÉ.

1. MUCOSITÉ, humeur gluante & épaisse qui se décharge du cerveau par le nez.
MUCRE en Norm. humide, relan.

2. MOUCHER, ôter la mucosité du nez.
SE MOUCHER.
MOUCHOIR, linge dont on se sert pour se moucher.

5. MUCOSITÉ, s'appelle en Grec MUCSA: & ce mot signifie également ce que nous entendons par le mot de MÉCHE, en Lat. MYXUS. Aussi disons-nous

MOUCHER une lampe, une chandelle.

MOUCHETTES, instrument avec lequel on mouche la chandelle.

MOUCHURE, ce qu'on retranche du lumignon quand on mouche la chandelle.

MOUCHEUR de chandelle.

MOUCHERON, bout de mêche qui brûle.

V.

MU, odeur.

1. MUSC, matiere dont l'odeur est très-forte, & qui est fournie par un animal indien, appellé *Civette*; Lat. MOSCHUS.

MUSQUÉ, qui sent le musc.

2. MUSCADE, Noix des Indes, qui a une odeur aromatique.

3. MUSCADELLE, poire qui sent un peu le musc.

MUSCAT, raisin qui a le goût musqué.

Ces mots tiennent au Celt. MUSSA, flairer; MUSSE, odorat, odeur. En Ethiop. MEZ, odeur.

C'est une onomatopée peignant le mouvement qu'on fait du nez pour flairer, pour attirer l'odeur.

4. MUGUET, Plante odoriférante, appartient à la même famille. Ce mot désignoit autrefois *au figuré* ceux qui font la cour aux femmes, parce qu'ils sont musqués, parfumés; & on disoit MUGUETER, faire l'amour.

MOU, Insecte ailé.

1. MOUCHE, nom d'un insecte volant, en Lat. MUSCA, en Gr. MUIA: c'est une onomatopée.

MOUCHERON, insecte volant, plus petit que la mouche.

2. MOUCHE, (*metonymie*), morceau de taffetas noir, de la grandeur d'une aile de mouche, & qu'on met au visage.

2°. Tache de la grandeur d'une mouche.

3°. Démangeaisons, comme des piquures de mouche.

3. MOUCHETÉ, tacheté.

MOUCHETER, tracer des fleurs, des figures sur toile.

MOUCHETURE, marques noires sur un fond blanc.

4. MOUCHARD, Espion, Commis; on les compare à des mouches.

5. MOUCHET, Epervier mâle, parce qu'il a le ventre moucheté.

6. MOUSQUET, fusil; nom emprunté des Arbalêtes appellées MOUSQUETES, MUSCHETÆ; on les comparoit aux Mosquites qui piquent, qui désolent, qui mettent en sang.

MOUSQUETADE, MOUSQUETERIE, MOUSQUETAIRE.

7. MOSQUITES, moucherons très-piquans.

MOT,
Mout, Mouss.

MOT, est un mot Celte qui signifie Petit; c'est l'opposé de MA, Mo, Grand; & il est très-apparent que le T qui le termine est la négation primitive finale, qui s'est conservée dans plusieurs autres mots François, Anglois, &c. De-là nombre de mots.

I.

MOUSSE, jeune Matelot; c'est l'Esp. *moço*, jeune garçon, valet, domestique. Ils ont la famille entière.

Moço, jeune; moça, jeune fille, servante.

Moçuéla, petite fille.

Moçuelo, petit garçon.

Basq. *Mutila*, garçon, valet, serviteur.

Mutilla, jeune.

Motza, sans barbe.

Cornouaill. Moz, fille, servante.

Franc. Celt. *Moutot*, petit.

II.

MOUSSE, Lat. *muscus*, herbe extrêmement courte & qui ne vient que dans des lieux incultes, sur l'écorce des arbres, dans les bois, &c.

MU, MUS, MY

MUZ, signifie en Celte cacher; d'où le Gr. *Muó*, cacher: de-là

1. MUCER, MUSSER, cacher; *vieux Fr.* Se musser, se cacher.

CLIGNEMUSETTE, Jeu où l'on a les yeux bandés.

2. MYSTERE, du Gr. Mysterion, chose cachée, qu'on réserve pour les initiés; 2°. vérité ou dogme qu'on ne peut approfondir.

3. MOUSET, dans quelques Provinces, petite souris; Lat. & Gr. *mus*, souris; c'est un animal qui se tient toujours caché dans des trous.

4. MOURON, Moron, Plante qui ressemble à l'oreille d'un rat: observons que *mus*, rat, se prononce en Lat. *mure* dans tous les cas hors le nominatif.

5. Mulot, souris des champs & qui ronge les racines des plantes, doit venir de la même racine *mu*.

MOTS FRANÇOIS VENUS DU LATIN.

M

MANSUETUDE, Lat. MANSUETUDO.

MAQUIGNON, Marchand de chevaux, tient au Lat. MANGO, Marchand d'Esclaves.

MATIN, Lat. MATUTINUM.
MATINAL, MATUTINUS,
MATINEUSE, MATINÉE.
Se DÉMATINER.

MEDASCHE, écheveau, *vieux Fr.* Lat. METAXA.

MILICE, du Lat. MILITES, Soldats.
MILITAIRE.
MILITER.

MIME, Lat. MIMUS, Comédien.
PANTOMIME, qui imite en gestes toutes sortes d'actions & de discours.

MIR

1. MIRER, regarder avec attention; 2°. viser. Lat. MIRari.
MIRE, ce qui dirige la vue pour tirer.
MIROIR, où l'on se mire.
Se MIRER, se regarder dans un miroir.
MIROITERIE, commerce de miroirs.
MIROITIER, Marchand de Miroirs & de Lunettes, &c.

2. MIRABELLE, nom d'une prune, à cause de sa beauté.

3. MIRACLE, chose étonnante qu'on ne peut *voir* sans surprise, & qui est au-dessus des forces humaines. Lat. MIRACULUM.
MIRACULEUX, effet d'un miracle.
MIRACULEUSEMENT, par miracle.

4. MERVEILLE, Ital. MIRAVIGLIA, mot altéré de *Mirabilis, Miravilis,* chose surprenante, admirable.
MERVEILLEUX, admirable, qui est au mieux.
MERVEILLEUSEMENT.
Être EMERVEILLÉ.

5. ADMIRER, Lat. *Admirari.*
ADMIRATION, *Admiratio.*
ADMIRATEUR, *Admirator.*

MO

MOILLER, *vieux Fr.* Femme; Lat. MULIER; Langued. MOGLIÉ; Ital. MOGLIE.

IMMOLER, Lat. IMMOLARE.

MONDE, Lat. MUNDUS.
MONDAIN, *Mundanus.*
MONDANITÉ.
IMMONDE. *Immundus.*
IMMONDICES.
ÉMONDER, Lat. *Emundare.*

MORTIER, Lat. MORTARIUM.

MOR, MUR.

MOR, est un mot Celtique & Or. qui signifie bride, lien, frein ; 2°. tout ce qui retient, qui arrête : les murs, les mœurs, la patrie, &c. De-là ces familles :

MUR, Lat. *MURUS*, murailles, pierres élevées pour se défendre, pour arrêter tout ce qui pourroit nuire.

MURAILLE.

MURER, fermer de murs.

Lat. *MORA*, retardement, retard : 2°. ce qui arrête, qui retient : d'où,

DEMEURE, lieu où l'on s'arrête : 2°. où l'on est résident, établi ; du Lat. *DEMOROR*, s'arrêter, retenir ; mot également Égyptien.

MŒURS, Lat. *MORes*, les usages, les coutumes, auxquelles on est astreint, & par lesquelles on est retenu.

Avoir des mœurs, c'est être retenu dans le bon chemin, ne pas s'en écarter, respecter le frein social.

MORIGINÉ ; Lat. *MORIGERUS*, docile.

MORIGINER, rendre docile, bien élever ; retenir dans le bon chemin.

MORAL, qui regarde les mœurs.

MORALE, Science des mœurs, des vertus.

MORALISER, parler morale.

MORALISTE, qui traite de la morale.

MORALITÉ, réflexion morale.

MORALEMENT, selon l'usage, selon les apparences.

MOU

MOUTARDE, du Lat. *MUSTUM*, mout ; & *ardere*, piquer, brûler.

MULCTE, amande ; Lat. *MULCTA*.

MULCTER *MULCTARE*.

MOTS FRANÇOIS VENUS DU GREC.

M

MACARONS, espéce de pâtisserie séche & agréable.

MACARONI, espéce de pâtisserie en ragoût ; ces deux mots viennent du Grec *MAKAR*, heureux : de-là

MACARONIQUE, Poësie mêlée de mots Latins & de mots de la Langue maternelle dans laquelle on écrit ; c'est comme si on disoit *marmelade*, *ragoût*, composé de mets disparates.

MANDOLINE, MANDORE, Instrument de musique ; en Grec *PANDOURA*. Ce mot paroît composé de *Pan*, tout, & *doura*, bois ; c'est-à-dire, Instrument tout en bois.

MAROTE, emblême de la Folie,

poupée au bout d'un sceptre ; Grec MÓRIA, folie ; MÓROS, fou.

MARTYR, Gr. MARTYR.

MARTYRE, MARTYRISER.

MASTIC, Gr. *mastikhé*.

MASTIQUER, MASTICATOIRE.

MAUSOLÉE, Monument élevé à l'honneur de MAUSOLE, Roi de Carie.

MECONIUM, en Gr. suc de Pavot, de MÉKÔN, pavot.

MELANCOLIE, Gr. *melankholia*, bile noire.

MÉLANCOLIQUE.

De la Préposition Grecque META, qui signifie *trans*, au-delà, par, à travers, avec, &c. mise à la tête d'autres mots Grecs, sont venus ceux-ci,

MÉTAMORPHOSE, du mot MORPHÉ, forme. MÉTAPHYSIQUE, du mot *Phusis*, nature.

MÉTAPHORE, du mot *Phoros*, transport.

MÉTAPLASME, changement de lettre ; du mot *Plasmé*, formation.

MÉTATHESE, transposition de lettres, du mot *Thesis*, position.

MÉTEMPSYCOSE, du mot *Psyché*, ame.

MÉTHODE, du mot *Hodos*, chemin.

MÉTHONYMIE, nom mis à la place d'un autre ; d'*Onyma*, nom.

MICROCOSME, *mot-à-mot*, petit monde.

MICROSCOPE, *mot-à-mot*, qui fait voir les petits objets.

MITES, insecte qui ronge les habits, tient au Grec *Midas*, ver qui mange les féves.

MOMMERIE & MOMMON, *masque* ; du Grec MÔMOS, Momus.

MON, 1°. Soleil : 2°. seul.

Nous avons fait voir dans l'Histoire du Calendrier que dès les tems les plus reculés, le Soleil avoit été appellé MAN, MEN, MON, & la Lune MANA, MÉNÉ.

Comme ces Astres sont seuls de leur espéce, leur nom devint celui de tout être unique ; de-là le Grec MONOS, qui signifie seul : c'est ainsi que ce dernier mot, en latin SOLUS, vient également du mot SOL, nom du Soleil, dans cette derniere Langue.

Du mot MONOS, seul, dériverent un grand nombre de mots Grecs, dont ceux-ci ont passé dans notre Langue.

MOINE, Personnage Solitaire, qui vit seul. Mot qui s'est écrit en *vieux Fr.* MOIGNE & MONGE. Un Historien Provençal n'est connu que sous ce dernier nom qui désignoit sa qualité.

MONACAL, MONACHISME.

MONASTERE, mot dont on a fait dans le *vieux Fr.* MOTIER, MOUSTIER, MOINEAU.

MONASTIQUE.

MONIAL, MONIALE, Religieux & Religieuses qui vivent en reclus.

MOINEAU, oiseau qui doit son nom

à sa couleur, approchante de la robe de plusieurs Ordres de Moines.

MOIGNON, bras resté seul ; sans main.

MANICORDION, Instrument à une seule corde.

MONARQUE, seul chef; du mot *Arkhos*, chef.

MONARCHIE, Gouvernement d'un seul

MONARCHIQUE.

MONOGRAMME, chiffre qui sous un seul caractère présente le nom entier.

MONOLOGUE, entretien d'un seul.

MONOPOLE, commerce exclusif; du mot *Poleo*, vendre.

MONOPOLEUR, qui s'attribue un commerce exclusif.

MONOPOLER.

MONOSYLLABE, mot composé d'une seule syllabe.

MOUSTACHE, Gr. Μυσαξ, *Myslax*.

MYRTE, Gr. Μυρτος; autrefois MEURTE.

MUSES, les neuf Sœurs qui chantent les Victoires des Dieux, & qui inspirent les Poëtes. Nous avons vu dans les Allégories Orientales, qu'elles étoient relatives aux neuf mois de l'année, pendant lesquels ont lieu les travaux de la Campagne : & ce sont ces travaux qu'elles chantent & la victoire qui en est la suite. Aussi leur nom fut-il bien choisi. C'étoit primitivement *MOHA*, conservé dans le Gr. Dorien Μόα, nom des Muses. Et ce nom signifioit chant, chant de triomphe, victoire. Il vint de *MU*, la bouche & tout ce qui y est relatif.

En Bas-Br. *MOUEZ*, chant, voix: 2°. réputation, bruit.

En Arab. מוא, *moua*, crier.

En Ethiop. מוא, *moua*, remporter la victoire : *T-moua*, la victoire. Irl. MOE.

De ce même mot vinrent,

MUSETTE, Instrument de Musique.

MUSIQUE, Art du chant.

MUSICIEN, MUSICIENNE.

MUSICAL, qui regarde la Musique.

MOSAÏQUE, ouvrage fait de pièces rapportées; en Lat. *MUSIVUM*, Gr. *Mousaios*, mot-à-mot, ouvrage peint, & digne des Muses.

MOTS

MOTS FRANÇOIS VENUS DE L'ORIENT.

M

MACAF, tiret qui unit deux mots; du Chaldéen MACCAPH, ce qui unit; & qui est également en Chaldéen le nom du tiret.

MARABOUT, Religieux Mahométan ; de RABAT, mener une vie retirée.

MARFIL, Yvoire, dent d'Eléphant, mot emprunté des Espagnols, qui l'auront formé en altérant le mot oriental AL-FIL, nom de l'Eléphant, qui appartient aux familles FAL, BAL, grand. En Arab. FAL désigne une plante qui a pris tout son accroissement, la graisse, la grosseur.

C'est ce même mot ALFIL, qui désigne l'Eléphant au jeu des échets, que nous avons altéré dans le mot de FOL ou FOU, corruption peu ancienne ; car nos Ecrivains du XIIIe. siécle appelloient encore cette piéce *Alphil* ou *Alphin*, comme on voit par le poëme de VETULA.

MAUVE, Gr. MALAKHÈ, Lat. *MALVA*, Arab. MULUKHIA, vient de l'Or. MALCH Roi : *mot-à-mot*, la plante royale.

MALACHITE, pierre précieuse qui a la couleur de la mauve, & qui lui doit son nom.

MASQUE, forme d'un visage dont on se couvre la figure, fausse-tête.
MASCARADE, bande de gens en masque.
MASQUÉ, qui a un masque.
MASQUER, déguiser.

Ce mot est Bas-Bret. Espagn. Ital. Esclavon. Angl. &c.

En Ital. MASCHERA, masque.
MASCHERARE, masquer, déguiser.
Esp. MASCARA, masque, faux visage.
MASCARILLA, masque de femme.

De שקר, SKar, tromper, feindre, déguiser, mentir : 2°. mensonge, déguisement. Hebr. & Arab.

ME,

MENE, en Langued. espece ; de l'Or. מין, MIN, espece.

MESQUIN, Ital. MESCHINO, pauvre, malheureux ; de l'Or. מסכן SKAN, être pauvre, misérable.

MESSIE, de l'Orient משח, MESSAH, Oint.

MESC, MYSC, mélange, mêler, en Celt. en Lat. en Orient. &c. d'où MESCLA, mêler, en Langued. & vx. Fr. d'où MESLER, & puis MÊLER.
MÉLANGE, chose mêlée.
MÉLANGER, faire des mélanges.

Dict. Etym. Aaa

ENTREMÊLER, *mêler des choses entr'elles, les unes avec les autres.*
MIXTION, mélange de liquides.
MIXTIONNER.
s'IMMISCER, se mêler d'une chose.
MÉTEIL, Lat.-B. MIXTALE, grain mêlé de seigle & de froment.
De MIXTUS on fit en vx. Fr. le mot MISTE, beau, bien fait, joli.

Femmes qui sont veuves, & encore mistes. (Pierre Gringore, *dans ses menus propos.*)

MISTOUFLET, en Toulousain, mignon, délicat.

MI.

MINARET, Tour ronde, d'où l'on appelle chez les Mahométans le Peuple à la priere. En Arab. MENARAH, Phare, Tour pour éclairer; de NAR, lumiere.

MINOT, sorte de mesure pour grains: de l'Or. MANA, mesure, mesurer.

MITRE, Diadême, bandeau pour la tête, pour le sein, &c. de la même famille que le Grec MITUS, fil; de l'Or. ITHAR, lier. MITRIM, liens, cordeaux.

MITRONS, parce qu'ils portent une mitre, espéce de Bonnet.

MO

MOMIE, Corps embaumé: de l'Or. & Pers. מום MUM, cire.

MOUFTI, Chef de la Religion Mahométane : du verbe AFTA, instruire, enseigner.

MOUSSELINE, Toile de coton qui vint des Indes; Ital. MOSSELINA.
MUSQUINIER, fabricant de toile, tisserand, en Picardie; appelé aussi MULQUINIER. MOSCIA, Lat-B. Toile fine faite par les Musquiniers; MOSSINESS, en Angl. coton.

Tous ces mots vinrent de l'Orient avec le coton; mais ils ne durent pas leur nom, comme on l'a cru, à la ville de MOSOUL, l'ancienne Ninive; mais au mot même MOUSS désignant le coton: soit qu'il ait été une espéce de MUSA, soit plutôt qu'il ait été une altération de l'Oriental *bouss*, butz בוץ, prononcé *Byssus* en Lat. & que le Dr. FORSTER a démontré n'être que le coton, dans le savant Ouvrage qu'il vient de donner sur cette plante.

MOUSSONS, vents qui soufflent toujours dans la même saison sous la Zone Torride, & qu'on est obligé d'attendre pour le voyage des Indes. C'est le mot Oriental מושים, *Mousim*, Saison; en ancien Hebreu מועד, *Mouet*, le Tems, la Saison, dérivé de la famille primitive *Hed*, *Ot*, Tems, que nous avons rapporté dans l'Origine du Lang. & de l'Ecriture, p. 164. & 175.

MOTS FRANÇOIS VENUS DU CELTE.

N.

La Lettre N marche avec raison dans tous les alphabets à la suite de M ; si celle-ci désigne les idées de Mere & de tout être productif, N désigne les idées de Né, de fils, de tout être produit.

De-là l'étymologie d'une grande partie des mots qui commencent par cette Lettre.

Mais comme c'est une Lettre Nasale, elle a désigné également la touche nasale, & ses diverses fonctions : sur-tout l'idée de rejetter, de refuser, de nier, parce que dans la langue du geste, & dans la langue imitative, on ferme la bouche & on fait passer le soufle avec force par le nez, lorsqu'on ne veut pas accepter & qu'on veut éloigner au contraire de soi une chose qui déplait.

Ce sont-là deux grandes sources des mots en N ; on en peut ajouter une troisiéme, la facilité qu'à cette Lettre de se substituer à L, & à R, & même à M, comme nous en avons déja donné divers exemples dans l'Origine du langage & de l'Ecriture.

N pour L.

NAQUET, *vieux Fr.* laquais, valet de pied : *aujourd'hui* marqueur, au jeu de paume, pour *laquais*.

NAQUETER, faire servilement sa cour.

NENTILLES, au lieu de *Lentilles*.

NIVEAU, autrefois NIVEL, au lieu de *livel*, en Lat. *LIBELLUS*.

NIVELER, prendre le niveau.

NIVELLEMENT.

N pour M.

NAPPE, linge dont on couvre une table à manger, en Lat. *MAPPA*.

NATTE, tissu de paille, de cheveux, de soie, &c. Lat. *MATTA*.

NATER, tresser en nate : 2°. couvrir d'une nate.

NATIER, NATIERE, qui fait des nates.

NEFLE, fruit du Neflier.

NEFLIER, arbre frutier, Lat. *MESPILUS*.

N ajouté.

NOMBRIL, en Lat. *UMBILICUS*, & en Gr. *Omphalos*. On disoit *un ombil*, prononcé *un nombil*, &

insensiblement on a dit un nombril.

N.
désignant la négation.

NA, NE, NO, est une négation en Gallois, en Irlandois, en Bas-Bréton, en Latin, en Anglo-Saxon, en Persan, &c. En Orient même, à la vérité changé en *la*, L & N se substituant sans cesse, comme nous venons de le voir : de-là en François.

I.

NE, NI, NON, tous mots négatifs.
NIER, Lat. *NEGO*.
NEGATION, action de nier : mot négatif.
NÉGATIF, qui nie.
NÉGATIVE, NÉGATIVEMENT.
NENNI, non, point du tout

COMPOSÉS.

NÉANT, qui n'est pas : *ne ens*.
NÉANMOINS, Lat. *NIHILOMINUS*, mot-à-mot *rien-moins*.
ANNÉANTIR, faire rentrer dans le néant.
ABNÉGATION, Lat. *Abnegatio*, action de rejetter.
RENIER, affirmer le contraire ; renoncer à la vérité.
RENÉGAT, qui a renié la vérité, qui la rejette.
DÉNI, refus,
DENIER, refuser ; nier qu'on ait reçu.
NITOUCHE, qui paroît n'y pas toucher.

II.

NUL, Lat. *N-ullus* pour *Ne-unus*, Non un, pas même un, nul.
NULLITÉ, défaut dans les formes qui rend un acte nul ; 2°. état de ce qui ne peut être d'aucun usage.
NULLEMENT, en aucune maniere.
ANNULLER, déclarer nul, casser un acte.
NESSUN, *vieux Fr. Ital. NESSUNO*, de *Ne uno*, non un.
NEUTRE, Lat. *NEUTRUM* ; de *NE UTRUM*, non l'un & l'autre, aucun des deux.
NEUTRALITÉ, état de celui qui ne veut être d'aucun parti.

I.

NÉCESSAIRE, dont on ne peut se passer ou se dispenser, Lat. *Necessarius*, de *Ne* non & *cedo* céder.
NÉCESSITÉ, *nom*, obligation indispensable : besoin.
NÉCESSITÉ, *adj.* forcé, obligé à.
NÉCESSITEUX, qui est dans le besoin.
NÉCESSAIREMENT.

IV.

NÉGLIGER, n'avoir pas soin : Lat. *Neg ligo*, de la négation *Ne* & du verbe *lego* cueillir ; mot-à-mot, ne pas cueillir ; abandonner le soin de ses recoltes, de ses revenus. Ce n'est pas le seul terme ou la seule figure que nous ayons emprunté de l'agriculture. Nos Langues en sont remplies.

NÉGLIGENCE, action de négliger.
NEGLIGENT, qui néglige.

NÉGLIGEMMENT.
NÉGLIGÉ, *nom*, état d'une femme qui n'est pas parée, *adj.* oublié, dédaigné, mis de côté.

V.

NONCHALAND, qui n'a nul souci, nulle ardeur: nous disions autrefois,

NONCHALOIR, ne se soucier pas, ne se mettre point à peine. *Voy.* la Famille CAL.

NON-OBSTANT, Lat. *Non-obstante*, rien ne faisant opposition, sans que la chose qu'on objecte puisse empêcher d'aller en avant.

NOM-PAREIL, pour *non-pareil*, qui n'a point de pareil.

NON-SEULEMENT.

NON-VALEUR, état d'un objet qui ne rapporte rien, dont on ne peut rien retirer.

N

NÉ, mis au jour, produit.

I.

NÉ, Lat. *Natus*, qui est venu au monde.

INNÉ, qualité née avec nous, qu'on tient de la nature & non de l'éducation.

NAÎTRE, venir au monde.

NAISSANCE, tems où on naît; 2°. race, famille.

NAISSANT, qui naît, qui commence à paroître.

NATIF, né en un lieu.

NATAL, qui est du lieu où on est né.

NATIVITÉ, naissance.

NOEL, *vieux Fr.* NOUEL, Langued. *NADAU*, Lat. *Natalitia*, jour où on célébre la naissance de Jesus-Christ.

NAÏF, Lat. *Nativus*, qui ne fait que de naître 2°. simple, ingénu;

NAIVETÉ, ingénuité, simplicité.

RENAÎTRE, naître de nouveau.

RENAISSANCE.

NATION, ensemble de ceux qui sont nés & qui vivent dans une même contrée.

NATIONAL, qui est de la Nation.

II.

NATURE, principe de tout ce qui naît, de tout ce qui est produit; 2°. propriété essentielle, état d'une chose: 3°. sorte, maniere, &c.

NATUREL, *nom*, caractère donné par la nature.

Adj. Qui vient de la nature; 2°. sincère, sans déguisement.

NATURELS, les habitans d'un pays & qui y sont nés.

NATURELLEMENT, selon la pente naturelle; conformément à la nature.

NATURALISER, mettre au rang des naturels d'un pays.

NATURALISÉ.

NATURALISATION.

III.

NOURRIR, Lat. *NUTRIRE*, fournir les alimens nécessaires à la vie; 2°. élever; 3°. instruire.

NOURRICE, qui nourrit un enfant de son lait.

NOURRISSON, l'enfant qu'on nourrit.

NOURRISSIER, mari d'une nourrice; 2°. celui qui fournit les moyens de vivre.

NOURRI, à qui on donne les moyens de vivre; 2°. élevé, instruit.

NOURRISSANT, qui nourrit.

NOURRITURE, alimens ; 2°. éducation; 3°. tout ce qu'on entretient.

NUTRITIF, nourrissant, en terme de Médecine.

NUTRITION, entretien du corps par la digestion des alimens.

IV.

NUBILE, en état de se marier.

NUBILITÉ, âge où on est nubile.

NUPTIAL, qui regarde les noces.

NOCES, Lat *Nuptiæ*, Fête du mariage; 2°. le mariage lui-même; 3°. ceux qui composent la fête.

V.

NOIX, Lat. *Nux*, fruit du noyer, & dans l'origine, toute espéce de fruit.

NOYER, arbre fruitier.

NOISETTE, fruit comme une petite noix.

NOISETTIER, arbre qui produit la noisette.

NOYAU, Lat. *Nucleus*, corps dur qui se trouve dans certains fruits, & qui en conserve la semence.

NAVET, Lat. *Nap-us*, racine bonne à manger.

NAVIERE, champ semé en navets.

VI.

NANAN, terme enfantin qui désigne, 1°. la mere, 2°. la nourriture.

NANE, nourrice, dans quelques Provinces. En Grec *NANNÉ*, Tante.

VII.

NABOT, petit, en Gr. Eolien, *Nap,* d'où le Grec *Nép-ios*, enfant.

NABOTE, petite.

NAIN, Grec *NANOS*, petit ; homme qui reste toujours avec une taille d'enfant.

NAINE, femme qui n'a qu'une taille d'enfant.

VIII.

NE, NI, petit

De *Ne*, enfant, vinrent en Celt. *NITH*, petit, bas ; NIC, fille; NIS, NIH, niéce, neveu. En Lapon, *Neyt*, fille.

NEVEU, fils d'un frere ou d'une sœur.

NIÉCE, fille d'un frere ou d'une sœur.

NEVEUX, descendans. Lat. NEPOS, petit-fils.

NÉPOTISME, puissance des Neveux des Papes.

IX.

NICE, simple, niais : *promesse nice*, vieux Fr.

NICETTE, diminutif de *nice*.

NIAIS, simple, innocent, benêt.

NIGAUD, niais, sot, benêt.
NIGAUDE.
NIGAUDER, NIGAUDERIE.

X.

NUN, a signifié enfant, jeune, fils. En Basq. *Ninia*, fils, fille.

NONNE, NONAIN, NONETTE, Religieuse, *mot-à-mot*, fille. On remarque que ce mot existoit déja dans l'Égypte chrétienne, dès les premiers siécles. On a aussi appellé les Religieux NONNI. Les Religieux sont les *fils* de leur Abbé ou Pere, & les Religieuses *filles* de leur Abbesse ou Mere.

XI.

1. NEUF, *mot-à-mot*, produit à l'instant ; 2°. qui n'a pas encore servi ; 3°. sans expérience.

NOUVEAU, né depuis peu ; 2°. récent.

NOUVEAUTÉ, chose nouvelle.

NOUVELLES, évenement du moment.

NOUVELLISTE, qui est au fait des nouvelles.

NOUVELLEMENT, depuis peu.

RENOUVELLEMENT, rétablissement.

RENOUVELLER, remettre dans son premier état, recommencer.

2. NOVICE, qui apprend ; qui est encore sans expérience.

NOVICIAT, tems destiné à l'instruction dans les Maisons religieuses.

3. NOVATEUR, qui établit de nouvelles opinions.

INNOVATION, changement.
INNOVER, changer.

NOVELLES, Constitutions de l'Empereur Justinien, *mot-à-mot*, loix nouvelles.

NOVALES, Terres nouvellement cultivées.

XII.

NEUF, derniere des unités.

Dans un grand nombre de langues, de même qu'en François, la derniere des unités porte le même nom que ce qui est nouvellement né, que ce qui est neuf. En Lat. *NOVem* & *Novum*, en Grec *NEos* & *ENnea*, &c. C'est que ce qui est nouvellement né, est toujours le *dernier*, tout comme l'unité appellée *neuf*.

NEUVIEME, qui est dans le rang de neuf.

NEUVAINE, espace de neuf jours.

NONANTE, *vx. Fr.* neuf fois dix.

NONAGENAIRE, qui a neuf fois dix ans.

NOVEMBRE, neuviéme mois de l'année, à compter du mois de Mars inclusivement.

NONAGESIME, Fête du quatre-vingt-dixiéme jour avant Pâques.

NO,
Connoître.

De *Ne*, fruit, production, se forma *No* désignant la *connoissance* dans toute l'étendue du mot. On connoît ce qui se produit, & les connoissances sont les FRUITS, les *productions* de l'esprit.

De-là, le Grec *NOUS*, esprit, intelligence ; *No6*, *GNo6*, connoître, & le Lat. *Notus*, connu, *Novi*, j'ai connu : *Nosco*, je connois, *Cog-notus*, connu ; C'est de-là que sont venus,

I.

CONNOISSANCE, ce qu'on connoît.

CONNU.

CONNOÎTRE, avoir connoissance d'une chose, avoir des connoissances.

CONNOISSEUR, qui peut juger d'une chose, qui a les connoissances qu'éxige une chose pour en juger.

IGNORER, composé de *IN*, non, & de *NO*, *Noro*, connoître. Ne pas connoître.

IGNORANT, qui n'a point de connoissances.

IGNORANCE.

IGNARE, qui ne sait rien.

II.

NARRER, raconter, apprendre aux autres des faits dont on instruit.

NARRÉ, NARRATION.

III.

NOM, ce qui sert à faire connoître ; 2°. réputation ; 3°. pouvoir en vertu duquel on agit.

NOMMER, donner un nom : dire le nom.

NOMMÉ, à qui on a donné un nom, dont on a dit le nom : déterminé : désigné.

NOMINATION, action de nommer une personne pour une place.

NOMINAUX, secte de Philosophes scholastiques.

NOMINATIF, premier cas des Latins, qui nomme le sujet du discours.

NOMENCLATURE, dénombrement de noms ; du Lat. *NOMEN*, nom, & *CLAO*, manifester.

NOMMENCLATEUR, celui qui indiquoit à Rome les noms de tous les Citoyens.

NOMMÉMENT, spécialement, sur-tout.

IGNOMINIE, Lat. *IGNOMINIA* ; de *IN*, non, & *NOMEN*, nom ; *mot-à-mot*, état de celui qui est sans nom, sans réputation, qui est deshonoré : honte, infamie.

IGNOMINIEUX, plein d'ignominie.

IGNOMINIEUSEMENT.

RENOM, réputation.

RENOMMÉE, gloire, réputation.

RENOMMÉ.

DÉNOMINATEUR, nombre qui fait connoître de quelle espèce sont les parties qui composent une fraction.

IV.

NOBLE, Lat. *NOBILIS*, mot composé de *NO*, nom, & de *BEL*, élevé : élevé en gloire, en nom ; 2°. d'une race illustre ; 3°. grand ; 4°. courageux.

NOBLESSE, éclat qui vient d'une ancienne & illustre famille ; 2°. Corps des Nobles.

NOBLEMENT.

NOBLEMENT.

NOBILIAIRE, Regiſtre des Nobles d'un pays.

ANNOBLIR, mettre au rang des Nobles.

ANNOBLI, mis au rang des Nobles.

ANNOBLISSEMENT.

IGNOBLE, *mot-à-mot*, non-noble, bas, vil.

V.

NOTE, marque qu'on fait pour ſe rappeller quelque choſe ; 2°. remarque, obſervation, &c.

NOTER, marquer : obſerver, remarquer.

NOTA, impératif Latin, *mot-à-mot*, obſervez, remarquez.

NOTABLE, remarquable, conſidérable ; 2°. diſtingué.

NOTABLEMENT.

NOTAIRE, qui note les conventions, qui les reçoit, les écrit & les garde.

NOTARIAT, Office de Notaire.

NOTICE, connoiſſance, deſcription.

NOTIFIER, donner connoiſſance, faire connoître.

NOTIFICATION.

NOTION, connoiſſance qui regarde les Arts, les Sciences.

NOTOIRE, connu, manifeſte.

NOTORIÉTÉ, évidence, connoiſſance.

NOTOIREMENT.

ANNOTER, mettre en note.

ANNOTATION, remarque ſur quelque Ouvrage.

VI.

NONCE, Ambaſſadeur des Papes : Lat. *NUNCIUS*, qui annonce, qui porte les nouvelles, les ordres, qui fait *connoître* la volonté. Meſſager, Envoyé.

NONCIATURE, qualité des Envoyés des Papes.

ANNONCER, faire connoître un événement, des ordres, &c.

ANNONCE, publication.

ANNONCIATION, fête de la publication de la naiſſance future de J. C.

DÉNONCER, déclarer, accuſer.

DÉNONCIATEUR, qui dénonce.

DÉNONCIATION.

RENONCER, rejetter, renier, ſe déſiſter d'une entrepriſe, d'un héritage, &c.

RENONCIATION, action de ſe déſiſter.

RENONCEMENT à ſoi-même.

VII.

De No, connoître, vint NOD, NUD, déſignant l'état de celui qui eſt à découvert, ſans habits, dont le corps n'eſt pas couvert : Celt. NOD, NOETH, NOAZ, Lat. *NUDUS* : d'où

NUD, à découvert, non vêtu, qu'on voit.

NUDITÉ, *vieux Fr.* NUESSE, Ital. *NUDITA*, Lat. *NUDITAS*.

VIII.

De No, vu, apperçu, vint le Celte NO, NOD, élevé, qu'on voit de loin.

NŒUD, Lat. *NODUS*, élévation en parlant des parties d'un corps ; tubéroſité, groſſeur ; 2°. entrelacement de choſes pliables ; parce que cet entrelacement forme une grosseur.

NOUER, faire un nœud.

NOUÉ, arrêté par un nœud.

NOUEUX, plein de nœuds.

NOUEMENT, état d'une chose nouée, sur-tout en parlant des plantes & des jambes.

DÉNOUER, défaire un nœud.

DÉNOUEMENT, maniere dont se débrouille le tissu d'une piéce de théâtre.

RENOUER, nouer de nouveau : 2°. renouveller connoissance, amitié, &c.

ANNEXER, unir.

ANNEXE, Paroisse unie à une autre.

IX.

NOMBRE, du Lat. NUMERUS, prononcé NUM-RE. Ce mot vient de NO, connoître, & de MAR, MER, portion, partie. Les nombres sont en effet la connoissance des parties d'un tout; & c'est encore ici un autre exemple de MER changé en MBR dans les composés, comme nous l'avons déja vu à l'égard d'Empire, d'Ombre, de Membre, &c. De-là,

NOMBREUX, en grand nombre.

NOMBRER, dire la valeur des nombres.

DÉNOMBREMENT, état des personnes qui composent un Corps.

INNOMBRABLE, qu'on ne peut nombrer.

NUMÉRAL, qui marque le nombre.

NUMÉRO, un nombre déterminé.

NUMÉROTÉ, chose sur laquelle on a marqué un numéro.

NUMÉRATEUR, nombre qui fait portion d'une fraction, & qui désigne de combien de parties semblables elle est composée.

ÉNUMERER, compter.

ÉNUMÉRATION, développement des parties qui composent un tout.

N A,

Touche nasale.

I.

NEZ, partie la plus saillante du visage; siége de l'odorat : & touche nasale. Lat. NASUS.

NASILLER, parler du nez.

NASILLEUR, NASILLEUSE.

NASARD, qui parle du nez.

NASARDE, chiquenaude sur le nez.

NASARDER, donner des nasardes.

NASEAU, ouverture par laquelle les animaux respirent.

NASALE, lettre qui se prononce du nez.

NARINE, ouverture du nez.

NARGUER, mépriser quelqu'un à son nez, le braver.

NARGUE, bravade.

NASITORT, Lat. NASTURTIUM, plante qui fait éternuer.

II.

FORT.

Le nez étant la partie la plus

saillante & la plus dure du visage, a servi à désigner les objets pointus & forts; saillans & élevés; les Caps, &c.

De-là, le prim. NAR, NER, force, courage, d'où le Gr. *Anér*, homme: voy. Orig. du Lang. & de l'Écrit. (pag. 157 & 239). & le Lat. *NERVUS* : d'où

NERF, force; *le nerf de la Guerre*; 2°. les parties du corps animal, qui ont la force des cordages & qui distribuent les esprits animaux dans toute la masse.

NERVEUX, fort, vigoureux, plein de nerf.

NERVIN, qui fortifie les nerfs.

ÉNERVER, ôter les forces.

III.

NEB, NAB, a désigné par la même raison tout ce qui est élevé : de-là En Celte, NEB, NEF, le Ciel.

En Celte & en Lat. NEB, NUBES, nuées : d'où,

1. NUÉE, NUAGE, NUE, vapeurs condensées qui s'élevent & obscurcissent l'air.

De NEB, le Lat. *NEBULA*, nuée : d'où NÉBULEUX, tems couvert, ciel chargé de nuages.

NÉBULEUSE, étoile obscure.

2. NUANCE, couleurs variées comme les nues.

NUANCER, varier les couleurs.

NUÉ, qui forme des nuances.

3. NIELLE, brouillard qui noircit & gâte le blé.

NIEBLE, *en vieux Fr.* brouillard.

NAFE, eau de Nafe; eau de senteur, & dont nos Etymologistes n'ont pu deviner l'origine. Elle doit son nom à NAF, Ciel, parce que dans les Fêtes Espagnoles on en répandoit d'en-haut sur les convives. Usage imité en France dans les derniers siécles.

IV.

NIMBE, cercle de lumiere peint autour de la tête des Saints ; & dans le tems du Paganisme, autour de la tête des Empereurs, &c. En Lat. *NIMBUS*. Irl. *NEIM*, éclat, *NEMeo*, céleste.

NA.

Eau, Navire, Maison.

NA a désigné dans toutes les Langues Celtiques les idées d'eau, de Navire, de Maison, de nager.

I.

Gr. *Nao*, couler.

Bas-Br. *Naoz*, canal, ruisseau, réservoir. Celt. *Nant*, eau, riviere, ruisseau, vallée.

Nenuphar, plante qui croît dans l'eau.

Nantoïde, lieu où mourut Charles-le-Chauve, & qui devoit son nom, disent les anciens Historiens, à la grande quantité de ses eaux.

Lat. *NATO*, nager.

NAGE, action de nager.

NAGER, se mouvoir dans l'eau.
NAGEOIRE, espéce d'ailes ou de bras avec lesquels les poissons se meuvent.
NAGEUR, NAGEUSE, qui nage.

I I.
NOYÉ, qui a péri dans l'eau.
NOYER, faire périr dans l'eau.

I I I.
NAVIRE, maison flottante, bâtiment pour aller sur mer.
NAVES, navire *en vieux Fr.*
NEF, navire *en vieux François.*
NACELLE, petite barque.
NAVÉE, charge d'un bateau.
NAVAGE, *vieux Fr.* flotte.
NAVAL, qui regarde la mer & les navires.
NAUTONNIER, Lat. *Nauta*, Marinier, Matelot.
NOCHER, Batelier.
NAVIGATEUR, qui voyage sur mer.
NAVIGATION, art de naviger.
NAVIGER, faire route sur l'eau.
NAVIGABLE, où on peut naviger.
NAUFRAGE, *mot à-mot* vaisseau fracassé.
NAULAGE, ce qu'on paye pour passer l'eau; 2°. loyer d'un vaisseau.
NAUMACHIE, combat ou jeux sur l'eau; du Grec *MAKÉTÉ*, combat.
NOÉ, NOUÉ, prairies, parce qu'elles sont arrosées.
NAVETTE, instrument de Tisserand, parce qu'il a la forme d'un navire; 2°. en quelques Provinces, petit pain aux œufs, parce qu'il a la même forme.
NAVIOT, petit bateau.
NAU, *vieux Fr. Naufo*, dans la Loi Salique, cercueil, biere, à cause de sa forme.

I V.
NEF, Église, Grec *Naos*, Temple.
Orient. *No*, habitation.
Celt. *NAWD*, maison, demeure.

V.
NIPPES, hardes, habillemens avec lesquels on est toujours propre & qui se lavent.
Du primit. *NIP*, eau.
En grec *NIP*, eau, d'où *NIPto*, laver.
En Algonquin & en Virginien, *NIP*, eau.
En Dan. *NIPPER*, Sued. *NEPPE*, propre, paré.
Heb. נטף, *NYP*, distiller, arroser.

NAM.
NAM est un mot Celte & primitif, qui signifie; 1°, prendre; 2°. ôter: voy. Orig. du Lang. & de l'Écrit. De-là,
NAMPS, vieux mot François qui signifie gage, nantissement.
NANTIR, donner une chose pour assurance d'une dette.
Se NANTIR, se pourvoir, prendre d'avance.

NANTISSEMENT, ce qu'on donne en assurance d'une dette.

NAM, prononcé NAF, s'est pris dans le sens d'ôter, d'estropier; d'où, NAFRER, *vieux Fr.* & aujourd'hui NAVRER, blesser, estropier: en *terme de Jardinier*, donner un coup de serpe à un échalas, à une perche qui n'est pas droite pour la redresser: en *Poésie*, il s'applique aux afflictions, aux peines du cœur.

NÉGOCE.

NÉGOCE, trafic, commerce; Lat. *Negotium*, occupation, affaire.

Les Étymologistes Latins ont cru que *Negotium* venoit de *nec otium*, privation de repos: mais NECH, NEG signifie en Celte travail, peine. Il est donc naturel de dériver le Latin même de ce mot.

Basq. *Neca*, travail, peine. *Necatu*, travailler trop. *Necazalea*, Ouvrier.

Gall. *Neges*, affaire, négoce, commerce. *Negesawl*, homme d'affaire. *Negeswr*, Marchand.

NÉGOCIANT, qui fait un grand commerce.

NÉGOCIER, trafiquer, traiter d'une affaire, d'une paix, d'un mariage.

NÉGOCIATEUR, qui négocie une affaire, un traité; médiateur.

NÉGOCIATION, entremise, intrigues, &c.

NE & NI pour LI.

Nous avons déjà vu que N & L se substituoient sans cesse l'un à l'autre; en voici quelques exemples.

I.

NET, clair, sans tache, brillant; Lat. NITidus; 2°. pur, innocent, sans tache morale; 3°. nettoyé. *Adv.* franchement; 2°. tout d'un coup.

NETTOYER, ôter les taches, les ordures.

NETTETÉ, Lat. NITor, clarté; 2°. propreté.

NETTOYEUR,

NETTOYEMENT.

II.

NEIGE, eau condensée & qui tombe en floccons blancs: Lat. NIX.

NEIGER, état de l'air qui couvre la terre de neige.

NEIGEUX, tems abondant en neige.

III.

NITRE, mot Lat. Gr. Orient. Espéce de salpêtre ou de sel qu'on tire de la terre & qui est blanc. Tous ces mots désignent la blancheur, & appartiennent à la famille LI qui signifie blanc, & d'où vinrent,

LIS, fleur blanche.

LIVET, *vieux Fr.* blanc.

LITH, LEZ, en *Celt.* lait.

NICH, NACH, enfermer.

De NA, NI, maison, demeure, vinrent les mots suivans:

I.

NICHE, 1°. enfoncement pratiqué

dans un mur pour y placer des statues ; 2°. loge. 3°. tour qu'on fait à quelqu'un en se cachant.

Se Nicher, se mettre en un lieu, se cacher.

II.

NID, Lat. *NIDUS*, maisonnette, cabane que construisent les oiseaux pour pondre leurs œufs & y soigner leurs petits.

Nichée, couvée.

Niée, niot, dans les Prov. œufs qu'on laisse dans le nid des poules pour les y attirer.

Ces mots sont communs aux Celtes. Basq. *Nichi*, enfermer ; en *Irl.* étui, boëte, foureau.

On a dit aussi *NACH*, cacher, couvrir, & c'est encore un mot Bas-Breton ; de-là :

III.

NASSE, filet en forme de poche dans laquelle entre le poisson, & dont il ne peut sortir.

NIQ.

I.

NIQUE, mouvemens de tête en signe de mépris. Ménage a cru que ce mot étoit Allemand d'origine, parce que *Nicken* signifie dans cette langue hocher la tête. Mais ce mot est également Celtique.

NIQ, signifie dans cette langue, hocher la tête, branler la tête. Anglo-S. *Hnigian*; Hebr. *Noug*; de-là

NIQUET, en Franc. Celt. sommeil d'une personne assise & qui branle la tête.

II.

Lat. *NICTor*, cligner les yeux ; ancien Lat. *NIVEO*, Grec *Néuo*; d'où,

Connivence, feinte de ne pas voir ; dissimulation.

Conniver, user de connivence.

III.

NUQUE, le derriere du cou, *mot-à-mot* le ressort du cou, ce qui fait aller & venir la tête.

Dan. *Nokke*.gond; *Nakke*, cou. Angl. *Neck*, cou.

NO, NU, &c.

NOUS, premiere personne au pluriel. Lat. *Nos*; Bas-Br. *Nemp*, *Nynt*. Gall. *Ny-ni*, *Nynt*. Grec. *Nôi* nous deux.

Notre, ce qui est à *Nous*.

NUIT, tems où le Soleil est sous l'horison ; 2°. obscurité. En Celte *Nos*, mot Grec, Lat. Esclav. Runiq. Theut. Isl. &c. Gall. *Nosi* se faire nuit. Or. נוח *NUH*, repos.

Nuitamment, de nuit.

Nuitée, *vieux Fr.* espace d'une nuit.

Nocturne, de nuit.

Noctambule, qui marche en dormant.

II.

L'obscurité, les ténèbres furent toujours considerées comme l'emblême du mal ; de-là nombre de mots.

Gr. *Nosos*, maladie, indisposition.

Gall. *Nuch*, langueur.
Lat. *Nausea*, Nausée.
François, NAUSÉE.
NUIRE, faire du mal; Lat. *Noceo*.
NOISE, dispute, querelle; Gr. NEIKOS.
NUISIBLE, qui nuit.
ENNUYER, ENNUI.
INNOCENT, qui ne nuit pas, qui ne sait faire du mal.
INNOCENCE. INNOCENTER.

III.

De NEC, nuire, les Latins firent NÉCO, tuer, précipiter dans le pays des ténébres, des ombres. Grec NEKas, amas de morts; NEKros, mort; NEKus, mort, défunt; d'où;
NÉCROLOGUE, Catalogue des morts.
NÉCROMANCIE, Divination par les morts en évoquant leur ame.
PER-NICIEUX, Lat. *PERNICIOSUS*.

MOTS FRANÇOIS VENUS DES LANGUES SAVANTES.

N

1. Du Latin.

NOIR, au physique & au moral; Lat. *Niger*.
NOIRCIR.
NOIRCEUR.
NOIRÂTRE, NOIRAUD.
NERPRUN, *mot-à-mot*, Prune noire.
NIELLE, Lat. *NIGELLA*.

Cette famille tient à celle de NEC, qu'on vient de voir.

2. Du Grec.

NECTAR, boisson des Dieux; Gr. NEKTAR.
NÉPHRÉTIQUE, maladie de reins; Gr. NEPHROS, reins.
NYMPHE, Déesse des eaux; Grec NUMPHÉ. Ce mot appartient à la famille des Eaux, NI.

3. De l'Orient.

NACAIRE, NAGARAU, instrument de Musique pour la guerre.
NACRE, coquillage très-beau & dans lequel on trouve des perles.

Tous nos Étymologistes ont été fort embarrassés de ces deux mots. Les plus habiles ont vû l'origine du premier dans l'Allemand, & celle du second dans l'Espagnol *Nacar*, Nacre : mais leur savoir expiroit là. Ils viennent d'un même mot Arabe, de نكر NAKAR, qui dans ses dérivés signifie trompette; 2°. sonner de la trompette; & dans l'origine très-certainement un *coquillage*, une *conque* qui fut la premiere espece de trompette dont on fit usage. Comme ce mot signifie également cavité, il s'est étendu à cette espéce de tambour qu'on appelloit *Nagarau* en France, & qu'on appelle encore de ce nom en Italie, & dans l'Inde. Il est appellé *ANA-CARA* dans la Vie de Louis-le-Gros par Suger.

NADIR, pole inférieur du méridien & qui est directement sous les pieds de chaque personne. Il vient de l'Arabe نظر, *NaThaR*, regarder, être vis-à-vis : car il est opposé au Zenith.

NAPHTE, espéce de poix blanche & d'une odeur forte. Oriental נפט *NaPhTh*.

NARD, aromate tiré d'une plante Indienne, Orient. נרד Nard.

NORD, côté de la Terre qui répond à l'Étoile Polaire ; & comme cette Etoile servoit de flambeau aux Phéniciens, ce côté du monde en fut appellé *Nord*, c'est-à-dire Flambeau ; du mot נור, *NoR*, flambeau, lumiere.

MOTS FRANÇOIS VENUS DU CELTE.

O

Dans l'Alphabet ancien & dans tous les autres, même dans l'alphabet Arabe, la Lettre O précéde la Lettre P ; mais dans divers alphabets Orientaux, & même dans le Grec, elle ne fuit pas immédiatement N. On voit entre deux le caractere ס en Hébreu, ξ en Grec qui défigne une ceinture, & dont la valeur fe confondit dans l'Occident avec celle de l'S.

La Lettre O peignit, 1°. dans tous les tems tout ce qui eſt rond, l'œil, un cercle, le ſoleil, & toutes les idées relatives à celles de ces objets.

2°. Elle ſe ſubſtitua de plus continuellement aux voyelles A, AU, U, &c. Ce qui fit qu'elle ſe chargea de nombre de mots qui ne lui appartenoient pas, & dont on ne peut rendre raiſon, qu'en les reſtituant aux lettres ſur leſquelles ils avoient été uſurpés.

3°. Cette lettre s'eſt auſſi ajoutée ſans ceſſe à la tête des mots : ce qui lui a fait attribuer également nombre de mots qui ne ſont nullement de ſon diſtrict.

Trois ſources différentes d'étymologies qu'il ne faut jamais perdre de vue, relativement aux mots en O.

ONOMATOPÉES.

1. OUAIS, interjection qui défigne un ſentiment d'improbation.

2. OUF, interjection qui défigne un ſentiment de peine, de douleur, où on ne peut reſpirer.

3. OUAILLES, brebis, *au fig.* Lat. OVIS, brebis ; en Gr. *Ois.* Imitation de ſon cri.

4. OULE, HOULE, vague, flot :

5. ORAGE, tempête, groſſe pluie avec tonnerres ; *au fig.* trouble, ſédition : diſgrace qui menace.
ORAGEUX, fâcheux.
OURAGAN, vent impétueux, accompagné d'orage.

6. ORFRAYE, oiſeau de nuit dont le cri eſt un cri d'épouvante.

7. OYE, OISON, OISILLON, Languedoc. *Auco* : imitation de ſon cri.

Mots auxquels la lettre O a été ajoutée en tête.

Du mot BEL, Soleil, les Grecs firent

BELOS, rayon, flêche; d'où OBE-LISCOS, & ces mots

1. OBÉLISQUE, flêche de pierre, grand monument de pierre ou de marbre taillé en forme de rayon solaire, de flêche.

OBELE, trait pyramidal, broche, marque.

OBOLE, petite monnoye valant la moitié d'un denier : Gr. *obolos*, parce, dit-on, qu'elle étoit longue & étroite comme les obélisques.

2. OCRE, Terre minérale dont on fait des couleurs, & qui est elle-même jaune; Gr. *ókros*. Lat. Ocra : de KaR, KRa; rouge : on dit également en Basque, *Ocharra* garance.

OPÉRER, faire, exécuter, Lat. *Operari*. Bas-Br. *Ober*, *Gober*, faire, exécuter, opérer.

OPÉRATEUR, qui opère.

OPÉRATION, action d'opérer, chose exécutée.

OPERA, ouvrage par excellence; 2°. chose difficile à exécuter.

OPUSCULE, petit ouvrage littéraire.

Les Latins en firent le substantif OPERE, au nomin. *Opus*, qui signifie tout ce qu'on fait, qu'on opère. En le prononçant, *oveRe* & *Ovre*, nous en avons fait,

OUVRAGE, production de la main; 2°. de l'esprit, &c.

OUVRIER, OUVRIERE, qui travaillent de la main.

OEUVRE, ce qu'on fait.

OUVRABLE; jour de travail.

OUVRAGÉ, exécuté.

Cette famille est formée du verbe Celt. & Oriental BR, BaR, BER, PER qui signifie *faire*, *former*, *créer*. OFER en est l'opposé en Celte, & désigne l'oisiveté, l'action de ne rien faire ou de faire des riens.

O substitué à d'autres Voyelles.

OC pour AC.

OC, au lieu de AC, piquant, acide; d'où,

1. OSEILLE, plante qui a un goût aigrelet.

2. Le Grec *Oxus*, piquant, aigre, vinaigre; d'où,

OXYMEL, miel préparé avec du vinaigre.

OXYCRAT, breuvage d'eau & de vinaigre.

3. OCHE, OSCHE, taille, entaille, en Celt. *Oclata*.

4. ONGLE, Latin UNGUIS, UNG pour OCG, comme dans ONCE. Ce mot appartient essentiellement à la famille Celte OC, crochu, pointu, Branche de AC que nous avons déja développée. Cette famille inconnue est cependant féconde en mots remarquables. Tels que

OK, herse, en Celte : *occare* herser, en Lat.

Celt. Och, och, HOGH, un cochon; cet animal laboure la terre avec son groin pointu.

Irl. *Ogh*, un champ, des sillons.
OGUM, écriture, caractères alphabétiques, de *Og*, poindre, tracer avec un poinçon.

5. OCTROI, chose accordée, impôt qu'on est autorisé à lever.

OCTROYER, accorder, donner le droit : de AUCTORIARE, autoriser.

O N pour A N rond.

OIGNON, du Lat. UNIO : 1°. perle ; 2°. Oignon : l'un & l'autre sont ronds.

O R pour A U R.

1. OR, métal jaune, de la couleur du soleil, du nom Oriental du soleil HOR, AUR ; d'où, *Orus* & *Aurum*.

AURORE, de AUR, soleil, & *Or*, commencement, lever : le commencement du jour.

AUREOLE.

ORIENT, côté où le soleil se leve.

ORIENTÉ, ORIENTER.

2. ORADE, poisson couleur d'or.

ORFEVRE, qui travaille en or.

ORFEVRERIE.

ORIFLAMME, *mot-à-mot*, à flammes d'or, ancien étendard des François.

ORANGE, Lat. AURANTIUM.

ORMIER, *vieux Fr.* Or pur ; Latin AURUM MERUM.

ORIPEAU, or battu comme une peau, comme un gand.

ORPIMENT, Lat. *Auripigmentum*, *mot-à-mot*, peinture d'or.

ORPIN, plante à fleurs jaunes.

3. OR, ORES, maintenant, à cette heure.

DES-OR-MAIS, de cette heure en avant.

LORS, ALORS, de L' & OR heure.

4. ORNER, Lat. ORNO, du Grec *óra*, beauté ; formé de OR soleil. *Vieux Fr.* Aourner.

5. EXORDE, Latin EXORDIUM, commencement d'un discours ; de ORIOR, commencer, se lever.

ORIGINAIRE, ORIGINAL.

ORIGINE, source, commencement.

OURDIR, Lat. ORDIRI, commencer, faire une trame.

OURDISSOIR, OURDISSURE.

O pour OU, AU, &c.

1. OREILLE, Lat. AURE, au lieu du vieux Latin AUSE.

Gr. OTOS, nomin. OUS.

De-là le Lat. AUS-CULTO, prêter l'oreille ; d'où,

ÉCOUTER, Ital. ASCOLTARE.

OUI, affirmation ; de la même famille que

OUI, entendu : OUIR, entendre, Lat. AUDIRE, qui appartient à la famille AUSE.

OUIE, faculté d'entendre.

OUIES, oreilles des poissons.

OREILLON.

OUTARDE, oiseau dont les plumes de la tête forment comme des oreilles.

2. ORTEIL, doigt du pied ; du Latin ARTICULUS.

3. OSER, Lat. *AUDERe*; voyez AU-DACE.

O pour HO.

ON, autrefois HON, mot corrompu de HOMO, l'homme.

ON DIT, mot-à-mot, HOMME DIT, quelqu'un dit.

ORGE, Lat. *HORDeum*; de Or, parce qu'elle a la couleur d'or; c'est ainsi que l'ÉPEAUTRE ou *Spelt* en Allemand tire son nom de BEL soleil; doré, jaune.

OST, vieux Fr. armée. Lat. *HOSTis* ennemi.

OSTAGE, ÔTAGE.

De la famille HOST, hôte. Ciceron dit fort bien qu'on appella les ennemis *Hospites*, Hôtes, Étrangers. Ce sont des mots Celtes; HOST, hôte, GWest, hôtellerie; 2°. repas.

O pour U.

OUTIL, instrument; du Lat. *UTi*, se servir.

O s'est mis pour U dans tous nos mots en O qui viennent du Latin.

ONCLE, Lat. *Ab-unculus*.
ONCTION, Lat. *unctio*.
OINDRE, Lat. *ungere*.
OINT,   *unctus*.
ONDE,   *unda*; d'où
ONDOYER, Ondoyement.
ONGLE,   *unguis*.
ONGUENT,   *unguentum*.
ONQUES,   *unquam*, jamais.
ONZE,   *undecim*; formé d'*unus*, un, & de *decem*, dix.

ORME, *ulmus*.

ORMEAU, ORMAYE, bois d'Ormes.

O négatif.

OUEST, mot-à-mot, NON EST, opposé à l'Est, en face de l'Est.

L'est est l'Orient, le feu, le Soleil levant. L'ouest, l'Occident.

Cette négation se rencontre dans quelques autres mots, où elle n'étoit pas mieux remarquée.

OLIGARCHIE, Gouvernement de quelques-uns, d'un petit nombre; du Grec *Arkhé* domination, & OLIGOS, petit, formé de O négatif, & de *Leg*, tas, monceau: d'où *Lego*, cueillir, mettre en tas, en Lat. & en Grec. *Leg* est le même que *LAG* long, grand.

O

Rond, Cercle, œil.

I.

ŒIL, Lat. *Oculus*, Celt. OG.
ŒILLADE, coup d'œil.
ŒIL de bœuf, fenêtre ronde.
ŒILLET, petit œil.
OCULAIRE, sous les yeux.
OCULISTE, Médecin pour les yeux.
AVEUGLE, du Lat. *Ab-oculis*, sans yeux.
AVEUGLER, AVEUGLEMENT.

II.

ŒUF, Lat. *Ovum*; il est rond.
OMELETTE, mets d'œufs mêlés: il

vient d'O, œuf, & de *mêlé*.

OVALE, O allongé ; & qui a la forme d'un œuf.

III.

O signifia la bouche : quand elle s'ouvre, elle s'arrondit. Les Latins en firent Os, ORe, la bouche ; de-là ORare, parler ; 2°. prier, supplier.

ORATEUR, qui parle en public.

ORATOIRE, lieu où on parle en public ; 2°. où on prie.

OAISON, harangue : 2°. prière.

INEXORABLE, qui ne se laisse point fléchir.

ADORER, Lat. *ad-orare ; mot-à-mot*, porter la main à la bouche : telle étoit la maniere ancienne de saluer.

ADORATION.

ADORATEUR, ADORABLE.

OREMUS, mot Latin *qui signifie* prions : *au figuré*, priere.

ORACLE, Lat. ORa-CULum, qui prononce des choses cachées.

IV.

D'O, Œil, les Grecs firent OPés, les yeux, & OPo, puis OPtô, voir ; & les Latins, OB, devant, sous les yeux, en face. Cet OB servit à former un grand nombre de mots composés, tels que les suivans.

1. OBÉIR, Lat. OBEDio, *mot-à-mot*, se tenir sous les yeux ; être devant pour recevoir les ordres, & pour les exécuter ; en Orient. OBED, serviteur.

OBÉISSANCE, OBÉISSANT, OBÉDIENCE.

2. OBERÉ, chargé de dettes : de ÆS, airain, monnoie.

3. OBIT, service pour un mort ; du Lat. OB-ITus, action d'aller devant, de précéder dans l'autre vie : Ou plutôt, *action de s'en aller de devant* ; car nous verrons par d'autres mots que cet OB a quelquefois une valeur privative.

4. OBJET, chose sur laquelle on jette les yeux ; de OB, œil, & jetter.

OBJECTER, jetter devant, opposer.

OBJECTIF, verre à lunette placé du côté des objets.

OBJECTION, proposition avancée contre un sentiment.

5. OBLATION, chose qu'on met sous les yeux, qu'on offre ; de OB, & *lat*, porté ; de-là,

OUBLIE, OBLATa, chose offerte, offrande.

6. OBLIGATION, de *ligare*, lier ; devoir, chose qui lie, contract.

OBLIGER, engager par un acte ; 2°. par un bon office.

OBLIGÉ, obligeant.

OBLIGEAMMENT.

7. OBLIQUE, qui n'est pas droit : vieux Lat. *Liquus*, Gr. LIX, qui n'est pas droit.

OBLIQUITÉ, OBLIQUEMENT.

OBLONG, plus long que large.

8. OBREPTION, surprise, de RApere, ravir.

OBREPTICE, ce qu'on a eu par surprise.

9. OBSCENE, mot qui blesse l'oreille chaste : Lat. *obscœnus*. On en donne

sept ou huit Étymologies : la meilleure est peut-être celle qui le dérive de *ob*, & du Sabin *scœnus*, immonde, d'où viendroit *scœnicula*. Ce mot Sabin appartient au Grec Koiné, & au Lat. *Cœnum* boue.

10. OBSCUR, Lat. OBSCURUS, où il n'y a point de lumiere : du privatif *obs*, & de *cur*, blanc, lumineux.

Obscurité, Obscurcir.

11. OBSÉDER, être sans cesse au tour d'une personne.

Obsession, action d'obséder ; état d'une personne obsédée ; de *sedere*, être assis, être placé *ob*, devant.

12. OBSÉQUES, funérailles, convoi ; de SEQUOR, suivre, accompagner.

13. OBSERVER, ne pas perdre de vue, garder ; de *servare*, lier

Observation.

Observatoire.

OCC pour OBC

OB devant les mots qui commencent par C, devint oc : de-là,

1. OCCASION, Lat. OCCASIO, *mot-à-mot* qui survient devant ; de CAS, ce qui échoit.

Occasioner, Occasionel.

OCCIDENT, Lat. OCCIDENS, *mot-à-mot*, qui tombe de devant, qui se couche.

Occidental.

OCCIRE, tuer, Lat. OCCIDO, faire disparoître de devant.

2. OCCULTE, caché profondément,

de CEL, cacher, Lat. OCCULTUS.

3. OCCUPER, de CAP, prendre, saisir.

Occupation, action d'avoir entre les mains un objet à traiter.

OCCURRENCE, rencontre ; du Lat. CURRO, courir.

OB s'est changé également dans les Composés en OF, OM, &c. de-là,

1. OFFENSE, attaque, injure, outrage. C'est le Latin *offensio* : voy. Pen, face.

2. OFFERT, ce qu'on a présenté, *mot-à-mot*, porté devant ; de OB & FERO, porter.

Offre, Offrir.

Offrande.

3. OFFICE, fonction, charge, de FACere, faire.

Officier, nom & verbe.

Officiant, Official.

4. OFUSQUER, troubler la vue, empêcher de voir ; du Lat. FUSCUS, noir de fumée.

5. OMETTRE, Lat. *omittere*, passer sous silence, mettre hors des yeux.

Omission.

6. OUBLIER, Lat. *Ob-liviscor*.

Oublié, Lat. *ob-litus* ; de Lat, caché, & de *ob*; *mot-à-mot*, mis hors de devant.

V.

Du mot OP, œil, les Grecs firent,

1. OPTIQUE, science qui traite de la

vue, ou de la maniere dont s'opere la vision.

OPTICIEN, savant en optique.

2. OPHTALMIE, maladie des yeux.

VI.

De *O*, Cercle, & de *Reb*, en Oriental *grand*, les Latins firent ORBE, corps ou espace rond, & Sphérique.

ORBITE, chemin en rond ou elliptique que parcourt une planette.

ORBICULAIRE, en rond.

EXORBITANT, qui s'éleve au-delà de tout cercle, de toute borne.

Oc - On.

OCÉAN, Mer qui environne la terre; du prim. *OK*, grand, & *AN*, Cercle.

ODEUR, Lat. *ODOR*, du primitif & Celte *OD*, *UD*, élevé : qui s'éleve. Les *Odeurs* s'évent des plantes : elles en sont comme des exhalaisons : à moins qu'on aime mieux y voir une onomatopée, l'imitation du bruit qu'on fait avec le nez pour attirer fortement l'odeur.

ODORAT.

ODORANT, ODORIFERANT.

De la même famille Od, élevé, vint.

ODE, chant sublime, Gr. *Ôde*, chant. Les Grecs en firent le verbe *aeidu*, chanter; tout comme de *Od* élevé, ils firent *oideó*, être bouffi, être enflé.

ODIEUX, Lat. *odiosus*; haï, *odi* je hais; *odium*, haine, ennui, importunité; *mot-à-mot* charge, peine, fâcherie : de *od*, élévation, charge.

OISIF, qui a du tems de reste, qui ne fait rien, qui a trop de tems. Du Latin *OTium*, loisir : Celt. *OED*, tems : voy. *Orig. du Lang. & de l Ecr.*

ONCE, huitiéme partie du Marc; Lat. *UNCIA*; du Grec ΟΓΚ prononcé ONC & OCC, huit : d'où vint en Lat. OCTO, HUICT, HUIT.

ONÉREUX, à charge : Lat. *onerosus*; du Celt *ON*, poids, excellence.

ONÉRAIRE, qui a l'embarras d'une chose dont un autre a tout l'honneur. Même famille que HON, honneur.

O P, gros, épais.

1. OPAQUE, épais, non-transparent.

OPACITÉ, non-transparence, épaisseur.

2. En Hébr. ﬠב, OB, épais, gras, d'où le Latin *OBEsus*, gros, gras; qui a fait OBÉSITÉ.

L'Héb. ﬠב, OB, signifie aussi poutre, bois épais : ﬠב, *Houb*, obscurcir, nuée épaisse.

3. OPES, nom que les Architectes donnent aux trous qu'on laisse dans les murs pour appuyer les poutres; Lat. *OPA*.

4. OPIATE, Lat. *opiatum*, dans l'origine, électuaire dont l'opium faisoit la base : aujourd'hui, électuaire en général : du mot OPIUM; Grec

OPIon, Opos suc, coagulation : même famille Ob עב, épais, épaissi.

OR.

ORDRE, arrangement, disposition ; 2°. commandement.

ORDONNANCE, disposition, ordre, Réglement.

ORDONNER, ORDONNATEUR.

ORDINAIRE, qui vient toujours dans le même ordre, commun, fréquent.

ORDINAL, nombre qui marque le rang qu'on occupe, l'ordre dans lequel on est.

ORDINER, conférer les Ordres sacrés.
Celte URDD, Lat. ORDO, Gr. ORTHos, allignement ; du Celt. OR, front, 2°. façade, devant. En Basq. ARTeza, droit, juste : ce qui est alligné, va de front, & par ordre. D'ici,

ORTHOGRAPHE, écriture, qui est dans l'ordre, qui est bien.

ORGUEIL, fierté, élévation déplacée.

ORGUEILLEUX, altier, fier, qui léve la tête, de OR, haut, élevé.

ORDURE, saleté.

ORD, vieux Fr. sale.

Du Celte HORT, tache, ignominie, outrage.

HORTIO, diffamer, flétrir, deshonorer. Et de-là le Lat. SORDES, & SORDIDUS; d'où,

SORDIDE, par le changement de H en S, Gr. Arda, tache, souillure, ordure, Ardaloó, souiller.

URDEA, Basq. vilain, sale, cochon.

O S.

OS, portion la plus dure du corps, & qui en forme la charpente. Du Prim. Os, fort : en Basq. Oss, bien ; fort. Osadia, force, valeur, courage. Osoru, de toutes ses forces.

Arab. عس, dur, ferme.
Or. עץ, Otz, arbre, bois.
Ethiop. ዐፀን Otzb, dur ; difficile.
Heb. עצם, Otsm, os : dureté ; force.

OSSEUX.

OSTÉOLOGIE, connoissance des os humains.

OSSEMENS.

OSSIFIER.

OSTER, ÔTER, enlever. On dérive ce mot de l'ancien obstare, s'opposer au passage, ôter la liberté de passer, de se servir d'une chose ; & on peut avoir raison.

Basq. OSTu, prendre, ôter.

OSTuquia, vol.

OURLET, Ital. ORLo, bordure d'un Ouvrage en linge.

OURLER, Ital. orlare.

Du Celt. OR, bord, bordure, limite ; d'où le Lat. ORa, bord ; 2°. rivage, &c. & le vieux Fr. ORÉE, bord.

L'orée d'un bois.

MOTS

MOTS FRANÇOIS VENUS DU LATIN.

O

ABOMINABLE, qu'on doit détester, rejetter ; du Lat. *ABOMINABILIS*, formé de la préposition exclusive *ab*, & du mot *omen*, augure, présage : *mot-à-mot*, de mauvais présage, funeste.

OISEAU, Langued. *Aucel*; vieux Ital. *Auccello*; Lat. *Avis*; auquel on a joint la terminaison diminutive EL, si commune en Italien, & même en François.

    Ces mots ont l'air de tenir à l'Oriental עוף, *Ouph*, *Auv*, oiseau ; de *Hup*, s'élever.

OISELEUR, OISELIER.

OURS, Lat. *Ursus*.

OURSE, OURSIN.

Où Ital. *ove*; Lat. *ubi*.

OUTRE, au-delà; du Lat. *ULTRA*.

OUTRER, aller au-delà des bornes.

OUTRANCE, au-delà de toute borne.

OUTRÉ, irrité au plus haut point.

OUTREMER, ce qui vient d'au-delà des mers.

OUTRAGE, offense extrême.

OUTRAGER, faire outrage, offenser,

MOTS FRANÇOIS VENUS DU GREC.

O.

OMOLOGATION, confirmation d'un acte en justice pour le rendre autentique; du grec *Homologheo*, reconnoître.

ORCHESTRE, Gr. ORKHESTRA. Ce mot signifioit, 1°. le lieu où les Chœurs dansoient; 2°. la place des Sénateurs. Aujourd'hui, la place des Musiciens qui dirigent la danse.

ORGANE, Gr. *Organon*, portion du corps qui a une figure propre à opérer des actions d'une classe particuliére, & qu'elle seule peut exécuter.

ORGANIQUE.

ORGANISÉ, corps revêtu d'organes.

ORGUES, instrument à vent & à touches.

ORGANISTE.

Dict. Etym.   Ddd

Ces mots viennent du Grec ER-GÔ, travailler.

ORPHELIN, Lat. *Orphanus*, Gr. *Orphanos*.

OSIER, Gr. *oisos* : Gr. mod. OISARion.

ORNIERE, trace des roues ; au lieu d'ormiere : de l'Ital. ORMA, Grec ORMÉ, trace, piste.

MOTS FRANÇOIS VENUS DE L'ORIENT.

O

OLIVE, Lat. *Olea*, Gr. *Elaion*, même famille que HUILE. Mots certainement Orientaux ; puisque l'olivier & l'huile sont venus de l'Orient. Ce sont des dérivés de הלל *y*, HOLL, brûler, luire, *mot-à-mot*, ce qui éclaire en brûlant. C'est certainement ce point de vue ou quelqu'autre pareil qui détermina les Grecs à préférer ce nom à ceux qui étoient déjà reçus dans l'Orient pour désigner les mêmes objets.

OLIVIER.

OLFAGINEUX.

ORNE, frêne sauvage, Lat. ORNUS. Or. ארן, ARN. Celt. ONN, frêne ; 2°. lance ; Basq. ORNA.

MOTS FRANÇOIS VENUS DU CELTE.

P

LA lettre P suit la lettre O dans tous les Alphabets, même dans l'Arabe : & cela n'est point étonnant. O, qui peignoit l'œil, avoit le plus grand rapport avec la bouche ouverte. Et la Lettre P peignoit la bouche ouverte, vue de profil : comme nous l'avons fait voir dans l'Origine du Langage & de l'Écriture.

La lettre écrite P eut donc son modèle dans la Nature ; & ce modèle ne fut pas choisi par hazard, puisque cette lettre se prononce des lévres, qu'elle est l'intonation forte & primitive de la Touche labiale. Pouvoit-on mieux la peindre que par la représentation même des lévres ?

Il n'est pas plus étonnant que la lettre P ait désigné également la bouche, qu'elle en ait été le nom ; & que par extension, elle soit devenue la racine d'une multitude de mots qui désignent, 1°. la face, la physionomie ; 2°. les propriétés de la tête, rondeur, hauteur ; 3°. les opérations de la bouche, parler, boire, manger, &c.

Ce qui auroit droit d'étonner, c'est que ces rapports n'éxistassent pas ; que l'homme eût totalement manqué cette route simple, commode, & de la plus vaste étendue.

Il n'est point étonnant non plus que la lettre P étant une labiale, c'est-à-dire une des intonations ou des consonnes les plus aisées à prononcer, elle soit entrée pour beaucoup dans le Dictionnaire des Enfans, & qu'on ait désigné par elle une multitude d'objets relatifs à leur éxistence, à leur conservation, à leurs opérations.

Qu'on ajoute à cela quelques mots en P, formés par onomatopée ; & l'on aura les causes de cette multitude de mots qui commencent par la lettre P, ou qui en sont formés.

Est-il nécessaire d'ajouter que P se substitue sans cesse à F, Ph, B, M, V, qui se prononcent également des lévres ? Tous nos mots en P qui nous sont communs avec les Orientaux, se prononcent Ph chez la plupart de ces derniers Peuples ; & chez les Grecs, nombre de mots dans les mêmes familles se prononçoient P, tandis que d'autres se prononçoient Ph : *Tupó*, je frapperai ; *Tetupha*, j'ai frappé.

Aussi allons-nous retrouver nombre de familles que nous ont déjà présenté les lettres B, F, M, & qui ne diffèrent que par les idées particuliéres qu'elles offrent, subordonnées à l'idée générale qui domine dans toutes. Preuve frappante, que pour se former des notions exactes relativement à l'origine des mots, il faut les prendre par grandes masses, & les rapporter sans cesse aux touches sur lesquelles ils se prononcent.

PA pour BA.

1. PAGE, enfant noble qui sert chez un grand Seigneur. Ce mot vient du Celt. *BACH*, petit. Sued. *POIKE*, Ital. *PAGGIO*. Voy. BACH.

2. PÂMER, PASMER, se trouver mal, tomber en défaillance.
PÂMOISON, défaillance.
SPASME, espéce de convulsion : mot qui vient de la même famille ; & tous du Celt. *BAS*, défaillance, & dont la famille correspond à celle-ci.

3. PATACHE, de la même famille que BAT, bateau.

PAL pour FAL.

PAUTONNIER, *vieux Fr.* méchant, Ital. PALTONIERE ; Lat. *PALTONATIUS*, de la même famille que *Felon*, trompeur, parjure, scélérat : de-là vinrent également, Grec, *PALEUO*, tromper, faire tomber dans le piége, attirer, séduire : *Paleutés* qui tend des piéges.

Basq. PALACA, adresse, apas, flatterie : *Palacatu*, flatter, attirer au piége.

PIR pour GYR.

PIROUETTE, tour du corps qu'on fait sur la pointe d'un pied : de la famille GYR, cercle, tour.

PO pour FO.

POELLE, étuve, fourneau destiné à chauffer un appartement : du Celt. *POER*, *POETH*, chaud ; brûlant : même famille que *Fo*, feu. Ils sont très-grands & très-beaux en Suisse & dans l'Allemagne.

POUSSET, rouge qui se trouve dans la graine d'écarlate : Celt. POEZ, couleur ; de *Po* pour *Fo*, feu.

POR pour BOR, VOR.

De la famille *Bor*, *Vor*, manger, d'où le François DÉVORER & VORACE, le Grec BORA, nourriture, le Celt. *PORI*, manger, vint

PORREAU, nom d'une plante qu'on cultive dans les jardins potagers, en Lat. *PORRUM* ; & 2°. nom générique des plantes potagéres : d'où l'ancien mot,

PORAYERE, Marchande d'herbes.
PORACÉ, bile couleur de porreau;

ONOMATOPÉES.

PANTELER, palpiter: avoir peine à respirer pour avoir trop couru.

PANTELANT, qui halete, qui pantele.

PANTOIS, qui n'a pas la respiration libre, asthmatique.

    Angl. *to Pant*, haléter.
    Panting, halétant.

PATATA, PATATRA, imitation du bruit que fait une chose qui tombe.

PATAPATAPAN, imitation du bruit du tambour.

PERDRIX, Lat. PERDIX.
  PERDREAU. PERDRIGON.

PIAILLER, crier, clabauder.
  PEPIER, crier, en parlant des moineaux.

PIGEON, Lat. *Pipio*, imitation du cri de cet oiseau.

PINÇON, du Gr. S-PINOS, *Spinthio*, nom du Pinçon, imitation de son cri: d'où S-PI-ZO, crier *pi, pi,* en chantant.

PASSEREAU, PAISSE en *vieux Fr.* Lat. PASSER, viennent également de la même famille.

  PIPEAU, chalumeau qui imite le cri des oiseaux.

  PIPÉE, chasse des oiseaux avec le pipeau.

  PIPER, contrefaire le cri de la chouette, pour prendre les oiseaux: *au fig.* tromper.

  PIPEUR, PIPERIE.

PETARD, artifice qui éclate avec un grand bruit.

  PETAUDIERE, lieu rempli de confusion: où regne le Roi PETAUD.

PETILLER, action du bois qui brûle avec bruit, qui étincelle avec fracas.

  PETILLANT, plein de feu.

  PETILLEMENT.

POUA, interjection qui exprime le dégoût, l'aversion.

  POUACRE, sale, malpropre.

POUF, interjection qui peint le bruit d'une chûte.

EXPLOSION, éclat d'un corps qui en chasse un autre.

APPLAUDIR, battre des mains.

APPLAUDISSEMENS, action d'applaudir.

De *PLO*, bruit qu'on fait en battant des mains.

PI, boire.

De PI, boire, boisson, imitation du bruit qu'on fait en buvant, vint le Celt. PIB, canal, conduit, tuyau par où on conduit les eaux: de-là nombre de mots.

PIPE, tuyau dont on se sert pour fumer; 2°. *vieux-Fr.* cornemuse.

  PIBOLE, flute dans le Poitou; 2°. cornemuse dans d'autres Provinces.

  PIFRE, FIFRE, flute militaire; 2°. celui qui en joue.

  Se PIFRER, devenir gros comme les joues d'un Fifre, à force de manger.

  EMPIFRER, faire trop manger.

PIVOT, racine, tuyau.

2. PINTE, mesure de liqueurs.
  PINTER, boire, *dans le style familier.*

3. RIPOPÉE, vin ou liqueur faite sur le marc de fruit; & par conséquent très foible.

DICTIONNAIRE DE L'ENFANCE.

P

I.

1. PAPA, Pere : d'où
PA-*ter* en Latin, par l'addition de la terminaison *Ter* destinée à marquer l'estime, le prix, l'excellence.
PATERNEL, de pere.
PARÂTRE, mauvais pere, beau-pere qui maltraite ses enfans d'alliance.
PARRICIDE, scélérat, qui ne respecte pas même un pere.
PARREIN, celui qui tient un enfant sur les fonts de baptême.
PARE, *vieux-Fr.* Pere : d'où
PERE, celui qui nous donne le jour.
COMPERE, celui avec qui on a tenu un enfant sur les fonts baptismaux.

2. PA, pays, le lieu où l'on est nourri ; Lat. *Pagus* : d'où
PAYS, contrée, région.
PAYSAN, PAYSANE, ceux qui habitent le pays, la campagne, le Village.
PAYSAGE, vue d'une campagne, d'un pays.
PAYSAGISTE, celui qui peint des paysages.
DÉPAYSER, transporter dans un pays inconnu ; *au figuré*, dérouter.
PAGANISME, nom donné à la Religion Mythologique après l'établissement du Christianisme, pour dire qu'elle n'étoit plus que la Religion des Paysans, des Manans. C'est la traduction littérale du mot grec *Ethnici*, les Gentils.
PAYEN, PAYENNE.

3. PATRIE, pays de ses peres, pays où l'on a pris naissance.
PATRIMOINE, bien qu'on tient de ses peres.
PATRIMONIAL, ce qui regarde le bien de ses peres.
PATRIOTE, qui aime sa Patrie.
PATRIOTIQUE, qui regarde l'amour de la Patrie.
RAPATRIER, réconcilier, revenir : autrefois revenir dans sa patrie.
REPAIRE, taniere des bêtes sauvages, leur patrie.
PATRIARCHE, du Grec *Arkhos*, Chef : le Chef des peres de la Nation ; celui qui en est le premier pere.
PATRIARCHAL, ce qui regarde les peres de la Nation.
PATRIARCHAT, district du Pere spirituel d'une Nation.

4. PATRICIEN, nom des Sénateurs Romains, comme étant les peres de la Patrie.
PATRICE, nom des Grands Seigneurs à la Cour des Empereurs Romains.
PATRICIAT, dignité des Patrices.

5. PATRON, Maître, Protecteur, défenseur ; 2°. modéle, exemple.
PATRONE, protectrice.

PATRONAT, droit de Patron.

PATROCINER, plaider auprès d'une personne pour l'engager à adopter un sentiment. Ce mot vieillit, quoiqu'il soit dans Moliére.

S'IMPATRONISER.

6. PAPE, Pere ou Chef spirituel des Chrétiens de la communion Catholique, Apostolique & Romaine.

PAPAUTÉ, dignité du Pape.

PAPAL, qui regarde le Pape.

7. PATOIS, Langue des Paysans d'une Contrée.

8. PAPIN, *vieux-Franç. & Prov.* bouillie.

PAPE, PAPETTE, Ital. *Pappa*, bouillie.

PAPER, caresser, *vieux-Fr.* d'où

PAPELARD, Hypocrite, flateur.

SOUPAPE, espéce de robinet qui sert à retenir l'eau ou l'air dans les tuyaux perpendiculaires C'est donc une espéce de robinet placé en dessous : on pourroit donc l'appeller en latin *Sub papilla* : Papilla signifie en Latin robinet; & dans le sens primitif *mamelle, mamelon*; d'où vint l'Ital. *Popa*, & qui forma par métonymie, notre mot

PEPIN, qui est comme la mere des arbres, comme leur nourrice.

PÉPINIERE, lieu planté en jeunes arbres.

II.

1. PAST, béchée qu'on donne à l'oiseau de proie qu'on éléve.

PÂTURE, nourriture qu'on donne aux bêtes ; *au figuré*, nourriture.

PÂTURAGE, lieux où paissent les bêtes.

PÂTURER, action de paître.

PÂTIS, lieux où on mene paître les troupeaux.

APAS, charmes, attraits.

APAST, nourriture qu'on met au bout d'un hameçon pour attirer le poisson.

REPAS ; REPAÎTRE.

2. PÂTE, autrefois PASTE, farine détrempée avec du levain, pour en faire du pain, ou de la pâtisserie.

PÂTÉE, pâte pour engraisser la volaille, pour nourrir les animaux domestiques, &c.

PATON, morceau de pâte préparé avec du beure, &c. pour engraisser la volaille.

PÂTEUX, plein de pâte, de matieres gluantes.

PÂTÉ, masse de pâte dans laquelle on a renfermé des viandes & autres choses bonnes à manger, & qu'on a ensuite fait cuire.

PÂTISSIER, qui vend des pâtés.

PÂTISSERIE, art du Pâtissier ; 2°. tout ce qui est fait en forme de pâtés.

PÂTISSER, faire de la pâtisserie.

EMPÂTER, engouer, faire trop manger.

3. PAÎTRE, manger: 2°. faire manger un animal.

PAISSON, glandée & fruits que les animaux mangent aux champs.

PAISSANT, qui paît.

REPAÎTRE.

4. PAITRIR, faire de la pâte pour du pain.

PAITRIN, huche où l'on paitrit.

5. PASTENADE, plante dont la racine est bonne à manger.

PASTILLE, pâte odoriférante cuite en petites boules.

PASTEL, plante qu'on prépare en pâte pour la peinture.

6. PACAGE, lieu où le bétail va paître.

7. PÂTRE, celui qui conduit les troupeaux au pâturage.

PASTEUR, conducteur d'un troupeau, au physique & au moral.

PASTORAL, qui regarde la vie de pasteur.

PASTORALE, Poëme relatif à la vie des pasteurs, des bergers & des bergeres.

PO

1. Pou, Pu, Peu.
Petit.

I.

1. POUPÉE, figure d'une petite fille.

POUPON, petit enfant.

POUPONNE, petite fille.

POUPARD, poupée sans bras : enfant au maillot.

POUPETIER, Marchand de Poupées.

POUPELIN, délicat ; 2°. sorte de Pâtisserie fine & délicate.

POUPIN, qui a le visage & la taille petite, mignone.

2. POUPE, Lat. *PUPPIS*, du mot *Pop*, petit ; poupée ; parce que c'est-là qu'on plaçoit les petites statues des Dieux protecteurs de la navigation, & patrons du vaisseau : on y place encore aujourd'hui les armes du Prince ; des pilastres, des balcons, des ornemens peints & dorés.

II.

1. PUERIL, d'enfant, enfantin : du Lat. *Pu-er*, enfant ; *Pu-ella*, petite fille.

PUBERE, qui a atteint l'âge fait : de 14 ans pour les garçons : de 12 pour les filles. Lat. *Puber* ; de *Pu*, enfant, & *ber*, mûr.

PUBERTÉ, Lat. *Pubertas*.

PUCEAU, PUCELLE.

2. PUPILE, enfant mineur.

3. PUSILLANIME, de *pusillus*, petit, & *animus*, cœur : qui n'a point de cœur.

4. PUCE, Lat. *Pulex*, petit insecte.

PUCERON, autre petit insecte.

III.

1. PEU, petite quantité, *vieux-Fr.* POUCHET, Langued. *PAUQUET* ; une petite quantité, un peu.

Lat. *PAUcum*, peu ; Gr. *PAUR-on*, Lat. *PAUlulus*, très-peu.

2. PAUVRE ; Gr. *PAUros* ; Lat. *PAUP-er*,

APAUVRIR, PAUVRETÉ.

Angl. *Few*, Gall. *Faer*.

Hebr. פה, *Path*, un morceau.

3. PETIT, qui n'est pas grand ; qui est comme une poupée, &c.

PETITESSE.

Se RAPETISSER, se rendre petit.

PITE,

PITE, la plus petite monnoie : dans l'Isle de Java, PITIS.

PICHOLINES, en Langued. espéce d'Olives plus petites que les autres.

PIETRE, chétif, en mauvaise santé. PIETRERIE.

PETH, en Celt. peu : portion, part.

PES, piéce, morceau, fragment ; mot Oriental & de plusieurs autres langues.

PIECE, morceau, fragment, partie.

DÉPECER, couper par morceaux.

RAPETASSER, raccommoder, remettre des piéces.

EPÉE, Ital. SPADA, instrument tranchant, coupant : du Celt. PAZ, couper, dépecer.

IV.

POL, PUL, POUL.

Petit.

1. POLISSON, petit garçon, *au fig.* un homme qui ne mérite point de considération.

POLISSONNE, petite fille.

2. POLICHINELLE, *mot-à-mot*, un très-petit garçon, une marionnette.

3. POULICHE, petite Jument.

POLEDRUS, Lat-B. POUTRE, Fr. Celt. & Langued. jeune Jument. Celt. *Paotr.*

POLITU, en Basque, efféminé.

POULAIN, le petit d'un cheval.

POULCIN, POUSSIN, le petit d'une poule.

4. POUSSINIERE, constellation de sept étoiles rassemblées comme des Poussins.

5. POULE, femelle du coq, & plus petite que lui ; de-là son nom.

POULAILLE, l'ensemble des oiseaux qui composent la basse-cour.

POULET, petit d'une Poule.

POULLET, billet ; de l'Allemand *Buhl*, écrit.

POULETTE, petite poule.

POULARDE, poule grasse.

POULLAILLER, lieu où l'on tient les poules.

6. POURPIÉ, au lieu de *Poule-pié*, plante qui ressemble au pied d'un poulet.

PI, PO boisson.

PI, est une onomatopée de la même espéce que BI, l'imitation du bruit qu'on fait en buvant : ce mot a donc désigné avec raison & très-naturellement l'action de succer, de boire ; & est devenu la racine d'un grand nombre de mots dans diverses Langues.

1. PIS, mammelle des animaux ; la poitrine : en Celt. PIW, mammelle, sein : en Gr. *Pipizo*, tetter : d'où

POUPE, *vieux-Fr.* Poppa, en Ital. mammelle.

2. De PIW, sein, 2°. lait, vint le Lat. PIUS qui signifia 1°. bon, excellent ; 2°. innocent, pur ; 3°. pieux : d'où

PIEUX, qui remplit les devoirs de

la Religion, qui craint Dieu.

PIETÉ vertu de l'homme parfait.

IMPIE, méchant, scélérat, qui n'a nulle crainte de Dieu.

IMPIETÉ.

EXPIER, prévenir la punition d'un crime par une satisfaction religieuse.

EXPIATION, satisfaction donnée pour une faute.

PITIÉ, sentiment de compassion envers les malheureux.

PITOYABLE.

IMPITOYABLE.

PITEUX, déplorable, infortuné, dolent.

3. PISCINE, réservoir d'eau : Lat. *PISCINA*.

4. PIOT, vin.

POTION, breuvage.

POTABLE, qui peut se boire.

POISON, Lat. *POTIO*, boisson qui tue.

POU, bouillie.

POU désigne la bouillie dans le Dictionnaire de l'enfance. Les Lat. en firent *PULS*: de-là

POUS, en Normand. Bouillie de farine d'avoine.

POUSSATE, en pays Messin, bouillie.

POLASTRE, poële de cuivre dont se servent les Plombiers.

POELE, POELON, Lat. *PULtarium*, instrument de métal à manche, & composé d'un vase propre à faire cuire de la bouillie.

PE, PO, Fruit.

1. POIS, Lat. *PIsum* ; Celt. PIS, espéce de légume.

2. POMME, espéce de fruit.

POMMIER, arbre qui produit la pomme.

POMEAU, fait en forme de pomme.

POMMELÉ, ciel où l'on voit des nuages en forme de petites pommes.

POMMER, s'arrondir en forme de pommes.

POMMERAYE, lieu planté en pommiers.

POMONE, Déesse des fruits.

POMADE, composition dans laquelle entroient autrefois des pommes, & qui en tira son nom.

3. PONCIRE, gros Citron qui a peu de jus.

Ital. *Poncile*, Espagn. *Poncil*.

PUNCH, boisson dont la base est le Citron, &c.

4. POIRE, Celt. PER, Lat. *Pirum*, espéce de fruit.

POIRIER, arbre qui produit la poire.

POIRÉ, boisson faite avec des poires.

5. PIROLE, plante dont la feuille ressemble à celle du poirier, & qui en a pris le nom.

PA

Pied, marche.

PA, pied, est une onomatopée; c'est l'imitation du bruit qu'on fait en marchant, en posant le pied. Il appartient à la même famille que notre mot VA, & que le Grec *Bαein*, aller. C'est un mot du Dictionnaire de l'Enfance, & il est devenu la racine d'une prodigieuse quantité de mots de toute espéce.

I.

PAT, pied, pate.

1. PATE, dans l'origine, *pied* en général ; d'où le Grec *pateo*, marcher, *aujourd'hui* le pied de quelques animaux seulement, *& au fig.* la main : *il ne peut remuer ni pied ni pate.*

PATAUD, qui a de grosses pates.

PATU, oiseau qui a des plumes sur les pieds.

2. PATELIN, qui caresse pour tromper.

PATELINER, tromper.

PATELINAGE.

3. PATROUILLER, au lieu de l'ancien mot

PATOUILLER, marcher dans la boue, barboter.

PATROUILLIS, bourbier.

PATROUILLAGE, action de patrouiller.

4. PATROUILLE, de *Pat*, marcher : détachement de soldats qui se promenent la nuit pour faire bonne garde.

5. PATURON, bas de la jambe du cheval.

6. PATIN, chaussure pour aller sur la glace.

PATINEUR, qui va en patins sur la glace.

PATINER, courir sur la glace en patins.

7. PATINER, manier, tâter.

8. De-là le Gr. *SPATHÉ*, 1°. branches ; les branches des arbres sont comme leurs bras ; 2°. Épée, par métonymie ; les premieres armes furent des branches, des bâtons : de-là l'Ital. *SPADA* & nos mots

ÉPÉE, autrefois ESPÉE.

SPADRONNER.

SPADASSIN.

SPADILLE, As de Pique, en Espagnol, *mot-à-mot*, la *petite Epée*, parce que cette couleur est désignée dans les cartes espagnoles par une *Epée* ; embléme de la portion militaire d'un Etat.

II.

1. PIED, Lat. *PEDE*, Gr. *Podô*, nom du membre qui sert à marcher, relativement à l'homme & à quelques animaux ; 2°. base 3°. mesure en étendue & en vers, &c.

PIÉTON, petit pied ; 2°. qui marche à pied, fantassin.

PETON, le pied, dans le langage des nourrices.

PION, fantassin.

PIONIER, fantassin dont on se sert pour ouvrir les chemins.

PIÉTINER, frapper du pied.

PEDESTRE, qui est à pied.

2. PÉDICULE, pied des feuilles & des fleurs.

PÉDALE, ce qui se touche avec le pied, lorsqu'on touche l'orgue.

PÉDAGNE, marche-pied des forçats sur les Galeres, lorsqu'elles voguent.

PIÉDESTAL, corps quarré qui soutient une colonne, une statue, un vase.

3. PIEÇA, en de-ça, *vieux Fr.* mot-à-mot le pied en çà ; ou de l'Italien *Pezzo*, une piéce ; pour dire il y a déjà quelque tems, il y a une piéce de tems. Cette derniere origine est celle qu'en donnent tous nos Etymologistes.

4. PÉTULANCE, vivacité, fougue, action d'avoir toujours le pied en l'air ; Lat. *Petulantia*.

PÉTULANT.

5. PETREAU, sauvageau qui repousse du pied d'un arbre.

6. PÉAGE, droits levés sur les Marchandises qui passent d'une contrée à une autre : Ital. *Pedaggio*. mot-à-mot, payement du passage.

PÉAGER.

7. PODAGRE, Lat. *Podager*, qui a la goutte aux pieds.

8. PITAUX, soldats à pied, ou plutôt paysans qu'on enrôloit pour la guerre, & qui servoient à pied.

9. PISTE, Ital. *Pesta*, mot composé de *Pes*, pied, & *stat*, qui reste : la piste est la trace des pieds laissée sur la neige, &c.

10. PIÉGE, machine destinée à prendre les animaux, en les attirant par un appât flatteur ; *au fig.* artifice pour tromper quelqu'un, en paroissant lui rendre service. Lat. *Pedica*.

11. PIAF, action d'un cheval vif, & qui porte bien les pieds, qui marche avec fierté : *au fig.* morgue, orgueil.

PIAFFER, marcher avec morgue.

COMPOSÉS.

DEPECHER, *mot-à-mot*, hâter les pieds, envoyer, expédier.

DEPÊCHES, expéditions.

EMPÊCHER, *mot-à-mot*, mettre des entraves *aux pieds*.

EMPECHEMENT.

EMPETRER, *mot-à-mot*, mettre des liens aux pieds.

EMPIÉTER, *mot-à-mot*, étendre le pied sur un terrain qui n'est pas à soi, usurper.

DEPETRER, débarrasser.

EXPÉDIER, *mot-à-mot*, mettre les pieds hors ; délivrer, depêcher.

EXPÉDIENT, moyen ; voye.

Adj. ce qui convient.

III.

PAS, action de marcher.

1. PAS, 1°. marque du pied sur la terre ; 2°. enjambée, le marcher ; 3°. démarche ; 4°. passage ; 5° vestige, trace. 6°. négation.

Il n'y en a pas, comme on diroit, Il n'y en a trace ; vestige aucun ; d'après ce principe que tous nos mots négatifs font empruntés de mots positifs.

2. PASSER, porter ses pas d'un lieu dans un autre; 2°. parcourir; 3°. examiner; 4°. s'écouler, cesser. 5°. aller au-delà, surpasser, omettre; 6°. être mis en un rang, &c.

PASSE, chemin; *être en passe*.

PASSAGE, aller d'un lieu à un autre. 2°. voyage; 3°. lieu par où on passe; 4°. défilé, détroit; 5°. citation, récit qu'on transporte d'un livre dans un autre, en le copiant, &c.

PASSANT.

PASSAGER, qui ne fait que passer.

3. PASSÉ, lieu à travers lequel on a passé; 2°. qui n'est plus; 3°. tems écoulé.

4. PASSÉE, trace de passage, &c.

PASSADE, aumône faite à un passant, à un passager.

5. PASSEUR d'eau, qui passe la riviere.

PASSOT, barque qui sert à passer.

PASSOIRE, vase à jour, qui sert à passer des bouillons, &c.

6. PASSABLE, supportable, tolérable, qui peut passer.

Ce mot a formé nombre de composés.

1. PASSE-AVANT.

2. PASSEMENT, ouvrage en fil, en soie, &c. travaillé en forme de ruban.

PASSEMENTIER, qui fait des rubans.

3. PASSE-PAR-TOUT.

PASSE-PASSE, tour d'adresse & d'es-camoteur.

PASSE-PORT.

PASSE-ROSE, espéce de fleur.

PASSE-TEMS.

PASSE-VOLANT, &c.

COMPOSÉS.

DEPASSER, passer au-delà.

REPASSER, passer de nouveau.

SURPASSER, passer par-dessus, &c.

4. COMPAS, instrument à deux jambes pour mesurer: & pour tracer des cercles.

COMPASSER, COMPASSÉ.

Lat. PESSum, aux pieds, au fond, en bas.

PEJORe, plus bas, plus honteux, pire.

PESSIME, très-bas, très-honteux, très-mal.

De PEJORe, plus honteux, plus mal, vint

PIRE; & de PESSum se forma

PIS, mal, très-grand mal.

De mal en PIS. De Pis en pis.

I V.

PÂQUES, Fête dont le nom tient à l'Orient פסח PASCH, qui signifie *Passage*. Fête établie en mémoire du passage de la mer rouge, & qui a été remplacée par la Pâques Chrétienne.

PASCAL, qui regarde la Pâques.

PÂQUES-FLEURIES, le Dimanche avant Pâques.

PAQUERETE, plante qui fleurit aux environs de Pâques.

V.
PAU, PO.
Mettre sur pied, poser.

1. PAUSE, prononcé Pose, action de s'arrêter, de se reposer : repos.

PAUSER, en terme de musique, faire une pause, s'arrêter, tandis que les autres continuent de chanter.

2. POSER, fixer en un lieu, placer, mettre, asseoir.

Lat. *Positus*, planté, placé, posé, mis bas, &c.

Posui vitem, j'ai planté une vigne.

Posui arma, j'ai posé les armes.

POSITION, situation, manière dont on est placé.

POSITIF, placé d'une manière solide : solide, réel, effectif.

2°. Degré de comparaison en fait d'adjectif : il établit une qualité comme existante.

POSITIVEMENT.

Posé, 1°. placé, mis ; 2°. sage, prudent, rassis.

POSÉMENT, doucement, sagement.

POSAGE, soins pour poser des objets pesans.

POSEUR, qui pose les pierres, lorsqu'on bâtit.

3. POSTURE, situation du corps ; manière dont on est posé.

4. POSTE. lieu où l'on est placé ; place ; 2°. station, lieu fixé pour un objet & correspondant à d'autres : 3°. de-là, bureau des lettres ; & lieu où on prend des chevaux pour courir d'une station à une autre.

POSTÉ, placé en un poste.

POSTER, mettre en un poste.

POSTILLON, 1°. celui qui porte en poste les lettres des particuliers ; 2°. celui qui conduit les chevaux de poste ; 3°. celui qui mene les chevaux de devant d'un carosse.

VI.

De Pos, *positus*, les Latins firent POST, par éllipse, au lieu de *posito*, & qui signifie *mot-à-mot* ayant posé : POST *finem*, ayant posé la fin. POST*sexenium*, ayant posé ou étant posé l'espace de six ans.

Ce mot fut ainsi un synonyme de notre mot *après*, & nous pouvons rendre *post finem* par ces mots, après la fin ; *post sexennium*, après un espace de six ans. Ce qui fait voir, 1°. que *Post* tient à *positus* ; 2°. pourquoi il se met avec l'accusatif. De *Post* sont venus tous ces mots :

1. POSTERIEUR, qui est après. 2°. le dos.

POSTÉRIEUREMENT, après d'autres.

2. POSTÉRITÉ, ceux qui viennent après nous.

3. POSTICHE, apposé, ajouté ; ainsi des cheveux *postiches*, sont des cheveux qui ne tiennent pas à la tête, mais qu'on applique dessus.

4. POSTILLE, *vieux Fr.* mot ajouté après coup en marge.

POSTUME, fils né depuis la mort de son pere, de *Post*, après & *humus*, terre.

POST-SCRIPTUM, ce qu'on écrit après avoir terminé une lettre, un ouvrage.

POST-POSER, mettre après.

POSTULER, Lat. *Postulo*, demander avec empressement : *mot-à-mot* aller après, courir après une place.

POSTULANT.

POSTULATION.

VII.

Du Lat. POST, nous fîmes POIST, POIS, & enfin

1. PUIS, après, ensuite ; cela posé : d'où

2. PUISQUE, *mot-à-mot*, dès que cela est posé, est établi.

DEPUIS.

3. PUISNÉ, né après : le second fils.

De *Posui*, j'ai placé, j'ai posé, les Latins firent PONO, je pose : *ponere ova*, mettre bas les œufs, en parlant d'une poule : de-là

4. PONDRE, faire des œufs.

PONTE.

COMPOSÉS.

APOSER, poser vers.

APOSTER, poser pour.

APOSTILLE, posé après ; par addition.

COMPOSÉ, posé avec ; tissu.

COMPOSER,

COMPOSITION.

COMPOTE.

DÉPOSER, poser bas.

DÉPOSITION.

DISPOSER, poser d'une certaine maniere.

DISPOSITION.

EXPOSER, poser hors.

EXPOSITION.

IMPOSER, poser sur.

IMPOSITION, taxe mise sur.

IMPÔT, autrefois *Impost*.

IMPOSTEUR, qui en impose.

IMPOSTURE.

INTERPOSER, poser entre.

INDISPOSÉ, poser contre, posé mal.

OPOSÉ, posé vis-à-vis, en face, contre.

OPOSER, OPOSANT.

OPOSITION.

PROPOS, chose posée en avant.

PROPOSER.

PROPOSITION.

PREVOST, Lat. *Præ-positus*, posé à la tête.

PRÉVÔTÉ, PRÉVÔTABLEMENT.

REPOSER, poser de nouveau.

REPOS, état de ce qui est en place, sans mouvement.

SUPPOSER, poser sous, au lieu de.

SUPPOSITION.

TRANSPOSER, poser au-delà.

TRANSPOSITION, déplacement.

SUPOSER.

PRESUPOSER.

ENTREPÔT.

RIPOSTE.

VIII.
PAT, étendue.

De PAT, main, patte, vint le verbe PAT, désignant l'étendue, l'action d'étendre, de déployer, d'ouvrir : le verbe Hébr. פתה, Pathe, le Gr. ΠΕΤΑΩ, Pet-aó, le Lat. PATeo qui tous signifient, s'étendre, étendre, avoir de l'étendue : de-là nombre de mots.

1. PATENE, assiette qui couvre le Calice, Patena.
PATERE, Lat. Patera, espéce de vase.

2. PATENTE, lettre scellée du grand sceau : du Lat. PATens, ouvert, manifesté : fait pour être montré.

3. PALLIER d'escalier ; endroit où il s'élargit ; de PATulus, large, étendu.

4. ESPACE, Lat. SPATium, étendue.
ESPACER, mettre les distances nécessaires.
SPACIEUX, qui contient une grande étendue.

5. SPATULE, ESPATULE, espéce de cuillere très large.

6. PÉTASE, chapeau de Mercure ; Lat. Petasus, parce qu'il étoit fort large.

7. POELLE à frire, de l'Ital. PADELLA formé du Lat. PATINA.
ÉPAIS, autrefois ESPAIS, dru, abondant ; 2°. serré ; 3°. condensé.
EPAISSEUR, autrefois ESPAISSEUR.

Ces mots appartiennent à la même famille que le Latin SPISSUS, épais, dru :

Et le Grec SPIDés & SPIDnos, épais, dru, abondant.

Aucun Etymologiste n'a pu aller au-delà. On voit visiblement que c'est un mot qui s'est chargé de la lettre S, & dont la voyelle A se changea en I d'après la marche ordinaire de ces Langues.

On voit encore par la comparaison du Lat. & du Gr. que S finale a pris la place du D : changement très-commun dans les Langues. La véritable racine est donc PAD, PAT, mot Celte & Oriental qui signifie abondant, fertile : & qui, se prononçant aussi FAT, a fait le Latin AFFATim, en abondance ; l'Angl. FAT, gras, &c.

Le T final se changeant en Kh, a fait le Grec PAKhus, épais, riche, gras.

IX.
PAT, pierre, rocher.

De PAT, PET, étendu, large, vint le Latin PETRA, le Gr. PETROS, rocher, roc, rocaille, le Malayen Bátou, l'Américain Vatou, pierre. Nous en avons fait,

1. PIERRE, corps dur, inanimé, uniforme, sans parties différentes, & dont on se sert pour les bâtimens.
PIERREUX, plein de pierres.
PIERRERIES, pierres brillantes.
PIERRE-PONCE, du Lat. PUMICE ; nomin. Pumex.

2. PÉTRIFIER, changer en pierre : au
fig.

fig : être saisi d'étonnement, être immobile comme une pierre.

PÉTRIFICATION, substance changée en pierre.

3. PÉTROLE, *mot-à-mot*, huile de pierre.

4. PERRON, escalier de pierre : montée de pierre : en *vieux Fr.* pierre.

PERRIER, instrument de guerre avec lequel on lançoit des pierres.

5. PERSIL, Lat. *PETRO-SELENUM* ; parceque cette plante appellée *Selinon* en Grec, croît sur les rochers.

Ce mot *Selinon* signifie lui-même *rocher*, & tient au Lat. *Silex*, à l'Orient. סלע, *Seloh*, rocher. *Petro-selenum* est donc un double emploi ; c'est toujours Pierre en Latin & en Grec.

6. PERROQUET, PERRICHE, PERRUCHE, nom d'un oiseau Indien ; il peut venir de *Pierrot*. Il en est de même du suivant.

PIRON, nom d'un oison en Angevin, *Pirou* en Poitevin, & PIROT au Maine.

X.

P A T, prière, action de tendre la main.

De *PAT*, PET, pied, patte, main, on fit le verbe Latin *PETO*, anciennement *BETO*, qui signifie, 1°. demander, prier, solliciter, *mot-à-mot* tendre la main : 2°. aller, *mot-à-mot* tendre le pied.

Celte, PEDEN, prière.

PEDER, intercesseur.

PEDI, prier : de-là,

1. PÉTITION, demande.

PÉTITOIRE, action par laquelle on demande la propriété de quelque chose.

2. BEDEAU, PEDEL en Allemagne.

C O M P O S É S.

1. APPETIT, Lat. *APETITUS*, désir extrême ; recherche, demande vive.

APETISSANT, qui excite l'apetit.

2. COMPÉTITEUR, celui qui demande la même place qu'un autre.

COMPÉTENT, qui a droit de demander une place : 2°. qui a droit de juger, qui en est capable.

COMPÉTENCE.

INCOMPÉTENCE.

IM-PÉTUEUX, qui se porte avec vitesse vers un endroit.

IM-PÉTUOSITÉ, Lat. *IMPETUS*.

IMPÉTRER, obtenir à force de sollicitations.

RÉ-PETER, dire de nouveau : *mot-à-mot* redemander.

RÉ-PÉTITION.

3. OPTER, Lat. *OPTARE*, souhaiter avec ardeur ; 2°. choisir : de *ob*, extrêmement, & *PETO*, demander, désirer.

OPTATIF, mode des verbes qui marque le désir, le souhait.

OPTION, choix.

ADOPTER, choisir : prendre par adoption. Choisir pour son fils adoptif.

ADOPTION.

ADOPTIF.

PAC

PEC, PIC, PING, &c.

Etre en pied, être stable.

De PA, pied, joint à C ou à Q qui désigne tout ce qui est pointu, aigu, vint une famille nombreuse qui se prononce PAC, PEC, PIC, PUC, PING, PUNG, POIND, &c. & qui forma toutes ces branches.

I.

PAC, arrêter, fixer.

1. Les Latins en firent *PACtio* & *PACtum*, traité, pacte, convention. *PACisci*, convenir, arrêter, faire un pacte, un traité. *PACtus*, fiché, planté, arrêté. *Pe-PIGi*, j'ai lié, uni, mis en paquet; 2°. j'ai arrêté, statué, je suis convenu; car on est lié par ses conventions: 3°. j'ai publié, récité, chanté; car tout traité étoit publié, chanté, &c. Les Grecs en avoient fait *PAGhé*, filet, lacets: *PAGHioein*, affermir, arrêter: *PAKTos*, en Dorien, serré, lié, &c. en Orient. פח, *PAC'H*, filet: אפק, *APaQ*, retenir, arrêter. De-là,

PACTE, accord, convention, chose arrêtée.

PACTISER, faire un pacte.

PACHE, marché, convention.

2°. PAYER, Lat.-B. *PAGare*, Celte *PAGA*, *PAEA*, mot-à-mot, faire un marché, convenir: 2°. remplir ce dont on est convenu, en livrer la valeur en argent.

PAYEMENT, action de payer, salaire.

PAYE, salaire continu.

MORTE-PAYE, paye d'un soldat en garnison.

3. PAIX, Lat. *PAX*, ablat. *PACe*, mot-à-mot, chose arrêtée, fixée: au fig. calme, tranquillité; 2°. calme rétabli.

PAISIBLE, tranquille, calme.

PACIFIER, rendre la paix.

PACIFICATEUR, qui rend le calme.

PACIFIQUE, qui aime la paix.

APPAISER, calmer.

4. PAQUET, ensemble de plusieurs choses attachées ou enveloppées en une même masse.

EMPAQUETER, mettre en paquet.

PACOTILLE, ensemble d'objets destinés à être commercés dans le cours d'un voyage.

5. PAQUEBOT, vaisseau de transport ou de passage.

PAQUER, arranger le poisson salé par couches dans les tonneaux.

PAQUAGE, action d'arranger le poisson salé.

6. FAQUIN, en Ital. *FACCHINO*, crocheteur, qui porte des paquets. C'est un mot à ajouter à la classe de ceux qui ont dégénéré.

II.

1. PIC, instrument pour fouir la terre; 2°. oiseau qui de son bec perce l'écorce des arbres.

PIVERD, oiseau de l'espéce du Pic.

2. PIC, montagne coupée perpendiculairement comme un piquet.

PICARDANT, espéce de vin piquant.

PICOLET, crampon de serrure.

PICORÉE, pillage des gens de guerre dans les campagnes : ils piquent les fruits, les poules. &c.

PICOT, épingle à grosse tête, *terme d'Ouvriere en dentelle*; 2°. petites pointes des troncs d'arbres coupés près de terre.

PIQUET, jeu de cartes fort piquant.

PIC, REPIC, coups les plus piquans du piquet.

3. PICOTÉ, marqueté : 2°. gravé de petite vérole; & en Prov. PICOTE, petite vérole.

PICOTER, causer des démangeaisons : 2°. bequeter.

PICOTEMENT, démangeaison âcre.

PICOTERIE, action de se dire des paroles piquantes.

4. PIOLÉ, du Lat. *Piculatus*, marqué de deux couleurs, piqueté.

PIOLER, *vieux Fr.* parer de différentes couleurs.

PYPOLER, parer avec soin.

PIE, Lat. *PICA*, oiseau tacheté de deux couleurs.

PIETTE, oiseau aquatique dont le nom est un diminutif du précédent.

III.

Lat. *PICOCIA*, instrument à fouir : d'où nos mots,

PIOCHE & PIOCHER.

2. PIQUER, marquer avec une pointe ; 2°. percer avec une lancette ; 3°. donner de l'éperon; 4°. *au fig.* exciter, piquer d'honneur; 5°. animer, offenser, irriter, &c.

PIQUE, arme longue & pointue ; 2°. querelle légere

PIQUANT, qui pique; 2°. qui offense, 3°. qui réveille l'esprit.

PIQUET, bâton planté par un bout; 2°. détachement de soldats ; 3°. jeu de cartes, &c.

3. PIQUETTE, mauvais vin qui pique.

PIQUURE, effet de l'action de piquer.

PIQUIER, soldat armé d'une pique.

PIQUEUR, chasseur armé d'une pique, & qui est à la suite des chiens.

PIGOU, chandelier de fer dont on se sert sur les Navires, & qui a deux pointes ; l'une inférieure qui sert à le planter ; l'autre supérieure sur laquelle on fixe la chandelle.

4. EPI, Lat. *SPICA*, pointe de la tige du blé, & qui renferme le grain.

IV.

1. POIX, suc gras & tenace, Lat. *PIX*, Celt. *PEC*, Languedoc, *Pegue*.

POISSER, enduire de poix.

POISSE, fascine enduite de poix pour la défense d'une place.

2. PESSE, Lat. *PICCA*, espéce de sapin, arbre abondant en poix ou résine.

3. PEGAD, vaisseau de vin enduit de poix : du mot *pegue*, *pix*, poix,

4. EMPOIS, composition de farine & d'émail pour faire de la colle.

EMPESER, mettre de l'empois au linge.

EMPESAGE, EMPESEUR.

5. PARESSE, défaut de celui qui ne sait pas se remuer, qui est comme collé à sa place; Lat. PIGrities.

PARESSEUX, Lat. PIGer.

Ces mots appartiennent à PIX, poix. On diroit du paresseux qu'il est retenu par de la poix.

V. au figuré.

PÉCHÉ, Lat. PECCATum; Celt. Pechu, pécher; de PEC, poix, tenacité, tache qui ne peut s'ôter.

PÉCHER, manquer, faire un péché.

PÉCHEUR, PÉCHERESSE.

PECCANT, qui péche en quelque chose.

PECCADILLE, légere faute.

VI.

De PIC, piquer, les Latins firent PUGI & PUPUGI, j'ai piqué, j'ai aiguillonné.

PUNGO, je pique; PUNCTUS piqué : & de-là les mots suivans :

1. POINT, piquure; d'où point de côté; point de couture; point d'honneur; point d'écriture, &c.

Au fig. instant, moment : 2°. question.

POINT, négation, pour désigner l'absence, la privation la plus complette, même de la plus légere piquure, du plus petit point.

2. POINTE, tout ce qui est aigu; sommet de montagne, clou sans tête, bon mot, &c.

POINTER, piquer de la pointe : 2°. être opposé l'un à l'autre.

3. APOINT, somme à-point pour terminer un compte.

APOINTER, mettre quelqu'un à point de terminer une affaire, un procès.

4. POINTEUR, qui pointe le canon.

POINTILLAGE, points qu'on fait dans les ouvrages de mignature.

POINTILLER, contester sur rien, sur un point; 2°. travailler en points.

POINTU, qui a une pointe : aigu.

POINDRE, piquer, offenser, nuire; 2°. commencer à paroître.

5. POINÇON, instrument qui sert à percer, à marquer, &c.

POIGNARD, Lat. PUGIO, arme aigue, pointue.

POIGNARDER, tuer à coups de poignards.

POIGNANT, vieux Fr. piquant.

6. PONCTION, ouverture qu'on fait au bas du ventre des hydropiques pour en vuider les eaux.

7. PONCTUEL, qui arrive à point; exact.

PONCTUELLEMENT, exactement.

PONCTUALITÉ, exactitude.

PONCTUER, mettre les points.

PONCTUATION, science de mettre les points, &c.

PONCIS, Lat. Punctuata : dessein piqué & frotté avec du charbon en poudre.

8. POUR-POINT, Lat.-B. *Perpunctum* : il est composé de piéces cousues ensemble.

POURPOINTIER, faiseur de pourpoints.

POURPOINTERIE, métier de pourpointier.

Ces mots ont vieilli, depuis qu'on a réuni les Pourpointiers aux Fripiers.

9. EMBONPOINT, état de celui qui est bien portant, en bon point.

VII.

PINCE, pli en forme de pointe : tenailles pour pincer.

PINCÉE, ce qu'on prend du bout des doigts.

PINCER, serrer avec le bout des doigts ; 2°. avec quelque instrument ; 3°. mordre en riant ; 4°. prendre.

PINCETTES, instrument à pincer.

PINÇURE, faux-pli.

VIII.

De PIC, piquer, les Latins firent *PICtus*, peint ; parce que les premiers desseins étoient faits à l'aiguille, soit sur la peau, soit sur la toile, &c. *PIXI*, j'ai peint ; *PICTor*, un Peintre. Et au présent *PINGO* : c'est de-là que nous avons fait,

1. PEINDRE, tracer des figures, imiter la figure de quelqu'un, &c.

PEINTRE.

PEINT, PEINTURE.

2. PINTADE, espéce de poule des Indes, qui doit son nom à la variété de ses couleurs.

3. DEPEINDRE, représenter.

PHAC.

PAC, SPEC, SPIC,

bouche, visage.

1. De FA *ou* PA, primitif signifiant la bouche, le visage, vinrent,

I.

FACE, Lat. *FAcies*, le visage ; 2°. la présence ; 3°. superficie ; 4°. état des choses.

Irl. *FAICim*, voir.

FAÇADE, le devant d'un bâtiment.

FASCINER, Lat. *Fascinare*, Gr. *Bas-Kainein*.

PAN, en *Architecture*, Face, une tour à plusieurs faces ; 2°. portion, une des faces.

II.

1. ES-PÈCE, Lat. *SPECies*, qui a la même face, la même apparence.

2. ASPECT, Lat. *ASPECtus*, ce qui se présente à la vue, en face.

INSPECTER, Lat. *INSPICEre*, avoir sous les yeux, être préposé sur.

INSPECTION, INSPECTEUR.

3. SUSPICION, défiance, action de regarder le dessous d'un objet pour ne pas s'en rapporter aux apparences, à l'extérieur.

SUSPECT, SUSPECTER.

4. SPÉCIAL, particulier, *mot-à-mot*, qui a sa forme propre.

SPÉCIEUX, apparent.

SPÉCIFICATION, détermination des objets particuliers.

SPÉCIFIQUE, singulier, particulier ; *nom*, reméde propre à une maladie.

5. SPECTACLE, tout ce qui est exposé aux yeux, sur-tout, du Public.

SPECTATEUR, qui considere un spectacle.

SPECTRE, figure extraordinaire qui paroît de nuit.

SPÉCULAIRE, art de faire des miroirs.

SPÉCULATEUR, qui s'attache à la contemplation des choses rélevées & difficiles.

SPÉCULATIF, qui passe sa vie dans la contemplation.

SPÉCULATION, contemplation ; 2°. action d'examiner

SPÉCULER, observer, calculer.

6. SPÉ, le plus ancien des Enfans-de-chœur, & qui inspecte les autres.

7. SOUPÇON, du Lat. *SU-SPICIONe*, regard de défiance qui nous porte à examiner l'intérieur des apparences.

SOUPÇONNER, se défier.

SOUPÇONNEUX, enclin à soupçonner.

PHAN,
Eclairer, paroître.

I.
PHANAL, ou *FANAL*, lumiere qui sert à éclairer, & qu'on place en un lieu éminent pour être vue de loin : Gr. *Phainô*, briller.

PHÉNOMENE, Gr. & Lat. *mot-à-mot*, apparence, objet qu'on apperçoit, & qui n'est que momentané.

PHENIX, oiseau fabuleux : emblême des révolutions du Soleil.

II.
PANE, Orient. PHANE, Face, en terme de marine. *Etre en pane*, situation d'un vaisseau dont le bord & les voiles font face au vent.

III.
S'ÉPANOUIR, s'ouvrir, se développer, paroître.

PAL.
PAIL, PEL, POL.

Cette famille a le plus grand rapport avec celle de BAL ; elles désignent toutes deux *l'élévation*, les dimensions longues & étroites, &c. Elles ne different que par le dégré de force dans la prononciation, & par les idées partielles qu'elles indiquent.

I.
1. PAL, *vieux-Franç*. dans quelques Provinces.

PAU ; devenu,

PIEU, bâton, ou piéce de bois longue & pointue, qui sert d'arme, ou pour se retrancher.

C'est une famille Celte, Theutone, Esclav. Lat. Grecque, &c. Lat. *PALus*, pieu ; Gr. *PALLÓ*, lancer ; *Pal-ton*, dard.

PALISSADE, retranchement fait de pieux, de pals,

PALIS, pieux plantés.
PALISSADER, planter une palissade.
ESPALIER, arbres en palissade.
EMPALER, enfoncer sur un pal.
2. PAISSEAU, vx.-Fr. pieu, échalas; Lat. PAXILLUS.
PAISSALER, mettre des échalas.
3. PALANCHE, bille de bois, gros pieu pour soulever des fardeaux; d'où,
PALAN, corde pour enlever des fardeaux.
PALANDRE., Fortification avec des pieux en usage dans la Hongrie, en Pologne, &c.
4. PILOTIS, pieux enfoncés dans l'eau ou dans un terrein peu ferme & sur lesquels on bâtit. Lat. DePALlationes.
PILOTAGE, Fondemens en pilotis.
PILOTER, former un pilotage.

II.

PAL, nom de divers outils.

1. PALEMAIL, instrument pour jouer au mail : il est composé d'une masse *mail*, & d'un manche *pal*, auquel tient le mail. *Aujourd.* on l'appelle simplement *mail*.
2. PEAUTRE, *vieux-Fr.* gouvernail; de *Pal*.
3. PELE, du Celt. *PAla*, pèle, & non du Latin *Patella*; Instrument composé d'un manche & d'un fer large & plat dont on se sert pour prendre diverses choses, pour remuer la terre, &c.
PELÂTRE, fer de la pèle.
PELÉE, ce qu'on emporte d'un coup de pèle.
PELERON, petite pèle de bois à l'usage des Boulangers.
4. PALETTE, espéce de petite pèle de fer dont les forgerons se servent.
2°. Outil de fer emmanché de bois dont se servent les Doreurs sur cuir.
3°. Instrumens à manche & plats qui servent dans divers Arts.
5. PELICAN, oiseau dont le bec s'élargit comme une cuilliere; de PAL, large, en Grec PeLATus, Platus.
2°. Instrument pour arracher les dents : il a la forme du bec de Pélican replié contre le cou.
PALERON, omoplatte.
6. PALE, bout de l'aviron, ou de la rame : il est plat.
7. PALONNEAU, morceau de bois long de deux pieds & demi qui porte les traits des voitures.
PALOT, PALTOQUET, lourdaud, manant, rustique.

III.

PAL, paume de la main.

PAL, signifia dans l'origine la paume de la main, comme étant un composé de *pals*; de-là le Gr. *Palamé*, la main. Lat. *PALMA*, paume de la main : en Bas-Br. PAL & PALF, paume de la main : en Gall. PALF, main; d'où

1. PAUME, le dedans de la main.
PALESTRE, lutte, lieu où l'on s'exerçoit à la lutte; du Grec PALÈ, lutte,

La lutte eſt un combat où l'on n'a d'autres armes que la main.

EMPAUMER, prendre avec la main : au fig. ſaiſir une affaire.

2. PALPER, toucher de la main.

PALPABLE, qui ſe ſent, qu'on peut palper.

PALPITATION, mouvement du cœur qui eſt palpable.

PAIPITER, PALPITANT.

PAUPIERE, Lat. PALPEbræ, à cauſe de leur mouvement de palpitation continuelle.

PALME, meſure de l'étendue de la main, ou de neuf pouces.

PELAUDER, ou PELOTTER, ſe battre à coups de poings.

IV.

PAL, PIL,

Diverſes actions de la main.

1. PILLER, emporter, voler : de *Pal*, *Pel*, main. Lat. EX-PILare, voler, piller.

PILLAGE, *Expilatio*, vol, brigandage.

PILLERIE, rapacité.

PILLEUR, qui pille.

PILLARD, qui aime à piller.

2. PILER, battre avec un pilon.

PILON, inſtrument de métal ou de bois, comme un gros pieu, dont on ſe ſert pour réduire en poudre, pour broyer : Lat. PILa, PILum.

PILEUR, qui broye ; *au figuré*, grand mangeur, *vieux Fr.*

PILÉE, étoffes qu'on foule à la fois.

PILONNER, remuer les étoffes dans une chaudiere avec une pèle de bois.

3. PAL, lancer.

Les *Pieux* furent les premieres armes, & on les lançoit ; ils donnerent lieu aux dards, aux javelots, aux lances, aux piques, aux flèches, qui ne ſont que des pieux plus ou moins déliés, plus ou moins perçans. Il n'eſt donc pas étonnant qu'ils ſoient devenus la racine de pluſieurs mots relatifs à l'idée de lancer.

En Grec, *Pallô*, lancer.

PALET, diſque qu'on lance vers un but.

4. PEL, faire ſigne de la main, inviter à venir à ſoi : de-là

APPEL, action d'appeller.

APPELLER, crier, invoquer du ſecours.

APPELLATION, RAPEL, RAPELER.

INTERPELLER, appeller en témoignage.

APEAU, eſpèce de ſiflet pour faire venir les Cailles au piège.

EPELER, appeller les lettres, les nommer.

Hébr. פלל, PaLL, ſupplier : c'eſt tendre la main.

Grec. Ἀπελλω, A-pello, Lat. *Pello*, *Diſpello*, *Repello*, repouſſer : c'eſt écarter avec la main.

V.

PALEFROI, *vieux Fr.* cheval de monture : d'où

PALEFRENIER,

PALEFRENIER, qui panſe les chevaux. Ce nom qui étoit déjà en uſage avant les Croiſades, a donné lieu à une multitude d'étymologies biſarres. Il vient ſans doute de l'ancien VEREdus, puis FREdus, cheval, & de PAL, PALF, main. Tout Palefroi étoit un cheval de main.

VI.

PAL, PIL, élevé, &c.

1. PALAIS, Lat. PALatium, Bâtiment vaſte & élevé : demeure des Rois & des Princes ; 2°. Hôtel des Cours Souveraines ; 3°. partie ſupérieure de la bouche.

PALATIN, nom qu'on donnoit aux grands Officiers attachés au Palais des Empereurs & des Rois : d'où les *Comtes Palatins*.

PALATINAT, Domaine d'un Palatin.

PALADIN, Chevalier.

PALATINE, dans l'origine, peau de Martre qui ſervoit de mouchoir de cou pour les Dames. Ménage dit qu'on leur donna ce nom parce que l'uſage en vint du Palatinat, contrée d'Allemagne.

2. PILASTRE, pilier quarré qui a baſe & chapiteau.

PILIER, eſpéce de colonne maſſive ; *au figuré*, ſoutien, appui.

PILE, maſſe, choſes en tas ; 2°. revers des monnoies.

PILORI, eſpéce de cage élevée dans laquelle on expoſe en public des perſonnes qu'on veut punir par l'ignominie

COMPILER, *mot-à-mot*, mettre en tas : raſſembler des paſſages de divers Auteurs.

COMPILATEUR, qui compile.

COMPILATION, recueil de paſſages, ouvrage fait de choſes raſſemblées.

3. PALANQUIN, chaiſe portative. On s'en ſert principalement dans les Indes.

4. ÉPAULE, Lat. SPALA, portion la plus élevée de la caiſſe qui forme le corps humain, & ſur laquelle on porte les fardeaux.

5. PAILLE, de *Pal*, élevé, ou de *Pal*, couleur du ſoleil, blond, Lat. PALEA, long tuyau ſur lequel porte l'épi de blé.

PAILLETTE, petite paille.

PAILLASSON, panier de paille.

PAILLET, couleur de paille.

PAILLEUX, qualité d'un métal plein de défauts appellés pailles.

PAILLASSE, lit de paille, d'où *paillarder*, *mot-à-mot*, coucher ſur la paille.

EMPAILLER, garnir de paille.

6. POUCE, autrefois POULCE, le gros doigt de la main ; Lat. POLLEX : de PAL, POL, gros, élevé.

VII.

PEL & 1°. Peau, couverture.

1. PEAU, enveloppe d'un corps, mot Celte, Latin, Theuton, prononcé FELL, d'où le Grec *Phloios*, écorce,

& *Phellas*, couverture de Livre &c.

PEAUCIER, celui qui façonne les peaux.

PEAUCERIE, commerce de peaux & de cuir.

PELER, ôter la peau, l'écorce.

PELÉ.

PELARD, jeune chêne dont on a enlevé l'écorce.

PELURE, peau ôtée de dessus un fruit.

2. PELETERIE, ouvrages en peaux.

PELETIER, Marchand de Peleterie.

PELISSE, habit de peau.

SURPLIS, mot altéré de SURPELISSE.

PELLICULE, petite peau.

3. DÉPOUILLE, habit qu'on ôte.

DÉPOUILLER, enlever à quelqu'un ses habits, son bien.

SPOLIER, dépouiller quelqu'un de son bien.

4. SURPEAU, la premiere peau & la plus fine.

2°. Poil.

PELAGE, couleur du poil des animaux. *Etre de différent pelage.*

PELOIR, rouleau dont le Mégissier se sert pour faire tomber le poil des peaux.

PELU, chargé de poil.

PELACHE, PELUCHE, panne ou étoffe à grand poil.

PELER, PLAMER, faire tomber le poil après qu'on a passé un cuir par le plein.

ÉPLUCHER.

PELOUSE, herbe verte & courte comme le poil des animaux.

5°. Plume.

De PEL, poil, on fit PELUMe, d'où

PLUME, dont les oiseaux sont couverts, comme les animaux de poil : de-là,

PLUME, 1°. ce qui couvre les oiseaux ; & 2°. dont on se sert pour écrire.

PLUMER, arracher les plumes ; *au fig.* faire dépenser beaucoup d'argent à quelqu'un.

PLUMAGE, les plumes d'un oiseau.

PLUMACIER, qui vend des plumes pour les coëffures.

PLUMART, houssoir de plumes.

PLUMET, plumes qu'on porte au chapeau ; 2°. un Cavalier, un Officier.

PLUMITIF, minute.

4°. Manteau.

PALLIUM, manteau, mante, grand habit de dessus.

PALETOT ou PALETOC, *vieux Fr.* manteau des gens de guerre.

PALLIER, *au figuré*, couvrir une faute, l'excuser.

PALLIATIF, remede qui adoucit le mal sans en détruire la cause.

PALLIATION, excuse ingénieuse.

POELE, Lat. *PALA*, voile, dais. On s'en sert pour les entrées des Grands Seigneurs, pour la bénédiction nuptiale, pour les convois funèbres : *vieux Fr.* PALE, PALLE.

VIII.

PALMIER, Lat. *PALMA*, arbre

dont les feuilles sont arrangées comme les doigts de la main; ce qui le fit appeller ainsi par les Latins: de-là

PALME, feuille du palmier.

PALMISTE, PALMITTE, diverses espéces de palmier.

PALMETTES, ornement d'Architecture en forme de feuilles de palmiers.

PAUMIERS, *vieux Fr.* du Lat. *PAL-marii*; ceux qui avoient été en Terre-Sainte, parce qu'ils en revenoient avec des palmes.

IX.

DE BAL, rond, prononcé PAL, vint le Lat. *PILA*, en Gr. *PALLA*, & le François

PAUME, bale avec laquelle on joue; d'où JEU DE PAUME.

PAUMIER, Maître d'un jeu de paume.

PELOTE, boule de neige, d'étoffe, &c.

PELOTON, petite boule.
2°. Petite troupe.
3°. Ce qui est en rond.

COMPLOT, gens qui se réunissent pour former une conjuration.

COMPLOTER.

PILULLE, médicament en petite boule.

X.

DE BAL, lumiere, on fit PAL, lumiere foible & mourante; d'où

PÂLE, dont les couleurs sont éteintes, d'un blanc livide.

PÂLEUR, Lat. *Palor*, blancheur fade & livide.

PÂLIR, devenir pâle.

PÂLISSANT, qui pâlit.

PÂLES-COULEURS.

PAL, fermer.

PALE, piéce de bois qui sert à fermer, à boucher un biez de moulin ou la chauffée d'un Étang; d'où la famille suivante venue des Latins.

OPILATION, obstruction portée à son comble.

OPILER, boucher les conduits intérieurs du corps. OPILATIF.

PELARDEAUX, planches couvertes de poix, de brai, de bourre, &c. qui servent à boucher les trous faits par le canon.

PEN, PHEN, rencontre.

PEN, PHEN, face, signifia sans peine rencontre, ce que les yeux rencontrent, qu'on trouve sur ses pas; & ensuite ce qui fait tomber. De ces diverses significations naquirent

1. OF-FENSE, Lat. *OF-FENSIO*, ce qu'on rencontre en chemin, de face & qui nuit, qui fait broncher; *au figuré*, outrage, injure.

OFFENSER, OFFENSANT, &c.

2. DÉFENSE, Lat. *DEFENSIO* & DÉFENDRE, *mot-à-mot*, ôter de devant soi ce qui peut nuire, ce qui peut faire broncher.

2°. Se garantir de toute attaque, de tout outrage.

3°. Prévenir, empêcher, déclarer ce qu'il faut ôter de devant soi, ou ce qu'il faut faire de peur de malencontre.

Les Latins avoient de plus *infendere*, qui fignifioit mot-à-mot *mettre fur le chemin* de quelqu'un quelque chofe capable de lui nuire : fe mettre fur fon chemin, l'attaquer : 2°. ravager, détruire, traiter en ennemi.

L'Angl. FEND, défenfe, retranchement, obftacle, appartient à la même famille.

PAN.

PAN, de la même famille que MAN, main, a formé ces mots.

I.

1. PANIER, corbeille; de la même famille que BENNE, BANE, MANNE, MANEQUIN.

PANERÉE, contenance d'un panier.

2. PANELLE, fucre brut des Ifles Antilles, qui vient dans des paniers & non en pain.

3. EMPAN, mefure; la main ouverte.

II.

PAN, tiffu, ouvrage de main.

PAN en Celte fignifie tiffu, étoffe; Grec PENOMAI, faire, fabriquer; Lat. PANNUS, étoffe : de là

1. PANE, efpèce d'étoffe.
Grec PENOS, toile, tiffu.

2. PANICULE, membrane du corps animal.

3. PANEAU, filet; 2°. piège, *au fimple & au figuré*.

4. PAGNE, PAIGNE, étoffe dont fe couvrent les Négres.

PENAILLON, haillons.

PENONCEAU, PANONCEAU, banderolle, enfeigne, marque élevée.

PENON, étendard à longue queue, fait d'étoffe.

5. COMPAGNON, qui eft fous le même étendart.

COMPAGNIE, ceux qui font fous le même étendart.

6. PARPAIN, PARPAIGNE, mur dont les pierres le traverfent, & en forment les deux paremens; mot-à-mot, *à travers le pan*.

PAN, nourriture.

De PA, bouche, & Pere, vint PAN, le pere univerfel, la nature qui nourrit tous les êtres : le pain, nourriture par excellence.

I. Pain.

1. PAIN, Lat. PANIS; Gr. d'Italie PANOS : d'où

PANETIER, Chef du pain, Intendant du pain.

PANÉTERIE, Office de Panetier.

PANETIERE, panier pour le pain.

PANADE, foupe au pain.

PANÉ, eau panée.

PANER, couvrir de pain.

PANAGE, droit de pâture.

2. PANICLES, *vieux Fr.* Paftilles, petits pains.

PANAIS, racine bonne à manger.

PANIS, espéce de millet à grapes.

APANAGE, Terres ou revenus qu'on donne à des Cadets pour leur entretien.

APANAGER, *vieux Fr.* être en PAIN, être hors de PAIN, pour dire servir, ou n'être plus en service.

IMPANATION, terme de Théologie.

3. PANACÉE, remède universel.

4. PANIQUE, terreur panique; l'origine de ce mot fit débiter bien des fables aux anciens Grecs; il désigne ces terreurs qui se répandent sans raison, & qui font fuir une armée entiere : c'est, mot-à-mot, *épouvante universelle*.

PEN.

Tête, sommet, pointe.

Ce mot, de la même famille que PAN, BEN, offre les mêmes idées, & désigne nombre d'objets correspondans à ceux qui sont contenus sous ces radicaux.

I.

PEN, PIGN.

PENNE, *vieux Fr.* & PENNETTE, Éminence.

PIGNON, faîte d'un bâtiment.

PINACLE, le haut, le faîte; être *au pinacle*, dans le sens figuré.

II.

1. PIN, arbre fort élevé & dont les feuilles sont pointues.

PIGNET, espéce de Pin.

SA-PIN, autre espéce de Pin.

PIGNON, fruit du Pin.

PIGNOLAT, pignon confit.

PINEALE, glande qui ressemble à une pomme de pin.

PINASSE, PINQUE, barques de sapin.

2. PINOCHER, ne manger que du bout des dents, ne prendre que la pointe des alimens.

III.

De PEN, s'élever, vinrent :

1. PANACHE, bouquet de plumes qu'on met au-dessus de la tête : du Lat. *PENNA*, plume, aîle : on s'éleve par leur moyen.

PANACHÉ, PANACHER.

EMPANACHER.

2. PENNE, plume d'oiseau de proie.

PENNAGE, plumage.

PANON, en terme de marine, plumet qu'on jette en l'air pour voir d'où vient le vent.

Se PENNADER, étendre ses aîles, ses bras; 2°. s'admirer.

3. PINNE-MARINE, coquillage qui s'attache aux rochers par un cordon qu'on peut filer. Lat. *PINNA*, nageoire des Poissons; elle tient lieu de bras.

4. PANCE, PANSE, Lat. *PANTEX*, gros ventre : De PAN, gros.

PANSARD, qui a un gros ventre.

IV.

PEN, suspendre.

1. PENDRE, attacher en haut.

PENDABLE, PENDAISON.
PENDU, PENDILLER.
2. PENDANS d'oreilles.
PENDANT, qui pend.
 Prépos. durant, qui dure encore.
PENDELOQUES, parure de pierreries ajoutée à des pendans d'oreilles.
PENDULE, verge de fer qui sert aux vibrations des Horloges.
3. PENDARD, PENDARDE.

COMPOSÉS.

APENDRE, pendre à côté.
APPENDICE, addition, chose suspendue à côté.
DÉPENDRE.
DÉPENDANCE, qualité de celui qui est sous la main, sous l'autorité d'un autre.
DÉPENDANT, INDÉPENDANT.
SUSPENDRE, pendre sans que rien soutienne.
SUSPENDU ; SUSPENSION.
SURPENTE.
SOUPENTE.
4. PERPENDICULAIRE, qui est suspendu en droite ligne, qui est précisément sur la tête ; ligne qui en coupe une autre à angles droites.

V.

PEN, pointu.

1. PENNE, pointe d'un rocher ; d'où l'Espagn. *PENA*, rocher.
2. EPINGLE, bout de fer pointu & travaillé qui sert à piquer, à percer.

PINGLERE, EPINOCHE, insecte qui pique comme une aiguille.
3. EPINE, piquant produit par quelques plantes.
EPINEUX, piquant, *au simple & au figuré.*
4. PÉNÉTRER, entrer avant, percer jusques.
PÉNÉTRABLE, qu'on peut pénétrer.
PÉNÉTRATION, action de percer, de parvenir jusques.
PÉNÉTRANT.
PÉNÉTRABILITÉ.
IMPÉNÉTRABLE, qu'on ne peut percer.

VI.

PEN, finesse, beauté.

Le mot de PEN, pointe, a désigné également la finesse, la beauté : de-là
1. PIMPANT, propre, ajusté.
PIMPE-SOUÉE, *vieux Fr.* femme qui fait la précieuse : de PIN, fin, & SOUEVE, agréable.
2. PIMBECHE, femme qui fait la précieuse ; Celt. PIN, PING, joli.
3. PIMPRENELLE, éveillée, charmante ; 2°. plante dont la fleur est arrangée en forme de rayons sur une tête : Lar. *PIM-PIN-ella* ; de *PIN*, tête.

VII.

PEN, poignant, piquant.

 Au figuré.

1. PEINE, travail, tourment, in-

quiétude ; Lat. *PŒNA*, Gr. *PEN-thos*, deuil, douleur, tristesse ; *PEN-cmai*, travailler, prendre de la peine. De *PEN*, piquant, tout ce qui pique.

PÉNER, causer de la peine.

PÉNIBLE.

PÉNAUD, confus, triste, étonné.

PÉNAL, qui assujettit à des peines.

2. PUNIR, infliger des peines.

PUNISSABLE, qui mérite des peines.

PUNITION, peine infligée.

IMPUNI.

IMPUNITÉ.

IMPUNÉMENT, sans être puni.

3. PÉNITENT, Lat. *PŒNITENS*, mot-à-mot, qui est *tenu* par la *peine* de ses fautes ; qui est tourmenté de regret.

PÉNITENCE, regret de ses fautes, expiation d'une faute.

PÉNITENCIER, qui dirige l'expiation d'une faute.

PÉNITENCERIE, Tribunal des Pénitenciers.

IMPÉNITENT.

IMPÉNITENCE.

REPENTANCE, REPENTIR.

VIII.

PEN, réfléchir, peser, avoir dans la tête.

1. PENSER, réfléchir, avoir la tête pleine d'une idée.

PENSÉE, action de l'esprit, de la tête qui s'occupe d'une idée : sentiment, opinion.

PENSANT.

PENSEUR, qui sait réfléchir profondément.

PENSIF, qui songe, qui rêve, qui est occupé d'une pensée.

2. OPINION, idée, sentiment dont on a la tête remplie, dont on est persuadé.

OPINER, dire son sentiment, donner son suffrage.

OPINANT, qui opine.

3. OPINIÂTRE, qui a une tête, qui persiste dans son opinion, malgré tout.

OPINIÂTRETÉ.

S'OPINIÂTRER.

4. PENSER, avoir soin, soigner ; du Lat. *PENSA*, soin, souci.

IX.

PEN, poids.

De PEN les Latins firent *PONDUS*, poids, & *PENSO*, *PENDO*, peser, examiner : de-là,

1. POIDS, Lat. *PONDUS*.

POUDE, sorte de poids étranger ; en Angl. *Pound*.

POUNDAGE, droit qui se lève en Angleterre sur les vaisseaux marchands : & en dénasalant ce mot, en prononçant PE au lieu de PEN, on a fait les mots suivans :

2. PESER, 1°. avoir du poids ; 2°. examiner, considérer, connoître le poids, *au simple* & *au figuré*.

PESANTEUR, qualité de tendre en bas, de peser.

PESANT, qui a du poids.
PESAMMENT, d'une maniere pesante.
PESÉE, ce qu'on a pesé à la fois.
PESON, espéce de poids.
3. APESANTIR, augmenter la pesanteur.

X.
PEN, payer.

De PEN, poids, on a fait PENDERE, d'où *dépenser*, pour dire *payer*; c'est-à-dire, donner en métal le poids convenu pour la valeur d'une chose: de-là,

1. PENSION, ce qu'on donne pour son entretien ; 2°. lieu où on est entretenu moyennant un certain *poids*, une certaine somme.
PENSIONNAIRE, PENSIONAT.
2. DÉPENSER, donner de son argent contre d'autres objets.
DÉPENSE.
DÉPENSIER, DÉPENSIERE.
3. COMPENSER, remplacer un poids, une dépense, par un autre objet.
COMPENSATION.
4. INDISPENSABLE, ce qu'il faut nécessairement dépenser.
DISPENSER, distribuer, avoir soin des objets à répartir.
DISPENSATION.

XI.
PANT, bas.

PAN, bas, par opposition à PAN, élevé : d'où Celt. *PANT*, bas, vallée.
1. PANCHER, baisser la tête.
PANCHANT, pente, inclination :
adj. qui panche, qui menace ruine.
PANCHÉ, incliné.
PANCHEMENT, l'état d'une chose qui panche.
2. ÉPANCHER, verser.
ÉPANCHEMENT.
3. EPANDRE, répandre.
4. PENTE, action de tendre en bas.

PAR

PAR, prononcé aussi FAR, signifie dès l'origine beau, brillant : de-là,
1. PARER, orner, ajuster.
PARURE, ornemens, ajustemens recherchés & brillans.
PARÉ, orné, ajusté.
PAREMENT, ornement.
PARADE, ornement, magnificence.
2. PERLE, pierre précieuse ; mot Basq. Esp. Ital. Esclav. Anglo-Sax. Theut. Allem. &c. De l'Orient פאר, *PAR, PHAR*, beau, brillant. ברל, *BRL*, pierre transparente, nom commun à plusieurs pierres précieuses. Angl. *A-pearl*, comme a bien vu CASTEL. Tout ce qu'a débité là-dessus MENAGE, sont rêveries pures. On en a fait *Beril*, autre espéce de pierre précieuse. Cette famille tient à באר, *Bar*, clair, brillant.

COMPOSÉS.

APAREIL, grands préparatifs, faste, magnificence.
APARAT.
APAREILLER, assortir; 2°. aprêter, préparer ; 3°. mettre à la voile.
DÉPARER,

Déparer, déranger une parure.

Préparer, apprêter, arranger d'avance.

Préparatifs, appareils, action d'arranger d'avance.

Préparation.

Réparer, raccommoder, remettre en état

Réparation.

Irréparable, qu'on ne peut remettre en état.

PAR, production, fruit, produire.

I.

1. PAIRE, Lat. *PAR*, deux choses de même espèce; 2°. le mâle & la femelle.

Aparier, associer le mâle & la femelle en oiseaux.

Pariade, saison où les Perdrix s'aparient.

Pariage, confédération, société.

Per, *vieux Fr.* femme, épouse.

2. PARENT, Parente, de la même famille.

Lat. *PARens*, le pere ou la mere ;
PARentes, le pere & la mere.

Parentage, Parenté, qualité d'être de la même famille.

Parentelle, qualité de parent.

Aparenté.

3. PAIR, composé de deux ; 2°. égal, semblable.

Pari, jeu à pair ou non ; 2°. gageure.

Parier, Parieur.

Pairs, égaux, compagnons ; du même rang.

Pairs de France.

Pairie, Seigneurie d'un Pair.

Impair, qui ne peut être partagé en deux parties égales.

Imparité.

4. PAREIL, de la même nature, semblable.

Pareille, Parité.

Pareillement.

Parangon, *vx. Fr.* comparaison, qualité d'être pareil.

Parangoner, comparer.

Comparer, mettre en égalité, sur le même rang.

Comparaison.

Comparatif, qui compare.

Incomparable, objet auquel on ne peut comparer aucun autre ; au-dessus de tout.

II.

1. PRÉ, Lat. *PRATum*, Celt. *PRAD* ; de Phré פרה, tout ce qui produit.

Préau, petit pré.

Prairie, grande étendue de terre arrosée & qui produit de l'herbe.

2. PRASIOS, pierre précieuse de couleur verte.

Diapré, varié, de plusieurs couleurs.

Pers, de couleur bleue, bleuâtre : les Campagnes vues de loin, ont une couleur bleue.

II.

PRUNE, fruit ; de פרי *PRI*, fruit.

PRUNIER, arbre. Celt. PRUN.
PRUNELAYE, lieu planté de pruniers.
PRUNEAU, prune séche.
PRUNELLE, espéce de petite prune sauvage.

IV.

PARler,

Produire sa pensée.

PAR, BAR, qui signifioit produire, signifia également parler, produire sa pensée, la mettre au jour : de-là

1. PARLER, action de mettre sa pensée au jour.
PAROLE, discours.
PAROLI, action de riposter.
PARLEUR, PARLEUSE.
PARLANT, qui parle.
PARLERIE, babil.

2. PARLOIR, lieu du Couvent destiné pour ceux qui ont à parler à quelqu'un.

3. PARLEMENT, vieux Fr. pour-parler, conférence : assemblée.
Aujourd. Cour Souveraine établie pour rendre la justice.
PARLEMENTAIRE.
PARLEMENTER.

PAR.

PAR, de la même famille que BAR, pointe, broche, désigna le travers, l'action de traverser, de se mettre à travers, de passer à travers, de percer, de piquer, de déchirer : de-là une multitude de familles.

I.

PARER, esquiver, se garantir : mot-à-mot, mettre quelque chose entre soi & le danger.

PARA-SOL, } Meubles qui garan-
PARA-PLUIE, } tissent du soleil, de
PARA-VENT, } la pluie, du vent.

PARAPET, de l'Ital. PETTO, poitrine ; élévation de terre ou de pierre qui garantit la poitrine, le corps, pendant un siége.

II.

PAR, percer, passer à travers.

1. PERCER, faire une ouverture quelconque avec des instrumens pointus
2°. Faire des jours à une maison.
3°. Pénétrer à travers.
4°. *Au fig.* déchirer, navrer.
PERCEUR, qui perce.
PERÇOIR, PERÇET, instrument à percer.
PERÇANT, qui pénétre.
PERCÉ.
PERCE-OREILLE, insecte.
PERCE-NEIGE, fleur qui vient en hiver.

2. PÉRIR, Lat. PER-EO, mot-à-mot, passer à travers ; s'écouler.
PÉRISSABLE.
IMPÉRISSABLE.

3. ÉPERON, instrument piquant, dont on se sert pour animer les chevaux : Gr. PEIRÓ, piquer, traverser.

PERTUISANE, lance ; de l'ancien

mot *BARD*, lance : ce mot est Suédois.

PERTUIS, trou, ouverture.

4. PÉRIL, Lat. *PERICULUM*, Gr. *Peira*, ce à travers de quoi il faut passer, ce à quoi on est exposé.

PÉRILLEUX, où il y a du danger.

PÉRICLITER, être en danger.

III.
PAR, partager, séparer.

Une application naturelle de *PAR*, à travers, fut de désigner le partage, tout ce qui étoit coupé tout à travers.

1°. Objets qui séparent.

1. PAROI, mur ; Lat. *PARies* ; ce sont des séparations.

PARIETAIRE, plante qui croît sur les murs.

2. PARC, lieu renfermé, séparé, mot Oriental. 1°. Forêt fermée, où l'on nourrit des bêtes fauves.

2°. Enclos aux champs pour les moutons.

3°. Enclos pour les poudres, &c.

PARQUER, renfermer dans un parc.

PARCAGE, action de faire parquer.

3. PARQUET, lieu séparé dans une salle de Tribunal. *Au fig.* MM. les Gens du Roi, parce qu'ils sont dans une enceinte séparée.

2°. Plancher en compartiment ; c'est dans ce dernier sens qu'on dit PARQUETAGE & PARQUETER.

2°. Partage.

1. PARCELLE, petite portion d'un tout.

PART, portion : même en l'appliquant à un lieu.

2. PARTAGE, division : action de distribuer par portions.

PARTAGÉ, distribué : 2°. qui a eu part.

PARTAGER, diviser.

PARTAGEUR.

3. PARTI, *nom*, portion qu'on fait à quelqu'un, offre, avantage ; 2°. détachement ; 3°. action de s'engager dans un état.

PARTIAL, qui favorise un parti.

PARTIALITÉ, affection pour un parti.

IMPARTIAL, IMPARTIALITÉ.

4. PARTICIPER, prendre part.

PARTICIPATION.

PARTICIPE, partie du discours qui représente les divers états des êtres relativement aux actions.

5. PARTICULE, petite partie.

PARTICULIER, *nom*, celui qui fait partie d'une société, d'une nation. *Adj.* ce qui ne regarde qu'un individu, qu'un objet.

PARTICULIEREMENT.

PARTICULARISER.

6. PARTIE, part, portion. Ce mot se prend dans une multitude d'acceptions différentes, qui offrent toutes cette idée commune.

7. PARTISAN, qui est dans le parti d'une personne ; 2°. Chef de Troupes Légéres.

8. PARTITEUR, diviseur, qui fait les parts.
PARTITION, division.
9. PARTIR, se séparer, passer d'une part, d'un lieu à un autre.
PARTANCE.
PARTANT.

3°. COMPOSÉS.

APPARTEMENT, piéces de plein-pied dans une maison.
APARTÉ, ce qu'un Acteur dit à part.
COMPARTIMENT, distribution d'un jardin, d'un terrein en diverses piéces.
DÉPART, sortie d'un lieu pour aller dans un autre.
S'EMPARER, mettre dans sa part.
SÉPARER, mettre à part ; Lat. SEPARARE.
SÉPARATION, SÉPARABLE.
Le Latin *Separare* en s'altérant fit
SEVRER, *mot-à-mot*, séparer l'enfant de sa nourrice.
INSÉPARABLE.
RÉPARTIR, 1°. distribuer entre plusieurs personnes ; 2°. répondre.
RÉPARTITION, RÉPARTIE.
Se DÉPARTIR, se désister d'une prétention, d'un droit.
DÉPARTIR, distribuer.

4. PORT pour PART.

1. PORTION, partie d'une chose : la part d'une personne sur une chose.
2. PORTIUNCULE, petite portion ; 2°. Fête de l'Ordre de S. François.
3. PROPORTION, convenance ou rapport de chaque partie avec le tout.
PROPORTIONNÉ.
PROPORTIONNER, faire que chaque partie corresponde au tout.

IV.

PAR, moyen, efficacité.

PAR qui désignoit l'idée de traverse, désigna sans peine l'idée de moyen & celle d'efficace, de moyen suffisant : de-là la préposition PAR, qui seule indique le moyen, l'agent qui a opéré ; & qui, en initiale, indique la force, l'efficace : de-là
PAR, Préposition dont toutes les significations résultent de celles-là, & s'y ramenent sans peine.
Passer *par* Paris, partir *par* la pluie, être enlevé *par* un détachement.

COMPOSÉS.

PAR-COURIR, *mot-à-mot*, courir à travers : 2°. visiter entierement, ne rien laisser sans l'avoir vu.
PAR-COURS, droit de parcours ; droit résultant d'une confédération, d'une union de commerce entre deux Villes, deux Seigneuries.
PAR-DONNER, accorder *entierement* la rémission d'une faute.
PARDON.
IMPARDONNABLE.
PAR-FAIRE, *vieux Fr.* achever *entierement*.

PARFAIT, *entierement* achevé : accompli.
PERFECTION.
IMPARFAIT.
IMPERFECTION.
PARFUM, fumée qu'on reçoit *entierement* : odeur agréable.
PARFUMER, PARFUMEUR.
Se PARJURER, aller au-delà de son serment, passer par-dessus.
PARSEMER, répandre par-tout, çà & là.
PARVENIR, arriver au but qu'on se proposoit.
PARVENU, *adj.* & nom.
PERCEVOIR, Lat. *PER-CIPERE*, qui signifie prendre entierement, recueillir, au *simple* & au *figuré*: de-là *Percevoir*, qui signifie cueillir, recolter, retirer ce qui est du.
APPERCEVOIR, acte de l'esprit qui reçoit l'impression des objets, & qui les connoît par ce moyen.
PERCEPTION ; ce mot se prend dans les deux sens que nous venons de voir ; il signifie 1°. recolte ; 2°. action d'appercevoir.
PERCEPTIBLE, qu'on peut appercevoir.
IMPERCEPTIBLE.
PERCLUS, du Lat. *PERCLUSUS*, *mot-à-mot*, entierement fermé ; qui ne peut faire usage de ses membres.
EXCLU, RECLU, &c. tiennent à la même famille.
PERDRE, dissiper, égarer, laisser égarer ; Lat. *PERDO*, *mot-à-mot*, je donne entierement, je laisse à travers.
PERDITION, PERTE.
PERDANT, PERDU.
PÉRÉGRINATION, *vieux Fr.* Lat. *Peregrinatio*, voyage dans des pays lointains ; de *Per*, à travers, & *Ager*, champ.
PÉLERIN, PÉLERINE, mot altéré de *Peregrinus*, voyageur au loin ; & ensuite *Voyageur* dans des lieux sacrés. Ce mot se prend dans une acception satyrique ou offensante, pour désigner un homme trop libre ou fripon.
PELERINAGE.

Autres COMPOSÉS.

EXPÉRIENCE, épreuve, connoissances acquises par l'épreuve, par la pratique, par les tentatives ; du Lat. *EXPERIOR*, *mot-à-mot*, être revenu d'à travers un objet.
EXPÉRIMENTÉ, qui a de l'expérience.
OUVRIR, ôter la barriere qui empêchoit de passer, ôter ce qui est en travers du chemin : c'est l'expression littérale de ce mot ; en Lat. *A-PER-ire* ; faire que ce qui est (PER) à travers soit (*A*) éloigné.
OUVERTURE, au *simple* & au *figuré*.
OUVERT.
COUVRIR, Lat. *CO-OPERIRE*. C'est un verbe composé du nom PER, travers, & des deux prépositions *ob* devant, & *co* avec.
OPERIRE, signifioit mettre une

barre devant, ou fermer.

Co-operire, fermer avec; & ensuite fermer en mettant par-dessus.

RÉPERTOIRE.

PI.

PILOTE, conducteur d'un vaisseau. Du Celte PILE, vaisseau, navire: & non de *Prorita*, comme l'imaginoit MENAGE.

PILOTAGE, art du Pilote.

PILOTIN.

PIQUENIC, repas où chacun paye son écot, ou fournit pour soi. Ce mot paroît une phrase Anglaise; PICK-*an-each*, prononcé *pic-en-ich*, *mot-à-mot*, repas où chacun est *piqué*, où chacun a sa taille particuliere.

PISTIL, partie de la fleur qui renferme la graine.

PISTOLET, arme à feu dont le canon est fort court.

PISTON, partie qui entre dans le tuyau ou le corps d'une pompe.

Tous ces mots viennent du Celte PISTEL, canal, Lat. *FISTULA*.

PLA pour LA.

De LA, LAT, large, étendu, prononcé FLA, PLA, se formerent les familles suivantes.

I.

PLAT, vaisselle creuse & large.

Adj. tout ce qui est uni, étendu, sans élévation: *au fig.* bas, rampant.

PLATANE, Lat. *PLATANUS*, arbre qui étend fort ses branches & donne une ombre agréable.

PLATEAU, terrein élevé & uni.

PLATITUDE, discours plat, qui n'a point de sel, d'élévation.

PLAFOND, plancher d'en haut, qui est plat, uni.

PLAFONER, faire un plafond.

PLATE-BANDE, PLATE FORME.

APLATIR, APLATISSEMENT.

II.

PLAN, surface unie; 2°. représentation des diverses parties qui composent un objet.

PLANE, outil dont on se sert pour unir.

PLANER, unir avec la plane.

2°. Action d'un oiseau qui vole les ailes étendues sur le même plan sans leur donner de mouvement sensible.

PLANURE, ce que la plane a abattu.

APLANIR, rendre uni.

III

PLAIN, plat, uni, sans inégalité.

PLAINE, terre étendue sans inégalité, sans montagnes.

ESPLANADE.

IV.

PLANCHE, partie d'arbre coupée en long & unie.

PLANCHETTE, petite planche.

PLANCHER, couvert fait de planches.
PLANCHEIER, faire un plancher.

V.

PLANT, grande étendue de terrein mis en arbres ; 2°. arbre destiné à être mis dans un plant.

PLANTER, faire un plant ; 2°. *au fig.* abandonner, laisser là.

PLANTE, corps qui a des racines dans la terre, qui en tire sa nourriture, & dont l'espéce est très-abondante.

PLANTÉ, *nom, vieux Fr.* abondance, quantité.

PLANTUREUX, abondant.

PLANTATION, lieu défriché & qu'on a mis en valeur.

PLANTAGE, tout ce qu'on plante, action de planter.

PLANTEUR, qui plante.

PLANTOIR, outil dont on se sert pour planter.

DÉPLANTER.

REPLANTER, REPLANTATION.

SUPPLANTER, SUPPLANTATION.

VI.

PLAQUE, ouvrage en métal, étendu & uni.

PLAQUER, appliquer une plaque ; 2°. unir un corps mince à un autre pour qu'ils n'en fassent qu'un.

PLAQUIS, incrustation.

VII.

De PLA, étendu, les Grecs firent *plazô*, fermer, donner de l'étendue : d'où

PLASTIQUE, propriété qu'a la Nature de former des êtres.

PLASTRON, corselet.

EMPLÂTRE, médicament fait pour être tendu, appliqué sur le corps.

VIII.

PLA, place.

De LAT, vint le Grec *PLATeía*, place, *PLATUS*, large : d'où

PLACE, lieu découvert & sans bâtiment.

2°. Espace où on peut se mettre.

3°. lieu où on peut se mettre en sûreté, Forteresse.

4°. Emploi ; lieu qu'on occupe.

PLACER, poser.

PLACETTE, petite place.

PLACARD, affiche.

PLACAGE, menuiserie plaquée.

PLACARDER, afficher.

PLACIER, fermier d'une place de marché.

PLASSAGE, droit qu'on paye pour la place où on vend ses denrées dans un marché.

PLAGE, Lat. *PLAGA*, lieu, endroit, côté.

DÉPLACER, ôter à un objet sa place.

DÉPLACEMENT.

REMPLACER, mettre à la place d'un autre objet.

PLAC

PLAC, beau, agréable, qui plaît : mot formé de LAC, attrait, qui attire : de-là ces mots

I.

PLAISIR, joie, sentiment agréable.
PLAIRE, Lat. PLACERE.
PLAISANT, qui plaît, qui amuse ; 2°. qui fait rire ; 3°. qui aime à rire.
PLAISANTER, PLAISANTERIE.
PLACET, Requête ; du Lat. PLACET, il plaît.

II.

PLAID, vieux Fr. question, débat.
PLAIDS, lieux & tems où on plaide ; du Lat. PLACITA, Ordonnances, Arrêts, mot-à-mot, lieu où on rend les Arrêts.
PLAIDER, mot-à-mot, poursuivre une Sentence, un Arrêt.
PLAIDEUR, PLAIDEUSE.
PLAIDOYER, PLAIDOYERIE.

III.

COMPLAIRE, se rendre agréable à quelqu'un.
COMPLAISANT. COMPLAISANCE.
DEPLAIRE, DEPLAISANT.
IMPLACABLE, qu'on ne peut appaiser : du Lat. PLACare.

PLI,

Ce qu'on peut mettre en double.

De PEL boule, les Celtes firent PEL-YG, PELEG, PLEG, mettre en boule, plier : d'où le Lat. PLEXus, PLI.

1. PLI, double, action de mettre en double ; 2°. marque qui reste à une chose qu'on a pliée.
PLIER, redoubler, mettre par plis : au fig. céder, succomber.
PLIABLE, qui peut se plier.
PLIANT, qui se plie.
PLIAGE, action de plier.
PLIEUR, PLIEUSE.
PLIOIR, instrument à plier des feuilles de Livres.
PLISSER, faire des plis à un habit.
PLISSURE.
PLOYER, pour plier.

2. PLIQUE, maladie commune en Pologne, & dans laquelle les cheveux se mêlent au point qu'on ne peut les peigner.
PLEIGE, celui qui cautionne pour un autre, qui le double.
PLEIGER, cautionner.
PLEVENE, dans les Coutumes de Bretagne & de Normandie, plege, caution.
PLEVIR, donner caution.
PLEUTRE, terme de mépris ; du Celte PLOUE, champ, mot-à-mot, rustique, grossier.

COMPOSÉS.

COMPLICE, impliqué dans la même affaire.
COMPLIMENT, mot-à-mot, action de s'embrasser mutuellement.
COMPLIQUER, mêler ensemble.
COMPLICATION.
COMPLEXION, tempérament : disposition du corps.
IMPLIQUER, mot-à-mot, envelopper dans un même pli.
IMPLICITE, qui n'est pas développé.
APPLIQUER, rendre une chose adhérente

rente à une autre, la *doubler* en quelque forte.

APPLICATION.

EXPLIQUER, développer une chofe, *mot-à-mot*, en ôter les plis.

EXPLICATION.

EXPLICITE, développé, clair, formel.

PERPLEXITÉ, embarras extrême, danger éminent dont on eſt enveloppé.

RÉPLIQUER, répondre.

RÉPLIQUE, répartie,

REPLIS, plis multipliés.

REPLIER, plier de nouveau.

SUPPLIER, *mot-à-mot*, joindre les mains.

SUPPLIQUE.

COUPLE, Lat. *COPula*, deux choſes de la même eſpéce.

COUPLET, diviſion d'une chanſon, dont les diverſes parties renferment le même nombre de vers.

DÉRIVÉS du mot PLI.

1. SIMPLE, du Latin *SINE-PLEXU*, ce où il n'y a point de plis, de détours.

SIMPLICITÉ.

SIMPLEMENT.

2. SIMBLEAU, corde dont on ſe ſert pour décrire de grands cercles, parce qu'elle eſt comme un compas à une ſeule jambe.

3. SOUPLE, qui ſait ſe ployer, prendre toutes ſortes de plis, &c.

SOUPLESSE.

4. SUPPLIANT, Lat. *SUPLEX*, *mot-à-mot*, qui ploie les mains en haut, qui léve les mains jointes.

SUPPLIER.

SUPPLICATION, SUPPLIQUE.

SUPPLICE, *mot-à-mot*, & dans l'origine, action de lever les mains jointes, de ſupplier : dans l'origine chez les Latins priere, ſacrifice ; 2°. expiation : 3°. expiation d'un crime, ſa punition.

SUPPLICIER.

PLA, mot formé par Onomatopée.

1. PLAIE, Lat. *PLAGA*.

Celt. *pla*, plaie, mot encore exiſtant en Gallois.

Bas-Br. *PLAOUYA*, bleſſer.

2. PLAGIAIRE, *mot-à-mot*, Eſclave auquel on donnoit le fouet pour ſes friponneries, &c.

3. PLAINDRE, avoir compaſſion de quelqu'un.

Se PLAINDRE, lamenter.

PLAINTE, lamentation.

PLAINTIF, qui ſe plaint.

PLAINTIVEMENT.

COMPLAINTE, Lat.-B. *Complainctus*, (Lettre de *Fulbert*).

4. PLEURER, répandre des larmes.

PLEUREUR, PLEUREUSE.

PLEURS.

EPLORÉ, en pleurs.

IMPLORER, ſupplier avec larmes.

5. PLEUVOIR, effet de la pluie qui tombe.

PLUIE, eau qui tombe.

Dict. Etym.

Pluvieux.
Pluvier, Oiseau de marais.

PLOM

I.

Plomb, en Celt. Plom, Ploum, Plwmm; Lat. *PLUMBUS*, métal qui tient du blanc & du noir, dit *Richelet*. C'est donc le Celte *Bol-wem*, noir-blanc, noir-brillant.

Plomber, couvrir de plomb.

Plombé, livide, couleur de plomb.

Plombier, Plombiere, qui vend du plomb.

Plommer, appliquer le plomb sur la poterie.

2°.

Plonger, enfoncer dans l'eau, du Lat.-B. *Plumbare*, sonder avec du plomb.

Plongée.

Plongeon, Oiseau qui plonge.

2°. action de plonger.

PO,

Vaste, étendu.

De PO, Pot, vaste, étendu, d'où le Celte *Po, Pow*, pays, contrée, vinrent les familles suivantes:

I.

1. POTENTAT, Maître du pays, Monarque.

Puissance, Lat. *POTENTIA*, autorité souveraine; 2°. force, &c.

Puissant, élevé en autorité, qui a une grande force, qui est fort gros.

Impuissant, Impuissance.

Impotent, qui ne peut se soutenir.

Podestat, premier Magistrat de quelques villes d'Italie.

2. Possible, qui se peut.

Possibilité.

Impossible, Impossibilité.

3. POSSÉDER, avoir en sa puissance.

Possesseur, Possession.

4. POUVOIR, Lat. *POSSE*, vx.-Fr. Poete, subjection.

Je puis, Lat. *POSSUM*, mot-à-mot, *POD-Sum*, je suis *pod*, puissant.

II.

Lieux relatifs à la profondeur.

1. PUITS, *mot-à-mot*, eau profonde. Lat. *PUTeus*.

Puiser, tirer de l'eau d'un puits; *au fig.* tirer hors, emprunter de.

Puisoir.

Épuiser, tarir entiérement.

Épuisement, forces épuisées.

2. Puy, Montagne, du Lat-B. *Podium*; *vieux-Fr.* Poious, pou, Peu, Poy, Pic, &c.

3. Appui, Ital. *Appoggio*; *vieux Fr.* Puye.

Appuyer, Ital. *Appoggiare*; soutenir, élever contre; de *POD*, élévation:

III.

Pontife, Lat. *PONTIFEX*, du Grec *POTNia*, qui fait des choses vénérables; de *POT*, grand, élevé,

PONTIFICAT, PONTIFICALEMENT.

IV. Contenance.

1. POCHE, petit sac destiné à contenir, & qui tient à l'habit : ce qui a (*Pot*) une capacité.

POCHETTE, petite poche.

POCILLATEUR, qui aime à boire ; du Lat. *Poculum*, petit vase à boire.

2. POCHER l'œil ; en faire un creux, une poche : d'où le Run. *POKA*, aveugle.

3. POITRINE, Lat. *PECTus*, Ital. *PETTO* ; c'est la poche, la capacité qui contient l'air nécessaire à la respiration.

POITRAIL.

PECTORAL, ornement placé sur la poitrine.

DÉPIT, Ital. *DIS-PETTO*, de *Dis*, contre, & *Petto*, cœur.

Se DÉPITER, Ital. *DISPETTAr-si*.

RÉPIT, Ital. *RISPETTO*.

V.

1. POMPE, faste, magnificence.

POMPEUX,

POMPEUSEMENT.

2. POMPE, machine à élever l'eau.

POMPER, attirer l'eau en haut, la faire monter.

Nos Étymologistes n'ont rien compris à l'origine de ces derniers mots.

3. PONT, chemin élevé sur une riviere ; *Pont-levis*, *Pont-volant*, &c.

PONTÉ, vaisseau qui a des ponts.

PONTENAGE, impôt pour le passage d'un pont.

PONCEAU, PONCET, *vieux Fr.* petit pont.

PONTAL, hauteur d'un vaisseau.

PONTON, batteau plat pour passer les rivieres.

PONTONIER, batelier qui fait avancer le ponton.

VI.

1. POT, vase profond.

POTERIE, art de faire des pots de terre.

POTIER, qui fait des vases de terre.

2. POTAGER, lieu où l'on plante des légumes qu'on destine à faire cuire dans le pot.

POTAGE, soupe aux légumes.

3. POTELÉ, gros, gras.

4. POTEAU, pièce de bois fort haute, plantée en terre.

POTENCE.

5. POUTRE, tronc d'arbre qu'on a équarré, & dont on se sert pour soutenir les planchers.

VII.

De BOD, POT, PWT, excès, surabondance, vint le Latin *PUTO*, élaguer ; 2°. penser, calculer : d'où

POUDA, *vieux Fr.* serpe, faulx.

On a dit aussi *PODET* & *PODADOINRE*.

AMPUTER, couper un membre.
AMPUTATION.
DÉPUTÉ, détaché d'un Corps pour une Commission.
DÉPUTER, DÉPUTATION.
COMPUT, supputation des tems.
COMPTER, supputer.
COMPTOIR, lieu où compte l'argent.
COMPTE, calcul.
COMPTANT.
SUPPUTER, calculer.
SUPPUTATION.
DISPUTER, différer en opinion, & la défendre avec force.
DISPUTE, DISPUTEUR.
IMPUTER, déduire : 2°. attribuer.
IMPUTATION, déduction, attribution.
RÉPUTER, penser, estimer.
RÉPUTATION, renommée.
PUTATIF, pere putatif, celui qu'on regarde comme le pere d'un autre.
POISSON, Lat. *Piscis*, Theut. *Fish*, mot commun à un grand nombre de Langues ; du Celte *ish*, eau, riviere : *mot-à-mot*, animal qui vit dans l'eau.
PÊCHE, PÊCHERIE.
PÊCHER, REPÊCHER.
PESCHEUR, PÊCHEUR, qui pêche.

POUL, PAL.

De Pal, piéce, les Grecs firent *Pallein*, lancer ; les Latins *Pello*, & *Pulso* : d'où
1. POUSSER, lancer, darder, jetter.
POUSSÉ, POUSSE, jet.

2. POUS, POULS, battement du sang dans les artères.
PULSATION, chaque battement du pous, ou des artères.
3. POUSSIF, qui a courte haleine & ne peut respirer qu'en poussant le soufle avec force.
4. REPOUSSER, chasser, pousser à son tour ; 2°. pousser de nouveau.
REPULSION.
5. EXPULSER, mettre hors.
EXPULSION.
6. COMPULSER une piéce, un Livre ; *mot-à-mot*, le faire sortir de sa place pour l'examiner : voir ce qu'il contient.

POL.

De Pol, tourner, se forma une famille Grecque, Latine, &c. qui signifia au pied de la Lettre renverser la terre avec la charrue, labourer ; 2°. défricher, applanir ; 3°. polir : de-là
1. POLIR, rendre beau, net, poli.
POLISSOIR, POLISSOIRE, outil avec lequel on polit.
POLISSEUR.
POLIMENT, effet du poli, lustre, éclat.
POLISSURE, action de polir.
2. POLI, *nom*, éclat, lustre qui est l'effet de la polissure : *adj.* qu'on a rendu plus beau, auquel on a donné du lustre : *au fig.* qu'on a civilisé, rendu plus honnête, plus prévenant.

POLITESSE, manieres prévenantes & honnêtes,

POLIMENT, avec politesse.

IMPOLI, IMPOLITESSE, &c.

POL, BOL, rouler.

De la famille BOL, boule, rouler, vinrent :

POULIE, roue de bois sur laquelle passe une corde destinée à élever & à descendre de gros fardeaux.

POLES, extrémités de l'axe sur lequel la Terre est sensée faire ses révolutions.

POLAIRE, qui apartient au POLE.

Cette famille s'est aussi prononcée VOL, d'où révolution, &c. *Voy.* VOL.

POL, POULD.

De POL, qui, en Celte, signifie *boue*, *limon*, PÊLOS en Grec, vint le Lat. PULVIS, d'où

1. PULVÉRISER, réduire en poussiere, en boue séche.
2. POUDRE, *autref.* POULDRE, terre déliée & menuisée, limon desséché que le vent emporte; 2°. poussiere de farine préparée pour les cheveux ; 3°. grains de plomb préparés pour tuer les oiseaux, &c.

POULRE, *vieux Fr.* marais desséché.

POUDRER, mettre de la poudre aux cheveux.

POUDRERIE, lieu où on fabrique la poudre.

POUDREUX, couvert de poussiere.

POUDRIER, &c.

3. POULVERIN, horloge de sable.

2°. poudre fine pour amorcer le canon.

POUTIE, petite poussiere qui s'attache aux habits.

PLO, PLU, PLE; PLU.
Multitude.

De la même famille que FOL, MOL, MUL, désignant *multitude*, vinrent une foule de mots en POL, PUL, PLE, désignant également la multitude sous des points de vue différens : & de-là nombre de familles.

I.

1. PULLULER, croître en abondance ; germer.
2. OPULENT, Lat. *Opulentus*, peut venir de la même famille.

OPULENCE.

II.

1. PEUPLE, Lat. PO-PULUS, grande foule ; Nation nombreuse : de POL Foule, en le redoublant POL-POL, ou de PO, grand, élevé.

PEUPLÉ, PEUPLER, couvrir d'habitans.

PEUPLADE.

2. POPULATION, DÉPOPULATION.
3. PEUPLIER, Lat. PO-PULUS, arbre qui s'éleve fort haut.
4. POPULACE, tout le bas Peuple.

POPULAIRE, qui se familiarise avec le Peuple, qui l'accueille bien.

POPULARITÉ.

5. PUBLIC, la multitude, la Nation. *Adj.* connu, manifeste, que tout

le monde connoît : 2°. qui appartient à tous.

PUBLIER, faire connoître à tous.

PUBLICATION, manifestation générale.

PUBLICAIN, qui léve les impôts sur le public.

6. RÉPUBLIQUE, Gouvernement de tous, ou de plusieurs : *mot-à-mot*, chose publique.

RÉPUBLICAIN.

III.

1. PLUS, en nombre supérieur, davantage.

PLUSIEURS; SURPLUS.

PLUPART, la *part* la *plus* grande du public.

2. PLURALITÉ, le plus grand nombre.

PLURIEL, nom qui désigne plusieurs êtres de la même espéce.

PLUTÔT, en plus grande diligence.

3. PLÉBEIEN, qui fait partie de la populace, du bas peuple appellé *PLEBS* en Latin.

IV.

1. PLEIN, Lat. *PLENUS*, mot abrégé pour *POLENUS*, où il y a abondance ; tout ce qui peut être contenu.

PLÉNITUDE.

PLEINEMENT, entiérement ; tout-à-fait.

PLENIER, complet.

2. PLENI-POTENTIAIRE, Envoyé auquel on donne pleine puissance.

3. PLÉONASME, façon de s'énoncer par laquelle on emploie plus de mots qu'il ne faut, où il y a répétition inutile.

4. PLETHORE, plénitude en terme de Médecine.

REPLET, REPLÉTION.

COMPOSÉS.

1. COMPLET, conduit à sa perfection, à sa plénitude.

COMPLETER,

COMPLÉMENT.

COMPLIES, Office qui termine le Sevice Divin, qui le complette.

INCOMPLET.

2. ACCOMPLIR, donner la perfection.

ACCOMPLISSEMENT.

ACCOMPLI, qui a toutes les qualités qu'on peut désirer.

3. EMPLIR, ne point laisser de vuide.

DESEMPLIR, diminuer.

4. REMPLIR, verser jusqu'à ce qu'il n'y ait point de vuide.

REMPLISSAGE.

5. SUPPLÉER, SUPLÉMENT.

V.

1. POLICE, Gouvernement intérieur ; art de maintenir le bon ordre dans la société ; du Gr. *Polis*, Ville.

POLICER, mettre le bon ordre dans une société.

POLICE.

2. POLITIQUE, art de gouverner

les Etats; 2°. conduite fine, adroite, circonspecte. *Adj.* savant dans l'art de gouverner; 3°. fin, prudent, circonspect.

PolitiquER.
Politiquement.

POR pour PER.

I.

PER, Por, signifiant produire, porter, a formé ces mots:

1. PORTER, produire; 2°. soutenir; 3°. transporter d'un lieu à un autre, &c.

Portée, 1°. nourrissons d'un animal; 2°. capacité; 3°. ce jusqu'où on peut s'étendre.

Porteur, Porteuse, qui porte.

Port, ce qu'on paye pour une chose qui a été transportée; 2°. action de porter.

Portant, qui porte.

Portatif, qu'on peut porter.

2. Porte, dans les mots composés signifie ce qui supporte: d'où une multitude de mots composés:

Porte-bale.
— crayon.
— faix.
— manteau.
— mouchettes.
— respect.
— voix.

Composés.

Apporter, porter *vers*.
Apport.

Comporter, porter *avec*; se conduire à l'égard d'un autre.

Déporter, porter *en sens contraire*, se désister.

Déportement, conduite.

Emporter, porter *en* un autre lieu.

Exporter, porter *hors*.

Exportation, action de porter *hors*: mot devenu célèbre dans ces derniers tems: il s'agissoit de savoir s'il doit être permis à un Peuple d'échanger avec d'autres, les denrées dont il peut tirer par-là un meilleur parti qu'en les laissant dans ses greniers. On craignoit qu'ils ne fissent comme ces Sauvages qui vendent leur lit le matin, sans penser qu'ils en auront besoin la nuit suivante.

Importer, porter *dans*.

Important, qui porte sur nos plus *grands* intérêts.

Importation, action de porter *dans* l'intérieur du pays; de faire venir du dehors.

Chacun est pour l'importation: mais s'il n'y a d'exportation nulle part, où sera l'importation?

Oportun, qu'on porte *devant*; qui est porté *à propos*.

Oportunité.

Importun, Importunité.

Importuner.

Rapporter, porter en place ce qu'on avoit emporté.

Supporter, porter *sur*; tenir sur soi.

Support.

Insupportable.

TRANSPORTER, porter *au-delà*.
TRANSPORT.

II.

POR, Entrée.

De PER, signifiant à travers, vint POR, ouverture, trou, entrée : de-là,

1. PORE, ouverture de la peau par où passent la transpiration, la sueur & les poils.

POREUX, plein de pores.

POROSITÉ, qualité d'un corps poreux.

2. PORT, Lat. *PORTus*, 1°. ouverture par laquelle la mer s'enfonce dans la terre & forme un abri contre les vents.

2°. Gorge de montagnes, passage étroit qu'elles laissent entr'elles.

3. PORTAIL, grande porte d'un édifice élevé.

PORTE, entrée d'une maison; 2°. la barriere avec laquelle on la ferme.

PORTEREAU, espéce d'écluse.

PORTIER, PORTIERE, qui garde une porte, l'entrée d'un édifice.

PORTIERES, tapisserie qui masque une porte.

III.

1. PORC, Lat. *PORCus*, ancien Gr. *Porkos*, au rapport de VARRON.

Ce mot tient sans doute à la même famille qu'*APER* des Latins, qui désigne le Cochon sauvage, le Sanglier, en Gr. *K-apros*, au lieu de *Hapros*.

Comme on avoit d'autres mots dans ces Langues pour désigner le Cochon, tel que *SUS*, on ne peut douter que celui-ci ne fût une épithéte, & qu'il ne tînt à *per*, *por*, traverser; passer à travers, fendre; aigu : d'où *As-per*, rude, piquant, ÂPRE. En effet, le cochon fend la terre avec son museau; il la laboure : de-là le mot *Porca*, 1°. sillon ; 2°. truie ; 3°. sillon de Vénus. *PORCus* aura donc signifié le *laboureur*. De-là

2. PORC-EPIC, animal couvert de piquans.

PORCHER, PORCHERE, qui garde les cochons.

PORCHAISON, tems où le Sanglier est bon à tuer.

3. PORCELAINE, ouvrages en terre qui ont l'éclat de ce beau coquillage qui doit son nom à sa ressemblance avec le Sillon de Vénus, ou porcelaine.

4. De cette même famille, la Plante appellée PRELLE, Lat. *ASPARella*.

POR

De PA, PO, face, on fit POR, qui désigna ce qui est en face, en avant, le premier, &c. & de-là une multitude de familles.

I.

PORCHE, lieu ouvert à l'entrée des Temples anciens.

PORTIQUE, Galerie dont le couvert est contenu par des colonnes, & qui

qui régne autour d'une place ou d'une Cour.

II.

POUR, Lat. *PRO*, Celt. *POR*, face; 2°. considération.

Prépos. ce qu'on fait en considération, en faveur, pour.

Dans les composés, ce mot signifie *en avant*.

POUR-CHASSER, chasser *en avant*, au loin.

POUR-FENDRE, fendre bien *avant*.

POUR-SUIVRE, suivre *avant*, bien loin.

POUR-VOIR, voir en faveur, voir d'avance.

PRO

De POR, avant, on fit *PRO*, qui offrit les mêmes significations : & de-là

I.

1. PROTE, le premier d'une Imprimerie.

PROTONOTAIRE, *mot-à-mot*, le premier des Notaires, Office de la Cour de Rome.

PROTOCOLE, *dans l'origine*, la premiere feuille d'un Regître où étoit la marque du papier : *aujourd'hui* Recueil d'Actes & Formulaires.

C'est une famille Grecque.

2. PROUE, le devant du vaisseau.

II.

PROU, *vieux Fr.* beaucoup, assez ; *dans l'origine*, profit, gain.

Dict. Etym.

PROFIT, gain : *mot-à-mot*, ce qui vient en avant ; ce qui reste net, qui surnâge.

III.

PREUVE, Lat. *PROBATIO*, ce qu'on met en avant pour appuyer son dire, pour en montrer la vérité.

PROUVER, donner des preuves incontestables.

PROBABLE, qui paroît prouvé.

PROBABILITÉ, apparence de vérité.

PROBATION, épreuve.

COMPOSÉS.

APPROUVER, donner son consentement.

APPROBATION.

ÉPROUVER, faire l'épreuve : subir une épreuve.

ÉPREUVE.

IMPROUVER, désapprouver.

RÉPROUVER, rejetter hautement.

RÉPROBATION.

DES-APPROUVER, ne pas approuver.

IV.

1. PROPRE, Lat. *PRO-PRIUS*, ce qui constitue l'essence d'une chose ; 2°. ce qui appartient à une personne seule, sans qu'aucune autre y ait aucun droit ; 3°. qui a les dispositions nécessaires pour un objet.

A ces significations communes au François & au Latin, on en a ajouté une par ellipse, qui est bornée aux François : celle d'ajusté, de net : *une personne propre, un appartement propre* : c'eſt-à-dire, un objet qu'on a mis dans l'état où il doit être, un objet approprié, rendu propre à être vu, &c. d'où

Propreté, qualité d'être toujours arrangé, net.

2. Propriété, droit qu'on a ſur une choſe ; diſpoſition à produire un certain effet ; vertu, efficace.

Proprietaire, qui poſſéde en propre.

s'Approprier, ſe mettre en poſſeſſion d'une choſe qui n'étoit pas à ſoi.

Aproprier, ajuſter.

3. Impropre, expreſſion qui n'eſt pas celle qui convient à l'idée à laquelle on l'applique.

V.

PRI, PRE, premier en tête.

1. Premier, Premiere, à la tête, Lat. *Primus*, ſuperlatif de *Præ*, en tête.

Prior, plus avant, le premier relativement à un autre ; comparatif de *Præ* : de-là

2. Prieur, Chef d'un Couvent d'hommes ; dans quelques Villes, le premier Juge.

Prieure, Chef d'un Couvent de filles.

Prieuré,

3. Priorité, antériorité, primauté, qualité d'être avant.

4. Primat, Chef des Evêques d'un pays, d'une Nation.

Primatie, dignité de Primat.

Primauté, qualité de celui qui eſt le premier ; droit dont il jouit.

5. Prime, ce qui ſe paye le premier, ou d'avance, ce qui eſt de la premiere qualité.

Primer, dominer, exceller.

Primes, Office de la premiere heure.

6. Primevere, fleur qui fleurit à l'entrée du printems.

Primeur, premiere ſaiſon des fruits.

Primicier, Dignitaire qui a le droit d'entonner le premier dans le Chœur.

7. Primitif, naiſſant ; 2°. qui eſt le plus ancien, la ſource, l'origine.

Primogéniture, droit du premier né.

Primordial, premier en rang, en ancienneté.

VI.

1. Prince, Lat. *Prin-ceps*, mot-à-mot, le premier Chef, le premier en tête.

Princesse, femme ou fille de Prince.

Principauté, États d'un Prince.

2. Principal, Chef qui eſt le premier, le plus important.

Principalement, ſur-tout.

Principe, ſource, origine, baſe.

3. Printems, le premier tems, la premiere ſaiſon de l'année, celle qui l'ouvroit autrefois, quand l'année commençoit en Mars.

Printanier, qui naît au printems.

VII.

1. Privé, Lat. *Privatus*, qui

concerne ceux qui font en leur propre pouvoir, qui n'ont aucune charge, aucun emploi ; 2°. celui qui vit fans emploi ; 3°. familier ; 4°. apprivoifé.

PRIVAUTÉ, familiarité, liaifon intime.

2. PRIVILÉGE, loi, avantage propre, particulier à une perfonne ou à un corps.

PRIVILÉGIÉ.

PRIVILÉGIER, accorder un privilége.

3. APPRIVOISER, rendre privé, familier.

4. PRIVER, réduire à la vie privée, foit dans le fens d'ôter, foit dans le fens d'apprivoifer.

PRIVATION.

PRIVATIF, mot qui défigne la privation, la négation.

VIII.

1. PREUX, le premier en valeur ; brave, courageux, vaillant.

PROUESSE, valeur, preuve de courage, grandes actions.

2. PROBITÉ, *autrefois* valeur dans tous fens, au phyfique & au moral : *aujourd'hui* vertu à toute épreuve.

IX.

1. PRÉCIEUX, PRÉCIEUSE, qui a une grande valeur.

PRÉCIEUSEMENT, avec foin.

2. PRIX, valeur d'une chofe ; 2°. récompenfe.

2. PRISER, eftimer, évaluer, mettre un prix.

PRISEUR.

APPRÉCIER, fixer le prix d'une chofe.
APPRÉCIATEUR.
INAPPRÉCIABLE.

Celt. PRID, PRIS, prix, récompenfe, valeur.

PRIF, premier, PRIV, propre.
Lat. PRETIUM, prix.

4. INTERPRÈTE, Lat. INTERPRETE, *à l'abl.* celui qui expliquoit les prix entre les vendeurs & les acheteurs qui n'entendoient pas la Langue l'un de l'autre : du mot PRETIum, prix, valeur.

X.

1. PRÈS, Lat. PROPE, *mot-à-mot*, qui eft en avant, fous les yeux, en face.

PRESQUE, près de.

Il est presqu'homme, c'est-à-dire, il est près d'être *homme.*

2°. AUPRÈS, vers, proche.

3. APRÈS, à la fuite, près en arriere.

4. PROCHE, voifin, parent, près.
PROCHAIN.
PROXIMITÉ, APROXIMATION.
APROCHER, REPROCHER.

5. PRESSER, mettre une chofe auffi près d'une autre qu'il fe peut ; ferrer, refferrer : 2°. contraindre, obliger.

PRESSE, foule, multitude de gens ferrés, entaffés ; 2°. machine à preffer.

6. PRESSÉ, ferré ; 2°. contraint, pouffé, qui eft obligé de fe hâter.

PRESSANT.
PRESSAMMENT.
7. PRESSOIR, machine pour extraire le suc des fruits en les pressant.
PRESSURER.
PRESSUREUR, PRESSUREUSE.

COMPOSÉS.

EMPRESSÉ, qui se hâte.
EMPRESSEMENT.
OPRESSER, accabler, opprimer.
OPRESSION.
OPRESSIF.

XI.

Du Latin PREMO, presser, sont venus :
1. IMPRIMER, faire une empreinte ; 2°. multiplier un Livre, au moyen des caractères mobiles dont on prend l'empreinte.
IMPRESSION, action d'imprimer.
IMPRIMERIE, lieu où on imprime.
IMPRIMEUR, Chef d'une Imprimerie.
2. EMPREINT, dont on a tiré la copie ; 2°. gravé, imprimé.
EMPREINTE.
3. EXPRIMER, extraire les sucs : 2°. peindre sa pensée.
EXPRESSION.
EXPRESSIF, qui peint vivement.
4. SUPPRIMER, mot-à-mot, presser par-dessous, c'est-à-dire, céler, cacher ; 2°. faire disparoître.
SUPPRESSION.

XII.

1. PRESTE, qui fait vite & en peu de tems ; qui est toujours prêt : de præ, en face, sous la main, & de stare, être.
2. PRÊT, chose prêtée, mot-à-mot, mise sous la main.
PRÊTER, donner pour un tems, mettre sous la main pour un tems, en confiance.
PRÊTEUR.
3. PRÊT, disposé, préposé, chose qui est déjà en état d'être mise sous la main.
APPRÊTER, préparer.
APPRÊT, préparatifs.

XIII.

1. PROIE, Lat. PRÆDA, mot-à-mot, ce qu'on met en sa puissance, ce dont on s'empare.
DÉPRÉDATION, pillage.
PRENDRE, Lat. PRE-HEN-DERE : on prononçoit dans l'origine Prehendre, & puis prendre, mot-à-mot, mettre en sa puissance.
APRÉHENDER, saisir ; 2°. avoir peur.
APRÉHENSION.
2. PRENABLE, qu'on peut prendre.
PRENANT, qui prend.
PRENEUR.
3. PRIS, de Prehendus, prononcé Pressus, dont on s'est rendu maître.
PRISE, ce qu'on a pris.
4. PRÉSURE, ce avec quoi on fait prendre ou cailler le lait.
5. PRISON, lieu où l'on enferme

ceux qu'on prend, qu'on saisit pour crime, &c.

PRISONNIER, 1°. qu'on a pris en guerre; 2°. qu'on a mis en prison.
EMPRISONNER.

COMPOSÉS.

APPRENDRE, retenir par cœur.
APPRIS.
APPRENTIF, qui apprend un métier, une profession.
APPRENTISSAGE, tems pendant lequel on est apprentif.
COMPRENDRE, saisir, concevoir une proposition.
COMPRIS.
ENTREPRENDRE, prendre en main un projet, le commencer, le mettre en train.
ENTREPRIS.
ENTREPRISE.
ENTREPRENEUR.
IMPRENABLE, qu'on ne peut prendre.
SURPRENDRE, prendre sans qu'on s'y attende.
SURPRISE.
REPRENDRE, REPRIS.
RÉPRÉHENSIBLE, IRRÉPRÉHENSIBLE.
REPRÉSAILLES.

COMPOSÉS
de la Préposition PRE.

Les Composés de la préposition PRE, sont en très-grand nombre dans notre Langue ; voici les principaux de ceux qui se rapportent aux lettres précédentes.

PRÉALABLE, chose à faire avant tout ; de *près* & *aller*.

PRÉAMBULE, discours qui marche avant, à la tête ; du Lat. *Ambulo*, je marche.

PRÉBENDE, bénéfice ; du Lat. *Præbere*.

On a dit aussi PROVANDE : comme on a appellé PROVOIRE & PROUVAIRE celui qui en possédoit un.

PRÉCAIRE, ce qu'on ne possède que par grace, qui n'a qu'un tems : de CAR, grace, faveur.

PRÉCENTEUR, du Lat. *Præ & cantor*, celui qui entonne, qui chante le premier.

PRÊCHE, PRÊCHER, PRÊCHEUR, du Lat. *Præ-dicare* : de-là également
PRÉDICATEUR, PRÉDICATION.
PRÉCEPTE, PRÉCEPTEUR.
PRÉCIPICE.
PRÉCIPUT.

Tous ces mots viennent de CAP, *prendre*, qui, dans les composés, se change en CEP & en CIP.

PRÉCIS, fixé, marqué, déterminé ; du Latin *Cisus* ciselé, taillé, marqué.

PRÉCONISER, du Lat. PRECO, Héraut, qui précède, qui proclame : d'où paroît venir également
PRÔNE, PRÔNER, PRÔNEUR.

PRÉJUGÉ, du Lat. *Præjudicium*, jugement précipité, pris avant examen.

PRÉLAT, du Latin *latus*, élevé, placé sur.

PRÉLIMINAIRE, du Lat. *Limen*, feuil, entrée.

Composés
de la Préposition PRO.

Du Lat. *Cedo*, aller, se sont formés tous ces mors :
PROCEDER, Procédure, Procès. Procession, Procédé, &c.
Du verbe *E*, être, & de *Pro*, en avant, dans la place qui touche, viennent
PROCHE, Lat. *PROP-E*.
Prochain, voisin, Lat *Pro-ximus*.
Proximité, Aproximation.
Aprocher, Aproche.
Se Raprocher, Raprochement.
PROPICE, Lat. *Propitius*, qui vient au secours, qui s'approche.
PRODIGUE, Latin *prodigus* ; d'*ago*, conduire, chasser devant soi.
PRODIGE, Lat. *Prodigium*, mot formé de *DIC* & *DEIC*, montrer, qui fit le Grec *DEIKÔ*, montrer ; & le Lat. *INDICO*, indiquer, & *DIGitus*, doigt.
PROFANE, du Lat. *FANum*, Temple, Oracle, *mot-à-mot*, celui qui se tient dans la place qui est avant le Temple, dans le parvis, qui n'a pas le droit d'entrer dans le Sanctuaire.
PROGRÈS, du Lat. *GRADUS*, pas en avant.
PROHIBER, empêcher d'entrer, défendre, &c. De *Habere*, avoir, tenir, & *pro*, en avant, hors.

PROMONTOIRE, élévation de terre qui s'avance dans la mer.
PROMPT, Promptitude, du Lat. *PROMO*, tirer dehors, mouvoir en avant avec facilité ; de la racine *MO*, mouvoir : de-là
EMPRUNT, Emprunter, *mot-à-mot*, tirer de la bourse d'un autre dans la sienne.
PROPAGER, du prim. *PAG*, fixer, établir.
PROPHETE, du prim. *PHE*, bouche, *PHA*, parler,
PROSE, Lat. *PRORSA* & *PROSA*, *mot-à-mot*, ce qui est droit, ou ce qui n'est pas vers. La Poësie fut appellée *Vers*, parce que le Poëte s'arrêtoit après un certain nombre de pieds, & revenoit sur ses pas, au lieu que le *Prosateur* alloit tout droit, continuant son chemin.
PROSPERE, Prospérité, de *Spes*, espérance : ce qui arrive comme on l'espéroit ; ce qui seconde nos vœux.
PRUDENT, Lat. *PRUDENS*, du Celt. *PRUDD* & *PRYDD*, soin, réflexion, prévoyance ; Goth. *FRODA*, sage ; d'où
Prude, Pruderie, sagesse outrée, affectée.
Imprudent, Imprudence.

Pud, Pudr, Pur, &c.

Putréfaction.

Peu de familles ont éprouvé autant de variations que celle de Bud,

Bus, qui signifie au *physique* puant, sale, laid; *au figuré*, honteux, deshonnête.

C'est l'Hébreu באיש, *baush*, *bous*, puanteur.

Le Grec ΠΥΘΩ, *Putho*, corruption, puanteur; *verb.* putréfier.

Lat. PUDet, il est honteux; PUTor, puanteur; PUTeo, puer; PUTRis, puant, &c.

Celte BUDR, puant, sale, laid, honteux, &c.

En Caraïbe, I-BOUCHIcali honte. NI-BOUCHIca-ehali, il est honteux. De-là

I.

1. PUER, sentir mauvais.
PUANT, qui sent mauvais.
PUANTEUR, PUAMMENT.
APPUANTIR.

2. PUNAIS, *mot-à-mot*, qui put du nez.
PUNAISE, insecte qui répand une très-mauvaise odeur lorsqu'on l'écrase.

3. PUS.
PURULENT.

4. PUSTULE, élevure à la peau, produite par des humeurs âcres.

5. PUTOIS, animal qui put.

II.

1. POURRIR, gâter, corrompre.
POURRITURE, corruption.

2. PUTRÉFACTION, corruption qui cause de la puanteur.
PUTRÉFIER, corrompre.
PUTRIDE, fiévre causée par la corruption des humeurs.

III.

PEUT, *Franc-Comt.* POET, *Vald.* laid.
PEUTE, laide.
PUDEUR, honte, action de rougir.
PUDICITÉ, vertu qui empêche de faire des choses dont on eût à rougir.
PUDIQUE.
IMPUDIQUE, IMPUDICITÉ.
IMPUDENT, qui ne rougit de rien.
REPUDIER, REPUDIATION.

MOTS ÉTRANGERS.

PA

PASQUINADE, épigramme, bons mots. CASTELVETRO, cité par MENAGE, dit avoir appris d'*Antoine* TIBALDEO de Ferrare, homme d'une science rare, qu'il y avoit à Rome un Tailleur nommé *Maître Pasquin*, renommé pour ses bons mots & ses épigrammes contre les Papes, les Cardinaux & les Seigneurs de la Cour, &c. & sur le compte de qui on mettoit d'ailleurs toutes celles qu'on faisoit dans ce genre, & qu'après sa mort on s'avisa de recourir à une statue mutilée, qui étoit dans la rue où il demeuroit, pour la faire parler à sa place, & qu'on l'appella *Pasquin*: ensorte que son nom & ses pasquinades ne finirent point avec lui.

PÉTRICHERIE, tout ce qui sert pour la pêche de la morue; équipage de pêche.; De l'Espagnol PETRECHOS, équipage de guerre, de chasse, &c.

PAVOIS, de l'Italien *PAVESE*; cette espéce de bouclier dut son nom aux Habitans de Pavie, qui en furent les inventeurs, comme nous l'apprend MURATORI dans sa XXVIe. Diss. sur les Antiquités d'Italie, Col. 516. d'après un Ecrivain de cette Ville qui vivoit il y a plus de 400 ans.

Ce mot s'est aussi prononcé en *vieux-Fr.* PEUSINÉ.

PEUFFE, friperie, en Normand; en Angl. PELFE, friperie, fripier.

PICOTIN, mesure; en Angl. PECK.

MOTS FRANÇOIS VENUS DU LATIN.

PA

PAGE de livres, Lat. *PAGINA*.
PAMPRE, *PAMPINUS*.
PAON, oiseau, Lat. *PAVONE*, à l'ablatif.
PANESSE, femelle du Paon.
SE PAVANER, s'admirer comme le Paon.
PAROÎTRE, *PARERE*, de *PAR*, à travers.
APPAROÎTRE, APPARITION.
APPARENT, APPARENCE.
COMPAROÎTRE.
TRANSPARENCE.
TRANSPARENT.
PARSIMONIE, *PARSIMONIA*, de *PARCUS*, chétif, épargnant; d'où
ÉPARGNE, ÉPARGNER.
PASSEREAU & PAISSE, oiseau, Lat. *PASSER*.
PAUVRE, *PAUPER*.
PAUVRETÉ; APPAUVRIR.
PAVÉ, *PAVIMENTUM*.
PAVEMENT, PAVEUR.
PAVAGE; PAVER.

PE

PECORE, PECQUE, du Lat. *PECORE*, à l'ablat.
PECULE, & PECULAT, Lat. *PECULIUM* & *PECULATUS*.
PECUNIEUX, *PECUNIOSUS*.
PEIGNE, *PECTEN*.
PELICAN, *PELICANUS*.
PENINSULE, Lat. *Peninsula*.
PENULTIEME, Lat. *Penultimus*.
PEREMPTOIRE, *Peremptorius*.
PERFIDE, *Perfidus*.

PERFIDIE,

PERFIDIE, *Perfidia.*
PESTE, *Pestis.*
PESTIFERÉ, PESTILENTIEL.
PEUR, *Pavor.*

PI-PU.

PINCEAU, *Penicellus.*

PITUITE, *Pituita.*
PLAUSIBLE, *Plausibilis.*
APPLAUDIR, APPLAUDISSEMENT.
PONCE, espéce de pierre, Lat. PU-MICE, prononcé *Pumce.*
PULPE, *Pulpa.*
PUPITRE, PULPITum.

MOTS FRANÇOIS VENUS DU GREC.

P A.

PAGNOTERIE, niaiserie, baliverne; Gr. PAIGNIODES qui aime à jouer; folâtre; qui conte des balivernes.

PALINODIE, *Palinodia.*
PANCARTE, PAN-KHARTES.
PANÉGYRIQUE, PAN-ÉGYRIKOS.
PANÉGYRISTE.
PANTHERE, du Gr. THERA, bête féroce.
PANTOMIME, du Grec PANTO, tout, & MIMOS, imitateur, songe.
PAPILLON, Lat. PAPILIO; Grec É-PIALOS; de PHALOS, brillant.
PAVILLON, Lat. PAPILIO, étymologie qui se trouve aussi dans les Mémoires de l'Académie des Inscr. & B.L. tom. xxxiv in-12, pag. 485.
PAPILLOTE; elles ressemblent à des Papillons, dit Ménage. Rabelais a dit *Papillette* dans le sens de *Papillote*: ce que Le Duchat n'a point compris, comme on peut s'en assurer en jettant les yeux sur ce que le Dict. de Mén. rapporte à ce sujet.

PARADOXE, PARADOXOS.
PARALLELE, PARallélos.
PARALOGISME, *Paralogismos.*
PARALYSIE, PARalysis.
PARASITE, PARasitos.
PARENTHESE, PARenthésis.
PARODIE, PARódia.
PAROISSE, PAROIKIA.
PAROISSIAL, PAROISSIEN.
PASSION, Lat. PASSIO; Gr. PATHOS: de-là
PASSIONNÉ: COMPASSION.
PÂTIR, souffrir.
PATIENCE, action de souffrir sans se plaindre: IMPATIENCE.
PATIENT, IMPATIENT: PATIENTER.
PASSIF, PASSIBLE, IMPASSIBLE.
COMPATIBLE, IMCOMPATIBLE.
PATÉTIQUE, qui émeut les passions
APATHIE, insensibilité, exemption de passions.
ANTIPATHIE, sentiment d'aversion.

SYMPATHIE, sentiment d'amour, d'union.

PAVOT, Lat. *PAPAVER*; Gr. *PAPPOS*.

P E.

PÉDANT, du Grec *PAIDÓ*, enfant.
PÉDANTERIE, PÉDANTISME.
PEDAGOGUE, *Paidagógos*.
PENTECÔTE, PENTEKOSTES.
PERIODE, *Periodos*.
PERIODIQUE.
PERIOSTE, du Gr. *Peri* autour, & *Osteon*, os.

P H.

PHARMACIE, de *Pharmakon*.
PHASE, *Phasis*.
PHILOSOPHE, *Philosophos*.
PHILOSOPHIE, PHILOSOPHER.
PHILTRE, *Philtron*.
PHILTRER.
PHLEGME, *Phlegma*.
PHOSPHORE, *Phósphoros*.
PHRASE, *Phrasis*.
PARAPHRASE
PERIPHRASE.
PHRÉNÉSIE, *Phrénésis*.
PHRENETIQUE,
PHTISIE, PHTISIS.
ÉTIQUE.
PHYSIQUE, *Physiké*.
PHYSICIEN.
PHYSIONOMISTE, *Physiognómôn*.
NEO-PHYTE, *Neo-phytos*.

P I.

PINDARISER, donner dans le Phœbus en voulant imiter le sublime de Pindare. RONSARD écrivoit de la meilleure foi du monde que, le premier en France, il avoit *pindarisé* dès son enfance, & il s'en applaudissoit, & l'on en fut un moment ébloui; mais il passa bien vîte avec ses grands mots, son mauvais goût, sa philosophie plus mauvaise encore : tant il a fallu de génie, de peine & de tems pour tirer parti de la Langue Françoise.

PIRATE, PEIRATÊS.

P L.

PLANETE, *Planétés*.
PLASTRE, PLÂTRE, de *Plasso*, former, parce qu'il sert à mouler, à former en terre : de là,
PLÂTRER, PLÂTRIER.
PLÂTRIERE, PLÂTRÉ.
PLATRAS, &c.
PIASTRE, monnoie Espagnole dont l'origine a été totalement inconnue à nos Etymologistes : ce nom vient du même *Plasso*, former, fabriquer.

P O.

POÈME, *POIÉMA* : de-là
POÉTE, POÉSIE.
POÉTIQUE, POETEREAU.
POING, Lat. *PUGNUS*, Gr. *PUKS*, poing. *PUKNOS*, serré, dur & épais comme le poing ; d'où
1. POIGNÉE, POIGNET.
EMPOIGNER.
RÉPUGNANCE.
RÉPUGNER.

2. Pygmée, de *Pygmé*, Gr. le poing ; 2°. coudée : qui n'a qu'une coudée de haut.
3. Pugilat, combat à coups de poings.

POLEMIQUE, qui regarde la guerre littéraire : du Gr. POLEMOS, guerre : mot formé de la même racine que *bellum* des Latins.

POUMON, autrefois POULMON, Lat. PULMONE, mot altéré du Grec Attique PLEUMONÓ, lui-même altération du Gr. PNEUMÓN, poumon : de-là,
Pulmonique, pulmonie, &c.

P R.

PRATIQUE, PRAXIS ; d'où,
Pratiquer.
Praticable, impraticable.
Praticien.
Pragmatique.

PRÊTRE, pour PRESTRE, du Grec PRESBYS, PRESBYTEROS. Mot qui s'est beaucoup moins altéré dans PRESBYTERE, logement du Prêtre.

PRISME, *Prisma*.
PROSELYTE, *Prosélytos*.

P S.

PSAUME, PSALMOS : d'où,
Psalmiste, psalmodie.
Psalmodier ; psautier.
Psalterion.

PTISANE, *Ptisané*.

PUR, PYR.

PUR. Lat. PURUS, du Gr. PUR, PYR feu. Le feu a toujours été l'emblême de la purification : de-là,
1. Pureté.
Puritains.
Purifier, purification.
Impur, impureté.
2. Purisme. Puriste.
3. Purée.
Epurer.
4. Purger.
Purgatif, purgation.
5. Perruque, du Gr. *Pyrrikhos*, qui a les cheveux rouges : *Voy. Plan géneral & raisonné.*
6. Porphyre, Porphyra.
7. Pourpre, Lat. PURPURA, Gr. *Porphyra* : d'où,
Pourpré.
8. Suppurer.
Supuration, supuratif.

MOTS FRANÇOIS VENUS DE L'ORIENT.

P A.

PAGODE, Temples des Indiens; du mot Indien POUT-GHEDA.

PAPEGAY, Perroquet, Arab. *Babga.*

PAPIER, du mot Egyptien *PAPYRUS*, plante dont on tiroit le papier égyptien : de-là,
PAPETIER, PAPETERIE.
PAPERASSE.

PARASANGE, mesure itinéraire des Perses, qui équivaut à une grande lieue : en Oriental فرسنگ *FARSENK*; de *Sank*, Pierre, & *Fars*, Perse.

PÊCHE, Lat. *malum persicum*, pomme de Perse, fruit Persan, parce qu'elle vient de Perse.
PERSICAIRE.
PERSICO.

PISTACHE, Gr. *PISTAKIA*, noix royale; du Persan *Postah*.
(*RELAND, diss. sur les restes de la Langue Persane*)

POIVRE, Gr. *PIPERI*; Chald. *PILPEL*; Arabe *FILFEL* : on prononça PIL-PIL & PILPER, comme on voit dans un ancien Glossaire Grec-Arabe, cité par Reland : de là,
POIVRÉ, POIVRER.
POIVRIER, POIVRADE, POIVRETÉ.

PONCEAU, nom du Coquelicot rouge, & de sa couleur : Lat. *Puniceus* : du nom Oriental des PHÉNICIENS qui teignoient dans ce beau rouge : de la même famille,
PUNIQUE, qui regarde les *Puni*, les PHŒNI-ciens de Carthage.

POTIRON, en Arabe *FOTOR*, parce qu'il croît promptement.

PRIAPE, Dieu des fruits & de la fécondité ou de l'abondance : de l'Oriental *AB*, Pere, & *PRI*, fruit.

PRIER, Lat. *PRECor* : de l'Orient. ברך, *BReK*, genou : mot qui tient à la famille *BRaK*, plier.
PRIERE : IMPRÉCATION.

PYRAMIDE, de l'Or. , *HYRaM*, qui signifie monument admirable, monceau arrangé avec harmonie, précédé de l'article Oriental P.

MOTS FRANÇOIS VENUS DU CELTE.

Q

Cette Lettre, qui nous vient de l'alphabet primitif, a perdu en passant jusqu'à nous la plus grande partie des mots auxquels elle avoit donné lieu; elle en a été dépouillée insensiblement par les lettres qui ont quelque rapport avec elle, surtout par la lettre C, comme nous l'avons vu dans le développement de celle-ci.

Quant au peu de mots qui restent à la lettre dont nous nous occupons actuellement & qu'elle offre dans notre Langue, on en peut faire trois Classes : 1°. Les mots dans lesquels cette lettre a pris elle-même la place d'autres lettres.

2°. Les mots dans lesquels elle indique la force, la puissance.

3°. Les mots où elle désigne l'union, la force unitive, effet de la puissance.

PREMIERE CLASSE.

Mots étrangers dans l'origine à la lettre Q.

QUA

A la famille CADRE dont nous avons déjà donné l'étymologie, se rapportent,

QUADRAN, horloge solaire; à cause de sa forme.

QUADRILLE, tournoi, joute où l'on est partagé en quatre bandes; 2°. Jeu où l'on joue au nombre de quatre.

QUARRÉ, qui a la forme quarrée.

QUARTAN, Sanglier de quatre ans.

QUARTIER, quatrième partie d'une chose; 2°. portion d'une Ville, qu'on divisoit dans l'origine en quatre bannieres.

SANS-QUARTIER, ne point faire de quartier, pour dire n'épargner personne dans un combat, ou dans le sac d'une ville : mot-à-mot, ne point accepter de rançon, appelée *Quartier*, parce qu'elle consistoit ordinairement dans un quartier des gages, des appointemens de celui qui demandoit grace.

QUATRE-TEMS, Fête relative au commencement de chacune des quatre Saisons de l'année.

QUI

QUINTE, mot de la même famille que CINQ, dont nous avons rendu compte *col.* 368, & à laquelle appartiennent encore,

QUINZE, mot altéré de *quin-decem*, ou *dix & cinq*.

QUINZIEME.

QUINQUAGESIME, Dimanche qui tombe sur le cinquantième jour avant Pâques.

QUINCONCE, plantation d'arbres par quarrés, de quatre en tout sens, avec un cinquième au milieu.

QUINE, coup de trictrac où les deux dez amenent cinq chacun.

QUINTER, marquer les lingots d'or après avoir levé le droit de *Quint*.

QUINTAL, au lieu de CENTAL, poids de cent livres.

QUE

QEN, QIN, au lieu de GEN, GIN, GWEN, mot Celtique qui désigne la beauté, la perfection, ce qu'une chose contient d'excellent : d'où

QINTE, en *Portug.* & QINGIZ en *Bas-Bret.* Maison de plaisance. QINED, *Bas-Br.* beauté. QINCLA, agencer, parer.

QUINTESSENCE, ce qu'il y a de plus excellent dans une chose.

Se REQUINQUER, se faire beau, se parer.

QUENOUILLES ; elles sont faites de roseau, dont on fend le haut dans sa longueur en quatre pièces qu'on fait ressortir comme des côtes de melon, afin de former une espéce de sphere. Ce mot est donc dérivé de *CANNA*, roseau, canne : il en est un diminutif.

QUENS pour CUENS, *vieux Fr.* Comte. On a cru que ce mot étoit l'Oriental *Cuhen*, Prince. C'est plutôt une altération du Lat. *Comes*, ablat. *Comite*, dont nous avons fait Comte.

L'O s'est constamment changé en OE, & OE, souvent en UE & UI ; de *Totus* nous fîmes *Tuit*, & puis *Tout*. De *Col* on faisoit *Cuel* ; de *Cor* ou *Cœur*, *Cuer* ; de *CORIUM*, *Cuir*, &c.

QUI

QUIGNON de pain, gros morceau de pain ; du mot COIN, prononcé COING, en Lat. *CUNEUS*. En *vx. Fr.* QUIGNET, QUIGNON désignoit un coin, un angle.

QUILLE à jouer, du Celt. QILL, CIL, dresser.

QUILLE de vaisseau ; ce mot peut venir du même CIL, dresser, ou du Celt. QILH, revers.

QUIN, *vieux Fr.* & QUINAUT, Singe, le mâle de la GUENON. Ces deux mots QUIN & GUENON viennent de la même famille ; de GEN, joue ; Bas-Br. GUENAOUEZ, homme à grosses joues.

QUINETTE, *vieux Fr.* bâton, houssine. Il ne vient pas de *Quercus*, chêne, comme l'ont cru HUET & nos autres Étymologistes ; mais du Celt. QEN, arbre ; Bas-Br. QENED, bois, buche, souche.

AQUENE, *vieux Fr.* stupide, sot, souche.

Ce mot QEN a l'air d'être le radical du Grec *DEN-dron*, arbre, le D & le Q s'étant mis sans cesse l'un pour l'autre.

SECONDE CLASSE.

Mots où Q désigne la force.

Q désigna la force, la puissance ; il offre encore cette signification dans le mot

QUAI, nom de ces terrasses soutenues de murs, par lesquelles on contient dans leur lit les fleuves les plus rapides, en leur opposant une puissance qu'ils ne peuvent vaincre.

On peut voir dans notre *Gramm. univ. & Comp. p.* 342. nombre de mots étrangers dans lesquels Q a la même signification.

Il n'est donc pas étonnant que cette lettre désignât la *Hache*, & qu'elle en eût la figure.

La Hache dans tous les tems fut le symbole de la puissance ; on en armoit Jupiter & les Rois. Le Chef suprême de la Justice sur les rives de l'Euphrate s'appelloit *la Grand-Hache* ; & le titre de CZAR porté par les Monarques de la Russie, est le mot même qui désignoit cette dignité & qui signifie la *Hache*.

QUITTE, tranquille, qui n'a plus de sujet d'inquiétude sur une affaire.

QUITTER, laisser tranquille : du Lat.

QUIETus, tranquille, coi. *Voy.* Coi.

s'ACQUITTER, se délivrer de tout souci en satisfaisant ce qu'on doit.

QUITTANCE, acte par lequel on tient quitte.

ACQUIESCER, donner son consentement, acquérir par-là son repos contre les importunités, &c.

TROISIEME CLASSE.

Q désignant la force unitive.

QUE, nom de la puissance, fut employé naturellement à désigner la force unitive, tout ce qui lie, qui retient ; & en particulier les conjonctions, liens du discours : de-là,

QUE, conjonction qui, semblable à un fil très-fort, unit les diverses parties du discours, même en Latin & en Grec où on le prononce TE par le changement si fréquent de Q en T & en D.

QUI, Lat. *QUI*, Grec *TIS* : de-là :

QUEL, QUELLE, mot interrogatif & elliptique, au lieu de *cette chose que*. Je ne sais *quel Livre vous lisez*, pour je ne sais ce *qu'est* ce Livre *que* vous lisez.

QUELCONQUE & QUICONQUE, mots dont le dernier est employé comme sujet de la phrase, & le premier comme l'objet de la phrase : ils signifient tous deux *quel que ce soit*.

QUELQUE, QUELQU'UN.

QUOI, pour *quelle chose*.

QUOIQUE, 1°. phrase elliptique, pour *quelle chose que ce soit que*.

2°. Conjonction qui tient lieu de *quelque certitude qu'il y ait que*, ou *quelle chose qu'on fasse*, &c.

COMPOSÉS.

QUIDAM, un certain, un inconnu.

QUOLIBET, pointe, plaisanterie : du verbe Latin *Libere*, plaire.

QUOTIDIEN, de chaque jour.

QUOTIENT, nombre qui marque combien de fois un nombre est contenu dans un autre.

QUOTITÉ, part qu'on a dans une somme.

DÉRIVÉS.

1. QUALITÉ, ce qui fait qu'une chose est telle, ce qui la distingue de toute autre ; 2°. *au fig.* dignité, supériorité, &c.

QUALIFIÉ, qui est revêtu de quelque qualité honorable.

QUALIFIER, donner un titre.

QUALIFICATION, désigner un objet par quelque titre.

2. QUASI, phrase elliptique venue du Latin *qua ratione si*, de la même maniere que si.

3. QUAND, dans le tems que.

4. QUANT, phrase elliptique qui signifie, *par rapport à ce qui regarde tel objet*.

QUANTITÉ, multitude, grand nombre : 2°. mesure de chaque syllabe dans sa prononciation.

QUANTIEME, rang d'une chose relativement à d'autres.

MOTS FRANÇOIS QUI SONT LATINS ET ORIENTAUX.
QU

QUERELLE, plainte vive & emportée contre quelqu'un.

QUERELLER quelqu'un, se plaindre de lui avec emportement, le gronder, le traiter mal.

Lat. QUERELA, plainte, lamentation, ressentiment.

QUEROR, se plaindre, déplorer.

Orient. Chald. ברה, KaRHé, Syr. KaRA, se plaindre, être affligé ; mot également Arabe.

QUÉRIR, chercher, Lat. QUÆRere; Bas-Bret. QERHat, Tartare-Mogol KEHR, je cherche.

Heb. & Chald. חקר, HeKaR, chercher, fouiller, rechercher.

He-kouk, recherche : du rad. קור. *Kour*, creuser pour avoir de l'eau, chercher des sources.

DÉRIVÉS.

Les Latins qui changeoient R en S, dérivèrent les mots suivans, de *quæro* prononcé *quæso*.

QUESTEUR, charge de Trésorier chez les Romains.

QUÊTE,

QUÊTE, QUÊTER.
ACQUÉRIR, chercher à augmenter ce qu'on a.
A'CQUISITION.
CONQUÉRIR, acquisition de nouveaux pays.
CONQUÊTE.
S'ENQUÉRIR, s'informer, chercher de nouvelles lumieres.
ENQUÊTE.
INQUISITEUR, qui s'enquiert.
INQUISITION.

PERQUISITION, recherche en divers lieux.
REQUÉRIR, supplier, demander.
REQUÊTE.
REQUIS, REQUISITION, &c.
QUEUE, Lat. *CAUDA*.
ORIENT. גד, גיד, *Gad, Ghid*, nerf.
QUEUX, *vieux Fr.* du Lat. *COQuus*, Cuisinier.
COQUO, je cuis, je fais cuire.
Heb. עוג, *HOUG, K'houg*, cuire.
Houga, gâteau: d'où le Langued. *Fougasse*.

MOTS FRANÇOIS VENUS DU CELTE.

R

La lettre R existe dans les alphabets les plus anciens ; elle y précéde constamment la lettre S, tandis qu'elle est à la suite du Q : elle peignoit le nez, & par une suite de cette valeur, elle désigna les objets pointus, saillans, élevés, roides, rudes.

Tandis que par un effet de sa prononciation roulante & sonore, elle peignit également les sons sonores & roulans. On peut voir ce que nous avons dit à ce sujet dans l'*Orig. du Lang. & de l'Ecr.* col. 341-346. Il sera d'ailleurs confirmé par l'ensemble des mots que cette lettre va nous offrir.

Outre ces objets, elle désigne également ceux qui sont fluides & coulans : ceux qui sont élevés, & qui ont en partage la couleur la plus vive.

Comme préposition initiale, elle désigne le retour, l'action de rouler, d'aller & de venir.

Elle a servi aussi à former quelques onomatopées.

Enfin elle n'a pas été à l'abri des altérations auxquelles toutes les lettres sont exposées : elle s'est changée en L & en S, de même que L' & S se changerent souvent en R.

Il est même arrivé très-souvent qu'on l'ait confondue avec D, surtout dans l'écriture.

RE pour HER.

Une altération singuliere & qui n'est pas sans exemples, c'est le renversement de la syllabe HER en RE, qui a lieu dans le Verbe Grec HERPO dont les Latins firent REPO, & dont en le nasalant nous avons fait

RAMPER, RAMPANT, qui marche le ventre contre terre & sans pieds.

REPTILE, animal qui rampe.

Ce mot vient du primitif HER, terre, & BO, aller, ou PO, marcher.

RAMPE, plan incliné & par lequel on monte & on descend sans escalier, sans marches.

R pour L & pour N.

Du Latin LUSCINIOLUS, prononcé *Lossignollus*, nous avons fait

ROSSIGNOL, mot formé de NOX, la nuit, & de CANere, chanter : mot-à-mot, le chantre de la nuit : aussi les peuples du Nord l'appellent *Nightingale*.

ONOMATOPÉES.

1. RALE, RALEMENS, bruit de la gorge à l'agonie.
2. RAINE, RAINETTE, *vieux Fr.* Grenouille. Lat. *RANA*. C'est l'imitation du cri de cette habitante des marais : de-là

RENONCULE, fleur qui aime l'eau.

3. RIS, RIRE, action de rire ; imitation du bruit qu'on fait en riant.

RIEUR, RIEUSE.

RISIBLE, RISÉE, RIANT, *adj.*

RICANER, RICANEUR.

RIDICULE, RIDICULISER.

4. ROCOULER, cri du Pigeon.
5. RONFLER, bruit qu'on fait en dormant.

RONFLEUR, RONFLEUSE.

RONFLEMENT.

6. ROTER, Lat. *RUCTare* & *RUCTari*.

ROUPILLER.

7. RONGER, du Lat. *RODere* : on a nasalé ce dernier mot & on a changé D en G. Les Grecs ont dit *T-RÔG-ein* ; d'où le Vald. *Trognon*, chose rongée.

RONGEUR, RONGEANT.

Ces mots tiennent à *RA*, *RO*, bruit qu'on fait en rongeant.

RODOMONT, qui se vante, Fanfaron, *mot-à-mot*, ronge-montagne. Arioste & Boïard en ont fait un de leurs personnages aussi insolent que brave.

RODOMONTADE, fanfaronade.

8. RUGIR, RUGISSEMENT, cri du lion. Lat. *RUGITUS*, rugissement ; *ruditus*. Esp. *RUGIDO* & *RUIDO*.

BRUIRE, BRUIT, sont des onomatopées formées de la même maniere & en faisant précéder la lettre R de la lettre B ; ce qui arrivoit souvent en Celte & en Grec.

I.

R, désignant la rudesse, la roideur, les objets escarpés, pointus, piquans.

1. RAUH, en All. rude, âpre, dur, escarpé. *Au fig.* sévère, rude, inhumain.

RAUQUE, RAUCITÉ, rudesse de la voix, causée par quelqu'altération dans l'instrument vocal.

ENROUÉ, ENROUEURE, ENROUMENT, mots formés par le changement de *Rau* en *Rou*.

2. RACHE, en *Pays-Messin* ; RECHE dans quelques *Prov.* rude, âpre : de-là le nom de la *Rache*, maladie de la peau qui la rend rude & raboteuse. Ce mot forma les suivans.

RECHIN, rude, mélancolique, chagrin : surnom de FOULQUES, Comte d'Anjou.

RECHIGNÉ, RECHIGNER, gronder, être de mauvaise humeur.

RECH, *Picard.* rude, raboteux.

RECUN, *Bas-Br.* rancune : d'où le Lat. *RANCOR*, & notre mot

RANCUNE, mauvaise humeur qu'on

M m m ij

conserve contre quelqu'un.

RANCE, qualité du lard qui commence à se gâter. Lat. *Rancidus*, *Rancor* : d'où

RANCI, RANCIR, RANCISSURE.

C'est le mot RAC nasalé & devenu RANC, de la même famille que RECH, triste; Or. *RAG*, mauvais.

3. RUDE, Lat. *RUDIS*. Basq. *au fig.* RUDO, grossier, rustre. On a dû dire *Rauidus* & puis *Rudus*, *Rudis*.

RUDESSE, RUDOYER.

RUDANIER, *terme populaire*, qui désigne des gens grossiers & rebarbatifs.

RUDIMENT, livre destiné à dégrossir, à civiliser.

ÉRUDIT, ÉRUDITION, mot opposé à *rustre*, à *grossier*.

RUDÉRATION, Lat. *RUDERATIO*, Maçonnerie grossière qui se fait avec des plâtras, des démolitions.

RUE, Lat. *RUTA*, plante âcre & dont l'odeur est très-forte. Gr. *Ruté*.

ROSSER, donner des coups de bâton. Ce mot doit venir du Lat. *RUDIS*, bâton; *mot-à-mot*, qui est épais, rude.

RUCHE, panier d'Abeilles : Langued. *Rusque*, Lat. B. *RUSCA*; du Celte *RUSK*, écorce; 2°. panier à miel : ces paniers se faisoient avec l'écorce d'arbre.

Lat. *RUSQUESARE*, écorcer un arbre.

4. ROIDE, qualité d'un fleuve rapide, d'une montagne escarpée, d'un corps tendu & qui ne peut plier, d'un esprit inflexible; en un mot, de tout ce à quoi on ne peut résister.

ROIDEUR, force, vitesse, vigueur.

ROIDIR, rendre avec force.

Du Celt. RED, rapide, impétueux, violent; 2°. course précipitée.

Bas-Br. *Redt*, roide, inflexible.

REDY, nécessité, violence, contrainte.

C'est une famille très-étendue.

Gall. RHEIDWY, nécessité; 2°. pauvreté.

RED, prononcé REC, RIG, a formé la famille suivante.

5. RIC à RIC, strictement, rigoureusement, sans se rien céder.

RIGUEUR, exactitude; 2°. sévérité.

RIGOUREUX, sévère, exact; qui traite à toute rigueur.

RIGOUREUSEMENT.

Lat. *RIGOR*; *RIGIDUS*, roide, dur.

I I.

R A, Racler.

De R vint par onomatopée, ou par imitation de bruit, une famille assez considérable, composée des mots suivans :

1. RABOT, instrument à aplanir le bois.

RABOTEUX, RABOTER.

2. RAIS, *vieux Fr.* rasé. RAIRE, *vieux Fr.* raser, rendre ras.

RASER, Lat. *RADERE*.

RASOIR.

RASURE, action de raser la tête.

3. RATISSER, aplanir avec un couteau, avec un fer, &c.

RÁTISSOIR ou RATISSOIRE, instrument à ratisser.

RATISSURE, ce qu'on a ratissé.

4. RATURER, ôter le superflu avec un canif, avec une plume, effacer.

RATURE.

5. RATEAU, instrument à dents qui sert à ratisser, à ramasser ce qui est de trop sur une terre cultivée.

RATELÉE, ce qu'on emporte d'un coup de rateau.

RATELER.

RATELIER, ce qui est composé d'une suite de dents ou de chevilles, comme un rateau.

6. RACLER, de *radere*, ratisser, All. RECHEN, Angl.-Sax. RACA, rateau.

RACLE, ferrement pour gratter les vaisseaux afin de les tenir propres.

RACLOIR, instrument à ratisser, à racler.

RACLURE, ce qu'on enleve en ratissant.

RACLEUR, mauvais joueur de violon.

RAILLER, piquer, plaisanter.

RAILLERIE, trait piquant : s'il ne pique pas, il est *plat*.

RAILLEUR, RAILLEUSE.

    Ce mot vient dans un sens figuré du *vieux Fr.* RAILLON, dard, trait : en *Prov.* RAILHE, en Languedoc.

REILLE, un soc : d'où vient que la Maison des REILLANETTES en Provence a un soc pour armoiries.

Gall. RHAGL-*ymm*, fort aigu.

RHAGL-*ymmu*, aiguiser beaucoup ; mais *ymm* marque le superlatif.

RHAGL a donc signifié aiguiser ; c'est donc une branche de RACLer.

7. RAS, uni ; où il n'y a rien à ôter.

RASE-CAMPAGNE, Campagne découverte, sans arbres ni maisons.

RASADE, verre plein jusqu'aux bords, où la liqueur & les bords du verre sont sur le même niveau.

REZ de chaussée, bâtiment au niveau du pavé.

III.
RAP

RAF, RAV, prendre, 2°. ravir.

RAP, mot primitif qui signifie prendre, saisir ; 2°. prendre par force, ravir ; 3°. prendre en cachette, dérober.

Lat. RAPere, Gr. HARPaein, prendre, saisir.

Celt. RHAIB, RHAIP, penchant à prendre.

1. RAPACITÉ, envie d'avoir.

RAPACE, qui aime à prendre.

RAPINE, RAPINER.

RAPT, enlevement.

2. RAVIR, enlever, dérober, *au fig.* saisir d'admiration.

RAVISSEUR, RAVI.

RAVISSANT, RAVISSEMENT.

RAVIGOTER, ranimer par le plaisir.

3. ARRACHER, Lat. *Ar-ripere*, de *Rapere*.

ARRACHEUR.

DÉROBER, Lat.-B. *RAUBARE*.
SUBREPTION, faveur arrachée par surprise.

4. RAPHE, en *vieux Fr.* poignée. En Celt. *RHAFF*, corde, cordage.

5. RAVAGER, emporter les biens qui sont sur terre ; piller, faire du dégât.
RAVAGEUR, RAVAGE.
RAVINE, torrent qui entraîne tout.
RAVIN, chemin creusé par les ravines, par les chûtes d'eaux.

6. RAFLER, RAFER, emporter tout.
RAFLE, coup de dez qui emporte tout. Ital. *Raffa.*
RAFFES, rognures de peaux.
RIFLARD, espéce de rabot, *instrument qui rafle.*
RIFLER, dévorer, prendre.

7. RABOT, RABOTER, c'est enlever ce qu'il y a de trop au bois qu'on met en œuvre.
RAPE, Instrument destiné à limer, à réduire en poudre.
RAPER, RAPÉ, RAPURE.
RIPE, instrument pour gratter la pierre.
RIPER, ratisser ou gratter la pierre avec la ripe.

RUP

RUP, ROP, signifia en Latin déchirer, mettre en piéces. C'est le Celte *ROG*, & le Gr. *Rhégò* : en Eol. *RHAGO*, dont les Latins firent *Fragor, Fregi, Fractus,* vraies onomatopées. De *RUP* vinrent

1. RUPTURE, Lat. *Ruptura* ; le Lat. *RUPI*, j'ai rompu ; d'où en le nazalant
2. ROMPRE, Lat. *RUMPere*.

COMPOSÉS.

INTERROMPRE, rompre l'entre-deux.
INTERRUPTION.
IRRUPTION, rompre l'intérieur.
ERUPTION, rompre hors.
CORROMPRE, rompre avec : infecter, altérer, perdre.
CORRUPTION.
CORRUPTEUR, qui corrompt.
INCORRUPTIBLE.
DEROUTE, Lat. *Dis-rupta*, armée rompue.

3. ROTURIER, qui n'est pas noble.
ROTURE, état de celui qui n'est pas noble.

Il paroît que nos Étymologistes eurent raison en dérivant ces mots du Latin *Ruptæ*, terres rompues, cultivées ; le Roturier étant dans l'origine le Serf qui cultivoit a Terre : & les Italiens prononçant *ROTTURA* pour *Rupture*. Mais ils se tromperent en dérivant de la même source le vieux mot ROUTES, bandes de soldats, & ROUTIERS, gens qui marchent en troupe.

ROUTIERS, ce mot vient du Celte *RHAW'D, RHOWTER*, troupe, multitude, bande de soldats ; en Angl. *Rout*, en Ital. *F-Rotta.*
Vieux Fr. AROUTER, mettre en troupe.

ROTTE, compagnie de gens de guerre. All. *Rotten*, se mettre en troupe.

RA.

RE, RO, RU, courir, rouler.

La Lettre R étant par elle-même une Lettre roulante, a désigné tout ce qui roule, & qui court : de-là une multitude de familles.

I.
Eau qui coule, &c.

1. RU, ruisseau, mot Celte & Prim. *RU*, en Georgien, canal; *Arou* en Arménien & en Malabare, fleuve. *Rud*, en Pers. & en Arabe.
RUEL, *vieux Fr.* ruisseau.
RUISSEAU, RUISSELER.

2. RIG, en Celte riviere : d'où le Lat. *Rigo*, le Fr. IRRIGATION.
RIGOLE, Lat.-B. *Rigulus*.
RIGOLER, arroser les terres par des rigoles. Celte RHIV, RHIW, riviere, ruisseau, Lat. *Rivus*.

3. RIVIERE, mot Bas-Br. Basq. Angl. &c.
RIVE, bord d'une riviere. Lat. *RIPA*.
RIVAGE, bord de la mer.

4. RIVERAIN, qui possède des Terres sur le bord des eaux.
RIVERAINS, les Bateliers de la Loire.
RIPUAIRES, nom d'une Tribu des anciens Francs, parce qu'ils étoient établis sur les rives du Rhin.

5. ARRIVER, aborder, atteindre la rive.
ARRIVÉE.

6. RIVAL, qui a droit aux mêmes eaux. *Au figuré*, émule; qui aspire à la possession de la même personne
RIVALE, RIVALITÉ.

II.
Objets coulans.

1. RHUME, humeurs qui fondent
ENRHUMER.
RHUMATISME.

2. RUMEUR, bruit, mouvement d'une grande multitude, grand bruit.

3. RUMB, vent, en terme de marine; 2°. ligne qui, sur la boussole & sur les cartes marines, représente un des vents qui servent à conduire les vaisseaux.

4. RHÉTORIQUE, du Gr. *RHEô*, parler, couler; Celt. *RHED*, courir, parce que les paroles coulent : aussi dit-on *flux de bouche*, pour peindre le bavardage.

5. RUER, action du Cheval qui donne un coup de pied : ce mot signifie littéralement faire irruption, se jetter sur.
RUADE.

6. RUINE, Lat. *RUINA*, chute, bouleversement ; 2°. *au fig.* désastre, perte entiere.
RUINER, RUINEUX.

7. Lat. *RUMA*, *RUMIS*, *RUMEN*, mammelle; 2°. jabot des oiseaux; 3°. premier estomac des animaux qui ruminent. De *Ruo*, couler, découler, parce que c'est de-là que

découle la nourriture de ceux qui en vivent : d'où

RUMINER, action des animaux qui remâchent ce qui s'est cuit dans leur premier estomac ; 2°. *au fig.* méditer profondément, rouler quelque projet dans sa tête, le digérer.

RUMINANT.

8. *RIT, RITH, RET, RAT,* mot Celt. qui signifie passage de riviere, gué. Gall. *RHYDD,* gué, basses, bas-fonds ; de-là

RAT, endroit de mer où il y a quelque courant rapide & dangereux.

9. ENROMANT, ERRAUMENT, *vieux Fr.* vîte, incontinent ; en Celt. *ROM,* qui coule rapidement ; en Galibi, *Eremè,* sur le champ.

10. RYTHME, mot venu des Grecs, & qui signifioit mesure des vers, maniere dont ils coulent : de-là vint sans doute le mot

RIME, chute de nos vers, qui s'accordent à cet égard de deux en deux.

RIMER, RIMEUR, RIMAILLEUR, &c.

11. RESINE, liqueur grasse & onctueuse qui distille des arbres à resine.

RESINEUX, arbre à resine.

III.

Objets relatifs à l'eau, &c.

1. ROSÉE, eau qui tombe sur la terre pendant la nuit, après s'être élevée de la terre en vapeurs.

ARROSER, jetter de l'eau sur les plantes desséchées par la chaleur.

ARROSOIR, ARROSEMENT.

2. ROSEAU, Jonc qui croît dans l'eau, & qui en prend son nom.

3. ROUIR, tenir du Chanvre dans l'eau pour l'amollir.

RUTOIRE, ROTIERE, lieu plein d'eau où on met rouir du chanvre.

4. REN, en Celt. courant d'eau : en Theut. *RINNEN,* & en une foule d'autres Langues : De-là

RANDON, *vieux Fr.* vitesse, célérité ; *s'enfuir à grand randon.*

RANDONNÉE, course que les Chasseurs font après la bête qu'ils chassent.

RANDONNER, s'enfuir rapidement.

RANGIER, RENNE, espéce de Cerf qui va très-vîte.

5. REINS, du Lat. *REN,* le Rein, partie du corps qui renferme les rognons. Les Reins sont appellés ainsi, parce qu'ils sont comme des canaux à travers lesquels se filtre l'urine.

EREINTÉ.

6. De RE, couler, vinrent l'Angl. RAIN, & l'All. REGEN, pluie. Ce dernier se joignant à l'ancien mot COTTE, manteau, a fait

REDINGOTE, manteau contre la pluie.

7. Rinser, jetter de l'eau propre sur une chose déja lavée, pour achever de la nettoyer. Du Celt. RIN, propre, net, transparent ; propriété de l'eau qui coule. Cette Étymologie anéantit celle de MENAGE.

8. RUE, chemin pavé entre les maisons

sons d'une Ville, & qui sert pour se transporter d'un lieu à un autre; de RE, RU, courir.

RUELLE, petite rue, passage étroit.

RUIER, en Flam. qui a la jurisdiction des chemins, des rues.

9. ROBINET d'une fontaine, canal qu'on ouvre & qu'on ferme à volonté, & par lequel on tire de l'eau.

MENAGE & nos autres Étymologistes n'ont su d'où venoit ce nom. Ils ignoroient qu'on appelloit autrefois ROBINE, ROBINA, un canal de riviere qu'on ouvroit & fermoit à volonté ; nom fort en usage dans le Languedoc. Robinet est une petite Robine, ou Rubine.

Ce mot paroît appartenir à RU, ruisseau : il en sera un diminutif.

IV.
Courses, expéditions.

1. RESE, vieux-Fr. REISA, Lat.-B. excursion militaire.

All. REISE, voyage, excursion, course.

REISTRES, vieux-Fr. nom qu'on donnoit aux Cavaliers Allemands ; de l'All. REUTTER, Cavalier.

RIDDE, monnoie Flamande, qui étoit ainsi appellée parce qu'on y voyoit un Chevalier armé de toutes piéces, l'épée au poing, sur un Coursier bardé & galopant.

ROSSE, ROSSINANTE, cheval foible, & de peu de valeur : All. Ross,
un Cheval : mot qui peut tenir au Saxon HORS, Cheval.

3. RIXE, dispute, querelle, guerre, Lat. RIXA; Celt. RHYS, guerre : de la même famille que RESE, expédition militaire.

V.
Rapidité, fureur.

1. RAPIDE, terrein en pente, roide ; 2°. objet qui coule ou qui s'avance avec vîtesse.

RAPIDEMENT, RAPIDITÉ.

2. RAGAS, vieux-Fr. & dans diverses Prov. Angl. Gr. &c. inondation, torrent impétueux.

RA, RAG, Celt. impétueux.

3. RAGE, Lat. RABies, transport, fureur.

VI.
Etendue, Abri, Rideau.

1. RADE, lieu propre à jetter l'ancre, à mettre un vaisseau à l'abri. Angl. Road.

RADER, se mettre à la rade, Angl. To RIDE at anchor.

2. RADEAU, vieux Fr. abri.

Ce mot tient à RAT, gué, lieu où il y a peu d'eau & où on est en sûreté.

3. RADEAU, Lat. RATis, piéces de bois liées ensemble, de façon à pouvoir traverser les Fleuves : Ce mot tient également à RAT, gué, passage de riviere.

4. RIDE, replis de la peau trop éten-

due. Gr. *Rhytis*. Lat. RUGA.

RIDER, faire venir des rides.

5. RIDEAU, Étoffe tendue pour arrêter la vue; 2° côteau qui borne la vue. Or. רדד, *Radd*, étendre, couvrir, רדיד, *Redid*, voile, manteau, rideau.

On voit ici dans *Rhytis* & *Ruga*, T changé par les Latins en G, à leur maniere.

VII.
Autres DÉRIVÉS.

1. RABLE, fourniment des reins, le train de derriere, en parlant du lièvre, &c. *Rabo*, en Espagnol, signifie queue. Ménage dit que RAPUM signifie la même chose en Latin.

RABE signifioit en *vx. Fr.* le gras de la jambe : & RABACHE, caleçons, culottes, ce qui couvre les reins & les cuisses.

2. RABLE, ROUABLE, outil de fer à manche de bois, dont les Boulangers se servent pour remuer les tisons.

Lat. RUTabulum : en Messin, RAUILLE.

3. RICOCHET, sauts qu'on fait faire à une pierre lisse & plate, en la faisant glisser avec force sur la surface de l'eau.

De OCH, élevé, & du Celt. RICQ, glisser, en Irl. REIG, glissant, Bas-Br. RICQLA, glisser, & RISCA, RICQLUS, glissant, *mot-à-mot*, qui glisse en bondissant.

4. RISQUE, vient de la même famille; *Risqueux* est synonyme de *glissant*.

5. RADOTER, rêver, extravaguer.

RADOTAGE, RADOTERIE.

RADOTEUR.

L'origine de ce mot est inconnue. L'Anglois dit : *to* DOTE, rêver; *doting*, rêverie ; mais il n'est pas sûr que *radoter* en vienne.

En *vieux Fr.* REDDER, signifioit rêver en dormant ; *Radoter* en seroit-il un diminutif? Peut-être de *rad*, dire ; Irl. *raidim*.

R
Désignant le Roulement.
I.

1. ROUE, Lat. ROTA, Celt. *Rhod*, Theut. RAD.

ROUAGE, ROUER.

ROUET, instrument à roue.

ROUELLE, tranche coupée en rond.

2. ROTULE, Lat. ROTULA, os cartilagineux rond & large qui forme le mouvement du genou.

3. ROTATEUR, muscle circulaire qui sert à mouvoir l'œil.

4. ROTE, Lat. ROTA, Tribunal de la Cour de Rome, dont la Salle est pavée de carreaux qui représentent des Roues.

5. RODER, aller çà & là en faisant des tours & détours.

RODEUR.

6. ROULER ; 1°. se mouvoir en rond ; 2°. plier en rond : *au fig.*

considérer, méditer.

ROULANT.

ROULEAU, chose faite ou tournée en rond.

ROULEMENT, bruit d'une chose qui roule; 2°. mouvement en rond.

ROULADE, roulement de la voix; *en musique*.

ROULAGE, action de rouler, facilité de rouler.

ROULIER, Voiturier de marchandises.

ROULETTE, petite roue.

ROULIS, agitation d'un Vaisseau que le vent fait rouler sur les flots.

ROULON, piéce de bois travaillée en rond.

II.

RÔLE, autrefois ROOLE, du Lat.-B. *Rotulum*, régistre qu'on roule en rond comme les anciens manuscrits; 2°. ce que chaque Acteur doit faire ou réciter dans la représentation d'une Piéce de Théâtre; chaque Acteur a son rouleau, son rôle à part pour l'apprendre & pour le jouer; 3°. maniere dont chaque homme représente dans le monde; 4°. Feuille d'écriture, *en terme de Pratique*.

RÔLER, écrire des rôles.

ENRÔLER, en Anjou ENRÔTULER, coucher sur les Régistres, enrégistrer dans le catalogue de ceux qui forment le corps où l'on se réunit.

ENRÔLEMENT, ENRÔLEUR.

III.

1. ROTONDE, Bâtiment en rond.

ROTONDITÉ, qualité d'un corps rond.

2. ROND, Lat. *ROTUNDUS*, tout ce qui est en cercle; *au fig.* qui va rondement.

RONDEUR, figure ronde.

RONDELET, un peu rond.

3. RONDIN, bâton rond.

RONDINER, *vieux-Fr.* donner des coups de rondin, de bâton.

4. RONDACHE, RONDELLE, *vieux-Fr.* Boucliers ronds.

5. RONDEAU, petit Poëme composé de couplets finissant par les mêmes mots qui commencent le Poëme.

6. RONDE, inspection qu'on fait en parcourant une enceinte.

A LA RONDE, tout-au-tour.

RONDEMENT, en rond, *au fig.* franchement.

ARRONDIR, donner une forme ronde.

ARRONDISSEMENT.

IV.

ROUTE, chemin. Ce mot peut venir ou de RO, rouler, chemin des chariots; ou du Celte *RHOD*, aller, marcher; & nullement de *Rupta*, rompu. C'est un mot Celte & non Latin.

ROUTIER, qui connoît les routes, expérimenté; 2°. Livre de routes.

ROUTINE, habitude, connoissance

acquife par la pratique feule; chemin battu.

ROUTINIER, qui n'a que la routine.

DÉROUTER, faire perdre à quelqu'un fa route.

V.

ECROUE; 1°. une vis; 2°. trou dans lequel on fait tourner la vis; 3°. rôles de la dépenfe: 4°. rôles que les Receveurs des Tailles & des Amendes de Juftice délivrent aux Sergens pour faire rentrer ces deniers; 5°. acte d'emprifonnement, ainfi que de delivrance d'une perfonne, pour la décharge du Concierge, &c.

Dans les deux premiers fens, ce mot tient à l'Allemand *Schraube* une vis; en Anglois *Screw*.

Dans les trois autres fens, il ne vient pas de *fcribere*, écrire, comme l'a cru Ménage; mais de ROTUlus, rouleau, rôle, comme l'a bien vu LE DUCHAT.

Il en vient également dans les deux premiers fens, parce que les Theutons & Anglo-Sax. ayant ajouté à leur mode C à la tête de *rew*, *rau*, roue, rôle, ce qui fit *crew*, *crau*, le firent encore précéder de ce S qui fe met fans ceffe à la tête des mots; d'où *Sc-rew*, *Sch-raube*, vis.

ROB,

Force, Valeur, Biens.

ROBUSTE, Lat. ROBUSTUS, vigoureux, fort.

ROBORATIF, qui fortifie.

CORROBORER, donner de la force, augmenter les forces.

Cette famille vient du Celt. ROB, biens; en Orient. רהב, Rheb, fortifier. Lat. ROBur, force.

2°. CHÊNE.

Lat. ROBUR, Chêne.

Celt. ROVE: c'eft le plus grand & le plus dur des arbres.

ROUVRE, & ROURE, efpéce de Chêne.

3°. HABITS.

1. ROB, Celt. biens; héritage, poffeffion: ce qu'on tient. RAUBA, (*Formules de* MARCULFE) biens, facultés. Lat. B. ROPA, ameublemens.

ROBE, habit.

2. ROBIN, fobriquet des gens de robe.

3. ROUPILLE, petit manteau, petite cafaque, diminutif de *Robe*: Efp. ROPILLA.

4. DÉROBER, enfever les biens, le rob de quelqu'un. Lat. B. ROBARE. All. RAUBen.

ROC,

Elevé.

ROC, eft un mot Celt., qui fignifie haut, élevé, au phyfique & au moral & qui forme relativement a ces fens diverfes familles.

Roc, ROCHE, ROCHER, pierres dures & élevées.

ROCAILLE, cailloux & coquillages

dont on tapiſſe les grottes.

Rocailleur, qui tapiſſe en rocaille.

2. En Ital. & en Orient. Roc, Rocca, ſignifie une Tour, une Citadelle, parce qu'elles ſe conſtruiſent ſur des rochers : de-là nos mots

Roquer, au jeu des Echecs, changer la Tour de place.

Rocantin, vieux Soldat qui ne peut plus ſervir qu'à faire la garde dans des *Rocca*, des Citadelles.

3. Rogue, fier, dédaigneux.

Arrogant.

Arrogance.

4. Riche, qui a de grands biens ; *adj.* 1°. abondant ; 2°. grand, élevé ; 3°. magnifique, couteux, orné.

Richesses, Richement.

Richard.

Du Celt. Rich, Ric, fort, puiſſant, abondant, élevé.

Orient. רכש, *ReKaſh*, amaſſer de grands biens, s'enrichir ; *RIK*, force.

Enrichir, s'Enrichir.

5. Rixdale, monnoie d'argent d'Allemagne ; de *Reich*, gros, & *Daler*, ou *Thaler*, Ecu.

RAC, RAG,

Petit, oppoſé à ROC.

RAC, RAG, mot oppoſé à Roc, qui a déſigné l'idée de petit dans tous les ſens, & d'où ſont venus,

1. Racaille, la lie du Peuple, gens de néant ; en Bas-Br. *Ragailh* & *Rataïlh* ; en Hebr. *RACA*.

En Ital. *RAGAZZO*, garçon, jeune homme ; mot dont l'étymologie étoit inconnue.

2. Regratier, *en Bas-Br.* Ragater, qui vend à petites meſures.

3. Ragot, trapu, court ; 2°. cheval à jambes courtes & large de croupe : d'où

Ragotin, le Héros du Roman comique, & qui étoit un petit homme trapu.

4. Bas-B. Ragna, couper, retrancher ; d'où

Rogner, Rognure.

Comme C & T ſe ſont mis ſans ceſſe l'un pour l'autre, il eſt apparent que de *Rac*, petit, vinrent nos mots :

1. Ratatiné, ſec, ridé, qui ne peut grandir.

2. Rat, Souris ; Raton.

Ratiére.

RAM, élevé.

I.

De Ram, élevé, mot primit. & Celt. vinrent le Lat. *RAMUS* & les mots ſuivans :

1. Rameau,
Rain, *vx.-Fr.* } branche d'arbre.
Rinceau, *vx. Fr.*

Ramille, menu bois coupé dans une forêt.

2. Ramasse, eſpéce de chaiſes à porteurs, découvertes, compoſées de branches d'arbres, & dont on ſe

servoit dans les Alpes pour les voyageurs en tems de neiges.

3. RAMIFICATION, division par branches.

4. RAME, aviron, Lat. *REMUS*, branche d'arbre pour naviger ; 2°. vingt mains de papier.

RAMER, RAMEUR.

REMOLAR, Officier qui a soin des rames d'une Galere.

5. RAMEUX.

RAMÉE, branchages.

6. RAMIER, Pigeon sauvage qui se repose sur les branches d'arbres.

RAMEREAU, jeune Ramier.

7. RAIME, RAMEQUIN, dans l'origine, gâteau cuit sur des branches en place de gril.

8. RAIMBRE, *vieux-Fr.* replanter.

9. RAMBERGE, berge, ou bateau à rames. *Sentir la ramberge*, en parlant de pommes venues par bateau.

10. RAMON, *vieux-Fr.* balai.

RAMONER, balayer une cheminée, la nettoyer avec des branches de balai.

RAMONEUR.

11. RAMAGE, chant des Oiseaux sur des branches d'arbres ; 2°. dessin imitant des branchages.

12. RAINCEAU, bouquet, branche de fleurs ; 2°. danse, bal, parce qu'on y alloit paré de fleurs.

II.

1. RANÇON, *vieux-Fr.* espéce d'arme, arme à long fust & en forme de serpe.

Ital. *RONCONE*, serpe, petite faulx.

Lat. *RUNCINA*, instrument à extirper, à couper.

Gr. *Rukané*.

RONCE, arbrisseau armé d'épines.

2. RANCHIER, *en blason*, fer d'une faulx.

3. RANCHE, chevilles de bois en échelon.

RANCHER, longue piéce de bois qu'on garnit de ranches.

III.

RAISIN, Lat. *RACEMUS*, Gr. *Rax*, Génit. *Ragos*, grain, grape, branche qu'on arrache.

RAISINÉ, confiture avec du raisin.

IV.

RANG, ordre ; suite par ordre de plusieurs objets de la même nature ; choses en file.

RANGÉE, RANGÉ, RANGER.

ARRANGER, ARRANGEMENT,

DÉRANGER.

Du Celt. RANC, RANCQ, ordre, arrangement. Mot formé de RANN, RHAN, partie, partage.

RAN, morceau, fragment.

Ils tiennent tous à RAM, branche.

ROU, RU, Rouge.

ROU, RU, mot primitif qui désigne la couleur la plus élevée, la plus vive, la premiere dans l'arc-en-ciel & dans la Nature : de-là,

1. ROUGE, ROUGEÂTRE.

ROUGEUR, ROUGIR.
ROUGEAU.
ROUGE-GORGE.
ROUGE-QUEUE. } Noms d'oiseaux.
ROUGET, nom d'un Poisson.
2. ROUX, rougeâtre, couleur de feu.
ROUSSÂTRE, ROUSSEAU.
ROUSSEUR, taches de rousseur.
ROUSSELET, nom d'une poire.
ROUSSETTE, oiseau brun-tacheté.
ROUSSI, odeur d'une chose brûlée.
ROUSSIR, rendre roux en faisant trop chauffer.
3. ROSE, fleur d'un beau rouge.
ROSIER.
ROSERAIE, lieu planté de Roses.
ROSAT, liqueur à la Rose.

II.

1. ROUGEOLE, maladie où l'on est couvert de pustules rouges.
2. ROMARIN, plante appellée en Latin *ROS-MARINUS*, Rose de mer.
3. ROSAIRE, 1°. chapeau de roses, guirlande ; 2°. chapelet, à cause de sa ressemblance avec une pareille guirlande.
4. ROSETTE, cuivre rouge.
5. ROUPIE, RUBIENNE, nom du Rouge-gorge dans quelques Provinces.
6. ROUILLE, Lat. *RUBIGO*.
ROUILLER, se ROUILLER.
7. RISSOLER, cuire une viande, un gâteau, &c. de maniere qu'il en résulte une couleur dorée.
8. RIBES, groseilles rouges, *en terme d'Apothicaire*.

III.

1. RUBAN, *mot à-mot*, bande rouge.
RUBANIER, RUBANERIE.
2. RUBI, pierre précieuse de couleur rouge.
3. RUBRIQUE, terre rouge ; 2°. mots en lettres rouges qui servent à diriger dans les Livres de pratique ; 3°. *au fig.* la pratique.
4. RUBICOND, vermeil, haut en couleur.

IV.

RÔTIR, faire cuire devant le feu ; 2°. brûler, griller.
RÔT, ROST, viande rôtie.
RÔTIE, tranche de pain grillée & qu'on trempe dans du vin, &c.
RÔTISSEUR, ROTISSERIE.
Celt. *RHOST*, rôti.
Ital. *Arrostire*, rôtir.
All. *Rosten*, cuire sur le gril.
Hongr. *Rostely*, gril; All. *Rosch*.
Vandale *Rost*, &c.

RO,

Désignant la lumiere, un guide, &c.

Le caractère O désignoit l'œil & la lumiere ; c'est une vérité qui n'a plus besoin de preuve : & le caractère R désignoit l'élévation. Ces deux caractères réunis signifierent donc nécessairement la lumiere élevée, tout flambeau élevé pour éclairer, pour diriger, &c.

De-là Or, le Soleil, & Ro, rayon, guide, Roi. Nous avons déjà vu la famille d'Or; nous allons parcourir celle de Ro qui est immense, soit qu'on la prononce RO, ROH, ROCH, ROI, REY, RAI, ou qu'en y ajoutant une consonne finale, on en ait fait RED, RAD, REG, &c.

I.

RAI, Rayon.

1. RADIEUX, étincellant, rayonnant. Lat. RADIOSUS ; de RO, éclairer, briller.

RADIATION, production de rayons.

RADIÉ, dont les feuilles sont disposées en forme de rayons.

RADIOMÈTRE, instrument pour observer la hauteur des astres.

RAIS, rayon.

RAYON, éclat qui vient d'un corps lumineux ; 2°. lignes qui partent d'un centre.

RAYONNANT, RAYONNER.

2. RAIE, ligne droite comme un rayon.

RAYER, tracer des lignes ; 2°. effacer, raturer.

RADIATION, action d'effacer, de raturer.

ENRAYER, arrêter la roue d'un char, afin qu'il roule moins vîte.

3. RAILLÉ, ridé ; les rides sont des espèces de raies, de rayons.

ÉRAILLÉ.

RÉONNER, planter des arbres, une vigne, &c. en rayons.

RIPLÉ, bigaré, peint en raies.

II.

RAI, chose.

De RO les Orientaux firent RO, Rhé, voir, d'où les Latins dérivèrent RE, à l'Abl. RES au nomin. CHOSE, mot-à-mot, Objet vu ; existant : d'où

RÉEL, ce qui existe ; 2°. vrai, essentiel.

RÉALITÉ, qualité de ce qui existe.

RÉELLEMENT, vraiment, effectivement.

RIEN, du Lat. REM, chose : on en a fait un adverbe qui signifie chose aucune.

III.

Raison.

1. RAISON, Lat. RATIO. On peut définir ce mot, la perception du vrai, la connoissance qu'on en a. Elle fait la gloire & l'essence de l'Homme, parce que lui seul peut, par ce moyen, s'élever au-dessus de cette foule prodigieuse d'apparences dont il est environné. C'est le fil qui lui est donné pour ne pas se perdre dans ce labyrinthe.

RAISONNABLE, qui écoute & qui suit la raison.

RAISONNER, considérer, discuter, réfléchir, peser le pour & le contre.

RAISONNEMENT.

RAISONNEUR, RAISONNEUSE.

DERAISONNER.

2. RATIONEL, quantité connue.

RATIOCINATION, faculté de raisonner,

ner, *en terme de Logique.*
De-là le mot Lat. *RATus*, arrêté, déterminé, approuvé; d'où nos mots
3. RATIFIER, RATIFICATION.
4. RATER, manquer, ne pas réussir; peut-être de *ratus*, cru.
RATION, portion déterminée, arrêtée, fixée.
PRO-RATA, proportionément à ce dont on est convenu.

IV.

1. ROI, Lat. *REX*, Or. רעה, *Rhoe*, Pasteur, Conducteur, Chef.
ROYAL, ROYALEMENT.
ROYAUME, ROYAUTÉ.
VICE-ROI, ROITELET.
REINE, *autrefois* ROINE.
REINETTE, la reine des pommes.
2. RÉGNE, tems qu'un Roi a régné; 2°. empire, domination.
REGNER, REGNANT.
INTERREGNE, intervalle de tems entre deux Rois.
REGNICOLE, Habitant d'un Royaume.
3. REGULE, *mot-à-mot*, petit Roi; terme de Chymie.
4. RÉGIR, gouverner, diriger.
RÉGIE, direction.
RÉGIME, maniere de gouverner; 2°. de vivre.
RÉGION, pays régi.
5. RÉGIMENT, Troupes commandées par un seul Chef appellé Colonel.
6. RÉGENCE, Administration par intérim pendant une minorité, &c.
RÉGENT, RÉGENTER.

7. REGALE, droit du Roi sur les Bénéfices, &c.
8. REALE, sorte de monnoie Espagnole, *mot-à-mot*, la Royale.

V.

1. REGLE, tout ce qui dirige, *au physique & au moral.*
RIEULE, *vieux Fr.* régle.
RÉGLÉ, ordonné, établi, régulier, &c.
RÉGLER, mettre en ordre, prescrire, &c.
RÉGLEMENT, Ordonnance.
2. REGLET, regle de bois.
REGLETTE, autre espéce de régle de bois.
RÉGLEUR, qui régle le papier, qui tire des lignes à la régle.
RÉGLOIR, instrument à régler.

VI.

1. RECTEUR, chef d'un Corps.
RECTORAT.
2. RECTITUDE, droiture.
RECTIFIER, redresser.
3. RECTANGLE, figure à angles droits.
RECTILIGNE, figure en lignes droites.

COMPOSÉS.

1. COR-RECT, sans fautes, sans erreurs.
CORRIGER, redresser, réparer.
INCORRECT, INCORRIGIBLE.
2. DRESSER, *au simple & au fig.* rendre droit; 2°. élever; 3°. instruire, &c.
DROIT, qui n'est point courbé: *au simple & au fig.*
DROITURE, équité, sincérité.

REDRESSER, rétablir ce qui panchoit, qui alloit de travers.

ADRESSER, envoyer directement.

ADROIT, habile à exécuter.

ADRESSE ; 1°. qualité de celui qui est adroit ; 2°. indication pour ce qu'on envoye.

ENDROIT, le bon côté ; 2°. lieu, place.

3. ÉRIGER, dresser un monument, former un établissement.

4. DIRIGER, conduire, servir de conducteur.

DIRECTION, administration.

DIRECTEUR, DIRECTRICE.

DIRECTEMENT, en ligne directe, en droiture.

VII.

Du Celt. REIH, ordre, arrangement, vint la famille Françoise,

1. ARROI, ordre, arrangement, la belle ordonnance d'une armée, d'un Tout : mot dont l'origine étoit inconnue, & d'où vinrent

ARRÉ, vieux Fr. équipé.

ARRÉANCHE, ordre, disposition.

Lat.-B. Arraiare, arranger, équiper.

Arraiatio, ordre, disposition.

ARRAIOUR, en Anglois du 14e. siécle, Maréchal-de-Camp.

Arraizus, Lat.-B. Sergent de bataille.

Ital. Arredo, Arroi.

2. DESARROI, dérangement, désordre.

DESROI, vieux Fr. dérangement, confusion.

DESROYER, mettre hors du bon chemin.

3. RIT, ceremonie sacrée, usages sacrés.

RITUEL, Livre qui sert à diriger les Cérémonies sacrées ; du Celt. REIZ, ordre, usage.

VIII.

1. RETS, ouvrage à mailles, en forme d'œil.

RAISOIR, vieux Fr. ouvrage à réseau, tissu.

RÉSEAU, tissu de fil ou de soie.

2. RATINE, étoffe tissue en laine.

RETINE, réseau formé par le nerf optique & qui fait le fond de l'œil.

3. RARE, Lat. RARUS, clair semé ; 2°. peu épais ; 3°. peu commun, qui ne se trouve pas souvent.

Ce mot vient du primitif RA, RO, voir : c'est ce mot même répeté : en effet, on voit à travers une forêt clair semée, à travers une étoffe peu serrée : de-là

RARETÉ, RAREMENT.

RARÉFIER, rendre moins épais.

RARÉFACTION, état de l'air ou des vapeurs dilatées, devenues moins épaisses.

RA

Racine.

RA est un mot primitif qui désigna toute idée de racine ; 1°. les productions de la terre qui portent les noms génériques de Racines, Radix, Raves; 2°. les tiges par lesquelles toute production de la terre tient à sa mere nourriciere; 3°. toute origine, toute tige ou souche de Peuples & de familles, &c.

I.

1. RACINE, partie chevelue, par laquelle les plantes & les arbres tiennent à la terre.
2°. Nom de diverses plantes.
3°. Tout ce qui rend un corps adhérent à un autre.
4°. Mot qui est la source de plusieurs autres.

RACINER, teindre avec des racines.

2. ENRACINÉ, qui tient par de profondes racines: *au simple & au figuré.*

3. DÉRACINER, arracher, extirper.

De RA, racine, vint le Latin *RADIX*, racine, dont nous avons fait

4. RADICAL, ce qui a rapport à la racine des choses, ce qui en fait le fondement.

RADICALEMENT, entiérement, jusqu'à la racine.

5. RADIX, espéce de racine bonne à manger.

II.

De RA, les Orientaux firent RAA, RAI, nom d'une racine par excellence que les Latins appellerent *RHA-Barbarum*, Racine des Peuples barbares. Nous avons dénaturé ce mot dans

1. RUBARBE, racine médicinale.

Du mot RAI, rave, nous avons fait également

2. RAI-FORT, racine dont le goût est piquant.

3. RAPONTIC, racine qui venoit d'au-delà des mers ou de l'Orient: de *RA*, racine & *Ponticus*, marin.

III

RAVE, espéce de racine bonne à manger. Lat. *RAPUM, RAPA*; Gr. *RAPUS*, Celt. RAB, RABES, RAIB, & en plusieurs autres Langues.

Le Syr. *RAPHAN*, le Gr. *RAPHANOS*, désignent aussi une espéce de rave.

RAVIERE, lieu planté en raves.

RÉPONSE, Lat. *RAPunculus*, espéce de petite racine qu'on mange en salade: il y en a de deux sortes.

IV.

RACE, Ital. *RAZZA*, lignée, descendance, famille.

R E,
Préposition initiale.

R, marquant le mouvement, servit sans peine à marquer le mouvement réitéré, le retour, la réitération d'une chose: de-là une multitude de composés, entre lesquels ceux-ci sont dignes de remarque.

R E, suivi de B.

RAAMBRER, *vieux Fr.* racheter; du Lat. *RE-DIMERE*, altéré en *re-*

demre, redembrer, réembrer, raambrer.

RABAT, colet : il se rabattoit sur les épaules.

RABATTRE, rabaisser ; 2°. diminuer du prix, de l'estime, &c.

REBOURS, REBROUSSER ; de *BURRUS*, brosse.

REBUFFADE, paroles rudes qui repoussent : il ne vient pas de *buffe*, soufflet sur la joue, comme l'a cru Ménage : mais de *buffa*, souffle.

REBUT, REBUTER, du Lat.-Barb. *repultare*, & puis *repulsare*, repousser.

R E, suivi de C.

RACHAT, de RE & *achat*.

RÉCENT, RÉCEMMENT ; du Latin *RECENS*, formé de *CAN*, éclat ; qui a tout son éclat, qui est frais.

RÉCITER, Lat. *RECITARE* : de *CITARE*, citer, & RE, de nouveau.

RÉCITATEUR, RÉCITATION.

RÉCIT, RÉCITATIF.

RECEPER, de *CAP*, tête : couper entiérement la tête d'un arbre.

RÉCHAUD, instrument de fer servant à chauffer : de *chaud*, Lat. *Caldus*.

RÉCISION, acte du Prince qui casse quelqu'acte particulier.

RECLAMPER, *en terme de marine*, raccommoder. Celt. *CLAMP*, bloc, masse.

RECOLER les témoins, relire aux témoins ce qu'ils ont déposé pour voir s'ils y persistent. Lat. *Recolere*, revoir, repasser.

RECORDER, se rappeller, se ressouvenir : du mot CŒUR, désignant la mémoire.

RECORDS, ceux qui accompagnent les Sergens, les Huissiers, &c. parce qu'ils furent destinés à *recorder*, à rappeller ce qu'ils avoient vu.

R E D.

REDACTION, REDIGER : *d'ago*, agir.

RÉDEMPTEUR, RÉDEMPTION ; RANÇON ; de *Redimere*, racheter.

REDOUTE, ouvrage destiné à fortifier des retranchemens ; du Lat. *Reductus* ; en Ital. *RIDOTTO* ; d'où RÉDUIT.

R E F.

RÉFECTOIRE, RÉFECTION ; du Lat. *reficere*, refaire.

REFROIDI & REFRIGERATIF ; de *FRIGUS*, froid.

REFREIN, retour des mêmes paroles à la fin de chaque couplet : du mot *frein*, désignant la pause, la suspension ; & la désignant comme étant toujours la même.

RÉFROGNÉ, rechigné, chagrin ; qui fait une mine rechignée, de mauvaise humeur : mot composé de *front* ; contracter son front.

REFUSER, du Lat. *REFUTARE*, qui signifia la même chose selon FESTUS & selon les anciennes Gloses,

RÉFUTER, & RÉFUTATION, viennent du même mot.

REG.

REGAIN, le second foin : en Italien GUAIME ; de *gain, haim hoeim*, foin.

REGAL, REGALER ; de GAL, plaisir, fête.

REGIMBER, repousser du pied, résister ; de GAMBA, Jambe.

REGISTRE, du Lat. REGESTA, livre où l'on inscrit les choses *faites*, arrêtées. Le second R est ici ajouté à la manière Françoise.

ENREGISTRER.

REGRETTER, revenir sur le passé ; de *gradiri*, aller.

REL-REN, &c.

Tous empruntés du Latin.

RELANT, mauvais goût, odeur désagréable ; du Lat. *redolens* : la syllabe *de, do*, des mots Latins, se supprime souvent en François ; ainsi de *Radegundis* on a fait Ragonde & Regonde.

RELIEF, restes de mets, ne vient pas de *reliquiæ*, mais de *Re-levatæ*, choses levées, desservies.

REMERÉ, droit de rachat ; de *redimere*.

RELIGION, Lat. RELIGIO ; de *ligare*, lier.

RELIGIEUX ; IRRELIGION.

RELIQUES, du Lat. RELIQUIÆ, composé de LIQ', laisser.

RELIURE, RELIER, RELIEUR ; de LIER.

RENDRE, du Lat. REDDO, formé de DO, donner.

REDDITION.

RENDEZ-VOUS.

RENTE, Lat. REDDITUS ; ARRENTER.

RIERE, EN ARRIERE, ARRIERÉ ; du Latin RETRO, en arriere, formé de RE, & de *tra, tro*, à travers.

RESSIFS, écueils, bancs contre lesquels la mer se brise ; du Lat. *cisus*, brisé, taillé.

MOTS FRANÇOIS NÉS DES LANGUES SAVANTES.

1°. DU LATIN.

ROMAN, Langue Romance ; ROMANCE, ROMANESQUE, Ecrits en Langue Romaine, dans cette Langue altérée de la Latine, & qu'on parloit en France après la conquête des Francs.

2°. DU GREC.

RAPSODIE, RAPSAUDER ; du Grec RAPSÓ, coudre.

REGLISSE, de *Glukus & Rhiza*, mot-à-mot, racine douce, douceâtre.

RENARD ; de RIN, nez ; finesse de nez.

RINOCEROS ; du Grec, *RIN*, nez, & *keras*, corne ; *mot-à-mot*, Nez-Cornu.

3°. *Des Langues* ORIENTALES.

1. RABBIN, Or. *RABBI*, Maître. RABBINAGE, RABBINISME, &c.

2. RAMAZAM, Carême ou jeûne des Mahométans, parce qu'il arrive dans le mois appellé *Ramazam*, qui est leur neuviéme mois, & qui répondoit au mois de Juin dans l'ancienne année des Arabes : aussi le nom de ce mois signifie dans la Langue de ce peuple, *Saison brûlante*, Soleil ardent, l'été. Il n'est donc pas étonnant que dans ce mois brûlant les Arabes dormissent le jour & mangeassent la nuit : principe d'après lequel est institué leur Carême.

3. RECAMER, *vx-Fr.* RECAMAR, It. broder à l'aiguille ; en Hebr. & en Arab רקם, *ReKaM*, signifie la même chose : ce mot vint des Peuples les plus anciens de l'Asie, inventeurs de cet Art.

4. REBEC, instrument de musique ; *vieux-Fr.* REBEL ; Esp. RABEL ; It. RIBEBBA ; Arab. REBAB, رباب.

5. RIS, plante dont on fait dans plusieurs Pays sa principale nourriture ; Gr. & Lat. ORYZA ; Ital. RISO ; Esp. AROZ ; Syr. ROUZA, &c.

6. ROB, suc des fruits dépurés & cuits jusqu'à la diminution des deux tiers ; de l'Arabe رب ROB.

7. ROQUETTE, plante qu'on mange en salade ; 2°. Plante de Syrie qu'on réduit en poudre, & dont on se sert pour faire le savon & le verre.

En Lat. ERUCA ; Ital. RUCHETTA, Esp. RUQUETA.

Ce nom paroît tenir à l'Oriental ירק, *IREK* ; ירוק, *IRUK* ; verdure, herbe verte.

RO.

8. ROGATIONS, *vieux-Fr.* ROUAISONS ; du Verbe ROGARE, demander, supplier : & du même vinrent,

INTERROGER, INTERROGATION.

ABROGER, ABROGATION, *mot-à-mot*, demander la suppression d'une Loi.

S'ARROGER, *mot-à-mot*, demander pour soi quelque droit ; s'attribuer.

DÉROGER, abolir en partie, contrevenir à une Loi par une autre.

PROROGER, accorder un plus long terme.

PROROGATION.

SUBROGER, mettre à la place, substituer.

SUBROGATION.

PRÉROGATIVE, Prééminence, droit particulier & distinctif.

De l'Orient רג, *RaG*, émotion, désir ; 2°. désirer, rechercher ; en Gr. ORGhé, inclination, étude ; ORGaein, désirer ardemment.

9. RURAL, Rustre, Rustique ; du Lat. RUS, les champs ; de l'Orient,

רעה, *Roh*; champ, terre nourriciere; 2°. paître.

10. RUSE, finesse, malice adroite.
Rusé, fin.
Ruser.

Ce mot a embarrassé tous nos Etymologistes. On voit dans le Supplém. à Du Cange, Vol. III. Art. *Rusare*, que ce dernier mot signifioit *hanter*, *fréquenter*, & qu'on le prononçoit aussi RURER en François; qu'il signifioit de plus, 2°. se tirer un peu à l'écart, se ranger; 3°. se tirer de côté, s'écarter par finesse, par jeu; & 4°. même les jeux & les chansons, *en maniere de moquerie ou de dérision*.

Il vient donc du Lat. *Rus*, abl. *Rure*, champ, canton, terre qu'on cultive.

MOTS FRANÇOIS VENUS DU CELTE.

S

Dans les Alphabets anciens & modernes, la Lettre S est placée entre R & T ; & ce qui est encore plus digne de remarque, elle s'est sans cesse substituée à ces deux Lettres.

Comme elle est sifflante, elle est devenue la racine de tous les mots sifflans, qui, comme autant d'onomatopées, peignent tous les sons sifflans que fait entendre la Nature.

Elle s'est sans cesse substituée aux sons X, CH, sch, qui tous participent du son sifflant.

On s'en est également servi pour remplacer l'aspiration H.

Elle s'ajoute continuellement à la tête des mots pour en rendre la prononciation plus coulante & plus sonore.

Elle s'est ainsi entée sur une multitude prodigieuse de familles de toute espéce : & comme on lui a attribué tous les mots qu'elle s'approprioit ainsi, elle s'est grossie aux dépens de toutes les autres Lettres & de toutes ces familles.

Il n'est donc pas étonnant qu'on n'ait pu la suivre à travers des métamorphoses aussi nombreuses, aussi variées, aussi difficiles à reconnoître, & que les Étymologistes n'aient fait, en quelque sorte, que balbutier sur les mots formés de cette Lettre, ou dans la composition desquels elle est entrée.

ONOMATOPÉES.

I.

Du son sifflant S, les Celtes firent SI, qui signifie bruit, éclat, sifflement, murmure.

Les Latins en firent SIBilare, dont vinrent,

SIFLER, rendre un bruit aigu.

SIFLET, instrument qui rend un bruit aigu.

SIFLEUR, SIFLEMENT.

SUBLER, *vieux Fr.* sifler.

II.

1. SON, Lat. SONus, bruit, effet de tout corps qui résonne. En Celt. SWN, Son, &c.

SONNER, faire entendre des sons éclatans au moyen d'instrumens sonores.

SONNETTE, SONNAILLE, petite cloche,

che, instrument de métal très-sonore.

SONNERIE, bruit de plusieurs cloches.
SONNEUR.

1. SON, *vieux Fr.* pièce de Poësie qui se chantoit en s'accompagnant d'instrumens : de-là

SONATE, pièce de Musique.

SONNET, petite pièce de Poësie, composée de quatorze vers.

3. RÉSONNER, rendre des sons.
RÉSONNANT.

4. PERSONE, Lat. PERSONA, 1°. masque à travers lequel passoit le son, la voix, en se grossissant; 2°. l'Acteur même qui se servoit de ce masque; 3°. tout homme en général, considéré comme Acteur dans l'événement dont on parle.

PERSONAGE, homme important; 2°. Acteur; 3°. qui joue un grand rôle dans le monde.

PERSONEL, PERSONALITÉ.
PERSONELLEMENT.

PERSONIFIER, parler d'un objet, ou d'un animal, comme s'ils étoient des personnes.

III.

SPIR, est une onomatopée, ou un mot formé par les Latins pour imiter l'effet de la respiration & pour désigner toute idée relative à cet acte : de-là.

SPIRare & SPIRITus, mots Latins qui ont formé ceux-ci :

1. SPIRITUEL, plein d'esprit.

ESPRIT, souffle, respiration; *au fig.* ce qui anime le corps.

SPIRITUALITÉ.

ASPIRER, attirer le souffle à soi.
ASPIRATION.

INSPIRER, INSPIRATION.
EXPIRER, EXPIRATION.
RESPIRER, RESPIRATION.

2. SPIRALE, ligne dont les cercles rentrent les uns dans les autres, comme les tourbillons de fumée.

3. SOUPIR, Lat. SUSPIRium, respiration profonde, pénible.

SOUPIRER, Lat. SUSPIRare.
SOUPIRANT.

SOUPIRAIL, ouverture pour donner de l'air.

MOTS

où S a remplacé l'aspiration H.

Le pronom SE.

Le pronom SE, SOI, & son *adjectif* SON, SA, SES, viennent du Lat. SE, SUUS; mais l'un & l'autre se sont formés du Grec HOU, de soi; HOI, à soi; HE, se, soi; HEOS, son; HEA, sa. Dans l'Orient on trouve HOU, il, lui; & dans le Nord, HE, il, lui; en Celte HE, son; HI, elle.

Tous ces mots appartiennent donc à la racine E ou HE, désignant l'existence, ce qui est.

Et de même que de EIMI, *moi-existe*, les Latins firent SUM, je suis; ainsi de HE, il, ils firent SE.

La conjonction SI.

Notre SI conjonctif, est le Latin SI; mais ce SI se prononçoit dans l'origine SEI, à l'Angloise où I est EI. Ce SEI n'est autre chose que la conjonction Grecque HEI, ou EI, SI, formée également de E, & très-voisine de SIT, soit.

SAC pour HAC.

HAC est un mot primitif qui signifie couteau, poignard, épée; il appartient à la famille Ac qui désigne tout ce qui est Aigu, Acéré; il fit le Celte HACH, hache; HACHEIN, hacher, couper; & l'Or. חץ, HATZ, racine qu exprime les idées relatives à tailler, couper, &c. flèche, dard, lance, &c. De ce primitif adouci en SAC, vinrent L'Orient. שכין, SaKin, couteau.
Le Theut. Sachs, épée, poignard.
Le Lat. Sica, poignard, stilet; & toutes ces familles:

I.

SAC d'une Ville, dévastation d'une Ville : ses habitans passés au fil de l'épée.
SACAGER, passer au fil de l'épée, dévaster, ruiner.
SACAGEMENT.

II.

1. Soc, couteau de charrue, partie de la charrue qui fend la terre. Lat. SECare, couper; All. SÆGen, scier : d'où,
2. SCIE, machine qui fend le bois. SCIAGE, SCIEUR.
SCIER, couper avec une scie.
3. DIS-SEQUER, enlever les chairs. DISSECTION.
4. SECTION, division.
SEGMENT, portion de cercle.
5. SECTE, Personnes séparées des autres par quelques opinions.
SECTAIRE, Chef de secte.
SECTATEUR, qui s'attache aux opinions de quelqu'un.
6. SEXE, séparation d'une classe d'Etres en deux genres : ces deux genres.
7. SIÉCLE, division des tems par cent ans.
SÉCULAIRE, Fête de la révolution d'un siécle.
SÉCULIER, habillé comme les gens du monde, du siécle.
SÉCULARISER, retrancher de l'état de Religieux & faire passer dans l'état de Séculier.

III.

1. SECANCE, suite de cartes de la même couleur & dont les nombres se suivent.
2. SEQUELLE, gens qui forment la suite de quelqu'un.
3. SUIVRE, Lat. SEQUOR, marcher après, mot-à-mot, être séparé; passif de sequo ou seco.
SUITE, ce qui vient après.
ENSUITE, après.

SUIVANT, celui qui vient après.

4. SEQUESTRE, action de mettre à part ; en main tierce.

SEQUESTRER, se retirer à part, abandonner le monde.

5. PERSÉCUTER, poursuivre à toute outrance.

PERSÉCUTEUR, PERSÉCUTION.

IV.

1. SEIGLE, Lat. *Secale*, mot-à-mot, ce qu'on fauche, qu'on moissonne.

2. SECOND, celui qui vient après ; 2°. celui qui vient à l'appui.

SECONDER, appuyer, favoriser.

SECONDE, soixantième partie d'une minute. C'est la seconde division d'une heure.

3. CONSÉQUENCE, ce qui suit nécessairement d'un principe.

EXÉCUTER, suivre un projet, le mettre en pratique.

EXÉCUTION, action de mettre en pratique ce qui a été décidé.

EXÉCUTEUR.

4. INSECTE, petit animal composé de parties séparées par un étranglement.

V.

ASSASSIN, homicide qui fait périr à coups de poignard, de couteau, à coups de SACH.

ASSASSINAT, ASSASSINER.

Il est digne de remarque qu'on ait méconnu l'Étymologie de ce mot, si simple, si naturelle. Substituant l'érudition à la vérité, on en alloit chercher l'origine dans l'histoire d'un Prince Syrien du Liban, appellé le Vieux de la Montagne, ou Prince des assassins ; nom certainement altéré de l'Oriental où *Sha* signifie Prince ; *Sha-Shah*, Prince des Princes.

SAD, SAT, pour HAD.

Du mot H désignant les champs, dérivèrent le Celte *HAD*, champ ; 2°. semer : le Lat. *EDO*, manger : l'Orient. *SAD*, שד, champ : le Lat. *SATA*, récoltes ; *SATUS*, semé ; *SATum*, supin de *Sero*, semer ; *SATis*, à suffisance, assez, &c. De-là,

1. SATIÉTÉ, rassasiement, dégoût, Lat. *SATIETAS*, de *SATIS*, suffisamment.

SATISFACTION, Lat. *SATIS-FACTIO*, mot-à-mot, action de faire qu'une chose ait acquis le dégré suffisant, le dégré qu'on désire : d'où contentement, plaisir, satisfaction, puisqu'on a ce qu'on désire.

SATISFAIT, SATISFAISANT.

2. SAOUL, Langued. SABOUL, Lat. *SATurus*, rassasié. SAOUL est en François une ellipse, mot-à-mot, rassasié de vin.

ASSOUVIR, rassasier ; 2°. satisfaire ; mot qu'on croiroit n'avoir plus de rapport à SATIÉTÉ.

3. INSATIABLE, qu'on ne peut rassasier.

RASSASIER, ôter la faim, donner des alimens en suffisance.

4. Assez, suffisamment, en suffisance; du Lat. SAT-is, mot-à-mot, il y a abondance.

5. SATYRE, mot-à-mot, divertissement des gens de la Campagne ; des gens des (שדי Sad,) champs.

SATYRISER, mot-à-mot, en donner tout son compte à quelqu'un.

SAL pour HAL.

I.

1. SALUT, bonheur, prospérité, conservation ; Lat. SALUS ; du primit. HAL, élévation, biens, faculté, santé, puissance, &c. Famille dont nous avons parlé dans l'Origine du Lang. & de l'Écrit. De-là,

SALUER, souhaiter bien & prospérité à quelqu'un ; Lat. SALUTare.

SALUTATION, action de saluer.

SALUTAIRE, qui conserve, qui sauve.

2. SALUBRE, qui contribue à la santé.
SALUBRITÉ.

3. SAUVER, préserver, maintenir en salut ; Lat. SALVare.

SAUVEUR, qui sauve ; Lat. SALVator.

SAUF, Lat. SALVUS, en bon état, qui a été sauvé, préservé.

SAUVE-GARDE, protection, défense.

SAUF-CONDUIT, Lettres de sûreté.

4. SAUGE, Lat. SALVIA, mot-à-mot, plante qui sauve.

II.

1. SAUT, Lat. SALTUS, du même

HAL, élevé, haut.

SAUTER, Lat. SALTare ; Gr. HALLesthai, qui signifie mot-à-mot, devenir haut, baller.

SAUTANT, SAUTEUR, SAUTEUSE.
SAUTELER.

2. SAUTEREAUX, morceaux de bois que des cordes font sauter dans des instrumens à touche.

3. SAUTERELLE, insecte ailé qui fait de grands sauts.

4. SAILLIR, Lat. SALire, sauter, en vieux-Fr. SAILLIE, avance dans un bâtiment; 2°. pensée, ou bon mot, vif & prompt.

SAILLANT, qui avance en dehors.

5. SALTIMBANQUE, Bateleur: mot-à-mot, qui saute sur une banque, sur un treteau.

6. SAUMON, Lat. SALMO. Ce poisson paroît devoir son nom à ce qu'il saute par-dessus les digues & les cataractes.

COMPOSÉS.

De SAL, sauter, vinrent des familles dont il seroit impossible de retrouver le rapport, si l'on ne savoit que les voyelles se substituoient les unes aux autres dans les composés.

1. ASSAILLIR, attaquer, s'élever contre.

INSULTE, attaque.

2. EXILÉ, Lat. EX-SUL, mot-à-mot, qu'on fait sortir de la danse, de l'assemblée.

EXIL.

3. CONSEIL, Lat. *CONSILIUM*, *mot-à-mot*, gens qui fautent ensemble, qui se réunissent.
CONSULTER, délibérer ensemble.
CONSULTATION, Délibération.
CONSUL, *mot-à-mot*, celui qui conduit la danse, l'assemblée.
CONSULAT, durée de la domination d'un Consul.

4. RÉSULTAT, suites d'une délibération, ce qu'on en déduit.
RÉSULTER, être l'effet d'une délibération, d'un événement.

5. SURSAUT, tressaillement causé par la surprise, par un mouvement subit & dont on n'est pas le maître.
SOUBRESAUT.

6. TRESSAILLIR, ressauter.
TRESSAILLEMENT.

III.

SALE, grande chambre de compagnie, d'assemblée, vaste & exhaussée.
SALON, chambre de compagnie.

IV.

1. SEL, Lat. *SAL*, Celt. *HAL*, sel. Gr. *HAL*, mer; 2°. sel; du primit. *HAL*, vaste.
SALÉ, qui contient du sel.

2. SALADE, herbes crues qu'on mange avec du sel, &c.
SALADIER, plat à salade.

3. SALAISON, viande salée.
SALIERE, vase à sel.
SALOIR, vase à saler.
SALURE, qualité de ce qui est salé.

SALIN, qui a les qualités du sel.
SALER, assaisonner de sel.
SALORGE, amas de sel.

4. SAUMACHE, eau qui a un goût de sel.

5. SAUPIQUET, ragoût piquant à cause du sel qu'on y a mis.
SAUPOUDRER, poudrer de sel.

6. SAUSSE, jus salé.
SAUCISSE, Lat.-B. *SALCISIA*, viandes hachées (*cæsia*) & salées.

7. SAUGRENU, en parlant d'un bon mot, d'une pensée: *mot-à-mot*, qui contient un grain de sel. Richelet a méconnu le vrai sens de ce mot.

8. SAUNIER, Marchand de sel.
SAUNAGE, trafic de sel.
SAUNER, faire du sel.
SAUNERIE, lieu où on fabrique le sel & où on l'emmagasine.

9. SAUMURE, Lat. *SALMURIA*, eau salée pour conserver les viandes.

10. SALAIRE, récompense, payement, *mot-à-mot* ce qu'on donne pour le sel de la provision.
SALARIÉ, celui auquel on donne salaire pour son travail.
SALARIER.

11. SALMIGONDI, mot composé de trois autres: de *sal misc*, sel mêlé, & *conditum*, assaisonné; *mot-à-mot*, mélange de choses assaisonnées au sel.

12. SALPÊTRE, Lat. *SAL-PETRA*, *mot-à-mot*, sel fourni par les pierres, par les murs.

SALPÊTRIERE, lieu où l'on prépare le salpêtre.

13. SALIVE, humeur salée qui s'évacue par la bouche : Bas-B. HALO, halw.

14. SOUDE, plante marine, dont on tire un sel propre à blanchir le linge, &c.

SAUL, pour HEL.

SAULE, arbre qui croît le long des eaux. Lat. SALIX, Gr. HELICÊ, Celt. HELIG, saule.

SAULAYE, lieu planté de saules, autrefois SAUSSAYE & SAULSAYE.

SED pour HED, HEZ.

HEDD, signifioit en Celte, repos, tranquillité, paix : les Orient. en firent HED ܚܕ, repos, cessation, חזה HeZeH, reposer, sommeiller, &c. les Grecs, HEZein, faire asseoir, placer ; HEDOS, siége : 2°. nonchalance, paresse ; 3°. temple. Les Latins SEDes, &c. de-là

I.

1. SIÉGE, place où on est assis, où on se repose : Irl. SAIDE, machine destinée à s'asseoir.

[SEOIR, vieux Fr. S'ASSEOIR, se placer sur un siége.

ASSIS.

2. SÉDENTAIRE, qui passe sa vie assis, qui mene une vie de repos.

SÉANT, nom, situation d'une personne assise ; adj. qui est assis ; au fig. qui est bien placé, qui va bien.

IL SIED, Lat. SEDet, il est bien en place, il va bien, il convient.

3. ASSIETTE, 1°. lieu, situation ; 2°. rond, de quelque matiere que ce soit, sur lequel on mange.

4. SÉDIMENT, dépôt de liqueur.

II.

1. SIÉGE, Tribunal, Jurisdiction.

SIÉGER, être assis sur son Tribunal.

SÉANCE, assemblée de gens qui siégent.

ASSISES, séances d'un Juge supérieur dans le siége d'un Juge inférieur : 2°. séances d'un Juge en général.

SESSION, séance d'un Concile.

ASSESSEUR, Conseiller d'un Juge.

2. PRÉ-SIDENT, qui est à la tête d'un Tribunal.

PRÉSIDENCE, PRÉSIDER.

PRÉSIDIAL, Tribunal qui releve des Parlemens.

PRÉSÉANCE, droit de précéder dans les séances.

3. SURSÉANCE, délai d'une séance, d'un jugement.

SURSEOIR, SURSIS.

4. RÉSIDER, faire sa demeure en un lieu.

RÉSIDENCE, RÉSIDENT.

5. RÉSIDU, ce qui reste.

6. ASSIDU, constant, appliqué, mot-à-mot, qui reste à la même place.

ASSIDUITÉ.

7. SUBSIDE, Lat. SUBSIDIUM, impôt, secours en argent ; mot-à-mot, ce qu'on met sous un siége pour l'exhausser.

8. ENTE, greffe d'arbre : mot altéré du Lat. *INSITIO, INSITUM*, greffe.

III.

1. SIÉGE, attaque d'une Ville ou d'un Camp par une armée qui est comme assise autour.
   ASSIÉGER, former un siége.
   ASSIÉGÉ, ASSIÉGEANT.

2. OBSIDIONALE, couronne qu'on décernoit chez les Romains pour avoir délivré une Ville ou une armée assiégée.

3. OBSÉDER, être continuellement autour d'une personne, l'assiéger.

IV.

SELLE, Lat. *SELLA*, 1°. siége de bois ; 2°. siége fait pour être placé sur le dos d'un cheval.
SELLETTE, petit siége de bois.
SELLIER, qui fait les harnois des chevaux, les selles, &c.
SELLER un cheval, mettre une selle sur son dos.

SE pour HE.

SEMI-TON, de SEMI, mot Latin qui signifie moitié, demi ; du Gr. *HÉMI*, demi, formé de MI, moitié.
SEMI-PREUVE, &c.
SIX, une des neuf unités ; Lat. SEX, Gr. HEX, Hebr. שש, Shesh.
SIXIEME.
SEIZE, SOIXANTE, &c.
SEMESTRE, espace de six mois.

SONNET, coup de dez, où ils amenent chacun six ; autrefois SANNE, de *SENARIUS*, six.
SEXAGENAIRE, qui a soixante ans.
SEXAGÉSIME, le sixieme Dimanche avant Pâques.
SEXTE, sixiéme.
IN-SEIZE, feuille ployée en seize.
SIXAIN, couplet de six vers.
SEPT, une des neuf unités ; Lat. *SEPTEM*, Gr. *HEPTA*, Persan *HAFTA*.
SEMAINE, *SEPTimana*.
SEPTIÉME.
SEPTUAGENAIRE, qui a sept fois dix ans.
SEPTUAGESIME, septieme Dimanche avant Pâques.
SEPTEMBRE, Septiéme mois depuis l'équinoxe du Printems.
SEPTENTRION, *mot-à-mot*, les sept bœufs ; *voy. Orig. Latines.*

SEL pour HEL.

1. SELVE, *vieux Fr.* Forêt ; du Lat. *SILva*, Heb. אצל, A-TSEL, Gr. HYLÊ, forêt ; 2°. matiere, charpente.

2. SAUVAGE, Ital. *SALVAGGIO* ; du Lat. *SILVATICUS*, Habitant des Forêts.
SAUVAGINE, chair des bêtes sauvages prises à la chasse.
SAUVAGEON, arbre qui n'a point été enté, & qu'on peut regarder comme sauvage.

2. SILVAIN, Dieu des Forêts,

4. SERVANTES, SERVANTOIS, ancienne espéce de Poësie dans le genre des Pastorales, des piéces bocageres.

SEN pour HEN.

1. SEIGNEUR, du Lat. SENIOR, vieillard, l'Ancien, le Chef; Celt. HEN, vieux, âgé.

AINÉ vient peut-être de la même racine.

ANUS, une vieille en Lat. & ANEre, Lat. B. vieillir, doivent également en venir.

SEIGNEURIE, SEIGNEURIAL.

2. SÉNAT, Lat. SENATUS, le Sénat, mot-à-mot, l'Assemblée des Anciens, des Vieillards.

SÉNATEUR; SÉNATORIAL.

3. SÉNÉCHAL, mot-à-mot, Chef des Officiers; de SCALD, Officier.

SÉNÉCHAUSSÉE, Jurisdiction du Sénéchal.

SER pour HER.

1. SERPENT, Lat. SERPENS; du Grec HERPein, ramper; Latin Serpere.

SERPENTAIRE, Constellation.

SERPENTIN, en Serpent.

SERPENTEAU, fusée qui serpente.

SERPENTER, former des tours & détours à la maniere des Serpens.

2. SERPOLET, Gr. Herpullon; Lat. Serpyllum: cette plante serpente ou se traîne à terre comme le serpent.

3. SERPE, Gr. HARPÉ, faucille, faulx, épée recourbée; Celt. HARpa & HAPPa, saisir.

SERPETTE.

SEUL, SOL pour HOL.

I.

SEUL vient du Latin SOLUS, formé, à ce qui paroît, du Gr. HoLos, tout; en Celt. HOLL; Allem. ALL: de-là

SOLITUDE, SOLITAIRE.

SOLILOQUE.

COMPOSÉS.

ISOLÉ, qui se trouve seul, séparé de tout.

ABSOLU, qui domine seul.

DÉSOLER, réduire dans la solitude.

CONSOLER, dissiper la tristesse de celui qui est dans la solitude, abandonné.

INCONSOLABLE.

SOULAGEMENT, Lat. SOLatio; service rendu à celui qui étant seul, est accablé sous le poids d'un fardeau.

SOULAGER.

II.

SOLEIL, vient, dit-on, de SOLUS: les Celtes l'appelloient SAUL, SUL, SOUL. Ce nom paroît venir du Gr. HELIOS, Soleil, mot Oriental.

SOLAIRE.

SOLSTICE, lieu où s'arrête le Soleil pour revenir sur ses pas.

III.

SOUCI, autrefois SOULCI & SOLCI, fleur,

fleur ; en Lat. SOLISEQUIUM & SOLSEQUIUM, parce qu'elle suit les mouvemens du Soleil. Nos autres mots

Souci, soin, inquiétude, & Soucieux, viennent au contraire de SOLLICITUS, inquiet.

SIL pour HYL.

SILLON ; 1°. raie que la charrue forme en labourant la terre.

2°. Trace qu'un vaisseau laisse sur l'eau en se mouvant.

3°. Ride.

SILLONNER, tracer des sillons, fendre la terre avec la charrue.

SILLER, fendre les flots, en parlant d'un vaisseau, d'un poisson.

SILLAGE, trace d'un vaisseau.

Lat. SULCUS & SOLCUS, sillon, raie, sillage.

SULCare, sillonner.

Gr. HOLKOS, sillon.

Celt. CYL, couper ; HYLedd, qu'on peut couper aisément.

HOLLTI, se fendre, s'ouvrir.

HOLLTiad, incision, coupure.

SŒUR, Lat. SOROR ; Celt. HOAR ; Perf. CHUHER, &c. Ce mot tient à la famille Celte HOAR, CHWAER, grace, les jeux & les ris.

SIR & HER.

SIRE, Seigneur, titre qui se donnoit autrefois à divers Seigneurs, tels que le Sire de Couci, & borné aujourd'hui au Roi.

En Angl. SIR, prononcé SER.

En Cornouaill. SYRA, Pere.

En Irland. SYR, noble.

Chez les Vignerons de Besançon, les femmes appellent leur mari SIRE, & les enfans donnent à leur pere le nom de SIROT.

Chez les Lacédémoniens, SIOR signifioit Seigneur.

En Celte & primit. SER, même que HER, élevé ; en All. HERR., sieur, Monsieur.

Ces mots appartiennent ainsi à notre famille,

HERE, Maître ; Celt. HEER, Seigneur ; HEERA, Dame.

MESSIRE, titre qu'on donne dans les actes publics aux personnes de qualité, de Robe & d'Eglise.

SOM pour HUN.

Dans le langage des Celtes & des Dialectes qui en restent, le sommeil est appellé HUN & HYN.

HUNA dormir, sommeiller, songer, rêver.

HUNER, dormeur, &c.

Ces mots sont une onomatopée, l'imitation du son que rend le soufle pendant le sommeil & en passant par le nez.

Les Latins en firent SOMNus, SOMNiare, &c. les Gr. HUPNos, HUPNoein : de-là ;

1. SOMME, Sommeil, repos qu'on prend après la fatigue.

SOMMEIL, le dormir ; 2°. envie de dormir ; Ital. SONNO.

SOMMEILLER, dormir légerement.

SOMNAMBULE, qui marche en dormant.
SOMNIFERE, qui fait dormir.
INSOMNIE, privation de dormir.
2. SONGE, rêve, les pensées vagabondes & fantastiques du sommeil.
SONGER, rêver; 2°. penser, réfléchir.
SONGE-CREUX, qui réfléchit toujours; un penseur, un rêveur.
SONGEUR, taciturne, pensif.

SU pour HU.

SUIF, du Lat. *SUEBUM*; mot dérivé de *SUS*, cochon; Gr. *HUS*; Celt. *HWCH*, *HOCH*; & qui appartient à la famille *HOC*, *HAC*, pointu.
SOUIL, bourbier où se veautre le Sanglier; Lat. *SUILUS*, tout ce qui a rapport au cochon.
SOUILLER, SOUILLURE, *au physiq. & au moral.*

SOU pour HOU.

SOUHAIT, vœu, désir.
SOUHAITER, SOUHAITABLE; Anglo-Sax. *wisc*; Angl. *Wish*, qui prononcé *Oueis*, & puis *Ouet*, est devenu *souhait*, en changeant l'aspiration en S.

SOU pour HU.

SOURIS, Lat. *SOREX*; abl. *SORICe*; Gr. *HURax*.

SUB, SUP, SOU, &c. pour HUP.

Le primitif & Celte *HUP*, *HOUP*, qui désigne l'action de s'élever, forma deux prépositions, Grecques & Latines, conservées dans notre langue.
La premiere est SUR, altéré du Latin *SUPER*; Gr. *HUPer* ou *HYPer*;
La deuxième est son opposé SOUS, altéré du Latin *SUB*; en Gr. *HUPO*, *HYPO*.

I.
SUR

De SUR, prononcé *SUPER* à la Latine, viennent;
1. SUPÉRIEUR, qui est au-dessus.
SUPÉRIORITÉ.
SUPERLATIF, degré de comparaison le plus élevé; qualité portée au plus haut dégré.
SUPRÊME, qui est au plus haut dégré d'élévation.
SUPRÉMATIE, Puissance absolue en fait de Religion.
2. SUPERFICIE, face supérieure d'un objet, le dessus.
SUPERFICIEL, qui se borne à la superficie.
3. SUPERBE, enflé, bouffi, rempli d'orgueil.
4. SUPERFLU, surabondant, qui s'épanche hors, étant de trop.
5. SUPERFIN, qui a acquis le plus haut dégré de finesse, de bonté.
6. SUPERCHERIE, tromperie, finesse; Ital. *soperchiare*, tricher, tromper, vaincre par subtilité.
SUPERSTITIEUX, qui rend aux Dieux un culte outré, qui va au-delà des bornes.

SUPERSTITION, culte qui va au-delà des bornes.

SUBRECOT, surplus d'un écot, demande à laquelle on ne s'attendoit pas.

SUPER prononcé SOUVER.

SOUVERAIN, Chef suprême.

SOUVERAINETÉ, Empire, domination.

Dérivés de SUR.

1. SURGIR, Lat. *SURGO*, se lever, sourdre.

SOURDRE, jaillir, sortir de terre.

SOURCE, fontaine, eau qui sort de terre.

RESSOURCE, moyen de se relever, de réparer ses pertes.

SUR-TOUT, *nom*, Habit qu'on met par-dessus les autres. *Adv.* par-dessus tout.

SUR-NOM, nom donné par-dessus le nom propre.

SURPRENDRE, saisir au-delà de toute expression, étonner, prendre à l'improviste.

SURPRENANT, SURPRISE, &c.

Et nombre d'autres dérivés & composés.

Dérivés de SUR prononcé SUS.

SUS, mot qui sert à encourager, qui porte à se lever, à se réjouir.

SUZERAIN, Seigneur de fief qui ne reléve de personne.

SUBLIME, Lat. *SUBLIMIS*, élevé, *mot-à-mot*, au-dessus de l'entrée.

SUSCRIPTION, adresse, le dessus d'une lettre, &c.

SUSCEPTIBLE, capable de recevoir quelqu'impression.

SUSCITER, exciter, faire naître.

RESSUSCITER, naître de nouveau, se relever d'entre les morts.

RÉSURRECTION.

II.
SUB, SU.

SUBIR, *mot-à-mot*, aller sous; se soumettre, souffrir, porter.

SUBIT, soudain, prompt, qui arrive tout de suite.

SUBORNER, du Lat. *subornare*, louer, flatter; 2°. corrompre par des flatteries.

SUCCINT, bref, court, Lat. *SUCCINCTUS*, *mot-à-mot*, relevé, retroussé, raccourci.

SUFFIRE, être capable de remplir seul ce qu'on désire. Lat. *SUFFICIO*, *mot-à-mot*, être substitué, tenir lieu de tout autre moyen.

SUFFISANT, INSUFFISANCE.

SUFFRAGE, Lat. *SUFFRAGium*, action de donner sa voix pour quelqu'un; du Lat. *Frago*, crier, élever la voix, faire du bruit.

SUGGÉRER, inspirer, donner l'idée d'une chose à dire ou à faire, porter à. Lat *Suggero*; de *Gero*, porter.

SUGGESTION.

SUJECTION, dépendance; Lat. *SUBJECTIO*, *mot-à-mot*, action d'être mis dessous.

SUJET, qui dépend; Lat. SUBJEC-TUS, mis dessous.

ASSUJETTIR, mettre sous sa dépendance.

Et nombre d'autres dérivés & composés.

SUB prononcé SOU.

SOUFFRIR, supporter; Lat. SUFFERO.

SOUFFRANCE, mot-à-mot, ce qu'on supporte, qu'on éprouve.

SOUFLE, agitation du vent, de l'air; 2°. respiration, haleine.

SOUFLER, agiter l'air, respirer.

SOUFLET, instrument pour agiter l'air, pour exciter du vent.

ÉSOUFLÉ, qui a peine à respirer, qui a perdu haleine en allant vite.

SOULIGNER, tirer une ligne par-dessous un mot.

SUBTERFUGE, échapatoire; de *fuga*, fuite. Et autres composés.

SUR prononcé SOU.

SUR s'est aussi altéré en SOU dans le mot

SOUQUENILLE, grande veste de toile que portent les Palefreniers & les Cochers pour conserver leurs habits.

Ce mot se prenoit autrefois pour tout habit de dessus. On voit dans les anciens Statuts de l'Hôtel-Dieu de Paris, que les Sœurs devoient avoir trois (*Succanias*) souquenilles descendant jusqu'aux talons.

On a prononcé également SUR-QUENIE : c'est un composé du vieux Fr. CANIE, habit; dérivé lui-même de la racine CAN, vase, tout ce qui renferme, qui enveloppe, &c.

S

ajoutée en tête, ou initiale.

LA Lettre S s'est ajoutée fréquemment à la tête des mots qui commencent par des consonnes : en voici des exemples où elle est ajoutée à la tête de mots radicaux commençant par C & P.

I.

SCABREUX, rude, inégal; 2°. dangereux; Lat. SCABER; de CAP, GAB, montagneux, raboteux.

SCANDER, mesurer un vers Latin, en compter les pieds, Lat. SCAN-DERE, monter, grimper; de CAN, sommet, élévation, colline : de-là,

ASCENDANT, 1°. pente, inclination; 2°. puissance, élévation en autorité.

ASCENSION.

DESCENDRE, aller du haut en bas.

DESCENTE.

DESCENDANT, postérité.

SCRUPULE, mot figuré, doute qui trouble la conscience; 2°. poids de vingt grains.

SCRUPULEUX, SCRUPULEUSEMENT.

Ce mot, dans le sens simple, désigne une petite pierre, ces petites pierres qui se glissent dans les souliers, & qui empêchent de marcher. Lat. SCRUPULUS, petite pierre. SCRUPUS, dans *Festus*, un rocher.

du Celte CRO, CRAU, rocher, grève, gravier; CRUC, colline.

CROUPE, dos, appartient à la même racine.

SCRUTATEUR, qui sonde.

SCRUTIN, voix donnée par billet.

Lat. SCRUTor, rechercher, s'enquérir, éprouver.

Or. ברח, KREH, fouir, creuser, acquérir.

Irl. CRUThugha, épreuve; verb. éprouver.

ÉCU, 1°. bouclier; 2°. monnoie d'argent sur laquelle est représenté le bouclier du Prince, ou ses armoiries. Lat. SCUTUM, bouclier; de CUT, peau.

II.

1. De PEC, PIC, pointe; 2°. regard, vinrent

SPÉCULATION, contemplation.

SPÉCULATIF, contemplatif.

SPÉCULER, contempler, calculer: de-là,

ASPECT, ESPECE, &c.

2. De PAR, à travers, vint SPARGO, semer, épandre à travers: d'où,

ASPERGER, ASPERSION, action de répandre de l'eau sur, &c.

3. De POL, PEL, peau, vinrent le Latin

SPOLIA, peaux de bêtes dont on faisoit des habillemens; le Grec SPOLIAS, habit de peau.

SPOLÉ, en Grec Eolien, habillement: d'où STOLA, robe, &c.

ÉTOLE, Ornement de Prêtre.

SPOLIER, dépouiller.

SPOLIATION, action de dépouiller quelqu'un.

DÉPOUILLES, habillemens.

4. De POL, PEL, BEL, lumiere, éclat du Soleil, vinrent

SPLENDEUR, éclat, lustre, Lat. SPLENDor.

SPLENDIDE, magnifique, éclatant.

RESPLENDIR, briller avec éclat.

RESPLENDISSANT.

5. Du Celte BUG, lessive, eau: d'où le Theut. BUCHen, lessiver; & l'All. Bauchen, vinrent

L'Esclav. SPUGA, Gr. SPOGOS, prononcé SPONGOS, Lat. SPONGIA, & le François,

ÉPONGE, matiere qui s'imbibe d'eau.

SPONGIEUX, qui a les qualités de l'Eponge; aqueux, plein d'eau.

6. De FON, VON, qui, en Celte, signifient eau, liqueur, les Grecs firent SPONDÉ, libations, liqueur versée à l'honneur des Dieux : & de-là les mots Latins,

SPONDEUM, vase pour les libations.

SPONDEO, promettre, s'engager par serment, parce qu'après les libations on prenoit les Dieux à témoins de sa promesse: de-là,

SPONTANÉE, ce à quoi on s'est engagé de son propre mouvement.

SPONTANÉITÉ.

RÉPONDRE, Lat. RESPONDEO, mot-à-mot, promettre à son tour.

RÉPONSE, RESPONSABLE.

En s'engageant on est deux; l'un

SPOND, ou s'engage, & l'autre RESPOND.

RÉPONDANT, qui s'engage pour un autre, qui en répond.

ÉPOUX, ÉPOUSE, Lat. SPONSUS, SPONSA, ceux qui se sont donnés leur foi mutuelle ; qui se sont promis fidélité & union en mariage pour toujours.

ÉPOUSAILLES ; ÉPOUSER.

7. De PUNG, piquer, les Ital. firent SPONTONE, pique d'Officier, d'où,

ESPONTON.

8. De l'Oriental Tuc, שוח, ciment, incrustation ; vint l'Ital. STUCCO, & le Franç.

STUC, composé de chaux & de marbre blanc broyés, dont on se sert pour revêtir des murs, des plafonds.

9. De PHE, PÉ, face, visage, vinrent :

Le Celt. SPI, vue, attention ; 2°. désir, espérance.

SPIA, être à l'affut ; 2°. espérer.

SPY, œil, aguet.

SPYA, aspirer, YSPIO en Gall.

L'Hebr. צפה, TSPE, considérer, regarder, guetter, attendre ; d'où,

ÉPIER, ESPION.

ESPÉRANCE, Lat. SPE (à l'abl.)

ESPÉRER, Lat. SPERare.

ESPOIR, DÉSESPOIR.

SA.

SABLE, terre devenue aride & réduite en petits grains par l'eau des fleuves & des mers ; & qui en forme le rivage. Bas-Br. sabl ; Basq. sabla ; Lat. SABULUM. Or. שפה, Saphe, rivage.

SABLON, SABLIERE, SABLIER.

ASSABLER, couvrir une terre de sable.

ENSABLER, échouer sur le sable ; 2°. mettre dans le sable.

SABURRE, Lat. SABURRA, gros sable.

SABOULER, mot-à-mot, rouler sur le sable, houspiller.

SABOT, chaussure de bois.

SAVATE, mauvais soulier.

SAVETIER, raccomodeur de souliers. Basq. ZA-patua, sabot, savate, soulier. ZAPATU, fouler aux pieds : de l'Orient. & Celt. SAB, SAV, élevé. Les souliers, les sabots & savates rendent & font paroître plus grand.

SABRE, Épée tranchante : Sued. & Flam. sabel ; All. sæbel. Arab. سلا saph, fraper de l'épée. Siph, épée, d'où le Gr. XIPH-os, épée.

SACRE, oiseau de proie, espèce de faucon. En Arab. sakr, du verb. sakara, avoir la vue perçante.

SACRÉ, consacré à la Divinité. Lat. SACER.

CONSACRER, donner à Divinité, destiner au culte public, &c.

1. SACRIFICE, Lat. SACRIFICIUM.

SACRIFICATEUR, mot-à-mot, qui fait, qui remplit les choses sacrées ; Lat. SACERDOS ; d'où,

SACERDOCE, dignité des Sacrificateurs.

SACERDOTAL.

SACRIFIER, offrir en facrifice.

2. SACREMENT, signe qui confacre les hommes à Dieu.

3. SACRISTIE, lieu d'une Eglife où l'on garde les chofes facrées.

SACRISTAIN, SACRISTINE, qui a foin de la Sacriftie.

4. SACRILÉGE, 1°. profanation des chofes faintes; 2°. celui qui les profane.

5. SERMENT, altération du Latin *SACRAMENTUM*, promeffe faite avec ferment au nom de la Divinité.

6. SACRE, Confécration.

SACRER, confacrer.

En Orient. ڛڪر, SaKaR, célébrer, louer; 2°. récompenfer, donner en reconnoiffance.

EXECRATION imprécation, malédiction.

EXECRABLE, horrible, déteftable.

SADE, *vieux Fr.* propre, gentil, élégant, joli.

SADINETTE, fille gentille, revenante, &c.

SADAIER, *vieux Fr.* careffer.

SADAILLE, Irl. bonheur, félicité.

SEDER, *Bas-Br.* gai, enjoué; 2°. fain, en bon état.

L'oppofé eft,

MAUSSADE, & MAUSSADERIE.

Arab. ڛد, SAD, mot qui défigne ce qui eft bien, tout heureux fuccès.

SAGACITÉ, pénétration; Lat. SAGACITAS.

SAGAX, qui a de la fagacité, qui apperçoit de loin, qui découvre les chofes les plus obfcures.

SAGIRE, avoir de la pénétration, du difcernement.

Ces mots tiennent à l'Or. שגה, *sagh*, vue, regard; השגיח, *Efhgih*, appercevoir, découvrir.

Le Perfan SAG, un chien, tient furement à la même famille: de-là,

PRÉSAGE, figne d'une chofe à venir.

PRÉSAGER, Lat. *Præfagire*, voir dans l'avenir, l'annoncer.

FRÉSAYE, oifeau de nuit, dont on tiroit des préfages.

SAGE, *adj.* qui a de la prudence; *nom.* homme éclairé, qui connoît le vrai prix des chofes & qui fe conduit en conféquence, facrifiant tout à ce qui eft bien. Lat. SAPIENS.

SAPIENCE, *vieux Fr.* SAGESSE.

SAGESSE, SAGEMENT.

SAGE-FEMME, *mot-à-mot*, Femme habile. Un fage femelle. Anciennement, & encore aujourd'hui, chez les Orientaux tout Médecin eft appellé SAGE.

Gr. SOPHos, Sage. SOPHia, fageffe.

Or. צפה *Tfaphe*, action de contempler, de fpéculer, d'examiner. *Nom*, contemplateur; tel eft le fage.

Cette famille tient à la fuivante:

SAVEUR, Lat. SAPOR, goût qu'on

trouvé aux choses qu'on mange.
SAVOUREUX, qui a beaucoup de saveur.
SAVOURER, goûter.

Et tout ceci doit venir de l'Or. שפה, saphé, lévre, langue. On goûte des lévres & de la langue.
INSIPIDE, sans saveur, sans goût ; du Lat. *sapidus*, qui a du goût.
RESIPISCENCE, de *RESIPISCO*, formé de *Re*, & de *SAPIO*, mot-à-mot, revenir à la sagesse, au bon goût.
SAISON, nom des quatre parties de l'année, composées chacune de trois mois.

Les uns ont dérivé ce mot de *SECTIO*, SECTION, parce que les saisons coupent l'année en quatre : d'autres, de *STATIO*, STATION, comme si le tems faisoit quatre STATIONS dans l'année. Il vaut mieux lier ce mot avec le Latin *SATIO*, semailles, & avec *SATIOR*, plus à propos, plus avantageux. En effet, nous disons,
ASSAISONNER, pour signifier, préparer, aprêter, rendre bon à manger, &c.

Les saisons sont donc les divers tems où l'on s'occupe à mettre la Terre en état de rapport, le tems de labourer, le tems de semer, le tems de recolter, &c.

En Celt. *sacun*, 1°. en bon état, bien disposé. 2°. SAISON.
SACUNI, assaisonner.

DIS-SACUN, fade, âpre &c.
Tous ces mots viennent du prim. *SAD*, champ : mammelle.
SALE, mal-propre.
SALETÉ, SALISSURE, SALIR.
SALOPE, SALOPERIE,
Du Celt. SAL, sale, mot également *Theuton*, *Goth*, &c.
En Arabe, سال, SaLL, tache d'habit qu'on ne peut enlever.
SANTAL, bois des Indes, espéce d'Acacia ; *Arab.* סנט, SaNT, & صندر SaNDaRh, espéce de pin, dont on se sert pour les arcs & les flèches. *Gr.* SANTALON.
SANDALE, soulier plat qu'on attache avec des couroies : Lat. *Sandalum* ; du Grec *Sandalon* composé de *Sanis*, table, & *Deo*, lier.
SANER, vieux Fr. couper. On peut voir dans MENAGE, combien on a déraisonné pour deviner l'étymologie de ce mot. On l'a tiré de *Saginare* engraisser, de *Secare*, couper ; de *Sanare*, guérir, &c. C'est le Celte SAN, piquant, coupant.
En Groenland, SANICH, couteau.
En Lat. SANNA, raillerie piquante.
SANNIO, railleur.
En Heb. שנינה, Sheninh, raillerie.
En Orient. שן, shen, dent ; instrument qui coupe : *Shana*, couper, piquer, tailler.
SANGLE, *vieux Fr.* écrit aussi *sengle*, mot qui signifioit *singulier*, *simple* ; en Angl. *single*.

C'est

C'est une altération du Latin SIN-GULARIS.

SANGLOT, Lat. SINGultus; ils se suivent un à un & d'une maniere entrecoupée.

SANGLOTTIR.

SAPER, démolir, détruire; 2°. creuser sous un édifice pour le renverser.

SAPE, SAPEUR,

Lat.-B. SAPA, Ital. ZAPPA.

L'Oriental סָפַה, שׂוּ, Saph, Sap, désigne la poussiere & l'action de briser, de réduire en poussiere. Il en est de même de שָׁעַף, Shap; il signifie briser, limer, dissoudre, pulvériser.

SARCLER, arracher les mauvaises herbes.

Lat. SARRire.

SARCLOIR, Lat. SARCULUM.

Gr. Sairó & SAro, nettoyer.

Or. סָרַו, SARW, arracher, extirper.

SATELLITE, mot qui se prend en mauvaise part: homme dévoué à un Grand, qui l'accompagne, & qui est l'exécuteur aveugle de ses passions.

Lat. SATELLES, Garde d'un Prince: Ministre de sa fureur.

En Arab. سَتَل, Satal, suivre, s'attacher; سَتَا Saté, suivre.

SAVON, composition de cendres, de chaux vive, de soute & d'huile pour blanchir le linge, &c.

SAVONAGE, SAVONNER,

SAVONNETTE, SAVONNERIE, &c.

Lat. SAPO, Basq. SALBONA, Gr. Sepon.

Ces mots tiennent au Basq. SEBoa, suif; Lat. SEBum; Ital. SEVo.

SUIF, vient donc de cette famille.

Ethiop. ሰብሕ, Sabh, gras.

Et tous ces mots tiennent à SAB, grand, gros.

SAUR, *vieux Fr.* couleur de flamme, couleur d'un doré obscur.

SAURIR, rendre de cette couleur.

Hareng-SAUR, ou SOR, hareng qui est devenu de cette couleur en séchant sur des claies.

ESSORER le linge, le sécher.

Du Celt. SORR, feu : *au fig.* colere, irritation.

En Theut. ZORN, incendie, &c.

S C.

SCIENCE, connoissance, savoir, érudition.

SCIEMMENT, SCIENTIFIQUE.

ESCIENT, PRÉ-SCIENCE.

Sû, de SAIS.

SAVOIR, SAVANT.

Ces derniers mots sont sans doute de la même famille que SCIENCE; on auroit donc eu tort de rapporter les uns à *Sapere*, tandis qu'on raportoit les autres à *Scire* d'où ils paroissent venir tous.

Lat. SCIRE, savoir, être instruit.

SCIENTIA, science, savoir.

Il tient à l'Anglois SEE, voir; science est connoissance : or la connoissance est la *vue* claire & entiere d'un objet.

Tous ces mots sont l'Orient. שכיה S-KIÉ, 1°. peinture, image; 2°. pensée, imagination.

En *Ethiop.* Fenêtre, puisqu'on voit par son moyen.

C'est l'Indien Si-KHa, Savant; Si-KHi, leçon.

INSÇU, qu'on ne sait pas.

SCION, SION, petit jet d'un arbre, rejetton d'arbre qu'on plante en terre.

On ne choisit pour cet effet qu'un beau rejetton. C'est donc le Celte,

SIONG, beau, agréable; 2°. poli, bien mis, ajusté, &c.

SCORSONNERE, nom d'une racine bonne à manger : *mot-à-mot*, écorce-noire : c'est la couleur de son écorce.

SEC, 1°. aride, sans humidité : 2°. maigre, décharné, *au simple & au figuré*.

SÉCHER, SÉCHERESSE.
SÉCHOIR, DESSÉCHER.
SICCITÉ.

Lat. SICCUS, Celt. SECH, sec, SYCHA, sécher; SECHED, Syched, Sechet, soif.

M. FORMEY a fort bien vû que ce mot tenoit à l'Or. צחיחה, Tsec'hi-c'he, sécheresse. צח, Tsec'h, sec, &c. soleil, &c. hâle, &c. l'Oriental écrit Tseh, est exactement le Bas-Br. SEH, sec, d'où SeHein, sécher, hâler.

S E.

SEILLE, un seau, SEILLET, *vieux-Fr.* bénitier.

En Bas-Br. SEILH, un seau.
En Or. סל, SeL, panier.

SEIN, 1°. gorge, 2°. intérieur. Lat. SINus. Or. SIN, cœur.

SINUEUX, qui forme des plis rentrans.

SINUOSITÉ, enfoncement, ligne courbe, &c.

INSINUER, glisser dans, insérer.

SEMER, Lat. SEMINARE, répandre le grain sur terre.

SEMENCE, Lat. SEMEN, grain destiné à se reproduire.

Or. צמח, Tsemh, germe.
Basq. SEMEA, Fils.
SEMAILLES, SEMEUR.
SÉMINAIRE, SÉMINARISTE.

SEMONCE, invitation, sollicitation; 2°. réprimande. MENAGE le dérivoit du Lat. submonere.

En Syriaq. semo, avertir.

SENS, 1°. pensée, opinion : 2°. intelligence, pénétration : 3°. jugement : 4° signification : 5°. faculté par laquelle on perçoit les impressions des objets extérieurs.

Lat. SENSUS, Celt. SYN.

1. SENTIR, Lat. SENTIRE, sentir, penser, s'appercevoir; Celt. SYNIO, sentir, penser : Or. זן, ZeM, penser, concevoir.

SENSIBLE, SENSIBILITÉ.
INSENSIBLE.

SENSÉ, INSENSÉ.
SENSATION, SENSITIF, SENSITIVE.
SENSUEL, SENSUALITÉ.

2. SENTENCE, Jugement, Ordonnance; 2°. maxime.
SENTENTIEUX, qui s'énonce sous la forme de maximes.

3. SENTEUR, ce qui sent.

4. SENTIMENT, faculté de sentir : 2°. opinion, avis.
ASSENTIMENT.
CONSENTIR, acquiescer, conformer sa volonté.
CONSENTEMENT.
PRESSENTIR, sonder; examiner les dispositions.
PRESSENTIMENT.
RESSENTIR, éprouver.
RESSENTIMENT.

Cette famille entiere tient au Celte SEN; tête, 2°. élévation : & à l'Or. سنا, SaNA, grand, élevé.

5. SENTINE, égout.

6. SENTINELLE, qui examine, qui veille.

SENTE, *vieux Fr.* SENTIER, chemin. Lat. SEMITA; Or. סמת, SaMTh, chemin.

SENTENE, endroit par où l'on commence à dévider un écheveau: ce mot doit venir de *Sente*, chemin; car c'est le chemin qu'il faut prendre pour dévider.

SEREIN, humidité du soir.
SOIR, tems où la nuit arrive; Lat. SERA, tard; SERUM, le soir; SERUS, tardif.
SOIRÉE, le tems du soir.

SERI, *vieux Fr.* tard; Lat. SERÒ.
SERENADE, concert qu'on donne le soir.

Ces mots tiennent à l'Héb. שחר SheR, noir.
SOURNOIS, caché, sombre.
Eth. ሰርክ, SaR-K, soir.

Cette famille paroît l'opposé de la suivante :

SEREIN, tems clair & pur.
SÉRÉNITÉ, pureté de l'air, du tems; & *au fig.* pureté de la physionomie.
Celt. SER, étoile, astre qui brille la nuit; en Basq. SARRA,
Or. זהר, ZéR, éclat, splendeur,

SEREUX, } ce qu'il y a de clair,
SÉROSIT } d'aqueux dans le sang.

SERÈ, dans quelques Prov. espéce de fromage fait avec du lait écrêmé, & après le beure; Lat. SERUM, petit-lait, lait éclairci.

SERFOUIR, donner un léger labour à la terre, autour des plantes potageres, avec un instrument à deux pointes; c'est *Fouir* (*fodere*) creuser, (*cer*) autour : ainsi ce mot peut se rapporter à la famille CIR, CER, tour.

SERGE, étoffe; Ital. SARZA.
Ce nom est certainement Oriental; שרג, ShaRG, en Héb. סרג, SaRG, en Chaldéen signifie tissu, un tissu, &c. tout ce qui est fait en forme de tissu, de réseau, &c.

Il n'est donc pas étonnant que

ce nom soit venu de l'Orient avec les étoffes mêmes.

SERIN, Oiseau venu des Isles Canaries, & dont le chant est très-agréable.

SIRENES, Musiciennes célébres dans l'antiquité fabuleuse ; de l'Or. שׁיר, ShiR, chanson ; שׁור, ShyR, chanter.

SO

SOCIÉTÉ, Lat. SOCIETAS, union.
SOCIAL, Lat. SOCIALIS, qui regarde des personnes unies.
SOCIABLE, Lat. SOCIABILIS, qu'on peut unir.
ASSOCIE, Lat. SOCIUS.
Lat. SOCIA, femme, compagne.
ASSOCIER, unir ; Lat. SOCIARE.
ASSOCIATION.
INSOCIABLE, qui ne peut vivre avec personne.

Cette famille appartient à la famille grecque ZEUGein, joindre, unir, apparier.

Chald. Arab. Syr. ZUG, זוג, une paire, un couple, le mari & la femme ; 2°. associer, unir, &c.

SOBRIQUET, surnom imposé à une personne,

Ce mot dont l'origine a échappé à tous nos Etymologistes, doit venir de Sobra, sur, en Langue Romance, & de Quest, acquis ; nom acquis par-dessus celui qu'on portoit.

SOIN, inquiétude, peine, travail d'esprit, application pour faire réussir une chose.
SOIGNER, SOIGNEUX.
ESSOINE, vieux Fr. & Angl. empêchement.

Ce mot paroît tenir au Lat. SEnium, ennui, peine, deuil ; Lat.-B. SENNIA, écrit SUMIS dans la Loi Salique, Tit. I. & SUNNIS, SONIA, SOINUS ; SONIUS, ESSONIA, &c. d'où le Lat. Sumnis ; le Theut. Saumnis, Seumnis, empêchement, soin.

Il paroît tenir à l'Or. שׂום, SUM, SOM, place, position, situation.

Les soins naissent toujours de la position dans laquelle on est ; & cette position, sur-tout quand elle est indispensable, s'oppose à toute autre.

SOL, superficie de la Terre ; Latin SOLUM.

1. SOL, SOUL, en Celt. plancher d'un appartement.
SOLIVE, poutre.
SOLIVEAU.
2. ENTRE-SOL, appartement bas entre deux appartemens exhaussés.
3. SOLIER, Grenier ; en Prov. SOLEY.
4. SOULIER, Lat. SOLEA ; Celt. SOL, semelle.
5. SOLE, poisson plat comme une semelle.
Or. סלה, SaLH fouler aux pieds, renverser par terre ; צול, Tsoul, fond, &c.
SOLDE, paye.
SOLDER, terminer un compte.
1. SOLDAT, homme de guerre qui

reçoit une solde ; *autrefois* SOULDART & SOUDAR.

SOUDOYER, prendre à sa solde.

2. SOU, SOL, piéce d'argent, monnoie.

Lat. SOLDUS, SOLIDUS, piéce de monnoie d'or.

SOLIDUM, solde, paye, salaire.

SOLIDO, affermir, solder, arrêter.

SOLIDUS, entier; solide, assuré.

Or. סלד, SALD, affermir, être entier, parfait.

Eth. ሰለጠ, SALT, parfaire, solder un compte, payer.

Ces mots sont communs à la plupart des Langues d'Europe.

3. SOLIDE, SOLIDITÉ.

SOLIDEMENT, SOLIDAIRE.

4. SOUDER, c'est le Latin SOLIDARE, rétablir en son entier.

SOUDURE, réunion par des matieres tenaces.

5. SOLUTIO, qui en Lat. signifie PAYEMENT, est une famille qui tient certainement à la précédente, & qui a formé ces mots :

SOLUTUM, SOLVERE, payer ; 2°. délier, dégager, dissoudre ; car en payant on délie sa bourse & on dégage sa promesse, on dissout son engagement : d'où

SOLUBLE, qu'on peut résoudre.

SOLUTION, division, explication.

DISSOUDRE, diviser, réduire en parties presqu'imperceptibles.

DISSOLUTION.

RESOUDRE, expliquer; 2°. déterminer.

RÉSOLUTION, détermination.

RÉSOLU, RÉSOLUTIF.

SOLVABLE, qui est en état de payer.

SOLVABILITÉ, INSOLVABLE.

6. ABSOLUTION, action de délier, de dégager d'une faute & d'en recevoir l'expiation.

ABSOUDRE, remettre l'expiation d'une faute.

INDISSOLUBLE, qu'on ne peut rompre.

SOM, SUM.

SOM, SUM, SWM, mot primitif & Celte désignant élévation, hauteur, dans toute l'extension du mot.

1. SOMME, masse d'argent ; 2°. charge ; 3°. recueil.

2. SOMMET, le haut d'un rocher, d'une montagne, de la tête.

SOMMITÉ, la pointe d'une plante, d'une fleur.

SOMMAIL, lieu où la Terre est haute sous l'eau.

3. De SOMME, signifiant recueil, vinrent,

SOMMAIRE, abrégé, bref.

SOMMAIREMENT.

4. De SOMME, signifiant charge, vinrent,

SOMMIER, bête de somme ; 2°. celui qui en fournit, &c.

SOMMELIER, celui qui a la charge du vin.

SOMMELIERE, celle qui chez les BERNARDINES est chargée du soin des habits, des vivres & du temporel.

SOMMER, charger d'une chose à exécuter.

SOMMATION, action de sommer.

ASSOMMER, accabler sous le poids, sous la charge.

5. Du Lat. SUMere, se charger d'un soin, d'un embarras, s'attribuer, dépenser, SUMPTus; frais, charge, vinrent,

SOMPTUEUX, qui dépense magnifiquement.

SOMPTUOSITE, luxe, magnificence.

SOMPTUAIRES (Loix), loix qui réglent la dépense.

CONSOMER, dépenser, dissiper; accomplir, conduire à fin.

CONSOMATION, CONSOMÉ.

CONSOMPTION, maladie de langueur.

CONSUMER, dissiper, détruire.

ASSOMPTION, fête : ce mot signifie *mot-à-mot*, élevation vers.

PRÉSOMPTION, orgueil; trop grande idée de ses forces.

PRÉSOMPTUEUX, PRÉSUMER.

RÉSUMER, reprendre, récapituler.

SORDIDE, honteux, méprisable, vilain; Lat. SORDIDUS.

SORDIDITÉ, mesquinerie.

Du Lat. SORDES, ordure, saleté, avarice.

Gr. Saró, Sairó, balayer.

Heb. סור, Sor, se détourner, s'en aller; 2°. balayer; 3°. puer, faire qu'on se détourne.

SORNETTE, conte à dormir debout.

SORNER, vx. Fr. railler, plaisanter. Ce mot a l'air d'une altération de l'Italien SCORNACCHIARE, babiller, railler.

SCORNACCHIATA; 1°. raillerie; 2°. sot discours.

CORNACCHIA, 1°. babillard; 2°. Corneille.

CORNACCHIARE, jaser, babiller.

SORNETTE est donc, *mot-à-mot*, discours d'une Corneille, bavardage d'une Pie caqueteuse.

SORTIR, se retirer.

SORTIE, retraite. Ces mots doivent venir du même verbe que Sordide : de Sor, סור, s'éloigner, s'en aller.

ESSOR. Voy. ci-dess. Col. 437.

ESSORER; Angl. *to* SOAR.

RESSORT, qui fait mouvoir, prendre l'essor; 2°. étendue d'une Jurisdiction.

RESSORTIR, sortir de nouveau; 2°. relever d'une Jurisdiction.

SOT

SOT, mot synonyme de bête; qui est sans esprit; qui se conduit gauchement, ridiculement, à contre-tems.

SOTEMENT, ridiculement, impertinemment, sans esprit.

SOTISE, manque de sens, faute de jugement; ce qui ne doit ni se faire ni se dire.

SOTISIER, &c.

Ce mot est du tems des Francs. On raconte que l'Empereur Charles le Chauve étant à table avec Jean Scot, il demanda à celui-ci quelle différence il y avoit entre *Scot* & *Sot*, & qu'il répondit : celle qu'y met la table : *Quid distat inter Scotum & Sotum ? Mensa tantum.* Réponse digne de la demande.

Ce mot ne s'est conservé dans la Langue Allemande que dans une de ses significations.

ZOTTE, sottise ; 2°. obscénité, vilainie.

ZOTTICHT, vilain, obscene.

Cette famille est Angloise & Anglo-Saxone. On la retrouve chez les Chaldéens & chez les Syriens. שוט, Sot, SUT, signifie Fou, dépourvu de sens, vil, méprisable. MENAGE étoit-il sage en dérivant ce mot de l'Italien *Stolto,* fou ?

SOUCHE, tronc d'arbre, grosse buche à brûler, la souche de Noël.

2°. Rejetton, race.

3°. Un stupide, une personne immobile comme une souche.

Ce mot tient à l'Oriental סכן, SaKK, שוך, Souk, branche, pieu, poteau, clou.

SU, SOU.

SU, SWI, mot primitif qui désigne l'Eau, les liquides de toute espéce ; & qui a produit en toute Langue des familles nombreuses.

1. Celt. SAU, SWI, eau, riviere.

Turc & Tart. SU, riviere, eau.

Lat. SUDare, sueur, suer.

SUDOR.

Sudarium, mouchoir, linge pour sécher la sueur, &c. d'où SUAIRE.

2. SUER, SUEUR.

SUDORIFIQUE.

3. SUINTER, s'écouler presqu'imperceptiblement à travers quelque corps.

4. SUC, Lat. SUCCus, Celt. SUG. SUCCER, SUCTION.

SUCCULENT.

5. SOUPE, potage.

SOUPER, repas où l'on mange la soupe.

Ces mots tiennent à l'Oriental צוף, TSOUPH, inonder ; & aux suivans :

שקה, SaKé, arroser, humecter, boire.

שקע, SaKO, submerger.

שבר, SeKeR, breuvage, liqueur. *verb.* boire, s'enyvrer. Lat. SICERA.

De-là viennent encore

1. ESSUIER, sécher : ESSUIE-MAIN, linge pour sécher les mains.

2. SUCCIN, ambre ; on le regardoit comme un suc épaissi, coagulé.

3. SÉVE, Lat. SAPA, liqueur qui nourrit les arbres & les plantes.

SUAVE, doux, agréable ; *vieux Fr.* Soueve.

SUAVITÉ, douceur exquise.

Ces mots viennent du Latin SUAVIS, & SUAVITAS, qui ont la même signification. Mais le Lat.

vient lui-même du Celte CHWA, respiration douce ; parfum.

CHWAITH, goût, faveur.

CHWEG, doux, suave.

Angl. SWEET, doux, SWetneſſ, douceur, &c.

SUR

SUR, qui eſt acide; qui agace les dents, qui pique.

SURET, un peu ſûr & acide.

SURELLE, nom qu'on donne en Normandie à l'oſeille, à cauſe de ſon goût aigrelet. En Gall. SURan ; en Angl. SORREL. Celt. SAR, SOR, SUR, aigre, apre; *au fig.* colere. All. SAUR, aigre, acide, &c. En Angl. SoWR.

En Or. צור, TSUR, pointe, piquant; tige d'une famille conſidérable, & qui réunit divers ſens nés de celui-là.

Celt. SURO, aigrir, être acide.

SURNI, acidité ; 2°. rigueur, humeur noire.

SURDOES, levain; en All. *sauer-teig*. C'eſt une branche du Celt. SORR, colere, indignation; en All. ZORN.

S déſignant une Ceinture.

De la Lettre Orientale ס qui peignoit & qui déſignoit toute idée de ceinture, & qui s'eſt confondue avec la lettre S, vinrent les mots ſuivans.

I.

1. SERRER, lier, attacher avec une corde qui ceint, qui environne.

2. SERF, Eſclave; Lat. SERVUS, *mot-à-mot*, homme attaché, lié, enchaîné.

SERVITUDE.

SERVIR, Lat. SERVIRE, *mot-à mot*, avoir les habits ceints.

SERVITEUR, SERVANTE.

SERVICE, SERVILE.

ASSERVIR, réduire en ſervitude.

3. SERRURE, machine qui ſert à fermer.

SERRURIER, SERRURERIE.

4. SERGENT, Officier ſubalterne; du Lat. SERVIENS, qui ſert.

5. SERTIR, enchâſſer une pierre précieuſe, & la ſerrer dans ſon chaton.

6. DESSERRER, lâcher ce qui ſerre.

RESSERRER, ſerrer davantage.

ENSERRER, mettre dans les liens.

CONCIERGE, qui a la garde d'une priſon.

7. CONSERVER, garder avec ſoin.

PRÉSERVER, garantir.

RÉSERVER, mettre à part, garder.

II.

1. SAC, Celte, Oriental, Lat. Gr. &c. Ce dans quoi on enveloppe.

SACHET, petit ſac.

SACHÉE, ce que renferme un ſac.

ENSACER.

2. SAYE, Lat. SAGUM, habit: il enveloppe.

3. SAISIR, prendre, empoigner, s'emparer. *Au fig.* comprendre, concevoir

concevoir avec facilité.

SAISIE, action de prendre, de s'emparer.

SAISISSEMENT, action de saisir : 2°. émotion dans tout le corps.

Lat.-B. SACIRE; on le voit dans les anciennes formules.

Ce mot tient à la famille Celte SACHA, qui signifie tirer, attirer, enlever, saisir, d'où le *vieux Fr.*

SACHER, SAQUER, tirer; en Esp. SACAR, tirer l'épée.

Il tient au mot François,

4. SAS, tamis qui retient, arrête, saisit les corps les plus grossiers.

SASSER, passer au tamis : d'où l'Irl. SASSIF, arrêter, retenir : & le Flam. SAS, écluse.

Ces mots tiennent donc au Gr. SAKKIZEIN, exprimer à travers un sac, un linge, &c.

Ils viendroient donc tous de SAC, considéré comme un objet fait pour contenir, pour entretenir.

5. SACADE, secouer en tirant; de SACHA, tirer, arracher.

S E, Préposition.

SE est une préposition inséparable, formée de la lettre S, désignant la course, la sortie, & qui signifie privation, absence.

1. SÉCURITÉ, Lat. SECURITAS, exemption de souci, de crainte : de *se*, sans &; *cura*, soin, souci.

SUR, Langued. SEGUR, Lat. SECURUS.

SURETÉ, SUREMENT.

ASSURER, RASSURER.

2°. SÉCRET, Lat. SECRETUM, chose qu'on tient cachée, qu'on ne manifeste pas : de *se*, sans, & *cretus* vu, manifesté.

SECRÉTAIRE, mot-à-mot, à qui on confie ses secrets.

SÉCRÉTEMENT.

3. SÉDITION, Lat. SEDITIO, mot-à-mot, schisme, séparation : de *se* à part & *itio*, action d'aller.

SÉDITIEUX.

4. SÉDUIRE, Lat. SEDUCO, tromper, induire en erreur : de *se*, hors, & *duco*, conduire hors du chemin, égarer.

SÉDUCTEUR, SÉDUCTRICE.

SÉDUCTION.

De SE, les Latins firent SINE, qui signifia également sans; & de-là,

5. SINCÉRE, pur, franc, qui se montre tel qu'il est; Lat. SINCERUS; de *sine*, sans, & *cera*, cire, le miel pur & sans mélange de cire.

SINCÉRITÉ.

SINCEREMENT.

S T.

ST, interjection par laquelle on impose silence, & on fait qu'on s'arrête.

Elle est donc devenue la source d'une multitude de mots en diverses langues. Nous indiquerons ici les principaux de la Françoise.

Dict. Etym.

I.

1. STABLE, ferme, fixe.
 STABILITÉ, INSTABILITÉ.
 ÉTABLIR, ÉTABLISSEMENT.
 STANCE, repos; en *Ital.* demeure.

2. STALLE, siége placé dans le Chœur d'une Eglise, qui se hausse & se baisse à volonté.
 INSTALER, revêtir d'une place: d'une stalle.
 STATION, pause.

3. STATUE, représentation d'un personnage, en pierre, ou en une matiere quelconque.
 STATUER, résoudre, établir, délibérer.
 STATUT, réglement arrêté.
 ÉTAT, Empire: 2°. disposition, situation; 3°. dénombrement.

4. ÉTABLE, couvert pour les animaux.

5. ÉTUDE, application, constance à acquérir des connoissances.
 ÉTUDIER, s'attacher à acquérir quelque connoissance.
 STUDIEUX, attaché à l'étude.

II.

1. ÉTAL, boutique de Boucher.
 ÉTALAGE, exposition de quelque marchandise.
 ÉTALER, exposer, développer aux yeux.
 ÉTALEUR, qui étale des livres, &c. petit Marchand.
 DÉTALER, INSTALER.

2. ÉTALON, mesure qui reste en place, & qui doit servir de modèle. Ce mot a quelques dérivés.
 ÉTALONNEUR, ÉTALONNER &c.

3. ÉTAPE, magasin de vivres; lieux où on distribue des vivres aux troupes, &c.

4. ESTAMPE, figure imprimée sur du papier.

5. ÉTANG, eaux qui n'ont point de cours, qui sont stagnantes, dormantes.
 STAGNANT, qualité de l'eau qui n'a point de cours.
 ÉTANCHER, arrêter le sang, la soif.

6. ÉTOILE, Lat. STELLA, astre fixe, qui reste en place.
 CONSTELLATION, amas d'étoiles, renfermées sous un même nom.

7. ESTACADE, pieux liés ensemble & qui forment une barriere.
 ESTOC, de STOCK, souche, tronc, en Allemand.

8. ESTAFETTE, Courier qui court avec deux guides; du Lat. STAPIA, étrier, mot qu'on trouve dans une ancienne Inscription rapportée par Vossius, *de Vitiis Sermonis*, p. 34. & citée par Ménage:

Dum virgunculæ placere cuperem, casu desiliens, pes hæsit STAPIÆ *& tractus interii.*

» Tandis que je cherchois à plaire à
» une Belle, je tombe, le pied reste
» accroché par l'étrier, & je péris
» misérablement.

STAPIA, est comme on voit, formé

de *stare* & de *pes*, lieu où le pied appuie, où il repose.

9. ESTAFIER, Lat. *STAPEDARIUS*, valet de pied.

III

1. ASTRE, étoile en général.
DÉSASTRE, malheur, *mot-à-mot*, influence funeste des astres.

2. STUPIDE, qui reste en place comme une souche; sot, sans esprit.
STUPIDITÉ.
STUPEUR, engourdissement.
STUPÉFAIT, étonné, immobile d'étonnement.

COMPOSÉS.

I.

1. EXISTER, être actuellement.
EXISTENCE.

2. SUBSISTER, demeurer ferme; maintenir ses jours.
SUBSISTANCE.

3. ASSISTER, se tenir auprès; secourir, aider.
ASSISTANCE, ASSISTANT.
CONSISTER, exister en: être.
CONSISTENCE, existence ferme, solide.
CONSISTOIRE, Assemblée Ecclésiastique.
Se DÉSISTER, cesser de rechercher une chose.
INSISTER, appuyer sur une demande.
PERSISTER, persévérer dans une opinion, dans une demande.
RÉSISTER, faire effort contre, s'opposer.
RÉSISTANCE.

II.

RESTER, être de reste.
RESTE, ce qui demeure, débris.
RESTANT, qui demeure tandis que les autres s'en vont.
ARRÊTER, ARRÊT.
RESTAURER, rétablir.
RESTAURATION.
RESTAURANT, RESTAURATEUR.
Gr. *STauros*, palissade.
RESTITUER, rendre une chose qu'on avoit prise.
RESTITUTION.
PROSTITUER, *mot-à-mot*, offrir à tout venant.
PROSTITUTION.
SUBSTITUER, mettre à la place.
SUBSTITUT, SUBSTITUTION.
INSTITUER, établir.
INSTITUT, INSTITUTION.
INSTITUTEUR.
DESTITUER, priver de ses charges.
DESTITUTION.

III.

CONSTANCE, persévérance à toute épreuve.
CONSTANT, CONSTAMMENT.
INCONSTANT, INCONSTANCE.
DISTANCE, intervalle entre deux objets.
DISTANT, éloigné de tant.
INSTANCE, action de presser, sollicitation vive.
INSTANT, *adj.* qui presse; *nom*, moment présent, & qui s'écoule avec rapidité.
PRESTANCE, corpulence, bonne mine,

belle taille, qui représente bien.

SUBSTANCE, matiere, solidité, un être.

SUBSTANTIF, mot qui désigne un être.

SUBSTANTIEL, qui a de la solidité, de la substance.

IV.

Se PROSTERNER, *mot-à-mot*, s'étendre devant quelqu'un, se baisser jusqu'à terre par respect.

PROSTERNATION.

CONSTERNER, abattre, troubler, effrayer.

CONSTERNATION.

V.

DISTILER, purifier par l'alembic; 2°. couler goutte-à-goutte, couler *au fig.* répandre.

DISTILATION, DISTILATEUR.

VI.

DESTINER, déterminer, désigner, consacrer.

DESTINATION, usage, but auquel on est consacré.

DESTINÉE, sort infaillible qui nous attend.

DESTIN, ce qui régle notre sort.

S'OBSTINER, s'opiniâtrer, relativement à quelque chose.

OBSTINÉ, que rien ne peut ramener.

OBSTINATION, entêtement, persévérance mal-entendue.

VII.

1. OBSTACLE, tout ce qui s'oppose à nous.

2. CONSTIPÉ, CONSTIPATION.

3. STIPULER, convenir s'engager à, &c. *mot-à-mot*, rompre la paille, en signe de convention, d'engagement; du Lat. *STIPULA*, paille, tige qui se tient debout.

ÉTEULE, paille qui reste sur le champ quand on coupe l'épi. Ce mot est une altération de *Stipula*; on a dit *Estuble*, *Esteule*, *Eteule*.

STIPULATION, convention.

4. INTESTINS, *mot-à-mot*, intérieur, choses intérieures.

Guerre INTESTINE, intérieure.

5. PRESTIGES, illusions, choses qui éblouissent, qui étonnent, parce qu'on ignore la maniere dont elles s'operent.

6. RETIF, Lat.-B. *RESTIVUS*, qui reste en arriere, qui résiste.

SANG pour DAM.

SANG, Lat. *SANGUIS*, liqueur rouge qui circule dans le corps, l'abreuve, le nourrit & y entretient le mouvement & la vie.

Ce mot a subi deux changemens remarquables en passant de l'Orient en Occident. La Lettre S a pris ici comme en un grand nombre d'autres mots, la place de D, & NG a été substitué à M. *Sang* est l'Orient. *DAM*, rouge : de-là,

1. SANGUIN, abondant en sang.

SANGUINAIRE, qui se plaît à verser le sang, cruel.

SANGUINOLENT,

FRANÇOIS-CELTE.

SANGLANT, baigné dans le sang.
ENSANGLANTÉ.

2. SAIGNER, perdre du sang; 2°. tirer du sang.
SAIGNÉE, SAIGNANT.
SAIGNEMENT.

3. SANGSUE, animal qui succe le sang; 2°. *au fig.* qui épuise la bourse des autres.

4. SANGUINE, 1°. pierre couleur de sang; 2°. herbe qui étanche le sang.

SANG pour DAN.

SANGLIER; Ital. *Zinghiale*, du mot DENT; animal dentu, armé de deux grosses dents saillantes & crochues appellées *defenses*.

SIGNE, dérivé de SEM, SEN.

1. SIGNE, Lat. *SIGNUM*; Orient. SEM; Celt. SEN, marque, caractere, tout ce qui désigne.
SIGNAL, avertissement par signe.
SIGNER, mettre sa marque, son nom.
SIGNATURE.

2. SIGNET, ruban attaché à un livre pour servir de marque.

3. SEING, nom signé.
BLANC-SEING, nom signé au bas d'un papier blanc pour écrire ensuite au-dessus.

4. SIGNALER, rendre remarquable & célèbre. Se SIGNALER, se distinguer par de belles actions.
SIGNALEMENT, description, indices pour reconnoître quelqu'un.

5. SIGNIFIER, présenter un certain sens, indiquer, montrer.
SIGNIFICATION, sens d'un mot.
SIGNIFICATIF, 1°. qui signifie; 2°. expressif.

COMPOSÉS.

ASSIGNER, donner une chose à prendre sur tel objet; 2°. charger de comparoître.
ASSIGNATION, rendez-vous.
SOUSSIGNER, signer au bas.
CONTRE-SIGNER, mettre sa signature, 1°. à côté d'une autre; 2°. sur l'enveloppe d'une lettre, d'un paquet.
DÉSIGNER, marquer, donner à connoître; 2°. destiner à quelque charge.
DESSEIN; 1°. volonté, projet; 2°. figure au crayon, au simple trait.
DESSINER, tracer les traits d'une figure.
ENSEIGNE, tout ce qui sert de marque; 2°. drapeau, pavillon; 3°. Officier qui porte le drapeau.
ENSEIGNER, montrer, instruire.
ENSEIGNEMENT, instruction, précepte.
INSIGNE, illustre, remarquable.
RENSEIGNEMENT, indices pour reconnoître.
RESSIGNER, signer de nouveau.
RÉSIGNER, signer la cession d'une chose.
Se RÉSIGNER, s'abandonner à la

volonté d'autrui, se soumettre à son sort.

EXEMPLE, Lat. *EXEMPLUM*; de *EX* & de *SEM*, modèle, montre, échantillon.

ASSENER, frapper à l'endroit où on a visé.

2°. *En général*, porter un coup.

3°. Mettre la main sur, saisir.

Lat. *AD-SIGNare*, marquer une chose pour une destination particuliere.

II.

De *SIM*, *SEM*, signe, vinrent sans doute le Lat. *SIMILIS*, qui a les mêmes traits, la même figure : d'où,

SEMBLABLE, qui est de même.

RESSEMBLER, RESSEMBLANCE, RESSEMBLANT.

DISSEMBLABLE.

SEMBLER, paroître.

SEMBLANT, feinte.

SIMILAIRE, de la même espéce.

SIMILITUDE, comparaison.

ASSIMILER.

SIMULACRE, statue, image.

SIMULATION, feinte.

DISSIMULER,

DISSIMULATION.

De la même famille doit venir le Lat. *SIMUL*, ensemble : d'où,

ENSEMBLE, dans le même lieu & dans le même tems.

ASSEMBLAGE, ASSEMBLÉE, réunion.

ASSEMBLER, réunir.

S pour TH, prononcé Z.

De l'Orient. תמם, *THaM*, saint, parfait ; 2°. utile, salubre, sain, les Latins firent *SANus*, sain, & *SANCTUS*, saint, autrefois SAINCT ; par le changement en S, de *Th* qu'on prononçoit Z ; & par celui de M en CN, dont nous avons déja vu divers exemples ; de-là :

I.

1. SAIN, 1°. bon, utile; 2°. en bon état, intégre.

SAINEMENT.

2. SANTÉ, état parfait du corps.

3. SANICLE, & SANICLET, plantes médicinales.

SAIN-FOIN, espéce de foin excellent pour le bétail.

SAIN-DOUX, graisse de cochon fondue.

II.

1. SAINT, parfait devant Dieu : 2°. canonisé.

SAINTETÉ, SAINTEMENT.

2. SANCTIFIER, rendre saint.

SANCTIFICATION.

3. SANCTUAIRE, le lieu le plus saint d'une Eglise, & au-delà du Chœur.

4. SANCTION, ratification d'une loi.

MOTS ETRANGERS.

SARABANDE, Danse Espagnole.

MÉNAGE n'avoit pu trouver ce mot dans la Langue Espagnole. Il le cherchoit sous la lettre Z. Mais il s'écrit en Espagnol *Çarabanda*.

SCARAMOUCHE, personnage contrefait de la Comédie Italienne. C'est un mot Italien : CARAMOGIO personnage contrefait, nain ; de

MoGio, mousse, petit garçon, & *CARa*, jeu, raillerie, ridicule. On dit aussi dans le même sens SCA-RAMAZZO, bossu, qui n'est pas rond.

SCHNAPAN, mot Allemand, brigand, homme à pendre; *proprement*, homme armé, assassin.

SCORBUT, maladie à laquelle les Marins sont très-sujets; c'est un mot venu du Nord, SCHARBock; il est formé de SCHARF, acrimonie, pointe. Cette maladie est causée en effet par l'âcreté du sang.

SVELTE, Ital. SVELTO, 1°. taille légere, déliée; 2°. figure qui n'a rien de lourd : *mot-à-mot*, figure qui se détache bien, qui semble sortir de la toile ; ce qu'on appelle en Latin *Evulsa*.

MOTS FRANÇOIS VENUS DU LATIN.

S A.

SANS, Lat. SINE.

SCAPULAIRE, habillement de Religieuse; du Lat. SCAPULA, épaule.

SEAU, Scellé, Sceller ; du Latin. SEGILLum.

SELON ; du Lat. SECUNDUM, suivant, selon.

SEMOULE, espéce de Pâte faite avec la farine la plus fine ; du Lat. SI-MILA, fleur de farine.

SEMPITERNEL, Lat. *sempiternus*.

SEVIR, Severe, du Lat. SCÆVUS & SEVERUS.

SILENCE, Lat. SILentium.

SILENCIEUX.

SINISTRE, fâcheux, *vieux Fr.* SE-NESTRE, gauche; du Lat. *Sinister*.

SINTILLATION, étincellement des étoiles. Lat. SCINTILLA, étincelle.

SOURD, Lat. SURDUS, d'où

SURDITÉ, SOURDINE.

ASSOURDIR.

Du Lat. SOPOR, pesanteur, sommeil, sont venus,

ASSOUPIR, endormir.

ASSOUPISSEMENT.

SOIE, Lat. SETA.

STOR, *vieux Fr.* STORE, dans l'origine, natte pour boucher le jour des fenêtres. Lat. STOREA, natte, Ital. STORA, Gr. *Storeo* étendre.

S pour F.

SENEGRÉ, plante appellée en Latin FENUM GRÆCUM ; on l'appelle aussi en François Fenouil-Grec.

SONDE, cordeau avec lequel on mesure la profondeur de la mer : Lat. FUNDA; du mot *Funis*, corde.

2°. Instrument à sonder les plaies, &c.

SONDER, jetter la sonde; *au figuré*, examiner, chercher à pénétrer, à découvrir ce qu'on pense.

SONDEUR.

MOTS FRANÇOIS VENUS DU GREC.

S A.

I.

SARCASME, raillerie sanglante; Gr. *Sarkasmos*.

SCANDALE, qui offense; Gr. SKANDALON.

De SKANos, faute, & *Déleó*, offenser, nuire.

SCANDALEUX, SCANDALISER.

SCOLIE, explication courte, note, petit commentaire, SKHOLIon.

SCOLIASTE, Glossateur.

SERINGUE, Gr. SYRINX, roseau, tube.

SERINGUER.

SERMON, Gr. HERMOS, discours suivi; de EREO, parler.

SERMONAIRE, SERMONER.

SINGE, Lat. SIMIUS; du Gr. SIMOS, camus, camard : de-là encore le nom de

SIMON, qu'on donnoit aux Dauphins du tems de PLINE qui en parle.

SIRTES, écueils; Gr. SYRTEES.

SISTRE; Gr. SEISTRON, instrument de musique dont on se servoit dans les cérémonies sacrées.

SOPHISME, faux raisonnement; Gr. SOPHISMa.

SOPHISTE, faux sage; SOPHISTés.

SOUDAIN, Gr. SUDÉN.

SQUELETTE, Gr. SKELETON, cadavre desséché;

De KAL chaleur; S est ajoutée.

STÉRILE, Lat. STERILIS, Gr. STEIRA; du Celte TIRien, terre froide & inculte; Irl. TIRm, stérile.

II.

Mots composés de la Préposition Grecque S Y N.

La préposition Latine CUM qui signifie *avec, ensemble*, étoit en Grec SUN, qu'on prononce SYN : de-là divers composés passés dans notre langue.

SYLLABE, Gr. SULLABÉ; de LABein, prendre : les lettres, qui se *prennent* à la fois en épelant, forment une syllabe.

SYLLOGISME, de *Logismos*, raisonnement.

SYMMETRIE, de *Métron*, mesure.

SYMBOLE

SYMBOLE; de *Ballein*, mettre, porter; *Bolos*, marque, indice.

SYMPHONIE; de *Phoné*, voix.

SYMPTOME; de *Ptóma* & de *Sun*, mot-à-mot, ce qui arrive en même tems.

SYNCOPE, lettre supprimée au milieu d'un mot; 2°. évanouissement; de *Kopé*, action de couper, d'emporter.

SYNECDOQUE, figure de Rhétorique, où l'on prend une partie pour le tout : de *Dokhé*, compréhension.

SYNODE, Assemblée Ecclésiastique où l'on se rend de toute la contrée : de *Hodos* chemin.

SYNONYME; d'*Onoma*, nom.

NTAXE, arrangement; de *Tassein*, arranger.

SYNTHÈSE; de *Thèsis*, composition, union.

SYSTÊME; de *Théma*, arrangement, collection.

MOTS FRANÇOIS VENUS DE L'ORIENT.

SA

SABAT, jour du repos: le Samedi : Or. שבת, *ShaBaTh*, repos, cessation.

SABBATINE, Thése qu'on soutient le Samedi.

SABLE, couleur noire, dans le blason ; du Nord *SABLEL*, nom des MARTES ; animal dont la peau est noire, & dont nous avons altéré le nom en *Zibeline*.

SAFRAN, plante à fleurs jaunes ; de l'Orient. سفرا, *SaPHRa*, jaune, couleur du cuivre & de l'or.

SAGETTE, SAÏETTE, Flèche; Lat. *SAGITTA*; Or. صيد, ציד, *TsaID*, Chasseur.

SAGITTAIRE.

SALAMALEC, salutation chez les Orientaux; de *SALAM*, שלם, paix ; & *LEK*, à vous.

SAMBUQUE & SACBUTE, instrument de musique ; en Or. סבכא, *SaBuKA*.

SANIE, pus; Lat. *SANIES*; de l'Or. צנא, *SaNA*, puanteur, corruption, dégoût.

SAPHIR, pierre précieuse ; Or. ספיר, *SaPHIR*.

SARAZINS, nom qu'on donnoit autrefois aux Arabes : il paroît venir de l'Orient. شرق, *ShaRaK*, l'Orient.

SARDINE, poisson très-abondant sur les côtes de Tyr, & qui a pris son nom de cette ville qu'on appelloit *TsaR*.

SARMENT, bois de la vigne. Ce

mot paroît un dérivé de l'Or. כרם, *CaRM*, vigne.

SATAN, c'est le mot Orient. סטן, *SaTaN*, qui signifie ennemi, adversaire, & qui fut un des surnoms de Typhon, appellé en Egyptien SETH, ou l'ennemi, dit Plutarque.

SATIN, espéce d'étoffe. Ce mot tient à l'Orient. סדין, *SaDIN*, tissu, toile.

S C

ESCARBOT & SCARABÉE, tiennent à l'Oriental חרב, *c'HoRBa*, insecte.

ESCALIN & SHELING, tiennent à l'Or. שקל, *SKeL*, sicle.

SCÉLÉRAT, du Lat. SCELus, crime, méchanceté; Or. SKeL, סכל, folie, sottise.

SCENE, Gr. SKENÉ, Or. سكن, شكن, שכן, *SKeN*, demeure, habitation, tente.

SCEPTRE, Lat. & Gr. de l'Or. שבט, *scheBT*, prononcé *SKeBT*, bâton; 2°. bâton de commandement.

SCHERIF, dignité en Angleterre; en Or. شرف, *SheRuF*, noble.

SCHISME, Gr. SKhisma; de l'Or. שסע, *SKheSO*, couper en deux, diviser.

SCORPION, Lat. & Gr. de l'Or. עקרב, *OKReB*, Scorpion; de קרב, *KRaB*, guerre.

SCOTE, action de passer au feu du linge, un habit, &c. Ital. SCOTTare, brûler, chauffer; en Caraïb. *Escoute*, feu; de l'Or. אש, *ESC*, feu.

ÉCUEIL, autrefois ESCUEIL, Lat. SCOPulum; de l'Or. סקל, *SKaL*, rocher; 2°. lapider.

SCURRILITÉ, bouffonnerie, Lat. SCURRA, bouffon; de l'Or. שקר, *SKaR*, mascarade.

S E

SENÉ, plante Orientale; Ar. سنا, *SeNa*.

SERANCER, SERAN, qui se sera écrit SERANC, de l'Or. סרק, dent, machine à dents.

SERRAIL, nom des Palais chez les Orientaux; en Or. سرح, *SaRH*, Palais; tout ce qui est élevé.

ASSERTION, INSERER, } Lat. SERO, semer: de l'Or. זרע, *ZeRhO*, semer.

S I

SICLE, monnoie, Or. שקל, *SeKEL*.

CON-SIDÉRER, examiner; du Lat. SIDERE, (*à l'abl.*) Constellation; de l'Or. סדר, *SaDaR*, arrangement; par bandes.

SIMARRE, mot Espagnol; de l'Or. שמלה, *SimLé*, habit, manteau.

SINDIC, Gr. Syn-DIKos, Chef d'un Corps; de l'Or. דיך, *DIK*, Chef, Juge.

SINGULIER, Lat. SINGULARIS; de l'Or. סגל, *SeGuL*, singulier, propre.

SINOPLE, couleur verte, *en terme de blason*; de l'Or. צנף, *SeNaPh*,

Senap, se couvrir de feuilles, reverdir.

SIPHON, canal, tube; Or. צוף, *Tsouph*, couler.

SIROP, *voy. ci-dessous* SORBET.

S O

SOCQUE, Lat. *Soccus*; de l'Or. *Sakk*, שבך, couvrir.

SOIF, du Lat. *Sitis*; Or. שתה, *Shaté*, boire.

SOL, terrein, & SEUIL; Or. סלה, *Salé*, fouler aux pieds.

SOLEMNITÉ, Lat. *Solemnitas*; de l'Or. שלה, *selh*, présenter, & מנח, *Menh*, don, offrande.

SOPHA, estrade, lit de repos, de l'Or. صفاة, *Sophah*, banc, estrade.

SOPHI, nom des Rois de Perse, depuis Ismaël, qui étoit appellé Sophi, parce qu'il étoit Moine Mahométan; de l'Or. صوف, *Souph*, laine, les Sages n'étant habillés que de laine.

SORBET, boisson; de l'Or. شرب, *Sharb*, boire, avoir soif.

ABSORBER, & le Lat. *SORBEO*, viennent de cette famille: & peut-être aussi

SORBE, Lat. *SORBUS*, fruit acide, qui excite la soif.

SORT, Lat. SORs, de l'Oriental HOR, lumière: d'où URim, divination, qu'on aura prononcé SORT : de-là,

1. SORTILÉGE, SORCIER. SORCÉLERIE, ENSORCELER.
2. SORTE, ASSORTIR. ASSORTIMENT.

SOUDAN, *voy. ci-dessous* SULTAN.

SOUFRE, Lat. *SULPHUR*; de l'Or. *Ph-UR*, feu, & *SoL*, terre, le feu de la terre.

SULPHUREUX, ENSOUFRER.

SOULOIR, *vieux Fr.* Lat. *SOLere*; avoir accoutumé.

INSOLENCE, &c. de l'Or. סלל, *SaLL*, chemin battu.

ENSOUPLE, ENSUBLE, Lat. *Insubulum*; de סוב, tourner.

SOUVENT, du Lat. *SÆPè*, venu de l'Or. שפע, *Sapho*, multitude, abondance, prononcé *Sape*.

S P — S U.

SPAHIS, nom de ceux qui servent dans la Cavalerie Turque; Indien *SEPOY*, que nous prononçons *SIPAYE*.

SPHERE; de l'Or. שפר, *Spher*, rond, rondeur.

STRATAGEME, du Gr. *STRATos*, armée; de l'Or. צר, *Tsar*, prononcé *Stra*, faisceau, manipule.

STROPHE, couplet, *mot-à-mot*, action de revenir sur ses pas, parce qu'on se balançoit dans les danses sacrées; du Gr. *TREPein*, tourner, formé de l'Oriental תר, *Tour*, tourner, & פה, *Fé*, face, *mot-à-mot*, faire volte-face.

SUD, midi; de l'Orient. سود, *Shoud*, noir.

SULTAN, SOUDAN; de l'Or. שלטן, *Shaltan*, domination.

SUMAC, arbre Orient. & son fruit, en Lat. *Rhus*; de l'Or. שמוק, *SeMUQ*,

MOTS FRANÇOIS VENUS DU CELTE.

T

LA Lettre T étoit la derniere dans l'Alphabet primitif; & elle l'est encore dans les Alphabets Orientaux. Sa valeur s'accorde parfaitement avec ce rang qui ne lui avoit pas été assigné sans raison; cette Lettre désignant la perfection, l'excellence, la haute élévation au physique & au moral, comme nous l'avons fait voir dans l'Origine du Lang. & de l'Ecrit. pag. 340. & 411.

On ne sera donc pas étonné lorsqu'on verra que tous les mots nés de cette lettre offrent des idées relatives à celle-là; & l'on n'aura point de peine à se persuader que les mots qu'elle commence & qui ne renferment aucune idée relative à celles de hauteur, d'élévation, de supériorité, n'appartiennent qu'en apparence à la Lettre T, & se rapportent à des familles absolument différentes.

Deux causes ont concouru à ce déplacement; l'habitude où l'on est de confondre l'article avec les noms qu'il précede : la facilité qu'ont les Lettres de se substituer à d'autres avec lesquelles elles ont quelque rapport de son.

Or la Lettre T est un article chez les Orientaux, de même que les Anglois qui en ont fait *The* & *To*.

Et cette Lettre se change souvent en Th, Z, S, C, Q, &c. Le premier de ces changemens est commun aux Hébreux, aux Grecs, aux Anglois, &c. Tous ces Peuples ont un *Th* que d'autres rendent par *T*, & des troisiémes par *Z*, tandis que le T des Grecs est souvent un Q chez les Latins & chez les Picards.

T ajouté.

T, article Oriental conservé dans l'Anglois *The* & *To*, s'est réuni quelquefois aux mots qu'il précédoit pour n'en former qu'un seul; ainsi que cela est arrivé à tous les articles: de-là divers mots dont sans cette observation on ne pourroit découvrir l'étymologie.

I. TAIRE, Lat. *TACEO*; du Gr. *A-KEÓN*, sans dire mot, en se taisant, tacitement.

TACITE, qui n'est pas exprimé.
TACITEMENT.

TACITURNE, sombre, rêveur.
TACITURNITÉ.
RÉTICENCE.

II.

TEDIEUX, *vieux Fr.* ennuyeux; du Lat. TÆDIOSUS; TÆDIUM, ennui dégoût.

Du Grec *Adeo*, altéré en *Aideo*, être dégoûté.

III.

Du Celt. AMS, EMP, EMPER, durée, révolution, saison, &c. formé lui-même de AN, cercle, tour, anneau, & de l'art. T, vinrent;

1. TEMS, TEMPUS, mesure du mouvement, révolutions des astres, âges, siécles, saison, &c.
2°. Révolutions de l'air.

TEMPOREL, qui regarde la vie présente.

TEMPORALITÉ, intérêts temporels.

TEMPORISER, différer, gagner du tems.

TEMPORISEUR, qui différe.

TEMPORISEMENT, retardement, délai dans l'attente d'un tems plus favorable.

CONTEMPORAIN, qui vit dans le même tems.

2. TEMPÊTE, tems furieux, orage. *Au fig.* vacarme, sédition, bruit, désordre.

TEMPÊTER, faire du bruit.

TEMPÉTUEUX, sujet aux tempêtes.

TEMPESTATIF, sujet à quereller, à gronder.

IV.

De ERMÈS, nom grec de Mercure & des marques, des bornes, joint à l'article T, vinrent le Gr. TERMA, borne, & le Lat. TERMINUS, terme, borne; d'où,

1. TERME, borne.

TERMINER, borner; 2°. finir, achever.

TERMINAISON, syllabe qui finit un mot.

2. TERME, mot; parce qu'il est le signe de la pensée.

COMPOSÉS.

ATTERMOYER, donner terme.

DÉTERMINER, fixer les bornes.

DÉTERMINATION.

DÉTERMINÉ, *nom.* qui franchit toute borne; *adj.* ce à quoi on a assigné des bornes.

EXTERMINER, anéantir.

V.

Du primitif AR, ER, terre, écrit aussi HERTH, ERT, ERZ, se forma le Latin TERRA, & notre mot,

TERRE, qui désigne, 1°. le globe que nous habitons; 2°. la matiere dont il est composé, &c. 3°. le pays qu'on habite; 4°. le canton qu'on cultive.

TERRAIN, TERRITOIRE, TERROIR. Ces trois mots désignent la terre; le premier relativement à l'emplacement; le second relativement à la jurisdiction; & le troisiéme re-

TERRESTRE, qui regarde la terre.

TERREUX, plein de terre.

TERRASSER, renverser par terre.

2. TERRASSE, allée élevée.

3. TERREAU, *autrefois* fosse, fossé, *auj.* terre noire & fumée, excellente pour les plantes.

Se TERRER, se cacher en terre.

TERRIEN, possesseur de grandes terres.

TERRIER, état des terres d'un Seigneur.

TERRIR, prendre terre,

4. TERRAILLON, *vieux-Fr.* Pionnier, homme dont le métier consiste à remuer la terre.

5. TERRINE, grand vase de terre à cuire.

TERRINÉE.

COMPOSÉS

ATTERRISSEMENS, terres déposées par les Fleuves à leur embouchure.

ENTERRER, mettre en terre.

ENTERREMENT, convoi funébre.

SOUTERRAIN, chemin ou habitation sous terre.

VI.

De l'Orient אצר ATSAR, renfermer, déposer dans un coffre, thésauriser, joint à l'article T, les Grecs firent *Thésauros*, & les Latins THESAURUS, lieu où l'on renferme son argent : de-là,

THÉSAURISER, amasser de l'or & de l'argent.

TRÉSOR, amas d'or & d'argent.

2°. *Au fig.* objet excellent & précieux.

TRÉSORIER.

TRÉSORERIE, charge de Trésorier.

Ces derniers mots se sont formés par l'insertion du R, si commune en François.

ONOMATOPÉES.

1. TÉTER, tirer le lait du sein de la mere ou de sa nourrice. *Voyez sa famille dans l'Orig. du Langage & de l'Ecrit.* De-là,

TATA, pere nourricier ; & peut-être aussi TÂTER, goûter.

TANTE, sœur du pere, sœur de sa mere, femme de l'oncle.

TAYE, *vx. Fr.* grand-mere ; en Gr. THEIA, prononcé ZEIA.

ZIO ; en Ital. oncle : ZIA, tante.

ONOMATOPÉES.

I.

TA-TA-TA, mot qui sert à représenter la vîtesse d'un mouvement, d'une action.

TAFFETAS, étoffe de soie qui tire son nom du bruit qu'elle fait quand on la remue.

TAFFETATIER, qui fait du Taffetas.

TAI, TAIAUT, cris pour appeler un chien.

TARIN, TERIN, petit oiseau verd avec une marque noire sur la tête, & dont le nom imite le chant.

TOURDE, espéce de grive, & dont le nom qui s'est formé par onomatopée tient également au Celte

TWRDD, bruit, cri des Oiseaux: d'où

ETOURDIR, casser la tête à force de faire du bruit, de criailler.

TOURTERELLE, Lat. TURTUR; Or. TUR; nom formé également par onomatopée.

TOURTEREAU, petit d'une Tourterelle.

TURLUT, espéce d'alouette qui tire son nom de son chant.

TARARE.

TANTARARE.

II.

TAB, TAP, TOP, frapper.

1. TABOUR, TAMBOUR, caisse sur laquelle on frappe pour la faire résonner; 2°. celui qui bat de la caisse.

TABOURIN, TAMBOURIN, tambour long & étroit.

TAMBOURINER.

2. TAPE, coup donné avec la main.

TAPER, frapper, donner des coups.

TAPOTER.

TAPER les cheveux, les repousser avec le peigne pour les faire friser.

TAPURE, frisure à coups de peigne.

RETAPER, rajuster, raccommoder.

3. TAUPER, frapper de la main dans celle d'un autre en preuve de consentement.

TOPE, mot-à-mot, touche là, frappe, *en signe de consentement.*

4. TOUPIE, machine en forme de cœur & qui a une pointe de fer sur laquelle on la fait tourner en frappant. C'est donc de là qu'elle a pris son nom, ce qu'on n'avoit point apperçu: aussi l'appelle-t-on TOPP, dans toutes les anciennes Langues Celtiques.

5. TIPE, TYPE, Gr. TYPOS, empreinte; de *Top ein,* frapper, parce qu'elle est frappée sur l'or & l'argent.

6. ETOUPE, Lat. STUPA, ce qui se sépare du chanvre quand on le bat.

6. TAMPON, ce qui sert à boucher quelque trou, en le faisant entrer de force, à grands coups.

TAMPONER.

III.

TAC, TEC, TOC, toucher.

TAC, désigne l'immobilité, & les coups donnés pour rendre une chose stable, pour la faire tenir en place: de-là une multitude de mots.

1.

TACH, qui, en Celte signifie clou; 2°. lieu, place; 3°. tache.

1. TAC, clou, maladie contagieuse des brebis & même des hommes.

TAQUE, nom d'une espéce de gros cloux, *cloux de taque.*

2. TACHE, *vieux Fr.* TECHE. Les taches restent en place & ne peuvent s'ôter que difficilement.

TACHER, faire une tache.

TACHETÉ, couvert de taches, de mouchetures.

ENTICHÉ.

3. TICTÉ, marqueté, en parlant d'une fleur.

4. TAQUETER, bruit de deux choses qui se frappent; en Arab. même, TAKKA.

TAQUET, piéce de bois clouée pour empêcher quelque piéce de glisser.

TACON, vieux Fr. désignoit un morceau, une piéce; l'Ital. dit TACCONe, bout mis à un soulier.

TACON, signifia aussi petit saumon.

Ces mots vinrent du Celte TACH, bornes, piéce bornée: de Tac, planter.

TAQUINER, molester.

TAQUIN, attaché à l'argent, avare.

2.

De TAC, les Latins firent TACtus, touché; TE-TIGI, j'ai touché; TANGere, toucher: en Grec, Thigein.

1. TACT, attouchement, faculté du toucher.

TANGENTE, ligne qui touche un cercle en un point.

2. TOC, coup, action de frapper, de toquer.

TOQUER, heurter un objet contre un autre.

TOCSIN, mot-à-mot, signal qu'on donne en toquant, en frappant sur quelque chose.

3.

TOC, TEG, devenu en Gothique TE-KAN, fit le François,

1. TOUCHER, appuyer ou mettre la main sur quelque chose.

TOUCHANT, adj. qui touche, au physique & au moral.

Préposition, concernant.

TOUCHE, nom de divers objets relatifs à l'action de toucher.

2. TIC - TAC, imitation du bruit qu'on fait en frappant.

TIC, habitude corporelle qui est comme clouée, & dont on ne peut se défaire.

TIQUET, pou de bois qui s'attache.

COMPOSÉS.

1. ATTACHER, lier; mot dont l'origine a fort embarrassé les Etymologistes.

S'ATTACHER, se vouer, s'appliquer.

ATTACHE, lien; 2°. au fig. application, ardeur; 3°. consentement, permission; figure empruntée du cordon qu'on mettoit aux permissions qu'on accordoit.

ATTACHEMENT, union, amitié.

DÉTACHER, séparer, délier, &c.

DÉTACHEMENT.

ATTAQUE, choc, combat.

ATTAQUER.

2. CONTACT, point où deux choses se touchent.

CONTAGION, maladie qui se gagne par l'attouchement.

CONTAGIEUX,

CONTAGIEUX.

3. ATOUCHEMENT, action de toucher.

RETOUCHER, toucher de nouveau; corriger.

4. INTACT, à quoi on n'a pas touché.

INTÉGRE, du Lat. INTEGer, à quoi on n'a pas touché; en son entier.

ENTIER, qualité de ce à quoi on n'a pas touché.

INTÉGRITÉ, qualité de celui qui n'a point perdu de son honneur, de sa réputation.

5. ETIQUETTE, 1°. billet ou titre attaché à un sac, à des paquets. 2°. Journal de ce qui doit se faire chaque jour dans le Palais des Rois, & dans les grandes cérémonies.

ETIQUETER, mettre des titres.

DÉRIVÉS.

1. Du mot INTEGER, ou ENTIER, se forma un dérivé dont BOREL & MENAGE ont bien apperçu l'origine, le mot

ENTÉRINER, *terme de Palais*, rendre entier & parfait; vérifier.

Entériner des lettres de Rémission. Aussi la phrase Latine *integrare Litteras Regias*, se rend toujours, par, ENTERINER *des Lettres Royaux*. On disoit aussi

ENTÉRINETÉ, pour intégrité.

Le Commentateur de Vaugelas se trompa donc en dérivant ce mot d'*Interim* & en tournant en ridicule l'étymologie adoptée par MENAGE.

2. TRINQUER, boire, *mot-à-mot*, choquer les verres ensemble.

Ce mot est l'Allemand *Trincken*, le Flamand *Drincken*. Il tient à l'Allemand *Tringen*, pousser, presser, & à l'Anglo-Saxon, *Tringan*, toucher. C'est donc le Gr. *Thiggein*, toucher, prononcé *Thingen*, & où l'on a inséré un *R* comme dans *Trésor*, & dans nombre d'autres mots.

Mais *Thiggein* toucher, est de la famille TAC, TEC, TIC.

3. ATTEINDRE, du même *Thingen*, toucher.

ATTEINTE, attaque, coup.
ATTEINT.

4. PERCHE, Lat. *PER-TICA*, bâton avec lequel on peut toucher de loin.

PERCHER, mettre sur une perche.
PERCHOIR, où on se perche.
PERCHANT.

5. STIGMATES, marques profondément imprimées sur la peau.
STIGMATISER.

III.

TA, TAS, tâter.

TÂTER, autrefois TASTER, toucher légèrement à une chose, de la main, des lèvres, &c. & ne donner que des coups légers, ne faire qu'effleurer.

TÂTEUR, qui tâtonne.

TÂTONS, aller à tâtons, marcher dans l'obscurité en palpant, en essayant.

TÂTONNER, aller à tâtons.

TÂTONNEMENT.

IV.

TIM, TIN, bruit, fracas.

1. TIMBALE, instrument bruïant, &c. sur lequel on frappe avec des baguettes.

TIMBALIER, qui touche les Timbales ; on frappe ordinairement sur deux en cadence.

2. TIMBRE, espèce de cloche sur laquelle frappe le marteau d'une horloge, en sonnant les heures.
2°. Instrument avec lequel on frappe l'empreinte du papier TIMBRÉ.

TIMBRER le papier.

TIMBRÉ, au fig. qui a la tête timbrée, comme si elle avoit reçu un coup de marteau ; qui n'a pas la tête dans son assiette naturelle.

3. TIMPAN, membrane qui recouvre l'oreille, & que l'air fait résonner.

TIMPANISER une personne, s'en moquer publiquement.

TIMPANON, Instrument à cordes & très-sonore.

4. TINRELINTINTIN, mot inventé pour exprimer le son d'une petite cloche, ou le bruit des verres.

TINTAMARRE, bruit qu'on fait en frappant avec des marres, des bêches, des pèles, &c.

TINTER, frapper du battant d'une cloche sur un des bords.

TINTEMENT, battement d'oreille semblable au bruit d'une cloche qui tinte.

TINTOUIN, bruit qu'on entend dans l'oreille ; 2°. souci, inquiétude d'esprit.

TINTIN, bruit de verres qu'on choque.

RETENTIR, RETENTISSEMENT.

V.

TOM, élevé.

TOM est un son sonore & élevé : de-là,

1. TOMBE, Gr. & Lat. TUMBUS : une tombe est toujours élevée.

TOMBEAU.

2. TOMBER, dans la Lang. Goth. TUMBA : c'est l'imitation du bruit qu'on fait en tombant. TOMB.

TOMBEREAU, espèce de charrette pour emporter des débris, des plâtras, &c. des choses qu'on jette.

RETOMBER, tomber de nouveau.

VI.

TON, son élevé.

1. TON, élévation de la voix ; 2°. son ; 3°. une des six parties qui composent la Gamme, &c.

TONIQUE.

DÉTONNER, manquer le ton.

ENTONNER.

INTONATION.

2. TONNERRE, explosion terrible qui se fait entendre dans l'air. Lat. TONITRU.

TONNER, TONNANT.

DÉTONNER, *en Chymie.*

3. ÉTONNÉ, frappé du bruit, &c.

ÉTONNEMENT.

VII.

TOUX.

TOUX, mouvement violent & soutenu de la poitrine, & qui gêne la respiration. Lat. TUSSIS.

TOUSSER.

TOUSSEUR, TOUSSEUSE.

TUSSILAGE, plante bonne pour la toux.

VIII.

TR

1. TRAC, mot qui exprime le bruit d'un objet qui se remue avec violence.

TRAQUET, cliquet de moulin.

TRAQUENARD, pas du cheval qui va l'amble ; imitation du son qu'il fait entendre.

DÉTRAQUER.

2. TREMBLER, être saisi de froid ; 2°. être glacé par la peur.

TREMBLEMENT, saisissement qui fait frissonner.

TREMBLEUR, TREMBLOTER.

TREMBLE, arbre dont les feuilles sont agitées par le moindre souffle.

3. TRICTRAC, jeu de dez, & très-bruïant.

4. TROMPE, instrument à vent, & dont le son est très-fort.

TROMPETTE, instrument à vent très-sonore ; 2°. celui qui sonne de la trompette ; 3°. celui qui répand par-tout quelque nouvelle.

TROMPETTER, crier à son de trompe ; 2°. publier, divulguer.

5. TRUDON, TRUDAINES, paroles vaines comme le son d'un tambour, qui, lorsqu'on frappe dessus, fait entendre *trudon*.

T, marquant l'élévation.

I.

TU, TOI, TE, nom de la seconde personne, de celle à laquelle on s'adresse ; pronom connu dans la plupart des Langues ; en Lat. TU ; en Héb. אתה, ATHE, ou *Atha* ; en Bas-B. TA, désignant la seconde personne pour tous les genres & pour tous les nombres.

TON, TA, TES.

TIEN, TIENNE.

TUTAYER, employer le pronom TU en parlant à quelqu'un.

TUTOIEMENT.

2

1. TAON ; *vx- Fr.* TABAN, TAVON, grosse mouche ; Lat. TABANUS.

2. TUMEUR, grosseur qui survient dans quelque partie du corps & qui est l'effet de quelqu'indisposition.

TUMÉFACTION, enflûre, boufissure.

TUMÉFIER, enfler.

3. TUMULTE, grand bruit, soule-

vement, désordre, émotion.

TUMULTUEUX.

TUMULTUAIREMENT, TUMULTUEUSEMENT, en tumulte, en foule, sans ordre.

3.

De Tu, élevé, les Latins firent TUEOR, qui signifie avoir les yeux sur un objet, veiller sur lui, le défendre, le protéger : de-là,

1. TUTEUR, TUTRICE, qui a soin du bien & des actions d'une personne qui ne peut veiller sur elle-même.

TUTELLE, administration d'un Tuteur.

TUTELAIRE, qui garantit, qui protége.

2. INTUITION, vue claire d'une vérité.

INTUITIF.

TAB, TAP, étendre, couvrir.

I.

1. TABLE, Lat. TABULA, grande piéce de bois ou d'autre matiere, portée sur des pieds, & sur laquelle on mange, on écrit, &c. 2°. Tout ce qui est large & à plat en forme de Table.

Vieux Lat. TABA, Table : Tabula n'en est que le diminutif; en Chald. דפא DAPA.

TABLER, tenir table, être à table; 2°. compter sur une chose.

2. TABLE d'un Livre, tableau raccourci par ordre alphabétique de tout ce qu'il contient.

3. TABLEAU, table peinte; 2°. description; 3°. enseigne; 4°. rôles.

4. TABLATURE, piéce de musique écrite; 2°. au fig. peine, embarras, difficultés.

TABLETTE, ais suspendu afin d'y pouvoir placer quelque chose.

TABLETTES, feuilles de velin enduites & cousues ensemble, sur lesquelles on peut écrire avec un poinçon :

2°. Médicamens ronds & plats qu'on fait fondre dans la bouche.

TABLETTERIE, Art de faire des ouvrages délicats en Menuiserie, en ébene, en yvoire, &c.

TABLETTIER, Marchand & Artisan en ouvrages de Tabletterie.

5. TABELLION, Notaire de campagne qui dresse les actes entre les particuliers, & qui les écrit aujourd'hui sur du papier ou du parchemin, autrefois sur des tablettes, d'où vint le nom qu'il porte encore.

6. TABOURET, en Bas-B. TABOUJET, mot-à-mot, petite table, siége peu élevé & qui a la forme d'une petite table étant sans dossier.

7. TABLOUINS, planches ou madriers qui composent la plate-forme où l'on place les canons que l'on met en batterie.

8. TALLEVAS, vx. Fr. bouclier; mot altéré de Tabula.

TAVELÉ, marqueté, tacheté, marqué de taches qui ressemblent à de petites tables ; Lat. *Tabulatus*.

TAVELER, moucheter.

TAVELURE, bigarrure d'une peau tavelée.

9. S'ATTABLER, se mettre à table.

ENTABLEMENT,
RETABLE, } termes d'architecture.

II.

1. TABERNACLE, *mot-à-mot*, tente consacrée à la Divinité ; sanctuaire.

2. TAVERNE, logis où l'on donne à manger, &c. Lat. *Taberna*, de TAB, couvert, abri.

TAVERNIER, TAVERNIERE.

TAVERNAGE, amende due par un TAVERNIER.

3. TAUDIS, au lieu de TAULIS, mauvaise chambre ; Lat. *TABulatum*.

Se TAUDIR, se mettre à couvert, se couvrir.

4. TABARD, TABART, *vx. Fr.* en Celt. *TABAR* ; Ital. *TABarro* ; Esp. *TAVardo*, manteau, cappe.

TABARIN, farceur, qui porte un petit manteau sur les épaules.

5. TABLIER, ajustement de toile, de cuir, ou autre espéce d'étoffe que les Artisans mettent devant eux pour conserver leurs habits ; & les femmes, par parure.

6. TABIS, étoffe de soie faite par ondes, qui sert à faire des jupes & des doublures.

TABISER, faire en forme de Tabis.

Ce mot peut venir cependant du Celt. TAB, eau, puisque cette étoffe est en forme d'ondes.

7. TAPIS, étoffe qui sert à couvrir une table, un parquet, &c. C'est un mot également Latin, Grec, Oriental.

TAPISSERIE, ouvrage en laine, destiné à couvrir des siéges, des murs, &c.

TAPISSER, TAPISSIER.

8. Se TAPIR, se cacher.

TAP'NOIS, en Tapinois, secrettement, en se cachant, & sans faire de bruit. Du prim. TAP, couvrir ; Basq. *TAPA*, couvercle ; *TAPAZE*, couvrir.

9. TAVAIOLE, grand linge quarré, fin, enrichi de dentelles, &c. lequel sert à porter les pains bénis ou à couvrir les enfans qu'on porte baptiser.

TAC, TAG, désignant l'élévation & toute idée relative à couvrir.

T, désignant l'élévation, exprima naturellement toute idée de supériorité, d'abri, de protection, de mettre à couvert : de-là une multitude de familles immenses.

I.

TAC, TEC, TEACH, TEG, TOG, signifia en Celte & dans ses divers dialectes, habitation, toit, couvert, &c. de-là,

Le Lat. *TECTUM*, toit ; *TEGO*...

vrir ; TOGA, robe ; TEGULA, tuile, &c. d'où,

TOIT, autrefois TOICT, couvert de maison, abri, couvert.
PROTECTEUR, celui dont la puissance nous met à couvert.
PROTECTION, PROTEGER.

II.

TUILE, altération de TEGULA, prononcé Teula, Teuile, Tuile, &c.
TUILIER, faiseur de tuiles.
TUILIERE, TUILERIES, &c.

III.

ÉTAGE, Gr. Stegé, appartement supérieur, qui en couvre un autre.
PRÉTEXTE, motif dont on se sert pour *cacher* la véritable cause d'une action.
PRÉTEXTER.
TAIE, tache sur un œil.
TOQUE, bonnet; Esp. TOCA, coëffure ; TOCAR, couvrir la tête. Or. TAG.
TUQUET, mot employé par RABELAIS, & que MENAGE n'a pu expliquer. On voit par la lecture du passage où ce mot est contenu, qu'il signifie *colline, monticule*. « Quand je fus sur un petit TUQUET qui est auprès, je me retournai arriere comme la femme de Loth & vis toute la Ville bruslante ». En *vieux Fr.* TUCQUET, éminence; en Gasc. TUKO, montagne ; Bas-Br. TUCHEN, motte, butte, colline.

TUQUE, faux tillac.

IV.

Les Grecs en firent TECHNÉ, Art, *mot-à-mot*, art de faire des tissus: TUKHO, TEUKHÔ, fabriquer ; d'où,

ARCHI-TECTURE, *mot-à-mot*, fabrique, tissu ou construction par excellence.
ARCHITECTE, chef des constructeurs.
TAL, haut, élevé, extrémité.

I.

TAL, est un mot primitif dérivé de T, élévation, & désignant lui-même toute idée relative à la grandeur, élévation, puissance, soutien, &c. De-là, les familles suivantes.

1.

1. TAILLE, grandeur d'une personne.
TAL, nom du palmier d'Amérique.
TILL, THIL, Bas-Br. Ormeau.
2. TILLEUIL, *vieux Fr.* TILLET; Basq. TILLO, Angl. TEIL, arbre élevé.
3. TILLAC, portion du vaisseau qui est plus élevée que l'eau, qui domine sur l'eau.
4. TALON, extrémité inférieure du corps & sur laquelle il s'éleve.
TALONNER.
TALONNIERES de Mercure, les ailes qu'il avoit aux talons.

2.

1. TEL, Lat. TALIS, de la même

taille, de la même grandeur, semblable : racine d'une multitude de mots Orientaux qui présentent la même idée.

2. TALION, action de rendre le même genre de mal, qu'on a éprouvé.

3.

TAL, en Celte tige : d'où l'Ital. *TALLO*, jet d'une plante : *TALLire*, monter en graine : en Prov. *TALER* en parlant du blé qui sort de terre.

4.

TAL, en Celt. COLLINE, pente, penchant ; d'où,

TALUS, pente qu'on donne à un mur, à une chaussée.

TALUTER, élever en talus. D'où *au figuré*

TALENT, *vieux Fr.* désir, inclination, volonté. MAL-TALENT, mauvaise volonté, désir qu'il arrive du mal à quelqu'un. Ital. *Talento*, envie, désir, volonté.

En Grec *Thelo*, je veux.

Irl. *Adhlaic*, volonté.

2°. TALENT signifie actuellement en François la grandeur du génie, & des connoissances, les heureuses dispositions pour quelque Art & quelque science.

3°. Les Latins & les Grecs en firent le nom d'une grosse somme d'or ou d'argent, qui valoit à peu près cent louis.

5.

TOLE, fer étendu en feuilles.

II.

TAL, soutien, appui

De TAL, prononcé TOL, les Latins firent TOLLO, je porte, je soutiens ; *TULI*, j'ai porté, j'ai soutenu ; d'où,

1.

THOLUS, clé d'une voute, point sur lequel elle porte ; on y suspendoit les présens faits aux Dieux.

TOLERABLE, qu'on peut supporter.

TOLÉRER, supporter, souffrir.

TOLÉRANCE, support.

INTOLÉRANT, INTOLÉRANCE.

INTOLÉRABLE.

2.

TOLLIR, *vieux Fr.* ôter, emporter.

TOLLART, *vieux Fr.* Boureau.

3.

TOLLE, *vieux Fr.* Impôt, d'où, MALTOTE, MALTOTIER.

4.

TELAMONES, mot emprunté des Grecs & des Latins ; il désigne les figures qui soutiennent des corniches & des consoles.

III.

TAL, Coupe.

L, dé signant la figure, l'étendue,

désigna naturellement la coupe d'un objet quelconque, la manière dont il est figuré, taillé; d'où il arriva que ce mot désigna encore à la longue toute idée de couper, tailler, partager; de-là,

1.

TAILLER, couper, ajuster, découper, &c.
TAILLE, coupe.
TAILLÉ, coupé, ajusté, accommodé.
TALLERESSE, en terme de *monnoies*, celle qui ajuste les Flaons aux poids de l'Ordonnance.
TAILLADE, coupure.
TAILLADÉ, découpé.
TAILLADER, faire des taillades.
TAILLANT, partie d'un instrument à couper avec laquelle on taille.
TAILLANDIER, qui travaille en fer-blanc.
TALLANDERIE, art de couper le fer-blanc, de le tailler.
ENTAILLURE.
TAILLIS, bois qui se coupe de neuf à dix ans.
TAILLEUR, TAILLEUSE, qui ajuste les habits, qui les taille & les fait.
TAILLEUR de pierre, qui donne à la pierre la taille qu'elle doit avoir.
TAILLOIR, bois taillé en rond & évasé pour servir d'assiette.

2

TAILLE, impôt qui se léve sur les personnes du tiers-état.

TAILLABLE, sujet à la taille.
TAILLON, seconde taille, le tiers de la premiere.

3.

TAILLE-DOUCE, estampe gravée sur une planche de cuivre, plus douce que la planche de bois.
TAILLE-DOUCIER, Imprimeur en tailles-douces.
TAILLEMAR, éperon de Galère qui fend ou *taille* la mer.

4.

TEILLER, ou TILLER, rompre le tuyau du chanvre, pour en détacher les fils.
TEILLEUR, TEILLEUSE, qui taille le chanvre. All. *Teilen*, séparer.

5.

DÉTAILLER, entrer dans l'examen des diverses parties d'un tout.
DÉTAIL.
TAILLER, dans le sens de couper, de diviser, &c. est commun aux langues du Nord & de l'Orient.

6.

TALÉ, *en Prov.* fruit meurtri, qui a reçu quelque coup.
TALOCHE, coup; 2°. arme qui frappe de plat.
TALMOUSE, petit gateau, *mot-à-mot*, casse-museau.
TALMELIER, Boulanger qui fait des talmouses.

IV.

De TAL, désignant la grandeur, l'étendue, les Grecs firent TÉLe, au loin; les Orientaux שול, TULL, lancer; & les Latins TELum, 1°. trait; 2°. timon: d'où *Protelum*, avant-train, & ATTILLamentum, attelage, agrès, train, équipage: de-là,

1. ATTELER, mettre les chevaux à une voiture, sous le trait.

DÉTELER, ôter les chevaux du trait.

ATTELÉ, DÉTELÉ.

ATTELAGE.

2. ATTELIER, équipage, train, attirail, lieu où sont tous les instrumens nécessaires à un Artiste, & où il travaille.

Les Latins dérivèrent aussi une autre famille de cette même racine, qui s'est étendue jusques à nous, & qui n'est pas moins intéressante: c'est celle de STILE.

STILE, Lat. *STILUS*; 1°. tige d'une plante; 2°. aiguille; 3°. poinçon avec lequel on écrivoit sur des tablettes enduites de cire; 4°. *au fig.* la manière d'écrire, le stile.

On disoit *changer de stile*, au sens physique, pour dire changer de poinçon: & au sens moral ou figuré, pour dire changer sa manière d'écrire, changer de ton.

STILÉ, formé à un stile, à une méthode.

STILET, poignard perçant comme une aiguille.

V.

TEL; TOILE.

TOILE, ouvrage de Tisserand, fait de fil de chanvre ou de lin. C'est le Latin TELA, mot qu'on a cru venir de *Texere*, faire un tissu, &c. mais qui doit tenir à des mots orientaux, tels que *Tal*, *Tel*, dans le sens d'aggrandir, ou dans celui de porter, de couvrir.

TOILIERE, marchande de toile.

TOILERIE, marchandise en toile.

TOILETTE, grande toile placée sur une table, où on met tout ce qui est nécessaire pour la coëffure: 2°. l'attirail entier de la coëffure.

ENTOILAGE.

TOILES, piéges en toile pour prendre les bêtes noires.

Ces mots appartiennent au Celte TELT, en Allemand ZELT, & qui signifient TENTE, toile sous laquelle on est à couvert. En Or. טלל, TALL, צל, Tsal, couvrir.

SUBTIL, fin, délié, &c. Lat. *SUBTILIS*, fin, délié, délicat; 2°. ingénieux: du même mot *Tela*, toile; & de *sub*, sous, désignant une toile d'une telle finesse qu'on n'en apperçoit pas les fils.

TAM, couper.

TAM, signifie en Celte morceau, piéce, fragment; 2°. couper, déchiqueter. Les Gr. en firent TAMO,

TEMNO, TEMNÓ, TMEÓ, &c. couper, disséquer, tondre, &c. TOMÉ, coupure, incision, entaille : de-là,

1. TOME, division d'un Ouvrage.
ENTAMER, couper un morceau.
2. TONDRE, Lat. TONDere, couper les cheveux, la toison, &c.
TONDU.
TONDEUR, TONTE, TONTURE.
TOISON, laine d'une brebis tondue.
RETONDRE.
3. TONSURE, TONSURÉ.
4. TOUZELLE, blé dont l'épi est sans barbe, *mot-à-mot*, tondu.

TAN, vaste, étendu, &c.

T, qui désignoit l'élévation, forma le mot TAN, qui devint la racine de toute idée relative à l'étendue, à la contenance, à la possession, &c. d'où nombre de familles.

I.

TANT, tellement, si grand, si fort, d'une telle étendue.
AUTANT.
TANTINET, tant soit peu.
TAN-TOST, aussi-tôt, dans peu.
TANDIS, Lat. TAMDIU, pendant la durée.

II.

1. TENIR, 1°. avoir en main ; 2°. occuper, posséder ; 3°. pouvoir entrer dans un lieu, dans une certaine étendue ; 4°. garder, conserver, &c. Lat. TENEO.
TIENS, prens.

TENACE, gluant, qu'on ne peut détacher, qui tient fortement.
TENACITÉ, qualité de ce qui est tenace.
TENABLE, qui peut tenir, qui peut résister.
TENAILLES, instrument qui sert à saisir, à serrer, à arracher.
TENAILLER, pincer avec des tenailles.
TENEUR de Livres.
2. TENEUR, ce qui est contenu dans un acte.
TENU, ce qu'on tient.
TENURE, Fief qu'on tient d'un autre, sous condition d'une redevance.
TENEMENT, bien qu'on a en ferme.
3. TENON, extrémité par laquelle un objet tient à un autre.
TENUE, consistance ; 2°. fermeté, constance.

COMPOSÉS.

CONTENIR, renfermer ; tenir ferme.
CONTENU, CONTENANT.
CONTENANCE.
MAINTENIR, conserver, soigner.
MAINTIEN, maniere de se tenir ; 2°. conservation, soin.
DÉTENIR, tenir renfermé.
DÉTENU.
RETENIR, empêcher de s'en aller.
RETENU, RETENUE.
RÉTENTION, action de retenir.
RÉTENTUM, pensée qu'on retient au dedans de soi : *mot emprunté du Latin*.

Resne, Rêne, frein, bride ; du Lat. *Retina*, *Rétinaculum*, frein, bride, tout ce qui retient.

Entretenir, *au sens propre*, faire durer, faire subsister : de-là 1°. conserver, garder ; 2°. fournir à l'entretien, à la subsistance ; 3°. converser.

Entretien, dépenses pour maintenir, pour faire subsister ; 2°. conversation.

Soutenir, empêcher de tomber, protéger ; 2°. résister, ne pas se laisser abattre ; 3°. affirmer, maintenir.

Soutien, appui.

Soutenable, qui peut se soutenir.

Soutenant, qui soutient.

Soutenu, qu'on soutient ; 2°. suivi, lié.

Insoutenable, qu'on ne peut soutenir.

Autres Composés.

S'Abstenir, se priver, se tenir loin.

Abstinence, privation, jeûne.

Appartenir, *mot-à-mot*, tenir fortement à quelqu'un, être à lui : du Lat. *PER-TINET*.

Appartenance, dépendance.

Appartement, piéces logeables qui tiennent les unes aux autres.

Pertinemment, fort à propos.

Pertinent, convenable, à propos, *mot-à-mot*, qui tient fortement à la chose.

Impertinent, non-convenable, qui ne tient point au sujet.

Impertinence, action non-convenable.

Attenant, qui tient à un objet.

Content, *mot-à-mot*, qui se tient *avec* ce qu'il a.

Contentement.

Continent, *nom*, Terres ou Contrées qui tiennent ensemble sans être séparées par des mers.

Adj. qui se maintient dans de justes bornes, chaste.

Continence, Incontinence.

Incontinent, *adverbe*, sur le champ, sans que rien arrête.

Continu, dont les parties se touchent sans être séparées.

Continuel, qui se fait sans relâche, sans interruption.

Continuité, Continuer.

Obtenir, *mot-à-mot*, tenir devant soi, posséder : *aujourd.* parvenir à ce qu'on désiroit, le posséder.

III.

Tendre, donner de l'étendue, développer, tirer ; 2°. avancer ; 3°. aspirer à, s'avancer vers, &c. Lat. *TENDO* ; Gr. *TEINÓ* ; Celt. *TANO*.

Tendu, qu'on tend.

Tendeur, celui qui tend des filets, des tentures, &c.

Tenture, l'ensemble des tapisseries d'un appartement.

Tendoires, perches sur lesquelles on tend des étoffes pour les faire sécher.

TENDON, extrémité du muscle & par laquelle il se tend; en Celt. *Tant*, corde.

TENSION, manière dont quelque chose est tendue.

TENDANT, qui tend, qui est dirigé vers un but.

COMPOSÉS.

ATTENDRE, *mot-à-mot*, tendre à; espérer; 2°. demeurer en un lieu jusqu'à ce qu'arrive ce qu'on désire.

ATTENDU.

ATTENTE, espérance.

ATTENTIF, qui a l'esprit tendu à une chose.

ATTENTION, effet de la tension de l'esprit.

CONTENTION, effort, application.

DÉTENDRE, lâcher, débander, ôter une chose tendue.

DÉTENTE, morceau de fer qui sert à tendre & à détendre.

ENTENDRE, s'appliquer; 2°. concevoir, être habile; 3°. ouïr.

ENTENDEMENT, intelligence.

ENTENDU, habile, intelligent; 2°. ouï.

ENTENTE, signification, il n'est usité que dans la phrase *à double entente*; 2°. ordre, disposition intelligente.

SOUS-ENTENDRE, passer sous silence, laisser à deviner.

ETENDRE, déplier, porter loin.

ETENDU, spacieux, déplié.

ETENDUE, grand en tous sens.

ETENDART, Enseigne militaire.

EXTENSION, étendue, action d'étendre.

INTENTION, application de l'esprit à un objet, volonté, dessein.

INTENTIONNÉ, qui a quelqu'intention, qui veut du bien ou du mal à quelqu'un.

INTENDANT, qui a inspection sur un objet, sur une Contrée, &c.

INTENDANCE.

OSTENSIF, qu'on peut montrer, *mot-à-mot*, qui peut être étendu sous les yeux.

OSTENTATION, faste, orgueil, vain étalage.

PRÉTENDRE, *mot-à-mot*, tendre à la possession de quelque charge, de quelqu'avantage.

PRÉTENDANT.

PRÉTENTION.

DÉRIVÉS.

TIMON, Lat. TEMO, branche qui sert à conduire un char; 2°. gouvernail d'un vaisseau : *au fig.* administration, gouvernement.

TIMONIER, qui est placé au timon.

TOISE, Lat-B. TESA, pour TENSA, de TENDERE, tendre. C'est une mesure de six pieds.

TESURER, *vieux Fr.* toiser.

TOISÉ, mesure à la toise; 2°. jugé.

TANSER, reprendre, repousser, réprimer.

TENSON, TENÇON, *vieux Fr.* TEN-

ZONE, en Ital. 1°. combat, dispute, querelle; 2°. Poésie Provençale, effet de défis entre des Bergers, ou des Poëtes.

CONTENTIEUX, sujet à des débats, à des contestations.

INTENTER, élever une contestation.

IV.

TAN, TEN, vase, ce qui renferme: d'où,

1. TANIERE, réduit où se cachent les animaux.

2. TENTE, maison de toile sous laquelle on campe; Bas-B. TANT, cabane; Lat. TENTORIUM.

TENDELET, piéce d'étoffe tendue sur la poupe des galères, pour mettre à couvert du soleil & de la pluie.

TONNELLE, cabinet de verdure.

TONNELET, partie inférieure d'un habit à la Romaine & qui ne couvre que les cuisses.

3. TONNE, muid, futaille.

TONNEAU, grand vase de bois destiné à contenir du vin.

TONNELIER, qui fait des tonneaux.

TINE, cuve.

TINETTE, petite cuve.

TINEL, l'Ital. TINELLO, salle basse où mangent les domestiques des grands Seigneurs; *en Bas-B.* loge, cabane, cour des Seigneurs.

ENTONNER, verser dans la tonne.

ENTONNOIR.

4. TAN, désignant les habits, a fait

SOUTANE, habit long des Ecclésiastiques.

SOUTANELLE, petite soutane.

TUNIQUE, Lat. TUNICA, habit de dessous, qui remplace la chemise.

V.

TAN, TEN, tenter,

De TAN, TEN, tenir, les Latins formerent le verbe TENTO, qui au sens propre signifie tâter, essayer; & qui dans un sens plus étendu signifie tendre à un but avec efforts pour y parvenir; sonder, tenter, essayer de faire: de-là nos mots,

TENTER, éprouver, essayer; 2°. chercher à gagner, à séduire.

TENTANT, TENTATIF, qui attire.

TENTATION, sollicitation, action d'être attiré.

TENTATEUR, TENTATRICE.

TENTATIVE, essai, effort pour venir à bout d'une chose.

ATTENTAT, entreprise sur quelqu'un.

ATTENTER, entreprendre sur la vie ou sur l'honneur de quelqu'un.

VI.

TAN, désignant l'élévation, devint en Celte le nom des chênes, hauts & élevés: il s'est conservé dans le mot de

TAN, écorce de chêne pilée dont on se sert pour donner au cuir la couleur & la nourriture qui lui sont nécessaires.

TANEUR, qui tane & prépare les cuirs.

TANERIE, lieu où on tane les cuirs.
TANÉ, couleur du tan.
TANE, tache noire sur le visage.

VII.

De TAN, chêne, vint le Celte *TANA*, nom de la graine du chêne verd, ou de la cochenille, dont on se servoit pour teindre en rouge: de-là,

Le Gr. τεγγειν, Tengein; le Lat. *Tingere*; le Franç.

TEINDRE, donner une couleur à une étoffe, &c.

TEINTURE.

TEINTURIER, qui teint les étoffes.

TEINT, couleur du visage; 2°. objet auquel on a fait prendre une couleur différente de celle qu'il avoit.

RETEINDRE, teindre de nouveau.

RETEINT.

S'ATINTER, *vieux Fr.* se farder, s'ajuster avec soin.

DISTINCTION, différence, supériorité en grade, en mérite.

DISTINGUER, discerner, mettre de la différence.

DISTINCT, *mot-à-mot*, qui a reçu une couleur différente.

VIII.

TAN, mince, atténué.

I

TAN, qui signifia grandeur, étendue, devint le nom des objets qui perdent en épaisseur ce qu'ils gagnent en étendue; des objets minces, clairs, atténués, &c.

Ainsi le Grec *TANAOS*, qui signifie long, étendu, offrit également les idées de mince, maigre, délié, &c. de-là:

TENUE, mince, délicat: *une membrane tenue*.

TÉNUITÉ, qualité d'une substance tenue & déliée.

ATTÉNUÉ, ATTÉNUER, affoiblir, diminuer.

ATTÉNUANT.

EXTÉNUER, amoindrir, amaigrir.

EXTÉNUATION, EXTÉNUÉ.

2.

De TAN, mince, délié, se forma la famille Celte & Latine *TENER*, dont nous avons fait

TENDRE, délicat, foible, qui n'a pas de la consistance: 2°. frais: 3°. qui n'est pas dur: 4°. sensible.

TENDRESSE, sensibilité, attachement.

TENDRETÉ, qualité d'une viande qui n'est pas dure.

TENDREMENT.

TENDRON, cartilages tendres: *au figuré*, rejetton, jeune.

ATTENDRIR, *au figuré*, exciter la sensibilité.

ATTENDRISSEMENT.

IX.

TAN, feu.

TAN, ZAN, ZEN, fut un mot primitif qui désigna le *feu*, comme tendant à s'élever, & qui a donné des dérivés à la plupart des langues d'Europe & d'Asie.

En Perſan ZEND, allumer, mettre le feu, attiſer; d'où le fameux ZEND-a-VESTA.

En All. Zünden, allumer; le Dan. TENDE.

En Chin. TEM & TENG, feu.

En Celt. TAN, TEIN, TIN, feu.

En Egypt. ATTINES, nom du ſoleil, au rapport de MACROBE, &c. de-là :

1. ÉTINCELLE, Lat. SCINTILLA, pour Zintilla.
   ÉTINCELER, briller, reſplendir comme le feu.
   ÉTINCELANT.

2. TENNÉ, vieux-Fr. & ATENÉ, courroucé; mot que mal à propos MENAGE dérivoit de Tædium. Le courroux & la colere, qui ſont un feu, en prirent toujours le nom.

3. TÉNÉBRES, abſence du feu, de la lumiere : de TAN, feu, lumiere, & de BREh, ברה, fuir, s'en aller.

4. ETEINDRE, Lat. EXS-TINGuo, mot-à-mot, mettre le feu hors, l'emporter.
   EXTINCTION.
   INEXTINGUIBLE, qu'on ne peut éteindre.

TAR.

TER, TOR, TRO, &c. Force.

De T qui déſignoit l'élévation, & d'AR, qui déſignoit l'aſpérité, la rapidité, &c. ſe forma TAR, qui exprima la force, la violence, la rigueur, la ſévérité, la grandeur en tems, en nombre, &c. de-là diverſes familles très-nombreuſes.

I.

TOR, TUR, noms d'animaux &c.

1. C'eſt ainſi que TOR devint le nom de divers Animaux remarquables par leur grandeur. Nous avons déja ramené à cette racine ceux d'Eſturgeon & d'Autruche : on nous prévient deja en rapportant ici le nom du

TAUREAU, animal remarquable par ſa groſſeur & par ſa force; nom commun à la plupart des Langues, aux Latins & aux Grecs qui le prononcent TAURO, aux Hébreux, aux Arabes, &c. qui altérant ſa prononciation, en ont fait TSOR & SHOR; tandis que les Chaldéens ont conſervé ſa prononciation forte en TOR. C'eſt de là que les Latins formerent le nom du

TAUROBOLE, ſacrifice expiatoire, où l'on égorgeoit un Taureau dont le ſang couloit ſur la tête & ſur le corps du pénitent qui offroit ce ſacrifice.

2. De cette même racine vinrent encore

TORRENT, nom des Rivieres qui ſe débordent avec impétuoſité & qui ravagent tout ce qu'elles rencontrent; au fig. tout ce à quoi on ne ſauroit oppoſer des digues, de la réſiſtance, & qu'il faut laiſſer paſſer.

3. TERTRE, colline, monticule,

II.

TAR, mettre à couvert.

On ne peut se mettre à l'abri que sous des objets qui sont grands, élevés, remplis de force : le mot TAR servit donc à désigner l'idée d'abri, de mettre à couvert, d'où se forma une famille qui étoit absolument inconnue, & qui a cependant donné des dérivés à un grand nombre de langues ; tels que ceux-ci :

TARGE, *vieux Fr.* Bouclier ; mot Ecossois, Gallois, Bas-Br. Anglo-Saxon, Esclav. All. Grec vulg. Lat. barb. Arabe, Chald : &c. Ce mot tient au Grec ΤΗΡΕΩ, à l'Eolique TAREein, conserver, garantir, formés du verb. TAR, TARG, conserver, couvrir.

TARGUER ; se TARGUER, se couvrir ; & *au figuré* se vanter, faire le glorieux, le fier ; parce qu'on ne craint rien quand on est à couvert.

TARGETTE, plaque de fer accompagnée d'un verrou ; & destinée à fermer une porte, pour se mettre à couvert de toute surprise.

III.

TAR déchirer, briser.

De TAR, TER, TORR, rompre, briser, vint le Celte

TROCH, coup ; coupure, TROCHA, couper.

Les Latins, en le nasalant, en firent TRUNCare, couper, tailler, rogner : de-là nos mots,

1. TRONC, arbre dont on a coupé toutes les branches.
TRONÇON, morceau de lance.
TRONQUER, mutiler, ôter quelque partie.
TRONCHET, billot sur trois pieds.
TROGNON, tronc de chou : reste de poire ou de pomme dont on a mangé le meilleur.

2. Le Celt. TARAN, frapper.
TAR, pointe, coupure.
TARRANG, déchirer : 2°. percer : 3°. sucer, attirer ; car on perce pour sucer : de-là,
TARAUDER, percer.
TARIERE, machine avec laquelle on perce, Lat. TEREBRa.
TARABAT, instrument qui fait grand bruit & qui sert à éveiller les Religieux.
TARABUSTER, déchirer les oreilles, importuner, désoler.

3. TARIR, sucer jusqu'à ce qu'il n'y ait plus rien : 2°. sceller.
TARISSABLE, INTARISSABLE.
TARISSEMENT.

4. TERREUR, Lat. TERROR, effroi, terreur.
TERRIBLE.
TERRIBLEMENT.

IV.

TAR, percer.

De TAR, TOR, TRO, déchirer, percer, se formerent nombre de

mots en TR, relatifs à la même idée.

1. TROU, ouverture, creux, au simple & au fig.
TROUER, percer, faire un trou.
TROUÉ, où il y a des trous.
Gr. TRYMA, trou. Celt. TRW, Gr. & vieux Lat. TRUO, je fais un trou, je perce.
TRÉPAN, outil ou instrument qui sert à percer; Gr. TRYPANON.
TRÉPANER, percer avec le trépan.

2. TRUIE, femelle du Porc, en Lat. TROIA: le cochon s'appelle de même TWRCH en Gallois, en Bas-br. en Persan. Il en étoit de même chez les Phrygiens dont la Langue avoit tant de rapport avec la Celtique.
TROIA, nom de la Ville de Troie, nous disent les Anciens & les modernes, tels que Pomponius Sabinus dans ses Commentaires sur l'Enéïde, & Adrien Junius, signifient une truie; ils ajoutent que les Troyens avoient pour enseigne une truie brodée en or.

Ce nom fut donné au cochon, parce que de son groin il laboure la terre, il la fend & la perce. Il n'est donc pas étonnant que TURIA & TROI signifient en Celt. labourer.

Il est aussi très-apparent que de TAR, TUR, désignant un animal aussi sale que le cochon, on en fit le Celte TARH qui signifie tache, souillure, d'où sont venus:

3. TARE, défaut, manquer; 2°. déchet.
TARÉ, qui a quelque défaut, souillé.

4. DETRIMENT, dommage, perte; mot formé du Lat. TERO, user, trouer, limer.
TRITURER, broyer.
TRITURATION, action de broyer; épreuve, trouble, traverse.

5. TRIBULATION.
TRIBOULER, TRIBOUILLER, vieux Fr. employé cependant par Moliere, émouvoir, troubler, agiter.

6. TRUELLE, outil de Maçon qui tire son nom du Latin TRULLA, TRUA, qui désignoient des instrumens percés tels qu'une écumoire, & l'écumoire même.

7. De TRI, labourer, sillonner, vinrent en Lat. STRIA, canelure ou sillon d'une colonne; STRIGA, Sillon; STRIGIL, étrille dont les rangs sont par sillons: de-là:
ÉTRILLE, ÉTRILLER.
STRIE, canelé.
STRIURE, canelure.

V.

TRAN, couper.

De TAR, TRA, couper, prononcé TRAN, vint la famille suivante:

1. TRANCHANT, qui coupe.
TRANCHER, couper, rogner.
TRANCHE, morceau coupé en long.
TRANCHÉE, fosse creusée.
TRANCHÉES, douleurs aigues dans les intestins.
TRANCHET, outil à trancher.

TRANCHOIR, assiette de bois qui sert à découper.

2. RETRANCHER, ôter d'une chose.
SE RETRANCHER, se fortifier par des tranchées ; 2°. se tirer à l'écart.
RETRANCHEMENT.
RETRANCHEMENS, fortifications.

3. POLTRON ; selon l'étymologie la plus vraisemblable, ce mot vient du Lat. *POLLEX TRUNCATUS*.

Ceux qui avoient peur de la guerre, se coupoient le pouce, pour se dispenser du service Militaire : de-là le nom de *poltron*.
POLTRONERIE.

VI.
TAR, délai.

TAR, appliqué au tems, désigna la longueur du tems, le délai, l'attente, le retard, qui fait paroître le tems si long : de-là nombre de mots en toute Langue.

Heb. טרר, TaRR, tarder.
Chald. תרה, TaRH, différer, s'arrêter.
Celte, *TARIO*, tarder, demeurer : de-là,

TARDER, demeurer long-tems à arriver, différer, faire attendre.
TARD, pas assez vite ; non de bonne-heure ; 2°. jour avancé.
TARDIF, qui se fait attendre, qui vient lentement ; 2°. paresseux, lent.
TARDIVETÉ, lenteur à meurir.
RETARD, RETARDEMENT.
RETARDER, différer.

2.

De la même famille, vinrent
TARGER, *vieux Fr.* qui signifia également Tarder, aller pesamment, lentement.

L'Heb. שרה, TaR'H, aggraver, appesantir ; 2°. succomber sous le poids d'une charge.

Le Lat. TERGUM, le dos, parce que les charges se portent sur le dos.
TERGIVERSARI, *mot-à-mot*, être mis derriere le dos : ou être chargé : d'où *au fig.* être lent, retarder, parce qu'on ne peut aller vite lorsqu'on a une charge sur le dos : *au fig.* biaiser, chercher des détours pour *retarder* la conclusion d'une affaire ; d'où

TERGIVERSER, biaiser, chercher des détours.
TERGIVERSATION.

3.

TARC, prononcé TRAG, TREG ; devint une famille Celte qui s'étendit dans le Septentrion, & jusques dans la Langue Françoise.
TREGA, dans la Langue des Celtes, des Goths, des Suéd. &c. signifie délai, retard ; *Tragen*, s'arrêter, de-là le Theuton & l'Italien *TREUGA* ; & en François,

TRÊVE, suspension d'armes, traité qui retarde un combat.

De-là vinrent encore,
INTRIGUE, INTRIGUER ; mots qui

peignent l'idée d'embarrasser, d'arrêter, de gêner dans sa marche, & qui tiennent au Lat. TRICÆ, cheveux, filets qui s'entortillent autour des pieds des oiseaux & qui les empêchent de marcher.

VII.

TRO, multitude.

De TER, abondance, multitude, prononcé TERO, TRO, vinrent nombre de familles:

1. TROP, surabondance.
TROUPE, bande nombreuse de gens.
 TROUPEAU, bande nombreuse d'animaux; de-là le STROPA des Bas-Br. enfiler, rallier, assembler.
2. TROCHE, fruits rassemblés sur l'arbre par bouquets.
 TROCHER, action des plantes qui se divisent en plusieurs tiges.
 TROCHURE, bois de cerfs divisé en plusieurs corps.
3. TROUSSE, paquet, assemblage: 1°. assemblage de flèches dans un carquois: 2°. assemblage de foin lié par bottes. 3°. gens montés sur un même cheval.
 TROUSSER, relever ses habits, & les mettre comme en un paquet; 2°. en général, relever.
 TROUSSEAU, assemblage de tout ce qu'on donne à une mariée; 2°. paquet de clés.
 TROUSSIS, pli fait à une robe pour la raccourcir.

TROUSSE, le dos, & au fig. poursuite: être aux trousses de l'ennemi.

VIII.

TER, TROIS.

TER, qui désignoit la multitude, la pluralité, fut employé très-naturellement pour exprimer le nombre TROIS qui désignoit chez les anciens *Pluralité*, & qui s'employoit dans le sens figuré pour toute étendue indéfinie : de-là, le Latin TER, trois fois; TERTIUS, troisième; TRES, trois; le Celte TRE, trois & nombre de mots françois en TER, TIER, TRE, , TRI, TROI; car cette racine TER a subi toutes ces altérations dans la Langue Françoise.

1.

TROIS, une des unités.
 TROISIÉME, TROISIÉMEMENT.
TREIZE, nombre composé de trois & de dix; & mot altéré du Latin *Tre-decim*.
 TREIZIÉME.

2.

TRENTE, nombre formé de trois fois dix, & mot altéré du Latin *Triginta*.
 TRENTIÉME.
 TRENTAINE.

3.

TERNE, au jeu de trictrac, coup de dez qui amenent chacun le nombre de trois.

TERNAIRE, le nombre de trois.

TERCEAU, troisième partie des fruits d'un fonds.

TERSER, TIERCER, donner un troisième labour.

TERSET, couplet de trois vers.

4.

TIERS, la troisième partie d'une chose.

TIERAN, troisième année du sanglier.

TIERÇAIRES, ceux qui sont du Tiers-Ordre de S. François.

TIERCÉ, coupé en trois parties égales.

TIERCE, troisième.

TIERCEMENT, augmentation d'un tiers dans une enchère.

5.

1. TRÈS, adverbe qui marque le superlatif, le dégré le plus haut.

2. TREFLE, 1°. plante dont les feuilles sont associées par trois, 2°. une des quatre couleurs qui composent les jeux de cartes, & qui dans l'origine représentoit un sceptre.

6.

1. TRÉPIÉ, machine à trois pieds.

TRÉPIGNER, Lat. *TRIPUDiare*, mot-à-mot, frapper trois fois la terre du pied.

2. TRESSE, TRÉCE, tissu de trois cordons, de trois fils, de cheveux divisés en trois, nattés ou entortillés ensemble.

TRESSER, mettre en tresse.

3. TRIPOT, jeu de paume; parce qu'on y est dans une agitation continuelle, dans ce qu'on appelle en Latin *Tripudium*, trépignement.

TRIPOTIER, maître d'un tripot.

TRIPOTAGE, TRIPOTER, vieux Fr.

4. TRETEAU, espèce d'échaffaut à trois pieds; Lat.-B. *TRI-STALLum*; de *Tre*, trois, & *Stall* en Goth, Theut, &c. appui.

7.

1. TRIANGLE, espace renfermé par trois lignes.

TRIANGULAIRE, en triangle.

2. TRIBU, division d'un peuple en trois; 2°. & dans un sens générique, division d'un Peuple en un nombre quelconque de corps.

TRIBUN, chef d'une Tribu.

TRIBUNAL, Siége d'un Tribun, d'un Chef de Peuple, d'un Juge.

TRIBUNE.

3. De TRI, Trois, les Latins firent *TRIBUere*, qui signifia au sens propre, partager, diviser, distribuer; & dans un sens plus étendu, donner en partage, accorder, donner; d'où,

ATRIBUER, donner, approprier, mettre sur le compte de quelqu'un.

ATRIBUT, propriété qui convient à une chose, qui la distingue.

ATRIBUTION. ATRIBUTIF.

CONTRIBUER, fournir son contingent, concourir à une chose.

CONTRIBUTION, ce qu'on fournit en commun.

DISTRIBUER, donner entre plusieurs.

DISTRIBUTION.

RÉTRIBUTION, salaire, récompense.

TRIBUT, ce qu'on est obligé de fournir à un Prince en conséquence d'un Traité; *en vieux Fr.* TREU, TRUAGE.

4. TRICOLOR, à trois couleurs.

TRICON, trois cartes ou trois points de même valeur.

5. TRIDENT, fourche à trois pointes; 2°. sceptre de Neptune à trois pointes.

TRIENNAL, qui dure trois ans.

TRIMESTRE, espace de trois mois.

8.

1. TRILION, ce n'est pas trois milions, comme il est dit dans Richelet, mais dix fois cent bilions, tandis qu'un bilion est dix fois cent milions.

2. TRINITÉ.

TRINITAIRE, ANTI-TRINITAIRE.

3. TRINQUETTE, voile triangulaire, appellée aussi *voile latine*.

4. TRIO, trois personnes; 2°. concert de trois personnes.

TRIOLET, piéce de vers composée de trois couplets; espéce de Vaudevilles.

TRIPHTONGUE, union de trois voyelles en une syllabe.

TRIPLE, composé de trois.

TRIPLER, porter une somme à trois fois sa premiere valeur.

TRISAYEUL, trois fois ayeul.

TRISECTION, division en trois.

TRIS-MEGISTE, trois fois très-grand.

TRISSYLLABE, mot de trois syllabes.

TRIVIAL, qui court les carrefours, les rues; commun, usé.

TRIUMVIRAT, Gouvernement de trois.

TRIUMVIR, qui gouverne en tiers.

IX.

TER, TRA.

DE TER, TRE, signifiant trois, vint la famille TER, TRA, entre, parce que toute idée relative à ce mot, suppose au moins trois objets dont l'un est *entre* les deux autres: de-là nombre de mots.

1.

1. INTERNE, qui est dans l'intérieur.

INTÉRIEUR, le dedans, du dedans.

2. EX-TÉRIEUR, du dehors, *mot-à-mot*, hors du dedans.

EXTERNE, qui est du dehors.

3. EXTRÊME, ce qui termine.

EXTRÉMITÉ, bout, fin.

2.

1. TRAVERS, le côté d'une chose, ce qui passe d'une face à l'autre, ce qui est de biais, ce qui passe par le milieu d'une chose: on dit, à travers, *au* travers, *de* travers, *en* travers.

TRAVERSE, 1°. chemin qui traverse, &c. 2°. piéce de bois posée en travers ; 3°. malheur, accident.
TRAVERSÉE, voyage de mer, d'une côte à l'autre.
TRAVERSER, passer au travers ; 2°. empêcher, troubler, croiser.
TRAVERSIER, qui traverse.
TRAVERSIN, chevet de lit.

2. TRADITION, Lat. TRADITIO, *mot à-mot*, action de passer de main en main : ce qu'on se transmet de main en main.
TRADUIRE, Lat. TRADUCO, transporter d'une Langue dans une autre; 2°. transporter d'un Tribunal à un autre.
TRADUIT, TRADUCTION.
TRADUCTEUR.

3. TRAFIC, du Lat. TRA-FICium, commerce *fait au-delà* du lieu où on séjourne ; négoce au loin.
TRAFIQUER, TRAFIQUANT.
Ces mots ont dégénéré, & commencent à se prendre en mauvaise part, sur-tout celui de trafic, pour tout commerce illégitime.

4. TRAHIR, du Lat. TRA-DO, *mot-à-mot*, livrer entre les mains d'un autre : ce qui s'est toujours pris en mauvaise part, pour désigner la conduite de ceux qui *livrent* injustement.
TRAÎTRE, Lat. TRADITOR, qui trahit.

5. TRAJET, Lat. TRAJECTUS, ce qui se trouve entre ; distance, passage.

TRAHISON, Lat. TRA-DITIO.
TRAVESTIR, masquer, déguiser.
TRAVESTISSEMENT, TRAVESTI.

6. TRÉBUCHER, donner du pied contre quelque chose qui fait tomber ou chanceler ; 2°. tomber.
TRÉBUCHET, 1°. petite balance pour peser l'or & l'argent ; 2°. espèce de cage pour attraper les oiseaux.

7. TRÉMOUSSER, remuer, se mouvoir.
Se TREMOUSSER, s'agiter, se donner du mouvement.
TRÉMOUSSEMENT, agitation.

8. TRÉPAS, mort, *mot-à-mot*, voyage au-delà.
TRÉPASSER, TRÉPASSÉS.

9. TRÉPIDATION, tremblement.
INTRÉPIDE, sans peur.
INTRÉPIDITÉ.

10. TRESSAILLIR, ressauter ; 2°. sauter de joie ou de douleur.
TRESSAILLEMENT, mouvement subit de tout le corps.

3.

De TRA, entre, & ES, est, ce qui est *entre* deux objets qui le resserrent, se forma une famille immense dont l'origine étoit inconnue, & qui a fourni des mots aux Langues Celtique, Latine, Françoise, &c.
En Celt. STREH, STRIH, STRIS, étroit ; STREHein, étrécir.
En Theut. STRENGen.

En Lat. STRICTUS, & STRINGO, &c. de-là,

1. ÉTROIT, anciennement ESTROIT, resserré ; 2°. peu large.

STRICT, du Lat. STRICTUS, pris à la rigueur, dans le sens le plus étroit ; dur, sévere.

ÉTRÉCIR, rendre plus étroit.

ÉTRÉCISSEMENT.

ASTREINDRE, contraindre, obliger.

ASTRINGENT, qui resserre.

RESTREINDRE, rétrécir, renfermer dans des bornes plus étroites.

RESTRICTION.

RETRÉCIR, rendre plus étroit.

RETRÉCISSEMENT.

DÉTROIT, bras de mer serré entre deux terres.

DÉTRESSE, affliction, événemens qui oppriment, qui accablent.

COMPOSÉS.

1. CONTRE, Lat. CONTRA, préposition qui indique les situations opposées, & qui sert à former un très-grand nombre de mots.

2. ENTRE, Lat. INTRA, dans l'intérieur, au milieu.

IN-TRINSÈQUE, intérieur.

EX-TRINSÈQUE, extérieur.

ENTRAILLES, viscères renfermés dans l'intérieur du corps.

3. ENTRÉE, Lat. IN-TRO-ITUS, mot-à-mot, action d'aller en dedans.

ENTRER.

INTRODUIRE, conduire en dedans.

INTRODUCTEUR.

Et autres composés.

4. ÉTRANGE, du Lat. EXTRANEUS, qui vient du dehors; barbare, extraordinaire.

ÉTRANGER, autrefois ESTRANGER.

5. EXTRAVAGUER, sortir des bornes.

EXTRAVAGANT, EXTRAVAGANCE.

EXTRAVASÉ, mot-à-mot, sorti du vase où il étoit contenu, en parlant d'un liquide.

DÉRIVÉS.

1. TREILLAGE, entrelacement d'échalas liés quarrément avec des fils de fer pour palisser, ou attacher des arbres contre des murs de jardins.

TREILLE, vigne en treillage.

TREILLIS, entrelacement de barreaux de bois ou de fer qui se croisent ; 2°. entrelacement de fil d'archal ; 3°. grosse toile, parce qu'on y voit l'entrelacement des fils dont elle est faite.

2. TRELU, avoir le trelu, ne voir les objets qu'imparfaitement, & comme à travers un transparent : du *vieux Fr.* TRE-LUIRE, briller à travers.

3. TRÊME, ou TRAME, Lat. TRAMA, fils qu'on passe au travers de la chaîne montée sur le métier, pour former un tissu.

4. TREMIE, vaisseau à travers lequel passe le grain pour être moulu.

5. TRIPES, intestins des animaux.

TRIPERIE, lieu où on vend des tripes, &c.

X.

TRANS, au-delà.

De TRA on fit TRANS, au-delà, qui a servi à former nombre de mots.

La Gaule TRANS-ALPINE, au-delà des Alpes.

TRAN-SCENDANT, pénétrant, qui s'éleve au-delà des bornes ordinaires.

— SCRIRE, copier; TRANSCRIT.

— SE, angoisse, saisissement.

— SI, saisi; de TRANS, & I-re, aller.

TRANS-FÉRER, porter ailleurs.

— FIGURER.

— FORMER, changer, métamorphoser.

— FUGE, qui déserte, qui passe d'un parti dans un autre.

— GRESSER, enfreindre une loi.

— IGER, passer un acte devant Notaire, pour accommoder un différend.

— ACTION, acte passé en transigeant.

— LATION, transport.

— METTRE, faire passer d'un lieu ou d'une personne à une autre.

— MIGRATION, changement de pays.

— MUTATION, changement d'un métal en un autre.

— PARENT, qui laisse voir les objets à travers.

TAS,

Monceau, union.

1. TAS, monceau, amas, multitude.
ENTASSER, ENTASSEMENT, choses mises en tas.
Mot Celt. & Anglo-Saxon, TAS, amas, élévation.

2. TAXE, estimation, réglement de prix; d'impôt.
TAXER, imposer un prix; un impôt; 2°. blâmer, reprendre, accuser.
TAXATION.
TAUX, prix des denrées.
SURTAUX, taux qui excéde ce qu'on doit. Celt. TASG; Gr. TASSein; TAXis.
TÂCHE, travail imposé.

3. TASSE, vase destiné à contenir des liquides, à les rassembler.
Esp. TAça; Arab. Thas, coupe; tasse; plat.

4. TASQUE, TASCHE, vieux Fr. Poche; Ital. TAsca; Or. TASC, sac.

5. TASSEAU, piéce de bois qui sert à soutenir quelques ais.

6. Du Gr. TASSein, former, en Celt. TESSEIN, en Lat. TEXere, former, faire un tissu, réunir en un tout, sont venus:
TEXTE, le tissu d'un Livre: les paroles qui le forment.
CONTEXTURE, arrangement des diverses

verses parties d'un corps, dont résulte un tout solide.

TISSU, ouvrage composé de fils qui se recouvrent les uns les autres: entrelassement.

TISSER, faire un tissu.

TISTRE, faire des ouvrages en tissu.

TISSEUR, TISSERAND: le premier travaille en étoffes de laine, & le second en toile.

TEM.

Du Celt. TAB, TAV, eau rivière, qui correspond à l'Oriental שבט, TaBHO, plonger dans l'eau, mouiller, vint le Latin *TEMPERO*, 1°. plonger dans l'eau, tremper; 2°. affoiblir le vin avec de l'eau, le tempérer; 3°. tempérer, modérer, en général; 4°. calmer, &c. d'où,

1. TEMPERER, moderer, calmer, adoucir.

TEMPERÉ, modéré.

TEMPÉRAMENT, modération, accommodement, manière dont les humeurs sont mélangées & modérées dans le corps.

TEMPÉRANCE, modération à l'égard des plaisirs; INTEMPÉRANCE.

TEMPÉRANT, INTEMPÉRANT.

TEMPÉRATURE, qualité de l'air.

OBTEMPÉRER, se rendre aux desirs de quelqu'un.

2. De *Temperare*, prononcé *temprer*, on a fait, en transposant R,

TREMPER, mouiller; plonger dans quelque liqueur.

2°. Mettre de l'eau dans le vin.
3°. Jetter dans l'eau des métaux rougis au feu: Bas-Br. TEMPRA.

TREMPÉ, mouillé.

3. TREMPE, façon donnée aux métaux par le moyen de l'eau quand ils sont rougis.

TREMPIS, eau où quelque chose a trempé.

4. DÉTREMPE, peinture à l'eau.

DÉTREMPER, fondre dans l'eau; 2°. mêler, tempérer.

TEMP.

TEMPLE, Lat. *TEMPLUM*, dans l'origine, lieu vaste, ouvert, aggrandi, d'où l'on pouvoit considérer le Ciel: 2°. bâtiment vaste & élevé consacré aux cérémonies sacrées & au culte Religieux.

CONTEMPLER, considérer le Ciel; 2°. en général, considérer avec une attention soutenue.

CONTEMPLATION, CONTEMPLATEUR.

TEP, TIP.

Du Latin *TEPIDUS*, tiède, en Arabe دفئ, DAPHI, échauffer, vinrent

TIÈDE, qui a une chaleur modérée.

TIÉDEUR, qualité d'une personne dont l'esprit est tiède, peu animé pour les objets de la Religion.

ATIÉDIR, réfroidir.

ATIÉDISSEMENT.

TES, élévation.

1. TESTE, TÊTE, la portion la plus élevée du corps; en Celt. TETH, sommet, cîme.
TÊTU, opiniâtre.
ENTÊTÉ, qui ne veut point céder, entier dans son opinion.
ENTÊTEMENT.
TÊTIERE, qui couvre la tête.

2. TEST, crâne, os qui forme le dessus de la tête; 2°. morceau de pot cassé, dur comme le crâne.
TESTACÉE, couvert d'une écaille dure comme le crâne: d'où le Lat. TESTUDO, crâne.

TETARD, insecte qui nâge & qui a une grosse tête.

TESTON, monnoie qui fut appellée ainsi parce qu'on y voyoit la tête du Prince qui la faisoit frapper.

TES, TIS, feu.

Du Celt. TES, chaleur, feu, se forma le Lat. TITIO, tison. De-là nos mots;
TISON, morceau de bois enflammé.
TISONNER, remuer les tisons.
TISONNEUR, qui aime à tisonner.
TISONNIER, outil des forgerons qui sert à remuer les tisons.
ATTISER, remuer les tisons pour ranimer le feu.
TISSART, ouverture d'un four de verrerie, par laquelle on entretient le feu qu'on y fait.

THAM,
Pur, parfait.

De TH désigné dans l'Ecriture primitive par la croix, emblème de la perfection, comme nous l'avons démontré dans *l'Orig. du Lang. & de l'Ecriture*, vinrent un grand nombre de dérivés relatifs à la pureté & à la perfection: tels l'Hébr. םה, *Tham*, parfait, juste, saint, qui devint SANCTUS, &c. comme nous l'avons vu ci-dessus col. 1020, sous la lettre S. Et nos mots

1. TAMIS, instrument à passer les objets réduits en poussiere, pour les épurer, les purifier.
TAMISER, passer au tamis.

2. ÉTAMINE, étoffe claire, pour passer & filtrer les liqueurs; 2°. tamis; 3°. épreuve.

3. ÉTYMOLOGIE, mot formé par les Gr. & qui venant de *Thum*, ou *Tym*, perfection, vérité, signifie explication d'un mot conforme à son origine, à la cause qui le fit assigner à un objet pour en être le nom.

TI,
Grandeur, estime, honneur, &c.

TI, est un mot primitif dérivé de T, & qui désigne tout ce qui est digne d'estime, de considération, de respect. De-là le Gr. TIein, honorer; TIMé, honneur. Le Lat.

TIMOR, crainte; *timere*, craindre.

ÆSTIMare, estimer, considérer, d'où

1. TIMORÉ, qui a de la crainte.

TIMIDE, qui craint.

TIMIDITÉ, crainte, appréhension de faire mal.

INTIMIDER, inspirer de la crainte.

2. ESTIME, considération, grand cas.

ESTIMER, faire grand cas de quelqu'un.

ESTIMATION, valeur qu'on assigne à un objet.

ESTIMABLE, digne qu'on en fasse grand cas.

MÉSESTIMER, ne pas estimer; 2°. estimer au-dessous de sa valeur.

INESTIMABLE.

3. TITAN, nom du Soleil, mot formé de TAN, feu, lumiere, & de TI, élevé, respectable; & non de TI, maison, comme l'ont cru le P. PEZRON, & d'autres Etymologistes après lui.

4. TITRE, Lat. TITULUS, Gr. TITLOS, *mot-à-mot*, placé par dessus, inscription, titre; 2°. dignité, qualité, degré supérieur.

TITRÉ, revêtu d'une haute dignité; mis au rang des grands Seigneurs.

TITULAIRE, revêtu d'un bénéfice; qui en porte le titre.

INTITULER, donner un titre à un ouvrage.

5. TIRÉ, ATTIFÉ, *vieux Fr.* paré, orné: en Bas-Br. TIF, beau, orné, paré. TIFA, parer.

ATTIFETS, ornemens.

Ces mots ne viendroient donc pas d'*aptum facere*. Ce seroit donc encore une famille qui ne devroit pas son origine au Lat. & qu'il faudroit supprimer dans la col. 41.

TIR.

1. TIRE, *nom*, un trait; tout ce qui est relatif à l'idée de passer d'un lieu à un autre.

Ce mot est le chef d'une famille nombreuse, dont on a absolument méconnu l'origine. Dans l'idée où l'on étoit que tous nos mots viennent du Latin, on le dérivoit de *Trahere*, qui signifie en effet tirer; mais de *trahere*, nous avons fait *traîner* & *traire*; tirer n'en vient point: & si ces mots ont quelque rapport entr'eux, c'est qu'ils tiennent tous à une racine commune qui s'est mieux conservée dans la Langue Françoise que dans la Latine. Cette racine est le Celte TIR, qui a la même signification, & d'où sont venus les mots Basques ou Cantabres TIRa, ruban, bandelette; TIRacaya, trait, flêche. TIRacayac, courroie &c.

TIR, TER, signifia également en Celte, contrée, terre, pays; 2°. force, puissance.

Les Latins en firent TRActus,

1°. trait; 2°. traînée ; 3°. contrée, pays ; 4°. action de tirer, de traîner, de dériver. De-là:

2. TIRER, mouvoir avec effort quelque chose à sa suite; 2°. mettre hors, amener hors; 3°. attirer; 4°. lancer, &c.

TIRANT, *nom*, ruban, nerf, &c. *adj.* qui tire.

TIRASSE, filet de mailles.

TIRE ; d'une TIRE, d'un trait, sans reprendre haleine.

TIRET, petit trait dont on se sert pour joindre deux mots.

TIREUR, qui tire.

3. TIROIR, boête qui s'enchâsse dans une armoire, dans une table, &c. & qu'on tire à volonté.

TIRADE, longue suite de paroles.

TIRAGE, action de tirer.

TIRAILLER, tirer de droit & de gauche.

COMPOSÉS.

ATTIRER, tirer à soi.

ATTIRAIL, tout ce qu'on mène avec soi.

RETIRER, tirer hors.

SOUTIRER, tirer par-dessous; 2°. attirer à soi.

II.

TRAÎNER, Lat. TRAHO, mener à sa suite ; 2°. prolonger ; 3°. être hors de sa place; être négligé.

TRAIN, 1°. suite; 2°. équipage; 3°. maniere, usage; 4°. bruit, &c.

TRAÎNANT, qui traîne, qui est foible & languissant.

TRAÎNEAU, assemblage de bois propre à traîner des fardeaux; 2°. voiture sans roues.

TRAÎNÉE, choses semées à la file.

TRAÎNEUR, qui reste en arriere.

ENTRAÎNER, forcer à venir après soi.

III.

1. TRAIT, 1°. flèche ; 2°. ligne, linéament; 3°. exemple, citation.

CONTRÉE, Lat. CONTRACTA, étendue de pays.

TARTE, Lat. TRACTA, gâteau fait d'un morceau de pâte étendue.

2. TRAITE, étendue de chemin; 2°. commerce ; 3°. transport de marchandises.

3. TRAITÉ, 1°. accord, convention; 2°. raisonnement, discours, action de *parcourir* un sujet. *Adj.* réglé, convenu, reçu; 3°. admis; 4°. regalé, &c.

TRAITER, discourir, parcourir un sujet ; 2°. convenir; 3°. avoir soin; 4°. regaler.

TRAITEMENT.

TRAITABLE, maniable, &c.

INTRAITABLE.

TRAITANT, qui traite; 2°. qui a fait un traité avec le Roi pour les Fermes.

TRAITEUR, qui donne à manger.

RETRAITER, traiter de nouveau.

Ces mots tiennent au Latin, TRACTARE, traiter; d'où

4. CONTRACT, traité par écrit.
CONTRACTER, CONTRACTANT.
RETRACTER, se dédire, annuller un contrat.
RÉTRACTATION.
5. DÉTRACTEUR, qui dit du mal de quelqu'un, qui le perd de réputation.
6. ATRACTION, faculté d'attirer.

IV.

1. TRAIRE, tirer ; mais ce mot ne s'applique plus qu'à l'action de tirer le lait d'une vache.
TRAION.
2. TRIER, tirer à part, séparer le bon du mauvais.
TRIAGE.

COMPOSÉS.

ABSTRAIT, séparé ; 2°. difficile à saisir.
ABSTRAIRE, mot-à-mot, séparer.
ABSTRACTION, séparation que fait l'esprit.
ATRAIT, charme qui attire.
ATRAIANT, rempli d'attraits.
DISTRAIRE, détourner.
DISTRAIT, qui manque d'attention.
DISTRACTION, inaplication d'esprit.
EXTRAIRE, mettre à part sur plusieurs choses de la même nature, celle dont on a besoin.
EXTRAIT, abrégé.
PORTRAIRE, vieux Fr. copier les traits d'une personne, la peindre.
PORTRAIT.
RENTRAIRE, joindre deux morceaux d'étoffe & les coudre.
RENTRAITURE, chose rentraite.
RETRAIT, action de retirer un bien, droit qu'on en a.
RETRAITE, RÉTRACTION, RETRAIANT.
SOUSTRAIRE, enlever, ôter.
SOUSTRACTION, action de soustraire.

TOP,
TUP, TUB, Sommet.

I.

De T, élévation, vint le Celte TOPP, sommet, faîte, cime : racine commune aux Orientaux : de-là,
1. TOUPET, touffe de cheveux ; 2°. les cheveux qui sont au-dessus de la tête.
2. TOUFFE, amas épais d'herbes, d'arbres, de cheveux, &c.
TOUFFU, épais, garni, en parlant d'arbres, de forêts, de barbe, &c.
TOUPILLON, amas de petites branches trop touffues, trop entassées.
3. TOUPIN, TUPIN, gros pot ; Allem. TOP.
RETOUPER, refaire un pot qui avoit été manqué.

II.

De TOP, élevé, prononcé TUP & TUB, se formerent plusieurs mots dont on n'avoit pu reconnoître l'origine ; tel le Latin TUBER, qui signifia, 1°. bosse ; tumeur, 2°. la racine appellée Truffe, à cause de ses bosses, de ses éminences inégales ; d'où,
1. TUBÉROSITÉ, tumeur, bosse.

2. TUBEREUSE, plante qui produit une fleur très-odorante, & dont la racine est remplie d'inégalités, de bosses.

3. De TUBER, truffe, les Peuples du midi firent TUBRE, TUVRE, TUFO, tandis que déplaçant la lettre R, nous en fîmes

TRUFE, racine cachée sous terre, & qui est bonne à manger.

Mais les truffes sont noires; on leur donna donc l'épithete d'*ater*; d'où *ater-tufo*, qui se changea insensiblement en TARTUFO, nom actuel de cette racine en Italien, & qui étoit autrefois en usage dans la Langue Françoise, puisque le Traducteur de PLATINE, dont l'ouvrage fut imprimé à Paris en 1505, intitula un de ses chapitres, *des Truffles* ou *Tartuffles*; car autrefois on disoit Truffle, au lieu de Truffe.

TARTUFEE, devenu le nom de la Truffe, se prit ensuite au figuré pour désigner un imposteur, un fourbe, un homme aussi difficile à sonder que la truffe qui est cachée dans le sein de la terre; c'est ce nom que MOLIERE a rendu si célèbre en l'adoptant pour un de ses personnages.

TARTUFFIER, faire l'hypocrite.

TOR, TOUR, TRO,
révolution.

TOR, TRO, signifient en Celte TOUR, cercle, circonférence. C'est un mot commun aux Celtes, avec les Orientaux; en Hébreu, תור, Thour, Thur, tour, révolution; de-là:

I.

1. TOUR, 1°. circuit; 2°. tout ce qui environne une chose; 3°. l'aller & le venir; 4°. biais, expédient; 5°. action adroite; 6°. tromperie.

TOUR, machine à tourner.

TOUR, bâtiment rond & élevé; mot écrit en Celte THOR, TOR, TWR, &c. & commun aux Langues d'Orient & d'Occident.

TOURELLE, TOURNELLE, petite tour.

TOURNELLE, Chambre criminelle du Parlement de Paris: elle fut appellée de ce nom, parce que les procès criminels qui se jugerent ensuite dans la chambre de Saint-Louis, se jugeoient dans une petite tour qui servit ensuite de buvette pour la Grand'-Chambre. On l'appelloit la *Tour criminelle*.

2. TOURNER, 1°. faire un tour; 2°. aller en rond; 3°. mettre dans le sens opposé; 4°. façonner au tour; *au simple & au fig.* 5°. changer, &c.

TOURNANT, qui tourne.

TOURNÉE, course.

TOURNESOL, plante dont la fleur tourne avec le soleil.

TOURNEUR, qui travaille avec un tour.

TOURNEUSE.

TOURNIQUET, machine qui tourne sur un pivot pour barrer un chemin, &c.

3. TOURNOI, fête où l'on célébroit des jeux autour d'une lice. Ce mot peut aussi venir du Celte *DORN*, poing: *DORNA*, combattre.

TOURNOIER, faire divers tours.
TOURNOIMENT.

4. TOURNURE, 1°. art du Tourneur; 2°. tour d'esprit; 3°. forme qu'on donne aux choses.

TOURET, instrument à tourner l'ivoire.

TOURIERE, sœur qui se tient au tour, ou à la porte du Couvent.

COMPOSÉS

ATOURS, parure, toilette; Lat.-B. *ATORNA*: toilette, *ATORNARE*, parer: de *Tor*, tourner, ajuster.

AUTOUR, préposition qui marque le rapport de situation d'un objet qui fait le tour d'un autre.
ALENTOUR.
DÉTOUR, écart; circuit: *au fig.* prétexte, ruse.
DÉTOURNER, éloigner.
RETOUR, action de revenir.
RETOURNER.

II.

TOURTE, pièce de pâtisserie en rond & cuite dans un vase rond; en Celte, *TORTH*. Les tourtes étoient percées dans le milieu, ensorte qu'on pouvoit y passer le bras, comme celles qu'on appelle aujourd'hui *colifichets*.

TOURTEAU, *en blason*, figure ronde de couleur, tandis que les figures rondes de métal s'appellent *besans*.

TOURTIERE, pièce de batterie de cuisine & ronde où l'on fait cuire les tourtes.

III.

TOURBILLON, Lat. *TURBO*, vent qui s'avance en tournoyant avec autant de rapidité que de violence.

TOURBE, Lat. *TURBA*, Celt. TORF, changé en

TROUPE, foule, multitude, amas: d'où,

ATTROUPEMENT, ATTROUPER.

TURBE, *vieux Fr.* troupe; Gr. *Turbé*.

TURBULENT, inquiet, remuant, qui ne peut rester en repos.

TURBULENCE, disposition à exciter du trouble, de l'émotion.

PERTURBATEUR, qui trouble le repos des autres, la société.

IMPERTUBABLE, qu'on ne peut troubler, émouvoir.

TROUBLE, *nom*, désordre, brouillerie; *adj.* qui n'est pas clair; où tout est mêlé, brouillé.

TROUBLER, causer de la confusion, mêler, brouiller, embarrasser.

TRUBLE, TROUBLE, filet pour prendre le poisson, en troublant l'eau.

IV.

De TOR, tour, les Celtes firent TORCH, collier, carcan, chaîne, cercle; TORCHI, tordre, tourner; 2°. tourmenter, mettre par force un collier; un carcan, torturer; d'où le Lat. TORQUES, collier; TORQUERE, tourmenter; de-là,

1

1. TORDRE, Lat. TORQUERE, tourner en sens contraire, *au simple & au figuré*.

TORDU, TORS, TORTE, qui n'est plus dans son sens vrai & naturel; contrefait.

TORDAGE, fils de soie unis en les tordant.

TORDEUR, qui tord la laine.

2. TORQUE, *en blason*, bourlet de figure ronde composé d'étoffe tortillée.

TORQUER, réduire le tabac en corde.

TORSE, 1°. colonne qui va en serpentant; 2°. le tronc du corps humain.

3. TORT, qui n'est pas droit; injustice; faute.

TORTICOLIS, cou de travers.

2.

TORTIL, 1°. *en blason*, cordon qui set ortille autour des couronnes de Baron; 2°. tuyau d'instrument à vent, & qui est tortillé.

TORTILLÉ, roulé en travers.

TORTILLEMENT, 2°. action de tortiller; 2°. tordre, rouler.

TORTILLER, tordre, *au simple & au fig.*

TORTILLON, étoffe tortillée en rond, & qu'on met sur la tête pour porter quelque charge.

3

TORTUE, animal couvert d'une large écaille relevée en bosses en demi-cercle.

TORCHE, flambeau composé de matieres torses.

TORCHER, nettoyer avec des matieres tordues, tortillées.

TORCHON, morceau de toile ou d'autre matiere entortillée dont on se sert pour nettoyer.

TORQUETTE, marée envelopée dans de la paille.

TORQUET, *vieux Fr.* tromperie.

TURCIE, levée de terre en forme de quai ou de digue : *mot-à-mot*, pieux *entrelassés*, & garnis de terre.

4.

De TORQ précédé de S, vint l'Ital. S-TORPIO, tordre; d'où,

ESTROPIER, tordre un membre, en rendre l'usage impossible.

5.

TORTIONNAIRE, violent & sans cause.

TORTUER, rendre tortu.

TORTUEUX, qui va en tournant.

TORTUEUSEMENT.

TORTURE, tourment, question.

COMPOSÉS.

EX-TORSION, action d'arracher par violence.

EX-TORQUER,

Ex-torquer, enlever de force.

Entorse, effort d'un membre qui se tord.

Entortillé, entrelassé en rond, en tournant.

Retors, qui est tordu deux fois; 2°. au fig. fin, rusé.

Retordre, tordre de nouveau.

Retorquer, retourner, repousser une arme contre celui qui s'en sert.

Retorte, vaisseau qui a un bec recourbé.

Retorte, *blason*, branche d'arbre retortillée en anneaux.

V.

TOR, devenu TYR.

De Tor, Edifice en rond, ou Tour, Château, les Grecs firent *Tyrannos*, Seigneur du Château, de la Tour, Prince. Mais comme ces Seigneurs châtelains retranchés sur leurs montagnes étoient autant d'ennemis de la liberté & de la tranquillité publique, ce nom fut flétri à jamais comme désignant la violence, l'usurpation, les attentats contre les Citoyens d'un Etat : de-là nos mots ;

Tyran, Tiran, qui gouverne injustement & cruellement.

Tirannie, domination cruelle & injuste : rigueurs, despotisme.

Tiranniser, traiter avec tirannie.

Tirannique.

Dict. Etym.

V I.

TOR, devenu TRO, STRU.

De Tor, ordre, arrangement, précédé du son sifflant S, vint le Lat. *Struere*; arranger, 2°. dresser; 3°. bâtir, construire ; d'où,

Structure, arrangement, construction d'un Edifice.

Construire, élever un Edifice ; arranger,

Construction, Constructeur.

Détruire, renverser, abattre, anéantir.

Destruction, Destructeur.

Industrie, adresse, habileté.

Industrieux, adroit, ingénieux.

S'industrier, se procurer des ressources.

Instruire, donner de l'habileté, des connoissances, former.

Instruction, Instructeur.

Instructif, qui donne des connoissances.

Instrument, tout ce qui sert à faire quelque chose.

Instrumental, Instrumenter.

Obstruer, boucher les vaisseaux du corps.

Obstruction, humeur qui bouche les vaisseaux du corps, qui les engorge.

Reconstruire, relever un édifice, rebâtir.

V I I.

De TOR, Tour, prononcé Tro, vinrent,

TROC, échange.
TROQUER, échanger.
TROQUEUR, qui fait un échange.

TOUR.

TOURBE, terre grasse qui sert à brûler; en Celt. TORF, TORBE. Ce mot tient à TOR, terre.

TOURNOIS, monnoie plus foible que celle de Paris, & qui prit son nom de la Ville de Tours où on la battoit; 2°. ce mot joint à celui de livre, désigne aujourd'hui le taux de l'argent en France.

TOW, TOU.

TOUER, tirer à force de rames un vaisseau attaché à une chaloupe, pour le faire entrer au port.

TOUE, action de touer un vaisseau; 2°. le nom même de la chaloupe dont on se sert pour le faire entrer au port.

De l'Anglois TOW, Anglo-Sax. Teon, Goth. TWHan, All. Ziehen, tirer.

TOUT, TOT.

De T, désignant multitude, amas, vinrent,

1. TOUT, Lat. TOTUS, l'ensemble, la masse entiere.
TOUS.
TOUJOURS, pour tous les jours.
TOUTEFOIS, adverbe, qui signifie, cependant, néanmoins. Nul rapport apparent entre cette signification & l'idée attachée au mot fois; mais il faut se rappeller que fois & voie sont synonymes; on disoit anciennement toute voie au lieu de toutefois. C'est comme si on avoit dit en toute voie, en quelque chemin, en quelque circonstance qu'on se rencontre, quoi qu'il en arrive, &c.

TOUSSAINT, mot-à-mot, Fête de tous les Saints.

2. TOTAL, entier, le tout.
TOTALITÉ, le tout.
TOTALEMENT, entiérement.

3. TOTON, dé à quatre faces sur l'une desquelles est un T, qui désigne en Latin TOTUM, tout; par ce que lorsque le dé présente cette face, on gagne tout; & c'est de là qu'il a pris son nom.

TOUDIS, vieux Fr. du Lat. TOTIS DIEBUS, tous les jours.

ATOUT, carte qui gagne tout, qui A tout.

TRO.

Du Celte TROED, TROAD, TRED, &c. qui signifie pied, vinrent,

1. TROTE, chemin.
TROTER, aller, marcher, courir çà & là.
TROTINER, ne cesser d'aller, de venir.
TROTOIR, chemin pour les gens de pied.
TROTEUR, TROTEUSE.

2. TROT, maniere de marcher d'un cheval entre le pas & le galop.

TROTER, aller le trot.

TROTEUR, qui marche toujours.

3. TRIMER, marcher beaucoup. Ce mot vient de la même famille ; de TRE, pour *Tred*, pied.

TRUMIAU, jambe; d'où,

TRUMEAU, jambage de fenêtres, espace entre deux fenêtres.

TROLER, TRAULER; Angl. *TROLL*, Celt. *TRUL*, courir çà & là.

II.

De TRO, prononcé TRA, vint la famille Celte TRAC, TREC, qui signifie piste, vestige; 2°. marque, empreinte, dessein au simple trait; d'où,

1. TRAC, vieux mot qui signifioit 1°. trace ou piste; 2°. chemin, route.

Qui au conseil des malins n'a été,
Qui n'est au TRAC *des pêcheurs arrêté.*
   MAROT, Pf. I.

3°. Bruit d'une chose qui se meut avec violence, avec fracas.

2. TRACE, vestige, pas; 2°. marque.

TRACER, 1°. marquer; 2°. ébaucher; 3°. décrire; 4°. prescrire, indiquer.

TRACERET, TRAÇOIR, outils à tracer.

RETRACER, tracer de nouveau, peindre des événemens passés.

3. TRACAS, embarras, empêchement, *mot-à-mot*, chose qu'on trouve sur ses pas & qui arrête.

TRACASSER, inquiéter, tourmenter; 2°. s'agiter, intriguer, &c.

TRACASSIER, TRACASSIERE.

TRACASSERIE.

TREGENIER, *vieux Fr.* Voiturier.

DETRAQUER, déranger un instrument; 2°. détourner.

TRAB.

De TRA, en travers, vinrent,

1. TRABE, Lat. *TRABS*, 1°. poutre, en terme de blason; 2°. météore enflammé qui paroît en forme de poutre; 3°. bâton qui suporte l'enseigne & la banniere.

TRAVAISON, la même chose qu'entablement.

TRAVÉE, espace d'une chambre ou d'un plancher qui est entre deux poutres.

TRAVADES, vents inconstans qui vont tout à travers.

TRAVON, piéce de bois qui traverse la largeur d'un pont de bois pour porter les travées des poutrelles.

TRAVETEAU, *vieux Fr.* chevron.

2. TREF, *vieux Fr.* tente; 2°. voile de navire; l'une & l'autre sont soutenues par des trabes, poutres ou mâts.

ENTRAVES, liens qu'on met aux pieds des chevaux pour les empêcher de sauter: *au figuré*, obstacles qui empêchent d'agir.

ESTRAPADE, espéce de supplice; de l'All. *STRAFE*, punition; Ital.

STRAPPASA, secousse pour arracher; STRAPPARE, arracher par force: de TRABS, poutre.

3. TRAPE, 1°. porte de cave ou d'appartement, posée horisontalement; ensorte qu'on passe par-dessus, comme dans un chemin. 2°. Piége pour prendre les loups & autres animaux pareils: d'où,

ATTRAPE, piége, panneau.

ATTRAPER, faire tomber dans un piége, surprendre.

4. Au lieu de TRAPE, surprendre, les Espagnols disent TRAUPA. Ce mot en se nasalant devint TRAUMPA, dont nous avons fait,

TROMPER, attraper.
  TROMPEUR, TROMPEUSE.
  TROMPERIE, artifice.

5. TRAPU, gros, court & épais; d'où en Norm. TRAPIN, gros panier rond, pour cueillir du fruit; il a une figure trapue.

TREC.

De TRA, force, vint le Celt. TRECG, armes, bâtons, outils; instrumens. En Bas-Br. TRECHI, vaincre. De-là;

TRICOT; bâton: 2°. outil; 3°. ouvrage à l'aiguille.
  TRICOTER, faire des mailles avec des aiguilles.
  TRICOTEUR, TRICOTEUSE.
  TRIQUE-HOUSE, houseaux ou guêtres à l'aiguille.

TRI.

De TRA, force, 2°. saisir, attraper, vint dans un sens figuré, la famille TRIC, relative à la ruse, à l'action d'attraper, de tromper; de-là;

1°.

TRICHER, tromper, sur-tout au jeu. En Bas-Br. TRICH, tricherie. All. Triegen, Theut. Titrugen, Sued. Be-draga, tricher, tromper.
TRIGAUD, vieux Fr. tricheur.
  TRIGAUDER, TRIGAUDERIE.
  TRICHEUR, TRICHEUSE.

2.

TRUCHER, vieux-Fr. se moquer, tromper.
Bas-Br. TRUCHA, TRUFLA, gueuser.
All. TRUG, trompeur.
TRUFFE, moquerie, fraude, ruse.
  TRUFFER, se moquer, en imposer, tromper.
Basq. TRUFATZU, se moquer.

TROUV.

De TRA, entre, vint le Celt. TREF, THROP, TROV, hameau, demeure, habitation: TREFA, demeurer: de-là;

TROUVER, autrefois TREUVER, mot qui signifie rencontrer, & sur l'origine duquel on n'avoit rien dit de raisonnable. C'est, mot-à-mot, parvenir à l'habitation, atteindre le lieu où on vouloit s'arrêter. Pris dans un sens plus général, il signifia rencontrer; & dans un sens plus général encore, inventer, arriver à des idées que personne n'avoit eues.

TROUVAILLE.

TROUVERES, TROUBADOURS, *vieux-Fr.* Poëtes, Romanciers : de Trouver, prononcé *Trouba*, en Languedocien.

RETROUVER, trouver de nouveau.

CONTROUVER, forger, supposer.

TRU.

TRU, est une racine Celtique, consacrée à des idées sinistres, peu agréables : la tristesse, la compassion, la misere, la pauvreté. Elle a produit une multitude de mots existans dans le Gallois, le Bas-Breton, l'Irlandois, dialectes Celtiques; & dont plusieurs se sont transmis dans la Langue Françoise.

1.

TRUAND, *vieux Fr.* mendiant, gueux, accablé de misere; 2°. fripon.

TRUANDER, mendier, gueuser.

2.

TRISTE, affligé, livré à des idées noires.

TRISTESSE, affliction, douleur profonde.

TRISTEMENT.

ATTRISTER, rendre triste.
CONTRISTER.

Ces mots tiennent au Latin A-TER, noir, fâcheux, désagreable, piquant, & au Celt. TER, piquant, incommode, sévère, fâcheux.

TU.

1

TUER, ôter la vie.
TUERIE, carnage.
TUANT, TUABLE, TUEUR.

Ces mots, dont l'origine étoit absolument inconnue, viennent du Primitif Du, Tu, noir, nuit profonde, sommeil, &c. d'où Le Celt. TUAD, hache; *Aber-thu*, sacrifice : de *Thu*, tuer, & *aber*, animal.

TUER, signifie donc, *mot-à-mot*, précipiter dans la nuit, priver du jour, de la lumiere, de la vie.

2.

CONTUSION, meurtrissure; du Lat. TUDES, maillet, assommoir. TUDO, frapper, broyer, piler.

3.

Il est apparent que le Grec Θυειν, *Thyein*, qui signifia égorger, sacrifier, avoit la même origine, & qu'il ne venoit pas de *Thus*, encens.

TUB, TUF, &c.

1

TUBE, tuyau de lunette d'approche;

TUYAU, canal en rond, tube : ces mots appartiennent à la famille Celtique TUBE, paille, tuyau du blé, d'où l'Angl. Dovelen.

2.

TUF, pierre tendre & criblée.

TUFFIERE, terre qui ressemble au tuf; du Celte DUFF, creusé, percé. Ces mots sont de la même famille que les précédens.

3.

De-là vint encore la famille suivante.

TUG, TYG.

TIGE, corps de l'arbre, de la plante, de l'herbe, de la fleur, & qui sert à les soutenir ; 2°. tuyau : 3°. race, lignée.

TIGETTE, *en Architecture*, espéce de tige ornée de feuilles d'où naissent les volutes.

En Celt. TUGH, pousser, en parlant des plantes, & TUGHA, tuyau de blé, paille.

Anglo-Sax. TYG, produire.

MOTS FRANÇOIS NÉS DES LANGUES ÈTRANGERES.

T

I. DU LATIN.

TÉMÉRAIRE, Lat. TEMERARIUS.

TÉMÉRITÉ, TEMERITAS.

TESTER, Lat. TESTARI, témoigner, déclarer : *aujourd.* déclarer sa derniere volonté.

TESTAMENT, témoignage de sa derniere déclaration.

TESTATEUR, TESTATRICE.

TÉMOIGNAGE, mot altéré du Lat. TESTIMONIUM, déclaration, déposition, de ce qu'on a vu : d'où,

TÉMOIN, qui rend témoignage, qui déclare ce qu'il a vu.

TÉMOIGNER, rendre témoignage.

ATESTER, affirmer.

PROTESTER, déclarer contre, s'opposer.

PROTESTANT.

CONTESTER, disputer.

CONTESTATION.

INCONTESTABLE.

TIBURON, Lat. *Tiburo*, nom d'un gros poisson.

TURPITUDE, Lat. TURPITUDO.

II. DU GREC.

TACTIQUE, Gr. TAKTIKÉ.

TALASPI & TLASPI, - *Thlaspi.*

TANCHE, espéce de poisson qui se tient dans la vase; du Grec TETTΩ, *Tengo*, rendre humide, amollir.

TARSE, - *Tarsos.*

TAUPE, Lat. *TALPA*, du Grec, *Thalpein*, creuser.
TAUTTE, espéce de poisson; Gr. *Tauthos*.
TÉATRE, THÉATRE, Gr. *Theatron*.
TELESCOPE, - *Telescopos*.
TENESME, - *Tenesmos*.
De *THEOS*, Dieu, sont venus les mots suivans:
TÉOLOGIE, THÉOLOGIE.
  TÉOLOGIEN.
  TÉOGONIE, génération des Dieux.
  TÉOCRATIE, gouvernement de Dieu.
  TÉOPHANIE, *vieux Fr.* Tiphaine, apparition de Dieu.
  TÉURGIE, œuvre divine.
TÉORÈME, proposition à prouver, précepte; Gr. *Theórēma*.
  TÉORIE, Gr. *Theória*.
TEREBINTE; *Terebinthos*; d'où
  TÉRÉBENTINE.
TÉRIAQUE, *vieux Fr.* Triacle; Lat. *Theriaca*; du Gr. *Theros*, chaleur, conservation.
De la même racine:
THERMES, bains chauds.
TERMOMETRE, THERMOMETRE. mesure de la chaleur.
TIARE, - *Tiara*.
TIM, Thim, - *Thymon* & *Thymos*.
TISANE, - *Ptisané*.
TITHYMALE, - *Tithymalos*.
TOPIQUE, local, Gr. *TOPIKOS*.
TOPOGRAPHIE, description de lieu, *TOPOGRAPHIA*.
TRAGÉDIE, - *Tragōdia*, Lat. *Tragœdia*.

TRAGIQUE, TRAGI-COMÉDIE.
TREMA, lettre sur laquelle on met deux points, pour marquer qu'elle est comme coupée en deux; du Gr. *TRÉMA*, ouverture, perçage.
TRIOMPHE, - *Thriambos*.
  TRIOMPHER, TRIOMPHANT, &c.
TROPE, figure de Rhétorique, changement de sens; Gr. *Tropos*.
  TROPIQUE, cercles sur lesquels arrivent les révolutions du soleil.
  TROPHÉE, - *TROPaion*, monument en mémoire de ce que l'ennemi a été obligé de s'en *retourner* sur ses pas.
TRUITE, Lat. *TRUTTA*, doit venir du Grec *TRÓKTOS*, bon à manger, exquis.

III. *Des Langues Orientales.*

TAISSON, espéce de bléreau; Lat. *Taxus*; Or. תחש, *Thheſh*, taisson, bléreau.
TALC, en All. *Talk*, en Isl. *Talgue-Stein*, pierre de Talc; en Arab. طلق, *Talk*.
TALISMAN, Gr. *Telesma*; Orient. צלם, *Tselem*, portrait, ressemblance, *Images des Dieux*.
TALMUD, de l'Or. *Lmud*, doctrine, science, précédé de l'article *Tha*.
TARRAUX, jeu de cartes très-connu en Allemagne, en Italie, & en Suisse. C'est un jeu Egyptien, comme nous le démontrerons quelque jour; son nom est composé de deux mots Orientaux, *TAR*,

& *Rha*, *Rho*, qui signifient chemin royal.

TARGUM, nom des paraphrases Chaldaïques de l'Ecriture Sainte; du Chald. תרגם, *ThiRGeM*, expliquer, développer.

TARIF, mot Arabe. qui signifie *connoissance*, & qui vient de l'Oriental *Horph*, connoître, joint à l'article *Th*.

TARTANE, espéce de vaisseau ou barque en usage sur la Méditerranée qui porte un grand mât avec une misaine. C'étoit perdre son tems que de chercher l'origine de ce mot dans celui de *Tartarie*. La Tartarie n'eut jamais rien à démêler avec les vaisseaux. C'est un composé de deux mots Orientaux, *TAN* ou *TANA*, טנא, vase, vaisseau, panier, & תרן, *TaRN*, mât de vaisseau; *TARN-TANO*, adouci en TARTANE.

TARTARE, nom l'habitant de TARTARIE qu'on doit prononcer & écrire TATARE & TATARIE, mais le séjour des morts. J'adopte en plein l'étymologie qu'en a donné M. FOURMONT dans les Mém. des Insc. & Bell. Lett. T. III. Hist. pag. 9. Il le dérive de l'Oriental *DOR-DOROT*, habitation éternelle, épithéte sous laquelle les Egyptiens désignoient les Tombeaux. Pourquoi les étymologies de ce Savant n'ont-elles pas été toujours aussi sages?

L'Egypte nous fournit une autre étymologie, celle de

TIPHON, TYPHON, TOUPHAN, autrefois nom de l'Être mal-faisant, aujourd'hui nom d'un vent funeste par les ravages qu'il occasionne. Le Savant JABLONSKY a très-bien prouvé dans son Pantheon Egyptien, Part. III, pag. 97. que ce mot étoit composé des mots Egyptiens ⲐⲎⲞⲨ, *Theu*, *They*, vent, & ⲪⲰⲚ, *Phon*, bouleverser, renverser, détruire. Ajoutons que le nom de *Typhon* existe encore avec la même idée dans l'Isle de Madagascar, comme on le voit par le Dictionnaire de la Langue de ce pays, que publia FLACOURT en 1658.

TIRSES, THYRSES, Gr. ΘΥΡΣΟΙ, branches avec leurs feuilles & ornées de rubans, qu'on portoit dans les Fêtes de Bacchus. On donnoit primitivement ce nom aux objets qui diminuoient insensiblement en forme de cônes, tels que les pignons des arbres à résine, & propres à faire des flambeaux, des torches. Ce mot est donc formé de l'Orient. תרז, *ThaRZ*, pin, arbre à feuilles étroites & pointues; mot composé de l'article Oriental *The*, & du mot *Raz*, maigre.

THON, gros poisson de la Méditerranée; Gr. *Thunnos*; de l'Or. תן,
Than,

Than, nom générique des gros poissons.

THONNAIRE, filet pour prendre les thons.

TOPASE, Pierre précieuse transparente & qui a la couleur de l'or. On ne voyoit que son origine Grecque *Topazion*; mais c'est un mot Oriental formé de l'article Or. *the*, & du mot פז, *Paz*, or le plus pur. Ici l'article Oriental se confond avec l'article Grec *To*, le même que l'article Anglois *To*.

TRUCHEMAN, mot qu'on prononçoit, & qu'on écrivoit aussi DROGUEMAN, & qui signifie *Interprete*; c'est un mot Oriental formé de la même racine que le mot TARGUM, qu'on vient de voir.

TULIPE, fleur venue avec son nom de l'Orient. On l'appelloit autrefois *Tulipan*; c'est une altération de l'Oriental *Dulpant* dont nous avons fait *Turban*.

TURBAN, coëffure des Orientaux, formée de plusieurs doubles qui font le tour de la tête. C'est un mot altéré de l'Oriental *Dulpant*, *Tulbant*; & qui est composé du mot prim. *bande*, & de *Tol*, qui peut signifier *étendre* & *Tête*.

TURQUOISE, TURQUIN, pierre précieuse de couleur bleue; en Ital. *Turchino*, bleu. Scaliger croyoit que ce nom avoit été donné à cette pierre, parce que les Turcs aiment de préférence la couleur bleue. Cette étymologie n'étoit pas digne de ce Savant; adoptons celle de Pedro TEXEIRA, qui assure que les Turquoises ont été appellées ainsi, parce qu'on les trouvoit à *Nixabar*, aux frontiéres du *Turk-estan*, Province de l'Empire de Perse.

TUTIE, ou fleur de cuivre, en Ital. *Tutia*; c'est l'Arabe *Tut*.

IV. Mots mélangés.

TABAC, plante qui doit son nom à la Province Américaine appellée *Tabaco*, d'où on la transporta en Europe.

TABAGIE, TABATIERE.

THÉ, arbrisseau Chinois, dont les feuilles se transportent avec ce nom en Europe.

TOMBAC, métal mélangé d'or & de cuivre, dont les Siamois font le plus grand cas.

DICTIONNAIRE ETYMOL.

MOTS FRANÇOIS VENUS DU CELTE.

U & V

LA Lettre U a éprouvé de grandes révolutions; & n'a pas toujours été à la suite du T, puisqu'il terminoit l'Alphabet ancien. Elle occupoit dans cet Alphabet la sixiéme place, étant immédiatement à la suite de l'E; elle l'occupe encore dans les Alphabets Orientaux, & dans l'Alphabet numérique des Grecs. Mais on s'apperçut que le caractere) qui le peignoit, répondoit à plusieurs sons qui s'étoient entés sur un seul. Que s'il avoit d'abord peint le son OU, son de l'ouie, ce son s'étoit changé dans plusieurs mots dans le son V, W; dans plusieurs autres, dans le son F; dans nombre d'autres, dans le son grêle d'un *v*, appellé Y, i Grec; quelquefois dans le son plein O. On devoit donc être sans cesse embarrassé sur la valeur de ce caractere; si on le prononceroit *ou*, *w*, *f*, *v*, *u*, &c.

Pour y remédier, les Grecs chercherent à représenter plusieurs de ces sons, par autant de caracteres. 1°. Ils adopterent le caractere majuscule Υ & le minuscule υ, pour rendre sa prononciation en *v*; 2°. le caractere majuscule Φ & le minuscule φ désigna la prononciation de U en F; 3°. le caractere ȣ rendit le son d'*ou*; & 4°. le caractere F, qu'ils appellerent *digamma*, peignit chez les Eoliens le son V. Ces deux derniers caracteres n'entrerent point dans l'Alphabet Grec; mais on rejetta à la fin immédiatement après T, les caracteres Υ & Φ.

Les François ont remplacé également le caractere primitif, par ces cinq : F, qui resta en possession de la sixiéme place, & qui n'est autre chose que le digamma Grec, ou le F Samaritain retourné de droite à gauche : U & V placés à la suite du T; Y, emprunté des Grecs; & OU.

Le son V s'est d'ailleurs fréquemment substitué à l'aspiration; & souvent il s'est adouci lui-même en GUE.

Une famille peut donc être composée de mots en *OU*, *U*, *Y*, *V*, *W*, *F*, *H*, *GW*, *GUE*.

Quant à la valeur du caractere), U, comme il peignoit l'oreille, il désigna l'Ouie, & par conséquent les sons, les vents, les vagues, la voix, &c. autant de mots formés par onomatopée, & dont on cherchoit inutilement ailleurs l'étymologie.

Le son U peignit en même-tems l'eau, l'humide, l'action de *humer*.

Enfin, le son V ayant une très-grande analogie avec le son B, P, M, ils se sont très-souvent substitués les uns aux autres.

Souvent aussi il a remplacé le son V, & remplacé l'aspiration du verbe HÊ, qui désigna l'existence.

Avec ces principes, on est en état de remonter à l'origine des mots que la Langue Françoise offre sous les Lettres U & V.

ONOMATOPÉES.

V A.

VACHE, Lat. *VACCA*, qu'on prononce ailleurs *BACCA*. C'est un mot formé par la même onomatopée que celui de *Bos*, bœuf. Les Hébreux y ajoutant la terminaison Orientale & Celtique AR, en firent BaKaR, בקר, qui désigna le bœuf; de-là,

VACHER, gardien d'un troupeau de bœufs & de vaches.

VACHERIE, lieu où on nourrit un troupeau de bœufs & de vaches, & où on fait du beure, du fromage &c. avec le lait de celles-ci.

VEAU, Lat. *VITulus*, *mot-à-mot*, petit bœuf; VI ou VE étant mis ici pour BO, BEU, BU.

VÉLER.

VAQUETTES, peaux de petites vaches qui viennent du Levant.

S'AVACHIR.

OUA, VA, VE.

Les vents déchaînés faisant entendre le son OUA, VA, VE, on en dériva leur nom : de-là

VENT, nom de l'air agité & qui frappe les oreilles.

VENTER, action du vent qui souffle; 2°. exciter du vent, agiter l'air.

VENTEUX, exposé au vent; 2°. qui cause des vents.

VENTOSITÉS, vents enfermés dans le corps & qui y causent du ravage.

VENTOUSE, ouverture pour laisser passer l'air.

VENTAILLE, ouverture ménagée dans un casque pour respirer.

ÉVENTAIL, instrument ou meuble pour exciter du vent.

ÉVENTÉ, qui s'est gâté en prenant l'air, en étant exposé au vent : 2°. tête où il n'y a que du vent, tête folle & légere.

VENTILATEUR, machine destinée à renouveller l'air d'un appartement.

V A, aller.

Le mot VA, qui est Oriental, Grec, Latin, Celte, & qui dans toutes ces Langues signifie al-

Bbbb ij

ler, marcher, est une vraie onomatopée, l'imitation du bruit qu'on fait en se mouvant & de l'agitation qui en est la suite. C'est une famille très-étendue.

I.

1. IL VA, Je VAIS, Tu VAS, Présent d'un verbe qui s'est associé avec ALLER; & dont les dérivés forment trois grandes familles, l'une en VA, VAD, l'autre en VEN, la troisieme en VOI, VEH, VIA.

VADE, Intérêt que chaque associé a dans une affaire, relativement aux sommes qu'il a fournies.

VADEMANQUE, mot composé de trois autres, comme si on l'écrivoit VA de Manque; ce qui manque aux fonds d'une caisse.

VADEMECUM, mot emprunté du Lat. & qui désigne ce qu'on porte toujours avec soi. Le bissac de Sancho étoit son *Vademecum* chéri.

2. GUÉ, du Langued. GUAT, & du Lat. VADUM, endroit où on peut passer une riviere à pied.

3. S'ÉVADER, s'en aller, se sauver.
ÉVASION.
INVASION, action de fondre sur un pays.
ENVAHIR, s'emparer d'un bien.

II.

VENIR, 1°. arriver, s'avancer; 2°. parvenir; 3°. dériver; 4°. croitre, &c.

VENANT, qui arrive: VENU.
VENUE, arrivée.
VENIAT, VENIATIS, mot-à-mot, qu'il vienne, venez: Ordonnance d'un Juge qui mande quelqu'un.
VÉNIEL, qu'on peut pardonner; du Lat. VENIA, congé, permission d'aller; pardon.

Composés.

AVENTURE, événement, chose arrivée.
AVENTURIER, qui cherche les grandes aventures; qui cherche à se distinguer par quelque grande action.
AVENTURER, hasarder, risquer.
AVENIR, tems futur, à venir.
AVÉNEMENT, arrivée au trône.
AVENUE, chemin, allée, par où on aborde.
CONVENIR, quadrer, s'accorder.
CONVENABLE, qui convient.
CONVENANCE.
CONVENTION, accord.
CONVENTICULE, cabale, assemblée factieuse.
CONVENTUALITÉ, société de Moines qui vivent ensemble.
COUVENT, *autrefois* CONVENT, maison où des Religieux ou Religieuses vivent ensemble.
CONTREVENIR, aller contre.
CONTRAVENTION.
DEVENIR, parvenir à un état.
ÉVÉNEMENT, tout ce qui survient, qui arrive.

INTERVENIR, *mot-à-mot*, se mettre entre.
INTERVENTION.
INVENTION, découverte à laquelle on est arrivé, parvenu.
INVENTEUR, INVENTER.
INVENTAIRE, état de ce qu'on a trouvé dans une maison, de ce qui existe en un lieu.
INVENTORIER.
INCONVÉNIENT, difficulté, obstacle, traverse.
PARVENIR, arriver, s'élever, atteindre le but.
PARVENU.
PRÉVENIR, *mot-à-mot*, arriver avant, s'emparer d'une chose avant ceux qui y aspirent.
PRÉVENTION, tout ce qui prévient, qui obsède l'esprit.
PRÉVENANT, qui va au-devant des desirs.
PROVENIR, venir de ; dériver.
PROVENANT.
PROVINCE, Lat. *PROVINCIA*, *mot-à-mot*, pays où il faut passer, où on vient, qu'on rencontre avant d'arriver dans l'Empire ; pays de frontière.
REVENIR, retourner.
REVENU, *nom*, ce qu'on retire de ses fonds ; *adj.* retourné.
SOUVENIR, mémoire, action de se rappeller, de faire revenir dans la mémoire.
Se SOUVENIR, se RESSOUVENIR.
SUBVENIR, secourir.

SUBVENTION, aide, secours en argent.
SUBVENIR, arriver sans être attendu ; arriver en sus.
SURVENANT, qui survient.

III.

VOIE, chemin, *au physique & au moral*, moyen, manière, conduite, &c. Lat. *VIA* : de VA, aller ; Gr. *Béein*, aller.
VIA-TIQUE, ce qu'on porte avec soi pour les frais d'un voyage.
VOYAGE, route, chemin qu'on fait pour arriver à un lieu éloigné.
VOYAGER, VOYAGEUR.
VOYER, Directeur des chemins.
CONVOI, *mot-à-mot*, tout ce qui fait route ensemble.
DÉVOYÉ, qui est hors du bon chemin.
ENVOI, ce qu'on a mis en route pour parvenir à quelqu'un.
ENVOYER.
RENVOYER, RENVOI.
TRIVIAIRE, place où aboutissent trois chemins.
OBVIER, aller au-devant, remédier à quelque mal.

IV.

VOITURE, char tiré par des animaux, & qui sert à transporter, à faire cheminer.
VOITURER, VOITURAGE.
VÉHICULE, ce qui sert à faire passer d'un lieu dans un autre.

V.

VEINE, Lat. *VENA*, vaisseau qui contient le sang ; où il coule.

VENULE, petite veine : ce mot est de la même famille que

VENELLE, petit chemin, ruelle. RICHELET, qui rend ce mot par *fuite*, a pris un sens figuré pour le propre. VARRON assure que les anciens Latins disoient VENA, dans le même sens que VIA, chemin : c'étoit donc un mot Dorien formé de BÊNein, aller.

VI.

VEXER, fatiguer ; effet des longues routes, des voyages pénibles : *au moral*, tourmenter, persécuter.

VEXATION.

INVECTIVE, *mot-à-mot*, trait lancé (envoyé) contre quelqu'un : injure.

INVECTIVER, dire des injures.

VII.

De VA, aller, on fit BA, BE, & puis BETere, PETere, demander ; & par opposition, VITare, fuir : de-là nombre de dérivés.

ÉVITER, Lat. VITAre, fuir, s'éloigner.

VICE, Lat. VITium, ce qu'il faut fuir, ce dont il faut s'éloigner ; mal, corruption.

VICIÉ, gâté, corrompu.

VICIEUX, plein de vices, méchant.

VITUPÉRER, *vieux Fr.* blâmer, censurer.

2. VET, en Langued. défense : du Lat. VETare, défendre, ordonner qu'on évite.

VEER, *vieux Fr.* défendre, Lat. VETARe, All. *Wehren*.

OUAG, VAG.

OUAG, famille d'OUA, fut également une Onomatopée qui servit à peindre des sons bruïans, & à désigner les objets qui en étoient la source : de-là nombre de mots.

I.

VAGUE, 1°. flot, onde ; mot qu'on prononça dans l'Origine OUAG : aussi les Latins en firent le mot VAGitus, cris d'un enfant.

2°. Tout ce qui est aussi mobile que les flots, le vague des airs : de-là,

VAGUER, aller çà & là.

VAGABOND, qui n'a nulle demeure fixe, & qui vague.

VAGUEMENT, confusément.

VACANCE, tems auquel on n'est plus lié, où on peut vaguer.

VACANT, VACATIONS.

VAQUER, être vacant ; 2°. s'occuper à ce qu'on veut, parce qu'on est privé ou exempt d'occupations essentielles.

VACUITÉ, état d'une chose vuide.

ÉVACUER, rendre vuide, mettre hors.

VACILLER, chanceler, être mal attaché, tenir mal.

VACILLANT, VACILLATION.

I I.

Ouag, Vag, bruit confus d'une multitude ; d'où,

Bag, Celt. & primit. Troupes assemblées.

Bagarre, dispute, querelle, grand bruit occasionné par une multitude de gens qui sont en discorde.

Vacarme, grand bruit, rumeur, tapage.

III.

Voguer, se mouvoir, s'avancer sur l'eau.

Vogue, concours qu'occasionne un objet ; 2°. *au fig.* estime, crédit, réputation : *en terme de marine,* cours d'une Galere qu'on fait mouvoir à force de rames.

OUAN, VAN.

Van, Ouan, a désigné également la boursuflure, la nature des objets qui ne sont que du vent ; le bruit des eaux : de-là, diverses familles.

1.

Van, instrument qui sert à séparer le bon grain du mauvais, en le jettant à l'air.

Vanner, nettoyer le grain par le secours du van.

Vanier, qui fait des vans & qui travaille en osier.

Vanerie, métier & ouvrage de Vanier.

Vaneur, qui vanne.

Vanette, petit van pour l'avoine.

2.

Vanter, louer, prôner, *mot-à-mot*, donner de la vanité, du vent, bouffir.

Vanterie, discours plein de vanité.

Vanteur, qui se vante.

3.

Vanité, boufissure, orgueil ; qui n'est que du vent, que fumée.

Vain, *mot-à-mot*, où il n'y a que du vent ; 2°. frivole, inutile, qui n'a que l'apparence ; 3°. orgueilleux, bouffi.

S'évanouir, disparoître comme la fumée, comme le vent.

Évanouissement.

OUAP, VAP, VIP.

De Ha, Oua, Va, Vap, son de la respiration, vinrent le Grec *HAein*, respirer.

Le prim. Hap, *chap*, devenu en Gr. *Kapos*, soufle, respiration ; d'où *Kapnos*, fumée ; & ces mots :

1.

Vapeur, soufle léger.

Vaporeux, plein de vapeurs.

Evaporation, vapeurs qui s'élevent ; liquide qui se dissipe en vapeurs.

Evaporé, qui s'est dissipé en vapeurs, où il ne reste rien.

2.

Vipère, Lat. *Vipera* ; Gr. ὑδν,

Apho, animal qui dut son nom à son sislement, peut-être à sa vivacité, mobile comme une vapeur. Les Latins, qui ne soupçonnerent jamais que leur langue fût venue de l'Orient, ont avancé des rêveries de toute espéce sur l'origine de ce mot.

VIPEREAUX, petits d'une Vipère.

VIPERINE, plante qui guérit de la morsure des serpens à sonnette.

VIVRE, } Vipère ou serpent tor-
GUIVRE, } tueux, *en terme de blason.*

VIOLON.

Le mot VIOLON désigne un instrument à cinq cordes, qu'on fait résonner avec un archet; mais quelle est l'origine de ce nom? Elle se perd dans la nuit des tems pour tous nos Etymologistes ; car dire avec eux qu'il vient de l'Espagnol *biolone*, ce seroit tout au plus supposer que cet instrument nous vint par l'Espagne; ce qui seroit peut-être difficile à prouver.

Ce nom tient à ceux de quelques autres instrumens appellés VIOLE, Basse de VIOLE, VIOLONCEL, &c.

Si jamais nom dût être formé par onomatopée, n'est-ce pas celui d'un instrument de musique? Ils ont un son à eux, un son déterminé & constant, un son propre à les distinguer de tout autre : ce son dût donc devenir leur nom dès l'origine; & quoique naturel, on dut perdre à jamais cette origine de vue, dès qu'on eût perdu de vue les origines de la Langue qu'on parloit & les révolutions de la Nation dont on faisoit partie.

Les instrumens bruyans tels que le tambour, le timpanon & la timbale, portent des noms parfaitement imitatifs ; en les nommant, on peint le coup qui les fait retentir.

Dans les instrumens à cordes, on avoit à peindre des sons d'une toute autre espéce, des sons gais, aigus, sislans, grêles en quelque sorte ; on eut donc recours pour les peindre à la voyelle I dont le son grêle, aigu & sislant se met si bien à l'unisson de cet instrument ; & qui associé au son O, sert également à peindre cette joie & cette gaieté qu'accompagne & qu'inspire dans les fêtes le son des instrumens : on dit donc *Viole, Violon,* par le même sentiment qu'on disoit Ioh ! Ioh ! & qu'on fit les mots Celtes, Theutons, Basques, &c. en *IOL, JOL,* qui peignent la joie & le plaisir.

C'est de ce mot que les Latins firent également celui de *FIDES,* qui désigna les instrumens à corde, & qui forma le diminutif *FIDicula,* petit instrument à corde; tandis qu'en le prononçant en V, ils en firent *VITULA,* 1°. la Déesse de la joie ; 2°. en *Lat.-Barb.* cet instrument

instrument dont nous avons altéré le nom en celui de VIELLE. Ils en firent également
VITULari, se réjouir, folâtrer.
VITELLIANÆ, tablettes sur lesquelles on écrivoit des choses gaies.

VITE, OUITE.

VÎTE, qui se meut avec célérité.
VÎTESSE, mouvement prompt & accéléré.

Ce mot dut se prononcer dans l'origine OUITE, Huite; il fut donc une onomatopée, l'imitation du soufle accéléré par la promptitude de la marche.

Il n'est donc pas étonnant que nous le retrouvions dans l'Anglo-Saxon Hwate, vîte, prompt, alerte; & HWETTAN, animer, exciter.

Il n'est pas plus étonnant que les Latins en ayent fait sans doute West, & puis Fest; d'où Festinare, se hâter.

VŒU.

VŒU, désir ardent, 2°. promesse conditionnelle au cas qu'on obtienne un avantage qu'on désire ardemment; Lat. VOTUM. Ce mot est sûrement une onomatopée de la même famille que HWATE, WET, désir, sentiment vif & animé qui transporte; & Vo, Fo, feu.
VOUER, Lat. Vovere, dédier, consacrer par un vœu.
CONVOITER, désirer avec ardeur ce qui appartient à d'autres.

DEVOUÉ, consacré : DEVOUEMENT.
DEVOT, qui se consacre à la Divinité, qui lui est dévoué.
DEVOTION.
VOTIF, voué.

VO, VOC.

VO, Voc, est une onomatopée qui peint le son de la voix; de-là une famille nombreuse.
VOIX, Lat. Vox, sons que rend la bouche pour exprimer quelque sensation ou quelque pensée; 2°. cri; 3°. suffrage.
VOYELLE, son simple, & qui est l'effet de l'émission de la voix, sans mettre en jeu aucune des diverses parties qui composent l'instrument vocal.
VOCABULAIRE, recueil des mots d'une Langue, ou d'un idiome.
VOCATION, appel à un état.
VOCATIF, cas qui indique l'appel, ou qu'on adresse la parole.
VOCAL, relatif à la voix.
Les Latins en firent le verbe Vocare, appeller; d'où,
VOQUER, en vieux Fr. qui a produit les mots suivans:
CONVOQUER, appeller à l'assemblée.
CONVOCATION.
EVOQUER, appeller à soi.
INVOQUER, appeller à son secours.
INVOCATION.
PROVOQUER, exciter, animer.
REVOQUER, rappeller, annuller, casser.
IRRÉVOCABLE.

AVOCAT, Lat. *AD-VOCATUS*, mot-à-mot, celui qu'on appelle à son secours, celui dont on emprunte les lumieres & l'habileté pour sa défense.

AVOUER, Lat. *ADVOCARE*, 1°. reconnoître quelqu'un pour son défenseur.

2°. se reconnoître comme coupable.

AVEU, consentement ; 2°. confession.

V O M.

VOMIR, Lat. *VOMO*, Gr. *ΕΜΩ*. C'est une vraie onomatopée.

VOMISSEMENT, VOMITIF.

VOMIQUE (noix), noix qui fait vomir, &c.

VOMITOIRE, ouverture par laquelle on entroit dans un amphithéâtre & on en sortoit.

MOTS

Qui appartiennent à des familles formées de Lettres correspondantes à V.

VAL, BAL.

VAL, désignant la force, la multitude, &c. est parfaitement analogue aux familles BAL, FAL, MAL, PAL, qui occupent déjà une place très-étendue dans ce Volume, & elles ont toutes une origine commune. Si on a employé à cet égard le concours de ces diverses Lettres, c'est afin de faire mieux sentir la diversité des idées accessoires qu'on a réunies à cette grande famille.

1.

VAILLANT, plein de courage.
VAILLANCE, VAILLAMMENT.
VALEUR, 1°. courage, bravoure ; 2°. mérite ; 3°. de grand prix.
VALEUREUX.
VALIDE ; sain, légitime ; qui a toutes ses forces.
VALIDER.
INVALIDE, sans force : 2°. non légitime.
VALABLE, recevable, qui a de la force.
VALÉTUDINAIRE, du Lat. *VALETUDINARIUS*, infirme, mot-à-mot, dont les forces sont usées.
VALOIR, avoir une valeur, un prix, du mérite, &c.
EVALUER, déterminer la valeur d'un objet.
EVALUATION.
DEBILE, foible sans forces ; BIL pour BAL.
DÉBILITER, ôter les forces.
VALERIENNE, plante dont la fleur est excellente pour la santé.
RAVAUDER, raccommoder, réparer ; VAL est ici changé en *Vaud*.
RAVAUDEUR, RAVAUDEUSE.

2

VALET, dans l'origine *Fils*, celui qu'on éleve, qu'on nourrit, 2°. serviteur, celui qu'on nourrit ; & qui fait partie de la famille. Il est digne de remarque que dans toutes les Langues, un même mot désigna les

Fils & les serviteurs; les filles, & les servantes: en Lat. *Puer, Puella*; en Gr. *Thés*, &c.

VALETAILLE, VALETER.

VEILLOTE, tas de foin.

VEILLER, surmonter: expression relative à la viande qui surmonte l'eau dans laquelle on la fait cuire.

VOLCAN, Montagne qui vomit du feu: de l'Orient. BAL, BOL, VOL, Soleil: feu.

3.

VAL, qui descend, par opposition à BAL qui monte.

AVAL, en bas; 2°. courant de la Riviere.

VAL, VALLÉE, VALLON, VAU, Pays enfoncé entre des montagnes. VAUVERT, Vallée verte.

AVALER, DEVALER, RAVALER.

INTERVALLE, distance entre deux objets, comme un val entre deux Montagnes.

AVALANT, bateau qui suit le courant de l'eau.

AVALANCHE, masse de neige, qui roule dans les abîmes.

4.

VAL, même famille que PAL, pieu, a formé les mots suivans.

VALLÉ, *vx. Fr* retranché, fortifié, ferré.

RAVAUX, longues perches dont on se sert pour abattre des oiseaux.

RAVELIN, espéce de fortification;

du mot VAL, rempart.

5.

VAUDEVILLE, chanson sur des airs connus. On a dérivé ce nom des mots *Va & Ville*, comme qui diroit Chanson qui court la Ville. Selon d'autres, on prononçoit dans l'origine VAUDEVIRE; & ces Chansons furent appellées ainsi, ajoutent-ils, parce qu'elles furent inventées par OLIVIER BASSELIN, foulon du *Vaud-de-vire* en Normandie, & qui s'étoit rendu célébre par-là. Je crains cependant que ceci ne soit une étymologie à la Grecque.

6.

De *Pal*, Peau, vinrent,

VALISE, voy. col. 105. Et VELIN, col 104.

VELU, couvert de poil.

VELOURS, *autrefois* VELOUS, & plus anciennement VELUAU, étoffe à poil.

VELOUTÉ, qui a la douceur du Velours; 2°. duvet fin & doux.

VELTE, mesure de liquides dont on se sert en Hollande.

7.

TRAVAIL, 1°. occupation; 2°. peine; 3°. tourment, fatigue.

L'Origine de ce mot étoit absolument inconnue; car il étoit absurde de le dériver du Latin *Trepalium*, qui désigné cette espéce de cage où l'on renferme les chevaux vicieux, afin qu'on puisse les ferrer, quoique ce mot ait été altéré en celui de *travail*, nom François de cette cage. Le savant MURATORI ne s'étoit pas moins trompé en le dérivant de l'Italien VAGLIO, qui signifie un crible, un van.

Ce mot se prononce dans les dialectes Celtiques TRA-FEAL, TRA-VAL. C'est donc un composé de VAL, 1°. valoir, 2°. faire valoir; & du Celte TRA, chose, affaire, biens, possessions. C'est par le travail qu'on fait valoir sa chose, son bien, sur-tout la terre, dont la culture est le vrai TRAVAIL de l'homme, son occupation essentielle, la source de tous biens, de toutes richesses. Et par extension ce nom devint 2°. celui de toute espéce d'occupation pénible, laborieuse, soutenue : de-là;

TRAVAILLER, TRAVAILLEUR.

VAL, VIL.

De BEL, élevé, vint par opposition,

VIL, bas, méprisable; en Celt. GUAEL, WAEL.

VILEMENT, d'une maniere basse, méprisable.

VILIPENDER, rendre méprisable, faire paroître digne de risée.

AVILIR, rendre vil.

AVILISSEMENT.

Vieux Fr. VILTOYER, rendre vil.

VAN

De BAN, élevé ; BEN, tête ; prononcé VAN, VEN ; on forma,

1. VINDAS, machine pour élever de grosses masses. On dit aussi GUINDAL : de-là,

GUINDER, élever. GUINDÉ, haut, élevé.

2. VANE, cloison qui se hausse & s'abaisse pour ouvrir & fermer une écluse.

VANTAUX, deux battans d'une porte ; 2°. volets des fenêtres : d'où peut venir

CONTREVENT.

VANTILLER, faire une digue de planches pour retenir l'eau.

VENNE, *vieux-Fr.* haie, clôture.

VÉNÉRABLE, *mot-à-mot*, le plus élevé, le plus respectable.

VÉNÉRER, honorer, respecter.

VÉNÉRATION.

VAR,

HAR, BAR.

De HAR, BAR, désignant la hauteur, l'élévation, les branches, les barres, prononcé VAR, VER, vinrent nombre de Familles.

I.

Plusieurs relatives à l'idée d'élévation.

1.

De VER, Chef, élevé, les Latins firent,

VEREOR & REVEREOR, respecter: d'où,

VERECOND, vieux Fr. VERGOGNE.

RÉVÉRER, avoir le plus profond respect.

RÉVÉRENCE, marque de respect.

RÉVÉRENCIEUX.

RÉVÉREND, qu'on respecte & honore.

RÉVÉRENDISSIME.

IRRÉVÉREND.

2.

VERG, VIERG, titre porté par le premier Magistrat d'Autun au tems de MENAGE, & qui faisoit partie du nom de VERGO-BRET, qu'on lui donnoit au tems de Jules-César.

Ce mot doit signifier *Chef*; 2°. habillé de pourpre, couleur des Chefs, des Souverains. SERVIUS, dans son Commentaire sur l'Enéide, dit à l'occasion de ces mots :

Virgatis lucent sagulis (Æn. VIII).

qu'en Gaulois *VIRGA* signifie *pourpre*, & que *virgatus* désigne ici un habit couleur de pourpre.

3.

VARISSE, dilatation des veines, Lat. *VARICE*, à l'abl.

VERRUE, Lat. *VERRUCA*, excroissance à la peau.

4.

On se défend, on se garde, on se barricade avec des branches, des barres, &c. : de-là,

GARDE, en Theut. *WARD*, défense ; 2°. défenseur, protecteur.

GARDER, GARDIEN.

WARENNE, GARENNE, canton réservé pour la chasse.

5.

VAR, désigna tout ce qui étoit traversé par des barres ou par des traits semblables à des barres ; tout ce qui étoit rayé, bariolé, &c. de-là,

1. VARIÉ, qui est barré, rayé de diverses manieres.

VARIER, diversifier.

VARIETÉ, changement, diversité.

VARIATION, inconstance, changement.

VARIANTES, diverses manieres de lire un Texte.

VARIABLE, sujet au changement.

INVARIABLE.

2. DIVERS, qui n'est pas de la même façon.

DIVERSITÉ.

DIVERSIFIER, DIVERSION.

3. VAIR, de deux couleurs.

VERON, poisson qui doit son nom à la variété de ses couleurs.

4. Petite VÉROLE, Lat. *VARIOLA*, parce qu'elle forme des taches sur la peau.

5. BIZARRE, capricieux, inconstant, léger. Ital. *Bizarro*. Ce mot dont l'origine étoit inconnue, s'écrivit *BIGEARE* : c'est donc un dérivé de *BI-GARIUS*, ou *BIS-VARIUS*, formé de diverses couleurs qui

varient suivant le point d'où on les confidere.

L'Espagnol *BIZARRO*, qui signifie habillé pompeusement, magnifiquement, s'est formé de la même maniere. C'est, *mot-à-mot*, éclatant de diverses couleurs.

6

De VAR, barrer, vint peut-être encore le mot *VAR*, nom des fleuves en Celte, parce qu'ils barrent, qu'ils traversent les Contrées : de-là,

BIEVRE, Loutre, Castor, animal amphibie ; Espagn. *BIVARO*, Lat. *FIBER*, *vieux-Fr*. BEFRE. De VI, vivre, & VAR, riviere, eau.

7

VERROUIL, de la même racine que le Lat. *VERU*, broche.

VARRE, mesure Espagnole.

VIRETON, *vieux Fr*. espéce de javelot. Lat. *VERutum*.

VIRGULE, *mot-à-mot*, petite verge, broche.

VIBRATION, action de lancer ; Lat. *VIBRAre*, lancer, jetter une lance, une barre, avec force. De VI, force, & BAR, bras, lance.

8

De VER, barre, branche, les Latins firent *VER-BERare*, frapper : d'où,

REVERBERE, machine qui repousse les raïons de lumiere avec une augmentation de force.

REVERBERATION, effet des raïons du Soleil, repoussés par un corps solide.

II.

VER, branche, de FER, produire, porter, désigna naturellement la couleur des plantes : de-là,

1. VERD, Lat. *VIRidis*, couleur des plantes ; *au fig.* qui a de la force, de la vigueur.

VERDÂTRE, dont la couleur tire sur le verd.

VERDET, drogue qui teint en vert.

VERDEUR, couleur verte ; 2°. vigueur ; 3°. rudesse du vin.

VERDIER, oiseau dont le plumage est verd.

VERDOÏANT, qui verdit.

VERDOÏER, devenir verd.

VERDURE, les plantes dont la terre est couverte.

VERDURIER, Officier de la Cour qui fournit les herbes & le vinaigre.

VERJUS, espéce de raisin dont le jus est aigre & toujours verd.

VERGLAS, Lat. *VIRidis GLACies*, glace vive, & qui rend la terre & le pavé glissans & reluisans.

REVERDIR, verdir de nouveau.

VIRUS, venin d'une maladie. En Lat. *VIRus*, signifia 1°. verdure ; 2°. teinture ; 3°. aigreur ; 4°. poison.

2. VERGER, lieu rempli d'arbres fruitiers.

VERGE, 1°. branche d'arbre ; 2°.

baguette ; 3°. mesure pour les choses étendues.

VERGES, branches souples dont on se sert en forme de fouet ; *au fig.* afflictions, punitions.

VERGETTE, brosse faite avec des branches de bruïere.

VERGETÉ, VERGETER.

VERGETIER, qui fait des vergettes.

III.

VERBE, tient à la famille BAR, HAR, &c. de-là,

VERBAL, de bouche.

VERBALISER, dresser un procès-verbal.

VERBIAGE, paroles inutiles.

VERBIAGER, ne dire que des mots.

VERBOSITÉ, superfluité de paroles.

VERBEUX, diffus.

ADVERBE, mot destiné à déterminer le sens des verbes.

PROVERBE, Sentence qui est dans la bouche de tous.

VER, HER.

De HER, Terre, les Grecs firent HERPein, ramper, se traîner sur la terre sans pieds. Les Latins en firent VERMIS, animal sans pieds, & qui se traîne sur la terre : de-là,

2. VER, animal sans pieds, & qui se traîne sur la terre.

VERMISSEAU, petit ver.

VERMINE, insectes.

VERMIFORMES, parties du corps qui ressemblent en quelque sorte à des vers.

VERMOULU, rongé, *ou* piqué des vers.

VERMOULURE.

Se VERMOULER, devenir vermoulu.

VERREUX, fruit où il y a quelque ver.

2. VERMICEL, pâte qui a la figure d'un ver.

VERMEIL, belle couleur rouge produite par le ver qui en piquant le houx, y fait venir une coque appellée *Coccus*.

VERMILLON, rouge des joues : 2°. cinnabre artificiel.

VIS.

Du primitif EID, main, les Grecs firent HEIDein, connoître, & les Latins VISus, vue, connoissance ; de-là une famille très-nombreuse.

I.

VIS, VISAGE, face.

VISÉE, portée de la vue.

VISER, tendre à un point.

VISIBLE, qu'on apperçoit.

VISIBILITÉ, qualité d'être apperçu.

INVISIBLE, qu'on ne voit pas.

VISIBLEMENT, manifestement.

VIS-À-VIS, face à face ; en face.

VISION, vue.

VISIONNAIRE, qui croit voir des choses qui ne sont point.

VISUEL, qui a rapport à la vision.

VISIERE, partie du casque qui couvre la face, à travers laquelle on peut voir.

VISITE, action d'aller voir quelqu'un.

VISITER, VISITEUR.

VOIR, appercevoir.

VOILÀ, VOICI.

VOYANT, qui voit; VU, apperçu.

VUE, sens de la vision; 2°. aspect; 3°. dessein, projet, ce sur quoi on a les yeux.

VIDIMER, viser, collationner, certifier qu'un acte est autentique.

VISA, déclaration d'avoir vu, d'avoir inspecté un acte.

VELAUT, *terme de chasse*, voi-là.

VEDETTE, Sentinelle.

COMPOSÉS.

BÉVUE, erreur, méprise. On a donné nombre d'étymologies toutes fausses de ce mot : c'est une altération de ME-VUE, mot-à-mot, chose *mal vue*.

AVIS, ce qui paroît le meilleur : opinion, sentiment : 2°. avertissement.

AVISER, donner un avis.

AVISÉ, sage, prudent, circonspect.

DEVIS, énumération des diverses parties d'un tout.

DEVISE, peinture allégorique.

DÉVISAGER, déchirer le visage de quelqu'un.

ENVISAGER, regarder en face.

EVIDENCE, clarté parfaite, ce qu'on apperçoit sans obscurité.

EVIDENT, manifeste, dont on ne peut douter.

ENVIE, Lat. INVIDIA, mot-à-mot, action de viser contre; de voir d'un mauvais œil les avantages de quelqu'un, de voir malgré soi. Car IN signifie *malgré*; INVITUS, qui est en chemin malgré soi, de mauvais cœur.

ENVIEUX, ENVIER.

ENTREVUE, conférence.

ENTREVOIR, appercevoir de loin, à travers d'autres objets.

IMPROVISTE, action de voir sans s'y attendre : *à l'improviste*.

PRÉVOIR, voir d'avance.

PRÉVOYANCE.

POURVOIR, faire des préparatifs.

PROVISIONS, choses préparées d'avance.

PROVÉDITEUR.

PROVIDENCE, acte de la Divinité qui veille sur les humains.

REVOIR, voir de nouveau.

REVISION, action de revoir.

REVU, qu'on a vu de nouveau.

REVUE, examen d'une chose en détail.

II.

De VID, voir, les Latins firent VITRUM, verre, parce qu'il est transparent, qu'on voit travers, qu'il est destiné à fermer sans gêner la vue : de-là,

1. VERRE.

VERRERIE,

VERRERIE, lieu où on fait le verre.
VERRIER, qui fait du verre.
VERROTERIE, menue marchandise de verre.

2. VITRAGE, vitres d'un bâtiment.
VITRAUX, les grandes vitres des Eglises.
VITRE, verre des fenêtres.
VITRIER, qui met des vitres.

3. VITRIFIER, réduire en verre.
VITRIFICATION.

4. VITRIOL, sel minéral, qui tire son nom de ses rapports avec le verre.

VIR, GYR.

La famille GYR, cercle, dont nous avons déja eu occasion de parler plusieurs fois, a produit des familles en VIR, & en VER, qui ont donné nombre de mots à la Langue Françoise.

I.

1. VIRER, tourner.
VIRVOLTE, tours & détours.
VIROLE, cercle de métal.
VIRURE, *terme de marine*, bordages qui environnent un vaisseau.
VILBREQUIN, pour VIRBREQUIN, machine qui sert pour percer en tournant : voy. ci-dessus col. 190.
VIRELAI, piéce de poësie à refrein.
VIREVAUT, machine qui sert à lever des fardeaux & qui consiste dans un tour qui se meut avec des barres ou des léviers.

2. BIRONNE, nom d'une espèce de vilbrequin ; en Esp. BARRenalo.
AVIRON, rame : AVIRONNER, *vieux Fr.* parcourir, faire un circuit.
ENVIRON, tout autour.
ENVIRONNER.
REVIRER, retourner.
REVIREMENT.
VRILLE, instrument qui sert à percer en tournant.

II.

VERS, préposition qui marque le rapport entre la personne qui se *tourne* & l'objet qui est le but de son action.
VERTIR, *vieux Fr.* tourner d'une Langue dans une autre : traduire.
VERSION, traduction.
VERTIGE, tournoiement de tête.
VERTIGO, caprice, changement subit d'idée, de volonté.
VERTÈBRES, os de l'épine du dos au moyen desquels elle se meut.
VERTICAL, pole supérieur du méridien qui passe sur la tête. Ce mot tient au Latin *VERTEX, VERTICE*, sommet.
VERTEMOULTE, droit pour la mouture d'un blé qu'on a fait moudre à un autre four que le banal.
VERSO, le côté d'une feuille opposé à celui de face.

COMPOSÉS.

ADVERSAIRE, opposé, ennemi.

ADVERSITÉ, contradiction, infortune.

AVERSION, antipathie, haine.

ANIMADVERSION, censure.

AVERTIR, Lat. *ADVERTERE*, *mot-à-mot*, faire tourner la face vers un objet, le montrer, y rendre attentif.

CONVERTIR, ramener, faire changer.

CONVERSION.

CONVERSER, raisonner ensemble face à face.

CONVERSATION.

DIVORCE, séparation.

DIVERTIR, détourner.

DIVERTISSEMENT, détour.

DIVERSION.

INTERVERTIR, changer l'ordre établi.

PERVERS, gâté, corrompu, *mot-à-mot*, entiérement changé.

PERVERSITÉ, corruption entiere.

PERVERTIR, changer en mal.

ENVERS, à l'égard.

L'ENVERS, le côté opposé au bon.

RENVERSER, culbuter, faire que ce qui est en haut soit en bas, &c.

RENVERSEMENT.

REVERS, la partie extérieure par opposition à l'intérieure. *Revers de la main* : 2°. la face d'une médaille opposée à celle où est la principale empreinte ; 3°. malheur, infortune, changement de prospérité.

REVERSIBLE, sujet à retourner.

REVERSIS, jeu où l'on prend l'opposé des jeux ordinaires.

SUBVERSION, renversement, destruction totale.

III.

VERSER, répandre, renverser.

VERSÉ : VERSANT.

VERSEAU, *mot-à-mot*, qui répand l'eau en abondance : nom d'un signe qui se rencontre avec un tems pluvieux.

A VERSE, en abondance.

REVERSER, répandre de nouveau.

IV.

VERS, Lat. *VERSUS*, phrase cadencée, & qui contient un nombre déterminé de syllabes. Les vers furent, dit-on, appellés ainsi parce qu'après en avoir écrit un, on recommence la ligne pour en écrire un autre. Les vers n'auroient donc été appelés de ce nom que relativement à la maniere de les écrire. Mais avant qu'on écrivît, comment les appelloit-on ? Avouons que cette étymologie qu'on a généralement admise, ne vaut rien du tout. Les vers furent faits pour la danse ; ils accompagnoient les pas, sur lesquels ils étoient mesurés : mais dans la danse, on va & on revient. On appella donc VERS les paroles chantées, parce qu'on alloit & on revenoit en les chantant & qu'ils indiquoient la longueur des tours.

VERSIFIER, faire des vers.
VERSIFICATION.
VERSIFICATEUR, qui fait des ouvrages en vers.

VET, OED.

I.

Du Prim. HET, OED, tems, vint la famille,

VET, vieillesse, d'où

VETUSTÉ, vieillesse, haute antiquité, délâbrement causé par la vieillesse.

VÉTÉRAN, qui est hors de service, à raison de vieillesse, parce qu'il a rempli son tems.

VIEUX, Lat. VETUS, ancien, âgé.

VIEILLARD, VIEILLE.

VIEILLESSE.

VIEILLIR, devenir âgé : passer de mode.

INVÉTÉRÉ, enraciné par la longueur du tems : que rien ne peut détruire.

ENVIEILLIR, devenir vieux.

II.

Le *Tems* servit également à désigner ce qui se fait *en tout tems*; les habitudes, les coutumes, les usages : de-là nombre de mots formés de HET tems ; & relatifs à ces idées.

Le Grec, ETHOS, mœurs, coutumes, usages ; ETHein, avoir accoutumé.

L'Oriental עד, Oth, Hoth, Huth, avoir accoutumé.

Le Lat. UTI, se servir, employer. Utilitas, Utilis, &c. de-là ;

USAGE, coutume, habitude, mode ; 2°. service, profit qu'on retire d'une chose ; 3°. possession, jouissance ; 4°. maniere dont on use d'une chose.

UTILITÉ, profit qu'on retire d'une chose.

UTILE, dont on use avantageusement.

Ces mots sont le Lat. USUS, UTILitas, UTILis. Ils eurent aussi UTI, se servir, employer : verbe deponent, mais qui étoit véritablement passif.

USER, employer : 2°. consumer à force d'usage, détruire par l'usage.

USÉ, hors de service, consumé.

USITÉ, qui est en usage.

USUEL, dont on se sert sans cesse.

USTENCILES, meubles ou instrumens de cuisine dont on se sert sans cesse.

USUFRUIT, droit de se servir d'une chose, de jouir du bénéfice qui en est la suite.

USUFRUITIER, qui jouit du bénéfice, sans que la chose même soit à lui.

USURE, *mot-à-mot*, intérêt qu'on retire pour l'argent qu'on a prêté à un autre, afin qu'il le fît valoir & qu'il en retirât tout le bénéfice qu'il pourroit. Ce mot ne se prend plus qu'en mauvais

sens, pour un intérêt excessif.
USURAIRE, USURIER.

COMPOSÉS.

ABUS, mauvais usage d'une chose.
ABUSER, faire un mauvais usage d'une chose.
INUSITÉ, hors d'usage; extraordinaire.
USURPER, Lat. USURPare, mot-à-mot, pratiquer, mettre en usage : 2°. troubler la possession de quelqu'un, s'approprier l'usage de ce qui lui appartient.
USURPATEUR, qui usurpe.
USURPATION, chose usurpée.

VOL, BOL.

De BAL, BOL, rond, prononcé VOL, vinrent divers mots qui désignent l'action de se tourner.
1. VOLTE, tour & détour.
VOLTER, *terme de Maître d'armes*, tourner le corps.
VOUT, *vieux Fr.* Lat. VULTUS, le visage, *mot-à-mot*, la face tournée du côté qui regarde.
VOLTE-FACE, la face se retournant du côté de l'ennemi.
2. VOLTIGER, 1°. commencer à voler ; *au fig.* être volage, voler çà & là ; être toujours en mouvement, en l'air ; 3°. faire des tours de force sur une corde tendue ; 4°. flotter au gré du vent, &c.
VOLTIGEUR, VOLTIGEUSE.
3. VOLUME, écrit qui se roule ;

du Lat. VOLVere, rouler.
VOLUMINEUX.
4. VOLUTE, représentation d'une écorce d'arbre tortillée & tournée en spirale.
VOLET, petite porte qui tourne facilement.
5. VOÛTE, ouvrage d'Architecture fait en arc tendu.
VOÛTÉ, fait en voûte.
VOUSSOIR, pierre propre à former le ceintre d'une voûte.
VOUSSURE, élévation ou hauteur d'une voûte.
6. REVOLTE, *mot-à-mot*, se tourner contre.
REVOLTÉ, REVOLTER.
REVOLU, dont la révolution est achevée.
REVOLUTION, 1°. tour, cours ; 2°. trouble, désordre.
ÉVOLUTIONS, mouvemens & exercices d'un Corps de Troupe.
DEVOLU, échu à une personne.
REVULSION, bouleversement des humeurs.
7. VAUTRER, anciennement VOLTRER, se rouler dans la fange.

VOL, FOL.

De FOL, MOL, multitude, vint la famille VOL, assemblage, nombre ; d'où,
VULGAIRE, le commun des hommes ; 2°. Langue qu'un Peuple parle.
VULGAIREMENT, communément.

VULGATE, traduction de l'Ecriture Sainte en Langue Latine, qui étoit alors Langue vulgaire.

DIVULGUER, répandre, publier.

VAG, VIG, OK.

Du primitif Oc, prononcé AUG, AC, & qui signifie œil, vint le primitif WAK, qui signifia VEILLER, avoir les yeux ouverts; prononcé VEG & VIG, il fit le Latin VIGIL, qui veille ; 2°, qui a soin, &c. : d'où,

VIGILE, veille.

VIGILANT, qui veille.

VIGILANCE.

VEILLE, action de veiller, d'avoir les yeux ouverts.

VEILLÉE, soirée, assemblée de gens qui veillent ensemble.

VEILLER, passer la nuit.

VEILLEUR, VEILLEUSE.

S'ÉVEILLER, cesser de dormir.

ÉVEIL, au propre & au figuré.

REVEIL, REVEILLER.

REVEILLE-MATIN.

SURVEILLER, avoir les yeux ouverts sur la conduite de quelqu'un.

SURVEILLANT.

VAR, VER.

DE VAR, VER, eau, limpide ; en Orient. בהר, BHER, vinrent le Lat. VERUS, vrai; VERITAS, vérité : d'où,

VÉRITÉ, la conformité des idées avec les choses qu'elles représentent ; la représentation parfaite d'une chose, dans le sens moral ; tandis qu'au sens physique, les objets sont parfaitement représentés par le miroir des eaux ; ce qui fit donner à *Nérée*, Dieu des Eaux, l'épithete de Dieu de la vérité. L'un est le miroir physique de la Nature, l'autre en est le miroir moral ou intellectuel.

VÉRITABLE, conforme à la vérité.

VÉRIDIQUE, qui parle toujours vrai.

VÉRIFIER, examiner si une chose est conforme à la vérité.

VÉRIFICATION, VÉRIFIER.

VRAI, conforme à la vérité, exact.

VRAISEMBLABLE, qui a les apparences de la vérité.

VRAISEMBLANCE.

VAS.

De VA, aller, on fit VAS en Latin, VASE en François. Les vases servent à transporter : aussi ce mot signifioit en même tems *bagage* chez les Latins. *Convasare* étoit s'en aller avec tout son bagage sans mot dire, plier bagage : de-là, les mots suivans.

VASE, tout ce qui sert à contenir, & qui est fait de terre ou de métal.

VAISSEAU, grand vase, ce qui sert à contenir & à transporter de grandes masses ; 2°. grand édifice sur terre; bâtiment avec lequel on se transporte sur les eaux.

Les Francs avoient déjà adopté dès le cinquième siècle le mot

VASSO, pour désigner un Temple, comme on le voit par Grégoire de Tours.

VAISSELLE, tous les vases & toute la batterie de cuisine & d'une sale à manger.

ÉVASÉ.

TRANSVASER, faire passer d'un vase dans un autre.

BASQUES d'habit, portion d'habit qui en fait le bas, & à laquelle sont attachées les poches. On les appelle aussi PANIERS, parce qu'ils servent à contenir. HUET, Évêque d'Avranches, croyoit que c'étoit une altération de l'Italien *Tasca*, poche, bourse; mais dans tous les Dialectes Celtes, BASKED signifie panier, corbeille. Il en étoit de même du mot BASCAUDA chez les anciens Bretons, comme on l'apprend par MARTIAL. Ce mot vient donc de VAS, vase, poche, panier.

BASQUINE, ancien nom des robes à panier. Nos Étymologistes n'ont pas mieux connu l'origine de ce mot que du précédent; ce sont des dérivés d'une même famille.

II.

VASE, limon, en Celte. VAIS; Anglo-Sax. & Dan. VAES; Hébr. BATZAH. Ces mots viennent d'A, eau, AS, AIS, aqueux.

III.
VAS, GWAS.

VAS, GWAS, mot Celte qui signifie homme; 2°. le fort, le courageux; car dans toutes les Langues le même mot indiqua l'homme & la force: de-là vinrent

VASSAL, celui qui tient un Fief à foi & *hommage* d'un Seigneur, *mot-à-mot*, l'homme d'un Seigneur.

VASSELAGE, condition de Vassal, son devoir, sa foi.

VAVASSEUR, Vassal d'un Vassal; arriere-Vassal du Seigneur.

VAVASSORIE, Fief qui reléve d'un autre.

VEL, VOIL.

VOILE, 1°. couverture, enveloppe; 2°. *au fig.* prétexte, apparence qui trompe; 3°. piéce de toile tendue à un mât pour faire mouvoir un vaisseau au moyen du vent. Lat. *VELUM*, voile, déguisement.

Cette famille tient à celle de *FALL, FELL*, caché; 2°. fin, dissimulé; 3°. faux: de-là vinrent encore,

VOILÉ, couvert d'un voile.

VOILER, couvrir d'un voile; cacher.

DÉVOILER, enlever le voile, découvrir, manifester.

ENVELOPER, *mot-à-mot*, mettre dans un voile.

ENVELOPE.

DÉVELOPER, *mot-à-mot*, sortir de dessous le voile.

DÉVELOPEMENT.

REVELER, découvrir une science cachée.

REVELATION, manifestation d'une chose cachée.

VELET, *terme de Religieuse*, doublure blanche qu'on attache au voile de dessous.

VEN, GWEN

VEN, est un mot Celte qui désigna la beauté, l'éclat, &c. On en a fait

VÉNUS, nom de la Déesse de la beauté & des graces.

VENDREDI, mot altéré de VENERIS-DI, jour de Vénus, jour consacré à Vénus, celui-là même auquel l'homme fut formé.

Cette famille paroît tenir au primitif ŒN, AIN, œil, éclat.

VEN

VENari signifie en Latin chasser, aller à la chasse; VENatio, chasse. C'est une famille également Persane.

Nous en avons fait

VENERIE, chasse, équipage de chasse.

VENEUR, Chasseur des bêtes fauves.

VENER, *vieux Fr.* chasser; *au fig.* molester, donner de la peine.

VENAISON, chair des bêtes fauves.

VENÉ, qui sent la venaison.

En Pers. VEN, épier. Ces mots paroissent tenir à l'Or. AIN, OEN, œil.

VEN, HON.

ON, HON, est un mot Celte & primitif qui signifie BIENS, honneurs, dans tous les sens: les Grecs en firent ONÉ, achat, rançon; ONEÔ, commercer, vendre & acheter; ONaein, être utile. Les Latins, VENum, vente; VENire, être vendu; VENDo, vendre, &c. De-là,

VENTE, échange de quelque marchandise, denrée, &c. contre de l'argent.

VENDRE, faire une vente.

VENDEUR.

VENDITION, *vieux Fr.* vente.

VENAL, à vendre.

VÉNALITÉ, vente des charges.

VENDU.

INVENDU, qu'on n'a pu vendre.

REVENDRE, vendre de nouveau.

SURVENDRE, vendre au-delà de sa juste valeur.

VENTEROLES, droit pour vente d'un héritage.

VENTIER, marchand de bois qui achete les forêts & les fait exploiter.

VEN, OUEN, GUEN.

VEN, GUEN, OUEN est un mot Celte qui signifie *plante*, *arbre*, & qui a formé des dérivés dont l'origine étoit absolument inconnue, d'autant plus que leur signification s'étoit extrêmement altérée.

I.

VENIN: ce mot ne signifie aujourd'hui que POISON. Chez les Latins il avoit une signification beaucoup plus étendue; VENENUM désignoit les médicamens de toute espéce, tout ce qu'on tiroit des plantes, les drogues, & même les teintures; 2°. dans un sens fâcheux, siniſtre, les poiſons, les filtres, toutes les drogues dont on ſe servoit pour faire du mal.

VENENEUX, plante veneneuſe, qui empoiſonne.

VÉNIMEUX, plante, ou animal qui renferme quelque poiſon.

VÉNEFICE, *vieux Fr.* empoiſonnement, maléfice.

ENVÉNIMÉ, où il y a du venin; 2°. qu'on a fait paroître ſous une forme plus ſiniſtre; qu'on a empiré.

II.

De VEN, HEN, plante, arbre, vint l'Oriental נין, IIN, EIIN, vin; en Gr. OINOS; en Latin VINum; en Celt. VIN, GUIN. C'étoit le ſuc de la PLANTE par excellence; la PLANTE d'Oſiris, de Bacchus, des Dieux même : de-là nombre de mots.

1.

VIN, liqueur faite avec le fruit de la vigne.

VIGNE, plante qui produit le raiſin, ſource du vin; 2°. terrein planté en vignes.

VIGNOBLE, canton couvert de vignes.

VIGNERON, qui cultive la vigne.

VINÉE, le vin d'une année.

VINEUX, 1°. qui a le goût du vin; 2°. dont la couleur tire ſur le vin.

VINADE, obligation de charrier le vin du Seigneur.

VINAGE, droit qui ſe paye en vin.

VINACÉE, marc du raiſin.

AVINÉ.

PROVIGNER, planter des ceps de vigne dans les endroits où il en manque.

PROVIN, PROVIGNEMENT.

2.

VENDANGE ou récolte, coupe des grapes d'une vigne.

VENDANGER, faire la vendange.

VENDANGEUR, VENDANGEUSE.

Les Saints VENDANGEURS, Saints dont les Fêtes ſe célèbrent dans le tems où les vignes ſont ſujettes à geler.

3.

VINAIGRE, *mot-à-mot*, vin aigre; vin qui a fermenté.

VINAIGRIER, 1°. qui fait & vend du vinaigre; 2°. vaſe où l'on tient du vinaigre.

VINAIGRER, aſſaiſonner avec du vinaigre.

VINAIGRERIE, lieu où l'on fait le vinaigre.

VINAIGRETTE, ſauce au vinaigre.

4.

VIGNETTE, ornemens qu'on met aux pages d'un livre, &c. Lat. VITIculæ. Ce mot eſt emprunté du nom des vignes, parce que dans l'origine les ornemens n'étoient

toient que des filets déliés & contournés comme les tendrons de vigne.

VEN

De TER, TRE, intérieur, vint une famille assez nombreuse qui semble n'avoir aucun rapport avec cette racine.

VENTRE, Lat. VENTER. Ces mots paroissent être les mêmes que le Grec ENTERON, qui désigne la même chose : ils viendroient donc de EN, dans, & TER, intérieur.

VENTRICULE, poche ou espèce d'estomac renfermé dans le corps animal.

VENTRÉE, portée d'un animal.

VENTRILOQUE, qui semble parler du ventre, ou dans un très-grand éloignement.

VENTRU, qui a un gros ventre.

VES.

VESPRES, VÊPRES, 1°. le soir ; 2°. l'Office du soir ; Lat. VESPER, le soir. Ce mot vient de la négation OU, w, Ve, non, & de SPER, שפר, lumineux, brillant.

VES, OUES, ES, feu.

Du Primit. AS, ES, feu, vinrent,
1. VESTA, OUESTA, Déesse du feu.
VESTALE, Religieuse consacrée à Vesta, & qui devoit entretenir le feu sacré sur les Autels de la Déesse.
VESTIBULE, entrée d'une maison, pièce où étoit le foyer.

2. VÊTIR, anciennement VESTIR, Lat. VESTIRE, Gr. ESTHE-STHAI. Les vêtemens servent à réchauffer.
VÊTEMENT, habit en général.
VESTE, VÊTU.
REVÊTIR, mettre un habit.
DEVÊTIR, & INVÊTIR, mots d'agriculture ; dépouiller les champs, & les semer de nouveau.

3. INVESTITURE, action de revêtir quelqu'un d'un Bénéfice.
INVESTIR, au fig. assiéger une place, ou quelqu'un, l'environner de façon qu'il ne puisse échapper.

4. USINE, forge, fourneau de forge, &c. en Celt. ODYN, de OD, OS, ES, feu.

VET.

VETILLE, chose de peu de conséquence, des riens.
VETILLEUR, tracassier.
VETILLEUX, qui s'arrête à des riens.
VETILLER, tracasser.

Ces mots doivent venir du Lat. peut-être de VITILIA, osiers qui servent à lier la vigne, petits brins.

VÉTÉRINAIRE, l'art de soigner & de guérir les chevaux ; du Lat. VETERINA, bêtes de somme ; en Or. עדר, Hoder, WODeR, Troupeau, haras.

VI, Force.

De HE, existence, prononcé HI, VE, VII, VI, vinrent diverses familles très-nombreuses qui désignerent la Vie, la force, la vigueur, &c.

I.

1. VIE, existence animée; Lat. *VITA*.
VIVRE, Lat. *VIVERE*, respirer.
VIVANT, en vie.
VIVIFIER, donner la vie, animer.
VITAL, qui regarde la vie.
VIVE, qu'il vive; *phrase elliptique*.
VIVOTER.

2. VIF, plein de feu, d'ardeur.
VIVACITÉ, feu, ardeur, caractere d'un homme prompt & ardent.
VIVACE, plante qui vit long-tems, qui résiste aux hivers.
REVIVRE, prendre une nouvelle vie.
SURVIVRE, SURVIVANCE.

3. VIVRES, alimens avec lesquels on soutient sa vie.
VIANDE, Lat.-B. *Vivanda*, chair dont on se nourrit.
VIVANDIER, qui vend des vivres.
VICTUAILLES, *vieux Fr.* vivres & munitions de bouche.

COMPOSÉS.

AVITAILLER, fournir en abondance des vivres & des munitions de bouche.
CONVIVE, avec qui on mange.
CONVIÉ, invité à un repas.

4. VIVIER, lieu où on nourrit du poisson, de la *Vive*.
AVIVER, mettre du poisson dans un étang.

5. VISCERES, entrailles; du Lat. *VIScus*, qui signifioit *chair*; tout ce qui est renfermé sous la peau.

6. VESCE, espéce de grain; Latin *VICIA*, parce qu'on s'en nourrit.

II.

De VI, vivre, vint la famille VIC, VIG, qui désigna la force, la vigueur; d'où,

1.

1. VIGUEUR, force, bon tempérament.
VIGOUREUX, plein de force.

2. VICTOIRE, gain de celui qui a été le plus fort.
VICTORIEUX, qui a été le plus fort, qui a remporté la victoire.
VICTIME, qui a été le moins fort, qui a été égorgé, sacrifié.

3. De VIC, les Latins firent VINC; d'où,
VAINCRE, remporter la victoire.
VAINQUEUR.
INVINCIBLE, qu'on ne peut vaincre.
CONVAINCRE, dissiper le doute, les objections.
CONVAINCU, CONVICTION.

2.

De VIC, vigueur, vint la famille VEG, qui désigna la force VÉGÉTALE, cette force qui produit les plantes, leurs familles & leurs fruits: de-là,
VÉGÉTATION, production des plantes.

VÉGÉTAL, qui végéte.

Régne végétal, l'enfemble des plantes.

VÉGÉTER, croître à la maniere des plantes ; *au fig.* languir, mener une vie prefqu'auffi inanimée que celle des plantes.

VÉGÉTAUX, les divers êtres qui compofent le régne végétal.

3.

De VI, force, vinrent la famille Grecque *HIS*, force, & la famille Latine & Françoife *VIolare*, faire violence ; d'où,

VIOLENCE, force, impétuofité, emportement ; 2°. vigueur.

VIOLENT, ardent, pénible, rude ; 2°. emporté, fougueux.

VIOLENTER, faire violence.

VIOLER, offenfer, faire violence, profaner.

VIOL, VIOLATION.

INVIOLABLE, qu'on ne doit pas violer.

4.

De HI, force, vinrent le Gr. *IXOS*, & le Latin *VIScus*, glu ; d'où

VISQUEUX, qui tient comme glu, qui eft gluant.

VISCOSITÉ, qualité gluante, qui s'attache fortement.

5.

De VI, force, à l'accufatif VIM, les Latins firent *VIN-DEX*, vengeur ; *VINDICare*, venger, mot-à-mot, repouffer la force, la violence : accorder fon fecours, fa force à celui qui en a befoin contre ceux qui lui ont fait violence : de-là,

VENGER, repouffer un affront, punir une injuftice, une violence.

VENGEUR, qui venge.

VENGEANCE, action de fe venger.

VINDICATIF, qui fe plaît à la vengeance, qui l'outre ; qui conferve du reffentiment de la moindre injure.

REVENCHE, feconde partie qu'on joue pour fe racquitter ; *au fig.* action de fe racquitter.

REVENDIQUER, reclamer.

6.

EI, EIN, UN.

1. De E, exiftence, vint le Gr. *EIS, EN*, le Lat. *UNus*, le Fr. UN, feul, celui qui *eft* feul, *mot-à-mot*, l'Etre ; Lat. *UNus* ; Gr. *EN* au neutre ; *EIS*, au mafculin ; *mot-à-mot*, celui qui *Est*.

UNITÉ, le premier des nombres.

UNIQUE, feul.

UNIR, joindre, réunir, faire qu'il n'y ait qu'un, là où il y avoit plufieurs.

UNION, affemblage.

UNIFORME, qui n'a qu'une forme.

UNIFORMITÉ.

UNISSON, accord de divers inftrumens.

RÉUNIR, rejoindre.

RÉUNION.

UNIVOQUE, mot qui n'a qu'une signification.

2. UNIVERS, Lat. *UNIVERSUS*, mot-à-mot, qui tourne ensemble par un seul mouvement.

UNIVERSEL, général, qui comprend tout.

UNIVERSALITÉ, le tout, l'ensemble.

UNIVERSITÉ, lieu dans lequel on enseigne toutes les sciences.

7.

De HE, existence, on fit HO, HOU, celui qui; HOS, ceux que; & de la même maniere, le Lat. VOS, d'où le François

VOUS, pour indiquer ceux qui sont présens, & auxquels on adresse la parole, en les distinguant ainsi de ceux dont on parle.

VIC, OUIC.

De la racine primitive C désignant le lieu, & de la racine HE, HEI, HI, désignant l'existence, se forma le Celte OIC, OUIC, WIC, VIC, qui signifia, 1°. lieu, place, l'endroit où on est; 2°. la place qu'on occupe, ou la dignité dont on est revêtu; 3°. la place qu'on occupe pour un autre; l'alternative, la vicissitude, la succession inconstante des choses: de-là;

1°. Les mots Celtes & Latins en VIC, qui signifient habitation, village, bourg.

VICISSITUDE, inconstance, alternative.

REVIQUER, *vieux Fr.* laver une seconde fois.

3°. VICE, qui tient la place; d'où,

VICAIRE, VICARIAT.

VIGUIER.

VICE-ROI, VICE-AMIRAL, & plusieurs mots pareils.

VICOMTE, VIDAME, mot-à-mot, Lieutenant du Comte, du Dame ou Seigneur, & plusieurs noms pareils.

4. De VIC, habitation, on fit VICINUS, qui habite dans le lieu; d'où,

VOISIN, VOYSINE, qui loge auprès.

VOISINAGE, lieu voisin; 2°. les voisins.

VOISINER, vivre avec ses voisins, les visiter.

AVOISINER.

VID

VIDER, VUIDER, ôter tout ce qu'il y a dans une chose; *au fig.* terminer, finir; Lat. *VIDuare*, dépeupler, dépouiller, *vuider*. Theut. VOIDER.

VUIDE, qui ne contient rien, où il n'y a rien.

VUIDANGE, tout ce qu'on a vuidé.

VUIDANGER.

EVIDER.

II.

VIDUITÉ, Lat. *VIDuitas*, qualité de veuf, séparation de sa moitié.

VEUF, Lat. *VIDuus*.

VEUVE, Lat. *VIDua*.

VEUVAGE.

Ces mots paroissent tenir à l'Etrusque *Iduare*, couper en deux, partager, séparer, qui se seroit formé de *Duo* deux.

VIL.

VIL, mot Celt. écrit aussi GUIL, & qui signifie habitation. Il a fait nos mots :

VILLE.

VILLAGE, VILLETTE, VILLASSE.
VILLAGEOIS, VILLAGEOISE.
VILAIN, VILENIE.
VILLANELLE, chanson Pastorale.

Les Lat. en avoient fait *Villa*, maison de campagne, qui doit s'être altéré en VIGNE, nom des maisons de campagne; ce mot a formé nos terminaisons des noms de lieux en VILLE, comme *Tancarville*; & en EUIL, comme *Verneuil*.

VINGT.

VINGT, nombre qu'on donne au nombre composé de deux dixaines, est le Latin *VIGINTI*, & le Grec *EIKATI*. Mais que désignent ces terminaisons *ginti*, *ginta*, *Kati*, *Konta*, qui sont communes en Latin & en Grec à tous les noms des dixaines ? C'est ce qu'aucun Etymologiste n'a pu dire ; mais on ne peut douter que KATI, qu'on nasala ensuite en KONTA, KINTA, GINTI, &c. ne soit le radical CAT, KAD, qui signifia *Multitude*, & dont nous avons déjà donné la famille : & que ce ne soit le même

qui forma également le mot CENT, & la terminaison des centaines, CENTI. Les Irlandois disent encore aujourd'hui KED pour cent.

VIO.

VIOLETTE, Lat. *VIOLA*, Gr. *ION*, fleur très-agréable par son odeur & par son coloris : elle croît dès les premiers jours du Printems ; de-là son nom, du mot Eôs, l'Aurore, l'Orient.

VIOLET, couleur de violette.
VIOLAT, sirop de violette.
VIOLIER, espèce de fleur qui a du rapport à la violette.

VIR.

Du Lat. VIR, homme, le BER, BAR des Celtes, vinrent,

1. VIRIL, qui appartient à l'homme.
VIRILITÉ.

Le Lat. VIRGO, d'où,

2. VIERGE, VIRGINITÉ.

3. VERTU, force, Lat. *VIRTUS*, appartient à cette famille ; mais il doit tenir également au Grec *Areté*, vertu, qui vint de AR, la terre, cette terre forte qui produit les êtres & qui les soutient.

VERTUEUX, plein de vertu.
VERTUEUSEMENT.
VIRTUEL, qui a la propriété d'agir.
VIRTUOSO, qui excelle dans les Arts libéraux.
S'ÉVERTUER, faire les plus grands efforts, se surpasser.
VERTUGADIN, pour VERTUGARDIN,

nom donné aux paniers de baleine, portés autrefois par les Dames.

VOL.

VOLONTÉ, 1°. faculté de l'ame qui la porte à se déterminer; 2°. détermination de l'homme.

VOLONTAIRE, 1°. effet de la volonté, 2°. qui a une volonté à soi, qui ne cede pas.

VOLONTAIREMENT.

VOLONTIERS, de bon gré, avec plaisir.

INVOLONTAIRE.

VOULOIR, avoir volonté, désirer, être déterminé à une chose.

En Lat. VELLE, vouloir; VOLO, je veux; en Bas-Br. FELLEN; en Gr. *Thelein*. Du primit., BEL, MEL, miel, le meilleur; Grec, BELTión, meilleur : mots qui tiennent à BAL, soleil; 2°. élevé ; & à AL, élevé, d'où l'Heb. לאי IAL, vouloir, avoir à gré.

VOL, HOL.

De HOL, AILE, &c. s'élever, prononcé VOL, vinrent les mots suivans :

1. VOL, action de s'élever dans les airs au moyen des ailes.

VOLAILLE, oiseaux de basse-cour.

VOLANT, qui vole.

VOLÉE, vol, bande d'oiseaux qui volent ensemble.

VOLER, prendre l'essor.

VOLETER, voler avec peine.

VOLIERE, cage où les oiseaux peuvent faire une espéce de vol.

VOLATILLE, petits oiseaux.

S'ENVOLER, prendre son essor.

REVOLER.

2. VOLUBILITÉ, rapidité.

VOLAGE, inconstant, qui ne peut se fixer.

3. VOLATIL, prompt à s'évaporer.

VOLATILISER.

II.

De la même origine vint le Latin *VOLA*, bras, main; d'où,

1. VOLER, prendre avec la main.

VOLEUR, VOLEUSE.

VOLERIE, VOL.

2. VOLE, faire la vole, c'est faire toutes les mains en jouant aux cartes.

III.

VAUTOUR, Lat. *VULTUR*, mot composé de TOR, grand, & de VOL, oiseau.

VOR, BOR.

De BOR, VOR, manger, vinrent,

1. VORACE, grand mangeur.

VORACITÉ, faim extrême qui dévore.

DEVORER, manger avec voracité.

2. VOIRIE, lieu où on jette les cadavres pour être dévorés par les bêtes féroces, ou par les oiseaux carnaciers.

UB, HUP, SUB.

EXUBERANCE, surabondance, *terme du Palais*. De *Ex*, & *uber*, abondant, formé de *hup*, sur; élévation.

VUL, OL.

VULNERAIRE, plante bonne contre les blessures.

INVULNERABLE, qui ne peut être blessé; du Lat.

VULNUS, blessure. Ces mots tiennent au Grec OULé, cicatrice; OULios, pernicieux, funeste; OLLuein; perdre, détruire.

HUIS, USS.

De HUIS, porte, vinrent:

USSIR, *vieux Fr.*, sortir; Italien, Uscire.

RÉ-USSIR, avoir un plein succès, l'issue la plus favorable.

RÉ-USSITE, succès, issue heureuse.

USSIER, VISSIER, *vieux Fr.* vaisseau de transport.

ULC.

ULCÈRE, plaie accompagnée de pourriture & qui brûle.

ULCERÉ, attaqué d'un ulcère; *au fig.* irrité, profondément fâché.

ULCERER, offenser, blesser.

EXULCERER, causer un ulcère; Lat. ULCUS, Gr. ELKOS; ulcère; Irl. OLC, mal, dommage; du Celte, UWEL, feu, braise.

UR.

URBANITÉ, politesse des habitans des villes; du Lat. URBS, ville, mot formé de O, cercle, & de RaB, grand.

UREBEC, URBEC, insecte funeste aux fruits de la terre. De *Uro*, brûler, & *bec*, un bec.

De UR, feu, les Romains firent URo, brûler, & *uſtus*, brûlé; d'où vinrent:

COMBUSTION, incendie, feu.

COMBUSTIBLE, facile à prendre feu.

INCOMBUSTIBLE.

URGENT, qui presse; Lat. URGens: de ERc, qui serre, qui presse. HARG, ARG, pointe, violence; d'où le Gr. *Eirgein*.

URINER, faire de l'eau; du Celt. OUR, eau; d'où,

URINE, Lat. URINa, Gr. OURon.

URETERE, &c.

UVÉE, une des tuniques de l'œil, & qui a pris son nom du Lat. UVA, grain de raisin, à cause de leurs rapports.

VIZIR, Ministre d'État à la Cour du Grand-Seigneur; de l'Or. וזר, OuZaR, WZaR, charge; *au sens physique & au sens moral*.

MOTS FRANÇOIS VENUS DU CELTE.

Y & Z

Y

Y, là, en ce lieu; du Lat. *Hic*, en ce lieu.

YEUSE, espéce de chêne, qu'on appelle aussi chêne verd, parce que ses feuilles sont toujours vertes. Nos Etymologistes n'ont su d'où venoit ce mot; c'est le Celte Iw, verd, verdure.

Z

Z, est une lettre Orientale, & la septieme de l'alphabet ancien, mais qui dans le nôtre céda sa place au G, & alla occuper la derniere de l'alphabet. A sa forme serpentante, on voit qu'elle désigne le mouvement, l'action de s'avancer en serpentant; & par conséquent les êtres vivans & les objets circulaires. Les François n'ont aucun mot en Z, qui leur soit propre & qu'ils n'aient emprunté de langues éloignées ou savantes; à l'exception, peut-être, des deux suivans.

ZIG-ZAG, mot qui indique un chemin qui a la forme de la lettre Z, ou des objets qui sont en Z. Menage en fait une onomatopée.

ZIST, ZEST, pellicule boiseuse qui sépare les quartiers d'une noix. Ce mot paroît avoir la même origine.

1°. *Mots venus du Grec.*

ZODIAQUE, ou ceinture céleste, à cause des animaux dont elle est l'assemblage; du Grec *Zaein*, vivre, être animé.

ZONE, ceinture du globe; en Grec, *Zóné*.

ZÉPHIR, vent doux & agréable; Gr. *Zephyros*.

ZELE, ardeur, feu; Gr. *Zélos*, feu de l'ame.

ZÉLÉ, ZÉLATEUR.

2°. *Mots venus de l'Orient.*

ZAGAYE, javelot dont se servent les Maures, & qu'ils lancent comme une pique: c'est un mot Oriental.

ZENITH, voy. *AZIMUTH*, col. 75:

ZERO, cercle qui sert à marquer les dixaines. C'est sans doute l'Orient. זרוח, *Zeroh*, *Zeruh*, qui signifie cercle, anneau. On se trompoit donc en le dérivant du mot *chiffre*; & on le peignoit mal en disant simplement qu'il vouloit dire un O. On eut sans doute recours à cette figure,

figure, pour marquer que chaque dixaine formoit une révolution, après laquelle on recommençoit à compter, en allant sans fin d'une dixaine à l'autre.

ZIZANIE, Yvraie, mauvais grain; mot Latin & Grec. Il paroit venir de l'Or. זנח, ZaNeH, qui signifie rejetter, abandonner, dont on aura redoublé la premiere consonne, ou peut-être aura-t'on changé ici en Z le *Th*, qui sert d'article.

ADDITIONS ET CORRECTIONS.

A

AHURI, qui a perdu la tête, étonné, déconcerté; c'est une addition à la famille Hure, col. 552. On a dit aussi Hurie, cri pour appeller du secours, cri à tue tête.

ALGÉBRE: l'étymologie que nous avons donné de ce mot, col. 70. est celle qu'ont adoptée tous les Etymologistes; il nous paroît beaucoup plus naturel de le dériver de l'Orient. גבר, GeBeR, grandeur, étendue. L'Algébre est en effet la science des grandeurs.

ALIBORON. Je n'ai donné de ce mot, col. 10, que les étymologies reçues: quoiqu'elles ne me satisfissent pas, je n'osai pas dès le commencement de cet Ouvrage en donner une dont on m'auroit demandé des preuves difficiles à trouver; mais qu'on n'aura point de peine à adopter, dès qu'on aura vu le grand nombre de mots que nous avons empruntés de nos voisins. *Aliboron* désignant un homme qui fait de tout, & qui n'est profond en rien, doit donc s'être formé des mots Theut. *all*, tout, & *wor*, *bor*, action, ouvrage.

AVELINE, col. 52. Ce mot tient en effet à la même famille que la pomme d'Api, au mot Oriental אב, *AB*, fruit; mais il tient encore à la famille *BAL*, *VEL*, rond: ce fruit est en effet de forme ronde.

B

BOURBE, boue, fange; d'où, Bourbier, Embourber. Ces mots viennent du primitif *Hor*, Eau.

C

CABALE, faction, parti. Ce mot est classé col. 222 sous la VIII branche des mots en CAP, qui présente des mots relatifs à l'idée de grandeur. Il convient mieux à la branche suivante qui renferme les mots en CAB, relatifs à l'idée de *prendre, accaparer*. Les Cabaleurs *accaparent* les esprits, & *prennent* par-tout des adhérens pour grossir leur parti.

CABALE des Juifs, *mot-à-mot*, Doctrine reçue par tradition ; du mot קבל, QaBaL, acquérir, recevoir, & qui appartient à la même famille CAB, recevoir.

D

DIPHTONGUE, col. 381. Ajoutons que le mot PHTONGOS signifie en Grec, un Son, une voix ; & qu'il appartient à la famille TON.

E

ECHIQUIER, M. l'Abbé le BEUF dans le II. Tome, pag. 316 de ses Dissertat. sur l'Hist. Ecclés. & Civile de Paris, nous fournit un fait qui décide nos doutes sur l'Etymologie du nom de ce Tribunal, & contenus col. 435. Il le dut à une table quarrée dressée dans la sale où il s'assembloit, & divisée par compartimens en échiquier sur lesquels on faisoit tous les calculs nécessaires avec des jettons de deux couleurs. C'est ce que dit expressément Jean de Sarisbery dans sa Vie manuscrite de Thomas de Cantorbéry, dont il avoit été Clerc. Voici ses termes. : „ Erat siquidem JOHANNES „ ille cum Thesaurariis & cæteris „ Fiscalis pecuniæ & publici æris re- „ ceptoribus Londiniis ad quadran- „ gulam Tabulam quæ dicitur cal- „ culis bicoloribus vulgò scacarium, „ potiùs autem *Regis Tabula* num- „ mis albicoloribus, ubi & placita „ coronæ Regis tractantur.

ECUYER, col. 431. *Après ces mots*, ce fut ensuite un ordre de noblesse ; *ajoutez* : Cet ordre étoit composé de ceux qui possédoient quatre manoirs, & dont l'équipage militaire consistoit en un cheval, un écu, & une lance.

R

RATINE, col. 948. M. FORMEY dans ses Additions au Dict. de Ménage, nous apprend que, selon le P. OUDIN, dans ses Etymologies Celtiques imprimées à la tête des Œuvres diverses de l'Abbé GEDOYN pag. XXIX. *Ras* est un nom Celtique qui signifie, 1°. laine ; 2°. étoffe de laine ; & que c'est delà que vint le mot RATINE, qui est une étoffe de laine. M. FORMEY observe en même tems que delà vint le Grec-Barbare RHASON, qui désigne très-certainement la laine & les étoffes qui en sont faites. Il ne reste qu'à prouver que RAS est un mot Celtique désignant la laine : je n'en trouve aucune trace dans mes Dictionnaires.

FIN.

TABLE,

PAR ORDRE ALPHABÉTIQUE,
DES MOTS FRANÇOIS,

Dont on donne l'étymologie dans les Origines Françoises.

A.

A, sa valeur,	Colonne 1	Accéder,	244	Admonester,	694
AB, Mots en AB,	3. 24	Accélérer,	261	Admonition,	ibid.
Abajour,	ibid.	Accent,	282	Adolescent,	29
Abaque,	51	Accepter,	225	Adorer, & sa fam.	29 & 777
Abandon,	115	Accès,	243	Adosser,	401
Abattre, & sa famille,	153	Accident,	239	Adulation, & sa fam.	29
Abbaye,	65	Acclamation,	313	Adulte,	ibid.
Abbé, Abbesse,	ibid.	Accoiser,	321	Adultère,	ibid.
Abdiquer,	384	Accolade,	249	Adusté,	ibid.
Abhorrer,	553	Accomplir,	876	Adv. voyez V.	
Abject,	577	Accord,	328	Aéromancie,	54
Ablais,	24	Accoucher,	336		
Ablatif,	ibid.	Accoutrer,	25	A F.	
Ablution,	617	Accroupi,	346		
Abnégation,	743	Accumuler,	275	Mots en AFF, voyez F.	
Abolir,	24	Acharné,	293	Affable,	440
Abominable,	785	Achever,	220	Affalé,	449
Abonner,	121	Achoison,	320	Affamer,	447
Abreuver,	171	Achopement,	219	Affecter, Affection,	484
Abri,	24	Acquérir,	913	Affidé,	486
Abriconer,	140	Acquiescer,	910	Affilier,	490
Abricot,	25	Acquisition,	913	Affinité,	462
Abroger,	956	Acquitter,	910	Affliger,	465
Absence,	417	Acre,	51	Affluence,	464
Absolu,	976	Mots en ACT,	26	Affreux,	474
Absolution,	1002	Acculer,	28	Affrioler,	475
Absorber,	1029	A D.		Affubler,	488
Absoudre,	1002			Affurer,	472
Abstrait, & sa fam.	1097	Mots en AD,	28	Asin,	462
Abstrus,	25	Adage,	ibid.	Asistolé,	487
Absurde,	ibid.	Adapter,	41	Afut,	481
Abus,	1159	Mots en ADD, voyez D.		Afuter,	482
A C.		Addition,	398	A G.	
		Ades, Adez,	28	Mots en AG,	26-29
AC, Mots en AC,	4. 25	Adjacent,	578	Aga,	6
Académie,	67	Adjudication,	586	Agapes,	53
Mots en Acc, voyez les mots en C.		Administrer & S. E.	689	Agaric,	ibid.
		Admirante,	701	Agate,	ibid.
Accaparer,	225	Admodiation,	667	Agencer,	511

F fff ij

TABLE ALPHABÉTIQUE.

Agneau,	30	Mots en All, voyez L.		AN.	
Agonie,	6	Allécher,	606		
Mots en AGR,	53	Allégorie, & sa fam.	54	Mots en An.	56-13-38-39
Agraffe,	520	Alliance, & sa fam.	35	Mots en Ana,	56
Agréable,	522	Allusion,	648	Ancêtres,	39
Agréer,	ibid.	Almanach,	71	Ancien, & sa fam.	ibid.
Agrégé,	524	Aloi,	607	Ancre,	57
Mots en AH,	7	Alors,	774	Andes,	595
s'Aheurter,	559	Alphabet,	55	Ane, & sa fam.	71 & 72
		Mots en Alt,	32-34	Anecdote,	58
AI.		Alumineux,	35	Auge, & sa fam.	ibid.
		Alun,	ibid.	Angelus,	ibid.
Aide & sa fam.	67	Alvéole,	ibid.	Anger,	57
Mots en Aig,	5-29			Angle,	58
Aigrette,	30 & 339	**AM.**		Angoisse,	57
Aiguade,	30			Anguille,	58
Aigue,	ibid.	Mots en Am, voyez M.	12-35	Animadversion,	1155
Aiguiere,	ibid.	Amabilité,	35	Animal,	37
Mots en Ail,	31	Amalgamer,	55	Animer, & sa fam.	38
Ail,	53	Amande,	ibid.	Anis,	518
Aile, & sa fam.	31	Amant,	35	Mots en Ann, voyez N.	
Ailleurs,	ibid.	Amarrer,	36	Annates,	38
Mots en Aim,	35	Amasser,	ibid.	Anneau,	38
Aimable,	35	Amateur,	35	Annexer,	755
Aimant,	53	Amble,	36	Mots en Anno, voyez No.	
Aimer,	35	Ambigu,	ibid.	Annulaire,	38
Mots en Ais,	32	Ambition, & sa fam.	38 & 39	Anomal,	59
Aîne,	ibid.	Ambre,	36	Anomalie,	58
Aîné,	33	Ambrosie,	55	Anonyme,	ibid.
Ains,	ibid.	Ambulant,	36	Anse,	39
Ainsi,	ibid.	Ame,	ibid.	Anspesade,	597
Mots en Air,	33	Amé,	35	Antagoniste,	59
Air & S. F.	54	Améliorer,	677	Antan,	38
Airain,	33	Amende,	37	Antepénultiéme,	40
Aire,	34	Amender,	ibid.	Antérieur,	39
Mots en Ais,	8-34	Amenité,	37	Antidote,	59 & 397
Aisselle,	ibid.	Amermé,	709	Antienne,	59
Aissieu,	66	Ami,	35	Antipathie,	898
Ajourner,	577	Amidon,	55	Antique, & sa fam.	39
Ajouter,	34	Amiral,	701	Antre,	59
Ajustement,	584	Amitié,	35	Antropophage,	59
Al, Mots en Al,	9-31	Amnistie,	55	Anus,	38
Mots venus de l'Orient & qui commencent par Al,	67-71	Mots en Amo, voyez Mo.		Anxiété,	57
		Amorce,	658	**AO.**	
Alarme, & sa fam.	45	Amour, & sa fam.	35		
Alégresse,	34	Amovible,	722	Août, Aouster,	40
Aléne,	625	Amphibie,	55		
Alentour,	1101	Amphibologie,	ibid.	**AP.**	
Alfana,	69-444	Amphithéâtre,	56		
Alibi,	32	Ample, & sa fam.	37	Mots en Ap,	41-59
Aliboron,	10	Amplifier,	ibid.	Mots en Ap, voyez P.	
Aliéner, & sa fam.	31	Ampoule,	38	Apanage,	841
Aliment,	34	Amputation,	871	Aparat,	848
Alisier,	35	Amulette,	38 & 679	Apareil,	ibid.
Alité,	602	Amuser,	657		

TABLE ALPHABÉTIQUE.

Apas,	798	Arracher,	922	Att, *voyez* T.	
Apaft,	*ibid.*	Arraiour,	947	Atteindre,	1042
Apathie,	898	Arré,	*ibid.*	Atteler,	1057
Apeau,	41 & 832	Arréanche,	*ibid.*	Attelier,	*ibid.*
Apel,	41-832	Arrhes,	73	Attifer, (s')	41
Apendice,	843	Arroger, (s')	956	Attifets,	*ibid.*
Apercevoir,	227	Arroi,	947	Attitude,	*ibid.*
Apéritif,	41	Arfenal,	73	Attraction,	1097
Apétiffant,	818	Arfenic,	63 & 74	Attrait,	*ibid.*
Api,	72	Les mots en Art,	45-46	Attrape,	111
Aplaudir,	794	Artère,	63	**A U.**	
Aplication,	865	**A S.**		Mots en Au,	18-47-51
Apliquer,	864			Mots en Aub,	47
Mots en Apo, *comme*		Afcendant,	984	Aubaine,	115
Apocalypfe,	59-62	Afcenfion,	*ibid.*	Auberge,	142
Apôtre,	61	Afpect,	826 & 985	Aumône,	64
Tous les mots en App, *cherchez sous* P.		Afperge, & *fa* F.	63 & 985	Auréole,	773
		Afpic,	*ibid.*	Aurore,	64
Appui,	868	Afpirer,	902	Autan,	34
Apre, & *fa fam.*	41	*Mots en* Ass, *voyez* S.		Autel,	*ibid.*
Apréhender,	888	Affaffin,	965	Autentique,	50
Après,	886	Affembler,	1019	Antographe,	65
Aprobation,	882	Affener,	*ibid.*	Automate,	*ibid.*
Aproximation,	886 & 891	Affertion,	1028	Autre,	31
Apte,	41	Affeffeur,	972	*Mots en* Av, *voyez* V.	
Aptitude,	*ibid.*	Affez,	967	Mots en Av,	19-40-51
A Q.		Affidu,	971	Avancer, & *fa fam.*	40
		Affiette,	972	Avanie,	74
Aquatique, & *fa fam.*	30	Affimiler,	1019	Avantage, & *fa fam.*	40
Aquéduc,	30 & 406	Affis,	971	Avare, & *fa fam.*	51 & 52
Aquene,	909	Affifes,	972	Avé,	52
Aquilin,	6	Affifter,	1013	Aveine,	*ibid.*
A R.		Affomer,	1003	Aveline,	*ibid.*
		Affomption,	*ibid.*	Avertir,	1155
Mots en Ar,	14-42	Affoupir,	1022	Aveu,	1139
Araignée,	72	Affouvir,	966	Aveugle,	776
Arbitre, & *fa fam.*	42	Afthme,	63	Aviron,	1154
Arborer,	174	Aftre, & *fa fam.*	63-1013	Avis,	1155
Arbre,	173	Aftreindre,	1085	Avide, & *fa fam.*	52
Mots en Arc.	42	Aftuce,	64	Avocat,	1139
Archange,	58	**A T.**		Avoir,	52
Archevêque,	434			Avouer,	1139
Archiduc,	405	*Mots en* At,	46	Avril,	52
Architecte,	62 & 1052	Attacher,	1040	**AX.-AZ.**	
Archives,	42	Ataque,	*ibid.*	Axe,	65
Mots en Ard,	43	Aterriffemens,	1035	Axiome,	66
Mots en Arg,	44	Atefter,	1115	Ayeul,	*ibid.*
Aride,	43	Ahlette,	64	Azeroles,	6
Ariftocratie, & *fa fam.*	62	Athmofphere,	*ibid.*	Afyle,	74
Arithmétique,	*ibid.*	Atinter, (s')	1067	Azimuth,	75
Mots en Arm,	44-45	Atome,	1042	Azymes,	66
Armonie, & *fa fam.*	72	Atour,	1101	**B.**	
Aromate, & *fa fam.*	62 & 63	Atrabilaire,	202		
Mots en Arr; *voyez* R.		Atre,	47	B, *fa valeur*,	77
		Atroce,	*ibid.*	*Mots en* Ba, *Dictionnaire*	

de l'Enfance,	ibid.	Bazoche,	150	Bignet,	112
BA, terres,	91	**B E.**		Bigucr,	202
Babouches,	207			Bilan,	159
Bac, Chaînes,	90	Beat, & sa fam.	166	Bilboquet,	109
-- Vase,	85	Bec, & ses dérivés,	82	Bile, & sa fam.	202
Bad, & sa F.	92	Bedaine,	155	Bille, & sa fam.	110
Baffrer,	190	Bedeau,	818	Billon,	103
Bagage,	85	Besroi,	158	Biner,	200
Bagarre,	1131	Begue,	81	Binet,	ibid.
Bagne,	203	Bégueule,	92	Mots en Bis,	ibid.
Bague,	87	Bel, & sa fam.	94	Bitume,	203
Bagues,	86	Beler,	159	**B L.**	
Baguette,	91	Belitre,	160	Mots en Bl,	95-108
Bahu,	87	Belle-mere,	65L	Blanc-seing,	1017
Bail, & sa fam.	99	Belliqueux,	107	Blé, & sa fam.	165
Bain, & sa fam.	203	Bénéfice,	167	Blotir,	612
Bayonette,	88	Benêt,	ibid.	Blouse,	ibid.
Baiser,	197	Benin, Benir, & sa fam.	ibid.	Bluteau,	166
Mots en Bal,	92-101-112	Béquille,	197	**B O.**	
Balafre, & sa fam.	197	Bercail,	141	Bobine,	112
Balai, (Rubis)	207	Berceau,	142	Bocal,	85
Balance, & sa fam.	197 & 198.	Bergames,	160	Boëte,	173
		Bergamotte,	208	Bœuf, & sa fam.	171
Balourd,	633	Berge,	145	Bois, & sa fam.	172
Ban, & sa fam.	113	Berger,	142	Boisseau,	155
Bancau,	690	Berlue,	148	Boisson, & sa fam.	170
Baneton,	ibid.	Berner,	146	Boiteux,	173
Banne,	690	Besace,	198	Bombe, & sa fam.	174
Banette,	ibid.	Bésaigue,	ibid.	Bon, & sa fam.	168
Baptistère,	204	Bésicles,	ibid.	Bon-Chrétien,	203
Bar, 1°. Homme,	130	Besogne,	160	Bond,	122
-- 2°. Porter,	133	Besoin,	ibid.	Bonde,	119
-- 3°. Lumiere, & sa fam.	124	Bessons,	198	Bon-gré,	522
-- 4°. Vaisseau,	143	Bestiole,	201	Bonnet,	119
-- 5°. Parole,	128	Bétail,	ibid.	Bord, & sa fam.	175
Baraque,	141	Bête,	201	Borde,	183
Mots en Bar,	143-147	Betel,	161	Borgne,	176
Mots en Barb,	146	Bétise,	202	Borne,	121
Barde, Couverture,	144	Bétoine,	161	Bosse, & sa fam.	156
Barde, Poëte,	130	Bette-rave,	ibid.	Botanique, & sa fam.	205
Baromètre,	666	Beure,	171	Botte, & sa fam.	157
Bas, & sa fam.	149	Bévue,	1151	Bouc,	162
Basané,	164	Bievre,	1147	Boucle,	162
Basque,	1163	Bizarre,	1146	Bouche, & sa fam.	83
Basquine,	ibid.	**B I.**		Boucle,	89
Bassin,	85	Mots en Bi,	161	Bouclier,	90
Mots en Bast & Bat,	150-154	Biais, & sa fam.	202	Bouder,	186
		Bible,	205	Boudin,	155
Batême,	204	Mots en Biblio.	ibid.	Boue,	170
Battologie,	205	Bichet,	83	Bouffée, & sa fam.	85
Baudet,	102	Bicoque,	202	Bouge,	186
Baudrier,	106	Bien, & sa fam.	167	Bouger,	187
Bavolet,	150	Biere,	135	Bouillie,	111
Baye,	88	-- à boire,	136	Bouillon,	ibid.
Bazane,	104	Mots en Big,	199	Boulanger, & sa fam.	204

Boule,	110	Brouet,	148	Cagneux,	ibid.
Bouleau,	169	Brouette,	201	Cagots,	244
Boulevards,	187	Brouillard,	148	Cahin-Caha,	240
Boulingrin,	188	Broussailles,	179	Cahos,	359 & 240
Boulins,	205	Mots en BRUC,	177	Caille,	364
Bouquet,	172	Bruiere,	179	Cailler,	256
Bouquin,	174	Bruire,	918	Caillette,	252
Bourbe,	148	Brusque,	178	Caillou,	256
Bourdon,	188	Bu, & sa fam.	170	Caisse,	234
Bourg, & sa fam.	183	Buche, & sa fam.	172	Mots en CAL,	253-258
Bourgeon,	204 & 185	† Bude, & sa fam.	206	Calamité,	270
Bourre,	ibid.	Buée,	170	Calandre, (Rouleau)	262
Bourrée,	205	Bufet,	173	Cale, (Port)	249
Bourrique,	ibid.	Bufle,	171	--de Noix,	ibid.
Bourru,	185	† Buis,	173	Cale, (Bas)	263
Bourse,	206	Buletin,	203	Caler,	ibid.
Boursiller,	ibid.	Bulle, & sa fam.	ibid.	Calme,	264
Boursouflé,	ibid.	Bulle,	111	Calomnie,	351
Boussole,	173	Buratte,	184	Mots en CAM,	271-275
Bouteille,	155	Bureau,	183	Camp,	276
Boutique,	ibid.	Burlesque,	178	Campagne,	277
Bouton,	157	Buste,	156	Campane,	271
		Butin,	ibid.	Camphre,	363
BR.		Butor,	171	Mots en CAN,	278-285
		Butté,	157	Cancre,	351
Mots en BR,	193			Cangrene,	359
Mots en BR, lumiere,	125	**C.**		Mots en CAP,	214-225
	& 127			Capendu,	329
Brac, & sa fam.	181	**CA.**		Capilotade,	287
Braïer,	192			Capre	359
Braies,	189	C, sa valeur,	209	Capron,	ibid.
Bras, & sa fam.	137	C, Demonstratif,	210	Caque,	230
Brasserie, & sa fam.	135	Ca,	ibid.	Caquet,	287
Brave, & sa fam.	138	Cabale,	222	Carabin,	279
Mots en BRE,	169	-- Tradition,		Carabine,	278
Brèche, & sa fam.	189	Caban,	214	Caracol,	198
Bref, & sa fam.	168	Cabane,	ibid.	Caractère,	289
Breloque,	159	Cabaret,	ibid.	Carafe,	364
Brette,	191	Cabas,	217	Carafon,	365
Bretelles,	192	Cabotage,	ibid.	Carat,	364
Breuil,	135	Cabrer,	221	Caravelle,	300
Bribe,	150	Cabri,	ibid.	Carbonade,	297
Bricole,	140	Cabriole,	ibid.	Carcan,	298
Bride,	206	Cabuts,	218	Carcasse,	295
Brife,	190	Cache, & sa fam.	229	Carde, & sa fam.	288
Mots en BRIG,	139	Cachet,	ibid.	Cardinal,	299
Brigantin,	143	Cachot,	ibid.	Cardon,	288
Brin,	191	Mots en CAD,	230-238	Carême,	232
Bris, & sa fam.	190	Cadastre,	221	Carene,	327
Brocanteur,	180	Cadet,	214	Caresse,	292
Brochet,	173	Caducée,	259	Cargaison,	300
Brodequin,	206	Caffé,	363	Carie,	188
Broderie,	192	Cage,	216	Cariole,	299
Broier, & sa fam.	190	Cageoler,	217	Cartel,	232
Brosse,	179	Cagnard,	283	Carmes, (aux Trinitaires)	ibid.
Brou,	185				

TABLE ALPHABÉTIQUE.

Carmin,	295	Cellule,	249	CHAN, voyez CAN.	
Carminatif,	73	C'en dessus dessous,	211	Chance,	239
Mots en CARN,	294-295	Cendres,	285	Change, & sa fam.	308
Carnes,	232	Cène,	360	CHAP, voyez CAP.	
Carole,	298	Cengle,	353	Chapler,	286
Carolus,	306	Cénotaphe,	361	Chapon,	ibid.
Carrosse,	299	Cens,	353	Chapuiser,	286
Carotte,	296	Censeur,	ibid.	Mots en CHAR,	287-300
Carquois,	298	Censive,	ibid.	Charade,	310
Carraque,	316	Censure,	ibid.	Charivari,	309
Carré,	233	Cent, & sa fam.	365	Charme, & sa fam.	73
Carreau,	ibid.	Centenier,	ibid.	Chartre,	291 & 303
Carrefour,	ibid.	Centre,	361	Chasse,	235
Carriere,	287 & 300	Cep de vigne,	219	Chassie,	234
Carrillon,	233	Ceper,	ibid.	Chassis,	235
Carrousel,	300	Ceps,	224	Chaste, & sa fam.	306
Carrousse,	306	Cerceau,	298	Chasuble,	235
Carte,	290	Cercle,	297	Chat,	307
Cartel,	ibid.	Cercueil,	302	Châtaigne,	236
Carteron,	233	Cérémonie,	366	Château,	235
Cartilage,	295	Cerf,	306	Châtein,	236
Carton,	290	Cerfeuil,	361	Chatemite,	308
Cartouche,	291	Cerfouir,	297	Châtier,	306
Cartulaires,	ibid.	Cerise,	295	Chaton,	237
Mots en CAS,	232-239	Cerneau,	297	Châtrer,	ibid.
Casser, & sa fam.	365	Cerner,	ibid.	Mots en CHAU,	254-264
Catacombe,	275	Certain, & sa fam.	305	Chef,	217
Catafalque,	320	Céruse,	354	Chemin,	274
Catalogue,	614	Cerveau,	289	Chemise,	275
Catéchisme,	359	Cervelas,	295	Mots en CHEN,	279-283
Cathédrale,	230	Cessation,	354	Chêne,	310
Catholique,	360	Cesser,	ibid.	Chenille,	311
Cauchemar,	258	Cession,	ibid. & 243	Cher, & sa fam.	292
Cause,	351	Ceste,	237	Chercher,	298
Cautere,	360	Césure,	241	Chétif,	223
Cautérise,	ibid.			Mots en CHEV,	220-225
Caution,	352	**CH.**		Cheveche,	312
Cavale,	222	Chabot,	225	Cheville,	251
Cave, & sa fam.	223	Chacun,	354	Chez,	234
Caveçon,	210	Chagrin,	366	Mots en CHIC,	311
Caye,	264	Chat-huant,	308	Chier,	283
Cayeux,	254	Chai,	234	Chiffon,	366
		Chaîne,	230	Chiffoner,	367
CE.		Chair,	294	Chiffres, & sa fam.	ibid.
		Chaire,	230	Chyle,	361
Céder,	243	Chaise,	ibid.	Chimere,	ibid.
Cédre,	365	Chaland,	253	Chiourme,	354
Cédule,	352	Chaleur,	264	Chiquenaude,	311
Ceindre,	353	Châlit,	258	Chiquet,	ibid.
Ceinture, & sa fam.	ibid.	Chaloir,	265	Chirurgien,	361
Célèbre,	255	Chaloupe,	253	Chœur,	ibid.
Céler, & sa fam.	248	Chalumeau,	259	Choine,	284
Céleri,	257	CHAM, voyez CAM,		Choir,	239
Célérité,	261	Chamade,	314	Choix,	312
Céleste,	360	Chamailler,	ibid.	Chomer,	ibid.
Célibat,	353	Chameau,	366 & 272		
				Chopper,	

TABLE ALPHABÉTIQUE.

Chopper,	219	Mots en CLAV,	250-251	Communiquer,	ibid.
Choppine,	217	Clé,	ibid.	Compagne,	840
Chose,	352	Clédard,	ibid.	Compas,	810
Chou,	260	Clémence,	355	Compenser,	847
Choyer,	354	Clepsydre,	251	Compétent,	818
Chronologie,	364	Clerc,	362	Compétiteur,	ibid.
Chrysalide,	361	Clergé,	361	Complément,	876
Chucheter,	312	Client,	355	Complet,	ibid.
Chut,	239 & 312	Climat,	362	Complexion,	864
		Clique,	607	Complice,	ibid.

C I.
Ci,	211	Cloaque,	355	Complies,	876
Ciboire,	217	Clocher, (boiter)	271	Compliment,	864
Ciboule,	219 & 354	Cloison,	250	Compliquer,	ibid.
Cicatrice,	311	Cloître,	ibid.	Complot,	836
Cigogne,	354	Cloporte,	251	Compote,	814
Ciel,	360	Cloppin, Cloppant,	271	Comptant,	871
Cierge,	355	Clore, & sa fam.	250	Compter,	ibid.
Cigale,	354	Clos, & sa fam.	ibid.	Compulser,	872
Cigne,	361	Clou, & sa fam.	ibid.	Comput,	871
Cil,	262			Comte,	322
Cilice,	361	**CO.**		Concert,	282
Cime,	313			Concession,	244
Ciment,	241	Mots en CO,	317-320	Concevoir,	226
Cimeterre,	368	Coche,	317 & 242	Concierge,	1008
Cimetiere,	361	Coction,	355	Concorde,	328
Cimier,	331	Coëffe, & sa fam.	216	Concussion,	319
† Cimmarre,	367	Cœur,	328	Condoléance,	400
Cinnabre,	361	Coffre,	369	Conducteur,	406
Cinq,	368	Cogner,	359	Conduire,	ibid.
Ciprès,	ibid.	Coignée,	356	Conférer,	455
Mots en CIR,	298	Coin,	ibid.	Confesseur,	441
Circonscrit,	422	Coincider,	240	Confidence,	486
Cire,	354	Mots en COL,	259-269	Confire,	484
Ciron,	313	Collation,	619	Confirmer,	456
Cirque,	298	Colle,	362	Congrégation,	524
Ciseau,	241	Collecte, & sa fam.	608	Conjoncture,	582
Ciseler,	ibid.	Collége,	ibid.	Conjugal,	581
Cité, & sa fam.	212	Colombe, & sa fam.	322	Conjuguer,	ibid.
Citer,	213	Coloré,	311	Connétable,	322
Citerne,	237	Combat,	153	Connivence,	764
Citrin,	355	Combe,	274	Connoissance, & fam.	751
Citron,	ibid.	Combien,	356	Conque,	362
Citronat,	ibid.	Comble,	275	Conseil,	969
Civé,	354	Combresselle,	272	Conserver,	1008
Civette,	368	Comédie,	362	Considérer,	410 & 1028
Civil, & sa fam.	212	Comestible,	424	Consister, & sa fam.	1013
		Comète,	362	Consoler,	976
C L.		Comite,	323	Consommer, & sa fam.	1003
Mots en CL,	313-316	Comité,	ibid.	CONST, voyez ST.	
Clabaud, & sa fam.	369	Comme,	356	Consul, & sa fam.	969
Claie,	251	Comment,	ibid.	Consumer,	1003
Clandestin,	ibid.	Commenter, & sa fam.	662	Contagieux,	1041
Clapier,	ibid.	Commerce, & sa fam.	706	Conte,	323
Claquemurer,	ibid.	Commun & sa fam.	698 & 699	Mots en CONT,	1061-1065
Classe,	237	Communier,	699	Contexture,	1058
Clause,	250				

Gggg

TABLE ALPHABETIQUE.

Contrat,	1097	Cousu,	357			
Contre,	1085	Cout,	335	**D.**		
Contrée,	1096	Couteau, & sa fam.	267			
Contrescarpe,	291	Couter,	335	**D A.**		
Contribuer, & sa fam.	1080	Coutume,	357			
	& 1801	Couture,	ibid.	D, sa valeur.		371
Conv, voyez V.		Couvée,	358	Da,		372
Conviction,	1172	Couvent,	1126	Dada,		373
Convié,	1171	Couvrir,	858	Dague,		ibid.
Convoi,	1128			Daguet,		ibid.
Convoiter,	1137	**C R.**		Daigner,		396
Copie,	356			Daim,		407
Copieux,	ibid.	Mots en CR,	336. 350	Daine,		ibid.
Copter,	287	Cramoisi,	295	Dais,		374
Mots en COQ,	316-318	Crapule,	362	Dalle,		ibid.
Coquemar,	355	Mots en CRIP,	358	Dam,		375
Mots en COR,	325-333	Cretin,	ibid.	Damas,		ibid.
Corail,	296	Crible,	302	Dame,	391 & 392	
Corbeau,	370	Crime,	370	Damelopre,		394
Cormorant,	370	Criquet,	525	Damner,		375
Correct,	946	Crile,	363 & 302	Damoiseau,		391
Corriger,	ibid.	Crispé,	358	Dandiner,		377
Costume,	358	Cristal,	363	Danger,		376
Côte,	334	Critique,	363 & 302	Dans,		408
Coter,	356	Cronique,	363	Danse,		377
Coteret,	318	Croupe,	985 & 346	Dard,		378
Cotignac,	356	Mots en CRU,	296	Dariolette,		ibid.
Coton,	370	Cruche,	364	Dartre,		ibid.
Mots en COTT,	319	**C U.**		Mots en DAT,		397
Couchant,	335	Cueillir,	608	Daube,		379
Couci Couci,	356	Cuider,	359	Dauphin,		407
Coude,	ibid.	Cuiller,	ibid.	Davier,		379
Coudée,	357	Cuir,	324			
Coudre,	ibid.	Cuirasse,	325	**D E.**		
Couenne,	230	Cuire,	355	De,		407
Couillard,	269	Cuisine,	ibid.	Dé,		350
Couler,	260	Cuisse,	334	Débacle,		90
Couleur,	322	Cuistre,	356	Débarrasser,		141
Couleuvre,	357	Cuivre,	362	Débauche,		408
Coulisse,	260	Cul,	261	Débaucher,		186
Coulpe,	357	Culte,	268	Débile,		466
Counil,	356	Culture, & sa fam.	ibid.	Débit, & sa fam.		408
Mots en COUP,	287	Cupide,	358	DEC, voyez C.		
Coupable,	357	Curateur,	293	Décalogue,		385
Coupeau,	487 & 218	Cure, & sa fam.	ibid.	Décembre,		ibid.
Couperose,	361	Curer,	329	Décennales,		ibid.
Couple,	865	Curieux,	360	Décent,		389
Couplet,	ibid.	Cursive,	333	Décès,		243
Couppe,	217	Cuve,	217	Décevoir,		226
Couppole,	ibid.	Cuvert,	270	Décharné,		294
Mots en COUR,	327. 332	**C Y.**		Décharpir,		288
Courroux,	357	Cycle,	263	Déchirer,		409
Courroie,	324	Cylindre,	262	Décider,		241
Cousin,	357	Cymbale,	274	Décimes,		384
Coussin,	334	Cynique,	283	Déclarer,		815

Déclinaison, 316	Derechef, 409	Digue, 390
Décombres, 409	Dernier, ibid.	Dilater, 610
Décoré, & sa fam. 389	Dérober, 936 & 923	Diligence, & sa fam. 609
Décrepit, 358	Déroger, 956	Dimanche, 394
Décret, 302	Déroute, & sa fam. 924	Dime, 385
Déçu, 226	Derriere, 409	Dimension, 666
Décurie, 385	DES, voyez S.	Diminuer, & sa fam. 700
DED, voyez D.	DESA, voyez A.	Dîner, 411
Dédicace, & sa fam. 398	Désarroi, 947	Diocèse, 413
Déduction, 406	Descendant, & sa fam. 984	Mots en DIP, DIPH, 381
Déesse, 382	Desert, & sa fam. 410	Dire, 382
DEF, voyez F.	DESH, voyez H.	Diriger, & sa fam. 947
Défaut, 449	Desir, & sa fam. ibid.	DISC, voyez C.
Défense, 838	Désister, (se) 1013	Discerner, 301
Déférence, & sa fam. 455	Désoler, 976	Disciple, 328
Défi, 486	Désormais, 774	Discipline, ibid.
Défunt, 487	Dessiller, 262	Discorde, 328
DEG, voyez G.	Dessiner, & sa fam. 1013	Discret, 302
Dégingandé, 531	Destin, & sa fam. 1015	Disculper, 357
Dégoiser, 506	Destituer, 1014	Discuter, & sa fam. 319
Dégourdir, 519	DET, voyez T.	Disette, 424
Dégringoler, 523	Détaler, 1011	Dispenser, 847
Déiste, 382	Dételer, 1057	Dispute, & sa fam. 871
Déité, ibid.	Détente, 1063	Disque, 411
Déjà, 409 & 587	Détracter, & sa fam. 1097	DISS, voyez S.
DEJ, voyez J.	Détriment, 1074	Distance, 1014
DEL, voyez L.	Détroit, 1085	Distiller, & sa fam. 1015
Délai, 610	Dette, 408	Distinction, & sa fam. 1067
Délecter, 606	Deuil, 400	Distiques, 381
Délicat, ibid.	Deux, 379 & 381	Distribuer, & sa fam. 1081
Délice, ibid.	DEV, voyez V.	Diurne, 382
Délire, 409	Développer, 1164	DIV, voyez V.
Déluge, ibid.	Devin, 382	Divers, 1146
DÉM, voyez M.	Devis, 1151	Divin, & sa fam. 382
Demain, ibid.	Devise, ibid.	Diviser, & sa fam. 381
Démantibuler, 690	Devoir, 408	Divorce, 1155
Demeure, 731	Dextérité, 387	Dix, & sa fam. 384
Démocratie, 411	Dextre, ibid.	
Demoiselle, 392	Dez, 413	D O.
Démolir, & sa fam. 681	D I.	
Deni, 743		Mots en Doc, 388
Denier, 385	Mots en DIA, 412. 413	Dodeliner, 399
DEN, voyez N.	Dialogue, 614	Dodine, & sa fam. 398 & 399
Denrée, 386	Diane, 382	
Dense, 411	Diapré, 850	Dodo, 398
Densité, ibid.	Mots en DICT, 383	Dodu, 401
Dent, & sa fam. 379	Diette, 424	Doge, 406
Dépecer, 801	Dieu, 382	Dogme, 388
Dépêches, & sa fam. 808	Diffamé, 441	Dogue, & sa fam. 399
Dépêtrer, ibid.	Différence, & sa fam. 455	Doigt, 387
Dépit, 869	Difficile, & sa fam. 482	Dol, 400
Dépouilles, 835 & 986	Difforme, 470	Dolent, ibid.
Déprédation, 888	Diffus, 467	Mots en DOM, 391-395
Député, & sa fam. 871	Digérer, & sa fam. 531	Dommage, 376
DER, voyez R.	Digne, & sa fam. 395	Don, & sa fam. 396

Donc,	410	Ebauche,	418	Ecureuil,	ibid.
Dondon,	394	Ebe,	ibid.	Ecurie,	328
Dont,	410	Ebene,	435	Ecuyer,	431
Doré,	ibid.	Eblouir,	98	Edifice,	ibid.
Dorénavant,	ibid.	Ec, voyez C.		Mots en EDIT,	385
Dorloter,	401	Ecacher,	365	Education,	406
Dormir,	411	Ecaille,	249	Effacer,	481
Dortoir,	ibid.	Ecarlate,	295	Effaré,	451
Dorure,	410	Ecart,	304	Effectif,	484
Dos,	401	Echaffaud,	320	Efféminé,	453
Dose,	397	Echalas,	267	Effet,	484
Dossier,	401	Echalote,	433	Mots en EFFIG,	ibid.
Dot, & sa fam.	397	Echancrer,	286	Effigie,	481
Double, & sa fam.	380	Echanson,	419	Effiolé,	459
Doublon,	ibid.	Echantillon,	285	EFF, voyez F.	
Douceur,	412	Echaper,	228	Effrayant, & sa fam.	474
Doué,	397	Echarde,	288	Effréné,	488
Douleur, & sa fam.	400	Echarpe, & sa fam.	288 & 291	Effusion,	467
Dousil,	408	Echasses,	419	EG, voyez G.	
Doute, & sa fam.	380 & 381	Echauguettes,	305	Egal,	432
Douves,	402	Echecs,	435	Egohine,	517
Doux,	412	Echelle, (Port)	249	Egosiller, (s')	ibid.
Douze,	381	Echelle, & sa fam.	255 & 256	Egout, & sa fam.	510
Doyen,	389	Echernir,	419	Egrugeoir,	528
D R.		Echeveaux,	225	Ejaculation,	578
Mots en DRA,	413. 414	Echevin,	218	EL, voyez L.	
Dresser,	946	Echiquier,	435	Elaguer,	613
Drille, & sa fam.	402	Echope,	217	Elan, & sa fam.	631
Drogue,	403	Echouer,	431	Elastique,	432
Droit,	946	Echu,	239	Electorat,	609
Droite,	387	Eclabousser,	420	Elégie,	614
Drôle,	403	Eclichie, & sa fam.	267	Elément,	432
Dru,	ibid.	Eclipse,	433	Eléphant,	436
Druides,	ibid.	Eclisse,	267	Elider,	624
D U.		Eclopé,	271	Eligible, & sa fam.	609
Du,	410	Eco,	433	Elixir,	436
Duc,	405	Ecole,	ibid.	Mots en ELL,	433
Ducat,	406	Ecorce, & sa fam.	325	Elocution,	613
Duel,	380	Ecornifler,	419	Eloge,	614
Dunes,	394	Ecot,	319	Eloigné,	631
Dunette,	ibid.	Ecouter,	774	Eloquence,	613
Duo,	380	Ecouvette,	430	Eluder,	649
Dupe,	226	Ecraser,	420	EM, voyez M.	
Duplicité,	380	Ecrene,	ibid.	Emanciper,	226
Mots en DUR,	404	Ecrevisse,	350	Embaleur,	104
Duvet,	407	Ecrin,	421	Embarras,	141
D Y.		Ecrire, & sa fam.	ibid. & 290	Embaucher,	186
Dynamique,	395	Ecroue,	935	Emblême,	433
Dynastie,	ibid.	Ecrouelles,	430	Emboiser,	102
E.		Ecu,	985 & 431	Embonpoint,	825
		Ecuelle,	431	Embronché,	186
E, sa valeur,	415	Ecueil,	1028 & 431	Emeute,	723
Eau,	417	Ecume,	431	Eminent,	697
				Emir,	401
				Emissaire,	720

TABLE ALPHABÉTIQUE.

Emm, voyez M.		Entablement,	1049	Escadre, & sa fam.	303
Emolient,	672	Entamer,	1059	Escalade,	256
Emonder,	730	Ente,	573	Escalier,	255
Emotion,	722	Entendre,	1063	Escalin,	1027
Emp, voyez P.		Entériner,	1041	Escarmoter, & sa fam.	436
Empaler,	829	Entiché,	1039		
Empan,	839	Entier,	1041	Escarbot,	1027
Emparer, (s')	855	Entrailles,	1085	Escamouche,	304
Empêcher,	808	Entraves,	1110	Mots en Escarp,	291
Empereur, & sa fam.	592 & 701	Entre,	ibid.	Escarre,	288
		Entrée,	ibid.	Escient,	994
Empêtrer,	808	Entrel, voyez L.		Mots en Escl,	425
Empiéter,	ibid.	Entrem, voyez M.		Escopette,	426
Emplir,	876	Entrep, voyez P.		Escorte,	333
Empois,	823	Entrepôt,	814	Escouade,	426
Empreint,	887	Entres, voyez S.		Escrime,	304
Emprunt,	892	Entret, voyez T.		Esc, voyez C.	
En,	432	Entousiasme,	434	Es, voyez S.	
Enc, voyez C.		Enum, voyez N.		Espace,	815
Encan,	282	Envahir,	1125	Espalier,	829
Encens,	285	Enveloper,	1164	Espéce,	985 & 916
Enchifrené,	272	Envie,	1152	Mots en Espe, Espi, Espo,	987
Enclavé,	251	Environ,	500		
Enclume,	242	Ep, voyez P.		Esplanade,	860
End, voyez D.		Epagneul,	425	Esprit,	962
Endever,	398	Epais,	815	Esquif,	432
Enduire,	406	Epandre,	848	Esquisse,	427
Energie,	434	Epanouir, (s')	828	Esquiver,	426
Enf, voyez F.		Epargne, & sa fam.	895	Essai,	428
Enfance, & sa fam.	443	Epaule,	834	Essaim,	432
Enfer,	432	Epée,	801. 806	Essarter,	436
Enfler, & sa fam.	432	Epeler,	832	Essence,	417
Eng, voyez G.		Eperon,	852	Esserts,	437
Enganer,	502	Epi,	822	Essieu,	432
Engeance,	510	Epiderme,	434	Essoine,	1000
Engendré,	509	Epier,	987	Essor, & sa fam.	1004 & 437
Engin,	511	Epigrame,	521		
Engloutir,	505	Epigraphe,	ibid.	Essuyer,	1006
Engoué,	506	Epilogue,	614	Mots en Estal, & Esto,	1012. 1013
Engrais,	524	Epine, & sa fam.	844		
Enh, voyez H.		Epingle,	843	Estime, & sa fam.	1093
Enigme,	434	Mots en Epis, Epit,	434	Estragon,	414
Mots en Enj,	575	Eploré,	866	Estrapade,	1110
Enkysté,	237	Eplucher,	835	Estropier,	1104
Enl, voyez L.		Eponge, & sa fam.	986 & 434	Mots en Etab,	1012
Ennuyer, & sa fam.	765			Etage,	1050
Enquérir, (s') & sa fam.	913	Epoque,	434	Mots en Etal,	1012
		Epoux, & sa fam.	987	Etamine,	1092 & 1012
Enr, voyez R.		Mots en Eq,	232	Mots en Etan, & Etap,	1012
Enrôler, & sa fam.	933	Equi,	432		
Enromant,	927	Er, voyez R.		Etat,	1012
Enroué, & sa fam.	918	Mots en Err,	432	Mots en Etend,	1063 & 1064
Ens, voyez S.		Erudit, & sa fam.	919		
Ensemble,	1019	Eruption,	924	Eternuer,	432
Ent, voyez T.		Escaboue,	820	Eteule,	1016

TABLE ALPHABÉTIQUE.

Etincelle, & sa fam. 1069
Etique, 899
Etiquette, 1041
Etoffe, 428
Etoile, 1012
Etole, 985
Etonné, 1045
Etoupe, 1038, & 432
Etourdir, 1037, & 429
Etrange, 1086
Etrécir, 1085
Etrennes, 432
Etrier, 429
Etrille, & sa fam. 1074
Etrivieres, 430
Etroit, 1085
Etude, & sa fam. 1011
Etui, 430
Eturgeon, 18
Etuve, 438
Etymologie, ibid. & 1092
Mots en EVA, EVE, 434
Exact, 428
Exc, voyez C.
Excellent, & sa fam. 256
Excepter, & sa fam. 226
Excès, & sa fam. 243
Exciter, 213
Exclu, 857 & 250
Exécration, 989
Exécuter, & sa fam. 965
Exemple, 1019
Mots en EXEM & EXER, 432
Mots en EXHA & EXHE, 549 & 550
Mots en EXHI & EXHO, 564
Exhumer, 546
Exiger, 428
Exilé, 968
Existence, 1013
Exorbitant, 781
Exorde, 774
Expédier, 808
Expérience, 858
Expiation, & sa fam. 803
Expirer, 962
Mots en EXPLI, 865
Explosion, 794
Exportation, 877
Mots en EXPRÉ, EXPRIT, 887
Expulsion, 872
Extension, 1064

Exténuer, & sa fam. 1068
Extérieur, 1082
Ext, voyez T.
Externe, 1082
Extinction, 1069
Extorsion, 1104
Extraire, 1097
Mots en EXTRAV, 1086
Extrême, & sa fam. 1082
Ex-trinséque, 1085
EVA, voyez VA.
Eveil, 1162
Evénement, 1116
Eventail, 1124
Eventé, ibid.
Eviter, 1129

F.

FA, sa valeur, 430
Mots en FABL, 440
Fabrique, 483
Mots en FAC, 826
Facéties, 485
Fâcher, 447
Mots en FACI, FACO, FACT, 482
Faculté, 482
Mots en FAD, & en FAG, 442, & 444
Faillir, 449
Faim, 446
Faine, 442
Fainéant, 483
Faire, & sa fam. 481
Mots en FAIS, FAIT, FAIX, 452
Mots en FAL, 449
Famé, 441
Famelique, 447
Fameux, 441
Famille, 444
Famine, 447
Fan, 443
Mots en FANA, FANE, 450
Fanatique, 485
Fanfan, 443
Mots en FANFA, 451
Fanfreluche, 473
Fange, 450
Mots en FAN, 450 & 451
Fantoccini, 443
Faon, ibid.
Faquin, 820
Mots en FARC, 444
Fard, 491

Fardeau, 455
Fariboles, 441
Farine, 454
Farouche, 468 & 451
Fasciner, 826 & 442
Faséole, 443
Fatal, 441
Fatigue, 485
Mots en FAIR, 444
Fauxbourg, 469
——— FAU, 448
——— FAUV, 452
Mots en FAV, 443

FE.

Féal, 485
Fée, 441
Feindre, 481
Mots en FEL & FEM, 450, 452, & 453
Mots en FEN, 450
Fendre, 485
Mots en FER, 453. 457
Féroce, 451
Mots en FERT 454 & 456
——— FERV, 457
Fesse, 485
Mots en FEST, 458
Fête, 457
Fétu, 451
Feu, 447
Feuille, & sa fam. 458
Feutre, 449
Féve, 443

FI.

Fi, 459
Fiacre, ibid.
Fiancer, 486
Fibre, 485
Ficher, 459
Fiction, 481
Fidele, 485
Fief, & sa fam. 445
Fiel, 452
Fiente, 459
Fier, 455 & 485
Fievre, 486
Fifre, 794 & 442
Mots en FIG, 460 & 461
Figue, 486
Figure, 481
Mots en FIL, 460 & 461

TABLE ALPHABÉTIQUE.

Mots en Fill,	489	Fromage,	471			
Filou,	450	Froment,	454		G E.	
Fils,	489	Fronde, & sa fam.	488	Geai,		508
Filtrer,	460	Froter,	ibid.	Geais,		533
—— Fin,	461 & 462	Mots en Fru, 454 & 456		Géant,		508
Fille,	490			Gehenne,		536
Firmament,	456	F U.		Geindre,		529
Mots en Fisc, Fisca, Fisce,				Gelée,	499 & 265	
Fist, 485 486 & 487		Mots en Fu,	479	Gelinote,		503
Fixe,	460	Fulminant,	488	Mots en Gem,		529
		Fumer les terres,	459	—— Gen,	508. 511	
F L.		Furet, & sa fam.	472	Gencive,		530
Mots en Fl,	462. 465	Fureur, & sa fam.	489. 490	Genèvre,		ibid.
Flanelle,	598 & 629	Furtif,	456	Geniévre,		537
		—— Fus,	467	Génisse,		580
F O.		Fusil, & sa fam.	447	Géomètre,		666
		Futaine,	492	Gerbe,		512
Mots en Fo,	465, 472	Futur,	490	Gérer,		530
Foarre,	445			Gerfault,		500
Foi,	485	G.		Mots en Germ,		531
Foie,	447	G A.		—— Gesi,		512
Foin,	450			—— Gest,		531
Foire,	454	G, sa valeur.	493			
Fomenter,	447	Mots en Gab, 502, & 498		G I.		
—— Fon,	445, 446	—— Gag,	494	Gibeciere,		224
Fonction,	487	—— Gai,	503	Gibet,		502
—— For,	468	—— Gain,	494	Gibbeux,		ibid.
Forces,	226	—— Gal,	499. 503.	Gibier,		224
—— Fort,	488		533	Gigantesque,		508
—— Foss,	446	Galerie,	494	Mots en Gig,		513
—— Fou,	445. 448	—— Galop, 261. 262		Gingembre,		536
—— Foul,	459	—— Gama, Gamb,		Ginguet,		511
—— Four,	491		274	Girafe,		537
—— Fourg, Fouri,		Game,	533	—— Girop,		533
	445	Gamelle,	499	—— Giron,		500
Foyer,	447	Ganache,	511 & 518	—— Gis,		512
		Ganches,	502	Givre, (Gelée)		513
F R.		Mots en Gans,	495	Givre, Vipere,		427
Mots en Fra,	472. 478	—— Gar,	495. 499			
Fraternel,	456	—— Garb, Gare, 534		G L.		
Fratricide,	242	—— Carg,	505			
Fraude,	456	Garoter,	512	Mots en Gl,	513. 516	
Fredaine,	477	—— Garr,	499	Glace,	499 & 265	
Frein,	488	Gars,	534	Gland,		531
Frelater,	610	Mots en Gas,	504	Glebe,		ibid.
Mots en Fre,	473. 477	—— Gat,	496	Globe,		ibid.
Frenésie,	490	Gauche,	506	—— Glos,		534
Fréquenter,	488	Gaudine,	499			
Frere,	455	Gaudron,	535	G O.		
—— Fri,	473. 475.	—— Gauf, Gaul,				
	477		496	Mots en Go,	516. 519	
Friction,	488	—— Gauss, Gav, 502		Gobbin,		502
—— Fro,	478. 479	Gavion,	499	—— Gobe,		488
—— Froid, Frol,		—— Gaze,	536	Goinfre,		504
	473 & 475	Gazon,	496	Golfe,		499

Golille,	505	Haine, & sa fam.	563	Hôpital,	562
Mots en GOM,	537	Haire,	551	Hoqueleux,	560
Gond,	534	Mots en HAL,	540. 541	Mots en HOR,	550. 552.
——— GONFA,	450		548. 549		553
Gonflé,	531	Halebarde,	555	Hors,	469
——— GORG,	505	Mots en HAM,	556	Mots en HOSP, HOT, 561.
Gosier,	ibid.	——— HAP,	541. 542		562. 563
——— GOU,	532. 535	——— HAQ,	563	Houle,	770 & 564
Goujat,	497	——— HAR,	550. 558	Mots en HOURD, HOURQ,
Gouje,	ibid.	Hargneux,	542		564
Mots en GOUL,	504 &	——— HAS,	551. 558	Housard,	559
	505	Hausser, & sa fam.	34	Mots en HOUSS,	561
Goupil,	496	Haut, & sa fam.	549		
Gourdin,	500	Havage,	542	H U.	
Mots en GOURMA,		Haveron,	558		
Gourme,	506 & 519	Havi,	565	Mots en HU,	543. 547.
Gousse,	538	Havir,	542		560. 570
G R.		Havre,	559	Huner,	978
		Havresac,	558	Hure,	582
Mots en GR,	520. 528	Hazard,	565	Huron,	553
Graigneur,	532			Huze,	552
Grammaire,	290	H E.		H Y.	
Grand-mere,	653				
Grenouille,	500	Mots en HEB, HEM,	563	Hybride,	591
Mots en GRIB,	500		565	Hydre,	545
Grillon,	337	——— HER,	549. 552	Mots en HYM. HYP,	566
——— GRIMA, GRIME,		Herbe,	563	Hyssope,	570
GRIMO,	501	Hérésie,	565	Hyver,	545
		——— HERM,	565	I.	
G U.		Hermine,	559		
		Hernie,	566	I, sa valeur,	571
Mots en GUE,	496. 498	Hésiter,	563	Mots en ID,	578. 576
Guenille,	518	Hêtre,	553	If,	587
——— GUENO, GUEUD,		Heure,	570	——— IG,	751. 752. 753
	511	Heurler,	542	Il,	589
Guères,	528	Heurt,	559	Ile,	592
Guêtre,	554	Heyduque,	ibid.	——— ILL,	608
Gueule,	538			Illicite,	620
Guichet,	555	H I.		Mots en ILLU,	640. 649
Mots en GUILL,	519. 530	Hibou,	542	——— IM,	589
Guinguette,	512	Hideux,	ibid.	IMM, voyez M.	
Guirlande,	500	Hiéble,	588	Immense, & sa fam. 590, &	
Guisarme,	513	Hier,	564		667
Guise,	498	Hillot,	553	Immiscer, (s')	739
Guitarre,	538	Hinguer,	541	IMMOD,	669
Guivre,	497	Hisser,	542	IMMOL, IMMON,	730
Guttural,	532	Histoire,	569	IMMOR,	712
Gyps,	531			IMMU,	722
H.		H O.		IMMUN,	698
		Mots en HO,	540. 549	IMP, voyez P.	
H, sa valeur.		——— HOCH,	559. 560	Impératrice,	593
Mots en HAB	523 & 524	Hodé,	566	Impérial, & sa fam.	592
Habler,	553	Homard,	564	Impertinent,	1061
——— HAC,	541	Homologuer,	566	Impétrer,	818
——— HAG,	554	——— HONGR,	560	Impétueux,	ibid.
				Impie,	803
					IMPL.

TABLE ALPHABÉTIQUE.

Impl,	863-864-866	Insister,	1013	Labiale,	615
Impor,	878	Insolence,	1030	Labyrinthe,	646
Mots en Impot,	814	Insomnie,	979	Lac,	615
Imprimer, & sa fam.	887	Inspection, & sa fam.	826	Lacet, & sa fam.	605
Improviste,	1152	Inspirer,	962	Lacerer, & sa fam.	623
Ina, voyez A.		Insta, Insti, 1011 & 1014		Lache, & sa fam.	605
Inamovible,	722	Instr, voyez Str.		Laconique,	643
Inanition,	591	Insulte,	968	Lacrimatoire,	644
Inc, voyez C.		Int, voyez T.		Ladre,	625
Incarceré,	303	Intact,	1041	Ladrine,	625
Incarnat,	294	Intégre,	1041	Lagunes,	615
Incarné,	ibid.	Intelligent,	609	Lagopus,	648
Incendie,	285	Inten,	1064 & 1065	Lai, Laïque,	645
Incision,	241	Intercéder, & sa fam.	243	Laid, & sa fam.	624
Inciter,	213	Intercepter,	216	Laie,	695-618 & 624
Incident,	239	Intérieur,	1082	Laiette,	611
Inclus,	250	Interl, Interm, 717-721-		Laine,	629
Inculper,	357		729	Laisser,	606
Incursion,	333	Interne,	1082	Lait, & sa fam.	618
Indéfini,	462	Interprète,	886	Laiton,	647
Indemnité,	590	Interr, voyez R.		Lambeau,	602
Indice,	388	Interv, voyez V.		Lambourde,	626
Ind, voyez D.		Intestin,	1016	Lambris,	ibid.
Indigo,	587	Intime,	590	Lambruche,	641
Indiquer,	388	Intrépide,	1084	Lame,	627
Industrie, & sa fam.	1106	Intri, Intro, 1076-1085		Lamenter,	642
Ineffable,	440		& 1086	Lamiers,	627
Inepte,	41	Intuition,	1047	Laminoir,	ibid.
Inerte, & sa fam.	589	Invasion,	1125	Mots en Lamp,	647
Inexorable,	577	Invective,	1119	Lampas,	615
Inextinguible,	1069	Inventaire,	1127	Lampée,	615
Inf, voyez F.		Invention,	1127	Lampon,	595
Infa,	441 & 443	Investiture,	458	Lamproye,	644
Infection,	590	Invétéré,	1157	Lance, & sa fam.	631
Inféoder,	445	Mots en Ir,	588 & 591	Lande,	603
Infer,	432 & 455	Irr, voyez R.		Langrave,	ibid.
Infester,	590	Irriter, & sa fam.	588	Landier,	595
Infirme, & sa F.	456 & 457	Irruption,	924	Landit,	ibid.
Infl,	464	Isnel,	588	Landore,	597
Informer, (s')	470	Isolé,	976	Landreux,	626
Ing, voyez G.		Iss & Iv,	589-592 & 593	Lanfais,	629
Inge,	590			Mots en Lang,	612
Ingrat,	523	**J.**		Langes,	628
Ingrédient,	590	Ja,	587	Langouste,	641
Inhumer,	546	Mots en Ja,	572-573 &	Langueur,	626
Inique,	589		591	Laniere,	629
Initier,	590	Jadis,	587	Lansquenet,	603
Inj, voyez J.		Mots en Je,	577-578-579	Lanterne,	647
Inn, voyez N.			& 588	Lanture,	632
Mots en Inq,	913	Jo,	575 & 581	Laper,	615
Inquiet,	320	Ju,	576 & 594	Lapider, & sa fam.	622
Ins, voyez S.				Lapin,	648
Inscription, & sa fam.	422	**L.**		Laquais,	602
Insçu,	995	La,	602	Laque,	647
Insin, Insip,	991 & 995	Mots en Lab,	598	Larcin,	610
		Labarum,	602		

Hhhh

Lard, & sa fam.	633	Lianes,	ibid.	Livide,	617	
Large, & sa fam.	ibid.	Liard,	635	Mots en LIV,	599. 643	
Larme, & sa fam.	644	Libage,	622	Livrer,	619	
Larris,	606	Libation,	616	**LO.**		
Larron,	610	Libelle,	643	Lobe,	601. 637	
Lascif,	641	Libéral,	619	Mots en Loc,	603	
Last, Lest,	611	Libérer,	ibid.	Lochies,	646	
Lare, & sa fam.	ibid.	Liberté, & sa fam.	618	Locquet,	638	
Latitude,	602	Libraire,	643	Locution,	613	
Latte,	645	Lice,	618. 645	Lodier,	635	
Laudanum,	648	Licence,	619	Lods & ventes,	625	
Laudes,	634	Licite,	620	Lof,	641	
Laurier,	596	Licorne,	597	Lofre,	615	
Laver, & sa fam.	617	Licou,	607	Loge,	603	
Laves,	623	Lie,	610	Logique,	646	
Laxatif,	606	Liége,	601	Logographe,	ibid.	
Lazaret,	625	Lien,	607	Loi,	601	
LE.		Lienterie,	643	Loin,	631	
Le,	602	Lierre,	596	Loir,	596	
Lé,	604	Liesse,	635	Loisir,	ibid.	
Leans,	602	Lieu,	604	Lombes,	643	
Lebesche,	641	Lieue,	635	Lombre, Jeu,	596	
Mots en LEC,	613	Lievre,	648	Long, & sa fam.	630	
Légal, & sa fam.	608	Ligament,	607	Looch,	614	
Légat, & sa fam.	604	Lige,	622	Loppin,	638	
Légende,	613	Ligence,	ibid.	Mots en LOQ,	623	
Léger,	605	Mots en LIGN,	627	——— LOB,	596	
Légion,	641	Ligue,	607	Lorgne,	634	
Légumes,	608	Mots en LIM,	636	Lorgner,	638	
Lendemain,	597	Limon,	616. 648	Los,	634	
Lénitif,	630	Lymphe,	616	Losange,	638	
Lent, & sa fam.	641	Limpide,	ibid.	Lot, & sa fam.	625	
Lentille, & sa fam.	642	Mots en LIN,	627. 629	Lotion,	617	
Lenvers,	597	Lingot,	614	Louche,	639	
Lepre,	648	Lion,	637	Louchet,	635	
Lésion,	624	Linteau,	632	Louer, & sa fam.	634	
Lesse,	605	Mots en LIPP,	614	Loup, & sa fam.	644	
Lessive,	616	——— LIQ,	616	Loup, masque,	638	
Lest,	611	Lire, & sa fam.	613	Loupe,	596	
Lesté,	ibid.	Lyre, Instrument,	645	Lourd, & sa fam.	633	
Lestrade,	595	Lis,	762	Lourche,	596	
Lettre,	614	Literé,	604	Loutre,	617	
Léthargie,	645	Lisiere,	ibid.	Louvre,	635	
Leudes,	610	Lisser, & sa fam.	645	Louvoyer,	641	
Leur,	597	Liste, & sa fam.	605	Loyal,	607	
Leurre,	642	Lit,	609	Loyer,	603	
Lever, & sa fam.	599	Litanies,	645	**LU.**		
Levres,	614	Litharge,	646			
Lévrier,	648	Litiere,	609	Mots en LU,	639. 644	
Léxicon,	645	Litige,	643	Luette,	597	
Lézard,	612	Litre,	605	Lugubre,	640	
Léze-Majesté,	624	Litron,	611	Lui,	597	
Lésine,	626	Littérature,	624	Luseau,	603	
Liais,	622	Liturgie,	645	Lustre,	640	
Liaison, & sa fam.	607	Livet,	630. 762	Lustre, & sa fam.	646	

TABLE ALPHABÉTIQUE.

Lustucru, 597
Luter, 612. 644
Luth, 650
Lutin, 597
Lutrin, 613
Luxation, 650
Luxe, 635

M.
MA.

Mots en MACA, 731. 737
—— MACE, MACH, MACL, MACU, 654, 655, 660, 674, 675
—— MADR, 655 & 665
—— MAF, MAG, 657, 670, 673
—— MAH, MAIG, 671, 675, 676
—— MAIL, MAILL, 656, 675, 677, 678, 680, 682
—— MAIM, MAIN, 687, 691, 696, 700
—— MAIR, 701, 708
—— MAIS, MAJ, 655, 659, 660, 670, 673
—— MAL, MALA, 685, 686, 737
Malard, 713
Mâle, ibid.
—— MALF, MALE, MALG, MALH, MALI, MALL, MALD, 685, 687
Maltôte, 1054
Mots en MALT, MALV, 687
—— MAM, 654, 688, 691
—— MANA, MANCH, 659, 688, 689, 701
Manciper, 226
—— MAND, 691, 693, 732
—— MANE, MANI, MAIN, MANG, 688-694, 696, 735
Manoir, 659
Manquer, 700
Manse, 659
Mansuétude, 729
—— MANT, 688, 692, 693
—— MAP, MAQUE, 651, 655
Maquignon, 729
—— MARA, 653, 708, 711, 712, 737

—— MARB, MARC, 705, 707, 708, 710
Mardi, 651
Marfil, 737
Mots en MARG, MARI, MARJ, 654, 702, 707, 709, 710, 673
Marlotte, 685
Mots en MARM, 659, 701, 707, 709
—— MARO, 707, 708, 710, 711, 732
—— MARQ, MARR, 701, 705, 707, 711
Mars, 651
Mots en MART, 702, 711, 733
—— MASC, MASQ, 713, 738
—— MASS, 660, 605
—— MAST, 733, 661
—— MATA, 665, 714
—— MATE, 653, 663, 666, 714
—— MATI, 664, 729, 714
—— MATO, MATR, 653, 654, 663, 713, 714
—— MATU, 661, 663
—— MAU, 686, 687, 733
Maxillaire, 654
Maxime, 673
Mazette, 714

ME.

MEC, voyez C.
Mots en MEC, 674, 715, 716, 725, 733
Médaille, & sa fam. 682
Mélasche, 729
Médecin, & sa fam. 658
Mots en MEDIA, MEDIO, MEDIS, 716, 717
—— MEDIT, MEDIU, 658, 717
—— MEF, MEGA, 716
—— MEGI, 673
—— MEHA, 656
Meilleur, 677
Mots en MELA, 733, 738
—— MELI, MELO, 677
—— MEM, 707, 715, 661

—— MENA, 660, 662, 694
—— MEIC, MEND, MINE, 688, 689, & 690
Menin, 700
—— MENO, MENS, 689, 693
—— MENTA, MENTE, MENTI, 662, 693
Menton, 656
Mots en MENU, 695, 699, & 700
—— MEP, 716
Merallereste, 653
Mots en MIRC, 705, 706
—— MERF, 653, 701, 705, 714, 718
—— MERI, MERL, MERM, 701, 709, 711, 717, 718
Merveille, & sa fam. 730
Mots en MESA, MESL, MESO, MESQ, 652, 716, 738
Mots en MESS, 715, 720, 738, 970
—— MESU, 666, 716
—— META, METE METH, 682, 717, 719, 733, 739
—— METI, METR, METS, METT, 654, 666, 667, 717, 719
—— MEU, 652, 678, 711, 713, 723

MI.

—— MIA, MIC, 652, 675, 674, 718, 733
—— MID, MIE, 676, 677, 715, 718
—— MIG, 631, 700
—— MIL, MILL, MIM, 677, 680, 681, 718, & 729
—— MINA, MINC, MINE, MINI, 689, 695, 696, 699, & 739
—— MINO, 652, 695, 699, 739
Minuit, 718
Mots en MIRU, 699
—— MIP, MIR, 718, 729
—— MIS, MISS, 716, 720
—— MIST, MITE, 733,

H hhh ij

TABLE ALPHABÉTIQUE.

Mots en MITI, MITO, 652, 663, 718
—— MITR, MIX, 739

M O.

—— MOB, 722, 724
—— MOD, 651, 668, & 669
—— MOE, 669, 678, 717, & 731
—— MOIE, MOI, MOIG, MOIL, 715, 719, 730, 735
Moindre, 700
Mots en MOINE, MOIS, 695, 699, 715, 724, 734
—— MOL, 687, 679
—— MOM, MONA, 715, 723, 734, 735, & 739
Monceau, 697
—— MOND, 730
—— MONE, MONI, MONN, 734 & 694
—— MONO, 734, 735
—— MONS, MONT, 694, 695, & 697
—— MOQ, 721
—— MORA, MORC, MORD, 657, 658, 732
—— MORE, MORG, MORI MORN, 651, 657, 710, 711, 712, 732
—— MORS, 657
—— MORT, 712, 713, 730
—— MOS, 726, 736
—— MOT, 658, 664, 722, 723
—— MOUCH, 724, 725, 726
Moudre, 678
Mots en MOUE, MOUF,
—— MOUI, MOUL, 669, 670, 678, 679, 680, 683, 711
—— MOUR, MOUS, MOUSS, 712, 716, 727, 728, 740
—— MOUST, 734
Moutarde, 732
Mouton, 682
Mouture, 678
Mots en MOV, 721,
—— MOX, 718,

—— MUA, MUC, MUE, MUF, MUG, 652, 657, 722, 724, 728
—— MUI, 667
—— MUL, 680, 681, 682, 657, 678, 728, 732
—— MUN, 668
—— MUR, MUSA, 656, 659, 663, 731
—— MUSC, 723, 725
—— MUSE, MUSI, 656, 735, 736
Musqué, 725
Musquinier, 740
Mots en MUT, MY, 651, 658, 714, 722, 723, 728, 735

N.

—— NAB, NAC, NAD, NAF, NAG, 748, 758, 759, 765, 767
—— NAI, NAM, NAN, NAP, NAQ, 742, 745, 746, 748, 760, 767
—— NAR, NAS, 751, 756, 763, 768
—— NAT, 742, 745, 746
—— NAU, NAV, 747, 748, 759, 760, 761, 765

N E.

—— NE, NEA, NEB, NEC, NEF, NEGA, 742, 743, 744, 761, 766
—— NEGL, NEGO, NEI, NEN, 609. 742–744. 761
Néophyte, 399
Mots en NEP, NER, NES, NET, 744, 748. 762, 765
—— NEU, NEV, NEZ, 744, 748, 749, 750, 756

N I.

—— NI, 742, 748, 757, 760, 762, 765

N O.

—— NOB, NOC, NOE, 746, 752, 754, 759, 764
—— NOI, 747, & 765

—— NOM, NO, 743, 745, 749, 753, 754,
Nord, 768
Mots en NOT, 753, 764
—— NOU, NOV, NOY, 746, 747, 749, 750, 755, 759, 764

N U.

—— NU, NY, 744, 747, 754, 756, 757, 764, 765

O.

O, *sa valeur*, 760
Mots en OBE, OBI, OBL, OBO, OBR, OBS, 771, 777, 778, & 779
Obsidional, 973
Mots en OBSTA, OBSTI, 1015
Obstruer, 1106
Obtenir, 1062
Mots en OCCA, OCCI, OCCU, OCE, 779, 780, & 781
—— OCT, OCU, OD, OE, 771, 772, 773, 776, 781
—— OFF, 455, 484, & 780
—— OI, OL, OM, 710, 770, 773, 775, 776, 780, 782, 785, 787, 788
—— ON, 772, 775, & 782
—— OPA, OPE, OPH, OPIA, 771, 782
Opilation, 838
Mots en OPIN, 846
Oportun, 878
Opresser & *sa fam.* 887
Mots en OPT, 780, 781, & 812
Opulence, 874
Opuscule, 771
Mots en ORA, 770, 773, 774, 777
—— ORB, ORC, ORD, 781, 783, 785
—— ORE, ORF, 770, 773, 774, & 777
—— ORG, 775, 783, 786
—— ORI, ORM, 773, 774, 776
Mots en ORN, ORP, ORT,

TABLE ALPHABÉTIQUE.

773. 774. 783. 787. 788
—— Os. Osc. Oss. Ost.
Oss. Ostéo. 767. 77.
774. 784. 788
—— Osten. 1064
—— Ot. 775. 784
—— Oua. Oub. Ouf.
770. 776-778. 780
—— Ouï. Oui. Oul.
Oura. Ourd. 770. 774.
776
—— Ourl. Ours. Ours.
784. 786
—— Outr. Ouv. Ov.
Ox. Oy. 770. 771.
772. 777. 786

P.

P A.

P. sa valeur. 789
Pac. Pag. 791. 799. 819.
820
Pagne. 840
Pagode. 903
Pail. 834
Pain. Pair. 840. 849. 850.
pais. pait. 810. 819. 793.
798. 799
pal. 828-838 & 897
Pâmer. 791
Pampre. 895
Pan. 826 & 839
pana. 840. 841. 842.
panc. panea. paneg. 828.
839. 840. 874. 897
panel. paner. panes. panei.
pani. pano. pans. 839. 840.
841. 842
pant. pao. 793. 895. 897
pap. 795. 797. 897, & 903
paq. 810. 820.
par. para. 795. 850. 851.
898 & 903
parc. pare. paref. paria. 823.
848-857. 898
Paricide. 242
pari. parj. parl. paro. parp.
paq. 586. 840. 851. 853.
857 & 898
parra 795

Parsemer. 857
Parsimonie. 895
part. parv. 848. 854. 855.
857
pas. pasc. pasq. pass. 808.
809. 810. 893. 895. 898
past. pata. pate. 791. 793.
797-799. 805. 815
pati. pato. patr. patu. 796.
-799. 805. 898
pau. pav. 811. 791. 830.
831. 837. 800. 895. 897.
-899
pay. 819. 795. 796

P E.

Peage. 807
pea. 819. 834. 835
pec. 823. 869. 871. 896
ped. 806-899.
peg. pei. 822. 825. 844. 896
pel. 829. 830. 831. 835.
837. 838. & 896
pen. 840-848. 896. 843.
pep. 793. 797
perc. perd. perdr. 852. 858.
858. 1042
perdri. 793
Pere. 795
pere. peri. 852. 853. 857.
896. 898. 899
Perle. 848
Perm. voyez M.
Pernicieux. 866
Perpendiculaire. 843
Perplexité. 865
Perquisition. 814
perr. 818. 902
Pers. 850
Persécuter & sa fam. 965
Persicaire. 903
Persil. 817
Persister. 1013
perso. 961
Pertinent. 1061
pertu. 852
Perturbateur. 1102
pes. 822. 846. 847. & 897
pet. peu. 793. 794. 800.
806. 807. 816. 817. 818.
874. & 827

P H.

ph. 827. 828 & 899

P I.

pia. pic. 793. 820. 821. 895
900
pie. 801-807. 816. 821. &
828
pif. pige. 795
pign. pigo. 822. 841. 842
pil. pim. pina. 828. 831-837.
859. 841. 842. 844
pinc. 793. 825. & 857
pind. pine. ping. pino. pin.
825. 842. 844. 899
Pinte, & sa fam. 794
pio. 803. 806 & 821
pip. 793. 794
piq. 821. 822. & 859
Pirate. 900
pir. pis. 792. 802. 804. 807.
810. 859. 903
pit. 801. 803. 807. 898.
piv. 794. 821

P L.

plac. plaf. plag. plai. 860.
862. 863. 866
Plamer. 835
plan. plaq. plas. plat. 860.
861. 862. & 900
Plausible. 898
ple. 854. 866. 875. 876
pli. 863, 864
plo. 864. 867
plu. 836. 866. 867. 875

P O.

poc. pod. 807. 868. 859
poe. 803. 815. 836. 858. 900
Poids. 846
poig. poin. 823. 824. 900
poir. pois. poit. 803. 804.
822. 869. 871.
Poivre. & sa fam. 903 & 904
Poix. 822
pol. 801. 872. 873. 876
Poltron. 1075
pom. 804. 869
ponc. 804. 824. 870. 898.
904

Pant.	813. 858 849. 870	Prix.	883. 889	Pygmée.	901
Pop. Por.	792. 855. 874. 877. 8 9. 880. 802	Prisme.	901	Pyramide,	904
Portraire. & fa fam.	1097	**PRO.**		**Q.**	
Pos.	811. 812. 813 & 858			**QU.**	
Pot Pote.	807 & 870	Proh.	882 & 885		
Potion.	803	Procéder & fa fam.	891	Qua.	232. 233. 906. 912
Potiron.	904	Procès & fa fam.	244	Que.	907. 908. 911. 913. 914
Poua.	744	Procession.	ibid.	Qui Quo.	906. 907. 908. 909. 910. 911.
Pouce.	834	Proch.	886 & 891		
Poudre. & fa fam.	813. 873	Proclamer.	213	**R.**	
Pouf.	794	Prod. Prof. Prog. Proh. Proi. 500 882. 888. 891			
Poul.	801. 872. 873			**RA.**	
Poumon & fa fam.	901	Proj.	577		
Poundage.	846	Prologue.	614	Ra. Rab.	149. 920. 923. 931. 950. 951. 955.
Poup.	729	Prolonger.	631	Rac. Rad.	921. 930. 932. 937. 943. 949. 950. 951
Pour.	802. 825. 881. 894. & 902	Prom. Pron. Prop.	721. 891. 892		
Pous.	801 871. 872	Proportion.	856	Radoucir.	412
Pouffet.	742	Propo.	854	Raf.	923. 461. 476
Pout. Pouv.	858. 870. 874	Propr.	88 883	Rag.	930. 938
		Prorata.	915	Rai.	917. 920. 921. 938. 939. 940. 943. 944. 948 & 950
PRA.		Proroger.	956		
Pra.	850. 851	Proscrire & fa fam.	423		
PRE.		Prosp. Prosp.	852 & 901	Ram.	916. 938. 939. 955.
		Profit.	1014 & 1015	Ran.	918. 919. 928. 939. 940
Prea. Preb. Prec.	352. 850. 885. 860	Protecteur.	1051		
Précurseur.	334	Prot. Prou. Prox.	881. 891	Ranz. Rape.	796. 922. 923
Pred. Pref. Prel.	383. 893. 801			Rapide & fa fam.	930
		PRU.		Rapine.	922
Prem. Pren.	883. 888	Prudent & fa fam.	802	Raponcie.	950
Préocuper.	247	Prune & fa fam.	850. 851	l'approcher (fe) & fa fam.	891
Préparer.	849				
Prer. Pres.	886. 956. 9 0. 984	**PS. PT.**		Rapfodie.	954
		Ps. Pt.	902	Rapt.	922
Preferire & fa fam.	423			Rar.	948
Préféance.	972	**PU.**		Ras. Rat.	910. 927. 928. 944. 94 . 966. 1010
Préfence.	417				
Préferver.	1008	Pub. Puc.	800. 874. 875.	Rau. Rav.	918. 923. 950
Preft.	972	Pud. Pue.	800. 893 894.	Rav.	1140. 1141.
Preso.	1003	Pugilat.	501	Rayon.	943
Pret. Preff.	88 . 888.	Pui.	812. 867. 878	Rea. Reb. Reca. Rece.	220. 221. 228. 946. 951. 955
Prestance.	1014	Pul. Puna.	812. 873. 874. 893. 898		
Prestige.	1016			Rechampe.	308
Pret & fa fam.	858	Punch.	84	Réchaud.	951
Prétendre & fa fam.	1064	Punique.	904	R chi.	918
Prétexte.	1051	Purir & fa fam.	845	Reci.	213. 951
Prêtre.	501	Pupille.	800	Recl. Reco.	213. 250. 951. 952
Preu.	882. 885	Pupitre.	828		
Prev.	814	Pur. Pus. Put.	800. 871. 894 & 902	Recrire.	423
				Ref.	946
PRI.		Puy.	808	Récupérer.	228
Pria. Prie.	904	**PY.**		Rédarguer.	44
Prie. Prim. Prin. Pris. Priv.		Pypoler.	821		

TABLE ALPHABÉTIQUE. 1209

Reda. Redd. rede. Redi. Redo. 928. 952. 954.	Rétable. 1049	Roi. Roue. 917. 924. 925. 932. 934
Redresser. 947	Retentir. 1044	
Réduire. 407	Réticence. 1033	Roug. Roui. 940
Réel & sa fam. 944	Retif. 1016	Rouir. 923
Ref. 455. 464. 470. 472. 475. 552. 953	Rétine. 948	Roul. 933
	Retor. 1105	Roupie. Rubienne. 941
Rega. Rege. 945. 946. 953.	Retour & sa fam. 1101	Roupille & sa fam. 917 & 936
Régicide. 242	Retr. 1081. 1097. 1098	
Regi. Regl. Regn. Regr. Regu. Rei. 918. 938. 929. 945. 946. 953. 954	Rets. 948	Rouss. 941
	Reu. Reve. 1164. 1174. 1181	Rout. Rouv. 924. 934. 936.
	Revendiquer. 384	Roux. 941
Rej. 575. 577	Reviquer. 1176. 1174	**R U.**
Rel. 953. 954. 606. 610. 631	Rez-de-chaussée. 922	
Rem. voyez M.		Rub. 941. 949
Rema. Rem. 662. 705. 706.	Rh. 926	Ruc. Rut. Ry. 918. 924. 929. 956
Reméré. 954	**R I.**	**S.**
Remolar. 939	Ribes. 941	Sa. 962
Remo. 678. 694.	Rica. 917. 920.	Sab. 987 & 1025
Remp. 862. 876	Rich. Rico. Rid. 929. 931. 937	saca. sace. sach. 963. 937. 1008
Remu. 723. 699	Ridicule. 917	sacr. sad. saf. sag. 988. 990 & 1025
Rena. Rend. Rene. 743. 746. 954	Rien. 944	
	Riere, en arriere 954	Saigner & sa fam. 1017
Renfort. 468	Rif. Rig. Rim. 920. 927	Saillir. 968
Reni. Reno. 743. 749. 752. 755. 917	Rinceau. 938	sain. sais. 1008. 1020
	Rinocéros. 955	Saison. 991
Renseignement. 1018	Rinf. r. 928	Salamalec. 1025
Rente. 954	Riolé. 943	sale. salo. 959. 992
Rentraire. 1097 & 1098	Rip & sa fam. 923	salt. salu. 957
Reonner. 943	Ripopée. 794	Sambuque. 1026
Repa. Repe. Repi. 242. 796. 798. 845. 855. 859. 869.	Rivolte. 814	sanc. 1020
	Ripuaires. 925	sand. sane. Sang. Sani. Sans. 992. 993. 1016. 1011. 1026
Repl. 865. 876	Ris & sa fam. 917	
Répondre & sa fam. 980	Risque. 932	
Réponse. 950	Rissoler. 941	Sans-quartier. 906
Repos. 814	Rit. 948	Sant. Sati. 842. 966. 990. 1009. 1020. 1027
Repr. 882. 886. 889	Riv. 925	
Reptile. 916	Rix. 930. 937	satis. saty. sau. 966. 974
Repub. 875	**R O**	sav. 983. 984
Répudier. 894	Rob. 955	Saye. 1008
Répugnance. 900	Rob. Roc. Rod. 917. 929. 932. 935. 937	sci. sce. sch. 167. 288. 984. 1020. 1027.
Repu. 871. 872.	Rogations. 956	
Req. 907. 914	Rog. 937	Scie & sa fam. 954
Rescription. 423	Roi & sa fam. 945	scil. 994
Rese. Resi. Reso. 927. 929. 948. 954. 961. 972. 991. 1001. 1002. 1008. 1013. 1018. 1061	Roide & sa fam. 919	scol. scor. 1021. 1023. 1027
	Rol. Rom. Ronc. 924. 940. 953	Scorsonnere. 995
		Scote. 1017
Resp. Ress. 952. 981. 986. 1004. 1008. 1018	Rond. 934	Scribe. 422
	Rong. Ronq. 917	scru. 984
Rest. 1014. 1085	Roquer. 937	Scurrilité. 1023
Résulter & sa fam. 969	Roquette. 956	**S E.**
Résumer. 1003	Ros. 916. 919. 927. 929. 941	sea. 962. 971
Resurrection. 982		Sceau, Scellé. 1021
Ret. voyez T.		

Sec & sa fam.	995	souda.	1024. 1030	stud. stup.	1011, 1013
seca. secon.	964	soude. soudo.	971. 1001	**S U.**	
Secourir.	334	souf.	983 & 1030		
Secret & sa fam.	302 & 1010	souh. soui.	976. 979	sua. sub. 982. 994 & 1006	
sect secu.	964	Soul. voyez L.		Subjuguer.	581
Sécurité.	1009	Soulier.	1000	Subler.	960
sede. sedi.	971. 972	Souloir.	1030	Sublime.	981
sedi. sedu.	1010	Soum. voyez M.		Suborner.	982
seg. seig.	964. 965. 975	Soupape.	797	Subrécot.	981
sei. sel. sema.	969. 973. 974. 996. 1017. 1021	Soupçon.	827	Subreption.	923
		Soupe.	1006	Subres. voyez S.	
sem.	973. 996. 1019. 1021	Soupente.	843	Subre. voyez R.	
sen. seo.	971. 996. 1022. 1028	soupi.	962	Subside.	872
		soupl.	865	subsi. subst. 1013, 1014, 1015	
Séparer.	855	Souquenille.	983	Subterfuge.	983
sept. seq.	964. 965 & 974	Source.	981	Subtile.	1058
Serancer.	1028	Sourcil & sa fam.	262	Suc. & sa fam.	1006
sere. seref. serg. seri. serm. 989. 997. 999. 1008. 1023		Sourd. & sa fam.	1011	Succéder. & sa fam.	244
		Soudre.	981	Succin.	1006
serp.	975	Souris.	979	Succint.	982
Serrail.	1028	Sournois.	998	Succomber.	1006
serr. sert. serv. ses. seu. 962. 972. 975. 1007		Sous.	545	Succursale.	334
		Souscrire. & sa fam.	423	Sud.	1030
Séve.	1006	Souse. voyez E.		sudo. sue.	1006
Sévir, Sévere.	1021	Souss. voyez S.		suf.	982
Sevrer.	855	Soustraire. & sa fam.	1098	sug.	531.& 982
sex.	964. 974	Sout. voyez T.		Suicide.	242
S I.		Soutane.	1066	Suif.	979 & 994
Si.	963	Souvent.	1030	Suinter.	1005
Siccité.	995	Souverain. & sa fam.	981	suit. suiv.	964 & 965
Sicle.	1028			suj.	577.983
sie. sif.	960. 971. 974	**S P.**		sul. sum	1030
sig. sil.	1017. 1021			supe.	980. 981
sill. silv.	974. 977	spac. spad.	806. 815	supl. suppl.	865. 876. 878
sim. sint.	865. 1010. 1019. 1021. 1023. 1028	Spahis.	1030	suppre.	887
		Spasme.	791	Supputer & sa fam.	902
sinu. sio.	995	Spatule.	815	Supputer.	871
sip.six.	973.977.999.1023. 1029	spe.	826	supr.	980
		Sphère.	1030	Sur.	545
S O.		spi.	961	sur. sure.	1007. 1010.
sobr.	592	spl. spo.	985	Surgir.	981
sob. soc. soe. soi. 962. 977. 994. 1000. 1022. 1029.		Squelette.	1024	Surm. voyez M.	
				Surn. voyez N.	
sol. 976. 1000. 1002. 1029		**S T.**		Surp. voyez P.	
Sombre.	710			Surs. voyez S.	
somm.	978. 1002	st. sta.	1010	Surtaux.	1088
somn.	979	ste. sto.	1022. 1024	surt. susc.	981
sompt.	1003	Stigmates.	374. 1042	Suspect & sa fam.	826
son. 960. 962. 974. 979. 1022		stil.	1057	Suzerain.	981
		Stipuler.	1016	Svelte.	1022
soph.	1024. 1029	Stratagême.	1030	**S Y.**	
sor. sot.	1003. 1004. 1029	Strict.	1085		
Sou, Sol.	1001	Stric.	1074	syl. sym.	1024
Souci.	976	Strophe.	1030	Sympathie.	899
Souche.	1005	Structure.	1105	syn. sys.	1025
		Stuc.	987		T.

TABLE ALPHABÉTIQUE.

T.

T A.

Taba. tabe. tabi. tabl. 1047. 1049 & 1120
Tabo. 1037 & 1048
Tac. taf. taia. 1032.-1039. 1116
Tai. 1051.-1056
Taire. 1032
Taisson. 1118
Tal. 1052.-1056. 1116. 1118
Tamis & sa fam. 1092
Tampon. 1038
Tan. 1036.-1039. 1059. 1064.-1067 & 1116.
Taon. 1046
Tap. taq. 1037-1039 & 1050
Tara. tard. tare. 1037. 1072. -1075
Targ. tari. tarr. tars. tart. 1036. 1071. 1116. 1119
Tarte. tartu. 1096. 1099
Tas. 1088
Tat. 1036. 1042
Taudis. 1049
Taupe. 1117
Tauper. 1037
Taur. 1070
Tautte. 1117
Taux. 1088
Tavaïole. 1050
Tave. 1049
Taxe & sa fam. 1088
Taye. 1036

T E.

Téâtre, Théâtre. 1117
Tedieux. 1033
Teiller ou Tiller & sa fam. 1056
Teindre & sa fam. 1067
Telamones. 1054
Tele. teme. temo. 1115. 1117
Temp. tems. 1033. 1089
Ten. 1059.-1069. 1117
Teo, 1117
Terc. teri. 1076. 1079 & 1117
Term. 1034

Termometre, 1117
Terne & sa fam. 1078. 1079
Terr. 1034 & 1072
Ters. tert. 1070. 1079
Test. 1091. 1115. 1116
Tesurer. 1064
Tetard. 1091
Teter & sa fam. 1036
Téurgie. 1117
Texte. 1088

T H.

The, 1117. 1120
Thermo-metre. 666
Thésauriser. 1035
Tholus. 1054
Thon. 1119. 1120

T I.

Tia. tib. 1116. 1117
Tic. tie. tif. 1039. 1079. 1090-1094
Tige & sa fam. 1116
Til. 1052
Tim. 1117
Timb. 1043
Timi. timo. 1064. 1093
Timp. tin. 1043. 1065
Tiphon. 1120
Tiquet. 1040
Tir. 1094
Tirses, Thyrses. 1120
Tisanne. 1117
Tin. tit. 1089-1093
Tithymale. 1117

T O.

Toc. 1039
Toi. tol. 1051 1064
Tomb. 1044
Tombac. 1110
Tome. 1059
Ton. 1044-1046. 1059. 1065
Top. 1117. 1119
Toque. 1051
Toquer. 1039
Torc. tord. torq. 1103. 1104
Torrent. 1070
Tors. tort. tot. 1103. 1108
Toucher & sa fam. 1040
Toud.-toust. 1036. 1098. 1100-1102. 1107

Toux & sa fam. 1045

T R.

Trab. trac. 1109
Trad. traf. 1083
Trag. 1117
Trah. trai. 1083. 1095-1097
Trang. 1074
Tranquille. 320
Trans & ses dérivés. 1087. 1088
Transcrire. 424
Transl. voyez L.
Tranm. voyez M.
Transp. voyez P.
Trap. 1111
Traq. 1045
Trav. 1042. 1082-1084. 1110
Treb. 1084
Tref. treg. 1079. 1110
Trei. trel. 1078 & 1086
Tréma. 1118
Trembler & sa fam. 1045
Treme. tremi. tremo. tremp. 1084-1090
Tren. trep. tres. 1073. 1078. 1084
Trésor, & sa fam. 1035, 1036
Tress. tret. trev. 1076. 1079. 1084
Tria. trib. 1074. 1080
Tricher, & sa fam. 1112
Trico. trin. 1109. 1112. 1045. 1081. 1097
Trinquer & sa fam. 1042. 1081
Trio. trip. tris. 1080-1086. 1111. 1114
Triturer. 1074
Triu. triv. 1082 & 1118
Troc, & sa fam. 1107
Troc. trog. troi. 1071. 1077
Troler, trauler. 1109
Trompe & sa F. 1046 & 1111
Tron. trop. 1072. 1077
Trop. trot. 1108. 1118
Trou. 1073. 1077. 1101. 1112
Truage, 1077
Trua. trub. truc. 1102. 1111. 1113
Trudon. Trudaine. 1046
Truelle. 1074
Truse. 1099

Dict. Etym.

Iiii

TABLE ALPHABÉTIQUE.

Truf. trui. trum. 1108. 1119. 1073
Tu, toi, te, 1046
Tub. tue. tuf. 1098. 1114
Tuille & sa fam. 1051
Tulipe. 1519
Tum. 1046
Tunique. 1066
Tuq. 1051
Turb. turc. 1102. 1104. 1119.
Turlut. 1037
Turp. turq. ty. 1105. 1115. 1120. 1045-1047

U.

U. sa valeur. 1121
ul. un. ur. us. ut. 1158. 1170. 1174. 1131.

VA.

vac. vad. vag. 1123. 1125. 1130
vai. val. 1132. 1140. 1146. 1162. 1172
van. vap. vaq. var. 1124. 1130. 1132. 1144. 1147
vas. 1162-1164
Vaudeville. 1142
Vautour. 1180

Vautrer. 1160
Vavasseur & sa fam. 1164
Warenne, Garene. 1146

VE.

Veau. 1124
Vedette. 1151
Veer, 1130
veg. vel. 1124. 1128. 1141. 1151. 1161. 1165. 1173
vena. vend. venn. 1125. 1129. 1144. 1165-1168. 1174
vent. venu. 1124. 1129. 1165. 1169
ver. ves. vet. venu. 1124. 1129. 1165. 1169
ver. ver. ves. vet. veu. 1145-1162. 1169. 1176. 1178

VI.

via. vib. vig. 1128. 1147. 1151. 1157. 1161. 1167. 1171. 1176. 1178
vil. vin. vio. 1143. 1153. 1167. 1173. 1177
Vipère & sa fam. 1132. 1133
vir. vis. vita. 1147-1153. 1171-1178

Vite & sa fam. 1137
vitr. 1153
Vitupérer. 1019
viv. 1171
Vizir. 1182

C.

voc. voa. vog. 1131. 1137
voi. vol. 1128. 1138. 1141. 1151. 1159. 1164. 1176. 1179
vom. voq. 1135-1139
vot. vou. 1137. 1155-1175. 1179
voy. 1128. 1138

VR.

vra. 1162
Vrille. 1154

VU.

Vuc. 1151
vui. vulg. 1160. 1176
Vulnéraire & sa fam. 1181

Y.

Y, sa valeur. 1185
Yeuse. ibid.

Z.

Z, sa valeur. 1183

Fin de la Table Alphabétique.

# MOTS RADICAUX
DE
LA LANGUE FRANÇOISE,
ET LEURS PRINCIPAUX DÉRIVÉS.

I.
Mots formés par les VOYELLES.

A

A, HA, sa valeur, 1.	52.
Havage.	19
Habile.	21
Habiter.	22
Prohiber.	89
AD.	29
AB, Aboyer.	3
AC, HAG, SAG.	
1°. Aigu, pointu.	4
2°. Piquant.	Ibid
3°. Acide, &c.	Ibid
Hache.	541
SAC, couteau.	963 à 965
SACRE, oiseau,	988
Souche.	1005
ACH. AG. AIC.	
1°. Pays.	8
2°. Champ.	51. 53
Pelerin.	858
Aise.	8
Hagard.	554
Hoche & s. f.	559
Hoquet, &c.	560
Laie.	595
AG. 1°. Exclamation.	6
2°. Agir.	26
D'où, prodigue.	891
AIR.	54
AN, HEN, cercle.	38
Année.	ibid.
Anneau.	ibid.
HEN, SEN, vieux.	975
AMS, TEMS.	1033
Tempête.	Ibid
ANC, ENC.	
Etroit. 2°. aigu.	13
	57. 58
Hanche.	556
Anche.	13
ANT, contre, avant.	
1°. Ains.	33
Antienne.	59
2°. Ancien.	39
Avant.	40
AP, AF. lié.	
Aptitude.	41
Inepte.	Ibid

E, HÉ.

E, sa valeur.	415
Etre & sa fam.	417
JE	579
Vie & sa fam.	1171
Vigueur, &c.	1172
Victime.	Ibid
Végétation.	1173
Visqueux.	1173
Venger.	1174
Un & sa fam.	Ibid
Vous.	1175
Vicissitude.	Ibid
Vice.	1176
Voisin.	Ibid
Biguer.	
Fois.	
Violette.	1178
Ricoque.	202
ED, OED, Tems.	
Age.	29
Loisir.	596
Oisif.	782
Mousson.	740
Vetusté & sa fam.	1157
Usage & sa fam.	1. 58
Usurper.	Ibid
ESH, Feu.	424
Fête.	458
Usine.	1170
Vestale.	458
Vêtir.	Ibid
Hâter.	558
Hase.	Ibid
Jaquette & sa fam.	579.

H

Onomatopées.

Ha, he.	540
Hem, &c.	541
Haper.	Ibid
Hargneux, &c.	542
Hinguer.	541
Hue, hutin.	543
Mutin.	651
Hulotte, hune.	543
AHAN.	7
Animé, &c.	36

Iiii ij

TABLE

AVÉ, chwa. 52
  Suave. 1006
  Souhait. 555· 979
Agapes. 53
Api. 72

HAD, AID, ID, HAND, main.

AIDE 67
  Hampe. 556
  Hanap, &c. ibid.
  Gands 495
VISage 1150
  Visite, & sa f. 1151
  Vedette &c. ibid.
  Envie. 1152
  Verre & s. f. ibid.

H, devenu S.

HAD, SAD, champ.
Satiété. 956
Satyre. 967
Saison. 991
Obséder. 779
HE, Semi. 973
Six. ibid.
Sept. 974
HIL, sillon. 977
HOU, souris. 979
HU, suif. ibid.
  Souillier. ibid.
HUN, sommeil. 544 978

HUP, SUP.

Supérieur. 980
Sur. ibid.
Sous. 545
Hupes. 544
Houpe, &c. ibid.
Jupe. 575
Jubé. 576
Jussant, &c. 582
Exubérance. 1180

HUIS.

Ussir. 1181
Réussir. ibid.

I.

I. Prononcé EI, AI.

Voyez HAD, AID, main.
Idée. 578

Idole, &c. ibid.

O

O ajoûté. 771
  Sa valeur. 769
  ce qui est ROND ibid.
    d'où
ŒIL 776
Œuf. ibid.
Ovale. 777
Luette. 597
OS, Ore en Latin
  bouche, d'où
Orateur. 777
Oracle, &c. ibid.
OB, devant. ibid.
Optique, &c. 780
Orbite, &c. 781
Oc pour Ac. 772

OC, AUG.

Grand. 48, 50
Ocean. 781
Hogue 543
Hucher ibid.
Octroi. 773
Joug. 581
Joindre, &c. 582
Société. 999

OD, HOD, HED, élevé

Hedera, d'où
  lierre. 596
Ode. 781
Odeur. ibid.
Odieux. ibid.

ON, HON, élevé.

Honneur. 547
Honnir. 548
Onéreux. 782
Honête 547
Or, épais
Opaque, &c. 782
Os, fort.
  Os, osseux, 784

OU, AU, A

Ouie, 2°. bruit.
Ouie. 774
Oui. ibid.
Outarde. ibid.
  Ecouter. ibid.
Oreille. ibid·
Ouais. 770
Ouf,
Ouailles,
Oule. } ibid.
Oye.

Ouir 48
  Audience; ibid
Asne 71
Hui, ce 561
Lui. 597

U, EU, AV, HU, Eau, d'où

Humeur. ibid.
Humer 545
Humide. ibid.
Hyver. ibid.
Hydre. ibid.
Humi, (Lat.), la Terre
  d'où, inhumé. ibid.
Humanité. 546
Humilité. ibid.
Homme, 453
Femme. ibid
On 775

HU, SU.

Suc. 1006
Suer.
Suinter.
Soupe, &c. } ibid.
Essuyer, &c.
EVE, Ebe. 418
AU, Eau 417
Aiguade. 30
Outre,
Loure. 596
Ulcère. 1181
Vulnéraire, &c. ibid.

U, O.

Mots venus du Latin, par le
changement d'U en O 775
    ——— 776

OU, non.

Ouest. 776
Oligarchie. ibid.

U R.

Urbanité. 1182
Urbec. ibid.
  Combustion ibid.
Urine. ibid.
Uvée. ibid.

HU, HOU,

  cacher.
Huter.

DES MOTS RADICAUX.

Hôtel, &c.	ibid.	Huche, &c.	ibid.	Camisade.	ibid.
Host.	562	Hul.	563	Hameau.	276
Ost.	775	Huitre.	564	Chamarer.	ibid.
Hôpital, &c.	562				
Housse.	562	HAM-CAM, couvert.		Voyez H devenu S.	
Housseaux	ibid.	Chemise.	275		

II.

VOYELLES devenues CONSONNES.

J

		Vaisselle.	1163	Vizir.	1182
		Basque.	ibid.		
Japer.	579	Vague, & sa fam.	1130	Vol, pour Bol, boule.	
Jaillir.	576	Van.	1131		
Jaloux.	ibid.	Vapeur.	ibid.	Volte.	1159
Jet.	577	Violon.	1133	Volume.	ibid.
Jetton, &c.	575	Vite.	1137	Volute.	1160
Jactance.	ibid.	Vœu.	ibid.	Voute, &c.	ibid.
Objection	778	Voix.	1138	Svelte.	1022
Jeune.	580	Vomir.	1139		
Jonc.	ibid.			VER, pour GER, cercle.	
Joli.	575	W A C.			
Bijou.	163	Bivouac.	163	Virer.	1153
Œit.	778	Guetter.	497	Aviron.	1154
		Veiller, &c. ibid.	1161	Vers.	ibid.
Dérivés de IU		V A L.		Avertir.	1155
Prononcé JU.		Voile.	1164	Verser.	1156
		Envelope, &c.	ibid.	Versifier.	1157
Jus.	583	V A L.			
Juste	ibid.			VER pour HER Terre.	
Juger.	584	Volonté	1179	Ver.	1149
Préjugé.	890	Bill.	164	Vermoulu.	1150
Adjuger, &c.	586	Billet	ibid.	Vermeil.	ibid.
Jurer, &c.	ibid.	Volteface.	506		
Parjurer.	857	Gauche.	ibid.	W changé en G.	
V.		V A S.		Gage, &c.	494
Onomatopées.		Vase, limon.	1163	Garder & sa fam.	498
		Vassal.	1164	Angar.	14
Vache.	1123	V E T.		Boulevard.	187
Veau.	1124			Gareau.	495
Vent.	ibid.	Vetille.	1170	Garrot, &c.	496
Va. & sa fam.	1124-1128	Vétérinaire	ibid.	Guerdon, &c.	497
Vice.	1129	Biguer.	202	Gui, &c.	498
Vaimba, d'or		Vuider.	1176	Garnir.	499
Brimbaler.	194	Ville, &c.	1177	Guiller.	529
Vals.	1162	Vingt.	ibid		

III.

TOUCHE LABIALE

1. Touche foible.

B.
Onomatopées.

BA, Source de tous ces mots.

Babil.	77
Bambin.	78
Bachelier.	79
Un page.	79
Bagatelles.	80
bave, &c.	81
Begayer.	82
Bec, & sa fam.	82
Bouche	83
Arquebuse	17
Boufer.	85
Bac, vase	ibid.
—— rond.	87
—— Chaînes.	90
Bailler.	91

Autres Onomatopées.

Béler.	150
Biche, & sa fam.	161
Bœuf, & sa fam.	171
Bois, & sa fam.	172-174
—— Ebauche	418
Bombe.	174
Bouder.	186
Bourdon.	188
Brailler, & sa fam.	193

BAS, non élevé.

Bas, & sa fam.	149
Basse-cour.	150
Spasme, &c.	791

BAST, Porter.

Bât & sa fam.	151
Bâton, & sa fam.	152
Bâtir.	154

2°. *Profondeur, cavité.*

Bateau.	154

Patache	791
Bedaine	155
Bouteille,	ibid.
Bosse.	156
Butte, &c.	157
Bouter.	158

BED, rouge.

Mots qui en viennent.	181

BE, bon.

Beat.	166
Bien.	167
Bon.	168

BEO, vivre.

Bête.	199
Bétail.	200
Abeille.	3
Amphibie.	55
Ha-biter.	22

BER, BRE, court.

Breve.	168
Bref, &c.	169
Bi, deux.	197
Bis, noir.	164

BO, Bur, Eau.

Buée.	170
Boue.	ibid.
Boire.	ibid.
Abreuvoir.	171
Brou.	ibid.
Yvre.	592
Sobre.	ibid.
Brouet.	(omis)

BO, BOG, demeure.

Bouge.	186
Embaucher.	ibid.

Bouger.	187

BOR, BUR, *envelope, demeure.*

Buron, &c.	183
Bure, &c.	184
Bourre.	185
Bourasque.	ibid.
Embromché.	186
Bourse, &c.	206

BOR, BRO *pointe, vivacité, feu.*

Broche,	177
Burin.	ibid.
Burlesque.	178
Bourde.	ibid.
Brusque, &c.	ibid.
Bruiere.	179
Porc.	ibid.
Brocanteur.	180
Brac, &c.	181

BRA, BRO. *Briser, piquer.*

Brêche.	189
Brequin.	190
Broyer, &c.	ibid.
Briser, &c.	191
Broder.	192
Prier.	904

BRÉ, limon.

Bray.	192
Bran, &c.	193

BUG, spug.

Eponge.	986
Spongieux.	ibid.

BUS, blanc.

Albastre.	63

DES MOTS RADICAUX.

II.

TOUCHE LABIALE FORTE.

Sa valeur. 789

Onomatopées

Panteler, &c.	793
Pétiller, &c.	794
Pi, boire, tuyau, &c.	795
Pis, Mammelle,	802
—— Pieux, &c.	803

Dictionnaire de l'Enfance.

PA.

Papa, &c.	795
Patrie, &c.	796
Patois, &c.	797
Apas, &c.	798
Paîtrir.	799
Poupée, &c.	ibid.
Puéril, &c.	800
Peu, &c.	ibid.
Pite, &c.	801
Polichinelle.	ibid.
Poule, &c.	802
Poêle, &c.	803
Boulanger.	204
Pois, &c.	804

2°. Pied.

Onomatopée.

Pate, &c.	805
Patiner, &c.	806
Pied, &c.	ibid.
Pétulent, &c.	807
Piafer.	808
De-Pêcher, &c.	ibid.
Propice.	891
Pas, &c.	809
Compas, &c.	810
Pause, &c.	811
Postérieur, &c.	812
Postuler, &c.	813
Propos, &c.	814
Patene,	815
Espace, &c.	ibid.
Bidet,	162
Bise,	ibid.

S. Fiacre.	459
Gué.	496

3°. Manger.

Pain, &c.	840
Apanage,	841
Panique, &c.	ibid.

4°. Pierre, Base.

Pierre,	816
Pétrifier, &c.	ibid.
Persil, &c.	817
Perroquet.	ibid.

5°. Priere.

Pétition.	818
Apétit, &c.	ibid.
Opter,	ibid.

PAC, PEC, FIC.

1°. Pointu, Stable, formé de Q, Pointe.

Pacte, &c.	819
Payer, &c.	ibid.
Paix, &c.	820
Propager.	892
Pic.	820
Piquet, &c.	821
Pioche, &c.	ibid.
Pique,	822
Poix,	ibid.
Paresse, &c.	823
Péché, &c.	ibid.
Pointe, &c.	824
Embonpoint.	825
Peindre, &c.	ibid.

2°. Vue.

Aspect, &c.	826
Spécieux, &c.	827
Auspice.	49
Fasciner.	826
Face.	ibid.
Evêque, &c.	434
Prospère.	892
Spéculation.	985

2°. Fixe.

Ficher.	459
Fixe.	460

PAN, Tête.

Pignon, &c.	841
Sapin, &c.	842

Panache, &c.	ibid.
Pendant, &c.	843
Penne, &c.	ibid.
Epine, &c.	844

2°. Piquant.

Peine.	ibid.
Punir.	845

3°. Réfléchir.

Pensé.	ibid.
Opinion.	846

4°. Poids.

Poids.	846
Peser, &c.	ibid.
Pancher,	847
Pente.	848

PLA.

Onomatopées.

Plaie.	866
Apopléxie.	60
Plagiaire.	866
Plainte, &c.	ibid.
Implorer, &c.	ibid.
Pluie, &c.	ibid.

PO, vaste, haut.

Potentat, &c.	867
Possible, &c.	868
Puits.	ibid.
Pontife, &c.	ibid.
Poche.	869
Poitrine,	ibid.
Pompe, &c.	ibid.
Pont.	ibid.
Pot.	870
Potager, &c.	ibid.
Poutre,	ibid.

2°. Élaguer.

Amputer.	871
Députer, &c.	ibid.
Compte, &c.	ibid.
Disputer, &c.	ibid.

POR, face, entrée.

Pore.	872
Port, &c.	ibid.
Porc.	ibid.
Porcelaine, &c.	880

Porche, &c.	ibid.	**FOL.**		2°. Manger, Arbre.	
Pour.	881	Fol, &c.	466	Fau.	442
Prote.	ibid.			Fagot.	ibid.
Proue.	ibid.	**FO. FON.**		Féve.	443
Profil.	882			Faveur, &c.	ibid.
Preuve, &c.	ibid.	Fontaine.	466	Enfant, &c.	ibid.
Propriété.	883	Fondre.	ibid.	Infanterie.	ibid.
Premier, &c.	ibid.	Fusion.	467	Famille.	444
Prince, &c.	884	Foison.	ibid.	Fade, &c.	ibid.
Privé, &c.	ibid.	Diffus, &c.	ibid.		
Privilége.	885	Fuseau, &c.	ibid.	3°. Nourrir.	
Prouesse, &c.	ibid.	Foin.	450		
Prix, &c.	ibid.	Fange.	ibid.	Fourage, &c.	445
Interprête.	886			Fief, &c.	ibid.
Près.	ibid.			Fonds, &c.	ibid.
Pressoir.	887	**FR.**		Fouir, &c.	446
Opressé.	ibid.			Faim, &c.	447
Empreinte.	ibid.	Fracas, &c.	472	Feu, &c.	ibid.
Prêt.	888	Fragile, &c.	473	Fusil, &c.	ibid.
Proie, &c.	ibid.	Frange.	ibid.		
Pris, &c.	ibid.	Frapper.	ibid.	4°. Forme.	
Aprendre, &c.	889	Frivole, &c.	ibid.		
Prudent.	892	Frayeur, &c.	474	Face.	481
		Fripper, &c.	ibid.	Superficie, &c.	ibid.
PU.		Frire, &c.	475	Figure, &c.	ibid.
		Froid, &c.	ibid.	Fais, &c.	481
1. Puer, &c.	893	Frilleux,	476	Façon, &c.	ibid.
Pus, &c.	894	Fresque, &c.	ibid.	Faction.	482
Pourrir, &c.	ibid.	Friser.	ibid.	Fabrique, &c.	ibid.
2°. Pudeur, &c.	894	Frisson.	477	Affaire, &c.	483
Répudier, &c.	ibid.	Balafre,	197	Office, &c.	ibid.
				Parfait.	857
F.		**Fisch, Sifler.**			
Sa valeur.	439	Bisse, Couleuvre.	165	**FA, FE, PE, SPE**	
Onomatopées.		**FU.**		Face, Vue.	
Fi.	459	Fut.	479		
Fumier, &c.	ibid.	Fuir, &c.	480	Saveur.	990
		Fumée, &c.	ibid.	Sage.	ibid.
FL.		Parfum, &c.	ibid.	Insipide.	991
		Funeste.	ibid.	Epier.	987
Flaque.	462			Espérance, &c.	ibid.
Flatter.	ibid.	**FA, bouche.**			
Flute.	463			**FA, devenu FAN, FEN,**	
Flancs.	ibid.	1°. Parler.		**lumineux.**	
Fleur, &c.	ibid.				
Flot, &c.	464	Fable, &c.	440	Fanal.	450. 827
Fleau, &c.	ibid.	Affable, &c.	ibid.	Gonfalonier.	450
Fléchir, &c.	ibid.	Famé, &c.	441	Phénomene.	450. 828
Réflexion.	ibid.	Confesser.	ibid.	Fenêtre.	451
Flêche, &c.	ibid.	Fatal.	ibid.	Fantaisie, &c.	ibid.
Flasque.	465	Fée.	ibid.	Fanfare, &c.	ibid.
Flâme,	ibid.	Fasciner.	442	Phénix.	828
Affliger, &c.	ibid.	Fifre.	ibid.	Pane.	ibid.
				S'épanouir.	

DES MOTS RADICAUX.

S'épanouir.	ibid.	Maman, &c.	654			
Fanatique.	485			MAG, Grand.		
Profane.	891	2°. Manger.				
2°. Brillant.				Magistrat, &c.	670	
Fin.	461	Mâchoire.	654	Magie, &c.	671	
Finesse, &c.	ibid.	Mâcher.	655	Magnats, &c.	672	
Finir.	ibid.	Madré, &c.	ibid.	Majesté, &c.	ibid.	
Affiner, &c.	ibid.	Menton.	656	Majeur, &c.	ibid.	
Finance.	462	Museau, &c.	ibid.	Mage, (Juge)	673	
Afin, &c.	ibid.	Amuser.	657	Maxime, &c.	ibid.	
Défini, &c.	ibid.	Mufle, &c.	ibid.	Machine.	674	
		Mourre, &c.	ibid.	Maillé, &c.	675	
3°. Rencontre.		Morceau, &c.	658	Miche, &c.	ibid.	
				Maigre, &c.	676	
Défense.	838	3°. Mot.		Masculin.	713	
Offense.	780. 838	Mot.	658	Malard, &c.	ibid.	
FAS.		Mythologie.	ibid.	Mazette.	714	
		Marmoter, &c.	659			
Haut.				MAR.		
		4°. Demeure.		1°. Grand.		
Faste, &c.	451	Manoir, &c.	659	Emir.	707	
Faîte, &c.	452	Masson, &c.	660	Amiral.	ibid.	
Faix, &c.	ibid.	Ménage, &c.	ibid.	Empereur.	ibid.	
Fust, &c.	480	Mémoire, &c.	661	Empire.	592	
Futaille, &c.	481	Mention.	662	Impérieux.	593	
Fustiger.	ibid.	Amnistie.	55	Maire.	701	
Futé.	482			Mérite, &c.	ibid.	
Réfuter.	ibid.	MAD, MED, MOD.		Mari.	702	
FRÉ, Prix, Valeur.		1°. Lieu qui nourrit.		Chari-vari.	309	
				Marteau, &c.	702	
Frais.	477	Maturité.	662	Marc.	ibid.	
Défrayer.	ibid.	2°. Elevé.		2°. Mer.		
Fret, &c.	ibid.			Mer.	703	
Franc.	478	Mote.	664	Marais, &c.	ibid.	
Franchise, &c.	ibid.	Matiere, &c.	ibid.	Immersion.	ibid.	
M.		Masse, &c.	665	Marcote.	ibid.	
		Mât, &c.	ibid.	Amer, &c.	ibid.	
M, sa valeur.	649	3°. Mesure, Science.		3°. Cheval.		
Onomatopées.		Mathématiques.	665	Maréchal.	704	
1. Meugler.	652	Mètre, &c.	666	Garagnon, &c.	ibid.	
2. Mugir.	ibid.	Mesure, &c.	ibid.	4°. Signe.		
3. Miauler.	ibid.	Dimension.	667			
4. Muses.	735	Métier, &c.	ibid.	Marque.	704	
Musette.	ibid.	Méditer.	668	Marqueté.	705	
Musique.	ibid.			Mercure, &c.	ibid.	
MA.		4°. Regle.		Marche.	704	
Mere, Nourrice.		Mode, &c.	668	Démarche.	ibid.	
		Modestie, &c.	669	5°. Marchandises.		
Mere.	652	Moule.	ibid.	Marc.	705	
Maratre, &c.	653	Mouleur.	670	Marchand, &c.	ibid.	

Dict. Etym.   K kkk

Mercenaire.	706.	ME, opposé à MA.		2°. Eau.	
6°. Borne.					
Marche.	707	Méchant.	715	Moiteur.	724
Marge, &c.	ibid.	Mépris.	ibid.	Moisi.	ibid.
7°. Forêt.		Misere, &c.	716	Mouette.	ibid.
Maronner.	707	METH, milieu.		3°. Mucosité.	
Mairin.	708				
Marane, &c.	ibid.	Médiat.	717	Mucosité.	ibid.
		Médiocre, &c.	ibid.	Moucher.	ibid.
8°. Petit.		Moëlle, &c.	ibid.	Mêche.	725
Merme.	709	Méridien,	718	Moucheron.	ibid.
Marmot.	ibid.	Mili, &c.	ibid.	Moqueur.	725
Marionnette, &c.	ibid.	De-mi.	ibid.	Se moquer.	ibid.
		Mitoyen, &c.	ibid.		
9°. Noir.		Moyen, &c.	719	4°. Odeur.	
Ombre.	710				
Sombre.	ibid.	METS, MIS.		Musc.	725
Maure.	711	Mets.	719	Muscat, &c.	ibid.
Morelle, &c.	ibid.	Mettre, &c.	ibid.	Muguet.	ibid.
Meure, &c.	ibid.	Mise.	720		
Marte.	ibid.	Mission, &c.	ibid.	5°. Insecte.	
		Intermede.	721		
10°. Triste, obscur.		Omettre.	780	Mouche.	726
Marri	711	Guillemets.	530	Mousquet, &c.	ibid.
Morne.	ibid.			Mosquites.	ibid.
Borgne, &c.	176	MI, Eau.			
		Miroir.	729	MOR, Frein.	
11°. Mort.		Merveille, &c.	730		
Mort.	712	Admirer.	ibid.	Mur, &c.	731
Mourir, &c.	ibid.			Mœurs.	ibid.
Meurtrier, &c.	173	MO, Mû.		Morale, &c.	732
				Demeure.	731
MAT, BAT.		Mouvement.	721		
Battre, tuer.		Motion, &c.	722	MOT, petit.	
Matras.	714	Mutuel, &c.	ibid.		
Mater, &c.	ibid.	Remuer, &c.	723	Mousse.	727
Mat, &c.	ibid.	Mu cle, &c.	ibid.		
Mutilé.	ibid.	Prompt.	892	MO, Cacher.	
Moisson.	715	Moment.	723		
		Motif, &c.	ibid.	Musser.	728
ME.		Emeute.	ibid.	Mystère, &c.	ibid.
Moi, & sa fam.	715	Mobilier, &c.	724	Aumusse.	18

IV.

TOUCHE GUTTURALE.

C.		2°. Cane.	278	4. Caquet.	287
Onomatopées.		Canard.	ibid.	5°. Chut.	312
		3°. Cac, Puant.	244	6°. Coq, &c.	317
1°. CAN, Chien.	283	Cochon.	317	Cochevis.	318

DES MOTS RADICAUX.

Cocarde.	ibid.	Capiteux.	225	Catafalque.	320
7°. Colombe.	322	Conçu.	226	Echaffaut.	ibid.
8°. Cracher.	337	Dupe, &c.	ibid.	Gaudine.	499
9°. Crac.	ibid.	Occuper.	227		
Crouler, &c.	338	Prince.	228	2°. Elevé.	
10°. Cigale	354	Echapper.	ibid.	Joue, Celt. GOD.	574
		Précepte.	390		
C, sa valeur.	210	Percevoir, &c.	857	CAL, CEL, CLA.	
		Choyer.	354	1°. Cacher.	
C Démonstratif.		Cauteleux.	352		
Ça.	210	Escamoter.	436	Celer.	248
Ci.	211	Gaban.	498	Cellule, &c.	249
Cité, &c.	212	Gabion, &c.	ibid.	Apocalypse.	59
Citer.	213	Gobelet, &c.	ibid.	Clos,	250
Récit, &c.	ibid.	Goufre.	519	Clou, &c.	ibid.
Gaze.	536	Gavion.	500	Cheville.	251
		Jabot.	572	Clepsydre, &c.	ibid.
CAB, CAP, CEP, CIP, GAB, &c.		Javelot, &c.	573	Caillette.	252
				Calomnie.	351
Capacité.		CACH, CAD, COD, GOD.		Esclave.	425
				Occulte.	779
Cabane.	214	Serrer, Encaisser.		Perclus, &c.	857
Cabinet, &c.	ibid.			Eclipse.	433
Cappe, &c.	ibid.	Cache.	229	Coucher.	335
Chappe.	215	Cachot, &c.	ibid.	Coste.	336
Capparaçon, &c.	216	Caque.	ibid.		
Coffre.	369. 370	Chaire, &c.	230	2°. Vase qui cache.	
Chapelle.	216	Ecu.	431. 984	Chaland.	253
Cabas.	217	Cadenas.	230	Chaloupe.	ibid.
Choppine, &c.	ibid.	Godet.	516	Calice, &c.	ibid.
Cuvette, &c.	ibid.	Quatre.	231	Jauge.	574
Esquif.	432	Quartier.	906		
		Cadre.	232	3°. Tête, Rond, dur.	
Tête.		Carême, &c.	ibid.		
Cap.	217	Carré, &c.	233	Calote.	254
Caboche.	ibid.	Carrillon, &c.	ibid.	Salade, &c.	ibid.
Caprice.	218			Chauve, &c.	ibid.
Echevin, &c.	ibid.	CA, CAS.		Calville.	255
Capital, &c.	ibid.	Maison, protection.		Cal.	256
Ciboule, &c.	219			Caillou, &c.	ibid.
Chapitre.	ibid.	Case.	233	Cailler.	ibid.
Chapiteau, &c.	220	Caisse, &c.	234	Ecueil.	1018
		Casaque.	235	Calciner.	258
S'élever.		Gousse.	538	Chaussée.	ibid.
Cabrer.	221	Château.	235	Chausse.	257
Chevre.	ibid.	Châtaigne.	236	Calquer.	ibid.
Cavalier.	222	Castor, &c.	237	Gale, &c.	499
Capable.	ibid.	Caste.	238	Galoche.	ibid.
Cave, &c.	223	Classe.	ibid.		
Scabreux.	984	Jatte.	574	4°. Bois.	
				Cal.	258
Prendre.		CAD, CAUD, COD.		Châlit, &c.	ibid.
Captif.	223	1°. Bois.			
Capture.	ibid.	Cotteret.	318	5°. Tige.	
Cadet.	224	Code.	319	Jalons.	573
Gibier.	ibid.	Ecot, &c.	ibid.	Chalumeau.	259

K kkk iij

TABLE

Chaume.	ibid.	Canon, &c.	280	Châtiment.	ibid.
Col, &c.	ibid.	Chenevis, &c.	ibid.	Castille.	307
Colifichets.	260	Chancelerie.	ibid.		
Colosse, &c.	ibid.	Scander, &c.	984	CAT, rusé.	
Chou, &c.	ibid.	Sein.	996	Chat.	307
		Sinuosité.	ibid.	Chat-huant, &c.	308

6°. Tour, Vitesse.

		Ceinture.	353	CAUN, Rocher.	
Cylindre.	262	Jantes.	573		
Cil, &c.	ibid.			Aconit.	6
Calandre.	ibid.	2°. Chant.		CAUS.	
Célérité.	261	Chant, &c.	281	Cause.	351
Couler, &c.	260	Con-cert.	282	Causer.	ibid.
Galop.	261	Encan, &c.	ibid.		
		Précenteur.	890	CHIC, Petit.	

7°. Chaleur.

				Chiquet, &c.	312
		3°. Blanc.		Chicane, &c.	ibid.
Chaleur, &c.	264	Candeur.	284	Dechiqueter.	ibid.
Chaudeau, &c.	265	Chandele, &c.	ibid.		
Chaloir.	ibid.	Cendres, &c.	285	CHOE, Beau.	
Gelée.	ibid. 499	Encens.	ibid.		
Engelure.	499			Choix.	312
Squelette.	1024	CAR,			

CAM, CHAM, COM.

1°. Cher.

CHOM, Repos.

Courbure.

		Cher.	292	Chomer.	312
Cambrer.	271	Caresse, &c.	ibid.		
Camus, &c.	ibid.	Charité.	ibid.	CIR, Petit.	
Chamfrain.	272	Précaire.	890		
Chameau.	ibid. 366	Gré	522	Ciron.	313
Camail.	272	grace, &c.	523		
Chambre, &c.	273			CLA, pour CAL.	
Camarade.	ibid.	2°. Soin, vue.			
Cheminée.	274	Cure, &c.	293	Cri.	
Cymbale.	ibid.	Curieux.	360	Clameur.	313
Jambe.	274 573	Augure	48	Déclamer.	314
Gambade, &c.	573	Inauguration	589	Chamaillis.	ibid.
Gamaches.	ibid. 499	Obscur.	779	Clabauder, &c.	369
Combe.	274			Glapir.	514
Succomber.	ibid.	3°. Chair; rouge.			
Combler, &c.	275			2°. Bruit.	
Gomeines.	537	Chair.	294	Claque.	314
		Carnation.	ibid.	Cliquet.	ibid.
2°. Main courbée.		Acharné, &c.	ibid.	Cloche, &c.	ibid.
Cap.	276	Carnaval.	295		
Camp.	ibid	Cartilage, &c.	ibid.	CLAR	
Campagne, &c.	277	Carmin, &c.	ibid.		
Camayeu.	278	Garance.	499	Lumiere.	
Change, &c.	308	Carote, &c.	296	Clarté.	315
		Cruel.	ibid.	Clarifier, &c.	ibid.
CAN.		Charbon, &c.	297	Eclair.	ibid.
				Glaire.	514
Tige creuse, Onomatopée.		4°. Tête.			
		Cerveau.	289	CLIN	
Canne.	278	Chere.	ibid.		
Cantine.	ibid.			Pente.	
Canal, &c.	279	C AST.			
		Chaste.	306	Clin.	316

DES MOTS RADICAUX.

Cligner, &c. ibid.	Grave, &c. ibid.	**G**
COC, COQ	Gril.	
Envelope.	Scrupule. 984	G. Sa valeur. 49
Coque. 316	3°. *Elevé.*	ONOMATOPÉES. 3
Coquille. ibid.	Cret. 339	1. Ga, Gau, Gar, rire. 502
Coche, &c. 317	Crete, &c. ibid.	Gaber. ibid.
COM.	Croissant, &c. 340	Gai. 503
Comte. 322	Cran. ibid.	Gavote, &c. ibid.
Comité, &c. 323	Croix. ibid.	Goguette. 516
Conte. ibid.	Crin. 341	Goguenard. 517
Raconter. 324	Croire, &c. 342	Ganelon, &c. 502
COR	Créer. 343	Enganer. ibid.
1°. *Envelope.*	Cri. ibid.	Joye, &c. 575
Cuir. 324	Aigrette. 30, 339	2. Geai. 508
Couroye, &c. ibid.	Croc. 344	3. Gelinotte. ibid.
Cuirasse, &c. 325	Crosse, &c. 345	Jau. 574
Écorce, &c. ibid.	Aniroche. 14	4. Glousser. 515
Corde. 325	Croquer. 345	5. Glouglou, &c. ibid.
Corbeille. ibid.	Croupe. 346	6. Goret. 518
CORPS, & sa fam. 326	Crépir. 347	7. Grignotter. 526
CORSET, & sa fam. 326	Creux. 348	8. Grincer. 526
Carene. 327	Scrutateur. 984	Grimace, &c. ibid.
COUR. 327	Crainte 349	Crepu, &c.
Courtine, &c. ibid.	Aristocratie 62	9. Groin. 527
2°. *Milieu; envelopé.*	Grade, &c. 523	Grogner, &c. ibid.
COEUR. 328	Grand. ibid.	10. Grue. 527
Courage, &c. ibid.	Gras, &c. 914	11. Gruau. 528
3°. *Courir.*	Gros, &c. ibid.	Gruger, &c. ibid.
Courir, &c. 332	Groupe. ibid.	12. Gruller. ibid.
Corsaire, &c. 333	Congrégation. ibid.	**G.**
Occurrence. 780	Grange, &c. 525	1°. *Elevé.*
Parcours, &c. 856	Grenade, &c. ibid.	Géant. 508
COS, *Elevé.*	Grêle, &c. ibid.	Gigantesque. ibid.
COTE. 334	Grillon. 26	2°. *Homme.*
Cuisse, &c. ibid.	4°. *Croître.*	Gent. 508
Coût. 335	Gruyer. 528	Généalogie, &c. 509
Chesne. 310	Grume, &c. ibid.	Genre. 510
CRA, GRA.	Progrès. 891	Général. ibid.
Onomatopée.	**CRAF, CRAM.**	3°. *Génie, Beauté.*
Griffe. 520	*Serrer.*	Génie. ibid.
Egratigner. ibid.	CRAMPE 349	Engin, &c. 511
Grapin. ibid.	Crabe, &c. 350	Agencer, &c. ibid.
Gravir. 521	Cravate. ibid.	Se requinquer. 907
Griffonner. ibid.	Cruche. 364	Quenouille. ibid.
Grammaire, &c. ibid.	Caraffe. ibid.	**G.**
2°. *Pierre.*	**CRAU, GRO.**	*Gorge, Canal.*
Craie. 336	*Trou.*	Gueule. 504
Crayon. ibid.	Grotte. 527	Goulot, &c. ibid.
Grabeau. 522	Grotesque. ibid.	Galon. 505
Gravier, &c. ibid.	Apocryphe. 60	Gargarisme, &c. ibid.
		Gorge, &c. ibid.
		Gozier, &c. 506
		Gourmand, &c. ibid.

G AB.
Élevé.
Gavache.	502
Gibeux, &c.	ibid.

GAN, GEN.
Ganache.	511
Genoux, &c.	ibid.

GAR.
1°. Parler.
GAR.	292
Charlatan.	ibid.
Grabuge.	521
Jargon.	573

2°. Amas.
Gueres.	528

3°. Jambe.
Jarret.	573

GAS, Branche.
Gisarme.	513

GAT, bon.
Agathe.	53

GEL, COL.
Éclat.
Gloire, &c.	515
Coloris.	521
Couleur.	322

2°. Argent.
Guilledou.	529
Guillot.	530

GEN.
Serré.
Gene.	511
Ginguet, &c.	512

GER, CER.
Cercle.
CERCLE.	297
Cique,	298
Char, &c.	299
Charger.	ibid.
Cargaison, &c.	300
Cerner, &c.	ibid.
Discret, &c.	301
Critique.	302
Escadre, &c.	303
Écart.	304

Certes.	305
Echauguette.	ibid.
Cerf.	306
Courge.	330
Escouade.	426
Gerfault.	500
Giron, &c.	ibid.
Environ, &c.	ibid.
S'égarer.	ibid.
Cire.	359
Ecrene.	420
Ecrin.	421
Gerbe.	512
Garotter, &c.	ibid.
Gourd, &c.	515
Jardin.	573

2°. Faire.
Gerer.	530
Geste.	531
Guise.	498

Germe.
GERME.	531

GEZ, GIZ.
Demeure.
GESINE.	512
Gite, &c.	ibid.

GLU.
Glu.	515
Glaise.	516
Glutineux, &c.	515

GO.
Abondance.
Gogo.	516
Godelureau.	ibid.

Sauter, aller.
Gigot.	513
Gigue, &c.	ibid.

Q.
Sa valeur.
	905

Force.
Quai.	909
Quitte.	ibid.
Coi.	310
Inquiet, &c.	ibid.
Accoiser.	321
Esquisse.	427
Quinte.	906
Quinconce.	907

Quintal, &c.	ibid.
Quérir.	911
Quête.	913
Acquérir, &c.	ibid.
Requête.	914

Force unitive.
Que.	910
Quotidien, &c.	911
Qualifier, &c.	912
Quant.	ibid.

Force séparative.
CADENCE.	238
Bisque.	207
Caduque.	238
Cas.	ibid.
Cascade.	239
Occident.	ibid. 779
Occasion.	240. 779
Cahot.	240
Ciseau, &c.	241
Précis.	890
Coche.	242
Enclume.	ibid.
Céder.	243
Excès, &c.	244
Calpel.	268
Couteau.	ibid.
Cultiver.	ibid.
Calamité.	270
Clop.	ibid.
Eclopé.	271
Accoutrer.	25
Golfe.	499
Casser.	365
CANTON.	285
Chanteau, &c.	ibid.
Canif, &c.	286
CHAPLER.	286
Coup, &c.	287
Copie.	356
Beaucoup.	95
CARRIERE.	287
Echarde, &c.	288
Cardon.	ibid.
Carat.	364
Ecraser.	420
CARACTERE, &c.	290
Carte.	ibid.
Chartre, &c.	291
Goi, &c.	517
Scaramouche.	1020
Scorbut.	1024

DES MOTS RADICAUX. 1225

V.
TOUCHE DENTALE.

T.					
Onomatopées.		——— Trans.	1087	Athlette.	64
		——— Histoire.	569	Douleur.	400
1. Taffetas.	1036	TAS, Elévation.	1088	Indolent, &c.	ibid.
2. Tai.	ibid.	Tente.	ibid.		
3. Terin, &c.	ibid.	Tissu.	1089	**DAM, TAM.**	
4. Tourde.	ibid.	Dense.	411	*Couper.*	
5. Tourterelle.	1037	TEM, Eau.	1089		
6. Tap, Frapper.	ibid.	Temple.	1090	Dam, &c.	375
7. Tac, Toucher.	1038	Tiede.	ibid.	Dommage, &c.	376
8. Tater.	1042	TES, Elévation.	1091	Anatomie.	57
9. Tim, Bruit.	1043	TI, Estime.	1092	Atôme.	64
10. Tom, Elevé.	1044	TIRE.	1094	**DEN.**	
11. Ton.	ibid.	TOP, Sommet.	1098		
Apophtegme, &c.	60	Touer.	1107	Aquene.	909
12. Toux.	1045	TOUR, Révolution.	1099	Quinette.	908
13. TR, Bruit.	ibid.	——— Tourtre.	1101	Danse.	377
		——— Tourbillon.	1102	Daube.	379
T, *Elévation, Force, Etendue.*		——— Tordre.	1103	Davier.	ibid.
Tu.	1046	——— Estropier.	1104	Dard.	378
Tumeur.	ibid.	——— Tyran.	1105		
Tuteur.	1047	——— Structure, &c.	1106	**TAR, DER.**	
Tab, Etendre.	ibid.	——— Troc.	ibid.		
Tac, Teg, Abri.	1050	Ana-theme.	56	Drilles.	402
TAL, *Grandeur.*	1052	Apoticaire.	62	Drole.	403
——— Soutien.	1054	Tout.	1107	Atroce.	47
——— Atteler.	1057	Tro, Pied.	1108	Drogue.	403
——— Toile.	1058	Trab, Poutre.	1110	**DE.**	
TAM, *Couper.*	1058	Tricot.	1111		
TAN, *Vaste.*	1059	Tricher.	1112	Dent.	379
——— Tendre.	1062	Trouver.	1113	Saner.	
——— Tente.	1065	TRU.	1113	Sanglier.	1017
——— Tartare.	1110	Tuer.	1114	Deux.	379
——— Tenter.	1066	Etuve.	438	Duel.	380
——— Teindre.	1067			Double.	ibid.
——— Tenue.	1068	**D, *Sa valeur.***		Diviser, &c.	381
——— Eteindre.	1069	Da,	372		
TAR, TRA, *Force.*	1070	De, Porte.	407	**D I.**	
——— Couvert.	1071	DAG, Pointe.	373	*Lumiere.*	
——— Percer.	1072	——— Dogue.	399		
——— Couper.	1074	——— Larmes.	373	Dieu.	382
——— Délai.	1075	——— Dais.	374	Diurne.	ibid.
——— Multitude.	1077	——— Architecte.	62	Dédire.	383
——— Trois.	1078	——— Etoffe.	428	Dix.	384
——— Entre.	1082	——— Digue.	390	Décembre, &c.	385
——— Ventre.	1169	Dalle.	374	Denier, &c.	ibid.
		Dail.	375	Doigt.	387

TABLE

Indice.	388	Daigner, &c.	396	Eturgeon.	18
Docte.	ibid.	Thom.	1118	Dru.	403
Prodige.	891			Dur.	404
Disciple.	388	**DON, DA.**		Durer, &c.	ibid.
Décent.	389			Chiourme.	354
Dé, &c.	390	*Donner.*			
Apothéose.	62	Don.	396	**DOU,** *noir.*	
Prêche.	890	Dot, &c.	397		
Théologie.	1117	Date.	ibid.	Endever.	398
Théâtre, &c.	ibid.	Dédier.	398	Dodo.	ibid.
		Addition.	ibid.		
DO, *Elevé.*		Antidote.	59	**TOUF.**	
Dos.	401	Anecdotes.	58	Duvet.	407
Dodu.	ibid.	Pardon.	856	**DU.**	
Douves.	402	Perdre.	857	Duc.	405
Démocratie.	411			Duché.	406
Damoiseau.	391	**DOR, TOR.**		Aqueduc, &c.	ibid.
Dame.	392			Tige.	1116
Dominer, &c.	393	*Grand,* &c.		Stuc.	987
Dynastie.	395	Autour.	18	Tuf.	1115
Donjon.	394	Autruche.	19	Tube.	1114
				Tuyau.	1115

VI.

TOUCHE LINGUALE.

L.

Onomatopées.

		3°. Lever.	ibid.	Laiette, &c.	ibid.
		4°. Livrer.	599	Litron.	ibid.
Lac.	615	5°. Leger.	600	Blotir.	612
Libation.	616	Liége.	601	Lézard.	612
Limpide.	ibid.	6°. Labarum.	602	Luter.	612
Liquide.	ibid.	2. Lac, Lieu.	602	Ablatif.	24
Lessive, &c.	ibid.	1°. Local.	603	Landes.	603
Laver & sa fam.	617	Légat.	604	Léthargie.	645
Loutre.	ibid.	Laquais.	ibid.	Oblation.	778
Lait & sa fam.	618	2°. Lez.	ibid.	Prélat.	890
Laie.	ibid.	Liste.	605	5°. Lib, Libre.	618
Lion.	637	3. Lac, Filet & sa fam.	605	Livrer.	619
Lamenter.	641	Lacher.	ibid.	Licence.	ibid.
		Laisser.	606	Licite.	620
L. *Sa valeur.*	593	Délices.	ibid.	Leude.	ibid.
		Lier, & sa fam.	607	Lige.	622
Bras. 2°. Côté. 3°. Elever.		Législateur.	608	**L.**	
		Composés.	ibid.	*Tout ce qui est coulant, mobile.*	
1. **LAB, LEV.**		Lit.	609		
		Lie.	610	Lab, lévres.	614
1°. Bras.	598	4. Lar, *porter, emporter, d'où,*		Labiales.	615
2°. Labeur.	ibid.	Larcin, &c.	610	Langue.	612
		Lest.	611	Locution.	613

Leçon

Leçon.	ibid.	Lame.	631	
Lire, du Lat. LEGO	ibid.	Linteau, &c.	632	**R.**
Eloge, &c.	614			Sa valeur. 915
Logique.	646	**LAR.**		
Lexicon.	645	*Gros.*		*Onomatopées.*
Glosse.	534			
Glossaire,	ibid.	Lord.	632	1. Rale. 917
LECHER, &c.	613	Large.	ibid.	2. Rainette. ibid.
		Lard.	633	Grenouille. ibid. & 500
LA		Lourd.	ibid.	3. Ris. ibid.
Pierre qui reste en place.		Larix, &c.	634	4. Rocouler. ibid.
				5. Ronfler. ibid.
Lapis, pierre.	622	**LIM.**		6. Ronger. ibid.
Lapidaire, & sa fam.	ibid.	*Couper, affiler.*		7. Rugir. 918
Litharge.	646			8. Bruire. ibid.
		Lime, & sa fam.	636	
LAH, LAC, LAD.		Limite.	ibid.	9. Rude.
Blesser déchirer.		Préliminaires.	637	Rauque. 918
		Limbes, &c.	ibid.	Enroué. ibid.
Lacérer.	623			Reche, &c. ibid.
Loqueté.	ibid.	**LIX.**		Rance. 919
Elaguer.	ibid.	Oblique.	778	Rude, &c. ibid.
Lai.	ibid.	**LIS.**		Erudit. ibid.
Elégie.	ibid.	Glisser.	514	Rue. ibid.
Lesé.	624			Rosser, &c. ibid.
Lettre.	ibid.	**LO,** *Haut.*		Rigueur, &c. 920
Laid.	ibid.	Louer.	634	
Elider, &c.	ibid.	Laudes.	ibid.	10. Racler.
Lot, & sa fam.	625	Luxe.	635	Rabot. 920
Alesne	ibid.	Lodier.	ibid.	Raser, &c. ibid.
Langueur.	626	Lie, &c.	ibid.	Raturer. 921
Glaive, &c.	513			Rateau, &c. ibid.
		LOB, *Morceau.*		Racler, &c. ibid.
LAM.		Lobe.	637	Railler, &c. ibid.
Bois: régle, cloture.		Lopin.	638	Ras. 922
				Rasade. ibid.
Lambris, &c.	626	**LOR, LOS,** *Quarré.*		Rez. ibid.
Lame.	627	Losange.	638	11. Rapacité.
Ligneux.	ibid.			
Lin, & sa fam.	ibid. 630	**LO, LU,** *Laver.*		Rapacité. 922
Ligne, & sa fam.	628			Rapine. ibid.
Laine.	629	Lustre.	646	Rapt. ibid.
Laniere.	ibid.	Lustral.	ibid.	Ravir, &c. ibid.
Flanelle.	598	Analyse.	56	Dérober. 923
Lenitif.	630			Ravager, &c. ibid.
Livet.	ibid.			Obreption. 778
LAN		**LU,** *Luire.*		12. Rupture.
Grand, long.		Luire, & sa fam.	639	
Long.	630	Lustre, Eclat.	640	Rupture. 924
Loin,	631	Lugubre.	ibid.	Rompre. ibid.
Oblong.	778	Lot.	641	Irruption, &c. ibid.

R, Elevé, Chefs.

1°. Rameau.

Rameau.	938
Rame, &c.	939
Ramage, &c.	ibid.
Rançon, &c.	939
Ronce, &c.	940
Raisin, &c.	ibid.
Rang.	ibid.
Arrhes.	73
Arithmétique.	62

2. Roi.

Roi.	945
Regne, &c.	ibid.

3°. Regle.

Région, &c.	ibid.
Regle.	946
Recteur, &c.	ibid.
Droiture.	ibid.
Endroit.	947
Arroi.	ibid.
Rit, &c.	948
Rets, &c.	ibid.
Rare.	ibid.

ROB, Force, Biens.

Robuste.	935
Corroboratif.	936
Rouvre.	ibid.
Robe, &c.	ibid.

ROC, Elevé.

Roc.	936
Roche, &c.	ibid.

Rogue, &c.	937
Riche, &c.	ibid.

Opposé au précédent.

Racaille.	937
Ragot.	938
Rogner, &c.	ibid.

RO, Lumiere.

Radieux.	943
Rayon, &c.	ibid.
Réel, &c.	944
Raison, &c.	ibid.
Ratifier.	945
Ration, &c.	ibid.

ROU, Rouge.

Rouge.	940
Rose, &c.	941
Rissoler, &c.	ibid.
Ruban.	942
Rubrique, &c.	ibid.
Rôtir, &c.	ibid.

RA, RE, RO, RU.

1°. Courir.

Ruisseau.	925
Rive, &c.	ibid.
Rival, &c.	926
Rhume.	ibid.
Rumeur, &c.	ibid.
Rhétorique, &c.	ibid.
Ruminer, &c.	927
Rime, &c.	ibid.
Rosée, &c.	928
Rouir, &c.	ibid.
Renne, &c.	ibid.

Rue, &c.	ibid.
Robinet.	929
Reistres.	ibid.
Rosse.	ibid.

2°. Rapidité.

Rapidité.	930
Rage.	ibid.
Irriter.	Omis.

3°. Rideau, Étendue.

Rade.	930
Ride.	ibid.
Rideau.	931
Rable.	ibid.
Ricochet.	ibid.
Risque.	932
Radoter.	ibid.

4°. Roulement.

Roue.	932
Roder, &c.	ibid.
Rouleau, &c.	933
Rôle, &c.	ibid.
Rond, &c.	934
Route, &c.	ibid.
Ecrou.	935

5°. Retour.

Re, Préposition Initiale.

RA, Racine.

Racine.	949
Radical.	ibid.
Rubarbe.	ibid.
Rave.	950
Race.	ibid.

VII.

TOUCHE NASALE.

N.

Sa valeur. 741

N, Négatif.

Né, Non.	743
Nier, &c.	ibid.

Nul, &c.	744
Nécessaire.	ibid.
Négliger.	ibid.
Nonchaland, &c.	745

NÉ, Naissance.

Né. 745

Inné, &c.	ibid.
Noël.	746
Nation.	ibid.
Nature.	ibid.
Nourrir.	ibid.
Nubile.	747
Noces, &c.	ibid.

DES MOTS RADICAUX.

Noix, &c.	ibid.	Nasiller, &c.	ibid.	Nantir.	ibid.
Nanan, &c.	748	Narine, &c.	ibid.	Navrer.	761
Nain, &c.	ibid.				
Neveu, &c.	ibid.	2°. *Fort.*		**N U H**, *Repos.*	
Nice, &c.	ibid.	Nerf.	757		
Nigaud.	749	Enerver.	ibid.	Nuit.	764
Neuf, &c.	ibid.			Nuire, &c.	765
Novelles, &c.	750	3°. *Elevé.*		Nécrologe.	766
Neuvaine, &c.	ibid.	Nuée.	757	Pernicieux, &c.	ibid.
		Nébuleux.	ibid.	Noir.	765
N O, *Connoître.*		Nuance.	ibid.	Nerprun, &c.	ibid.
		Nieble.	758		
Connoître.	751	Nimbe.	ibid.	*Opposé.*	
Ignorant.	ibid.				
Narrer, &c.	ibid.	**N A**, *Maison, Navires, Eau.*		Négoce.	761
Nom.	ibid.			Rossignol.	916
Nomination, &c.	752	Nénuphar.	758		
Noble, &c.	753	Nage.	ibid.	**N & L.**	
Note, &c.	ibid.	Nageoire.	759	Net.	762
Anonce, &c.	754	Noyé.	ibid.	Neige.	ibid.
Nud, &c.	ibid.	Navire, &c.	ibid.	Nitre.	ibid.
Nouer, &c.	755	Navette.	ibid.	Lis.	ibid.
Nombre, &c.	756	Nef	760	Aube, &c.	47
Anonyme.	58	Nippes.	ibid.	Niveler.	742
Anomalie.	ibid.	Niche.	762		
Nous, Notre.	764	Nid.	763	**N & M.**	
		Nasse.	ibid.		
N I Q, *Branler la tête.*		Nymphe.	ibid.	Nappe.	742
		Nacre.	766	Nater.	ibid.
Nique.	763	Nagarau, &c.	765	Nelle.	ibid.
Conniver.	764				
Nuque.	ibid.	**N A M**, *Prendre.*		**N**, *Ajouté*	
N A, *Nez.*					
Nez.	756	Namps.	760	Nombril.	742

VIII.

TOUCHE SIFLANTE.

S.		Sac, &c.	ibid.		
		Saisir, &c.	ibid.	*Opposé.*	
S E, *Préposition Privative.*		Sas, &c.	1009		
		Soque.	1029	Saper.	988
Sécurité.	1009	Trésor.	1035		
Secret.	1010	Serge.	998	**S A M**, *Sain.*	
Sédition.	ibid.				
Sincere.	ibid.	**S A B**, *Immense, Elevé.*		Sain, &c.	1020
				Sanicle.	ibid.
S. Ceinture.		Sable.	987	Saint, &c.	ibid.
		Sabot.	988		
Serrer.	1007	Savate.	ibid.	**S A M, S E M**, *Signe.*	
Serf.	1008	Savon.	993		
Sergent, &c.	ibid.	Suif.	994	SIGNF.	1017

Scing, &c.	ibid.	SEILLE.	996	2°. *Prendre*.	
Signifier.	1018	SEN, *Tête*.			
Semblable.	1019	Sens.	996	Assomption.	1002
Simulation, &c.	ibid.	Sentiment, &c.	997	Somptueux.	ibid.
Semence.	996	Sentinelle.	ibid.	Consommer, &c.	ibid.
2°. *Semer*.		SERIN.	999		
Semer.	996	Sirenes.	ibid.	SOT.	1005
Parsemer.	857	SOL.		ST, *Fixe*.	
				Stable.	1011
3°. *Sentier*.		1°. *Fond*.		Statue.	ibid.
Sentier.	997	Sol.	1000	Etat.	ibid.
Sentene.	ibid.	Solive.	ibid.	Etude.	ibid.
Azimuth.	75	Soulier.	ibid.	Etalage.	1012
Zenith.	ibid.			Etang.	ibid.
		2°. *Affermir*.		Etoile.	ibid.
SAR, SOR, *Essor*.				Stupide.	1013
		Solide.	1001	Astre, &c.	63
Sarcler.		Solde.	1000	Astuce.	64
Essor.	437	Soluble, &c.	1001	Apostasie.	61
Sortir.	1004	Résoudre.	1002	Apôtre, &c.	ibid.
Ressort.	ibid.			Dérivés en Ister.	1013
Sordide.	1003	3°. *Habitude*.		——— Ster.	1014
				Prosterner, &c.	1015
2°. *Feu qui s'échappe, lumiere*.		Souloir.	1030	Obstacle, &c.	ibid.
		Insolence.	ibid.	Stipuler.	1016
Saur.				Intestins, &c.	ibid.
Essorer.		SOM, *Place, Elévation*.			
Azur.	76			SU, *Eau*.	
Serein.	997	SOMME.	1002	Siphon.	1029
Soir, &c.	ibid.	Sommer, &c.	ibid.		
Sérénité.	998	Assommer.	1003	SUD, *Noir*.	
Sereux, &c.	ibid.	Soin.	959	Sud.	1030
		Soigner.	1000	Suye.	ibid.
SCIENCE.	994	Besoin.	160	Z.	
SEC.	995	Besogne.	ibid.	Mots en Z.	1183

IX.

TOUCHE LINGUALE.

Précédée 1°. *de la Voyelle*.

AL, HAL,		Alisé	11	Aulique.	49
		Haler, & *sa fam.*	548	Aune.	ibid.
1°. *Souffle*, 2°. *Aile*, 3°. *Elevé*.		Altesse, & *sa fam.* 34.	549	Aile.	34
		Haut.	ibid.	Abolir.	29
1. Haleine.	541	Ail.	53	Adolescence.	29
Haleter.	548	Aliment.	34	Adulation.	ibid.

DES MOTS RADICAUX.

Heaume.	15			Volage.	1180
Armet.	ibid.			Vautour.	ibid.
Hel, *Soleil*.	574-976	2°. *Puissant*.			
Souci.	976	Bail, &c.	99	BAL, FAL, FIL.	
Seul.	ibid.	3°. *Elevé*.			
2. Ailleurs, & *sa fam*.	31			Fil.	460
Aller.	11			Filiere, &c.	ibid.
Préalable.	890	Balise.	103	Affiler.	461
Adultere.	29	Balustre, &c.	ibid.	File, &c.	ibid.
Alevin.	10	Bale	103	MAL, MEL, MUL,	
Allégorie.	54	Velin, *Peau*.	104	FOL, &c.	
Aucun.	47	Spolier.	985		
		Dépouilles.	986	*Couleur du Soleil*.	
HAL-SAL.		Bal.	106		
		Balay.	107	Miel.	677
3. Salut, & *sa fam*.	967	Belliqueux.	ibid.	Meilleur.	ibid.
Saut.	968	Baleine.	108	Melon, &c.	ibid.
Sale, Salon.	964	Splendeur, &c.	987	Mélodie.	677
Sel.	970			2°. *Fête*.	
Hanouarts.	556	4°. *Rond*.			
Saule.	971			Maillet.	678
Sauvage, & *sa fam*.	974	Bale, &c.	109	Mail, &c.	ibid.
Asyle.	74	Boule.	110	Meule, &c.	ibid.
4. Caler.	265	Volute.	111	Moudre, &c.	ibid.
Caye.	266	Balivernes.	112	Amidon.	55
Calme.	ibid.	Boulingrin.	158	3°. *Mol*.	
ALB.		Bulle, &c.	203	Mol.	679
		Befroi.	158	Amulette.	38
Alvéole.	35	Debile.	466	Mouillette.	680
Auge.	48	Foible.	465		
		Belle.	159	4°. *Multitude*.	
FAL, VAL.		Breloques, &c.			
				Mail.	680
Qui signifie élevé.		POL, *Tourner*.		Homelie.	509
				Multitude.	680
TOUCHE LINGUALE				Foule.	456
		Polir.	872	Vulgaire	ibid. 1160
Précédée 2°. *d'une Consonne*		Politesse.	873	Feuille.	458
& *d'une Voyelle*.		Poulie, *Poles*.	ibid.	Divulguer.	1161
				Mille, &c.	681
B-AL, B-HAL.		FAL, *Elevé*.		Meule de foin.	ibid.
				Démolir, &c.	ibid.
Soleil, objet élevé,		Fil, *Eléphant*.	436	Mulâtre.	682
1. Beau, Brillant.		Falaise, &c.	449		
				5°. *Gain, Métail*.	
Balsamine.	93	2°. *Choeir*.			
Baume, &c.	ibid.			Maille.	682
Blé.	165	Faillir, & *sa fam*.	449	Métal.	ibid.
Bluter.	166	Faloir.	ibid.	Médaille.	ibid.
Aveline.	57	Felé, *Felon* &c.	450		
Beau.	94	Pautonnier.	791	6°. *Richesses*.	
Blanc, &c.	95				
Blason, &c.	97	VOL, *Elevé*.		Malle.	685
Bile.	202			Mouton.	682
Eauve, &c.	452	Vol.	1179	Monloton.	683

Mule, &c.	687	Fauteuil	448	TOUCHE LINGUALE FORTE	
		5°. *S'élever.*		R.	
7°. *Grande souffrance, mal.*		Pousser.	871		
		Pulsation.	872	*Précédée d'une Voyelle, &c.*	
Mal.	685	Expulser, &c.	ibid.	AR, HAR, BAR, OR,	
Malade.	ibid.	6°. *Abondant.*		HOR, BOR, &c.	
Malice, &c.	686	Poudre, &c.	873	1. *Elévation, Tête, Pointe.*	
Mauvais, &c.	ibid.				
Maussade, &c.	687	7°. *Pesant*		Arête.	15
				Arguer.	44
PAL, FAL.		Plomb, &c.	867	Argument.	ibid.
		Plonger, &c.	ibid.	An-archie.	56
Elevé.		**FAL,** *Couper.*		Alerte.	9
Pal, &c.	82	Faulx.	448	Aire.	
Palanche, &c.	829	Défalquer, &c.	ibid.	Herse.	
Palette, &c.	830	Faucon.	ibid.	Hérisson.	551
Palestre, &c.	ibid.			Harpie.	552
Palme, &c.	831	TOUCHE LINGUALE		Harpon.	ibid.
Pal, (*lance*), &c.	832	*Précédée 3°. d'une simple*		Harpe.	ibid.
Appel.	41	*Consonne.*		Haire.	551
Appeau.	832	**LA, PLA.**		Harceler.	550
Palefrenier, &c.	833			Araignée.	72
Palais, &c.	ibid.	Plat.	859	2°. *Chef.*	
Pilastre, &c.	ibid.	Platane.			
Pilote.	859	Plateau.		1. Hure.	552
Palanquin, &c.	834	Platitude.		Horion.	651
Peloton, &c.	837	Plafond.		Morion.	ibid.
Pale, &c.	ibid.	Plan.		Ahuri.	omis
Opiler, &c.	838	Plane.	860.	Horreur.	553
		Planer.		2°. Here.	549, 978
2°. *Peau.*		Plain.		Hoir.	549
Peau.	834	Esplanade		Héros.	550
Peler, &c.	835	Planche.		Sire.	977
Plume, &c.	836	Plant.		3°. *Hardi.*	550
Pallium, &c.	ibid.	Plante.	861.	Héron.	551
		Plaque.		Haras.	ibid.
3°. *Vaste.*		Plastique.		Hard.	ibid.
Ample.	37	Plastron.		Gorre.	518
Ampoule.	38	Emplâtre.		Gourmade.	519
Pulluler.	874	Place.	862.	Orgueil.	783
Opulent.	ibid.	Plassage.			
Peuple, &c.	ibid.	Plage.		3°. *Force.*	
Plus, &c.	875	Déplacer.		Force & *sa fam.*	467
Plein, &c.	876			Ferme.	456
Replet, &c.	ibid.	**LAC, PLAC.**		Ferté.	ibid.
Police, &c.	876			Firmament.	ibid.
		Plaisir.		Fermer.	457
4°. *Pli.*		Plaisant.		4°. *Brulé.*	
Pli.	863	Placet.		Ardoise.	14
Ployer, &c.	864	Plaid.	863.	Ardeur.	43
Complice, &c.	ibid.	Plaider.			
Perpléxité.	865	Complaire.		5°. *Terre.*	
Repli, &c.	ibid.	Déplaire.		Arpent.	16
Souple.	ibid.	Implacable.		Art & *sa fam.*	45
Supplice.	866				

DES MOTS RADICAUX.

Article.	46	Fraude, &c.	456	Carminatif.	73
Terre.	1034	Furtif.	ibid.	Charme.	ibid.
Terrine.	1035				
Tourbe.	1107	*Travail, productions des soins.*		7°. *Crier.*	
Inertie, &c.	589			Harri.	557
Ramper.	916	Forge.	470	Haro.	ibid.
Reptile, &c.	ibid.			Héraut.	ibid.
Serpent.	975	III. *Branche.*		Caducée.	359, 551.
Serpe.	976	1°.			
II. *Lumiere.*		Brancard & sa fam.	194	8°. *Arc.*	
1°. Vernis.	124	Bric.	138	Arc.	42
Brillant.	125	Brigade & sa fam.	139	Arçon, &c.	ibid.
Braise, &c.	ibid.	Brigands.	140	Armes.	44
Brandon, &c.	126	Baraque.	141	IV. HAR, MAR, FER.	
Brandir, &c.	127	Embaras.	ibid.	Fer.	453
2°. Parole, &c.	128, 851	Bergerie.	142	Mars.	651
3°. Baron, &c.	132	Berceau, &c.	ibid.	Guerre.	497
4°. Parer.	848	Barbe.	146	Perse.	203
Perle, &c.	ibid.	Barbouiller.	147	Pêche, &c.	ibid.
Préparer, &c.	849	Bariolé.	ibid.	Fervent, &c.	457
5°. Fard.	491	Varié.	148	Verve.	ibid.
Fourbir.	ibid.	Barlong, &c.	ibid.		
6°. Marbre.	710	Baril, &c.	143	HAR, VAR.	
Marcassite, &c.	ibid.	Barde.	144	1°. *Elevé.*	
2°. *Porter, Produire.*		Barracan.	145	Révérer.	1145
1. Barre, &c.	134	2°. *Eminence.*		Verrue, &c.	ibid.
Brasseur.	136	Berne.	146	Garenne.	1146
Breuil.	ibid.	3°. *A Travers.*		Varié, &c.	ibid.
Bras.	ibid.	Parer.	852	Bievre.	1147
Bru, &c.	196	Percer, &c.	ibid.	Verrouil, &c.	ibid.
2. Brouter.	165	Pertuis.	853	Vibration.	ibid.
Brute.	196	Péril, &c.	ibid.	Viril, &c.	1178
Ambroisie.	55	Apéritif.	41	2°. *Eau.*	
Brioche, &c.	195	Avril.	52	Vérité.	1161
3. Paire.	849	Partir, &c.	855	Vrai.	1162
Parent, &c.	ibid.	Séparer, &c.	ibid.	Verd.	1148
Pareil, &c.	ibid.	Sévrer.	ibid.	Verglas.	ibid.
Comparer, &c.	ibid.	Portion, &c.	ibid.	3°. *Produire.*	
4. Pré.	850	Par.	856	Verger.	1148
5. Porter, &c.	877	Expérience.	858	4°. *Parole.*	
Port, &c.	ibid.	Ouvrir, &c.	ibid.	Verbe.	1148
Comporter, &c.	878	Repertoire.	859	Adverbe.	ibid.
Transport.	879	Asperger.	985	Proverbe.	ibid.
Offrir, &c.	780	Paroître, &c.	895	V. *Soleil.*	
6. Fertile.	454	4°. *Partager.*			
Fruit.	ibid.	Paroi.	853	Or.	773
Farine.	ibid.	Parc.	ibid.	Aurore.	ibid.
Froment, &c.	ibid.	Part, &c.	854	Orient.	ibid.
Forest.	468	5°. *Manquer.*		Orange, &c.	ibid.
7. Fardeau.	455	Avarie.	19	Ores, &c.	774
Fier.	ibid.	6°. *Arranger.*		Orge.	775
Farouche.	451	Harmonie.	72	Acuité.	291
Conférer.	455	Pyramide.	964	Huissaud.	504
8. Frere.	ibid.				

TABLE

Horizon.	omis	Cor, &c.	331	Forer, &c.	469
Ourlet.	784	Cormier.	332	Fournir, &c.	ibid.
				Hors.	ibid.

2°. Naître.

Opposé.

6°. Feu.

		Court.	329		
Hourder.	564	Courbe, &c.	330	Pur, &c.	902
Heure.	570			Pourpre, &c.	ibid.
Lor, jaune.	596	**4°. Front.**			
Lors.	ibid.	Front.	479	**7°. Piquer, Brûler.**	
Lorgner.	638	Ordre, &c.	783		
Loir, &c.	596	Froc.	478	Four, &c.	471
		Brunie.	375	Fourni.	472

3°. Mont, &c.

5°. Vue.

Fourbe, &c. ibid.

8°. Sale.

Bord.	275	Forain, &c.	469		
Aborder, &c.	176	Forme.	470	Ord.	783
Corne.	330	Formel, &c.	471	Sordide.	784

X.

BAN, MAN, PAN, VAN, MON.

Main, Jurisdiction, &c.

1. Etendu ; Jurisdiction.

4°. Soleil ; seul.

Maint. ibid.

9°. Fortifier.

Ban, & sa fam.	113	Monastere.	734		
Baniere.	116	Moine, &c.	ibid.	Munir, &c.	698
Banc.	117	Monarque, &c.	735	Commun, &c.	699
Bande.	118	Manie, &c.	696	Rémunérateur.	ibid.
Bonde.	119				
Bonne, (Borne	120	**5°. Signe.**		**10°. Mince, Délié.**	
Bond, &c.	122	Menace.	694		

2°. Main.

		Monition.	ibid.	Mineur.	699
Main.	687	Monnoye.	ibid.	Minute, &c.	ibid.
Manœuvre, &c.	688	Monument, &c.	ibid.	Mince, &c.	ibid.
Manche, &c.	689	Mois.	695	Diminuer, &c.	700
Ministere.	ibid.	Mine, Air.	ibid.	Menin.	ibid.
Amadou.	12			Manquer.	ibid.
Manger.	690	**6°. Mines.**		Manchot.	
Démantibuler.	ibid.	Mine.	695		
Mander, &c.	691	Minéral, &c.	ibid.	**VAN, Plante, &c.**	
Maintenant.	ibid.	**7°. Couvrir.**			
Manifesté, &c.	ibid.	Mante.	692	Vane.	1144
Manuscrit, &c.	692	Démanteler, &c.	693	Guinder, &c.	ibid.
		Mentir, &c.	ibid.	Vénérable.	ibid.

3°. Panier.

				Vénal.	1166
		7°. Elévation.		Vente.	ibid.
Manne.	689	Mont.	697	Vin.	1167
Banne, &c.	690	Monceau, &c.	ibid.	Vignette.	ibid.
Vanette	ibid.	Eminence.	ibid.	*Cette famille tient à* HAIN,	
Panier, &c.	839	Promontoire.	892	*& à* GWEN.	
Empan.	ibid.	**8°. Abondance.**			
Panneau, &c.	840	Minot.	739	Venus, &c.	1165
Pagne.	ibid.	Mine.	696	Venaison, &c.	ibid.
Compagnon.	ibid.				

Fin de la Table des Mots Radicaux.

LISTE

CINQUIEME LISTE
DE MESSIEURS LES SOUSCRIPTEURS.

A.

M. L'Abbé de l'Abbaye de Los, près Lille.

B.

M. Bagottier, Conseiller au Conseil Souverain de Colmar, à Colmar.
M. l'Abbé de Beauval, Chanoine de la Cathédrale de Langres, à Langres.
Bibliothèque de la Ville de Paris.
——————— De la Collégiale de S. Pierre, à Lille.
——————— Du Collége de Tournon, par le R. P. Danglade.
M. Bitaubé, de l'Académie Royale des Sciences, de Berlin, &c. à Berlin.
M. l'Abbé de Bisance, Vicaire-Général & Official de Bastia.
M. le Chevalier de Bory, Commandant du Château de Pierre-Encise, à Lyon.
M. Boudon, Prêtre, Vicaire de Saint Romain, Diocèse d'Agen.
S. E. M. le Bailli de Breteuil, Ambassadeur de l'Ordre de Malthe à Rome.
M. Bron.
M. Bureau de Citey, Ingénieur ordinaire du Roi, à Pusy en Franche-Comté.

C.

M. de Charpit, Contrôleur des Rentes.
M. Chaubry de Beaulieu, à Tours.
M. l'Abbé de Claroux, Chanoine à la Rochelle.
Le R. P. Clément, Provincial des Capucins, à Besançon.
M. le Marquis de Conceyl, Officier aux Gardes à Avignon.
M. Cornil, Secrétaire du Roi, à Lille.

Don Cortot, Principal du Collége de Pont-le-Voix.
M. de Coulons, Gouverneur & Commandant de la Ville & Château de Bayeux.
M. Courlevau, Procureur au Châtelet.
M. Courtin, Avocat au Parlement.
M. Courtois, de l'Académie Royale des Sciences.
M. de Crolbois, Agent de la Cour de Trèves.

D.

M. Deserennes, Gouverneur de la Ville & Château de Vierzon en Berry.
S. E. le Prince Dolgorouky, Lieutenant-Général du Corps du Génie de S. M. Impériale de toutes les Russies, &c. son Envoyé extraordinaire & Ministre Plénipotentiaire auprès de S. M. le Roi de Prusse.
M. Douvry, Sénéchal du Duché-Pairie de la Valliere, à Château du Loir.
M. de Ville, à Versailles.
M. Deslauriers, Marchand Papetier.
M. Dubois, à Orange.

E.

Le R. P. Edouard, Agent des Capucins, *pour quatre Exemplaires.*
M. Ellis, à Londres.
M. Engrem de la Motte, Procureur-Fiscal du Duché d'Aumale, à Aumale.

F.

M. le Chevalier Filey de la Barre, Capitaine en premier au Corps Royal du Génie, à Thionville.

G.

M. l'Abbé de Gasc, Principal du Collége de la Rochelle, de l'Acad. Roy. des Sc. de la Rochelle.
Madame Girout, Libraire, à Grenoble.
M. de Glatigny, Receveur-Général des Finances, &c.
M. Gobet, Secrétaire du Conseil de Monseigneur le Comte d'Artois.

M. l'Abbé de GORRE, Bénéficier de l'Eglise de S. Martin de Tours, à Tours.

M. GOSSELIN, fils, Négociant à Lille.

H

M. HAILLET DE COURONNE, Secrétaire perpétuel de l'Acad. Roy. des Sc. B. Let. & Arts de Rouen, Lieutenant-Général-Criminel au Bailliage de la même Ville.

I.

M. Le Marquis D'IRANDA, à Madrid.

J.

M. JACQUET, Libraire à Lille.

M. E. J. JTZSTEIN, Conseiller privé de S. A. Em. El. de Mayence, Directeur de la Cour Souveraine de Justice, à Mayence.

M. JULLIENNE DU PORTAIL, Négociant à Tours.

L.

M. le Vicomte DE LA MOTTE, ancien Lieutenant du Roi de S. Omer.

M. le Comte de LANDREVILLE, Colonel de Mestre de Camp Cavalerie.

Madame DE LA VALLETTE.

M. LE MEIRAT, Président de la Chambre des Comptes.

M. LE ROUX, Libraire à Mayence.

M. le Comte de L'ESTANG, Officier de Marine.

MM. LORY freres, Médecin, Avocat.

M. DE LLOUERA, Trésorier du Roi d'Espagne, à Paris.

M.

M. MACQUER, Contrôleur des Rentes.

M. MASRIEU DE CLERVAL, au Havre.

M. l'Abbé MAUPOINT, à Tours.

M. MEIGRET, Notaire.

M. MERLIN, Docteur en Médecine de la Faculté de Montpellier, Médecin des Hôpitaux Militaires, & Correspondant de la Société Royale de Médecine de Paris, à Lille.

M. MORICE, Payeur des Gages de la Cour des Aides.

N.

M. DE NESLE, Chevalier de Saint-Louis, Major de Place à l'Isle-de-Rhé.
M. l'Abbé DE NOGENT, Grand-Vicaire & Chanoine de la Cathédrale de Langres.

O.

M. Sidonio OGNIBENE, Docteur en Médecine des Universités de Naples & de Rome, ancien Médecin des Hôpitaux d'Albano & Assisi.

P.

M. PARIZOT, Libraire à Angers.
M. PELLERIN.
M. PRUDHOMME.

Q.

S. E. Angelo QUIRINI, Sénateur de la S. Rép. de Venise.

R.

M. le Chev. de RACHAIT, à Lyon.
M. RAUDIN, Commissaire Ordonnateur des Guerres pour les Provinces de Flandres & d'Artois, à Lille.
M. DE REY, Procureur-Général au Conseil Souverain du Cap.
M. RIEU DE MONTVAILLANT, fils, Avocat au Parlement.
M. l'Abbé RIVE, Bibliothécaire de M. le Duc de la Valliere.
Le R. P. ROFFREDO, Professeur de Mathématiques à Nice.
M. l'Abbé RUAULT.

S.

S. A. S. Mgr. le Duc de SAXE-GOTHA.
M. l'Abbé SICARD, Prêtre, Chanoine de l'Eglise Collégiale de Cadillac sur Garonne près Bordeaux.
M Le Comte de SICKINGEN, Chevalier de l'Ordre du Lion Palatin, Ministre Plénip. de S. A. S. E. Palatine auprès de S. M. T. C.
Le R. P. SIMON, Gardien des Capucins de Sédan, à Sédan.
M. SIRET, Licencié ès Loix.
M. SWALE, à Londres.

T.

M. Tempié.
M. Le Baron de Tott, Brigadier des Armées du Roi.
M. de la Tour, Peintre du Roi.
M. Tribouillard, Commissaire de la Marine.
M. de Turckeim, à Strasbourg.

V.

MM. Vernet & la Roque, à Castres.
M. Vigeant du Rigalqu, à Aubeterre en Angoumois.
M. le Marquis de Villenne, Sous-Lieutenant des Gardes du Roi, à la Chastre en Berry.

Fin de la Liste des Souscripteurs.

ERRATA.

Colonne 49, ligne 1, bras, 2°. A une, *lif.* 19. bras; 2°. Aune.
Col. 51.   Abaco, *lif.* Abaque.
--- 52.   Avelini. *lif.* Aveline.
--- 83. lig. 2. *effacez* Be.
--- 129. --- 8. *en remontant*, que celui avec lequel, *lif.* que la personne avec laquelle.
--- 136.   Brasseur, Brasseuse, qui font la, *ajoutez* bière.
--- 162.   Bidet, cheval de peu de valeur, *ajoutez*, pour dire qu'il ne valoit qu'une de ces pièces appellées *bid.ts*.
--- 178. --- 11. Qui dégénéra, *lif.* mot qui dégénéra.
        --- 12. *effacez* il.
--- 228.   Re-dip-iendaire, *lif.* Re-cip-iendaire.
--- 272. --- 9. Dans le nez, *lif.* du nez.
--- 307. --- 25. Ouest, *lif.* Cuft.
--- 322.   après la lig. 7, *effacez le titre* 3°.
--- 323. --- 14. Scalx, *lif.* Scalc.
--- 324. --- 2. *en remont.* prépare es, *lif.* prépare les.
--- 330. --- 4. lié, *lif.* plié.
--- 365. --- 5. ק'פ , *uf.* קיפ
--- 386. --- 20. (ou deux denrées) *otez les crochets*.
--- 446.   Enfondre, *lif.* Enfondrer.
--- 449.   Fat, *lif.* Fal.
--- 494. --- 11. *en remont.* gagner, *lif.* Gagner.
--- 583.   *dern.* a i on, *lif.* raison.
--- 592. --- 4. foudre, *lif.* fourdre.
--- 602. --- 10. designe, *lif.* indique.
--- 612. --- 1. Last, *ajoutez* Lest.
--- 630.   Linea. *lif.* Livea.
--- 652.   placez le N°. 2°. du mot Morgue, après le 3°.
--- 766.   Neckrologue, *lif.* Nekrologe.
--- 777.   Oaison, *lif.* Oraison.
--- 797. --- 6. *en remont.* nourri c, *lif.* nourrice.
--- 832. --- 5. larcer, *lif.* lance.
--- 866.   *effacez* Supplier & Supplique.
--- 883. --- 10. *en remont.* tous sens, *lif.* tous les sens.
--- 998.   Serosit, *lif.* Serosité.
--- 1032. --- 4. les, *lif.* chez les.
--- 1054.   *dern.* L dé signant, *lif.* T peignant.
--- 1177.   Vingt, nombre, *uf.* Vingt, nom.

ERRATA du Discours Préliminaire.

Page viij, lig. 7, *en remont. effacez* d'où résulte.
    xxvij, 19, arrange, *lif.* classe.
    xxxvj, 5, *en remont.* peur, *lif.* peut.
    lv, 7, *en rem.* mais le siècle, *lif.* mais le style.
    lxiij, 8, *en rem.* (1), *lif.* 2.
    ----- dern. lig. mesure, *lif.* cesure.
    lxxiij, 7, *en rem.* Catalogne, *lif.* Catalogue.
    ----- 6, *en rem.* XV, *lif.* XV°.
    ----- 5, *en rem.* XVIII°, XIX°, XX°, *lif. en alinea & comme une suite du* XVII *numero*; XVIII. XIX. XX.
    lxxvj, 5, *en rem.* dans quelqu'état où ils, *lif.* qu'ils.
    lxxxviij, 9, *en rem.* pût, *lif.* peut.

Mr. Du Quesnoy, Curé de Veuilly-la-Poterie près Marigny en Orxois, a eu la complaisance de nous envoyer diverses observations sur notre Histoire du Calendrier, que nous avons reçues avec reconnoissance, & dont nous avons tiré l'*Errata* suivant.

SUITE D'ERRATA POUR L'HISTOIRE DU CALENDRIER.

Page	lig.	
103.	11.	la raison que, *lis.* la raison des noms que.
----	19.	Mai, *lis.* Mars.
172.	2.	59 années, *lis.* 19 années.
----	24.	XIV. *lis.* XVI.
216.	6.	*en rem.* Matrobe, *lis.* Macrobe.
288.	4.	M. IHRE, *ajoutez* (1).
337.	7.	Charon, *lis.* Caron.
358.	22.	Mettoit, *lis.* & mettoit.
493.	16.	changée, *ajoutez* en vache.
599.	8.	*en rem.* de 17 ans, *lis.* de 19 ans.

De l'Imprimerie de VALLEYRE l'aîné.

www.ingramcontent.com/pod-product-compliance
Lightning Source LLC
Chambersburg PA
CBHW060903300426
44112CB00011B/1325